DROIT DES AFFAIRES DE L'UNION EUROPÉENNE

DROIT DES AFFAIRES DE L'UNION EUROPÉENNE

7e ÉDITION
La 3e édition de cet ouvrage a été couronnée
par l'Académie des Sciences morales et politiques

Christian Gavalda †

Gilbert Parleani
Professeur à l'École de droit de la Sorbonne
(Université Paris I)

Benoît Lecourt
Professeur à l'université du Maine

LexisNexis®

141, rue de Javel – 75015 Paris

Siège social : 141, rue de Javel – 75015 Paris

ISBN 978-2-7110-2095-9

Liste des abréviations

ABE	Autorité bancaire européenne
ADPIC	Accord de l'OMC sur les aspects des droits de propriété intellectuelle qui touchent au commerce (ou TRIPS, *Agreement on Trade-Related Aspects of Intellectual Property Rights*)
AEAPP	Autorité européenne des assurances et des pensions professionnelles
AELE	Association européenne de libre-échange
AEMF	Autorité européenne des marchés financiers
AJDA	*Actualité juridique de droit administratif*
ANC	Autorité nationale de concurrence
Aut. conc.	Autorité de la concurrence
BCE	Banque centrale européenne
BCN	Banque centrale nationale
Bull. civ.	*Bulletin des arrêts des chambres civiles de la Cour de cassation*
CA	Cour d'appel
CAA	Cour administrative d'appel
Cah. dr. eur.	*Cahiers de droit européen*
Cass. com.	Cour de cassation, chambre commerciale
Cass. crim.	Cour de cassation, chambre criminelle
C. civ.	Code civil
C. com.	Code de commerce
C. consom.	Code de la consommation
CDFUE	Charte des droits fondamentaux de l'Union européenne
CE	Conseil d'État
CECA	Communauté européenne du charbon et de l'acier
CEDH	Cour européenne des droits de l'homme
CERS	Comité européen du risque systémique
CGI	Code général des impôts
CJCE	Cour de justice des Communautés européennes
Comm. CE	Commission des Communautés européennes
Comm. UE	Commission de l'Union européenne
Cons. UE	Conseil de l'Union européenne
Conv.	Convention
Conv. EDH	Convention européenne de sauvegarde des droits de l'homme et des libertés fondamentales
CPI	Code de la propriété intellectuelle
D.	*Recueil Dalloz*
D.	Décret
DCT	Dépositaires centraux de titres
déc.	décision
Dir.	Directive
Doc. COM	Commission européenne, documents communautaires
DP	*Dalloz périodique* (jusqu'en 1940)

EC	Entreprises communes
ECOFIN	Conseil pour les affaires économiques et financières
EEE	Espace économique européen
FESF	Fonds européen de stabilité financière
FIA	Fonds d'investissement alternatif
FMI	Fonds monétaire international
GATT	*General Agreement on Tariffs and Trade* (en français : Accord général sur les tarifs douaniers et le commerce, AGETAC)
GATS	*General Agreement on Trade in Services* (en français : Accord général sur le commerce des services, AGCS)
Gaz. Pal.	*Gazette du Palais*
GEIE	Groupement européen d'intérêt économique
GIE	Groupement d'intérêt économique
Infra	Ci-dessous
JCP E	*JurisClasseur périodique*, édition Entreprise et affaires
JCP G	*JurisClasseur périodique*, édition Générale
JDI	*Journal du droit international*
JOCE	*Journal officiel des Communautés européennes*
JOUE	*Journal officiel de l'Union européenne*
L.	Loi
LPA	*Les Petites affiches*
LPS	Libre prestation de services
MEERQ	Mesures d'effet équivalent à des restrictions quantitatives
Mél.	*Mélanges*
MES	Mécanisme européen de stabilité
MESF	Mécanisme européen de stabilité financière
MRU	Mécanisme de résolution unique
MSU	Mécanisme de surveillance unique
OCDE	Organisation de coopération et de développement économiques
OECE	Organisation européenne de coopération économique
OMC	Organisation mondiale du commerce
OPA	Offre publique d'acquisition
OPCVM	Organisme de placement collectif en valeurs mobilières
Ord.	Ordonnance
ORD	Organe de règlement des différends
ORECE	Organe des régulateurs européens des communications électroniques
OTAN	Organisation du traité de l'Atlantique Nord
PASF	Plan d'action pour les services financiers
PECO	Pays de l'Europe centrale et orientale
PE et Cons. UE	Parlement européen et Conseil de l'Union européenne
PESC	Politique étrangère et de sécurité commune
Préc.	Précité
PRIP'S	Produits d'investissement de détail en unités de compte (*Packaged Retail Investment Products*)
Prop. de dir.	Proposition de directive
Prop. de règl.	Proposition de règlement
Prot.	Protocole
RD bancaire et fin.	*Revue de droit bancaire et financier*

RDC	*Revue des contrats*
REC	Réseau européen de concurrence
Recomm.	Recommandation
Règl.	Règlement
Rép. min.	Réponse ministérielle
Rés.	Résolution
Rev. arb.	*Revue de l'arbitrage*
Rev. sociétés	*Revue des sociétés*
RGDA	*Revue générale du droit des assurances*
RJ com.	*Revue de jurisprudence commerciale*
ROC	Règlement sur les obstacles au commerce
RTDE	*Revue trimestrielle de droit européen*
SCE	Société coopérative européenne
SE	Société européenne
SEBC	Système européen des banques centrales
SEPA	Espace unique de paiement en euros (*Single Euro Payment Aera*)
SESF	Système européen de surveillance financière
SIEC	Entrave significative à la concurrence effective (*Significant Impediment of Effective Competition*)
SIEG	Services d'intérêt économique général
SIG	Services d'intérêt général
SLC	Diminution substantielle de la concurrence (*Substantial Lessening of Competition*)
SPE	Société privée européenne
ss dir.	Sous la direction de
SSIG	Services sociaux d'intérêt général
Supra	Ci-dessus
TCE	Traité instituant la Communauté européenne
T. com.	Tribunal de commerce
TDC	Tarif douanier commun
TEEDD	Taxes d'effet équivalent à des droits de douane
TFUE	Traité sur le fonctionnement de l'Union européenne
TPICE	Tribunal de première instance des Communautés européennes (avant le 1er décembre 2009)
Trib. UE	Tribunal de l'Union européenne (depuis le 1er décembre 2009)
TUE	Traité sur l'Union européenne
UEM	Union économique et monétaire
V.	Voir

Avant-propos

La septième édition de cet ouvrage a été considérablement enrichie. Les constantes évolutions du droit européen suggèrent sans cesse de nouvelles perspectives. Les auteurs ont essayé de les transcrire sans trop alourdir l'ouvrage. Avec la contribution de Benoît Lecourt, auteur d'une chronique de droit européen des sociétés à la *Revue des sociétés*, la deuxième partie de l'ouvrage a été refondue, en particulier plusieurs aspects du « droit spécial » européen (sociétés, marchés financiers, société de l'information, commerce électronique, consommation, procédures d'insolvabilité). Fidèles à l'esprit originel, les auteurs de cette septième édition ont veillé à ce qu'affleure toujours l'inspiration fondatrice de la construction européenne, qui est de parvenir à réunir démocratie économique et démocratie politique.

Gilbert PARLEANI
Benoît LECOURT

Paris, le 25 novembre 2014

Sommaire

INTRODUCTION GÉNÉRALE

1. – Et si, en 1957, les signataires du traité de Rome avaient regardé en arrière ? Cette idée iconoclaste ne peut bien sûr être prise au sérieux. La signature du traité de Rome était à l'évidence un pari sur l'avenir. Toutefois, ses signataires avaient, en 1957, le souvenir d'une jeunesse écoulée dans l'Europe ouverte de la « belle époque », brutalement déchirée par le conflit sanglant de la Première Guerre mondiale. Hommes mûrs, ils avaient sans doute partagé les espérances pacifistes et humanistes de l'entre-deux-guerres[(1)], balayées par une crise économique aux conséquences politiques catastrophiques. Parvenus aux responsabilités, ils avaient participé à la fin de la Seconde Guerre mondiale à la mise en place d'un ordre économique qui, sans être révolutionnaire, était au moins structuré, notamment par le *General Agreement on Tariffs and Trade* (GATT) et les accords de Bretton Woods. Cet ordre économique demeurait en apparence mondial, comme on l'entendait déjà avant 1914 ; il impliquait à nouveau les grandes nations occidentales avec leurs empires coloniaux. Mais ces empires étaient en sursis. Face aux USA et à l'URSS, notamment, le regroupement d'États européens qui avaient perdu leur puissance et leurs rêves de grandeur apparut salvateur. Comme toutes les grandes aventures, la construction européenne a plongé ses racines dans le passé (§ 1) ; elle s'est décidée en fonction d'un contexte donné (§ 2) ; son fondement est sans conteste le traité de Rome (§ 3), mais un petit *déclic*, imperceptible sur le moment, lui a assuré un succès qu'on espère aussi définitif que le sont les choses humaines (§ 4). L'Europe est aujourd'hui en mutation, et nul ne sait exactement ce qu'elle sera demain (§ 5). Le droit européen des affaires, objet de cet ouvrage, ne peut être compris que dans cette perspective d'ensemble (§ 6).

§ 1. – Les racines

2. – **Les personnes.** On oublie trop souvent que l'Europe était depuis des siècles le creuset de valeurs communes. La liberté de circulation des personnes dans cet espace continental n'était pas contestée, sauf à l'occasion de quelques événements ponctuels et dramatiques.

En particulier, le commerce relevait traditionnellement du droit des gens, sans exclusive pour les étrangers (il n'y avait que de très rares exceptions). Les exceptions,

(1) V. déjà, en 1930, l'échec du mémorandum français relatif à un projet d'Union fédérale européenne.

quand elles existaient, étaient faciles à tourner (interdiction d'accès aux corporations, mais facilité d'avoir les lettres de naturalité, et statut de faveur pour les « aubains » qui pratiquaient le grand commerce). Le XVIIIe siècle fut celui de la liberté juridique offerte aux étrangers (édit de Turgot de 1776, et loi Le Chapelier du 2 mars 1791). Le XIXe maintint la règle de principe, en l'assortissant à la fin du siècle d'obligations simplement déclaratives et pratiquement sans application (L. 8 août 1893, sauf régimes d'interdiction très circonscrits : agents de change).

Mise à part la période de guerre (L. 2 avr. 1917), le régime de liberté perdura jusqu'aux décrets-lois des 17 juin et 12 novembre 1938 révisés par la loi du 8 octobre 1940, non abrogée par l'ordonnance du 2 novembre 1945. Cette législation nouvelle à l'époque reposait sur une possibilité d'édicter un *numerus clausus* dans l'accès aux activités, et sur la délivrance d'une carte de commerçant étranger aux personnes exerçant des professions commerciales, industrielles ou artisanales, avec extension aux dirigeants de droit ou de fait des sociétés établies ou des succursales, sous réserve de réciprocité. Ce n'est donc qu'avec la crise dite de 1929 que des lois xénophobes furent édictées, et encore avec retard en France(2).

En clair, pour des hommes nés à la fin du XIXe siècle, la liberté de circulation des personnes était la règle, et les restrictions l'exception. Aussi, insérer dans le traité de Rome les dispositions accordant aux personnes physiques ou morales la liberté d'établissement pour l'exercice de toutes les activités économiques (sauf ordre public, sécurité publique, ou santé publique) ne pouvait apparaître comme une grande nouveauté, puisque cela s'inscrivait tout naturellement dans le prolongement du « droit des gens » qui appartient à l'histoire commune des peuples européens.

3. - **Les échanges.** La situation était ici plus confuse. D'abord parce que les marchandises avaient fait historiquement l'objet de mesures nationales diversement restrictives et protectionnistes. Ensuite parce que les services avaient acquis une importance économique internationale non négligeable dans certains secteurs (banque, assurance, transports, radio).

Les règles nationales concernant les marchandises n'ont jamais abouti à une totale libéralisation du marché continental européen. Le retard des pays d'Europe continentale par rapport à l'Angleterre a souvent conduit à des législations protectionnistes, qui s'expliquaient en partie par les tentatives de la Grande-Bretagne de conserver par le secret son avance technique. Le droit douanier, qui mêlait taxations et prohibitions, était l'arme utilisée par les États qui étaient en retard (par ex., la France), quelquefois à l'abri – déjà – d'une union douanière (par ex., le *Zollverein* de 1834 à 1867). Une période de relatif libre-échange européen caractérisa le règne de Napoléon III et les années qui suivirent (traité franco-anglais du 23 janvier 1860). Mais le protectionnisme revint bien vite, avec par exemple, en France, le tarif Méline du 11 janvier 1892. Toutefois, il revint sous une forme modifiée. En premier lieu, la protection n'était plus recherchée par l'édification de barrières prohibitives dont on avait compris la nocivité, mais plus simplement par l'idée de compensa-

(2) V. R. Szramkiewicz, *Histoire du droit des affaires*, Montchrestien, 1989, n°s 666 et s. – Hamel, Lagarde et Jauffret, *Droit commercial*, t. 1, Dalloz 1980, n°s 361 et s.

tion (pour compenser les écarts entre les prix de revient des produits importés par rapport aux nationaux, ce qui aboutissait à fixer les droits en valeur absolue et non *ad valorem* ; V. aussi l'ancien système de l'*American Selling Price*). En second lieu, les États avaient, malgré tout, accepté de perdre leur autonomie douanière par la généralisation de traités bilatéraux contenant la clause de la nation la plus favorisée. Étendue de fait à l'Europe entière, cette clause aboutissait à un abaissement mécanique des droits chaque fois qu'un État contractant obtenait mieux. En bref, à la veille de 1914, un véritable système conventionnel et continental de faible taxation s'était mis en place[(3)].

En contrepoint de ce protectionnisme compensateur, la diffusion des techniques était au centre des préoccupations politiques, et de l'imaginaire collectif. Le retentissement des grandes expositions universelles est encore dans notre mémoire (Londres 1851, Paris 1855, 1878, 1889 et 1900). La Convention d'Union de Paris du 20 mars 1883 pour la protection de la propriété industrielle (donnant naissance à l'OMPI) a accordé le droit international (imparfait) à la nécessaire protection des créateurs en économie ouverte.

Par la suite, la politique douanière devint plus ample, et concerna l'équilibre économique des pays vis-à-vis de l'extérieur. Le contrôle des changes y fut naturellement intégré (L. 11 juill. 1938, et D. 1er et 12 sept. 1939).

Dans cette perspective, les traités multilatéraux du lendemain de la guerre de 1940-1945 ne furent pas révolutionnaires. On regardait le passé pour construire l'avenir. C'est ainsi que le GATT du 30 octobre 1947 reposa sur les principes de la clause inconditionnelle de la nation la plus favorisée, sur l'égalité de traitement des produits importés par rapport aux produits nationaux, sur l'exclusivité de la protection par les droits de douane (désormais *ad valorem*) et leur suppression progressive (V. les conventions douanières, 15 déc. 1950, avec la création du Conseil de Coopération Douanière), sur l'interdiction des barrières non tarifaires, sur des règles communes de défense commerciale (*dumping*, subventions), tout cela sauf exceptions justifiées (V. GATT, art. XX, moralité publique, santé et vie des personnes, conservation des ressources naturelles épuisables ; trésors nationaux ; lois compatibles avec le GATT, relatives notamment à la propriété industrielle ; sanction des pratiques de nature à induire en erreur : la protection des consommateurs en tant que telle n'était pas affirmée, pas plus qu'elle ne le fût cinquante ans plus tard dans le *General Agreement on Trade in Services* (GATS) ; toutefois, les exceptions générales du GATT et du GATS contiennent l'idée que des réglementations nationales de cet ordre ne sont pas en tant que telles incompatibles avec ces accords). Ces accords prévoyaient aussi la possibilité d'utiliser des clauses de sauvegarde. De leur côté, les accords de Bretton Woods du 27 décembre 1945, créant le Fonds monétaire international (FMI), établissaient une distinction entre paiements courants (règlements de prestations ou de marchandises) et mouvements de capitaux, seuls les premiers étant libérés (art. VIII sect. 2 *a* et *b*). Mais au fond, ces traités, pourtant très importants, n'empêchaient guère le protectionnisme de survivre. Les législations nationales demeuraient diverses, voire contradictoires. Les moyens de les

(3) Berr et Trémeau, *Droit douanier communautaire et international*, Economica, 2006, nos 1 et s.

rapprocher n'existaient guère. L'usage des clauses de sauvegarde rendait le décloisonnement des marchés illusoire. La création de l'Organisation européenne de coopération économique (OECE, 16 avr. 1948, devenue Organisation de coopération et de développement économiques [OCDE] en 1959), qui devait entraîner une libéralisation progressive des échanges, n'eut à l'époque pas plus d'impact.

La filiation des dispositions du traité de Rome avec les lignes de force historiques est frappante : interdiction des nouveaux droits de douane, exclusivité des droits de douane, diminution progressive, et exceptions justifiées.

De leur côté, les services demeuraient dans une relative pénombre. Trop divers, ils étaient souvent offerts au moyen de succursales locales (par ex., assurance et banque). Les services n'étaient pas régis par des conventions internationales (sauf pour les films cinématographiques qui furent inclus dans le GATT, mais les films sont aussi des marchandises), bien que la convention de l'OECE ait visé dès 1951 les opérations invisibles courantes. Les services soulèvent plusieurs difficultés. D'abord, il faut articuler la loi du pays du prestataire et celles des pays des clients destinataires. Les règles de conflit peuvent conduire encore à une autre loi. En clair, les services ne sont pas toujours régis par la loi du destinataire. Les services transfrontaliers peuvent donc être juridiquement anormaux dans l'État du client destinataire. Ensuite, ils supposent, plus encore que les marchandises, des paiements directs pardessus les frontières, ce qui appelle une convertibilité parfaite des monnaies. À leur égard, il est certain que le traité de Rome a innové en les libérant formellement. Mais la prudence demeura, et la libre prestation de services (LPS) y est résiduelle. Elle n'existe qu'autant que le service n'émane pas d'un établissement dans l'État du destinataire. Cela soulève la question délicate de savoir quand il y a établissement.

4. - **La monnaie.** La monnaie européenne fut longtemps un mythe. Pourtant, il y avait des précédents. Les hommes de 1957 se souvenaient des pièces d'argent de 5 francs de l'Union latine, qui permettaient de régler ses dépenses tout le long du trajet de l'Orient Express. Ils pouvaient aussi méditer sur l'historiquement proche création du *Reichsmark* sur le socle économique du *Zollverein*. La monnaie est d'abord politique : elle est expression du pouvoir régalien par excellence. Pour les particuliers et les entreprises, elle est souvent subie (cours légal et cours forcé). La monnaie a ensuite un rôle économique : elle assure le dénouement des opérations d'échange transfrontalières. De ce point de vue, les règles de convertibilité et de contrôle des changes sont essentielles. La monnaie touche enfin à la politique monétaire. Cette dernière, elle aussi en grande partie régalienne, détermine également la sécurité des prévisions économiques, et le crédit, source de développement. Or, à cet égard, les forces économiques sont déterminantes. L'histoire économique des pays européens montre les méfaits des récessions, de l'inflation, et de leur cortège de dévaluations. Les opérateurs économiques savent se prémunir jusqu'à un certain point (par ex., couvertures de change à terme). En 1945, cependant, un système de parités fixes avait été mis en place, reléguant dans les esprits la nécessité d'une monnaie unique. Rien, avant 1957, ne faisait augurer la disparition de cette prérogative des États souverains (plusieurs États étaient de surcroît à la tête d'une zone monétaire).

§ 2. – Le contexte de 1957

5. – **Espace transatlantique.** Dès avant 1939, le marché transatlantique était une réalité, bien que les liens fussent moins étroits qu'aujourd'hui. Depuis la fin de la Première Guerre mondiale, nombre d'entreprises américaines avaient conquis des positions considérables en Europe (par ex., automobile, pétrole), tandis que l'épargne européenne (anglaise et allemande notamment) s'était investie outre-Atlantique (les Allemands écrasés sous les bombes alliées à la fin de la Seconde Guerre mondiale faisaient preuve d'humour noir en disant, paraît-il, que c'était ainsi que les Américains distribuaient les dividendes). Au lendemain de la Seconde Guerre mondiale, la décision des États-Unis d'offrir à certaines conditions le Plan Marshall aux États qui le désiraient, allait créer à partir de 1948 une dynamique économique artificielle et salvatrice en Europe de l'Ouest. Les États de l'Est européen occupés par l'armée soviétique durent refuser. Le rideau de fer devint une frontière économique ; c'était une frontière nouvelle en Europe. Le bénéfice de ce plan était en effet subordonné au respect de certaines conditions dont on mesure aujourd'hui les conséquences. D'abord, il y avait des conditions politiques, tenant alors à la réalisation de la démocratie avec le citoyen ou le consommateur en point de mire. La Convention européenne de sauvegarde des droits de l'homme et des libertés fondamentales du 4 novembre 1950 participe de ce mouvement de fond. Elle avait été signée dans le cadre du Conseil de l'Europe, créé le 5 mai 1949, qui visait à préfigurer les États-Unis d'Europe. Ensuite, il y avait bien sûr des conditions économiques, puisque les crédits octroyés devaient en priorité être employés à des achats auprès de fournisseurs américains. Des conditions de coopération entre États bénéficiaires de l'aide furent aussi exigées, et l'OECE fut créée pour répartir cette aide (environ 12 milliards de dollars, dont 2 pour la France). Enfin, il y avait des conditions juridiques, tenant notamment à la mise en place de règles relatives à la concurrence et à la libération des échanges. C'est peut-être là un aspect fondamental : les principes sur lesquels reposaient jusque-là les systèmes juridiques européens conduisaient à ne pas reconnaître pour illicites en elles-mêmes les tentatives d'organisation privée de l'économie (ententes, cartels ; V. le célèbre et ancien « Comité des Forges » en France). Avec la charte de l'Organisation internationale du commerce (OIC) adoptée à la conférence de La Havane le 24 mars 1948, dont les principes avaient été fixés dès 1945 dans les *proposals for considerations by an international conference on trade and employment*, les idées américaines consistant à lier concurrence et intérêts du consommateur ou progrès technologique se sont répandues avec le programme d'aide (V. l'ordonnance française du 30 juin 1945). Certes, en 1945, il n'était pas possible aux États européens encore trop fragiles de faire de la libre concurrence un objectif fondamental de leurs droits. Les droits antitrust européens se sont pourtant inspirés avec retard, et partiellement, du modèle américain. En 1948, 1953 et 1957 respectivement, la Grande-Bretagne, la France, puis l'Allemagne, se dotèrent enfin d'une législation antitrust, encore dépendante de l'Administration pour son application[4]. Plus de cinquante années après, le rapprochement semble s'accentuer.

(4) V. en France, D. 9 août 1953.

6. - **Espace européen.** On attribue, quelquefois, la prospérité que l'espace ouest-européen a connue à partir de 1957 aux traités de Paris et de Rome. C'est sans doute une erreur.

Il ne faut pas oublier que, de 1950 à 1957, les taux de croissance ont été plus élevés chez « les Six » États fondateurs (France, Allemagne, Pays-Bas, Belgique, Luxembourg, et Italie) que partout ailleurs en Europe, et cela de près de 5 points (8 % contre 3 % environ en moyenne). On peut dire la même chose des exportations (environ 3 fois plus). Encore plus significatif est le taux d'interpénétration des économies des Six avant 1957 (plus 34 % pour les relations avec les pays tiers, plus 50 % pour les relations entre les Six). En clair, on a surtout consacré une communauté prospère qui se créait spontanément, sans la Grande-Bretagne, et sans les États périphériques(5).

§ 3. – Le traité de Rome

7. - On peut laisser de côté le Traité instituant la Communauté européenne du charbon et de l'acier (Traité CECA), qui était lié aux séquelles de la guerre. Le traité de Rome dont le premier projet remonte au 9 mars 1953(6) est incontestablement l'acte créateur de l'aventure européenne. Mais on a créé avec ce que l'on connaissait, en le combinant avec du nouveau, souvent importé d'Amérique.

8. - **Le connu.** L'ancien, on l'a dit, tient dans la reprise des traditions européennes de libre circulation des marchandises (avec les réserves déjà soulignées, *supra*, n° 3), ou des personnes. Le moins ancien se trouve dans la reprise des principes du GATT et du FMI, qui n'étaient pas révolutionnaires, loin s'en faut (droits de douane, clause de la nation la plus favorisée, distinction paiements courants / mouvements de capitaux). Le récent (en 1957) était cette zone de prospérité et de croissance naissante composée des Six. Une union douanière, au sens du GATT, était manifestement adaptée, et prévue par cet accord international.

9. - **Le nouveau.** Alors, où fut le nouveau ? On aborde à présent des choses qui étaient nouvelles en Europe, mais qui venaient en grande partie des États-Unis d'Amérique. La transposition fut originale et habile.

En premier lieu, on doit souligner la perspective démocratique. Elle était sous-jacente en raison du contexte politique et économique dans lequel les États-Unis d'Amérique étaient plus que dominants ; le traité de Rome n'y fait pas explicitement référence. Son préambule pouvait tout à fait être lu comme la traduction de l'espoir de mettre un terme à la division de l'Europe, source de guerres et de pauvreté. Toutefois, si on lit le préambule en liaison avec l'article 3 du Traité instituant la Communauté européenne qui fixait les objectifs concrets de la construction européenne, on découvre la mise en place d'un « marché » continental(7). Pour

(5) V. R. Aron, postface au livre de R. Lecerf, *La percée de l'économie française*, Arthaud, 1963.
(6) Projet Spaak-Bidault.
(7) L'article 3 TUE, dans la rédaction qui résulte du traité de Lisbonne, reprend dans une perspective plus générale les principes qui figuraient dans l'article 3 TCE (V. *infra*, n° 13).

beaucoup de lecteurs de l'époque (1957), mais pas pour les rédacteurs, le marché qu'on entrevoyait n'était pas synonyme de démocratie. Un lecteur américain ne comprenait pas la même chose…

En deuxième lieu, il y avait partout présente l'idée que la construction européenne progresserait mieux si l'on partait de l'économique pour aller vers le politique, que si on faisait l'inverse. Cette idée, peut-être nouvelle en Europe, s'inspirait du pragmatisme (matérialisme ?) américain.

En troisième lieu, il y avait déjà les bases d'un véritable fédéralisme européen. C'était très nouveau sur ce continent qui voyait s'affronter depuis des décennies des puissances mondiales. Mais elles étaient exsangues. Il était devenu plus facile d'abandonner le système des traités internationaux classiques, et des conférences diplomatiques. L'amorce de la fédération fut juridique : le traité de Rome est aussi une idée de juriste. On fit quatre choses simples et efficaces.

Une personne morale de droit international. D'abord on créa une personne morale de droit international se superposant, certes avec des compétences limitées, aux États membres. Cette communauté était plus qu'un rassemblement d'États. C'était une « communauté » à part entière, et le mot allemand *Gemeinschaft* est sans doute plus évocateur. De cette personne morale émane un ordre juridique (au sens latin de *ordo*).

Un ordre juridique. Caractéristique essentielle, cet ordre juridique était évolutif, ce qui le démarquait d'entrée de jeu des procédés diplomatiques que connaissait traditionnellement l'Europe. Ce système reposait sur l'élaboration continue, et en fonction des besoins, d'un droit dit « dérivé » (directives, règlements…).

Une organisation. Cet ordre juridique procédait d'une nouvelle organisation juridique distincte de celle des États membres, avec un Parlement (initialement pourvu de peu de prérogatives), un pouvoir législatif (partagé entre le Conseil et la Commission), un pouvoir décisionnel (également partagé, avec avantage à la Commission), et un pouvoir juridictionnel ouvert aux ressortissants de tous les États (partagé entre juridictions communautaires et nationales).

Deux institutions retiendront ici l'attention. La Commission tout d'abord, composée de commissaires indépendants des États, dotés de pouvoirs propres et étendus. Elle était l'amorce d'un véritable pouvoir exécutif autonome. La Cour de justice ensuite. C'était une sorte de juridiction suprême qui ne disait pas son nom : elle avait la mission apparemment normale de contrôler les actes des institutions, mais cette mission était étendue aux actes du Conseil composé des représentants des États (recours en appréciation de validité, et en annulation) ; elle avait aussi pour fonction d'harmoniser les interprétations des traités et du droit dérivé (pour éviter les interprétations divergentes, inéluctables dès qu'un traité est interprété souverainement par les juridictions nationales : on vise ici le renvoi en interprétation préjudicielle) ; elle avait encore le pouvoir de condamner un État par le recours en manquement, ouvert à la fois à la Commission et aux autres États. En bref, le comportement des États souverains était soumis au droit et aux décisions d'un tribunal non étatique. C'était beaucoup[(8)].

(8) Il existe plusieurs excellents ouvrages de droit européen institutionnel ou général, V. la bibliographie en début d'ouvrage.

Une cohérence d'ensemble. Alors que les traités classiques, même multilatéraux comme le GATT, procédaient par dérogation à la souveraineté des États, le traité de Rome se caractérise par une intégration des libertés de circulation et des politiques de la Communauté, dans une perspective d'ensemble. Sans doute les États membres n'avaient-ils pas abandonné toute souveraineté, mais les matières régies par le traité, et l'ambition des politiques de la Communauté, trahissaient déjà l'ambition des rédacteurs.

§ 4. – Le déclic

10. – Le succès fut juridique et économique. Il fallut cinq ans pour qu'il s'affirme.

11. – **Le déclic juridique (1962).** Un livre de droit peut mettre en première place le succès juridique, et plus exactement les « inventions » juridiques. La grande « invention » fut l'œuvre des premiers magistrats de la Cour de justice des Communautés européennes, pionniers d'un droit nouveau. L'affaire *Van Gend en Loos*, qui opposait un transporteur à l'administration fiscale néerlandaise, fut le déclic décisif. Dans son arrêt du 5 février 1963, la Cour de justice, prenant appui sur un préambule peu explicite, a affirmé la nouveauté de l'ordre juridique communautaire, et son essence démocratique. On peut y lire notamment que « l'objectif du Traité CEE est d'instituer un marché commun dont le fonctionnement concerne directement les justiciables de la communauté », ce qui « implique que ce traité constitue plus qu'un accord qui ne créerait que des obligations entre États », que « cette conception se trouve confirmée par le préambule du traité qui, au-delà des gouvernements, vise les peuples », et que « la communauté constitue un nouvel ordre juridique de droit international au profit duquel les États ont limité, bien que dans des domaines restreints, leurs droits souverains, et dont les sujets sont non seulement les États membres, mais également leurs ressortissants ». Tout est dit. Deux grands arrêts préciseront les choses. L'arrêt *Costa* c/ *Enel* du 15 juillet 1964 relatif à la primauté et à l'applicabilité directe, et l'arrêt *Simmenthal* du 9 mars 1978, relatif à l'obligation des juridictions des États membres, également juges communautaires, de laisser inappliquées, de leur propre autorité, les législations nationales contraires au plein effet des normes communautaires. Les droits nationaux européens sont ainsi pris à rebours, quelles que soient leurs traditions en matière de réception des traités. C'est une révolution juridique. On ne peut s'empêcher d'évoquer ici Rudolf von Ihering, qui souhaitait la multiplication des procès d'origine populaire pour que le droit intègre les forces venues d'en bas.

La seconde intervention juridique fut de conférer à la Commission des compétences exclusives dans les secteurs sensibles. On songe ainsi au fameux règlement de procédure en matière de concurrence, n° 17/62 du 6 février 1962. Cinquante ans après, ce règlement fut abrogé[(9)]. Il y a cinquante ans, il signifiait la mise sous tutelle des États, et la fin programmée de leurs interventions favorables à une organisation artificielle de l'économie, reposant souvent sur des organisations pri-

(9) V. Règl. n° 1/2003 du Conseil, 16 déc. 2002, et l'ensemble de textes qui l'entourent, *infra*, Partie 3, Règles de concurrence.

vées plus ou moins corporatistes (par ex., cartels) ou sur des aides ou subventions diverses.

12. - **Le déclic économique.** Il fallait aussi un déclic économique. Il vint heureusement, sans qu'on puisse l'attribuer avec certitude au traité. À partir de 1961-1962, la croissance régulière dans l'Europe des Six conférait à ce noyau un dynamisme et une attractivité sans cesse accentués, par rapport notamment aux États quelque peu périphériques que l'Angleterre avait regroupés dans l'Association européenne de libre-échange (AELE) le 4 janvier 1960.

Ce mouvement de croissance allait avoir un impact psychologique et politique. Dès 1967, la Grande-Bretagne demandait son adhésion. Les principaux États de l'AELE rejoignent les Six en 1972 (Grande-Bretagne, Danemark, Irlande).

Les inquiétudes initiales s'évanouissaient. Les lois nationales qui avaient été édictées dans la crainte de l'ouverture des frontières n'eurent rien à soigner (L. 13 juill. 1967 sur les procédures collectives et Ord. 23 sept. 1967 sur la suspension provisoire des poursuites, qu'il faut relier notamment à la loi du 24 juillet 1966 sur les sociétés commerciales, et aux ordonnances du 28 septembre 1967 sur le crédit aux entreprises). La crise vint sans doute, mais plus tard, en 1973, avec le premier choc pétrolier. Ce fut une crise mondiale. Durement frappée, plus que les États-Unis, l'Europe, économie continentale en gestation, tint le coup.

L'économie européenne s'est transformée profondément sous nos yeux en cinquante années. Elle est devenue capable de soutenir la concurrence mondiale, au prix d'efforts et de sacrifices (concentrations, restructurations, licenciements). Les mutations inévitables ont été pour l'essentiel supportées par les États membres. Elles ont été néanmoins puissamment accompagnées par les politiques européennes (agriculture, sidérurgie, transports...). La force d'attraction de ce noyau explique le mouvement continu d'agrégation autour de lui (États demeurés dans l'AELE, avec le Traité sur l'EEE le 2 mai 1992, puis certains « PECO », Pays de l'Europe centrale et orientale). L'adhésion d'États d'Europe de l'Est, et de l'ancienne URSS, a fait se rejoindre le politique et l'économique.

§ 5. – Demain

13. - **2005-2009 : les illusions perdues, et le traité de Lisbonne du 13 décembre 2007, dernier traité horizontal ?** L'année 2005 restera dans les mémoires comme celle de la chance perdue de donner une enveloppe politique et démocratique à l'ensemble de la construction européenne. Le refus par les électeurs français, puis néerlandais, de voter en faveur du Traité établissant une Constitution pour l'Europe conduisit inévitablement à une pause institutionnelle. Pourtant, ce traité présentait bien des avantages : intégration de la Charte des droits fondamentaux dans la conduite des politiques communautaires ; augmentation des prérogatives du Parlement européen ; calcul plus démocratique, car fonction de la population, des majorités au sein du Conseil. Mais il était très fédéral, et donnait à la construction européenne le visage d'un véritable État (par ex., en lui donnant un président). La campagne électorale française fut désolante. Le débat fut contaminé

par des considérations de politique intérieure, et les déclarations de la plupart de ceux qui avaient la prétention de guider et d'éclairer les électeurs ne trahissaient en vérité que « l'incompétence, les fantasmes, et la médiocrité »[(10)].

Mais l'histoire de la construction européenne est fertile en crises profondes, surmontées quelquefois avec une surprenante rapidité. On peut aussi se demander si, au fond, cet échec ne s'explique pas parce que la construction européenne était encore, en 2005, très imparfaite. Le processus voulu par les pères fondateurs consiste à créer les conditions d'une union sans cesse plus étroite entre les peuples européens[(11)], grâce à un très progressif rapprochement économique. Les politiques économiques devaient donc demeurer longtemps nationales. La création de la zone monétaire de l'euro n'a même pas permis une réelle convergence des politiques économiques. Le résultat inévitable fut la progression, dans certains États, du sentiment que les insuffisances de la politique nationale avaient l'Europe pour cause. Le double langage des hommes politiques, si ce n'est leur faible compétence, a contribué à une double incompréhension. D'abord, la croyance que l'Europe devait être protectrice – sous-entendu des prétendus « modèles nationaux » existants – s'est affermie à tort. La construction européenne n'a jamais été fondée sur le *statu quo*. Elle a toujours eu pour objectif de placer l'Europe au centre du commerce international, en cherchant les moyens de sa constante adaptation. Ensuite, la tentation du protectionnisme national a refait surface, comme si les bienfaits du protectionnisme allaient l'emporter sur la richesse déjà créée, en Europe, par les multiples entreprises qui ont su profiter de la mondialisation. La notion trompeuse de « patriotisme économique », qui s'est affirmée en France depuis 2006, en est une illustration.

En réalité, l'échec du Traité établissant une Constitution pour l'Europe s'explique peut-être tout simplement par une précipitation excessive. Les pères fondateurs étaient pragmatiques. L'Europe politique ne sera viable que le jour où le marché unique aura suscité une convergence économique réelle et durable. À ce stade, on peut citer le doyen C.-A. Colliard lorsqu'il écrivait, à propos de la construction européenne, que « le temps ne respecte pas les entreprises humaines qui ont été tentées sans lui »[(12)].

Une période de réflexion conduisit en 2007 à renoncer au concept de « constitution », et à s'engager dans une simple restructuration des traités existants. Le résultat fut le traité de Lisbonne, signé le 13 décembre 2007. Il est entré en vigueur le 1er décembre 2009, au terme d'une période de ratification assez chaotique. Le traité de Lisbonne innove cependant plus qu'il n'y paraît. Les innovations concernent surtout l'articulation des traités existants, la mise en perspective de la construction européenne à partir de valeurs communes, le processus décisionnel, l'adhésion des États à la construction européenne ou leur retrait, et les relations extérieures. Le droit européen des affaires a été peu touché.

Deux traités déterminent ensemble aujourd'hui l'ordre juridique européen.

---

(10) V. D. Simon, *Incompétence, fantasmes, et médiocrité : Europe* mai 2004, p. 3.

(11) V., sur la faible portée de l'idée de préférence communautaire, simple considération politique insusceptible de fonder un recours en nullité d'un acte communautaire » (CJCE, 10 mars 2005, aff. C-342/03, *Espagne c/ Conseil*).

(12) C.-A. Colliard, *L'irréductible diplomatique*, in *Mél. P.-H. Teitgen*, Pedone, 1984, p. 111.

1) Le Traité sur l'Union européenne (TUE) définit le cadre général de l'Union et les principes essentiels de l'Union (par ex., dignité de la personne), les objectifs de l'Union (TUE, art. 3)[(13)], le principe de subsidiarité (TUE, art. 5), la reconnaissance de la valeur de la Charte des droits fondamentaux et la décision de faire adhérer l'union à la Convention européenne des droits de l'homme et des libertés fondamentales (TUE, art. 6), la possibilité de suspendre un État en cas de risque clair de violation des valeurs de l'Union (TUE, art. 7), l'affirmation des principes démocratiques (principe de démocratie représentative, qui détermine la représentation des populations des États membres au sein du Parlement européen, et la répartition des commissaires ; TUE, art. 9 et s.), la structure des institutions (Parlement, Conseil, Commission, etc. ; TUE, art. 13 et s.), les coopérations renforcées entre certains États membres (TUE, art. 21), la Politique étrangère et de sécurité commune (PESC) avec référence à l'Organisation du traité de l'Atlantique Nord (OTAN) pour les États qui en sont membres, et clause d'aide et d'assistance mutuelle entre tous les États membres conformément à la charte des Nations unies (TUE, art. 23 et s.), la personnalité juridique de l'Union (TUE, art. 47), les procédures de révision des traités (TUE, art. 48) et d'adhésion (TUE, art. 49, réservée à tout État « européen »).

2) Le second traité reprend l'essentiel de l'ancien traité de Rome qui était devenu le Traité instituant la Communauté européenne, ou TCE. Il s'agit du Traité sur le fonctionnement de l'Union européenne, ou TFUE. Son objectif est de régir le fonctionnement quotidien de l'Union. L'innovation a consisté à fusionner les trois piliers qui étaient jusque-là dissociés, essentiellement parce que les piliers non économiques reposaient encore principalement sur la règle de l'unanimité. Le premier pilier (communautaire parce que soumis au processus décisionnel communautaire), regroupait la Communauté économique européenne et celle de l'énergie atomique. Le deuxième contenait la PESC (ou Politique étrangère et de sécurité commune), le troisième, la justice et les affaires intérieures devenues coopération policière. En se limitant à présent à ce qui touche le droit des affaires, on relèvera que ce TFUE commence par un rappel de principes qui sont susceptibles de prolongements concrets. Le TFUE débute (art. 2 à 6) par une délimitation des compétences exclusives de l'Union et des compétences partagées entre l'Union et les États membres. Les compétences exclusives concernent notamment la concurrence, l'union douanière, la politique monétaire (pour les États de la zone euro), et la politique commerciale commune qui inclut désormais les services. Les compétences partagées sont toutes les autres à la condition qu'elles entrent dans l'un des trois piliers (par ex., marché intérieur, environnement, consommateurs, transports, espace de liberté, de sécurité et de justice). Toutefois, lorsque l'Union a agi, en application du principe de subsidiarité (TUE, art. 5), les États membres ne peuvent plus exercer leurs compétences. Le TFUE pose en outre une exigence de cohérence entre les différentes politiques et actions de l'Union, ce qui explique la

(13) Fusion des anciens articles 2 TUE et 3 TCE ; on relèvera le maintien de l'objectif d'un espace de liberté, d'un marché intérieur, mais on soulignera le nouveau concept d'économie sociale de marché et, surtout, la suppression de la référence à une « concurrence non faussée » ; V. cependant *infra*, le protocole 6 sur le marché intérieur et la concurrence annexée au TUE et au TFUE, ou encore l'article 119 TFUE qui reprend, à propos de la politique économique et monétaire, les principes d'une « économie de marché ouverte où la concurrence est libre ».

façon dont est abordée la question – sensible en France – des « services publics », ou, en droit européen, des « SIEG », ou services d'intérêt économique général (demeurent donc en dehors du droit européen, les services non économiques, comme la sécurité sociale lorsqu'elle est fondée sur un système de répartition reposant sur la solidarité nationale)(14). L'article 14 TFUE précise à cet égard que l'Union et les États, chacun dans les limites de leurs compétences respectives(15), et dans celles du champ d'application du traité(16), veillent à ce que ces services fonctionnent sur la base de principe et dans des conditions financières qui leur permettent d'accomplir leur mission. Cela n'est au fond que la reprise de l'ancien article 16 TCE, qui était lui-même une transposition de l'article 90, § 2 TCE (devenu TFUE, art. 106, § 2, toujours placé dans les règles de concurrence, même si la Cour de justice des Communautés européennes y avait vu une disposition générale). L'article 14 TFUE a donc le mérite (comme l'avait l'article 16 TCE) de placer les SIEG dans la perspective non seulement d'une économie sociale de marché, mais encore d'une construction européenne intégrant le principe de subsidiarité. Cela explique que le protocole 9 sur les services d'intérêt général souligne la grande marge de manœuvre des autorités nationales ou locales dans la fourniture et l'organisation des SIEG, afin de répondre autant que possible aux besoins des utilisateurs, et la diversité inéluctable de ces services en raison des particularités locales, ainsi que l'exigence d'un niveau élevé de qualité tout en promouvant un accès universel à ces services.

L'exigence de cohérence ne pouvait être absolue. La construction européenne, quoiqu'on en ait dit, n'a jamais postulé une uniformisation générale. Aussi, certaines politiques demeurent principalement nationales, complétées par celles de l'Union : culture (TFUE, art. 167), santé publique (TFUE, art. 168), industrie (TFUE, art. 173), par exemple. On aborde ici les « méthodes ouvertes de coordination », ou MOC, dans lesquelles la Commission aide aux rapprochements entre les politiques nationales sans avoir de rôle de décision ou de direction.

Enfin, on signalera l'innovation du TFUE, qui intègre dans l'ordre juridique européen la spécificité de la zone euro, en prévoyant que seuls les États dont la monnaie est l'euro se prononceront au sein de l'ECOFIN (conseil regroupant les ministres des Finances) sur les sujets propres à l'organisation de la zone euro (par ex. déficits excessifs, TFUE, art. 136 et s.).

Le traité de Lisbonne est sans doute le dernier traité horizontal. Conclu à vingt-sept, il prépare les futurs élargissements (Balkans, Turquie ?). À plus de trente États, aucune réforme horizontale et générale ne sera plus envisageable. L'idée européenne s'étiolera-t-elle alors, faute de progresser ? Les États les plus dynamiques choisiront-ils de s'engager à quelques-uns dans des « coopérations renforcées », que le traité de Lisbonne, dans le prolongement de ceux d'Amsterdam ou de Nice, réglemente plus précisément (TUE, art. 20, et TFUE, art. 326 à 334) ? Ces questions essentielles sont pour l'instant sans réponse.

(14) V. *infra*, n° 18.
(15) Ce qui renvoie aux compétences partagées, et ce qui rend possible l'exercice de compétences par l'Union.
(16) Ce qui exclut les services « non-économiques ».

En tout cas, la relative modestie du traité de Lisbonne par rapport au Traité établissant une Constitution pour l'Europe laisse en suspens deux questions absolument essentielles pour l'avenir : celle des frontières, et celle de la nature exacte de la construction européenne dont on ne sait toujours pas si – ou à quel point – elle est de nature fédérale.

14. - **La question des frontières.** Interrogé sur le point de savoir jusqu'où pourrait s'étendre le marché commun, Jean Monnet aurait répondu « tant qu'il y a des églises ». Des églises, il y en a jusqu'à Vladivostok et jusqu'à Istanbul.

On ne peut dissocier la question des frontières de la géopolitique. On a peut-être un peu vite oublié le bouleversement qui a résulté de l'adhésion des pays baltes, de la Pologne, et de la Slovaquie à l'OTAN, avant leur intégration dans l'Union européenne. La frontière commune entre l'Union européenne et la Russie est en elle-même sensible. Du côté du bassin méditerranéen, la géopolitique est également déterminante (Turquie, Maghreb...). Tout est encore possible. Mais on pressent que si l'Union intègre des pays aux cultures, aux richesses et aux intérêts trop dissemblables, la convergence politique sera de plus en plus incertaine, et on parviendra plus sûrement à une zone de libre-échange dotée d'une structure fédérale embryonnaire.

15. - **Un fédéralisme sans fédération ?** Un ouvrage de droit des affaires peut être bref sur la chose politique, mais il ne peut l'ignorer. L'idée fédérale est ancienne en Europe. Elle fut proposée à plusieurs reprises(17). Avec l'éloignement, les relations entre la politique et l'économie sont devenues plus évidentes qu'en 1957. On fera trois observations.

En premier lieu, l'élargissement du marché unique repose sur des valeurs communes profondément ancrées dans la culture européenne et atlantique. Le contexte de l'adhésion en 2003 de plusieurs pays de l'Est européens ayant tous une frontière avec la Russie a montré la force du lien entre la démocratie et l'économie de marché telle qu'elle est conçue en Europe ou aux États-Unis. Elle montre aussi le lien entre démocratie politique, démocratie économique, et défense commune, quand on superpose la carte de l'OTAN et celle de la future Union européenne. Le TUE tel qu'il résulte du traité de Lisbonne l'illustre parfaitement.

En deuxième lieu, l'élargissement est allé de pair avec une vision de plus en plus continentale et de plus en plus vaste. La volonté de créer un espace économique continental décloisonné demeure à l'évidence. Le droit européen des affaires devient une sorte de droit fédéral des affaires commun à près de 500 millions de citoyens parmi les plus favorisés de la planète. S'il se superpose sans doute aux droits nationaux, ceux-ci perdent chaque jour de leur importance, au profit de ce droit économique continental.

Mais, en troisième lieu, le fédéralisme se heurte à des réticences multiples, souvent incohérentes entre elles. L'échec du Traité établissant une Constitution pour l'Europe fut révélateur. Finalement, avec le traité de Lisbonne, on a le sentiment d'être toujours au milieu du gué.

(17) V. notamment le mémorandum français de 1930.

16. – **La monnaie sans l'économie ?** D'un point de vue économique, la création de la monnaie unique et de l'Union économique et monétaire (UEM) pour les États de l'Union européenne qui le souhaitent et qui le peuvent, a été une avancée plus que symbolique. Voilà le pouvoir régalien par excellence de battre monnaie qui est transféré à une organisation européenne. L'intérêt économique de la monnaie unique est triple : comparabilité des prix (surtout pour les consommateurs et les PME), élimination du risque de change (quoiqu'il existe des techniques efficaces pour s'en prémunir), profondeur et solidité des marchés monétaire et financier (là est sans doute l'essentiel). Mais les États n'ont pas renoncé à la conduite de leurs politiques fiscales et économiques. Le pacte de stabilité n'a pas été fidèlement mis en œuvre, et fait toujours l'objet de critiques. Son application fut tempérée pendant les crises des années 2008-2013. Trop d'États, même membres de l'UEM, entendent demeurer maîtres de leurs finances publiques, et donc de leurs déficits. Mais ce ne sont pas les États les mieux gérés. Cette tentation porte toujours en germe l'éclatement de la zone euro. Comment avoir une monnaie unique, avec des politiques économiques, fiscales, ou sociales trop divergentes ? Il faudra bien régler cette question essentielle.

Au vu de tout cela, qu'est au fond le droit des affaires de l'Union européenne ?

§ 6. – Le droit européen des affaires

17. – Ce n'est qu'une branche du droit européen. Il concerne les marchés, c'est-à-dire le marché commun général et les marchés dits spéciaux (agriculture, transports...). Il s'intéresse aux « affaires », terme que nous retiendrons bien qu'il soit souvent (notamment en France), entendu de manière péjorative (métaphysique du commerce). Pour parler clair, le droit européen des affaires englobe la monnaie unique, les quatre libertés de circulation (marchandises, capitaux, personnes et services) et les règles de concurrence (ententes, positions dominantes, concentrations, aides d'État, entreprises publiques ou chargées de missions d'intérêt économique général). C'est là le « programme », au sens universitaire du terme. Mais on doit le replacer dans une perspective plus générale. Ce droit a un champ d'application vaste, et est, parmi les droits « européens », celui qui est sûrement d'application la plus quotidienne. Ses finalités, et surtout ses ressorts, quelquefois ambigus, sont plus difficiles à cerner.

18. – **Champ d'application *ratione loci*.** Le droit européen est un droit contagieux. Il s'étend bien sûr aux États membres de l'Union européenne, qui forment à eux seuls l'essentiel de la surface de notre continent, et la très grande majorité de sa population. Mais il rayonne au-delà. D'abord, il doit toujours être repris par les candidats de l'adhésion, ce qui est somme toute naturel. Un constant mouvement d'absorption de ce droit économique se produit (plan Marshall et GATT – traité de Rome de 1957 ; adhésions des États de l'AELE ; 1992 et EEE ; 2003, huit « PECO » et deux États méditerranéens ; un jour peut-être la Turquie). Il est ensuite repris pour l'essentiel, avec des aménagements, tenant notamment à la circulation des personnes, par les droits des pays dits associés. Ce sont des États du pourtour de

la Méditerranée (Israël, Turquie, États du Maghreb). Se construit ainsi progressivement un espace juridique et économique régional, dépassant les frontières du continent européen.

19. – *Champ d'application* ratione materiae. Le traité de Rome a mis en place une union économique, dans laquelle l'économie est mise au service d'intérêts supérieurs de bien-être, de progrès, et de rapprochement des peuples. Ces finalités sont énoncées à la fois dans les préambules du TUE et du TFUE, ainsi que dans l'article 2 TUE. L'économie est donc le moteur de l'intégration. Les raisonnements économiques soutiendront donc souvent les raisonnements juridiques. Des notions peu familières aux juristes, comme celle d'efficience, d'allocation efficace des ressources (TFUE, art. 120), ou de diminution des coûts de transaction, seront souvent décisives[18].

La notion d'activité économique est donc capitale. Elle détermine le champ d'application des règles du traité de Rome. Elle est comprise de façon pragmatique, et indépendante des diverses conceptions ou catégories nationales. C'est une constante du droit européen que d'interpréter les notions qu'il contient à la lumière des objectifs du traité. Ainsi, les subtiles et obsolètes distinctions du droit français autour de la notion d'acte de commerce, de but lucratif[19], ou même de service public (à la française) n'ont guère d'écho. Peu importe aussi les modes d'organisation nationaux. En droit de l'Union européenne, l'activité est économique dès qu'elle est exercée moyennant rémunération, ou dès qu'elle est susceptible de l'être, que la rémunération vienne ou non du consommateur ou de l'utilisateur du produit ou du service, qu'elle soit professionnelle ou non, qu'elle soit rentable ou non.

La notion d'activité économique s'étend donc à des secteurs extrêmement variés. Elle s'étend, en particulier, aux secteurs de la culture, des œuvres d'art, ou des services publics. Elle laisse de côté la sécurité sociale (pourvu qu'il y ait bien une solidarité horizontale et verticale – entre générations – compensation générale, et prestations indépendantes des cotisations), ou les prérogatives purement régaliennes (par ex., concession du domaine public)[20]. Elle est déterminante pour la définition de l'entreprise[21].

20. – Conception « mercantile » ? De « bons esprits », notamment en France, récusent, au nom de leurs « valeurs », cette soumission de secteurs manifestement sensibles au droit économique européen, ou au droit du marché. Cela suggère deux observations. La première pour relever qu'exclure *a priori* certains secteurs du droit

(18) V., par ex., Bienaymé, *Principes de concurrence*, Economica, 1998.
(19) Cass. civ., 11 mars 1914, *Caisse rurale de la commune de Manigod : DP* 1914, I, 257, note L.S.
(20) Télévision, CJCE, 30 avr. 1974, aff. 155/73, *Sacchi*. – Représentation d'œuvres, CJCE, 9 avr. 1987, *SACEM*. – Marchés publics, CJCE, 3 juin 1992, aff. 360/89, *Commission c/ Italie*. – Enseignement supérieur privé, CJCE, 7 déc. 1993, aff. 109/92, *Wirth*. – Sport, CJCE, 12 déc. 1974, aff. 36/74, *Walrave*. – Football, CJCE, 14 juill. 1976, *Dona c/ Mantero*. – CJCE, 18 juill. 2006, aff. C-519/O4 P, *Meca Medina et Majcen c/ Commission*. – CJCE, 1er juill. 2008, aff. C-49/07, *Motoe*. – Services postaux, CJCE, 19 mai 1993, aff. C-320/91, *Corbeau*. – Placement de cadres, CJCE, 23 avr. 1991, aff. C-41/90, *Höfner*. – CJCE, 11 déc. 1997, aff. C-55/97, *Jobcentre*. – Assurances sociales, sous réserve du critère de solidarité nationale, CJCE, 17 févr. 1993, aff. C-159 et C-160/91, *Poucet et Pistre*. – CJCE, 15 nov. 1995 ; aff. C-244/94, *FFSA*. – CJCE, 21 sept. 1999, aff. C-67/93, *Albany*. – Prérogatives régaliennes de gestion du domaine public aérien, CJCE, 19 janv. 1994, aff. C-364/92, *SAT Eurocontrol*, et, toujours à propos d'Eurocontrol, TPICE, 12 déc. 2006, aff. T-155/04, *Selex Sistemi Integrati c/ Commission* et CJCE, 26 mars 2008, aff. C-113/07 P, *Selex Sistemi Integrati*, sur le principe selon lequel il faut chercher si des activités sont détachables d'une mission non économique, V. les arrêts *Motoe* et *Selex*, préc.
(21) V. *infra*, notamment en droit de la concurrence, nos 469 et s.

du marché est loin de signifier par principe liberté et progrès. Il ne faut pas perdre de vue que les droits nationaux ont souvent récusé le droit du marché pour mieux détourner les valeurs démocratiques, et pour limiter, par exemple, les libertés de communication (monopole de la TV), de création (censure), ou qu'ils ont souvent abusé de la notion protéiforme de service public (« à la française » notamment) pour maintenir des services ou des monopoles inefficients, pénalisant à la fois les utilisateurs et la collectivité. La seconde observation tempère la première. Le droit du marché n'est pas un droit abstrait. Il doit s'appliquer *in concreto*, pour tenir compte des spécificités des activités économiques, et des intérêts légitimes qui peuvent être en cause. On vise là d'abord ce qu'on appelle quelquefois en droit européen le *test* de l'intérêt général. Ce test atténue les conséquences de la soumission de principe des secteurs sensibles au droit du marché et légitime les réglementations nationales qui entravent la fluidité du marché, pourvu qu'elles répondent à des considérations d'intérêt général. On doit ensuite admettre les spécificités locales ou nationales dans un espace continental de 500 millions de citoyens. Il faut alors relever que le TFUE exclut de l'harmonisation certains secteurs sensibles comme la culture et la santé publique.

Mais on ne peut négliger la recherche de l'efficience économique, de la meilleure allocation des ressources, et des besoins objectifs des consommateurs ou des utilisateurs finals. La perspective est conforme à nos *valeurs*. Elle montre la finalité démocratique et « citoyenne » du droit économique de l'Union. Cette recherche de satisfaction objective – c'est-à-dire concrète et démontrée – des intérêts de ceux qui sont au bout de la filière économique (consommateurs et utilisateurs finals) explique souvent les craintes de ceux qui, inspirés par des intérêts catégoriels, défendent des services ou des réglementations obsolètes, stériles, ou corporatistes.

Il faut ajouter que, pour peu que l'on considère son application concrète, on constate vite que le droit du marché est bien loin de condamner les créateurs, les services publics universels, les monopoles naturels, ou les réglementations professionnelles justifiées...

21. – **Subsidiarité et décentralisation.** La subsidiarité consiste à limiter l'intervention de l'Union européenne à ce qui est nécessaire à l'exercice des compétences qui lui sont attribuées et à la satisfaction des objectifs qui lui sont assignés par le traité. C'est ce qu'énonce l'article 5 TUE. La subsidiarité s'apparente par certains côtés à la clause de commerce qui figure dans la Constitution américaine(22), mais elle n'empêche pas d'étendre l'action de l'Union européenne au-delà des seules matières qui affectent le commerce entre États membres ou entre les États membres et les pays tiers, car les objectifs de la construction européenne sont plus que strictement commerciaux. La subsidiarité signifie donc deux niveaux de règles. Elle laisse en principe une compétence plus que résiduelle aux États. Cela étant, il est bien entendu difficile pour les États de maintenir des règles nationales contraires

(22) Clause 3, section 3, article 1er ; elle subordonne l'intervention du pouvoir de réglementation du gouvernement à l'existence de relations commerciales entre deux ou plusieurs États fédérés, ou avec des États tiers. Les pouvoirs qui ne sont pas délégués au gouvernement fédéral sont réservés aux États (10e amendement à la Constitution de 1791), même si, en vertu de la clause de la suprématie du droit fédéral, la Constitution et les lois fédérales sont la loi suprême du pays.

dans leur esprit ou leur conception aux règles européennes qui viendraient à être adoptées. En dépit de la subsidiarité, le droit de l'Union a un effet de contagion et d'aplanissement des différences.

La décentralisation est sans doute importante en droit des affaires. Des pans entiers du droit des affaires sont concernés de façon très significative par des règles européennes quasiment exhaustives (libertés de circulation, consommation, concurrence, entreprises chargées de services publics...). La décentralisation consiste à renvoyer aux autorités nationales (administratives, judiciaires) l'application concrète du droit européen. C'est à vrai dire une constante : dès le 9 mars 1978, la Cour de justice, dans son célèbre arrêt *Simmenthal*, soulignait la mission décisive des juges nationaux, qui doivent « de leur propre autorité », « laisser inappliquées » les règles nationales contraires à l'effet utile du droit européen. La décentralisation a fait des progrès. On peut prendre l'exemple du célèbre règlement n° 1/2003 du Conseil du 16 décembre 2002, qui permet désormais aux autorités et juridictions nationales de statuer dans des matières qui relevaient jusque-là de la compétence exclusive de la Commission européenne (rachat des ententes par application de l'article 81, § 3 devenu 101 TFUE). La décentralisation banalise le droit de l'Union, et rend quotidienne son application par la base judiciaire (les tribunaux). La décentralisation renforce la contagion des solutions. D'abord, elle assujettit quotidiennement les autorités et juridictions nationales au droit européen. Ensuite, elle rend très difficile pour elles le maintien de solutions nationales en dysharmonie avec le droit de l'Union, dès lors que les justiciables du droit national et ceux du droit européen se trouvent dans des situations de fait semblables.

22. – **Finalités du droit européen des affaires.** On peut, avec arbitraire, en isoler trois.

Décloisonnement. Le droit européen des affaires a une finalité évidente, immédiate, et fondamentale. Il doit servir à décloisonner le marché continental européen. Le cloisonnement, par les mesures étatiques, ou par les comportements d'entreprises, est le péché capital contre la construction européenne. Ainsi sont condamnées en elles-mêmes (*per se*) les taxes d'effet équivalent à des droits de douane[23], les interdictions ou discriminations légales à l'importation ou à l'exportation[24], ou encore les clauses d'interdiction d'exporter[25]. Mais le décloisonnement n'est pas considéré abstraitement. En dehors de la volonté patente de cloisonner, de nombreuses législations ou conventions entravant le commerce entre les États membres peuvent être rachetées par le test de l'intérêt général. La diversité des législations nationales est en elle-même, du reste, une entrave que les opérateurs et le droit européen doivent accepter[26].

Le droit européen des affaires s'intègre aussi dans la perspective d'ensemble de la construction européenne. Ses objectifs ne sont donc pas qu'économiques. Ils sont aussi démocratiques.

(23) CJCE, 5 févr. 1963, aff. 26/62, *Van Gend en Loos*.
(24) CJCE, 11 juill. 1974, aff. 8/74, *Dassonville*.
(25) TPICE, 14 juill. 1994, aff. 8/74, *Parker Pen*.
(26) CJCE, 20 févr. 1979, aff. 120/78, *Rewe-Zentrale (Cassis de Dijon)*.

Efficience économique. Le droit européen des affaires est un droit économique qui a pour finalité de « renforcer les économies » des États membres, d'en « assurer la convergence », de « promouvoir le progrès économique et social des peuples », de « mettre en œuvre des politiques assurant des progrès parallèles dans l'intégration économique et dans les autres domaines » (TUE, Préambule), et de « garantir la stabilité dans l'expansion, l'équilibre dans les échanges, et la loyauté dans la concurrence » (TFUE, Préambule). Ces termes sont significatifs. Ils inscrivent la construction européenne dans un mouvement d'idées qui conduit à se préoccuper de l'analyse économique du droit, et donc des législations nationales. Dans le champ d'application du droit européen, les droits nationaux seront confrontés non seulement aux règles formelles européennes, mais encore aux principes d'efficience et « d'allocation efficace des ressources » intégrés dans le traité de Rome en 1992 (TFUE, art. 120)[27].

Ces principes font certainement écho, en partie, aux réflexions économiques qui se sont développées au cours du XXe siècle. On doit absolument mentionner les travaux de la deuxième école dite de Chicago, qui cherche depuis Milton Friedman à concilier le marché (la concurrence loyale du préambule du TFUE, et la concurrence non faussée du protocole sur le marché intérieur), les satisfactions individuelles, et les valeurs de la société, ou encore l'intérêt général (test de l'intérêt général, et allocation efficace des ressources). On sait que l'analyse économique du droit, esquissée par Condillac dès 1776 (*Le commerce et le gouvernement*), s'est développée à Chicago sous l'impulsion de Ronald Coase (prix Nobel 1991 ; théorie des coûts sociaux, fondée en partie sur les bienfaits économiques d'une négociation horizontale plutôt que sur une régulation verticale), puis de Richard Posner (qui systématisa l'analyse économique à toutes les lois, même constitutionnelles ; V. aussi Gary Becker, prix Nobel 1992). La réaction régulatrice ne doit donc arriver que de manière subsidiaire, et uniquement si elle est réellement efficiente.

Cette école de pensée s'est toujours opposée à celle, plus traditionnelle, et encore vivante, qui avait déjà inspiré les *Sherman* et *Clayton Acts*, exprimée par la suite par l'école structuraliste dite de Harvard de 1940 à 1970 (avec E. Mason, J.-M. Clark, et J. Bain). On partait de l'observation concrète des marchés, et on constatait que souvent, les marchés sont sinon clos, du moins protégés par des barrières à leur entrée, et que les concentrations ou les monopoles recèlent en eux-mêmes de fortes présomptions d'abus. La structure du marché peut donc générer le risque d'abus, ce qui appelle la réaction législative ou régulatrice, parce que cette réaction est seule susceptible de corriger les excès de la concurrence dans le sens de l'efficience.

Parce qu'il est pragmatique et non systématique, le droit de l'Union européenne s'inspire principalement tantôt de l'un, tantôt de l'autre courant de pensée. Mais d'autres écoles de pensée ont aussi une influence certaine. On peut ainsi citer les théories dites du « bien-être », développées notamment par Pigou, qui a démon-

(27) Cela conduit à favoriser l'offre des PME, facteurs de cohésion économique et sociale, de concurrence, et d'allocation efficace des ressources, V. le projet de *Small Business Act* pour l'Europe, *Think Small First*, communication du 25 juin 2008, Doc. COM (2008), 394 final, dans la perspective du *Small Business Act* américain, voté par le Congrès des USA le 30 juillet 1953.

tré que les activités de chaque opérateur avaient des effets sur les autres ou sur l'environnement. Ces « externalités » sont tantôt positives, tantôt négatives. Les externalités négatives aboutissent souvent à des comportements de *free ride* (ou de passager clandestin). L'influence de cette théorie est très perceptible en droit de l'environnement, afin de parvenir au respect du principe « pollueur payeur ».

Cet arrière-plan économique explique surtout la nature de la confrontation entre le droit de l'Union européenne et les droits nationaux. Cette confrontation peut être d'autant plus redoutable qu'elle n'est pas comprise. Comment des législations nationales inefficientes peuvent-elles répondre au test européen de l'intérêt général[28] ? C'est peu dire que beaucoup de législateurs nationaux n'ont pas encore pris la mesure des enjeux.

Démocratie économique. La satisfaction des consommateurs et des utilisateurs finals est un objectif démocratique. Les préambules du TUE et du TFUE résultant du traité de Lisbonne l'énoncent clairement. La recherche de la meilleure efficience économique et de la meilleure allocation des richesses possibles, au profit des personnes placées au bout de la chaîne économique, doit ainsi profiter au plus grand nombre, c'est-à-dire en clair à la demande ; cette demande doit être confrontée à la meilleure offre possible, en qualité, quantité, et diversité. Cette perspective démocratique du droit du marché est régulièrement brocardée en France, trop souvent par ceux qui sont intégrés dans des filières économiques inefficientes, ou subventionnées, ou encore protégées de la concurrence par des monopoles. Cette perspective démocratique est en revanche bien comprise au niveau du continent européen, ou aux États-Unis d'Amérique.

Au-delà, il y a bien sûr la démocratie politique, ou tout au moins celle des valeurs communes aux peuples européens. Cette exigence démocratique s'était déjà manifestée avec la Convention européenne de sauvegarde des droits de l'homme et des libertés fondamentales. Avec le traité de Lisbonne (V. le préambule du TUE), les droits inaliénables de la personne humaine, la *liberté* et la *démocratie* sont des objectifs fondamentaux de la construction européenne.

Tout cela explique la constante interprétation finaliste, ou téléologique, des règles européennes par la Cour de justice. Mais une interprétation juridique, fût-elle téléologique, ne fait pas nécessairement évoluer les choses sur le terrain. L'évolution ne se produit que si elle s'insère dans un cadre juridique et économique propice à « l'effet utile » de la règle de droit. Ce n'est plus des finalités du droit européen des affaires qu'il s'agit. Il s'agit de ses ressorts, qui le rendent efficace ou non. Ces ressorts sont parfois cachés, parfois décriés, mais souvent utilisés. Ils touchent au droit, à l'économie, mais aussi à la politique et à la psychologie.

23. – **Ressorts du droit des affaires de l'Union européenne.** La construction européenne a toujours oscillé entre espoirs et craintes, entre dit et non-dit, entre politique et économie. Les ressorts du droit de l'Union – et spécialement de son droit des affaires – sont de plusieurs ordres. Ils évoquent parfois ceux du droit

(28) V., par ex., pour l'inefficience contraire au droit communautaire d'un monopole de placement des cadres conférés à un monopole incapable de satisfaire la demande, et néanmoins protégé par la loi pénale, CJCE, 23 avr. 1991, aff. C-41/90, *Höfner*.

comparé. Ils se combinent, se neutralisent ou s'opposent, selon les moments, selon les secteurs, ou selon les situations. On tentera une approximative énumération.

Contestation. Le droit européen des affaires peut être invoqué par les ressortissants des États membres, devant les tribunaux nationaux, pour obtenir de ces derniers qu'ils n'appliquent pas la loi nationale. Cette contestation toujours possible des législations des États, par leurs propres sujets, et par le truchement de leurs propres tribunaux, est un ressort essentiel. Il sert tout particulièrement en droit des affaires, car les contentieux ont souvent des enjeux économiques qui justifient les frais d'un procès. Ce faisant, ce sont les entreprises qui sont à l'avant-garde du droit, mais leurs succès judiciaires sont contagieux : ils permettent aux consommateurs et aux utilisateurs finals de profiter à leur tour des avantages de la construction européenne.

Le très important contentieux qui s'est développé autour des articles relatifs à la libre circulation des marchandises montre à quel point des pans entiers de certaines législations nationales, restrictives et injustifiées économiquement, ont été démantelés (monopole des tabacs, vignette automobile, prix de l'essence, des voyages en avion, réglementation de produits symboliques comme la bière en Allemagne ou les pâtes en Italie...)[29].

Libération. Un trait majeur du droit économique européen apparaît chaque jour davantage. Les libertés qu'il pose permettent à tous les opérateurs économiques de profiter d'un grand marché de près de 500 millions d'habitants. Ces libertés permettent aux entreprises de choisir au mieux de leurs intérêts leurs lieux d'implantation, de production, de direction, ou d'organiser leurs flux d'affaires et leurs flux financiers. Les entreprises européennes, même petites, agissent dans une perspective continentale, alors que les États conservent une vision territoriale. La confrontation est de plus en plus claire, et les États qui adoptent des lois inefficientes font tout simplement fuir ceux qu'ils voulaient contraindre. Le pouvoir des États ne peut être sauvé que par l'Europe, lorsqu'elle crée des réseaux d'autorités nationales à la mesure du continent (V., par ex., le réseau des ANC, ou autorités nationales de concurrence, institué par le règlement n° 1/2003.

Délocalisations. Les libertés européennes favorisent évidemment les délocalisations. La construction européenne implique une compétition multiple : entre les entreprises, entre les États, entre les législations. Cette compétition est souvent dénigrée : des entreprises « non citoyennes » utiliseraient, par exemple, le « *dumping* social ou fiscal » de certains pays membres. Cette vision relève la plupart du temps de l'incantation, et repose sur une analyse tronquée. Comment nier que nombre d'entreprises des pays les plus riches de l'Union européenne ont acquis, grâce au marché unique, une importance qu'elles n'auraient jamais atteinte sur leur marché national ? Cette croissance génère des emplois et de la richesse dans les pays d'origine. Il est vrai, cependant, que les différences de niveau de vie ou de salaires peuvent donner l'impression que les délocalisations sont des pertes de substance économique. Mais il faudrait alors expliquer pourquoi, alors que tous les États de l'ouest de l'Union européenne subissent ce phénomène, seuls certains ne par-

(29) V. *infra*, n°s 98 et s.

viennent pas à garantir durablement à leurs peuples croissance et plein emploi ? N'est-ce pas le rôle des États responsables de veiller à l'impact de leur législation et de leur politique économique ?

Double langage. La plupart des gouvernements sont conscients des évolutions nécessaires. Plutôt que d'adopter des mesures impopulaires dans leurs États, ils préfèrent souvent, plus discrètement, ne pas s'opposer à des directives ou à des règlements européens, pour présenter ensuite à leur opinion publique les réformes impopulaires comme imposées « par » Bruxelles. Faisant cela, ils renforcent de manière insidieuse les reproches de technocratie et de « déficit démocratique » de la construction européenne (encore que ces reproches soient quelquefois fondés). Cette déresponsabilisation des États est un mal nécessaire. Ce peut être un semi-courage que de tenir ce double langage. C'est là sûrement un des moteurs les plus puissants de la construction européenne.

Technocratisme. C'est un ressort essentiel. Il est lié à la fréquente déresponsabilisation des gouvernements devant leur opinion publique. Pourtant le terme est péjoratif, et fait écho au reproche latent de « déficit démocratique » adressé à la construction européenne. « L'Eurotechnostructurocratisme » (Ch. Gavalda) conduit sans doute à élaborer trop de textes abscons. Mais il a aussi ses bons côtés : il favorise une réglementation dépassionnée par rapport à celle des États, moins précipitée, mieux préparée. Et puis nos sociétés complexes ont souvent besoin de textes compliqués, destinés exclusivement aux professionnels d'un secteur économique.

Résistance. On présente quelquefois la construction européenne comme un avatar local d'une mondialisation sans garde-fous. C'est oublier l'essentiel. La construction européenne vise avant tout les peuples, et repose sur des « politiques », agricole, de concurrence, ou autres. L'économie est asservie à des objectifs plus vastes. Le test de l'intérêt général permet la résistance quand elle est nécessaire. Il permet d'abord de sauver des aspects essentiels des diverses législations nationales non harmonisées. Il permet aussi de transporter au niveau européen des intérêts généraux communs aux États membres (par ex., télévision, programmes média, réseaux, services universels des postes, de l'électricité...)[30], pour les opposer ensuite dans les négociations internationales.

Harmonisation. L'Europe est un espace, mais aussi une mosaïque, avec beaucoup de valeurs communes. De plus, les économies des États membres ne sont pas excessivement différentes. L'harmonisation, quand elle est nécessaire et possible, est un des moyens de parvenir à un véritable espace économique décloisonné. La matière du droit économique se prête souvent assez bien à une harmonisation poussée (par ex., secteurs financiers, droit boursier).

L'harmonisation peut aussi être indirecte, et plus sournoise. On vise là la *décentralisation*, par exemple dans l'application du droit de la concurrence. Ce ressort sera essentiel. Dans la mesure où les autorités ou juridictions nationales pourront appliquer le droit de l'Union dans sa plénitude, il sera difficile de laisser subsister

(30) V., par ex., CJCE, 19 mai 1993, aff. C-320/91, *Corbeau*. – CJCE, 27 avr. 1994, aff. C-393/92, *Cne d'Almelo*. – CJCE, 23 oct. 1997, aff. C-159/94, *Commission c/ France, gaz et électricité*. – TPICE, 27 févr. 1997, *FFSA-La Poste*.

des droits nationaux par trop différents. Comment faire comprendre aux justiciables que, pour des faits tout à fait similaires, les décisions du même juge seront différentes selon qu'il applique son droit national ou le droit européen ? En clair, la décentralisation de l'application du droit européen porte en germe le rabotage des droits nationaux. Elle rend visible la compétition entre les lois nationales, et favorise l'élimination de celles qui sont excessives ou injustifiées.

Fédéralisation. Le droit européen ouvre aux ressortissants des États membres et leurs juristes, habituellement myopes, des perspectives juridiques inédites. Les droits nationaux se comparent et se confrontent, et le droit européen s'y mêle.

Comment faire avec des traditions juridiques différentes, avec un espace où des pays de *Common Law* voisinent avec des États de tradition romano-germanique ? Uniformiser le droit est une entreprise sans espoir. Les tenants de « codes » européens sont vraisemblablement trop enkystés dans certains modes de pensées nationaux. Ce n'est pas à dire que des codes européens soient inimaginables. On peut en rédiger dans certains domaines techniques, ou dans certains secteurs particuliers (droit fiscal, services financiers peut-être). Des codes généraux sont inenvisageables. Tout au plus pourrait-on écrire un *codex* des principes de base communs, un peu à la manière de la célèbre partie générale (*General Klauseln*) du *BGB* allemand.

En clair, la construction européenne implique un droit des affaires de nature fédérale[(31)]. Un droit de l'espace européen, bénéficiant de la primauté et souvent de l'applicabilité directe se superpose aux droits nationaux, qui conservent leur empire (sous réserve bien sûr de l'harmonisation nécessaire), tant que le marché européen n'est pas en cause, ou tant que le droit européen ne s'est pas développé. L'articulation de ces deux niveaux de corps de règles juridiques est déjà une réalité. L'exemple du droit de la concurrence est illustratif. Le critère d'« affectation du commerce entre les États membres » permet d'articuler les droits nationaux avec le droit européen. Ce critère évoque irrésistiblement la « clause de commerce » inscrite dans la Constitution américaine, qui ne donne compétence au Congrès que pour régir le commerce entre États fédéraux, ou le commerce entre les États-Unis et les pays tiers (on retrouve la subsidiarité).

Les conséquences en sont multiples. Il y aura d'abord une disparition progressive des lois nationales trop déviantes ou injustifiées. Il y aura ensuite une multiplication des conflits de lois. Le droit européen s'y est préparé. On peut même observer qu'on a essayé de simplifier et d'harmoniser les règles de conflit, mais aussi de les orienter dans un sens démocratique, en protégeant les consommateurs contre l'application de lois nationales qui leur sont étrangères[(32)].

Mondialisation. Américanisation diront certains. Le droit de l'Union est celui d'un continent. La perspective est mondiale, puisque les frontières sont repoussées aux limites du continent. En vérité, ce droit est un filtre. Il filtre sur notre continent le grand vent du large, qui vient d'Amérique et d'ailleurs, et qui est celui de la mondialisation (tant qu'elle se développe). Il habitue progressivement nos entreprises,

(31) Même s'il n'y a pas de fédération politique des États.
(32) V. Règl. n° 593/2008, 17 juin 2008 (Rome I) sur la loi applicable aux obligations contractuelles et n° 864/2007, 11 juill. 2007 (Rome II) sur la loi applicable aux obligations non contractuelles.

nos consommateurs, nos juristes, à d'autres horizons et à d'autres raisonnements. C'est là une constante européenne. La période qui a précédé la signature du traité de Rome montre la profonde influence des États-Unis, de leurs valeurs démocratiques et économiques. Les règles européennes de concurrence sont manifestement inspirées de celles du *Sherman Act* du 2 juillet 1890 et du *Clayton Act* du 15 octobre 1914. Elles n'en sont pas pour autant la reproduction[33]. De toute façon, dans l'entreprise de construction d'un marché continental européen, avec en point de mire les virtuels États-Unis d'Europe, l'exemple américain ne peut qu'inspirer, par son ancienneté et son succès.

Avec les progrès enregistrés depuis les accords de l'Organisation mondiale du commerce (OMC) de 1994, l'espace transatlantique devient chaque jour davantage une réalité. Suppose-t-il une évolution du droit européen, pour le rapprocher plus encore du droit américain ? On peut, en ce sens, signaler l'évolution des concepts mis en œuvre en matière de concentrations, du règlement n° 4064/89 du 21 décembre 1989 au règlement n° 139/2004 du 20 janvier 2004[34]. Mais ce qui est inéluctable en matière de concentrations n'est pas partout souhaitable. La transposition mesurée des concepts américains et du GATT réalisée par les rédacteurs du traité de Rome permet de ménager la relative spécificité du droit européen, avec ses politiques communes, et son test de l'intérêt général adapté à notre continent et à nos valeurs.

24. - **Plan.** La permanence des objectifs assignés à la construction européenne en matière de droit des affaires conduit tout naturellement à étudier, dans une première partie, l'Union économique et monétaire, qui donne une portée nouvelle aux libertés de circulation – des marchandises, des capitaux, des personnes et des services – qui seront traitées dans une deuxième partie, avant que soient abordées les règles de comportement des entreprises et des États sur le marché intérieur européen, analysées dans une troisième partie.

(33) V. *infra*, n° 437.
(34) V. *infra*, n°s 776 et s.

PREMIÈRE PARTIE

L'UNION ÉCONOMIQUE ET MONÉTAIRE

25. – **Précédents historiques.** Les rédacteurs du traité de Rome avaient vraisemblablement présents à l'esprit, en 1957, ces deux précédents européens que furent l'Union latine et le *Reichsmark*. L'Union latine fut sans doute effective de 1865 à la Première Guerre mondiale, mais pécha constamment par l'absence de convergence économique entre ses membres. En revanche, l'instauration du *Reichsmark* se fit sur le socle plus ancien et plus solide du *Zollverein* (1834-1867).

26. – **Mission de l'Union européenne.** L'article 2 du traité de Rome, dans la rédaction que lui a donnée celui de Maastricht, comme l'article 2 du Traité sur l'Union européenne, dans sa version initiale, avaient déjà rangé l'Union économique et monétaire (UEM) parmi les moyens permettant l'accomplissement de la mission essentielle de la Communauté, qui est d'assurer un développement harmonieux et équilibré des activités économiques. Cette finalité est rappelée aussi bien dans le préambule du TUE, que dans son article 3, ou dans l'article 119 TFUE. Cet article 119 lie étroitement l'instauration du marché intérieur, l'économie de marché ouverte où la concurrence est libre, les changes uniques, la stabilité des prix, et des finances publiques saines et stables.

On perçoit immédiatement la différence, mais aussi l'étroite imbrication entre la politique monétaire (dévolue à l'Union européenne par un transfert de souveraineté en ce qui concerne les États qui ont choisi l'euro), et les politiques économiques qui demeurent nationales tout en étant assujetties aux principes directeurs énoncés aux articles 3 TUE, et 120 et 121 TFUE.

27. – **Avantages.** Les avantages de la monnaie unique sont multiples. On en énumérera certains, sans prétendre à l'exhaustivité.

On commencera par les consommateurs. La monnaie unique permet une meilleure comparabilité des prix et des offres. Elle est sans doute indispensable pour réaliser l'Europe des consommateurs. On songe bien sûr au tourisme, mais aussi aux opérations transfrontalières portant sur des marchandises ou des services (notamment financiers). Le commerce électronique, et la libre prestation de services (LPS), sont économiquement dépendants de la monnaie unique. La monnaie unique permet aussi une plus grande sécurité dans les opérations qui ne se dénouent pas immédiatement (par ex., services financiers). Le risque de change, impossible à maîtriser pour un consommateur, disparaît. La monnaie unique permet ainsi aux consommateurs de profiter autant que possible de l'avantage essentiel du marché intérieur européen qu'est la multiplication des offres, et donc des choix. La perspective démocratique de la construction européenne fait considérer avec faveur la multiplication des offres de toutes provenances européennes à destination des citoyens économiques.

On continuera par les entreprises. Elles y trouvent en premier lieu des avantages identiques à ceux qu'en retirent les consommateurs : comparabilité, sécurité, prévisibilité, possibilité effective de proposer une offre dans tout l'espace européen. La disparition du risque de change est déjà beaucoup.

Les entreprises trouvent en second lieu dans la monnaie unique des possibilités de financement ou de refinancement améliorées, et cela à deux points de vue. D'abord, la monnaie unique, en faisant disparaître le risque de change, aboutit à une certaine uniformisation des taux d'emprunt et des conditions de financement (bien que le poids de la dette des États induise encore certaines distorsions). Cela veut dire que les taux seront fixés en fonction des mérites de l'entreprise, et non en fonction de l'État de localisation (car, auparavant, les emprunts étaient majoritairement consentis dans la devise de cet État). Ensuite la monnaie unique donne finalement naissance à un grand marché financier européen. Ce marché est profond. Les financements, les refinancements, ou les investissements sont facilités et décloisonnés. Cela stabilise les taux et les cours, ce qui est favorable aux entreprises prêteuses comme emprunteuses. La monnaie unique a incontestablement accéléré le mouvement non encore achevé de concentration des bourses de valeurs, et accélérera le mouvement de concentration dans les secteurs financiers (banque et assurance).

Les économies nationales y trouvent aussi des avantages. D'un point de vue macro-économique, l'intégration des économies des États participants dans la zone euro diminue leur exposition aux fluctuations internationales. En effet, l'essentiel des échanges se concentrant entre les États participants à la zone, les mouvements des devises – par exemple de l'euro face au dollar – n'ont plus l'impact quelquefois ravageur qu'avaient les mouvements du franc face à ce même dollar. Il s'ensuit une relative insensibilité à l'extérieur, comparable toutes proportions gardées à celle des États-Unis d'Amérique.

28. – **Les conséquences inéluctables.** Certains n'hésiteront pas à y voir des inconvénients. La principale conséquence est la perte de souveraineté des États. Battre monnaie est l'apanage du souverain. Les souverainistes la regrettent par principe. La seconde conséquence est une conséquence réflexe. Elle est sans doute essentielle. La monnaie unique rabote inéluctablement la liberté des États dans la conduite de leurs politiques économiques, fiscales et sociales, c'est-à-dire dans la conduite de toutes les politiques qui ont un impact financier, et donc budgétaire. C'est considérable.

Le résultat est la concurrence entre les États, entre leurs politiques, et leurs législations. Les paramètres sont les taux et l'inflation. L'Europe monétaire (zone euro) a regroupé à ses débuts des États qui avaient rapproché considérablement leurs économies. Théoriquement, la mobilité des facteurs pouvait être parfaite entre eux. Mais on a peut-être brûlé les étapes en y intégrant des États plus fragiles, sans attendre une convergence économique suffisante. Certains ont des coûts moins élevés (salaires, notamment), des systèmes de redistribution moins contraignants, et bénéficient donc d'un relatif avantage (ils sont ainsi exposés quelquefois au reproche – dépourvu de fondement technique – de *dumping* social ou fiscal). Ils attirent donc des entreprises sur leur sol. Il y aura inévitablement un rattrapage. En effet, l'inflation y est souvent plus élevée que dans le reste de la zone euro, et, si cela laisse entrevoir, à terme, un alignement des conditions de coût dans l'ensemble de la zone, une période de crise comme a connu le monde en 2008-2013 peut révéler la trop grande fragilité de leurs finances publiques. À terme, cependant, on peut espérer une uniformisation des conditions de coût dans tous les pays de la zone euro.

29. – **Objectif politique.** La monnaie unique répond sans doute au souci d'achever le marché intérieur européen. Elle a aussi un objectif plus vaste. Le transfert de souveraineté est considérable et symbolique. On dépouille les États d'une prérogative régalienne et séculaire. En ce sens, le projet est véritablement politique. Mais il a aussi des aspects économiques et financiers essentiels. Il s'agit de rendre attractive cette zone monétaire, pour y attirer les capitaux du monde entier, et pour faire de sa monnaie une monnaie internationale de règlement, et une monnaie de réserve. C'est la question de la répartition des rôles entre l'euro et le dollar des États-Unis d'Amérique. On ne saurait mieux faire que reproduire ici les propos tenus par Jacques Delors, ancien président de la Commission européenne. Celui-ci déclarait en effet :

> « La monnaie unique, c'est aussi un instrument de puissance. Rappelez-vous, la lutte justifiée du général de Gaulle contre l'impérialisme du dollar : est-il normal qu'un système monétaire, une fois que le dollar n'est plus soumis à la contrainte de la convertibilité en or, permette à un pays de bénéficier des avantages d'une monnaie internationale qui serve de monnaie de base ? La création d'une monnaie européenne permettra à l'Europe d'obliger les Américains à respecter eux-mêmes un certain nombre de règles du jeu. Par conséquent, la réalisation de l'Union économique et monétaire sera un grand atout pour établir un nouveau système monétaire international plus efficace... »[(1)].

30. – **Une zone monétaire optimale ?** Le lien entre la politique monétaire (taux d'intérêt, création de monnaie) et la politique budgétaire (augmentation de dépenses publiques) est très étroit, et est au centre de nombreuses analyses économiques. L'opinion dominante est que ces politiques doivent être articulées afin de favoriser les ajustements optimaux. On peut voir dans la création de la zone euro une tentative d'application de la théorie de la zone monétaire optimale énoncée par R. Mundell. Cet économiste avait imaginé que le continent nord-américain pouvait être divisé en deux zones (est et ouest), en raison de la mobilité des facteurs de production dans ces deux zones, chacune pouvant dès lors avoir une monnaie unique. La mobilité de facteurs doit en principe réaliser les ajustements nécessaires,

(1) J. Delors, *Entretiens avec Dominique Walton*, Odile Jacob, 1994, p. 241.

ce que permet aussi une flexibilité des taux de change. La zone monétaire optimale correspond vraiment à la notion de « marché intérieur »[(2)]. Mais la mobilité des facteurs est loin d'être parfaite dans l'Union européenne, en dépit de l'affirmation juridique des libertés de circulation des marchandises, des capitaux, des personnes, et des services. On mesure ainsi d'entrée de jeu le hiatus étonnant entre la politique monétaire confiée à la Banque centrale européenne et les politiques budgétaires laissées aux États, dans une zone monétaire à taux de change fixes à l'intérieur et flexibles à l'extérieur, dans laquelle la mobilité des facteurs économiques demeure très imparfaite. On peut alors comprendre, autrement que politiquement, le refus de la Grande-Bretagne.

Le problème de fond demeure donc en Europe : une union monétaire (Titre 1) est-elle pérenne sans convergence économique (Titre 2) ?

(2) C. Nême, *La pensée économique européenne depuis Keynes*, Economica, 2001, p. 49.

TITRE 1

LA MONNAIE UNIQUE

31. – **Monnaie unique, politique monétaire, et institutions monétaires.** L'avènement de la monnaie unique fut prévu selon un calendrier fixé aux articles 116 à 124 de l'ancien Traité instituant la Communauté européenne. Les conditions pratiques du passage à la monnaie unique dépendent en principe de conditions objectives et non du libre choix des États membres, car l'un des objectifs de l'Union est l'instauration d'une Union économique et monétaire dont la monnaie est l'euro (TUE, art. 3) (Chapitre 1). Mais les conditions de ce passage à la monnaie unique ne peuvent être considérées qu'à la lumière des dispositions donnant naissance à des institutions permettant l'expression d'une politique monétaire européenne (Chapitre 2).

CHAPITRE 1

LE PASSAGE À LA MONNAIE UNIQUE

32. – **Les prémices. Du traité de Rome à celui de Maastricht : vers l'irrévocabilité et la convergence.** Tout était peut-être en germe dans le traité de Rome, mais rien n'était fait. La rédaction initiale contenait en effet des dispositions tout à fait incongrues pour une simple Union douanière, ou même pour un « Marché commun ». Sans doute le Titre II relatif à la politique économique demeurait-il respectueux des souverainetés nationales, mais elles devaient être transcendées par l'intérêt commun : cela était exprimé pour les politiques de conjoncture ou de change (art. 103 et 107 initiaux), et la coordination des politiques économiques, monétaires, avec la collaboration des banques centrales, en était le prolongement (art. 105 et 106 initiaux). Plus encore, les États acceptaient de pratiquer des politiques économiques nécessaires pour assurer l'équilibre de leur balance des paiements, la confiance dans leur monnaie, tout en maintenant un haut niveau d'emploi et une stabilité du niveau des prix (art. 104, initial). Peut-être l'échec de l'Union latine, morte de l'absence de discipline commune, explique-t-il les termes employés en 1957 ? En tout cas, ils apparaissent prémonitoires.

Dans les années qui suivirent, on tenta d'approfondir la coordination envisagée. Une réflexion d'ensemble fut menée en 1970 dans le cadre du rapport Werner, dans lequel la convertibilité totale envisagée s'appuyait sur une convergence des politiques économiques.

Les événements décidèrent. La décision prise le 15 août 1971 par le président Nixon de laisser flotter le dollar par rapport à l'or introduisit le désordre monétaire en Europe, en même temps qu'elle fit prendre conscience des avantages que pouvait avoir un système fixe intra-européen opposé à une flexibilité monétaire externe. Reprenant les travaux du rapport Werner, on parvint à créer le serpent monétaire (21 mars 1972), et à rapprocher les banques centrales autour d'un objectif de stabilité. Le serpent ne permit pas la stabilité recherchée (le pivot était le dollar, et trop de monnaies européennes restaient à l'écart, dont le franc et la livre). Aussi imagina-t-on un Système monétaire européen, où le pivot serait un étalon commun. Le sommet de Brême admit le mécanisme, et une série de décisions furent adoptées en décembre 1978, notamment celles créant l'Unité de compte européenne (ou « ECU »), que le Fonds européen de coopération monétaire (FECOM) devait utiliser dans ses opérations. Toujours envisagée, la convergence économique demeurait quant à elle embryonnaire.

L'irrévocabilité des parités n'était pas encore atteinte, loin s'en faut. L'Acte unique européen de février 1986 ne modifia guère le traité de Rome à ce propos. Toutefois, il inséra dans le traité une nouvelle section au titre révélateur : « La capacité monétaire », et il s'agissait cette fois de celle de la Communauté...

Les travaux se poursuivaient avec la volonté de traiter de front l'irrévocabilité des parités (que les crises monétaires faisaient souhaiter) et la convergence économique. Les accords de Bâle (banques centrales) et de Nyborg (conseil) de septembre 1987 avaient renforcé les politiques d'intervention sur les mécanismes de change et rendu possible la directive du 24 juin 1988. À Hanovre, en juin 1988, on mandata un comité présidé par M. Jacques Delors pour établir un rapport. Le rapport Delors liait d'une part les libertés de convertibilité, de circulation des capitaux à l'irrévocabilité des parités et, d'autre part, considérait comme nécessaires de réelles contraintes en matière de politique économique. Le rapport Delors abordait aussi la question institutionnelle : si l'Union monétaire devait être communautaire, il n'en allait pas de même des politiques économiques, qui devaient relever des États membres en application du principe de subsidiarité (la contrainte dans la convergence des politiques économiques posait une difficulté juridique).

33. – **Les première et deuxième phases.** La progressivité est naturelle pour un projet de cette ampleur.

La première phase était commencée au moment de la conclusion du traité de Maastricht. Elle avait débuté avec l'entrée en vigueur de la directive du 24 juin 1988 instaurant la liberté de circulation des capitaux entre États membres, soit le 1er juillet 1990. Cela allait de pair avec une surveillance multilatérale de la convergence des économies[(1)]. Les États devaient veiller à la stabilité des prix et à la santé de leurs finances publiques.

La seconde phase fut la phase capitale. Il fallait réaliser une convergence suffisante des économies pour rendre possible le passage irrévocable à la monnaie unique. Cette convergence ne pouvait être uniquement celle des États qui allaient participer à la phase finale de l'UEM. La cohésion économique, objectif fondamental, impliquait donc aussi une convergence des États qui allaient rester à la deuxième phase, et une surveillance multilatérale de leurs politiques économiques comme de leurs déficits. Les États membres « participant » à la troisième phase, ont dû satisfaire aux critères de convergence dits « de Maastricht ». Ces critères ont été abondamment commentés. Dans l'année qui a précédé l'avènement de la monnaie unique, les États participants ont dû justifier d'une inflation supérieure au maximum de 1,5 % à la moyenne des trois meilleurs États membres, d'un déficit public inférieur à 3 % du PIB aux prix du marché, d'un rapport de 60 % entre la dette publique et ce même PIB, et de taux à long terme ne dépassant pas 2 % de ceux des trois meilleurs États en matière de stabilité des prix. Dans les deux années précédentes, ils devaient avoir participé au système monétaire européen (SME), en respectant

(1) Déc. n° 90/141 abrogeant une directive n° 74/121 du 18 février 1974 relative aux instruments d'intervention dont les États devaient se doter.

ses marges de fluctuation sans connaître de tensions graves. Le Conseil, à la majorité qualifiée, a déterminé les États participants. La souplesse et le pragmatisme ont permis de résoudre des cas délicats.

Deux importants conseils européens se sont tenus en 1995 et 1996. Celui de Madrid, tout d'abord, les 15 et 16 décembre 1995. Il restera dans les mémoires comme celui qui choisit le nom « euro » pour la future monnaie. Ensuite celui, plus important, de Dublin du 13 décembre 1996. On y décida le principe du passage à la monnaie unique à la date du 1er janvier 1999 et le remplacement des signes monétaires nationaux au 1er janvier 2002. On y accepta deux importantes propositions de règlement, l'une organisant le passage à la monnaie unique dans les États participants, et l'autre posant le principe de la continuité des contrats, notamment de ceux libellés en écus[(2)]. Ce sommet de Dublin enregistra aussi l'accord des participants sur la nécessité d'un pacte de stabilité afin de maintenir la convergence de leurs économies après le passage à la troisième phase de l'Union monétaire. Juin 1997 a vu, à Amsterdam, les choses entrer dans leur phase concrète, avec l'adoption de l'ensemble de ce pacte[(3)].

34. – **La troisième phase toujours en cours.** C'est le passage à la monnaie unique pour les États qui satisfont aux critères de convergence requis. En principe, il ne devrait y avoir que deux catégories d'États, ceux qui sont *in*, et ceux qui sont *out* parce que ne répondant pas aux critères (on les appelle États bénéficiant d'une « dérogation »). Mais il a bien fallu tenir compte du refus de certains, qui forment donc une troisième catégorie.

35. – **Premier groupe. États participants. « Zone euro ». Substitution de monnaie. Règlement concernant l'introduction de l'euro.** Ces États sont au nombre de dix-huit en 2014[(4)]. À ces États, il faut ajouter les États ou territoires qui sont soit inclus dans la zone euro (San Marino, le Vatican, Monaco et Andorre), soit qui sont liés par une parité fixe avec l'euro (zone du franc CFA et TOM français).

Conformément aux dispositions de l'article 140, § 3 TFUE, explicitées et modifiées par le protocole numéro 1 annexé au traité de Lisbonne, les États qui le souhaitent peuvent choisir l'euro si le Conseil estime qu'ils satisfont aux critères dits de Maastricht.

Lorsque l'État devient participant, le Conseil de l'Eurogroupe fixe les parités irrévocables entre la monnaie nationale et l'euro, en application du règlement n° 2866/98 modifié du 31 décembre 1998, et l'on procède à l'introduction de l'euro scriptural et fiduciaire (Règl. n° 974/98 mod., 3 mai 1998), ce qui implique toute une série de mesures nationales (déclarations fiscales ; conversion des titres de créances, des titres financiers, marchés financiers, substitution d'indices, affichage des prix...).

L'introduction massive de la monnaie fiduciaire en euros à l'échelle d'un continent a aussitôt soulevé la question du faux-monnayage, qui a été communautarisée, même pour les États non participants[(5)].

(2) V. *JOCE* n° C 369, 7 déc. 1996.

(3) V. *infra*, n° 46.

(4) Allemagne, Autriche, Belgique, Espagne, Finlande, France, Grèce, Irlande, Italie, Luxembourg, Pays-Bas, Portugal, Grèce, Slovénie, Chypre, Malte, Slovaquie, Estonie, et Lettonie en 2014, Lituanie en 2015.

(5) Décision-cadre du Conseil, 29 mai 2000, règlements du 28 juin 2001, décision des 6 et 17 décembre 2001 et décision de la BCE du 8 novembre 2001.

36. – **États participants. Période transitoire. Continuité des contrats. *Lex monetae*. Règlement complémentaire n° 1103/97**[6]. L'introduction de l'euro dans un État rend toujours inéluctable une période transitoire. Il faut gérer la dualité d'expression monétaire des « instruments juridiques »[7]. Cette période intermédiaire est gouvernée par le principe du « ni ni » (ni obligation ni interdiction). Cela signifie que l'unité monétaire euro ne peut pas être rendue obligatoire d'un coup dans les États participants, sauf en ce qui concerne la dette publique et les marchés organisés[8]. Des instruments juridiques (contrats, jugements, comptes en banque...) peuvent donc continuer à exister ou à être créés, soit en euro soit en unités nationales. En principe, et sauf convention contraire, l'exécution devait avoir lieu dans l'unité désignée[9].

L'introduction de l'euro comme monnaie des États participants, et la perte du cours légal des unités nationales, sont caractéristiques d'une loi monétaire. Elle s'impose bien sûr en raison de cette nature, mais aussi parce que la substitution de monnaies résulte de dispositions du traité, et surtout des dispositions impératives des règlements. Cette substitution produit des effets juridiques dans tous les États dans lesquels les règlements seront applicables. Les États non participants doivent donc respecter le changement de loi monétaire des États participants.

37. – **États participants. Politique monétaire européenne.** Les États qui choisissent l'euro abandonnent leur souveraineté monétaire. Aussi le TFUE, en son article 3, précise-t-il que l'Union dispose d'une compétence exclusive pour la politique monétaire des États membres dont la monnaie est l'euro. Le TFUE a clarifié les choses en donnant un statut particulier à l'Eurogroupe. Il est prévu que, au sein de l'ECOFIN[10], seuls les États membres de l'Eurogroupe se prononceront sur les sujets les plus importants de politique économique et monétaire (surveillance multilatérale, déficits excessifs, objectifs et missions du système européen de banques centrales, émission de l'euro, accords monétaires, politique de change, décisions européennes établissant des positions communes dans les institutions internationales revêtant un intérêt pour l'UEM, ou représentation unifiée de la zone euro)[11].

38. – **Deuxième groupe. États membres faisant l'objet d'une dérogation.** Sous ses termes équivoques, l'article 139 TFUE désigne en réalité les États qui n'ont pas été considérés par le Conseil comme remplissant les conditions nécessaires pour le passage à la monnaie unique. C'est le statut normal des nouveaux États membres. Un certain nombre de dispositions essentielles de l'UEM ne s'appliquent pas à ces États, et ils ne votent pas à leur sujet au sein du Conseil ECOFIN[12]. Lorsque des

(6) Règl. n° 1103/97, 17 juin 1997 : *JOCE* n° L 162, 19 juin 1997.
(7) Notion volontairement large, qui inclut dispositions législatives et réglementaires, décisions de justice, contrats, actes unilatéraux, instruments de paiement autres que billets ou pièces, et autres instruments ayant des effets juridiques (V. art. 1er des deux règlements).
(8) Règl. n° 974/98, art. 8, § 4.
(9) Règl. n° 974/98, art. 8, § 1 et 8, 2 ; lorsque le règlement devait être fait par crédit du compte du créancier, le débiteur pouvait choisir l'unité dans laquelle il se libère, la conversion dans la monnaie dans laquelle est tenu le compte du créancier devant être effectuée au taux de conversion irrévocable (cela devrait être sans frais). – V. les règles similaires pour les opérations de *netting* ou de compensation.
(10) Conseil des ministres de l'Union composé des ministres des Finances.
(11) TFUE, art. 136 à 139.
(12) V. *supra*, n° 37.

décisions doivent être approuvées par le Conseil en application de ces dispositions, les droits de vote de ces États sont suspendus(13). De plus, ces États ne se voient pas appliquer les dispositions du Système européen des banques centrales (SEBC) qui se rattachent aux fonctions monétaires de la troisième phase(14). Leur situation doit être réexaminée tous les deux ans au moins(15).

39. – **Troisième groupe. États qui n'ont pas décidé de parvenir à la troisième phase. Clause d'*opting out* au profit du Royaume-Uni. Situation particulière du Danemark et de la Suède.** Un protocole règle la question posée par le refus de la Grande-Bretagne de s'engager dans la phase ultime de la construction monétaire. Le gouvernement britannique peut néanmoins notifier une intention contraire à tout moment. Tant que le Royaume-Uni reste à l'écart, il conserve ses prérogatives monétaires(16), et se trouve dans une situation comparable à celle des États membres bénéficiant d'une dérogation(17).

Quant au Danemark, un protocole plus court que celui relatif au Royaume-Uni se borne à enregistrer que ce pays n'a pas décidé de passer à la troisième phase de l'UEM, qu'il est assimilé aux États faisant l'objet d'une dérogation, et qu'il peut toujours se soumettre à la procédure de fin de dérogation.

De son côté, sans bénéficier d'aucun statut particulier, la Suède est demeurée à l'écart de l'UEM. La Couronne suédoise ne participe pas au système de change du SEBC, ce qui est une condition pour participer à l'euro.

(13) TFUE, art. 139, § 2.
(14) Prot. SEBC-BCE, chap. IX.
(15) TFUE, art. 140.
(16) Art. 121 ; le Royaume-Uni vote cependant pour désigner les États participants.
(17) V. *supra*, n° 38.

CHAPITRE 2

LA POLITIQUE MONÉTAIRE EUROPÉENNE

40. - **Compétences monétaires variables de l'Union.** Même si un des buts de l'Union est de constituer une union économique et monétaire dont la monnaie est l'euro (TUE, art. 3, § 4), même si cet objectif s'impose aux États membres, il n'empêche que beaucoup ne réunissent pas les conditions requises pour adopter l'euro, tandis que d'autres qui les réunissaient ont refusé la monnaie unique(1). Dans ces conditions, il n'était pas possible de doter les institutions monétaires européennes de compétences uniformes. Il a bien fallu distinguer selon que les États étaient ou non participants à la monnaie unique.

C'est pour cela que l'article 3 TFUE précise que l'Union dispose de compétences exclusives en ce qui concerne la politique monétaire des seuls États membres dont la monnaie est l'euro, tandis que son article 139 dispose qu'un certain nombre de mesures prévues par les traités en matière de politique monétaire ne s'appliquent pas aux États faisant l'objet d'une dérogation (par ex. : objectifs et missions du SEBC, émission de l'euro, usage de l'euro, accords monétaires, etc.).

Finalement, les deux principales institutions monétaires européennes que sont la SEBC et la BCE ont des compétences à géométrie variable.

Mais il faut tout de suite souligner que ces deux institutions doivent être indépendantes tant des États que de l'Union elle-même(2).

41. - **Le Système européen des banques centrales (SEBC) et l'Eurosystème(3).** Le regroupement des banques centrales nationales (BCN) de tous les États membres au sein d'un réseau animé par la BCE est naturel dans la perspective ultime d'une union économique et monétaire étendue à tous les États membres. Aussi le SEBC comprend-il toutes les banques centrales, y compris celles des États qui n'ont pas adopté l'euro. Mais les missions du SEBC ne peuvent pas être identiques selon que l'on considère les États de la zone euro, et les autres. Aussi le traité de Lisbonne et le protocole annexé cantonnent les missions du SEBC aux États de la zone euro. Ainsi en est-il en particulier des missions monétaires énoncées à l'article 127, § 2 TFUE : stabilité des

(1) V. *supra*, nos 38 et 39.
(2) TFUE, art. 130 et 131, ex-art. 105 à 107 TCE.
(3) TFUE, art. 127 à 129, ex-art. 105 et s. TCE ; *adde* du protocole relatif au SEBC et à la BCE, anciennement annexé au TCE, puis au traité de Lisbonne (Prot. n° B.1).

prix, politique monétaire de l'Union, réserve de changes, opérations de change, gestion des réserves officielles des États membres, systèmes de paiement, contrôle prudentiel des établissements de crédit et stabilité du système financier (V. TFUE, art. 139).

En clair, le SEBC n'a guère d'influence sur les États hors euro et sur leurs banques centrales.

Afin de rendre praticable cette focalisation du SEBC sur l'Eurosystème, l'organisation de la BCE, organisme fédérateur du SEBC, est articulée de manière à donner un rôle particulier aux membres de l'Eurosystème.

42. - **La Banque centrale européenne (BCE)**[4]. C'est une institution de l'Union à part entière (TUE, art. 13), ce qui se comprend puisque l'objectif ultime de l'Union est une UEM comprenant tous les États membres (TUE, art. 3). La BCE chapeaute donc naturellement toutes les banques centrales nationales des États membres, mais elle a un rôle de direction du SEBC pour les États de l'Eurosystème, alors qu'elle a un rôle plus évanescent à l'égard des États hors euro (TFUE, art. 129).

Sa direction reflète la difficulté. Elle est dirigée par un directoire, qui doit mettre en œuvre les orientations définies par la réunion des gouverneurs des BCN des États ayant adopté l'euro, lesquels se réunissent en principe tous les quinze jours. L'ensemble formé par le directoire et les gouverneurs des États de l'Eurosystème est le Conseil des gouverneurs. Les représentants de toutes les BCN sont réunis dans un conseil général, qui se réunit quatre fois l'an.

C'est la BCE, par son Conseil des gouverneurs, qui décide des modalités d'exercice des missions de politique monétaire du SEBC[5]. Dans ce cadre, la BCE arrête les règlements et décisions nécessaires à l'accomplissement de ses missions. Une avancée considérable est intervenue en 2013 pour conférer à la BCE, par plusieurs règlements prévus à l'article 127, § 6 TFUE, la mission de surveillance prudentielle des établissements de crédit de la zone euro, dans le cadre du mécanisme de surveillance unique (MSU ou *Single supervisory mechanism*, SSM)[6].

En outre, la BCE gère les relations de change avec les États membres extérieurs à la zone euro (mécanisme de change européen, ou MC2). Elle gère aussi les systèmes interbancaires européens de montants élevés en euros (*Target, Transeuropean Automated Real-time Gross Settlement Express Transfer*).

En dehors du cadre déterminé par la zone euro et par l'Eurosystème, la BCE agit dans le but de renforcer la cohésion des économies européennes. Elle le fait par exemple en associant étroitement l'Eurosystème à l'élaboration du SEPA (*Single Euro Payments Area*, espace unique de paiements en euros)[7]. Plus généralement, elle a un rôle consultatif sur tous les actes de l'Union relevant de sa compétence, ou envers les autorités nationales au sujet de tout projet de réglementation relevant de sa compétence dans les limites fixées par le Conseil[8].

(4) TFUE, art. 127 et s., et Prot. préc.
(5) V. *supra*, n° 41.
(6) Règl. n° 1024/2013, 15 oct. 2013 et n° 1022/2013, 22 oct. 2013 ; V. *infra*, n°s 353 et s.
(7) D. n° 2007/64, 13 nov. 2997, concernant les services de paiement dans le marché intérieur : *JOUE* n° L 319, 5 déc. 2007, et Règl. n° 924/2009, 16 sept. 2009 ; Règl. n° 260/2012, 14 mars 2012 ; V. *infra*, n° 360.
(8) TFUE, art. 127.

43. – **Perspective monétariste.** On a souvent critiqué la conception monétariste de l'action du SEBC agissant par le truchement de la BCE. Il est vrai que cela traduit le caractère inachevé de l'UEM. Cependant, la politique monétaire peut avoir un impact direct sur les politiques économiques nationales. Ce n'est sans doute pas une véritable régulation économique, mais plutôt une incitation à l'autorégulation des États membres. La compétition est devenue très vive entre les politiques économiques des États membres. Un dérapage des prix dans l'un d'entre eux l'exposera immédiatement à une perte de compétitivité, à des délocalisations, et donc à de graves déséquilibres[9].

La BCE n'a de prérogatives économiques qu'au travers de la politique monétaire, qui consiste à préserver la stabilité des prix et à réguler le crédit et la liquidité du marché monétaire et du marché interbancaire. À ce titre, la BCE agit sur les taux et sur la liquidité, d'abord en régulant la possibilité pour les banques de consentir des crédits (par ex., politique de taux, et réserves obligatoires) et, ensuite, en ouvrant plus ou moins l'accès à ses caisses en sa qualité de prêteur en dernier ressort.

Il est en tout cas interdit à la BCE, par l'article 21, § 1 du protocole sur ses statuts (qui reprend l'article 123 TFUE), de consentir directement des crédits aux institutions publiques européennes ou nationales, ou encore d'acquérir directement des titres de leurs dettes.

En clair, la BCE ne peut venir au soutien d'une politique budgétaire déficitaire nationale. Mais la crise « de la dette » qu'ont connue certains États membres en 2012-2013 a conduit la BCE à intervenir indirectement, sur le marché secondaire des titres de dettes, en utilisant à plein son rôle de prêteur en dernier ressort, afin d'alimenter en liquidités le système bancaire, de manière à ce qu'il continue de financer l'économie.

Cette intervention financière massive de la BCE a été parfois critiquée, car il est vrai qu'elle était à la lisière de l'article 123 TFUE, et qu'elle était proche d'un soutien à certaines économies nationales.

(9) V. *supra*, n° 28.

TITRE 2

LA CONVERGENCE ÉCONOMIQUE

44. – **Objectif général de stabilité, de croissance et d'emploi. Exigence renforcée avec l'Union monétaire. Principe de subsidiarité.** Il est impossible de maintenir une véritable cohésion économique au sein de l'Union si seuls les États participants à l'UEM sont soumis à des contraintes économiques. L'UEM appelle un resserrement des règles même pour les non-participants, dans le respect du principe de subsidiarité.

Pour les États participant à la troisième phase, les contraintes sont plus nécessaires encore. C'est sans doute la condition de la réussite de la monnaie unique. Mais la convergence économique touche aux politiques budgétaires, fiscales, ou sociales, des différents États membres, et ces politiques ne relèvent pas pour l'instant de la compétence européenne. D'un point de vue pragmatique, on peut s'interroger sur la permanence du principe de subsidiarité, alors qu'une convergence économique durable et effective est indispensable au succès à long terme de la monnaie unique. Les États membres, et surtout les États membres participant à la troisième phase, doivent aujourd'hui simplement respecter, en empruntant des voies nationales, certains principes directeurs. Ceux-ci sont toutefois beaucoup plus contraignants pour les États qui figurent dans la zone euro.

45. – **Politiques économiques d'intérêt commun, surveillance multilatérale, déficits excessifs.** L'idée selon laquelle les politiques économiques des États membres sont d'intérêt commun, et qu'elles doivent faire l'objet d'une surveillance multilatérale sous l'égide de la Commission qui doit recueillir des informations et établir des rapports, n'est pas nouvelle[(1)].

Mais se pose la question de ce qui doit être surveillé, puis celle du degré de contrainte concevable.

La surveillance porte essentiellement, d'une part, sur le respect par les États membres des grandes orientations de politiques économiques définies par le Conseil[(2)] et, d'autre part, sur le contrôle des déficits excessifs[(3)].

(1) V. TCE, art. 99 et 104, puis TFUE, art. 121 et 122.
(2) TFUE, art. 121.
(3) TFUE, art. 126, Règl. n° 1467/97 mod., 7 juill. 1997, protocole sur les déficits excessifs et Règl. n° 3605/93, 22 nov. 1993 relatif à l'application du protocole ; sont repris les critères qui doivent être remplis pour intégrer la zone euro ; mais outre le fait qu'on doit tenir compte de tous les facteurs pertinents, les circonstances inhabituelles, ou les graves crises économiques, peuvent conduire à considérer les déficits comme exceptionnels, ce qui peut justifier des délais raisonnables pour rectifier la situation.

Le degré de contrainte varie. Il faut distinguer le respect des grandes orientations de politique économique des situations de déficit excessif.

Pour le non-respect des grandes orientations, la procédure, qui peut aller jusqu'à un avertissement de la Commission et à une recommandation du Conseil, n'est pas contraignante[(4)]. Pour les déficits excessifs, il faut sous distinguer, selon que les États figurent ou non dans la zone euro. Pour ceux qui ont l'euro pour monnaie, la procédure commence par un rapport, se poursuit par un avis du Comité économique et financier, puis par une décision (non contraignante) de la Commission disant s'il y a ou non déficit excessif. Une mise en demeure peut être le prélude à de véritables sanctions : publications d'informations, révision de la politique de prêt de la Banque européenne d'investissement et, surtout, dépôt non rémunéré auprès de l'Union, sans préjudice d'amendes. Pour les États non participants à l'UEM, la procédure ne peut aller jusqu'aux sanctions. La rigueur possible à l'égard des membres de l'UEM est le prix de l'irrévocabilité de leur décision[(5)].

On perçoit que tout peut aussi être dans la manière d'apprécier les déficits publics. Certains déficits sont plus nocifs que d'autres (par ex., dépenses de fonctionnement, recrutements excessifs de fonctionnaires). D'autres doivent être appréciés sur une période économique relativement longue et incertaine (dépenses de santé, charges des retraites). Des pourcentages fixes, et appréciés annuellement, sont sans doute inadaptés à ces dernières sources de déséquilibre des finances publiques.

46. - **Pacte de stabilité et de croissance et Conseil de stabilité.** Mais il fallait sans doute aller plus loin, pour mieux assurer l'irrévocabilité du processus. C'est l'idée du pacte de stabilité, qui consiste à lier les États autour du respect permanent de tous les critères[(6)] requis pour le passage à la monnaie unique[(7)].

Le « pacte de stabilité et de croissance » a été adopté en juin et juillet 1997. Il se compose d'abord d'un règlement renforçant la surveillance multilatérale des positions budgétaires et celle des politiques économiques (et leur coordination)[(8)], ensuite d'un règlement permettant d'accélérer la procédure concernant les déficits excessifs[(9)], et enfin d'une résolution contenant des orientations politiques fermes relatives à l'équilibre budgétaire[(10)]. Ce pacte de stabilité et de croissance s'applique de manière différenciée aux États membres, selon qu'ils ont choisi – ou choisiront – d'entrer dans la troisième phase de l'UEM[(11)].

Une résolution, à laquelle tenait particulièrement la délégation française, est relative à la croissance et à l'emploi. Elle ne contient que des engagements généraux, sauf peut-être celui de rendre les systèmes fiscaux et sociaux plus favorables à l'emploi. L'emploi est tout de même rappelé comme objectif européen de premier plan[(12)].

(4) TFUE, art. 121.
(5) TFUE, art. 122.
(6) Au minimum.
(7) Cela pourrait être plus sévère que pour le passage à la troisième phase, puisqu'à cette occasion, le Conseil conserve une certaine latitude.
(8) Règl. n° 1466/97 du Conseil, 7 juill. 1997 : *JOCE* n° L 209, 2 août 1997.
(9) C'est notamment le fameux seuil de 3 % du PIB ; Règl. n° 1467/97 du Conseil, 7 juill. 1997 : *JOCE* n° L 209, 2 août 1997.
(10) Rés. 17 juin 1997 : *JOCE* n° C 236, 2 août 1997.
(11) La surveillance multilatérale vaut pour tous, non la procédure de sanctions du règlement n° 1467/97.
(12) *JOCE* n° C 236, 2 août 1997.

Un « Conseil de stabilité » informel (non prévu par les traités ou les règlements) supervise les politiques économiques nationales. C'est l'« Euro-groupe », qui réunit les ministres de l'Économie des États participants. Il risque de supplanter le Conseil « ECOFIN », qui réunit les ministres de tous les États membres.

Dès 2002, hélas, l'ambiguïté et la faiblesse furent de retour. Plusieurs États, et non des moindres, demandèrent que ce pacte soit renégocié, ou en tout cas assoupli. Ces États exigent que leurs politiques budgétaires puissent être plus volontaristes. Ce n'est pas absurde. Mais il faut considérer deux choses. D'abord, il est vrai qu'en économie ouverte, une politique budgétaire peut être efficace pour lutter contre les déséquilibres intérieurs, parce que ses effets sur les comptes extérieurs se compensent par la hausse des taux qui attire les capitaux. Ensuite, et cela tempère ce qui vient d'être dit, comment peut-on, dans la zone euro, lier plusieurs politiques budgétaires divergentes alors que la politique des taux est confiée à la seule BCE(13) ?

47. - **Crise de la dette. FESF. MESF. MES.** La « crise de la dette » des années 2010 à 2013 a mis en pleine lumière l'insuffisance de la coordination des politiques nationales économiques et budgétaires. En laissant filer leurs déficits publics, certains États n'ont pu équilibrer leurs finances qu'en recourant à l'emprunt. Puisque la BCE ne pouvait pas acquérir directement les titres de dettes souveraines, c'étaient les banques commerciales qui les souscrivaient, et qui les plaçaient ou les conservaient dans leurs actifs. La qualité de ces titres aidait les banques à respecter les règles prudentielles. Mais des déficits très importants générèrent la méfiance, et les agences de notation dégradèrent certains titres souverains. Les portefeuilles des banques commerciales furent déstabilisés, et la méfiance se répandit sur les marchés interbancaires.

La crise de la dette entraîna une crise de la liquidité, que la BCE jugula par des moyens de politique monétaire, comme prêteur en dernier ressort, c'est-à-dire en acquérant massivement des actifs détenus par les banques pour introduire des liquidités dans le système bancaire.

Toutefois, la politique monétaire a ses limites. Elle n'est pas destinée à financer les déficits publics, mais à garantir la liquidité.

Conscients de leurs difficultés, les États emprunteurs cherchèrent à mettre en place des mécanismes de solidarité pour pallier la défaillance d'un émetteur souverain de la zone euro. Les États dont les finances étaient équilibrées ne consentirent à la solidarité qu'avec prudence, car les créanciers chercheraient inéluctablement à faire payer les États solidaires les plus solvables.

Le premier stade fut décidé dans l'urgence. Il s'agit du Fonds européen de stabilité financière (FESF), fonds commun de créances constitué sous la forme de société luxembourgeoise. Ce fonds, garanti par les États actionnaires, et géré par la Banque européenne d'investissement (BEI), pouvait émettre des titres sur le marché, et, avec le produit de ces émissions, racheter des titres souverains sur le marché secondaire, ou participer à des sauvetages de banques. À côté du FESF, on créa le Mécanisme

(13) C'est là un problème fondamental. Si certains États de la zone euro s'engagent dans une politique de déficit dite « volontariste », ils vont, par leurs déficits, épuiser le marché des capitaux pour nourrir leur dette, au préjudice des États vertueux, et des entreprises.

européen de stabilité financière (MESF), qui devait procéder à des financements d'urgence par des fonds levés sur les marchés. Ce MESF bénéficiait de la garantie de la Commission, et relevait du budget de l'Union. Il pouvait prêter aux États en difficulté, ou acheter leurs dettes.

Le Mécanisme européen de stabilité (MES) est une institution internationale, créée par un traité du 27 septembre 2012, qui remplace le FESF et le MESF. Il est limité à la zone euro. L'Allemagne, principal créditeur et solidaire, a accepté de garantir ses engagements à hauteur de 27 %.

En contrepartie de ses interventions, le MES exigera des États secourus des mesures structurelles de rééquilibrage.

DEUXIÈME PARTIE

LES LIBERTÉS DE CIRCULATION DANS L'ESPACE EUROPÉEN

48. – **Spécificité de la construction européenne. Mondialisation. Espace transatlantique.** L'intégration de la construction européenne dans l'ordre économique mondial est une constante. On ne peut dissocier les règles relatives à la libre circulation des marchandises des dispositions du GATT qui ont cet objet, pas plus qu'on ne peut dissocier les règles relatives à la circulation des mouvements de capitaux et aux paiements internationaux de celles du FMI. Ces accords internationaux ont largement précédé la signature du traité de Rome. Par la suite, cette interpénétration s'est accentuée. La signature des accords de Marrakech du 31 décembre 1994 créant l'OMC a accentué la symbiose entre la construction européenne et l'édification d'un ordre commercial mondial, intégrant non seulement les marchandises, mais encore les services, et bientôt les investissements et la circulation des capitaux.

Des principes fondamentaux sont évidemment communs aux deux ordres juridiques : non-discrimination, suppression progressive des droits de douane, lutte contre les subventions, interdiction des barrières non tarifaires, nature des exceptions générales à la liberté des échanges, nature des mesures de défense commerciale (V. GATT, art. I, II, III, VI, XI, XVI, XIX et XX, puis, en 1994, l'accord relatif aux obstacles techniques au commerce – normalisation –, et l'accord du GATS, notamment ses articles II, XIV, XVI). Mais la liberté de circulation des personnes, fondamentale dans la construction européenne (et qui plonge ses racines dans l'histoire de notre continent), n'existe pas en tant que principe dans les textes généraux de l'OMC[1]. La circulation

(1) V. la prudence de l'annexe du GATS relative au mouvement des personnes physiques fournissant des services.

des personnes dans un espace mondialisé touche évidemment à la question sensible et très politique de l'immigration.

La construction européenne a dû s'intégrer dans l'ordre commercial international. Cela s'est fait de manière assez empirique, mais somme toute approfondie. L'article XXIV du GATT permettait la reconnaissance des Unions douanières et des intégrations économiques régionales. Les Unions douanières, à la condition qu'elles donnent naissance à un territoire douanier commun, à un tarif douanier commun, et qu'elles libèrent l'essentiel des échanges commerciaux, doivent être notifiées aux instances du GATT (aujourd'hui OMC) et sont en principe approuvées. Mais ce n'est pas ce qui s'est produit pour la CEE(2). C'est progressivement, et de manière coutumière, que la Communauté a acquis un statut comparable à celui des membres signataires du GATT. Elle a été tôt associée aux travaux du GATT et a participé en qualité de partie aux négociations commerciales ouvertes dans le cadre du GATT (les *rounds*). En application des articles 3 et 207 du Traité sur le fonctionnement de l'Union européenne (TFUE), le Parlement européen et le Conseil définissent par règlements le cadre de la politique commerciale commune, qui doit reposer sur des principes uniformes, et les négociations commerciales peuvent être conduites par la Commission, sur mandat du Conseil, dans le cadre de directives données par ce dernier. La Communauté a, en application de ces articles, été considérée comme s'étant substituée aux États membres au sein du GATT.

L'intégration de l'Union européenne dans un espace international se manifeste aussi par les progrès en direction d'Unions douanières « super régionales », reposant sur un socle de pratiques et de règles préalablement rapprochées ou uniformisées. Tel est le sens des négociations Union européenne-USA qui ont progressé en 2013 et en 2014.

49. - **Absence d'effet direct du GATT ou du GATS.** L'imprécision relative des dispositions de ces accords, et le fait qu'elles ne s'adressent qu'aux États signataires, c'est-à-dire leur « nature » et leur « économie », empêchent *a priori* qu'on leur reconnaisse d'emblée et par principe un effet direct dans les ordres juridiques internes, à supposer que ces dispositions soient suffisamment inconditionnelles et précises. La Cour de justice le reconnut à plusieurs reprises pour le GATT, par rapport à l'ordre juridique européen. D'autres accords internationaux soulèvent plus de difficultés, car ils visent les titulaires de droits (cas des accords ADPIC ou TRIPS sur les droits de propriété industrielle), ou les prestataires, ou encore fournisseurs (cas du GATS, sur les services). Mais ils n'ont pas plus été jugés d'applicabilité directe(3).

Il en résulte que les normes issues du système de l'OMC ne peuvent être invoquées pour contrôler la légalité des actes européens dérivés. Bien que critiquée, notamment par certains avocats généraux(4), la Cour a maintenu inchangée sa jurisprudence(5).

(2) Des dérogations expresses furent accordées en 1952 à la Communauté européenne du charbon et de l'acier (CECA).

(3) Pour le GATT, CJCE, 12 déc. 1972, aff. 21 à 24/72, *International Fruit*. – CJCE, 23 nov. 1999, *Portugal c/ Conseil*. – CJCE, ord., 2 mai 2001, aff. C-307/99, *OGT*. – Pour l'OMC, V. CJCE, 9 sept. 2008, aff. C-120 et 121/06 P, *FIAMM Technologies*. – CJUE, 10 nov. 2011, aff. C/319 et C-320/10, *X. et X. Bu*.

(4) V., par ex., concl. av. gén. dans l'affaire C-377/02, *Van Parys*.

(5) V. CJCE, 1er mars 2005, aff. C-377/02, *Van Parys*. – *Adde*, TPICE, 3 févr. 2005, aff. T-19/01, *Chiquita Brands c/ Commission*. – V. pour l'accord ADPIC, CJCE, 14 déc. 2000, aff. 300/98, *Dior*. – CJCE, 13 sept. 2001, aff. C-89/99, *Schieving-Nijstad Vof*. – TPICE, 15 mars 2006, aff. T-226/04, *Italie c/ Commission*. – CE, 31 mai 2000, *Welcome Foundation*.

Cette jurisprudence ne tolère que deux exceptions. Le premier cas est celui où l'Union européenne a entendu donner exécution à une obligation particulière assumée dans le cadre de l'OMC[6]. Donner exécution, c'est plus que se conformer. Donner exécution, c'est assurer spécifiquement la transposition en droit européen des prescriptions issues des accords de l'OMC. Il faut donc que cela résulte du texte européen lui-même, et non de l'intention de ses rédacteurs, ou de son résultat économique[7]. Il convient, dans ce premier cas, de se livrer à une analyse concrète et croisée des dispositions européennes et du texte de l'OMC, et non pas à une analyse globale[8].

Le second cas est proche du premier. La Cour accepte encore de contrôler la légalité d'un acte européen dérivé par rapport à un accord du système de l'OMC lorsque l'acte européen renvoie expressément à des dispositions précises de cet accord[9].

Ces deux exceptions cohabitent avec un tempérament plus général. Lorsque l'Union européenne a légiféré, et indépendamment de la question de l'applicabilité directe de la norme internationale, le droit européen doit être autant que possible interprété dans un sens compatible avec la norme internationale[10].

Reste une dernière question, qui est celle de l'applicabilité directe des décisions de l'Organe de règlement des différends (ORD) de l'OMC. Les juridictions européennes ont transposé leur analyse des accords eux-mêmes. Leur effet direct est refusé[11]. Il n'appartient pas au juge européen de priver d'effet des dispositions du droit européen qui se révéleraient incompatibles avec une décision de l'ORD. Le juge européen est juge du droit européen, et doit en principe s'y conformer. Si le juge européen agissait autrement, il empiéterait sur la compétence des organes législatifs et exécutifs de l'Union européenne[12].

50. - **Le socle de l'Union douanière.** L'Union douanière est un objectif plus ambitieux que la zone de libre-échange, laquelle se borne à assurer la libre circulation des marchandises entre les États qui en sont membres, tout en leur laissant compétence et liberté pour régir les importations en provenance des États-Unis (V. GATT, art. XXIV, § 8). Une Union douanière correspond à la substitution d'un

(6) V., par ex., CJCE, 22 juin 1989, aff. C-70/87, *Fediol*. – CJCE, 7 mai 1991, aff. C-69/89, *Nakajima All Precision c/ Conseil*. – CJCE, 30 sept. 2003, aff. C-93/02 P, *Biret International*. – V. encore CJUE, 10 nov. 2011, *X. et X. Bu*, préc. En effet, le principe est que les institutions européennes compétentes pour négocier des accords internationaux ont de ce fait compétence pour déterminer, dans le cadre de ces accords, s'ils doivent produire leurs effets dans l'ordre interne des États membres. Si cette question n'est pas explicitement réglée dans l'accord, c'est au juge européen de le dire dans le cadre de son pouvoir d'interprétation. La réponse est en général négative (V. CJCE, 26 oct. 1982, aff. 101/81, *Kupferberg*), mais tout dépend de l'intégration de l'accord dans le cadre légal de la politique commerciale commune, V. pour l'article 27 des ADPIC sur les conditions de la brevetabilité, CJUE, 18 juill. 2013, aff. C-414/11, *Daïchi Sankyo-Sanofi Aventis Deutschland*.

(7) TPICE, 3 févr. 2005, *Chiquita Brands*, préc.

(8) CJCE, 5 oct. 1994, aff. C-280/93, *Allemagne c/ Conseil*. – CJCE, 12 déc. 1995, aff. C-469/93, *Administrazione delle finanze dello Stato c/ Chiquita*.

(9) V., par ex., CJCE, 14 déc. 2000, *Dior*, préc.

(10) CJCE, 16 juin 1998, *Hermès*. – CJCE, 14 déc. 2000, *Dior*, et 13 sept. 2001, *Schieving-Nijstad Vof*, préc. – V., par ex., sur les ADPIC et la directive n° 89/104 en matière de marques, CJCE, 16 nov. 2004, aff. C-245/02, *Anheuser-Busch*.

(11) V. les arrêts *Van Parys* et *Chiquita Brands c/ Commission*, CJCE, 9 sept. 2008, *FIAMM Technologies* et CJCE, 10 nov. 2011, *X. et X. Bu*, préc.

(12) *Ibid.* la solution est différente si l'Union européenne accepte la décision de l'ORD, même en sollicitant un délai, car il y a alors exercice d'une compétence de l'Union, CJCE, 30 sept. 2003, *Biret international*, préc.

seul territoire douanier à deux ou plusieurs territoires douaniers, avec suppression à l'intérieur de l'Union des droits de douane et des réglementations restrictives aux échanges des marchandises, et établissement vis-à-vis de l'extérieur d'une réglementation douanière et commerciale identique en substance.

Cela va jusqu'à la suppression des obstacles non tarifaires au commerce entre les États membres (entraves techniques, normes, etc.). Le GATT prévoit aussi la suppression de telles entraves, dans son article XXIV, § 8, qui vise les autres réglementations commerciales restrictives sauf celles compatibles avec l'accord (par ex., GATT, art. XX). C'est le cas dans le traité de Rome (V. TFUE, art. 34).

51. - **Les quatre libertés du marché intérieur européen.** Dès l'origine, la Communauté économique européenne reposait sur des objectifs qui allaient au-delà de ceux d'une simple Union douanière même si la libre circulation des marchandises est à l'évidence fondamentale(13). La liberté de circulation des capitaux(14), des personnes et des services n'entrait pas dans les perspectives initiales du GATT (la plupart des services n'y sont entrés qu'à l'occasion de l'*Uruguay Round* avec la conclusion du GATS, Accord général sur le commerce des services, et la circulation des personnes n'y a toujours pas valeur de principe). Mais les libertés de circulation des personnes et des services figuraient déjà dans le traité de Rome, même si la liberté de circulation des capitaux est intervenue beaucoup plus tardivement.

Les développements successifs de la construction européenne ont permis de transcrire dans les textes ce qui n'était qu'implicite. C'est à l'occasion de la conclusion de l'Acte unique européen, les 17 et 28 février 1986, que le marché commun est devenu marché « intérieur », lequel, selon la formule aujourd'hui célèbre, « comporte un espace sans frontières intérieures, dans lequel la libre circulation des marchandises, des personnes, des services et des capitaux, est assurée selon les dispositions du présent traité » (le texte, devenu l'article 26 TFUE, est demeuré inchangé).

52. - **Principes communs aux quatre libertés. Le test de l'intérêt général.** Au fil des ans, les quatre libertés de circulation (marchandises, capitaux, personnes et services) se sont glissées dans un même moule, beaucoup plus cohérent et contraignant que celui résultant des accords internationaux.

Alors que les accords internationaux (GATT, GATS) ne font progresser l'ordre commercial international que par à-coups, et secteur par secteur, la construction européenne se caractérise par une vision d'ensemble des libertés de circulation. Ce sont quatre libertés articulées. Cela permet quatre observations.

1) En premier lieu, la libre circulation des personnes, qui soulève de sérieuses questions politiques, parce qu'elle touche aux politiques nationales de contrôle de l'immigration, trouve son fondement historique dans le droit des gens commun aux nations européennes(15).

(13) V. CJCE, 14 déc. 1962, aff. 2-62 et 3-62, *Commission c/ Belgique et Luxembourg*, affaire dite du « pain d'épices ».

(14) Pour lesquels les statuts du FMI laissent toute liberté aux États, sauf en ce qui concerne les paiements courants (statuts du FMI, sect. 2, art. VIII, pour la distinction entre paiements courants et mouvements de capitaux, les premiers étant libres en principe. V. cette même distinction énoncée aux articles 67 et 106 de la rédaction initiale du traité, et aujourd'hui à son article 56, V. *infra*, n°s 164 et s.).

(15) V. *supra*, n° 2.

2) En deuxième lieu, la libre prestation de services européenne (ou LPS) est plus ambitieuse que celle réalisée prudemment dans le cadre du GATS. La LPS européenne (qui peut déjà s'appuyer sur une circulation effective des personnes prestataires ou destinataires des services) peut être de surcroît réellement transfrontalière. Elle ne suppose pas un établissement (ou une présence commerciale) dans l'État où les services sont offerts (dit État de prestation de services). Le GATS prévoit sans doute la libération du secteur économique des services. Mais il ne l'organise pas juridiquement. La libéralisation prévue par le GATS dépend des engagements que les États acceptent de prendre. Ainsi, dans le cadre du GATS, les États peuvent, selon les types de services, ne libérer que la fourniture sur leur sol au moyen d'une présence commerciale effective sur leur territoire. En clair, dans le système du GATS, les États ne sont pas obligés de libérer la fourniture transfrontalière de services. La libéralisation qu'il est possible d'accepter dans le cadre du GATS peut donc être très différente de la libre prestation de services européenne. Quand la libéralisation d'un service dans le cadre du GATS n'est acceptée que par création de présences commerciales, elle correspond en réalité à ce que le droit européen qualifie d'établissement (filiale, succursale, présence permanente).

3) En troisième lieu, les quatre libertés de circulation européennes sont totalement articulées : il n'y a pas de superposition, ce qui peut conduire bien sûr à de délicates questions de frontière. C'est ainsi que la « zone grise » entre présence commerciale et LPS est un sujet complexe en droit européen(16). C'est ainsi aussi que, pour tenir compte du caractère potentiellement anormal de la LPS dans les États de prestation de services – car la LPS n'est pas nécessairement soumise à la loi de l'État de destination – le traité a prévu que la LPS était résiduelle (TFUE, art. 56). Elle n'existe qu'autant que l'opération économique ne relève pas d'une autre liberté (par ex., établissement).

4) En quatrième lieu, ces quatre libertés ont été soumises à un régime juridique commun, dérivé du GATT (et après du GATS). Ce moule juridique a permis de mettre en évidence deux notions essentielles du droit européen.

La première notion est celle de mesures indistinctement applicables. Condamner les discriminations est chose élémentaire. Les accords internationaux, par le jeu de la clause de la nation la plus favorisée, condamnent la discrimination. Condamner les mesures indistinctement applicables, c'est condamner des mesures qui ne sont discriminatoires ni par leur objet ni par leur effet, mais qui entravent en fait l'interpénétration économique recherchée. Les accords du GATT envisagent les mesures indistinctement applicables qui gênent principalement les produits importés (V. art. III). Le traité de Rome a, dès l'origine, prohibé les « mesures d'effet équivalent à des restrictions quantitatives » (TFUE, art. 34 et 35), notion qui a permis à la Cour de justice de développer une abondante jurisprudence sur les mesures indistinctement applicables et néanmoins restrictives aux échanges(17).

La seconde notion joue en sens contraire. Il s'agit du « test » de l'intérêt général, qui peut justifier des entraves à la circulation des marchandises, des personnes, des capitaux ou des services. Le « test » de l'intérêt général a pour fonction de justifier

(16) V., par ex., Comm. CE, communication interprétative « LPS et intérêt général dans le secteur des assurances » : *JOCE* n° C-43, 16 févr. 2000.

(17) V., par ex., l'arrêt *Cassis de Dijon, Rewe Zentrale*, 20 févr. 1979, et *infra*, n°s 106 et s.

l'application d'une loi nationale à la commercialisation des marchandises ou des services, même si elle entrave principalement les produits ou les services importés. En effet, si les échanges étaient parfaitement libres, les normes, les conditionnements, l'étiquetage..., en vigueur dans l'État de fabrication devraient être reconnus dans l'État d'importation. De même pour les services : ainsi, par exemple, une police d'assurance conforme au droit allemand devrait pouvoir être commercialisée en France. On se rend compte que cela n'est pas acceptable de manière absolue, mais on comprend aussi qu'à donner toujours l'avantage au droit de l'État d'importation, on empêche les échanges. Aussi la liberté des États membres d'importation d'opposer leurs législations nationales à la circulation transfrontalière des capitaux des personnes et des services a-t-elle été encadrée. Cela fut d'abord fait au niveau international. L'article XX du GATT, après avoir rappelé la naturelle interdiction des discriminations arbitraires ou injustifiées, ou encore déguisées, contient une longue liste d'exceptions justifiées : moralité publique, santé des personnes, trésors nationaux, ressources naturelles épuisables, par exemple. Surtout cet article (pt *d*) signale que de nombreuses lois nationales peuvent ne pas être « incompatibles » avec le GATT, et reconnaît qu'il n'est pas possible de toutes les énumérer : le texte se borne donc à signaler les droits de propriété industrielle et les pratiques qui induisent en erreur (le GATS, de près de cinquante ans postérieur, reprend à peu près la même méthode, art. XIV et XIV *bis*). Le traité de Rome n'a pas clairement traduit les principes – certes peu clairs – du GATT. Sans doute contient-il depuis l'origine des textes qui permettent de restreindre les libertés européennes de circulation pour des raisons limitativement énumérées. Pour les marchandises, la liste est plus longue que pour les personnes, les services et les capitaux(18). Le caractère limité des exceptions européennes laissait dans l'ombre un grand nombre de législations de commerce qui répondent pourtant souvent à des considérations d'intérêt général (par ex., protection des consommateurs).

Il a donc fallu, comme le GATT le permettait implicitement en visant de manière générale « les lois et règlements qui ne lui sont pas incompatibles », interpréter de manière téléologique les règles européennes qui prévoyaient la suppression des entraves. Le test de l'intérêt général européen, tel que mis en œuvre dans la jurisprudence de la Cour de justice, permet donc d'opérer un partage entre ce qui est compatible avec la construction européenne, et ce qui ne l'est pas. Ce test, qui permet l'opposabilité des règles spécifiques dans des États d'importation ou « de » prestation de services, repose sur six critères cumulatifs : 1) absence d'harmonisation exhaustive au niveau européen, 2) existence d'un intérêt général au sens du droit européen (les États ne sont donc pas souverains pour entraver les échanges au nom d'un intérêt général qui ne serait pas reconnu par le droit européen), 3) objectivité de la mesure (elle doit effectivement satisfaire à l'intérêt général invoqué), 4) non-discrimination, 5) proportionnalité (la réglementation nationale ne doit entraver les échanges que dans la stricte mesure nécessaire à la satisfaction de l'intérêt général invoqué), 6) reconnaissance mutuelle (les réglementations nationales doivent

(18) Pour les marchandises, l'article 36 TFUE vise la moralité, l'ordre, la sécurité publics, la santé des personnes et des animaux, la préservation des végétaux, les trésors nationaux, la propriété industrielle et commerciale ; pour le reste, les articles 51 et 52 TFUE visent la participation à l'autorité publique, l'ordre, la sécurité, et la santé publics.

prendre en compte des dispositions en vigueur dans l'État d'origine qui concourent à la satisfaction du même intérêt général).

53. - **Liberté économique et liberté de communication.** La liberté de communication est absente du texte du traité. Elle ne l'est plus du droit dérivé(19). On peut la considérer d'un point de vue juridique, à la lumière de l'article 10 de la Convention européenne des droits de l'homme, ou de l'article 11 de la Charte des droits fondamentaux de l'Union européenne. Mais cette liberté est le socle de toute liberté économique. Elle transcende chacune des libertés de circulation reconnues par le droit européen. Elle concerne la libre circulation des marchandises que sont les journaux, les livres, les disques audio et vidéo. Elle s'exerce aussi, et de plus en plus, au moyen de la liberté de prestation de services (télévision, radio, communications électroniques, Internet...). La liberté de circulation des personnes (établissement) est, de son côté, une des formes possibles de la liberté de circulation des idées. En définitive, la philosophie matérialiste et « mercantile » qui semble parfois inspirer la construction européenne, et qui a été souvent brocardée, a des conséquences juridiques bénéfiques sur la liberté de communication : en donnant un statut de droit commun aux modes d'exercice concevables de cette liberté, on évite tout simplement les régimes spécifiques et dérogatoires, qui sont rarement synonymes de liberté.

On peut même estimer, à l'aube du XXIe siècle, que la liberté de communication est devenue la présupposée logique (*Vorausetzung*) de toute relation économique.

54. - **Droits fondamentaux et Charte européenne.** Les libertés européennes sont aujourd'hui dominées par ces textes très généraux que sont la Convention européenne des droits de l'homme et la Charte des droits fondamentaux. Si les principes affirmés sont souvent semblables, leur champ d'application doit être clairement précisé, d'autant que l'article 6 TFUE les rapproche formellement. L'Union européenne adhère à la Convention européenne des droits de l'homme, et reconnaît que les droits qu'elle garantit constituent des principes généraux du droit de l'Union, que les autorités européennes doivent respecter sous le contrôle des juridictions de l'Union(20). La Charte des droits fondamentaux, de son côté, contient des principes semblables. Mais elle ne peut être invoquée par les justiciables que pour autant qu'ils contestent devant le juge compétent une norme européenne, ou que pour autant qu'ils contestent une norme nationale qui met en œuvre le droit de l'Union(21). En clair, la charte n'est pas invocable contre une disposition purement nationale.

55. - **Plan.** La pédagogie et la technique juridique conduisent à étudier successivement les quatre libertés de circulation énumérées à l'article 26 TFUE : la liberté de circulation des marchandises (Titre 1), la liberté de circulation des capitaux (Titre 2), la liberté de circulation des personnes et des services qui, bien que distinctes, s'articulent si étroitement que leur étude ne peut être trop séparée (Titre 3).

(19) V. *infra*, n° 405.
(20) V. CJCE, 18 juin 1991, aff. C-260/89, *Elliniki Radiofonia Tileorassi*. Le TUE, dans sa version initiale (art. 6, § 2), précisait que l'Union respectait les droits de l'homme tels qu'ils sont garantis par la Convention européenne des droits de l'homme, avant que le traité de Lisbonne (TUE, art. 6) ne prévoie l'adhésion de l'Union. – V. aussi, CJUE, 15 mai 1997, aff. T-273/94. – CJCE, 9 juill. 2003, aff. T-224/00, *Archer Daniels Midland*.
(21) CJUE, 7 juin 2012, aff. C-27/11, *Vinkov*. – CJUE, ord., 12 nov. 2010, aff. C-339/10, *Estov*.

TITRE 1

LA LIBRE CIRCULATION DES MARCHANDISES

56. – **Plan.** L'Union européenne présente d'abord tous les caractères d'une Union douanière. Un territoire douanier est défini vis-à-vis de l'extérieur, avec des règles uniformes relatives à l'entrée des marchandises en provenance des États tiers (Chapitre 1). Mais les objectifs de la construction européenne imposaient d'autres ambitions. Le traité a donc prévu dès l'origine une politique commerciale commune (Chapitre 2) et des règles destinées à assurer une libre circulation des marchandises à l'intérieur d'un espace décloisonné : le marché commun, devenu le marché intérieur (Chapitre 3).

CHAPITRE 1

LE DROIT DOUANIER DE L'UNION

57. - **Plan.** Les frontières douanières de l'Union européenne ont varié avec les progrès de la construction européenne (Section 1). Les principes sont pour l'essentiel inspirés des accords internationaux conclus dans le cadre du GATT et de l'OMC (Section 2).

SECTION 1

LE TERRITOIRE DOUANIER

58. - **Détermination.** Dès l'origine, le territoire douanier de l'Union européenne n'a pas épousé les frontières politiques des six États membres fondateurs. Les articles 52 TUE et 355 TFUE posent le principe d'application du traité aux États signataires, mais permettent des mesures spécifiques pour certains territoires insulaires, difficiles d'accès, ou éloignés. C'est finalement le droit dérivé, avec le Code des douanes communautaire, qui a déterminé le territoire douanier(1). C'est ainsi, par exemple, que les TOM français n'en font pas partie(2), à l'inverse des DOM (sur l'octroi de mer perçu dans les DOM français, V. *infra*, n°s 61 et 85). De même, Monaco(3) et San Marino en font partie. L'adhésion de certains États a conduit à des délimitations quelquefois subtiles (sont intégrées, par exemple, les Îles Anglo-Normandes et de Man, les Îles Canaries, en fait Ceuta et Melilla, mais, par exemple, les Îles Féroé et le Groenland ne le sont pas)(4).

59. - **Espace économique européen.** L'Accord sur l'EEE (Espace économique européen), entré en vigueur le 1er janvier 1994, n'a pas étendu le territoire douanier

(1) La date d'applicabilité du règlement n° 450/2008 du 23 avril 2008 portant Code des douanes modernisé a été plusieurs fois reportée, et finalement, un nouveau « Code des douanes de l'Union » a été adopté, avec une ventilation entre le 30 octobre 2013 et le 1er juin 2016 pour l'entrée en vigueur, selon les articles (Règl. n° 952/2013, 9 oct. 2013). Pendant cette période intérimaire, le règlement n° 2913/92 du 19 octobre 1992, et son règlement d'application n° 2454/93 demeurent totalement ou partiellement applicables, tant que de nouveaux règlements ne sont pas adoptés.

(2) V. déc. 25 juill. 1991, *PTOM* : *JOCE* n° L 263, 19 sept. 1991.

(3) Pour Monaco, CJCE, 13 janv. 2000, aff. C-220/98, *Estée Lauder*.

(4) V. Groux, *Territorialité et droit communautaire* : *RTDE* 1987, p. 5 et s. Il y a quelques situations d'exclusion très spécifiques, dues soit à des considérations géographiques (le territoire allemand de Büsingen, ou la commune italienne de Campione, enclavés en Suisse), ou historiques (la zone franche de l'île de Heligoland).

de la CEE. Il ne prévoit qu'une consultation en cas de modification unilatérale de ses droits de douane par un État membre de l'EEE et de l'AELE à l'égard des pays tiers. L'accord EEE ne concerne plus, en 2014, que l'Islande, le Liechtenstein, et la Norvège.

SECTION 2

LA LÉGISLATION DOUANIÈRE UNIFORME

60. – **Généralités. Code des douanes de l'Union.** Toute législation douanière doit aborder plusieurs problèmes connexes. La détermination des tarifs est évidemment essentielle (§ 1). Mais l'application pratique de ces tarifs ne peut être résolue sans que soient aussi déterminées les règles relatives à la valeur en douane des produits (§ 2), à leur origine (extra ou intra-européenne) (§ 3) et aux déclarations à effectuer (§ 4).

Plusieurs règlements ont été successivement adoptés et modifiés sur chacun de ses points. La parenté des règles européennes avec celles négociées dans le cadre du GATT est très nette.

§ 1. – Le tarif douanier commun (ou TDC)

61. – **Positions tarifaires et nomenclature.** Les principes qui gouvernent le tarif douanier commun sont fixés aux articles 31 et 32 TFUE. Ce tarif a été institué par le règlement du 7 septembre 1987[(5)].

Le tarif douanier commun est obligatoire pour les États membres, qui n'ont plus le droit d'instaurer des taxes douanières ou équivalentes à des droits de douane visant les marchandises en provenance des pays tiers[(6)].

Le TDC comprend deux volets principaux. Le premier est celui qui énonce les positions tarifaires, qui donnent près de 3 000 taux, exprimés en pourcentage selon les principes du GATT (*ad valorem*). Les droits sont en principe uniformes par position tarifaire. Il existe toutefois des « sous-positions », qui permettent en général d'accorder un taux réduit à l'entrée sur le territoire européen, en raison de la destination particulière des produits en cause[(7)]. Mais il y a beaucoup plus de produits que de positions tarifaires.

C'est pour cela que le second volet du TDC est en quelque sorte un catalogue qui énumère les produits en leur affectant une position tarifaire. Plusieurs produits différents peuvent être regroupés dans une même position tarifaire. C'est à cela que sert la Nomenclature Combinée (« NC »). Cette nomenclature sert à la fois

(5) Règl. n° 2658-87 : *JOCE* n° L 256, 7 sept. 1987, règlement modifié à plusieurs reprises.

(6) V. sur l'octroi de mer exigé dans les DOM français sur toutes les importations de marchandises, CJCE, 16 juill. 1992, aff. C-163-90, *Legros*. – CJCE, 7 nov. 1996, aff. C-126-94, *Cadi Surgelés c/ Min. Finances*. – Sur le principe d'interdiction de taxes équivalentes à des droits de douane, CJCE, 13 déc. 1973, aff. 37/73 et 38/73, *Diamantarbeiders c/ Indiamex*, et V. *infra*, n° 85.

(7) Par ex., produits destinés à certaines catégories d'aéronefs, de bateaux, ou aux plates-formes de forage, Règl. n° 4141/87 mod., 9 déc. 1987 : *JOCE* n° L 387, 31 déc. 1987.

les exigences du TDC et celles de la statistique. Elle est en harmonie avec les dispositions de la Convention internationale sur le système harmonisé de désignation et de codification des marchandises (« SH »)[8]. Mais la Nomenclature Combinée ne permet pas de prendre en compte toutes les mesures européennes. Aussi a-t-elle été prolongée par le tarif intégré des Communautés européennes (TARIC), qui est constamment remis à jour, et qui contient un codage des positions et sous-positions permettant notamment un traitement informatique[9].

Le tarif douanier commun n'est de surcroît pas uniforme. Il varie selon les pays d'origine[10], comme en fonction des finalités de l'importation des produits. Il existe certains régimes dérogatoires et de faveur : celui de l'admission temporaire[11], ou celui de perfectionnement « actif » ou « passif ».

§ 2. – La valeur en douane

62. – **Principe de la valeur transactionnelle.** Il s'agit là d'un problème capital. La valeur transactionnelle n'a pas toujours été admise, certaines administrations préférant taxer les marchandises importées soit sur la base des prix de vente sur leur marché intérieur, soit sur celle d'un prix reconstitué. Cela augmentait l'assiette des droits, et donc la taxation. L'article VII du GATT de 1947 était compréhensif. Depuis l'accord intervenu dans le cadre du GATT au cours du *Tokyo Round*, la valeur en douane est en principe la valeur transactionnelle déclarée, exprimée « CAF ». Ce n'est que lorsque la valeur déclarée est inacceptable d'un point de vue douanier que les autorités douanières peuvent retenir d'autres modes de calcul (cela peut être le cas lorsque l'État d'origine n'est pas une économie de marché, ou en présence de liens économiques entre l'acheteur et le vendeur, bien que la seule existence de ces liens ne soit pas un indice suffisant pour refuser la valeur transactionnelle)[12].

§ 3. – L'origine des produits

63. – **Principe de la dernière ouvraison substantielle.** Le TDC n'est applicable qu'aux produits originaires des États tiers. Cela soulève la question de savoir de quel État tiers les marchandises sont originaires : en effet, les tarifs douaniers sont différenciés en fonction des États d'origine (il existe, par exemple, des tarifs de faveur applicables aux produits originaires des États d'Afrique, des Caraïbes et du Pacifique, dits « ACP ») ; certains fabricants peuvent alors être tentés de délocaliser

(8) Système « SH », Conv. Bruxelles, 12 juin 1985, signée par la CEE et ses États membres.

(9) Même Règl. n° 2658/87 mod.

(10) V., par ex., le Système des préférences généralisées (SPG) dont bénéficient les produits originaires d'un certain nombre de pays en voie de développement, modulé selon le niveau de développement ; sur l'origine des produits, V. *infra*, n° 63.

(11) Importation d'une marchandise en vue d'une utilisation temporaire avant réexportation, permettant une franchise de droits (par ex., emballages, matériels d'exposition, matériels de démonstration), avec délivrance des carnets « ATA » (contraction d'admission temporaire en français et en anglais). Marchandises destinées à être réexportées après utilisation (par. ex., salons professionnels).

(12) V. C. douanes de l'Union, art. 69 et s.

leur production, afin de bénéficier de droits plus favorables, ou encore d'échapper à des droits *antidumping*. L'article 60 du Code des douanes de l'Union dispose qu'une marchandise est originaire du pays où elle a subi sa dernière ouvraison substantielle économiquement justifiée, et ayant abouti à un produit nouveau. La Cour de justice a été amenée à préciser qu'une simple opération touchant à la présentation du produit ne saurait suffire, car elle n'aboutit pas à un bien nouveau et original[13].

À l'intérieur de l'Union européenne, le problème vient des usines dites « usines tournevis ». De simples opérations d'assemblage réalisées à l'intérieur de l'Union peuvent être insuffisantes pour conférer au résultat la qualité de produit ouvré substantiellement dans l'Union. Tel est le cas si l'opération n'est pas un stade de production déterminant donnant naissance à un produit nouveau, ou si, en l'absence d'apparition d'un produit véritablement nouveau, la valeur ajoutée par l'assemblage est faible[14].

§ 4. – Les formalités aux frontières de l'espace européen

64. – **Formulaire unique.** Même s'il n'y a pas d'uniformité, il importe d'éviter les trop grandes distorsions à l'occasion de l'entrée sur le territoire de l'Union. Un formulaire unique, le document administratif unique (DAU) est désormais utilisé aux frontières de l'Union européenne et de l'EEE.

(13) CJCE, 26 janv. 1977, aff. 49-76, *Gesellschaft für Uberseehandel c/ Handelskammer Hamburg*, pour la mouture à différents degrés de finesse de la caséine, ou, pour un simple triage, ou broyage, de matériaux, CJUE, 11 févr. 2010, aff. C-373/08, *Hoesch Metal*. – V. aussi l'accord relatif aux règles d'origine intervenu dans le cadre du GATT le 31 décembre 1994.

(14) V., pour une valeur ajoutée de moins de 10 %, CJCE, 13 déc. 1989, aff. C-26-88, *Brother International* ; sur la généralité du critère de la valeur ajoutée, V. CJCE, 13 déc. 2007, aff. C-372/06, *Asda Stores*. – CJCE, 8 mars 2007, aff. C-447 et 448/05, *Thomson Multimedia Sales Europe*. – Pour le montage et le collage de chaussures importées en plusieurs pièces, CJUE, 6 févr. 2014, aff. C-2/13, *Humeau Beaupréau*. – Un très grand nombre de décisions et de règlements déterminent les règles d'origines dans les relations commerciales avec un très grand nombre de pays ou territoires (par ex., TOM) avec lesquels l'Union européenne entretient des relations commerciales privilégiées.

CHAPITRE 2

LA POLITIQUE COMMERCIALE COMMUNE

65. – **Généralités. Compétence de l'Union. Évolution du contenu.** Même si la politique commerciale commune s'est étendue aux services et aux investissements étrangers dans l'Union européenne depuis le traité de Nice, et surtout avec le traité de Lisbonne, son étude peut encore relever des règles relatives aux marchandises. D'abord parce que l'extension de la politique commerciale commune aux services suppose l'unanimité des États membres dès que les services sont sensibles (culture, audiovisuel, services sociaux), ou dès qu'on touche aux investissements étrangers(1). Ensuite parce que les mesures de défense commerciale essentielles que sont par exemple la lutte contre le *dumping* ou les contrefaçons ne s'adressent qu'aux produits, c'est-à-dire aux marchandises(2).

Les textes essentiels sur lesquels repose la politique commerciale commune sont les articles 3 et 206 et suivants du TFUE. Le premier donne compétence exclusive à l'Union, tandis que le second dispose que :

> « La politique commerciale commune est fondée sur des principes uniformes, notamment en ce qui concerne les modifications tarifaires, la conclusion d'accords tarifaires et commerciaux, l'uniformisation des mesures de libération, la politique d'exportation, ainsi que les mesures de défense commerciale, dont celles à prendre en cas de *dumping* et de subventions ».

Envisagée dans son ensemble, la politique commerciale de l'Union commune s'intègre dans la perspective de développement harmonieux du commerce mondial (et donc dans celle de l'OMC).

L'idée même d'une politique commune conduit à reconnaître des prérogatives particulières à l'Union européenne. On ne saurait en bon sens admettre que les États membres puissent mettre en œuvre des politiques divergentes d'une politique commune(3), sauf s'ils y sont spécialement habilités par les autorités européennes(4). Mais, pendant longtemps, les traités n'ont réglé qu'imparfaitement la question de la répartition des compétences. Le TFUE parachève une évolution qui a constamment étendu les compétences exclusives de l'Union.

Il faut donc préciser la répartition des compétences réalisée par le traité, et le contenu de la politique commerciale commune. On peut le faire en quatre points.

---

(1) V. *infra*, n° 78.
(2) V. *infra*, n°s 78 et s.
(3) CJCE, 31 mars 1971, aff. 22-70, *Commission c/ Conseil* (AETR). – CJCE, 11 nov. 1975, avis n° 1/75.
(4) V. CJCE, 15 déc. 1976, aff. 41-76, *Donckerwolke*, pour les mesures de sauvegarde prévues à l'article 115.

1) Le premier point consiste à découvrir les compétences « explicites » de l'Union européenne, c'est-à-dire celles qui sont fondées sur la lettre même du traité. L'article 207 TFUE est le texte essentiel en ce qui concerne les compétences explicites. Le champ est large. Auparavant explicitement limitée aux modifications tarifaires, à la conclusion d'accords tarifaires et commerciaux relatifs aux échanges des marchandises et des services, à l'uniformisation des mesures de libération, à la politique d'exportation, aux mesures de défense commerciale (notamment *dumping* et subventions), la politique commerciale englobe aujourd'hui les services, les aspects commerciaux de la propriété intellectuelle(5), ou les investissements directs étrangers.

Mais la rédaction des textes suggère une limite. Est exclu ce qui touche à la circulation des personnes, qui est souvent sous-jacente(6). Cela permet aussi d'exclure de la compétence exclusive de l'Union la conclusion d'accords internationaux qui ne concernent pas uniquement les rapports marchands(7).

2) Le deuxième point, plus délicat, a consisté à découvrir des compétences « implicites » de l'Union, en dehors des prévisions de l'article 207 TFUE. L'idée est alors que l'élaboration progressive du droit dérivé de l'Union dans tel ou tel secteur peut donner naissance à des règles communes contraignantes, et qu'il faut éviter que les effets de cette harmonisation puissent être remis en cause par la liberté de négociation extérieure qui serait conservée par les États. La théorie des « compétences implicites » vise donc à priver les États de la liberté de négociation extérieure. Toute la question est de savoir à partir de quel seuil de contrainte européenne il est possible de mettre en évidence une compétence extérieure exclusive, implicite, mais nécessaire, de l'Union. La question est délicate. Puisqu'il faut éviter que les États ne remettent en cause par leur action internationale les règles communes de droit dérivé qu'ils ont acceptées, il faut à chaque fois regarder si la compétence européenne exclusive est une conséquence inéluctable du droit dérivé(8), et si le domaine couvert par l'accord international en cause correspond à un corps complet de règles communes à l'intérieur de l'Union(9). Le nouvel article 3 TFUE (précisant l'art. 207 TFUE) dispose que l'Union détient une compétence exclusive en matière de politique commerciale commune lorsque la conclusion d'un accord est nécessaire pour lui permettre d'exercer sa compétence, ou lorsque la conclusion d'un accord international séparé serait susceptible d'altérer les règles communes ou d'en altérer la portée.

(5) V. à propos des accords ADPIC, CJUE, 18 juill. 2013, aff. C-414/11, *Daiichi Sankyo-Sanofi Aventis*.

(6) La circulation transfrontalière de services, sans déplacement de personnes, pouvait néanmoins entrer déjà dans les prévisions de l'ancien article 133. Dès qu'il y a déplacement de personnes, on quitte la politique commerciale pour toucher d'autres règles relatives aux migrations. La Communauté avait donc compétence exclusive pour conclure les dispositions du GATS qui envisagent la seule fourniture transfrontalière de services sans migrations (V. CJCE, 15 nov. 1994, avis n° 1/94). Cette distinction a conduit la Cour à annuler des décisions du Conseil approuvant des accords avec les USA, relatifs aux marchés publics et à l'énergie et aux télécommunications, car ces services pouvaient être exercés par déplacement de personnes, V. CJCE, 7 mars 1996, aff. C-360/93, *Parlement c/ Conseil*.

(7) V. pour l'environnement qui touche à la fois aux échanges et aux politiques nationales, de protection de l'environnement, ou autres, CJCE, 6 déc. 2001, avis n° 2/00, *Protocole de Cartagène sur la biodiversité*.

(8) V. CJCE, 25 avr. 1977, avis n° 1/76 *sur l'assainissement de la batellerie dans les bassins rhénans et mosellans*.

(9) C'était le cas pour l'avis n° 1/76 précité. Ce n'était pas le cas pour le GATS et pour le TRIPS (accord sur la propriété intellectuelle), V. avis n° 1/94, préc. ; sur cette exigence d'une concordance entre la matière de l'accord international et le droit dérivé, V. CJCE, 31 mars 1971, aff. 22/70, *Commission c/ Conseil* (AETR). – *Adde* CJCE, 7 mars 1996, aff. C-360/93, *Parlement c/ Conseil*.

3) Le troisième point, assez clair, consiste à reconnaître que la Commission ou le Conseil ne peuvent décider de négocier au nom des États membres lorsque la négociation internationale aurait un objet qui excéderait les compétences de l'Union à l'égard des États membres, ou lorsque le traité exclut toute harmonisation. C'est le parallélisme des compétences internes et externes(10).

4) Enfin, le quatrième point consiste à isoler un certain nombre de secteurs dans lesquels, en vertu de l'article 207 TFUE, la négociation ne peut être engagée qu'après un vote unanime au sein du Conseil : lorsque l'unanimité est requise dans l'ordre juridique européen, en matière de services, de propriété intellectuelle, d'investissements étrangers directs, elle l'est aussi pour les négociations internationales. L'unanimité est toujours requise en matière de commerce de services audiovisuels, s'il y a un risque d'atteinte à la diversité culturelle ou linguistique de l'Union, ou en matière de commerce de services sociaux, s'il y a un risque de grave perturbation de l'organisation de ces services au niveau national et d'atteinte à la responsabilité des États membres dans la fourniture de ces services.

En clair, dès lors qu'il y a absence de compétence européenne exclusive explicite ou implicite, ou compétences partagées, les progrès du champ d'application de la politique commerciale commune supposent l'unanimité du Conseil.

Dans cette perspective, les dispositions relatives au TDC et au droit douanier de l'Union relèvent à coup sûr de la politique commerciale commune(11). Mais la politique commune est plus vaste. On peut y déceler quatre principaux volets qui s'ordonnent autour de deux axes principaux : la libération des échanges, d'abord, avec l'harmonisation des aides aux exportations et la conclusion d'accords tarifaires ou commerciaux, d'une part (Section 1), les mesures de défense, ensuite, avec la sanction de certains procédés déloyaux (*dumping*, notamment), et les clauses de sauvegarde en cas de détournements de trafic ou de difficultés économiques dans certains États membres, d'autre part (Section 2).

SECTION 1

LA LIBÉRATION DES ÉCHANGES

66. – **Domaine : marchandises et services.** Cette libéralisation vaut aussi bien pour l'importation à l'intérieur de l'Union européenne que pour l'exportation des marchandises et des services. La politique commerciale commune est indissociable des négociations menées dans le cadre des *rounds* du GATT puis de l'OMC, auxquelles l'Union européenne (représentée par la Commission sur mandat du Conseil) est directement associée lorsqu'elle a compétence(12).

67. – **Importations.** En ce qui concerne les importations à destination de l'Union européenne, le principe est celui de l'interdiction des restrictions quantitatives en

(10) V. déjà, CJCE, 31 mars 1971, aff. 22/70, *Commission c/ Conseil AETR*.
(11) V. CJCE, 13 déc. 1973, aff. 38/73, *Diamantarbeiders*. – CJCE, 7 nov. 1996, aff. C-126/94, *Cadi Surgelés*, préc.
(12) V. *supra*, n° 65.

harmonie avec les principes du GATT. Le TDC doit suffire. Toutefois, pour certains produits, les États membres peuvent être autorisés à adopter des contingentements quantitatifs. Des contingents tarifaires sont aussi possibles : ils organisent des perceptions à l'importation inférieures au taux du TDC jusqu'à un certain seuil (au-delà, l'importation demeure possible, ce qui n'est pas le cas dans un régime de contingent quantitatif, mais au taux normal du TDC). Des exemptions ou suspensions de droits peuvent encore, le cas échéant, être décidées.

68. – **Exportations.** En ce qui concerne les exportations, le régime commun (restrictions acceptables et information réciproque des États) remonte à 1969[13]. Mais ce régime s'est développé et diversifié. Ont été considérées les subventions (qui doivent être harmonisées afin de ne pas fausser la concurrence entre les États membres, et qui ont été réglementées ou proscrites, selon les États destinataires ou les produits, dans la perspective des arrangements conclus dans le cadre de l'OCDE, mis en vigueur dans l'Union par plusieurs décisions et règlements)[14], mais surtout les politiques nationales d'aides financières aux exportations (assurance-crédit et taux des crédits)[15][16].

La politique commerciale commune a vocation à harmoniser les actions des États à l'exportation, quelles que soient les marchandises en cause. Des progrès ont ainsi été réalisés pour les biens culturels[17].

69. – **Accords internationaux.** La place importante tenue par l'Union européenne dans les échanges internationaux a entraîné la conclusion d'un certain nombre d'accords commerciaux, notamment multilatéraux[18], en liaison ou non avec des organisations internationales. On citera, par exemple, les accords multilatéraux conclus dans le cadre de l'OMC, et aussi du GATT, et, notamment, celui du 15 avril 1994 relatif aux subventions et aux mesures compensatoires[19], le système des préférences généralisées[20] ou les accords sur certains produits de base dans le cadre de la CNUCED[21], et bien sûr, les accords d'association de l'Union européenne

(13) En 2014, Règl. n° 1061/2009, 19 oct. 2009.

(14) Déc. 24 juill. 1997. Un nouvel arrangement est intervenu en janvier 2014.

(15) Pour l'assurance-crédit export, V. la distinction entre la prohibition du soutien de l'État dans le commerce intra-européen (aide prohibée), et l'élaboration d'un régime commun à destination des pays tiers, V. 22e Rapport sur la politique de concurrence, n° 166, et Dir. n° 98/29, 7 mai 1998 sur l'harmonisation des principales dispositions applicables à l'assurance-crédit à l'exportation pour les opérations bénéficiant d'une couverture à MT ou à LT (la prime doit notamment correspondre au risque, la garantie est précisée : *JOCE* n° L 148, 19 mai 1998, mod. Règl. n° 806/2003, 14 avr. 2003).

(16) Pour les taux d'intérêt, on doit citer l'accord dit du « consensus », conclu dans le cadre de l'OCDE, aujourd'hui en janvier 2013 ; V. Règl. n° 1233/2011, 16 nov. 2011 (V. Cons. UE, déc. 4 avr. 1978, puis 14 déc. 1992 : *JOCE* n° L 44, 22 févr. 1993).

(17) V. Règl. n° 116/2009, 18 déc. 2008 sur le contrôle à l'exportation des biens culturels (notion qui déborde celle de trésor national contenue à l'article 30, V. *infra*, n° 129), puis Règl. n° 1081/2012 de la Commission, 9 nov. 2012 et Dir. n° 93/7 du Conseil sur la restitution des biens culturels ayant quitté illicitement le territoire d'un État membre : *JOCE* n° L 77, 31 mars 1993. Ces textes reposent sur le système de la liste en annexe. Ces textes ont été adoptés en liaison avec la Convention de Paris du 14 novembre 1970 sur le commerce illicite des biens culturels, négociée sous les auspices de l'UNESCO. – V., sur cette question, N. Royer, *Le marché de l'art en droits français, anglais, et communautaire*, thèse Clermont-Ferrand, 2001.

(18) Il existe des accords bilatéraux conclus entre l'Union européenne et certains pays, voire avec des ensembles de pays (par ex., AELE, puis EEE).

(19) Cons. UE, déc. n° 94/800 : *JOCE* n° L 336, 23 déc. 1994.

(20) Accord par lequel des concessions qui vont au-delà de la clause de la nation la plus favorisée (sur laquelle repose le GATT) sont octroyées aux pays en voie de développement (1er juill. 1971). Le système des « préférences généralisées » sera modulé par un règlement du 19 décembre 1994, pour favoriser les États qui développeront des efforts en matière sociale ou d'environnement.

(21) Avec la Turquie, Malte et Chypre.

créant soit une Union douanière, soit une zone économique particulière, comme les accords de Lomé avec les pays d'Afrique, des Caraïbes et du Pacifique (ACP).

Traduisant de nouvelles préoccupations, on signalera l'accord transatlantique conclu dans le cadre de l'OMC le 13 novembre 1995, en cours d'approfondissement (2014), sur l'élimination des droits de douane sur les produits de technologie de l'information, ou l'accord du 21 mai 1997 sur la coopération douanière[22] et l'assistance mutuelle entre la Communauté européenne et les USA[23]. Des accords de reconnaissance mutuelle peuvent aussi être conclus, notamment dans le domaine des normes et spécifications techniques[24]. Un accord plus général Union européenne-USA, voire Europe-Amérique du Nord, est négocié à partir de 2014.

SECTION 2

LA DÉFENSE COMMERCIALE

70. - **Généralités.** Même lorsqu'elle relève de la compétence de l'Union[25], la politique commerciale n'est cependant pas commune à tous égards. Les États membres conservent la possibilité théorique de prendre certaines mesures à l'encontre des États tiers pourvu que ce soit en conformité avec la politique commune, ce qui, au fil du temps, est devenu quasiment impossible, sauf lorsque des intérêts essentiels (par ex., santé publique) sont en cause. Les « clauses de sauvegarde » ont vu ainsi décliner leur intérêt et leur champ d'application (§ 1). Mais la politique commune conduit aussi à des mesures de défense collective, par exemple contre le *dumping* (§ 2).

§ 1. – La limitation de la clause de sauvegarde

71. - **Domaine de la sauvegarde limité aux pays et territoire d'outre-mer.** L'ancien article 134 du Traité CE permettait de mettre en œuvre sous le contrôle de la Commission des mesures nationales de sauvegarde à l'intérieur du marché intérieur, en cas de « détournement de trafic ». Ce texte, devenu contraire à l'idée même de marché intérieur, a été abrogé. Aujourd'hui, les articles 200 et 201 TFUE limitent les mesures de sauvegarde au bénéfice des seuls « pays et territoires d'outre-mer », et uniquement dans deux séries d'hypothèses. La sauvegarde peut d'abord être européenne. Elle est possible lorsque des importations en provenance des pays tiers risquent de créer des détournements de trafic au détriment d'un État membre dans l'un de ses territoires (DOM-TOM). En ce cas, l'État victime doit demander à la Commission de proposer les mesures nécessaires aux autres États membres. La

(22) Accord ATI, sur les technologies de l'information, Cons. UE, déc. n° 97/359 : *JOCE* n° L 155, 12 juin 1997.

(23) *JOCE* n° L 222, 12 août 1997.

(24) V. l'accord sur la reconnaissance des procédures d'évaluation de conformité en vue de la mise en vente de certains produits sur le territoire de chacune des parties, conclu le 18 mai 1998 entre la Communauté et les USA, Cons. UE, déc. n° 1999/78, 22 juin 1998 : *JOCE* n° L 31, 4 févr. 1999.

(25) V. *supra*, n° 65.

sauvegarde peut ensuite être mise en œuvre à l'intérieur même du territoire douanier de l'Union, au profit de « territoires », ce qui vise les DOM-TOM. Des droits de douane intra-européens peuvent en effet être édictés dans la mesure nécessaire à l'industrialisation ou au budget de ces territoires, pourvu que ce soit sans discrimination.

§ 2. – Les mesures de défense communes

72. – **Domaine.** La défense commune internationale des intérêts de l'Union européenne ou des producteurs européens est étroitement dépendante des accords négociés dans le cadre du GATT ou de l'OMC. Lorsque l'Union européenne a compétence, elle agit sur le fondement de l'article 207 TFUE, en mettant en œuvre des instruments du droit de l'Union qui ne peuvent qu'être conformes aux accords commerciaux internationaux (GATT, GATS...). On peut même dire que cette internationalisation est devenue une caractéristique essentielle de la politique commerciale commune. La multiplication des contentieux avec les États-Unis d'Amérique, en ce début de XXIe siècle, le démontre amplement(26).

On s'attachera donc à la prise en compte par le droit de l'Union des procédés déloyaux ou préjudiciables qui peuvent être le fait d'entreprises relevant de pays tiers.

En principe, les ressortissants des États membres de l'AELE qui ont ratifié l'accord sur l'EEE ne sont plus visés(27).

A. – Le *dumping*

73. – **Définition et sanction du *dumping*.** Le *dumping* n'est pas le fait de profiter des disparités des salaires ou du coût des matières premières pour parvenir à vendre moins cher. Il n'est pas non plus le simple fait de vendre à perte. Il est le fait de développer une stratégie discriminatoire en direction d'un marché, par exemple le marché européen(28) : c'est le fait de vendre moins cher sur le territoire de l'Union qu'on ne le fait sur d'autres territoires, dans des circonstances normales. La discrimination doit être observée, pour mettre en évidence cet élément caractéristique qu'est la « marge de *dumping* » (écart entre le prix normal et le prix pratiqué vers l'Union européenne). Cette discrimination sert à établir le préjudice subi par les producteurs européens, qui est un élément indispensable du *dumping*. Le lien de causalité doit ici être établi(29).

En accord avec les principes de l'OMC et du GATT(30), un règlement – aujourd'hui du 30 novembre 2009(31) – organise la défense du marché européen en cas de *dum-*

(26) V. notamment les contentieux relatifs aux aides américaines à l'agriculture, à la sidérurgie, relatifs aux systèmes de subventions déguisées au moyen de sociétés *off-shore*.
(27) Accord sur l'EEE, art. 26.
(28) CJCE, 11 juill. 1990, aff. C-157/87, *Electro impex*.
(29) V. Trib. UE, 25 oct. 2011, aff. T-192/08, *Transnational Company Kazchrome*. – Trib. UE, 11 juill. 2013, aff. T-469/07, *Philips Lighting Poland*.
(30) V. le code *antidumping* multilatéral, prolongeant les articles VI et XVI du GATT, Cons. UE, déc. 22 déc. 1994 : *JOCE* n° L 336, 23 déc. 1994 ; les règlements européens doivent, dans la mesure du possible, être interprétés à la lumière de ces dispositions, TPICE, 24 sept. 2008, aff. T-45/06, *Reliance Industries*.
(31) Règl. n° 1225/2009.

ping. Il définit d'abord la procédure permettant de mettre en évidence la marge de *dumping*, car il peut se faire qu'il soit nécessaire de reconstituer le prix normal du produit en cause. La valeur normale du produit est l'élément essentiel de la mise en évidence au *dumping*. Elle est en principe égale à la valeur du produit sur le marché domestique de l'exportateur. Mais il peut se faire que ce marché ne soit pas pertinent, par exemple s'il n'y a pas de ventes significatives, ou si les ventes n'y sont pas effectuées à des acheteurs indépendants de l'exportateur (par ex., même groupe)(32). On peut alors se baser sur les prix pratiqués sur un autre marché analogue. Sinon, il faut rechercher la valeur économique réelle du produit. C'est la valeur construite, qui prend pour base les coûts, fixes et variables, majorés d'une marge considérée comme normale. Cette recherche de la valeur du produit implique en réalité la coopération des entreprises poursuivies, laquelle n'est pas toujours acquise(33). La complexité des opérations et des investigations auxquelles les autorités européennes doivent se livrer est source de contentieux(34), mais les juridictions de l'Union reconnaissent une grande marge d'appréciation à la Commission, à condition de respecter les droits de la défense(35), tout en affirmant que ses décisions sont soumises à leur contrôle(36).

Des règles spécifiques s'appliquent à l'égard des entreprises qui relèvent de pays qui ne sont pas en économie de marché. La valeur construite est alors la seule méthode concevable(37).

Mise en évidence, la marge de *dumping* peut conduire la Commission soit à édicter des droits provisoires ou définitifs à l'entrée des produits dans l'Union(38), soit à obtenir de la part des entreprises en cause des engagements précis(39).

Sur la base de ce règlement du Conseil, comme des précédents, la Commission a adopté un nombre considérable de règlements instaurant des droits *antidumping*.

74. – **« Les contournements des droits *antidumping* ».** Il y a deux sortes de contournements visés par l'article 13 du règlement *antidumping*. La première est celle de l'utilisation d'un pays tiers pour y assembler sans raison économique autre que celle d'éluder les droits *antidumping* édictés.

(32) V. pour les liens entre l'importateur et l'exportateur, CJCE, 7 mai 1987, aff. 255/84, *Nachi Fujikashi*. – CJUE, 16 févr. 2012, aff. C-191/09 et 200/09, *Interpipe Niko Tube*.

(33) V., pour la reconstitution du prix en cas de refus de coopération, CJCE, 23 mai 1985, aff. 53/83, *Allied Corporation*. – En cas de données inexploitables, TPICE, 11 juill. 1996, aff. T-161/94, *Sinochem Heilongjiang*. – *Adde*, CJUE, 4 mars 2010, aff. T-401/06, *Brosmann Footwear*, et, du même jour, aff. T-409/06, *Sun Sang Kon Yuen*. – Trib. UE, 30 avr. 2013, aff. T-304/11, *Alumina*.

(34) V., par ex., pour les machines à écrire japonaises, CJCE, 5 oct. 1988, aff. C-56 et C-86, *Seiko, Sharp, Brother c/ Commission*. – Pour des relations intragroupe, TPICE, 14 sept. 1995, aff. T-171/94, *Descan c/ Conseil*.

(35) TPICE, 21 nov. 2002, aff. T-88/98, *Kundan et Tata*. – CJCE, 13 juill. 2006, aff. T-313/03, *Shandong Reipu Biochemicals*.

(36) CJCE, 22 oct. 1991, aff. C-16/90, *Nölle*. – CJCE, 29 mai 1997, aff. C-26/96, *Rotexchemie*. – CJCE, 7 mai 1987, aff. 240/84, *Toyo*. – TPICE, 28 oct. 1999, aff. T-210/95, *EFMA*. La commission doit se livrer, d'une part, à des analyses économiques complexes, mais doit, d'autre part, apprécier l'intérêt européen à réagir et le préjudice subi dans l'Union européenne, V. CJCE, 7 mai 1991, aff. C-69/89, *Nakajima All Précision*. – CJCE, 13 févr. 1992, aff. C-105/90, *Goldstar*.

(37) Ces règles varient dans le temps selon les évolutions économiques des pays concernés. V. par ex. pour la Chine, Règl. n° 905/98, 27 avr. 1998, avant le passage de ce pays en économie de marché (*adde*, pour certains anciens pays de l'URSS, Règl. n° 519/04, 7 mars 1994). – CJCE, 11 juill. 1990, aff. C-157/87, *Électroimpex c/ Conseil*. – *Adde*, TPICE, 25 sept. 1997, aff. T-170/94, *Shangaï Bicycle c/ Conseil*. – CJCE, 4 mars 2010, *Brosmann Footwear*, préc. – CJCE, 18 sept. 2012, aff. T-156/11, *Since Hardware*.

(38) Ces droits sont parfois contournés par l'utilisation de canaux d'approvisionnement différents, V. CJUE, 6 juin 2013, aff. C-667/11, *Paltrade*.

(39) Ces droits doivent par principe être fixés en fonction du préjudice subi par les entreprises européennes. Ils sont en principe fixés par produit et par entreprise, mais rien n'interdit de les fixer par groupe de produits et, voire même par pays, V. par ex., TPICE, 25 sept. 1997, *Shangaï Bicycle*, préc., et TPICE, 26 sept. 2000, aff. T-80/97, *Starway c/ Conseil*.

La seconde catégorie de détournements est celle qui utilise le territoire de l'Union européenne. On vise là le *dumping* intra-européen. Celui-ci se produit lorsqu'une « usine tournevis » implantée dans l'Union est utilisée pour contourner les droits *antidumping*. On a donc étendu la possibilité d'instaurer des droits *antidumping* aux produits fabriqués dans l'Union européenne quand la valeur ajoutée est insuffisante[40].

B. – La lutte contre des pratiques illicites ou déloyales

75. – Les pratiques illicites ou déloyales peuvent venir des États ou des entreprises étrangères (quelquefois des deux).

76. – **La lutte contre les subventions étatiques.** Les subventions étatiques sont quelquefois proches du *dumping* dans les États qui ne connaissent pas d'économie de marché. Les subventions sont de toute façon des causes de perturbation du commerce mondial. Leur prohibition remonte à la signature des accords du GATT. Elle s'est développée et affinée. Un accord relatif aux subventions et aux mesures compensatoires a été conclu en 1994 dans le cadre de l'OMC. Il autorise des droits compensateurs et prévoit aussi des contre-mesures dans le cadre de l'OMC. Un règlement du 11 juin 2009 transpose ces principes dans l'ordre européen[41].

77. – **La surveillance et le règlement sur les obstacles au commerce (ROC).** Les règlements *antidumping* ne couvrent pas tous les procédés illicites ou déloyaux que connaît le commerce international. La surveillance des importations, avec la possibilité de mesures de sauvegarde, suppose une demande d'un État membre (ou de la Commission), une enquête, et des mesures adoptées par la Commission (avec appel possible au Conseil). Les mesures ne peuvent être prises que si les quantités importées sont tellement accrues qu'un préjudice grave peut être causé aux producteurs européens[42].

Un autre règlement du 22 décembre 1994[43], le règlement sur les obstacles au commerce (ROC) relatif au renforcement de la politique commerciale commune, a remplacé l'ancien et inefficace NIPC (Nouvel Instrument de Politique Commerciale). Il permet, dans le cadre général de l'OMC, sur plainte d'une entreprise, d'un État membre, ou encore sur saisine d'office de la Commission, d'examiner les pratiques commerciales illicites ou déloyales qui causent un préjudice à une production de l'Union européenne. Les pratiques illicites sont variées. Au terme d'une consultation entre les États membres (ou après une procédure internationale de règlement des différends lorsqu'une telle procédure est prévue par les obligations internationales de l'Union européenne, par ex. OMC), le règlement autorise l'édiction de toutes mesures, ce qui peut aller jusqu'à des modifications du TDC, ou des contingentements.

(40) Règl. n° 1225/2009 préc., art. 13 ; il faut trois conditions : début ou intensification de l'assemblage concomitant avec l'ouverture de la procédure *antidumping* ; valeur des pièces supérieures à 60 % du produit ; preuve d'un *dumping*.
(41) Règl. n° 597/2009, 11 juin 2009, sur le régime des aides d'État, V. *infra*, n° 948.
(42) Règl. n°s 260/2009, 26 févr. 2009 et 625/2009, 7 juill. 2009, et les multiples règlements d'application, relatifs au « régime commun applicable aux importations ».
(43) Règl. n° 3286/94 du Conseil, 22 déc. 1994 (*JOCE* n° L 349, 31 déc. 1994), mod. 12 févr. 2008, arrêtant les procédures en matière de politique commerciale commune en vue d'assurer l'exercice par la Communauté des droits qui lui sont conférés par les règles du commerce international.

Des accords d'autolimitation constituent souvent une alternative à la mise en œuvre de ces règlements.

78. - **La lutte contre l'importation de marchandises contrefaites.** Il s'agit là d'un aspect essentiel de la politique commerciale. Dès 1986, la Communauté s'était dotée d'un règlement autorisant la suspension de la mise en libre pratique des marchandises contrefaites. Ce genre de réglementation doit désormais être considéré dans le cadre plus large de l'OMC, qui intègre « l'accord relatif aux aspects des droits de propriété intellectuelle qui touchent au commerce, y compris le commerce des marchandises de contrefaçon » (TRIPS ou ADPIC). La lutte contre les contrefaçons a fait l'objet de plusieurs règlements jusqu'à celui du 12 juin 2013[44]. Les autorités douanières interviennent dès que des marchandises sont soupçonnées de porter atteinte à certains droits de propriété intellectuelle. Il y a d'abord une procédure de retenue en douane, sur plainte du titulaire des droits. Si ce dernier n'agit pas en justice dans les dix jours, la marchandise est libérée. Il y a donc ensuite une procédure de saisie, à l'initiative du titulaire.

Deux procédures parallèles doivent être évoquées. La retenue *ex officio*, d'abord. Elle est décidée *proprio motu* par les douanes pour quatre jours, lorsqu'elles disposent d'informations. Elles sollicitent de cette manière l'intervention du titulaire des droits, la destruction simplifiée pendant la période de retenue, ensuite, si le déclarant (importateur) ne s'y est pas opposé, et si le titulaire a fourni des preuves suffisantes de l'atteinte à ses droits.

Ce règlement s'inscrit dans une perspective européenne et internationale plus vaste, qui consiste à offrir aux titulaires légitimes de droits de propriété intellectuelle une protection judiciaire effective dans tous les États de l'Union européenne, aussi bien au niveau de la preuve des droits qu'à celui de la sanction de la contrefaçon, ou des réseaux de contrefacteurs. Outre ces mesures douanières, la sanction peut être la cessation ou l'allocation de dommages et intérêts[45].

(44) Règl. n° 608/2013, 12 juin 2013, concernant le contrôle, par les autorités douanières, du respect des droits de propriété intellectuelle.
(45) Dir. n° 2004/48, 29 avr. 2004 relative au respect des droits de propriété intellectuelle : *JOUE* n° L 195, 2 juin 2004.

CHAPITRE 3

LA LIBRE CIRCULATION DES MARCHANDISES DANS L'ESPACE EUROPÉEN

79. - **Domaine. Notion de marchandises.** Cette liberté est fondamentale. Elle est le socle du marché intérieur. On ne peut concevoir ce marché intérieur sans que les marchandises circulent librement. C'est ce qu'expriment les articles 26 et 28 TFUE, qui explicitent le concept de marché intérieur contenu dans les articles 3 TUE et 4 TFUE. La notion doit être définie, d'autant plus que le marché intérieur postule aussi une libre circulation des capitaux, des personnes ou des services.

La Cour de justice a développé une conception pragmatique, que certains ont qualifiée de mercantile, de la marchandise : il s'agit de tout bien appréciable en argent, susceptible, comme tel, de former l'objet d'une transaction commerciale(1). Aucun écho de la notion de produit culturel, ou d'œuvre d'art, par exemple. Il est vrai que le traité ne contient pas ce genre de distinction(2). L'immatérialité d'un bien n'empêche donc pas d'y voir une marchandise(3).

Si la destination d'un bien est en principe indifférente, il en va autrement lorsque le traité prend en considération cette destination pour appliquer des règles autres que celles relatives aux marchandises(4). L'exercice des libertés de circulation des personnes ou des services peut entraîner des mouvements parallèles de marchandises. Ces mouvements demeureront en principe soumis aux règles qui gouvernent la circulation des marchandises, tandis que la circulation des personnes ou des services sera régie par les règles qui leur sont propres(5). Cela sauf lorsque

(1) Pour le commerce des œuvres d'art, CJCE, 10 déc. 1968, aff. 7-68, *Commission c/ Italie*.

(2) Sauf pour les trésors nationaux, TFUE, art. 36.

(3) Électricité, par ex. – V. en ce sens Dir. n° 85/374, 25 juill. 1985 relative à la responsabilité du fait des produits défectueux. – V. encore des animaux, CJCE, 19 juin 2008, aff. C-219/07, *National Raad van Kierenkwekers en Liefhebbers*. – CJUE, 17 juill. 2008, aff. C-206/06, *Essent Netwerk Noord*.

(4) Pour des pièces de monnaie qui peuvent être, selon leurs usages, des pièces de collection – marchandises – ou des moyens de paiement soumis alors à des règles spécifiques, CJCE, 23 nov. 1978, aff. 7-78, *Regina-Thomson*. – Pour des « valeurs », CJCE, 23 févr. 1995, aff. C-358 et 416/93, *Bordessa*.

(5) Par ex., distinction entre l'impression d'un journal (service) et la vente du produit (marchandises), CJCE, 7 mai 1985, aff. 18-84, *Commission c/ France*. – Ou encore le support matériel d'une émission télévisuelle (cassette-marchandise) et l'émission elle-même (service), CJCE, 30 avr. 1974, aff. 155-73, *Sacchi* ou entre un « décodeur » et l'émission qu'il permet de décrypter, CJCE, 22 janv. 2002, aff. C-390/99, *Canal Satélite Digital*.

les marchandises sont l'accessoire nécessaire de la circulation des personnes ou de l'exercice de la prestation de services[6].

80. – **Régime général de cette liberté.** Les articles 28 à 37 TFUE posent les bases juridiques de la liberté de circulation des marchandises à l'intérieur de l'Union européenne. Cette liberté est acquise aussi aux marchandises en « libre pratique », c'est-à-dire à celles qui ont été licitement importées dans l'Union européenne (V. *infra*, n° 116).

Elle repose sur deux grands piliers : une suppression des contingentements et des restrictions quantitatives, ainsi qu'un désarmement douanier intra-européen, tout d'abord. Mais ensuite, et surtout, une interdiction des mesures nationales de tous ordres qui sont susceptibles d'entraver le commerce intra-européen à la manière d'une restriction quantitative. On vise là les entraves techniques (normes, spécifications) ou autres (par ex., règles d'étiquetage) que les États peuvent instaurer sous divers prétextes (par ex., protection des consommateurs), et qui peuvent gêner l'entrée de marchandises étrangères sur leur territoire.

81. – **Effet direct.** Les dispositions du traité relatives à la libre circulation des marchandises sont d'effet direct[7]. L'effet direct « vertical » (vis-à-vis des États) ne soulève guère de problèmes. L'effet direct horizontal est *a priori* plus incertain, dans la mesure où les dispositions des articles 28 et suivants du TFUE visent les mesures que peuvent adopter les États. Toutefois, en raison de l'importance fondamentale du principe de libre circulation des marchandises, la Cour de justice a admis que cet article fondamental qu'est l'article 34 TFUE relatif à la prohibition des mesures d'effet équivalent à des restrictions quantitatives à l'importation interdisait au juge national de donner effet à une convention entre particuliers visant à empêcher l'importation des marchandises d'un État membre à un autre[8].

82. – **Espace économique européen.** L'accord sur l'EEE, entré en vigueur au 1er janvier 1994, étend aux États membres de l'EEE les principes européens de libre circulation des marchandises (art. 10 à 16).

83. – **Plan.** On étudiera donc successivement les taxes d'effet équivalent (Section 1), puis les mesures d'effet équivalent à des restrictions quantitatives à l'exportation (Section 2) et, enfin, les autres mesures ou règles nationales qui peuvent avoir un effet restrictif sur les échanges de marchandises (monopoles, droits d'accises) (Section 3).

SECTION 1

LES OBSTACLES TARIFAIRES

84. – ***Standstill* et élimination des droits de douane et des taxes d'effet équivalent.** Aux termes de l'article 30 TFUE, les États membres s'abstiennent d'établir

(6) V. pour des billets de loterie, CJCE, 24 mars 1994, aff. C-275-92, *Schindler*.

(7) V. CJCE, 5 févr. 1963, aff. 26-62, *Van Gend en Loos*. – CJCE, 22 mars 1977, aff. 74-76, *Ianelli et Volpi*.

(8) V. CJCE, 22 janv. 1981, aff. 58-80, *Dansk Supermarked c/ Imerco* : dans son arrêt du 9 juin 1992 (aff. C-47-90, *Delhaize frères et le Lion c/ Promalvin et Bodegas Unidas* : *JCP* E 1993, 206, et nos obs.), la Cour a indiqué, à propos de l'article 34 TFUE (restrictions à l'exportation, mais la formule vaut aussi pour l'article 30), que ce texte « peut être invoqué par les particuliers devant les juridictions des États membres, à l'occasion de litiges les opposant à d'autres particuliers ».

de nouvelles taxes d'effet équivalent à des droits de douane (TEEDD), ce qui est logique car les droits de douane devaient être supprimés à l'expiration de la période de transition. Ce qui est équivalent d'un point de vue économique doit faire l'objet de la même prohibition.

85. – **Notion de taxe d'effet équivalent à des droits de douane (TEEDD). Article 30 TFUE.** Le traité ne définit pas ce qu'il convient d'entendre par cette formule. La jurisprudence européenne a défini ces taxes comme toutes celles qui, quelles que soient leur appellation et leur technique, frappent spécifiquement et exclusivement les produits importés ou exportés, en influant sur leur prix de manière analogue à un droit de douane[9].

Le critère est donc l'effet équivalent à un droit de douane. C'est le renchérissement du produit importé par rapport aux produits nationaux comparables qui est décisif. Il n'est donc pas nécessaire que la taxe frappe à la fois les produits nationaux et les produits importés[10]. Ce qui compte, c'est le renchérissement des prix du produit importé[11].

La violation du droit européen est caractérisée du seul fait qu'une charge pécuniaire, même minime, est exigée par l'autorité publique[12], pour la seule raison que la marchandise a franchi une frontière douanière à l'intérieur de l'espace européen[13]. Il est indifférent de savoir si la taxe est payée par les consommateurs ou par l'importateur, ou qu'elle ait été ou non affectée au budget de l'État[14]. L'objectif du marché intérieur conduit à interdire aussi bien les taxes qui jouent à l'importation que celles qui jouent à l'exportation[15]. Ce même objectif de fluidité du marché européen (« Espace sans frontières intérieures ») a conduit la Cour de justice à considérer que des taxes ou perceptions purement internes à certains États membres étaient également contraires au droit européen[16].

En clair, il n'est pas nécessaire que la perception ait des effets discriminatoires, ou que les produits imposés soient en situation de concurrence avec des productions nationales. Il n'est pas non plus nécessaire que la taxation soit exigée au moment du passage physique de la frontière. Toute taxation obligatoire, en quelque lieu que

(9) V. CJCE, 14 déc. 1962, aff. 2-62 et 3-62, *Commission c/ Luxembourg et Belgique*, affaire du *pain d'épices*. Cela vaut pour toute taxe proportionnelle à la valeur en douane des marchandises importées des autres États membres (CJCE, 16 juill. 1992, aff. C-163/90, *Legros*, à propos de l'octroi de mer édicté dans les DOM français), cela vaut aussi pour des taxes régionales internes à un État membre (CJCE, 9 août 1994, aff. C-363, 407/93 et 411/93, *Lancry*).

(10) CJCE, 28 janv. 1981, aff. 32/80, *Kortmann*.

(11) L'augmentation de charge ou de frais est assimilable, V. pour des formalités administratives, CJCE, 25 janv. 1977, aff. 46/76, *Bauhuis*.

(12) V. CJUE, 17 juill. 2008, aff. C-206/06, *Essent Netwerk Noord*, pour une cotisation supplémentaire forfaitaire due par les importateurs d'électricité, lorsque ce supplément est utilisé intégralement pour compenser des coûts que les producteurs nationaux d'électricité devraient supporter.

(13) Il n'y a TEEDD que si l'origine du produit est la condition de la taxation, CJCE, 16 juill. 1992, aff. C-343/90, *Lourenço Dias*. Il n'y a pas TEEDD si la taxe ne porte que sur les ventes intérieures des seuls produits nationaux, V. CJCE, 22 mai 2003, aff. C-355/00, *Freskot c/ Ellinilo Dimosio*. Il n'y a pas non plus TEEDD si la taxe frappe les produits postérieurement à leur importation (V., pour la distinction entre l'importation des véhicules et leur mise en circulation, CJUE, 22 mars 1977, aff. 78/76, *Steinicke et Weinling*).

(14) CJUE, *Essent Netwerk Noord*, préc.

(15) CJCE, 29 juin 1978, aff. C-142/77, *Statens Kartrol Med. Aelde Metaller c/ Larsen et Kjerrfulf*. – CJCE, 23 avr. 2002, aff. C-234/99, *Nygard Svineafgiltfonden*.

(16) V., pour l'octroi de mer imposé aux Antilles françaises, CJCE, 9 août 1994, aff. C-363, 407/93 à 411/93, *Lancry e.a.* – Pour la taxe communale sur la sortie du marbre du territoire de la commune de Carrare, CJCE, 9 sept. 2004, aff. C-72/03, *Carbonati Apuani c/ Cne di Carrara*. – Pour le commerce entre Jersey et la Grande-Bretagne, CJCE, 8 nov. 2005, aff. C-293/02, *Jersey Produce Marketing*.

ce soit, est une taxe d'effet équivalent, si elle a pour seule raison l'importation ou l'exportation[(17)].

86. – **Distinction avec les impositions intérieures discriminatoires (TFUE, art. 110), et avec les aides d'État (TFUE, art. 107).** Une taxe ne peut pas être en même temps une TEEDD et une imposition intérieure discriminatoire. Ces deux prohibitions sont juridiquement distinctes et il ne peut donc y avoir d'application cumulative[(18)]. Mais la distinction entre imposition intérieure et taxe d'effet équivalent à un droit de douane n'est pas toujours aisée à opérer. Des impositions intérieures peuvent avoir le même effet qu'un droit de douane. Pourtant, *a priori*, une imposition intérieure se distingue d'un droit de douane, car elle porte en principe à la fois sur les produits importés, et sur les produits nationaux. Il n'empêche que, même si elle frappe indistinctement ces deux catégories de produits, une taxe peut avoir un effet équivalent à celui d'un droit de douane si elle discrimine les produits importés. Il faut alors examiner le circuit financier de la taxe selon la jurisprudence *Capolongo*[(19)]. Il faut rechercher si les produits nationaux, qui sont apparemment taxés de la même manière que les produits importés, ne reçoivent pas un avantage final en raison de l'affectation à leur profit du produit de la taxe. Le critère pertinent est celui de la compensation. Et il faut distinguer selon que la compensation est totale ou partielle. Un bon exemple peut être trouvé dans la jurisprudence relative aux cotisations obligatoires – perçues aussi bien sur les produits nationaux que sur les produits importés – édictées dans certains États au profit de fonds divers, dont l'activité est d'orienter des aides étatiques. S'il s'avère que les recettes provenant des cotisations sont attribuées aux seuls produits nationaux, et si cette attribution compense intégralement la charge de la cotisation qui grève ces produits, il y aura « taxe d'effet équivalent ». En ce cas, en effet, la taxe sera dans son intégralité une charge nette pour les produits importés[(20)]. Au contraire, si les attributions effectuées par le fonds ne compensent qu'en partie la charge de cotisation supportée par les produits nationaux, il y aura imposition discriminatoire, et ce sera l'article 110 TFUE qui sera applicable[(21)]. L'existence d'une compensation financière, qu'elle soit totale ou partielle, servie aux produits ou producteurs nationaux avec le produit de la taxe, peut également mettre en évidence une aide d'État[(22)]. Il peut donc y avoir un cumul entre la qualification de TEEDD et celle d'aide, alors qu'il ne peut y en avoir entre celles de TEEDD et d'imposition intérieure[(23)].

87. – **Distinction avec la rémunération de services.** Des perceptions ou cotisations à l'entrée sur le territoire d'un État membre ne sont pas forcément contraires aux dispositions de l'article 30 TFUE. C'est le cas lorsque la perception n'est pas obli-

(17) V. CJCE, 15 avr. 1997, aff. C-272/95, *Bundesanstalt für Landwirtschaft und Ernährung c/ Deutsches Milch-Kontor*.
(18) CJUE, 15 juin 2006, aff. C-393/04 et C-41/05, *Air Liquide Industries Belgium*. – CJCE, 2 mars 1977, aff. 78/76, *Steinicke et Weinling*.
(19) CJCE, 19 juin 1973, aff. 77/72, *Capolongo*.
(20) V., pour les cotisations obligatoires en Belgique pour un fonds de la santé et de la protection des animaux qui ne bénéficiait qu'aux élevages belges, CJCE, 16 déc. 1992, aff. C-17-91, *Lornoy en Zonen*. – *Adde*, CJCE, 2 août 1993, *Celbi*. – CJCE, 11 mars 1992, *Cie commerciale de l'ouest*. – CJCE, 17 sept. 1997, *UCAL* et *Fricarnes*. – CJUE, 17 juill. 2008, *Essent Netwerk Noord*, préc.
(21) V. *infra*, n° 162 et, par ex. CJCE, 23 avr. 2002, *Nygard*, préc.
(22) V. *infra*, n° 959.
(23) CJCE, 19 juin 1973, *Capolongo*, préc. – CJCE, 17 juill. 2008, aff. C-206/06, *Essent netwerk Noord*.

gatoire et qu'elle rémunère un service objectivement appréciable et facultatif rendu par les autorités de l'État membre, ou leurs délégués(24).

88. - Distinction avec des missions d'intérêt général non discriminatoires. De même, des perceptions effectuées dans un but d'intérêt général, qui n'ont pas pour seule raison d'être le franchissement d'une frontière de l'espace européen et qui ne favorisent ni directement, ni indirectement, ni potentiellement, les produits nationaux, ne sauraient être visées par ces articles. Le caractère discriminatoire fait en effet défaut(25).

SECTION 2

LES OBSTACLES NON TARIFAIRES

89. - Obstacles non tarifaires et « mesures d'effet équivalent à des restrictions quantitatives » (MEERQ). Les MEERQ forment l'ensemble disparate de toutes les mesures imaginées par les États qui ne sont ni des droits de douane (sinon ce serait des restrictions tarifaires), ni des restrictions quantitatives (quotas, qui ont disparu en Europe à la fin de la période de transition), mais qui restreignent cependant le volume des importations ou des exportations. Elles sont pour cela « équivalentes » par leurs effets à des restrictions « quantitatives ». On peut songer, par exemple, aux règles diverses relatives aux conditionnements, aux emballages, aux étiquetages, à la composition des produits, à leur appellation, à leur présentation, aux normes qu'ils doivent respecter(26), etc. Ces règles aboutissent à obliger les importateurs ou les exportateurs à fabriquer, par exemple, des conditionnements spécifiques, ce qui augmente leurs coûts, et freine le commerce intra-européen.

90. - Prohibition fondamentale. Articles 34 et 35 TFUE. La prohibition des MEERQ est nécessaire au sain développement du commerce international. Les MEERQ sont depuis longtemps prohibées par l'article XI du GATT auquel les articles 34 et 35 TFUE font écho. L'article 34 est l'un des piliers du droit européen. Il dispose :

> « Les restrictions quantitatives à l'importation, ainsi que toutes mesures d'effet équivalent, sont interdites entre les États membres ».

L'article 35 pose la même règle pour les restrictions à l'exportation. Toutefois ces prohibitions s'effacent cependant devant certaines raisons d'intérêt général limitativement énumérées : moralité publique, ordre public, trésors nationaux, propriété industrielle et commerciale (V. aussi GATT, art. XX). Les articles 11, 12 et 13 de l'accord relatif à l'EEE sont rédigés dans des termes quasi identiques.

91. - Traités et droits dérivés. L'établissement du marché intérieur ne pouvait être recherché au travers de la seule mise en œuvre jurisprudentielle des articles

(24) V., pour des redevances disproportionnées par rapport au coût du service, CJCE, 21 mars 1991, aff. C-209-89, *Commission c/ Italie*. – CJCE, 11 juill. 1989, aff. 170-88, *Ford Espana*. – Le « service » ne peut être le simple accomplissement des formalités de dédouanement ; c'est là un service d'intérêt général qui doit être supporté par les États membres, V. CJCE, 11 août 1995, aff. C-16/94, *Dubois c/ Garonor*. – *Adde* CJCE, 22 avr. 1999, aff. C-109/98, *CRT-France International*.

(25) V. pour le respect d'exigences résultant de conventions internationales, contrôles phytosanitaires à l'exportation, sol. impl., CJCE, 2 mai 1990, aff. C-111-89, *État néerlandais c/ Bakker Hillegom*.

(26) Pour des normes, CJUE, 12 juill. 2012, aff. C-171/11, *Fra-bo*. – CJUE, 18 oct. 2012, aff. C-385/10, *Elena*.

précités contenus dans les traités fondamentaux. La complexité des matières fait souhaiter une intervention du législateur européen. Mais la diversité des échanges empêche l'harmonisation d'être générale et partout exhaustive. Sur la base des articles 115 et 116 TFUE, un certain nombre de directives ont été adoptées pour faciliter la libre circulation des marchandises[27].

92. - **Droit dérivé et jurisprudence.** Les directives adoptées[28] ne concernent pas tous les produits qui circulent entre les États membres, et les litiges peuvent survenir à l'occasion des réglementations nationales les plus diverses. L'article 34 TFUE demeure ainsi un des textes européens les plus fréquemment invoqués dans les procédures. En dépit des progrès de l'harmonisation, la jurisprudence qui s'est développée autour de cet article est donc tout à la fois volumineuse et fondamentale.

93. - **Plan.** La jurisprudence de la Cour de justice, comme celle des juridictions des États membres, est à la fois touffue et subtile à propos de la notion de « mesure d'effet équivalent » à une restriction quantitative. Elle s'intègre dans la perspective ouverte par le GATT, qui reconnaît, en son article XX, que des législations peuvent gêner les opérateurs sans lui être toutefois incompatibles. La jurisprudence a interprété ces textes, dans un sens conforme au GATT, pour estimer que, si une MEERQ suppose une potentialité d'entrave aux échanges intra-européens (§ 1), elle peut être néanmoins compatible avec le traité si elle répond à un intérêt général au sens du droit européen (§ 2). L'interprétation jurisprudentielle a néanmoins ses limites. Le législateur européen a dû intervenir de façon sectorielle mais très significative pour encadrer la liberté résiduelle des États (§ 3).

§ 1. – « MEERQ » et aptitude à entraver les échanges intra-européens

94. - **Le « standard jurisprudentiel » de l'arrêt *Dassonville*.** Cet arrêt du 11 juillet 1974, rendu à propos d'une législation nationale en matière d'appellations d'origine[29], a posé une définition qui sera constamment reprise par la Cour de justice. On peut y lire que « toute réglementation commerciale des États membres susceptible d'entraver directement ou indirectement, actuellement ou potentiellement le commerce intra-européen est à considérer comme une mesure d'effet équivalent à des restrictions quantitatives ».

De cette définition, on peut tirer les trois caractéristiques essentielles de la mesure nationale apte à entraver les échanges : il doit s'agir d'une mesure prise par une autorité (A), susceptible d'affecter le commerce entre les États membres (B), dès lors que les produits en cause participent aux échanges intra-européens (C). La preuve de la réunion de ces critères incombe à celui qui demande qu'une mesure nationale soit jugée contraire au traité (D).

(27) V. *infra*, n°s 150 et s.

(28) V., par ex., la foisonnante législation européenne en matière d'étiquetage, notamment pour les produits alimentaires, résultant notamment du règlement n° 1169/2011 du 25 octobre 2011 concernant l'information des consommateurs sur les denrées alimentaires.

(29) CJCE, aff. 8/74, *Proc. du Roi c/ Dassonville*.

A. – Une mesure prise par une autorité d'un État membre ou européenne

95. – **Réglementations contraignantes.** La formule de l'arrêt *Dassonville* vise à l'évidence les réglementations contraignantes, quel que soit l'échelon de l'autorité qui les a prises(30).

96. – **Action ou inaction des autorités nationales ou européennes.** Un droit économique et pragmatique ne pouvait limiter la notion de « MEERQ » aux seules mesures contraignantes selon les droits des États membres. Les États ont bien d'autres moyens d'action, ou de suggestion. De simples pratiques administratives constantes et répétées ont ainsi été jugées contraires au traité(31), comme des actions de personnes étrangères à l'administration publique, mais disposant de prérogatives particulières(32), ou soutenues, ou même tolérées par elle(33). De même, des décisions judiciaires prononcées par les tribunaux étatiques peuvent, le cas échéant, être considérées comme des mesures prohibées(34). L'action des autorités européennes n'échappe pas à la généralité de la prohibition(35).

97. – **Actions de personnes privées.** Les articles 34 et 35 TFUE interdisent en tout cas de sanctionner de simples comportements d'entreprises, même s'ils aboutissent à cloisonner le marché intérieur européen. Ces comportements relèvent en principe des règles de concurrence(36). Mais, de façon pragmatique, la Cour de justice a assimilé aux autorités étatiques les personnes privées qui sont placées sous leur dépendance juridique ou financière, ou qui mettent en œuvre des prérogatives de puissance publique(37).

(30) V., par ex., pour la loi Lang du 10 août 1981 sur le prix du livre, CJCE, 10 janv. 1985, aff. 229-83, *Au blé vert Leclerc Livre*. – V., pour la réglementation relative à l'importation des vins de table, CJCE, 22 mars 1983, aff. 42-82, *Commission c/ France*. – Ou pour une différence de sanction pénale entre les activités internes et l'importation, V. CJCE, 15 déc. 1976, aff. 41-76, *Donckerwolke*. – CJCE, 11 mai 1989, aff. 25/88, *Wurmser vve Bouchara*.

(31) CJCE, 9 mai 1985, aff. 21-84, *Commission c/ France, appareils d'affranchissement postal*. – CJCE, 23 sept. 2003, aff. C-192/01 *Commission c/ Danemark*. – V., pour les déclarations d'un fonctionnaire, à la condition qu'elles aient pour les administrés les apparences d'une prise de position officielle (sphère de compétence de l'intéressé, document ou déclaration formelle officiels), CJCE, 17 avr. 2007, aff. C-470/03, *AGM-Cosmet c/ Suomen Valet*. – Pour des organismes sous la tutelle publique, ou agissant dans le cadre d'un service public, CJCE, 13 mars 2008, aff. C-227/06, *Commission c/ Belgique*.

(32) Pour un organisme de normalisation, CJUE, 12 juill. 2012, *Fra-bo*, préc.

(33) Aff. du *Buy Irish, campagne publicitaire*, CJCE, 24 nov. 1982, aff. 249-81, *Commission c/ Irlande*. – Pour des pillages effectués par des agriculteurs avec la passivité répétée des forces de police, CJCE, 9 déc. 1997, aff. C-265/95, *Commission c/ France*, affaire des *fraises*. – Comp., pour une autorisation administrative donnée à une manifestation écologiste bloquant le col du Brenner, CJCE, 12 juin 2003, aff. C-112/00, *Schmidberger e.a.* (la mesure a été en l'espèce rachetée par l'exigence de la liberté d'expression qui résulte des articles 10 et 11 Conv. EDH). Il faut toujours prouver que l'entrave est imputable aux autorités publiques, ce qui n'est pas le cas d'une simple grève. L'inaction de certains États, cause de dommages aux particuliers, a justifié la mise en place d'une procédure européenne spécifique (V. *infra*, n° 152) permettant aux États membres dont les ressortissants sont lésés de demander à la Commission d'enjoindre par notification aux États fautifs de prendre, dans un certain délai, les mesures adéquates, nécessaires et proportionnées. Cette procédure demeure non contraignante pour les États fautifs. De plus, la procédure ne peut affecter les droits fondamentaux, comme le droit de grève, ou la liberté d'entreprendre (Règl. n° 2679/98/CE, 7 déc. 1998 : *JOCE* n° L 397, 12 déc. 1998 et la résolution du même jour).

(34) CJCE, 2 mars 1982, aff. 6-81, *BV Industrie Diensten Groep*. – CJCE, 24 janv. 1991, aff. C-339-89, *Alsthom Atlantique c/ SCM Sulze*, relatif à la jurisprudence constante française sur la responsabilité du fabricant professionnel. – Comp. avec une interprétation jurisprudentielle isolée, CJCE, 27 juin 1996, aff. C-240/95, *Rémy Schmidt*. – *Adde*, pour une injonction judiciaire, CJCE, 26 nov. 1996, aff. C-313/94, *Graffione c/ Ditta Fransa*. – Pour une jurisprudence imposant une obligation d'information, CJCE, 13 oct. 1993, aff. C-93/92, *Motorradcenter*. – V. CJCE, 1er oct. 1987, aff. 311-85, *VVR, Verinigins Van Vlaamse Reisebureaus*.

(35) V. CJCE, 22 janv. 1981, aff. 58-80, *Dansk Supermarket c/ Imerco*. – *Adde*, en matière de propriété intellectuelle (brevets ornementaux), CJCE, 5 oct. 1988, aff. 53-87, *Cicra et Maxicar c/ Renault*.

(36) V. CJCE, 17 mai 1984, aff. 15/83, *Denkavit Nederland*. – CJCE, 29 févr. 1984, aff. 37/83, *Rewe Zentrale*. – CJCE, 25 juin 1997, aff. C-114/96, *Kieffer et Thill*.

(37) V., par ex., CJCE, 24 nov. 1982, aff. 249/81, *Commission c/ Irlande (Buy Irish)*, pour un financement public. – CJCE, 11 août 1995, aff. C-16/94, *Dubois c/ Garonor*, pour la perception d'une taxe par un organisme privé en contrepartie d'avantages offerts aux douanes. – CJCE, 5 nov. 2002, aff. C-325/00, *Commission c/ Allemagne*, pour le droit de délivrer un label. – CJCE, 15 déc. 1993, aff. C-292/92, *Hünermund*, pour un ordre édictant une règle déontologique interdisant la publicité pour des médicaments hors officine.

B. – Une mesure susceptible d'avoir un effet restrictif sur les échanges intra-européens

98. – **Plan.** L'effet restrictif peut être actuel ou potentiel. La prise en compte des effets potentiels, c'est-à-dire non encore avérés, est naturelle dans un droit économique (1°). Il en va de même des effets indirects (2°). La condamnation des mesures nationales est plus radicale lorsqu'elles sont discriminatoires que lorsqu'elles sont « indistinctement applicables » (3°).

1° L'entrave actuelle ou potentielle

99. – **Entrave potentielle, mais non hypothétique du commerce intra-européen.** L'objectif du marché intérieur impose de prohiber toutes les mesures injustifiées qui entravent l'interpénétration des économies des États membres. Les entraves peuvent *grosso modo* avoir deux origines : soit la mise en place d'une discrimination entre les produits nationaux et les produits importés (l'objet de la mesure est ici en cause), soit l'édiction de mesures visant indistinctement les produits nationaux et les produits importés, mais qui n'affectent pas de la même manière les deux catégories de produits (dans ce cas, il faut regarder si la mesure applicable à tous les produits n'oblige pas les importateurs à des frais supplémentaires – de conditionnement, par exemple – ou n'empêche pas en fait les produits importés d'accéder au marché – ce peut être le cas d'interdiction de dénominations)(38). L'entrave n'a pas besoin d'être perceptible ou statistiquement vérifiée. Elle peut être simplement potentielle(39). L'affectation potentielle n'est pas l'affectation aléatoire, ou hypothétique(40). Ce critère permet de faire varier, de manière assez souple, la frontière de la notion de MEERQ. Il suffit qu'il puisse être démontré qu'en l'absence de la mesure en cause, le commerce intra-européen trouverait à se développer plus qu'on peut l'observer. Une absence complète de circulation intra-européenne de la marchandise en cause n'empêche donc pas qu'il puisse y avoir une affectation potentielle du commerce intra-européen(41). Ce qui compte surtout, c'est au fond que les opérateurs soient dissuadés d'introduire certains produits sur le territoire d'un État membre(42).

2° L'entrave directe ou indirecte

100. – **Distinction des entraves directes et indirectes.** Les entraves directes sont celles qui empêchent l'accès au marché d'un État membre. Ce sont pour

(38) CJCE, 10 févr. 2009, aff. C-110/05, *Commission c/ Italie.*

(39) V. l'arrêt *Dassonville*, préc.

(40) V. CJCE, 29 nov. 1993, *Keck et Mithouard*, préc. et CJCE, 22 juin 1999, aff. C-412/97, *ED Srl et Italo Fenocchio.* – CJCE, 30 nov. 1995, aff. C-134/94, *Esso Espanola c/ Communidad autonoma de Canarias*, et CJCE, 18 juin 1998, *Corsica Ferries*, préc. – CJCE, 3 déc. 1998, aff. C-67/97, *Ditlev Bluhme.*

(41) V. pour des yaourts surgelés, CJCE, 14 juill. 1998, aff. 298-87, *Smanor.* – *Adde* CJCE, 16 déc. 1986, aff. 124-85, *Commission c/ Grèce*, pour le cas où la mesure nationale peut conférer un avantage aux yeux des consommateurs au profit des produits nationaux, CJCE, 7 mai 1997, *Pistre*, préc., relatif à l'appellation « Montagne » pour des salaisons.

(42) V., par ex., CJCE, 20 sept. 2007, aff. C-297/05, *Commission c/ Pays-Bas*, et CJCE, 19 juin 2008, aff. C-219/07, *Nationale Raad Van Dierenkweker en Liefhebbers.* – V. pour la privation d'un procédé de commercialisation efficace (pour l'obligation de ne vendre des lentilles de contact que par des magasins équipés de dispositifs médicaux, ce qui entrave les ventes par Internet, CJUE, 2 déc. 2010, aff. C-108/09, *Ker Optika*).

l'essentiel des interdictions d'importer ou de commercialiser. Entrent dans cette catégorie les interdictions résultant des normes obligatoires, ou réglementations techniques, ou encore les interdictions de dénomination[(43)]. Les entraves indirectes sont celles qui, tout en ne conditionnant pas directement les importations, peuvent néanmoins en limiter le volume, en affectant les possibilités de commercialisation des produits importés, ou en rendant plus difficile ou plus onéreuse leur promotion ou leur vente[(44)].

101. – **Situations apparemment internes et faveur indirecte aux produits nationaux.** En principe le droit européen ne se préoccupe pas des situations purement internes[(45)]. Mais cela ne signifie pas que des réglementations commerciales en apparence internes (qui ne visent par exemple que les produits nationaux) ne jouent pas comme des entraves à l'accès au marché des produits importés. Tel peut être le cas d'une réglementation qui aboutit en fait à présenter favorablement les produits nationaux[(46)] et qui, indirectement, désavantage les produits importés. Le contrôle des réglementations internes n'est donc pas abandonné[(47)]. Mais il faut au moins que la mesure litigieuse soit susceptible de s'appliquer aux produits importés[(48)].

Toute différente est la question des « discriminations à rebours », où ce sont les produits nationaux qui sont défavorisés par le législateur national par rapport aux produits importés. Cette sorte de discrimination n'est pas justiciable du droit européen[(49)].

3° Traitement différencié des discriminations et des mesures indistinctement applicables

102. – La mesure discriminatoire est le prototype de la MEERQ (*a*). Son objet est illicite, et sa condamnation va de soi. Plus subtiles, les mesures indistinctement applicables peuvent être tout autant efficaces. Mais il faut alors distinguer en fonction de leurs effets (*b*).

a) Les discriminations sont en principe équivalentes à des restrictions quantitatives

103. – **Solutions constantes.** La discrimination à l'encontre des marchandises en libre pratique ou originaires des autres États membres est à l'évidence contraire aux articles 34 et suivants du TFUE comme à l'article III du GATT. Il s'agit d'une illicéité par l'objet de la mesure. Les discriminations ostensibles ont ainsi été toujours condamnées[(50)]. Cela vaut pour les mesures qui favorisent les seuls produits

(43) V., pour une interdiction en raison du degré alcoolique, aff. *Cassis de Dijon*, CJCE, 20 févr. 1979, aff. 128/78, *Rewe Zentral*. – Pour des interdictions de dénomination, V. CJCE, 12 mars 1987, aff. 178/84, *Commission c/ Allemagne* ; V. *infra*, n° 111.

(44) V., pour une limitation de la publicité, CJCE, 10 juill. 1980, aff. 152/78, *Commission c/ France*, publicité des boissons alcooliques. – V., pour la commercialisation de lentilles de contact par Internet, CJUE, 2 déc. 2010, *Ker Optika*, préc.

(45) V., par ex., CJCE, 10 juill. 1980, aff. 152/78, *Commission c/ France*, publicité des boissons alcooliques, et *infra*, n° 118.

(46) V. CJCE, 7 mai 1997, aff. C-321 à 324/94, *Pistre*, sur l'appellation « Montagne » pour des salaisons françaises.

(47) V. Simon et Lagondet, *Libre circulation des marchandises et situations purement internes, chronique d'une mort annoncée : Europe* juill. 1997, p. 7.

(48) V. pour la réglementation française qui réservait l'appellation « emmenthal » aux fromages avec croûte, mais qui, en fait seulement, n'était pas appliquée aux produits importés CJCE, 5 déc. 2000, aff. C-448/98, *Guimont*.

(49) V. *infra*, n° 118.

(50) V., par ex., CJCE, *Dassonville*, préc.

nationaux[51] ou qui soumettent les produits importés, ou leur importation, à des conditions qui ne sont pas exigées des produits nationaux[52].

104. - **Discriminations déguisées.** Le droit européen appelle une démarche pragmatique. La discrimination déguisée provient des législations qui ne sont qu'en apparence seulement applicables de manière indifférenciée aux produits nationaux et aux produits importés. Des réglementations diverses peuvent ainsi créer des disparités au détriment des produits importés en dépit de leur généralité apparente[53]. Les mêmes solutions valent pour les restrictions à l'exportation (V. *infra*, n° 117).

105. - **Article 36 TFUE.** En revanche des discriminations, à condition qu'elles ne soient pas arbitraires, peuvent être légitimées pour l'une des raisons limitativement énumérées à l'article 36 TFUE. Elles ne peuvent l'être pour les raisons d'intérêt général qui ne sont pas visées par cet article[54].

Mais des mesures nationales sont souvent indistinctement applicables. Elles ne sont pas pour autant toujours conformes à l'article 34 TFUE.

b) Les mesures « indistinctement applicables » ; distinction selon leur nature

106. - **Position du problème.** L'imagination des États est infinie. De multiples règles peuvent, tout en étant indistinctement applicables aux produits nationaux et importés, rendre plus difficile ou plus onéreuse la commercialisation de ces derniers. On peut songer à des réglementations extrêmement diverses : appellation, forme des conditionnements, étiquetage, normes, règles de publicité, etc.

Face à la diversité des mesures et de leurs raisons d'être, la lettre de l'article 34 TFUE pouvait se prêter à deux interprétations extrêmes. La première consistait à ne le faire jouer qu'en cas de discrimination, ce qui laissait aux États membres la plus grande liberté pour édicter des réglementations qui, sous les prétextes les plus variés, auraient empêché l'accès à leur territoire des marchandises produites ou commercialisées dans les autres. La seconde consistait à considérer qu'était contraire au traité toute mesure nationale qui pouvait limiter les échanges à un niveau inférieur à celui susceptible d'être atteint en son absence ; la compétence des États était alors très restreinte dans cette perspective. On choisit une voie intermédiaire.

(51) V. aff. du *Buy Irish*, 17 juin 1981, *Commission c/ Irlande*, préc. – V., pour des appellations interdites aux produits importés, 20 févr. 1975, aff. 12-74, *Commission c/ Allemagne, Sekt et Weinbrand*.

(52) V., pour des licences d'importation, même purement formelles, CJCE, 15 déc. 1976, *Suzanne Donckerwolke*, préc. – Pour l'exigence de cautions, CJCE, 9 juin 1982, aff. 95-81, *Commission c/ Italie*. – Pour une responsabilité pénale aggravée, CJCE, 11 mai 1989, *Wurmser Vve Bouchara*, préc. – V., bien que ce soit sur le fondement de la directive n° 98/37 sur l'homologation des machines, et l'apposition de la marque de conformité « CE », le principe de la responsabilité du fabricant et non de l'importateur, CJCE, 8 sept. 2005, aff. C-40/04, *Yonemoto*. – V., pour des droits exclusifs d'importation de terminaux de télécommunications, Dir. n° 88-301 de la Commission, 16 mai 1988 : *JOCE* n° L 131, 27 mai, et son annulation partielle : CJCE, 19 mars 1991, aff. C-202-88, *France c/ Commission*. – Pour une différence de traitement entre véhicules en fonction de leur immatriculation nationale ou non, CJCE, 11 déc. 2008, aff. C-524/07, *Commission c/ Autriche*. – Pour un contrôle technique applicable aux véhicules importés, CJUE, 6 sept. 2012, aff. C-150/11, *Commission c/ Belgique*. – Pour une formalité impossible, CJUE, 6 oct. 2011, aff. C-443/10, *Bonnarde*.

(53) V. par ex., pour le régime français des prix du carburant, CJCE, 29 janv. 1985, aff. 231-83, *Cullet, Leclerc carburants*. – Du prix des livres, CJCE, 20 janv. 1985, *Au blé vert Leclerc Livre*, préc. – Pour des régimes publicitaires différenciés, même si des produits nationaux étaient dans une moindre mesure défavorisés, CJCE, 10 juill. 1980, aff. 152-78, *Commission c/ France*, publicité des boissons alcooliques. – Pour la réglementation française des millésimes des automobiles, CJCE, 27 juin 1996, aff. C-240-95, *Rémy Schmidt*.

(54) V. *infra*, n° 121, et, par ex., CJCE, 7 mai 1997, aff. C-321 à 324-94, *Pistre*.

107. – **La directive n° 70/50/CEE.** Cette directive de la Commission adoptée le 22 décembre 1969[55], dont les effets ont cessé à l'expiration de la période de transition, conserve cependant tout son intérêt pour interpréter les dispositions relatives à la libre circulation des marchandises. On peut y lire, dans son article 3, que sont visées les « mesures régissant la commercialisation des produits et portant notamment sur la forme, la dimension, le poids, la composition, la présentation, l'identification, le conditionnement, applicables indistinctement aux produits nationaux et aux produits importés, dont les effets restrictifs sur la libre circulation des marchandises dépassent le cadre des effets propres d'une réglementation de commerce ». C'est ce qui excède les effets propres (ou normaux) d'une réglementation de commerce qui est proscrit. Cette formule est très proche de celle qui fut reprise par la suite dans l'arrêt *Keck et Mithouard*, qui a opéré, le 24 novembre 1993, un recentrage de la jurisprudence de la Cour[56]. Cette formule appelle des éclaircissements.

108. – **Compétence des États et libre circulation des marchandises à l'import ou à l'export.** Les États membres conservent donc une compétence de principe pour édicter, à l'intérieur de leur territoire, des « réglementations commerciales ». Ces réglementations commerciales peuvent diverger. Cela est naturel et inévitable (sauf s'il y a eu une harmonisation européenne)[57]. Ces divergences peuvent affecter les échanges et compliquer les importations ou les exportations. Cette situation doit être acceptée par les opérateurs économiques[58]. Mais les réglementations commerciales nationales peuvent dans certains cas « produire des effets restrictifs qui dépassent le cadre des effets propres de ces réglementations », ce qui peut arriver lorsque « les importations sont rendues soit impossibles, soit plus difficiles ou onéreuses », « sans que cela soit nécessaire pour atteindre un objectif qui reste dans le cadre de la faculté que le traité laisse aux États membres d'adopter des réglementations de commerce »[59].

La liberté des États est alors encadrée par les dispositions et les objectifs du traité[60].

109. – **Évolutions jurisprudentielles.** Dans le souci de décloisonner au maximum le marché européen, la Cour de justice a, pendant un temps, considéré comme des MEERQ les mesures nationales qui interdisaient simplement certains procédés ou certaines modalités de commercialisation, sans viser les produits en eux-mêmes. L'argument avancé était que ces réglementations réduisent la demande interne et, par conséquent, les flux d'importation. On peut prendre l'exemple du monopole des pharmacies d'officine, qui limite la vente globale des médicaments, et, par conséquent, la vente des

(55) *JOCE* n° L 13, 19 janv. 1970.
(56) V. *infra*, n° 113.
(57) V., pour des situations où il y avait harmonisation exhaustive, par ex. à propos d'un dentifrice, par la directive n° 76/768 du 27 juillet 1976 sur les produits cosmétiques, CJCE, 28 janv. 1999, aff. C-77/97, *Osterreichische Unilever c/ Smithline Beecham*, ou à propos de la directive n° 79/119 du 18 décembre 1978 sur l'étiquetage des produits alimentaires, CJCE, 9 févr. 1999, aff. C-383/97, *Staatsanwaltschaft Osnakrück c/ Arnoldus van der Laan.*
(58) V., pour l'autorisation d'additifs alimentaires soumise à une procédure complexe, CJUE, 28 janv. 2010, aff. C-333/08, *Commission c/ France.*
(59) V., par ex., CJCE, 20 févr. 1979, aff. 128/78, *Rewe Zentral (Cassis de Dijon).*
(60) Une réglementation qui rend les importations ou les exportations plus difficiles ou onéreuses n'est pas toutefois condamnable pour cette seule raison. Elle peut en effet répondre à un objectif légitime pris en considération par le droit européen. Ce sera aux tribunaux, éclairés par la Cour de justice, de le dire. Encore faudra-t-il que la mesure en cause réponde à l'objectif légitime en respectant le principe de proportionnalité, c'est-à-dire en entravant le moins possible les échanges.

médicaments importés[61]. Un coup d'arrêt à cette jurisprudence a été donné le 24 novembre 1993, par le très important arrêt *Keck et Mithouard*. Ces mesures ne peuvent plus être des MEERQ à moins qu'elles n'affectent pas de la même manière les produits nationaux et les produits importés. Dans une certaine mesure, il s'agit là d'un retour aux principes exprimés dans la directive n° 70/50/CEE. Il faut donc distinguer deux périodes : de l'arrêt *Cassis de Dijon* à l'arrêt *Keck* (1), puis après l'arrêt *Keck* (2).

1) De l'arrêt Cassis de Dijon à l'arrêt Keck

110. - **L'arrêt *Cassis de Dijon* et le principe de libre circulation des « marchandises légalement produites et commercialisées dans un État membre ».** Cet arrêt du 20 février 1979[62] a eu un retentissement considérable. Il s'agissait du refus de commercialisation du Cassis de Dijon sur le sol allemand pour des raisons tenant à son degré alcoolique. On peut en extraire deux principes. Le premier est celui de ce qu'on peut appeler la règle du pays d'origine. La condition première de la libre circulation d'une marchandise est qu'elle soit légalement commercialisée dans l'État d'exportation. Le second principe est que la libre circulation peut être entravée sur le sol des États d'importation pour des considérations d'intérêt général (des « motifs valables » au sens du droit européen, selon la formule de l'arrêt). Ce second principe, essentiel, sera examiné par la suite[63].

Il résulte de cet arrêt que les États membres ne peuvent interdire la vente sur leur territoire des produits en provenance des autres États membres pour la seule raison qu'ils sont fabriqués selon des procédés ou techniques différents de ceux en vigueur sur leur sol. Ce n'est pas un motif « valable ».

111. - **Conditions de production, contenu des produits, présentation à la vente et MEERQ.** Dès l'instant où une réglementation nationale vise une marchandise dans l'Union européenne en raison de ses conditions de production, ou en raison de sa présentation à la commercialisation dans un autre État membre, il peut y avoir une MEERQ contraire à l'article 34 TFUE.

En effet, lorsqu'un État, profitant de la liberté qui est la sienne en l'absence d'harmonisation, vise le contenu (*lato sensu*) d'un produit, il soumet nécessairement la commercialisation sur son sol à des conditions différentes de celles qui existent dans l'État d'origine. La Cour de justice rappelle souvent que de telles réglementations obligent à des fabrications différenciées selon les États de destination et augmentent les coûts des produits exportés. L'entrave à l'accès aux marchés est révélée de ce fait, sans qu'il y ait à proprement parler de discrimination dans la mesure nationale considérée. Simplement, la législation nationale ne permet pas un accès sans entrave au marché, bien qu'elle soit indistinctement applicable[64].

(61) V., à propos du monopole des pharmaciens, CJCE, 21 mars 1991, aff. C-369-88, *Delattre*. – V., pour la vente par correspondance, CJCE, 16 mai 1989, aff. 382-87, *Buet*.

(62) Préc.

(63) V. *infra*, n°s 129 et s. – V. Comm. CE, communication interprétative sur les suites de l'affaire *Cassis de Dijon*, 2 oct. 1980 : *JOCE* n° C-256, 3 oct. 1980.

(64) CJCE, 26 juin 1997, aff. C-368/95, *Vereinigte Familiapress Zeitungsverlag und Vertrieks c/ Heinrich Bauer Verlag*. – CJCE, 13 mars 1997, aff. C-358/95, *Tommaso Morellato c/ USL*.

Ont ainsi fait l'objet de jurisprudence des interdictions de certaines appellations[(65)], de certaines formes d'emballage[(66)], des exigences d'étiquetage, notamment linguistiques[(67)], ou tenant à des spécifications techniques, ou à des normes, notamment de sécurité[(68)], des obligations de contrôles techniques ou chimiques en laboratoires[(69)], ou de certification dans le seul État de destination[(70)]. Ont été considérées de même manière des exigences de prix minimum dans le pays de destination, sans égard au prix de vente dans le pays d'origine[(71)]. On pourrait multiplier les exemples.

112. - **Extension jusqu'en 1993 de la notion de MEERQ à de simples restrictions de flux.** La restriction des flux a été prise en considération par la Cour de justice, pendant un temps tout au moins. Il fut jugé, surtout à partir de 1982[(72)], que des mesures nationales indistinctement applicables qui obligeaient les opérateurs à abandonner certains procédés de vente particulièrement efficaces selon les produits pouvaient avoir un effet restrictif sur les échanges et excéder les effets normaux d'une réglementation de commerce. Cette analyse fut suivie pour les ventes par correspondance[(73)], l'ouverture des magasins le dimanche[(74)], ou les monopoles pharmaceutiques[(75)]. La Cour reconnaissait ainsi que de telles mesures pouvaient affecter, au moins potentiellement, le commerce entre les États membres, sauf si elles étaient légitimées par des raisons d'intérêt général, ce qui était souvent le cas. La justification d'une législation nationale par le test de l'intérêt général permettait finalement de parvenir à la conclusion raisonnable qu'il n'y avait aucune entrave illicite au commerce intra-européen, ou aucun protectionnisme[(76)].

Toutes les législations nationales paraissaient pouvoir être critiquées. Les opérateurs couraient leur chance, en espérant que l'aléa judiciaire leur soit favorable. Les contentieux prospéraient.

(65) V. CJCE, 12 mars 1987, aff. 178-84, *Commission c/ Allemagne* (loi de pureté de la bière). – CJCE, 14 juill. 1988, aff. 40-85, *Drei Glöcken* (pâtes alimentaires en Italie). – L'appellation charcuterie « de montagne », CJCE, 7 mai 1997, aff. C-321 et 324/94, *Pistre*. – Pour l'eau de javel en fonction du degré de chlore, CJCE, 6 nov. 2003, aff. C-358/01, *Commission c/ Espagne*.

(66) Paquets de margarine, CJCE, 10 nov. 1982, aff. 261-81, *Rau*. – Forme de bouteilles, 13 mars 1984, aff. 16-83, *Prantl*. – Conditionnement du pain surgelé, 18 sept. 2003, aff. C-416/00, *Tommaso Morellato*.

(67) CJCE, 18 juin 1991, aff. C-369-89, *Piageme c/ Peeters*, pour l'emploi du français sur des bouteilles d'eau minérale vendues en Belgique flamande et la communication interprétative de la Commission : *JOCE* n° C-345, 23 déc. 1993. – CJCE, 12 oct. 1995, aff. C-85/94, *Piageme c/ Peeters* (2). – *Adde*, CJCE, 26 oct. 1995, aff. C-51/94, *Commission c/ Allemagne*.

(68) V., pour les spécifications auxquelles doivent répondre les terminaux de télécommunications pour être raccordés au réseau public, CJCE, 13 déc. 1991, aff. C-18-88, *RTT c/ GB-Inno-BM*. – Pour la composition du pain, CJCE, 13 mars 1997, aff. C-358/95, *Tommaso Morellato c/ USL* ; et CJCE, 14 juill. 1994, aff. C-17/93, *Van der Veldt*. – Pour des matériaux de construction non homologués dans l'État d'importation, CJCE, 10 nov. 2005, aff. C-432/03, *Commission c/ Portugal*.

(69) V. CJCE, 17 déc. 1981, *Biologische Produkten*, préc. – CJCE, 27 juin 1996, aff. C-293/94, *Brandsma*.

(70) V. CJCE, 11 mai 1989, *Wurmser Vve Bouchara*, préc., pour le poinçonnage des métaux précieux, CJCE, 15 sept. 1994, aff. C-293/93, *Houtwipper*.

(71) Pour des boissons, CJCE, 24 janv. 1978, aff. 82-77, *Van Tiggele*. – Pour les livres, CJCE, 20 janv. 1985, *Au blé vert*, préc. – Pour l'essence, CJCE, 29 janv. 1985, *Cullet-Leclerc*, préc.

(72) V. CJCE, 15 déc. 1982, aff. 286-81, *Oosthoek's*, pour la législation néerlandaise sur les ventes à primes, bien que la réponse ait été négative en l'espèce.

(73) V. CJCE, 16 mai 1989, aff. 382-87, *Buet*.

(74) V. CJCE, 23 nov. 1989, *Torfaen Borough Council*, préc.

(75) V. CJCE, 21 mars 1991, aff. C-369-88, *Delattre* et aff. C-60-89, *Monteil* : la « canalisation des ventes » a été en l'espèce soulignée.

(76) V. les arrêts précités ; *Adde*, CJCE, 14 juill. 1985, aff. 60 et 61/84, *Cinéthèque c/ Fédération nationale des cinémas français*.

2) Le recentrage de l'arrêt Keck et Mithouard

113. - ***Keck et Mithouard* : retour au GATT et à la directive n° 70/50/CEE.** Un coup d'arrêt brutal à cette jurisprudence a été donné le 24 novembre 1993, dans l'arrêt *Keck et Mithouard*, où était en cause la législation française en matière de vente à perte[77]. La Cour précisa d'abord que, si une telle législation est susceptible de restreindre les flux dans la mesure où elle prive les opérateurs d'une méthode de promotion des ventes particulièrement efficace, il faut cependant se demander si cette éventualité suffit pour qualifier la législation en cause de MEERQ. La Cour rappela ensuite l'arrêt *Cassis de Dijon*, où étaient envisagées les règles auxquelles doivent répondre les marchandises, prises en tant que telles (dénomination, poids, forme, composition, présentation, étiquetage...). La Cour décida enfin que, « contrairement à ce qui a été jugé jusqu'ici », ne sont « pas aptes à entraver directement ou indirectement, actuellement ou potentiellement le commerce entre les États membres au sens de la jurisprudence *Dassonville* » des mesures « qui limitent ou interdisent certaines modalités de vente, pourvu qu'elles s'appliquent à tous les opérateurs concernés exerçant leur activité sur le territoire national, et pourvu qu'elles affectent de la même manière, en droit comme en fait, la commercialisation des produits nationaux et ceux en provenance d'autres États membres ». Échappent donc à l'interdiction les mesures qui ne gênent pas davantage les produits importés que les produits nationaux.

Il faut bien reconnaître qu'en l'absence d'harmonisation, la différence des législations nationales doit être acceptée, et que seules les mesures qui touchent l'accès aux marchés nationaux peuvent être contestées. Les modalités de l'exercice du commerce sur le territoire des États sont de leur compétence et ne relèvent pas en principe du droit européen.

114. - **Distinction entre le contenu ou la présentation d'un produit et ses modalités de vente.** Les mesures indistinctement applicables qui visent les produits en tant que tels (étiquetage, présentation, composition, dénomination...), ou l'acte d'importation, sont toujours des mesures d'effet équivalent, *a priori* contraires au traité, sauf test de l'intérêt général. On peut en effet présumer que de telles mesures gênent par nature davantage les produits importés, car elles empêchent les marchandises « légalement produites et commercialisées » dans les autres États membres, de pénétrer sur le sol de l'État d'importation, ou elles les défavorisent par rapport aux produits nationaux[78] (arrêt *Cassis de Dijon*). On retrouve alors l'idée directrice du GATT et de la directive n° 70/50/CEE.

(77) Aff. jtes C-267/91 et C-268/91.

(78) V. depuis l'arrêt *Keck*, pour des labels de terroirs qui ne reposaient sur aucun cahier des charges, CJCE, 6 mars 2003, aff. 6/02, *Commission c/ France* (*salaisons d'Auvergne*). – CJCE, 17 juin 2004, aff. C-255/03, *Commission c/ Belgique* (qualité wallonne). – V. encore la « guerre de l'échalote » entre la France et les Pays-Bas, la France interdisant la commercialisation des échalotes néerlandaises en raison de leur mode de reproduction, alors que le produit fini est identique. Aucune raison d'intérêt général n'a été retenue, V. CJCE, 10 janv. 2006, aff. C-147/04, *De Groot en slot Allium B.* – V. pour l'ensemencement des moules, CJCE, 4 déc. 2008, aff. C-249/07, *Commission c/ Pays-Bas.* – V. encore, pour une législation italienne réservant aux seuls véhicules automobiles le droit de tirer une remorque, ce qui interdisait l'accès au marché italien des remorques pour motos, CJCE, 10 févr. 2009, *Commission c/ Italie*, préc. – Pour l'exigence générale d'un contrôle technique automobile, CJCE, 5 juin 2008, aff. C-170/07, *Commission c/ Pologne.* – CJCE, 20 sept. 2007, aff. C.-297/05, *Commission c/ Pays-Bas.* – Pour l'interdiction de films teintés sur les vitrages des véhicules alors que les vitres teintées étaient admises, CJCE, 10 avr. 2008, aff. C-265/06, *Commission c/ Portugal.* – Pour la classification des vidéogrammes pour protéger les mineurs, CJCE, 14 févr. 2008, aff. C-244/06, *Dynamic Medien Vertriebs.* – Pour l'obligation d'un marquage « CE »

En revanche, les mesures relatives aux modalités de vente à l'intérieur de ce dernier État ne peuvent pas être présumées plus défavorables aux produits importés qu'aux produits nationaux. Ce genre de mesures nationales échappent donc *a priori* à la prohibition car elles n'ont pas en principe pour objet de régir les échanges de marchandises entre les États membres. Il faut en effet que deux conditions soient réunies pour que des modalités de vente puissent être contraires au traité. Il faut d'abord qu'elles ne soient pas applicables à tous les opérateurs. Il faut ensuite qu'elles aient pour but ou pour résultat de gêner davantage les produits importés par rapport aux produits nationaux.

L'arrêt *Keck et Mithouard* a été suivi d'une abondante jurisprudence qui n'a pas toujours la clarté souhaitable(79),(80),(81),(82). Une clarification a toutefois été opérée

---

sur les produits, CJUE, 18 oct. 2012, aff. C-385/10, *Elena*. – Pour l'impossibilité d'obtenir un « bonus écologique » pour des véhicules de démonstration importés, CJUE, 6 oct. 2011, aff. C-443/10, *Bonnarde* ; pour une autorisation préalable supposant une procédure compliquée pour des additifs alimentaires, CJUE, 6 sept. 2012, aff. C-333/08, *Commission c/ France*.

(79) Est donc, depuis l'arrêt *Keck*, une modalité de vente illicite une interdiction de publicité qui empêche les consommateurs d'un pays de découvrir les produits étrangers, avec lesquels ils ne sont pas familiarisés, V. CJCE, 8 mars 2001, aff. C-405/98, *Gourmet International Products*. – CJCE, 15 juill. 2004, aff. C-239/02, *Douwe Egberts*, ou l'obligation de ne vendre des lentilles de contact que dans des magasins spécialement équipés, empêchant la vente par Internet, CJUE, 2 déc. 2010, aff. C-108/09, *Ker-Optika*. – Mais est une modalité de vente licite une interdiction de commercialisation de médicaments sur Internet, lorsqu'elle recouvre le monopole licite des officines, CJCE, 11 déc. 2003, aff. C-322/01, *Deutscher Apothekerverband*. Sont encore des « modalités de vente » licites les règles relatives à la publicité des médicaments hors officine, CJCE, 15 déc. 1993, aff. C-292/92, *Hünermund*. – Pour la publicité au profit des médicaments non agréés, CJCE, 10 nov. 1994, aff. C-320/93, *Lucien Ortscheidt*. Sont licites des interdictions totales de certaines publicités à la télévision, CJCE, 9 juill. 1997, aff. C-34/95 à C-36/95, *Konsumerrombudsmannen c/ de Agostini Forlag et TV Shop*, sauf si l'interdiction de la publicité empêche les consommateurs de connaître les produits importés, auquel cas la publicité vise les produits eux-mêmes, mais il faut alors tenir compte des habitudes de consommation locales, CJCE, 8 mars 2001, aff. C-405/98, *Konsumenonbudsmanen c/ Gourmet International*). Pour la canalisation des ventes (monopole des pharmaciens, CJCE, 29 juin 1995, aff. C-391/92, *Commission c/ Grèce*. – Comp. CJCE, 21 mars 1991 ; *Delattre* préc. – Pour le monopole d'État des tabacs en Italie, CJCE, 14 déc. 1995, aff. C-387/93, *Banchero*). – Pour la licéité de l'exigence de proximité des pharmacies pouvant approvisionner les hôpitaux, qui est aussi une modalité de vente, CJCE, 11 sept. 2008, aff. C-141/07, *Commission c/ Allemagne*. – V. encore la jurisprudence favorable aux horaires d'ouverture des magasins ou aux horaires de vente (CJCE, 2 juin 1994, aff. C-402/92, *Tank't Station* ; aff. C-69/92 et C-258/93, *Punto Casa et PPV*. – CJCE, 20 juin 1996, aff. C-418, C-460 et 464/93, 9 à 11, 14, 15, 23, 24 et 332/94, *Semerano Casa Uno*. – Comp. CJCE, 23 nov. 1989, *Torfaen Borough Council*, préc.). – CJCE, 13 janv. 2000, aff. C-254/98, *TKG Heimdienst*. – V. encore pour la réglementation des marges des commerçants sans prix imposés (V. outre l'affaire *Keck et Mithouard*, CJCE, 11 août 1995, aff. C-63/94, *Groupement national des négociants en pommes de terre de Belgique*), ou pour l'obligation de recourir à un service portuaire valable aussi bien pour les navires nationaux et autres, CJCE, 18 juin 1998, aff. C-266/96, *Corsica Ferries c/ Gruppo antichi ormeggiatori del porto di Genova*. – Sur les modalités de fixation du prix des livres en Autriche, CJCE, 30 avr. 2009, aff. C-531/07, *Fachverband der Buch und Medienwirtschaft*.

(80) La distinction est quelquefois bien subtile entre les mesures qui visent les marchandises et qui entravent donc leurs échanges intra-européens et celles qui n'édictent que de simples modalités de vente. Dès l'instant où la mesure nationale touche la composition ou la présentation du produit, elle n'est plus une modalité de vente, et devient *a priori* une MEERQ. Il en est ainsi de l'interdiction d'une teneur en sel du pain supérieure à un seuil fixé, CJCE, 5 avr. 2001, aff. C-123/00, *Bellamy*, ou d'une mention indiquant « plus 10 % » en volume sur un emballage, CJCE, 6 juill. 1995, aff. C-470/93, *Verein Gegen Unwesen in Handel und Gewerbe Köln c/ Mars*. – De l'interdiction de publier dans un périodique des jeux ou des concours, car c'est le contenu de la publication qui est considéré, CJCE, 26 juin 1997, *Verinigte Familiapress Zeitungerlags und Vertriebs c/ Bauer*, préc. – De l'indication de la composition d'un produit, ou de sa dénomination obligatoire (pour le jambon composé d'épaule et additionné d'eau, CJCE, 9 févr. 1999, aff. C-383/97, *Vander Laan*. – Pour le foie gras, CJCE, 22 oct. 1998, aff. C-184/96, *Commission c/ France*. – Pour l'exigence d'une croûte pour prétendre à l'appellation « emmenthal », CJCE, 5 déc. 2000, aff. C-448/98, *Guimont*). Des autorisations visant l'achat des produits à l'étranger sont aussi des mesures d'effet équivalent (pour un régime de sécurité sociale subordonnant l'achat de lunettes à autorisation préalable, CJCE, 28 avr. 1998, aff. C-120/95, *Decker*. – Pour une licence préalable à l'activité d'exportation, CJCE, 23 oct. 1997, aff. C-189/95, *Franzen*) ; on peut aussi relever l'excessive subtilité de la Cour dans l'affaire *Tommaso Morellato*, préc., dans laquelle il s'agissait d'importation de pain surgelé précuit, mais qui nécessitait une seconde cuisson sur le lieu de vente dans le pays d'importation (Italie), ce qui a permis à la Cour de considérer que l'exigence de conditionnement ne nécessitait aucune adaptation du produit (c'était toujours le même pain). Il n'y avait donc pas mesure d'effet équivalent.

(81) Une question est de savoir si l'affectation différente des produits nationaux et des produits importés doit être significative. Dans un arrêt du 26 mai 2005 (aff. C-20/03, *Burmanjer*), la Cour de justice semble avoir exclu l'article 34 en cas d'affectation insignifiante.

(82) La Cour de justice a de surcroît tendance à renvoyer au juge national la question de savoir s'il y a ou non affectation différente des produits nationaux ou importés, ce qui limite pour les juridictions nationales l'intérêt de poser la « question préjudicielle », et porte en germe le risque d'émiettement des jurisprudences nationales sur l'application des règles du traité en la matière, V. CJCE, *Tommaso Morellato*, et *Burmanjer*, préc.

avec l'arrêt A. *Punkt Schmukhandels* du 23 février 2006[83], dans lequel les étapes du raisonnement sont distinguées :

1) distinction des réglementations visant les produits de celles qui fixent des modalités de vente ;

2) présomption de licéité *de jure* des modalités de ventes si elles sont indistinctement applicables, à la fois aux produits nationaux et aux produits importés, c'est-à-dire si elles s'appliquent à tous les opérateurs quelle que soit leur nationalité, et à tous les produits ;

3) examen de la situation « en fait », pour savoir si en réalité, malgré une apparence de généralité en droit, la réglementation en cause ne gêne pas les produits importés plus que les produits nationaux, en limitant leur accès au marché de l'État concerné ;

4) recherche d'une éventuelle raison d'intérêt général permettant de conclure à la compatibilité de la mesure nationale au traité[84].

C. – La participation des produits en cause au commerce intra-européen

115. – **Compétence européenne.** L'ordre juridique européen ne concerne ici que les relations commerciales entre États membres (sauf quand il va expressément au-delà, par exemple, en prévoyant des harmonisations générales). On peut faire le parallèle avec la clause de commerce de la Constitution américaine[85]. Le commerce intra-européen doit bénéficier aux produits en « libre pratique » (1°), il comprend évidemment les exportations d'un État membre vers un autre (2°). Mais il n'est pas affecté lorsqu'une législation interne arrive à traiter plus mal les produits nationaux que les produits importés (3°).

1° Produits en libre pratique, ou exportés et réimportés

116. – **Bénéfice du droit européen.** Dès l'instant où un produit a été introduit sur le marché européen en provenance d'un État tiers, et qu'il a franchi licitement les frontières de l'Union européenne, il est en « libre pratique ». Les articles 28 et suivants du TFUE sont alors applicables à sa circulation intra-européenne. Ces articles reprennent le principe exprimé à l'article III du GATT. Il en est de même des produits originaires d'un État membre, exportés dans l'Union européenne et réimportés dans leur État d'origine[86].

2° La condamnation des restrictions à l'exportation dans l'Union européenne

117. – **Article 35 TFUE. Fin du traitement spécifique.** Pendant longtemps, la jurisprudence a été plus restrictive pour qualifier une entrave à l'exportation qu'une entrave à l'importation. Il fallait que la mesure nationale restreigne spécifiquement

(83) Aff. C-441/04.
(84) V. *infra*, n°s 120 et s.
(85) V. *supra*, n° 21.
(86) V. pour les produits en libre pratique, CJCE, 11 juill. 1974, *Dassonville*, préc. – CJUE, 26 oct. 1989, aff. 212/88, *Lévy*. – CJUE, 22 mars 1990, aff. C-83/89, *Houben*. – Pour les produits exportés et réimportés, sauf circulation artificielle, CJCE, 20 janv. 1985, *Au blé vert Leclerc Livre*, préc.

les courants d'exportation, et établisse une différence de traitement entre le commerce intérieur d'un État et son commerce d'exportation[87]. Ces mesures pouvaient toutefois être justifiées par un intérêt général. Cette distinction a vécu[88]. Il est vrai que l'interpénétration des économies nationales et l'objectif du marché intérieur ont plaidé en faveur d'une analyse cohérente de toutes les entraves au commerce intra-européen.

3° L'exclusion des discriminations « à rebours »

118. - **Notion.** Il peut se faire que les dispositions en vigueur dans un État jouent de manière défavorable aux produits nationaux et favorisent au contraire la pénétration des produits importés. Cela peut arriver en présence de réglementations corporatistes ou encore lorsqu'une législation a été condamnée, en ce qu'elle visait les produits importés mais qu'elle demeure toujours en vigueur pour les produits nationaux[89]. Cela peut encore viser une législation qui ne cherche qu'à améliorer la qualité des produits nationaux, et qui gêne de ce fait les producteurs nationaux[90].

Le droit européen ne vise pas ce genre de discrimination. Il ne vise que les entraves au commerce intra-européen[91], et le principe général de non-discrimination ne permet pas d'appréhender des situations dans lesquelles les produits importés sont traités plus favorablement que les produits nationaux. La question sort du domaine du droit européen, pour relever des seuls droits internes.

D. – La charge de la preuve

119. - **Autonomie procédurale et application effective du droit européen.** Les articles 34 et 35 TFUE sont des textes contentieux par excellence. Les États membres sont prolifiques en législations protectrices, camouflées ou non. Leur contestation judiciaire s'appuie bien souvent sur le traité, d'applicabilité directe. Le principe est celui de l'autonomie procédurale des États, ce qui signifie que les règles de preuve (ici supposées de nature processuelle) nationales ont vocation à s'appliquer. Le demandeur – celui qui invoque la notion de MEERQ – doit donc prouver que les conditions sont réunies (mesure nationale, entrave aux échanges...). Mais là cesse son obligation probatoire. L'application effective du droit européen impose aux autorités nationales (le parquet en cas de poursuite pénale) ou aux défendeurs de prouver « concrètement » l'intérêt général qui pourrait racheter l'entrave aux échanges[92].

(87) V. CJCE, 8 nov. 1979, aff. 15/79, *Groenveld*. – CJCE, 7 févr. 1984, aff. 237/83, *Jongeneel Kaas*.
(88) CJCE, 16 déc. 2008, aff. C-2005/07, *Gysbrechts et Santurel Inter*. – CJCE, 3 mars 2011, aff. C-161/09, *Kakavetsos-Fragkopoulos*.
(89) V. en matière de prix du livre, à la suite de l'arrêt *Au blé vert* du 20 janvier 1985 (préc.), les livres importés ont pu bénéficier d'un régime de prix libres et concurrentiels, tandis que les livres qui n'avaient circulé qu'en France demeurent soumis au régime du prix imposé, souvent plus élevé. – V. pour la découverte, en droit pénal français, d'un principe supérieur d'égalité entre le whisky et le pastis, Cass. crim., 16 juin 1983 : *D.* 1984, 43, note Ryziger.
(90) CJCE, 7 févr. 1984, *Jongeneel Kaas*, préc.
(91) V. CJCE, 14 déc. 1982, aff. 314-81 à 316-81 et 82-83, *Waterkeyn*. – CJCE, 18 févr. 1987, aff. 98-86, *Mathot*. – CJCE, 23 oct. 1986, aff. 355-85, *Cognet*.
(92) V. CJCE, 8 mai 2003, aff. C-14/02, *Astral c/ Belgique*.

§ 2. – La justification possible des mesures restrictives par le test de l'intérêt général

120. – **Filiation avec le GATT.** L'article XX du GATT contient une liste à la fois large et désordonnée de multiples considérations qui peuvent justifier des entraves au commerce international. De surcroît, cet article précise que d'autres mesures justifiées peuvent ne pas lui être incompatibles. Le traité de Rome s'est manifestement inspiré du GATT, mais n'a pas reproduit ses dispositions. Seul l'article 36 TFUE contient une référence expresse à des considérations d'intérêt général permettant de considérer que des entraves sont néanmoins compatibles avec le marché intérieur : cet article ne vise que certaines des exceptions générales de l'article XX du GATT : sont ainsi visés la moralité publique, l'ordre public, la sécurité publique, la protection de la santé et de la vie des personnes et des animaux, la préservation des végétaux, la protection des trésors nationaux, la propriété industrielle et commerciale. Cette liste limitative empêchait-elle que d'autres raisons d'intérêt général (visées implicitement ou non par l'article XX du GATT) puissent être invoquées en droit européen pour justifier des mesures nationales ? La Cour de justice n'a pas tardé à donner la réponse. D'autres raisons d'intérêt général peuvent être reconnues par le droit européen, bien que non énumérées. Elles sont implicitement admises par le texte fondamental qu'est l'article 34 TFUE. Les mesures d'effet équivalent à des restrictions quantitatives ne sont interdites par cet article que si elles ne peuvent pas être justifiées par des raisons d'intérêt général non énoncées, mais admises, par le traité. La jurisprudence s'est donc livrée, à côté de l'article 36 TFUE, à une analyse « à l'intérieur » des articles 34 et 35 TFUE[93]. Cette jurisprudence est aujourd'hui bien assise (A). Son étude précédera celle de la jurisprudence qui a interprété la dérogation explicite de l'article 36 TFUE (B).

A. – L'intérêt général à l'intérieur des articles 34 et 35 TFUE

121. – **Principes. Arrêt *Cassis de Dijon* du 20 février 1979**[94]. Une restriction ou une entrave à la libre circulation des marchandises n'est pas pour autant illicite. S'il s'avère qu'elle est justifiée pour une raison d'intérêt général, elle ne pourra même pas être qualifiée de MEERQ. C'est ce que l'on a expliqué comme étant un raisonnement à l'intérieur de l'article 34 TFUE. Il ne s'agit pas du rachat d'une mesure qui demeure intrinsèquement illicite, mais d'une absence d'illicéité fondamentale.

Ce raisonnement a été initié dans l'arrêt *Cassis de Dijon*. Il s'agissait d'un refus opposé par l'administration allemande, non pas à l'importation du *Cassis de Dijon*, mais à sa commercialisation sur le sol allemand. Le motif était l'insuffisance du degré alcoolique. Les raisons avancées par le gouvernement allemand étaient au nombre de deux. La première consistait à affirmer qu'une telle mesure avait trait à la protection de la santé publique, en empêchant la prolifération de boissons alcoolisées à faible titre, auxquelles on s'accoutume le plus facilement. C'était

(93) V. Mattera, *Le marché unique européen*, Jupiter, 2e éd. 1990, p. 256.
(94) CJCE, 20 févr. 1979, aff. 120/78, *Rewe Zentral*.

alors l'article 36 TFUE qui était en cause. La seconde consistait à mettre en avant les impératifs de protection des consommateurs et de loyauté des transactions commerciales, par la standardisation des produits alcooliques, afin d'empêcher la concurrence excessive par les prix des boissons à faible titre, puisque l'alcool est le composant le plus onéreux de ces boissons. Cet objectif de loyauté des transactions commerciales et de standardisation favorable aux consommateurs n'était pas explicitement prévu par le traité. Il a donc fallu conduire une analyse exclusivement fondée sur l'article 34 TFUE.

La Cour de justice reconnut d'abord que la réglementation et la commercialisation des boissons alcooliques relevaient, comme elles relèvent encore, de la compétence des États membres, et que les obstacles à la libre circulation des marchandises qui résultent de la disparité des législations nationales doivent être acceptés s'ils sont nécessaires pour satisfaire à des exigences impératives.

La Cour de justice reconnut ensuite que les impératifs mis en avant par le gouvernement allemand étaient susceptibles d'empêcher une mesure nationale restrictive d'être qualifiée de « mesure d'effet équivalent », mais qu'en l'espèce ils apparaissaient disproportionnés : une information des consommateurs pouvait suffire. En l'absence donc de « motif valable », le principe selon lequel les marchandises légalement commercialisées dans l'État d'origine doivent l'être aussi dans l'État d'importation retrouvait son empire(95).

En application du principe de coopération loyale des États membres aux objectifs du traité (TUE, art. 4), ceux-ci n'ont pas la liberté absolue de déterminer eux-mêmes, souverainement, quelles sont les raisons d'intérêt général qui peuvent être admises en droit européen, et quelles mesures doivent en garantir la satisfaction. Mais le droit européen est à cet égard assez souple. Encore faut-il que les mesures en cause répondent aux six conditions suivantes(96) : 1) le domaine ne doit pas avoir été harmonisé ; 2) la mesure doit poursuivre un intérêt général ; 3) elle ne doit pas être discriminatoire ; 4) elle doit être objectivement nécessaire ; 5) elle doit être proportionnée ; 6) elle doit tenir compte de ce qui est exigé dans l'État d'origine de la marchandise.

1° Absence d'harmonisation exhaustive

122. – L'harmonisation exhaustive exclut en principe qu'une mesure nationale divergente puisse être considérée comme répondant à un intérêt général au sens du droit européen(97). Mais les secteurs harmonisés exhaustivement sont finalement peu nombreux. Il peut arriver qu'une même mesure touche à la fois un secteur harmonisé et un qui ne l'est pas(98).

(95) V. *supra*, n° 109.

(96) V. *supra*, n° 52.

(97) CJCE, 9 févr. 1999, aff. C-383/97, *Vander Laan*, préc. et CJCE, 28 janv. 1999, aff. C-77/97, *Osterreichische Unilever*. Cependant, même dans ce cas, et uniquement pour les raisons importantes visées à l'article 36 TFUE, des mesures nationales peuvent être édictées ou maintenues si elles sont notifiées à la Commission, qui peut approuver la mesure dans les six mois. V. *infra*, n° 149.

(98) V., par ex., étiquetage (Règl. n° 1169/2011), CJCE, 15 juill. 2004, *Douwe Egberts*, préc. – V., pour les normes des élévateurs, CJCE, 14 avr. 2007, aff. C-470/03, *AGM Cosmet*, préc. L'harmonisation est, pour l'essentiel, encore verticale, c'est-à-dire par produits (par ex., médicaments), ou types de produits (par ex., alimentaires). La Commission cherche à faire progresser une harmonisation horizontale.

2° Une raison d'intérêt général

123. – De multiples raisons d'intérêt général au sens du droit européen peuvent justifier des mesures nationales au regard de l'article 34 TFUE. Il n'en existe pas de liste, bien que l'on puisse en trouver certaines éparses dans le traité (culture, TFUE, art. 167 ; santé publique, TFUE, art. 168 ; protection des consommateurs, TFUE, art. 169 ; environnement, TFUE, art. 191)(99). La jurisprudence de la Cour de justice a décelé un grand nombre de raisons d'intérêt général en dehors des prévisions des textes, et peut en déceler de nouvelles. Des choix qui tiennent aux particularités socioculturelles des États doivent pouvoir être maintenus, dans le respect du droit européen(100). Ont été ainsi considérés comme des raisons d'intérêt général susceptibles d'éviter aux mesures nationales en cause la qualification de « mesures d'effet équivalent », la loyauté des transactions commerciales(101), la protection des consommateurs(102), le pluralisme de la presse(103), la prise en considération du livre en tant que produit culturel(104), l'efficacité des contrôles fiscaux(105), les obligations déclaratives à des fins statistiques(106), l'assainissement des finances publiques(107), la protection de l'environnement(108), la réglementation de l'ouverture des magasins le dimanche dans une perspective de politique sociale(109), celle des horaires de fabrication(110), la défense d'une langue(111), ou encore les raisons de pure politique ou de stratégie(112).

La politique de l'Union en matière de droits fondamentaux, reconnus par la Charte des droits fondamentaux et par la Convention européenne des droits de l'homme, ainsi que dans les conventions internationales signées par tous les États membres, permet en outre de mettre en lumière un certain nombre de raisons d'intérêt général au sens du droit européen(113).

Bien sûr, la comparaison d'une mesure nationale à une exigence d'intérêt général n'est pas nécessaire lorsque la mesure édicte une modalité de vente n'en-

(99) V. *infra*, n° 129.

(100) V., par ex., CJCE, 20 juin 1996, *Sermerano Casa Uno*, préc.

(101) V. CJCE, 20 févr. 1979, *Cassis de Dijon*, préc. – CJCE, 10 nov. 1982, *Rau*, préc.

(102) *Idem*. – *Adde*, CJCE, 12 mars 1987, *Commission c/ Allemagne* (loi de pureté sur la bière), préc. – CJCE, 14 juill. 1988. *Drei Glöccken* (pâtes alimentaires en Italie), préc. – CJCE, 6 juill. 1995, *Mars*, préc. – CJCE, 15 sept. 1994, *Houtwipper*, préc. – CJCE, 27 juin 1996, *Rémy Schmidt*, préc. – CJCE, 22 oct. 1998, *Commission c/ France*, préc. – V. aussi, pour la protection en tant que consommateurs des utilisateurs de terminaux de télécommunications et la protection du bon fonctionnement des réseaux, CJCE, 13 déc. 1991, *RTT c/ GB-Inno-BM* et CJCE, 27 oct. 1993, *Lagauche*, préc. – *Adde*, CJUE, 2 oct. 2010, *Ker Optika*, préc. – CJUE, 28 janv. 2010, *Commission c/ France*, préc.

(103) V. CJCE, 27 juin 1997, *Verinigte Familiapress*, préc.

(104) CJCE, 30 avr. 2009, aff. C-53/07, *Fachverband der Buch und Medien Wirtschaft*, préc.

(105) CJCE, 7 mars 1990, aff. C-69-88, *Krantz*.

(106) V. CJCE, 25 juin 1997, *Kieffer et Thill*, préc.

(107) CJCE, 7 févr. 1985, aff. 238-82, *Duphar*.

(108) Pour des emballages biodégradables, CJCE, 20 sept. 1988, aff. 302-86, *Commission c/ Danemark*. – Pour des normes relatives aux véhicules, CJCE, 12 oct. 2000, aff. C-314/98, *Snellers Auto*. – Pour le « bonus écologique » des véhicules, CJUE, 6 oct. 2011, aff. C-443/10, *Bonnarde*.

(109) V. CJCE, 23 nov. 1989, aff. C-145-88, *Torfaen Borough Council*, et CJCE, 28 févr. 1991, aff. C-332-89, *Marchandise*, avant la jurisprudence *Keck*, V. *supra*, n° 112.

(110) CJCE, 14 juill. 1981, aff. 155-80, *Oebel*.

(111) CJCE, 18 juin 1991, aff. C-369-89, *Piageme c/ Peeters* et CJCE, 12 oct. 1995, *Piageme c/ Peeters* (2), préc.

(112) CJCE, 4 oct. 1991, aff. C-367-89, *Richardt-Les accessoires scientifiques*.

(113) V. CJCE, 26 juin 1997, *Verenigte Familiapress...*, préc. – La jurisprudence européenne se développe sur ce terrain, notamment à l'égard des mesures nationales restrictives de publicité, V. par ex., CJCE, 25 mars 2004, aff. C-71/02, *Karner*. – *Adde*, CJCE, 12 juin 2003, *Schmidberger*, préc. – CJCE, 2 avr. 2009, aff. C-421/07, *Damgaard*. – V., pour la protection des droits de l'enfant, CJCE, 14 févr. 2008, aff. C-244/06, *Dynamic Medien Vertriebs*.

travant pas l'accès à un marché national, car il n'y a pas lieu en ce cas d'appliquer l'article 34[114].

124. – **La cristallisation des habitudes ou des goûts n'est pas une raison d'intérêt général.** L'objectif général de décloisonnement du marché intérieur interdit de considérer que le fait de priver le consommateur des produits légalement produits et commercialisés dans les autres États membres afin de respecter ses habitudes puisse être une raison d'intérêt général au sens du droit européen[115].

3° Principe de non-discrimination

125. – Beaucoup de mesures nationales sont discriminatoires et contreviennent à l'idée même du marché intérieur. Le test de l'intérêt général à l'intérieur des articles 34 et 35 TFUE ne peut jouer que pour les mesures indistinctement applicables. En revanche, l'article 36 TFUE permet de sauver des mesures discriminatoires[116].

4° Principe de nécessité. Exigence de cohérence : la mesure doit assurer la protection de l'intérêt général partout où il doit l'être

126. – La mesure nationale doit bien entendu être objectivement nécessaire à la satisfaction de l'intérêt général en cause. Des mesures inutiles, ou infondées scientifiquement, seraient contestables[117]. Mais la mesure nationale doit être aussi cohérente. Il ne faut pas qu'elle assure dans certaines situations la protection de l'intérêt général invoqué et que, dans d'autres, elle n'en tienne aucun compte. L'intérêt général est par nature indivisible et doit être protégé chaque fois qu'il est menacé. Lorsque la mesure nationale n'assure pas toujours la protection de l'intérêt général mis en avant, on peut présumer qu'en réalité l'État en cause vise un autre but, caché et illicite[118]. La dérogation non justifiable objectivement en est l'aveu. Mais il peut arriver aussi que la dérogation contenue dans la législation nationale puisse être justifiée (par ex., conflit entre plusieurs intérêts généraux jouant en sens contraire).

5° Principe de proportionnalité

127. – C'est le principe le plus souvent évoqué. Les États doivent choisir la mesure qui est la moins restrictive sur les échanges[119]. C'est ainsi, par exemple, que la Cour de justice a souligné à plusieurs reprises que la protection du consommateur pouvait suffisamment être assurée par un étiquetage informatif plutôt que par des

(114) La Cour de justice de l'Union européenne ne résiste quelquefois pas à affirmer, de manière superflue, qu'une modalité de vente est de surcroît justifiée par l'intérêt général, V. CJCE, 20 juin 1996, *Semerano Casa Uno*, préc.

(115) V. CJCE, 20 févr. 1979, *Cassis de Dijon*, préc. – CJCE, 27 févr. 1980, aff. 170-78, *Commission c/ Royaume-Uni*. Cette préservation des habitudes des consommateurs peut se réaliser au moyen d'interdictions radicales d'utiliser une dénomination, V. par ex., pour le foie gras, CJCE, 22 oct. 1998, *Commission c/ France*, préc. – *Adde*, CJCE, 12 mars 1987, *Commission c/ Allemagne* (loi de pureté sur la bière) et CJCE, 14 juill. 1988, *Drei Glöcken* (pâtes alimentaires en Italie), préc. – Pour une réglementation limitant la publicité pour les alcools empêchant les consommateurs de découvrir les alcools étrangers, CJCE, 8 mars 2001, aff. C-405/98, *Konsumenonbubdsmannen c/ Gourmet International*. – Pour le foie gras, CJCE, 22 oct. 1988, aff. C-184/96, *Commission c/ France*.

(116) V. *supra*, n° 105 et *infra*, n° 131.

(117) CJCE, 28 avr. 1998, aff. C-120/95, *Decker*.

(118) V., pour une législation allemande qui interdisait l'importation de médicaments par voie postale, dans un but de lutte contre l'automédication, mais qui tolérait les importations par voie terrestre, CJCE, 7 mars 1989, aff. 215-87, *Schumacher*.

(119) V., par ex., CJCE, 27 juin 1997, *Verenigte Familiapress*, préc. – Pour un risque minime face à une mesure générale, CJCE, 26 oct. 1995, aff. 51/94, *Commission c/ Allemagne*.

interdictions d'importation ou de dénomination, qui ont de surcroît pour résultat de cristalliser les habitudes et les goûts(120). On peut certes tenir compte des attentes spontanées des consommateurs. On peut ainsi interdire certaines dénominations à des produits trop différents de ceux auxquels les consommateurs sont habitués, ce qui les tromperait. Mais une petite différence entre les produits importés et les produits nationaux ne peut justifier une interdiction totale d'une dénomination(121).

Cela ne signifie pas que les États membres soient obligés d'assurer de la même manière, et avec les mêmes normes, la satisfaction de l'intérêt général invoqué. Ils sont libres en effet, *a priori*, de définir le niveau de protection souhaitable sur leur sol. Ainsi, certains peuvent exiger une classification au regard de la protection des mineurs, et d'autres pas.

6° Principe de reconnaissance mutuelle

128. – Cette liberté relative, et proportionnée, des États membres doit être combinée avec les exigences du principe de reconnaissance mutuelle. Les exigences nationales doivent impérativement prendre en compte les mesures édictées dans les États d'origine de la marchandise et qui concourent à la satisfaction du même intérêt général(122).

B. – Les raisons d'intérêt général énumérées dans l'article 36 TFUE

129. – **Généralités. Texte dérogatoire.** Cet article s'inspire d'abord de l'article XX du GATT. Il admet des dérogations au principe d'interdiction des obstacles non tarifaires pour des raisons d'intérêt général. Il reproduit dans le droit européen les plus impérieuses sans doute des exceptions énoncées à l'article XX du GATT : « moralité publique, ordre public, sécurité publique, protection de la santé ou de la vie des personnes et des animaux, préservation des végétaux, protection des trésors nationaux ayant une valeur artistique, historique ou archéologique, protection de la propriété industrielle ou commerciale ».

Ensuite, cet article offre, dans son domaine précis d'application, plus de liberté aux États que les articles 34 et 35 TFUE. Il faut rappeler que le test de l'intérêt général qui peut être conduit à l'intérieur de ces derniers articles(123) ne peut sauver les mesures discriminatoires(124). Dans le cadre de l'article 36 TFUE, il n'en va pas de même. Des discriminations, qui peuvent aller jusqu'à des interdictions totales d'importation, peuvent être rachetées pour les raisons qui sont énumérées par cet article, pourvu qu'il ne s'agisse pas de « discriminations arbitraires », ou de « restric-

(120) V. CJCE, 12 mars 1987, *Commission c/ Allemagne* (loi de pureté sur la bière), préc. – CJCE, 14 juill. 1988, *Drei Glöcken* (pâtes alimentaires en Italie), préc. – CJCE, 22 oct. 1998, *Commission c/ France*, préc. Il faut alors en principe se référer au consommateur moyen, raisonnablement attentif et avisé, normalement informé. C'est une notion objective. Le juge peut, pour apprécier la personnalité de cet individu objectif, ou virtuel, recourir à des enquêtes ou des sondages, V. à propos d'un règlement n° 1907/90 relatif aux œufs, CJCE, 16 juill. 1998, aff. C-210/96, *Gut Springenheide*.

(121) V. l'affaire du foie gras, préc.

(122) V., par ex., CJCE, 15 sept. 1994, *Houtwipper*, préc. Il appartient à l'importateur de prouver l'existence de règles et de contrôles dans l'État d'origine, pour pouvoir être totalement ou partiellement dispensé des contrôles de l'État de mise en vente, Cass. crim., 2 juill. 1997 : *Europe* 1998, n° 90. – *Adde*, pour d'autres poinçons, CJCE, 14 juin 2001, aff. C-84/00, *Commission c/ France* et CJCE, 21 juin 2001, aff. C-30/99, *Commission c/ Irlande*. – Pour l'exigence de tests déjà effectués dans les autres États, en matière de détecteurs d'incendie, CJCE, 7 juin 2007, aff. C-254/05, *Commission c/ Belgique*. L'existence d'une obligation de faire figurer le principe de reconnaissance mutuelle dans la législation nationale est discutée, V. CJCE, 22 oct. 1998, *Commission c/ France* (foie gras), préc. – CJCE, 10 nov. 2005, *Commission c/ Portugal*, préc.

(123) V. *supra*, n°s 121 et 125.

(124) V. *supra*, n°s 103 et 125.

tions déguisées » dans le commerce entre États membres[125]. Ces derniers termes sont tout à fait semblables à ceux qui figurent à l'article XX du GATT.

Le droit européen est donc plus contraignant que le GATT. Alors que le GATT admet les discriminations (pourvu qu'elles ne soient pas arbitraires) pour toutes les raisons énumérées à son article XX, le droit européen ne les admet que pour les seules raisons qui figurent explicitement à l'article 36 TFUE.

Ces termes renvoient aussi aux critères classiques du test de l'intérêt général, sauf ceux d'harmonisation et de non-discrimination. Une restriction est « arbitraire » si elle est édictée sans raison d'intérêt général, ou si elle n'est pas justifiée, ou si elle est disproportionnée par rapport à l'intérêt général en cause, ou encore si elle ne respecte pas le principe de reconnaissance mutuelle. En clair, l'arbitraire existe quand un État membre ne respecte pas les contraintes qu'il a acceptées avec la construction européenne[126]. Des interdictions parfaitement discriminatoires, laissant subsister un commerce interne licite, mais interdisant les importations, seraient à coup sûr arbitraires[127].

Une restriction est déguisée si elle répond en réalité à une finalité protectionniste en dépit de l'intérêt général mis en avant. On rejoint ici l'exigence du caractère objectivement justifié de la mesure nationale[128].

130. - **Article 36 TFUE et harmonisation.** Si les États peuvent évidemment recourir à cet article en l'absence d'harmonisation, ils ne le peuvent plus en principe lorsque les directives européennes ont réalisé l'harmonisation nécessaire à l'objectif spécifique mis en avant[129].

Toutefois, même en cas d'harmonisation, les États peuvent encore invoquer l'article 36 TFUE, mais uniquement dans le cadre précis de l'article 114 TFUE. Ce texte, lui aussi dérogatoire, met en place une clause de sauvegarde spécifique, en prévoyant que, pour les seules raisons énoncées à l'article 36 TFUE, plus la protection de l'environnement[130] et du milieu du travail, les États peuvent maintenir des dispositions dérogeant à l'harmonisation européenne, ou en édicter de nouvelles, provisoires[131]. Quelquefois, l'harmonisation européenne elle-même prévoit cette possibilité, et détermine le cadre dans lequel les États peuvent mettre en œuvre leurs mesures nationales de précaution[132],[133],[134].

(125) V. pour des articles obscènes, CJCE, 14 déc. 1979, aff. 34/79, *Henn et Darby*.

(126) V. CJCE, 12 déc. 1981, aff. 272/80, *Biologische Produkten*. – CJCE, 28 janv. 1986, aff. 188/84, *Commission c/ France*, homologation des machines à travailler le bois. – CJCE, 27 juin 1996, aff. C-293/94, *Brandsma*.

(127) V. l'affaire dite des *poupées gonflables*, CJCE, 11 mars 1986, aff. 121/85, *Conegate*.

(128) V. l'affaire dite *des dindes de Noël*, CJCE, 15 juill. 1982, aff. 40/82, *Commission c/ Royaume-Uni*.

(129) CJCE, 23 mai 1996, aff. 5/94, *Heydley Lomas*. – CJCE, 11 mai 1999, aff. C-350/97, *Monsees*. – CJCE, 4 déc. 2008, aff. C-249/07, *Commission c/ Pays-Bas*.

(130) V. GATT, art. XX, et art. 174 TFUE. – CJCE, 25 mars 1999, aff. C-112/97, *Commission c/ Italie*, qui laisse toutefois en suspens le recours à cette procédure en cas d'harmonisation exhaustive.

(131) À condition d'en informer la Commission qui peut désapprouver la mesure dans les six mois. L'édiction de nouvelles mesures est limitée au cas où des nouvelles preuves scientifiques sont dévoilées, et en cas de problème spécifique de l'État. – V. N. de Sadeleer, *Les clauses de sauvegarde prévues à l'article 95 du traité : RTDE* 2002, 53.

(132) V. à propos de l'ESB (crise de la *vache folle*), Dir. n° 89/662, 11 déc. 1989 : *JOCE* n° L 395, 30 déc. 1989, et Dir. n° 90/425, 26 juin 1990 : *JOCE* n° L 224, 18 août 1990 (contôles vétérinaires) et Comm. CE, déc. n° 96/639, 11 juin 1996 et n° 97/18, 16 déc. 1996 : *JOCE* n° L 6, 10 janv. 1997. – V., après cette crise, Dir. n° 96/6, 28 févr. 1996, Dir. n° 96/7, 1er mars 1996, sur l'alimentation des animaux, Dir. n° 96/26, 29 avr. 1996 sur la circulation des matières premières pour cette alimentation et Dir. n° 96/93, 17 déc. 1996 concernant la certification des animaux et des produits animaux : *JOCE* n° L 13, 16 janv. 1997. – V. Blumann et Adam, *Le PAC dans la tourmente : RTDE* 1997, 239.

(133) À propos des OGM (organismes génétiquement modifiés), V. *infra*, n° 135.

(134) Encore faut-il interpréter la directive considérée, pour savoir ce qui est harmonisé. V., par ex., CJCE, 1er oct. 1998, aff. C-127/97, *Willi Burstein c/ Freistaat Bayern*. Le doute demeure encore sur la date d'entrée en vigueur des mesures notifiées en vertu des § 4 et 5 de l'article 114 TFUE.

131. – Conditions d'application. L'article 36 TFUE ne peut être invoqué que si une mesure d'effet équivalent – au besoin discriminatoire – est préalablement mise en évidence[(135)].

Ensuite, il ne permet aucune autre cause de dérogation que celles qui y sont énumérées. L'énumération est limitative[(136)], ce qui le distingue des articles 34 et 35 TFUE, dans lesquels les « raisons d'intérêt général » ne sont pas énumérées. Ont ainsi donné lieu à jurisprudence la protection de la santé ou de la vie des personnes[(137)], ou celle des animaux et végétaux[(138)], la sécurité des utilisateurs[(139)] ou celle du public[(140)], de même que l'efficacité de contrôles de police[(141)]. Les exceptions posées à l'article 36 TFUE doivent encore être interprétées restrictivement[(142)].

Enfin, les mesures nationales doivent être objectivement justifiées par la raison d'intérêt général invoquée[(143)] et surtout respecter le principe de proportionnalité. Cela signifie que, si les États demeurent libres, à défaut d'harmonisation[(144)], de fixer le niveau auquel ils entendent assurer la satisfaction des intérêts généraux énoncés à l'article 36 TFUE, ils doivent, en considération de ce niveau de protection choisi, opter pour la mesure la moins restrictive pour les échanges et respecter le principe de reconnaissance mutuelle[(145)].

132. – Plan. Parmi les raisons d'intérêt général qui peuvent entrer dans les prévisions de l'article 36 TFUE, on prendra les exemples de la protection de la santé des personnes, avec le principe de précaution (1°), et de la protection des droits de propriété industrielle (2°).

1° Le principe de précaution

133. – Généralités. Le principe de précaution n'est pas cantonné à la seule protection de la vie et de la santé. Il touche aussi à l'environnement[(146)]. L'article 36 TFUE

(135) V., par ex., CJCE, 12 mars 1987, *Commission c/ Allemagne* (loi de pureté sur la bière), préc., en ce qui concerne la prohibition des additifs.

(136) V. CJCE, 17 juin 1981, aff. 415-85, *Commission c/ Irlande* (souvenirs d'Irlande).

(137) V., pour l'approvisionnement des hôpitaux en médicaments, CJCE, 11 sept. 2008, aff. C-141/0, *Commission c/ Allemagne.*

(138) Pour la protection de la biodiversité halieutique, CJCE, 3 déc. 1998, aff. C-350/97, *Bluhme.* – CJCE, 4 déc. 2008, aff. C-249/07, *Commission c/ Pays-Bas*, préc.

(139) CJCE, 28 janv. 1986, aff. 188/84, *Commission c/ France* (homologation des machines à travailler le bois).

(140) Pour les contrôles techniques automobiles, CJCE, 5 juin 2008, aff. C-170/07, *Commission c/ Pologne*, préc. – Pour l'interdiction faite aux motos de tirer une remorque, CJCE, 10 févr. 2009, aff. C-110/05, *Commission c/ Italie.* – Pour les normes des élévateurs, CJCE, 14 avr. 2007, aff. C-470/03, *AGM Cosmet*, préc. – Des détecteurs d'incendie, CJCE, 7 juin 2007, aff. C-254/05, *Commission c/ Belgique.* – Des véhicules automobiles, CJCE, 12 oct. 2000, aff. C-314/98, *Snellers Auto*, préc.

(141) Pour l'obstacle aux contrôles de police résultant de vitres teintées, CJCE, 10 avr. 2008, aff. C-265/06, *Commission c/ Portugal.*

(142) Pour la notion de trésors nationaux qui n'inclut pas toutes les œuvres d'art ou bien culturels, CJCE, 10 déc. 1968, aff. 7-68, *Commission c/ Italie.* – CJCE, 30 avr. 2009, aff. C-531/07, *Fachverband der Buch und Medienwirtschaft*, préc.

(143) V., pour une mesure sans aucune justification scientifique, CJCE, 23 févr. 1988, aff. 216-84, *Commission c/ France*, à propos d'une interdiction d'importer des succédanés de lait en poudre (par ex., à base de soja) quelle que soit leur dénomination. Comp., pour une interdiction d'importation de pesticides dangereux, CJCE, 27 juin 1996, aff. C-293/99, *Brandsma.* – *Adde* pour une interdiction de publicité pour médicaments non agréés, CJCE, 10 nov. 1994, aff. C-320/93, *Lucien Ortscheidt.*

(144) L'article 36 TFUE ne peut être invoqué en cas d'harmonisation exhaustive que dans le cadre de l'article 114 TFUE (ex-art. 95 CE), V. *supra*, n° 130. – V. pour les cages à veaux, CJCE, 19 mars 1998, aff. C-1/96, *Compassing* in *World Farming.*

(145) V. CJCE, 28 janv. 1986, *Commission c/ France* (homologation des machines à travailler le bois), préc. – CJCE, 12 déc. 1981, *Biologische Produkten*, préc.

(146) C'est même son terrain d'élection initial, et actuel. V. Déclaration de Rio sur l'environnement, 13 juin 1992, et, par la suite, Protocole de Kyoto. – V., auparavant, la conférence de Stockholm (1972), la charte de la nature (1982), la protection de la mer du Nord (1987), et la lutte contre la pollution (Londres 1990) ; V. TFUE, Titre XX et spécialement l'article 191, qui précise que la politique de l'Union en matière d'environnement est fondée sur les principes de précaution et d'action préventive.

permet des « interdictions ou restrictions d'importation, d'exportation, ou de transit, justifiées par des raisons de protection de la santé et de la vie des personnes et des animaux, ou de préservation des végétaux ». En ce qui concerne la santé et la vie des personnes et des animaux, l'article 36 TFUE reproduit à la lettre l'article XX.b du GATT. En ce qui concerne la préservation des végétaux, il est à la fois plus large et plus restrictif que l'article XX du GATT, car ce dernier texte (pt *g*) légitime les mesures se rapportant à la conservation des ressources naturelles épuisables, mais exige que ces mesures soient liées à des restrictions de la production ou de la consommation nationale.

Ces deux textes reposent sur les deux mêmes principes fondamentaux, qui visent à limiter l'arbitraire des États. Le premier principe est celui de nécessité : les mesures restrictives doivent être « nécessaires » (GATT, art. XX), ou « justifiées » (TFUE, art. 36) par l'objectif d'intérêt général invoqué. Le second principe est celui de l'interdiction des « discriminations arbitraires » ou des « restrictions déguisées ». Mais c'est bien là qu'est la difficulté. Quelle est, en cette matière, où la médiatisation peut l'emporter sur la raison, la marge de manœuvre des États entre l'arbitraire et le légitime ? Par exemple, il est évident que la protection de la santé et de la vie des personnes est une des plus impérieuses (et sans doute la plus impérieuse) raisons d'intérêt général. Elle justifie une particulière vigilance, à la fois au niveau européen et au niveau national. Cependant, comme toute raison d'intérêt général, elle peut être invoquée pour déguiser des mesures protectionnistes. L'affaire dite de la « vache folle » (ESB) a montré que certains États, dont la France, ont à cette occasion répondu aussi aux groupes de pression nationaux pour promouvoir les vaches nationales.

134. - **Principe de précaution et ordre international.** Au niveau international, le principe est celui d'une évaluation objective. La simple précaution ne suffit pas. Le risque doit être évalué préalablement, à partir de données objectives, fiables et disponibles. Le recours à des collèges d'experts internationaux est habituel (V. *Codex Alimentarius* de la FAO). Cela exclut la simple incertitude théorique. Le risque doit donc être plausible scientifiquement. Le risque plausible n'est pas le risque démontré, ou avéré[(147)], sinon il n'y aurait plus de précaution, mais action *a posteriori*. Cela signifie aussi qu'une aversion ou une crainte du public est toujours insuffisante, quelle que soit la pression des médias ou de l'opinion publique. Ces principes ont été posés dans certaines affaires célèbres soumises à l'ORD de l'OMC[(148)], et ont été repris dans certains accords internationaux[(149)].

135. - **Principe de précaution et ordre européen.** Le droit européen s'inscrit dans cette perspective. Mais il encadre un peu plus l'action des États.

Le principe de précaution est d'abord devenu un principe général du droit européen. La prévention des risques pour la santé publique, pour la sécurité des consommateurs,

(147) CJCE, 9 sept. 2003, aff. C-236/01, *Monsanto Agricultura Italia*. – CJCE, 23 sept. 2003, aff. C-192/01, *Commission c/ Danemark*. – CJCE, 5 févr. 2004, aff. C-95/01, *Greham et Abel*. – CJCE, 5 févr. 2004, aff. C-24/00, *Commission c/ France*. – V. Protocole de Madrid, 30 janv. 2000 sur la biodiversité, selon lequel l'absence de preuve scientifique ne peut suffire à empêcher à réglementer les OGM.

(148) *Bœuf aux hormones*, 16 janv. 1998. – *Saumon*, 20 oct. 1998.

(149) Accord de Carthagène sur le risque biotechnologique, et accord dit « SPS » sur les mesures sanitaires et phytosanitaires, négocié dans le cadre de l'OMC.

ou pour l'environnement, prévaut sur les intérêts économiques(150). Ce principe a été mis en œuvre par plusieurs dispositions du droit européen(151), et peut être invoqué en dehors des textes qui le visent expressément(152). Il s'ensuit que ce principe s'applique aux institutions de l'Union européenne(153) comme aux autorités nationales. L'Union peut même faire naître directement des obligations à la charge des entreprises(154). Lorsque l'Union a exercé sa compétence, les autorités nationales peuvent néanmoins agir, bien sûr en cas d'urgence, mais encore en cas de tardiveté de la réponse européenne, et enfin en cas de divergence scientifique sérieuse(155). Souvent, les mesures nationales sont adoptées grâce aux clauses de sauvegarde permises, en application de l'article 114 TFUE, par les directives très nombreuses dans le secteur des produits de l'agriculture(156).

Ensuite, et surtout, la jurisprudence de la Cour de justice est parvenue à fixer avec une relative précision les conditions d'invocation du principe de précaution. On peut en retenir six, exposées autant dans la communication de la Commission du 2 février 2000 sur le recours au principe de précaution que dans les importants arrêts *Pfizer*(157) du 11 septembre 2002, ou *Du Pont de Nemours* du 12 avril 2013.

1) En premier lieu, des incertitudes scientifiques peuvent suffire à justifier l'appel à ce principe. Des mesures préventives doivent être possibles, car on ne peut admettre que la réaction ne soit qu'après-coup. Mais il ne faut pas non plus se satisfaire de simples hypothèses(158). D'où l'exigence que « le risque soit suffisamment documenté sur la base de données scientifiques disponibles ». Des « hypothèses scienti-

(150) TPICE, 26 nov. 2002, aff. T-74, T-76, T-83, T-132, T-137, T-141/00, *Artedogan*. – TPICE, 21 oct. 2003, aff. T-392/02, *Solvay Pharmaceuticals*. – Trib. UE, 12 avr. 2013, aff. T-31/07, *Du Pont de Nemours France e.a.*

(151) On peut citer le programme REACH, cadre réglementaire de gestion des substances chimiques, système intégré d'enregistrement, d'évaluation, d'autorisation et de restriction des substances chimiques dangereuses, obligeant les entreprises à évaluer les risques et à les prévenir, la preuve de la sécurité incombant à l'industrie. Il s'agit d'une communautarisation du principe de précaution, dans le but de parvenir à un niveau élevé de protection de la santé et de l'environnement, car la diversité des législations nationales entravait la réalisation du marché intérieur. – V. Règl. n° 1907/2006, 18 déc. 2006 mod., ses règlements d'application, et Dir. n° 2006/121 du même jour, modifiant la directive n° 67/548, ainsi que la communication de la Commission : *JOUE* n° C-130/03, 9 juin 2009.

(152) V. TPICE, 26 nov. 2002, aff. T-74, T-76, T-83, T-132, T-137 et T-141/00, *Artegodan c/ Commission*, applicant le principe aux AMM des médicaments ; il est des textes qui le visent (par ex., Dir. n° 2009/48, 18 juin 2009 sur la sécurité des jouets).

(153) CJCE, 5 mai 1998, aff. C-180/96, *Royaume-Uni c/ Commission ESB*. – CJCE, 5 mai 1998, aff. C-157/96, *National Farmers Union*. On peut aussi mettre en parallèle le règlement n° 178/2002 du 28 janvier 2002 établissant les principes généraux et les prescriptions générales de la législation alimentaire, instituant l'Autorité européenne de sécurité des aliments et fixant les procédures relatives à la traçabilité des produits alimentaires, la directive n° 90/219 du 23 avril 1990, et pour les OGM, la directive n° 2001/18 du 12 mars 2001, puis les règlements n°s 1829, 1830/2003 du 22 septembre 2003 et n° 1946/2003 du 15 juillet 2003 (utilisation confirmée, règles relatives à la dissémination, circulation ; nécessité d'une autorisation, puis traçabilité en cas de circulation transfrontalière).

(154) V. les obligations de retrait ou de rappel des produits dangereux destinés à l'alimentation animale et humaine, par le règlement n° 178/002 du 28 janvier 2002, relatif aux principes généraux et aux prescriptions générales de la législation alimentaire, instituant l'Autorité européenne de sécurité des aliments, et fixant des procédures relatives à la sécurité des denrées alimentaires.

(155) Sauf si la décision européenne est exhaustive, définitive, et qu'elle prévoit des contrôles, et sa révision ; CJCE, 24 oct. 2003, aff. C-241/01, *National Farmers Union*. – V., par ex., Règl. n° 178/2002, préc.

(156) L'article 114 TFUE prévoit une procédure de contrôle de la mesure nationale par la Commission : V., pour l'ESB, Dir. n°s 64/433 et 89/662, 11 déc. 1989 ; Dir. n° 97/534, 30 juill. 1997. – V. pour l'existence de raisons objectives et scientifiques justifiant une mesure nationale en l'absence de mesure communautaire, CJCE, 5 déc. 2000, aff. C-477/98, *Eurostock Meat Marketing*. – *Adde*, sur le passage d'une simple hypothèse théorique à une possibilité, CJCE, 5 mai 1998, aff. C-180/96, *National farmers union* et CJCE, ord., 12 juill. 1996, *National Farmers Union* ; et la communication de la Commission du 2 février 2000. – *Adde*, pour l'exigence de nouvelles preuves scientifiques ou de besoins spécifiques de la population, pour édicter des mesures nationales en présence de mesures communautaires, TPICE, 5 oct. 2005, aff. T-366/03 et T-235/04, *Autriche c/ Commission*.

(157) TPICE, 11 sept. 2002, aff. T-13/99, *Pfizer Animal Health c/ Conseil*. – *Adde*, du même jour, aff. T-70/99, *Alapharma c/ Conseil*.

(158) V. CJCE, 9 sept. 2003, *Monsanto Agricultura Italia*, ou CJCE, 5 févr. 2004, *Commission c/ France*, préc.

fiques non vérifiées » sont insuffisantes, mais on n'a pas à exiger une démonstration pleine[(159)]. C'est donc la « probabilité » qui est le bon critère, et non, souligne le tribunal, la notion de « danger » beaucoup plus large et imprécise. On ne peut mettre en œuvre le principe de précaution en exigeant que soit apportée la preuve de l'absence totale de risque. Le « risque zéro » n'est pas une revendication pertinente[(160)]. Il faut la preuve d'une probabilité scientifique du risque, et non pas une crainte plus ou moins irraisonnée ou médiatisée[(161)]. Cela pose à nouveau le problème de l'évaluation objective des risques. Des organismes européens ou internationaux peuvent être reconnus (Agence européenne du médicament, Comité des spécialités pharmaceutiques, Comité vétérinaire, et toujours le *Codex Alimentarius* de la FAO[(162)]). En leur absence, l'auto-évaluation par les professionnels du secteur peut être retenue[(163)].

2) En deuxième lieu, et dès que la « probabilité » scientifique du risque est avérée, il appartient aux autorités européennes ou nationales de déterminer le niveau de risque inacceptable[(164)]. Dans cette évaluation, il est encore indispensable de recourir à des expertises scientifiques. L'évaluation fait en effet reposer sur les « meilleures données scientifiques ».

3) En troisième lieu, l'autorité doit établir la fameuse balance coût-avantage, ou coût-bénéfice. S'il faut apprécier la situation dans toute sa complexité, scientifique et sociale, il faut aussi pondérer les paramètres[(165)]. Ce bilan n'est pas purement arithmétique. Certaines considérations pèsent plus lourd que d'autres. Ainsi, « la santé publique doit se voir accorder une influence prépondérante par rapport aux considérations économiques »[(166)].

4) En quatrième lieu, l'autorité européenne ou nationale peut ne pas attendre le résultat des analyses et expertises en cours et agir, en mettant en balance des intérêts dont elle a la charge, en tenant compte des attentes de la société. Cela ne la dispense pas de s'appuyer sur les évaluations scientifiques existantes, à moins de prendre des mesures « arbitraires » qui « ne sauraient en aucun cas être légitimées par le principe de précaution »[(167)].

5) En cinquième lieu, et c'est l'essentiel, l'autorité doit adopter une mesure appropriée pour faire reculer le risque, et respecter le principe de proportionnalité

(159) On ne peut donc se fonder sur une prévention générale à l'encontre de certaines catégories de produits, surtout s'ils sont nouveaux ; l'évaluation du risque doit être scientifique et précise, CJCE, 9 sept. 2003, *Monsanto Agricultura*, préc. – Trib. UE, 12 avr. 2013, *Du Pont de Nemours France*, préc.

(160) CJCE, 24 oct. 2002, aff. C-121/00, *Hahn*.

(161) V., pour la protection de la couche d'ozone et les CFC, CJCE, 14 juill. 1998, aff. C-284/95, *Safety High technology*, et aff. C-341/95, *Bettati c/ Safety high technology*. – Pour l'ESB, avec le passage d'une simple hypothèse à une possibilité, CJCE, 5 mai 1998, aff. C-157/96, *The queen... Ministery of Fisheries and Food, National farmers union*, et aff. C-180/96, *Royaume-Uni et Irlande c/ Commission*. – V. déjà, CJCE, 30 nov. 1983, aff. 227/82, *Van Bennekom* ; en cas d'harmonisation, il faut de « nouvelles preuves scientifiques ».

(162) CJCE, 9 sept. 2003, *Monsanto Agricultura Italia*, préc.

(163) V. Comm. CE, communication 2 févr. 2000 : Doc. COM (2000), 1 final.

(164) Trib. UE, 12 avr. 2013, *Du Pont de Nemours France* : le danger doit être identifié, estimé dans sa gravité et dans ses effets défavorables, évalué en ce qui concerne l'exposition des personnes ou animaux, et caractérisé en ce sens que la probabilité, la fréquence et la gravité des risques doivent être aussi évalués.

(165) Les besoins spécifiques d'une population nationale peuvent être pris en compte, mais doivent être prouvés, CJCE, 23 sept. 2003, aff. C-192/01, *Commission c/ Danemark*.

(166) V., par ex., Trib. UE, 12 avr. 2013, *Du Pont de Nemours France*, préc.

(167) Sur la possible responsabilité de la Commission pour mauvaise évaluation du risque, V. Trib. UE, 9 sept. 2011, aff. T-257/07, *France c/ Commission*. V. par ex. Règl. n° 178/2002 sur la dangerosité des produits alimentaires et leur traçabilité, préc., art. 7.

(ce principe implique de rechercher la mesure la moins restrictive sur les échanges, et celle qui cause les inconvénients moindres par rapport à l'objectif poursuivi).

Cela n'est pas toujours simple, car il faut tenir compte du risque contre lequel on veut se prémunir, mais aussi du contexte. Or, le contexte peut être caractérisé par l'existence de plusieurs risques différents, si ce n'est opposés. Doit-on, ou peut-on, traiter plusieurs risques ensemble, alors qu'ils justifieraient chacun des réponses différentes ? Les risques peuvent être plus ou moins avérés, plus ou moins concordants, plus ou moins immédiats. La balance risques-avantages préalable est à nouveau décisive[(168)]. Une mesure peut être partielle, voire ignorer certains risques tout aussi avérés que celui que l'on veut éviter, pour n'en choisir qu'un[(169)]. En tout cas, la proportionnalité doit consister à adopter la mesure la moins restrictive, la plus évolutive, ce qui peut bien sûr, en cas d'urgence et de gravité, entraîner un embargo plutôt qu'une simple information[(170)]. Une question encore plus délicate est de savoir si le changement de contexte psychologique ou médiatique justifie l'aggravation d'une mesure qui avait été prise, auparavant, en fonction d'un risque plausible. Le simple fait d'aggraver une mesure alors qu'il n'y a pas d'aggravation objective du risque ne violerait-il pas le principe de proportionnalité ? Mais les balances globales risques-avantages ne sont pas immuables. Elles peuvent varier selon le contexte d'ensemble. Ainsi, un même risque, inchangé et avéré, peut justifier des mesures plus ou moins vigoureuses en fonction du seul contexte. Si le risque n'évolue pas, le solde de la balance risques/avantages peut quant à lui varier[(171)].

C'est pour cela que l'article 114 TFUE prévoit une procédure d'adoption de mesures nationales dérogatoires sous le contrôle de la Commission en cas de « preuves scientifiques » nouvelles, ou en raison d'un problème spécifique à un État membre qui « surgit après l'harmonisation ».

6) En sixième et dernier lieu, un large pouvoir d'appréciation est inévitablement laissé aux autorités. Le juge ne peut se substituer à elles dans ces évaluations techniques et complexes. Le rôle du juge est limité au contrôle de l'erreur manifeste, du détournement de pouvoir, et du dépassement des limites du pouvoir d'appréciation. Plus l'institution détient un large pouvoir d'appréciation, moins le contrôle du juge peut être étroit[(172)].

Avec la directive n° 2001/95 du 3 décembre 2001, les États ont accepté des obligations procédurales de notification préalable et de contrôle des mesures qu'ils peuvent adopter pour empêcher, restreindre, ou soumettre à des conditions, l'accès ou la présence d'un produit sur leur territoire. Ce système repose sur un échange immédiat d'information, entre États membres, sous l'égide de la Commission, dans le cadre d'un « comité d'urgence ». Il faut toujours un risque grave et immédiat pour la santé et la sécurité des consommateurs[(173)].

(168) V., par ex., pour les OGM, pour lesquels il faut mettre en balance la résistance aux antibiotiques, d'une part, et la défense contre les insectes, d'autre part. De même, il faut mettre en balance le risque de toxicité d'un médicament avec les avantages thérapeutiques : pour une balance concluant au risque en raison de l'inefficacité thérapeutique, en dépit de l'octroi d'une autorisation de mise sur le marché (AMM), V. CJCE, ord. prés., 11 avr. 2001, aff. C-459/00 P.R. et s., *Trenker*.

(169) V. encore pour le choix entre les gaz à effet de serre, l'affaire *des CFC*, CJCE, 14 juill. 1998, préc.

(170) V. CJCE, 5 déc. 2000, *Eurostock*, et CJCE, 5 mai 1998, *Bettati*, préc.

(171) V. CJCE, ord., 11 avr. 2001, *Commission c/ Trenker e. a*, préc.

(172) V., par ex., CJUE, 15 oct. 2009, aff. C-425/08, *Enviro Tech*.

(173) V., sur le principe de précaution, Comm. CE, communication 2 févr. 2000 : Doc. COM (2000), 1 final ; Livre blanc sur la sécurité alimentaire, 12 janv. 2000 : Doc. COM (1999), 7/9 final, et le projet du règlement d'alerte rapide.

2° Droits de propriété industrielle et intellectuelle et libre circulation des marchandises

136. – **Droits concernés.** L'article 36 TFUE vise « les droits de propriété industrielle et commerciale » parmi les raisons qui permettent d'introduire des restrictions à la libre circulation des marchandises. Cette expression est susceptible de s'appliquer à tous les droits de propriété industrielle ou intellectuelle. La protection des brevets, marques, droits d'auteur, dessins ou modèles, appellation d'origine, par exemple, entre donc dans les prévisions de cet article[(174)].

137. – **Diversité des statuts légaux nationaux et utilité économique des droits de propriété intellectuelle.** Le droit européen ne postule pas d'harmonisation de l'étendue et du contenu de la protection offerte par chacun des droits nationaux[(175)]. La Cour de justice a souligné que les « conditions et les modalités » de la protection relevaient de chaque législation nationale[(176)]. De profondes différences peuvent exister en ce qui concerne l'étendue de la protection entre les législations des États membres[(177)].

Il est certain que les droits de propriété industrielle ou intellectuelle ont une utilité économique. Ils récompensent l'effort créateur, la recherche de qualité. Ils favorisent aussi la concurrence technologique ou la concurrence commerciale. C'est pourquoi leur protection a été voulue. Il faut donc les concilier avec les impératifs de libre circulation.

Un « standard » jurisprudentiel s'est affirmé. Ces droits « constituent un élément essentiel du système de concurrence non faussée » que le traité entend établir et maintenir. Les droits et les facultés conférés aux titulaires doivent être examinés en fonction de cet objectif[(178)]. L'« intérêt général » européen[(179)] permet donc tantôt de légitimer, tantôt de limiter certaines prérogatives des titulaires de droits.

138. – **Rapprochement des législations et droits de propriété intellectuelle européens. Règles matérielles et efficacité de la sanction de la contrefaçon.** La diversité des droits nationaux rend souvent difficile une réelle harmonisation des règles matérielles. Elle a été tentée en matière de marques, par l'importante directive n° 89/104 du 21 décembre 1988[(180)]. Cette directive harmonise des points aussi importants que les motifs de refus à l'enregistrement, les droits conférés par la marque (exclusivité du droit, contrefaçon par reproduction ou par imitation, licences, déchéances, et, surtout, dans la perspective de la libre circulation des marchandises, épuisement du droit de marque). Elle a donné lieu à une importante jurisprudence[(181)]. La même voie a été suivie en matière de dessins et de modèles[(182)].

(174) V., pour des droits d'auteur, CJCE, 20 janv. 1981, aff. 55 et 57-80, *Musik Vertrieb Membran*. – CJCE, 28 avr. 1998, aff. C-200/96, *Metronome Musik*. – CJCE, 22 sept. 1998, aff. C-61/97, *Foereningen of Danske Videogramdistributorer*. – Pour des dessins et modèles, CJCE, 14 sept. 1982, aff. 144-81, *Keurkoop*.

(175) V. CJCE, 14 déc. 1962, aff. 2-62 et 3-62, *Commission c/ Luxembourg et Belgique*, aff. du *pain d'épices*.

(176) V. CJCE, 29 févr. 1968, aff. 24-67, *Parke Davis*. – CJCE, 30 juin 1988, aff. 35-87, *Thetford Corporation*.

(177) V. CJCE, 17 mai 1988, aff. 158-86, *Warner Bros c/ Christiansen*. – V., pour l'harmonisation de la durée de protection des droits d'auteur, Dir. n° 93-98, 29 oct. 1993 : *JOCE* n° L 290, 24 nov. 1993.

(178) CJCE, 17 oct. 1990, aff. C-10/89, *CNL-Sucal c/ Hag (Hag II)*. – CJCE, 23 févr. 1999, aff. C-63/97, *BMW*. – CJCE, 4 mai 1999, aff. C-108 et 109/97, *Windsurfing Chiemse*. – CJCE, 8 mars 2003, aff. C-53 à 55/01, *Linde*. – CJCE, 6 mai 2003, aff. C-104/01, *Libertel Groep*.

(179) V. CJCE, 8 mars 2003, *Linde*, et CJCE, 6 mai 2003, *Libertel*, préc.

(180) *JOCE* n° L 10, 11 févr. 1989. Il y a eu aussi de nombreuses directives en matière de droits d'auteur, ou de propriété industrielle, V. par ex., Dir. n° 98/44, 6 juill. 1998, sur les inventions biotechnologiques : *JOCE* n° L 213, 30 juill. 1998.

(181) V. *infra*, n°s 143 et s.

(182) Dir. n° 98/71, 13 oct. 1998 sur la protection juridique des dessins et modèles.

Une autre voie plus unificatrice consiste à créer des droits de propriété intellectuelle européens, qui, au terme d'une procédure unique d'enregistrement, accorderont une protection aux titulaires sur tout le territoire de l'espace européen. On doit mentionner d'abord le brevet européen de la convention de Munich du 5 octobre 1973[(183)]. Il sera sans doute supplanté par le « brevet unitaire européen », qui a été mis en place en 2014, sur la base de trois actes distincts : le règlement n° 1257/2012 du 17 décembre 2012 mettant en œuvre une coopération renforcée dans le domaine des brevets, le règlement n° 1260/2012 du même jour relatif à la traduction, et un accord international relatif à la juridiction de première instance (éclatée entre Munich, Londres et Paris), et à une cour d'appel située à Luxembourg. Ce système complexe est entré en vigueur en 2014. Surtout, il faut signaler la multiplication de véritables droits européens de propriété industrielle, reposant sur une procédure unique de délivrance auprès de l'Office pour l'harmonisation du marché intérieur (OHMI) d'Alicante, et régis par des règles d'origine européenne[(184)].

On signalera également la proposition de directive du 28 novembre 2013 relative à la protection des savoir-faire et des informations commerciales non divulgués (secret d'affaires) contre l'obtention, l'utilisation, et la divulgation illicites[(185)]. Ce texte a pour objet de permettre aux détenteurs de secrets d'affaires d'empêcher l'obtention, l'utilisation ou la divulgation illicite de tels secrets ou d'obtenir réparation.

La protection des droits de propriété intellectuelle suppose d'aller au-delà de l'harmonisation du droit matériel. Il faut se préoccuper de la sanction de la violation des droits de propriété intellectuelle : preuve des droits, preuve des contrefaçons, saisies, réparation (cessation et dommages et intérêts). C'est l'objet de la directive n° 2004/48 du 29 avril 2004 relative au respect des droits de propriété intellectuelle[(186)].

139. – **Difficultés de conciliation des droits nationaux en matière de propriété intellectuelle avec l'intérêt général européen.** En principe, les droits de propriété industrielle ou intellectuelle offrent à leurs titulaires des monopoles qui recouvrent le territoire de l'État qui les édicte. Ces monopoles sont sanctionnés par l'action en contrefaçon. Cette action permet surtout d'interdire deux sortes de comportements. Le premier type de comportement est celui qui consiste à ne pas tenir compte de l'indisponibilité qui résulte de la titularité du droit. La contrefaçon semble ici évidente. Mais on voit bien aussi que si le droit d'un État retient une conception trop extensive des signes ou des droits protégeables, ou du risque de confusion, il peut rendre des signes ou les droits indisponibles sur son territoire, au point d'empêcher la concurrence de se développer, voire d'empêcher la libre circulation des marchandises. Le second type de

(183) Création de l'OEB ; cette convention entrée en vigueur en 1977, a créé l'Office européen des brevets ; elle a connu le succès contrairement à la convention du Luxembourg du 13 décembre 1975 qui avait prévu le brevet européen pour le marché commun, et n'est jamais entrée en vigueur. Le brevet délivré par l'OEB vaut dans chacun des États contractants comme un brevet national. Ce n'est donc pas un titre communautaire. Comparable, il faut citer le traité PCT (*Patent Cooperation Treaty*) de Washington du 19 juin 1970.

(184) Pour se limiter à la seule propriété industrielle, V. par ex. Règl. de codification n° 207/2009, 26 févr. 2009 (*JOUE* n° L 78, 24 mars 2009), abrogeant Règl. n° 40/94, 20 déc. 1993 sur la marque communautaire (*JOCE* n° L 11, 14 janv. 1994). – Règl. n° 2100/94, 27 juill. 1994 sur les obtentions végétales (*JOCE* n° L 227, 1er sept. 1994). – Règl. n° 510/2006, 20 mars 2006 (*JOUE* n° L 93, 31 mars 2006). – Règl. n° 6/2002, 12 déc. 2001 sur les dessins et modèles communautaires (*JOCE* n° L 3, 5 janv. 2002).

(185) Doc. COM (2013), 813 final.

(186) *JOUE* n° L 195, 2 juin 2004.

comportement consiste à importer, contre la volonté du titulaire (on vise là les importations dites parallèles), un produit qui est protégé dans le pays d'origine par le titulaire lui-même (le produit est alors authentique dans l'État de départ), vers un pays dans lequel le titulaire a déposé le même signe, ou le même droit. Bien que, dans ce cas, le produit n'ait pas été contrefait dans le pays d'origine, sa circulation transfrontalière le fait passer d'un monopole territorial à un autre (du pays d'origine vers le pays d'importation). Il faut en principe pour cela l'accord du titulaire dans le pays d'importation. La règle traditionnelle dans l'ordre international est en effet la suivante : « importer c'est contrefaire ». On voit bien que cette règle aboutit à empêcher une circulation transnationale de produits authentiques.

La question des importations parallèles se pose également pour les droits octroyés par le législateur européen.

140. - **Propriété industrielle ou intellectuelle. Libre circulation des marchandises et règles de concurrence.** Les droits de propriété intellectuelle ont aussi donné lieu à un abondant contentieux au regard des règles de concurrence. La Cour de justice a rappelé avec constance que, si le droit de propriété intellectuelle, en tant que statut légal, échappe en soi aux règles de concurrence, son exercice pourrait tomber sous le coup des prohibitions du traité chaque fois qu'il apparaîtrait comme étant l'objet, le moyen, ou la conséquence d'une entente, ou d'un abus de position dominante[(187)]. Il en résulte que la simple revendication unilatérale d'un statut légal ne relève pas des règles de concurrence, mais de la libre circulation des marchandises[(188)].

La conciliation entre les libertés de circulation et l'exclusivité des droits de propriété intellectuelle est difficile. Les principes généraux du droit européen sont insuffisants. En particulier, les discriminations sont rares en la matière (*a*). Il a fallu recourir à des notions spécifiques, qui tiennent à l'objet des droits (*b*), et à leur épuisement (*c*).

a) L'interdiction des discriminations arbitraires

141. - **Article 36 TFUE.** Cet article, *in fine*, interdit les discriminations arbitraires. Ne sauraient donc bénéficier de la réserve de cet article des statuts légaux nationaux qui établissent des discriminations entre les titulaires de droits en considération, par exemple, de leur nationalité. Les conditions d'octroi des licences obligatoires ont donné lieu à un contentieux sur ce fondement[(189)].

b) L'objet spécifique

142. - **Conciliation des statuts légaux et du principe de libre circulation. Objets spécifiques. Principes « d'utilité » et de « disponibilité ».** Le principe de libre circulation des marchandises implique de limiter ce que permettent les différents statuts légaux au regard des impératifs de concurrence non faussée, et de libre circulation. En clair, si les droits de propriété industrielle ou intellectuelle peuvent

(187) V. *infra*, n°s 808 et s. et CJCE, 18 juill. 1971, aff. 40/70, *Sirena*. – CJCE, 8 juin 1971, aff. 78/70, *Deutsche Grammophon*. – CJCE, 15 juin 1976, aff. 51/75, *EMI Records c/ CBS*. – CJCE,14 sept. 1982, aff. 144/81, *Keurkoop*.

(188) V. CJCE, 22 juin 1994, aff. C-9/93, *IHT c/ Idéal Standard*.

(189) V., pour la possibilité offerte au titulaire d'une licence « de droit » de s'opposer à l'importation de marchandises en provenance des autres États membres, sans qu'il puisse s'opposer à la fabrication ou à la commercialisation au Royaume-Uni, CJCE, 3 mars 1988, aff. 434-85, *Allen and Handbury's*.

être facteurs de concurrence, il ne faut pas qu'un signe ou une technique soit indisponible au point de créer un avantage concurrentiel illégitime en faveur d'un seul opérateur économique déjà établi sur le marché, au mépris du développement économique et de la promotion de l'esprit d'entreprise[190]. Cela conduit à rechercher pour chaque droit de propriété industrielle ou intellectuelle, un noyau irréductible de légitimité européenne, ce qui a été traduit par la notion « d'objet spécifique ».

Dans un régime de concurrence non faussée et de libre circulation, l'objet spécifique se détermine à partir de deux principes : un principe d'utilité, et un principe de disponibilité.

1) Le principe d'utilité varie inéluctablement selon les droits de propriété industrielle ou intellectuelle considérés, car le ressort concurrentiel n'est pas toujours le même.

En matière de brevet « l'objet spécifique du droit est notamment d'assurer au titulaire, afin de récompenser l'effort créateur de l'inventeur, le droit exclusif d'utiliser une invention en vue de la fabrication et de la première mise en circulation de produits industriels, soit directement, soit par l'octroi de licence à des tiers, ainsi que le droit de s'opposer à la contrefaçon »[191]. Une définition similaire a été utilisée pour les droits d'auteur[192].

La définition de l'objet spécifique de la marque de fabrique a été plus longue à s'affirmer. Initialement, la Cour de justice limitait l'objet de ce droit au « droit exclusif d'utiliser la marque pour la première mise en circulation du produit, et de se protéger ainsi des concurrents qui voudraient abuser de la position et de la réputation de la marque en vendant des produits indûment pourvus de cette marque »[193]. Le risque de confusion, pas plus que l'idée selon laquelle la marque est synonyme de qualité et de responsabilité du fabricant, n'étaient clairement considérés. La jurisprudence de la Cour a évolué, d'abord par la prise en compte du risque de confusion dans l'esprit de la clientèle[194], puis par celle de la respon-

(190) CJCE, 6 mai 2003, *Libertel groep*, préc.

(191) V. les arrêts *Centrafarm* (CJCE, 31 oct. 1974, aff. 15-74, *Centrafarm c/ Sterling Drug* et aff. 16-74, *Winthrop*). La société *Sterling Drug* détenait un brevet sur le Nebram, un médicament. Elle avait en outre concédé la marque à Winthrop, aux Pays-Bas. Le Nebram était vendu à un prix inférieur au Royaume-Uni. La société Centrafarm en importa de ce pays vers les Pays-Bas, pour profiter de l'écart de prix. Elle fit l'objet d'actions en contrefaçon de la part de Sterling et de Winthrop. La Cour jugea que les dérogations au principe de libre circulation ne pouvaient aller au-delà de l'existence des droits, c'est-à-dire de leur objet spécifique ; *Adde*, CJCE, 14 juill. 1981, aff. 187-80, *Merck c/ Stephar*. – CJCE, 9 juill. 1997, aff. C-316/95, *Generics BV*.

(192) V. CJCE, *Deutsche Grammophon*, préc., encore qu'en cette matière il faille tenir compte de la diversité des modes d'exploitation (reproduction, représentation, location), V. CJCE, 28 avr. 1998 *Métronome Musik*, et CJCE, 22 sept 1998, *Foereningen of Dansk Vidéogramdistributorer*, préc.

(193) V. CJCE, *Centrafarm c/ Winthrop*, préc.

(194) V. CJCE, 22 juin 1986, aff. 119-75, *Terrapin c/ Terranova*. – CJCE, 26 nov. 1996, aff. C-313/94, *Graffione SNC c/ Ditta Fransa*. Le risque de confusion est une des conditions du risque d'association entre deux marques. L'appréciation doit être globale, CJCE, 11 nov. 1997, aff. C-251/95, *Sabel c/ Puma*, préc. – CJCE, 29 sept. 1998, aff. C-39/97, *Canon Kabushiki Kaisha*. – CJCE, 22 juin 1999, aff. C-342/97, *Lloyd Schuhfabrik Meyer*. – CJCE, 22 juin 2000, aff. C-425/98, *Marca Mode*. La tendance de certaines juridictions nationales à retenir une conception souple et extensive du risque de confusion confère souvent une préférence accordée aux anciens opérateurs sur le marché, et peut aboutir à un protectionnisme déguisé. Aussi la jurisprudence de la Cour encadre l'application de la notion de confusion, en indiquant aux juges nationaux quels éléments peuvent être pertinents. Tout particulièrement lorsqu'une marque est reprise dans une nouvelle, mais accolée à un autre signe, un autre mot, ou une autre dénomination, le risque de confusion ne peut être caractérisé par le simple fait de cette intégration dans une marque nouvelle. Il peut en effet se faire que la marque ancienne soit accolée avec un signe notoire, ou que l'impression d'ensemble soit nouvelle. Il ne peut y avoir risque de confusion que si la marque ancienne conserve, en dépit de son intégration dans un signe nouveau, une position distinctive autonome, et que, pour cette raison, le public attribue également au titulaire de la marque antérieure l'origine des produits ou des services couverts par le signe composé, CJCE, 6 oct. 2005, aff. C-120/04, *Medion*.

sabilité du fabricant(195). Aujourd'hui (2014), la jurisprudence de la Cour reconnaît que la marque conserve une fonction essentielle, qui est celle d'identifier pour les consommateurs la provenance des produits marqués, et donc la garantie qui est due par le titulaire de la marque(196). À côté de cette fonction essentielle, la marque peut avoir d'autres fonctions reconnues par le droit européen. On vise ici les fonctions que l'on peut regrouper sous la qualification de fonction de communication : une marque peut véhiculer une image perçue par les consommateurs de luxe, de qualité, ou de prestige(197).

En matière de dessins et de modèles, un important arrêt du 26 septembre 2000(198) a estimé qu'excédaient l'objet spécifique de ces droits les saisies opérées en France sur des pièces détachées d'automobiles, qui circulaient en simple transit, sans être destinées à la mise en vente en France. L'objet spécifique a pour fonction de protéger la mise sur le marché, non de protéger le transport.

La conséquence du principe d'utilité est que le titulaire d'un droit de propriété intellectuelle a droit à une « protection effective » de son droit. Par exemple, en matière de marque, il faut apprécier le risque de confusion au moment où le signe postérieur à la marque a commencé à être employé. Si l'on se plaçait à la date à laquelle le tribunal se prononce, on permettrait à l'auteur du comportement illégal de se prévaloir de la dévalorisation de la marque qui résulterait de son propre comportement illicite(199).

2) De son côté, le principe de disponibilité pour le marché vise à empêcher que la détention d'un droit de propriété industrielle ou intellectuelle ne stérilise le marché. Il faut éviter que les concurrents, ou la demande, n'aient plus un accès raisonnable à l'objet du droit de propriété intellectuelle, ou au produit couvert par ce droit.

On se penchera d'abord sur l'accès à l'objet du droit. Cet accès doit être rendu possible aux concurrents dans des conditions qui réalisent un équilibre entre le monopole du titulaire et les impératifs concurrentiels. Les droits de propriété industrielle ou intellectuelle peuvent pour cela être limités dans le temps, ou en fonction du produit concerné.

La limitation dans le temps est habituelle en matière de brevets, de dessins et modèles, ou de droits d'auteur, mais non en matière de droit de marque. L'absence de limitation dans le temps de l'efficacité des droits de marque conduit directement

(195) L'abandon de la théorie de l'identité d'origine est révélateur, au travers des deux arrêts *Hag* : CJCE, 3 juill. 1974, aff. 192-73, *Van Zuylen c/ Hag*, et 17 oct. 1990, aff. 10-89, *CNL Sucal c/ Hag*. La marque Hag, qui appartenait à la société allemande qui portait le nom de l'inventeur du décaféiné, avait été confisquée par l'État belge au lendemain de la guerre, et cédée à la société Van Zuylen. La société allemande Hag invoqua les libertés communautaires pour reprendre pied en Belgique. La société Van Zuylen s'y opposa par l'action en contrefaçon. La Cour de justice donna raison à la société allemande, en s'appuyant sur l'identité d'origine des deux marques. Peu importait la différence de fabrication et de qualité. Profitant de cette jurisprudence, la société belge tenta par la suite de s'implanter en Allemagne. La société allemande Hag s'y opposa. Un second procès se développa et fut porté à Luxembourg. La Cour de justice renversa sa jurisprudence et donna raison à la société allemande. La Cour souligna les fonctions d'identification du fabricant et de responsabilité de ce dernier, qui sont celles de la marque. Ces fonctions peuvent donc empêcher une totale liberté de circulation des objets marqués. Ce revirement fut spectaculaire. La Cour invita les plaideurs qui avaient subi la jurisprudence *Cafés Hag I* à faire de nouvelles procédures pour bénéficier de la nouvelle jurisprudence.

(196) CJCE, 11 déc. 2002, aff. C-206/01, *Arsenal Football Club*. – CJCE, 25 janv. 2007, aff. C-48/05, *Adam Opel*. – TPICE, 22 mars 2007, aff. T-215/03, *Sigla-Elleni Holding (VIPS)*. – CJCE, 23 avr. 2009, aff. C-59/08, *Copad c/ Dior*.

(197) CJCE, 25 janv. 2007, *Adam Opel*, préc. – CJCE, 22 mars 2007, *Sigla-Elleni Holding*, préc. – CJCE, 23 avr. 2007, *Copad c/ Dior*, préc. – CJCE, 18 juin 2009, aff. C-487/07, *L'Oréal c/ Bellure*.

(198) CJCE, 26 sept. 2000, aff. C-23/99, *Commission c/ France*.

(199) CJCE, 27 avr. 2006, aff. C-145/05, *Levi Strauss*.

à se préoccuper de la disponibilité du droit pour les concurrents, c'est-à-dire pour le marché. Le principe de disponibilité du droit peut aussi être mis en œuvre en délimitant avec précision les produits qui peuvent être couverts par le monopole du titulaire. On vise là le principe fondamental de spécialité.

En matière de droits de marque, cependant, trois difficultés particulières se sont posées. La première question est celle de l'appréciation du risque de confusion entre marques. Ce risque doit être entendu de manière compatible avec l'objectif de la construction européenne. Il ne doit donc pas être entendu de manière trop lâche par les juridictions nationales. En effet, une interprétation nationale trop souple du risque de confusion donnerait tout simplement une prime aux opérateurs déjà présents sur le territoire de l'État en cause, en leur permettant de poursuivre en contrefaçon les nouveaux entrants, titulaires de marques proches.

La deuxième concerne la distinctivité de certains signes qui, s'ils étaient trop facilement déposés à titre de marque, stériliseraient le marché. On songe ici aux couleurs, aux marques sonores, aux marques tridimensionnelles qui reprennent la forme des produits ou des emballages. Le principe est que la distinctivité est le critère essentiel. Si un signe est distinctif, c'est qu'il n'est pas descriptif ou générique, et que sa disponibilité pour les concurrents n'est pas un critère pertinent. En revanche, le principe de disponibilité interdit de s'approprier des signes descriptifs ou banals (c'est-à-dire des signes que le public s'attend à trouver pour les produits de nature comparable)[200]. Il faut veiller à la distinctivité afin de laisser subsister une disponibilité minimale pour les concurrents, surtout lorsque le nombre de signes possibles perceptibles par les consommateurs est limité[201][202].

La troisième difficulté est celle des marques notoires, dont l'attractivité dépasse le cercle de la spécialité, et qui acquièrent un *secondary meaning*, au point que le consommateur peut établir un lien spontané entre le signe et l'entreprise qui en est le titulaire. La Cour de justice, en ligne avec l'article 6 *bis* de la Convention d'Union de Paris, a assuré la protection des marques notoires[203], en veillant toutefois à ce que leurs titulaires ne puissent agir que dans des conditions compatibles avec l'existence du marché intérieur[204].

---

(200) Pour les bandes décorant des vêtements, CJCE, 10 avr. 2008, aff. C-102/07, *Adidas Benelux*. – Pour la forme d'une barre chocolatée (Bounty), TPICE, 8 juill. 2009, aff. T-28/08.

(201) V., pour la couleur orange, CJCE, 6 mai 2003, *Libertel Groep*, préc. – Pour une marque tridimensionnelle, CJCE, 8 avr. 2003, *Linde*, préc. – Pour une marque sonore, CJCE, 27 nov. 2003, aff. C-283/01, *Shied Mark c/ John Kist*.

(202) La disponibilité doit aussi être accordée aux réparateurs, notamment pour les accessoires et en matière industrielle ou commerciale, CJCE, 17 mars 2005, aff. C-228/03, *Gillette company et Gillette group Finland c/ LA Laboratoires*.

(203) CJCE, 9 janv. 2003, aff. C-292/00, *Davidoff et Zino Davidoff*, et CJCE, 23 oct. 2003, aff. C-408/01, *Adidas Salomon c/ Fitnessworld Trading*. – CJCE, 6 oct. 2006, *Médion*, préc. – Le risque pour les marques notoires est double. Il y a d'abord le risque de perte de pouvoir distinctif (dilution, brouillage), et celui de perte de renommée (ternissement).

(204) Si les États ont opté pour la protection spécifique de l'article 5, § 2 de la directive n° 89/104 (V. par ex. CPI, art. L. 713-5), celle-ci suppose non seulement que le public concerné établisse un lien entre les produits mis en vente par un tiers et l'entreprise titulaire de la marque notoire (CJCE, 10 avr. 2008, aff. C-102/07, *Adidas A.G. et Adidas Benelux*), mais encore que le titulaire puisse se plaindre soit d'un préjudice (par ex., dilution ou ternissement), soit d'un profit indu recherché par le tiers (parasitisme), V. CJCE, 18 juin 2009, aff. C-487/07, *L'Oréal c/ Bellure*, préc. Les arrêts *Intel* du 27 novembre 2008 (aff. C-252/07) et *Wolf* du 14 novembre 2013 (aff. C-383/12) ont précisé que l'exploitation préjudiciable dont peut se plaindre le titulaire d'une marque notoire ne pouvait résulter de la seule similarité des signes, mais qu'il fallait un « standard de preuve plus élevé », combinant le lien d'association que peut faire le public avec la marque notoire, ce qui impose de rechercher si le comportement économique du consommateur a été modifié.

On se penchera ensuite sur l'accès aux produits ou aux services couverts par le droit de propriété intellectuelle. La demande (consommateurs et utilisateurs finals) doit avoir un accès raisonnablement ouvert aux produits couverts par le monopole du titulaire. Cela conduit à limiter l'exclusivité du titulaire en ce qui concerne les actes d'exploitation, pour éviter qu'il ne contrôle excessivement la circulation et la distribution des produits. Ainsi s'explique la limitation des prérogatives monopolistes des titulaires aux seuls actes primaires d'exploitation, c'est-à-dire jusqu'à la première mise en circulation du produit sur le marché européen voulue par le titulaire[205]. Au-delà, le monopole n'est plus justifié par l'intérêt général européen. Il est « épuisé » par la décision du titulaire de mettre le produit en vente dans l'Union européenne. La théorie de l'épuisement du droit a été parfois critiquée. Elle mérite une particulière explication.

c) *L'épuisement des droits*

143. - **Articulation avec l'objet spécifique.** La théorie dite de l'épuisement des droits prolonge celle de l'objet spécifique. Il entre dans l'objet d'un droit de propriété intellectuelle le pouvoir (légitime) de refuser de mettre le produit sur le marché européen. Mais, une fois le produit mis en vente à la suite d'une décision du titulaire du droit, celui-ci doit supporter les conséquences de sa volonté. Il ne peut plus reprendre son droit de propriété industrielle ou intellectuelle pour chercher à contrôler ou empêcher par l'action en contrefaçon la circulation ultérieure de son produit sur le marché européen. En décidant de mettre son produit sur le marché européen, il a « épuisé » son droit, c'est-à-dire qu'il en a épuisé l'objet spécifique. L'épuisement est une sorte de « renonciation »[206].

144. - **Origine de la théorie.** Cette théorie s'est développée en liaison avec les thèses libre-échangistes, hostiles par principe à toutes les législations nationales qui peuvent cloisonner les marchés. Cette théorie a trouvé une justification complémentaire avec la mise en place d'espaces économiques fédéraux, ou unifiés à partir d'une pluralité d'États souverains. L'idée a toujours été que la « première vente » volontaire sur un marché empêche le titulaire du droit de propriété industrielle de contrôler la circulation ultérieure du produit, ou ses prix[207]. Il n'est pas étonnant que cette théorie ait été reçue dans l'ordre juridique européen, puisqu'il s'agissait de mettre en place un marché continental d'inspiration fédérale.

145. - **Épuisement européen et non-épuisement international.** La question est de savoir si l'on doit limiter l'épuisement du droit à la première mise en vente dans l'espace européen, ou si l'on doit aussi admettre l'épuisement international. Dans ce dernier cas, toute mise en vente volontaire dans l'espace international empêcherait le titulaire d'invoquer le droit de propriété intellectuelle

(205) V. *supra*, les arrêts *Centrafarm, Merk, Terrapin, Hag 1 et Hag 2*, préc.

(206) CJUE, 3 juin 2010, aff. C-127/09, *Coty Prestige Lancaster Group*. – CJUE, 15 oct. 2009, aff. C-324/08, *Makro Zelfbedieningsgroothandels*.

(207) V. cette théorie dans la jurisprudence américaine dès 1873 *in* Castell, *L'épuisement du droit intellectuel*, PUF, 1989. – V. l'arrêt *Prestonettes*, Cour suprême américaine, 264 US 359, 1924 *in* J. Anfossi-Divol, *L'usage et l'enregistrement, éléments essentiels de l'harmonisation du droit des marques*, PU Strasbourg, 2003, n° 185. – V. en Allemagne, les travaux de Kolher, en 1889, et l'arrêt *Kolnisch Wasser*, R. 62, 50, 229.

pour empêcher la commercialisation dans l'espace européen. Prudent et sensible aux pressions des milieux industriels, le droit européen a jusqu'ici limité l'épuisement du droit à la seule première mise en vente volontaire dans l'espace européen. Tous les textes de droit européen dérivés (par ex., règlement relatif à la marque communautaire, directive du 21 décembre 1989...) retiennent la solution de l'épuisement européen et rejettent l'idée d'épuisement international. Il est vrai que l'article 6 des accords ADPIC n'impose aux États signataires aucune reconnaissance de l'épuisement international[(208)]. Ainsi, lorsqu'un produit authentique est mis en vente aux USA par le titulaire d'une marque, celui-ci a épuisé son droit aux USA, mais il ne l'a pas épuisé en Europe. Ce même titulaire (ou sa filiale européenne) peut s'opposer à la mise dans le commerce européen par un importateur parallèle des produits authentiques achetés aux USA. Il y aura contrefaçon en Europe. On retrouve la règle « importer c'est contrefaire ». La Cour de justice a rappelé cette règle[(209)]. Elle a même été, dans son arrêt *Silhouette* du 16 juillet 1998[(210)], jusqu'à poser en principe que la directive n° 89/104 contenait une harmonisation exhaustive de l'épuisement du droit de marque, et qu'il en résultait une obligation pour les États membres de ne pas prévoir d'épuisement international.

Le principe de l'épuisement européen est donc acquis aussi bien dans le cadre de l'interprétation de l'article 36 TFUE que dans le droit dérivé. Mais les conditions de cet épuisement ne figurent pas dans les textes. Elles ont été précisées par la jurisprudence.

146. – **Actes primaires et actes secondaires. Existence. Exercice.** Le titulaire d'un droit peut choisir de ne pas mettre en vente le produit dans l'Union européenne. Cet acte « primaire » est le cœur de son monopole[(211)]. L'existence du droit est contenue dans le monopole conféré jusqu'à la première mise en circulation, mais l'exercice de ce monopole pour les actes secondaires est soumis aux règles européennes de marché[(212)]. Dès que le titulaire met le produit en vente, il risque de perdre le contrôle des actes « secondaires », et il ne pourra plus utiliser son monopole pour empêcher la circulation du produit dans l'Union européenne. Il risquera ainsi de ne plus pouvoir empêcher les importateurs parallèles[(213)], qui pourront donc se présenter normalement aux consommateurs comme revendeurs des produits marqués[(214)].

(208) Pour le brevet européen, qui est un brevet soumis pour son exercice aux droits nationaux, la règle de l'épuisement résulte des droits nationaux, V. par ex., CPI, art. L. 613-6 (France).

(209) CJCE, 16 juill. 1998, *Silhouette*, préc., et CJCE, 1er juill. 1999, aff. C-173/98, *Sebago*.

(210) Aff. C-355/96. – *Adde*, CJUE, 3 juin 2010, aff. C-127/09, *Coty Prestige Lancaster*.

(211) Sauf refus abusifs et anticoncurrentiels. V. *infra*, nos 725 et 818 et s.

(212) CJUE, 9 mars 2006, aff. C-421-04, *Matratzen Concord*.

(213) V. CJCE, 14 juill. 1981, aff. 187-80, *Merck c/ Stephar*. La société Merck avait commercialisé un médicament contre la tension artérielle, le Moduretic. Il était breveté dans certains pays, dont les Pays-Bas. Mais la commercialisation avait eu lieu en Italie, où les médicaments n'étaient à l'époque pas brevetables. Une société italienne exporta ce produit vers les Pays-Bas, et se trouva confrontée à une action en contrefaçon. La Cour de justice souligna que le titulaire du droit de brevet avait lui-même mis le produit en vente dans la Communauté, et qu'il avait donc épuisé ses droits. Le titulaire devait assumer tous les risques qui suivent cette mise en vente volontaire dans la CEE.

(214) V., pour le droit de faire de la publicité, CJCE, 4 nov. 1997, *Parfums Christian Dior*, préc., sauf si la publicité altère l'image du produit ou sauf si elle est de nature à faire croire à l'existence d'un lien commercial entre le revendeur et le titulaire de la marque, car alors cela irait à l'encontre de l'objet spécifique du droit de marque (garantie donnée par le titulaire) ; V. CJCE, 23 févr. 1999, aff. C-63/97, *BMW et BMW BV c/ Ronald Karel Deenik*.

147. – **Épuisement des droits : conditions et limites.** On peut mettre en évidence six principes.

1) L'épuisement suppose d'abord une mise en commercialisation sur le territoire de l'Union européenne. La mise en commercialisation dans l'espace européen doit répondre à un usage dans la vie des affaires. Toute introduction matérielle n'est donc pas une mise en commercialisation. Tel est le cas de la soumission des marchandises à un régime douanier suspensif comme le transit(215). Plus encore, une importation non suivie d'une vente effective dans l'Union européenne ne réalise pas l'épuisement du droit. Une simple offre de vente, ou une exposition à la vente par l'importateur lui-même n'est pas une mise dans le commerce. Celle-ci se produit avec la première vente(216).

2) L'épuisement suppose ensuite une mise en commercialisation volontaire du produit authentique dans l'Union européenne, qui doit être le fait du titulaire du droit ou d'une personne qui est placée sous son contrôle(217). C'est la maîtrise de la vente du produit qui est décisive. Il en résulte que des liens contractuels (par ex., concession), ou des liens de groupe, peuvent faire considérer que la commercialisation d'un produit dans l'Union européenne a eu lieu avec le consentement du titulaire sans même qu'il y ait contrôle au sens juridique du terme(218). Il peut arriver que le consentement soit extérieur au groupe, mais cela doit être prouvé(219).

En l'absence de maîtrise de la vente du produit par le titulaire, il n'y aurait pas épuisement européen du droit.

Puisque c'est la maîtrise du produit commercialisé qui est décisive, le consentement du titulaire doit exister pour chaque produit considéré isolément, et non pas pour une catégorie entière de produits(220).

Le consentement peut avoir été exclu par le titulaire lui-même, sauf preuve contraire(221).

3) Le consentement du titulaire doit être prouvé à suffisance de droit. Il n'a pas à être exprès, pourvu qu'il soit caractérisé selon les circonstances de fait. Il peut donc être tacite ou implicite(222). Mais la simple passivité ou la simple tolérance du titulaire ne suffit pas. On ne saurait exiger de lui la preuve négative de son absence d'autorisation(223). C'est à l'importateur parallèle de prouver le consentement exprès ou tacite puisque c'est lui qui invoque l'épuisement, et il doit le faire produit par produit(224). Mais se pose la question du lieu où l'épuisement a eu lieu, ce qui revient à se

(215) CJCE, 18 oct. 2005, aff. C-405/03, *Class International.*

(216) CJCE, 30 nov. 2004, aff. C-16/03, *Peak Holding.* – CJCE, 15 oct. 2009, *Makro.* – CJCE, 12 juill. 2011, aff. C-324/09, *L'Oréal c/ Ebay.*

(217) V. CJCE, 20 mars 1997, aff. C.-352/95, *Phyteron International BV c/ Bourdon.*

(218) V. CJCE, 14 sept. 1982, aff. 144/81, *Keurkoop*, et CJCE, 22 juin 1994, aff. C-9/93, *IHT c/ Idéal Standard.*

(219) CJUE, 15 oct. 2009, *Makro*, préc.

(220) V. pour des chaussures, CJCE, 1er juill. 1999, aff. C-173/98, *Sebago c/ GB Unie.*

(221) V., pour des testeurs de parfum portant la mention « vente interdite », CJUE, 3 juin 2010, *Coty Prestige Lancaster Group*, préc. – CJUE, 12 juill. 2011, *L'Oréal c/ Ebay*, préc.

(222) CJCE, 20 nov. 2001, aff. C-414 à 416, *Zino Davidoff et Levi Strauss.* – CJCE, 8 avr. 2003, aff. C.-244/00, *Van Doren + Q c/ Lifestyle Sports + Sportswear Handlegesellschaft.* – CJCE, 15 oct. 2009, aff. C.-324/08, *Makro Zelfbedieningsgroothandel et Metro Cash and Carry c/Diesel.*

(223) Une licence de fabrication ou de commercialisation consentie hors d'Europe, sans aucune restriction sur la mise en vente dans l'espace international, vaut consentement tacite pour la mise en vente dans l'Union européenne.

(224) V. CJUE, 1er juill. 1999, *Sebago*, préc. – CJCE, 20 nov. 2001, aff. C-414 à 416/99, *Zino Davidoff et Levi Strauss.* – CJCE, 3 juin 2010, *Coty Prestige Lancaster Group.*

pencher sur l'importateur parallèle qui aurait violé ses accords avec le titulaire dans l'Union européenne. Pour « aménager » les règles de preuve de façon à les rendre compatibles avec le marché intérieur, le tiers doit seulement prouver le risque de cloisonnement du marché intérieur par le titulaire, ce qui peut résulter de différences de prix selon les pays[225]. Si le tiers prouve ce risque de cloisonnement, il n'a pas à indiquer le lieu de l'épuisement, et c'est alors au titulaire de prouver que les produits litigieux ont été mis en vente par lui en dehors de l'Union européenne[226].

En clair, la preuve à fournir par celui qui invoque l'épuisement du droit doit être « raisonnablement entendue », en fonction du contexte économique. On ne peut raisonnablement exiger de l'importateur parallèle de marchandises acquises par lui en Europe qu'il apporte la preuve effective que les lots de marchandises concernés ont bien été mis en vente par le titulaire ou avec son consentement dans l'espace européen.

Bien plus, on ne peut exiger de celui qui invoque l'épuisement du droit de dévoiler sa source d'approvisionnement, car il faut à tout prix préserver des représailles ceux qui utilisent la liberté de circulation, et qui décloisonnent le marché intérieur[227].

4) L'épuisement européen des droits ne joue donc pas en cas de commercialisation d'un produit fabriqué dans un État de l'Union européenne par le titulaire d'une licence de droit – ou d'une licence obligatoire – car les fabrications du titulaire d'une telle licence ne bénéficient pas, par définition, de l'accord du titulaire[228].

5) L'épuisement du droit ne joue pas encore et, bien sûr, en cas d'importation intra-européenne d'un produit contrefait. Il ne s'agit plus de la mise en vente d'un produit authentique contrôlé par le titulaire, mais d'un produit qui, parce que contrefait, porte atteinte à l'objet spécifique du droit de propriété intellectuelle[229].

6) L'épuisement ne joue en effet pas, chaque fois qu'il est porté atteinte (autrement que par la simple contrefaçon) à l'objet spécifique du droit de propriété industrielle. Cela vaut en cas d'atteinte directe aux prérogatives légales du titulaire[230] ou en cas de modification ou d'altération du produit.

La revente hors réseau des produits acquis en violation d'un contrat de distribution qui interdisait leur revente hors réseau peut, dans certains cas, faire obstacle à l'épuisement du droit. Il faut alors établir autre chose que la seule violation de la clause[231]. Il faut que les modalités de la revente hors réseau portent atteinte aux fonctions de la marque. Or, parmi ces fonctions, figure la communication d'une image de luxe ou de prestige, par exemple[232].

(225) CJUE, 11 nov. 2007, aff. C-349/95, *Loedersloot.*
(226) CJUE, 8 avr. 2003, *Van Doren*, préc.
(227) *Ibid.*
(228) V. CJCE, 30 juin 1988, *Thetford corporation c/ Fiamma*, préc. et CJCE, 9 juill. 1985, aff. 19-84, *Pharmon/Hoechst.*
(229) La lutte contre les contrefaçons véritables est un impératif international. V., à propos de l'accord ADPIC ou TRIPS, CJCE, 16 juin 1998, aff. C-53/96, *Hermès international c/ FHT Marketing choice.*
(230) V. pour une demande d'AMM par un tiers pendant la durée de validité d'un brevet de médicament, CJCE, 9 juill. 1997, aff. C-316/95, *Generics BV c/ Smith Kline et French Laboratories.* L'application de l'article 36 TFUE doit guider le juge pour savoir si le droit de propriété industrielle a été atteint ou s'il est épuisé (le droit national est une MEERQ justifiée par l'article 36 TFUE ; V. CJCE, 9 juill. 1997, *Generics BV*, préc.), sauf en cas d'harmonisation complète (V. Dir. n° 89/104, art. 7 pour les marques).
(231) Cette seule violation n'empêche pas l'épuisement, CJCE, 30 nov. 2004, *Peak Holding*, préc.
(232) V., pour la violation de la clause interdisant la revente à des soldeurs, empêchant l'épuisement car la revente par des soldeurs porte atteinte aux fonctions de communication de la marque, CJCE, 23 avr. 2009, *Copad c/ Dior*, préc. – CJUE, 12 juill. 2011, *L'Oréal c/ Ebay*, préc.

Le reconditionnement des produits soulève d'autres difficultés. Le reconditionnement est souvent nécessaire pour que les produits pénètrent dans un État membre (par ex., pour les médicaments), mais il faut prendre garde au risque d'altération du produit. La jurisprudence a ainsi subordonné les reconditionnements à certaines conditions(233). Puis elle a également considéré que l'altération pouvait aussi résulter d'une présentation à la vente dans des conditions objectivement incompatibles avec l'image du produit(234).

7) L'épuisement ne joue pas, enfin, pour les modes d'exercice qui ne suivent pas logiquement la première mise en vente volontaire du produit par le titulaire. Cela n'est concevable bien sûr que lorsque les prérogatives légales du titulaire distinguent plusieurs formes d'exploitation du droit. La question s'est posée en matière de droits d'auteur, avec la distinction entre vente des supports, location, reproduction et représentation. La Cour a ainsi estimé que la mise en vente n'épuisait pas le droit de location(235).

148. - **Limites à l'efficacité de la théorie de l'épuisement des droits en raison de la diversité des statuts nationaux.** La théorie de l'épuisement du droit ne permet pas de parvenir indirectement à une uniformisation des droits nationaux. La notion d'objet spécifique, distincte selon les droits de propriété intellectuelle concernés, trace la limite des monopoles que peuvent offrir les statuts nationaux. Mais rien n'oblige les législateurs nationaux à donner aux titulaires de droits tout ce que permet la notion européenne d'objet spécifique. De manières diverses, des législations peuvent alors faire obstacle de manière légitime à la libre circulation des marchandises. On peut prendre l'exemple des supports matériels des droits d'auteur(236). L'ancienne affaire *EMI c/ Patricia* est illustrative. Il s'agissait de l'exportation de cassettes et de disques des œuvres de Cliff Richard du Danemark vers l'Allemagne. Au Danemark, les droits d'auteur n'étaient plus protégés, tandis qu'ils l'étaient encore en Allemagne, en raison d'une durée légale de protection plus longue. La Cour jugea que le titulaire des droits pouvait s'opposer à la commercialisation en Allemagne. La

(233) V. la jurisprudence sur le reconditionnement des produits : le titulaire de la marque peut s'opposer à la commercialisation du produit reconditionné sur lequel la marque a été réapposée, sauf si les conditions suivantes sont cumulativement remplies : 1) Le reconditionnement est objectivement nécessaire, sinon un simple réétiquetage suffit ; V. CJCE, 23 avr. 2002, aff. C-443/99, *Merck-Sharp et Dohme*, et aff. C-143/00, *Boehringer*. Le reconditionnement est objectivement nécessaire lorsqu'il conditionne l'accès à un marché ; cette nécessité peut résulter de contraintes administratives (par ex., sécurité sociale, ou résistance d'une proportion significative des consommateurs aux médicaments réétiquetés). Le reconditionnement n'est pas nécessaire s'il ne sert qu'à conférer un avantage au reconditionneur, CJCE, 12 oct. 1999, aff. C-379/97, *Upjohn*. 2) Ce titulaire a utilisé, même non délibérément, son droit pour cloisonner les marchés des États membres ; on retrouve là l'idée de restriction déguisée (par ex., mise en vente du même produit dans des conditionnements divers, alors que le reconditionnement est nécessaire pour la mise en vente dans l'État d'importation). 3) Le produit n'est pas altéré par le reconditionnement. 4) Le reconditionneur est identifié. 5) La nouvelle présentation du produit ne doit pas nuire à la réputation de la marque ou de son titulaire, ce qui implique notamment un nouvel emballage de qualité. 6) Le reconditionneur a averti préalablement le titulaire, V. CJCE, 23 mai 1978, aff. 102/77, *Hoffmann Laroche*. – CJCE, 3 déc. 1981, aff. 1/81, *Pfizer-Eurim Pharm*. – CJCE, 11 juill. 1996, 3 arrêts, aff. C-427, C-429, C-436/93, *Bristol Myers Squibb c/ Paranova* ; aff. C-71 à 73/94, *Eurim Pharm Arzneimittel c/ Beiersdorf* ; aff. C-232/94, *MPA Pharma c/ Rhône Poulenc Pharma*. – CJCE, 23 avr. 2002, aff. C-443/99, *Merck, Sharp et Dohme* ; aff. C-143/00, *Boehringer Ingelhreim*. – CJCE, 26 avr. 2007, aff. C-348/04, *Boechringer Ingelheim*. – CJCE, 22 déc. 2008, aff. C-276/05, *The Wellcome Foundation*. – Sur la simple apposition d'étiquettes, CJCE, 20 mars 1997, *Phyteron International*, préc. Sur les mêmes principes pour le réétiquetage, CJCE, 11 nov. 1997, aff. C-349/95, *Frits Loendersloot c/ Ballantine*.

(234) CJCE, 4 nov. 1997, *Parfums Christian Dior*, préc.

(235) CJCE, 28 avr. 1998, *Metronome Musik* et CJCE, 22 sept. 1998, *Foereningen of Dansk Vidéogramdistributorer*, préc.

(236) DVD, livres, films : ils sont l'expression du droit de « reproduction », tandis que la projection est le droit de représentation. Seul le premier donne prise à la libre circulation des marchandises.

détermination de la durée de protection entre à coup sûr dans l'objet spécifique des droits de propriété intellectuelle[(237)]. La même solution a été reprise par la suite[(238)].

§ 3. – L'encadrement législatif européen de la liberté des États membres

149. – **Plan.** Cet encadrement peut se réaliser de différentes façons. Soit par une harmonisation matérielle (A), soit par une procédure déclarative préalable. À cet égard, il faut distinguer les obligations qui résultent des règles relatives aux perturbations graves à la circulation des marchandises (B) de celles qui résultent du droit européen de la normalisation (C).

A. – L'harmonisation des règles matérielles

150. – **Utilité et caractère incomplet de l'harmonisation. Principe de reconnaissance mutuelle.** L'harmonisation est sans doute utile. Mais harmoniser complètement les règles relatives aux marchandises est un objectif impossible à atteindre. Une œuvre législative non négligeable a cependant été entreprise.

On peut d'abord mentionner les directives générales et horizontales, qui visent tous les produits. Parmi celles-ci, on peut citer la directive du 25 juillet 1985 relative à la responsabilité du fait des produits défectueux[(239)], celle relative à la sécurité générale des produits[(240)], celle relative à la vente et aux garanties des biens de consommation[(241)], celle relative aux produits qui n'ont pas l'apparence de ce qu'ils sont et qui compromettent la sécurité des consommateurs[(242)], ou encore celle relative à l'harmonisation des législations en matière de publicité trompeuse et comparative[(243)].

Ces directives générales sont prolongées par des directives concernant des ensembles de produits, souvent hétérogènes[(244)] mais quelquefois d'une même catégorie[(245)]. Il existe enfin un très grand nombre de directives « verticales », produit par produit[(246)].

(237) CJCE, 24 janv. 1989, aff. 341-87, *Firma EMI Electrola c/ Firma Patricia*. – *Adde*, pour la perception de droits sur la location de cassettes, *Warner Bros c/ Christiansen*, préc. et Dir. n° 93-98, 29 oct. 1993 sur l'harmonisation de la durée de protection des droits d'auteur, préc., ou pour la différence entre vente et location, CJCE, 28 avr. 1998, *Metronome Musik*, et CJCE, 22 sept. 1998, *Dansk Videogramdistributorer*, préc. – *Adde*, CJCE, 18 juill. 1971, aff. 40/70, *Sirena*. – CJCE, 8 juin 1971, aff. 78/70, *Deutsche Grammophon*. – CJCE, 15 juin 1976 ; aff. 51/75, *EMI Records c/ CBS*. – CJCE, 14 sept. 1982, aff. 144/81, *Keurkoop*.

(238) CJUE, 21 juin 2012, aff. C-5/11, *Donner*.

(239) Dir. n° 85-374 : *JOCE* n° L 210, 7 août 1985.

(240) Dir. n° 2001/95, 3 déc. 2001 : *JOCE* n° L 11, 15 janv. 2002, qui devrait être remplacée par un règlement relatif à la sécurité des produits de consommation.

(241) Dir. n° 99/44, 25 mars 1999 : *JOCE* n° L 171, 7 juill. 1999.

(242) Dir. n° 87-357, 25 juin 1987 : *JOCE* n° L 192, 11 juill. 1987, qui devrait être remplacée par un règlement.

(243) Dir. n° 2006/114, 12 déc. 2006 : *JOUE* n° L 376, 27 déc. 2006, V. la jurisprudence, *infra*, n° 423.

(244) V., par ex., Dir. n° 2000/13, 20 mars 2000, sur l'étiquetage des denrées alimentaires destinées au consommateur final : *JOCE* n° L 109, 6 mai 2000.

(245) V., pour les produits destinés à une alimentation particulière (ou « produits diététiques »), Dir. n° 2009/39, 6 mai 2009 (*JOUE* n° L 124, 20 mai 2009) ou le Code communautaire relatif aux médicaments à usage humain, Dir. n° 2001/83, 6 nov. 2001 (*JOCE* n° L 311, 28 nov. 2001). – V. pour les déchets, Règl. n° 259-93, 1er févr. 1993 (*JOCE* n° L 30, 6 févr. 1993), et Dir. nos 2006/12 et 2008/98, pour l'entrée et la sortie de l'Union européenne. – Règl. n° 1013/2006, 14 juin 2006 (*JOUE* n° L 190, 12 juill. 2006) pour le transfert des déchets.

(246) On renverra ici à des ouvrages spécialisés, par ex., Dehove, *Dictionnaire des produits*, Lamy.

L'harmonisation des législations a fait place, dans la période récente, à des directives reposant sur le principe de reconnaissance mutuelle ou sur celui de l'équivalence des mesures ou des contrôles en vigueur dans les États membres. Cette « nouvelle approche » est l'une des conséquences du célèbre arrêt *Cassis de Dijon* du 20 février 1979[(247)], dans lequel la Cour de justice avait lancé la formule célèbre selon laquelle « les produits légalement fabriqués et commercialisés dans les autres États membres » doivent *a priori* pouvoir circuler dans l'espace européen, et doivent donc être acceptés dans tous les États membres.

Revenant aux principes affirmés dans cet arrêt, le droit européen a privilégié la « nouvelle approche », qui se caractérise par le renforcement du principe de reconnaissance mutuelle, non seulement dans la législation européenne, mais encore dans les législations nationales. La Cour de justice a ainsi reconnu qu'il pouvait y avoir manquement d'État dans le seul fait de ne pas avoir inséré une clause de reconnaissance mutuelle dans une législation nationale qui interdisait l'usage d'une dénomination, alors que les produits nationaux et importés étaient similaires, et qu'un étiquetage aurait suffi à informer les consommateurs[(248)].

151. - **Les marchés publics.** Sans entrer dans les détails, il faut souligner l'importance considérable des marchés publics dans la circulation des marchandises. L'harmonisation des procédures dans les marchés publics de fournitures avec la nécessité de faire appel à la concurrence pour les marchés excédant un certain seuil, fut une avancée considérable en direction de l'achèvement du marché intérieur[(249)].

B. – Le règlement du 7 décembre 1998 sur les perturbations graves à la libre circulation des marchandises[(250)]

152. - **Origines.** Ce règlement s'explique en grande partie par les exactions de certains opérateurs économiques (agriculteurs français notamment), plus ou moins tolérées par les pouvoirs publics. L'arrêt *Commission c/ France* du 9 décembre 1997, qui avait considéré la passivité policière comme une mesure restrictive imputable à l'État[(251)], doit être ici rappelé. Le règlement s'applique donc en cas d'actions non sanctionnées menées par des personnes privées. Il rappelle que les États membres sont seuls compétents pour maintenir l'ordre public et sauvegarder la sécurité intérieure, mais qu'ils doivent réagir en cas d'agissements de personnes privées entravant gravement les échanges intra-européens.

(247) 20 févr. 1979, aff. 120-78, *Rewe Zentral c/ Bundesmonopolverwaltung für Branntwein (Cassis de Dijon)*, suivi d'une importante communication de la Commission (*JOCE* n° C-256, 30 oct. 1980).

(248) V. l'affaire du *foie gras*, CJCE, 22 oct. 1998, aff. C-184/96, *Commission c/ France*. – V. Comm. CE, communication « Faciliter l'accès de produits au marché d'un autre État membre : l'application pratique du principe de reconnaissance mutuelle » (*JOCE* n° C-265, 4 nov. 2003).

(249) V. les directives de codification, pour les marchés publics de travaux, de fourniture, et de services, Dir. n° 2014/24 et la directive dite « secteurs exclus » (par ex. transports), codifiée par Dir. n° 2014/25, et Dir. n° 2014/23 relative à l'attribution des contrats de concession, toutes du 26 février 2014 (*JOUE* n° L 94, 28 mars 2014). – V. L. Richer, *L'Europe des marchés publics*, LGDJ, 2009.

(250) Règl. n° 2679/98, 7 déc. 1998 relatif au fonctionnement du marché intérieur pour ce qui est de la libre circulation des marchandises entre les États membres : *JOCE* n° L 337, 12 déc. 1998.

(251) Aff. C-265/95, et *supra*, n° 96.

153. - **Les entraves visées.** Dans le prolongement de l'arrêt du 9 décembre 1997, sont visées les entraves par action ou inaction, imputables aux États, quel que soit l'organe dont l'action ou l'inaction est critiquée, même si cet organe est constitutionnellement indépendant.

L'entrave doit apporter une perturbation grave au bon fonctionnement du marché intérieur et avoir causé des dommages sérieux aux particuliers lésés. L'entrave doit justifier une intervention urgente.

Il est précisé que, au sens du règlement, une entrave ne peut résulter du simple exercice du droit de grève, car ce serait alors violer un des droits fondamentaux reconnus par l'Union[252].

154. - **Obligations des États.** Lorsqu'une entrave survient ou risque de survenir, l'État concerné doit informer la Commission qui répercute l'information sur les autres États membres. Une procédure de demande d'information suit. L'État concerné doit de toute façon adopter les mesures nécessaires et proportionnées. Ce n'est que lorsque l'entrave s'est produite que la Commission peut agir et adresser une notification à l'État concerné, en lui fixant un délai. Cette notification n'a en elle-même guère de portée juridique, mais elle peut être un élément important dans le cadre d'une action en manquement d'État à la disposition de la Commission. Cette notification devrait aussi pouvoir être utilisée par les particuliers victimes pour mettre en jeu la responsabilité de l'État devant les juridictions nationales compétentes[253].

C. – Les normes

155. - **Notion de « norme ».** La normalisation est *a priori* un facteur de progrès. Elle facilite la circulation des produits, en harmonisant leurs qualités et leur fabrication, et elle facilite aussi la diffusion des techniques. La normalisation, au sens strict du terme, est traditionnellement consensuelle. Son élaboration s'opère au sein d'associations reconnues par les pouvoirs publics, où siègent notamment des professionnels et des consommateurs. Ces associations sont nationales (par ex., AFNOR), européennes (CEN) ou mondiales (ISO). La caractéristique essentielle d'une norme est d'être une spécification technique (réponse à des problèmes techniques ou commerciaux) non obligatoire[254]. La norme qui devient obligatoire par une décision de l'autorité publique est une « règle technique ». La « règle technique » peut bien sûr avoir un effet restrictif sur les échanges (par ex., interdiction de commercialisation des produits non conformes). Le décret français du 26 janvier 1984 n'envisage l'édiction de telles normes obligatoires que pour les seules raisons énoncées à l'article 36 TFUE (par ex., santé publique), ainsi que pour l'efficacité des contrôles fiscaux, la loyauté des transactions commerciales, et la défense du consommateur (V. GATT, art. XX).

(252) V. aussi CDFUE, art. 28 ; *adde*, l'affaire du blocage du col de Brenner, CJCE, 12 juin 2003, aff. C-112/00, *Schmidberger*.

(253) Le règlement suggère des recours « rapides et efficaces ». La procédure du règlement n° 2679/98 n'est nullement un préalable à une action en manquement, CJCE, 15 nov. 2005, aff. C-320/03, *Commission c/ Autriche*.

(254) Ce qui n'empêche pas la responsabilité de droit commun du professionnel qui ne respecte pas les normes, expression des règles de l'art (V. A. Penneau, *Règles de l'art et normes techniques*, LGDJ, 1989).

La difficulté vient de ce que de nombreuses règles obligatoires concernant les produits ne procèdent pas de la normalisation associative et consensuelle. De multiples règlements sont relatifs, par exemple, à la composition, au conditionnement, à l'étiquetage, ou à l'appellation des produits. Ils peuvent être à l'évidence des entraves au commerce international ou entre les États membres(255).

Il a donc fallu encadrer la liberté des États en retenant une notion fonctionnelle de la norme, sans égard au processus d'élaboration.

156. - **Règles techniques visées par le droit européen. Directive n° 98/34/CE du 22 juin 1998**(256)**.** Si le champ d'application de la directive a été étendu aux services de la société de l'information (communications électroniques), il concerne encore principalement les produits.

La directive organise un contrôle préventif. Elle impose aux États membres de notifier à la Commission tout projet de « règle technique » nationale. La notion de règle technique est très extensive, et repose sur trois sous-catégories. Elle concerne d'abord les normes et « spécifications techniques » rendues obligatoires par les États, directement ou par le moyen d'accords collectifs entre opérateurs(257). Elle concerne ensuite les « autres exigences » obligatoires, qualifiées de règles techniques *de facto*. Ces « autres exigences » sont les « conditions » qui peuvent influencer significativement la composition, la nature, ou la commercialisation d'un produit déterminé, sans le viser spécifiquement(258). En clair, est visé tout ce qui influe obligatoirement sur la fabrication, la commercialisation, l'importation, ou l'utilisation d'un produit (ou sur le fait d'utiliser le service ou de s'établir comme prestataire de services). La notion concerne enfin les « interdictions de fabrication, d'importation, et de commercialisation ».

Si l'on considère ensemble les trois catégories de « règles techniques », on constate que le champ d'application de la directive va bien au-delà de la normalisation *stricto sensu*, pour viser tout ce qui définit les caractéristiques requises d'un produit, comme les niveaux de qualité ou de propriété d'emploi, la sécurité, les dimensions, y compris les prescriptions applicables au produit en ce qui concerne la dénomination de vente, la terminologie, les symboles, les essais et méthodes d'essai, l'emballage, le marquage et l'étiquetage, ainsi que les procédures d'évaluation de la conformité ; ce terme de « règle technique » recouvre également les méthodes et procédés de production relatifs aux produits agricoles, aux produits destinés à l'alimentation humaine et animale, ainsi qu'aux médicaments, de même que les méthodes et procédés de production relatifs aux autres produits, dès lors qu'ils ont une incidence sur les caractéristiques de ces derniers ; il s'étend encore aux autres exigences imposées à l'égard d'un produit pour des motifs de protection, notamment des consommateurs ou de l'environnement, visant par exemple son cycle de vie après mise sur le marché, telles que ses conditions d'utilisation, de recyclage, de

(255) V. *supra*, n° 114.

(256) *JOCE* n° L 24, 21 juill. 1998 mod., pour la société de l'information, par Dir. n° 98/48, 20 juill. 1998 puis Dir. n° 2006/96, 20 nov. 2006 ; cette directive a remplacé la directive n° 83/189.

(257) Sont ici visées toutes les dispositions qui fixent les caractéristiques d'un produit ou de son emballage, CJUE, 8 nov. 2007, aff. C-20/05, *Schwibbert*.

(258) CJUE, 21 avr. 2005, aff. C-267/03, *Lindberg*.

réemploi ou d'élimination, lorsque ces conditions peuvent influencer de manière significative la composition ou la nature du produit ou sa commercialisation.

Cette définition extrêmement ouverte a ainsi été utilisée pour des autorisations administratives obligatoires[259], des règles d'étiquetage[260], des prescriptions relatives à l'alimentation des animaux[261], ou à leur vaccination[262], pour l'obligation d'apposer un « point vert » en vertu de conventions obligatoires avec des entreprises agréées[263], ou d'apposer le sigle d'un organisme national sur le produit, pour les autorisations de machines de jeux de hasard[264]. Elle n'est cependant pas extensible à l'infini, et a été ainsi refusée pour la réglementation de la publicité[265], ou pour les mesures juridiquement facultatives[266]. Ainsi, des mesures de portée véritablement générale, telles celles relatives à la réalisation d'installations électriques de toute nature, et à la protection des travailleurs, n'entrent pas dans la définition de règle technique[267].

La notion de spécification technique évoque donc fortement la notion de mesure visant les produits au sens de la jurisprudence *Keck*[268]. Les réglementations qui ne sont que des modalités de vente au sens de cette jurisprudence ne sont généralement pas des spécifications techniques.

Cela conduit à la proposition selon laquelle le contentieux relatif à la notion de mesure d'effet équivalent au sens de la jurisprudence *Keck* recouvre pour une bonne part celui relatif à l'application de la directive n° 98/34/CE[269]. Il n'empêche que chacun de ces textes conserve son utilité propre et que le fait de ne pas se prévaloir de l'un ne prive pas du droit d'invoquer l'autre.

157. - **Notification préalable.** La directive n° 98/34/CE pose une règle très importante. Les États qui désirent édicter une « règle technique » doivent préalablement en informer la Commission, afin que celle-ci mette en place une procédure d'information des autres États membres, pouvant aboutir le cas échéant à un mandat donné au Comité européen de normalisation (CEN) pour élaborer une norme européenne. Cette notification empêche pendant trois mois en règle générale la mise en vigueur de la règle technique projetée (sauf urgence).

Les règles obligatoirement notifiées constituent *a priori* des entraves, et ne peuvent dont être admises que si elles sont nécessaires à des exigences impératives poursuivant un intérêt général[270].

(259) CJCE, 21 avr. 2005, aff. C-267/03, *Lindberg*. – CJCE, 26 oct. 2006, aff. C-65/05, *Commission c/ Grèce, pour des jeux électroniques*.

(260) V. *supra*, n° 113. – CJCE, 20 mars 1997, aff. C-13/96, *Bic Benelux*.

(261) V. CJCE, 26 sept. 2000, aff. C-443/98, *Unilever Italia c/ Central Food*.

(262) CJCE, 11 mai 1999, aff. C-425 à 427/97, *Adrianus Albers* et CJCE, 3 juin 1999, aff. C-33/97, *Colim NV*.

(263) CJCE, 6 juin 2002, aff. C-159/00, *Sapod Audic c/ Éco-Emballage*.

(264) Sigle de l'organisme de gestion collective des droits d'auteur sur des DVD, CJCE, 8 nov. 2007, aff. C-20/05, *Schwibbert*. – CJUE, 19 juill. 2012, aff. C-213, 214 et 217/11, *Fortuna Grand et Forta*.

(265) CJCE, 16 nov. 2000, aff. C-37/99, *Donkersteeg*.

(266) CJCE, 13 mars 2008, aff. C-227/06, *Commission c/ Belgique* ; une mesure facultative peut néanmoins être une incitation à préférer les produits nationaux, et être une MEERQ imputable à un État membre (V. *supra*, n° 96).

(267) CJUE, 9 juin 2011, aff. C-361/10, *Intercommunale Intermasane*. – V. de même, pour l'obligation faite aux sociétés pétrolières de mettre sur le marché des biocarburants, CJUE, 31 janv. 2013, aff. C-26/11, *Belgische Petrolum Unie*.

(268) CJCE, 8 mars 2001, aff. C-278/89, *Van der Burg*.

(269) On peut même avancer qu'il pourrait être quelquefois plus simple de se fonder sur la directive n° 98/34 que sur les articles 28 et 30 TFUE, en raison de l'obligation de notification préalable édictée par ce texte (V. *infra*, n° 157).

(270) V. CJUE, 30 avr. 1996, aff. C-194/94, *CIA Internationnal*, ou *Belgische Petroleum Unie*, préc.

La question s'est posée de la sanction du défaut de notification. Après avoir hésité, la Cour de justice a tranché pour l'applicabilité directe de cette obligation de notification(271). La conséquence est que les particuliers poursuivis pour non-respect d'une règle technique édictée sans avoir été notifiée ne pourront pas être sanctionnés. Cette jurisprudence est à bien apprécier, car les États ont toujours tendance à multiplier les réglementations diverses relatives aux produits, sans trop se préoccuper du champ d'application de cette directive n° 98/34/CE. En cas d'urgence pour la sécurité ou la santé des personnes, les États peuvent adopter cependant des mesures contraignantes sans notification préalable(272).

SECTION 3

LES RESTRICTIONS AUX ÉCHANGES NON ENVISAGÉES PAR LES ARTICLES 34 ET 35 TFUE

158. - **Plan.** Deux types de mesures nationales sont encore susceptibles d'entraver la libre circulation des marchandises dans l'espace européen : les monopoles (§ 1) et les impositions intérieures résultant en particulier des droits d'accises (§ 2).

§ 1. – Les monopoles commerciaux

159. - **Notion.** L'article 37 TFUE ne vise que les monopoles réservés aux autorités publiques, ou délégués, qui présentent un caractère commercial. Seuls ces monopoles peuvent en effet avoir un impact sur la libre circulation des marchandises. On peut prendre l'exemple du monopole suédois sur la vente des alcools.

Sont donc exclus les monopoles de fabrication qui ne peuvent jouer en tant que tels un rôle effectif dans le commerce(273). Sont encore exclus les monopoles de services. Ils ne concernent pas la circulation des marchandises. Ils peuvent en revanche être considérés comme des restrictions à l'exercice de la libre prestation de services(274). Sont de même exclus ceux qui mettent en œuvre des prérogatives régaliennes(275).

Les monopoles non étatiques, confiés à une profession (pharmaciens, opticiens, lunetiers) n'entrent pas non plus dans les prévisions de l'article 37 TFUE. Mais, s'ils défavorisent les produits importés par rapport aux produits nationaux, ils peuvent entrer alors dans les prévisions des articles 34 et 35 TFUE(276). La « canalisation des ventes » est

(271) CJCE, 30 avr. 1996, aff. C-194/94, *CIA International*. – CJCE, 26 sept. 2000, aff. C-443/98, *Unilever*. – CJCE, 8 nov. 2007, *Schwibbert*, préc., la non-notification préalable rend la norme obligatoire radicalement inapplicable, même dans les rapports horizontaux entre particuliers ; il ne s'agit pas ici d'un problème de non-transposition d'une directive, mais de vice de procédure substantiel.

(272) V., pour une application du principe de précaution, par ex. dans le domaine des jouets, Dir. n° 2009/48, 18 juin 2009 : *JOUE* n° L 170, 30 juin 2009.

(273) CJCE, 15 juill. 1964, aff. 6-64, *Costa c/ Enel*, pour le monopole italien de production de l'électricité.

(274) V., pour la télévision, CJCE, 30 avr. 1974, aff. 155-173, *Sacchi*. – V. cependant, si le monopole de services a une influence sur la circulation des marchandises, CJCE, 28 juin 1983, aff. 271-81, *Coop. du Béarn c/ Mialocq*.

(275) Pour la police du domaine public hertzien et l'attribution des fréquences en matière de télécommunications, CJCE, 27 oct. 1993, *Lagauche*, préc.

(276) V. *supra*, nos 112 et s. – V., sur le monopole de distribution du tabac en Italie, laissant le choix des approvisionnements aux détaillants en fonction de la demande, CJCE, 14 déc. 1995, aff. C-387/93, *Banchero*.

une réglementation commerciale relative aux procédés de vente, et non un « monopole » au sens de cet article. L'alinéa 2 de ce texte vise seulement, en effet, les organismes par lesquels les États dirigent ou influencent les échanges *de jure* ou *de facto*(277).

160. - **Obligation d'aménagement des monopoles. Intérêt général.** Le traité n'a jamais postulé leur suppression. Leur « aménagement » devait être réalisé pour la fin de la période de transition (1970).

La reconnaissance de l'effet direct de cet article impliqua que ces monopoles ne puissent plus entraver sans justification la libre circulation des marchandises. L'activité des monopoles, qui peuvent donc perdurer, interdit désormais toute discrimination ou restriction entre les produits nationaux et produits importés. L'égalité des chances entre ces catégories de produits doit être assurée(278). Après de nombreuses convulsions, et nombreux arrêts en manquement d'État, les principaux monopoles français ont été aménagés de manière à éviter les discriminations (tabacs, alcools, produits pétroliers, poudres).

Mais des monopoles discriminatoires (droits exclusifs à l'importation) peuvent subsister s'ils sont nécessaires à la mission d'intérêt général du titulaire du monopole (service universel à bas prix). L'article 110 TFUE autorise ainsi à déroger à l'article 37 TFUE(279).

§ 2. – La non-discrimination fiscale

161. - **Domaine de l'article 110 TFUE.** Cet article ne vise pas les droits de douane. Il vise les impositions intérieures qui frappent les produits des autres États membres plus lourdement que les produits nationaux.

Ce texte concerne donc les impositions qui frappent de manière discriminatoire des produits. Une taxe qui frappe les activités des opérateurs n'entre pas dans les prévisions du texte, sauf si elle est calculée en fonction de la valeur des produits importés et si elle se répercute immédiatement sur leur prix de vente(280). Bien que placé dans le chapitre relatif aux « dispositions fiscales », il a un rapport direct avec l'objectif général de libre circulation des marchandises. Cet article ne concerne bien sûr pas les impositions directes.

La TVA peut entrer dans les prévisions de cet article. Mais on signalera l'importante harmonisation européenne intervenue, en particulier en matière de taux et de perception(281).

162. - **Conditions d'application.** La discrimination entre les produits nationaux(282) et les produits importés est une condition essentielle d'application de cet

(277) Ainsi, les dispositions d'une loi interdisant aux particuliers d'importer des alcools sont détachables des dispositions relatives à l'instauration d'un monopole de vente au détail, et sont à examiner sur le fondement de l'article 34 TFUE, CJCE, 5 juin 2007, aff. C-170/04, *Rosengren*.

(278) V. CJCE, 13 mars 1979, aff. 91-78, *Hansen*. – CJCE, 3 févr. 1976, aff. 59-75, *Manghera*. – CJCE, 17 févr. 1976, aff. 91-76, *Miritz*. – CJCE, 23 oct. 1997, aff. C-189/ 95, *Franzen*.

(279) V. les droits exclusifs à l'importation pour l'électricité aux Pays-Bas, et pour le gaz et l'électricité en France, CJCE, 23 oct. 1997, aff. C-157/94, *Commission c/ Pays-Bas* et aff. C-159/94, *Commission c/ France* sur l'article 86, § 2.

(280) CJCE, 15 juin 2006, aff. C-393/04 et C-41/05, *Air Liquide Industries Belgium*. – CJCE, 8 nov. 2007, aff. C-221/06, *Stadtgemeinde Frohleiten*.

(281) V. not. Dir. n° 91-680, 16 déc. 1991 : *JOCE* n° L 376, 31 déc. 1991.

(282) Le Benelux est un territoire unique, V. CJCE, 11 août 1995, aff. C-367 à 377/93, *Roders BV c/ Inspecteur der invoerrechten en accijnzen*.

article. La taxe doit diminuer, ou être susceptible de diminuer, même potentiellement, la consommation des produits importés au profit des produits concurrents nationaux, en influençant donc les choix des consommateurs(283). La discrimination ne peut bien entendu être mise en évidence que s'il y a une similitude ou, à tout le moins, un « rapport de concurrence » entre les produits importés visés par la taxe, et les produits nationaux qui seraient favorisés(284). Le rapport de concurrence est plus fonction des usages des produits que de leur nature intrinsèque(285). Chacun se souvient des litiges auxquels a donné lieu la vignette automobile française, quand son taux majoré ne frappait que des véhicules qui n'étaient pas produits en France(286). Mais une simple progressivité de la taxation n'indique en elle-même aucune discrimination(287).

La distinction entre une imposition intérieure discriminatoire et une taxe d'effet équivalent à un droit de douane fut précisée par la Cour de justice(288). Il y a imposition intérieure discriminatoire lorsque le fait générateur de la taxe n'est pas le simple franchissement d'une frontière, mais tient à d'autres considérations(289), et lorsque la compensation dont bénéficient les productions intérieures similaires aux produits importés imposés, entre la taxation et les avantages qu'ils reçoivent de l'affectation de la taxe (par ex., fonds d'aides ou de soutien), est partielle. Si cette compensation est intégrale, il y a taxe d'effet équivalent à un droit de douane(290).

(283) V., par ex., CJCE, 11 août 1995, *Roders BV*. Cela vise les produits en libre pratique, CJCE, 7 mai 1987, aff. 193-85, *Cooperativa frutta*.

(284) Il faut donc qu'il y ait une production intérieure ; V. le cas du Danemark qui ne produit pas d'automobiles, CJCE, 17 juin 2003, aff. C-383/01, *De Danske Bilimporter c/ Skatteministeriet*.

(285) V., pour la bière et le vin, CJCE, 9 juill. 1987, aff. 356-85, *Commission c/ Royaume-Uni* ; V. pour une différenciation ostensible des taux entre boissons nationales et d'origine extérieure, CJCE, 18 avr. 1991, aff. C-230-89, *Commission c/ Grèce*. – Pour un ensemble de boissons alcoolisées, CJCE, 11 août 1995, *Roders BV*, préc. – Pour des véhicules d'occasion, CJCE, 9 mars 1995, aff. C-345/93, *Fazenda Publica c/ América Joao Nunes Taden*. – CJUE, 7 avr. 2011, aff. C-409/09, *Tatu*. Une discrimination générale à l'égard de tous les produits importés est contraire à l'article 90 TFUE, V. pour une taxe sur toutes les marchandises déchargées dans les ports danois, CJCE, 17 juill. 1997, aff. C-90/94, *Haahr Petroleum Ltd c/ Åbenrå Havn e.a.* ; pour les cigarettes brunes et blondes, CJCE, 27 févr. 2002, aff. C-302/00, *Commission c/ France*.

(286) CJCE, 9 mai 1985, aff. 112-84, *Humblot* et CJCE, 17 sept. 1987, aff. 433-85, *Feldain*.

(287) CJCE, 30 nov. 1995, aff. C-113/94, *Casarin c/ Dir. gén. impôts*.

(288) Les deux qualifications sont alternatives, CJCE, 15 juin 2006, aff. C-393/04 et 41/05, *Air Liquide Industrie Belgium*.

(289) Ainsi une taxe qui frappe un véhicule importé à l'occasion de son immatriculation n'a pas l'importation pour fait générateur, CJCE, 29 avr. 2004, aff. C-387/01, *Weigel*. – CJCE, 18 janv. 2007, aff. C-313/05, *Brzezinski*.

(290) V. *supra*, n° 86. – CJCE, 16 déc. 1992, *Lornoy en zonen*. – CJCE, 2 août 1993, *Celbi*. – CJCE, 17 sept. 1997, *Ucal et Fricarnes*, préc. *supra*, n° 86 ; pour une taxe qui défavorise les produits destinés à l'exportation, CJCE, 23 avr. 2002, aff. C-234/99, *Nygard*.

TITRE 2

LA LIBRE CIRCULATION DES CAPITAUX

163. – **Généralités.** Le traité de Rome s'est initialement inspiré des accords de Bretton Woods, qui ont donné naissance au Fonds monétaire international en 1944. C'est ainsi qu'une distinction fut opérée entre, d'une part, les « paiements courants » (Chapitre 1) et, d'autre part, les « mouvements de capitaux ». Les mouvements de capitaux n'ont été libérés que très progressivement. Les mouvements de capitaux proprement dits sont toujours sensibles. Ils touchent à la souveraineté traditionnelle des États dont ils peuvent bouleverser l'économie. Leur libération définitive n'est intervenue qu'avec la directive du 24 juin 1988, prélude au traité de Maastricht. Le régime de cette liberté appelle cependant quelques précisions, car il est indissociable de l'avènement de la monnaie unique (Chapitre 2).

CHAPITRE 1

LES PAIEMENTS COURANTS

164. - **Définition.** On trouvait dans l'ancien article 106 du traité de Rome la définition suivante : « paiements afférents aux échanges de marchandises, de services, et de capitaux ». La même définition se retrouve dans l'article 41 du Traité sur l'EEE. La définition a disparu du droit européen, et il ne subsiste que le principe de liberté (TFUE, art. 63, § 2). Dans son arrêt *Luisi et Carbone*[1], la Cour de justice avait précisé que les paiements courants étaient les « transferts de devises qui constituent une contre-prestation dans le cadre d'une transaction sous-jacente ». Il faut donc les distinguer des mouvements de capitaux qui sont des opérations financières dont l'objet essentiel est le placement ou l'investissement du montant en cause, et non la rémunération d'une prestation. La distinction est quelquefois ténue. C'est ainsi que les paiements de primes d'assurance dommage ou responsabilité sont des paiements courants, tandis que les paiements des primes d'assurance-vie (qui servent à constituer des capitaux) sont des mouvements de capitaux.

La même imprécision se retrouve sous l'empire des textes actuels[2].

165. - **Libération.** À compter de l'expiration de la période de transition, les paiements courants sont devenus libres. Une effective libération de la circulation des marchandises et des services ne s'accommodait pas d'un frein au règlement de ces opérations. Les États peuvent tout au plus contrôler les transferts pour déterminer s'ils ne traduisent pas plutôt des mouvements de capitaux[3]. Cette libération peut toutefois être remise en cause dans les situations exceptionnelles qui autorisent les États membres à solliciter ou adopter des mesures de sauvegarde (TFUE, art. 119 et 120).

166. - **Étendue géographique de la libération.** L'article 63 TFUE dispose que les restrictions aux paiements entre les États membres sont interdites, comme celles entre les États membres et les États tiers[4]. Sont aussi « libres de toute restriction » les paiements courants entre États signataires du Traité sur l'EEE[5].

(1) CJCE, 31 janv. 1984, aff. 286-82 et 26-83, *Luisi et Carbone*.

(2) V., sur le caractère simplement indicatif des mouvements de capitaux visés en annexe de la directive n° 88/361, CJCE, 16 mars 1999, aff. C-222/97, *Trummer et Mayer*. – CJCE, 5 mars 2002, aff. C-515/99, *Reisch*.

(3) CJCE, *Luisi et Carbone*, préc. – CJCE, 22 juin 1999, aff. C-412/97, *ED*.

(4) Cela « dans » le cadre des dispositions du chapitre concerné. V. les restrictions permises en vertu des articles 64 et 65 TFUE.

(5) Traité sur l'EEE, art. 41.

CHAPITRE 2

LA LIBÉRATION DES MOUVEMENTS DE CAPITAUX

167. - **Texte. Définition.** La liberté des mouvements de capitaux à l'intérieur de l'Union européenne, ou vis-à-vis de l'extérieur, résulte de l'article 63 TFUE, sous réserve des considérations (fiscales notamment) exprimées à l'article 65 TFUE. Les transferts qui ont une relation avec l'investissement, ou qui ne sont pas effectués en exécution d'une opération sous-jacente, sont en principe des mouvements de capitaux. Leur diversité est certaine. On peut prendre les exemples des achats ou des souscriptions de valeurs mobilières, des placements à long terme, des virements de compte à compte dans une perspective de placement à court terme, ou encore des transferts de capitaux en exécution de contrats d'assurance-vie ou capitalisation.

168. - **Distinction entre mouvements de capitaux et exercice des libertés européennes d'établissement et de prestation de services.** La distinction entre liberté d'établissement et liberté de circulation des capitaux n'est pas évidente, car il est certain que des investissements peuvent être décidés, soit dans le seul but de réaliser un placement (par ex., achats en bourse afin de rechercher des plus-values), soit dans le double but de réaliser à la fois un placement et d'obtenir la possibilité de participer à la gestion d'une entreprise (prises de participations). Du reste, l'annexe à la directive du 24 juin 1988 vise parmi les mouvements de capitaux les investissements qui confèrent à l'investisseur la possibilité de participer à la gestion d'une entreprise, et la définition du mouvement de capital doit être large, car l'annexe à la directive n'est qu'indicative[(1)].

C'est ainsi que la liberté d'établissement postule le droit pour un investisseur européen de prendre des participations dans une société établie dans un autre État membre, d'en faire une filiale, voire de créer une filiale[(2)]. C'est ainsi encore que la liberté de prestation de services dans les secteurs sensibles de la banque et

(1) V. les arrêts relatifs aux *Golden shares*, ou actions et droits spécifiques que se sont octroyés les États dans certaines sociétés, *infra*, n°s 175 et 182. Sur la notion large d'établissement, V. CJCE, 16 mars 1999, aff. C-222/97, *Trummer et Mayer*. V. encore le décret français n° 2005-1739 du 30 décembre 2005, visant, par une réglementation des relations financières, les prises de contrôle par des ressortissants européens dans certains secteurs en France, ainsi que le décret n° 2014-479 du 14 mai 2014, codifié aux articles R. 153-1 et s. du Code monétaire et financier.

(2) À cet égard, le principe est celui du droit au traitement national en ce qui concerne la « participation financière » au capital des sociétés, sans préjudice des autres dispositions du traité (TFUE, art. 55).

de l'assurance suppose une libération des mouvements à court terme (*hot money*), et des transferts en exécution de contrats d'assurance.

Pour savoir comment qualifier les mesures nationales restrictives, il convient de répondre aux questions suivantes. Il faut d'abord rechercher si l'entrave contestée constitue une restriction autonome à la libre circulation des capitaux, ou à la liberté d'établissement. Si la restriction est autonome (lorsque les circonstances font qu'elle s'applique à une participation minoritaire qui ne confère aucune influence sur les décisions de la société, et ne donne aucune possibilité d'accès à la gestion), elle doit être contestée sur le seul fondement de l'article 63 TFUE. Si la mesure nationale restreint à la fois les mouvements de capitaux et la possibilité d'accéder à la gestion d'une entreprise, elle doit être contestée à titre principal sur le fondement des règles relatives à l'établissement ou à la LPS, et, subsidiairement (car il n'y a alors pas d'autonomie), sur le fondement de la circulation des capitaux[3].

169. – **Absence de libération par le traité originel.** L'article 67 du traité de Rome (aujourd'hui abrogé) ne prévoyait qu'une suppression progressive des restrictions aux mouvements de capitaux, au cours de la période de transition, et dans la mesure nécessaire au bon fonctionnement du marché commun. Contrairement à ce qui fut jugé en matière de liberté d'établissement et de prestation de services, la Cour de justice ne reconnut pas que cet article 67 impliquait une liberté effective et totale[4] des mouvements de capitaux.

170. – **Directives.** Il a fallu trois directives pour libérer progressivement les mouvements de capitaux entre les États membres. La première fut du 11 mars 1960. Elle prévoyait des degrés de libération différents et excluait toute libération pour les capitaux à court terme. La deuxième fut du 17 novembre 1986. Cette directive libérait en particulier les crédits à long terme liés à des opérations sur titres non négociés en Bourse. La véritable libération est intervenue avec l'adoption de la troisième directive du 24 juin 1988, qui libérait surtout les mouvements à court terme[5].

171. – **Contenu de la directive du 24 juin 1988.** Très schématiquement, cette directive prévoit la liberté des mouvements de capitaux entre les États membres. Cela implique la suppression de toutes les autorisations de transfert, même automatiques. Cela conduit aussi à l'unité des marchés des changes : les mouvements de capitaux doivent en effet être possibles aux mêmes conditions de change que les paiements courants.

La directive permet aussi des mesures de contrôle administratif, notamment pour faire échec à la fraude fiscale, ou pour faire respecter les règles prudentielles des banques, ou encore à des fins statistiques[6].

(3) Il peut donc y avoir cumul, CJCE, 3 oct. 2008, aff. C-452/04, *Fidium Finanz*. – Mêmes réf., *adde* CJCE, 21 nov. 2002, aff. C-436/00, *X et Y c/ Riksskatteverket*, et CJCE, 8 juin 2004, ord., aff. C-268/03, *De Baeck c/ Belgique*.

(4) CJCE, 31 janv. 1984, *Luisi et Carbone*, préc. – CJCE, 11 nov. 1981, aff. 203-80, *Casati*.

(5) Dir. n° 88/361 : *JOCE* n° L 178, 8 juill. 1985.

(6) Sur son effet direct, l'interdiction des autorisations préalables, et l'admissibilité des simples déclarations, CJCE, 23 févr. 1995, aff. C-358 et 416/93, *Aldo Bordessa* sur l'interdiction d'obtenir des prêts auprès de banques non agréées, ce qui viole l'article 67 TFUE, la directive n° 88/361, et l'article 59 TFUE relatif à la LPS, CJCE, 14 nov. 1995, aff. C-484/93, *Svensson c/ Min. Logement et Urbanisme*. – *Adde*, CJCE, 9 juill. 1997, aff. C.-222/95, *SCI Parodi c/ Banque H. Albert de Bary*.

Enfin, la directive comporte une clause de sauvegarde spécifique en cas de mouvements de capitaux à court terme d'une ampleur exceptionnelle, exerçant de fortes tensions et perturbations sur les marchés des changes et sur la conduite de la politique monétaire. En raison des réticences de plusieurs États membres, la directive avait simplement prévu que les États membres devaient s'efforcer d'atteindre dans leurs rapports avec les États tiers le même degré de libération qu'entre eux. Il n'y avait donc pas d'effet *erga omnes* de cette libération de 1988.

172. – **Accords de Maastricht.** Sans abroger la directive de 1988, les accords de Maastricht ont profondément accentué la libération des mouvements de capitaux. Les dispositions du traité sont devenues inconditionnelles et d'effet direct(7).

173. – **Libération *erga omnes*.** Le principe est non seulement celui d'une liberté totale entre les États membres, mais encore à l'égard des États tiers (TFUE, art. 63)(8). Toutefois, vis-à-vis de ces États, les règles nationales relatives aux investissements directs (par ex., « étrangers » en France) en vigueur au 1er janvier 1993 pourront continuer à s'appliquer (TFUE, art. 64). Les mêmes principes d'interprétation des textes européens valent pour les mouvements de capitaux à l'intérieur de l'Union européenne et pour ceux avec les États tiers, même si des restrictions justifiées par des situations objectives différentes sont plus faciles à édicter(9).

174. – **Clause de sauvegarde.** Lorsque les perturbations proviennent d'États tiers, et qu'il y a une menace ou difficulté grave pour le fonctionnement de l'UEM, la Commission reçoit un pouvoir de décision, après consultation de la Banque centrale européenne (TFUE, art. 66). Les clauses de sauvegarde spécifiques de la directive du 24 juin 1988 peuvent toujours être invoquées.

175. – **Restrictions pour des raisons d'intérêt général.** Des restrictions de tous ordres peuvent donc entraver les mouvements de capitaux : règles fiscales(10), actions spécifiques, règles administratives, etc. Depuis son arrêt *Konle* du 1er juin 1999(11), la Cour de justice admet que des raisons d'intérêt général au sens du droit

(7) V. CJCE, 14 déc. 1995, aff. C-163, 165, 250/94, *Lucas Émilio Sanz de Lera*, reprenant la distinction autorisation-déclaration. Des autorisations générales rendraient cette liberté illusoire, sauf si elles étaient justifiées par des raisons impérieuses d'intérêt général et proportionnelles (V. communication citée *infra*). V. encore CJCE, 16 mars 1999, aff. C-222/97, *Trummer et Mayer*. – CJUE, 18 déc. 2007, aff. C-101/05, *Statteverket c/ A*. – Pour savoir s'il y a restriction interdite aux mouvements de capitaux, il faut rechercher si les particuliers peuvent être dissuadés de recourir au marché européen des capitaux, et, par exemple, de libeller leurs créances, ou les sûretés y attachées, dans des monnaies différentes. Une rupture du lien monétaire entre la créance et la sûreté diminue ainsi l'efficacité et l'attrait de cette sûreté. Il s'agissait de l'interdiction d'inscrire une hypothèque dans la monnaie du prêt (V. également CJCE, 11 janv. 2001, aff. C-464/98, *Westdeutsche Landesbank Girozentrale c/ Stefan*). L'avènement de l'euro diminue l'intérêt de cette jurisprudence.

(8) Sur les investissements intra-européens, et notamment sur les acquisitions de participations dans le capital de sociétés et les restrictions contraires à l'article 73 B devenu 56, puis 63, et à la directive n° 88/361, V. Comm. CE, communication concernant certains aspects juridiques touchant aux investissements intra-européens (*JOCE* n° C-220, 19 juill. 1997), et, pour le secteur financier, Comm. CE, communication 25 nov. 2005 (*JOUE* n° C-293).

(9) CJCE, 18 déc. 2007, aff. C-101/05, *A*. – CJCE, 20 mai 2008, aff. C-194/06, *Orange european Smallcap Fund*.

(10) V., pour le régime français de l'avoir fiscal, CJUE, 15 sept. 2011, aff. C-310/09, *Accor*.

(11) CJCE, 1er juin 1999, aff. C-302/97, *Konle*. Il s'agissait d'autorisations exigées des étrangers pour acquérir des résidences secondaires au Tyrol. L'intérêt général invoqué était l'aménagement du territoire, nécessitant, selon l'Autriche, le maintien d'une population permanente avec activité économique. Le caractère discrétionnaire de l'autorisation, avec donc un risque de discrimination, a suffi en l'espèce pour condamner la loi autrichienne ; V. dans le même sens, CJCE, 23 sept. 2003, aff. C-452/01, *Margarethe Ospelt c/ Schlössle Weissenberg Familienstiftung* (V. auparavant, la première évolution avec CJCE, 16 mars 1999, aff. C-222/97, *Trummer et Mayer*). *Adde*, pour une raison d'intérêt général tirée de l'interdiction d'acquérir des terrains dans une zone militaire, CJCE, 13 juill. 2000, aff. C-423/98, *Alfredo Albore* ; pour la cohérence du système fiscal, CJCE, 26 sept. 2000, aff. C-478/98, *Commission c/ Belgique*, pour la préservation de l'environnement, CJCE, 5 mars 2002, aff. C-515/99 et s., *Reisch*.

européen peuvent justifier des restrictions à la libre circulation des capitaux. Toutes les libertés de circulation entrent donc dans un même moule.

Les actions spécifiques, *Golden shares*, que les États conservent dans les entreprises anciennement publiques, ont donné lieu à un abondant contentieux. Le fait que les États s'octroient ainsi le privilège de contrôler, même s'ils sont minoritaires dans le capital, l'évolution de l'activité de l'entreprise ou son actionnariat, est *a priori* une restriction à la liberté de mouvement des capitaux. L'État peut ainsi bloquer une prise de participation ou dissuader des investisseurs. Cette restriction peut néanmoins répondre à un impératif d'intérêt général et être légitimée, si elle y est proportionnelle. Tel n'est pas le cas de droits purement discrétionnaires[12].

176. – Fiscalité et différence objective de situation en fonction du lieu d'investissement des capitaux. Une disposition mérite d'être signalée. Il s'agit de l'article 65 TFUE. Le point *a* de son § 1 dispose que les États membres peuvent appliquer les dispositions pertinentes de leur législation fiscale qui établissent une distinction entre les contribuables qui ne se trouvent pas dans la même situation en ce qui concerne leur résidence ou le lieu où leurs capitaux sont investis[13],[14],[15],[16].

(12) Pour l'admissibilité d'une influence de la puissance publique au travers du système de la *golden share* sur des services d'intérêt général, par exemple pour la sécurité de l'approvisionnement pétrolier ou en énergie, avec des solutions divergentes sur la proportionnalité, selon qu'il y a arbitraire (CJCE, 4 juin 2002, aff. C-367/98, *Commission c/ Portugal* et aff. C-483/99, *Commission c/ France*) ou, au contraire mesure limitée (CJCE, 4 juin 2002, aff. C-503/99, *Commission c/ Belgique*), puis CJCE, 13 mai 2003, 2 arrêts, aff. C-463/00, *Commission c/ Espagne* ; aff. C-98/01, *Commission c/ Royaume-Uni*, et CJCE, 2 juin 2005, aff. C-174/04, *Commission c/ Italie*. La Cour a constamment condamné les « actions spécifiques » qui conféraient des prérogatives insuffisamment justifiées, par exemple par une simple référence à l'intérêt général, ou même non justifiées, V. pour le droit de nommer plus d'administrateurs que la participation publique le permettrait, CJCE, 6 déc. 2007, aff. C.463 et 464/04, *Federconsumatori* ; pour un plafonnement des droits de vote donnant une faculté de blocage à l'actionnaire public, CJCE, 23 oct. 2007, aff. C.112/05, *Commission c/ Allemagne (V.W.)*. – Pour une trop grande généralité, CJCE, 28 sept. 2006, aff. C-282 et 283/04, *Commission c/ Pays-Bas*. – CJCE, 17 juill. 2008, aff. C-207/07, *Commission c/ Espagne*. – Pour la possibilité de s'opposer aux pactes d'actionnaires, CJCE, 26 mars 2009, aff. C-326/07, *Commission c/ Italie*. – CJUE, 11 nov. 2011, aff. C-543/08, *Commission c/ Portugal*. – CJUE, 10 nov. 2011, aff. C-212/09, *Commission c/ Portugal (Fonds souverains ou stratégiques)*. – Pour un système de maintien de la propriété publique en cas de cession d'actions à des tiers, CJUE, 22 oct. 2013, aff. C-105 et 107/12, *Essent*.

(13) Si la fiscalité directe demeure de la compétence des États membres, ils doivent l'exercer dans le respect du droit européen, CJCE, 11 août 1995, aff. C-80/04, *Wielockx*. – CJCE, 10 mars 2005, aff. C-39/04, *Laboratoires Fournier*. – CJCE, 23 févr. 2006, aff. C-513/03, *Van Hilten-Vander Heijden*.

(14) Le principe demeure que les États conservent en matière fiscale une certaine autonomie, et qu'ils n'ont pas à adapter leur législation pour la rendre compatible avec celle des autres États membres, CJCE, 6 déc. 2007, aff. C-298/05, *Columbus Containers Services*.

(15) La différence objective est parfois reconnue (V. pour une retenue à la source, CJCE, 22 déc. 2008, aff. C-282/07, *Truck Center*). On peut encore prendre l'exemple de l'assurance-vie, qui a donné lieu à un contentieux européen, dans l'affaire *Bachman* (CJCE, 28 janv. 1992, aff. C-204-90, *Bachman c/ État belge* ; et, du même jour, aff. C-300-90, *Commission c/ Belgique*. – CJCE, 28 avr. 1998, et *Jessica Safir*, préc. – *Adde*, CJCE, 26 sept. 2000, *Commission c/ Belgique*, préc.). Le fisc belge permettait la déductibilité initiale des primes par le souscripteur, en contrepartie de la taxation des capitaux versés en fin de contrat. Ce système (l'avantage est la déductibilité initiale des primes) était réservé aux seuls contrats conclus avec des sociétés établies en Belgique. La Cour a admis que cette faveur ne soit pas étendue aux primes versées en exécution de contrats souscrits auprès des compagnies d'assurances établies dans les autres États : le système belge reposait en effet sur un sacrifice initial du fisc, ce qui impliquait qu'il ait la certitude (on dira à 100 %) de taxer les capitaux versés en fin de contrat. Or, compte tenu de l'impossibilité de contrôler les compagnies non établies en Belgique, le système ne pouvait être étendu aux entreprises non belges. La Cour a ainsi légitimé ici la « cohérence du régime fiscal » belge. Cette jurisprudence a cependant été limitée (la jurisprudence *Bachman* ne peut donc être invoquée lorsque l'État n'a consenti aucun sacrifice initial, CJCE, 26 sept. 2000, aff. C-478/98, *Commission c/ Belgique* ; le lien entre l'avantage fiscal et la compensation de l'avantage est indispensable, CJCE, 14 nov. 1995, aff. C-484/93, *Svensson et Gustauson*. – CJCE, 16 juin 1998, aff. C-264/96, *ICI*. – CJCE, 28 oct. 1999, aff. C-55/98, *Vestergaard*. – CJCE, 21 nov. 2002, aff. C-436/00, *X. et Y.* ; la jurisprudence *Bachman* ne peut l'être non plus en cas de conventions fiscales bilatérales, V. CJCE, 11 août 1995, aff. C-80/94, *Wielockx*. – Sur la non-extension de la jurisprudence aux cotisations sociales, CJCE, 27 juin 1996, aff. C-104/94, *Asscher*).

(16) La différence objective de situation est très souvent invoquée par les administrations fiscales pour justifier des traitements discriminatoires. La différence de traitement n'est pas objective si les mêmes règles d'évaluation (par exemple)

La différence est évidente entre les résidents européens et les résidents situés dans des pays tiers. Des justifications particulières des entraves aux mouvements de capitaux avec les pays tiers peuvent alors être admises et proportionnées, s'il n'y a, avec ces pays, aucune intégration économique ou aucune coopération fiscale. Il faut donc considérer les accords bilatéraux pour apprécier la justification des entraves(17).

Le point *b* prévoit des contrôles pour lutter contre la fraude, ou à des fins statistiques. Surtout, le § 3 de cet article précise que les « mesures en cause ne doivent constituer ni un moyen de discrimination arbitraire ni une restriction déguisée à la libre circulation des capitaux et des paiements ». Les déclarations « statistiques » sont pourtant dissuasives(18)...

177. - **Espace économique européen.** Le Traité sur l'EEE renvoie pour l'essentiel aux dispositions de la directive n° 88/361/CEE du 24 janvier 1988 (V. le régime particulier des clauses de sauvegarde qui laisse une plus grande liberté aux parties contractantes *in* art. 43 à 45).

---

s'appliquent quel que soit le lieu de l'investissement (V. pour des immeubles, CJCE, 11 sept. 2008, aff. C-43/07, *Arens Sikken*. – CJCE, 11 sept. 2008, aff. C-11/07, *Eckelkamp* ; pour une évaluation dépendant uniquement des cours de bourse, CJCE, 22 janv. 2009, aff. C-377/07, *Steko Industries Montage*), si le critère distinctif n'est pas lié à la localisation (en fonction du seuil de participation dans une société, CJCE, 18 déc. 2007, aff. C-256/06, *Jäger*), ou si le même intérêt général peut être satisfait dans les deux États (V. pour des dons à des œuvres, CJCE, 27 janv. 2009, aff. C-318/07, *Persche*). Le traitement différencié des dividendes est souvent condamné (V. CJCE, 12 déc. 2006, aff. C-446/04, *Test Claimants, in the Fii group litigation* ; pour l'avoir fiscal, CJCE, 6 mars 2007, aff. C-292/04, *Meilicke*).

(17) CJCE, 18 déc. 2007, *Statteverket*, préc. Mais il faut trouver une justification objective à l'entrave dans le régime juridique ou fiscal des mouvements de capitaux avec un État tiers (V. CJUE, 25 oct. 2012, aff. C-387/11, *Commission c/ Belgique*).

(18) V., par ex., sur la fiscalité de l'assurance-vie, CJCE, 28 avr. 1998, aff. C-118/96, *Jessica Safir*.

TITRE 3

LA LIBRE CIRCULATION DES PERSONNES ET DES SERVICES

178. - **Libertés économiques fondamentales, distinctes et jumelles.** La liberté de s'établir sur le territoire d'un autre État membre pour y exercer ses activités est à l'évidence d'une autre nature que celle d'offrir, par-dessus les frontières, des services aux clients résidant dans un autre État. Économiquement, la circulation transfrontalière des services est bien éloignée de la migration aux fins d'établissement. C'est pourquoi elles ont été différenciées dans le traité : articles 49 et suivants du TFUE pour la liberté d'établissement et 56 et suivants du TFUE pour la liberté de prestation de services (ou LPS).

Pourtant, ces deux libertés ont de multiples points de recoupement. D'abord, elles concourent ensemble au même objectif de décloisonnement du marché intérieur.

Ensuite et surtout, elles prennent appui l'une sur l'autre. Créer un établissement dans un autre État membre (par ex., filiale, succursale), ce n'est pas uniquement faire usage de la liberté de s'établir, c'est aussi créer une nouvelle base à partir de laquelle des services pourront être offerts au-delà des frontières à tous les ressortissants de l'Union européenne. À l'inverse, il ne saurait y avoir de LPS sans établissement de départ dans l'Union européenne.

Enfin, ces deux libertés s'adressent aux personnes physiques ou morales. Elles offrent, conjointement, des choix aux opérateurs économiques. Elles se distinguent en cela des libertés précédemment étudiées qui visaient soit les « marchandises », soit les capitaux.

On comprend que les rédacteurs du traité aient, tout en les distinguant, reconnu que des règles communes devaient au moins pour partie les régir. C'est ainsi que l'article 62 TFUE (fin du chapitre consacré aux services) renvoie purement et simplement à un certain nombre de dispositions importantes du chapitre relatif au droit d'établissement (restrictions justifiées pour des raisons de participation à l'autorité publique, ou pour des raisons d'ordre public, de sécurité publique ou de santé publique ; prévision de directives de reconnaissance mutuelle des diplômes ou certificats ; notion de société).

179. - **Libertés politiques.** Ces deux libertés vont au-delà du simple objectif commercial ou mercantile que certains critiquent dans la construction européenne. Elles

sont indispensables l'une comme l'autre à l'exercice d'une citoyenneté européenne, fondée sur les principes démocratiques exprimés en particulier dans la Convention européenne des droits de l'homme, à laquelle adhère l'Union européenne (TUE, art. 6). Le Traité sur l'Union européenne garantit ainsi, en son article 3, la liberté de circulation des personnes et la non-discrimination. De son côté, la Charte des droits fondamentaux de l'Union européenne (CDFUE) (qui ne s'applique qu'au droit de l'Union ou aux mesures nationales qui mettent en œuvre le droit de l'Union), garantit plusieurs libertés essentielles aux citoyens comme au monde des affaires, et l'on peut ici évoquer la liberté professionnelle et le droit de travailler, ou de fournir ses services (CDFUE, art. 15), la liberté d'entreprise (CDFUE, art. 16), ou la non-discrimination (CDFUE, art. 21).

Une place toute particulière doit être accordée à la liberté d'expression ou de communication (CDFUE, art. 11). Cette liberté est encore plus indispensable qu'hier à l'achèvement du marché intérieur. Son mode principal est aujourd'hui la communication électronique. Or, cette forme de communication est juridiquement une prestation de services, régie par des dispositions d'effet direct du traité. Par-là, le traité, mercantile en apparence, a offert dès l'origine un cadre juridique non discriminatoire à la liberté de communication.

Toutes ces libertés concourent à l'établissement d'un marché intérieur européen. Mais leur simple énoncé ne suffit pas à la construction de ce marché. Des règles et principes spécifiques sont indispensables pour donner un contenu concret à ces grandes libertés. C'est l'objet du TFUE et du droit dérivé qu'il a sécrété.

180. – **Plan.** Après avoir défini ces deux libertés (Chapitre 1), on examinera quels en sont les bénéficiaires (Chapitre 2), puis les droits de ceux-ci. L'accès aux territoires des États membres (Chapitre 3), est le préalable nécessaire à l'exercice des libertés offertes par le traité (Chapitre 4). On étudiera enfin l'œuvre entreprise par voie de directives, pour faciliter l'exercice effectif de ces libertés, selon les secteurs économiques (Chapitre 5).

CHAPITRE 1

ARTICULATION DES LIBERTÉS D'ÉTABLISSEMENT ET DE PRESTATION DE SERVICES

181. – Distinctions. Ces deux libertés sont distinctes. Cependant, si le traité offre le choix entre le droit de s'établir (Section 1) et celui d'agir en prestation de services (Section 2), l'exercice du choix doit s'effectuer sous réserve du caractère *résiduel* de la seconde, ce qui dévoile leur articulation (Section 3).

SECTION 1

LA NOTION D'ÉTABLISSEMENT

182. – Généralités : implantation, investissements, et gestion d'entreprises. La liberté d'établissement est d'abord le droit reconnu aux ressortissants des États membres d'accéder aux activités non salariées sur le territoire des États membres, au moyen d'une implantation matérielle et, le cas échéant, juridique. C'est aussi la possibilité d'accéder à la constitution et à la gestion des entreprises.

La liberté d'établissement s'articule avec la libre circulation des capitaux. S'il est certain que des mesures nationales peuvent entraver soit les investissements transfrontaliers, soit le droit de s'établir, beaucoup affectent à la fois les deux libertés. Tel est le cas d'une mesure qui limite la liberté d'investir et donc l'accès à la gestion que devrait conférer l'investissement. Ce genre de mesure peut être contraire à l'article 63 TFUE (capitaux), contraire aussi à l'article 49 TFUE (établissement), ou contraire aux deux. On peut prendre ici l'exemple d'une législation qui taxe les plus-values réalisées par des non-nationaux. Elle est une restriction à la libre circulation des capitaux pour les participations qui ne confèrent aucune influence sur la gestion de l'entreprise. Elle est en revanche une restriction à la liberté d'établissement (et subsidiairement à la liberté de circulation des capitaux) pour les participations qui donnent une influence certaine sur les décisions de la société, ou qui offrent une possibilité d'accéder à la gestion[1]. Selon les situations, l'un ou l'autre article sera la base juridique pertinente pour contester la législation nationale restrictive. Il se peut aussi que les deux articles soient cumulativement pertinents.

183. – **Espace économique européen.** Le Traité relatif à l'EEE offre dans les mêmes termes cette liberté aux ressortissants des États concernés (Traité EEE, art. 31).

184. – **Bénéficiaires (renvoi).** Le droit d'établissement est offert aux « ressortissants » des États membres de l'Union européenne ou signataires de l'accord sur l'EEE. Pour les personnes physiques, la question est en principe résolue en fonction des critères nationaux[2]. En revanche, une filiale d'une société non-européenne ou contrôlée par des intérêts non-européens est en principe ressortissante de l'État membre où elle a son siège social[3].

185. – **Établissement principal. Personnes physiques et morales.** L'établissement principal se caractérise de deux manières : soit par création *ex nihilo* d'une société, d'un cabinet ou d'un établissement principal, soit par le transfert ou la migration d'un établissement principal préexistant. On peut songer au déplacement du cabinet principal d'un avocat ou d'un médecin. Le transfert du siège social d'une société entre dans les prévisions de l'article 49 TFUE.

186. – **Établissement secondaire.** L'établissement secondaire suppose dans un État membre de l'Union européenne un établissement principal préexistant qui pourra essaimer en direction des territoires des autres États membres. L'article 49 TFUE énumère un certain nombre de formes d'établissements secondaires : agences, succursales, filiales ou bureaux. L'agence repose en principe sur la technique du mandat (les agences peuvent donc être des personnes morales mandatées), mais le terme est quelquefois employé comme synonyme de succursale. La succursale, ou le bureau, est un établissement dépourvu de la personnalité morale et qui n'est donc pas juridiquement autonome, même s'il peut avoir autonomie de fait. La filiale, enfin, est au contraire juridiquement autonome, dotée de la personnalité morale, même si elle peut être dépourvue en fait de toute autonomie vis-à-vis de sa mère. La création d'une filiale a souvent des liens étroits avec la circulation des capitaux. La détention d'une participation contrôlaire, voire significative, ou l'accès à la gestion, sont en tout cas deux formes d'exercice de la liberté d'établissement[4].

187. – **Présences permanentes. Notion large d'établissement secondaire.** On s'est demandé si l'énumération de l'article 49 TFUE était limitative. L'établissement dans un autre État demeure le mode le plus naturel de développement des affaires. Progressivement, la Cour de justice s'est orientée vers la reconnaissance d'une notion « très large » de l'établissement. L'établissement se définit par la possibilité de participer de façon stable et continue à la vie économique d'un État

(1) V. CJCE, 21 nov. 2002, aff. C-436/00, *X et Y*. – CJCE, ord., 8 juin 2004, aff. C-268/03, *de Baeck*. – V. encore la jurisprudence sur les *golden shares*, ou actions spécifiques, citée *supra*, n° 175, D. n° 2005-1739, 30 déc. 2005 (France).

(2) Pour les bénéficiaires, V. *infra*, n°s 206 et s.

(3) V. *infra*, n° 303.

(4) Pour les investissements au regard de la liberté des capitaux, V. *supra*, n° 168 ; au regard de la liberté d'établissement, V. *supra*, n°s 180 et 182.

membre autre que l'État d'origine, favorisant ainsi l'interpénétration économique et sociale dans l'Union européenne. Cela comporte le droit d'accéder aux activités non salariées, de gérer ou de constituer des entreprises dans les mêmes conditions que celles définies par la législation nationale, notamment, mais notamment seulement, par filiale, succursale, ou agence. Cette conception finaliste de l'établissement, que l'on trouve dans la jurisprudence qui a prolongé l'arrêt *Gebhard*[(5)], éclaire *a posteriori* le célèbre arrêt *Commission c/ Allemagne* du 4 décembre 1986[(6)]. Dans cet arrêt, la Cour de justice avait indiqué qu'une entreprise (en l'occurrence d'assurance) qui maintient dans un État membre une « présence permanente » relève du droit d'établissement, « même si cette présence n'a pas pris la forme d'une succursale ou d'une agence, mais s'exerce par le moyen d'un simple bureau, géré par le propre personnel de l'entreprise, ou d'une personne indépendante mais mandatée pour agir en permanence pour celle-ci comme le ferait une agence ». Cette notion de « présence permanente » déborde le domaine de l'assurance qui lui a donné naissance[(7)]. C'est une des formes possibles de l'établissement secondaire. Les contours de cette forme d'établissement secondaire demeurent imprécis. On peut estimer qu'une présence durable en moyens matériels et personnels sur le territoire d'un État membre, à partir de laquelle se noueraient des contacts avec la clientèle, est une présence permanente. Il est douteux qu'une simple présence matérielle (par ex., entrepôt, garage, appartement) sans action à destination de la clientèle puisse suffire.

Le recours à des intermédiaires indépendants dans un État ne relève *a priori* pas de l'établissement. Il en va différemment si l'intermédiaire est soumis au contrôle de l'entreprise doté d'un mandat permanent, avec le pouvoir d'engager.

Le développement des transactions par commerce électronique a posé la question de savoir si de simples installations techniques, sans personnels et moyens humains de décision, devaient être considérées comme des établissements. Fidèle à sa politique ancienne qui consiste à favoriser la LPS, facteur de décloisonnement du marché européen[(8)], la Commission estime que, sans personnel de décision, une base ou un site informatique n'est pas un établissement. En conséquence, les prestations qui en émanent électroniquement devraient *a priori* être considérées comme émanant du lieu où sont placés les personnels de décision[(9)]. La directive du 8 juin 2000 relative au commerce électronique a plutôt confirmé les analyses de la Commission, en considérant que la seule utilisation de moyens techniques, ou de technologies, ne suffit pas à caractériser un établissement[(10)].

(5) CJCE, 30 nov. 1995, aff. C-55/94, *Reinhard Gebhard c/ Consiglio dell'Ordine degli avvocati e procuratori di Milano*. – *Adde*, CJCE, 9 mars 1999, aff. C-212/97, *Centros*. – CJCE, 21 sept. 1999, aff. C-307/97, *Saint-Gobain ZN*. – CJCE, 13 déc. 2005, aff. C-446/03, *Marks and Spencer*. – CJCE, 23 févr. 2006, aff. C-471/04, *Keller Holding*. – CJCE, 14 nov. 2006, aff. C-386/04, *Centro di Musica. Walter Stauffer*. – CJCE, 14 déc. 2006, aff. C-170/05, *Denkavit International*. – CJCE, 22 déc. 2008, aff. C-161/07, *Commission c/ Autriche*.

(6) Aff. 205-84.

(7) La formule de la Cour a été reprise *in extenso* dans les « deuxièmes directives » assurances, V. *infra*, n° 370.

(8) V. Comm. CE, communication interprétative sur la libre prestation de services communautaire et l'intérêt général dans la 2e directive bancaire (*JOCE* n° C-209, 10 juill. 1997) et son pendant en matière d'assurance (*JOCE* n° C-43, 16 févr. 2000).

(9) V. Comm. CE, communication sur la LPS et l'intérêt général dans le secteur des assurances : *JOCE* n° C-53, 16 févr. 2000.

(10) Dir. n° 2000/31, 8 juin 2000 relative à certains aspects juridiques des services de la société de l'information, et notamment du commerce électronique dans le marché intérieur : *JOCE* n° L 178, 17 juill. 2000 et *infra*, n° 409.

SECTION 2

LA NOTION DE PRESTATION DE SERVICES

188. – **Généralités. Définition. Localisation. Article 56 TFUE.** La liberté de prestation de services (ou LPS) peut être définie comme le droit d'offrir, à partir d'un établissement quel qu'il soit (principal ou secondaire) implanté dans l'Union européenne, des services sur le sol des autres États membres.

Cette définition soulève d'entrée la délicate question de la localisation de la prestation de services. On peut offrir des services à des résidents d'un État membre sans effectuer matériellement de prestation de services sur le territoire de cet État. Certains services sont relativement faciles à localiser : plaidoiries d'un avocat, construction d'un édifice, etc. D'autres le sont beaucoup moins : services financiers, virements transfrontaliers, services effectués par voie électronique... La localisation du service sert à déterminer s'il a ou non un caractère transfrontalier. Il n'y a en effet LPS européenne que si le service est fourni dans un autre État que celui où est situé l'établissement qui en est le point de départ. La localisation du service peut souvent s'appuyer sur la détermination de la prestation caractéristique du service, pour laquelle le paiement est dû. La prestation caractéristique est aussi par défaut le premier critère de la règle de conflit en matière contractuelle. Mais la localisation d'un service aux fins d'application de l'article 56 TFUE ne saurait rejaillir automatiquement sur la détermination de la loi applicable. Les deux questions sont distinctes(11).

Le traité offre de manière générale cette liberté aux ressortissants de l'Union européenne. Cette généralité montre bien l'ambition des rédacteurs du traité. Il s'agit d'aller au-delà d'un simple espace économique décloisonné. On observera que des marchés décloisonnés comme celui des États-Unis, par exemple, ne connaissent pas de manière générale la LPS. Le principe y est celui de l'établissement sur le sol de chacun des États membres des USA. La LPS européenne va donc au-delà et traduit l'ambition d'un « fédéralisme économique très développé »(12).

189. – **Commerce des services et politique commerciale commune.** La politique commerciale commune s'est étendue au secteur des « services » transfrontaliers, avec la conclusion au terme de l'*Uruguay Round*, de l'Accord général sur le commerce des services (GATS)(13). Le secteur des services est aujourd'hui essentiel dans l'activité économique. En revanche, la migration des personnes (liberté d'établissement ou circulation des travailleurs) ne saurait *a priori* entrer dans les prévisions d'une politique « commerciale ».

190. – **Espace économique européen.** Les ressortissants des États signataires de l'accord sur l'EEE bénéficient de la LPS dans les mêmes termes que le traité (Accord EEE, art. 36).

(11) V. à ce sujet l'importante communication de la Commission « LPS et intérêt général dans la deuxième directive bancaire » : *JOCE* n° C-209, 10 juill. 1997, et son pendant en matière d'assurance : *JOCE* n° C-43, 16 févr. 2000.

(12) V. Gaillard, Carreau, et Lee, *Le marché unique européen*, Pedone, 2e éd. 1991, n° 252.

(13) V. *supra*, nos 49, 52, et 65. Demeurent en dehors de la politique commerciale commune les services qui ne présentent guère d'analogie avec les marchandises, et en particulier ceux qui concourent à la circulation des personnes (V. CJCE, 15 nov. 1994, avis n° 1/94).

191. - **Absence de définition.** Le traité ne contient pas de définition précise de ce qu'il convient d'entendre par prestation de services. L'article 57 TFUE présente les services régis par les dispositions du traité comme « les prestations fournies normalement contre rémunération ». Puis il donne des illustrations si générales qu'elles n'avancent guère l'interprète. Il est ainsi indiqué que les services comprennent notamment, des activités de caractère industriel, commercial ou artisanal, et *les* activités des professions libérales. Il est ainsi acquis *a priori* que toutes les activités de ces professions entrent dans la notion européenne des services, tandis qu'il faut distinguer parmi les activités commerciales, industrielles ou artisanales. Il est vrai que les secteurs commerciaux, industriels ou artisanaux échangent ou produisent aussi les marchandises qui sont régies par d'autres dispositions du traité. La directive générale sur les services ne procède pas autrement(14).

Il est toutefois possible de déterminer d'abord ce qu'il convient d'entendre par prestation de services (§ 1), et ensuite quelles sont les prestations qui bénéficient de la liberté européenne (§ 2).

§ 1. – Matérialité de la « prestation de services »

192. - **Plan.** Il doit s'agir d'une prestation, rémunérée, offerte de manière indépendante, quel que soit le secteur économique.

193. - **Prestation.** En premier lieu, il doit s'agir d'une « prestation ». Dans la plupart des situations (par ex., avocat, médecin, transport), il existe un contrat entre le prestataire et son client, destinataire ou bénéficiaire des services. Mais la qualification de droit civil importe peu. Il peut arriver qu'il n'y ait pas de contrat entre le prestataire et le destinataire : l'exemple de la diffusion télévisuelle par voie hertzienne le montre ; il y a cependant une prestation qui est fournie aux destinataires.

194. - **Nature marchande et rémunération. Activité économique.** En deuxième lieu, et c'est un critère essentiel, la prestation doit être fournie normalement contre rémunération. On retrouve cette nécessité d'activité économique dans tout le Traité sur le fonctionnement de l'Union européenne(15). La rémunération peut bien sûr être fournie par le destinataire du service, mais cela n'est pas toujours le cas. Là encore, l'émission télévisuelle montre que les recettes indirectes du service (par ex., recettes publicitaires) doivent être prises en compte(16). Une activité purement gratuite ou « non marchande » est en principe exclue(17). Mais un même organisme peut avoir une activité en partie marchande, et en partie non marchande(18).

(14) V. Dir. n° 2006/123, 12 déc. 2006 relative aux services dans le marché intérieur : *JOUE* n° L 376, 27 déc. 2006.
(15) V. *infra*, n° 475 pour le droit de la concurrence.
(16) V. CJCE, 18 mars 1980, aff. 52-79, *Debauve*.
(17) V., pour la distinction entre le sport rémunéré et le sport non rémunéré, CJCE, 12 déc. 1974, aff. 36-74, *Walrave*. – CJCE, 15 déc. 1995, aff. C-415/93, *Bosman*. – CJCE, 18 juill. 2006, aff. C-519/04 P, *Meca-Medina et Majcen c/ Commission et Finlande*. – Sur la sécurité sociale lorsqu'elle repose sur les principes de solidarité nationale, sur le fondement de la directive n° 92/49 ; V. *infra*, n°s 475 et 938. – CJCE, 26 mars 1996, aff. C-238/94, *Garcia*. – *Adde*, CJCE, 17 févr. 1993, aff. C-159 et 160/91, *Poucet et Pistre c/ AGF*. – Sur l'enseignement public, CJCE, 7 déc. 1993, aff. C-109/92, *Wirth*. – CJCE, 11 sept. 2007, aff. C-76/05, *Schwarz et Gootjes*. – CJCE, 11 sept. 2007, aff. C-318/05, *Commission c/ Allemagne*. – Mais la recherche de profit ou de possibilité de subsistance n'est pas pertinente, V. pour des cours dispensés de manière presque bénévole, mais rémunérée, CJCE, 18 nov. 2007, aff. C-281/06, *Jundt*. – CJCE, 31 mai 1989, aff. 344/87, *Bettray* ; V. *infra*, n° 475.
(18) V., en matière de concurrence, CJCE, 16 nov. 1995, aff. C-244/94, *FFSA*.

195. - **Indépendance.** En troisième lieu, le prestataire doit offrir ses services de manière indépendante. S'il est salarié, son activité relève des dispositions du traité relatives à la libre circulation des travailleurs. Cela n'empêche pas qu'un salarié puisse exercer, à côté de ses fonctions au sein de l'entreprise de son employeur (lequel peut être prestataire de services), une activité autonome de services.

196. - **Indifférence au secteur économique.** En quatrième lieu, l'activité de prestation de services peut se rencontrer quel que soit le secteur d'activité du prestataire. Il faudra même, le cas échéant, distinguer au sein de l'activité d'une même entreprise, ce qui relève des services et ce qui relève par exemple de la circulation des marchandises(19). La notion de prestation de services est indépendante du secteur économique et peut donc concerner des activités aussi diverses que l'émission télévisée(20), la publicité(21), les activités financières de la banque et de l'assurance notamment(22), les activités hospitalières(23), la formation professionnelle(24), les activités d'intermédiaire(25), le bâtiment et les travaux publics(26), le transport et les voyages(27), voire le sport professionnel(28), l'organisation de jeux(29) ou de loteries(30), et toutes les professions libérales (médecins, avocats, architectes, comptables, etc.).

§ 2. – Européanité de la prestation de services

197. - **Plan.** Il ne suffit pas qu'il y ait activité économique de prestation de services pour entrer dans les prévisions du traité, il faut aussi que la prestation soit européenne : elle doit pour cela émaner d'un établissement d'un ressortissant d'un État membre implanté sur le territoire d'un autre État membre. Une entreprise peut en outre avoir une activité de prestation de services continue et habituelle.

198. - **Un établissement préalable d'un ressortissant d'un État membre.** Le traité réserve la LPS aux services qui sont offerts par les ressortissants des États membres établis dans un pays de l'Union. Il ne distingue pas entre établissement principal et secondaire. Une société établie dans l'Union européenne qui dispose de plusieurs filiales et de plusieurs succursales dans l'Union européenne trouve ainsi autant de bases de départ pour offrir des services.

(19) Par ex., impression d'un journal : service ; mise en vente du journal : marchandise : V. CJCE, 7 mai 1985, aff. 18-84, *Commission c/ France*. Les œuvres littéraires ou artistiques peuvent être tantôt reproduites (livres, DVD, films, qui sont des marchandises ; V. *supra*, n° 79), et tantôt représentées (notamment par la télévision, qui est un service).

(20) V. CJCE, 30 avr. 1974, aff. 155-73, *Sacchi*.

(21) CJCE, 26 avr. 1988, aff. 352/88, *Bond van Adverteerders*. – CJCE, 9 juill. 1997, aff. C-34 à 36/95, *Konsumentombudsmannen c/ de Agostini*.

(22) CJCE, 24 oct. 1978, aff. 15-78, *Sté générale alsacienne de banque*. – CJCE, 4 déc. 1986, *Commission c/ Allemagne*, préc. pour le crédit-bail, CJCE, 26 oct. 1999, aff. C-294/97, *Eurowings Luftverkehrs c/ Finanzamt Dortmund*.

(23) CJCE, 12 juill. 2001, aff. C-368/98, *Vanbraeckel c/ ANMC* et aff. C-157/99, *Stichting Ziekenfonds et Peerbooms*.

(24) CJCE, 28 oct. 1999, aff. C-55/98, *Bent Vertergaard c/ Skattenministeriet*.

(25) Courtage : CJCE, 6 juin 1996, aff. C-101/94, *Commission c/ Italie*. – CJCE, 26 nov. 1975, aff. 39/75, *Coenen*.

(26) CJCE, 27 mars 1990, aff. C-113-89, *Rush Portuguesa*. – CJCE, 28 mars 1996, aff. C-272/94, *Guiot*.

(27) CJCE, 11 avr. 1989, aff. 66-86, *Ahmed Saed Flugreisen*.

(28) CJCE, 12 déc. 1974, aff. 36-74, *Walrave c/ Union cycliste internationale*.

(29) Machines à sous : CJCE, 21 sept. 1999, aff. C-124/97, *Markku Juhani Läärä*. – Pour les jeux, CJCE, 11 sept. 2003, aff. C-6/01, *Anomar c/ Estado Porguguès*. – CJCE, 21 oct. 1999, aff. C-67/98, *Zenatti*. – CJCE, 6 nov. 2003, aff. C-243/01, *Gambelli*. – CJCE, 6 mars 2007, aff. C-338, 359 et 360/04, *Placanica*. – CJCE, 8 sept. 2009, aff. C-42/07, *Liga Portuguesa de futebol et Baw*.

(30) CJCE, 24 mars 1994, aff. C-275/92, *Schindler*.

Cet article limitant la LPS aux ressortissants des États membres, sont donc exclues les succursales dépourvues de la personnalité morale des sociétés étrangères(31).

199. – **Caractère transfrontalier. Localisation.** L'activité de prestation de services doit, pour bénéficier de la liberté européenne, être transfrontalière, ou intra-européenne. On rappelle la délicate question de la localisation de la prestation de services, surtout des services financiers et/ou recourant à l'outil informatique(32). Il faut encore souligner ici que le traité ne concerne pas les situations purement internes à chacun des États membres, c'est-à-dire celles qui ne concernent pas les flux transfrontaliers(33). Il serait en tout cas frauduleux de présenter comme européen un flux de prestations qui emprunterait artificiellement le territoire d'un autre État membre, alors que le flux économique serait demeuré national. L'adage *fraus omnia corrumpit* est d'application générale(34).

200. – **Caractère temporaire ou habituel.** L'article 57 TFUE précise que le prestataire peut exercer « à titre temporaire, son activité dans le pays où la prestation est fournie ». Cela signifie que le prestataire peut se déplacer pour offrir ses services(35). On comprend aussi qu'il ne peut s'implanter durablement sur le territoire d'un autre État, car il relèverait alors du droit d'établissement : son implantation durable « dans » le pays où la prestation est fournie s'analyserait au moins en une « présence permanente », si ce n'est en une succursale(36). Mais cet article considère chaque prestation de services individuellement. Elle est par définition temporaire (par ex., la souscription d'un contrat, une émission TV, la construction d'une maison). Il faut la distinguer de l'activité économique d'ensemble du prestataire qui peut être continue et transfrontalière (activité de TV, d'assurance...). La libre prestation de services intra-européenne peut donc être répétée, et donc habituelle. C'est pour cette raison, par exemple, qu'il y eut tant de difficultés dans les secteurs sensibles de la banque et de l'assurance(37).

SECTION 3

LES CONDITIONS DU CHOIX ENTRE ÉTABLISSEMENT ET PRESTATION DE SERVICES

201. – **Choix offert aux opérateurs économiques.** Le traité offre ces deux libertés aux entreprises. Le choix entre elles peut répondre à de multiples considérations : en

(31) V., par ex., *infra*, n°s 212 et s.
(32) V. *supra*, n° 188 et *infra*, n° 409.
(33) V. CJCE, 18 mars 1980, *Debauve*, préc. – CJCE, 16 janv. 1997, aff. C-134/95, *USSL di Biella c/ INAIL*. – CJUE, 10 mai 2012, aff. C-357 à 359/10, *Duomo Gpa* ; V. *infra*, n°s 207, 251, 258 et 277.
(34) V. CJCE, 12 déc. 1974, aff. 33-74, *Van Binsbergen*. V., pour une entreprise de communication établie aux Pays-Bas, qui finança un émetteur au Luxembourg pour émettre uniquement à destination des Pays-Bas, CJCE, 3 févr. 1993, aff. C-148-91, *Veronica*. – CJCE, 5 oct. 1994, aff. C-23-93, *TV 10 c/ Commissariat Voor de Mediat*. – CJCE, 5 juin 1997, aff. C-56/96, *VT4 c/ Vlaamse gemeenschap* ; le souci d'empêcher les fraudes ne peut aller jusqu'à exclure certains services de la LPS, car ce serait attenter à l'effet utile de l'article 56 TFUE, CJCE, 10 sept. 1996, aff. C-11/95, *Commission c/ Belgique*.
(35) Par ex., construction d'une maison.
(36) Mais le prestataire de services qui se déplace vers l'État de prestation de services pour exercer ses activités de manière temporaire sur ce territoire peut y installer une certaine infrastructure, qui est en quelque sorte un « infra-établissement », V. CJCE, 30 nov. 1995, *Reinhard Gebhard*, V. *supra*, n° 187.
(37) V. *infra*, n°s 347 et s.

particulier, la LPS permet en principe de conserver le régime fiscal et social de l'État où est implanté l'établissement d'où émaneront les services. Il peut être intéressant d'agir en LPS à partir d'un État membre dont les législations sociales et fiscales sont plus souples, vers les États dont les droits sont plus rigoureux. D'autres considérations peuvent jouer : la loi applicable aux contrats, règles de facturation, de paiement, etc. Les progrès de la télématique et des réseaux joueront en faveur de la LPS.

202. - **Obligation des États membres de maintenir le choix entre les deux libertés.** Ces deux libertés sont offertes par le traité. Les États ne peuvent donc empêcher de choisir entre elles, en exigeant par exemple qu'une activité donnée ne puisse être exercée sur leur sol que par des entreprises établies[(38)]. Cela ne veut cependant pas dire que des raisons d'intérêt général ne puissent être invoquées par les États pour restreindre ou contrôler l'exercice de l'activité en régime de LPS à destination de leur territoire[(39)].

203. - **Caractère résiduel de la LPS. Délimitation délicate entre LPS et établissement.** Le traité fait écho à la préférence naturelle de la plupart des États à l'égard des activités qui sont exercées par des entreprises établies sur leur sol. Même si les deux libertés – d'établissement et de prestation de services – sont offertes par le traité, son article 57 dispose que l'on ne peut invoquer la libre prestation de services européenne que pour autant que les prestations en cause « ne sont pas régies par les dispositions relatives à la libre circulation des marchandises, des capitaux, et des personnes ».

Le caractère résiduel de la LPS est ainsi posé. Cela ne soulève guère de difficultés au regard des libertés de circulation des marchandises ou des capitaux. Il ne s'agit alors que d'une question de qualification en principe simple à résoudre : une marchandise se distingue *a priori* aisément d'un service.

Il n'en va pas de même au regard de la libre circulation des personnes, c'est-à-dire en clair de la liberté d'établissement[(40)]. En effet, l'établissement, ou la LPS, peuvent être deux vecteurs alternatifs d'une même activité économique de services. Une compagnie d'assurances, par exemple, peut offrir le même type de police, à la fois par prestation de services transfrontalière et par une succursale locale.

Or, il est quelquefois difficile de savoir si les infrastructures d'une entreprise sur un territoire sont suffisantes pour qu'on puisse y voir un établissement. Le cas des intermédiaires (qui doivent être indépendants pour qu'il y ait LPS) et celui des installations de communication électronique montrent que la frontière est ténue et mouvante, et qu'il existe, en droit européen, ce que l'on peut qualifier de « zone grise » entre établissement et LPS[(41)].

(38) V. CJCE, 4 déc. 1986, *Commission c/ Allemagne*, préc. – *Adde*, CJCE, 29 mai 2001, aff. C-263/99, *Commission c/ Italie*. – CJCE, 25 oct. 2001, aff. C-463/99, *Commission c/ Allemagne*. – CJUE, 29 sept. 2011, aff. C-387/10, *Commission c/ Autriche*.
(39) Sur les raisons d'intérêt général, V. *infra*, n°s 270 et 282.
(40) Pour la libre circulation des travailleurs salariés, régie par l'article 54 TFUE, V. CJCE, 5 oct. 1988, aff. C-196/87, *Steymann c/ Staatssecretaris van justitie*. – La LPS peut impliquer des déplacements temporaires de main-d'œuvre, CJCE, 27 mars 1990, aff. C-113/89, *Rush Portuguesa*. – CJCE, 28 mars 1996, aff. C-272/94, *Guiot*. – L'activité de mise à disposition de salariés est une prestation de services, CJCE, 17 déc. 1981, aff. C-279/80, *Webb*.
(41) V. Comm. CE, communication interprétative, « LPS et intérêt général dans la deuxième directive bancaire » : *JOCE* n° L 209, 10 juill. 1997 et, dans le secteur des assurances, *JOCE* n° C-43, 16 févr. 2000 ; V. *supra*, n° 187 et *infra*, n°s 354 et 367 et s.

204. – **Extension de la notion d'établissement. Présences permanentes. Accentuation du caractère résiduel de la LPS.** Il est certain qu'il est difficile en pratique d'atteindre la masse de la clientèle qui réside dans un État sans y avoir un minimum d'implantation matérielle. Il peut cependant être préférable d'agir en LPS. Si l'implantation matérielle n'a pas le statut d'établissement, le recours à la LPS est sauvegardé.

On rappellera alors que la Cour de justice a reconnu que la notion d'établissement était « très large », qu'elle se caractérisait par la recherche de la participation stable et continue à la vie économique de l'État d'accueil, que l'énumération des modes d'établissement n'était pas limitative et qu'il convenait d'y ajouter les « présences permanentes »[(42)]. Cela accentue corrélativement le caractère résiduel de la LPS.

205. – **Cumul ou non-cumul de la liberté d'établissement et de la LPS.** L'article 57 TFUE envisage les prestations. Il ne considère pas l'activité globale d'une entreprise qui peut consister à offrir de multiples prestations (par ex., compagnie de transports, compagnie d'assurances). C'est donc prestation par prestation – ou contrat par contrat – qu'il faut apprécier le caractère résiduel de la LPS.

Une même entreprise peut donc choisir d'offrir un même type de service à sa clientèle qui réside dans un État membre à la fois par le canal de ses établissements (filiales ou succursales) implantés sur ce territoire, et en LPS à partir d'un autre établissement implanté dans un autre État membre. Un « tour opérateur » allemand peut ainsi rechercher la clientèle française à partir d'une succursale parisienne (régime d'établissement), mais aussi par des messages expédiés d'Allemagne pour nouer directement des contrats transfrontaliers (LPS).

Mais un même contrat ne peut, et c'est le bon sens, être à la fois conclu en régime d'établissement et en LPS. Lorsqu'une entreprise s'est adressée à un client donné à la fois en LPS et par son établissement local, le contrat sera en principe réputé conclu par l'établissement local. Il en est ainsi de la personne contactée initialement par un message électronique (LPS), qui s'adresse néanmoins pour contracter à la succursale locale. Il en est de même de celle qui, contactée par la succursale locale, est renvoyée par cette succursale pour contracter avec un établissement étranger. On verra dans ces situations un contrat proposé par l'établissement local, donc en « régime d'établissement ».

(42) V. CJCE, 30 nov. 1995, *Reinhard Gebhard*, préc. et V. *supra*, n° 187.

CHAPITRE 2

LES BÉNÉFICIAIRES DES DROITS D'ÉTABLISSEMENT ET DE PRESTATION DE SERVICES

206. – **Personnes physiques et personnes morales.** Le traité offre de manière identique ces libertés aux personnes physiques (Section 1) comme aux personnes morales (Section 2). Les dispositions du Traité sur l'EEE en sont la transposition (art. 31 à 39).

207. – **Situations purement internes et discrimination à rebours.** Toutes les personnes physiques ou morales ressortissantes d'un des États membres ne sont pas pour autant bénéficiaires des libertés européennes. N'ont cette qualité que celles qui, par leur migration ou leur action, se sont placées dans le champ d'application du droit européen. Les personnes physiques ou morales qui seront demeurées dans des situations purement internes ne pourront donc pas invoquer les libertés européennes, et pourront apparaître quelquefois défavorisées. C'est le problème de la « discrimination à rebours » (Section 3).

SECTION 1

LES PERSONNES PHYSIQUES

208. – **Lois nationales.** La définition a le mérite de la simplicité. Est ressortissant européen toute personne qui a la nationalité d'un État membre. Et la détermination de cette nationalité relève de la loi de l'État dont on invoque la nationalité.

209. – **Double nationalité.** Les personnes qui ont la double nationalité sont déjà nombreuses, et le décloisonnement de l'espace européen multipliera sans aucun doute ces situations. Comme la détermination de la nationalité relève exclusivement de la loi des États membres, il suffit qu'une personne ait la nationalité d'un de ces États pour revendiquer l'accès aux libertés européennes. C'est ainsi qu'une personne qui a les nationalités italienne et argentine peut invoquer en Europe sa

nationalité italienne[1], ou qu'un Franco-Allemand peut invoquer en France sa nationalité allemande[2].

210. – **Cas particuliers.** Le particularisme de certaines situations nationales a dû être pris en considération. Par exemple, une déclaration du Royaume-Uni a précisé que le terme « ressortissant » visait notamment les citoyens du Royaume-Uni, des colonies ou d'un État du Commonwealth qui possèdent le droit de résidence au Royaume-Uni et qui sont de ce fait dispensés du contrôle d'immigration au Royaume-Uni. Les ressortissants des Îles Anglo-Normandes et de l'Île de Man ne bénéficient pas des libertés européennes alors que, depuis 1968, ces territoires font partie du territoire douanier de l'Union et que s'y appliquent les règles relatives à la libre circulation des marchandises. Les ressortissants des DOM français sont des « ressortissants » européens. Il en va de même pour les Îles Féroé.

Les ressortissants de Monaco, d'Andorre ou de San Marino ne bénéficient pas des libertés européennes. Ces libertés ne sont acquises qu'aux ressortissants des États dont un État membre assure la totalité des relations extérieures, ce qui n'est le cas pour aucune de ces principautés.

211. – **États associés.** L'Union européenne a conclu des accords d'association avec un certain nombre d'États : Turquie, Maghreb, États dits « ACP ». Certains accords ouvrent assez largement un droit d'accès aux activités dans toute l'Union[3]. D'autres sont plus restrictifs et exigent le préalable de la réciprocité qui sera rarement constatée[4].

SECTION 2

LES PERSONNES MORALES

212. – **Principe.** Cet article 54 TFUE retient le système le plus libéral, qui est celui de l'incorporation, puisqu'il bénéficie aux sociétés constituées en conformité avec la législation d'un État membre. Le système de l'incorporation reçoit cependant un tempérament : il est tout de même nécessaire que les sociétés aient à l'intérieur de l'Union européenne soit leur siège statuaire, soit leur administration centrale, soit leur principal établissement. Le lien exigé avec l'Union européenne, en plus de l'incorporation, peut donc être fort lâche (par ex., un siège statutaire, sans administration centrale ni principal établissement). En tout cas, le critère du contrôle est absent.

213. – **Sociétés concernées.** Le texte précise qu'il entend par sociétés « les sociétés de droit civil ou commercial, y compris les sociétés coopératives et les autres personnes morales relevant du droit public ou privé, à l'exception des sociétés qui ne poursuivent pas un but lucratif ».

(1) V. CJCE, 7 juill. 1992, aff. 369-90, *Micheletti*.
(2) V. CJCE, 19 janv. 1988, aff. 292-86, *Gullung* : il faut bien sûr que le double national soit dans une situation où il peut invoquer les libertés européennes.
(3) V. CJCE, 20 sept. 1990, aff. C-192-89, *Sevince*, pour les décisions du conseil d'association institué en vertu de l'accord avec la Turquie.
(4) V. CJCE, 24 nov. 1977, aff. 65-77, *Razanatsimba*.

La notion de société est européenne. Elle doit recevoir une interprétation uniforme et ne saurait dépendre des critères de tel ou tel droit national. Aussi doit être considéré comme société au sens du traité tout groupement qui possède une capacité d'action et d'expression, ainsi qu'un patrimoine propre. Cela vise bien sûr les sociétés civiles et commerciales du droit français immatriculées au registre du commerce (et parmi elles, la société anonyme simplifiée).

Des sociétés d'économie mixte, des GIE, des coopératives, des associations, des établissements publics peuvent aussi être considérés comme des « sociétés » au sens de cet article. Il en va différemment des sociétés qui n'auraient pas la personnalité morale, comme les sociétés en participation du droit français.

214. - **But lucratif.** Cette exigence résulte du même article. La notion est ici encore européenne[5]. Il n'est pas nécessaire que l'activité de la « société » puisse donner naissance à « un gain pécuniaire, ou à un gain matériel, qui ajouterait à la fortune des associés ». Un tel critère exclurait en particulier les GIE. Le « but lucratif » est ici synonyme de participation à la vie économique, dans un but de recherche de profit ou de bénéfice pour le patrimoine de l'être moral. La frontière est donc celle d'activité désintéressée.

215. - **Distinction sociétés / entreprises.** Les règles du traité relatives aux libertés d'établissement et de prestation de services considèrent les sociétés, c'est-à-dire essentiellement les « personnes morales ». Les règles de concurrence n'ont pas la même perspective : elles considèrent les entreprises, regroupements unitaires et durables de moyens économiques. Une entreprise, au sens des règles de concurrence, peut, par exemple, être découverte dans une partie simplement de l'activité d'une personne morale ou, à l'inverse, dans le regroupement de plusieurs personnes morales dépourvues d'indépendance au sein d'un groupe qui constituera seul l'entreprise[6].

216. - **Coordination du droit des sociétés.** L'article 54 TFUE pose un principe simple en assimilant les sociétés aux personnes physiques. Par la suite, les autorités européennes se sont engagées dans une œuvre importante de coordination des droits nationaux, afin de « rendre équivalentes » les « garanties qui sont exigées dans les États membres des sociétés (...) pour protéger les intérêts tant des associés que des tiers » (TFUE, art. 50, § 2 *g*). Cette équivalence et la reconnaissance mutuelle qu'elle implique pallient aussi l'absence d'un système général de reconnaissance[7].

La coordination des législations nationales, pour importante qu'elle soit, n'est pas suffisante. Dans la perspective du marché intérieur, il est apparu indispensable d'offrir aux entreprises des *moules* juridiques uniformes pour faciliter leur « circulation » intra-européenne. Seul le « GEIE » est parvenu assez tôt (1985) à la « vie juridique »[8]. Ce n'est qu'en 2001 que la société européenne (*Societas europaea*) vit enfin le jour[9], suivie en 2003 par la société coopérative européenne[10].

(5) V. *infra*, n° 304.
(6) V. *infra*, n°s 469 et s.
(7) V. *infra*, n°s 299 et s.
(8) V. *infra*, n°s 329 et s.
(9) Règl. n° 2157/2001 et Dir. n° 2001/86, 8 oct. 2001 : *JOCE* n° L 294, 10 nov. 2001 et *infra*, n°s 330 et s.
(10) Règl. n° 1435/2003 : *JOUE* n° L 207, 18 août 2003, V. *infra*, n° 342.

SECTION 3

LA « DISCRIMINATION À REBOURS »

217. - **Généralités.** Il peut arriver que l'application d'une législation nationale place les ressortissants de l'État membre qui l'a édictée dans une situation juridique ou économique moins favorable sur son sol que celle des ressortissants des autres États membres qui peuvent invoquer le droit européen. Il y a alors ce que l'on qualifie de « discrimination à rebours ». Il s'agit *a priori* d'une situation purement interne à l'État membre en cause. Le droit européen n'a pas une vocation naturelle à régir ces situations internes. Cette proposition n'est toutefois pas absolue. Il est des hypothèses où le droit européen va régir des situations juridiques internes, empêchant ainsi la « discrimination à rebours » : ce sera le cas lorsque tous les justiciables, y compris les ressortissants ou résidents de l'État membre en cause, seront en droit d'invoquer le droit de l'Union. La « discrimination à rebours » n'est en définitive concevable que lorsque le droit européen n'a pas vocation à régir les rapports entre un État membre et ses ressortissants.

218. - **Distinctions.** *A priori*, donc, les situations purement internes échappent au droit européen(11). Pour pouvoir invoquer les dispositions de ce droit, il faut se trouver dans une situation qu'il envisage. Les « migrants » européens peuvent en principe toujours invoquer les règles du droit primaire ou du droit dérivé qui régissent les libertés d'établissement et de prestation de services. Leur migration les place en effet dans le champ d'application naturel du droit de l'Union. Ceux qui sont demeurés toujours sur le même territoire, et qui y ont toujours exercé leur activité, ne le peuvent pas toujours.

219. - **Situations internes et invocabilité du droit de l'Union européenne.** Toutes les dispositions du droit européen ne s'adressent pas qu'aux seuls migrants. De nombreuses directives de coordination des législations internes font plus que faciliter l'exercice des libertés d'établissement et de prestation de services. Elles sont l'embryon d'une législation harmonisée, dans la perspective plus générale de l'espace sans frontières intérieures. Elles imposent aux États membres des résultats à atteindre. Un exemple de ce type de directives est donné par la coordination du droit des sociétés. L'invocabilité de ces directives est possible pour les ressortissants de l'État membre qui n'a pas transposé les directives dans les délais impartis, ou qui les a transposées de manière infidèle. Le fait que la situation de fait soit purement interne n'empêche pas alors l'application du droit de l'Union.

220. - **Véritables discriminations à rebours et non-invocabilité du droit européen.** Un grand nombre de dispositions du traité, ou du droit dérivé, ont pour objet de permettre ou de faciliter l'exercice des libertés d'établissement et de prestation de services, c'est-à-dire de faciliter les migrations ou les prestations de services intra-

(11) V. CJCE, 7 févr. 1979, aff. 115-78, *Knoors*, pour une personne qui n'avait jamais quitté son État. – V., pour la contestation de la loi *Royer* à propos des restrictions à l'ouverture des grandes surfaces, CJCE, 8 déc. 1987, aff. 20-87, *Gauchard*. – *Adde*, CJCE, 16 janv. 1997, *USL di Biella*, et CJCE, 16 nov. 1995, *Van Buynder*.

européennes. Elles ne sont donc pas invocables par ceux qui sont demeurés dans des situations purement internes. C'est le droit interne qui s'appliquera alors[12].

Ces personnes peuvent donc être traitées plus mal par leur État que les migrants européens, sans que le droit de l'Union puisse jouer en leur faveur. Elles seront victimes d'une discrimination à rebours. De telles situations peuvent être choquantes, tout en étant explicables en droit.

221. - **La discrimination à rebours justiciable du droit européen.** Il s'agit de l'hypothèse où un État membre refuse le bénéfice du droit européen à l'un de ses ressortissants, pour la raison qu'il est un de ses nationaux, alors que ce ressortissant se trouve néanmoins dans une situation qui permet l'application du droit européen. L'État refuse ici un droit qui figure dans le patrimoine de son ressortissant, en vertu d'une disposition d'effet direct du droit de l'Union.

On peut prendre l'exemple classique des affaires *Auer*[13]. Cet Autrichien d'origine avait obtenu en Italie son diplôme de vétérinaire. Il émigra en France et obtint la nationalité française. Il demanda à être inscrit à l'ordre des vétérinaires au vu de ses diplômes italiens, ce qui lui fut refusé. Une directive du 18 décembre 1978 prévoyait certes la reconnaissance mutuelle des diplômes, mais le délai pour la transposer n'était pas encore expiré. Il fut alors poursuivi pénalement. La Cour de justice admit que M. Auer bénéficiait bien de la liberté d'établissement. Mais le droit européen, à l'époque, n'offrait que le régime résultant du traité. Puisque la directive n'était pas transposée et que le délai pour le faire n'était pas expiré, cela laissait subsister les législations nationales différentes, et notamment la législation française qui exigeait la détention des seuls diplômes français.

Vint l'expiration du délai de transposition. La France ne transposa pas la directive. Mais la directive devint effective et invocable « verticalement ». M. Auer renouvela sa demande, et essuya un nouveau refus. La cour de Colmar, à nouveau saisie, estima qu'il était inconcevable qu'une telle personne, bien que de nationalité française, puisse avoir « plus de droits que le Français d'origine, titulaire de diplômes nationaux ». Il y avait bien « discrimination à rebours » : le bénéfice du droit européen était refusé uniquement en considération de la nationalité du demandeur. La Cour de justice, dans son second arrêt *Auer*, se borna à observer que la directive imposait de manière claire, précise et inconditionnelle, la reconnaissance du diplôme italien.

En définitive, l'interdiction de la « discrimination à rebours » en droit de l'Union est une traduction du principe plus général de non-discrimination[14].

(12) V., par ex., CJCE, 28 janv. 1992, aff. C-332/90, *Volker Steen 1* et CJCE, 16 juin 1994, aff. C-132/93, *Vollker Steen 2*.
(13) CJCE, 7 févr. 1979, aff. 136-78, *Auer I*. – CJCE, 22 sept. 1983, aff. 271-82, *Auer II* : *RTDE* 1984, 511, note Bazex.
(14) V., pour l'obligation du juge d'appliquer le droit européen lorsqu'il recouvre une situation de discrimination à rebours, CJUE, 21 févr. 2013, *Ordine Degli Ingenieri di Verona*, préc.

CHAPITRE 3

L'ACCÈS EFFECTIF DES PERSONNES PHYSIQUES AUX TERRITOIRES DES ÉTATS MEMBRES

222. – **Importance de la migration des personnes physiques.** La migration des travailleurs indépendants est assurément indispensable pour permettre un exercice européen des professions commerciales ou libérales et des activités économiques en général. Mais la migration des personnes physiques peut aussi concerner la vie des sociétés et l'exercice effectif des libertés de création de filiales ou de succursales. En effet, l'accès aux fonctions de mandataire social ne relève pas de la liberté de circulation des travailleurs salariés, mais des dispositions relatives aux travailleurs indépendants (V. TFUE, art. 45 et s., et Traité EEE, art. 31, § 2).

223. – **Conséquence de la citoyenneté de l'Union**. Prévue aux articles 8 et 20 et suivants du TFUE, la citoyenneté de l'Union donne le « droit de circuler et de séjourner librement sur le territoire des États membres, sous réserve des limitations prévues par le présent traité et par les dispositions prises pour son application » (TFUE, art. 21). Progressivement, la notion de citoyenneté de l'Union prend consistance. Elle devient un statut fondamental de base, donnant une égalité de traitement à chacun dès qu'il se trouve dans le domaine d'application du traité[1]. Les droits de circulation ne sont cependant pas conçus de façon inconditionnelle et absolue. La migration des personnes peut à l'évidence affecter l'ordre public, ou d'autres considérations tout aussi impérieuses. Le traité permet des restrictions pour des considérations d'ordre public, de sécurité publique, ou de santé publique. Le Conseil peut sans doute arrêter des dispositions pour « faciliter » l'exercice de ces droits. Les formalités exigées aux frontières doivent néanmoins être clairement définies.

De ce point de vue, les accords de Schengen constituent une avancée considérable. Mais il y a encore d'autres obstacles à une réelle liberté de circulation ; il y en a qui tiennent à la liberté de circulation des membres de la famille du migrant européen (une liberté de circulation est-elle effective sans que la famille suive ?) ; il y en

(1) V. CJCE, 2 oct. 2003, aff. C-148/02, *Garcia Avello*. – CJCE, 29 avr. 2004, aff. C-224/02, *Heikki Antero Pusa*.

a qui tiennent aux régimes de sécurité sociale ou à l'assistance sociale (la migration européenne peut-elle aboutir à faire peser des charges nouvelles sur les régimes sociaux des États d'accueil ?).

L'évolution juridique a donc été très progressive.

D'abord, on s'est limité aux activités économiques, dans la droite ligne de l'esprit de 1957, avec la directive n° 64/220 du 25 février 1964, puis avec celle n° 73/148 du 21 mai 1973. Trois directives du 28 juin 1990 préfigurèrent l'actuelle directive n° 2004/38 du 29 avril 2004.

224. – **Plan.** Cette directive n° 2004/38 est une sorte de code de la migration européenne. Moderne dans sa conception (notamment pour tenir compte des évolutions sociologiques : divorces, partenariats...), elle s'appuie néanmoins sur la jurisprudence antérieure (Section 1). Elle doit cependant être replacée dans un cadre plus vaste de suppression des contrôles et d'entraide policière et judiciaire, impliqué, en particulier, par les accords de Schengen (Section 2).

SECTION 1

LES DROITS DE DÉPLACEMENT ET DE SÉJOUR OCTROYÉS PAR LA DIRECTIVE N° 2004/38 DU 29 AVRIL 2004

225. – La directive n° 2004/38 détermine d'abord les bénéficiaires (§ 1), puis les droits qu'elle octroie (§ 2).

§ 1. – Les bénéficiaires

226. – **Citoyens de l'Union et principe de l'égalité de traitement.** Avec la directive de 2004, on est passé de la notion de « ressortissants » des États membres à celle de « citoyens » de l'Union, ce qui ne change pas les choses en droit, puisque le citoyen de l'Union est celui qui a la nationalité d'un État membre (TFUE, art. 20).

Cette seule citoyenneté confère des droits que les ressortissants tiennent du traité, dont la directive ne fait que faciliter l'exercice[(2)]. Elle suffit pour octroyer un régime de base prévu par la directive n° 2004/38. Les considérations antérieures, tenant à l'activité économique, sont donc obsolètes. Mais ces considérations reviennent sous une forme détournée, au travers des conditions de ressources ou de rémunération[(3)].

Le principe de non-discrimination en raison de la nationalité (TFUE, art. 18) est repris à l'article 24 de la directive n° 2004/38[(4)].

(2) V. *supra*, nos 208 et s. – CJCE, 8 avr. 1976, aff. 48/75, *Royer*. – CJCE, 5 mars 1991, aff. C-376/89, *Giagoundis*.
(3) V. *infra*, n° 231.
(4) V. CJUE, 4 oct. 2012, aff. C-75/11, *Commission c/ Autriche*.

227. - **Famille. Notion extensive.** Une migration individuelle, sans famille, n'a guère de sens. La notion de famille a connu une extension liée à l'évolution des mœurs. Désormais, les membres de la famille ne sont plus seulement le conjoint, les descendants directs du migrant et du conjoint, les ascendants directs à charge(5), mais encore les « partenaires » s'étant engagés avec le migrant dans un « partenariat enregistré », à la condition toutefois que, dans la loi de l'État d'accueil, ces partenariats soient « équivalents au mariage » (alors, les descendants ou ascendants directs du partenaire sont membres de la famille).

Mais la famille est souvent aujourd'hui une notion de fait. La « durabilité » des relations, ou la charge financière, sont aussi des critères, certes moins précis. La directive n° 2004/38 vise cependant ces « autres membres de la famille » (« à charge » dans le pays d'origine, faisant « partie du ménage », « partenaire » ayant une relation « durable », « dûment attestée »). La directive n'offre cependant pas à ces personnes un vrai « droit » de migrer, mais un simple engagement des États de « favoriser » leur migration(6).

§ 2. – Les modalités de la migration européenne

228. - **Plan.** La directive de 2004 octroie les droits de déplacement et de séjour. Ces libertés ne sont toutefois pas uniquement liées à la situation juridique. Des considérations économiques peuvent interférer (A). De surcroît, ces libertés s'effacent si l'État membre d'accueil ou de destination peut faire valoir des raisons d'ordre public, de sécurité ou de santé publiques (B).

A. – Le déplacement et le séjour

229. - **Droit de sortie de l'État d'origine.** La migration commence par la sortie d'un territoire(7). Le droit de quitter le territoire d'un État membre est donné à tout citoyen de l'Union muni d'une carte d'identité ou d'un passeport en cours de validité. Les membres de sa famille qui n'ont pas la nationalité d'un État membre doivent produire un passeport en cours de validité. Aucun visa de sortie ne peut être exigé(8).

230. - **Droit d'entrée dans l'État d'accueil.** Pour les citoyens européens, les documents permettant la sortie suffisent pour autoriser l'entrée(9). Pour les membres de la famille qui n'ont pas la nationalité d'un État membre, un visa d'entrée peut être exigé sauf si la personne en question a déjà une carte de séjour en

(5) CJUE, 6 nov. 2013, aff. C-423/12, *Reyes*.

(6) Sur cette notion, V. CJUE, 5 sept. 2012, aff. C-83/11, *Rahman e.a.*

(7) V., pour les interdictions de sortie pour non-paiement de dettes commerciales, CJUE, 4 oct. 2012, *Byankov*, ou fiscales, CJUE, 11 nov. 2011, *Aladzhov*, aff. C-434/10 (le non-paiement de dettes fiscales peut être un motif conforme à l'ordre public).

(8) Dir. n° 2004/38, art. 4.

(9) Aucune autre pièce ne peut être requise, CJCE, 3 juill. 1980, aff. 157/79, *Regina c/ Pieck*. – CJCE, 14 juill. 1977, aff. 8/77, *Sagulo*. L'objectif de la directive est de permettre la constatation de l'identité du migrant. L'exigence d'un document en cours de validité est disproportionnée lorsque la preuve de l'identité peut être apportée sans aucune équivoque, CJCE, 17 févr. 2005, aff. C-215/03, *Oulane*.

cours de validité. Pour ces personnes, les États membres se sont engagés à apporter toutes facilités pour l'obtention du visa[(10)].

231. - **Droits de séjour temporaire.** Il faut distinguer selon la durée. Jusqu'à trois mois, la seule possession des documents exigés pour l'entrée suffit. Pour les séjours supérieurs à trois mois, ce droit est subordonné à plusieurs conditions alternatives[(11)] :

1) qualité de travailleur salarié ou non-salarié[(12)] ;

2) disposition de ressources suffisantes pour ne pas devenir une charge pour le système d'assurance sociale de l'État d'accueil[(13)] ;

3) inscription dans un établissement d'enseignement, avec bénéfice d'une assurance maladie complète dans l'État d'accueil, et garantie de ressources suffisantes (par ex., aide des parents), évitant de devenir une charge dans l'État d'accueil[(14)] ;

4) être un membre de la famille d'un citoyen de l'Union qui satisfait à l'une des trois conditions précédentes.

Le droit de séjour de plus de trois mois peut obliger les citoyens de l'Union à un enregistrement. Les ressortissants des pays tiers membres de la famille du migrant européen doivent se faire délivrer une carte de séjour valable cinq années[(15)].

La directive n° 2004/38 est de surcroît soucieuse du sort des membres de la famille du migrant européen, s'il vient à décéder, à partir, ou si le divorce est prononcé. Dans ces situations, le droit de séjour est maintenu au profit des membres de la famille, mais à titre personnel seulement[(16)].

232. - **Perte du droit de séjour temporaire.** Les conditions économiques peuvent suffire à faire perdre le droit de séjourner[(17)]. C'est le cas si les citoyens de l'Union et les membres de leurs familles deviennent une « charge déraisonnable pour le système d'assurance sociale du pays d'accueil ».

Mais la mesure d'éloignement ne peut être prononcée uniquement parce que ces personnes ont recouru au système local d'assurance sociale[(18)]. De surcroît, la situation de travailleur salarié, ou de recherche d'emploi (effective, avec des chances réelles) exclut l'éloignement[(19)]. Des garanties procédurales régissent la procédure d'éloignement[(20)].

(10) Dir. n° 2004/38, art. 5 ; une simple admission temporaire ne vaut pas entrée sur le territoire, V. CJUE, 9 nov. 2000, aff. C-337/98, *Yiadom*.

(11) Dir. n° 2004/38, art. 7, § 1, pts *a*, *b*, *c*, et *d*.

(12) On demeure travailleur même si l'on devient frappé par une incapacité de travail temporaire, ou si l'on vient à se trouver en chômage involontaire, ou si l'on entreprend une formation professionnelle (Dir. n° 2004/38, art. 7, § 3).

(13) La disposition de ressources suffisantes est une condition du droit de séjour. L'absence de droit de séjour légitime un refus de versement des prestations sociales non contributives ; V. CJUE, 11 nov. 2014, *Dano*. Les ressources exigées ne peuvent pas être supérieures au niveau en dessous desquels les ressortissants de l'État d'accueil peuvent bénéficier d'une assistance sociale, ni à la pension minimale de la sécurité sociale (Dir. n° 2004/38, art. 8, § 4). La notion de « disposition » de ressources suffisantes ne comporte aucune exigence en ce qui concerne la provenance des ressources ; il faut donc considérer les ressources de la famille quand l'intéressé est sans ressources, CJCE, 19 oct. 2004, aff. C-200/02, *Zhu et Chen*), voire celle du « partenaire » (CJCE, 23 mars 2006, aff. C-408/03, *Commission c/ Belgique*). Ce pragmatisme se justifie car, quelles que soient les ressources initialement considérées, elles peuvent disparaître (V., pour la preuve des ressources, CJCE, 25 mai 2000, aff. C-424/98, *Commission c/ Italie*).

(14) V. déjà sur la preuve des ressources, CJCE, 25 mai 2000, aff. C-424/98, *Commission c/ Italie*.

(15) V. les conditions aux articles 9, 10 et 11 de la directive n° 2004/38.

(16) Dir. n° 2004/38, art. 12 et 13.

(17) Ce n'est pas le cas de l'expiration des pièces d'identité, Dir. n° 2004/38, art. 15, § 1.

(18) Dir. n° 2004/38, art. 14, § 3.

(19) Dir. n° 2004/38, art. 14, § *e*.

(20) Dir. n° 2004/38, art. 15, 30 et 31 ; notamment droit au recours.

233. - **Droit de séjour permanent.** Au terme de cinq années de présence sur le territoire de l'État d'accueil[21], le droit de séjour peut devenir permanent à la requête des intéressés. Ce droit peut même être acquis avant ce délai, par exemple pour arriver à l'âge de la retraite, survenance d'une incapacité permanente de travail, ou exercice au bout de trois ans d'une activité professionnelle dans un autre État membre tout en continuant à résider dans l'État d'accueil et à y survenir au moins une fois par semaine. Les membres de la famille acquièrent aussi ce droit de séjour permanent. Les membres de la famille qui ont été confrontés au décès, au départ, ou au divorce du citoyen européen, et qui ont conservé le droit de séjour à titre personnel[22], peuvent obtenir à titre également personnel le droit de séjour permanent s'ils satisfont aux conditions soit de travail, soit de ressources[23].

B. – Les exceptions justifiées pour des raisons d'ordre public, de sécurité ou de santé publiques

234. - **Caractère général de l'article 52 TFUE. Nécessité d'une directive.** Cet article 52 TFUE autorise des mesures spéciales pour les ressortissants étrangers pour les raisons qu'il énumère : ordre public, sécurité publique, santé publique. Ce texte est applicable aussi bien pour les libertés d'établissement ou de prestation de services que pour la libre circulation des travailleurs. Mais il ne définit pas les contours des exceptions qu'il pose aux libertés de circulation européennes. Il n'était guère possible de permettre à chacun des États membres de définir à sa manière de telles notions, et de prendre des mesures arbitraires, à moins de voir les libertés vidées de leur contenu. Une directive était donc indispensable. Ces questions ont été réglées par la directive n° 2004/38.

Toutefois, pour des raisons aisément perceptibles, les directives n'ont jamais défini les notions sensibles d'ordre public et de sécurité publique. Elles ont été plus précises en ce qui concerne la santé publique. Elles ont aussi posé des garanties procédurales.

235. - **Ordre public et sécurité publique.** Il s'agit là d'une responsabilité traditionnelle des États. L'article 52 TFUE le reconnaît. Toutefois, l'absence de définition de ces notions dans le traité a été palliée par les directives, et par la jurisprudence de la Cour de justice. La référence désormais faite à la Convention européenne des droits de l'homme implique encore plus une interprétation stricte de ces notions et une nécessaire proportionnalité des mesures[24].

La première limite consiste dans l'impossibilité d'édicter des restrictions pour des raisons d'ordre économique. Faut-il rappeler que le traité crée une Union économique[25] ?

La deuxième limite tient dans l'appréciation restrictive de la notion d'ordre public. Il faut que le comportement personnel du migrant en cause constitue une

(21) Les absences de six mois par an sont tout de même tolérées, et même plus longues en cas de raisons importantes (obligations militaires, grossesse...), Dir. n° 2004/38, art. 16.

(22) V. *supra*, n° 230.

(23) Dir. n° 2004/38, art. 12, § 2, 13, § 2 *d*.

(24) Dir. n° 2004/38, art. 27, § 1. – V. CJCE, 26 avr. 1988, aff. 352-85, *Bond Van Adverteerders*, et CJCE, 25 juill. 1991, aff. C-288-89, *Stichting Collectieve Antennevoorziening Gouda*.

(25) Dir. n° 2004/38, art. 27, § 1. – V., par ex., CJCE, 26 avr. 1988, aff. 352/85, *Bond Van Adverteerders*, et CJCE, 25 juill. 1991, aff. C-288/89, *Stichting Collectieve Antennevoorziening Gouda*.

menace réelle, actuelle, et grave, à un intérêt fondamental(26). À défaut, il y aurait une discrimination en fonction de la nationalité(27). Cela interdit donc de priver un particulier des libertés européennes pour un motif d'ordre général, non individuel(28). Cela serait non objectif, et non démocratique. Les mesures (d'éloignement notamment) sont par définition réservées aux non-ressortissants, même européens. Cette sanction spécifique n'est pas discriminatoire, car les migrants européens ne sont pas dans la même situation objective que les nationaux, qui ne peuvent pas être expulsés par leur propre État(29). Mais les décisions d'éloignement doivent être fondées exclusivement sur le comportement personnel de l'individu qui en fait l'objet(30). Si le droit pénal demeure de la compétence des États, ceux-ci ne peuvent néanmoins restreindre de manière injustifiée les libertés européennes fondamentales(31). Des mesures générales, ou automatiques(32), prises à l'encontre des étrangers, seraient contraires au droit européen. Il en serait de même de mesures prises « pour l'exemple » qui, en visant apparemment le comportement d'un individu, seraient destinées à tout un groupe d'étrangers(33).

Mais la Cour n'a pas toujours adopté une attitude parfaitement claire. Dans son arrêt *Van Duyn*(34), elle était confrontée au refus britannique d'accueillir un citoyen néerlandais membre de l'Église de scientologie, qui était alors considérée en Grande-Bretagne comme présentant un danger pour la sécurité publique. La Cour a ici estimé que l'adhésion à ce groupement était non seulement un acte personnel – ce qui est certain – mais qu'il impliquait encore – ce qui est moins sûr – une identification aux buts et aux desseins du mouvement. Même si le groupement n'était pas interdit, l'adhésion personnelle pouvait donc être considérée comme un trouble personnel apporté à la sécurité publique. Une telle motivation – que l'on peut discuter – n'est bien évidemment concevable qu'en présence de groupements de taille modeste dans lesquels un lien personnel peut être présumé entre les membres et tous les actes commis au nom du groupe.

Dans le prolongement de cette jurisprudence, le droit européen(35) reconnaît aux États la possibilité de prendre des mesures ciblées contre des fauteurs de troubles collectifs, comme les *hooligans*.

La troisième limite consiste à enfermer dans un délai de trois mois à compter de l'entrée de la personne sur le territoire d'un État membre (ou du moment que

(26) CJCE, 10 juill. 2007, aff. C-33/07, *Jipa*. – *Adde*, CJCE, 9 mars 2000, aff. C-355/98, *Commission c/ Belgique*. – CJCE, 13 déc. 2007, aff. C-465/05, *Commission c/ Italie*. – CJCE, 19 juin 2008, aff. C-319/06, *Commission c/ Luxembourg*. – CJCE, 27 oct. 1977, aff. 30/77, *Bouchereau*. – CJUE, 17 nov. 2011, aff. C-348/09, *P.i.* – Pour le trafic de stupéfiants, CJUE, 22 mai 2012, aff. C-430/10, *Gaydarov*. – V. encore pour des interdictions de sortie pour dettes fiscales impayées, CJUE, 11 nov. 2011, *Aladzhov*, préc.

(27) On ne saurait donc éloigner une personne qui ne présente pas à un contrôle des documents d'identité en cours de validité, alors que les nationaux ne sont pas astreints à cette exigence, CJCE, 12 févr. 2005, *Oulane*, préc.

(28) Dir. n° 2004/38, art. 27, § 2. – CJCE, 7 juill. 2007, aff. C-50/06, *Commission c/ Pays-Bas*, pour un lien systématique entre condamnation et expulsion.

(29) V. CJCE, 19 janv. 1999, aff. C-348/96, *Donatella Calfa*.

(30) CJCE, 9 nov. 2000, *Yiadom*, préc.

(31) *Ibid.*

(32) V., pour une expulsion automatique, même si l'infraction est grave, comme le trafic de stupéfiants, CJCE, 19 janv. 1999, *Donatella Calfa*, préc.

(33) CJCE, 26 févr. 1975, aff. 41/74, *Bonsignore*. – Pour des prostituées, CJCE, 18 mai 1982, aff. 115 et 116/81, *Adoui et Cornouaille*.

(34) CJCE, 4 déc. 1974, aff. 41-74.

(35) V. Comm. CE, communication 19 juill. 1999.

cette personne a signalé officiellement sa présence si une telle obligation existe, ou encore lors de la délivrance de la carte de séjour) la possibilité pour l'État membre d'accueil de se renseigner auprès d'autres États sur le danger qu'elle représente[36].

236. – **Santé publique.** À cet égard, les directives antérieures étaient non évolutives, et se basaient sur une liste établie une fois pour toutes. Désormais, la directive n° 2004/38 vise les « maladies potentiellement épidémiques définies dans les instruments pertinents de l'OMS », et « d'autres maladies infectieuses ou parasitaires contagieuses », si elles font l'objet, dans l'État d'accueil, de dispositions de protection à l'égard de ses ressortissants. L'expulsion ne peut cependant être ordonnée si le migrant européen devient malade après avoir passé trois mois sur le sol de l'État d'accueil[37].

237. – **Garanties procédurales.** Le but est de lutter contre l'arbitraire. L'aménagement d'un recours est donc une obligation pour les États membres. Mais il faut bien admettre que les États ne sont pas obligés d'accepter sur leur sol les indésirables jusqu'à ce qu'il soit statué sur leur recours.

La procédure prévue par la directive suppose donc d'abord que le migrant soit informé des motifs du refus d'admission ou de l'expulsion (sauf sûreté de l'État)[38]. Ensuite, la procédure doit être contradictoire et, si la présence de l'intéressé peut être refusée pendant la procédure, elle ne peut pas l'être à l'audience, sauf risque de troubles graves, ou lorsque le recours porte sur un refus d'entrée[39]. Sauf urgence, un délai doit être laissé au migrant pour quitter le territoire, qui ne peut être inférieur à quinze jours (un mois en cas d'expulsion d'un étranger ayant reçu un titre de séjour). Enfin, il doit être possible d'intenter un recours juridictionnel de même nature que celui ouvert aux nationaux (délai d'un mois sauf urgence) ; cela signifie que si le recours est suspensif pour les nationaux, il doit l'être aussi pour les migrants européens[40]. De plus, après un délai raisonnable, une nouvelle demande d'admission doit pouvoir être présentée[41].

SECTION 2

L'ACQUIS DE SCHENGEN

238. – **Conventions internationales à l'origine extérieures au droit européen. La Convention d'application des accords de Schengen (CCAS). Incorporation tempérée dans le cadre de l'Union européenne.** S'il s'agissait à l'origine de conventions internationales au sens classique du terme, elles s'intégraient tout naturellement dans la perspective d'un espace sans frontières intérieures.

(36) Dir. n° 2004/38, art. 27, § 3.
(37) Dir. n° 2004/38, art. 29.
(38) Dir. n° 2004/38, art. 30 ; en cas d'atteinte à la sûreté de l'État, l'information doit conserver la confidentialité des intérêts publics, en même temps qu'informer suffisamment la personne concernée, CJUE, 4 juin 2013, aff. C-300/11, *ZZ*.
(39) Dir. n° 2004/38, art. 31, § 3.
(40) Sur l'admissibilité du recours général contre les actes administratifs, CJCE, 17 juin 1997, aff. C-65 et 111/95, *Man Singh Sigara et Abbas Radiom* ; si le recours ne porte que sur la légalité de la décision, ou encore s'il n'est pas suspensif, un recours spécial, devant une autorité administrative, doit être ouvert aux ressortissants européens. Cette autorité doit se prononcer avant l'éloignement, sauf urgence, CJCE, 30 nov. 1995 aff. C-175/94, *John Gallagher*.
(41) CJCE, *Sigara* et *Radiom*, préc.

Les directives européennes ne postulent nullement la suppression des contrôles physiques aux frontières. Cette suppression suppose une interconnexion, notamment des polices nationales. Plusieurs pays se sont engagés dans cette voie. Le 14 juin 1985, un accord initial fut conclu entre la France, l'Allemagne et les pays du Benelux. Ce fut la Convention d'application des accords de Schengen. Progressivement, l'espace Schengen s'est élargi au point de compter vingt-deux États membres, et quatre États associés(42), le Royaume-Uni, et l'Irlande sont demeurés partiellement à l'écart. L'acquis de Schengen (les accords, les règles relatives au Système d'information Schengen [SIS], les nombreuses décisions du comité exécutif, et du groupe central du Système de Schengen) a été communautarisé depuis un protocole annexé au traité d'Amsterdam (Prot. n° 19). L'acquis de Schengen est ainsi devenu intégré au sein de l'espace de liberté, de sécurité ou de justice prévu aux articles 67 et suivants du TFUE. Cet espace vise à supprimer les contrôles aux frontières intérieures(43) de toute l'Union, à instaurer une politique commune aux frontières extérieures en matière de contrôles, de droit d'asile ou d'immigration, ce qui implique une coopération spécifique en certaines matières (par ex., terrorisme, TFUE, art. 75), et une coopération judiciaire générale en matière pénale (TFUE, art. 82 et s.). Bien que les États peuvent développer entre eux les coopérations qu'ils jugent appropriées entre leurs services compétents (TFUE, art. 73), la politique de l'Union s'est progressivement et modestement développée(44). On doit encore citer plusieurs autres décisions(45), ainsi que notamment la Convention Europol(46), celle sur l'entraide judiciaire en matière pénale(47), l'institution du mandat d'arrêt européen(48), ou la création d'Eurojust(49).

Il faut enfin relever qu'un État peut fort bien appliquer à la lettre l'accord de Schengen (par ex. en refusant en vertu de cet accord l'accès au conjoint d'un ressortissant européen), et se rendre néanmoins coupable d'une violation du traité (le conjoint ayant droit en vertu de la directive à la libre circulation à l'intérieur de l'Union européenne). En clair, un refus d'accès motivé uniquement par les accords de Schengen n'est pas suffisamment motivé au regard de l'article 49 TFUE, et de la directive n° 2004/38(50).

Mais on quitte là le droit des affaires… normales.

(42) Il ne couvre pas les départements et territoires d'outre-mer français, néerlandais, ou danois. Il est de fait applicable à San Marino et à Monaco.

(43) Mais les hôtels doivent enregistrer tous les voyageurs étrangers.

(44) V., par ex., Dir. n° 2003/109, 25 nov. 2003 relative aux ressortissants d'États tiers résidents de longue durée ; Dir. n° 2003/86 sur le droit au regroupement familial ; Dir. n°s 2004/114 et 2005/71 sur l'admission des étudiants et des chercheurs ; sur la reconnaissance et l'organisation des mesures d'éloignement (par ex. au moyen de vols aériens communs) ; Dir. n° 2001/40 et Dir. n° 2005/71 ; sur la politique de visas, Règl. n° 539/2001.

(45) Parmi les actions communes, celles du 16 décembre 1996 sur un modèle uniforme de permis de séjour, du 26 mai 1997 sur la coopération dans le domaine de l'ordre et de la sécurité publics (*JOCE* n° L 147, 5 juin 1997), ou du 9 juin 1997 sur le ciblage et la collecte des informations douanières et policières (*JOCE* n° L 159, 17 juin 1997) ; sur le réseau européen de prévention de la criminalité, Cons. UE, déc. n° 2001/427/JAI, 28 mai 2001 : *JOCE* n° L 153, 8 juin 2001 ; sur la reconnaissance mutuelle des décisions d'éloignement, Cons. UE, déc. n° 2001/40, 28 mai 2001 : *JOCE* n° L 149, 2 juin 2001.

(46) V. Conv. Europol, 26 juill. 1995, celle relative à l'extradition entre les États membres de l'Union européenne du 23 septembre 1996 (*JOCE* n° C-313, 23 oct. 1995), ou la signature de celle du 15 juin 1990, sur la détermination de l'État responsable de l'examen d'une demande d'asile (*JOCE* n° C-254, 19 août 1997) et les actes du Conseil du 3 novembre 1998, sur les fichiers d'Europol, les informations reçues, les relations extérieures (*JOCE* n° C-26, 30 janv. 1999) et l'extension de la mission (déc. 6 déc. 2001 : *JOCE* n° C-362, 18 déc. 2001).

(47) Sur l'entraide judiciaire pénale, Conv. 29 mai 2000 et Prot. 16 oct. 2001 : *JOCE* n° C-326, 21 nov. 2001.

(48) Cons. UE, déc. n° 2002/584, 13 juin 2002 : *JOCE* n° L 190, 18 juill. 2002.

(49) Cons. UE, déc. n° 2002/187, 28 févr. 2002 : *JOCE* n° L 63, 6 mars 2002.

(50) CJCE, 31 janv. 2006, aff. C-503/03, *Commission c/ Espagne*. – Sur la directive n° 2004/38, V. *supra*, n°s 225 et s.

CHAPITRE 4

LE « DROIT COMMUN » EUROPÉEN DES LIBERTÉS D'ÉTABLISSEMENT ET DE PRESTATION DE SERVICES

239. - **Régime juridique résultant des traités.** Même si l'œuvre entreprise par voie de directives pour « faciliter » l'exercice effectif de ces deux libertés est aujourd'hui considérable, leur régime juridique, tel qu'il résulte des traités fondateurs, demeure fondamental. Les principes fondamentaux de non-discrimination, d'effet utile des articles 49 et 56 TFUE, ou la détermination des restrictions qui peuvent être justifiées par des raisons d'intérêt général, par exemple, trouvent à s'appliquer dans les situations les plus diverses.

240. - **Plan.** Le traité exclut de manière limitative certaines activités sensibles de la libération générale qu'il postule (Section 1). Les articles fondamentaux que sont les articles 49 et 56 TFUE ont été reconnus par la Cour de justice comme d'effet direct (Section 2). Ces deux libertés fondamentales sont également offertes, ce qui implique un libre choix entre elles. Mais le régime juridique de chacune d'elles – liberté d'établissement ou de prestation de services (Section 3) – demeure différencié.

SECTION 1

LES ACTIVITÉS EXCLUES DE TOUTE LIBÉRATION

241. - **Exercice de l'autorité publique.** L'article 51 TFUE[1] (et Traité sur l'EEE, art. 32) exclut les activités qui participent, même à titre occasionnel, à l'exercice de l'autorité publique. De manière similaire, l'article 45, § 4 TFUE, relatif à la circulation des travailleurs, vise les « emplois dans l'administration publique ».

242. - **Interprétation par la Cour de justice.** La Cour de justice a été amenée à préciser l'interprétation de ce texte. Son interprétation rejoint celle qu'elle donne

(1) Applicable à la LPS, V. TFUE, art. 62.

de l'article 45, où la notion d'emplois dans l'administration publique a été limitée à certaines activités de l'administration qui impliquent une participation à la « puissance publique »[(2)]. Les solutions rendues sur l'un ou l'autre texte sont donc transposables. Un principe, et ses deux corollaires, se dégagent.

Le principe est celui de l'interprétation restrictive de cet article dérogatoire.

Le premier corollaire consiste à ne reconnaître de participation à l'autorité publique que si l'activité en cause permet de détenir une parcelle d'*imperium*. Il faut que puissent être mis en action des « prérogatives exorbitantes du droit commun, des privilèges de puissance publique, des pouvoirs de coercition qui s'imposent aux citoyens »[(3)]. Cet *imperium* ne doit pas être utilisé seulement qu'à titre exceptionnel[(4)]. Ce n'est qu'à cette condition que peut être exigé par l'État un lien de nationalité avec ceux qui le servent. Il faut donc distinguer l'assistance, la collaboration, ou la participation au fonctionnement d'un pouvoir public, du pouvoir sanctionnateur[(5)]. Mais seul compte l'exercice de l'autorité publique, quelle que soit la nature de la relation professionnelle ou de travail[(6)]. L'accès aux fonctions d'enseignant, par exemple, n'a pas été considéré comme entrant dans les prévisions de l'article 45 TFUE[(7)].

Le second corollaire est qu'il ne faut prendre en considération que les activités précises qui participent effectivement à l'exercice de l'autorité publique. L'article 51 TFUE ne permet pas de raisonner au niveau de toute une profession, même si ses membres peuvent, occasionnellement, être chargés d'*imperium*. Une approche globale, par secteur économique, serait également condamnable[(8)]. La profession d'avocat fournit un bon exemple, car les avocats peuvent être amenés à compléter une juridiction et alors – mais alors seulement – à participer à l'exercice de l'autorité publique. Cette fonction doit être laissée aux nationaux, mais des étrangers doivent pouvoir exercer la profession d'avocat, sans toutefois pouvoir participer à une juridiction[(9)]. Il faut donc dissocier les activités que permet une profession[(10)].

243. – **Exigences d'ordre public, de sécurité publique et de santé publique (TFUE, art. 52).** Cet article prévoit, à côté de l'ordre public et de la santé publique, des restrictions pour des raisons de sécurité publique. L'ordre public et la santé publique peuvent surtout être menacés par des comportements individuels : leur

(2) V. Comm. CE, communication 18 mars 1988 : *JOCE* n° C-72 et, par ex., CJCE, 27 nov. 1991, aff. C-4-91, *Bleis*.

(3) Cela ne vaut donc pas pour des activités de sécurité privée, CJCE, 31 mai 2001, *Commission c/ Italie*. V. sur l'article 48 TFUE, concl. Mayras, devant CJCE, 12 févr. 1974, aff. 152-73, *Sotgiu*. – V. aussi Règl. n° 1612/68 et Dir. n° 360/68, 15 oct. 1968, et l'interprétation restrictive de la notion de participation à l'autorité publique, en droit social européen, *in* CJCE, 12 févr. 1974, aff. 152/73, *Sotgiu*, et CJCE, 17 déc. 1980, aff. 149-79, *Commission c/ Belgique* (chemins de fer) ; les notaires ne participent pas à l'autorité publique, V. les 6 arrêts du 24 mai 2011, et notamment l'aff. C-50/08, *Commission c/ France*.

(4) V., pour des capitaines de navire, dont l'*imperium* public est devenu anecdotique : CJCE, 30 sept. 2003, 2 arrêts, aff. C-405/01, *Colegio de officiales*. – CJCE, 30 sept. 2003, 2 arrêts, aff. C-405/01, *Colegio de officiales de la Marina Mercante Espanola* et aff. C-47/02, *Ancker*.

(5) V., pour des réviseurs comptables de sociétés d'assurances qui signalent les faits reprochables à une commission qui a seule le pouvoir de sanction, CJCE, 13 juill. 1993, aff. C-42/92, *Adrianus Thijssen*. – *Adde*, CJCE, 21 juin 1974, aff. 2/74, *Reyners*.

(6) Emploi dans les postes, CJCE, 12 févr. 1974, aff. 152-73, *Sotgiu*.

(7) CJCE, 27 nov. 1991, aff. C-4-91, *Bleis*, et *Sotgiu*, préc. – CJCE, 18 nov. 2007, aff. C-281/06, *Jundt*, sur le rôle de l'enseignant pour préserver l'identité nationale.

(8) V., par ex., recherche, santé, transports, postes, eau, gaz, électricité, CJCE, 2 juill. 1996, aff. C-473/93, *Commission c/ Luxembourg* et, du même jour, aff. C-173/94, *Commission c/ Belgique* et aff. C-290/94, *Grèce*.

(9) V., par ex., CJCE, 21 juin 1974, *Reyners*, préc.

(10) La question pouvait être posée pour les « officiers ministériels » qui participent souvent de loin à l'*imperium*. En France, la condition de nationalité a disparu pour les avoués et les commissaires-priseurs (D. 21 déc. 1990).

défense ne semble pas *a priori* justifier l'interdiction d'un type d'activité aux étrangers. La notion de sécurité publique, quant à elle, est plus ambivalente. Elle peut être comprise aussi comme sécurité nationale et concerner la défense nationale.

244. – **Sécurité nationale, commerce et production des armes, munitions et matériels de guerre (TFUE, art. 346).** Cet article dispose simplement que les États peuvent prendre les mesures qu'ils estiment nécessaires à la protection de leurs intérêts essentiels en ce domaine. Une liste des matériels de guerre concernés, prévue par ce texte figure aujourd'hui en annexe à la directive n° 2009/43 du 6 mai 2009. De toute manière, la référence générale à la « sécurité nationale » permet de maintenir une exigence de nationalité et fait un lien avec l'article 52 TFUE. Cette clause de sauvegarde est d'interprétation stricte, et il appartient à l'État qui l'invoque de prouver l'atteinte à ses intérêts essentiels. Cela conduit à admettre une certaine confidentialité dans les procédures(11).

SECTION 2

DES PROGRAMMES GÉNÉRAUX DE 1961 AUX ARRÊTS *REYNERS* ET *VAN BINSBERGEN* DE 1974

245. – **Les programmes généraux du 18 décembre 1961.** Le Conseil a adopté deux « programmes généraux » le 18 décembre 1961, l'un pour la liberté d'établissement, l'autre pour la libre prestation de services. Ils fixaient un plan de travail et un catalogue des mesures à prendre.

246. – **Directives de libération et de non-discrimination de la période de transition.** Une série de directives fut adoptée à la suite de ces programmes généraux. Certaines visaient des activités importantes(12).

Les programmes généraux, comme le traité, fixaient un délai au Conseil pour prendre les directives, qui s'achevait avec l'expiration de la période de transition (1970). Même si l'œuvre du Conseil à cette date était loin d'être négligeable, une tâche immense restait à accomplir.

La situation juridique a changé du tout au tout avec le prononcé par la Cour de justice de ses célèbres arrêts *Reyners* et *Van Binsbergen.*

247. – **Les arrêts *Reyners* et *Van Binsbergen.*** Ces deux arrêts sont fondamentaux. Le premier concerne la liberté d'établissement, le second la liberté de prestation de services.

248. – **L'arrêt *Reyners* du 21 juin 1974**(13)**.** Il s'agissait d'un citoyen néerlandais qui demandait à exercer la profession d'avocat en Belgique. Il était détenteur du diplôme belge requis, mais avait essuyé un refus en raison de sa nationalité.

(11) CJUE, 16 sept. 1999, aff. C-414/97, *Commission c/ Espagne.* – CJCE, 15 déc. 2009, aff. C-372/05, *Commission c/ Allemagne.* – CJCE, ord., 13 sept. 2007, aff. C-294/05, *Commission c/ Suède.*

(12) Dir. 28 juin 1973 pour l'activité d'établissement de crédit et Dir. 24 juill. 1973 pour l'assurance non-vie ; V. *infra*, n°s 347 et s.

(13) CJCE, 21 juin 1974, aff. 2-74, *Reyners c/ Royaume de Belgique.*

La Cour de justice a posé à cette occasion trois principes.

Le premier est celui de l'applicabilité directe de l'article 49 TFUE.

Le deuxième principe est celui du droit au « traitement national », qui ne résulte pas uniquement de l'actuel article 52 TFUE, mais encore de son article 18, ainsi que de l'article 21 de la Charte des droits fondamentaux.

Le troisième principe est celui de l'interprétation restrictive de la notion de participation à l'exercice de l'autorité publique[(14)].

249. – **L'arrêt *Van Binsbergen* du 3 décembre 1974**[(15)]**.** Il s'agissait d'un conseil juridique initialement installé aux Pays-Bas, où il représentait ses clients devant les tribunaux. Il vint s'installer en Belgique. Les autorités néerlandaises lui refusèrent le droit de continuer à représenter un de ses clients, M. Van Binsbergen, au motif qu'il était nécessaire, pour assister un justiciable devant les tribunaux néerlandais, d'être installé sur le territoire des Pays-Bas, même en n'importe quel point de celui-ci. Ce client demanda en justice le droit de continuer à bénéficier des services, désormais transfrontaliers, du conseil juridique qu'il avait choisi. Interrogée, la Cour de justice avança quatre principes.

Les deux premiers rappellent l'arrêt *Reyners*. La Cour affirme l'applicabilité directe de l'actuel article 56 TFUE. Elle rappelle ensuite le principe de non-discrimination.

Les deux autres principes se révéleront très féconds. La libre prestation de services est d'une nature « particulière », ne serait-ce que parce qu'elle est transfrontalière.

Un troisième principe apparaît donc, selon lequel la prestation de services ne peut dépendre du seul droit local en vigueur dans l'État membre où est situé l'établissement dont émane la prestation de services.

Des restrictions, à condition qu'elles ne soient pas discriminatoires, peuvent donc être imposées par les États de prestations de services. « On ne saurait considérer », indique la Cour, « comme incompatibles avec le traité les exigences spécifiques imposées aux prestataires, qui seraient motivées par l'application des règles professionnelles justifiées par l'intérêt général ». La Cour fait allusion à la déontologie, aux règles de qualification, aux contrôles ou à la responsabilité professionnelle. Elle indique alors qu'une implantation stable peut être imposée, à proximité de la juridiction, pour des raisons déontologiques ou pour le bon fonctionnement de la justice.

Mais ces restrictions doivent être objectivement nécessaires et proportionnées. Tel n'est pas le cas de l'obligation de résider en un point quelconque du territoire des Pays-Bas, c'est-à-dire le cas échéant si loin de la juridiction concernée que le bon fonctionnement de la justice ne peut plus être en cause.

Le quatrième principe est que la LPS doit être réellement européenne. Elle ne peut être invoquée en présence d'un flux d'affaires essentiellement national. On retrouve toujours la réserve de la fraude[(16)].

250. – **Conséquences des arrêts *Reyners* et *Van Binsbergen*.** Ces arrêts ont eu des prolongements considérables. Les libertés d'établissement et de prestation de

(14) V. *supra*, n° 242.

(15) CJCE, 3 déc. 1974, aff. 33-74, *Van Binsbergen c/ Bestuur van de Bedrijfsleven voor Metalnijverheid* : *RTDE* 1975, p. 577.

(16) V. *supra*, n° 199, et *infra*, nos 260 et s.

services devenaient invocables par tous les ressortissants communautaires, particuliers et entreprises. La condition de nationalité ne pouvait plus être opposée par un État membre.

Mais les ressortissants communautaires ne pouvaient bénéficier, en vertu de ces arrêts, que du régime juridique résultant du traité : non-discrimination, c'est-à-dire traitement national pour les candidats à l'établissement, et application justifiée de la loi du pays de destination des services, pour ceux qui désiraient agir en LPS. Les disparités des législations nationales demeuraient donc comme autant d'entraves à l'exercice effectif des libertés communautaires.

Ces arrêts appelaient une accentuation de l'harmonisation entreprise. De nombreuses directives furent donc adoptées, non plus pour accorder les libertés européennes d'établissement et de prestation de services[17], mais pour faciliter leur exercice.

Il est néanmoins indispensable d'examiner le régime juridique de droit commun de chacune de ces deux libertés.

SECTION 3

LE RÉGIME GÉNÉRAL DES LIBERTÉS D'ÉTABLISSEMENT ET DE PRESTATION DE SERVICES

251. - **Généralités.** On a vu que ces deux libertés étaient également offertes par le traité, et que cela impliquait un libre choix entre elles[18]. On a vu aussi que la liberté de prestation de services avait un caractère résiduel par rapport à la liberté d'établissement[19], ce qui n'empêchait cependant pas les entreprises de cumuler l'exercice de la LPS avec la liberté d'établissement[20]. Si ces deux libertés s'articulent, et prennent appui l'une sur l'autre[21], elles ne peuvent avoir le même régime juridique. Il existe en effet une différence essentielle, à la fois juridique et pratique, entre ceux qui sont établis sur le sol d'un État et qui s'adressent à la clientèle de cet État, et ceux qui, établis dans un État, s'adressent, en LPS, à la clientèle d'un autre État.

Tout ceci conduit à entrecroiser plusieurs principes.

D'abord, parce que ces libertés sont offertes par des dispositions d'applicabilité directe du traité, on doit considérer que sont contraires au droit européen non seulement les dispositions nationales qui entravent l'accès aux marchés nationaux, mais encore celles qui rendent l'exercice de ces deux libertés moins attractives, c'est-à-dire celles qui « sont de nature à prohiber ou à gêner autrement les activités » de l'opérateur. Cela peut bien sûr viser des mesures discriminatoires, mais également des mesures indistinctement applicables si elles ne sont pas justifiées par

(17) Puisque les arrêts *Reyners* et *Van Binsbergen* avaient admis que ces libertés étaient accordées directement par le traité depuis la fin de la période de transition.
(18) V. *supra*, n°s 201 et s.
(19) V. *supra*, n°s 203 et s.
(20) V. *supra*, n° 205.
(21) V. *supra*, n°s 178, 181 et s.

des considérations d'intérêt général. Cela résulte d'une imposante jurisprudence qui s'est affirmée depuis l'arrêt *Säger c/ Dennemeyer* du 25 juillet 1991 (22). On retrouve ici les principes communs à toutes les libertés de circulation.

Ensuite, parce qu'elles relèvent du droit de l'Union, le régime de ces libertés doit être conforme aux principes énoncés dans la Charte des droits fondamentaux. L'appréciation des entraves à ces libertés, ou leur justification, ne peut aboutir à violer ou ignorer l'un quelconque des droits fondamentaux (23).

Enfin, ces libertés sont distinctes. S'établir n'est pas prester des services transfrontaliers. La finalité économique de la liberté d'établissement est de participer de façon stable et continue à la vie économique de l'État d'accueil (24), ce qui n'est pas le cas pour la libre prestation de services. Si le droit au « traitement national » – supposé non discriminatoire et n'entravant pas l'accès au marché – est naturel pour celui qui veut s'établir, ce sont les règles en vigueur dans son pays d'origine qui gouvernent *a priori* la « production » de ses services par le prestataire (25). L'application au prestataire de service de son droit d'origine est qualifiée souvent de « clause du marché intérieur ». Mais en réalité, la « clause du marché intérieur » est très complexe à organiser d'un point de vue juridique. Les prestations de services sont des contrats et non des marchandises. Les règles de conflits de lois, de compétence judiciaire interfèrent nécessairement, comme les lois impératives ou de police des États de prestation de services (ceux sur le territoire desquels les services sont prestés) (26).

L'examen séparé des régimes juridiques de la liberté d'établissement (§ 1) et de la libre prestation de services européenne est donc justifié (§ 2).

Une harmonisation partielle et incomplète, mais néanmoins significative, est intervenue avec la directive n° 2006/123 du 12 décembre 2006 relative aux services dans le marché intérieur (§ 3).

§ 1. – Régime juridique de la liberté d'établissement

252. – Plan. L'article 49 TFUE, comme l'article 31 de l'accord sur l'EEE, accordent aux ressortissants des États membres ou signataires le droit de s'établir à titre principal ou secondaire sur le territoire des autres États. L'application de cet article a été facilitée par la très importante directive horizontale n° 2006/123 du 12 décembre 2006 relative aux « services dans le marché intérieur » (27). Les ressortissants euro-

(22) Aff. C-76/90.
(23) V. par ex. CJUE, 21 juin 2012, aff. C-84/11, *Susialo*. – CJCE, 26 févr. 2013, aff. C-167/10, *Akerberg Frausson*. – CJCE, 26 sept. 2013, aff. C-418/11, *Texdata Software*. – Si le droit de l'Union crée lui-même des entraves pour des raisons contenues dans la charte, les articles 49 et 56 TFUE doivent s'effacer au nom des valeurs supérieures. Il n'y a pas d'impératif de conciliation entre les valeurs de la charte et les libertés d'établissement ou de prestation de services ; V., à propos de la retransmission en clair des grands matchs de football, CJUE, 18 juill. 2013, aff. C-201/11, *UEFA c/ Commission*, et aff. C-205/11, *FIFA c/ Commission*.
(24) CJCE, 30 nov. 1995, aff. C-55/94, *Gebhard*. – CJUE, 10 mai 2012, aff. C-357 à 359/10, *Duomo Gpa* et V. *supra*, n° 187.
(25) Ce droit le soumet déjà souvent à toutes sortes d'obligations et de règles. Mais il faut distinguer les règles relatives aux modalités d'exercice de l'activité des règles gouvernant les contrats. Interviennent alors les règles de conflit de lois.
(26) Sur cette « clause », V. *infra*, n° 277.
(27) Cette directive, comme le fait souvent le droit nord-américain, détermine d'abord son champ d'application en fonction des catégories d'activités, et ce n'est qu'ensuite qu'elle envisage les modes d'exercice (établissement, ou LPS).

péens détiennent ainsi le droit de migrer (A), celui d'accéder aux activités (B), ou de les exercer (C), en principe dans les mêmes conditions que les nationaux.

A. – Le droit de migrer

253. – **Délocalisations et relocalisations.** La migration européenne favorise les délocalisations[(28)]. Bien plus, elle encourage les entreprises à choisir leur lieu d'implantation dans l'espace européen au mieux de leurs intérêts. La construction européenne conduit logiquement les entreprises à jouer de la compétition entre les lois. Cette compétition est mal perçue dans les États les plus restrictifs, dans lesquels on fustige quelquefois le *dumping* fiscal, ou social, ou encore la fraude à la loi. En vérité, le but de la construction européenne est de rapprocher les niveaux de vie des peuples d'Europe, ce qui, à terme, postule la réduction des *dumpings* tant décriés[(29)].

Les délocalisations supposent le droit de quitter un État membre (1°), et le droit de s'établir, c'est-à-dire de se localiser ou relocaliser dans un autre (2°).

1° Les entraves provenant de l'État de départ

254. – **Distinction. Personnes physiques. Sociétés.** Il n'est pas rare que les législations nationales dissuadent leurs ressortissants de quitter leurs territoires. Il est acquis que le droit des pays d'origine peut entraver l'exercice de la liberté d'établissement[(30)]. C'est plus fréquent qu'en matière de libre circulation des marchandises, où ce sont plutôt les législations des pays d'importation qui sont principalement en cause[(31)]. La question se pose toutefois différemment selon les types de migration. On peut envisager d'abord les transferts de résidence fiscale (*a*), les transferts de sièges sociaux (*b*), et la création de filiales ou de succursales (*c*).

a) Les transferts de résidence fiscale. Exit Tax

255. – Ces transferts ne font en principe pas perdre la nationalité de l'État de départ. Cela est évident pour les personnes physiques[(32)]. Mais c'est aussi le cas pour les personnes morales lorsque le transfert de siège de direction n'emporte pas dissolution dans l'État de départ[(33)].

Un tel transfert de siège de direction relève de la liberté d'établissement, car la société cherche ainsi à participer à l'économie de l'État d'accueil[(34)].

Une des façons les plus efficaces pour dissuader de tels transferts est d'imposer immédiatement les plus-values latentes (non encore réalisées). L'impact financier d'une telle mesure pénalise souvent très fortement les délocalisations fiscales[(35)].

(28) CJCE, 9 mars 1999, aff. C-212/97, *Centros*. – CJCE, 14 déc. 2006, aff. C-170/05, *Denkavit International*.
(29) V. les efforts de la Commission, qui relaient ceux de l'OCDE, pour éviter les pratiques fiscales qui faussent les décisions de localisation ou de délocalisation.
(30) CJCE, 16 juill. 1998, aff. C-264/96, *ICI (Imperial Chemical c/ Kenneth Hall Colmer)*. – En matière de LPS, V. *infra*, n° 284.
(31) V. *supra*, n° 117.
(32) CJUE, 11 mars 2004, aff. C-9/02, *Lasteyrie du Saillant*.
(33) C'est le cas dans les États qui appliquent, pour déterminer si une société relève de leur droit des sociétés, la théorie du siège statutaire, ou de l'incorporation, V. par ex., CJUE, 29 nov. 2011, aff. C-371/10, *National Grid Indus*.
(34) *Ibid.*
(35) Bien qu'une restriction minime à l'exercice de la liberté d'établissement soit en elle-même une entrave, V. CJCE, 28 janv. 1986, aff. 270/83, *Commission c/ France* (avoir fiscal), et *Lasteyrie du Saillant*, préc.

Ce genre de taxation constitue à coup sûr une entrave à l'exercice de la liberté d'établissement. Encore faut-il se demander si des raisons impérieuses d'intérêt général peuvent être invoquées. La fraude vient à l'esprit, mais le simple fait de se délocaliser n'est pas une fraude, puisqu'il ne s'agit que d'exercer une liberté qu'offre le traité. Il y aurait fraude dans le fait de quitter un État, dans le seul but de réaliser les plus-values dans un autre, et pour revenir ensuite dans l'État d'origine[36]. La fraude fiscale ne saurait donc être présumée, elle doit être prouvée. Empêcher la simple perte de recettes fiscales résultant de délocalisation n'est pas une raison d'intérêt général au sens du droit européen, parce qu'elle est impliquée par la liberté d'établissement[37]. Mais chaque État, d'origine ou d'accueil, a un droit légitime à percevoir les impôts dus sur son sol, surtout qu'il n'y a pas d'harmonisation européenne. En clair, l'État d'origine peut calculer immédiatement la taxation, mais ne peut l'exiger qu'au moment de la réalisation effective des plus-values dans l'État d'accueil. La Cour suggère comme système proportionné d'offrir un choix à l'entreprise ; soit paiement immédiat, soit paiement retardé, mais avec contraintes administratives et fournitures de garanties[38].

b) Les situations de transfert de siège avec dissolution dans l'État d'origine (arrêts Daily Mail, Sevic, Cartesio). Notion de « transformation »

256. – Il n'y a pas d'harmonisation à cet égard, et la directive sur les transferts de siège est toujours en projet. La Cour de justice a pallié autant que possible les inconvénients de cette situation.

Un principe juridique fut affirmé dès l'arrêt *Daily Mail* du 27 septembre 1988[39]. Les sociétés sont rattachées à un droit national, et c'est ce lien de rattachement qui leur donne une « nationalité ». Les lois nationales sont différentes, ce qui est une constante du droit européen tant qu'il n'y a pas d'harmonisation. C'est donc le droit national de rattachement de l'État d'origine qui définit les conditions d'existence des sociétés sur son sol. La Cour de justice précise que, contrairement aux personnes physiques, les sociétés n'ont d'existence qu'au travers de la législation qui en détermine la constitution et le fonctionnement. Dans l'affaire *Daily Mail*, la société voulait transférer son siège de direction hors de Grande-Bretagne, tout en demeurant une société de droit britannique. Mais il fallait pour cela une autorisation qui fut refusée.

La société n'avait plus que le choix entre deux solutions : migrer et être dissoute en Grande-Bretagne, ou renoncer à migrer.

Par la suite, la Cour a cherché à faciliter la migration, sans abandonner le principe contenu dans l'arrêt *Daily Mail*. Elle recourut à une notion de « transformation » propre au droit européen, bien différente de celle que connaît le droit des sociétés.

L'arrêt *Sevic* du 13 décembre 2005 concernait une fusion entre une société luxembourgeoise et une société allemande. La société issue de la fusion sollicita son

(36) V. pour ce risque, l'arrêt *Lasteyrie du Saillant*, préc.
(37) *Ibid.*
(38) V. l'arrêt *National Grid Indus*, préc.
(39) Aff. C-81/87.

immatriculation en Allemagne, ce qui lui fut refusé, car la loi allemande réservait l'immatriculation aux seules sociétés issues de fusions entre sociétés allemandes. Il y avait donc discrimination entre les fusions internes et les fusions européennes. La Cour retint une analyse économique de la fusion : modalité particulière de la liberté d'établissement, justifiée par les nécessités de la coopération entre entreprises dans l'espace européen, elle était finalement une transformation qu'il n'était pas justifié de traiter par une liquidation dans l'État de départ. Cela étant, des intérêts légitimes, comme la protection des créanciers ou des actionnaires, peuvent justifier des restrictions en fonction d'impératifs précis et légitimes. Mais une impossibilité générale est à coup sûr illégitime et disproportionnée. L'arrêt *Sevic* est intervenu, on doit le souligner, après l'adoption de la directive n° 2005/56 du 26 octobre 2005 sur les fusions transfrontalières des sociétés de capitaux[(40)].

Dans l'arrêt *Cartesio*[(41)], il s'agissait d'une société hongroise qui voulait transférer son siège réel en Italie tout en conservant sa nationalité hongroise. Or, le droit hongrois reposait sur la théorie du siège réel, et décidait en ce cas la liquidation de la société. Reprenant d'abord l'arrêt *Daily Mail*, selon lequel les sociétés n'ont d'existence qu'au travers de la législation qu'elles ont choisie, la Cour oppose ensuite, d'un côté, les déplacements de siège aux fins de se réorganiser dans un autre État avec rupture du lien avec la loi de l'État de départ, et, d'un autre côté, les simples « déplacements » avec changement du droit applicable, la société se « transformant » alors en une forme de société relevant du droit de l'État d'accueil. La Cour en conclut que cette forme de déplacement avec changement du droit applicable et « transformation » relève de la liberté d'établissement, que l'entraver est une restriction qui ne peut être justifiée que par des considérations d'intérêt général. Les États membres ont l'obligation d'appliquer leur droit national à la lumière des finalités du droit européen. La portée de cet arrêt est considérable, et peut conduire à mettre en porte à faux toutes les législations qui assimilent le déplacement de siège à une cessation d'activité.

c) Personnes morales. Entraves à la création de filiales ou de succursales dans l'État d'origine

257. – La liberté d'établissement postule le droit de créer ces établissements secondaires que sont les filiales et les succursales[(42)]. Or, ce droit peut être entravé par le droit de la société mère, qui est en l'occurrence le droit du pays d'origine. L'arrêt *Marks and Spencer du* 13 décembre 2005 en donne une bonne illustration.

Était en cause une règle fiscale britannique interdisant le transfert vers l'État de la société mère des pertes subies par une filiale implantée dans un autre État membre. L'impossibilité de transférer les pertes peut dissuader une société de créer des filiales dans l'Union européenne, car l'avantage de trésorerie résultant du dégrèvement de groupe sera réservé aux seules filiales implantées dans l'État de la société mère. Une distinction générale en fonction de la résidence de la filiale n'est pas un

(40) CJCE, 13 déc. 2005, aff. C-411/03, *Sevic Systems A.G.*
(41) CJCE, 16 déc. 2008, aff. C-206/06 : *Rev. sociétés* 2009, note Parleani.
(42) CJUE, 23 févr. 2006, aff. C-471/04, *Keller Holding*. – CJCE, 15 mai 2008, aff. C-418/07, *Lidl-Belgium*. – CJCE, 21 nov. 2008, aff. C-418/07, *Papillon*. – CJCE, 20 juin 2013, aff. C-186/12, *Impact Azul*.

critère objectif qui suffit à lui seul pour justifier des traitements fiscaux différenciés[(43)]. La Cour a donc vu dans cette règle une entrave à la liberté d'établissement par création de filiale résultant de la législation de l'État d'origine. Mais elle a aussitôt estimé qu'une telle législation répondait à un intérêt général fiscal reconnu par le droit européen. En effet, reconnaître de façon générale et inconditionnelle le dégrèvement de groupe compromettait une répartition équilibrée du pouvoir d'imposition entre les États membres, créerait aussi un risque de double emploi des pertes, et accentuerait enfin le risque de transfert artificiel des pertes vers les États où les taux d'imposition sont les plus faibles. En l'occurrence, la règle britannique, bien que répondant à un intérêt général, ne respectait pas le principe de proportionnalité, car elle interdisait en toutes circonstances le dégrèvement du groupe. Or, lorsque la filiale a épuisé tous ses droits à imputation des pertes dans l'État où elle est établie, elle doit pouvoir transférer ses pertes vers sa société mère. Cela concilie territorialité fiscale et marché intérieur (sauf montages artificiels).

Dans son arrêt *Cadbury-Schweppes* du 2 mai 2006, la Cour rappelle que la création d'une filiale dans un autre État membre ne peut justifier une présomption de fraude ou de contournement de la loi de la société mère. Il faut donc exclure les législations générales, au profit de solutions concrètes. Or, il peut se faire que la création de filiale n'ait d'autre explication qu'un montage purement artificiel, dans le seul but d'éluder l'impôt qui devrait normalement être dû par la société mère. Il y aurait là une raison impérieuse d'intérêt général à sanctionner de tels montages. Cela étant, la Cour précise qu'il n'y *a priori* aucun montage artificiel quand la filiale est réellement implantée dans son État, et qu'elle y déploie une activité effective. Les montages artificiels mettent donc en œuvre des sociétés-écrans, ou coquilles.

Des solutions tout à fait comparables ont été prononcées dans une longue suite d'arrêts[(44)]. La répartition du pouvoir d'imposition des États membres et leur droit à pouvoir imposer les activités exercées sur leur sol ont conduit à légitimer des législations qui n'ont d'autre objet que de prévenir les pertes injustifiées de matière imposable[(45)] ou les montages anormaux ou artificiels[(46)].

2° Les entraves provenant de l'État d'accueil

258. – Localisations ou relocalisations. Cas particulier des fusions. Les législations des États d'accueil peuvent aussi entraver la migration vers leurs territoires. Cela se rencontre bien sûr moins souvent qu'en matière de libre circulation des marchandises, car la liberté d'établissement amène *a priori* une activité économique supplémentaire dans l'État d'accueil. En ce qui concerne les personnes physiques, la citoyenneté de l'Union leur offre une réelle liberté de principe.

La situation est plus délicate pour les personnes morales. Ces dernières peuvent fusionner, et la fusion est un mode de relocalisation. En dépit de l'arrêt *Sevic* (préc.)

(43) CJCE, 23 févr. 2006, aff. C-47/04, *Keller-Holding*, préc. – CJCE, 15 sept. 2011, aff. C-310/09, *Accor*. – Pour des méthodes fiscales différentes en fonction de l'origine des revenus, CJUE, 13 nov. 2012, aff. C-35/11, *Test claimants in the Fii Group Litigation*.

(44) V. not. CJUE, 24 nov. 2009, aff. C-418/07, *Papillon*.

(45) CJUE, 13 déc. 2005, *Marks and Spencer*, préc. – CJCE, 24 nov. 2009, *Papillon*, préc. – CJCE, 15 mai 2008, aff. C-231/05, *Lidl-Belgium*. – CJCE, 4 juill. 2013, aff. C-350/11, *Argenta Spaarbank*.

(46) CJUE, 21 janv. 2010, aff. C-311/08, *SGI*.

relatif à une interdiction absolue d'immatriculer dans l'État du nouveau siège social la société issue de la fusion, et en dépit de la directive n° 2005/56 sur les fusions transfrontalières[(47)], les fusions peuvent être entravées par des législations nationales protégeant des intérêts légitimes (créanciers, notamment le fisc ; actionnaires minoritaires, et règle de l'unanimité). Aussi, même si les transferts de siège soulèvent parfois des difficultés (*a*), les litiges se sont cristallisés autour des techniques plus simples de la succursalisation et de la filialisation. La création d'une succursale est *a priori* un mode normal d'exercice de la liberté d'établissement[(48)] (*b*), comme la filiale (*c*). Les États ne peuvent orienter le choix entre succursale et filiale (*d*).

a) Les transferts de siège vers l'État d'accueil

259. – L'arrêt *Vale* du 12 juillet 2012[(49)], prolonge les arrêts *Daily Mail, Sevic,* et *Cartesio,* mais dans une situation de fait inverse. Il s'agissait d'une société italienne qui désirait transférer son siège et son activité en Hongrie. Elle se fit radier en Italie, et voulut s'immatriculer en Hongrie en faisant figurer une mention selon laquelle la nouvelle société hongroise avait pour prédécesseur la société italienne. Cela lui fut refusé alors qu'il était possible aux sociétés hongroises de mentionner leurs prédécesseurs en Hongrie. Il y avait donc une différence de traitement. Le droit européen oblige chaque État à accorder les mêmes facultés aux sociétés qui se transforment dans leur ordre juridique interne et à celles qui le font dans l'espace européen. C'est le principe d'équivalence, qui oblige chaque État à ne pas traiter plus mal les opérations qui relèvent du droit de l'Union que celles qui ne relèvent que de son droit national[(50)]. Mais il faut bien que la société qui demande à être immatriculée dans l'État d'accueil fournisse un dossier d'immatriculation. On arrive alors au principe d'effectivité, qui oblige à tenir compte des documents établis par l'État de départ, mais ce qui n'interdit pas de demander en sus des documents pertinents (par ex., bilans, inventaires...).

b) La succursalisation

260. – **Arrêts *Centros, Überseering, Inspire Art.*** La question centrale est celle du contournement des législations des pays d'accueil. L'hypothèse est celle de la création de succursales qui apparaîtront comme les sièges réels des sociétés, alors que les sièges sociaux situés dans les pays d'origine apparaîtront peu ou prou inconsistants économiquement, voire fictifs. Ce sont les succursales qui concentrent toute l'activité. L'invocation de la fraude à la loi dans les pays d'accueil est destinée à limiter le droit à la relocalisation par succursales. Par toute une série d'importants arrêts, la Cour de justice a affirmé que le simple fait d'utiliser la liberté d'établissement ne pouvait être constitutif d'une fraude à la loi (de l'État de départ, ou de l'État d'accueil).

Dans l'arrêt *Centros* du 9 mars 1999[(51)], il s'agissait de ressortissants danois qui, pour éviter la souscription du capital minimum exigé au Danemark, constituèrent

(47) V. *infra*, n°s 315 et s.
(48) V. les arrêts *Keller Holding, Lidl-Belgium, Papillon, Impact Azul*, préc.
(49) Aff. C-378/10.
(50) Ce qui veut dire que, si un État d'accueil exige une stricte continuité entre les sociétés sur son sol, il peut l'exiger des sociétés qui se transforment dans l'espace européen.
(51) CJCE, 9 mars 1999, aff. C-212/97, *ICI*. – CJCE, 13 déc. 2005 : *Rev. sociétés* 1999, p. 386, note Parleani.

une société en Grande-Bretagne sans activité effective dans ce pays, puis immatriculèrent une succursale au Danemark, où se concentrait toute l'activité. La Cour affirma que le droit de constituer une société conformément à la loi du pays choisi pour siège et de créer des succursales dans d'autres États membres était inhérent à l'exercice de la liberté d'établissement prévue par le traité. La Cour a précisé que, si le simple exercice de cette liberté n'est pas en soi un « contournement » illicite de la législation d'un pays, d'autres éléments pouvaient néanmoins conduire à révéler des fraudes d'une autre nature : fraude aux créanciers, aux associés, par exemple.

Dans l'arrêt *Überseering* du 5 novembre 2002(52), il s'agissait d'une société néerlandaise qui exploitait un motel en Allemagne. Des résidents allemands en prirent le contrôle à 100 %. Le siège social demeura aux Pays-Bas. Cette société confia des travaux de restauration du motel à une entreprise allemande. Insatisfaite, elle assigna en malfaçons. Elle fut déclarée irrecevable, aux motifs que, en droit allemand, quand une société étrangère qui a son siège effectif en Allemagne vient à être contrôlée à 100 % par des résidents allemands, elle perd sa capacité juridique étrangère et doit se reconstituer en Allemagne. La Cour de justice vit sans surprise dans la prise de contrôle un mode d'exercice de la liberté d'établissement(53). Surtout, elle considéra que le fait que le droit allemand considérait que la société en cause devait lui être rattachée était inopérant en l'espèce, car la société, qui était néerlandaise, avait exercé la liberté d'établissement en créant une succursale en Allemagne. Cela impliquait de reconnaître en Allemagne la capacité juridique qui lui était octroyée par le droit de l'État de son siège (les Pays-Bas). Cela impliquait aussi de reconnaître le maintien de sa capacité juridique selon le droit de son siège social. La négation de la capacité juridique d'une société qui exerce la liberté d'établissement est aussi la « négation même » de cette liberté. Mais cela n'exclut pas, là encore, que des raisons impérieuses d'intérêt général (protection des créanciers, du fisc...) puissent, sous certaines conditions restreindre l'exercice de cette liberté.

Dans l'arrêt *Inspire Art* du 30 septembre 2003(54), il s'agissait d'une société constituée en Grande-Bretagne, mais dont l'unique administrateur était domicilié aux Pays-Bas. Cette société n'avait d'activité qu'aux Pays-Bas. Elle y avait du reste immatriculé une succursale, mais, selon la loi néerlandaise, elle devait mentionner sur ses documents commerciaux qu'elle n'était qu'une société étrangère « de pure forme ». Elle était en outre soumise aux Pays-Bas à des règles relatives à son capital social plus rigoureuses que celles en vigueur en Grande-Bretagne, État de son siège. La Cour rappela que le choix d'un État pour y établir un siège social est libre. Si cette société crée une succursale dans un autre État membre, elle exerce la liberté d'établissement, mais l'État de la succursale ne peut imposer à la création de la succursale des obligations qui touchent en réalité au pacte social (ici, capital social). En effet, de telles exigences relèvent de la loi de rattachement de la société, et non de la loi

(52) CJCE, 5 nov. 2002, aff. C-208/00, *Überseering c/ Nordic Construction Company*.
(53) V., par ex., CJCE, 13 avr. 2000, aff. C-251/98, *Baars*, pour l'imposition d'un portefeuille de titres à l'impôt sur la fortune néerlandais.
(54) Aff. C-167/01, *Kamel van Koophandel en Fabricken voor Amsterdam c/ Inspire Art*.

de la succursale(55). Cela étant, la Cour n'exclut toujours pas que des raisons impérieuses d'intérêt général puissent restreindre la liberté d'établissement (par ex., raisons fiscales).

c) La filialisation

261. – La filialisation est un mode habituel de relocalisation. Si les États l'envisagent souvent plus favorablement que la succursalisation (car une filiale est *a priori* un centre de décision et un contribuable à part entière), il leur arrive d'édicter des législations qui dissuadent de créer des filiales qui soient intégrées dans des groupes de sociétés contrôlés à partir d'un autre État membre(56). La seule circonstance que la filiale dépende d'un contrôle étranger n'est cependant pas suffisante pour édicter des traitements fiscaux différenciés, mais des intérêts généraux concrètement appréciés peuvent les justifier (par ex., lutte contre les montages purement artificiels)(57).

d) Le choix entre les modes de relocalisation

262. – Prohibition des discriminations entre filiales et succursales reposant sur la seule considération du lieu du siège social. Délocalisations. L'article 56 TFUE, d'effet direct, est une disposition fondamentale de l'Union européenne. Il permet à toutes les sociétés au sens de l'article 54 TFUE de créer, dans les États membres autres que celui de leur siège, des succursales aussi bien que des filiales dans les mêmes conditions que les sociétés locales. Toute réglementation qui défavoriserait de façon générale les succursales d'entreprises étrangères (afin d'inciter à la création de filiales) pour la seule raison que le siège dont elles dépendent est à l'étranger s'analyserait comme une discrimination interdite en considération du rattachement des sociétés à une législation nationale. On ne peut pas poser en principe absolu qu'il y a une différence objective entre un établissement stable et un siège social(58).

263. – Différenciations légitimes pour des raisons d'intérêt général. Mais des différences de traitement sont possibles pour des raisons précises et particulières. Les succursales ne sont pas toujours objectivement comparables à des filiales. Cette différence objective peut induire des différences de traitement selon l'objectif de la législation interne considérée. Le droit fiscal en offre plusieurs exemples(59).

(55) Des exigences de publicité sont possibles pour la création de succursales, mais elles ont été harmonisées exhaustivement par la 11e directive n° 89/666 du 21 décembre 1989, V. *infra*, n° 313.

(56) V. pour une législation intragroupe, CJCE, 13 mars 2007, aff. C-524/04, *Test claimants in the thin Capgroup litigation.*

(57) CJCE, 13 mars 2007, *Test claimants*, préc. – CJCE, 13 déc. 2005, *Marks and Spencer*, et 2 mai 2006, *Cadbury Schweppes*, préc.

(58) V. CJCE, 28 janv. 1986, aff. 270-83, *Commission c/ France : RTDE* 1987, 201 ; traitement différencié pour l'avoir fiscal, alors que le droit français mettait filiales et succursales sur le même plan pour la détermination de la base imposable. – *Adde*, CJCE, 15 mai 1997, aff. C-250/95, *Futura Participations c/ Administration des douanes.* – CJCE, 21 sept. 1999, aff. C-307/97, *Saint-Gobain Deutschland c/ Finanzamt Aachen.* – CJCE, 13 juill. 1993, aff. C-330/91, *Commerzbank.* – CJCE, 23 févr. 2006, aff. C-471/04, *Keller Holding* ; pour la préservation du pouvoir d'imposition des activités exercées sur le territoire d'un État, et la répartition du pouvoir d'imposition, les arrêts *Marks and Spencer, Oy AA, Lidl Belgium*, préc. – Pour la cohérence du régime fiscal, l'arrêt *Papillon*, préc., et CJUE, 13 mars 2014, aff. C-375/12, *Bouanich.* – Pour les montages abusifs ou anormaux, CJUE, 21 janv. 2010, aff. C-311/08, *SGI.*

(59) V. CJCE, 28 janv. 1986, *Commission c/ France*, et 13 juill. 1993, aff. C-330/81, *Commerzbank.* – *Adde*, CJCE, 14 déc. 2001, aff. C-141/1999, *Algemene Maastappij voor Investering en Dienstverlening.*

De plus, des considérations d'intérêt général (surveillance de certaines activités) peuvent conduire à différencier filiales et succursales. Mais les principes de nécessité et de proportionnalité empêchent en règle générale d'interdire aux simples succursales l'accès à certaines activités[(60)].

B. – L'accès aux activités

264. – **Entraves à la migration et situations purement internes.** L'article 49 TFUE vise à favoriser les migrations intra-européennes. Il n'a pas pour objectif de modifier les législations nationales. Seules peuvent être contestées devant les tribunaux les mesures nationales qui dissuadent ou empêchent les ressortissants établis dans les autres États membres. Faute d'impact sur les migrations européennes, la mesure nationale ne peut être contestée. Il s'agit d'une situation purement interne. Mais la Cour de justice a élargi de façon pragmatique le droit de contester des mesures nationales. Elles relèvent de l'article 49 TFUE dès l'instant qu'il « n'est pas exclu que des ressortissants établis dans d'autres États aient été ou soient intéressés »[(61)].

265. – **Réglementations nationales ou collectives et réglementations européennes.** Le droit européen résultant du traité ne postule aucune coordination, et la diversité des législations nationales est inhérente à la construction européenne. Elle doit être prise en compte par les opérateurs. De multiples mesures nationales ou collectives[(62)] peuvent entraver l'accès aux activités sur leur territoire : agréments, contrôles, diplômes, règles tarifaires, etc.

Des dispositions du droit de l'Union peuvent parfois créer des entraves à la liberté d'établissement. Ces entraves sont légitimes si elles sont conformes aux droits fondamentaux exprimés par la Charte[(63)].

266. – **Distinction entre restrictions discriminatoires et indistinctement applicables qui entravent l'accès au marché. Raisons impérieuses d'intérêt général.** Les discriminations qui sont fonction de la nationalité, ou celles qui touchent principalement les migrants européens en raison de leur nationalité sont bien évidemment proscrites[(64)]. Les règles fiscales s'exposent souvent au reproche

(60) Pour la surveillance des entreprises de courtage en valeurs mobilières, activité réservée en Italie aux sociétés locales, CJCE, 6 juin 1996, aff. C-101-94, *Commission c/ Italie.*

(61) CJUE, 1er juin 2010, aff. C-570 et 571/07, *Blanco Perez*, pour l'activité de pharmacien. – CJCE, 11 mars 2010, aff. C-384/08, *Attanasio Group*, pour la distribution de carburants. – CJCE, 14 nov. 2013, aff. C-388/12, *Cne di Ancona*, pour l'octroi de concessions de service public sans appel d'offres.

(62) Elles peuvent être le fait d'autorités publiques ou d'autorités privées chargées de régler, à titre collectif, une activité économique ; V. pour le sport, CJCE, 12 déc. 1974, aff. 36/74, *Walrave et Koch.* – CJCE, 14 juill. 1976, aff. 13/76, *Dona.* – CJCE, 15 déc. 1995, aff. C-415/93, *Bosman.* – CJCE, 6 juin 2000, aff. C-281/98, *Angonese.* – CJCE, 11 avr. 2000, aff. C-51/96 et 191/97, *Deliège.* – CJCE, 13 avr. 2000, aff. C-176/96, *Lehtonen et Castors Braine.* – CJCE, 18 juill. 2006, aff. C-519/04 P, *Meca Medina et Majcen c/ Commission.* – Pour les ordres des avocats, CJCE, 19 févr. 2002, 2 arrêts, aff. C-35/99, *Arduino* et C-309/99, *Wouters.*

(63) CJUE, 18 juill. 2013, aff. C-201/11P, *UEFA c/ Commission* et aff. C-205/11P, *FIFA c/ Commission*, pour l'obligation de retransmettre en clair les grands matchs de football. – CJUE, 21 juin 2012, aff. C-84/11, *Susialo*, sur l'implantation des pharmacies. – CJUE, 16 févr. 2012, aff. C-72 et 77/10, *Costa*, pour l'exécution illégale des concessions d'exploitation des jeux de hasard. – Sur le principe d'application conforme de l'article 49 TFUE à la charte, CJUE, 26 févr. 2013, aff. C-617/10, *Akerberg Frausson.*

(64) Pour les *frontistiria* en Grèce : CJCE, 15 mars 1988, aff. 147-86, *Commission c/ Grèce.* – Pour des conditions de nationalité pour les navires de pêche, CJCE, 17 nov. 1992, aff. C-279-89, *Commission c/ Royaume-Uni*, et CJCE, 4 oct. 1991, aff. C-246-89, mêmes parties. – CJCE, 12 juin 1997, aff. C-151-96, *Commission c/ Irlande.* – V. pour les agréments limités territorialement pour les agents de sécurité non nationaux, et valables pour tout l'État membre pour les agents nationaux, 13 déc. 2007, aff. C-465/05, *Commission c/ Italie.*

de discrimination(65). En revanche, beaucoup de mesures nationales sont indistinctement applicables, mais interdisent, gênent, ou rendent moins attrayant l'exercice de la liberté d'établissement(66). Elles empêchent souvent les nouveaux entrants (principalement non nationaux) de pénétrer un marché national, et ont par conséquent des effets protectionnistes. Ces mesures indistinctement applicables peuvent donc être des entraves contraires à l'article 49 TFUE, mais peuvent aussi être justifiées par des considérations d'intérêt général. On retrouve là le régime commun à toutes les libertés de circulation. L'article 49 TFUE ne postule aucune coordination ou évolution des droits nationaux. Ils peuvent demeurer différents, profession par profession. Des autorisations administratives, des exigences de certificats ou autres documents probatoires, ou des conditions de diplôme peuvent donc résulter des différentes législations et sont légitimes si elles répondent aux conditions générales posées par le droit européen : raison d'intérêt général, non-discrimination, nécessité(67), proportionnalité et reconnaissance mutuelle.

Il est impossible de dresser la liste des multiples intérêts généraux qui peuvent être invoqués pour défendre des législations restrictives(68). La liberté d'établissement touche souvent à la libre circulation des sociétés, et à la création de filiales ou de succursales, qui exposent assez régulièrement au reproche de fraude, d'abus, ou de contournement des règles nationales. Le reproche ne peut être général et justifié par la seule délocalisation(69). En revanche, au terme d'une analyse concrète, la défense des intérêts des consommateurs de certains services(70), la lutte contre les montages purement artificiels, peuvent être admises(71), comme la répartition normale du pouvoir d'imposition entre États, ou la lutte contre l'évasion fiscale(72), ou encore la prévention de fraude aux droits des tiers(73), parmi d'autres illustrations(74).

Ces exigences ne peuvent en principe légitimer l'exclusion radicale des non-nationaux. La question s'est posée à propos des emplois d'enseignants au Luxembourg,

(65) V., pour une discrimination fiscale sur la taxation des filiales au détriment des sociétés non-résidentes, CJCE, 13 juill. 1993, aff. C-330/91, *Commerzbank*. – CJCE, 29 avr. 1999, aff. C-311/97, *Royal Bank of Scotland c/ Elliniki Dimosio* ou taxation favorable aux seules sociétés constituées selon une forme prévue par la loi nationale, CJCE, 19 avr. 1994, aff. C-1/93, *Halliburton Services* ; aff. C-397 et 410/98, *Mettalgesellschaft et Hoechst c/ Commissioners of inland revenues*. – *Adde*, CJCE, 18 sept. 2003, aff. C-168/01, *Bosal Holdings*, et CJCE, 13 déc. 2005, *Marks and Spencer*, préc. – Pour une différence de déductibilité des pertes entre une filiale résidente et une filiale non résidente, CJUE, 21 févr. 2013, aff. C-123/11, *A. Oy*.

(66) CJCE, 31 mars 1993, aff. C-19/92, *Kraus*, et CJCE, 30 nov. 1995, aff. C-55/94, *Gebhard*.

(67) Une législation incohérente, qui n'assure pas partout l'intérêt général évoqué ne répond pas au principe de nécessité ou d'objectivité, CJUE, 17 oct. 2010, aff. C-79/01, *Payroll Data Services*.

(68) Les mêmes intérêts généraux que ceux rencontrés en matière de libre circulation des marchandises peuvent du reste être invoqués (V. *supra*, n° 123).

(69) CJCE, 23 févr. 2006, aff. C-47/04, *Keller Holding*, préc.

(70) V. pour les services juridiques, CJCE, 12 déc. 1996, aff. C-3/95, *Reisebüro Broede*.

(71) CJCE, 2 mai 2006, aff. C-196, *Cadbury Schweppes*, préc.

(72) CJUE, 18 juill. 2007, *Lidl Belgium*, préc. – CJCE, 21 janv. 2010, aff. C-311/08, *SGI*. – CJCE, 21 févr. 2013, aff. C-123/11, *Oy A*.

(73) *Idem*, pour le fisc, CJCE, 13 déc. 2005, aff. C-446/03, *Marks and Spencer*, préc. – CJCE, 15 mai 1997, aff. C-250/95, *Futura Participations*.

(74) Pour la sécurité routière, CJCE, 28 avr. 2009, aff. C-518/06, *Commission c/ Italie*. – Pour la lutte contre la criminalité, contre l'addiction aux jeux et pour la garantie de loyauté, les arrêts *Gambelli* et *Placanica*, préc. – Pour l'admission d'un monopole en matière de jeux sur Internet, afin de lutter efficacement contre la criminalité, dès lors que le monopole local est rigoureusement conçu, CJCE, 8 sept. 2009, aff. C-42/07, *Liga portuguesa de futebol et Baw*. – Pour le risque de contournement du marché du travail, CJCE, 22 déc. 2008, aff. C-161/07, *Commission c/ Autriche*. – Pour la culture, CJCE, 13 nov. 2003, aff. C-153/02, *Neri*. – CJCE, 21 juin 1974, préc. ; on mesure donc l'intérêt des directives intervenues, V. *infra*, n°s 413 et 414.

compte tenu de la situation démographique particulière de cet État. Tout en reconnaissant que la préservation de l'identité nationale était une raison légitime en droit européen, la Cour de justice a considéré comme disproportionnée l'exclusion radicale des non-nationaux(75).

En tout cas, des raisons économiques ne peuvent justifier des entraves à l'article 52 TFUE(76).

267. - **Professions réglementées.** Un exemple significatif est celui des « professions réglementées », dont l'exercice est subordonné à la détention d'un diplôme, ou d'une qualification professionnelle reconnue par une autorité de l'État membre en cause. Les professions libérales sont au premier rang de ces professions réglementées, mais on en trouve aussi dans les secteurs commerciaux ou artisanaux, quelquefois pour des raisons corporatistes. La raison d'intérêt général tient à la qualité des prestations et à la protection des consommateurs ou clients. Le migrant européen ne peut donc accéder à la profession réglementée dans l'État d'accueil que s'il possède ou acquiert le diplôme national exigé(77).

Des principes communs de proportionnalité et de reconnaissance mutuelle doivent cependant être respectés par les États d'accueil.

Touchant la proportionnalité, il faut par exemple différencier les régimes selon la nature des prestations, selon qu'elles sont simples, ou au contraire subtiles, seules ces dernières justifiant diplômes, contrôles, ou agréments(78).

En ce qui concerne la reconnaissance mutuelle, les autorités de l'État d'accueil doivent en principe se satisfaire des attestations délivrées par celles de l'État d'origine, et ne doivent pas demander d'attestations impossibles à obtenir dans cet État, ou d'attestations qui feraient double emploi.

C'est ainsi encore, en ce qui concerne les diplômes, que les autorités nationales doivent rechercher dans quelle mesure les titres ou diplômes obtenus dans l'État d'origine correspondent à ceux exigés dans l'État d'accueil. S'il n'y a pas dans le traité de principe général d'équivalence, tout au moins y a-t-il celui de la reconnaissance mutuelle, qui impose de n'exiger de contrôle que complémentaire, dans la seule mesure de l'insuffisance du diplôme présenté(79).

La reconnaissance d'un diplôme peut être à des fins diverses (universitaire ou professionnelle). La reconnaissance à une fin particulière ne justifie pas à elle seule un refus de reconnaissance à une autre fin(80).

(75) CJCE, 2 juill. 1996, *Commission c/ Luxembourg*, préc. Reste à savoir quels seront les développements de cette notion de préservation de l'identité nationale (sur le terrain de la proportionnalité, les enseignants étrangers peuvent, par exemple, être tenus de connaître la langue locale).

(76) Un objectif de paix sociale nationale qui préserverait artificiellement un secteur économique, ne serait pas admissible, V., sur le fondement de l'article 59 TFUE, CJCE, 5 juin 1997, aff. C-398/95, *Ypourgos Ergasias*.

(77) C'était le cas de Jean Reyners qui était titulaire du diplôme belge d'avocat, V. CJCE, 21 juin 1974, préc. ; on mesure donc l'intérêt des directives intervenues, V. *infra*, n°s 413 et 414.

(78) CJCE, 25 juill. 1991, aff. C-76/90, *Säger c/ Dennemeyer*, préc. – CJCE, 30 mars 2006, aff. C-451/03, *Calafiori*. – En ce qui concerne les contrôles relatifs à la maîtrise de la langue du pays d'accueil, V. CJCE, 4 juill. 2000, aff. C-424/97, *Hain* ou CJCE, 19 sept. 2006, aff. C-506/04, *Wilson*.

(79) V., pour la profession d'avocat, CJCE, 7 mai 1991, aff. C-340/89, *Vlassopoulou*. – *Adde*, CJCE, 7 mai 1992, aff. C-104-91, *Ministerio Fiscal c/ Aguire Newman*. – V., pour la remise en cause du système français du concours, car il favorise les débutants, au détriment des migrants européens expérimentés, CJCE, 9 sept. 2003, aff. C-285/01, *Burband*.

(80) V., pour l'équivalence à la maîtrise en droit française de la licence belge obtenue par M. Thieffry, qui, reconnue par une université, ne peut pas être ignorée pour l'admission au barreau, CJCE, 28 avr. 1977, aff. 71-76, *Thieffry* : *RTDE* 1977, 395.

268. - **Autres exemples.** On peut encore prendre l'exemple de l'interdiction de délivrer des avis de nature juridique sans avoir obtenu un agrément. Cette interdiction est une entrave qui est indistinctement applicable à tous ceux qui veulent donner des conseils à connotation juridique(81). Il en va de même des régimes d'autorisation sous peine de sanctions(82).

On peut également prendre l'exemple de l'affaire dite de la *Caixa Bank*(83). Il s'agissait de la règle française dite du « ni-ni », qui interdisait la rémunération des comptes de dépôt à vue, ce qui était en fait la contrepartie de la non-facturation des chèques (ni rémunération ni facturation). Cette règle touchait le cœur du métier de la banque : la réception des dépôts à vue. Elle empêchait les nouveaux entrants d'avoir une politique agressive et concurrentielle sur la réception des dépôts, ce qui pourrait être décisif pour conquérir de nouveaux clients. Cette règle du « ni-ni » fut donc considérée comme une entrave à l'accès du marché. *A contrario*, le système du « bonus-malus », applicable en France en matière d'assurance automobile (assurance très porteuse pour les nouveaux entrants) n'a pas été considéré comme une entrave à l'accès au marché, car les compagnies peuvent fixer librement (et concurrentiellement) leurs primes initiales, le bonus ou le malus influant seulement sur l'évolution ultérieure, mais laissant subsister l'écart initial, et donc la concurrence pour pénétrer le marché(84).

On peut encore prendre l'exemple des mesures qui, sans viser directement l'accès au marché, sont équivalentes par leur gravité et leurs effets, de telle manière qu'elles dissuadent de pénétrer le marché, et réduisent d'entrée de jeu la capacité des entreprises à livrer une concurrence efficace aux entreprises nationales(85).

On peut aussi citer l'exemple des règles nationales qui permettent d'accorder des concessions, notamment de service public, sans respecter l'obligation de transparence, et sans mettre les opérateurs en concurrence(86).

269. - **Mesures nationales ou collectives qui n'ont pas pour objet de régler les conditions d'établissement.** Comme en matière de libre circulation des marchandises, des mesures nationales peuvent ne pas avoir pour objet de régir les conditions d'établissement. Elles échappent à l'article 49 TFUE, comme les « modalités de vente » échappent à aux articles 34 et 35 TFUE. Mais une mesure peut avoir un but non économique et entrer toutefois dans le champ d'application du traité. Tel est le cas d'une réglementation sportive anti-dopage, lorsqu'elle vise à régir l'activité économique des sportifs professionnels. C'est l'impact sur l'exercice d'une activité économique qui est décisif(87).

(81) V. L. 31 déc. 1971 mod., art. 54 (France) et CJCE, 30 nov. 1995, *Gebhard*, préc. – CJCE, 30 mars 2006, aff. C-451/03, *Calafiori*.

(82) CJCE, 6 nov. 2003, aff. C-243/01, *Gambelli*, pour des jeux.

(83) CJCE, 5 oct. 2004, aff. C-442/02, *Caixa Bank France* ; V. *infra*, n° 354.

(84) CJCE, 7 sept. 2004, 2 arrêts, aff. C-346/02, *Commission c/ France*, et aff. C-347/02, *Commission c/ Luxembourg* : *RGDA* 2004, 1047, note Parleani.

(85) V. CJCE, 28 avr. 2009, aff. C-518/06, *Commission c/ Italie*, sur l'obligation faite aux entreprises d'assurance d'assurer certains risques ; CJUE, 14 nov. 2013, aff. C-384/08, *Cne di Ancona*.

(86) V., pour les concessions de jeux ou de paris, CJCE, 6 mars 2007, aff. C-338, 359 et 360/04, *Placanica*. – CJCE, 13 sept. 2007, aff. C-260/04, *Commission c/ Italie*. – *Adde*, pour un réseau de télédistribution, CJCE, 13 nov. 2008, aff. C-324/07, *Coditel*. – Pour une concession de parking, CJCE, 13 oct. 2005, aff. C-458/03, *Parking Brixen*.

(87) V. CJCE, 18 juill. 2006, *Meca-Medina*, préc. – V. encore pour l'ouverture des magasins le dimanche, à la fois sur l'article 28 et l'article 52 TFUE, CJCE, 20 juin 1996, aff. C-418 à 421/93 et s., *Semerano Casa Uno*.

270. - **Article 106, § 2 TFUE et services publics.** Des considérations tirées de l'article 106 TFUE (droits exclusifs, voire monopoles ou secteurs réservés) peuvent aussi être d'intérêt général pour appliquer l'article 49 TFUE. L'article 106, § 2 TFUE ne permet pas que les règles du traité fassent échec à la mission d'intérêt général d'une entreprise, chargée par exemple d'un service universel (sous réserve que les restrictions imposées soient nécessaires et proportionnées). Mais les principes de nécessité et de proportionnalité, sur lesquels repose cet article, peuvent imposer l'appel à la concurrence dès l'instant où une collectivité publique décide de confier un service d'intérêt économique général, ou service public (« SIEG ») à une entité ou à un organisme distinct d'elle. En effet, l'appel à la concurrence précisera le cahier des charges et les contraintes de service public, et les entreprises sélectionnées seront par définition capables de satisfaire à ces exigences, et aptes à bénéficier de l'article 106, § 2 TFUE. Refuser l'appel à la concurrence en cas de passage de l'internalisation du service public (par ex., régie ou service administratif intégré, ou *in-house*) à l'externalisation serait une entrave injustifiée à la liberté d'établissement édictée à l'article 49 TFUE[(88)].

271. - **Droit au recours.** Un principe aujourd'hui général du droit européen veut qu'en cas de refus d'agrément ou d'autorisation, la décision de l'autorité compétente soit motivée, et assortie d'une possibilité de recours adéquat[(89)].

272. - **Nécessité de directives.** Le droit commun européen, imparfait et casuistique, montre tout l'intérêt de directives générales de reconnaissance mutuelle des diplômes, titres, qualifications et certificats[(90)]. Toutefois, une importante directive générale a été adoptée le 12 décembre 2006 pour les services dans le marché intérieur[(91)].

C. – L'exercice des activités

273. - **Principe d'égalité de traitement.** Une fois admis à exercer ses activités dans l'État membre d'accueil (si une autorisation est bien sûr nécessaire), le migrant européen doit être placé dans une situation en principe identique à celle des nationaux établis. C'est le droit au traitement national. Le but de la liberté d'établissement est non seulement d'accéder aux activités, mais encore de les exercer dans les mêmes conditions que celles prévues par l'État d'accueil pour ses propres ressortissants[(92)]. L'idée est celle de la comparabilité des situations objectives. En général, les formes d'établissement stables sont objectivement comparables, et cela explique en particulier l'interdiction des discriminations entre filiales et succursales[(93)]. Il s'agit d'une forme de discrimination en fonction de la

(88) Sur cette question, V. *infra*, n° 942 ; en matière de LPS, V. *infra*, n° 285 ; la jurisprudence de la Cour est fournie ; V. CJCE, 18 nov. 1999, aff. C-107/98, *Teckal*. – CJCE, 7 déc. 2000, aff. C-324/98, *Telaustria*. – CJCE, 11 janv. 2005, aff. C-26/03, *Stadt Halle*. – CJCE, 21 juill. 2005, aff. C-231/03, *Coname*. – CJCE, 13 oct. 2005, aff. C-458/03, *Parking Brixen*. – CJCE, 6 avr. 2006, aff. C-410/04, *ANAV-Cne di Bari*.

(89) V. CJCE, *Aguirre Newman*, préc.

(90) V. *infra*, n° 414.

(91) V. *infra*, n° 294 et s.

(92) V. CJCE, 9 mars 1999, *Centros*, préc. – CJCE, 5 nov. 2002, *Überseering*, préc. – CJCE, 13 déc. 2005, *Marks and Spencer*, préc. ; V. *supra*, n°s 257 et 260.

(93) V. *supra*, n° 262.

nationalité, puisque, *a priori*, filiales et succursales sont également des établissements stables, et que seul diffère la nationalité du siège. Cette discrimination est prohibée par l'article 25 TFUE que met en œuvre l'article 49 TFUE(94). Cela implique donc en principe une égalité fiscale(95), sociale(96), ou encore le droit égal d'investir, d'acquérir(97), ou d'accéder à la gestion des entreprises. La Cour a précisé que la liberté d'établissement ne concerne pas seulement les règles spécifiques à l'exercice proprement dit des activités professionnelles, mais également celles relatives à ce qui est utile à l'exercice des activités(98).

§ 2. – Régime juridique de la liberté de prestation de services

274. – **Importance économique des services.** Les opérations portant sur les services (invisibles) sont aujourd'hui extrêmement importantes. Leur développement concerne des secteurs économiques aussi divers que les services financiers, les transports, les voyages, l'audiovisuel, les prestations intellectuelles (professions libérales)... Le développement du commerce électronique est beaucoup plus adapté à la fourniture internationale de services qu'à la circulation internationale des marchandises : une commande de marchandises sur Internet ne règle absolument pas la question de la logistique et de la livraison effective. Il n'en va pas de même pour les services : des opérations bancaires, d'assurance, des prestations intellectuelles (par ex., juridiques), peuvent fort bien être effectuées dans leur intégralité de manière immatérielle et transfrontalière, et être payées à distance. Cette liberté économique que l'on sent à portée de main peut mettre à mal certaines réglementations nationales. Beaucoup sont cependant justifiées par des raisons d'intérêt général, comme la protection des consommateurs (sérieux et qualité des prestations), la protection des marchés, la loyauté des transactions, ou la lutte contre la délinquance et le blanchiment. Des raisons d'intérêt général pourront donc toujours limiter la liberté de prestation de services, même dans la perspective du développement du commerce électronique et de la société de l'information.

275. – **Spécificité de la LPS dans certains secteurs économiques.** Dans certains secteurs, la reconnaissance rapide de la LPS aurait entraîné une déréglementation

(94) V. *supra*, n° 270.

(95) V. CJCE, 15 mai 1997, aff. C-250/95, *Futura Participations c/ Adm. des contributions* ; l'article 58 TFUE permet d'établir des régimes fiscaux différenciés selon la localisation de la résidence ou de l'investissement, mais il ne doit pas y avoir de discrimination entre les redevables établis placés dans la même situation. *Adde*, CJCE, 27 juin 1996, aff. C-107/94, *Asscher*. Ou de discrimination entre une activité interne, favorisée, et une activité internationale, défavorisée ; vu pour un régime fiscal dissuadant une holding de détenir des filiales européennes, CJCE, 16 juill. 1998, aff. C-264/96, *Imperial chemical Industries (ICI) c/ Her Majesty's Inspector of taxes*.

(96) V. pour les travailleurs, CJCE, 18 juin 1987, aff. 316/85, *Centre Public d'aide social de Courcelles c/ Lebon* ; pour un travailleur indépendant établi dans deux États membres, l'exigence d'une double cotisation aux organismes de sécurité sociale sans prestation correspondante est une entrave injustifiée à la liberté d'établissement, car elle dissuade de l'exercer, V. CJCE, 15 févr. 1996, aff. C-53/95, *Inasti c/ Kemmler*.

(97) Pour l'accès aux prêts bonifiés pour acquérir un logement, CJCE, 14 janv. 1988, aff. 63/86, *Commission c/ Italie*.

(98) V., pour l'achat d'immeuble, CJCE, 30 mai 1989, aff. 305/87, *Commission c/ Grèce* ; V. *infra*, n° 354, sur la prééminence du droit du pays du siège social pour les succursales bancaires.

trop brutale. L'article 58, § 1 TFUE exclut ainsi la libération des services en matière de transports du régime général du traité.

Dans les secteurs de la banque et de l'assurance, la LPS ne peut être considérée comme autonome, pour certains services tout au moins. Elle a été liée à la libération préalable des mouvements de capitaux, qui est intervenue[99].

276. - **LPS active et LPS passive.** La LPS active se réalise lorsque le prestataire est actif, c'est-à-dire lorsqu'il va au-devant de la clientèle qui réside dans les États autres que celui dans lequel il est établi. Le lieu de conclusion du contrat, c'est-à-dire l'endroit où le client a été personnellement contacté ou démarché, est déterminant. La LPS passive suppose en revanche une passivité du prestataire dans ses rapports avec un client donné[100]. C'est le client, destinataire des services, qui se déplace, et qui va nouer le contact ou le contrat dans l'État membre où le prestataire est établi[101]. Cette forme de LPS est devenue très habituelle avec le commerce électronique, où en « cliquant » vers un site, le client se déplace sur la « toile » et va vers le prestataire.

En tout cas, bien que le traité ne considère en vérité que la LPS active de la part du prestataire, il est acquis qu'il libère aussi bien la LPS active et la LPS passive. Une explication est trouvée dans le principe de libre circulation de tous les citoyens de l'Union, ce qui inclut les professionnels et les non-professionnels, Les dispositions du traité relatives à la LPS ne sont au fond qu'une expression particulière de cette liberté fondamentale[102].

277. - **Spécificité juridique de la LPS.** Le principe fondamental de réalisation du marché intérieur a été posé en matière de libre circulation des marchandises par l'arrêt *Cassis de Dijon*[103]. On peut y lire que la disparité des législations nationales (inhérente à la construction européenne) peut aboutir à ce qu'il y ait entraves à l'introduction sur le territoire d'un État membre de marchandises (ici des prestations de services) légalement commercialisées dans un autre, mais que ces entraves peuvent être justifiées par des exigences impératives.

On pourrait être tenté d'affirmer que le principe de base est que la façon dont les services sont « légalement » commercialisés dans le pays d'origine doit normalement pouvoir être exportée dans les autres. Mais les marchandises ne sont pas des services, et il y a peu de points communs entre la circulation de bouteilles de *Cassis de Dijon* et celle des produits d'assurance. En matière de LPS, la prévalence de la « loi » nationale du pays d'origine n'est pas inéluctable.

La première façon de raisonner consiste à partir vraiment de la « loi » du pays d'origine. La difficulté vient de ce que la détermination précise de cette loi n'est ni simple ni immuable. Il peut y avoir plusieurs « lois » qui ont vocation à s'appliquer à une même prestation de services. Il y a d'abord la loi nationale de l'État d'ori-

(99) V. *supra*, n°s 163 et s.

(100) On peut donc être un prestataire actif en général, mais passif au regard d'un client.

(101) Sur ce droit, V. CJCE, 29 avr. 1999, aff. C-224/97, *Ciola c/ Land Vorarlberg*.

(102) CJCE, 31 janv. 1984, aff. C-286/82 et 286/83, *Luisi et Cabone*. – CJCE, 13 juill. 2004, aff. C-262/02, *Commission c/ France*. – CJCE, 13 juill. 2004, aff. C-429/02, *Bacardi c/ France* (loi Évin). – CJCE, 17 févr. 2005, aff. C-215/03, *Oulane*, préc. – CJCE, 11 sept. 2007, aff. C-76/05, *Schwarz*.

(103) V. *supra*, n° 110.

gine qui régit les activités de l'établissement de prestataire dans cet État ; c'est la loi applicable à la « production » des services (agrément, qualification professionnelle, déontologie, règles prudentielles...). Il y a ensuite la loi applicable au contrat de service (contenu du service, obligation des parties, responsabilité du prestataire)(104). Cette dernière loi n'est pas nécessairement la loi nationale du pays d'origine. Les règles de conflit, notamment celles qui résultent du règlement « Rome I », peuvent désigner une autre loi(105). Ce sera même souvent celle du « consommateur » de services. Il y a encore les règles de compétence qui peuvent de leur côté renvoyer un éventuel contentieux à un tribunal siégeant dans un autre pays que le pays d'origine, lequel tribunal devra appliquer les lois de police d'un État avec lequel la situation présente un lien étroit, et appliquer les lois de son pays qui régissent impérativement la situation quelle que soit la loi applicable au contrat(106). Il y a enfin la loi de l'État sur le territoire duquel la prestation de services va être offerte, dit « État de prestation de services ». Cette loi, on vient de le dire, peut être celle désignée par la règle de conflit. Mais elle peut intervenir sans être la loi déterminée par la règle de conflit, car elle est souvent loi de police (par ex., droit de la consommation). La loi de l'État de prestation de services pourra entraver l'exercice de la LPS, et devra, en ce cas, être soumise au test de l'intérêt général au sens du droit européen. En clair, si l'on prend la difficulté à partir de la « loi » du pays d'origine du prestataire, cette loi devra être trois fois filtrée : par les règles de conflit, par les conséquences des règles de compétence, et par les dispositions légales impératives de l'État de prestation de services qui auront satisfait au test de l'intérêt général. On ne peut dire que cela soit simple.

Il est alors plus simple de prendre la difficulté d'une seconde manière, et de partir de la finalité de la construction européenne. L'objectif est de permettre une réelle LPS transfrontalière, pour mettre raisonnablement en œuvre le principe selon lequel les services légalement commercialisés dans un État membre peuvent être également commercialisés dans les autres(107). Il suffit alors de se préoccuper des lois qui entravent cette LPS. Ce sera souvent la loi de l'État « de » prestation de services, qui gênera la LPS intra-européenne, ou la rendra moins attractive(108). Mais ce pourra être quelquefois la loi de l'État d'origine, qui entravera la LPS à partir de son territoire, voire une autre encore(109). Il n'y aura plus à rechercher quelle est fondamentalement la loi applicable au contrat. On se demandera seulement si des lois

(104) Il peut arriver qu'il soit bien difficile de distinguer la loi de la production (ou de l'entreprise productrice de services) de la loi de commercialisation (c'est-à-dire de la LPS). On peut prendre l'exemple des contrats d'assurance. Ainsi une politique de prime agressive peut être contraire à une gestion saine et prudente, et relever du contrôle prudentiel. Ainsi encore, on peut adosser un contrat d'assurance sur la vie à un fonds interne détenu et géré par la compagnie – cela relève du contrat –, mais les provisions techniques – cela relève de l'entreprise – devront être représentées par les actifs de ces fonds (V. Dir. n° 2002/83, art. 25, § 1). Ainsi également, le rachat d'un contrat d'assurance-vie doit être permis ou non selon le contrat (V. Comm. CE, communication 16 févr. 2000, « LPS et intérêt général dans le secteur des assurances »), mais la valeur de rachat doit être déterminée par les règles prudentielles, c'est-à-dire par les règles applicables à l'entreprise (Dir. n° 2003/83, art. 20, § 1.A.VI).

(105) Règl. n° 593/2008, 17 juin 2008 sur la loi applicable aux obligations contractuelles. Le choix des parties est possible, même si, en cas de choix, le consommateur ne peut être privé des dispositions impératives de la loi du pays de sa résidence habituelle (art. 5).

(106) Règl. n° 44/2001, 22 déc. 2001, art. 7.

(107) V. le principe affirmé en matière de libre circulation des marchandises par l'arrêt *Cassis de Dijon* du 20 février 1979, V. *supra*, n° 110.

(108) CJCE, 25 juill. 1991, aff. C-76/90, *Säger c/ Dennemeyer*.

(109) V., pour le démarchage téléphonique, CJCE, 10 mai 1995, aff. C-384/93, *Alpine Investment*.

nationales entravent la LPS intra-européenne, soit qu'elles la rendent moins attractive, soit qu'elles gênent les prestataires de services par rapport aux nationaux.

Au terme de ces observations, la directive n° 2006/123 relative aux services dans le marché intérieur est d'un apport finalement assez modeste, et les principes qu'elle contient s'affirmeront progressivement. Il faut donc partir du droit commun résultant du traité.

278. – **Plan.** On pressent que le régime juridique de ces deux modes d'exercice de la LPS est différencié. Tandis que la LPS active touche directement à l'ordre juridique de l'État *de* prestation de services où réside le client (A), la LPS passive se caractérise au contraire par l'abandon volontaire de cet ordre juridique par le client (B). La directive n° 2006/123 ne modifie pas en profondeur le régime juridique de la LPS.

A. – Régime juridique de la LPS active

279. – **Différence objective, au regard de la législation d'un État, entre prestataires de services et entreprises établies. Signification du principe de non-discrimination.** La Cour de justice rappelle souvent qu'il est discriminatoire de soumettre à des règles identiques des situations différentes[(110)]. Tout « traitement national » contient des règles qui s'adressent de manière directe et spécifique aux personnes qui sont établies, mais qui ne sont pas nécessairement applicables aux prestataires de services transfrontaliers.

Le principe de non-discrimination doit conduire à tenir compte de la différence objective entre les personnes établies et les prestataires de services, pour ne soumettre ces dernières qu'aux seules contraintes en vigueur dans l'État de prestation de services[(111)] qui sont justifiées et proportionnées au bon exercice de l'activité en cause en LPS, afin de sauvegarder l'effet utile de l'article 56 TFUE.

En clair, c'est à un traitement national souvent édulcoré que doit être soumis le prestataire de services.

Mais il reste à rechercher les critères qui permettront d'appliquer ou non aux prestataires de services les différentes règles qui composent le traitement national. Deux principes se dégagent : l'interdiction des discriminations en fonction de la nationalité et de la résidence (1°), et l'interdiction des mesures indistinctement applicables qui ont des effets restrictifs, sauf si elles peuvent être justifiées par des raisons impérieuses d'intérêt général (2°).

1° Interdiction des discriminations en fonction de la nationalité ou de la résidence

280. – **Nationalité.** Mises à part les activités visées à l'article 51 TFUE[(112)], on ne saurait admettre de discriminations en considération de la seule nationalité du prestataire. Le lien étroit affirmé par la Cour entre les règles de libre circulation des personnes et le principe de non-discrimination en fonction de la nationalité donne

(110) V. CJCE, 17 juill. 1963, aff. 13-63, *Italie c/ Commission*.
(111) V., pour les règles de l'État d'origine applicables aux prestataires de services, CJCE, 10 mai 1995, *Alpine Investment*, préc. – CJCE, 28 avr. 1998, aff. C-118/96, *Jessica Safir*.
(112) Autorité publique, V. *supra*, n° 241.

une valeur de principe à cette proposition(113). Cela vaut pour les discriminations directes(114) comme pour les discriminations indirectes ou déguisées(115).

281. – **Résidence.** *A priori*, les discriminations qui sont fondées sur la seule considération que le prestataire a sa résidence dans un autre État membre ne sont pas admissibles(116).

En conséquence, et toujours *a priori*, les États membres de prestation de services ne sauraient obliger par principe les prestataires qui opèrent sur leur territoire à y avoir un établissement stable. Une telle exigence *a priori* serait la « négation même » de la prestation de services, et enlèverait tout effet utile à l'article 56 TFUE(117).

La même interdiction vaut en principe pour les discriminations indirectes ou déguisées qui sont justifiées par la seule considération que le prestataire ne réside pas sur le territoire de l'État. Il en est ainsi des mesures qui soumettent le prestataire à des charges ou cotisations qui pèsent déjà sur lui dans son État d'origine(118), ce qui a pour effet d'amoindrir ou d'annihiler les avantages que le prestataire peut justement retirer du fait qu'il est établi dans un autre État membre.

Toutefois, l'interdiction des restrictions en considération de la résidence est nettement moins absolue que celle qui prévaut pour des raisons de nationalité. La Cour de justice a ainsi laissé entendre dès 1986 que l'exigence d'un établissement stable sur le territoire de l'État où la prestation est fournie pouvait être admise si elle était indispensable pour atteindre l'objectif légitime recherché. Elle ne l'a pas admis pour la protection des preneurs d'assurance(119). Mais elle se garde de tout *a priori*(120).

Elle a même admis qu'il était possible de réserver un avantage aux seules entreprises établies, ce qui naturellement dissuade la clientèle de s'adresser à celles qui

(113) V., par ex., CJCE, 3 déc. 1974, *Van Binsbergen*, préc. La Cour de justice n'a encore jamais admis de telles discriminations. Toutefois, sur le terrain voisin de l'article 45 TFUE, elle a admis la légitimité de principe de la défense de l'identité nationale, dans la situation particulière du Luxembourg, sans aller, en l'espèce, jusqu'à légitimer une exclusion des non-nationaux, V. CJCE, 2 juill. 1996, *Commission c/ Luxembourg*, préc. et CJCE, 9 juin 1977, *Van Ameyde*, préc. – CJCE, 31 mai 2001, aff. C-283/99, *Commission c/ Italie*.

(114) V., par ex., pour la loi italienne qui réservait aux seuls Italiens le bénéfice de certaines équivalences de diplômes médicaux acquis dans la CEE, CJCE, 25 juill. 1991, aff. C-296/90, *Commission c/ Italie*. – V., pour la condition de nationalité posée en Espagne pour passer les examens de guide touristique, CJCE, 22 mars 1994, aff. C-375/92, *Commission c/ Espagne*. – Pour un quota d'emplacements de mouillage de bateaux pour les étrangers, V. CJCE, 29 avr. 1999, *Ciola*, préc., pour la condition de résidence locale imposée aux candidats non nationaux, CJCE, 29 mai 2001, aff. C-263/99, *Commission c/ Italie*. – CJCE, 17 févr. 2005, aff. C-215/03, *Oulane*, préc.

(115) V. par ex., CJCE, 3 juin 1992, aff. C-360-89, *Commission c/ Italie*. – V., pour une discrimination fiscale entre résidents et non-résidents, alors que, par l'effet d'une convention fiscale bilatérale, les situations étaient comparables, CJCE, 12 juin 2003, aff. C-234/01, *Gerritse*.

(116) V. par ex. CJCE, 25 juill. 1991, aff. C-288/89, *Stichting Collectieve Antenevoorzening Gouda*.

(117) V. CJCE, 4 déc. 1986, aff. 205-84, *Commission c/ Allemagne* : *RTDE* 1987, 207, V. *supra*, n° 198 et par ex., CJCE, 7 févr. 2002, aff. C-279/00, *Commission c/ Italie*, pour l'exigence d'un siège ou d'une succursale locale pour exercer l'activité de fourniture de travail temporaire ; CJCE, 29 nov. 2007, aff. C-404/05, *Commission c/ Allemagne*, et, du même jour, aff. C-393/05, *Commission c/ Autriche*. – CJUE, 29 sept. 2011, aff. C-387/10, *Commission c/ Autriche*.

(118) V. CJCE, 27 mars 1990, aff. C-113-91, *Rush Portuguesa* et CJCE, 28 mars 1996, aff. C-272/94, *Guiot et Climatec*.

(119) V. CJCE, 4 déc. 1986, *Commission c/ Allemagne*, préc.

(120) V. le même refus pour la souscription de garanties bancaires pour les agents de voyages, CJCE, 1er déc. 1998, aff. C-410/, *Ambry*. – *Adde*, CJCE, 19 févr. 2002, aff. C-295/00, *Commission c/ Italie*. – Pour le refus de cette exigence pour l'exercice de l'activité de mise à disposition de main-d'œuvre, CJCE, 25 oct. 2001, aff. C-493/99, *Commission c/ Allemagne*. – V., en revanche, pour l'exigence, à fin de contrôle, d'une « infrastructure » et d'une présence minimale, CJCE, 20 mai 1992, aff. C-106/91, *Ramrath*. – *Adde*, pour l'exigence d'un agrément national d'une banque (avant harmonisation) en raison de la spécificité de l'activité, qui supposait un établissement, CJCE, 9 juill. 1997, aff. C-222/95, *SCI Parodi*.

opèrent en LPS. La justification a été trouvée en l'occurrence dans la sauvegarde de la cohérence du système fiscal belge(121).

2° Mesures nationales restrictives indistinctement applicables et justification par des raisons d'intérêt général(122)

282. – **Diversité des mesures.** Il faut à nouveau rappeler qu'il peut arriver que des entraves à la LPS proviennent du droit de l'Union européenne, et notamment de la Charte des droits fondamentaux. Il n'y a pas d'obligation juridique à ce que les principes édictés par la charte soient conciliés avec les libertés offertes par le traité. Les objectifs de la charte sont supérieurs(123). Mais rien n'empêche évidemment des situations dans lesquelles les entraves à l'exercice de la LPS sont conformes aux dispositions de la charte. L'article 49 TFUE ne peut être interprété contrairement à la charte(124).

La jurisprudence concerne très généralement les mesures nationales. Celles qui restreignent l'accès aux activités ou leur exercice peuvent être très variées.

La liberté des États est cependant variable. Elle est plus grande lorsqu'il s'agit de poser des conditions de diplômes ou de qualifications professionnelles pour accéder aux professions réglementées, que lorsqu'il s'agit d'édicter d'autres types de mesures.

283. – **Professions réglementées.** Il s'agit de celles dont l'accès est subordonné à des conditions de titres, de diplômes, ou de qualifications professionnelles. En l'absence d'harmonisation, il apparaît que les États membres demeurent libres de fixer le niveau minimal de qualification nécessaire à l'exercice de telle ou telle profession, de manière à garantir la qualité des prestations fournies sur leur territoire(125). Cela signifie que des diplômes nationaux différents peuvent être exigés dans chacun des États membres, ce qui créé des obstacles aux prestataires de services, titulaires du seul diplôme requis dans le pays où ils sont établis.

Certes, en vertu du principe de reconnaissance mutuelle, les autorités des États membres doivent apprécier les connaissances ou les diplômes acquis dans les États d'origine des prestataires, et organiser des examens, épreuves, ou stages particuliers de mise à niveau. Certes aussi, les décisions de refus doivent être motivées et sus-

(121) V. CJCE, 28 janv. 1992, 2 arrêts, aff. C-300/90, *Commission c/ Belgique* et aff. C-204-90, *Bachman c/ État belge*. Les primes d'assurance sur la vie ne pouvaient être déduites par les souscripteurs que si elles étaient payées à une entreprise établie en Belgique (c'est là un avantage commercial décisif pour « placer » les polices). Mais le capital servi en fin de contrat était imposable. Il est apparu indispensable que l'État belge ait la certitude absolue de taxer les capitaux au moment où ils étaient versés, ce qui supposait un contrôle sur les entreprises, ce qui n'était possible que pour celles qui étaient établies. V. pour une obligation de déclarer au fisc les contrats souscrits en LPS, CJCE, 28 avr. 1998, *Jessica Safir*, préc. – *Adde*, CJCE, 26 juin 2003, aff. C-422/01, *Försakringaktie-bolaget skandia et Ola Ramstedt c/ Riksskateverket*. La cohérence du régime fiscal suppose un lien direct entre l'avantage octroyé au contribuable et sa compensation par un prélèvement, CJUE, 7 sept. 2004, aff. C-319/02, *Manninen*. – CJUE, 23 févr. 2006, aff. C-471/04, *Keller Holding*. – CJUE, 27 nov. 2008, aff. C-418/07, *Papillon*. – CJUE, 4 juill. 2013, aff. C-350/11, *Argenta Spaarbank*.

(122) V. Comm. CE, communication interprétative concernant la libre circulation transfrontière des services : *JOCE* n° C-334, 9 déc. 1993.

(123) V. les arrêts relatifs à la libre retransmission des grands matchs de football, CJUE, 18 juill. 2013, aff. C-201/11P, *UEFA c/ Commission*, et aff. C-205/11P, *FIFA c/ Commmission*.

(124) CJUE, 26 févr. 2013, aff. C-617/10, *Akerberg Frausson*. – CJUE, 16 févr. 2012, aff. C-72 et 77/10, *Costa*. – *Adde*, CJUE, 21 févr. 2012, aff. C-84/11, *Susialo*.

(125) V. les considérants de la directive n° 2005/36 du 7 septembre 2005 relative à la reconnaissance des qualifications professionnelles. Une profession peut être tout simplement interdite, et l'interdiction justifiée pour des raisons d'intérêt général ; V. pour la profession de guérisseur (*Heilprakhiker* en Autriche), interdite pour des raisons de santé publique, CJCE, 11 juill. 2002, aff. C-294/00, *Gräbner*.

ceptibles de recours[126]. Ces principes sont ceux que l'on a rencontrés en matière de droit d'établissement[127].

284. – **Critère de la mesure restrictive. Entrave à l'accès au marché d'un État. Entraves provenant des États d'origine ou des États de prestation de services.** Les libertés de circulation se fondent dans un moule juridique unique, et les principes qui se dégagent de la jurisprudence *Keck* et *Mithouard*[128] sont repris, en particulier à propos de la LPS. Dans son arrêt *Säger c/ Dennemeyer*, déjà[129], la Cour de justice disait que sont restrictives les mesures, même indistinctement applicables, qui sont « de nature à prohiber ou à gêner davantage les activités du prestataire établi dans un autre État membre, où il fournit légalement des services analogues ». Le mot « davantage » signifie que le prestataire doit avoir plus de difficulté qu'un national à toucher la clientèle de l'État concerné. La Cour précise que, dès lors qu'il n'est pas exclu que les ressortissants établis dans d'autres États aient été ou soient intéressés, le droit européen s'applique, et la situation n'est plus interne[130]. C'est l'idée d'entrave à l'accès au marché qui est décisive, qui explique l'arrêt *Keck*, et qui a été affirmée, en matière de LPS, notamment par l'arrêt *Alpine Investment*[131].

Les entraves sont généralement découvertes dans les législations des États membres de prestation de services. Mais il peut arriver que la législation de l'État d'origine du prestataire joue aussi comme une entrave à la LPS européenne. Telle fut considérée, dans l'arrêt *Alpine Investment*, l'interdiction néerlandaise de faire du démarchage téléphonique pour des placements financiers, même à destination des autres États membres[132].

Des mesures extrêmement diverses peuvent être des entraves à la LPS : agréments, autorisations, règles fiscales favorables aux entreprises établies, charges sociales imposées au prestataire pour les salariés qui se déplacent pour accomplir la prestation de services lorsque le prestataire paie déjà des charges dans son État d'origine, législations empêchant la mise en concurrence, contraintes diverses telles que des obligations de contracter, voire règles de droit du travail[133]. Il en va de même pour certaines règles d'exercice des professions en

(126) V. CJCE, 7 mai 1992, aff. C-104/91, *Aguirre Newman*.
(127) V. *supra*, n° 270.
(128) 24 nov. 1993, V. *supra*, n° 113.
(129) 25 juill. 1991, aff. C-76/90.
(130) V. CJUE, 14 nov. 2013, aff. C-388/12, *Cne di Ancona*.
(131) 10 mai 1995, aff. C-384/93. Par opposition, des mesures indistinctement applicables, qui ne conditionnent pas ou ne visent pas l'accès aux marchés, et qui ne règlent que les modalités internes d'exercice d'une activité, ne sont pas susceptibles d'être visées par l'article 49 TFUE.
(132) CJCE, 10 mai 1995, *Alpine Investment*, préc. ; en l'espèce, l'interdiction fut « rachetée » par un intérêt général (confiance dans la loyauté des marchés). Les entraves provenant des législations des États d'origine sont plus fréquentes en matière de liberté d'établissement.
(133) V., pour des règles fiscales, CJCE, 28 janv. 1992, aff. C-204/90, *Bachman*. – Des autorisations d'embauche, CJCE, 27 mars 1990, aff. C-113-89, *Rush Portuguesa*. – CJCE, 28 mars 1996, aff. C-272/94, *Guiot*. – CJCE, 9 août 1994, aff. C-43-93, *Raymond Vandler Est c/ OMI*. – Pour des taxes administratives, CJCE, 8 juin 2005, aff. C-544 et 545/03, *Mobistar*. – Pour les règles nationales empêchant la mise en concurrence en matière de concessions, V. par ex., CJUE, 14 nov. 2013, *Cne di Ancona*, ou CJCE, 13 sept. 2007, aff. C-260/04, *Commission c/ Italie*. – Pour l'obligation de diffuser (*must carey*), CJCE, 13 déc. 2007, aff. C-250/06, *United Pan Europe Com Belgium*. – Pour l'obligation de respecter un tarif fixé par les autorités de l'État d'accueil ; CJCE, 5 déc. 2006, aff. C-94 et 202/04, *Cipolla*. – Pour une réglementation de droit du travail interdisant les actions collectives pour remettre en cause les contrats de travail soumis à la loi nationale, rendant donc possible la remise en cause des contrats soumis à la loi d'un autre État, et entravant donc la LPS des entreprises établies dans ce dernier État, CJCE, 18 déc. 2007, aff. C-341/05, *Laval un Partneri*.

cause, comme le respect de tarifs ordinaux ou la postulation pour les avocats(134). Le manque de clarté d'une législation nationale a aussi été considéré comme une entrave(135).

Les entraves peuvent résulter des dispositions matérielles des lois nationales, même si leur application résulte de la règle de conflit, et même si cette règle de conflit est celle déterminée par le règlement « Rome I » du 17 juin 1980(136).

Mais, comme en matière de libre circulation des marchandises, les restrictions à la LPS peuvent être légitimées dès l'instant où elles répondent à un impératif légitime au sens du droit européen.

285. – **Raisons impérieuses d'intérêt général. Conditions. Exemples.** Les principes sont communs en matière de LPS ou de libre circulation de marchandises. Les mêmes conditions générales sont retenues : 1) le domaine ne doit pas être harmonisé ; 2) la mesure doit poursuivre un intérêt général ; 3) elle ne doit pas être discriminatoire ; 4) elle doit être objectivement nécessaire ; 5) elle doit être proportionnelle ; 6) elle doit respecter le principe de reconnaissance mutuelle. Pas plus qu'en matière de libre circulation de marchandises, il n'existe de liste de ces raisons d'intérêt général. La Cour de justice en isole de nouvelles, selon les affaires qui lui sont déférées. Simplement, en matière de LPS, des questions d'éthique ou de religion, ou encore de morale, peuvent être soulevées plus fréquemment qu'à propos de l'article 34 TFUE. Un bon exemple peut être donné par la prohibition qui frappait, en Irlande, la publicité pour ce service médical particulier qu'est l'avortement(137). Il est possible, par exemple, que les règles d'éthique médicale qui tendent à se développer aujourd'hui au niveau national puissent donner matière à contentieux.

Des raisons diverses d'intérêt général ont été admises par la jurisprudence de la Cour en matière de LPS : déontologie et bonne administration de la justice(138), réputation des marchés nationaux(139), protection des preneurs d'assurances(140), des destinataires de certains services(141), des travailleurs(142), de l'équilibre financier des régimes de protection sociale(143), des consommateurs

(134) Pour le respect de tarifs ordinaux, CJCE, 5 déc. 2006, aff. C-94 et 2004/04, *Cipolla*. – Pour la postulation, CJCE, 10 juill. 1991, aff. C-294-89, *Commission c/ France*.

(135) CJCE, 19 juin 2008, aff. C-319/06, *Commission c/ Luxembourg*.

(136) V. Comm. CE, communication « LPS et intérêt général dans la deuxième directive bancaire » : *JOCE* n° C-209, 10 juill. 1997, et dans le secteur des assurances : *JOCE* n° C-43, 16 févr. 2000, et *supra*, n° 270.

(137) CJCE, 4 oct. 1991, aff. C-159-90, *The Society for the protection of Unborn children Ireland*.

(138) V. CJCE, 3 déc. 1974, *Van Binsbergen*, préc. – CJCE, 10 juill. 1991, aff. C-294-89, *Commission c/ France*.

(139) CJCE, 10 mai 1995, *Alpine Investment*, préc.

(140) V. 4 déc. 1986, *Commission c/ Allemagne*, préc.

(141) Bureaux de placement, CJCE, 18 janv. 1979, aff. 110 et 111-78, *Van Wesemael*.

(142) Pour la protection contre la fraude au droit social, CJCE, 25 oct. 2001, aff. C-493/99, *Finalarte societade de Construçao civil, Commission c/ Allemagne*. – Pour le *dumping* social abusif, CJUE, 19 déc. 2012, aff. C-577/10, *Commission c/ Belgique* ; *adde*, pour des obligations de cotiser dans les États de prestation de services, CJCE, 27 mars 1990, aff. C-113/89, *Rush Portuguesa*. – CJCE, 28 mars 1996, aff. C-272/94, *Guiot*. – CJCE, 24 janv. 2002, aff. C-164/99, *Porgugaia construçoes*. – CJCE, 12 oct. 2004, aff. C-60/03, *Wolff et Müller*. – V. pour des entreprises d'intérim, CJCE, 17 déc. 1981, aff. 279-80, *Webb*, mais une directive importante n° 96/71 du 16 décembre 1996 (*JOCE* n° L 18, 21 janv. 1996) autorise les États membres à imposer aux entreprises, qui agissent sur leur sol en LPS et qui y détachent des travailleurs, le respect d'un certain nombre de règles impératives de leurs législations, quelle que soit la loi applicable au contrat de travail (salaire minimum, conventions collectives, temps de travail…) ; pour le calcul du salaire minimal selon cette directive, V. CJCE, 14 avr. 2005, aff. C-341/02, *Commission c/ Allemagne*. – Pour le droit fondamental à une action collective, CJCE, 18 déc. 2007, aff. C-341/05, *Laval un Partneriys*, préc.

(143) Pour le remboursement des frais d'hospitalisation à l'étranger plus coûteux que dans le pays de l'assuré, qui doit alors être au moins égal au remboursement sur la base nationale, CJCE, 12 juill. 2001, aff. C-368/98, *Vanbraeckel c/ ANMC*, et aff. C-157/99, *Smits c/ Stichting Ziekenfonds et Peerboms*, et *infra*, n° 290.

en général[144] et des joueurs en particulier[145], des droits de propriété intellectuelle ou industrielle[146], de l'environnement[147], protection des richesses archéologiques et artistiques[148], défense d'une langue ou d'une culture[149], règles fiscales, et en particulier « cohérence » d'un régime fiscal[150], politique culturelle et respect du pluralisme en matière de presse ou de communication audiovisuelle[151], lutte contre la criminalité[152], sécurité routière[153], contrôles légitimes de certaines professions[154].

La Cour de justice fait le lien avec l'article 6 du Traité sur l'Union européenne, avec les principes contenus dans la Charte des droits fondamentaux[155], et aussi avec la Convention européenne des droits de l'homme et des libertés fondamentales. Cela vaut en particulier pour la liberté de communication et le pluralisme des médias[156].

Les raisons envisagées à l'article 106, § 2 TFUE, relatif aux SIEG peuvent aussi être considérées. Certes, cet article est placé parmi les règles de concurrence. Mais ces dernières ne sont visées que *notamment* parmi les « règles du traité ». Dans la mesure où la puissance publique a vraiment accordé une mission de SIEG, et sous réserve du principe de proportionnalité, on peut donc déroger aux règles de libre circulation.

286. – **Mesures objectivement justifiées par l'impératif en cause. Exigence d'une législation cohérente.** Il s'agit du principe de nécessité. En premier lieu, on ne peut limiter la liberté des prestataires de services que si la liberté des personnes établies est elle aussi restreinte. Sinon, on discriminerait les prestataires de services sans raison objective, car on les obligerait à tenir compte d'impératifs dont les personnes établies peuvent s'affranchir. Or, si ces dernières ont une liberté d'action,

(144) Assurances, CJCE, 4 déc. 1986, aff. 220-83, *Commission c/ France*. – Pour la garantie de l'indemnisation des assurés, CJCE, 28 avr. 2009, aff. C-518/06, *Commission c/ Italie*. – Touristes, CJCE, 26 févr. 1991, aff. C-180-89, *Commission c/ Italie*. – Des joueurs, CJCE, 24 mars 1994, aff. C-275/92, *Schindler*. – Des épargnants, CJCE, 10 mai 1995, *Alpine Investment*, préc. ou des clients de banque, CJCE, 9 juill. 1997, aff. C-222/95, *SCI Parodi c/ Banque Albert de Bary*. – Pour les clients de services juridiques, CJUE, 12 déc. 1996, aff. C-3/95, *Reisebüro Broede*.

(145) CJUE, 11 sept. 2003, aff. C-01, *Anomar*. – CJUE, 6 nov. 2003, aff. C-243/01, *Gambelli*. – CJUE, 6 mars 2007, aff. C-338, 359 et 360/04, *Placanica*. – CJUE, 8 sept. 2009, aff. C-42/07, *Liga Portugueso de futeball*. – CJUE, 8 sept. 2010, aff. C-46/08, *Carmen Media Group*. – CJUE, 3 juin 2010, aff. 203/08, *Sporting Exchanges*. – CJUE, 15 sept. 2011, aff. C-347/09, *Dickinger*. – CJUE, 16 févr. 2012, aff. C-72 et 77/10, *Costa*. – CJUE, 24 janv. 2013, aff. C-186 et 209/11, *Stanley bet International*.

(146) Droits d'auteur, CJCE, 18 mars 1980, aff. 62/79, *Coditel c/ Ciné Vog Films* et CJCE, 5 oct. 1982, aff. 262-81, *Coditel II*. – CJUE, 4 oct. 2011, aff. C-403 et 429/08, *Football Association Premier League*, à propos de la vente de décodeurs permettant d'accéder à des services étrangers, où il a été dit que n'entrait pas dans l'object spécifique un droit d'obtenir la rémunération la plus élevée possible. V., pour l'impératif d'une gestion efficace des droits d'auteur par les sociétés de gestion collective, CJUE, 19 déc. 2012, aff. C-577/10, *Commission c/ Belgique*.

(147) CJCE, 14 juill. 1994, aff. C-379-92, *Matteo Peralta*, pour la pollution marine.

(148) V. CJCE, 26 févr. 1991, aff. C-154-89, *Commission c/ France*.

(149) V. par analogie sur le fondement de l'article 54 TFUE, CJCE, 28 nov. 1989, aff. C-379-87, *Groener*. – CJCE, 4 mai 1993, aff. C-17/92, *Federacion de distributares cinematograficas* ; *adde*, CJCE, 2 juill. 1996, *Commission c/ Luxembourg*, préc.

(150) CJCE, 28 janv. 1992, aff. C-300/90, *Commission c/ Belgique* et aff. C-204/90, *Bachman c/ État belge*. Cet impératif a été nuancé ; il faut un lien direct entre l'avantage obtenu et la taxation finale, et l'appréciation ne peut se faire que par règle fiscale, et par contrat, V. CJCE, 11 août 1995, aff. C-80/94, *Wielockx*, et CJCE, 27 juin 1996, aff. C-104/94, *Asscher*, et *supra*, n° 281. – CJCE, 27 nov. 2008, aff. C-418/07, *Papillon*. – CJCE, 13 mars 2014, aff. C-375/12, *Bouanich*.

(151) CJCE, 25 juill. 1991, aff. C-228/89, *Stichting Collectieve Antennevoorzening Gouda*. – CJCE, 13 déc. 2007, aff. C-250/06, *United Pan Europe Com. Belgium*, préc.

(152) CJCE, 6 nov. 2003, *Gambelli*, préc., n° 285.

(153) CJCE, 28 avr. 2009, *Commission c/ Italie*, préc.

(154) Courtiers en valeurs mobilières, CJCE, 6 juin 1996, *Commission c/ Italie*, préc. – Réviseurs comptables, CJCE, 20 mai 1992, aff. C-106-91, *Ramrath*. – V., pour la légitimité du contrôle anti-dopage des sportifs professionnels, CJCE, 18 juill. 2006, aff. C-519/04 P, *Meca-Medina* ; pour les activités de jeux, CJCE, *Gambelli* et *Placanica*, préc., V. *supra*, n° 266.

(155) V. *supra*, n° 282.

(156) CJCE, 25 juill. 1991, *Stichting Collective Antennevoorzening Gouda*, préc. et CJCE, 5 oct. 1994, aff. C-23/93, *TV. 10*. – CJCE, 10 sept. 1996, aff. C-222/94, *Commission c/ Royaume-Uni* et aff. C-11/95, *Commission c/ Belgique*.

c'est que l'État membre lui-même ne voit dans cette liberté aucun risque pour l'impératif légitime qu'il met en avant.

Un bon exemple peut être trouvé dans la réglementation française qui obligeait les avocats prestataires de services à agir de concert avec un avocat local même devant les juridictions ou organismes devant lesquels en droit français l'assistance d'un avocat n'est pas obligatoire[(157)].

En second lieu, une mesure nationale n'est légitime que si elle assure en toute hypothèse la protection de l'intérêt général évoqué. Une législation incohérente ne peut être justifiée par un intérêt général bafoué ou ignoré dans certaines situations[(158)].

287. - **Principe de proportionnalité.** Il faudra aussi que le résultat légitime – respect de la raison d'intérêt général en cause – ne puisse pas être atteint par des mesures moins contraignantes pour les prestataires que celles édictées dans l'État de prestation de services[(159)]. L'appréciation de la proportionnalité de la mesure au risque de non-respect de l'intérêt général suppose une prise en compte concrète des conditions dans lesquelles la prestation de services est exercée[(160)], ou peut être exercée. Il faudra ainsi rechercher si les destinataires des services sont des particuliers ou des professionnels[(161)], si les prestataires sont ou non en relation avec les consommateurs de l'État où les services sont effectués[(162)], si l'exercice en LPS n'exclut pas des contrôles efficaces[(163)], si des conventions internationales ou des accords de coopération entre autorités ne sont pas habituels et possibles en l'espèce[(164)], si les procédés techniques modernes de communication peuvent alléger les contraintes en maintenant le même niveau de sécurité ou de prestation[(165)].

On peut prendre l'exemple des obligations qui pèsent sur les avocats, de concourir d'une part à la bonne administration de la justice et de respecter les règles déontologiques[(166)]. Il n'est pas question d'édulcorer la déontologie ou la bonne administration de la justice, qui sont en elles-mêmes des impératifs légitimes. Mais on peut soumettre au principe de proportionnalité les contraintes

(157) V. CJCE, 10 juill. 1991, *Commission c/ France*, préc.

(158) V., pour des mesures restreignant les jeux de hasard, tout en permettant aux entreprises établies de faire de la publicité, CJUE, 6 mars 2007, *Placanica* préc. – CJUE, 24 janv. 2013, aff. C-186 et 209/11, *Stanley Bet International*, et, *a contrario*, CJUE, 8 sept. 2009, *Liga Portuguesa de futebol*. – Pour une législation disparate en matière d'élaboration de fiches de paie, CJUE, 17 oct. 2002, aff. C-79/01, *Payroll Data Services*.

(159) Mais cela n'applique pas un alignement des mesures nationales sur l'État le plus laxiste ; V. pour l'interdiction d'une profession autorisée dans d'autres États membres, CJCE, 11 juill. 2002, *Deutsche Paracelsus Schule*, préc. ; pour l'impossibilité d'un régime moins contraignant que l'exclusivité territoriale accordée à une société de gestion collective des droits d'auteur, dès lors que, grâce aux conventions de réciprocité, la défense des droits des auteurs nationiaux et européens est assurée, CJUE, 19 déc. 2012, aff. C-577/10, *Commission c/ Belgique*.

(160) Pour l'identification concrète des risques de contournement d'une législation sociale, CJUE, 19 déc. 2012, aff. C-577/10, *Commission c/ Belgique*.

(161) V. pour l'assurance, CJCE, 4 déc. 1986, *Commission c/ Allemagne*, préc.

(162) V., pour des guides touristiques qui accompagnaient un circuit fermé des touristes de leur État d'origine et qui n'offraient donc aucun service aux ressortissants des États visités, CJCE, 26 févr. 1991, *Commission c/ France, Italie et Espagne*, préc.

(163) V. CJCE, 2 juin 1996, *Commission c/ Italie*. – Pour les activités de gardiennage ou de sécurité privée, CJCE, 9 mars 2000, aff. C-355/98, *Commission c/ Belgique* ; pour les activités de jeux et de paris en ligne, V. les arrêts *Gambelli et Placanica*, préc. ; V. *supra*, n° 266.

(164) *Idem* ; *adde*, CJCE, 11 août 1995, *Wielockx*, préc.

(165) V., pour les procédés modernes de communication, dans la profession de conseil en brevet, CJCE, 25 juill. 1991, *Säger c/ Dennemeyer*, préc. et pour les avocats, CJCE, 10 juill. 1991, *Commission c/ France*, préc.

(166) L'avocat prestataire de services est ainsi soumis à la double déontologie : celle de son cabinet (établissement), et celle du lieu où il plaide en LPS, V. CJCE, 19 janv. 1988, aff. 292-86, *Gullung*. – CJCE, 25 févr. 1988, aff. 427-85, *Commission c/ Allemagne*.

matérielles qui sont présentées comme nécessaires au respect de la déontologie et à la bonne administration de la justice. L'exclusivité territoriale qui résulte de la postulation a ainsi été jugée disproportionnée à ces exigences légitimes. La Cour a considéré à ce propos le développement des moyens modernes de communication, qui permettaient de se satisfaire d'une simple élection de domicile, plus souple que la postulation[(167)].

288. - **Reconnaissance mutuelle.** La liberté des États est aussi limitée par ce principe. Ils doivent, avant d'édicter ou d'appliquer des mesures à l'encontre des prestataires de services, se préoccuper du point de savoir si l'intérêt général en cause n'est pas déjà pris en considération par la législation de l'État membre où est établi le prestataire de services, et à laquelle il est donc soumis[(168)].

289. - **Conséquences : possibilité d'un traitement spécifique des prestataires de services, ou d'un traitement national édulcoré.** L'article 56 TFUE a pour but de rendre possible l'exercice de l'activité du prestataire de services à partir d'un État d'origine vers un État membre « de prestation de services » sans discrimination économique ou professionnelle par rapport aux personnes établies dans ces États. Cela n'implique pas que toute législation nationale, visant normalement les personnes établies dans ces États, puisse être appliquée intégralement et de la même manière à des activités exercées en LPS. Une fois le principe posé, tout sera affaire d'appréciation concrète[(169)].

B. – Régime juridique de la LPS passive

290. - **Droit de déplacement des destinataires de services.** La liberté de circulation profite aux ressortissants des États membres en application de l'article 18 TFUE, dont l'article 56 n'est qu'une application. Elle bénéficie donc aux destinataires de services, ce qui est précisé par la directive n° 2006/123 sur les services dans le marché intérieur[(170)]. Le déplacement de ceux-ci, pour rechercher ou obtenir les services de prestataires établis dans les autres États membres (LPS passive) sera de plus en plus banal. Non seulement les déplacements physiques des consommateurs ou utilisateurs se multiplieront, mais surtout les progrès du commerce électronique rendront la LPS passive de plus en plus attrayante, surtout dans des secteurs comme le tourisme, les transports, les services financiers, voire dans certains secteurs plus sensibles comme les jeux[(171)].

---

(167) V. CJCE, 10 juill. 1991, *Commission c/ France*, préc.

(168) V. par ex., CJCE, 4 déc. 1986, *Commission c/ Allemagne*, préc., et CJCE, 2 juin 1996, *Commission c/ Italie*. – V., pour les cotisations sociales exigées sur les salaires des personnels utilisés dans l'État de prestation de services si, dans l'État d'origine, des cotisations ayant le même objet sont déjà perçues, CJCE, 25 oct. 2001, aff. 49/98, *Finalarte Sociedade de construção*. – Pour la sécurité privée, CJCE, 13 déc. 2007, aff. C-465/05, *Commission c/ Italie*, préc.

(169) V. CJCE, 10 juill. 1991, *Commission c/ France*, préc. et CJCE, 17 déc. 1981, aff. 279-80, *Webb*. – V., pour la nécessité d'une procédure allégée, CJCE, 29 nov. 2007, aff. C-393/05, *Commission c/ Autriche*.

(170) V. *supra*, n° 277.

(171) Pour les jeux, V. les réf. citées *supra*, n° 266. – V., pour les touristes, CJCE, 31 janv. 1984, aff. 286-82 et 26-83, *Luisi et Carbone*. La question du remboursement des soins médicaux dispensés dans un autre État membre soulève un contentieux récurrent, car il faut concilier le droit de migration, l'impératif de santé publique, et l'impératif financier d'équilibre des comptes des régimes sociaux. Les consommateurs de soins ne peuvent être prisonniers de leur régime social, mais une autorisation préalable peut être légitime si elle n'est pas discrétionnaire ; l'autorisation peut être refusée si des soins comparables peuvent être dispensés dans l'État de résidence du malade dans un délai raisonnable ;

291. – **Société de l'information et communications électroniques.** La LPS passive se réalisera de moins en moins au moyen d'un déplacement physique du destinataire du service. Les développements de la communication électronique et du commerce électronique font de la société de l'information un puissant facteur de développement de la LPS passive. La directive sur le commerce électronique du 8 juin 2000[172] aborde essentiellement le *on-line*, c'est-à-dire la communication, et ne traite pas de la logistique[173]. Elle repose en principe sur une certaine prééminence des règles en vigueur dans le pays d'origine du prestataire[174], ce qui est d'autant plus naturel qu'il s'agit en principe de LPS passive, dans laquelle le destinataire de services quitte volontairement la protection du droit de son domicile. Cela étant, la directive prévoit que les raisons d'ordre public, de sécurité publique, ou de santé publique peuvent empêcher ou entraver cette LPS. Il en va de même des raisons tenant à la protection des consommateurs, à la propriété intellectuelle, ou à la nature de certaines activités particulières (assurance, jeux[175], monnaie électronique).

On doit souligner que la LPS internationale (extra-européenne) ne relève pas des règles européennes. C'est ainsi, par exemple, qu'il est pénalement répréhensible de proposer (même en profitant de la LPS passive, c'est-à-dire en acceptant des connexions de clients européens sur Internet) des services comme de l'assurance ou de la banque à partir d'un site établi hors d'Europe, sans être agréé dans l'Union européenne.

292. – **Conséquences du déplacement du destinataire de services.** Lorsque le destinataire (consommateur) de services est « actif », lorsqu'il franchit même virtuellement les frontières intra-européennes pour aller consommer des services à l'étranger, il accepte par cela seul de traiter avec des prestataires soumis, en ce qui concerne la « production » de leurs services, aux règles de l'État où ils sont établis (agréments, règles de sécurité, contrôles, etc.). Toutefois, le droit européen n'a pas laissé démunis les destinataires de services, surtout s'ils sont consommateurs. Mais la protection ne peut plus venir des dispositions du traité relatives à la LPS ; elle vient des règles de conflit édictées au niveau européen qui les ramène sous le couvert de la loi de l'État où ils ont leur résidence. Mais la notion « d'activité dirigée » contenue aux articles 15 du règlement « Bruxelles I » et 6 du règlement « Rome I » permet de tenir compte de la spécificité de la LPS « passive », en prévoyant des

V. CJCE, 28 avr. 1998, aff. C-158/96, *Kohll*. – CJCE, 12 juill. 2001, 2 arrêts, aff. C-368/98, *Vanbraeckel* et aff. C-157/99, *Smits*. – CJCE, 13 mai 2003, aff. C-385/99, *Müller-Favré et Van Riet*. – CJCE, 23 oct. 2003, aff. C-56/01, *Inizan* ; *adde*, pour l'obligation de remboursement dans le cadre du règlement n° 1408/71 (formulaire E.111), CJCE, 12 avr. 2005, aff. C-145/03, *Keller*, préc.

(172) Dir. n° 2000/31, 8 juin 2000 relative à certains aspects juridiques de la société de l'information, et notamment du commerce électronique dans le marché intérieur : *JOCE* n° L 178, 17 juill. 2000, V. *infra*, n° 409.

(173) La logistique ne concerne guère les services ; en revanche, elle est fondamentale pour le commerce électronique des marchandises : sans logistique efficace, rapide, et peu coûteuse, le commerce électronique des marchandises est voué à demeurer très minoritaire.

(174) Cette prééminence suppose que l'État d'origine exerce des contrôles effectifs destinés à protéger efficacement les citoyens consommateurs de toute l'Union européenne, et laisse libre le jeu des règles de conflit, tout en précisant que la loi désignée, par cette règle de conflit, ou la loi de l'État de résidence du consommateur, ne peut créer d'entraves à la LPS ; sur les problèmes posés par le « principe » de la loi du pays d'origine en LPS, V. *supra*, n° 277.

(175) Pour la justification d'un monopole local pour lutter contre la criminalité, en raison du caractère rigoureux du monopole local, et des risques particuliers que présente Internet, CJCE, 8 sept. 2009, aff. C-42/07, *Liga Portugesa de futebol*.

dérogations aux règles spéciales et favorables de compétence et de loi applicable dans les litiges de consommation[176]. Les règles européennes de conflit concourent à assurer une des finalités du traité, qui est de faciliter l'interpénétration des économies nationales tout en offrant transparence et sécurité au profit des citoyens européens.

293. – **Non-discrimination des destinataires de services dans les États visités.** La liberté du destinataire de se déplacer dans tout l'espace européen doit être respectée par tous les États membres. Les destinataires doivent pouvoir accéder à tous les services sans restriction, et surtout sans restriction en considération de leur nationalité ou de leur résidence[177].

§ 3. – La directive générale n° 2006/123 du 12 décembre 2006 sur les services dans le marché intérieur

294. – **Cadre général incomplet.** Cette directive se présente comme un cadre commun et incomplet destiné à faciliter l'exercice des activités économiques de services dans le marché intérieur. La liberté d'établissement y est visée, comme la LPS, mais de manière moins détaillée.

D'un point de vue général, cette directive exclut, dès son article 2, un certain nombre de services importants, soit qu'ils fassent l'objet de dispositions spéciales (services financiers, réseaux de communication électronique), soit qu'ils soient sensibles (SIEG, santé, jeux de hasard, audiovisuel, services sociaux, exercice de l'autorité publique). Des exclusions complémentaires sont prévues pour la LPS.

Cette directive édicte d'abord un régime commun relatif aux régimes d'autorisation administrative. Elle exige que la présentation des dossiers soit faite auprès d'un guichet unique, que les procédures soient claires, que les exigences soient objectives et non discriminatoires, justifiées par l'intérêt général, proportionnelles, non ambiguës, transparentes, et accessibles (Dir. n° 2006/123, art. 9 et s.).

La directive prévoit aussi, dans son régime commun, que les prestataires tiennent à la disposition des destinataires un certain nombre d'informations essentielles (identification, domiciliation, CGU, prix, garanties, SAV, assurances, déontologie ou code de conduite).

Tout particulièrement, la directive prohibe de façon radicale les interdictions totales de communications commerciales pour les professions réglementées (par ex., avocats). Mais des restrictions partielles et justifiées pour des considérations d'intérêt général, comme la déontologie, d'indépendance, de secret, par exemple, sont possibles.

(176) V. notamment le Règl. « Rome I » n° 593/2008, 17 juin 2008 sur la loi applicable aux obligations contractuelles, et le Règl. « Bruxelles I » n° 44/2001 relatif à la compétence.

(177) V., pour l'indemnisation de touristes accidentés, CJCE, 2 févr. 1989, aff. 186-87, *Cowan c/ Trésor public*. – Pour l'accès aux musées, en présence d'une réglementation n'accordant d'entrées gratuites qu'aux jeunes de moins de vingt et un ans de nationalité espagnole ou résidant en Espagne, CJCE, 15 mars 1994, aff. C-45-93, *Commission c/ Espagne*.

De même, cette directive permet en principe l'exercice d'activités pluridisciplinaires, à condition de respecter les principes déontologiques et de prévention des conflits d'intérêts, mais cet exercice pluridisciplinaire peut toutefois être interdit pour des raisons de déontologie, d'indépendance, ou d'impartialité.

La directive contient également des dispositions en faveur de l'amélioration de la qualité des prestations.

Enfin, elle prévoit des mécanismes communs de coopération entre autorités des États membres (notamment sur l'honorabilité des prestataires), et des procédures d'alerte pour le cas où un État membre aurait connaissance de retards ou de non-respect par un autre État membre des principes généraux énoncés.

À côté de ce régime commun applicable aussi bien à l'établissement qu'à la LPS, la directive édicte un certain nombre de règles propres à la liberté d'établissement, et à la LPS.

295. - **Règles propres à la liberté d'établissement.** Certaines exigences sont interdites (nationalité, résidence, localisation du siège social, limitation du nombre d'établissements, considérations économiques, présence de concurrents dans les organismes consultatifs ou décisionnaires, obligation de s'assurer auprès d'une entreprise établie...). Les autres exigences sont à évaluer (restrictions quantitatives, formes sociales imposées, détention du capital, accès réservé en raison de la nature de l'activité, nombre d'établissements, nombre de salariés, tarifs obligatoires) conformément au « test de l'intérêt général ».

Une disposition propre à la liberté d'établissement mérite d'être signalée. Les États doivent impérativement notifier toute nouvelle mesure relative aux exigences à évaluer, et la Commission dispose de trois mois pour réagir (Dir. n° 2006/123, art. 15). À ce propos, un renvoi est opéré à la directive n° 98/34 relative aux normes, et l'on sait que la jurisprudence a décidé que, faute de notification, la mesure ne pouvait pas être mise en application(178). Mais, en matière de liberté d'établissement, il est expressément dit que la notification n'empêche pas les États d'adopter les dispositions en question.

Enfin, cette directive contient des règles propres à la LPS, plus détaillées que celles qui sont relatives à la liberté d'établissement.

296. - **Règles propres à la LPS.** En premier lieu, la directive exclut ici des services ou des activités qui entrent pourtant dans son champ d'application relatif à l'établissement. Ces exclusions visent des services très divers, dans certains secteurs économiques sensibles économiquement ou politiquement (postes, électricité, gaz, eau, données personnelles, détachement des travailleurs, recouvrement judiciaire, sécurité sociale, déchets, droits d'auteur, contrôle des comptes...).

Pour le reste, le régime propre à la LPS tel qu'il a été conçu dans la directive demeure assez embryonnaire. La directive se borne en fait à rappeler les principes du « test de l'intérêt général » tel qu'il résulte de la jurisprudence de la Cour. Elle est un peu plus précise à propos des droits des destinataires de services, et à l'exercice en LPS passive. Certaines mesures sont radicalement interdites (autorisation ou

(178) V. *supra*, n° 157 ; et par ex. CJUE, 8 nov. 2007, *Schwibbert*, préc.

déclaration aux autorités de l'État compétent, et discrimination dans l'octroi d'aides financières en fonction de la résidence du prestataire). D'autres sont interdites sauf conditions objectives, comme l'accès non discriminatoire aux services. En tout cas, les destinataires doivent obtenir dans l'État de prestation de services des informations sur la protection des consommateurs quant aux recours.

Mais il n'existe pas, en LPS, d'obligation de notification des mesures nouvelles. Seules sont prévues les procédures générales de coopération et d'alerte.

CHAPITRE 5

LE DROIT SPÉCIAL DES LIBERTÉS D'ÉTABLISSEMENT ET DE PRESTATION DE SERVICES

297. - **Citoyenneté économique européenne.** Le mouvement engagé voici maintenant plus d'un demi-siècle laisse à présent apparaître ses lignes de force. Il s'agit de favoriser la demande, la multitude des consommateurs, pour leur permettre d'accéder à une multitude d'offres. Les consommateurs sont acteurs économiques, et doivent bénéficier des offres diversifiées que permet le grand marché européen. Pendant longtemps l'harmonisation n'a concerné que les grands offreurs, et la construction européenne a pu sembler ne profiter qu'aux grands. La tendance s'est cependant modifiée avec la prise en compte des professions réglementées, puis des prestataires de services, puis, enfin, des petits entrepreneurs, avec la proposition de *Small Business Act*[1]. Une véritable démocratie économique se met en place.

Un marché intérieur ne peut durablement s'établir sans que le droit des sociétés et des groupements soit un minimum harmonisé. La coordination du droit des sociétés fut donc le socle sur lequel l'harmonisation de certains marchés ou secteurs économiques a pu prospérer (Section 1).

Le particularisme de certains secteurs impose des directives spécifiques. C'est le cas de la banque et de l'assurance et, plus généralement, des activités qui concourent à la mise en place de l'espace financier européen, profondément décloisonné par l'avènement de l'euro (Section 2). En ce début de XXIe siècle, il n'est plus possible de passer sous silence les conséquences juridiques du développement prodigieux des techniques de communication et d'information, qui concerne à la fois le secteur de l'audiovisuel et celui des opérations par réseau (Internet), et, plus particulièrement, le commerce électronique. La liberté de communication devient chaque jour davantage une des libertés économiques fondamentales (Section 3). Un autre secteur économique important est celui que forment ce que l'on appelle les « professions réglementées ». La reconnaissance mutuelle a fait en ce domaine des progrès

(1) V. Comm. CE, communication 25 juin 2008, *Think Small First, un Small Business Act pour l'Europe*, Doc. COM (2008), 394 final.

considérables (Section 4). Ces multiples développements des libertés de circulation rendent de plus en plus indispensable l'élaboration d'un ensemble de règles matérielles, destinées à protéger les clients contre l'insolvabilité de leur partenaire (Section 5), et, généralement destinées à protéger les consommateurs (Section 6). Dans cette perspective de décloisonnement, l'harmonisation du droit de la vente s'avère indispensable (Section 7).

298. - **Renvois. Marchés publics. Agents commerciaux. Marchés spéciaux.** Le cadre de cet ouvrage imposait de ne pas traiter de toutes les matières abordées par le Conseil. Une certaine part d'arbitraire préside toujours aux exclusions qui sont décidées. On mentionnera les principales tout en soulignant au lecteur leur importance économique.

Le secteur des marchés publics concerne tout autant la libre circulation des marchandises[2] que la libre circulation des services. Les obligations de mise en concurrence doivent favoriser une véritable européanisation de la commande publique, dont le volume est considérable. On signalera simplement ici la très importante directive portant coordination des procédures de passation des marchés publics dans les secteurs classiques (ou service public)[3], et celle coordonnant les procédures dans les secteurs de réseaux (secteurs de l'eau, de l'énergie, des transports et des télécommunications, dits « secteurs exclus »)[4].

Une profession de services particulièrement importante dans la perspective du marché intérieur est celle d'agent commercial. On soulignera qu'elle a fait l'objet d'une directive du 18 décembre 1986[5].

Quelle que soit leur importance pratique, les directives adoptées dans le secteur des transports ou dans le secteur de l'agriculture ne seront pas examinées. Elles n'ont guère leur place dans un ouvrage essentiellement pédagogique et non spécialisé.

SECTION 1

LES PERSONNES MORALES

299. - **Domaine de l'harmonisation européenne.** L'article 54 TFUE fait bénéficier les sociétés constituées dans les États membres de l'Union européenne du même droit d'établissement que les personnes physiques, ce texte étant complété par la règle selon laquelle toute personne physique ou morale, ressortissant d'un État membre, peut librement devenir associé d'une société ayant son siège dans

(2) V. *supra*, n° 151. – L. Richer, *L'Europe des marchés publics*, LGDJ, 2009.
(3) V. les directives du 11 février 2014, l'une sur l'octroi et la durée des concessions, les marchés publics, et les secteurs exclus.
(4) Dir. n° 2004/17, 31 mars 2004 : *JOUE* 30 avr. 2004, puis Règl. n° 1874/2004, 28 oct. 2004 : *JOUE* n° L 326.
(5) *JOCE* n° L 382, 31 déc. 1986. – Sur l'harmonisation exhaustive des conditions de validité du contrat, CJCE, 30 avr. 1998, aff. C-217/97, *Barbara Bellone c/ Yokohama*. – Sur l'absence de nullité en cas de non-inscription sur un registre, CJCE, 13 juill. 2000, aff. C-456/98, *Centrosteel c/ Adipol*, et sur l'application de la directive aux agents exerçant dans l'Union européenne pour un commettant extérieur, CJCE, 9 nov. 2000, aff. C-381/98, *Ingmar c/ Eaton Leonard technologie*.

un autre État membre(6). Or, un tel droit d'établissement serait quasiment sans effet s'il subsistait des divergences entre les divers droits nationaux des sociétés. Cela explique qu'en la matière, les textes sont très nombreux. Rares sont les aspects sociétaires ayant échappé à une influence européenne. Le rapprochement entre les législations s'est opéré principalement par la voie de directives, mais des règlements ont également été adoptés en vue de créer des formes sociales européennes. Alors qu'à la fin des années 1990 le droit européen des sociétés semblait essoufflé, il a retrouvé un nouvel élan avec plusieurs grands arrêts de la Cour de justice de l'Union européenne(7) et avec l'avènement de la société européenne en 2001. Depuis, de nombreux textes ont à nouveau été publiés et des propositions ont été avancées.

L'objectif principal recherché est la coordination et non pas l'unification. Dès lors, l'intégration du droit européen a rarement été vécue comme un traumatisme : le recours à des directives a permis aux États d'adapter le texte européen à leur propre culture juridique ; quant aux règlements, bien que donnant naissance à un droit européen applicable directement, ils ont également été d'une grande souplesse en ménageant de nombreuses options en faveur des États membres. Par ailleurs, le domaine du droit européen des sociétés est limité par l'article 50, § 2 *g* TFUE qui a uniquement pour objet de rendre équivalentes les mesures de protection des associés et des tiers.

300. – **Lien avec le droit financier.** Le droit des sociétés entretient des liens étroits avec le droit financier, les sociétés cotées étant soumises à ces deux types de réglementation. Dès lors, certaines directives ont une coloration à la fois sociétaire et financière. Il en est ainsi de la directive sur les droits des actionnaires des sociétés cotées du 11 juillet 2007(8) et de la directive sur les offres publiques d'achat du 21 avril 2004(9).

301. – **Bilan.** Le bilan est largement positif. Ainsi, l'harmonisation des législations internes a eu pour conséquence la reconnaissance implicite des sociétés au sein de l'Union européenne, rendant désormais inutile l'adoption d'une convention européenne en ce domaine(10). D'ailleurs, dans son arrêt *Überseering* du 5 novembre 2002(11), la Cour de justice a décidé que l'État d'accueil du siège réel ne pouvait sanctionner la dissociation des sièges statutaire et réel par le refus de reconnaître

(6) Ch. Gavalda et G. Parleani, *Liberté, égalité et fraternité en droit communautaire des sociétés* : *Rev. sociétés* 1989, 449, spéc. 452. Les États membres ont également le droit d'être associés de sociétés commerciales, la propriété et le contrôle public étant reconnus par l'article 345 TFUE (d'ailleurs, les droits accordés par les statuts sociaux – par ex., droit de vote double –, ou par un pacte d'actionnaires, à un État actionnaire ne constituent pas des entraves aux libertés de circulation ; il en serait différemment si cet État pouvait définir de manière unilatérale et impérative les droits lui revenant. – V. CJUE, 22 oct. 2013, aff. C-95/12, *Commission c/ Allemagne (Volkswagen)* : *Rev. sociétés* 2014, 239, note G. Parleani). Sur le droit européen des sociétés, V. M. Menjucq, *Droit international et européen des sociétés*, Montchrestien, 3e éd. 2011. – G. Mustaki et V. Engammare, *Droit européen des sociétés*, Bruylant, 2009. – B. Lecourt, *Chronique de droit européen des sociétés* in *Rev. sociétés*, *Rép. sociétés* Dalloz, V° *Droit des sociétés de l'Union européenne* et *Rép. dr. communautaire* Dalloz, V° *Sociétés*, mars 2014.

(7) V. CJCE, 9 mars 1999, aff. C-212/97, *Centros*. – CJCE, 5 nov. 2002, aff. C-208/00, *Überseering*. – CJCE, 30 sept. 2003, aff. C-167/01, *Inspire Art*. – V. aussi, CJCE, 16 déc. 2008, aff. C-210/06, *Cartesio*. – CJUE, 12 juill. 2012, aff. C-378/10, *Vale Epitési kft* ; pour ces décisions, V. *supra*, nos 256 et 260.

(8) V. *infra*, n° 316.

(9) Pour l'analyse de ce texte, V. développements relatifs au droit financier européen, *supra*, n° 402.

(10) V. le projet de convention sur la reconnaissance mutuelle des sociétés du 29 février 1968 (Goldman, *Rapport concernant la convention sur la reconnaissance mutuelle des sociétés et des personnes morales* : *RTDE* 1968, 400).

(11) Préc.

la capacité juridique de la société. En outre, l'harmonisation européenne du droit des sociétés a été facteur de sécurité pour les associés et les tiers(12). Les règles communes élaborées confèrent ainsi aux associés et aux tiers des garanties minimales, qui n'ont plus à redouter les pièges d'une législation étrangère qui leur serait défavorable. De surcroît, le droit européen a fortement contribué à moderniser les réglementations nationales applicables aux sociétés. La plupart d'entre elles, avant l'adoption des directives sociétaires, n'avaient pas été réformées depuis des décennies (par ex., droits belge, espagnol, italien et luxembourgeois). Ce mouvement de modernisation devrait continuer avec l'adhésion de nouveaux États à l'Union européenne(13). On peut d'ailleurs constater que l'effet modernisateur de la norme européenne a été maximal lorsque les États membres ont appliqué certaines dispositions des textes européens à d'autres sociétés que celles visées par ces derniers. Ainsi, en droit français, le régime restrictif des nullités et la règle de l'inopposabilité des clauses restreignant les pouvoirs des dirigeants ont été appliqués aux sociétés civiles et aux sociétés en nom collectif. La création de nouvelles formes sociales a aussi été facteur de modernisation (GEIE, société européenne, société coopérative européenne). Il en est de même de la reconnaissance de la société unipersonnelle. Enfin, le droit européen a permis d'opérer au sein de l'Union européenne un brassage de concepts juridiques ; parmi de nombreux exemples, on citera le GEIE qui, inspiré du GIE français, a suscité à son tour la création du GIE belge(14). Ce brassage s'est également opéré par la voie d'une harmonisation spontanée des législations nationales, les droits nationaux s'étant spontanément rapprochés par l'adoption de pratiques communes, notamment s'agissant des principes du gouvernement d'entreprise.

Si le bilan est globalement positif, il existe cependant quelques points faibles. Le principal tient au fait que le droit européen ne soit pas encore parvenu à consacrer une mobilité totale des sociétés au sein de l'Union européenne ; c'est donc la jurisprudence de la Cour de justice qui, à l'heure actuelle, tente d'apporter des solutions à cette lacune, sans que ces dernières soient pleinement satisfaisantes(15). Le manque d'envergure de certains textes a également été pointé du doigt. En effet, les directives et règlements adoptés récemment multiplient les options et les renvois aux droits nationaux (par ex., Dir. OPA) et c'est d'ailleurs grâce au caractère peu contraignant de ces textes que le droit européen des sociétés connaît aujourd'hui un deuxième souffle. On peut aussi reprocher aux textes européens d'avoir instauré des règles manquant de souplesse, inadaptées aux PME. Il existe d'autres insuffisances, mais elles ne sont pas propres à la matière sociétaire : complexité (manque de lisibilité des textes)(16) ; risque d'interprétation différente par les droits nationaux ; perturbation des cultures juridiques ; caractère rigide des textes (difficulté

(12) V. B. Lecourt, *L'influence du droit communautaire sur le Code de commerce*, in *D'un code à l'autre : le droit commercial en mouvement*, LGDJ, 2008, p. 375.

(13) V. *État de la transposition des directives européennes en matière de droit des sociétés et de délinquance financière* : ec.europa.eu/internal_market/company.

(14) Loi belge d'application, 17 juill. 1989 : *Moniteur* 22 août 1989, p. 14-391.

(15) V. G. Parleani, *Le transfert de siège social*, in dossier *Réflexions collectives sur le nouveau plan d'action en droit européen des sociétés*, ss dir. I. Urbain-Parleani et B. Lecourt : *Rev. sociétés* 2013, p. 391, spéc. 408.

(16) Les autorités de l'Union européenne ont codifié plusieurs directives sociétaires afin de les rendre plus lisibles (il s'agit de réunir dans un seul texte la directive d'origine et les modifications ultérieures, V. B. Lecourt, *Codifier le droit européen des sociétés*, dossier préc., spéc. p. 419).

de les réformer). S'agissant du risque d'immobilisme des textes, il convient toutefois de souligner que les autorités de l'Union européenne demeurent, quoi qu'il en soit, soucieuses d'adapter la réglementation sociétaire au contexte économique et plusieurs directives ont récemment été réformées en ce sens[17].

302. - **Plan.** Les sociétés ayant accès aux droits d'établissement et de prestations de services (§ 1), il convenait d'élaborer des dispositions européennes propres à ces dernières. C'est principalement par la voie de directives relatives au droit des sociétés (§ 2) et au droit fiscal (§ 3) que les autorités de l'Union européenne sont intervenues. Les règlements sont peu nombreux et ont trait aux formes sociales européennes (§ 4).

§ 1. – L'accès des sociétés aux droits d'établissement et de prestations de services

303. - **Critères du siège statutaire et du siège réel. « Sociétés » concernées.** Si le critère de rattachement de la société est celui du siège réel, on prendra en considération l'État dans lequel la société exerce réellement son activité pour déterminer la loi qui lui est applicable. Si le critère de rattachement est celui du siège statutaire, il s'agit de prendre en compte le lieu d'immatriculation. Ce dernier est donc beaucoup plus libéral. Afin de déterminer le critère retenu par le Traité sur le fonctionnement de l'Union européenne, il faut se référer à son article 54 aux termes duquel les sociétés constituées en conformité à la législation d'un État membre et ayant leur siège statutaire, leur administration centrale ou leur principal établissement à l'intérieur de l'Union européenne sont assimilées, pour l'application des dispositions du présent chapitre, aux personnes physiques ressortissantes des États membres. Par conséquent, la société doit d'abord être constituée conformément à la législation d'un État membre et doit ensuite avoir son siège statutaire, son administration centrale ou son principal établissement à l'intérieur de l'Union européenne. Le droit européen reconnaît donc les deux critères[18] (au regard des oppositions entre les États membres, il aurait été d'ailleurs impossible d'imposer un seul critère). Il importe cependant de souligner que le libéralisme affiché par le traité n'est qu'apparent. En effet, la première condition pour qu'une société puisse bénéficier du traité étant qu'elle soit constituée en conformité à la législation d'un État membre, il faudra également, dans la plupart de ceux-ci, que le siège réel soit situé sur le territoire de l'État membre sous l'empire duquel la société a été constituée. Les États membres qui adoptent le critère du siège statutaire sont effectivement minoritaires, même s'ils sont désormais plus nombreux[19].

(17) Par ex., directives comptables, directive sur l'audit, directive sur le capital social.

(18) Le critère du contrôle étant exclu.

(19) En 2007, les États adeptes du critère du siège statutaire étaient le Danemark, l'Irlande, les Pays-Bas, le Royaume-Uni, la République tchèque, la Finlande, Malte, la Suède, la Slovaquie et Chypre (V. *Impact assessment on the Directive on the cross-border transfer of registered office*, déc. 2007, SEC [2007], 1707, spéc. p. 9). Depuis cette date, d'autres États membres, comme la Hongrie, ont réformé leur droit afin d'adhérer à ce critère. En droit français, selon les articles 1837 du Code civil et L. 210-3 du Code de commerce, les sociétés dont le siège social est situé en territoire français sont soumises à la loi française, « les tiers peuvent se prévaloir du siège statutaire, mais celui-ci ne leur est pas opposable par

Au regard des libertés de circulation, le champ d'application du droit européen des sociétés doit être précisé.

D'un côté, le champ d'application semble vaste, en ce qu'il concerne toutes les « sociétés ». L'article 54, alinéa 2 TFUE vise « les sociétés de droit civil ou commercial, y compris les sociétés coopératives et les autres personnes morales relevant du droit public ou privé, à l'exception des sociétés qui ne poursuivent pas un but lucratif ».

La notion de société est européenne. Elle doit donc recevoir une interprétation uniforme et ne saurait dépendre des critères de tel ou tel droit national. Aussi doit être considéré comme société au sens du traité tout groupement qui possède une capacité d'action et d'expression, ainsi qu'un patrimoine propre. Cela vise bien sûr les sociétés civiles et commerciales du droit français immatriculées au registre du commerce (et parmi elles, la société par actions simplifiée). Des sociétés d'économie mixte, des GIE, des coopératives, des associations, des établissements publics peuvent aussi être considérés comme des « sociétés » au sens de cet article. Il en va différemment des sociétés qui n'auraient pas la personnalité morale, comme les sociétés en participation du droit français.

Mais d'un autre côté, les règles européennes relatives à l'établissement et à la LPS ne concernent que les sociétés qui participent à la construction européenne. Elles ont donc vocation à ne s'appliquer qu'à des sociétés qui interviennent dans les relations commerciales entre États membres. Plutôt qu'un critère de dimension, qui aurait été d'une mise en œuvre difficile, c'est un critère de forme qui a été retenu, chaque directive déterminant les formes de sociétés visées. On comprendra alors que les textes concernent surtout les sociétés anonymes, et en particulier les sociétés cotées, ces dernières étant soumises également aux directives régissant les marchés financiers. En effet, celles-ci ont, de par leur importance économique et le caractère international de leur actionnariat, une activité qui s'étend toujours au-delà des frontières nationales. Les SARL et les sociétés en commandite par actions sont également soumises à un certain nombre de directives sociétaires.

304. - **But lucratif. Distinction sociétés / entreprises.** Cette exigence résulte également de l'article 54 TFUE. La notion est ici encore européenne. Elle ne saurait dépendre du critère français qui provient du célèbre arrêt des chambres réunies de la Cour de cassation du 11 mars 1914, dans l'affaire de la *Caisse rurale de la commune de Manigod*(20). Il n'est donc pas nécessaire que l'activité de la « société » puisse donner naissance à « un gain pécuniaire, ou à un gain matériel, qui ajouterait à la fortune des associés ». Un tel critère exclurait en particulier les GIE. Le « but lucratif » est ici synonyme de participation à la vie économique, dans un but de recherche de profit ou de bénéfice pour le patrimoine de l'être moral : il suffit donc que le groupement ait avec les tiers des relations à titre onéreux.

la société si son siège réel est situé dans un autre lieu ». Or, des auteurs ont démontré que le siège statutaire constituait le critère de rattachement de principe des sociétés (Synvet, *L'organisation juridique du groupe international de sociétés*, thèse Rennes, 1979, p. 205 et s. – Mayer et Heuzé, *Droit international privé*, Montchrestien, 11e éd. 2014, spéc. n° 1090. – Menjucq, *Droit international et européen des sociétés*, préc., spéc. nos 96 et s.). V. Th. Mastrullo, *Le droit international des sociétés dans l'espace régional européen*, PUAM, 2009.

(20) *D.* 1914, I, 257.

Les règles du traité relatives aux libertés d'établissement et de prestation de services considèrent les sociétés, c'est-à-dire essentiellement les « personnes morales ». Au contraire, le droit de la concurrence considère les entreprises, regroupements unitaires et durables de moyens économiques[21].

§ 2. – La coordination des législations sur les sociétés

L'harmonisation des droits nationaux des sociétés s'est réalisée par voie de directives. Après avoir dégagé les principes d'interprétation des directives sociétaires (A), on examinera les directives adoptées (B) et celles qui, en novembre 2014, sont encore à l'état de projet (C).

A. – Principes d'interprétation des directives sociétaires

305. – **Droit « commun » européen et jurisprudence en droit des sociétés.** Les principes d'interprétation des directives relatives au droit des sociétés ne sont pas différents de ceux qui gouvernent l'interprétation de toute directive. Cependant, l'étude de la jurisprudence spécifique de la Cour de justice permet d'apporter d'utiles précisions.

Ainsi, les dispositions des directives qui sont claires, précises et inconditionnelles bénéficient de l'« effet direct vertical », en ce sens qu'elles peuvent être opposées par des particuliers devant des juridictions nationales à l'encontre des autorités publiques[22], même si, selon une règle constante du droit européen, d'autres États membres n'ont pas eux-mêmes transposé la directive en cause. La réciprocité n'est pas en effet une condition d'applicabilité du droit européen[23]. Les États sont donc en principe tenus de faire évoluer leur droit national si la directive l'impose, et doivent, pour assurer le respect effectif de la directive, prévoir des sanctions analogues à celles qui s'appliquent aux violations du droit national[24].

De plus, l'harmonisation opérée par les directives est de droit strict. En dehors du champ d'application de la directive en cause, déterminé par son libellé et par son objectif propre, le juge national ne saurait appliquer une disposition de la directive, par analogie, à une hypothèse qu'elle ne prévoit pas. Le juge national se trouve alors dans une hypothèse qui relève du droit commun national[25]. En particulier, par elle-même, et sans qu'il y ait de disposition pénale nationale, une directive ne peut aggraver la responsabilité pénale des prévenus[26].

De surcroît, le juge national, lorsqu'il est amené à appliquer ou à considérer les règles d'une directive, est tenu d'interpréter son droit national à la lumière du libellé

(21) V. *infra*, n°s 469 et s.

(22) V., par ex., CJCE, 30 mai 1991, aff. C-19 et 20-90, *Karellas*. – CJCE, 12 nov. 1992, aff. C-134 et 135-91, *Kerafina Kerarnische* et CJCE, 12 mars 1996, aff. C-441-93, *Panagis Paffis cl Trapeza Kentrikis Elladas*.

(23) CJCE, 11 janv. 1990, aff. C-38-39, *Blanguernon*.

(24) Pour un défaut de publication des comptes, V. CJCE, 3 mai 2005, aff. C-387/02, 391/02, et 403/02, *Berlusconi e.a.*

(25) Les directives visant toutes des situations déterminées, il n'y a pas de principe général européen de protection des minoritaires ou d'égalité entre actionnaires, CJCE, 15 oct. 2009, aff. C-101/08, *Audiolux : Rev. sociétés* 2010, 45, note G. Parleani ; *adde*, concl. Tesauro devant CJCE, 16 juill. 1992, aff. C-83/91, *Wienand Meilicke*.

(26) V. CJCE, 3 mai 2005, aff. C-387/02, C-391/02, et 403/02, *Berlusconi, e.a.*, pour un défaut de publication des comptes.

et des objectifs de la directive. Cela suppose bien sûr que le point de droit entre dans le champ d'application de la directive[27].

On peut également estimer que le juge national, amené à appliquer une disposition de son droit national transposant une directive, ou située dans son champ d'application, doit aussi tenir compte de l'objectif général de protection des intérêts « tant des associés que des tiers ». Une interprétation qui n'irait pas dans le sens de la plus grande sécurité juridique, tant pour les associés que pour les tiers, ne serait-elle pas critiquable ?

Enfin, rien n'interdit au juge national, bien au contraire, d'interpréter les dispositions du droit national qui n'entrent pas dans le champ d'application de la directive, plutôt de façon cohérente avec les objectifs du droit européen, que de façon étroite et cloisonnée.

B. – Les directives sociétaires adoptées

Dès le milieu des années 1960, les autorités européennes ont élaboré un programme de coordination des législations internes des sociétés. Plusieurs propositions de directives ont été élaborées, chacune se voyant attribuer un numéro d'ordre. Ces propositions n'ont pas été adoptées dans le même ordre, d'autres n'ont jamais été adoptées, si bien que l'ordre de numérotation des directives ne correspond pas à leur ordre chronologique.

306. – **Directive n° 68/151 du 9 mars 1968 sur la constitution des sociétés, la validité des engagements sociaux et la nullité (devenue Dir. 16 sept. 2009, version codifiée).** La directive sur la constitution des sociétés, la validité des engagements sociaux et la nullité[28] (devenue directive n° 2009/101 du 16 septembre 2009[29], version codifiée) s'applique aux sociétés de capitaux[30]. Il était impératif que les tiers traitant avec ces sociétés bénéficient d'une protection minimale équivalente dans toute l'Union européenne, car ces formes sociales présentent la double particularité d'être des sociétés dont l'activité s'étend souvent au-delà du territoire national et d'être des personnes morales dans lesquelles l'obligation au passif des associés se limite au montant de leurs apports.

La directive prévoit tout d'abord des règles de publicité ; tous les ressortissants européens doivent, en effet, connaître les actes essentiels de la société et l'identité des personnes qui ont le pouvoir de l'engager. La directive (Dir. n° 2009/101, préc., art. 2) distingue les actes essentiels de la société et les indications relatives à l'identité des personnes qui ont le pouvoir de l'engager. Les actes essentiels de la société

(27) V. CJCE, 13 nov. 1990, aff. C-106/89, *Marleasing*. – V. par ex., sur le souci de protection des actionnaires par la reconnaissance d'un droit préférentiel de souscription, CJCE, 19 nov. 1996, aff. C-42/95, *Siemens A.G. c/ Henry Nold*, pour la première directive et les situations de conflit d'intérêts, CJCE, 16 déc. 1997, aff. C-104/96, *Cooperatieve Rabobank : Rev. sociétés* 1998, 797, note Parleani, et sur l'impossibilité qu'il y ait un abus, au sens du droit national, dans l'usage d'une faculté offerte par la deuxième directive, sauf si l'actionnaire recherche des avantages illégitimes manifestement étrangers à l'objectif de la directive, CJCE, 12 mai 1998, aff. C-367/96, *Kefalas c/ OAE*.

(28) Dir. n° 68/151 : *JOCE* n° L 65, 14 mars 1968. – V. B. Lecourt, *L'influence du droit communautaire sur la constitution de groupements*, LGDJ, 2000.

(29) Dir. n° 2009/101 : *JOUE* n° L 258, 1er oct. 2009.

(30) Depuis la directive du 15 juillet 2003 qui a modifié la première directive (Dir. n° 2003/58 : *JOUE* n° L 221, 4 sept. 2003), les sociétés par actions simplifiées sont visées.

sont l'acte constitutif, c'est-à-dire les statuts, et les modifications apportées à ceux-ci au cours de la vie sociale. La directive impose également de publier la nomination, la cessation des fonctions ainsi que l'identité des représentants légaux de la société. Les modalités de la publicité sont précisées par les articles 3, 4 et 5 de la directive n° 2009/101. Selon le cas, la société doit recourir soit à un dépôt en annexe d'un registre, soit à une insertion dans un bulletin officiel, soit à des mentions figurant sur des papiers d'affaires de la société. Par ailleurs, la mention des indications obligatoires doit figurer sur toutes les lettres et notes de commandes des sociétés.

Une proposition de directive du 17 avril 2008[31] prévoit de supprimer l'obligation de publier des informations dans les bulletins nationaux : en effet, la publication dans un bulletin national est surannée à l'heure de l'Internet. La directive n° 2003/58 du 15 juillet 2003[32] a déjà permis l'immatriculation électronique.

L'accès à l'information sur les sociétés est désormais facilité par la directive n° 2012/17 du 13 juin 2012 sur l'interconnexion des registres du commerce[33]. Ce texte a pour objet d'éviter aux personnes voulant accéder en ligne aux registres nationaux d'être confrontées à des systèmes de recherche différents ainsi qu'à des difficultés linguistiques. Elle met en place un système d'interconnexion, composé des registres des États membres, d'une plate-forme centrale européenne et du « Portail e-Justice européen », en tant que « point d'accès électronique européen ». Les États membres doivent garantir l'interopérabilité de leurs registres.

Les effets de l'accomplissement des formalités de publicité sont les suivants (Dir. n° 2009/101, art. 3, 4 et 9) : les actes et indications soumis à publicité ne sont opposables aux tiers de bonne foi qu'après leur publication au bulletin national, mais les tiers peuvent toujours se prévaloir des actes ou indications pour lesquels les formalités de publicité n'ont pas encore été accomplies, à moins que ce défaut de publicité ne les prive d'effet. Afin de protéger les tiers, l'accomplissement des formalités de publicité relatives aux représentants légaux des sociétés rend toute irrégularité dans leur nomination inopposable aux tiers, à moins que la société ne prouve que ces derniers en avaient connaissance.

La directive limite ensuite, autant que possible, les causes de non-validité des engagements pris au nom de la société (Dir. n° 2009/101, art. 10). Il est particulièrement difficile, en effet, dans le cadre des relations commerciales, de vérifier les pouvoirs de celui qui prétend agir au nom et pour le compte de la société. Ainsi, les représentants légaux de la société ont tout pouvoir pour engager celle-ci vis-à-vis des tiers, même si leurs actes dépassent l'objet social, et cela nonobstant toute clause contraire. Si l'on rapproche cette règle de celle imposant l'inopposabilité aux tiers des irrégularités intervenues lors de la désignation des dirigeants dès lors que celle-ci a été publiée, le système mis en place assure aux tiers une protection efficace. Ces derniers n'ont pas, en effet, à prendre connaissance de l'objet social et à demander communication des statuts ou de l'acte de nomination pour vérifier l'étendue des pouvoirs de l'organe qui agit au nom de la société[34]. Cette règle est

(31) Doc. COM (2008), 194 final.
(32) Préc.
(33) Dir. n° 2012/711JE : *JOUE* n° L 156, 16 juin 2012.
(34) Toutefois, la directive précise que les dirigeants ne sauraient excéder les pouvoirs que la loi leur attribue.

sans aucun doute la plus importante adoptée au niveau européen ; on la retrouve désormais dans tous les droits nationaux. Essentielle pour les sociétés de capitaux, cette règle ne se justifie pas pour les sociétés dans lesquelles l'engagement des sociétés est indéfini.

La directive se préoccupe également du sort des actes accomplis au cours de la période constitutive (Dir. n° 2009/101, art. 8) : si la société, après acquisition de la personnalité morale, ne reprend pas les engagements résultant de ces actes, les personnes qui les ont accomplis en sont solidairement et indéfiniment responsables, sauf convention contraire. L'expérience a montré malheureusement les imperfections de ce mécanisme, ce qui a donné lieu, dans les droits nationaux, à un contentieux important.

Enfin, les autorités de l'Union européenne ont voulu, dans l'intérêt tant des associés que des tiers, limiter les nullités de sociétés. Trois mesures sont prévues. La première concerne la régularité de la constitution des sociétés qui est soumise à un contrôle, effectué soit par un juge, soit par un notaire, soit par une autorité administrative (Dir. n° 2009/101, art. 11). Certains États membres ont pris quelques libertés avec cette règle ; ainsi, le droit français n'a pas organisé un véritable contrôle administratif ou judiciaire de la régularité des constitutions, tout comme il ne requiert pas, en principe, l'intervention d'un notaire. En effet, si un juge est chargé de veiller à la bonne tenue du registre du commerce[(35)], il n'interviendra que si le greffier, détectant une irrégularité, refuse d'immatriculer la société. La deuxième mesure consiste à limiter le domaine et les effets des nullités de constitutions de sociétés ou de modifications des statuts (Dir. n° 2009/101, art. 12 et 13). Les causes de nullité autorisées sont les suivantes : défaut d'acte constitutif ou inobservation des formalités de contrôle préventif ou de l'acte authentique ; caractère illicite ou contraire à l'ordre public de l'objet social ; absence dans l'acte constitutif ou dans les statuts d'indications relatives à la dénomination de la société, aux apports, au montant du capital souscrit ou à l'objet social ; non-respect des règles nationales relatives à la libération du capital social ; incapacité de tous les fondateurs ; existence d'un seul associé alors que les dispositions nationales en exigent au moins deux. Le droit français, là encore, n'est pas conforme aux prescriptions de la directive puisqu'il prévoit que la nullité peut aussi résulter d'une disposition des lois qui régissent les contrats[(36)], tout comme il autorise également la nullité d'une société pour défaut d'apport[(37)], pour fraude[(38)] et pour absence d'*affectio societatis*[(39)]. Les juridictions françaises s'opposent également à la jurisprudence *Marleasing*[(40)] de la Cour de justice qui a considéré, dans cette affaire, que pour apprécier l'illicéité de l'objet social, il faut s'en tenir

(35) C. com., art. L. 123-6.

(36) C. civ., art. 1844-10.

(37) C. civ., 1844-10 renvoyant à l'article 1832.

(38) On peut avancer que l'adage *Fraus omnia corrompit* a valeur de principe général. D'ailleurs, dans l'arrêt *Centros* du 9 mars 1999 (aff. C-212/97 ; V. *supra*, n° 260), la Cour de justice fait référence à la fraude, en précisant toutefois que ne constitue pas une fraude le fait de dissocier les sièges statutaire et réel d'une société à la seule fin d'échapper à une réglementation contraignante.

(39) Cass. com., 16 juin 1992 : *Bull. civ.* 1992, IV, n° 243.

(40) CJCE, 13 nov. 1990, aff. C-106/89.

uniquement à l'objet statutaire. Le droit français est plus réaliste lorsqu'il prend en considération l'activité réelle de la société[41]. La troisième et dernière mesure prévue par la directive consiste à limiter les effets de la nullité qui, prononcée par une décision judiciaire, n'a pas d'effet rétroactif. Elle entraîne seulement la dissolution de la société, la validité des engagements de la société n'est pas remise en cause et les tiers sont donc efficacement protégés.

307. – **Directive n° 77/91 sur le capital social (refondue par Dir. n° 2012/30, 25 oct. 2012).** La deuxième directive du 13 décembre 1976 sur le capital social a été refondue par la directive n° 2012/30/UE du 25 octobre 2012. Il s'agit principalement d'une codification à droit constant.

La directive ne concerne que les sociétés anonymes ; toutefois, dans certains États membres comme la France, elle régit indirectement les sociétés auxquelles les règles ayant trait aux sociétés anonymes s'appliquent. Les dispositions de la directive sont assez disparates puisqu'elles concernent tant la constitution de la société que son capital social. En ce qui concerne la constitution, la directive fixe le contenu minimal des statuts. En cas de réduction du nombre d'actionnaires en dessous du minimum légal (sept en France), la société ne peut faire l'objet d'une dissolution de plein droit, seule une dissolution judiciaire étant possible, un délai devant être accordé par le juge. En ce qui concerne le capital, plusieurs mesures sont prévues. Afin de remédier à l'insuffisance des fonds propres des sociétés anonymes, le texte prévoit un montant minimal du capital social, celui-ci ne pouvant pas être inférieur à 25 000 €. Ce montant n'a jamais été révisé ; il est aujourd'hui dérisoire. On peut regretter que les directives modificatrices successives n'aient pas introduit des tests de solvabilité. Les autres dispositions prévues par la directive sont plus techniques. Elles ont pour objet d'assurer la réalité du capital social (interdiction de distribuer des dividendes fictifs) et son maintien (réunion d'une assemblée en cas de perte grave du capital souscrit), de garantir l'égalité des actionnaires en cas d'augmentation de capital (compétence de l'assemblée générale)[42] et la protection des créanciers sociaux en cas de perte du capital. Ainsi, les apports en nature doivent faire l'objet d'une évaluation par un expert, les apports en industrie sont interdits et les apports en numéraire doivent être libérés à hauteur de 25 % lors de la constitution. De plus, le texte limite la possibilité pour une société d'acquérir ses propres actions et réglemente restrictivement la variabilité du capital.

Plusieurs décisions ont été rendues par la Cour de justice à propos de cette directive. Elles révèlent une interprétation stricte du texte. La Cour de justice a ainsi jugé qu'une augmentation de capital ne pouvait être décidée que par l'assemblée extraordinaire des actionnaires et non imposée par une autorité publique, quand bien même il s'agirait de redresser une société en difficulté[43]. Elle a aussi insisté

---

(41) Cass. com., 28 janv. 1992, n° 90-17.389.

(42) On pourrait se demander si les délégations de compétence prévues par certaines législations, comme en France (C. com., art. L. 225-129-2), sont conformes à la directive. La réponse semble positive car l'AGE conserve son rôle déclenchant.

(43) CJCE, 30 mai 1991, aff. C-19/90, *Karella*. – CJCE, 12 nov. 1992, aff. jtes C-134/91 et C-135/91, *Kerafina-Keramische und Finanz-Holding et Vioktimatiki*. – CJCE, 12 mai 1998, aff. C-367/96, *Kefalas E.A.*

sur l'importance du droit préférentiel de souscription[44] et le respect du principe d'égalité[45]. Enfin, dans les sociétés d'économie mixte, elle a rappelé la distinction des aides publiques prohibées et des augmentations de capital autorisées[46]. À ces occasions, la Cour de justice a rappelé, également, l'effet direct exclusivement vertical des directives et la primauté du droit européen[47].

Afin d'éviter que la règle limitant la possibilité pour une société anonyme d'acquérir ses propres actions ne soit contournée, la directive du 23 novembre 1992[48] a étendu cette règle à toutes les sociétés de capitaux concernées par la première directive, dans lesquelles la société dispose, directement ou indirectement, de la majorité des droits de vote ou sur lesquelles elle peut exercer, directement ou indirectement, une influence dominante (et même si ces autres sociétés relèvent du droit d'un pays tiers dès lors qu'elles ont une forme juridique comparable). La deuxième directive fut ensuite réformée ponctuellement par les directives des 6 septembre 2006[49] et 16 septembre 2009[50]. Ainsi, la directive de 2006 a introduit des dérogations à l'obligation d'évaluer les apports en nature (par ex., apport de valeurs mobilières lorsque celles-ci ont été évaluées au prix de marché sur la base d'une moyenne calculée sur une période donnée précédant la réalisation de l'apport). De plus, l'acquisition par une société de ses propres actions a été autorisée dans la limite du montant de ses réserves distribuables, même si ce montant est supérieur à 10 % du capital souscrit, dès lors que l'actif net de la société n'est pas inférieur au montant de ces réserves. Quant à la directive de 2009, elle prévoit des possibilités de dispense de rapports lorsque les associés sont suffisamment protégés.

308. – **Directive n° 78/855 sur les fusions internes de sociétés anonymes (devenue Dir. n° 2011/35/UE, 5 avr. 2011, version codifiée) et directive n° 82/891 sur les scissions internes de sociétés anonymes.** La troisième directive sur les fusions internes[51] et la sixième directive sur les scissions internes[52] s'appliquent uniquement aux sociétés anonymes. La mise en harmonie du droit français n'a pas entraîné de bouleversements, car la loi française avait servi de référence[53]. Ce texte est aujourd'hui codifié dans la directive n° 2011/35/UE du 5 avril 2011.

La fusion est définie comme l'opération par laquelle une ou plusieurs sociétés transfèrent à une autre, par suite d'une dissolution sans liquidation, l'ensemble de

(44) CJCE, 24 mars 1992, aff. C-381/89, *Syndesmos Melon tis Eleftheras Evangelikis Ekklisias E.A.* – CJCE, 19 nov. 1996, aff. C-42/95, *Siemens*.
(45) CJCE, 18 déc. 2008, aff. C-338/06, *Commission c/ Espagne* (violation de ce principe lorsque le droit préférentiel est accordé à d'autres que les actionnaires, en l'occurrence, des détenteurs d'obligations).
(46) CJCE, 14 sept. 1994, aff. C-278/92, *Espagne c/ Commission*.
(47) Un actionnaire minoritaire peut-il agir pour abus de droit en vertu de son droit national ? La Cour de justice a admis l'exercice d'une telle action pourvu qu'elle ne remette pas en cause l'application uniforme du droit européen. Dès lors, le choix de l'action en nullité pourrait être excessif et il ne resterait que les dommages et intérêts (V. CJCE, 23 mars 2000, aff. C-373/97, *Diamantis*). Pour l'application de la directive aux banques qui revêtent la forme de société anonyme, V. CJCE, 12 mars 1996, aff. C-441/93, *Panagis Patifas c/ Trapeza Kentrikis Ellados*. – CJCE, 12 mars 1996, *Kefalas c/ OAE*, préc.
(48) Dir. n° 92/101 : *JOCE* n° L 347, 28 nov. 1992.
(49) Dir. n° 2006/68 : *JOUE* n° L 264, 25 sept. 2006.
(50) Dir. n° 2009/109 en ce qui concerne les obligations en matière de rapports et de documentation en cas de fusions ou de scissions : *JOUE* n° L 259, 2 oct. 2009.
(51) Dir. n° 78/855, 9 oct. 1978 : *JOCE* n° L 295, 20 oct. 1978.
(52) Dir. n° 82/891, 17 déc. 1982 : *JOCE* n° L 378, 31 déc. 1982.
(53) V. L. n° 88-17, 5 janv. 1988 et D. n° 88-418, 22 avr. 1988 qui ont transposé ces deux directives.

leur patrimoine, activement et passivement, moyennant l'attribution à leurs actionnaires d'actions de la société absorbante ou de la nouvelle société, et éventuellement d'une soulte en espèces ne dépassant pas 10 % de la valeur nominale des actions attribuées. La directive détermine la procédure à suivre (projet de fusion, publicité, assemblées générales statuant à une majorité qui ne peut en principe être inférieure aux deux tiers des voix, experts indépendants, information des actionnaires, protection des créanciers). Le principe essentiel est que la fusion entraîne la transmission universelle de l'ensemble du patrimoine de la société absorbée à la société absorbante, ce transfert étant opposable aux tiers. La nullité de la fusion ne peut résulter que de la nullité de la décision de l'assemblée générale l'ayant décidée. Il s'agit encore ici de limiter, dans un souci sécuritaire, les causes de nullité de l'opération.

Quant à la directive sur les scissions internes, elle prévoit, comme la directive sur les fusions internes, des dispositions en matière de scission par absorption ou par création d'une société nouvelle.

Les directives sur les fusions internes et les scissions internes furent d'abord modifiées par la directive du 13 novembre 2007(54) dans un souci de simplification (exemption de l'obligation de faire examiner le projet de fusion ou de scission par des experts indépendants et de faire établir par ces experts un rapport si tous les actionnaires acceptent une telle dispense). Elles furent ensuite réformées par la directive du 16 septembre 2009(55) qui introduisit des allégements (dispense d'établir les rapports requis si tous les actionnaires sont d'accord). De plus, ce texte simplifie le régime des fusions lorsque la société mère détient, dans la filiale, la totalité des actions et autres titres conférant un droit de vote. L'approbation de l'assemblée générale des sociétés n'est plus requise et la fusion devient une simple opération de gestion.

309. – Directive n° 78/660 sur les comptes annuels et directive n° 83/349 sur les comptes consolidés (devenues Dir. n° 2013/34/UE, 26 juin 2013). La quatrième directive(56) et la septième directive(57) ont posé les fondements d'un droit comptable. Tous les tiers doivent pouvoir, en effet, obtenir des informations financières sur les sociétés avec lesquelles ils traitent, quelle que soit la législation de rattachement de ces dernières. Maintes fois retouchées, ces deux directives comptables ont été abrogées et codifiées par la directive n° 2013/34 du 26 juin 2013(58).

La quatrième directive n° 78/660 concernait la présentation des documents comptables et les méthodes d'évaluation. Elle a posé de grands principes aujourd'hui

(54) Dir. n° 2007/63 pour ce qui est de l'exigence d'un rapport d'expert indépendant à réaliser à l'occasion des fusions ou des scissions des sociétés anonymes : *JOUE* n° L 300, 17 nov. 2007.
(55) Dir. n° 2009/109 : *JOUE* n° L 259, 2 oct. 2009.
(56) Dir. n° 78/660, 25 juill. 1978 : *JOCE* n° L 222, 14 août 1978.
(57) Dir. n° 83/349, 13 juin 1983 : *JOCE* n° L 193, 18 juill. 1983.
(58) Dir. n° 2013/34/UE relative aux états financiers annuels, aux états financiers consolidés et aux rapports y afférents de certaines formes d'entreprises. Cette directive abroge les deux directives comptables précitées ainsi que la directive n° 90/604/CEE du 8 novembre 1990 en ce qui concerne les dérogations en faveur des petites et moyennes sociétés, la directive n° 2009/49/CE du 18 juin 2009 et la directive n° 2012/6/UE du 14 mars 2012 en ce qui concerne les micro-entités (V. B. Lecourt : *Rev. sociétés* 2013, 651). D'autres textes ont modifié les directives comptables ; ils n'ont pas été abrogés parce qu'ils modifient également d'autres directives.

bien connus : celui de l'« image fidèle »[59], celui de la permanence des méthodes d'un exercice sur l'autre, celui de la prudence et celui de la comparabilité des résultats des sociétés pour les investisseurs[60]. La directive a été étendue aux sociétés en nom collectif et aux sociétés en commandite simple, alors qu'elle ne visait initialement que les sociétés anonymes et les SARL[61].

Certaines dispositions ont été assouplies. Une directive du 8 novembre 1990[62] a introduit des dérogations en faveur des petites et moyennes entreprises et, depuis la directive du 18 juin 2009[63], des options permettent aux États membres d'alléger les obligations d'information. En outre, la directive du 14 mars 2012[64] exempte les micro-entreprises de l'obligation de respecter les prescriptions en matière de comptes annuels[65]. En effet, ces toutes petites entreprises participent peu au commerce entre les États membres. Toutefois, des garde-fous sont prévus : concernant l'exemption de l'obligation de publier les comptes annuels, les informations relatives au bilan contenues dans les comptes doivent être déposées auprès d'une autorité compétente. D'autres assouplissements furent opérés par la nouvelle directive comptable de juin 2013, celle-ci ne se contentant pas de codifier[66].

La septième directive n° 83/349 du 13 juin 1983, codifiée en 2013, a imposé aux sociétés de groupe de publier des comptes consolidés. Les tiers doivent, en effet, pouvoir apprécier l'intégration d'une société dans un groupe : les comptes de la société mère peuvent tromper si la situation des filiales est préoccupante. Cette directive était d'autant plus utile que la proposition de directive sur les groupes de sociétés n'a jamais été adoptée. Le périmètre de la consolidation est défini en prenant en considération les liens en capital, mais aussi l'existence d'une influence dominante ou d'un contrat de domination[67]. Les méthodes de consolidation peuvent se réaliser par une intégration globale, une intégration proportionnelle ou une mise en équivalence par un retraitement des comptes individuels. Cette directive a été modifiée, notamment par la directive précitée du 18 juin 2009 (qui introduit des exemptions lorsque les filiales présentent un intérêt négligeable). Elle fut

(59) V CJCE, 27 juin 1996, aff. C-234/94, *Waltraud Tomberger c/ Gebrüder von der Wettern*.

(60) Pour l'interprétation de cette directive, V. CJCE, 14 sept. 1999, aff. C-275/97, *DE + ES Bauunternehmung*.

(61) Dir. n° 90/605, 8 nov. 1990 : *JOCE* n° L 317, 16 nov. 1990. En France, la loi n° 83-353 du 30 avril 1983 a été au-delà des prescriptions de la directive puisqu'elle applique les nouvelles normes comptables également aux commerçants personnes physiques et aux sociétés civiles cotées. Depuis la loi n° 84-148 du 1er mars 1984, les personnes morales de droit privé non commerçantes doivent tenir une comptabilité dès lors qu'elles exercent une activité économique et dépassent une certaine dimension (C. com., art. L. 612-1, R. 612-1 et R. 612-2).

(62) Dir. n° 90/604 : *JOCE* n° L 317, 16 nov. 1990.

(63) Dir. n° 2009/49/CE : *JOUE* n° L 164, 26 juin 2009.

(64) Dir. n° 2012/6/UE : *JOUE* n° L 81/3, 21 mars 2012.

(65) Les micro-entreprises sont les sociétés qui, à la date de clôture de leur bilan, ne dépassent pas les limites chiffrées de deux des trois critères suivants : 350 000 € pour le total du bilan, 700 000 € pour le montant net du chiffre d'affaires et dix pour le nombre de membres du personnel employés.

(66) V. CJUE, 6 févr. 2014, aff. C-528-12, *Mômax Logistik GmbH* (non-compatibilité avec la directive comptable de la législation allemande qui exempte de l'obligation de publication des comptes annuels les seules filiales dont la société mère est établie en Allemagne, l'exemption s'appliquant dès lors que l'entreprise mère relève du droit de tout État membre de l'Union européenne).

(67) Toute entreprise mère qui répond à l'un de ces critères doit établir des comptes consolidés : détention de la majorité des droits de vote des associés ou des actionnaires d'une filiale ; droit de nommer ou de révoquer la majorité des membres de l'organe d'administration, de direction ou de surveillance d'une filiale et être en même temps associé de cette filiale ; droit d'exercer une influence dominante sur la filiale en vertu d'un contrat conclu avec celle-ci, ou en vertu d'une clause statutaire ; être actionnaire ou associé d'une société et avoir désigné des organes de direction, d'administration ou de surveillance en vertu du seul nombre de titres détenus, ou contrôler les droits de vote des associés seuls ou en vertu d'accords avec d'autres associés.

abrogée et codifiée par la directive n° 2013/34 du 26 juin 2013 (préc.), qui d'ailleurs a prévu de nouveaux allégements pour les petits groupes.

Ces dispositions comptables doivent désormais se combiner avec le règlement du 19 juillet 2002, lui aussi plusieurs fois modifié(68). Ce règlement a obligé les sociétés cotées à respecter les normes comptables IFRS pour l'établissement des comptes consolidés. Les normes comptables internationales sont élaborées au sein de l'organisme international de normalisation de Londres (*International Accounting Standards Board*).

310. – **Gouvernement d'entreprise.** Les modifications apportées à la quatrième directive ne furent pas limitées à des assouplissements. En effet, depuis son adoption en 1978, les notions de « gouvernement d'entreprise » et de « responsabilité sociale environnementale » ont fait leur apparition. Dès lors, la directive du 18 juin 2003(69), qui fait suite à la recommandation du 30 mai 2001(70), invite à prendre en considération dans les comptes les aspects environnementaux de l'activité sociale. D'importantes modifications furent aussi introduites par la directive n° 2006/46 du 14 juin 2006(71), ayant trait principalement au gouvernement d'entreprise : obligation pour les sociétés cotées de présenter une déclaration de gouvernement d'entreprise ; responsabilité des membres des organes d'administration ou de direction en ce qui concerne l'obligation de veiller à ce que l'établissement et la publication des comptes annuels, du rapport de gestion et de la déclaration de gouvernement d'entreprise sont conformes aux exigences européennes. En particulier, les sociétés cotées doivent se référer à un code de gouvernement d'entreprise, ou à défaut, expliquer les raisons pour lesquelles elles ne se réfèrent pas à un tel code ou n'appliquent pas toutes ses dispositions (application du principe anglais *comply or explain* : appliquer ou expliquer). C'est donc par le biais des directives comptables que les principes de gouvernement d'entreprise sont venus imprégner les droits nationaux. Pourtant, il ne s'agit finalement que de *soft law* : à défaut de règles contraignantes, les sociétés ne peuvent guère être sanctionnées. De plus, dans la pratique, elles n'expliquent pas toujours pourquoi elles dérogent(72). Aussi la Commission a-t-elle renforcé, en avril 2014, le dispositif par le biais d'une recommandation adressée aux États membres(73). L'objectif est d'améliorer la qualité des informations fournies : celles-ci doivent être claires, précises et complètes. En particulier, les sociétés sont invitées à indiquer clairement à quelles recommandations elles ont dérogé et à fournir une explication sur les raisons de cette dérogation et

(68) Règl. n° 1606/2002 : *JOCE* n° L 243, 11 sept. 2002.
(69) Dir. n° 2003/51/CE : *JOUE* n° L 178, 17 juill. 2003.
(70) Recomm. n° 2001/453 : *JOCE* n° L 156, 13 juin 2001.
(71) Dir. n° 2006/46 mod. Dir. n° 78/660 concernant les comptes annuels de certaines formes de sociétés, n° 83/349 relative aux comptes consolidés (devenue Dir. n° 2013/34IUE, 26 juin 2013), Dir. n° 86/635 sur les comptes annuels et les comptes consolidés des banques et autres établissements financiers, et Dir. n° 91/674 ayant trait aux comptes annuels et aux comptes consolidés des entreprises d'assurance : *JOUE* n° L 224, 16 août 2006.
(72) *Study on Monitoring and Enforcement Practices in Corporate Governance in the Member States*, nov. 2010 (B. Lecourt : *Rev. sociétés* 2010, 127). – Livre vert sur « Le cadre de la gouvernance d'entreprise dans l'Union européenne », Doc. COM (2011), 0164 final.
(73) Recomm. n° 2014/208, 9 avr. 2014 sur la qualité de l'information sur la gouvernance d'entreprise (« appliquer ou expliquer ») : *JOUE* n° L 109, 12 avr. 2014 (V. I. Urbain-Parleani, *L'amélioration de l'information sur la gouvernance des entreprises*, in dossier *Réflexions collectives sur le nouveau plan d'action en droit européen des sociétés : Rev. sociétés* 2013, p. 391, spéc. p. 393).

les mesures de remplacement adoptées(74). En outre, un contrôle efficace au niveau national est recommandé. Il reste à espérer que cette recommandation, dénuée de force contraignante, soit suivie. On pourrait avoir quelques espoirs, car on constate, ces dernières années, des améliorations dans certains États membres(75).

311. – **Directive n° 2014/95 du 22 octobre 2014 en ce qui concerne la publication d'informations non financières.** En novembre 2014, a été publiée une directive modifiant la directive n° 2013/34/UE en ce qui concerne la publication d'informations non financières et d'informations relatives à la diversité par certaines grandes entreprises et certains groupes(76). Les législations nationales demeurent effectivement divergentes, faussant la concurrence entre les entreprises et fournissant aux utilisateurs des informations variables. Le texte, qui ne s'applique qu'aux grandes entreprises, a pour objet d'étendre les obligations en matière d'informations non financières. En ce qui concerne les sociétés cotées (qui ne sont pas des PME), la déclaration de gouvernement d'entreprise doit désormais comporter une description de la politique de diversité que la société applique à ses organes d'administration, de gestion ou de surveillance, au regard de critères tels que l'âge, le sexe, les qualifications et l'expérience professionnelle. De plus, les entités d'intérêt public qui ont plus de cinq cents salariés, doivent, dans le rapport de gestion, publier des informations ayant trait aux questions d'environnement, sociales et de personnel, de respect de droits de l'homme et de lutte contre la corruption. Lorsque l'entreprise n'applique pas de politique RSE ou de diversité, elle doit s'en expliquer. Ce texte tient compte de l'impact de l'activité des grandes entreprises.

312. – **Directive n° 2006/43/CE du 17 mai 2006 sur l'audit.** La directive n° 2006/43/CE du 17 mai 2006 concernant les contrôles légaux des comptes annuels et des comptes consolidés(77) abroge la huitième directive du 10 avril 1984 relative aux conditions que doivent remplir les personnes physiques ou morales qui contrôlent les comptes des sociétés. Ce texte avait été complété par une recommandation de la Commission du 15 novembre 2000 sur les exigences minimales en matière de contrôle de la qualité du contrôle légal des comptes, ainsi que par une recommandation du 16 mai 2002 sur les principes fondamentaux en matière d'indépendance des contrôleurs légaux(78). Ce sont les scandales provoqués par les affaires *Enron*, *Worldcom* et *Parmalat* qui ont conduit les autorités de l'Union européenne à substituer une nouvelle directive à celle de 1984. Il est apparu que les auditeurs n'étaient pas suffisamment indépendants, notamment parce que la séparation des activités de contrôle et de conseil n'était pas toujours respectée ; de plus, ils n'étaient pas suffisamment informés en temps utile par les actionnaires des difficultés rencontrées par la société dont ils contrôlaient les comptes.

Par conséquent, la directive de mai 2006 renforce considérablement l'éthique du contrôle légal des comptes. Les auditeurs remplissent, en effet, des fonctions

(74) V. Recomm. préc., section III.
(75) V., pour la France, rapports AMF sur le gouvernement d'entreprise et la rémunération des dirigeants des sociétés cotées, 2012 et 2013.
(76) *JOUE* n° L. 330, 15 nov. 2014 (V. I. Urbain-Parleani : *Rev. sociétés* 2013, 395. – B. Lecourt : *Rev. sociétés* 2013, 657).
(77) *JOCE* n° L 126, 12 mai 206.
(78) Recomm. n° 2001/256 (*JOCE* n° L 91, 31 mars) et Recomm. n° 2002/590 (*JOCE* n° L 191, 19 juill. 2001).

d'intérêt public. La directive distingue, pour cela, le contrôleur des comptes et le cabinet d'audit (des règles particulières visent les cabinets d'audit, entre autres, des règles strictes de majorité dans les assemblées ou organes d'administration ou de direction). L'agrément, délivré par une autorité publique, est subordonné à des conditions de formation, de connaissances, mais aussi d'honorabilité. L'agrément d'auditeurs de pays tiers est possible sous condition de réciprocité. Par ailleurs, les principes de déontologie, d'indépendance, de prévention des conflits d'intérêts, d'objectivité (information sur les honoraires des commissaires aux comptes), de confidentialité et de secret professionnel sont précisés. De surcroît, les auditeurs doivent respecter les normes internationales d'audit. De plus, les auditeurs, qui d'ailleurs sont soumis à un système d'assurance qualité, doivent eux-mêmes être contrôlés par un système de supervision publique. La directive est complétée, à ce sujet, par une recommandation n° 2008/362 du 6 mai 2008 relative à l'assurance qualité externe des contrôleurs légaux des comptes et des cabinets d'audit qui contrôlent les comptes d'entités d'intérêt public. Il existe également une recommandation n° 2008/473du 5 juin 2008 sur la limitation de la responsabilité civile des contrôleurs légaux des comptes et des cabinets d'audit.

Enfin, la directive prévoit la création d'un comité d'audit dans les entités d'intérêt public. Cette obligation de créer un comité d'audit est assortie de deux exceptions ; d'une part, les fonctions assignées au comité d'audit peuvent être exercées par l'organe administratif ou de surveillance dans son ensemble (cette faculté ne bénéficie qu'aux PME au sens de la directive « Prospectus »)(79) ; d'autre part, les États membres ont la possibilité de permettre ou de décider que l'obligation de créer un comité d'audit ne s'applique pas aux sociétés dès lors qu'elles disposent d'un organe remplissant des fonctions équivalentes à celles d'un comité d'audit. Le comité d'audit est chargé d'assurer le suivi du processus de l'élaboration de l'information financière, de l'efficacité des systèmes de contrôle interne et de gestion des risques, du contrôle légal des comptes (voire des comptes consolidés) par les auditeurs. Il doit aussi veiller à l'indépendance des auditeurs. Ce comité agit « sous la responsabilité exclusive et collective des membres de l'organe chargé de l'administration ou de l'organe de surveillance ». Cette formulation a suscité des difficultés dans les législations dans lesquelles la responsabilité des administrateurs est individuelle et non collective(80).

À la suite d'un Livre vert sur l'audit(81), deux nouveaux textes ont été publiés : le règlement n° 537/2014 du 16 avril 2014 relatif aux exigences spécifiques applicables au contrôle légal des comptes des entités d'intérêt public(82), et la directive n° 2014/56 du 16 avril 2014 modifiant la directive 2006/43/CE sur l'audit(83). La directive prévoit plusieurs mesures : mise en œuvre par les auditeurs d'un

(79) Ce sont les sociétés qui réunissent deux des trois conditions suivantes : moins de 250 salariés, bilan n'excédant pas 43 M€, chiffre d'affaires net annuel inférieur à 50 M€, d'après leurs derniers comptes annuels ou consolidés.

(80) V., en droit français, C. com., art. L. 823-19, résultant de l'ordonnance n° 2008-1278 du 8 décembre 2008, qui a transposé la directive, et qui fut modifié par la loi n° 1249-2010 de régulation bancaire et financière du 22 octobre 2010, afin que la référence à la notion de responsabilité collective soit supprimée.

(81) Doc. COM (2010), 561 final.

(82) *JOUE* n° L 158, 27 mai 2014.

(83) *JOUE* n° L 158, 27 mai 2014.

scepticisme professionnel (c'est-à-dire d'un esprit critique) ; renforcement de l'indépendance[84] ; réalisation des contrôles légaux sur la base des normes d'audit internationales adoptées par la Commission ; renforcement du pouvoir de sanction dont disposent les autorités nationales de contrôle (possibilité d'infliger aux auditeurs des sanctions pécuniaires administratives). Pour les contrôleurs légaux des comptes qui désirent s'implanter, par le biais d'un établissement stable, dans des États membres autres que celui dans lequel ils ont obtenu l'agrément, la délivrance de l'agrément dans l'État d'accueil ne peut être subordonnée qu'à un stage d'adaptation ou à une épreuve d'aptitude. La directive est complétée par un règlement qui impose des règles spécifiques aux entités d'intérêt public. Il est apparu, en effet, que les exigences en matière d'audit devaient être renforcées en ce qui concerne ces dernières, le contexte de crise économique et financière ayant mis en exergue des lacunes dans le système de l'audit. Les mesures ont pour objet, entre autres, de renforcer l'indépendance de l'auditeur (notamment : désignation de l'auditeur à la suite d'un appel d'offres ; interdiction de fournir, à l'entité contrôlée, des services autres que le contrôle légal des comptes ; durée de la mission d'audit limitée à dix ans[85] et interdiction pendant les quatre ans qui suivent d'assurer le contrôle légal dans l'entité visée[86]). Enfin, le texte prévoit la création d'un comité des organes européens de supervision de l'audit (CEAOB), ayant pour mission d'assurer une coopération entre les autorités compétentes. Le CEAOB facilitera l'échange d'informations et rendra des avis non contraignants ou des lignes directrices.

313. – **Directive n° 89/666 du 21 décembre 1989 sur la publicité des succursales.** La onzième directive du 21 décembre 1989[87] impose aux SARL et aux sociétés par actions relevant de la législation d'un État membre de soumettre à une publicité les succursales qu'elles implantent sur le territoire d'un autre État membre. Les sociétés relevant de la législation d'un pays tiers sont également visées. Il s'agit de protéger les créanciers qui sont en relation avec la succursale, car ils sont souvent moins bien protégés que ceux d'une filiale, cette dernière étant soumise au droit des sociétés de leur État. La directive prévoit une publicité par renvoi au registre auquel l'entreprise principale est immatriculée. Ainsi, les personnes entrant en relation avec la succursale pourront obtenir des informations sur la société dont dépend cette succursale[88].

314. – **Directive n° 89/667 sur les sociétés à responsabilité limitée à un seul associé (devenue Dir. n° 2009/102, 16 sept. 2009, version codifiée).** La douzième

(84) V., entre autres, Ord. n° 2006/43, nouvel art. 22, § 1 ; « le contrôleur légal des comptes ou le cabinet d'audit n'effectue pas un contrôle légal des comptes s'il existe un risque d'autorévision, d'intérêt personnel, de représentation, de familiarité ou d'intimidation lié à une relation financière, personnelle, d'affaires, d'emploi ou une autre, entre le contrôleur légal des comptes, le cabinet d'audit, son réseau et toute personne physique en mesure d'influer sur le résultat du contrôle légal des comptes et l'entité contrôlée, qui amènerait un tiers objectif, raisonnable et informé à conclure, en tenant compte des mesures de sauvegarde appliquées, que l'indépendance du contrôleur légal des comptes ou du cabinet d'audit est compromise ».

(85) Sept ans pour les associés d'audit principaux.

(86) Trois ans pour les associés d'audit principaux.

(87) *JOCE* n° L 395, 30 déc. 1989.

(88) Sur la possibilité, pour un État membre, en cas de dépassement du délai prévu pour la publicité des documents comptables, d'infliger immédiatement une amende minimale à une société de capitaux dont une succursale est située dans l'État membre concerné, V. CJUE, 26 sept. 2013, aff. C-418/11, *Texdata Software Gmbh*.

directive du 21 décembre 1989[89], abrogée et codifiée par la directive du 16 septembre 2009[90], est relative aux sociétés unipersonnelles. Elle fixe les principales caractéristiques des sociétés constituées avec un seul associé ou devenues unipersonnelles par la suite de la réunion de toutes les parts en une seule main. Afin de limiter les disparités entre les législations, le texte harmonise les règles de publicité en cas de réunion de toutes les parts en une seule main, de pouvoirs de l'associé unique et de la forme des décisions (et notamment, des conventions entre l'associé unique et la société). Les dispositions de la directive peuvent être étendues aux sociétés anonymes si la législation nationale le permet, ce qui n'est pas le cas du droit français. Ce texte fut l'occasion pour un grand nombre d'États membres de consacrer dans leur droit la société unipersonnelle (même si la transposition n'a pas été obligatoire dans les États membres qui reconnaissent le patrimoine d'affectation). Bien que destinée principalement aux commerçants personnes physiques, la société unipersonnelle peut aussi servir de structure d'organisation pour les groupes de sociétés[91].

315. – **Directive n° 2005/56 du 26 octobre 2005 sur les fusions transfrontalières.** Le projet de convention sur les fusions internationales de sociétés anonymes[92] publié en 1973 n'a pas abouti, essentiellement parce que l'on craignait que de telles fusions ne permettent d'éluder les dispositions nationales qui associent les salariés à la gestion. Une proposition de directive fut élaborée en 1985[93] et pourtant, il aura fallu attendre vingt ans pour qu'un texte soit publié. Des oppositions persistaient entre les droits nationaux concernant la participation des travailleurs[94]. L'adoption du règlement sur la société européenne[95] a facilité les négociations car on y a trouvé une solution quant à la participation des travailleurs (principe « avant-après ») ; par ailleurs, ce règlement contient des règles matérielles permettant la constitution d'une société européenne par le biais d'une fusion.

La directive n° 2005/56 du 26 octobre 2005 sur les fusions transfrontalières des sociétés de capitaux[96] interdit toute restriction à ces opérations, les seules exceptions tolérées ne pouvant être justifiées que par des exigences d'intérêt général répondant aux conditions de nécessité et de proportionnalité.

Tout en prenant en compte la nature transfrontalière de l'opération, les États membres peuvent appliquer aux fusions transfrontalières certaines dispositions

(89) *JOCE* n° L 395, 30 déc. 1989.

(90) *JOUE* n° L 258, 1er oct. 2009 ; avant l'adoption de la directive du 21 décembre 1989, seuls le Danemark, l'Allemagne, la France, les Pays-Bas et la Belgique connaissaient la société unipersonnelle.

(91) V. Prop. de dir. relative aux sociétés unipersonnelles à responsabilité limitée, Doc. COM (2014), 212 final, 9 avr. 2014, V. *infra*, n° 324.

(92) Goldman, *Rapport concernant le projet de convention sur la fusion internationale des sociétés anonymes* : *RTDE* 1974, p. 464 et 635.

(93) Doc. COM (1984), 727 final : *JOCE* 25 janv. 1985.

(94) Béguin, *La difficile harmonisation européenne du droit des fusions transfrontalières*, in *Mél. Gavalda*, Dalloz, 2001, p. 21. Ce n'est pas la loi applicable qui pose difficulté (V. Règl. « Rome I » n° 593/2008, 17 juin 2008 qui prévoit que c'est en principe le lieu du travail qui détermine la loi applicable), ni la détermination du conseil des prud'hommes compétent (V. Règl. « Bruxelles I » n° 44/2001, 22 déc. 2000 qui accorde en principe compétence à celui de la succursale ; des dérogations conventionnelles sont admises).

(95) V. *infra*, n° 332.

(96) *JOUE* n° L 310, 25 nov. 2005. Pour la France, elle s'applique donc aux SA, SCA, SARL et SAS. Les apports partiels d'actifs, ne portant pas sur l'ensemble d'un patrimoine, sont exclus. Le texte ne vise pas, non plus, les scissions transfrontalières.

régissant les fusions nationales. Dans la mesure où la directive de 1978 a harmonisé les dispositions nationales régissant les fusions internes de sociétés anonymes, ce renvoi ne soulève aucune difficulté, du moins pour ce type de forme sociale.

Plusieurs règles matérielles sont prévues en vue de protéger les associés et les tiers. Ainsi, les organes de direction ou d'administration de chacune des sociétés qui fusionnent doivent élaborer un projet commun de fusion contenant un minimum d'informations, notamment sur les statuts de la société issue de la fusion transfrontalière, sur le rapport d'échange des titres, et le cas échéant, sur le montant de toute soulte en espèces. Des experts indépendants doivent établir des rapports. L'assemblée générale de chacune des sociétés qui fusionne approuve le projet de fusion transfrontalière. Ce sont ici les formalités et les dispositions nationales relatives aux fusions internes qui s'appliquent ; par conséquent, la fusion s'opère aux conditions requises pour la modification des statuts(97).

L'autorité chargée du contrôle de la régularité des opérations est soit un tribunal, soit un notaire, soit toute autre autorité compétente désignée par l'État membre concerné. Deux contrôles sont réalisés, l'un au niveau national, l'autre au niveau européen. L'autorité désignée doit contrôler la légalité de la fusion transfrontalière pour la partie de la procédure relative à chacune des sociétés qui fusionnent et qui relèvent de leur législation nationale. Cette même autorité doit contrôler la légalité de la fusion transfrontalière pour la partie de la procédure relative à la réalisation de la fusion transfrontalière et, le cas échéant, à la constitution d'une société nouvelle issue de la fusion, lorsque ladite société relève de sa législation nationale. Chaque société qui fusionne doit remettre, dans un délai de six mois, à cette autorité un certificat de légalité, ainsi que le projet commun de fusion approuvé par l'assemblée générale. Il s'agit, par ce deuxième contrôle, de vérifier que les sociétés qui fusionnent ont approuvé le projet commun de fusion et que les modalités relatives à la participation des travailleurs ont bien été respectées. Lorsque les opérations de contrôle sont définitivement achevées, la société issue de la fusion se voit transmettre le patrimoine du/ou des sociétés absorbées. C'est la législation dont relève cette société qui détermine la date de prise d'effet de la fusion.

Concernant la protection des associés minoritaires, les États membres peuvent adopter des dispositions spécifiques. Certes, ces derniers ont été informés par le rapport établi, à leur intention, par l'organe de direction, par le projet commun de fusion ainsi que par le rapport d'expert. Mais la protection la plus efficace est le droit de retrait, que la directive n'a pas reconnu. En revanche, lorsque le droit de l'une des sociétés qui fusionne prévoit une procédure qui permet de modifier le rapport d'échange des titres, ou une procédure visant à indemniser les associés minoritaires, les autres sociétés parties à la fusion, qui ne prévoient pas ce type de procédure, doivent accepter que les associés concernés continuent de bénéficier de ces procédures.

---

(97) En droit français, sauf convention contraire qui permettrait de décider le changement de nationalité par l'assemblée générale statuant selon les conditions de quorum et de majorité exigées pour les modifications statutaires, la fusion entre une société anonyme française et une société étrangère requiert le consentement unanime des actionnaires (C. com., art. L. 225-97). La directive constitue cette « convention contraire ».

Les créanciers doivent également être protégés, car ils peuvent changer de débiteur. Ils sont protégés par l'information : d'une part, le rapport explique les conséquences à leur égard de la fusion ; d'autre part, le projet de fusion doit indiquer, pour chacune des sociétés qui fusionnent, les modalités d'exercice de leurs droits. Par ailleurs, chaque État membre peut mettre en œuvre son propre système de protection à l'égard des créanciers de la société absorbée, ou de la société absorbante, dont le siège social est fixé sur son territoire. La troisième directive de 1978 n'a pas harmonisé les règles de protection des créanciers sociaux. L'application de la règle de conflit de lois pourrait donc soulever des difficultés en raison de la coexistence, au sein de l'Union, de deux systèmes de protection des créanciers dans le cadre des fusions nationales. Dans un système de protection *a priori*, la réalisation de la fusion est subordonnée au paiement des créanciers ou à l'obtention par ceux-ci de garanties(98). Dans un système de protection *a posteriori*, la procédure de protection des créanciers ne peut interrompre ni remettre en cause la réalisation de la fusion(99). La coexistence de ces deux mécanismes de protection pourrait soulever des difficultés dans le cadre d'une fusion transfrontalière les mettant tous les deux en œuvre ; les effets de la fusion pourraient effectivement être suspendus si l'une des sociétés participantes relevait d'un droit mettant en œuvre une protection *a priori*.

Enfin, la participation des salariés à la gestion de la société est régie par le principe des « droits acquis », consacré dans le règlement du 8 octobre 2001 sur la société européenne(100) : si la participation des travailleurs était mise en œuvre dans l'une des sociétés participant à la fusion, celle-ci ne doit pas être remise en cause dans la société issue de la fusion. Les principes et les modalités relatifs à la participation des travailleurs, fixés par le règlement et la directive sur la société européenne, sont applicables si au moins l'une des sociétés qui participent à la fusion emploie, pendant la période de six mois précédant la publication du projet de fusion transfrontalière, un nombre moyen de travailleurs supérieur à cinq cents. Ces principes s'appliquent également si la législation nationale régissant la société issue de la fusion transfrontalière ne prévoit pas au moins le même niveau de participation que celui qui s'applique aux sociétés qui fusionnent (le seuil pour l'application des dispositions de référence prévues pour la société européenne étant porté à 33,33 % du nombre total de travailleurs dans toutes les sociétés participant à la fusion)(101).

316. – Directive n° 2007/36 du 11 juillet 2007 concernant l'exercice de certains droits des actionnaires de sociétés cotées. La directive n° 2007/36 « concernant l'exercice de certains droits des actionnaires de sociétés cotées »(102) est le premier texte européen qui concerne, de manière générale, les droits des actionnaires,

(98) Dans beaucoup d'États membres, notamment en Espagne, aux Pays-Bas et au Royaume-Uni, les créanciers peuvent bloquer la fusion ; pour une liste de ces États membres, V. *Study on the application of the cross-border mergers directive*, Bech-Bruun, Lexidale, Commission européenne, sept. 2013, schéma p. 53 (V. B. Lecourt, *Rev. sociétés* 2014, 135).

(99) Le droit français met en œuvre un mécanisme de protection *a posteriori* en autorisant les créanciers à faire opposition à la fusion afin qu'elle leur soit inopposable (C. com., art. L. 236-14).

(100) V. *infra*, n° 332.

(101) La directive sur les fusions transfrontalières a été transposée en droit français par la loi n° 2008-649 du 3 juillet 2008 (V. H. Le Nabasque, *Les fusions transfrontalières après la loi n° 2008-649 du 3 juillet 2008 : Rev. sociétés* 2008, 493).

(102) *JOUE* n° L 184, 14 juill. 2007.

que ces derniers soient ou non résidents[103]. Ce texte, qui ne s'applique qu'aux sociétés cotées, était nécessaire, essentiellement, afin de résoudre un certain nombre de difficultés liées au vote transfrontalier. Il a donc pour objet principal d'améliorer l'information des actionnaires non résidents, ainsi que de faciliter l'exercice de leur droit de vote car une proportion importante des actions des sociétés cotées est détenue par des actionnaires ne résidant pas dans l'État membre du siège social de la société émettrice. Or, les actionnaires non-résidents doivent pouvoir exercer leurs droits dans les mêmes conditions que les actionnaires résidents, grâce notamment, à l'emploi des technologies nouvelles. La directive du 28 mai 2001 concernant l'admission de valeurs mobilières à la cote officielle et l'information à publier sur ces valeurs[104] porte essentiellement sur les informations que les émetteurs doivent transmettre au marché, et elle ne traite pas des questions liées aux modalités de vote des actionnaires. Par ailleurs, la directive du 15 décembre 2004 sur l'harmonisation des obligations de transparence concernant l'information sur les émetteurs dont les valeurs mobilières sont admises à la négociation sur un marché réglementé[105] impose seulement à ces émetteurs de mettre à la disposition des actionnaires un certain nombre de documents pour les assemblées générales dans l'État membre d'origine de l'émetteur.

La directive contient ainsi des mesures qui concernent tous les actionnaires, résidents ou non. Notamment, elle prévoit que les États membres doivent autoriser leurs sociétés à organiser la participation des actionnaires à l'assemblée générale par voie électronique. Le vote par procuration est généralisé, le mandataire pouvant être un non-actionnaire. Concernant l'appel public à mandat, la directive n'impose pas de règles précises ; elle se contente d'autoriser les États membres à instaurer des mesures « pour garantir un niveau adéquat de fiabilité et de transparence ». La France n'était pas très favorable à une libéralisation des votes par procuration ; c'est la raison pour laquelle les dispositions concernant les pratiques de sollicitation active de mandats sont encadrées[106].

Pour finir, il convient de noter que selon la Cour de justice, il n'existe pas de principe autonome d'égalité des actionnaires[107]. Par conséquent, ce droit ne peut exister que s'il est consacré, pour un point donné, par une disposition européenne spécifique. Ainsi, la directive sur le capital social[108] pose, aux seuls fins du texte, un principe d'égalité de traitement pour les actionnaires qui se trouvent dans des conditions identiques, et en particulier, dans le cadre du rachat par la société de ses propres actions. De même, la directive du 21 avril 2004 sur les OPA[109] précise que tous les détenteurs de titres de la société cible appartenant à la même catégorie doivent bénéficier d'un traitement équivalent. En l'absence d'obligations précises,

(103) Cette directive a été transposée en droit français par l'ordonnance n° 2010-1511 du 9 décembre 2010.

(104) V. *infra*, n° 396.

(105) V. *infra*, n° 399.

(106) C. com., art. L. 225-106-2.

(107) CJCE, 15 oct. 2009, aff. C-101/08, *Audiolux : Rev. sociétés* 2010, 45, note G. Parleani (selon cette décision, le droit européen ne contient pas de principe général de droit selon lequel les actionnaires minoritaires sont protégés par l'obligation de l'actionnaire dominant acquérant ou exerçant le contrôle d'une société d'offrir à ceux-ci de racheter leurs actions aux mêmes conditions que celles convenues lors de l'acquisition d'une participation conférant ou renforçant le contrôle de l'actionnaire dominant).

(108) V. *supra*, n° 307.

(109) V. *infra*, n° 402.

l'édiction d'un principe général d'égalité des actionnaires serait, en effet, contraire au principe de sécurité juridique.

317. - **Recommandations.** Les directives sociétaires sont quelquefois complétées par des recommandations. En effet, depuis 2000, les autorités de l'Union européenne recourent également aux recommandations par lesquelles elles invitent les États membres à insérer des textes dans leur législation. C'est souvent une première étape. Ainsi, la recommandation de la Commission du 30 mai 2001 qui invite à prendre en considération dans les comptes les aspects environnementaux de l'activité sociale(110) a été suivie de la directive n° 2003/51 du 18 juin 2003(111). Il existe de nombreuses recommandations en matière d'audit(112) et de rémunérations des dirigeants(113). Ce dernier point est sensible. Deux nouvelles recommandations furent prises au printemps 2009, lorsqu'en pleine crise financière, des sociétés, aidées par les pouvoirs publics, ont versé des primes de départ d'un montant élevé à leurs dirigeants. La première(114) complète la recommandation n° 2004/913(115) et vise à prendre en compte des critères de performance appréciés sur une durée suffisamment longue(116). La seconde(117) porte sur les politiques de rémunération dans le secteur financier. Malheureusement, ces recommandations furent suivies par très peu d'États(118), si bien que dans le secteur bancaire, une directive publiée dix-huit mois plus tard a intégré le dispositif préconisé (directive dite « CRD III » ; V. aussi directive « CRD IV »)(119) : création d'un comité de rémunération ; rémunérations variables subordonnées à des conditions de performance ; report d'au moins 40 % du paiement de la rémunération variable sur une période de trois ans ; rémunérations variables composées d'actions à hauteur de 50 % ; mise en place d'une politique de rétention appropriée. Il existe également une recommandation « concernant le rôle des administrateurs non-exécutifs et des membres du conseil de surveillance des sociétés cotées et les comités du conseil d'administration ou de surveillance »(120). Les principales mesures sont les suivantes : séparation des

(110) Recomm. n° 2001/453, 30 mai 2001 : *JOCE* n° L 156, 13 juin 2001.

(111) *JOUE* n° L 178, 17 juill. 2003,

(112) Recomm. n° 2001/256 relative aux exigences minimales en matière de contrôle de la qualité du contrôle légal des comptes dans l'Union européenne, 15 nov. 2000 (*JOCE* n° L 91, 31 mars 2001). – Recomm. n° 2002/590 sur l'indépendance du contrôleur légal des comptes, 16 mai 2002 (*JOCE* n° L 191, 19 juill. 2002) ; Recomm. n° 2008/362 relative à l'« assurance qualité externe » des contrôleurs légaux des comptes et des cabinets d'audit qui contrôlent les comptes d'entités d'intérêt public, 6 mai 2008 (*JOUE* n° L 120, 7 mai 2008) ; Recomm. sur la limitation de responsabilité civile des contrôleurs légaux des comptes et des cabinets d'audit, 5 juin 2008 (*JOUE* n° L 162, 21 juin 2008).

(113) Recomm. n° 2004/913/CE, 14 déc. 2004 encourageant la mise en œuvre d'un régime approprié de rémunération des administrateurs des sociétés cotées : *JOUE* n° L 385, 29 déc. 2004.

(114) Recomm. n° 2009/385, 30 avr. 2009 complétant les recommandations nos 2004/913 et 2005/162 en ce qui concerne le régime de rémunération des administrateurs de sociétés cotées : *JOUE* n° L 120, 15 mai 2009.

(115) Préc.

(116) D'où les mesures suivantes : soumission des rémunérations variables à un plafond et à des critères de performance prédéterminés et mesurables ; report d'une partie importante des rémunérations variables afin d'apprécier la réalisation des performances prévues ; indemnités de fin de contrat soumises à des conditions de performance, et ne pouvant dépasser deux années de la rémunération fixe.

(117) Recomm. préc., 30 avr. 2009 sur les politiques de rémunération dans le secteur des services financiers.

(118) V. Rapports de la Commission, Doc. COM (2010), 285 final, juin 2010 ; Doc. COM (2010), 286 final, juin 2010.

(119) Dir. n° 2010/761UE mod. Dir. n° 2006/48/CE et Dir. n° 2006/491CE en ce qui concerne les exigences de fonds propres pour le portefeuille de négociation et pour les retitrisations et la surveillance prudentielle des politiques de rémunération, 24 nov. 2010 : *JOUE* n° L 329, 14 déc. 2010. – Dir. n° 2013/36/UE, 26 juin 2013 concernant l'accès à l'activité des établissements de crédit et la surveillance prudentielle des établissements de crédit et des entreprises d'investissement, dite « directive CRD 4 » : *JOUE* n° L 176, 27 juin 2013. – V. aussi, pour OPCVM, Dir. n° 2014/91, *infra* n° 387.

(120) Recomm. n° 2005/162, 15 févr. 2005 : *JOUE* n° L 52, 25 févr. 2005.

fonctions du président et du directeur général[121] ; présence suffisante d'administrateurs indépendants destinée à « garantir un traitement approprié de tout conflit d'intérêts important impliquant des administrateurs » ; création des comités de nomination, de rémunération et d'audit, chargés d'émettre des recommandations visant à préparer les décisions du conseil « dans les domaines clés où les risques de conflit d'intérêts sont particulièrement importants ». Par ailleurs, la Commission a publié, en avril 2014, une recommandation sur la qualité de l'information sur la gouvernance d'entreprise (« appliquer ou expliquer »). Ce texte a pour objet d'améliorer la qualité des informations fournies en matière de gouvernance d'entreprise[122].

C. – Les propositions de directives

318. – **Diversité.** Certaines d'entre elles sont anciennes et ne seront, sans doute, jamais adoptées. D'autres ont pour objet de moderniser les directives existantes. L'activité normative européenne, en droit des sociétés, reste intense ; dans un plan d'action, publié en décembre 2012[123], la Commission européenne a arrêté seize nouvelles initiatives[124]. La crise économique et financière n'est évidemment pas étrangère à cette volonté d'aller plus loin dans l'harmonisation.

319. – **Proposition de cinquième directive sur la structure des sociétés.** La Commission a proposé, en 1972, une cinquième directive sur la structure des sociétés. Cette proposition, modifiée en 1991, a été très discutée, car il existait des désaccords importants entre les États, l'Allemagne ne voulant pas abandonner la cosurveillance (*Mitbestimmung*). Un texte sur la structure des sociétés n'est plus aujourd'hui opportun. La première directive du 9 mars 1968 (devenue Dir. n° 2009/101, 16 sept. 2009, version codifiée) a posé, concernant les pouvoirs de représentation des dirigeants, des règles suffisamment protectrices[125]. De plus, une certaine convergence entre les États se réalise par le biais des principes de *corporate governance*, le rôle accordé aux codes de gouvernement d'entreprise dans la directive n° 2006/46 du 14 juin 2006[126] favorisant cette harmonisation spontanée[127].

320. – **Proposition de neuvième directive sur les groupes de sociétés.** La directive comptable sur les comptes consolidés du 13 juin 1983 (devenue Dir. n° 2013/34/UE, 26 juin 2013)[128] devait être complétée par une réglementation d'ensemble des groupes de sociétés. Il s'agissait, en particulier, de protéger les créanciers des filiales et les associés minoritaires. Aujourd'hui, une réglementation d'ensemble

(121) C'est une possibilité en droit français.
(122) V. *supra*, n° 310.
(123) *Plan d'action : droit européen des sociétés et gouvernance d'entreprise – un cadre juridique moderne pour une plus grande implication des actionnaires et une meilleure viabilité des entreprises*, Commission européenne, Doc. COM (2012), 740/2 final, déc. 2012 (V. dossier ss dir. I. Urbain-Parleani et B. Lecourt, *Réflexions collectives sur le nouveau plan d'action en droit européen des sociétés : Rev. sociétés* 2013, p. 391).
(124) L'une d'elles s'est déjà concrétisée, en avril 2014, par la publication d'une recommandation relative à la qualité de l'information sur la gouvernance d'entreprise (« appliquer ou expliquer ») ; Recomm. n° 2014/208, 9 avr. 2014, V. *supra*, n° 310.
(125) V. *supra*, n° 306.
(126) V. *supra*, n° 306.
(127) V. Y. Chaput (ss dir.), *La direction des sociétés anonymes en Europe : vers des pratiques harmonisées de gouvernance ? Étude du Centre de recherche sur le droit des affaires*, Litec, 2008.
(128) V. *supra*, n° 309.

des groupes de sociétés n'est pas souhaitée, beaucoup d'États membres craignent l'insertion de règles rigides niant l'indépendance juridique des sociétés du groupe. Ainsi, en France, on se contente de règles précises visant à assurer une meilleure information et davantage de cohérence au sein du groupe, afin, notamment, que les dirigeants respectent l'indépendance des filiales. On pourrait, en revanche, s'interroger sur l'introduction de règles ponctuelles, notamment sur la reconnaissance de l'intérêt du groupe de sociétés et le renforcement de la transparence[129].

321. – **Proposition de quatorzième directive sur le transfert du siège statutaire.** La proposition de quatorzième directive sur le transfert du siège statutaire prévoit que ce dernier s'opère sans perte de la personnalité juridique[130]. Cette proposition n'a jamais été adoptée en raison de l'absence de directive fiscale garantissant la neutralité des transferts internationaux de siège et du défaut d'entente quant au système de cogestion des travailleurs. Même si, à l'heure actuelle, une solution a été trouvée concernant ce dernier point dans le cadre de la société européenne[131] et des fusions transfrontalières[132], l'adoption de la quatorzième directive sur le transfert de siège statutaire n'est pas, pour la Commission, une priorité[133]. À titre d'arguments, elle avance l'existence de techniques permettant une mobilité des sociétés (société européenne et fusions transfrontalières) et la jurisprudence de la Cour de justice de l'Union européenne qui a amélioré la liberté d'établissement des sociétés[134]. Pourtant, l'adoption d'un texte européen sur le transfert de siège est souhaitable, ne serait-ce que pour organiser le régime du transfert. Plusieurs consultations publiques, lancées en 1997, 2002 et 2005, ont fait apparaître cette nécessité et le Parlement européen, à plusieurs reprises, a souhaité un texte[135].

322. – **Proposition de directive sur la parité hommes-femmes dans les conseils d'administration des sociétés cotées.** En novembre 2012, la Commission a publié une proposition de directive « relative à un meilleur équilibre hommes-femmes parmi les administrateurs non exécutifs des sociétés cotées en bourse et à des mesures connexes »[136]. Une proportion minimale de 40 % est envisagée dans les conseils d'administration et de surveillance. Concernant les personnes en charge de la gestion quotidienne de la société, les sociétés visées devraient se fixer des objectifs « souples » dans le cadre de l'autorégulation. Les sociétés concernées seraient celles qui sont cotées et les entreprises publiques sur lesquelles les pouvoirs publics exercent une influence

(129) V. plan d'action préc. et P.-H. Conac, *Le groupe de sociétés : Rev. sociétés* 2013, p. 417. V. CJUE, 20 juin 2013, aff. C-186/12, *Impacto Azul Lda* : la différence de traitement existant entre les sociétés mères ayant leur siège au Portugal et celles ayant leur siège dans un autre État membre n'est pas contraire à l'article 49 TFUE, car l'inapplicabilité du régime portugais de responsabilité solidaire aux sociétés établies dans un autre État membre n'est pas de nature à rendre « moins attrayant » l'exercice de la liberté d'établissement par ces sociétés.

(130) *JOCE* n° C-138, 5 mai 1997. – V. M. Menjucq, *La mobilité des sociétés dans l'espace européen*, LGDJ, 1997.

(131) V. *infra*, n° 332.

(132) V. *supra*, n° 315.

(133) *Impact assessment on the Directive on the cross-border transfer of registered office*, déc. 2007, SEC [2007] 1707 ; V. plan d'action, préc.

(134) V. *infra*, n° 260.

(135) B6-0399/07, oct. 2007 ; 2012/2669 (RSP), pt 12), juin 2012 ; 2013/2679 (RSP), juill. 2013 (V. G. Parleani, *Le transfert du siège : Rev. sociétés* 2013, p. 408).

(136) Doc. COM (2012), 614 final. En effet, le nombre moyen de femmes au sein des conseils d'administration ou de surveillance des principales sociétés cotées dans l'Union européenne s'élevait, en 2013, seulement à 16,6 % (*Report on women and men in leadership positions and tender equality strategy mid-term*, Commission européenne, oct. 2013).

dominante (soit environ 5 000 sociétés cotées). Cependant, toutes les sociétés cotées ne seraient pas visées (exclusion des sociétés cotées prenant la forme de PME) ; de plus, les grandes sociétés non cotées ne devraient pas non plus être visées. Cette proposition de directive fait actuellement l'objet d'oppositions, notamment en Allemagne(137).

323. - **Proposition de directive modifiant la directive n° 2007/36 en vue de promouvoir l'engagement à long terme des actionnaires, et la directive n° 2013/34 en ce qui concerne certains éléments de la déclaration d'entreprise.** En avril 2014, la Commission a publié une proposition de directive ayant pour objet de favoriser l'engagement à long terme des actionnaires(138). La crise économique et financière, qui sévit depuis 2008, a en effet démontré que les actionnaires raisonnaient davantage sur le court terme, d'où des prises de risques à court terme excessives. Dans un Livre vert, publié en 2013(139), la Commission a estimé que l'un des moyens de relancer l'économie pourrait consister à favoriser la formation de capital de longue durée. Diverses mesures y sont envisagées et concernent tant les actifs corporels (infrastructures énergétiques, de transport et de communication, infrastructures industrielles et de services, logement, technologies liées au changement climatique et à l'éco-innovation...) que les actifs incorporels (éducation, recherche et développement...). Les mesures suivantes visent les sociétés cotées : assurer un engagement suffisant des investisseurs institutionnels et des gestionnaires d'actifs ; renforcer la transmission d'informations transfrontalières, par le biais, notamment, de l'identification des actionnaires ; assurer la transparence et le contrôle des transactions entre parties liées (droit de regard des actionnaires)(140) ; assurer le lien entre rémunération et performances des dirigeants (approbation de la politique de rémunération par les actionnaires)(141) ; encadrer les activités de conseils en vote (transparence).

324. - **Proposition de directive relative aux sociétés unipersonnelles à responsabilité limitée.** Cette proposition(142) a été publiée en avril 2014 à la suite de l'abandon du projet de règlement sur la société privée européenne(143). Afin de simplifier le régime juridique applicable aux PME, il s'agirait d'insérer dans les droits nationaux une nouvelle forme sociale unipersonnelle à responsabilité limitée, désignée *Societas unius personae* (SUP), dont les règles sociétaires seraient harmonisées dans tous les États membres. Différentes mesures d'assouplissement sont prévues : procédure d'immatriculation simplifiée (possibilité d'immatriculation en ligne avec modèle uniforme de statuts) ; montant minimum du capital social fixé à un euro ; faculté de dissocier le siège statutaire et le siège réel ; fonctionnement facilité (règles minimales en matière de direction). Les créanciers seraient protégés par l'obligation

(137) V., en France, L. n° 2011-103, 27 janv. 2011 qui fixe, dans les sociétés cotées et les grandes sociétés, une proportion de 40 %.

(138) Doc. COM (2014), 213 final, 9 avr. 2014.

(139) V. Livre vert sur le financement à long terme de l'économie européenne, Doc. COM (2013), 150 final, 2 avr. 2013.

(140) Les transactions avec des parties liées représentant plus de 5 % des actifs des entreprises et les transactions susceptibles d'avoir un impact significatif sur leurs bénéfices ou sur leur chiffre d'affaires seraient soumises à un vote des actionnaires.

(141) Dans certains États membres, les actionnaires émettent un vote consultatif ou contraignant sur la politique de rémunération des dirigeants. Au Royaume-Uni, ce vote est contraignant depuis 2013.

(142) Doc. COM (2014), 212 final, 9 avr. 2014. Ce texte remplacerait la directive n° 2009/102 sur les sociétés à responsabilité limitée à un seul associé.

(143) V. *infra*, n° 344. – V. B. Lecourt, La Societas Unius Personae : *la nouvelle société unipersonnelle à responsabilité limitée proposée par la Commission européenne : Rev. sociétés* 2014, 699.

faite aux dirigeants, ou à l'associé unique, de contrôler les distributions. L'élaboration de statuts simplifiés pour les sociétés unipersonnelles serait utile, notamment, pour les groupes de sociétés. Ils auraient cependant un domaine limité puisque seraient exclues les sociétés dont le capital est réparti entre plusieurs associés. Aussi, le projet de société privée européenne était plus ambitieux.

§ 3. – La coordination du droit fiscal des sociétés

325. – **Généralités.** La coordination du droit fiscal des sociétés s'inscrit dans la perspective du marché intérieur. Elle doit permettre non seulement une meilleure utilisation par les sociétés des libertés d'établissement et de prestation de services, mais encore préfigurer le régime harmonisé de la fiscalité des sociétés, ce qui touche aussi à l'objectif général de libre concurrence. L'harmonisation de la fiscalité des sociétés n'entre pas dans les prévisions de l'article 50 TFUE. Le traité rend toutefois possible une certaine coordination. La convergence en matière d'impôts indirects est du reste prévue par l'article 93 TFUE. Mais, en matière d'impôts directs, il faut recourir à des conventions internationales entre les États membres, prévues par l'article 293 TFUE.

326. – **Harmonisation par directive.** Il faut d'abord mentionner la directive plusieurs fois modifiée du 17 juillet 1969 « concernant les impôts indirects frappant les rassemblements de capitaux »(144). Cette directive a été abrogée par la directive du 12 février 2008(145). Ce texte classe notamment les opérations qui peuvent être soumises au droit d'apport(146). Aucune autre opération que celles énumérées ne peut être soumise à un tel droit(147). Les apports, qui doivent être évalués à la valeur réelle, doivent être taxés entre 0 et 1 %, ce qui permet donc un taux nul.

Deux directives ont été adoptées le 23 juillet 1990. La première (n° 90/434) a été codifiée par la directive n° 2009/133 du 19 octobre 2009(148). Le régime fiscal commun est applicable aux fusions, scissions, scissions partielles, apports d'actifs et échanges d'actions intéressant des sociétés d'États membres différents, ainsi qu'au transfert du siège statutaire d'une société européenne ou d'une société coopérative européenne d'un État membre à un autre. Le principe est celui de la non-imposition des plus-values, à condition, en principe, que la société bénéficiaire calcule les nouveaux amortissements et les plus ou moins-values afférentes aux éléments d'actif et de passif transférés dans les mêmes conditions qu'aurait pu le faire la société apporteuse si la fusion ou la scission n'avait pas eu lieu(149).

(144) Dir. n° 69-335 : *JOCE* n° L 249, 3 oct. 1969. En dernier lieu, Dir. n° 85-303, 10 juin 1985 : *JOCE* n° L 156, 15 juin 1985.

(145) Dir. n° 2008/7, 12 févr. 2008 : *JOUE* n° L 46, 21 févr. 2008. Sur l'application dans le temps de la directive sur les droits d'apports, V. CJCE, 12 nov. 2009, aff. C-441/08, *Elektrownia Patnow*. – CJCE, 16 févr. 2012, aff. C-372/10, *Pak-Holdco*.

(146) Cette notion a donné lieu à une abondante jurisprudence européenne.

(147) CJCE, 20 avr. 1993, aff. C-71/91 et C-178/91, *Ponente*.

(148) *JOUE* n° L 310, 25 nov. 2009. Les fusions nationales demeurent donc régies par les droits fiscaux internes. Sur la non-exigence d'un rassemblement économique durable des deux entreprises fusionnées, et sur la double qualité du directeur de l'absorbante (actionnaire unique de l'absorbée) pour qu'il y ait fusion, et sur la prévention légitime du risque de fraude, CJCE, 17 juill. 1997, aff. C-28/95, *A. Leur-Bloem* (V. aussi, CJUE, 20 mai 2010, aff. C-352/08, *Modehuis A. Zwijnenburg BV*).

(149) Sur l'impossibilité d'imposer immédiatement les plus-values, CJUE, 29 nov. 2011, aff. C-371/10, *National Grid Indus*. – CJUE, 6 sept. 2012, aff. C-38/10, *Commission c/ Portugal*. – CJUE, 25 avr. 2013, aff. C-64/11, *Commission c/ Espagne*. – Sur les modalités de compatibilité des mécanismes d'imposition des plus-values latentes avec la libre circulation des capitaux, CJUE, 23 janv. 2014, aff. C-164/12, *DMC*. – Sur le délai pour obtenir les avantages fiscaux liés à une opération de fusion, CJUE, 18 oct. 2012, aff. C-603/10, *Pelati d.o.o.*

La seconde concerne le régime fiscal applicable aux sociétés mères et filiales relevant d'États membres différents[150]. Cette directive vise notamment à supprimer les doubles impositions à l'occasion des distributions de bénéfices. Ce texte a été modifié par la directive n° 2003/123/CE du 22 décembre 2003[151], afin que la société européenne entre dans son champ d'application. Ces deux directives ont été abrogées par la directive n° 2011/96 du 30 novembre 2011, modifiée par la directive n° 2014/86 du 8 juillet 2014[152]. Ce texte pourrait à nouveau faire l'objet de modifications afin de mieux lutter contre l'évasion fiscale ; en effet, certaines entreprises utilisent la directive pour échapper à l'imposition[153].

Il faut enfin mentionner la directive n° 2003/49 du 3 juin 2003 concernant le régime fiscal commun applicable aux paiements d'intérêts et de redevances effectués entre des sociétés associées d'États membres différents[154]. Cette directive vise les revenus de créances de toute nature (emprunts, comptes d'associés...) ou les redevances (licences de droits de propriété intellectuelle ou de savoir-faire)[155].

327. - **Harmonisation par convention.** Le jour même où furent adoptées les deux directives n°s 90/634 et 90/635, les États membres ont conclu une convention sur la base de l'article 293 TFUE[156]. Cette convention poursuit l'objectif d'éliminer les doubles impositions, lorsque les bénéfices qui sont inclus dans les résultats d'une entreprise établie dans un État membre seront inclus aussi dans les résultats d'une entreprise établie dans un autre État membre, ce qui se produit en cas d'entreprises associées.

Par conséquent, à l'heure actuelle, les avancées sont timides en matière d'harmonisation des règles fiscales. Cela s'explique par le fait que les États membres ne veulent pas en la matière remettre en cause leur souveraineté nationale. En mars 2011, la Commission a présenté une proposition de directive concernant une assiette commune consolidée pour l'impôt sur les sociétés[157] ; il s'agirait de proposer aux entreprises un ensemble unique de règles sur l'assiette de l'impôt sur les sociétés[158]. Lors de la discussion de ce projet, de nettes oppositions entre les États membres sont toutefois apparues.

(150) Dir. n° 90-435 : *JOCE* n° L 225, 20 août 1990. – Sur les conditions de durée de détention de la participation pour bénéficier de ce régime de faveur, CJCE, 17 oct. 1996, aff. C-283/94, C-291/94 et C-292/94, *Denkavit International BV et Bundesamt für Finanzien* (V. aussi, CJCE, 26 juin 2008, aff. C-284/06, *Burda*. – CJUE, 24 juin 2010, aff. C-338/08 et C-339/08, *P. Ferrero et C. SPA*).

(151) *JOUE* n° L 7, 13 janv. 2003,

(152) *JOUE* n° 345, 29 déc. 2011 et *JOUE* n° L 219, 25 juill. 2014.

(153) Prop. de dir. modifiant la directive n° 2011/96, Doc. COM (2013), 814 final, 25 nov. 2013. – V. le plan d'action pour renforcer la lutte contre l'évasion et la fraude fiscales, Doc. COM (2012), 722 final, 6 déc. 2012.

(154) *JOUE* n° L 157, 26 juin 2003.

(155) Sur l'imposition des avantages accordés à une société, V. CJUE, 21 janv. 2010, aff. C-311/08, *SGI* (imposition justifiée en raison des impératifs de répartition équilibrée du pouvoir d'imposition et de lutte contre l'évasion fiscale) ; sur l'assujettissement des cessions d'actions à la TVA, V. CJCE, 29 oct. 2009, aff. C-29/08, *AB SKF*.

(156) *JOCE* n° L 225, 20 août 1990.

(157) « ACCIS », Doc. COM (2011), 121 final, 16 mars 2011.

(158) Les sociétés auraient la possibilité de remplir une seule déclaration fiscale consolidée à l'intention d'une seule administration pour l'ensemble de leurs activités au sein de l'Union européenne. En fonction de cette déclaration, l'assiette imposable serait répartie entre les États membres d'après les immobilisations, la main-d'œuvre et le chiffre d'affaires. Chaque État serait libre d'imposer la part relevant de sa compétence et selon son propre taux d'imposition.

§ 4. – Les groupements européens

328. – **Généralités.** Il a d'abord fallu harmoniser avant de s'attaquer à la tâche ambitieuse de l'unification. Aujourd'hui, le droit européen des sociétés est suffisamment complet pour que l'on puisse songer à créer des groupements européens par voie de règlements. Mais les règlements adoptés ne sont pas parvenus à une unification radicale. En effet, les règlements ne fixent qu'une « ossature européenne », en posant quelques règles, pour renvoyer largement aux droits nationaux. Dès lors, les groupements européens n'ont qu'une coloration européenne et il existe, par exemple, autant de sociétés européennes qu'il existe de droits nationaux (« une société européenne à la française », « une société européenne à l'italienne », etc.). D'ailleurs, les mesures nationales d'adaptation aux règlements ont souvent été très importantes.

Il est clair que l'absence, jusqu'en 2005, d'un régime communautaire des fusions transfrontalières a renforcé l'intérêt des « moules » juridiques de coopération et de groupement entre les entreprises de la Communauté et de l'EEE. La faveur à l'égard des PME explique, en partie, que le premier groupement européen à voir le jour ait été le groupement européen d'intérêt économique (A), directement inspiré du modèle français(159). Le GEIE coexiste désormais, depuis 2001, avec la société européenne, ou *societas europaea* (B), et, depuis 2003, avec la société coopérative européenne (C). Il existe actuellement des propositions de règlement ayant pour objet la création de nouveaux groupements européens (D). La plus connue a concerné la société privée européenne, sorte de société simplifiée, défendue par des associations professionnelles, comme le MEDEF. L'écart apparaît assez important entre cette idée de société fermée et le résultat obtenu avec la société européenne. À plus lointaine échéance, se profilent d'autres projets d'association européenne et de mutualité européenne.

A. – Le groupement européen d'intérêt économique

329. – Le groupement européen d'intérêt économique (GEIE) a été créé par le règlement n° 2137/85 du 25 juillet 1985(160) ; le droit français a été adapté à ce règlement par la loi n° 89-377 du 13 juin 1989. Le GEIE est directement inspiré du droit français. Il ne peut être créé que pour faciliter ou développer l'activité économique de ses membres, et son activité doit s'y rattacher et n'être qu'auxiliaire par rapport à celle-ci. Par conséquent, tout comme le GIE français, le GEIE est un cadre intermédiaire entre les sociétés commerciales et les associations ou les coopératives. Il évite de recourir à des formes contractuelles de coopération inter-entreprises qui présentent, outre le défaut de personnalité juridique, l'inconvénient de s'inscrire dans un droit national. L'objectif des autorités européennes a été de mettre à la disposition des entreprises un support pour regrouper des fonctions économiques et financières.

L'impossibilité pour le GEIE d'avoir une activité économique autonome a les conséquences suivantes : il ne peut exercer un pouvoir de direction sur ses membres,

(159) Groupement d'intérêt économique (GIE), qui existe en France depuis 1967.
(160) *JOCE* n° L 199, 31 juill. 1985.

ni détenir dans les entreprises qui sont ses membres des actions ou parts sociales ; il ne peut être utilisé pour faire des prêts ou pour transférer des biens entre une société membre et ses dirigeants, sauf lorsque ces opérations sont libres en vertu de la loi nationale ; le GEIE ne peut de surcroît avoir plus de 500 salariés : il ne peut être membre d'un autre GEIE (cela afin d'éviter une dilution des responsabilités).

Seules peuvent être membres du GEIE les sociétés au sens de l'article 54, alinéa 2 TFUE[(161)], ainsi que les autres entités de droit public ou privé constituées en conformité à la législation d'un État membre et qui ont leur siège statuaire ou légal et leur administration centrale dans l'Union européenne, ou encore des personnes physiques qui exercent dans l'Union européenne une activité commerciale, agricole, libérale ou d'autres services[(162)].

Le caractère européen du groupement tient au fait que les participants doivent relever de la législation d'au moins deux États membres. Cette identité européenne est fondamentale puisque son absence est une cause de dissolution (Règl. n° 2137/85, art. 31-3).

Le siège social doit, bien entendu, se situer dans l'Union européenne. Comme pour la société européenne, le siège statutaire (lieu d'immatriculation) et le siège réel (administration centrale ou activités principales) ne peuvent être dissociés. La sanction, en cas de dissociation des sièges, peut consister dans la dissolution du groupement (Règl. n° 2137/85, art. 32).

Le droit de l'État membre dans lequel se trouve le GEIE a vocation à s'appliquer dans deux hypothèses. Soit le règlement invite expressément le législateur national à intervenir par le choix d'options ou en renvoyant sur certains points au droit national. Ainsi en est-il pour la publicité, l'acquisition de la personnalité morale, la possibilité de désigner des personnes morales, la gérance, ou pour la possibilité de consulter les associés par écrit. Soit le droit des États membres s'applique à défaut de règles prévues dans le règlement. En effet, le droit du siège social a une compétence subsidiaire pour s'appliquer à toutes les questions non traitées par le règlement (Règl. n° 2157/2001, art. 9). Ainsi, la loi nationale s'applique à toutes les questions relatives à l'état et à la capacité des membres, que ceux-ci soient des personnes physiques ou morales.

Par conséquent, la loi nationale du lieu d'immatriculation joue un grand rôle dans le statut du GEIE. Elle a vocation à régir le contrat de groupement (et donc son éventuelle nullité) et son fonctionnement interne[(163)]. Les règles comptables et fiscales nationales s'appliquent aussi.

Le siège social peut être transféré à l'intérieur de l'Union européenne par une décision prise dans les conditions prévues dans les statuts dès lors que ce transfert n'emporte pas changement de loi applicable (Règl. n° 2157/2001, art. 2) ; dans le cas contraire, l'unanimité s'impose. Ce transfert s'opère sans dissolution et liquidation du groupement.

(161) V. *supra*, n° 304.

(162) L'accès au GEIE ne doit pas toutefois porter préjudice à l'application, au niveau national, des règles déontologiques.

(163) Sur l'obligation de faire figurer les initiales GEIE dans la dénomination, les droits internes pouvant réglementer le reste de la dénomination, CJCE, 18 déc. 1997, aff. C-402/96, *European information Technology Observatory*.

Les modalités de financement sont déterminées par les statuts (capital, cotisations ou « apports » en compte courant). Mais cette souplesse n'est que la contrepartie de la responsabilité indéfinie et solidaire des membres (Règl. n° 2157/2001, art. 24).

Enfin, le GEIE n'a pas la personnalité juridique en matière d'impôts directs, le résultat provenant de l'activité n'étant imposable qu'au niveau de ses membres (Règl. n° 2157/2001, art. 40).

Par conséquent, le GEIE n'est donc pas au sens strict du terme un groupement régi par le droit européen. Le régime juridique du GEIE traduit au contraire une symbiose entre les droits nationaux et les règles d'origine européenne.

Le GEIE a connu un succès indéniable. Sans que l'on puisse énumérer tous les besoins auxquels il répond, on peut signaler qu'il joue un rôle certain dans les opérations de recherche en commun, ou, par exemple, dans les regroupements européens de cabinets d'avocats ou de conseils en entreprises[164].

B. – La société européenne

330. – C'est après plus quarante ans de négociations que le règlement n° 2157/2001 sur la société européenne (SE) a été adopté en octobre 2001[165]. Les raisons des échecs successifs des textes proposés tiennent à leur caractère ambitieux : il s'agissait, en effet, d'aboutir à une unification quasi totale en créant un modèle sociétaire purement communautaire, imposant, entre autres, des contraintes au regard de la représentation des travailleurs au sein des organes d'administration ou de surveillance. Dans les premières années de la construction du droit européen, une telle proposition ne pouvait être acceptée. Par la suite, la situation s'est inversée : le projet fut peu à peu vidé de sa substance car les matières qui devaient être couvertes par le règlement l'ont été dans de nombreuses directives. Seuls les domaines sensibles – la participation des travailleurs, le transfert du siège social et les fusions transfrontalières – n'avaient pas fait l'objet d'un texte européen en raison de l'impossibilité de trouver un accord entre les États membres. En décembre 2000, un accord fut enfin obtenu. Un règlement et une directive, fondés sur l'article 352 TFUE, furent alors adoptés.

331. – **Sociétés ayant accès au statut.** Seules les sociétés et autres entités qui ont des liens suffisants avec l'Union européenne ont accès au statut de SE. Ce statut est donc réservé aux sociétés ayant leur siège statutaire et leur administration centrale dans un État membre (Règl. n° 2157/2001, art. 2). De plus, les États membres ont la faculté d'autoriser l'accès, en tant que fondateurs, à une SE, les sociétés qui, n'ayant pas leur administration centrale dans un État membre, ont un établissement caractérisant un lien effectif et continu avec cet État (Règl. n° 2157/2001, art. 2-5). Le législateur français n'a pas levé cette option.

332. – **Participation des salariés aux organes d'administration ou de surveillance.** La société européenne ne peut être immatriculée que si, conformément

(164) Arte (Association Relative à la Télévision Européenne) est un GEIE, créé en 1991, dont les membres sont, à parité, Arte France et Arte Deutschland TNT GmbH.

(165) Règl. n° 2157/2001 : *JOCE* n° L 294, 10 nov. 2001 ; ce texte est accompagné d'une directive, de la même date, relative à l'implication des travailleurs dans la SE (Dir. n° 2001/86 : *JOCE* n° L 294, 10 nov. 2001).

à la directive n° 2001/86, un système d'implication des salariés a été mis en place. Les dispositions relatives à l'implication des salariés résultent d'un compromis. La directive n° 2001/86 pose le principe « avant-après » : les droits de participation dont bénéficiaient les salariés avant la constitution de la SE sont acquis. Par conséquent, si la SE est constituée par des sociétés ou autres entités dans lesquelles les salariés ne disposaient pas de droits de participation dans les organes sociaux, elle n'est pas dans l'obligation d'instituer un régime de participation des salariés ; seule une négociation sur les modalités d'information et de consultation des salariés dans la SE est obligatoire. Concrètement, une société de droit français et une société de droit anglais peuvent donc constituer une SE par voie de fusion sans prévoir un régime de participation des salariés dans leurs organes d'administration ou de surveillance. Mais, si une société de droit allemand est impliquée dans l'opération, un tel régime doit être prévu.

La participation, lorsqu'elle doit être organisée, consiste dans le droit d'élire ou de désigner certains membres de l'organe de surveillance ou d'administration de la société ou du droit de recommander la désignation de tout ou partie des membres de l'organe de surveillance ou d'administration de la société ou de s'y opposer (Dir. n° 2001/86/E, art. 2, *k*). Le régime d'implication des salariés doit être établi par la voie de négociations entre les dirigeants des entités participant à la constitution de la SE et les représentants des salariés. L'accord sur l'implication des salariés doit obligatoirement porter sur les droits d'information et de consultation des salariés. Un groupe spécial de négociation doit être constitué, dont les membres salariés sont élus. Ce groupe doit soit négocier, soit décider de ne pas négocier. Si des négociations sont ouvertes et s'avèrent non fructueuses, les dispositions de référence figurant dans l'annexe de la directive sont applicables.

333 - **Droit applicable.** En ce qui concerne le droit applicable à la SE, cette dernière est régie « pour les matières non réglées par le présent règlement ou, lorsqu'une matière l'est partiellement, pour les aspects non couverts par le présent règlement, par les dispositions de loi adoptées par les États membres en application de mesures communautaires visant spécifiquement les sociétés européennes » (Règl. n° 2157/2001, art. 9). Il n'est donc plus question de créer un véritable statut unifié, et de nombreux renvois sont faits au droit national, le règlement invitant expressément le législateur national à intervenir par le choix d'options ou en renvoyant sur certains points au droit national. D'ailleurs, la loi du siège a une compétence subsidiaire pour s'appliquer à toutes les questions non traitées par le texte européen (droit fiscal, droit de la concurrence, droit des entreprises en difficulté). Afin de faciliter l'application du droit national, la SE est traitée comme une société anonyme constituée selon le droit de ce même État, sous réserve des dispositions du règlement (Règl. n° 2157/2001, art. 10).

334. - **Siège social.** Le siège statutaire doit correspondre au siège réel[166]. Il était effectivement difficile d'imposer le critère du siège statutaire, car les États membres

(166) Les États sont même autorisés à exiger que le siège statutaire et le siège réel se situent au même endroit. Le droit français a levé cette option (C. com., art. L. 229-1, al. 3).

sont divisés. La sanction de la dissociation des sièges est sévère car elle réside, à défaut de régularisation, dans la liquidation de la SE. L'État du siège réel constatant cette dissociation peut avertir les autorités de l'État de constitution (Règl. n° 2157/2001, art. 64) ; l'État du siège statutaire doit prendre des mesures appropriées, soit en rétablissant l'administration centrale sur son propre territoire, soit en procédant au transfert du siège statutaire ; à défaut, la société est mise en liquidation.

335 - **Modes de constitution.** La SE ne peut être constituée que selon les modes prévus par le règlement (Règl. n° 2157/2001, art. 2) : elle ne peut donc pas être créée *ex nihilo*. Les modes de constitution sont les suivants : fusion ; création d'une filiale commune ou d'une holding ; transformation ; création d'une SE unipersonnelle par une SE.

La fusion est réservée aux sociétés anonymes. La création d'une holding est permise aux sociétés anonymes et aux SARL, et toutes les sociétés visées à l'article 54 TFUE peuvent accéder à la création d'une SE filiale commune. Deux au moins des entités constituantes doivent relever de la législation de deux États membres différents, ou pour les SE holdings et les SE filiales communes, avoir une filiale relevant du droit d'un autre État membre(167) depuis au moins deux ans.

En ce qui concerne la transformation en SE, seules les SA y ont accès. La SA qui désire se transformer en société européenne doit avoir, depuis au moins deux ans, une filiale rattachée à la législation d'un autre État membre (Règl. n° 2157/2001, art. 2-4).

Enfin, une SE peut créer elle-même une filiale sous forme de SE, à savoir une filiale à 100 %. En droit français, la SE unipersonnelle est soumise aux articles L. 223-5 et L. 223-31 du Code de commerce sur l'EURL(168).

336. - **Capital social.** Le capital minimum de la SE doit être de 120 000 € (Règl. n° 2157/2001, art. 4) et pour les SE ayant leur siège statutaire sur leur territoire et qui exercent certains types d'activités, les États membres peuvent prévoir un montant plus élevé.

337 - **Direction.** Le règlement s'inspire ici de la proposition de cinquième directive. Les fondateurs d'une société européenne ont le choix entre le système moniste d'administration et le système dualiste de direction et de surveillance, si bien que dans les États membres dans lesquels la formule moniste de direction n'existe pas pour les SA (comme l'Allemagne), la transformation d'une société anonyme en société européenne peut se justifier par le désir d'adopter un tel système. Les dispositions prévues par le règlement sont limitées. C'est donc le droit national relatif aux sociétés anonymes qui s'applique soit par renvoi exprès, soit afin de combler les vides juridiques du règlement. En outre, de nombreux points peuvent être traités par des clauses statutaires. En France, la direction et l'administration de la SE sont, sauf exceptions, régies par les dispositions relatives aux SA (structure moniste ou structure dualiste)(169).

(167) Ou une succursale dans un autre État membre.
(168) C. com., art. L. 229-6, al. 1er.
(169) C. com., art. L. 229-7.

338. - **Assemblées.** La compétence de l'assemblée générale des actionnaires est subsidiaire : elle ne décide que des questions pour lesquelles une compétence spécifique lui est attribuée par le règlement lui-même, par les dispositions nationales que l'État membre du siège de la SE a pris en application de la directive n° 2001/86, ou par les dispositions nationales relatives à l'assemblée générale d'une société anonyme relevant de ce même État (Règl. n° 2157/2001, art. 52). Les décisions ordinaires sont prises à la majorité des voix exprimées (Règl. n° 2157/2001, art. 58). Les décisions ayant pour effet de modifier les statuts sont adoptées à une majorité renforcée d'au moins deux tiers des voix exprimées (Règl. n° 2157/2001, art. 59). Il existe deux dérogations : la loi applicable aux sociétés anonymes de l'État membre du siège peut prévoir une majorité plus élevée ; un État membre peut autoriser une majorité simple des voix exprimées si la moitié au moins du capital souscrit est présente ou représentée. Les décisions de l'assemblée générale portant atteinte aux droits d'une catégorie d'actionnaires doivent faire l'objet d'un vote séparé pour chaque catégorie.

339. - **Rapports entre actionnaires.** L'article 9 du règlement n° 2157/2001 permet, dans les domaines non couverts par le règlement, d'adopter des dispositions nationales propres à la SE qui dérogent aux SA. Le législateur français en a profité pour introduire une flexibilité dans l'organisation des rapports entre actionnaires dans les SE, immatriculées en France, qui n'offrent pas leurs actions au public, si bien que la « SE à la française », sans être aussi souple que la société par actions simplifiée, est attractive. Ainsi, le droit français autorise, pour ce type de SE, l'insertion de clauses restreignant la libre négociabilité des actions(170) : clauses d'inaliénabilité ; clauses d'agrément et clauses de préemption. Ces clauses sont efficaces car toute cession réalisée en violation de celles-ci est nulle, cette nullité étant opposable au cessionnaire ou à ses ayants droit(171). Il est également possible d'insérer dans les statuts des SE visées des clauses d'exclusion et de suspension des droits non pécuniaires(172), de telles clauses pouvant être mises en œuvre à la suite d'une modification de contrôle, au sens de l'article L. 233-16 du Code de commerce, d'une société actionnaire de la SE, comme en cas de fusion ou de scission.

340. - **Transfert de siège social.** La possibilité pour la SE de transférer son siège d'un État membre vers un autre constitue l'un de ses principaux atouts (Règl. n° 2157/2001, art. 8). En effet, à l'heure actuelle, à défaut d'adoption du projet de quatorzième directive(173), ce transfert est difficilement réalisable, et cela même si la Cour de justice a entendu, ces dernières années, le faciliter(174). Ce transfert ne donne lieu ni à dissolution ni à création d'une personne morale nouvelle. Toutefois, lorsque la SE aura transféré son siège statutaire vers un autre État, siège statutaire et siège réel devront coïncider. La neutralité fiscale devrait être assurée par la directive n° 2009/133 du 19 octobre 2009(175) : cette directive codifie à droit constant la

(170) C. com, art. L. 229-11, al. 1er.
(171) C. com. art. L. 229-11, al. 2.
(172) C. com, art. L. 229-12 et s.
(173) V. *supra*, n° 321.
(174) V. *infra*, n° 260.
(175) *JOUE* n° L 310, 25 nov. 2009.

directive n° 90/434 du 23 juillet 1990 concernant « le régime fiscal commun applicable aux fusions, scissions, apports d'actifs et échanges d'actions intéressant des sociétés d'États membres différents » qui a été modifiée par la directive n° 2005/19 du 17 février 2005(176), afin d'englober les opérations de transfert de siège de société européenne vers un autre État membre(177). Les modalités du transfert sont précisées dans le règlement. La décision est prise aux conditions requises en vue de la modification des statuts, à savoir la majorité des deux tiers des voix exprimées. La décision de transfert ne peut intervenir que deux mois après la publicité du projet, cela afin de protéger les tiers qui doivent pouvoir s'informer et, le cas échéant, prendre des dispositions et des garanties avant la réalisation effective du transfert. Ce délai permet aussi aux autorités nationales compétentes de s'opposer au transfert (ministère public, AMF, ACPR). La SE ne peut être immatriculée au registre de l'État membre du nouveau siège que sur présentation du certificat délivré par un notaire, un tribunal ou une autre autorité, qui atteste de l'accomplissement des actes et des formalités préalables au transfert. Le transfert est opposable aux tiers à compter de la nouvelle immatriculation.

Concernant la protection des créanciers non obligataires dans le cadre du transfert du siège, le règlement a prévu deux mesures : tout litige né avant le transfert continue à relever de la compétence des juridictions de l'État du siège d'origine, quand bien même d'ailleurs l'action serait intentée après le transfert ; une société européenne ne peut transférer son siège vers un autre État membre si elle est en cours de procédure de dissolution ou de liquidation, ou si elle est soumise à une procédure collective. Les États membres peuvent accroître la protection des créanciers sociaux. Ainsi, le législateur français ouvre un droit d'opposition aux créanciers non obligataires dont la créance est antérieure au transfert du siège(178). Quant à la protection des actionnaires minoritaires, le règlement accorde également une option aux États membres afin d'organiser celle-ci. En droit français, ces derniers peuvent s'opposer à l'opération en obtenant le rachat de leurs actions(179).

341. - Bilan. En octobre 2014, il existait 2 234 SE(180) (des sociétés connues – Allianz, Porsche Automobile Holding, Scor, Yves Saint Laurent en Belgique,

(176) *JOUE* n° L 58, 4 mars 2005.

(177) Le législateur français avait transposé, par anticipation, cette directive par la loi de finances pour 2005 (L. n° 2004-1484, 30 déc. 2004 ; CGI, art. 221). Toutefois, le transfert du siège social d'une société française vers un autre État membre restait conditionné à la subsistance, sur le territoire français, d'un établissement stable ainsi que des actifs qui y sont attachés. Un tel régime n'était plus conforme au droit de l'Union européenne, et en particulier à la jurisprudence de la Cour de justice qui a condamné, dans l'affaire *National Grid Indus*, l'imposition immédiate des plus-values (CJUE, 29 nov. 2011, aff. C-371/10. – V. aussi, CJUE, 6 sept. 2012, aff. C-38/10, *Commission c/ Portugal*). Désormais, depuis la loi n° 2012-1510 du 29 décembre 2012, selon le nouvel article 221, § 2, alinéa 3 du Code général des impôts, lorsque le transfert du siège ou d'un établissement dans un autre État membre de l'Union européenne (ou dans un autre État partie à l'EEE ayant conclu avec la France certaines conventions) s'accompagne du transfert d'éléments de l'actif immobilisé, l'impôt sur les sociétés est calculé à raison des plus-values latentes constatées sur les éléments d'actif transférés et des plus-values en report ou en sursis d'imposition sur ces mêmes éléments ; la société peut choisir entre le paiement immédiat ou le paiement fractionné de cet impôt sur une période de cinq ans. Certes, le changement opéré n'est pas très important (possibilité d'un paiement fractionné sur cinq ans), mais dans l'affaire précitée, c'est uniquement l'imposition immédiate qui a été condamnée. Il n'en demeure pas moins qu'à l'heure actuelle, la neutralité fiscale du transfert n'est pas pleinement assurée.

(178) C. com., art. L. 229-2, al. 6.

(179) C. com., art. L. 229-2, al. 3.

(180) V. listing des sociétés européennes élaboré par le European Trade Union Institute ; http://ecdb.worker-participation.eu. En France, un premier bilan fut réalisé rapidement avec le rapport Lenoir, en 2007 (*La Societas Europaea ou SE. Pour une citoyenneté européenne de l'entreprise*, rapport au garde des Sceaux, Doc. fr., mars 2007).

Eurotunnel en Belgique – se sont transformées en SE[181]). Beaucoup de SE ont été créées en Allemagne, car la SE « allemande » offre aux entrepreneurs une structure moins complexe que la société anonyme. Au contraire, au Royaume-Uni, la SE rencontre peu de succès car le *Companies Act* offre une liberté statutaire plus grande. Pour les praticiens, la SE a pu présenter plusieurs avantages[182]. Elle permet de simplifier la structure du groupe (les constitutions de filiales SE figurent parmi les modes de création les plus fréquemment choisis). De plus, tant que le projet de quatorzième directive sur le transfert de siège social au sein de l'Union européenne n'a pas été adopté, la possibilité de transférer le siège social de la SE vers un autre État membre, sans dissolution, ni création d'une personne morale nouvelle, constitue incontestablement un atout. En revanche, depuis la transposition, par les États membres, de la directive n° 2005/56 du 26 octobre 2005 sur les fusions transfrontalières des sociétés de capitaux[183], il est nettement moins intéressant de recourir à la SE pour réaliser de telles opérations, d'autant plus que cette directive est moins contraignante que le règlement en en ce qui concerne l'implication des travailleurs. En effet, il est possible de ne pas constituer un groupe spécial de négociation si, notamment, les dirigeants décident d'appliquer d'emblée les dispositions de référence, sans négociation préalable.

Le statut de SE présente d'autres inconvénients. L'absence d'un statut entièrement harmonisé et la multiplicité des renvois au droit national donnent une fausse image d'unification : il existe autant de SE que de droits nationaux. La superposition des règles applicables peut être source de complexité, le régime de la SE étant régi à la fois par le règlement, les directives sociétaires, le droit national et la loi des parties. Surtout, dans beaucoup d'États membres, les règles relatives à la participation des travailleurs sont présentées comme un inconvénient majeur, d'autant plus qu'une négociation sur l'implication des salariés par voie d'information et de consultation demeure toujours nécessaire[184]. L'absence d'un statut fiscal a été également regrettée.

En novembre 2010, la Commission européenne a remis un rapport au Parlement européen et au Conseil sur l'application du règlement[185]. Les points suivants ont été examinés : dissociation du siège statutaire et du siège réel ; possibilité de constituer une SE par le biais de scissions ou d'apports partiels d'actifs ; faculté pour un État d'autoriser l'insertion dans les statuts de la SE de dispositions qui ne sont pas autorisées dans les statuts d'une SA ayant son siège dans cet État. La Commission avait indiqué qu'elle formulerait des propositions de modifications du règlement en 2012. À ce jour (novembre 2014), aucune proposition n'a été élaborée.

C. – La société coopérative européenne

342. – Le mouvement coopératif est actif dans beaucoup d'États de l'Union dans des secteurs d'activités multiples (agriculture, distribution...). Mais il demeure

(181) La plupart des SE opèrent dans le secteur des services, principalement celui de la banque et des assurances.

(182) *Study on the operation and the impacts of the statute for a European Company, Report drawn up following call for tender from European Commission*, avr. 2010 (V. B. Lecourt, *Rev. sociétés* 2010, 338).

(183) V. *supra*, n° 315.

(184) Sur la transposition de la directive n° 2001/86/CE dans les États de l'EEE, V. *Studies on the implementation of labour law Directives in the enlarged European Union*, Commission européenne, 2005-2007.

(185) Doc. COM (2010), 676 final.

cependant éclaté. Il ne bénéficie guère des moyens capitalistiques (prises de participations, OPA, filialisations, holdings) qui permettent la constitution de groupes d'envergure européenne. Ses principes (exclusivisme, règle « un homme une voix », obligation de participer à l'activité de la coopérative) rendent difficiles les regroupements coopératifs, qui ne correspondent guère au cadre tracé par le règlement européen sur les concentrations. Pourtant, le mouvement coopératif a besoin de structures capables de le fédérer au niveau européen. Le règlement n° 1435/2003 du 22 juillet 2003 sur la société coopérative européenne (SCE)(186) s'efforce de concilier les principes de l'éthique coopérative avec les nécessités économiques. Ce texte est complété par une directive de la même date portant sur la participation des travailleurs dans la société coopérative européenne(187).

L'objet principal de la SCE consiste dans la satisfaction des besoins ou le développement des activités économiques ou sociales de ses membres (Règl. n° 1435/2003, art. 1-3). Le règlement fixe la liste des fondateurs de la SCE (Règl. n° 1435/2003, art. 2) : sociétés, personnes physiques, entités, coopératives ou unions. Cinq modes de constitution sont possibles, pour lesquels une condition d'extranéité par rapport à un État est posée. La SCE peut être constituée *ex nihilo* par cinq personnes physiques ; elle peut l'être également par cinq personnes physiques et sociétés ou entités publiques ou privées. Le règlement permet aussi la constitution de SCE composées de sociétés au sens de l'article 54 TFUE et d'autres entités(188). Il est également possible de constituer une SCE par fusion, ainsi que par transformation d'une société coopérative nationale. Le capital social minimum doit être de 30 000 €, les droits nationaux étant libres de fixer un seuil plus élevé en fonction des activités exercées. Comme le règlement sur la SE, le règlement SCE impose que le siège statutaire et le siège réel se situent dans le même État membre ; les États sont même autorisés à exiger que le siège statutaire et le siège réel se situent au même endroit(189). Le règlement établit une hiérarchie des normes applicables (Règl. n° 1435/2003, art. 8). Le règlement étant d'application directe, il doit d'abord s'appliquer. Les statuts s'appliquent ensuite lorsque le règlement le prévoit expressément. En cas de silence du règlement, s'appliquent les lois nationales spécifiques aux sociétés coopératives européennes, les lois nationales spécifiques aux sociétés coopératives nationales, puis les statuts dans les mêmes conditions que pour une société coopérative nationale.

On retrouve dans le règlement les principes participant à une éthique coopérative. Les SCE sont des sociétés fermées et démocratiques : l'acquisition de la qualité d'associé est donc subordonnée à un agrément donné par les organes de direction avec recours devant l'assemblée générale. L'associé coopérateur est à la fois associé et partenaire économique : il doit tout à la fois pouvoir contribuer à l'objet de la SCE et profiter de la réalisation de son objet social. Il a ainsi l'obligation de faire

(186) Règl. n° 1435/2003 : *JOUE* n° L 207, 18 août 2003 (V. G. Parleani, *Le règlement relatif à la société coopérative européenne et la subtile articulation du droit communautaire et des droits nationaux : Rev. sociétés* 2004, 74).
(187) Dir. n° 2003/72 : *JOUE* n° L 207, 18 août 2003.
(188) Le droit français admet la constitution d'unions de coopératives (V., par ex., C. com., art. L. 124-5).
(189) Le législateur français a levé cette option (L. n° 47-1775, 10 sept. 1947 portant statut de la coopération, art. 26-1, issu de la loi n° 2008-649 du 3 juillet 2008).

des affaires avec la SCE dans les conditions prévues dans les statuts. En raison de l'existence du droit de retrait et de la faculté d'exclusion, le capital social des SCE est obligatoirement variable. En principe, chaque associé dispose d'une voix, mais des exceptions, très encadrées, peuvent être prévues (la participation aux activités de la coopérative pouvant être prise en compte dans la détermination des voix). Le règlement impose la constitution d'une réserve légale, des ristournes coopératives pouvant par la suite être distribuées[(190)]. Lorsque la SCE fait l'objet d'une dissolution, conformément aux principes coopératifs, les membres ne peuvent prétendre qu'au remboursement de la valeur nominale de leurs parts, l'excédent étant dévolu à une autre coopérative, à une fédération de coopératives, ou à une œuvre désintéressée, selon la loi de l'État du siège (Règl. n° 1435/2003, art. 75).

Le règlement a aussi pour objectif d'accroître l'efficacité économique des sociétés coopératives : possibilité pour les SCE de regrouper des personnes morales, de faire appel à des coopérateurs non associés, à des investisseurs non usagers (afin de maintenir la spécificité coopérative, ces derniers ne pourront détenir plus de 25 % du total des droits de vote) ; création de titres à avantages particuliers dont les détenteurs, qui ne sont ni associés ni membres, n'ont pas le droit de vote ; possibilité de créer des filiales. Cette dernière possibilité constitue une véritable entorse à l'éthique coopérative, car la filialisation pourrait avoir pour conséquence que les coopératives abandonnent leur statut spécifique au profit d'un statut de droit commun[(191)].

En ce qui concerne la direction de la SCE, le règlement propose une option entre le système moniste (un seul organe d'administration) et le système dualiste (organe de direction et organe de surveillance). Le règlement reprend la disposition très protectrice des intérêts des tiers selon laquelle la société est engagée vis-à-vis des tiers même pour les actes n'entrant pas dans son objet social (Règl. n° 1435/2003, art. 47-3)[(192)].

Comme pour la société européenne (SE), le transfert de siège social n'emporte ni dissolution ni création d'une personne morale nouvelle (Règl. n° 1435/2003, art. 7). Les États membres peuvent d'ailleurs s'opposer au transfert pour des « raisons d'intérêt public ».

Enfin, en ce qui concerne la participation des travailleurs, la directive n° 2003/72 rappelle, comme dans le cadre de la SE, le principe « avant-après »[(193)].

343. - **Bilan.** La SCE est actuellement un échec ; début 2012, seulement vingt-quatre SCE avaient été créées[(194)]. Un certain nombre d'inconvénients a été avancé : méconnaissance de la SCE dans les milieux d'affaires ; coûts de constitution ; complexité des procédures en raison des nombreux renvois au droit national ; montant minimum du capital social trop élevé ; caractère dissuasif des règles relatives à la

(190) Cette distribution doit prendre en considération les opérations faites avec la coopérative ou le travail fourni pour elle.

(191) En France, seules les coopératives de commerçants détaillants peuvent, depuis la loi NRE n° 2001-420 du 15 mai 2001, filialiser leurs activités. En effet, la loi n° 47-1775 du 10 septembre 1947 ne fait aucune allusion à la filialisation : ce silence vaut-il autorisation implicite ou interdiction ?

(192) V. Première directive sociétaire, *supra*, n° 306.

(193) En droit français, le Code de commerce a été adapté au règlement sur la SCE par la loi n° 2008-649 du 3 juillet 2008, portant diverses dispositions d'adaptation du droit des sociétés au droit communautaire.

(194) Rapport de la Commission au Parlement européen, au Conseil, au Comité économique et social européen et au Comité des régions sur l'application du règlement SCE, Doc. COM (2012), 72 final, févr. 2012.

participation des travailleurs. En France, on a pu regretter que le législateur français ait manqué une occasion d'insérer dans le droit français un statut « simple, transversal, et donc passe-partout, en même temps qu'attractif »[195]. Il est par conséquent probable que le règlement soit révisé.

D. – Propositions de règlements

Des propositions de règlements portent non seulement sur la société privée européenne, mais également sur l'association européenne et la mutualité européenne[196].

344. – **Proposition de règlement sur la société privée européenne.** En juin 2008, la Commission européenne a présenté une proposition de règlement sur la société privée européenne (SPE)[197], à l'image de notre société par actions simplifiée, proposition qui a été retirée. Ce texte s'inscrivait dans la perspective du *Small business Act* pour l'Europe[198]. La SPE présentait des avantages certains dans le cadre des groupes de sociétés. En effet, il est plus efficace pour un groupe de sociétés de s'organiser autour de filiales que de succursales (meilleure efficacité sur le plan local ; responsabilisation des collaborateurs de l'entreprise ; répartition des risques ; limitation de l'exposition fiscale). Mais les filiales relèvent chacune du droit de leur siège, ce qui entraîne des coûts multipliés. Ces coûts seraient moins élevés si les filiales adoptaient toutes un même moule juridique. Ainsi, dans la proposition de règlement, l'application du droit national était limitée au maximum, ce qui devait d'ailleurs avoir pour conséquence de limiter la pratique du *forum shopping* au sein de l'Union.

La SPE pouvait être séduisante par sa souplesse : conditions de cession des actions prévues dans les statuts (d'où l'absence de cotation) ; dissociation des sièges statutaire et réel ; capital social minimum fixé à un euro (mais établissement, en contrepartie, d'un test de bilan) ; organisation interne régie par les statuts ; faculté d'avoir un seul actionnaire. Des garde-fous étaient cependant prévus : afin de protéger les tiers, la SPE devait être représentée par une personne physique ; en vue de protéger les actionnaires, le texte déterminait les matières pour lesquelles les votes nécessitaient une majorité définie dans les statuts (par ex., approbation des comptes) et une majorité qualifiée (par ex., exclusion d'un actionnaire). Il convenait enfin d'assurer la protection des salariés. Aussi, en fonction du droit de l'État membre d'origine, le personnel de la SPE devait pouvoir élire, désigner, recommander ou s'opposer à la désignation d'un certain nombre de membres de l'organe de direction ou d'administration de la SPE.

En octobre 2013, à la suite d'oppositions entre les États membres, principalement en ce qui concerne la participation des travailleurs et la dissociation du siège statutaire et du siège réel, la Commission européenne a annoncé, malheureusement, le retrait du projet de juin 2008[199]. C'est dans ce contexte que fut publiée,

---

(195) G. Parleani, *La société coopérative européenne « française » après la loi du 3 juillet 2008 : Rev. sociétés* 2008, 531.
(196) Il existe également un projet de règlement relatif au statut de la fondation européenne, publié en février 2012, Doc. COM (2012), 35 final. – V. B. Lecourt : *Rev. sociétés* 2012, 326.
(197) Doc. COM (2008), 396 final, 25 juin 2008 (V. B. Lecourt : *Rev. sociétés* 2008, 684).
(198) Doc. COM (2008), 394 final ; révisée en février 2011, Doc. COM (2011), 78 final, 23 févr. 2011.
(199) Annexe à la Communication de la Commission au Parlement européen, au Conseil, au Comité économique et social européen et au comité des régions – *Programme pour une réglementation affûtée et performante (REFIT) : résultats et prochaines étapes*, Doc. COM (2013), 685 final, oct. 2013, spéc. p. 10 (V. B. Lecourt, *La société privée européenne a-t-elle encore un avenir ? : Rev. sociétés* 2014, p. 133).

en avril 2014, la proposition de directive relative aux sociétés unipersonnelles à responsabilité limitée[200].

345. – **Proposition de règlement sur l'association européenne.** Une proposition de règlement sur l'association européenne fut élaborée en 1992[201]. Ce texte, tout en prenant en compte la spécificité de l'objet des associations, contenait un certain nombre de règles protectrices des tiers, à l'image du droit des sociétés. Cette proposition n'a toujours pas été adoptée[202]. En effet, les régimes juridiques des États membres sont encore très disparates et le principe de la liberté d'association n'a pas partout la même importance. Ne faudrait-il pas finalement élaborer deux types de statuts, l'un ayant trait aux associations purement caritatives, l'autre propre aux associations qui exercent une activité économique de manière habituelle ?

346. – **Proposition de règlement sur la mutualité européenne.** La proposition de règlement portant statut de la mutualité européenne, élaborée par la Commission en 1992[203], n'a jamais été adoptée. En 2012, le Parlement européen a relancé le débat en adoptant une résolution[204]. Un statut de mutuelle européenne pourrait en effet présenter des avantages : reconnaissance du modèle mutualiste au sein de l'Union européenne ; harmonisation des régimes nationaux ; accès des mutuelles aux activités transfrontalières[205].

SECTION 2

L'ESPACE FINANCIER EUROPÉEN

347. – **Services et opérateurs concernés.** L'espace européen doit permettre aux intermédiaires professionnels que sont les établissements de crédit, les sociétés d'assurances ou les services d'investissement, de proposer leurs services à l'ensemble de la clientèle européenne. On vise ici bien entendu les services bancaires traditionnels (opérations de crédit, gestion de moyens de paiement), comme ceux qu'offrent les compagnies d'assurances, spécialement en assurance-vie.

L'accès aux marchés réglementés (bourses de valeurs notamment) est aussi nécessaire dans la perspective de cet espace financier, surtout depuis l'avènement de l'euro. Toutefois, l'accès à ces marchés réglementés suppose souvent (c'est en tout cas la situation qui prévaut en France) le recours à des intermédiaires. Il n'y a pas d'espace financier concevable sans liberté d'action de ces intermédiaires professionnels.

(200) V. *supra*, n° 324.
(201) Doc. COM (1993) 252 final.
(202) V. Plan d'action de la Commission du 21 mai 2003 concernant la modernisation du droit des sociétés et le renforcement du gouvernement d'entreprise dans l'Union européenne, Doc. COM (2003), 284 final.
(203) Doc. COM (1993), 252 final.
(204) 14 mars 2012, 2012/2039 (INI).
(205) V. *A statute for European mutual societies*, Parlement européen, Étude d'évaluation sur la valeur ajoutée (CAVA), janv. 2013. Cet accès au marché intérieur est cependant déjà réalisé pour les mutuelles qui relèvent, en France, du Code de la mutualité.

348. – **Client global et métiers distincts. Bancassurance et conglomérats financiers.** La réalité économique et commerciale est aujourd'hui que la clientèle cherche au même endroit une offre globale de services financiers, incluant à la fois la banque, l'assurance, les produits d'épargne (tantôt offerts par les banques, tantôt par les assurances), et les services boursiers, ou de marché (offerts en plus par les prestataires de services d'établissement, souvent filiales des banques). La séparation physique des offres n'est plus guère possible. L'évolution, engagée au niveau commercial, a été couronnée juridiquement aux États-Unis, avec la réforme de l'ancien *Glass-Steagal Act* de 1933. Cette loi organisait la séparation physique et juridique des activités de banque et d'assurance. Le *Gramm-Leach Bliley Act* (ou GLBA) du 12 novembre 1999 a consacré le *one stop shopping* et les holdings financières. Cela étant, le droit des États-Unis repose toujours sur la séparation des métiers à l'intérieur des groupes ou conglomérats financiers. Le droit européen n'est pas différent à cet égard.

La banque et l'assurance sont deux métiers distincts au niveau de la production. Traditionnellement, la banque était plus proche de l'activité de service d'investissement (transmission et négociation des ordres en bourse des valeurs) que l'assurance (mais l'évolution des produits d'assurance-vie a changé les choses). Même si les directives traduisent des principes communs (agrément administratif et règles prudentielles), le détail de l'harmonisation laisse subsister de profondes différences entre les établissements de crédit et les entreprises d'assurance, notamment en ce qui concerne les règles prudentielles (schématiquement, contrôle des actifs pour les banques, et contrôle du passif pour les assurances ; ratios pour les banques et provisions techniques pour les compagnies d'assurance).

Bien plus, et cela s'explique sans doute aussi dans une perspective prudentielle, les établissements de crédit ne peuvent en principe se livrer à des opérations d'assurance(206), tandis que les compagnies d'assurance ne peuvent faire de la banque(207). Un cloisonnement est ainsi établi entre ces deux types d'activité : la « bancassurance » n'est donc pas possible au sein d'une même société. Encore faut-il nuancer : la distribution de la banque ou de l'assurance est distincte de la « production ». Cela peut être accentué lorsque les produits sont concurrents (par ex., épargne à moyen ou long terme et assurance-vie) ou complémentaires (assurance-vie pour garantir des prêts).

En tout cas, la « bancassurance » est pratiquée par des « conglomérats financiers », qui intègrent à la fois des établissements de crédit et des entreprises d'assurance. Leur contrôle est un défi que l'Europe s'efforce de relever(208).

349. – **Les étapes de la construction de l'espace financier européen : directives sectorielles, plan d'action pour les services financiers (PASF), consolidation postérieure.** La construction européenne s'est d'abord organisée secteur par secteur (banque, assurance, services d'investissement). C'est ce qu'on a pu appeler la technique du « silo ». Mais les principes fondamentaux ont été bien vite communs : agréments

(206) V. *infra*, n° 354.
(207) V. *infra*, n° 369.
(208) V. *infra*, nos 355 et 374.

administratifs, harmonisation prudentielle minimale, puis licence unique pour l'exercice en établissement ou en LPS. Sur ce socle, les autorités européennes ont pu mettre en œuvre un ambitieux « plan d'action du 11 mai 1999 pour les services financiers » couvrant la période 1999-2005. Les objectifs étaient clairs : donner de la profondeur, de la sécurité et de la transparence au marché européen des services financiers. Cela impliquait de se préoccuper des opérations de marché, du développement des conglomérats financiers, et des avantages attendus pour les consommateurs en termes à la fois de sécurité et de diversité des offres (notamment en LPS). À partir du Livre vert du 3 mai 2005, la priorité ne fut plus seulement de légiférer, mais plutôt de mieux légiférer, et donc de rendre le droit européen plus simple et plus cohérent. Deux grands axes de consolidation se dessinèrent : le premier axe vise à renforcer et à européaniser les autorités de contrôle. Le second axe vise à permettre aux consommateurs de profiter du marché européen. La Commission cherche ainsi à améliorer la présentation des produits financiers, à faciliter le transfert des comptes bancaires (leur « portabilité ») partout en Europe, à faciliter aussi le règlement des litiges de consommation (médiation), ou à établir une sorte de « passeport européen » pour certains types de produits financiers simples et de masse (par ex., assurance-vie)(209).

350. – **Espace économique européen.** L'internationalisation des opérations appelle un cadre juridique au champ d'application le plus vaste possible. Aussi, toutes les directives adoptées en matière financière sont-elles visées par les annexes au Traité sur l'EEE.

351. – **Plan.** On examinera principalement l'œuvre entreprise dans les secteurs de la banque (§ 1), de l'assurance (§ 2), sans oublier les conglomérats financiers (§ 3) et, enfin, dans le secteur des marchés d'instruments financiers (§ 4). Toutes ces activités dépendent peu ou prou des agences de notation (§ 5).

§ 1. – Le secteur bancaire

352. – Le droit européen s'est intéressé au statut des opérateurs (A), et à certaines opérations particulièrement importantes dans la perspective du décloisonnement du marché européen (B).

A. – Les opérateurs du secteur bancaire

353. – **Codification.** À côté des banques, désignées comme « établissements de crédit » (*Kreditanstalt*) depuis 1977 (1°) existent aujourd'hui les établissements de monnaie électronique (2°), et les prestataires de services de paiement (3°).

1° Les établissements de crédit

354. – **1977-1989 : les principes fondateurs.** La première directive du 12 décembre 1977 contient une définition de l'« établissement de crédit » (qui

(209) Ce passeport (sorte de contrat normalisé européen) donnerait naissance à un régime optionnel et européen pour chaque type de contrat, qui se superposerait aux vingt-huit droits nationaux existants (d'où l'appellation 29e régime).

devint le terme approprié, aux lieu et place du mot « banque »). Elle imposa certaines formes sociales (par ex., prohibition de l'entreprise individuelle) et, surtout, exigea un agrément administratif dans tous les États membres.

Le véritable départ fut donné avec la deuxième directive n° 89/646 du 15 décembre 1989.

Le système de l'agrément unique pour la création de succursales et pour la LPS fut la principale mesure contenue dans cette directive. Un établissement de crédit (c'est-à-dire un siège social), agréé dans un État membre, peut désormais créer librement des succursales (dépourvues de la personnalité morale)[(210)(211)] ou agir en LPS, dans les autres États membres, sans avoir à y solliciter d'agrément administratif. Le système repose donc sur la reconnaissance mutuelle des agréments.

Le système, qui bénéficia à tous les établissements de crédit au sens de la première directive, ne leur fut offert que pour les activités et services énumérés dans l'annexe de cette deuxième directive. Cependant, cette énumération est fort large et correspond *grosso modo* au modèle de la banque universelle, préféré depuis longtemps en Allemagne, et non pas au modèle de la banque spécialisée (par ex., banque d'affaires)[(212)].

La reconnaissance mutuelle des agréments administratifs est le pivot du système mis en place en 1989. Cette reconnaissance mutuelle fut facilitée par une harmonisation complémentaire des conditions d'agrément.

La reconnaissance mutuelle des agréments est prolongée par le principe du *Home Country Control (HCC)*, c'est-à-dire par le contrôle des établissements de crédit par les autorités de l'État du lieu de leur siège social[(213)]. Pour faciliter le contrôle, l'établissement de crédit doit avoir, dans cet État, non seulement son siège social, mais encore son administration centrale. La collaboration entre autorités de contrôle fut donc fort logiquement une pierre angulaire de cette directive.

355. – **Les « piliers » de l'intégration financière européenne et mondiale. La zone euro et l'Union bancaire.** Le droit bancaire européen s'articule autour de quatre « piliers » : le règlement uniforme, la surveillance unique, la résolution unique, et la garantie des dépôts.

(210) La notion de succursale bancaire ne s'applique qu'aux établissements dépourvus de la personnalité morale dépendant de l'établissement de crédit. Les intermédiaires d'assurance, quant à eux, peuvent être des établissements (par ex., présences permanentes). Cette notion a été précisée par une communication de la Commission « LPS et intérêt général dans la deuxième directive bancaire » : *JOCE* n° C-209, 10 juill. 1997 ; sur les guichets automatiques, V. *supra*, n° 187.

(211) Le développement du commerce électronique conduit à se préoccuper du statut des sites ou portails auxquels on peut accéder sur Internet. Il est certain qu'un simple portail n'est pas assimilable à une succursale. Pour les sites, on peut signaler une légère divergence entre la Commission et les autorités bancaires, françaises notamment. Pour la Commission, un site n'est assimilable à une succursale que si, dans l'État de localisation du site, il y a une présence humaine capable de décider d'accorder les crédits par exemple. Pour les autorités françaises, la méthode du faisceau d'indices est préférée. La Commission réexaminera sans doute sa position lorsque les sites informatiques seront capables d'engager irrévocablement l'établissement de crédit (V. communication préc. « LPS et intérêt général dans le secteur bancaire », et le rapport de la Commission bancaire, « Internet, quelles conséquences prudentielles... »), V. CJCE, 5 oct. 2004, aff. C-442/02, *Caixa Bank France*, V. *supra*, n° 266.

(212) Sur la notion de fonds remboursables, par ex. CJCE, 11 févr. 1999, aff. C-366/97, *Romanelli* ; l'ordonnance française n° 2013-544 du 27 juin 2013 cantonne le monopole bancaire de réception de fonds à ce que ces fonds soient reçus du public et remboursables.

(213) Sur la distinction entre les contrôles prudentiels, qui relèvent du HCC, et les contrôles ou obligations nées de l'exercice de l'activité, dans le secteur des assurances, CJCE, 28 avr. 2009, aff. C-518/06, *Commission c/ Italie*.

Sur plusieurs de ces questions, les États de la zone euro se sont engagés dans une intégration plus poussée : l'Union bancaire. Ces quatre piliers ne résument pas l'ensemble des questions à résoudre. Celles-ci apparaissent au fil du temps. On peut distinguer six axes, empruntés de façon successive et articulée.

1) **L'affermissement du système de la licence unique.** Cela concerne évidemment toute l'Union européenne. La licence unique est essentielle dans la construction du marché financier européen. Un agrément national[214] donné par siège social permet d'exercer, en régime d'établissement (succursale)[215], ou de prestation de services, les activités pour lesquelles l'agrément a été délivré, parmi les activités qui bénéficient de la reconnaissance mutuelle. Une notification doit être faite auprès des autorités du siège social, qui transmettent aux autorités de l'État de la succursale, ou de l'État de prestation de services.

Cependant, il existe des divergences entre les États membres en ce qui concerne les frontières du monopole bancaire. Des activités sont bancaires dans certains pays, et non dans d'autres. Elles ne bénéficient pas toujours de la reconnaissance mutuelle. L'agrément est alors requis dans l'État d'accueil de la succursale.

La licence unique implique que la surveillance prudentielle relève des autorités du siège social qui ont délivré l'agrément. C'est le principe du *Home Country Control*. Mais cela n'est guère efficace pour les succursales. Aussi, la directive accorde-t-elle des prérogatives de surveillance et de contrôle aux autorités de l'État de la succursale, surtout lorsque la succursale est d'importance significative (une collaboration renforcée est alors prévue entre les autorités du siège, et celles de la succursale).

Présentes dans l'État où elles sont implantées, les succursales ne peuvent donc être ignorées par les autorités locales, qui reçoivent pour cela des prérogatives de contrôle et de surveillance, qui aboutissent en fait à un « infra-agrément ».

2) **Mondialisation. Comité de Bâle. Processus « Lamfalussy ». Le premier « pilier » prudentiel.** À partir des orientations du comité de Bâle, le processus « Lamfalussy » est un système d'édiction de normes qui descend du niveau international vers le niveau européen, voire jusqu'au niveau national.

Les règles prudentielles furent les premières à être adoptées, elles concernent toutes les banques de l'Union. Les premières recommandations prudentielles émanant du comité de Bâle (réunion des gouverneurs des banques centrales), dites « Bâle I », datent de 1988 et 1990. Elles fixèrent un niveau minimum de fonds propres à 8 % de l'ensemble des crédits accordés et des risques assumés. Les sept directives bancaires adoptées dans la ligne de Bâle I furent réunies dans la directive n° 2000/12 du 30 mars 2000 (paquet CRD I, *Capital Requirement Directive*).

Les développements de la financiarisation conduisirent à un système plus sophistiqué, en 2004, avec « Bâle II ». L'objectif fut de couvrir plus complètement et plus finement les risques bancaires. Cela entraîna une modification des principes comptables pour introduire la notion de *fair value* des actifs, c'est-à-dire leur évaluation en fonction de la valeur de marché. Cela entraîna aussi une amélioration de la gouvernance des banques par la gestion interne des risques, et par leur notation

(214) V. Dir. 2013/36, 26 juin 2013 abrogeant les directives n°s 2006/48 et 2006/49 (MIF), art. 8 et s.
(215) Dir. n° 2013/36, art. 33 et s.

interne. La mesure du risque devint centrale, comme le devint l'exigence d'une meilleure discipline financière dans les communications faites aux marchés. Cela étant, les exigences en fonds propres furent renforcées, dans les directives CRD II (*Capital Requirement Directive*) n°s 2006/48 et 2006/49 du 14 juin 2006 (codifiées dans la directive n° 2013/36). Avec la crise financière des années 2007-2010, le comité de Bâle a cherché à renforcer une fois de plus les fonds propres, mais en s'attachant principalement à leur qualité. Un autre objectif consista aussi à améliorer la liquidité des actifs – notamment à court terme – ainsi qu'à limiter le risque de contrepartie pour les opérations de marché. Ces mesures ont été mises en œuvre en droit européen d'abord avec le paquet CRD III (Dir. n° 2010/76, renforcement des fonds propres pour les portefeuilles de négociation, et politiques de rémunération). Les principes de Bâle III de décembre 2010 ont par la suite été transposés en droit européen avec le « paquet CRD IV » (Dir. n° 2013/36, 26 juin 2013 et Règl. n° 575/2013 du même jour ; plusieurs règlements de la Commission ont précisé en 2013 et 2014 les exigences de capital et de gestion). De surcroît, des normes techniques de réglementation (NTR), et des normes techniques d'exécution (NTE) seront établies par l'Autorité bancaire européenne (ABE), et soumises à l'approbation de la Commission.

3) **L'européanisation et le processus Lamfalussy. La mise en place du deuxième « pilier » (la surveillance). Normes. Le MSU pour la zone euro.** Il faut ici distinguer les règles générales, et celles qui concernent la zone euro.

α) D'un point de vue général, l'européanisation a été conçue pour tout le secteur financier. C'est le Système européen de surveillance financière (SESF) créé en 2010[(216)]. Le SESF rassemble le Comité européen du risque systémique (CERS)[(217)] pour le volet macro-prudentiel, et pour le volet micro-prudentiel, un ensemble de plusieurs autorités qui agiront en réseau, que sont l'Autorité bancaire européenne (ABE ou EBA), l'Autorité européenne des marchés financiers (AEMF ou ESMA) l'Autorité européenne des assurances et des pensions professionnelles (AEAPP ou EIOPA), et les autorités nationales d'application. Leurs attributions et leur collaboration furent précisées dans la directive n° 2010/78 du 24 novembre 2010, dite « Omnibus I ». Cette directive précise les normes que peuvent édicter ces autorités. Pour des considérations techniques, cette directive « Omnibus I » ne modifia pas les directives assurance, et ne toucha qu'aux directives bancaires et relatives aux entreprises d'investissement (l'assurance sera concernée par la directive « Omnibus II »).

Dans le secteur proprement bancaire, l'européanisation a en réalité emprunté deux voies. La première voie est prudentielle et concerne la gestion. Elle s'est traduite par les directives et les règlements du paquet CRD.

En premier lieu, les systèmes de contrôle interne sont renforcés, et doivent aussi être adaptés aux activités et à la structure de l'établissement en cause. C'est cette adéquation individuelle qui est essentielle.

En deuxième lieu, l'accent est mis sur la culture du risque et sur la prévention des risques. Leur catégorisation et leur évaluation doivent être effectuées de manière

(216) Comm. CE, communication 27 mai 2009, Doc. COM (2009), 252 final, suivant les travaux du groupe de Larosière.
(217) Règl. n° 1092/2010.

précise et documentée. Les processus internes doivent permettre les remontées d'informations vers la direction générale, notamment pour les risques significatifs. Cela impose de mieux contrôler la qualité et la compétence des dirigeants (principe *fit and proper*). L'évaluation des risques suppose une notation, qui devrait être établie sur des systèmes internes plutôt que par le recours aux agences spécialisées. La directive encourage le recours à d'autres agences de notation que celles qui dominent actuellement le marché, et prévoit la désignation par les banques centrales et la BCE d'autres organismes et agences en qualité « d'organisme externe d'évaluation de crédit » (OEEC). Les évaluateurs internes et personnes en charge de la fonction risque doivent être indépendants et n'accomplir aucune fonction opérationnelle. Parmi les risques, une place à part est accordée au risque systémique (qui explique les crises financières des *subprimes*, 2007-2009, et des dettes souveraines, 2010-2012). La question est à la fois macro-prudentielle (c'est le rôle du Comité européen du risque systémique – CERS), et micro-prudentielle, de manière à ce que les établissements importants détiennent un « coussin » de fonds propres spécial.

En troisième lieu, l'évaluation des processus et mécanismes internes doit être faite au moyen de tests de résistance, cela afin d'apprécier l'exposition aux risques, leur degré de concentration, la qualité et de l'importance des fonds propres, la liquidité...

En quatrième lieu, l'intégration des établissements de crédit dans un groupe donne lieu à des mesures renforcées. On rappelle que depuis les premières directives, la surveillance des établissements de crédit s'opère sur une base consolidée, et que la directive n° 2002/87 du 16 décembre 2002 (mod. par Dir. n° 2013/36) prévoit des règles spécifiques pour les **conglomérats financiers**. Cela conduit à se préoccuper, au stade de l'agrément, de la qualité des liens capitalistiques ou contractuels (liens étroits, participations qualifiées, expérience et honorabilité des dirigeants), et, postérieurement, de l'évolution de ces liens, et de la concentration des risques sur les autres entités du groupe. Une collaboration renforcée entre autorités de contrôle permet de coordonner la surveillance dans tous les États membres concernés(218).

La seconde voie est réglementaire et institutionnelle. Elle a trait aux normes et à la surveillance. Ici, le droit européen se dédouble institutionnellement. Il y a d'un côté l'Autorité bancaire européenne (ABE ou EBA), dont le siège est à Londres(219). Sa mission est de contribuer à l'édiction des normes de réglementation et d'exécution, et de contribuer à la mise en place de pratiques communes de surveillance en traduisant les orientations du comité de Bâle. Il y a d'un autre côté, et uniquement pour les États participants à l'euro, un mécanisme de supervision unique dévolu à la BCE(220).

β) Un mécanisme renforcé a été mis en place pour la zone euro : il s'agit du « MSU », ou Mécanisme de Surveillance Unique. En application du règlement n° 1024/2013 du 22 octobre 2013 articulant les prérogatives de l'ABE et de la BCE

(218) V. *infra*, n° 380, pour les conglomérats financiers.
(219) Règl. n° 1093/2010, 24 nov. 2010 ; l'ABE succède au Comité européen des superviseurs bancaires (CEBS).
(220) En application de l'article 127, § 6 TFUE, Règl. n° 1024/2013, 15 oct. 2013, et accord interinstitutionnel entre le Parlement européen et la BCE du 9 octobre 2013.

dans le cadre du MSU, la BCE assure l'efficacité et la cohérence de la supervision dans la zone euro. Elle supervise directement les établissements les plus importants (V. les établissements soumis à « évaluation complète », BCE, déc. 4 févr. 2014), le cas échéant par le truchement ou avec la coopération des autorités nationales. Elle se verra aussi confier la mission essentielle d'agrément, de même que la responsabilité des retraits d'agrément[(221)], car cette mission est liée à la qualité prudentielle des entreprises. La BCE peut également se livrer à des inspections ou à des enquêtes, et prononcer des sanctions administratives[(222)].

4) **Le troisième « pilier » : le risque de défaillance et les plans de résolution. Le MRU de la zone euro.** Le risque de défaillance a conduit à mettre en place un système d'universalité de la procédure collective avec compétence accordée aux autorités de l'État d'origine[(223)], et un mécanisme de résolution des difficultés plus contraignant pour les banques de la zone euro.

α) Les crises financières qui se sont déroulées depuis 2008 ont montré le risque que présentaient les défaillances bancaires, et l'absence de procédure publique pour les résoudre de manière à ne pas obliger la collectivité à y remédier. Certains États, dont la France, ont pris les devants en organisant des procédures spéciales de résolution sur leur territoire. L'idée dominante est celle de la mise sous tutelle préventive des organismes en situation de risque, afin de contraindre les dirigeants, les actionnaires, et les créanciers non-déposants à participer au sauvetage avant que les fonds publics ne soient mis à contribution. C'est le système du *bail in* ou de garantie interne (le *bail out* étant le système où ce sont les fonds publics qui donnent la garantie). La perspective européenne est néanmoins indispensable, en raison de l'interconnexion des entreprises, des marchés, et des systèmes, et de la constitution de groupes financiers internationaux. La directive n° 2014/59 du 15 mai 2014[(224)] établit un cadre juridique commun de résolution, applicable pour la plus grande part à partir de 2015. Schématiquement, le système mis en place comprend d'abord des mesures d'anticipation, avec l'obligation pour les entreprises de mettre en place des plans de résolution (le cas échéant au niveau des groupes) sous le contrôle des autorités de surveillance. Ensuite, le système donne aux autorités une vaste palette des moyens d'action dès qu'il existe des risques de solvabilité ou de défaillance. Toutefois, une procédure d'insolvabilité doit toujours être envisagée avant la mise en place du plan de résolution. L'objectif du plan et de l'intervention publique est de mettre en place un système palliatif, soit en interne, soit par le marché. Les autorités peuvent ainsi remplacer les dirigeants, nommer des administrateurs provisoires, céder les actions et titres, procéder à des augmentations de capital. Le cas échéant, des structures intermédiaires (établissements relais) publiques ou sous contrôle des autorités peuvent aider aux transferts des actifs ou des passifs. Les cessions et transferts seront opposables *erga omnes* et, le cas échéant, la transmission universelle de

(221) Sur proposition des autorités nationales, car ces autorités peuvent imposer des conditions non harmonisées aux agréments et retraits, dans la perspective d'une gestion saine et prudente. Lorsque l'entreprise ne satisfait plus à une des conditions de l'agrément prévues par le droit de l'Union, la BCE peut retirer l'agrément de sa seule initiative après une simple consultation de l'autorité nationale concernée.
(222) V. aussi Règl. n° 2532/98, 23 nov. 1998, auquel renvoie le règlement n° 1024/2013.
(223) Dir. n° 2001/24, 4 avr. 2001 concernant l'assainissement et la liquidation des établissements de crédit.
(224) *JOUE* n° L 173, 12 juin 2014.

patrimoine pourra jouer. Les soutiens publics ne doivent intervenir qu'en dernier lieu, sous réserve de respecter les règles relatives aux aides d'État, et à la condition que le *bail in* ait permis une absorption des pertes de 8 % minimum (le *bail out* n'est donc pas exclu, mais est très subsidiaire). Un fonds de résolution alimenté par les banques permettra de contribuer aux sauvetages. Tout ce système européen suppose bien entendu une coopération renforcée des autorités de surveillance.

β) Pour les États de la zone euro, le Mécanisme de résolution unique (MRU) a été mis en place avec le règlement n° 806/2014 du 15 juillet 2014. Le MRU est composé d'un fonds (le Fonds de résolution unique, ou FRU), et géré par le Conseil de résolution unique (CRU) qui est une autorité nationale au sens de la directive n° 2014/59.

5) **Le quatrième pillier : la garantie des dépôts.** Les faillites bancaires risquent de ne plus être une rareté. Le développement de la succursalisation et celui de la LPS exposent les épargnants au risque d'indisponibilité des dépôts qu'ils auront faits auprès d'entreprises ne relevant pas des autorités des États où ils résident. La protection des déposants européens devient ainsi un objectif européen. La directive du 30 mai 1994[(225)], remplacée par la directive n° 2014/49 du 16 avril 2014[(226)], a harmonisé la protection au niveau européen. Le plafond est de 100 000 € par déposant auprès d'une banque, et non de 100 000 € par dépôt. Les possibilités de déroger à cette règle de façon plus favorable aux déposants sont encadrées, afin de réduire les distorsions de concurrence et les déplacements artificiels de dépôts. Les dérogations doivent ainsi cesser en 2018. Les systèmes de garantie des dépôts, abondés par les banques, doivent pouvoir placer leurs disponibilités en actifs peu risqués.

6) **La prévention du risque systémique et les projets de 2014 (réforme structurelle et *shadow banking*).** Dans la perspective du rapport Liikanen, la Commission a présenté, le 29 janvier 2014[(227)], une proposition de règlement visant à renforcer la stabilité financière du système bancaire, dans le but ultime de protéger mieux les consommateurs et les contribuables parfois appelés à soutenir les banques en difficulté par le truchement des soutiens publics. Il s'agit de contribuer à régler le problème posé par les banques systémiques (*too big to fail*). L'objectif est de diminuer, dans le bilan des banques, l'exposition aux opérations purement spéculatives pour compte propre. Pour les banques systémiques (qui dépasseraient certains seuils) la séparation de ces activités deviendrait obligatoire (dans le prolongement de ce que certains législateurs nationaux ont déjà mis en œuvre ; USA, avec la *Volker Rule*, France, Royaume-Uni, Allemagne, Belgique), et ces banques se verraient interdire la négociation pour compte propre.

Mais il faut éviter que ces obligations de séparation et d'interdiction ne renforcent finalement le *shadow banking*.

Le *shadow banking* regroupe des institutions disparates : négociateurs, fonds d'investissement alternatifs ou *hedge funds*, fonds monétaires (dépôts investis en actifs de court terme), opérateurs hors monopoles bancaires (car ce monopole est

(225) Dir. n° 94/19 mod. par Dir. n° 2009/14, 11 mars 2009 ; le seuil a été porté à 100 000 €.
(226) *JOUE* n° L 173, 12 juin 2014.
(227) Doc. COM (2014), 043 final.

variable selon les États). Leur intervention parallèle est souvent utile : acceptation finale des risques ; remobilisation ultime. Ils sont souvent nécessaires à la fluidité et à la profondeur du marché (titrisations, pensions, prêts de titres). Mais leur absence de statut contribue parfois à accentuer les risques et non à les équilibrer. L'interconnexion mondiale des opérateurs est le vecteur de cette amplification.

La directive n° 2011/61 du 8 juin 2011 (dite AIFM, *Alternative Investment Fund Manager*) a cherché à sécuriser l'activité du gestionnaire de fonds lorsqu'elle est exercée en Europe, sans toutefois réglementer les FIA (Fonds d'investissement alternatifs autres que les OPCVM), reconnaissant ainsi l'utilité de nombre de FIA, et leur grande diversité.

La Commission a donc présenté le 29 janvier 2014 une communication sur le système bancaire parallèle[228] reprenant les recommandations du Conseil de stabilité financière constitué par le « G20 », et du Livre vert du 19 mars 2012. Il ne s'agirait pas de règlementer en lui-même le secteur parallèle, mais d'imposer aux banques qui y ont recours certaines obligations supplémentaires de prudence et de transparence (conservation par les banques d'une partie des risques ; évaluation comptable ; extension des règles aux entreprises d'assurance ; renforcement du cadre réglementaire des gestionnaires européens de fonds d'investissement alternatifs ou FIA, ce qui ne signifie toutefois pas réglementation de ces FIA ; compensation obligatoire des contrats standardisés par les opérateurs qui jouent le rôle de contreparties centrales ; renforcement des règles sur les titrisations et les ventes à découvert ; édiction de règles uniformes d'évaluation des fonds monétaires de manière à réduire l'influence des agences de notation ; nouveau renforcement des contraintes pesant sur les agences de notation : renforcement des règles applicables aux fonds d'investissement monétaires et aux OPCVM). Le système bancaire parallèle devrait être suffisamment transparent pour identifier les opérateurs et les risques, de manière à éviter le contournement des règles prudentielles qui pèsent sur les entités réglementées.

Dans cette perspective, deux propositions de règlement ont été présentées. L'une relative aux opérations financières sur titres (pensions, prêts, ventes à découvert)[229], et l'autre sur les fonds monétaires, en raison de leur possible impact systémique[230].

2° Les établissements de monnaie électronique[231]

356. – La monnaie électronique est aussi appelée porte-monnaie électronique. Son développement peut favoriser les consommateurs européens. La monnaie électronique est une valeur monétaire représentant une créance sur l'émetteur, stockée sur un support électronique (carte, disque dur...), obtenue contre remise de fonds d'un montant non inférieur à la valeur monétaire émise, acceptée comme moyen

(228) Doc. COM (2013), 0614 final.
(229) Doc. COM (2014), 040 final, 2014.
(230) Doc. COM (2013), 0615 final, 4 sept. 2013.
(231) PE et Cons. UE, dir. n° 2000/28, 18 sept. 2000, mod. Dir. n° 2000/12 concernant l'accès à l'activité des établissements de crédit et son exercice, refondue dans la directive n° 2006/48 du 14 juin 2006, puis dans la directive n°s 2013/36 et 2000/46 du Parlement européen et du Conseil du 18 septembre 2000, concernant l'accès à l'activité des établissements de monnaie électronique et son exercice, ainsi que la surveillance prudentielle de ces établissements : *JOCE* n° L 275, 27 oct. 2000.

de paiement par des entreprises autres que l'émetteur, remboursable par l'émetteur (sauf très faibles montants), et non réutilisable comme telle par le bénéficiaire. Les établissements qui émettent de la monnaie électronique sont considérés comme une variété d'établissements de crédit. Le monopole bancaire est donc étendu, pour la monnaie électronique, à l'émission de moyens de paiement. La solution est traditionnelle en France, mais nouvelle en droit européen, où le noyau dur du monopole demeurait la seule réception de fonds remboursables du public. La monnaie électronique présente toutefois moins de risques pour le porteur que le dépôt bancaire classique. Aussi, les établissements de monnaie électronique ne seront soumis qu'à des contraintes prudentielles allégées, mais avec toutefois une grande rigueur dans les placements. Les établissements couverts par l'agrément européen bénéficieront de la licence unique et pourront donc agir dans toute l'Union européenne, et sans avoir besoin d'autres agréments, par succursale ou en LPS. Les États peuvent cependant déroger à cette règle, en dispensant certains établissements, en fonction de leur activité, des contraintes de l'agrément harmonisé. Alors les agréments délivrés à ces derniers établissements demeureront nationaux. Cela peut viser les petits émetteurs, ou, aussi, ceux qui émettent de la monnaie électronique destinée à être utilisée uniquement au sein d'un groupe, ou, encore, au sein d'entreprises toutes localisées dans une même zone (centres commerciaux, centres-villes), ou, enfin, réunies par un dispositif de commercialisation ou de distribution commun (enseignes).

3° Les prestataires de services de paiement

357. – La directive n° 2007/84 du 13 novembre 2007 concernant les services de paiement dans le marché intérieur (DSP) vise, d'une part, à établir un espace unique de paiement, et à favoriser les paiements transfrontaliers (SEPA, ou *Single Euro Payment Aera*) et, d'autre part, à donner un statut infra-bancaire aux établissements qui ne se livrent qu'à des opérations de paiement et de transferts de fonds. En raison de son impact sur le marché intérieur, cette directive réalise une harmonisation partiellement exhaustive.

Les prestataires de services de paiement bénéficient donc d'un monopole qu'ils partagent avec les établissements de crédit.

La notion de service de paiement est assez large. La directive énumère la gestion d'un compte de paiement (versements et retraits d'espèces), l'exécution des opérations de paiement (ce qui ne vise pas l'émission de simples ordres ou instructions) par transferts de fonds même si ces fonds proviennent d'un crédit accordé par le prestataire, l'émission ou l'acquisition d'instruments de paiement (qui sont des dispositifs qui permettent à l'utilisateur d'initier un ordre de paiement), et les transmissions de fonds. Les opérations auxiliaires (garanties, change, enregistrement de données, ou gestion de systèmes de paiement sauf ceux régis par la directive n° 98/26) sont aussi visées.

Certains services de paiement ne sont donc pas dans le champ d'application de la directive. Ils peuvent entrer dans le cadre du monopole bancaire (national ou européen). De ce fait, il existe des services bancaires de paiement à côté des services de paiement que peuvent rendre les prestataires de services de paiement (par ex., chèques).

Les systèmes de paiement collectifs (cartes bancaires, systèmes multilatéraux) soulèvent des difficultés particulières. Si les prestataires peuvent en gérer, ils ne peuvent pas gérer les systèmes qui présentent des risques systémiques visés par la directive n° 98/26 (opérations sur titres). Mais ils doivent pouvoir avoir un accès (contractuel) concurrentiel et approprié (exigences de solidité) aux services et aux infrastructures de systèmes de paiement.

Les prestataires de services de paiement sont soumis à un agrément délivré par les autorités nationales du siège qui les fait bénéficier du passeport européen (licence unique), dans des conditions comparables à celles qui prévalent pour les établissements de crédit. Ils sont soumis à une surveillance sur une base consolidée. Les contrôles doivent être adaptés aux risques auxquels ces établissements sont exposés, et leur capital ou leurs fonds propres sont calculés de manière spécifique.

De manière à protéger les utilisateurs, les fonds reçus par les prestataires doivent être sanctuarisés, protégés contre les autres créanciers du prestataire, et être ainsi assurés.

Ces prestataires sont assujettis à des obligations d'information et de transparence vis-à-vis des utilisateurs[(232)].

Cette directive est en voie de refonte (2014). Une nouvelle directive (DSP2), facilitera les paiements électroniques ou par téléphonie mobile, et intégrera les services dits d'initiation de paiement sans cartes. Elle obligera les prestataires à renforcer les moyens de protection contre les fraudes.

Parallèlement à cette nouvelle directive, un règlement sera adopté pour plafonner les commissions d'interchange appliquées aux opérations liées aux cartes de débit ou de crédit, et pour limiter les surfacturations pour certains types de cartes[(233)].

B. – Les opérations bancaires

358. - **Plan.** Leur étude relève des ouvrages de droit bancaire. On mentionnera simplement ici les efforts entrepris pour faciliter les opérations transfrontalières, fondamentales pour la réalisation du marché intérieur. La LPS et le commerce électronique sont de puissants facteurs d'intégration des économies. Mais la liberté ne saurait être sans limites. L'intérêt général et l'ordre public peuvent la tempérer. On vise notamment le blanchiment.

359. - **LPS bancaire, citoyenneté bancaire, et intérêt général.** Accélérée sans doute par les réseaux électroniques, la LPS bancaire se développera. La Commission s'attache à développer le marché intérieur des services aux consommateurs, comme aux petites entreprises. Mais les obstacles (juridiques, sociologiques...) demeurent nombreux. Les règles en vigueur dans les États où sont « produits » les contrats seront confrontées aux règles d'intérêt général en vigueur dans les États des succursales ou de prestation de services[(234)]. Des raisons d'intérêt général, tenant à

(232) V. le « paquet » présenté par la Commission le 24 juillet 2013 ; V. Dir. n° 2014/92, 23 juill. 2014 relative à la comparabilité des tarifs, à leur transparence, et aux changements de compte (*JOUE* n° L 287, 28 août 2014).

(233) *Ibid.*

(234) On soulignera simplement ici que, en matière bancaire, la loi désignée par la règle de conflit est souvent celle du pays d'origine, car c'est la loi de la banque (cela sauf règles protectrices de consommateurs). En matière bancaire, la distinction entre ce qui relève de la production et ce qui relève du contrat est moins délicate que dans le secteur des assurances. La rémunération du banquier (taux, commissions), ou ses garanties, dépendent *a priori* du contrat (si les règles prudentielles jouent un rôle, par exemple pour pondérer les créances, il est généralement indirect), alors qu'en matière d'assurance, il y a plus souvent un lien direct entre les règles prudentielles et le contenu même du contrat (par ex., valeur de rachat en assurance-vie, V. *supra*, n° 277).

la protection des consommateurs de crédit (par ex., usure), à celle des marchés, devront être respectées par les contrats proposés même en LPS. Les mesures nationales devront néanmoins satisfaire au test de l'intérêt général, et donc, notamment, être objectives et proportionnées. C'est ce qu'avait déjà rappelé la Commission dans sa communication sur la LPS et l'intérêt général dans le secteur bancaire(235). Cependant, l'harmonisation progresse et touche à la comparabilité des frais liés aux comptes, à l'accès aux services bancaires de base, et à la portabilité des comptes(236).

360. - **Opérations de paiement ou de règlement. SEPA. Livraison d'instruments financiers.** En ce qui concerne les paiements, la Commission s'est d'abord attachée à poser quelques règles élémentaires de protection des utilisateurs de cartes de paiement ou de crédit(237). Aujourd'hui, ces règles figurent dans la directive n° 2007/64 qui a institué le SEPA. Les prestataires (PSP, établissement de crédit ou de monnaie électronique) doivent fournir de nombreuses informations aux donneurs d'ordres, avant et après l'exécution, les perceptions de frais sont encadrées, le consentement du client doit être obtenu sous les formes convenues, le retrait de l'ordre devient impossible à partir du moment où l'ordre a été reçu par le prestataire (cette irrévocabilité se justifie par le caractère automatisé des paiements), la responsabilité du prestataire est organisée en cas d'exécution non autorisée ou en cas de retard (remboursement ou indemnité forfaitaire).

Le SEPA a entraîné la mise en place d'instruments standardisés(238) et une interopérabilité des réseaux ainsi que des systèmes de paiement par carte (PE-ACH, *Pan European Automated Clearing House*)(239), en raison du fait que la quasi-totalité des virements internationaux emprunte les *tuyaux* de systèmes (Swift, Target...). Une directive n° 98/26 du 19 mai 1998 avait posé des principes de sécurité et de non remise en cause (par révocation ou en raison de la procédure collective d'un banquier participant) des ordres de virement dès l'instant où ils avaient été acceptés conformément aux règles du système. Elle a été modifiée pour tenir compte du développement des systèmes interopérables, et pour faciliter l'assimilation des participants indirects aux participants directs à un système(240).

En ce qui concerne les opérations sur instruments financiers, cette directive n° 98/26 étend ce principe d'irrévocabilité aux systèmes de compensation et de règlement livraison de titres, en posant de surcroît, pour les garanties sur instruments financiers, le principe de la loi où est tenu le compte d'instruments financiers. Néanmoins, l'intervention des autorités européennes est demeurée limitée, ce qui a permis un important développement des conventions élaborées souvent sous l'égide

(235) *JOCE* n° C-209, 10 juill. 1997, sur l'assurance, V. *infra*, n° 378.

(236) V. Dir. n° 2014/92, 23 juill. 2014 (*JOUE* n° L 257, 28 août 2014), qui ne prévoit la comparabilité des tarifs et le transfert des comptes de paiement que pour les PSP, mais qui obligera les banques à ne pas refuser l'ouverture de comptes avec service bancaire de base, sauf raisons limitativement énumérées (blanchiment...).

(237) Recomm. 30 juill. 1997 : *JOCE* n° L 208, 2 août 1997, sur les opérations effectuées au moyen d'instruments de paiement électronique, en particulier entre émetteur et titulaire.

(238) Le SCT (*Sepa Credit Transfer*, virement standard), le SDD (*Sepa Direct Debit*, prélèvement avec mandat unique donné au créancier), le SDD-B2B (virement *business to business*).

(239) Le *Sepa Card Framework* (EMV), ou Euro Mastercard Visa.

(240) V. Règl. n° 924/2009 concernant les paiements transfrontaliers. Ce règlement se préoccupe des systèmes et réseaux. Ces réseaux doivent respecter le principe d'égalité entre les paiements nationaux et les paiements européens. De plus, pour lancer les systèmes de prélèvements SEPA, le règlement a prévu une commission multilatérale d'interchange temporaire.

d'associations professionnelles internationales ou nationales, qui, lorsqu'elles sont prises en compte par les législateurs nationaux, permettent de déroger à ces règles traditionnelles du droit des procédures collectives que sont, en France, l'absence d'exigibilité du fait de la procédure collective, ou la limitation des compensations.

En ce qui concerne les garanties (collatérales, et remises sous forme d'espèces ou d'instruments financiers), l'importante directive n° 2002/47 du 6 juin 2002, adoptée dans le cadre du PASF, a prévu de significatives dérogations au droit des procédures collectives (comme la compensation bilatérale avec déchéance du terme), ce qui facilitera la LPS bancaire(241).

361. - **Les opérations à distance.** Pour faciliter la LPS transfrontalière en matière de services financiers, la directive sur la vente à distance des services financiers du 23 septembre 2002(242) concerne l'ensemble des services financiers (banque, services d'investissements, et assurances). Elle ne réglemente que la communication et la proposition des services, et non leur contenu. Elle prévoit une obligation préalable d'information des clients (une information de base, et une information propre au service offert avec les termes du contrat)(243), ainsi qu'un droit général de rétractation (quatorze jours) qui peut être allongé pour certains services (par ex., assurances ou fonds de pension), sauf pour les opérations dont le prix dépend des fluctuations des marchés (bourse) et, si les États le décident, pour les crédits immobiliers. Enfin, cette directive interdit la vente forcée de services financiers et subordonne les communications commerciales non sollicitées à l'accord préalable du consommateur si les États le décident (soit système *opt-in*, qui repose sur un accord du consommateur au coup par coup, soit *opt-out*, qui repose sur une opposition préalable et générale du consommateur).

362. - **Le crédit à la consommation et le crédit immobilier.** Le droit européen est actuellement (2014) contenu dans deux directives.

On doit mentionner la directive n° 2008/48 du 23 avril 2008 concernant les contrats de crédit aux consommateurs. Elle réalise une harmonisation exhaustive des informations à inscrire dans le contrat de crédit, notamment sur les taux débiteurs. Elle édicte une obligation d'information même en cas de facilité de découvert ou de dépassement, et prévoit un délai de rétractation de quatorze jours (qui vaut aussi pour le contrat lié). Enfin, elle réglemente l'activité des intermédiaires de crédit, qui doivent être contrôlés par une autorité indépendante des institutions financières.

La directive n° 2014/17 du 4 février 2014 était attendue. Elle harmonise *a minima* le secteur sensible des crédits immobiliers hypothécaires (*mortgage*). Ce

(241) Mod. Dir. n° 2009/44, 6 mai 2009 ; Dir. n° 2010/78, 24 nov. 2010, et Règl. n° 648/2012, 4 juill. 2012. Le caractère définitif du règlement repose sur la solidarité du système. La notion de *système*, ou de réseau, est au centre de la directive n° 98/26 du 19 mai 1998 (*JOCE* n° L 166, 11 juin 1998) sur le caractère définitif des règlements dans les systèmes bancaires de la Communauté (irrévocabilité de l'ordre accepté ; non-remise en cause par la procédure collective d'un participant au système ; sécurité collatérale ; loi du système). Cette directive a été prolongée par une autre du 6 juin 2002 (n° 2002/47) relative aux contrats de garantie financière nécessaires à la prévention des risques, notamment systémiques, simplifiant la constitution et la réalisation des garanties.

(242) *JOUE* n° L 168, 27 juin 2002, mod. Dir. n° 2009/44, préc. ; transposée en France par Ord. n° 2005-171, 24 févr. 2005.

(243) Cette information peut être donnée une fois pour toutes, lorsque le contrat implique par nature des opérations successives et distinctes (par ex., contrat de compte), Dir. n° 2002/65 : *JOCE* n° L 271, 9 oct. 2002, transposée en France par Ord. n° 2005/648, 6 juin 2005, et D. 25 nov. 2005.

marché est diversement développé en Europe, et demeure encore cloisonné. Ce secteur économique a de surcroît donné naissance à des comportements « irresponsables »[244]. L'objectif est donc de sécuriser ce marché par la confiance, afin de faciliter la circulation ultérieure des crédits hypothécaires. Pour cela sont édictées, outre des obligations renforcées d'information des consommateurs, des mesures destinées à développer leur « éducation financière ». Surtout, la directive s'attache aux prêteurs, et principalement aux intermédiaires. Des règles de conduite sont édictées (informations à fournir), et une compétence minimale sera exigée. Les intermédiaires devront être contrôlés et enregistrés auprès d'une autorité de surveillance. Les prêteurs seront astreints à une obligation d'évaluation préalable de la solvabilité de l'emprunteur et de la valeur du bien. Afin de faciliter l'accès aux marchés nationaux, l'accès aux bases nationales de données doit être accordé sur une base non discriminatoire. Très significative est la prévision que le prêteur ou son intermédiaire peuvent donner des conseils à l'emprunteur. Les frais de poursuite et de saisie peuvent être encadrés. Enfin, les modalités de calcul du TEG sont précisées en annexe.

363. – **Les PRIP'S (*Packaged Retail Investment Products*, ou produits d'investissement de détail en unités de compte).** Sont ici concernés les placements en unités de compte, qu'ils soient bancaires ou assurantiels. Ces produits sont dangereux en raison des risques en capital qu'ils font courir aux épargnants. Mais il faut préserver les chances du marché intérieur. Aussi la Commission a-t-elle présenté le 3 juillet 2012 un « paquet » réglementant à la fois l'intermédiation en assurance et la présentation de tous ces produits. Un règlement devrait être édicté imposant un document d'information uniforme et unique, et les intermédiaires devront signaler au contractant la possibilité d'offres concurrentes.

364. – **Le contrôle des opérations et le blanchiment.** La lutte contre le blanchiment s'affirme au niveau international et donc européen. On s'éloigne des origines, notamment de la convention des Nations unies de Vienne du 19 décembre 1988, des travaux du comité de Bâle de la même année, des recommandations du GAFI de 1990 et, enfin, de la convention du Conseil de l'Europe du 8 novembre 1990. Le blanchiment n'est en effet plus limité au recyclage des capitaux provenant du trafic des stupéfiants (convention de Vienne), voire même aux revenus des activités des organisations criminelles, mais il s'étend désormais aux « activités criminelles », ce qui vise les fraudes graves, la corruption, ou les infractions susceptibles de générer des profits substantiels, à condition qu'elles soient passibles de peines d'emprisonnement sévères. Dans l'ordre international, le blanchiment n'est toutefois pas la simple infraction fiscale. Une première directive du 10 juin 1991[245] avait posé le cadre européen. Elle a été profondément modifiée, dans le cadre du PASF, le 4 décembre 2001, puis remplacée par celle du 26 octobre 2005[246], modifiée le 13 novembre

(244) V. consid. 3.

(245) Dir. n° 91/308, 10 juin 1991, relative à la prévention de l'utilisation du système financier aux fins de blanchiment des capitaux, *JOCE* n° L 166, 26 juin 1991.

(246) Dir. n° 2001/97 : *JOCE* n° L 344, 28 déc. 2001, et Dir. n° 2005/60 : *JOUE* n° L 309, 25 nov. 2005. La directive SEPA (préc.) contient aussi, évidemment, des dispositions relatives au blanchiment.

2007[247], puis en 2008, 2009 et 2010. Il s'est agi de prendre la mesure des risques de blanchiment qui jusque-là n'avaient peut-être pas été suffisamment perçus : opérations immobilières, achats ou ventes d'objets d'art de valeur, recours aux casinos, et opérations à distance sans contact physique (*e-business*). Les modifications intervenues traduisent surtout une autre évolution qui peut être préoccupante si elle n'est pas maîtrisée par les législateurs nationaux. La lutte contre le blanchiment a d'abord commencé par une mise à contribution quasi exclusive, souvent qualifiée d'isolement, des entreprises financières sur lesquelles pèse toujours l'obligation de faire la déclaration de soupçons aux autorités nationales compétentes. L'isolement de ces entreprises est aujourd'hui abandonné[248]. D'autres professions sont appelées à la rescousse car elles sont souvent utilisées par les réseaux illicites[249]. Ce sont souvent des professions indépendantes qui délivrent des conseils : sont désormais visés les commissaires aux comptes, les notaires et les membres des autres professions juridiques indépendantes comme les avocats (lorsqu'ils participent à la préparation ou la réalisation d'opérations immobilières, à la gestion de portefeuille, aux apports en société, à la constitution de sociétés fiduciaires ou de sociétés analogues). Une quatrième directive est aujourd'hui (2014) en cours d'élaboration. L'évasion fiscale et les infractions fiscales, de même que l'utilisation du secteur financier à des fins criminelles (notamment au travers des systèmes, ou par la monnaie électronique, ce qui entraîne une obligation de traçabilité des paiements), ou encore l'activité de certaines professions comme les agents immobiliers, devraient être prises en considération.

§ 2. – Le secteur de l'assurance

365. – **Diversité des opérations d'assurance.** Une distinction capitale doit être faite entre l'assurance « non-vie » et l'assurance sur la vie. La première recouvre les secteurs traditionnels de l'assurance dommages et de l'assurance responsabilité. Ces formes d'assurance ne touchent guère à l'épargne publique. De plus, le marché européen de ces branches d'assurance est relativement saturé. La libération a donc pu s'opérer sans trop de difficultés. L'assurance sur la vie est d'une tout autre nature, car elle touche à l'épargne et à l'investissement.

De son côté, la réassurance doit être envisagée à part. Nécessaire à toute activité d'assurance, la réassurance ne fait intervenir que des professionnels. Le marché de la réassurance est de surcroît depuis longtemps international, voire mondial.

366. – **Diversité des droits et des pratiques nationaux.** Contrairement à la banque, qui connaît de longue date des instruments similaires d'un pays à l'autre, l'assurance est profondément ancrée dans les traditions juridiques nationales. Ses

(247) Dir. n° 2007/64, 13 nov. 2007 : *JOUE* n° L 319, 5 déc. 2007, étendant les obligations à toutes les activités visées en annexe de la directive n° 2006/48 à l'exception du renseignement commercial.

(248) Mais les obligations de ces entreprises sont néanmoins déterminantes dans la lutte contre la criminalité organisée, V. la proposition de quatrième directive anti-blanchiment, qui prévoit d'étendre ces obligations à toutes les entreprises participant à la vie financière au sens large (notamment fiducies, cellules de renseignements financiers...).

(249) V. *infra*, n° 413, par ex. pour les avocats.

relations avec la responsabilité civile sont une explication. L'harmonisation des droits matériels du contrat d'assurance apparaît alors comme une entreprise très ambitieuse. On a donc préféré protéger les preneurs d'assurance en mettant en place des règles de conflit spécifiques dont la caractéristique est de ramener les preneurs – consommateurs – à la protection de leurs droits nationaux(250).

On distinguera les opérateurs (A) et les opérations (B).

A. – Les opérateurs d'assurance

367. - **Évolution.** L'évolution est parallèle à celle observée en matière bancaire. Les arrêts du 4 décembre 1986 ont cependant eu un impact tout particulier. Ils ont reconnu l'effet direct en matière d'assurance de l'article 59 TFUE, tout en admettant des agréments administratifs en cas de LPS dans la mesure où ils étaient nécessaires pour protéger les preneurs d'assurance. On en retracera à présent les grandes lignes. Une distinction s'impose entre les entreprises d'assurance (1°), les entreprises de réassurance (2°), et les intermédiaires d'assurance (3°).

1° Les entreprises d'assurance

368. - **Premières directives (1973-1979).** Les premières directives « non-vie » du 24 juillet 1973 et « vie » du 5 mars 1979 ont instauré l'agrément administratif pour l'accès à l'activité d'assurance dans les États membres. Cet agrément est donné par « branche ». Une liste des branches d'assurance est annexée à chacune des premières directives. Toute extension d'activité à une branche nouvelle doit faire l'objet d'un nouvel agrément. Les règles prudentielles fondamentales furent posées(251).

Ces premières directives laissaient en dehors de leur champ d'application certaines entreprises d'assurance importantes en France, comme les mutuelles ou les institutions de prévoyance.

Certaines formes sociales furent aussi interdites aux entreprises d'assurance (SARL).

Pour des raisons prudentielles, la première directive vie du 5 mars 1979 a prohibé en principe les entreprises multibranches, qui exercent à la fois en assurance non-vie et en assurance sur la vie. Cependant, elle permit aux États membres qui connaissaient les entreprises multibranches de continuer à les autoriser, au prix d'une gestion séparée. Cette dérogation était à l'origine conçue comme temporaire. Mais il est apparu que les risques n'étaient en définitive pas supérieurs dans le cas d'une gestion par deux entreprises distinctes, que dans celui d'une gestion distincte au sein d'une même entreprise. Un arrangement est intervenu à l'occasion de la troisième directive vie : le cumul limité (vie et maladie, ou accident ; système traditionnel en Allemagne) n'empêche plus l'entreprise d'obtenir un agrément européen, tandis que celles qui pratiquent un cumul plus étendu n'auront qu'un agrément national(252).

(250) V. *infra*, n°s 371 et 378.

(251) Sur cette harmonisation, et sur le choix des actifs composant le patrimoine libre, CJCE, 20 avr. 1999, aff. C-241/97, *Föräkringsakliebolaget Skandia*.

(252) Dir. n° 2002/83, art. 18 et 19.

369. - **Spécialité étroite.** Les directives limitent l'activité des entreprises d'assurance aux seules opérations d'assurance et aux opérations qui en découlent directement, à l'exclusion de toute autre activité commerciale[(253)]. Mais il faut aussitôt relever qu'il n'existe aucune définition de ce qu'il convient d'entendre par opération d'assurance[(254)]. Cela permet une certaine souplesse. La technique choisie – c'est-à-dire en général la mutualisation des risques sur une base statistique ou actuarielle – est alors le critère décisif. Mais il n'en demeure pas moins que, dans le souci de protéger les preneurs d'assurance, l'activité des entreprises de ce secteur est limitée par ce principe de spécialité dans une plus grande mesure que ne l'est celle des établissements de crédit. Cela empêche l'exercice de la « bancassurance » sous un même toit[(255)].

370. - **Les arrêts du 4 décembre 1986.** Les directives de 1973 et 1979 ne concernaient que la liberté d'établissement. Les progrès vers la LPS étaient très lents. Plusieurs États, dont la France et l'Allemagne, maintenaient même une interdiction d'assurer à l'étranger un risque situé sur leur territoire. La Commission intenta alors une action en manquement contre ces États. Elle désirait une liberté de prestation de services sans entraves.

La réponse de la Cour de justice, par plusieurs arrêts similaires du 4 décembre 1986[(256)], fut décevante pour la Commission. La Cour estima que les preneurs d'assurance en libre prestation de services ne bénéficiaient pas d'une protection totalement harmonisée, et que ceux qui n'exerçaient pas d'activité commerciale avaient un réel besoin de protection. Alors, elle légitima des agréments administratifs spécifiques pour l'exercice de l'assurance en LPS.

371. - **Les deuxièmes directives transitoires du 22 juin 1988 au 8 novembre 1990.** Les arrêts de 1986 firent brutalement accélérer la construction du marché unique de l'assurance. Les deuxièmes directives étaient pour l'essentiel des compromis.

La LPS ne devint libre que pour les grands risques, tandis qu'elle pouvait être soumise à un agrément spécial de prestation de services pour les petits risques ou risques de masse[(257)].

En matière d'assurance sur la vie, on retint un critère difficilement praticable en raison des conséquences qui en étaient tirées : la distinction entre la LPS active et la

(253) V. Dir. n° 73/239, art. 21 *b*, et Dir. n° 2002/83, art. 6-1-*b*. Cela a bien vite posé en France le problème des mutuelles du Code de la mutualité. Ces entreprises d'assurance avaient traditionnellement une activité sociale autre que d'assurance (maisons de retraite, cliniques...). Elles étaient soumises par ailleurs à des règles prudentielles moins rigides. Dans un premier temps, ces mutuelles ne furent pas intégrées parmi les entreprises d'assurance visées dans les directives. Puis, les avantages du marché unique les conduisirent à s'y faire intégrer (en 1992) après une modeste remise à niveau prudentiel (loi Évin, 31 déc. 1989). Mais elles n'abandonnèrent pas leur double activité, et le législateur français ne transposa pas les directives qui les intégraient aux entreprises d'assurance. La France fut alors condamnée en manquement d'État (CJCE, 16 déc. 1999, aff. C-239/98, *Commission c/ France*). La Cour a par la suite précisé que ces activités extérieures à l'assurance pouvaient être filialisées, sans toutefois poser de responsabilité indéfinie et solidaire de la mutuelle d'assurance (CJCE, 21 sept. 2000, aff. C-109/99, *Assoc. Basco béarnaise des opticiens indépendants*).

(254) V., pour le refus d'une interprétation restrictive, à propos des contrats en unité de comptes, CJUE, 12 mars 2012, aff. C-166/11, *Alonso : RGDA* 2013, 188, note G. Parleani.

(255) La loi française a essayé de tempérer cette règle, V. C. assur., art. L. 322-2, réd. 31 déc. 1989. – V. G. Parleani, *Les assureurs peuvent-ils être banquiers ? : RGDA* 2013, p. 551.

(256) Aff. 205-84, *Commission c/ Allemagne* ; aff. 220-83, *Commission c/ France* ; aff. 252-83, *Commission c/ Danemark* ; aff. 206-84, *Commission c/ Irlande.*

(257) Dir. n° 88/357 : *JOCE* n° L 172, 4 juill. 1988. Le critère était fonction de l'importance économique du preneur.

LPS passive. Les règles de conflit figurent aujourd'hui dans le règlement « Rome I » relatif à la loi applicable aux obligations contractuelles.

372. – **Troisième directive de 1992. Le marché intérieur de l'assurance.** Deux directives adoptées en 1992, la première le 18 juin 1992 en matière d'assurance « non-vie », la seconde le 10 novembre 1992 en matière d'assurance sur la vie, ont étendu au secteur de l'assurance le système de la « licence unique » ou du « passeport unique », connu dans le secteur bancaire depuis 1989. Un seul agrément, donné à chaque entreprise d'assurance par les autorités de son siège social, lui permet d'agir dans toute l'Union européenne aussi bien par succursale qu'en LPS. Les contrôles prudentiels relèvent de la seule compétence des autorités de l'État du siège (*Home Country Control*)(258). Certes, comme en matière bancaire, les règles d'intérêt général peuvent, si elles sont légitimes, être opposées aux entreprises d'assurance(259). De même, les autorités des États des succursales ou de prestation de services ne sont pas totalement dépouillées de toute prérogative, mais elles ne peuvent agir que dans des circonstances précises : c'est le cas, pour l'essentiel, lorsque l'entreprise d'assurance ne respecte pas les règles qui lui sont applicables et en cas d'inaction des autorités du siège, ou en cas d'urgence.

Ces deux directives ont aussi coordonné les règles prudentielles (provisions techniques, avec leurs actifs représentatifs et marge de solvabilité). Cette coordination est moins poussée dans le secteur de l'assurance-vie, pour lequel le principe est celui de la reconnaissance mutuelle des différentes méthodes actuarielles suivies dans les États membres. Les évolutions préoccupantes en matière de sinistres ont conduit à un renforcement des règles prudentielles(260).

373. – **Extension de l'harmonisation.** Le système du « guichet unique » donne une grande liberté aux entreprises concernées. La législation européenne, qui fut un moment un handicap pour certaines entreprises en raison des règles prudentielles, devint attractive. Les mutuelles du Code de la mutualité ou les institutions de prévoyance, qui étaient demeurées en dehors de l'harmonisation initiale, ont été incluses dans le champ d'application du droit européen à l'occasion des troisièmes directives. Mais la contrepartie est leur soumission aux contraintes prudentielles européennes.

374. – **Marché financier européen et mondial. Directives « Solvabilité II » et « Omnibus II ».** Il y a une différence entre la construction du marché bancaire et celle du marché de l'assurance. Pour l'assurance, l'impulsion est essentiellement européenne, car le secteur ne connaît pas l'équivalent du comité de Bâle. Cela étant, des principes tout à fait comparables ont été mis en œuvre dans les deux secteurs économiques. « Solvabilité I » était en réalité un système qui résultait de la combinaison de toutes les directives adoptées jusqu'en 2002, et qui aboutissait à une exigence générale de fonds propres de bonne qualité, en non-vie, et en vie. Les crises financières, et les impulsions internationales ont abouti à l'im-

(258) V. CJCE, 28 avr. 2009, aff. C.518/06, *Commission c/ Italie*.

(259) La Commission a publié une importante communication « LPS et intérêt général dans le secteur des assurances », plus précise que son homologue bancaire : *JOCE* n° C-43, 16 févr. 2000, V. obs. G. Parleani : *RGAT* 1/1998, V. *supra*, n° 359, en matière bancaire.

(260) Dir. n° 2002/12 (abr. par Dir. n° 2002/65) et Dir. n° 2002/13, 5 mars 2002 : *JOCE* n° L 77, 20 mars 2002.

portante directive n° 2009/138 du 25 novembre 2009, dite « Solvabilité II ». Elle regroupe l'assurance-vie et non vie. Elle s'insère dans le Système européen de surveillance financière (SESF)(261), et crée le réseau dans lequel l'Autorité européenne des assurances et des pensions professionnelles (AEAPP, ou EIOPA) édictera les normes techniques(262), ainsi que les principes de contrôle, de solvabilité (notamment courbes de taux et de risques, prime d'illiquidité), et aussi d'évaluation des risques (avec à nouveau la question de la notation). Les règles de gouvernance et de contrôle internes s'alignent sur celles que connaît déjà le secteur bancaire (modèles internes, ORSA, *Own Risk and Solvency Assessment* ; principe AMSB, *Administrative Management or Supervisory Body*). C'est toute une culture globale du risque qui est ainsi mise en place, bien que les entreprises d'assurance aient moins souffert des crises que les banques.

Cette directive « Solvabilité II » (modifiée en 2011 et 2013) a été complétée par une directive « Omnibus II », du 16 avril 2014 (Dir. n° 2014/51) pour entrer en vigueur le 1er janvier 2016. Cette directive articule les prérogatives de l'AEAPP et de l'AEMF, et régle les conflits éventuels entre le niveau européen et les contrôleurs nationaux. Cette directive clarifie aussi le traitement prudentiel des produits d'assurance à long terme(263), pour pallier les effets d'une volatilité artificielle, afin que cette industrie puisse toujours travailler dans le long terme.

La difficulté essentielle vient, comme en matière bancaire, des « conglomérats financiers », c'est-à-dire des groupes qui intègrent à la fois des établissements de crédit et des compagnies d'assurance et qui sont bien souvent contrôlés par des holdings qui ne sont ni des établissements de crédit, ni des sociétés financières, ni des entreprises d'assurance. Le contrôle consolidé de ces groupes doit permettre le respect des règles prudentielles propres à chacune des activités(264). Il doit aussi, et surtout, éviter que des mêmes actifs puissent être présentés à la fois par les filiales bancaires et les filiales assurance. De tels actifs seraient fictifs. Une titrisation abusive pourrait aboutir à un tel résultat. Une première réaction est venue avec la directive n° 98/78 du 27 octobre 1998(265) sur la surveillance complémentaire des entreprises d'assurances faisant partie d'un groupe d'assurance. Le renforcement de la solvabilité des entreprises d'assurance par une évaluation de la situation financière globale des entreprises d'assurance a été engagé avec la directive n° 2002/87 du 16 décembre 2002 relative à la surveillance financière des entreprises financières appartenant à un conglomérat financier(266).

Tout cela implique le renforcement constant de la collaboration des autorités de contrôle, un développement du rôle des comités européens et des associations internationales(267).

(261) V. *supra*, n° 355 et *infra* n° 393.
(262) V., à ce sujet, Dir. « Omnibus I » n° 2010/78, 24 nov. 2010.
(263) Pour les « branches longues », les risques longs devraient être sécurisés par des investissements ou par des actifs également longs.
(264) V., pour l'évaluation prudentielle des acquisitions de participations qualifiées dans les entreprises d'assurance, Dir. n° 2007/44, 5 sept. 2007, mod. Dir. nos 2002/83 et 92/49 : *JOUE* n° L 247, 21 sept. 2007.
(265) *JOCE* n° L 330, 9 déc. 1998. – V., en France, Ord. 29 août 2001.
(266) Cette directive repose sur une coordination des autorités de contrôle. Dans le secteur des assurances, cette collaboration ancienne est institutionnalisée par le protocole de Sienne, plusieurs fois remanié, V. le texte *in Code des assurances*, éd. Argus.
(267) V. le rôle de l'AEAPP et de l'AICA, Association internationale des contrôleurs d'assurance, notamment dans le cadre du Forum tripartite.

375. - **Procédures collectives.** La protection des assurés et des victimes impliquait un encadrement des règles de liquidation. Alors que les règles européennes d'insolvabilité de droit commun[(268)] maintiennent un certain éclatement des procédures, la spécificité de l'assurance a conduit aux principes opposés d'unité et d'universalité, avec compétence de principe au profit des autorités des États membres d'origine[(269)].

2° Les entreprises de réassurance

376. - **Agrément administratif des réassureurs ayant leur siège dans l'Union européenne.** La directive n° 2005/68 du 16 novembre 2005[(270)] a mis un terme au régime de liberté qui prévalait depuis la directive n° 64-225 du 25 février 1964. Désormais, les entreprises de réassurance autres que les entreprises d'assurance visées par les directives non-vie et vie doivent, lorsqu'elles ont leur siège dans l'Union européenne, se soumettre à un agrément administratif, à des contrôles (liens étroits, participations qualifiées), ou à des obligations prudentielles conçues sur le modèle de ce que connaissent les entreprises d'assurance. Il a fallu cependant tenir compte de certaines techniques particulières de réassurance qui constituent des techniques de transfert alternatif des risques (ART, *Alternative Risk Transfer*). En réassurance, cela peut concerner la titrisation, ou la réassurance dite « finite », dans laquelle le risque du réassureur est limité indépendamment des primes, et où sont mis en œuvre des procédés de lissage des couvertures en fonction des revenus financiers attendus. Il a fallu aussi tenir compte du caractère mondial du marché, et de l'activité dans l'Union européenne de réassureurs qui n'y ont pas établi leur siège social. Pour ceux-ci, un principe général a été posé selon lequel les États membres ne peuvent pas les favoriser par rapport aux entreprises agréées. Des conventions négociées par la Commission sont possibles.

3° Les intermédiaires d'assurance

377. - **Importance économique.** Les intermédiaires d'assurance jouent un rôle très important. Agents et courtiers sont les principaux distributeurs de l'assurance (les assureurs eux-mêmes utilisent peu la succursale, mais recourent souvent aux réseaux bancaires, qui sont alors intermédiaires d'assurance). Les agents, mandataires, sont des établissements de l'assureur, tandis que les courtiers, en principe indépendants, contribuent à la LPS. Ce n'est pas toujours le cas : nombre de courtiers sont captifs, et deviennent en fait (et donc en droit européen) des établissements de l'assureur dont ils sont en réalité les mandataires[(271)]. Une directive du 13 décembre 1976[(272)] avait insuffisamment rapproché les législations. L'exigence d'une qualification professionnelle, avec obligation d'immatriculation, est intervenue avec la directive n° 2002/92 du 9 décembre 2002[(273)]. Le statut des intermé-

(268) Règl. n° 1346/2000, 29 mai 2000 : *JOCE* n° L 160, 30 juin 2000, V. *infra*, n° 415.

(269) Dir. n° 2001/17, 19 mars 2001 concernant l'assainissement et la liquidation des entreprises d'assurance, adoptée dans le cadre du PASF : *JOCE* n° L 110, 20 avr. 2001 pour les banques.

(270) *JOUE* n° L 323, 9 déc. 2005 ; elle sera refondue dans la directive-cadre « Solvabilité II ».

(271) Recomm. 18 déc. 1991 : *JOCE* n° L 19, 28 janv. 1992.

(272) Dir. n° 77/92, 13 déc. 1976 : *JOCE* n° L 26, 31 janv. 1977.

(273) *JOUE* n° L 9, 15 janv. 2003 ; l'harmonisation est incomplète, mais suffisante pour que joue la reconaissance mutuelle.

diaires d'assurance sera renforcé à l'occasion de la refonte prévue de la directive n° 2002/92. Cette directive étendra le domaine de l'intermédiation (par ex., aux comparateurs d'assurance qui permettent de conclure des contrats, ou encore aux gestionnaires de sinistres), et accentuera les obligations d'information claire, adéquate, et loyale, avec prévalence des intérêts du client. L'évolution a commencé à se dessiner avec l'introduction dans la nouvelle directive « MIF 2 » n° 2014/65 du 15 mai 2014. Cette directive a modifié la directive n° 2002/92 pour édicter des règles plus contraignantes à propos des « produits d'investissement fondés sur l'assurance ». Ces produits sont uniquement ceux pour lesquels la durée de vie ou la valeur de rachat est exposée aux fluctuations du marché. La présentation de ces produits doit être claire, non trompeuse, honnête et loyale, et les intermédiaires doivent mettre en place des systèmes internes de prévention des conflits d'intérêts. Avec la réforme attendue relative aux PRIP'S (produits d'investissement en unités de compte ; V. *infra*, n° 378), l'information préalable des produits d'investissement assurantiels deviendra semblable à celle qui prévaudra pour les investissements sur les marchés financiers. L'intermédiaire devra donc devenir « proactif ».

B. – Les opérations d'assurance

378. – **Opérations d'assurance et marchés des produits financiers.** La notion d'opération d'assurance n'est pas définie dans les directives, et la Cour de justice a considéré qu'elle ne pouvait être interprétée de façon restrictive. En clair, tout ce qui entre dans les différentes branches de l'assurance, vie et non-vie, et qui est proposé par une entreprise d'assurance, relève de l'opération d'assurance[(274)]. Il en résulte que beaucoup d'opérations peuvent être présentées tantôt par une entreprise d'assurance, et tantôt par un établissement de crédit. C'est tout particulièrement le cas des produits liés à des titres, des indices, ou des actifs, c'est-à-dire des produits en unités de compte (*Unit Linked*). Ce sont les PRIP'S, ou *Packaged Retail Investment Products*. À leur égard, la Commission a présenté un « paquet » le 3 juillet 2012, qui, par une modification de la directive intermédiation, et par un règlement, obligera tous les présentateurs de PRIP'S à donner une information standardisée afin, d'une part, que les clients comprennent les limites du marché (produits bancaires comme produits d'épargne assurantiels) et, d'autre part, qu'ils reçoivent une information adéquate.

Pour le reste, demeurent les règles d'information contenues dans la directive n° 2009/138. Le droit de rétractation, prévu en assurance sur la vie, a aussi donné lieu à jurisprudence. La question était de savoir s'il pouvait être exercé aussi longtemps que l'information requise n'avait pas été donnée, et s'il pouvait être exercé même de mauvaise foi. Dans son arrêt *Endress*[(275)], la Cour de justice a répondu par l'affirmative en soulignant que ce droit de renonciation avait pour objectif économique de permettre à la demande de s'adresser à toutes les offres du marché. Un autre exemple peut être trouvé dans l'affaire dite du *bonus-malus* critiqué par la Commission, qui y voyait un système de fixation des primes prohibé (à l'époque)

(274) V. CJUE, 12 mars 2012, aff. C-166/11, *Alonso* : *RGDA* 2013, 551.
(275) CJUE, 19 déc. 2013, aff. C-209/13, *Endress c/ Allianz* : *RGDA* 2014, 132, note Parleani.

par la directive n° 92/49. Mais la Cour de justice n'a pas suivi la Commission, en relevant que les entreprises d'assurances, et notamment les nouveaux entrants, peuvent toujours fixer librement leurs primes initiales, ce qui leur permet d'accéder toujours au marché avec des arguments tarifaires concurrentiels. La Cour relève encore dans cet arrêt que le produit d'assurance est très spécifique, et que de nombreuses dispositions non harmonisées des droits nationaux (par ex., responsabilité civile) peuvent influer sur le montant des primes(276). Cet arrêt illustre la difficulté qu'il y aura à libérer les marchés de l'assurance au détail.

Les règles de conflit spécifiques, protectrices des assurés, ont figuré un temps dans les deuxièmes directives. Elles ont rejoint, sans guère de changement, le cadre de droit commun avec leur intégration dans le règlement « Rome I » sur la loi applicable aux obligations contractuelles. Pour le reste, les règles qui gouvernent les opérations d'assurance sont dans l'ensemble similaires à celles qui gouvernent les opérations bancaires. Il en va ainsi des dispositions relatives à la vente à distance des services financiers(277), ou au blanchiment des capitaux(278). Concernant le test de l'intérêt général, qui permet aux États de prestation de services d'opposer leur législation aux opérateurs agissant en LPS et revendiquant l'application de la loi de l'État d'origine, la Commission a publié une communication importante et détaillée le 16 février 2000(279).

379. – **Le secteur particulier de l'assurance automobile.** Il s'agit là bien sûr d'assurance dommages et responsabilité. Mais la circulation transfrontalière soulève des questions pratiques qui ont été résolues dans une série de directives relatives, à côté du système conventionnel de la carte verte, au domaine et au contenu de l'assurance obligatoire, qui doit valoir aujourd'hui pour toute l'Union européenne(280). Sans entrer dans les détails et sans forcer le trait, cette harmonisation est une des conditions évidentes de la liberté de circulation des personnes dans l'espace européen.

§ 3. – Les conglomérats financiers

380. – Les conglomérats financiers se sont constitués plus précocement en Europe qu'aux États-Unis d'Amérique. Ces derniers connaissaient des règles interdisant ces conglomérats pour des raisons prudentielles. Le *Gramm-Leach-Bliley Act* du 12 novembre 1999 a mis un terme à cette séparation capitalistique, tout en maintenant des règles de surveillance distinctes. Mais que ce soit en Europe ou aux États Unis, ces conglomérats sont des facteurs de risques particuliers. Les risques sont ceux d'une excessive concentration des opérations avec les seules entités liées, de la création d'actifs fictifs, ou de contournement des principes de gestion saine et prudente, ou encore de gouvernance.

(276) V. CJCE, 7 sept. 2004, aff. C-346/02, *Commission c/ France*, et aff. C-347/02, *Commission c/ Luxembourg* : *RFDA* 2004, 1046, note Parleani. – Comp., CJCE, 5 oct. 2004, aff. C-442/02, *Caixa Bank France* ; V. *supra*, nos 266, 353 et 359.
(277) V. *supra*, n° 361.
(278) V. *supra*, n° 364.
(279) *JOCE* n° C-43, 16 févr. 2000.
(280) V. Dir. 24 avr. 1972 : *JOCE* n° L 103, 2 mai 1972, les trois directives du 18 mai 1988 : *JOCE* n° L 181, 12 juill. 1988 ; celle du 14 mai 1990 : *JOCE* n° L 129, 19 mai 1990 et Comm. CE, déc. 21 déc. 1992 : *JOCE* n° L 16, 25 janv. 1993. – Dir. n° 2000/26, 16 mai 2000 : *JOCE* n° L 181, 20 juill. 2001, offrant une action directe aux victimes ; sur le contrôle de l'obligation d'assurances, Dir. n° 2009/103, 16 sept. 2009 : *JOUE* n° L 263, 7 oct. 2009.

Les conglomérats financiers sont actuellement régis par la directive n° 2002/87 modifiée du 16 décembre 2002. Les groupes d'assurance sont quant à eux régis par la directive n° 98/78 modifiée du 27 octobre 1998. Les groupes d'assurance sont constitués par une entreprise dominante (liens capitalistiques, ou contractuels forts et durables), dite « entreprise mère » (au sens de la directive n° 83/349), laquelle peut être une holding d'assurance (filiales principalement d'assurances), ou une holding mixte (au moins une entreprise d'assurance parmi les filiales), et des filiales ou entreprises liées opérant dans le secteur de l'assurance. En présence d'une domination en cascade, les principes du contrôle sont remontés au niveau de l'entreprise mère supérieure dont le siège est à l'intérieur de l'Union. En présence d'un groupe d'assurance ainsi défini, les contrôles de solvabilité sont globalisés pour toutes les entreprises d'assurance ou de réassurance, et un contrôleur de groupe d'assurance est désigné si le groupe opère dans plusieurs États membres. Le contrôle ne s'étend pas obligatoirement aux entreprises relevant d'États non-membres de l'Union européenne. Le principe est celui d'une évaluation d'ensemble, avec élimination des doubles emplois et de la création intragroupe de capital.

Des groupes d'assurance peuvent être en même temps des conglomérats financiers, et des conglomérats peuvent ne pas être des groupes d'assurance. Un conglomérat financier suppose à sa tête une entité réglementée, ou comprend au moins une entité réglementée, à la condition que les activités financières soient importantes. En raison de la diversité des chaînes de contrôle, un conglomérat peut être un groupe (ayant à sa tête une entité réglementée), ou un ensemble contrôlé dans lequel les activités financières sont importantes (en ce cas, le contrôle est détenu par une compagnie financière holding mixte). Le principe est celui de la surveillance complémentaire des entités réglementées au niveau du groupe ou du sous-groupe, avec surveillance particulière des fonds propres, de la concentration des risques, des transactions intragroupe, et des procédures internes de contrôle. Un contrôleur de groupe est désigné.

Lorsqu'un conglomérat est aussi régi par les règles applicables aux groupes d'assurance, le contrôleur de groupe peut n'appliquer que les seules règles prescrites par la directive n° 2002/87.

§ 4. – Le secteur des marchés financiers

381. – **Généralités.** Le droit des marchés financiers de l'Union européenne a pris son véritable essor à partir des traités de 1992 lorsque l'Union économique et monétaire s'est inscrite dans les objectifs européens. Plusieurs directives ont donné naissance à un véritable ordre public européen. Ces textes étaient nécessaires afin de protéger les investisseurs partout dans l'Union européenne, et d'assurer le bon fonctionnement des marchés financiers. Un marché financier européen fluide, transparent et sûr est une nécessité impérieuse.

Avant 1992, des textes importants, maintes fois modifiés depuis, furent toutefois adoptés : la directive du 5 mars 1979 visant à coordonner les conditions d'admission des valeurs mobilières aux cotes officielles des différentes bourses de la

Communauté(281) ; la directive du 17 mars 1980 concernant les conditions d'établissement, de contrôle et de diffusion du prospectus à publier pour l'admission de valeurs mobilières à la cote officielle d'une bourse de valeurs(282) ; la directive du 15 février 1982 relative à l'information périodique à publier par toute société dont les actions sont admises à la cote officielle d'une bourse de valeurs(283). On signalera également deux autres textes : la directive du 24 juin 1988 sur la libération des mouvements de capitaux(284), texte capital qui intéresse directement les investissements boursiers et la directive du 13 novembre 1989 sur le délit d'initiés(285). C'est la directive du 10 mai 1993 concernant les services d'investissements(286) (dite « directive DSI ») qui marque la naissance du droit financier européen. En effet, non seulement ce texte reconnaît aux entreprises d'investissement les libertés d'établissement et de prestations de services, mais il consacre également les services d'investissement en tant que notion autonome, aux côtés des services bancaires et des services d'assurance(287). Le droit financier continue cependant de cohabiter avec le droit bancaire, car les établissements de crédit sont les principaux prestataires de services d'investissement agréés(288) (les services financiers peuvent être aussi offerts par des sociétés spécialisées).

En mai 1999, la Commission européenne a lancé un important plan d'action pour les services financiers (PASF)(289) à la suite duquel de très nombreux textes furent adoptés. Tous les aspects des services d'investissement ont été concernés, que ce soit le statut des entreprises d'investissement, les produits offerts ou le régime du prospectus financier et des informations périodiques. L'objectif principal a consisté à instaurer une égalité de concurrence entre les acteurs et une protection accrue pour les investisseurs. On mentionnera plusieurs directives essentielles : la directive du 28 mai 2001 concernant l'admission de valeurs mobilières à la cote officielle et l'information à publier sur ces valeurs(290) ; la directive du 23 janvier 2003 (dite directive « Abus de marché »(291) ; la directive du 4 novembre 2003 concernant le prospectus à publier en cas d'offre au public de valeurs mobilières ou en vue de l'admission de valeurs mobilières à la négociation (dite directive « Prospectus »)(292) ; la directive du 21 avril 2004 sur les marchés d'instruments financiers (dite directive « MIF »(293)) ; la direc-

(281) Dir. n° 79/279 : *JOCE* n° L 66, 16 mars 1979. V. A. Boujeka, *Rép. sociétés* Dalloz, V° *Marchés financiers (Union européenne)*, juin 2010.
(282) Dir. n° 80/390 : *JOCE* n° L 100, 17 avr. 1980.
(283) Dir. n° 82/121 : *JOCE* n° L 48, 20 févr. 1982.
(284) Dir. n° 88/361 : *JOCE* n° L 178, 8 juill. 1988.
(285) Dir. n° 89/592 : *JOCE* n° L 334, 18 nov. 1989.
(286) Dir. n° 93/22 : *JOCE* n° L 141, 11 juin 1993.
(287) On notera aussi : Dir. n° 85/611/CEE, 20 déc. 1985 concernant les organismes de placement collectif en valeurs mobilières (OPCVM ; *JOCE* n° L 375, 31 déc. 1985) ; Dir. n° 88/627/CEE, 12 déc. 1989 relative aux informations à publier lors de l'acquisition ou de la cession d'une participation importante dans une société cotée en bourse (*JOCE* n° L 348, 17 déc. 1989) ; Dir. n° 89/298/CEE, 17 avr. 1989 concernant les conditions d'établissement de contrôle et de diffusion du prospectus à publier en cas d'offre publique de valeurs mobilières (*JOCE* n° L 124, 5 mai 1989).
(288) V. Dir. n° 93/6, 15 mars 1993 : *JOCE* n° L 141, 11 juin 1993.
(289) Doc. COM (1999), 232 final, 11 mai 1999 ; une nouvelle réflexion sur les objectifs à atteindre sera lancée en 2005 avec la publication d'un livre blanc sur les services financiers (Livre blanc – Politique des services financiers, 2005-2010, déc. 2005).
(290) Dir. n° 2001/34/CE : *JOCE* n° L 184, 6 juill. 2001 ; cette directive codifie quatre directives antérieures.
(291) Dir. n° 2003/6 : *JOUE* n° L 96, 12 avr. 2003.
(292) Et modifiant Dir. n° 2001/34/CE ; Dir. n° 2003/71/CE : *JOUE* n° L 345, 31 déc. 2003.
(293) Dir. n° 2004/39 concernant les marchés d'instruments financiers : *JOUE* n° L 145, 30 avr. 2004.

tive du 15 décembre 2004 sur l'obligation de transparence des émetteurs de titres admis à la négociation sur un marché réglementé (dite directive « Transparence »)[294]. Avec la crise économique et financière, qui sévit depuis 2008, de nouveaux besoins sont apparus. Ainsi, des autorités européennes de contrôle ont été créées, tout comme de nombreuses propositions de textes ont été élaborées afin de modifier les directives existantes, ou pour régir un nouveau domaine. La directive « MIF » a fait l'objet d'une refonte avec la directive du 15 mai 2014[295] ; il en est de même de la directive « Abus de marché » avec le règlement du 16 avril 2014[296]. Les directives « Prospectus » et « Transparence » ont été modifiées par les directives du 24 novembre » 2010[297], du 13 juillet 2009[298] et par celle du 22 octobre 2013[299]. De plus, la directive « AIFM » du 8 juin 2011 est venue régir pour la première fois les gestionnaires de fonds d'investissement alternatifs[300].

On verra successivement les opérateurs (A) et les opérations (B).

A. – Les opérateurs

382. – **Entreprises de marché.** La directive « MIF » du 21 avril 2004[301] (refondue en mai 2014) a profondément remanié le régime juridique des services d'investissement. Ce texte traduit d'ailleurs un changement d'approche puisqu'il opère une harmonisation maximale, les États membres n'ayant pas la possibilité de maintenir des règles différentes. La directive a substitué aux termes « prestataires de services d'investissement », ceux d'« entreprises d'investissement », notion plus souple. Par ailleurs, elle a aboli l'obligation de concentration des ordres qui imposait que les transactions relatives à un instrument financier admis à la négociation sur un marché réglementé, faites pour le compte d'un investisseur résidant dans un État, soient réalisées sur un marché réglementé par un membre de ce marché. À travers cette obligation, l'objectif était de garantir une égalité de traitement des investisseurs (ceux-ci acquérant des titres au même prix) et la transparence du marché. Pourtant, elle était susceptible d'entraver la libre circulation des services d'investissement de par la trop forte emprise des opérateurs sur les marchés réglementés (une telle obligation n'existe d'ailleurs pas aux États-Unis). Désormais, la suppression de cette obligation de concentration a eu pour conséquence une concurrence effective entre les marchés réglementés, les systèmes multilatéraux de négociation et les internalisateurs systématiques. Les systèmes multilatéraux de négociation (MTF)

---

(294) Dir. n° 2004/109, 15 déc. 2004 : *JOUE* n° L 390, 31 déc. 2004. – V. aussi Dir. n° 2002/47/CE, 6 juin 2002 concernant les contrats de garantie financière (*JOCE* n° L 168, 27 juin 2002). – Dir. n° 2009/1651/CE, 13 juill. 2009 portant coordination des dispositions législatives, réglementaires et administratives concernant certains organismes de placement collectif en valeurs mobilières (*JOUE* n° L 302, 17 oct. 2009). – Dir. n° 2011/61/UE, 8 juin 2011 sur les gestionnaires de fonds d'investissement alternatifs (dite « directive AIFM » : *JOUE* n° L 174, 1er juill. 2011).

(295) Dir. n° 2014/65/UE concernant les marchés d'instruments financiers et modifiant la directive n° 2002/92/CE, *JOUE* n° L 173, 12 juin 2014.

(296) Règl. n° 596/2014 sur les abus de marché et abrogeant les directives nos 2003/124, 2003/125 et 2004/72, *JOUE* n° L 173, 12 juin 2014.

(297) Dir. n° 2010/73/UE : *JOUE* n° L 327, 11 déc. 2010.

(298) Dir. n° 2009/65/CE : *JOUE* n° L 202, 17 oct. 2009.

(299) Dir. n° 2013/50/UE, 22 oct. 2013 : *JOUE* n° L 294, 6 nov. 2013.

(300) Dir. n° 2011/61/UE.

(301) Préc.

sont des plates-formes de négociation[302] qui sont alternatives aux marchés réglementés ; ils sont soumis à des règles plus souples. Quant aux internalisateurs systématiques, ils négocient, de façon organisée, fréquente et systématique, pour compte propre, en exécutant des ordres des clients, en dehors d'un marché réglementé ou d'un système multilatéral de négociation. Les entreprises de marché comprennent donc les entreprises d'investissement, les systèmes multilatéraux de négociation et les internalisateurs systématiques.

383. – **Directive « MIF 2 ».** Devant la nécessité, dans un contexte de crise financière, de renforcer la réglementation, notamment lorsque les transactions ont lieu de gré à gré, la nouvelle directive « MIF 2 » du 15 mai 2014[303] a créé une catégorie supplémentaire de plate-forme de négociation : les systèmes organisés de négociation (*Organised Trading Facilities*, ou OTF). Il s'agit d'un système multilatéral, autre qu'un marché réglementé ou un MTF (*Multilateral Trading Facility*), au sein duquel de multiples intérêts acheteurs et vendeurs exprimés par des tiers pour des obligations, des produits financiers structurés, des quotas d'émission ou des instruments dérivés, peuvent interagir d'une manière qui aboutisse à la conclusion de contrats[304]. Les systèmes organisés de négociation doivent, eux aussi, définir des règles d'accès transparentes et non discriminatoires. Cette même directive préconise la création de bases de données consolidées regroupant toutes les données de marché, cela afin de permettre aux investisseurs d'avoir connaissance des activités de post-négociation. Ce texte renforce également la protection des investisseurs, les entreprises d'investissement devant agir au mieux des intérêts de leurs clients et établir des politiques efficaces pour déterminer la catégorie de clients à laquelle les produits et services doivent être fournis.

384. – **Agrément.** Les entreprises d'investissement doivent obtenir un agrément délivré par l'autorité de l'État membre dans lequel elles ont leur siège statutaire. Cet agrément est reconnu de plein droit dans toute l'Union européenne (système du « passeport unique »). L'entreprise peut donc ouvrir des agences ou des succursales dans d'autres États membres, mais l'autorité compétente de l'État d'origine reçoit des informations afin de vérifier si le projet d'installation est viable et si les investisseurs sont protégés. Ensuite, les fonctions de contrôle sont réparties entre l'autorité de l'État d'accueil qui vérifie que les prestations de services d'investissement sont conformes à la réglementation européenne, et l'autorité de l'État du siège qui veille au respect des règles juridiques et prudentielles de fonctionnement de la succursale. Les entreprises d'investissement sont soumises à des exigences éthiques (honnêteté, professionnalisme, équité vis-à-vis de la clientèle), exigences qui gouvernent également le marché afin d'assurer son intégrité. Ainsi, les entreprises d'investissement doivent exécuter les ordres avec le consentement des clients, et d'après les conditions les plus favorables aux clients.

385. – **Prévention et gestion des défaillances.** Il convenait également d'édicter des règles relatives à la prévention et à la gestion des défaillances des entreprises

(302) On les désigne également « MTF » (*Multilateral Trading Facilities*).
(303) Préc.
(304) Dir. « MIF », art. 4, § 1, pt 23.

d'investissement. Lorsqu'elles adoptent la forme sociétaire, elles sont soumises aux prescriptions européennes en matière de comptabilité(305). Elles doivent aussi se conformer aux normes IFRS (*International Financial Reporting Standards*)(306). En outre, les entreprises d'investissement doivent détenir des fonds propres suffisants, car leurs activités peuvent les conduire à être confrontées à des risques. Les règles qui s'appliquent à ces entreprises sont les mêmes que celles qui régissent les établissements de crédit, ce qui s'explique par le fait que les activités bancaires et financières sont souvent exercées par les mêmes opérateurs et que les risques encourus sont similaires. Les règles ont été fixées par les directives n°s 2006/48 et 2006/49 du 14 juin 2006 (dont les dispositions sont désormais codifiées dans la directive n° 2013/36 du 26 juin 2013 concernant l'accès à l'activité des établissements de crédit et la surveillance prudentielle des établissements de crédit et des entreprises d'investissement)(307). Les entreprises d'investissement doivent communiquer aux autorités compétentes des documents justifiant l'adéquation de leurs fonds propres et leur exposition aux grands risques. Des règles sont prévues afin de sauvegarder les actifs des clients (notamment, mise en place de moyens d'identification des comptes de clients auprès de tiers et de dispositifs permettant de réduire les pertes des clients). La directive du 3 mars 1997(308) a prévu des systèmes d'indemnisation des investisseurs : les entreprises d'investissement doivent adhérer à un organisme public ou professionnel, qui reçoit des cotisations versées par ces dernières en proportion de leurs engagements (une indemnisation minimale de 20 000 € est fixée par client)(309). Les succursales ne peuvent offrir dans les États où elles sont implantées une garantie supérieure à celle qui est prévue dans l'État d'accueil, cela même si le système en vigueur dans l'État du siège est plus protecteur ; en effet, il convenait d'éviter que la concurrence entre les législations ne fausse celle entre les entreprises. Par ailleurs, les entreprises d'investissement doivent fixer par écrit une politique de gestion des conflits d'intérêts.

386. – Client professionnel. La clientèle des entreprises d'investissement est variée ; on y retrouve des entreprises privées, des collectivités publiques qui veulent émettre leurs titres sur les marchés financiers, des investisseurs institutionnels, des investisseurs professionnels et des consommateurs. Par client professionnel, la directive « MIF » vise le client qui possède l'expérience, les connaissances et la compétence nécessaires pour prendre ses propres décisions d'investissement et évaluer correctement les risques encourus. La directive fixe une liste énumérant les entités qui sont présumées avoir la qualité de client professionnel : établissements de crédit, entreprise d'assurance, organismes de placement collectif en valeurs mobilières (OPCVM), investisseurs institutionnels, entreprises industrielles et commerciales excédant certains plafonds. Les clients qui n'entrent pas dans cette liste demeurent toujours non-professionnels, sauf s'ils renoncent expressément à ce statut. Avant la fourniture de toute prestation, l'entreprise d'investissement doit

(305) V. *supra*, n° 309.
(306) Élaborées par l'*International Accounting Standards Board* (IASB).
(307) Dir. n° 2013/36 : *JOUE* n° L 176, 27 juin 2013.
(308) Dir. n° 97/9 relative aux systèmes d'indemnisation des investisseurs : *JOCE* n° L 84, 26 mars 1997.
(309) V. Prop. de dir. modifiant la directive n° 97/9, Doc. COM (2010), 371 final, juill. 2010.

avertir le client professionnel qu'il sera considéré comme tel. Ce dernier peut d'ailleurs demander à bénéficier de la protection bénéficiant aux clients non professionnels.

387. - **OPCVM.** Les organismes de placement collectif en valeurs mobilières (OPCVM) ont fait l'objet d'une directive en 1985, modifiée en 2001[310] et refondue par la directive du 13 juillet 2009[311]. Les OPCVM visés sont ceux qui offrent leurs titres au public, leur objet étant le placement collectif en valeurs mobilières (ou d'autres actifs financiers liquides) des capitaux recueillis auprès du public ; leur fonctionnement est régi par la répartition de risques ; les parts sont, sur simple demande des investisseurs, achetées ou remboursées. La directive de 2009 contient des règles minimales sur l'agrément, le contrôle, les structures, les activités et les informations publiées, les États membres étant libres de déterminer les règles prudentielles et les règles de conduite auxquelles sont assujettis les OPCVM implantés sur leur territoire. Les OPCVM doivent obtenir un agrément dans leur État d'origine afin de pouvoir offrir leurs produits dans toute l'Union européenne. Le dépositaire doit être implanté et agréé dans l'État membre de situation de l'OPCVM : en effet, le dépositaire détient les titres de l'OPCVM et contrôle les activités de la société de gestion. C'est l'autorité qui a délivré l'agrément qui opère un contrôle disciplinaire. Exceptionnellement, notamment en cas de risques encourus par les investisseurs, l'autorité de l'État d'accueil peut intervenir. La libre prestation de services des OPCVM est conditionnée à l'envoi d'une lettre de notification à l'autorité compétente de l'État d'origine, accompagnée d'une liasse de documents comprenant le règlement, le prospectus et, éventuellement, le dernier rapport annuel ou semestriel. Afin de protéger les investisseurs, les placements des OPCVM sont limités à certains types de titres. Surtout, une méthode de gestion des risques doit être mise en place pour contrôler et mesurer à tout moment le risque associé aux positions et la contribution de celles-ci au profil général du portefeuille. Enfin, les investisseurs sont informés, non seulement, comme le prévoit le droit européen, par le prospectus et les informations périodiques (rapports annuels et rapports semestriels), mais également par des « informations clés » qui impliquent une obligation d'information de nature précontractuelle.

La directive de 2009 a été modifiée par la directive du 13 juillet 2014[312] qui a introduit de nouvelles dispositions, notamment sur les entités éligibles à exercer la fonction de dépositaire d'OPCVM (banques centrales nationales, établissements de crédit et entités autorisées dans l'État membre d'origine et soumises à des règles prudentielles équivalentes), ainsi que sur la responsabilité du dépositaire

(310) Dir. n° 2001/107 concernant l'introduction d'une réglementation relative aux sociétés de gestion et aux prospectus simplifiés (*JOCE* n° L 41, 13 févr. 2001). – Dir. n° 2001/108 relative aux placements (*JOCE* n° L 41, 13 févr. 2001). – V. aussi Recomm. n° 2004/383, 27 avr. 2004 concernant l'utilisation des instruments financiers dérivés par les organismes de placement collectif en valeurs mobilières (OPCVM) : *JOUE* n° L 199, 7 juin 2004.

(311) Dir. n° 2009/65 portant coordination des dispositions législatives, réglementaires et administratives concernant certains OPCVM : *JOUE* n° L 302, 17 nov. 2009.

(312) Dir. n° 2014/91 modifiant la directive n° 2009/65/CE portant coordination des dispositions législatives, réglementaires et administratives concernant certains organismes de placement collectif en valeurs mobilières (OPCVM) pour ce qui est des fonctions de dépositaire, des politiques de rémunération et des sanctions, *JOUE* n° L 257, 28 août 2014.

(perte d'instruments financiers). De surcroît, le nouveau texte encadre les rémunérations des gestionnaires pour éviter la prise de risque excessive, en reprenant le dispositif prévu en matière bancaire[(313)].

388. – **Fonds d'investissement alternatifs.** Les fonds d'investissement alternatifs, c'est-à-dire l'ensemble des fonds d'investissement qui n'entrent pas dans le champ d'application de la directive sur les OPCVM (*hedge funds*, fonds de capital investissement, fonds immobiliers, etc.), ont également retenu l'attention des autorités de l'Union européenne ; il était en effet nécessaire de les assujettir à un texte européen au regard de leurs activités très spéculatives. Ils ont fait l'objet d'une directive en 2011[(314)].

389. – **Coopération entre autorités nationales de surveillance.** Les autorités nationales de surveillance doivent travailler en étroite collaboration avec celles des autres États. La directive « MIF » précise les pouvoirs et les obligations résultant de cette collaboration. Les pays tiers ne sont pas oubliés puisque des accords peuvent être conclus avec les autorités de ces derniers. La protection des informations communiquées et le secret professionnel doivent toutefois être garantis.

390. – **Autorité européenne des marchés financiers.** La crise financière de 2008 a mis en exergue la nécessité de créer des autorités européennes de surveillance. Il était important d'intervenir en ce domaine, car il s'agit d'un secteur économique clé. Dès lors, le Comité européen des régulateurs de valeurs mobilières, créé en 2001, et rénové en profondeur en 2009[(315)], a été absorbé, en novembre 2010, par l'Autorité européenne des marchés financiers (AEMF)[(316)]. En fait, ce sont trois nouvelles autorités européennes de surveillance qui furent créées, l'Autorité bancaire européenne et l'Autorité européenne des assurances et des pensions professionnelles venant s'ajouter à l'AEMF[(317)]. La création de ces autorités marque un véritable tournant, notamment en raison du transfert de compétences qui s'est réalisé des États membres vers l'Union européenne. L'AEMF dispose des pouvoirs qui étaient reconnus au Comité européen des régulateurs de valeurs mobilières, mais se voit aussi accorder de nouvelles prérogatives. Elle peut ainsi élaborer des normes techniques : il s'agit soit de nornes

(313) Dir. CRD III et IV (création d'un comité de rémunération ; rémunérations variables subordonnées à des conditions de performance ; report d'au moins 40 % du paiement de la rémunération variable sur une période de trois ans ; rémunérations variables composées de parts ou d'actions de l'OPCVM à hauteur de 50 % ; mise en place d'une politique de rétention appropriée).

(314) Dir. n° 2011/61, 8 juin 2011 dite AIFM (*Alternative Investment Fund Manager*) sur les gestionnaires de fonds d'investissement alternatifs (FIA) et modifiant les directives n°s 2003/41/CE et 2009/65/CE ainsi que les règlements (CE) n°s 1060/2009 et (UE) 1095/2010 : *JOUE* n° L 174, 1er juill. 2011 ; V. *supra*, n° 355.

(315) Ce comité est issu des recommandations du groupe des sages présidé par A. Lamfalussy (V. Comm. CE, déc. 6 juin 2001, n° 2001/527 : *JOCE* n° L 191, 13 juill. 2001).

(316) Règl. n° 1095/2010, 24 nov. 2010 instituant une autorité européenne de surveillance (Autorité européenne des marchés financiers) : *JOUE* n° L 331, 15 déc. 2010.

(317) Règl. n° 1093, 24 nov. 2010 instituant une autorité européenne de surveillance (Autorité bancaire européenne) et Règl. n° 1094, 24 nov. 2010 instituant une autorité européenne de surveillance (Autorité européenne des assurances et des pensions professionnelles) : *JOUE* n° L 331, 15 déc. 2010. – Dir. n° 2014/51/UE, 16 avr. 2014 mod. Dir. n°s 2003/71 et 2009/138 et Règl. n°s 1060/2009, 1094/2010 et 1095/2010 en ce qui concerne les compétences de l'Autorité européenne de surveillance (Autorité européenne des assurances et des pensions professionnelles) et de l'Autorité européenne de surveillance (Autorité européenne des marchés financiers), dite « Omnibus II » : *JOUE* n° 153, 22 mai 2014. – V. Dir. n° 2010/78, 24 nov. 2010, dite « Omnibus I » (*JOUE* n° L 331, 15 déc. 2010).

techniques de réglementation qui complètent, ou modifient, certains éléments non essentiels de l'acte législatif, soit de normes techniques d'exécution qui ont pour objet de mettre en œuvre les actes législatifs. En outre, l'AEMF doit veiller à l'application cohérente de la réglementation européenne ; elle dispose alors du pouvoir d'émettre des recommandations. Dans le délai de deux mois suivant l'émission d'une recommandation, chaque autorité nationale doit indiquer si elle la respecte. Les autorités nationales sont donc fortement incitées à respecter les recommandations ; du reste, le rapport annuel de l'AEMF doit répertorier, pour chacune d'entre elles, les autorités qui ne les respectent pas. De surcroît, en cas de différends entre autorités nationales, l'AEMF peut intervenir par une conciliation et, en cas d'échec, régler le litige par une décision individuelle. La possibilité de prendre des décisions individuelles constitue, en effet, l'une de ses prérogatives. Ces décisions peuvent être prises à l'égard tant des autorités nationales compétentes que des acteurs des marchés financiers. Elles concernent trois hypothèses. D'une part, lorsqu'une action coordonnée des autorités nationales est nécessaire en réponse à des circonstances défavorables qui risquent de compromettre gravement le bon fonctionnement et l'intégrité des marchés financiers, l'AEMF peut arrêter des décisions individuelles imposant à une autorité nationale l'obligation de prendre des mesures nécessaires. Si une autorité nationale ne se conforme pas à la décision individuelle (ou à une norme technique de réglementation ou d'exécution), l'AEMF peut, en cas d'urgence, prendre une décision individuelle à l'égard d'un des acteurs des marchés financiers. D'autre part, s'il existe un désaccord entre des autorités nationales de différents États membres, et si ces dernières n'ont pas trouvé un accord au terme de la phase de conciliation, l'AEMF peut arrêter une décision individuelle leur imposant de prendre des mesures précises ou de s'abstenir d'agir. Si l'autorité nationale ne se conforme pas à la décision individuelle, l'AEMF peut, également dans cette hypothèse, prendre une décision individuelle à l'égard d'un des acteurs des marchés financiers. Enfin, lorsqu'une autorité nationale n'a pas respecté le droit de l'Union, et qu'elle n'a pas pris en compte la recommandation que l'AEMF lui a envoyée à cet effet, cette dernière peut prendre une décision individuelle à l'égard d'un acteur des marchés financiers lui imposant de prendre les mesures nécessaires pour respecter les obligations européennes lui incombant. Ces décisions ayant un caractère contraignant, il était nécessaire que les justifiables disposent d'une garantie de recours. Par conséquent, ces décisions peuvent faire l'objet d'un recours devant la commission de recours qui est un organe commun aux trois autorités européennes de surveillance.

391. – **Coopération entre autorités européennes de surveillance.** Afin de prévenir les risques à dimension transfrontalière, l'AEMF doit collaborer avec l'Autorité bancaire européenne, l'Autorité européenne des assurances et des pensions professionnelles et le Comité européen du risque systémique. Un comité mixte entre les autorités des trois secteurs a été créé.

392. – **Comité européen du risque systémique.** Le rôle du Comité européen du risque systémique (CERS) consiste à analyser et prévenir les risques susceptibles

de conduire à la crise de l'ensemble du système financier, le risque systémique pouvant être défini comme « un risque de déséquilibre de grande ampleur qui résulte de l'apparition de dysfonctionnements dans les systèmes bancaires et financiers, lorsque l'interaction des comportements individuels, au lieu de déboucher sur des ajustements correcteurs, porte atteinte aux équilibres économiques généraux »(318). Ce comité, qui n'a pas la personnalité morale, devrait donc renforcer les mécanismes d'alerte de crise financière au sein de l'Union européenne. Les analyses du comité constituent, en principe, des recommandations non contraignantes et non publiées. En vertu du principe *comply or explain* (« appliquer ou expliquer »), le destinataire doit, à défaut de les appliquer, expliquer les raisons pour lesquelles, il refuse de les respecter. Le comité collabore avec le Système européen de surveillance financière (SESF).

393. – **Système européen de surveillance financière.** Le Système européen de surveillance financière regroupe la Commission européenne, les trois autorités européennes des services financiers, leur comité mixte, ainsi que les autorités nationales de contrôle dans les trois secteurs des services financiers. Il s'agit d'un « super réseau européen de surveillance financière », qui a pour mission essentielle d'élaborer des positions communes.

B. – Les opérations

394. – **Produits financiers.** L'ensemble des produits financiers est concerné par le droit européen : actions ; obligations ; droits permettant d'acquérir des actions et des obligations par voie de souscription, d'achat ou d'échange ; titres dérivés (instruments financiers, dont la valeur fluctue en fonction de l'évolution du taux ou du prix d'un produit appelé sous-jacent : par ex., action cotée en bourse obligations, indice boursier) ; titres structurés (à savoir l'incorporation d'une créance dans un titre à des fins de financement ou de gestion de bilan)(319).

395. – **Notion de marché.** Même si les autorités de l'Union européenne désirent promouvoir les systèmes alternatifs de négociation, la notion de marché réglementé reste un élément central des services d'investissement. La directive « MIF » fournit une définition en son article 4, § 1, point 21 : il s'agit d'un système multilatéral qui est exploité, ou géré, par l'opérateur de marché, et qui assure, ou facilite, la rencontre d'offres et de demandes afin d'aboutir à la conclusion de contrats portant sur des instruments financiers admis à la négociation(320). Ce marché présente trois caractéristiques : il est soumis à une autorisation publique préalable ; il est exploité par des catégories de professionnels déterminés ; il dispose d'un pouvoir d'autoréglementation, mais celui-ci est encadré. Afin de protéger les investisseurs, l'existence de ce marché doit être portée à la connaissance du public.

(318) Commission bancaire, *La prise en compte du risque systémique clans la surveillance prudentielle des établissements de crédit*, Rapport pour 1991, p. 183.

(319) V. aussi, sur la vente à découvert et les contrats d'échange sur risque de crédit, Règl. n° 236/2012, 14 mars 2012 (*JOUE* n° L 86, 24 mars 2012).

(320) Par opérateur de marché, il faut entendre « une ou plusieurs personnes gérant et/ou exploitant l'activité d'un marché réglementé » (Dir. « MIF », art. 4, § 1, pt 18).

396. – **Admission à la négociation sur un marché réglementé.** Le régime de l'admission à la négociation sur un marché réglementé relève de la directive du 28 mai 2001 concernant l'admission de valeurs mobilières à la cote officielle et l'information à publier sur ces valeurs(321). Celle-ci contient, en effet, des dispositions ayant trait aux conditions générales d'admission ainsi qu'aux conditions spécifiques. Concernant les premières, les seules exigences requises sont celles de la directive ; il s'agit, afin d'assurer une égalité de traitement, d'éviter qu'un État membre pose une restriction. Pourtant, un État membre peut poser des conditions supplémentaires ou plus strictes que celles posées par la directive dès lors que ces dernières sont d'application générale, qu'elles s'appliquent à tous les émetteurs ou catégories d'émetteurs et qu'elles sont publiées avant la demande d'admission des titres concernés. L'autorité nationale compétente doit rejeter la demande d'admission si l'intérêt des investisseurs risque d'être lésé. La directive détermine les sanctions de la violation des conditions générales d'admission (notamment, suspension de la négociation des titres qui présentent un risque ; radiation de ces titres ; mesures de publicité). Aux conditions générales, la directive ajoute des conditions particulières : capitalisation boursière d'au moins un million d'euros ; dépôt (ou publication) des comptes annuels des trois derniers exercices ; caractère négociable des titres ; en cas d'émission d'obligations, montant minimal de l'emprunt obligataire qui doit être de 20 000 € et existence d'un marché suffisant. L'autorité nationale compétente doit prendre sa décision dans les six mois suivant la demande, l'émetteur disposant, en cas de refus (ou de radiation), d'un recours juridictionnel.

397. – **Encadrement des négociations. Exécution des ordres de transfert entre participants. Garanties financières.** Selon la directive « MIF », les conditions d'accès aux marchés réglementés sont déterminées par ces derniers. Cependant, leur constitution et leur fonctionnement, les transactions conclues, les normes professionnelles qui s'appliquent, la compensation et le règlement des transactions, doivent obéir à des règles transparentes et non discriminatoires. Par ailleurs, les marchés réglementés doivent prendre des dispositions afin que les opérateurs de marché puissent intervenir à distance depuis d'autres États membres. Une information doit également être délivrée par les marchés sur le volume et le prix des transactions. Enfin, les entreprises d'investissement doivent exécuter les ordres rapidement, et aux conditions les plus favorables pour leurs clients(322).

Les opérations sur titres impliquent la participation à des systèmes de paiement, de compensation et de transfert. Or, de tels systèmes présentent des risques – dits systémiques – en raison de la compensation multilatérale. Il convenait dès lors de prévoir des règles afin que les systèmes internes et transfrontaliers de règlements d'opérations sur titres (c'est-à-dire les accords formels entre participants en vue

(321) Préc. ; mod. par Dir. n° 2005/1, 9 mars 2005 : *JOUE* n° L 79, 24 mars 2005.

(322) Les délais d'exécution des ordres doivent être harmonisés non seulement par souci de transparence et dans l'intérêt des clients, mais aussi en raison de l'interconnexion des marchés et des plates-formes, et des systèmes de règlements des transactions sur titres. Ces délais devront être compatibles avec le système *Target 2 Securities* (V. par ex. Ord. n° 2014/863, 31 juill. 2014). Sur le champ d'application de l'obligation d'évaluation des risques clients, V. CJUE, 30 mai 2013, aff. C-604/11, *Genil 48 SL et Comercial Hostelera de Grandes Vinos SL*.

de l'exécution des ordres de transfert) soient efficaces et rentables. La directive du 19 mai 1998[323], plusieurs fois modifiée[324], prévoit deux mesures principales : après expiration d'un délai, l'ordre de paiement est irrévocable[325] ; afin que l'exécution des ordres de transfert entre systèmes soit possible, les systèmes de paiement doivent être interopérables.

Le 23 juillet 2014, un règlement n° 909/2014[326] a une nouvelle fois modifié la directive n° 98/26 pour sécuriser les opérations de règlement de titres. Il fallait tenir compte du risque de défaillance d'un participant (risque systémique), et du risque de défaut ou de retard de règlement. D'où l'obligation d'agrément (avec régime de la licence unique) pour les dépositaires centraux de titres (DCT), avec l'obligation pour eux de respecter des principes organisationnels, de gouvernance (honorabilité, compétence, administrateurs indépendants, comités d'utilisateurs, ce qui est une nouveauté), de transparence dans les conditions d'accès, et d'intégrité comptable. Les règles prudentielles visent à mettre en place des règles de contrôle internes destinées à prévenir les risques (généraux ou de perte) suscités par l'activité. Les fonds propres demeurent essentiels, et doivent être proportionnels à l'activité. Un problème important vient des liens et des réseaux entre DCT. Les réseaux de DCT sont en effet nécessaires dans un marché européen décloisonné. Le risque systémique a conduit à imposer un agrément de ces liens. L'accès des émetteurs ou des autres DCT aux services d'un DCT est évidemment nécessaire, et le règlement prévoit les principes applicables en cas de refus, en considération des risques encourus par le DCT.

Il était nécessaire, enfin, que les garanties financières soient efficaces dans un cadre transfrontalier. Par conséquent, les textes européens limitent au maximum les exigences requises pour que la garantie financière soit opposable[327], tout comme ils invitent les États membres à la soustraire de la procédure collective ouverte à l'encontre du constituant, cela afin que sa réalisation ne soit pas entravée.

398. - **Prospectus financier.** Le régime juridique du prospectus est défini dans la directive n° 2003/171 ; il s'agit d'un document, diffusé avant une offre au public, qui regroupe les informations relatives à l'émetteur et aux instruments financiers qui seront offerts (notamment, caractéristiques essentielles de l'émetteur ; risques les plus importants encourus par ce dernier). Il est valable pendant les douze mois qui suivent son approbation par l'autorité nationale compétente. Il est publié par l'émetteur dans un journal à diffusion nationale ou à large diffusion du pays de négociation, par le biais d'imprimés gratuits dans les bureaux des marchés, des émetteurs ou intermédiaires, ou sur format électronique sur des sites web de l'émetteur, des marchés, ou de l'autorité compétente concernée[328]. Le prospectus est valable

(323) Dir. n° 98/26 concernant le caractère définitif du règlement dans les systèmes de paiement et le règlement des opérations sur titres : *JOCE* n° L 166, 11 juin. – V. aussi Dir. préc., 6 juin 2002 concernant les contrats de garantie financière.
(324) Dir. n° 2002/47, 6 juin 2002 : *JOCE* n° L 168, 27 juin 2002. – Dir. n° 2009/44, 6 mai 2009 : *JOUE* n° L 146, 10 juin 2009.
(325) Il s'agit d'éviter les conséquences de l'ouverture d'une procédure d'insolvabilité à l'encontre d'un participant.
(326) *JOUE* n° L 257, 28 août 2014.
(327) V. Dir. n° 98/26, préc. – Dir. n° 2002/47, mod. par Dir. n° 2009/44.
(328) Sur les conditions d'accessibilité des informations requises dans les prospectus de publication sur Internet, CJUE, 15 mai 2014, aff. C-359/12, *Timmel*.

dans tous les États membres dans lesquels les titres sont offerts au public, à condition toutefois que l'autorité compétente de l'État d'accueil reçoive notification d'un certificat d'approbation émis par l'autorité de l'État d'origine(329). Ce prospectus a fait l'objet de critiques, notamment parce qu'il est trop complexe et trop cher. Par conséquent, la directive du 24 novembre 2010(330), modifiant la directive « Prospectus », a prévu différentes mesures afin d'alléger les charges pesant sur les émetteurs et les intermédiaires : standardisation du format, du contenu du prospectus et de son résumé de base ; suppression des déclarations qui font double emploi avec la directive « Transparence » ; élargissement du champ des opérations qui ne nécessitent pas de prospectus. Les autorités de l'Union européenne n'ont pas été jusqu'à imposer aux émetteurs la traduction du prospectus dans toutes les langues des États dans lesquels sont offerts au public les titres, car son coût aurait été susceptible d'entraver la réalisation du marché intérieur(331).

399. - **Information financière périodique.** Une information sur les émetteurs est également nécessaire afin que les investisseurs soient suffisamment éclairés lorsqu'ils prennent la décision d'acquérir tels ou tels titres(332). Tel est l'objet de la directive « Transparence »(333), texte d'harmonisation minimale (du moins en ce concerne le pays d'origine de l'information), qui fixe des obligations d'information à la charge des émetteurs de titres admis à la négociation sur un marché réglementé.

La directive prévoit des informations périodiques ainsi que des informations continues(334). Les informations périodiques s'opèrent par le biais des documents suivants : le rapport financier annuel, mis à la disposition du public pendant dix ans (dans ce rapport, on y trouve les états financiers, le rapport de gestion et une déclaration d'engagement de saine gestion comptable émanant des dirigeants) ; le rapport financier semestriel, également tenu à la disposition du public pendant dix ans (qui comprend des états financiers résumés, un rapport de gestion intermédiaire et la déclaration précitée) ; les déclarations intermédiaires, émanant deux fois par an

(329) V. CJUE, 19 déc. 2013, aff. C-174/12, *Alfred Hirmann* : la réglementation autrichienne transposant les directives « Prospectus », « Transparence » et « Abus de marché » prévoit la responsabilité de la société anonyme, en qualité d'émetteur, à l'égard du cessionnaire d'actions, en raison de la violation des obligations d'information prévues par ces textes, et en particulier, l'obligation de rembourser à l'acquéreur le montant correspondant au prix d'acquisition. Il s'agissait de savoir si cette réglementation nationale était conforme à la deuxième directive sur le capital social (Dir. n° 77/91, désormais codifiée dans la directive n° 2012/30 ; V. *supra*, n° 307) ; en effet, la société invoquait que l'obligation de rembourser le prix d'acquisition des titres, majoré des intérêts, en contrepartie de la restitution de ces titres, était contraire à l'exigence du maintien du capital des sociétés anonymes. Logiquement, la Cour de justice considère que le dispositif n'est pas contraire à cette directive car elle ne concerne que les rapports internes de la société et des actionnaires. De plus, elle souligne que les directives « Prospectus », « Transparence » et « Abus de marché » laissent aux États membres une marge d'appréciation importante pour déterminer les sanctions en cas de non-respect de leurs dispositions, Par conséquent, le régime de la responsabilité de l'émetteur relève de la compétence des États membres.

(330) Dir. n° 2010/73/UE : *JOUE* n° L 327, 11 déc. 2010.

(331) Si les titres ne sont émis que dans l'État d'origine, la langue du prospectus est celle qui est acceptée par l'autorité nationale compétente. Si les titres sont émis dans l'État d'origine et dans plusieurs États membres, le prospectus est écrit dans la langue de l'État d'origine ainsi que dans une langue couramment utilisée dans la sphère de la finance internationale. Si les titres ne sont pas émis dans l'État d'origine, mais dans d'autres États, l'émetteur choisit soit une langue couramment utilisée dans la sphère de la finance internationale, soit dans une langue acceptée par les autorités de l'État d'accueil, ces dernières ne pouvant exiger que la seule traduction du résumé (Dir. « Propectus », art. 19).

(332) V. A. Sotiropoulou, *Les obligations d'information des sociétés cotées en droit communautaire*, préf. A. Couret, A. Prüm, éd. Larcier, 2012.

(333) Dir. n° 2004/109, mod. Dir. n° 2010/73, 24 nov. 2010 et n° 2013/50, 22 oct. 2013.

(334) Le texte ne s'applique pas aux parts émises par les OPCVM et aux parts acquises ou cédées dans le cadre des OPCVM.

de la direction, qui contiennent une description générale de la situation financière de l'émetteur et de ses filiales, ainsi qu'une explication des évènements et transactions importants, leur incidence sur l'émetteur et ses filiales. Afin d'alléger les obligations pesant sur les petites et moyennes entreprises et de réduire leur charge administrative, la directive du 22 octobre 2013[335] ne rend plus obligatoire la publication d'informations trimestrielles[336].

Les informations continues ont trait aux franchissements de seuils ainsi qu'aux modifications des droits attachés aux différentes catégories de titres.

Par conséquent, les informations délivrées sont nombreuses. On peut regretter cependant que les autorités de l'Union européenne aient encore ici conçu l'obligation de traduction comme une entrave à supprimer. En cas d'admission à la négociation dans un ou plusieurs États membres, dans l'État d'accueil, l'émetteur a le choix entre la langue acceptée par les autorités locales. et celle couramment admise dans l'univers de la finance internationale.

400. - **Abus de marché.** Les marchés financiers ne peuvent fonctionner correctement s'il n'existe pas une égalité de traitement entre les investisseurs dans l'accès à l'information financière. Certains d'entre eux peuvent effectivement bénéficier, par leur position, d'informations privilégiées. La directive « Abus de marché » du 23 janvier 2003[337], qui a abrogé la précédente directive du 13 novembre 1989 portant sur les opérations d'initiés[338], a eu par conséquent pour objectif d'éviter toute forme de manipulation illicite des marchés[339]. Elle a récemment été remplacée par le règlement n° 596/2014 du 16 avril 2014, et par une directive n° 2014/57 du même jour[340].

Le texte du règlement établit un cadre commun pour les opérations d'initiés, la divulgation illicite d'informations privilégiées et les manipulations de marché[341]. Il contient aussi des dispositions afin d'assurer la transparence du marché, ce qui est sans aucun doute la meilleure prévention. Ainsi, en ce concerne les opérations d'initiés, les émetteurs doivent dévoiler au public le plus rapidement possible les informations privilégiées les concernant.

L'information privilégiée est définie comme étant une information à caractère précis qui n'a pas été rendue publique, qui concerne, directement ou indirectement, un ou plusieurs émetteurs, ou un ou plusieurs instruments financiers, et qui, si elle était rendue publique, serait susceptible d'influencer de façon sensible le cours des

(335) Préc.

(336) Le texte laisse toutefois la possibilité aux États membres d'exiger des émetteurs des informations financières périodiques complémentaires sur une base plus fréquente que les rapports annuels et semestriels, dès lors que les informations ne constituent pas une charge disproportionnée pour les PME et que leur contenu est proportionné aux facteurs contribuant à la prise de décision d'investissements.

(337) Dir. n° 2003/6 sur les opérations d'initiés et les manipulations de marché (abus de marché) : *JOUE* n° L 96, 12 avr. 2003 (complétée par les directives d'application du 22 décembre 2003. – Dir. n° 2003/124 : *JOUE* n° L 339, 24 déc. – Dir. n° 2003/125 : *JOUE* n° L 339, 24 déc. 2003. – Et par Dir. n° 2004/72 : *JOUE* n° L 162, 30 avr. 2004).

(338) Préc.

(339) Comme le précise la Cour de justice, l'opération d'initiés porte atteinte à l'intégrité des marchés financiers et à la confiance des investisseurs (CJUE, 29 déc. 2009, aff. C-45/08, *Spector Photo Group et Van Raemdonck*).

(340) Règl. (UE) n° 596/2014, 16 avr. 2014 sur les abus de marché et abrogeant les directives n°s 2003/124, 2003/125 et 2004/72 de la Commission, et Dir. n° 2014/57 sur les sanctions pénales : *JOUE* n° L 173, 12 juin 2014.

(341) Pour la possibilité, pour un initié, de communiquer des informations privilégiées à des tiers dans le cadre de l'exercice normal de ses fonctions, V. CJCE, 22 nov. 2005, aff. C-384/02, *Grongard et Bang*).

instruments financiers concernés ou le cours d'instruments financiers dérivés qui leur sont liés (Règl. n° 596/2014, art. 7.1)[342]. Le règlement précise ainsi que constitue une opération d'initié le fait qu'une personne détient une information privilégiée et en fait usage en acquérant ou en cédant, pour son propre compte ou pour le compte d'un tiers, directement ou indirectement, des instruments financiers auxquels cette information se rapporte (Règl. n° 596/2014, art. 8). Est également une opération d'initié l'utilisation d'une information privilégiée pour annuler ou modifier un ordre concernant un instrument financier auquel cette information se rapporte, lorsque l'ordre avait été passé avant que la personne concernée détienne l'information privilégiée. Il en est de même pour le fait de recommander à une autre personne d'effectuer une opération d'initié, ou le fait d'inciter une autre personne à effectuer une opération d'initié. De plus, le règlement encadre les sondages de marché (Règl. n° 596/2014, art. 11) : le participant au marché communicant devra évaluer au préalable si le sondage impliquera la divulgation d'informations privilégiées.

Le dispositif s'applique à toute personne qui possède une information privilégiée du fait qu'elle est membre des organes d'administration, de gestion ou de surveillance de l'émetteur ou qu'elle détient une participation dans le capital de l'émetteur, ou a accès aux informations en raison de l'exercice de tâches résultant d'un emploi, d'une profession ou de fonctions, ou encore participe à des activités criminelles (Règl. n° 596/2014, art. 8, § 4). Il vise aussi toute personne qui possède une information privilégiée dans d'autres circonstances lorsque cette personne sait ou devrait savoir qu'il s'agit d'une information privilégiée[343]. Lorsque la personne est une personne morale, ces mesures s'appliquent aux personnes physiques qui participent à la décision de procéder à l'acquisition, à la cession, à l'annulation ou à la modification d'un ordre pour le compte de la personne morale concernée.

S'agissant des manipulations de marchés (par ex., émission d'ordres destinée à tromper le public ; diffusion, en connaissance de cause, d'informations trompeuses sur les instruments financiers), la notion a été précisée dans le règlement (Règl. n° 596/2014, art. 12). Entre notamment dans cette catégorie le fait de transmettre des informations fausses ou trompeuses ou de fournir des données fausses ou trompeuses sur un indice de référence lorsque la personne qui a transmis ces informations ou fourni ces données savait ou aurait dû savoir qu'elles étaient fausses ou trompeuses, ou encore tout autre comportement constituant une manipulation du calcul d'un indice de référence. Les stratégies abusives, par le biais de la négociation haute fréquence, sont également interdites.

Le règlement prohibe aussi les tentatives d'opérations d'initiés, de divulgations illicites d'informations privilégiées et de manipulations de cours (Règl. n° 596/2014, art. 14 et 15). Les autorités de régulation de l'État membre pourront prendre des sanctions pécuniaires administratives d'un montant d'au moins trois fois le montant

(342) Le règlement vise les instruments financiers négociés sur un marché réglementé, un système multilatéral de négociation ou sur un système organisé de négociation.

(343) Sous l'empire de la précédente directive, la Cour de justice a pu préciser qu'un élément moral n'avait pas à être prouvé (CJUE, 29 déc. 2009, *Spector Photo Group*, préc) : en effet, la réunion des éléments matériels conduit à considérer que l'existence de l'élément moral est présumée ; de plus, l'exécution d'une opération de marché, grâce à l'obtention de l'information privilégiée, implique nécessairement l'existence de l'élément moral.

de l'avantage retiré de la violation, ou des pertes qu'elle a permis d'éviter (quand ces montants peuvent être déterminés, Règl. n° 596/2014, art. 30, § 2).

La directive n° 2014/57 du 16 avril 2014(344), qui accompagne le règlement, établit des règles minimales en matière de sanctions pénales applicables aux abus de marché (amendes, peines de prison d'au moins quatre ans pour les opérations d'initiés ou les manipulations de marché, et de deux ans pour la divulgation irrégulière d'informations privilégiées). Elle fixe également le régime de responsabilité des personnes morales en la matière.

401. – **Consommateurs.** Lorsque les consommateurs concluent des contrats portant sur des services financiers avec des fournisseurs situés dans un autre État membre, ils doivent être protégés. Tel est l'objet de la directive du 23 septembre 2002 qui porte sur la commercialisation à distance de services financiers auprès des consommateurs(345). Elle concerne la banque, l'assurance, et les services des marchés financiers. Cette directive, qui est un texte d'harmonisation maximale, prévoit plusieurs mesures spécifiques. Les services financiers se traduisant par leur inscription en compte, il y a lieu d'appliquer également la directive du 8 juin 2000 sur le commerce électronique(346). La loi applicable aux contrats à distance portant sur les services financiers est celle du pays de résidence habituelle du consommateur, sauf si les parties en disposent autrement(347) ; le juge compétent, en cas de litige, est celui du pays du consommateur(348). En 2001, la commission a créé un mode alternatif de règlement des litiges – le réseau Fit-Net – qui facilite le règlement des litiges : le consommateur adresse sa réclamation au membre du réseau implanté sur le territoire de sa résidence, ce dernier transmettant alors la réclamation à l'organe compétent de l'État d'implantation du fournisseur de services financiers.

402. – **Offres publiques d'achat et d'échange.** La treizième directive relative aux offres publiques d'acquisition du 21 avril 2004(349) a été adoptée après une longue gestation, la première proposition datant de 1989. Les différentes propositions se sont, en effet, heurtées à des pratiques émanant de certains États, notamment le Royaume-Uni et l'Allemagne, qui empêchaient pratiquement toute offre inamicale par une société de droit étranger sur leurs sociétés. De plus, l'Allemagne et les Pays-Bas n'imposaient pas le lancement d'une offre adressée à tous les actionnaires lors d'un changement de contrôle. Enfin, de nombreuses divergences opposaient les États membres en ce qui concerne la licéité des mesures anti-OPA et du droit de vote double accordé aux actionnaires stables. Une réglementation européenne des offres publiques d'achat s'avérait donc nécessaire afin d'assurer le déroulement des offres dans de bonnes conditions. En effet, il était difficile d'assurer l'application effective de la loi nationale dans le cadre d'actions cotées sur des bourses étrangères. Depuis l'introduction de l'euro, elle devenait indispensable pour assurer la pleine

(344) Dir. n° 2014/57, 16 avr. 2014 relative aux sanctions pénales applicables aux abus de marché : *JOUE* n° L 173, 12 juin 2014.
(345) Dir. n° 2002/65 : *JOCE* n° L 271, 9 oct. 2002.
(346) Dir. n° 2000/131 : *JOCE* n° L 178, 17 juill. 2000. V. *supra*, n° 409.
(347) Règl. « Rome 1 » n° 593/2008, 17 juin 2008 : *JOUE* n° L 177, 4 juill. 2008.
(348) Règl. « Bruxelles I » n° 44/2001, 22 déc. 2000 : *JOCE* n° L 12, 16 janv. 2000.
(349) Dir. n° 2004/25, 21 avr. 2004 : *JOUE* n° L 142, 30 avr. 2004.

libéralisation des marchés de capitaux (depuis cette période, les offres publiques transfrontalières se multipliaient). Pourtant, la directive sur les OPA a pu décevoir car c'est un texte-cadre, recourant aux techniques conflictuelles, multipliant les options, les renvois aux droits nationaux et à la liberté statutaire.

La directive pose des principes généraux d'égalité de traitement(350), de clarté et de transparence de l'information. Le texte impose aux États membres de prendre les mesures nécessaires pour assurer la protection des détenteurs de titres lorsque leur société est passée sous contrôle. Par conséquent, l'acquéreur de titres lui conférant le contrôle d'une société cotée a l'obligation de lancer à tous les autres détenteurs de titres de cette même société une offre d'acquérir la totalité de leurs participations à un prix équitable. De plus, la directive, hostile aux mesures anti-OPA, prévoit que les États membres doivent prendre les mesures nécessaires pour donner à tout offrant la possibilité de prendre le contrôle d'une société. Dès lors, toutes les restrictions au transfert de titres prévues dans les statuts de la société visée, ou dans les pactes d'actionnaires, sont inopposables en période d'offre, alors même qu'elles ont été publiées (principe de la neutralisation des moyens de défense anti-OPA). Enfin, la directive pose un principe de neutralité des dirigeants en période d'offre. Afin d'éviter les opérations susceptibles de faire échouer l'offre, les pouvoirs de l'organe d'administration ou de direction de la société visée sont alors limités : la société ne doit pas se lancer dans des opérations de nature exceptionnelle et, en particulier, des augmentations de capital social, sans l'approbation de l'assemblée des actionnaires. Néanmoins, les règles de la neutralité et de la neutralisation des moyens de défense anti-OPA ne sont qu'optionnelles : les États membres peuvent donc décider de ne pas les appliquer. De surcroît, l'existence d'une clause de réciprocité permet aux sociétés d'être exemptées de ces obligations si l'auteur de l'offre n'est pas soumis aux mêmes obligations ; une telle clause permet donc de bloquer les OPA inamicales. Par conséquent, profitant de la grande souplesse offerte par la directive, nombreux sont les États qui l'ont transposée dans un souci protectionniste, la majorité d'entre eux ayant eu recours aux options et exemptions proposées. On peut le regretter, car de telles attitudes protectionnistes pourraient conduire à créer de nouveaux obstacles sur le marché de l'OPA dans l'Union européenne, contrairement à l'objectif initial de la directive. La position du droit français est, à cet égard, assez caractéristique : il n'impose pas, sauf exception, la neutralisation des restrictions ; après avoir posé, en 2006(351), le principe de neutralité, il l'a abandonné en 2014(352). Par ailleurs, le droit français s'avère contraire à l'esprit du texte européen, avec l'instauration de cette nouvelle valeur mobilière destinée à contrer une OPA, que sont les bons d'offre, véritables pilules empoisonnées(353).

(350) Sur l'absence d'un principe autonome d'égalité, V. CJCE, 15 oct. 2009, aff. C-101/08, *Audiolux : Rev. sociétés* 2010, 45, note G. Parleani (V. *supra*, n° 316).

(351) L. n° 2006-387, 31 mars 2006.

(352) Loi « Florange » n° 2014-384, 29 mars 2014.

(353) C. com., art. L. 233-32, II : l'émission des bons d'offre, qui forme une sous-catégorie de bons de souscription d'actions, est décidée par l'assemblée générale extraordinaire, aux conditions de majorité et de quorum requises dans le cadre des assemblées générales ordinaires. Ces bons sont attribués, à titre gratuit, à tous les actionnaires, les sociétés pouvant les émettre à des conditions préférentielles. Ils peuvent donc être paralysants pour l'initiateur de l'offre en diluant sensiblement sa participation dans le capital de la société cible.

403. – **Conclusion.** Parce qu'il doit s'adapter à un contexte qui a fait l'objet, ces dernières années, de grands bouleversements, le droit financier de l'Union européenne est en pleine mutation. Le bilan de l'harmonisation européenne du droit financier est, dans l'ensemble, largement positif. Ainsi, la directive « Transparence » a été bénéfique au fonctionnement du marché : les informations réglementées rendues publiques sont considérées comme utiles pour les investisseurs ; la clarté des informations s'est améliorée ; les émetteurs respectent les obligations d'information(354). On peut faire la même observation concernant la directive « Prospectus » qui a sensiblement accru la protection des investisseurs. En ce qui concerne la publicité continue, les directives « Transparence » et « Abus de marché » ont nettement amélioré la qualité des informations sur la situation financière des sociétés. Certes, la contrepartie réside dans un alourdissement des obligations pesant sur les entreprises concernées et donc un accroissement des coûts ; cependant, les autorités européennes ont pris conscience de la nécessité d'alléger les mesures d'information pour les sociétés cotées de taille moindre. Dans la directive précitée du 24 novembre 2010 qui a modifié la directive « Prospectus », des mesures d'allégement sont prévues ; de surcroît, dans la directive du 22 octobre 2013 qui modifie la directive « Transparence », des mesures de simplification sont fixées, notamment pour permettre aux entreprises cotées qui sont des PME de ne plus avoir à publier des informations financières tous les semestres, afin d'améliorer la visibilité transfrontalière des sociétés cotées de taille moindre à l'égard des investisseurs, ou encore en vue d'alléger les exigences en matière d'informations relatives au gouvernement d'entreprise (les règles ayant trait au franchissement de seuils sont aussi améliorées).

Quant à la directive « MIF », elle a incontestablement eu des vertus positives en supprimant la possibilité pour les États membres d'exiger que toutes les négociations concernant les instruments financiers se déroulent sur des bourses traditionnelles : en permettant la concurrence à l'échelle européenne entre ces bourses et les autres plates-formes de négociation, et en créant un passeport européen pour les établissements de crédit et les entreprises d'investissement, elle a permis d'offrir aux investisseurs plus de choix en matière de prestataires de services et d'instruments financiers (dans l'ensemble, les coûts ont diminué). De plus, les règles d'organisation et d'information qu'elle fixe ont été dans le sens de la protection des investisseurs. Toutefois, la directive « MIF » a entraîné une certaine opacité des marchés (par ex., *dark pools*)(355). On pourrait aussi avancer que le contexte de négociation est devenu, à cause de la fragmentation du marché, plus complexe. Mais d'une manière générale, la réforme de la directive « MIF » a trouvé sa justification dans l'évolution des marchés et des techniques qui ont dépassé ses objectifs initiaux. Notamment, la complexité croissante des instruments financiers a souligné la nécessité de réactualiser la protection des investisseurs. On peut faire la même constatation pour

(354) Rapport de la Commission sur l'application de la directive « Transparence », 27 mai 2010, Doc. COM (2010), 243 final.

(355) Les *dark pools* traitent de volumes d'ordres de bourse importants, hors marchés réglementés ou systèmes multilatéraux de négociation, donc sur des marchés de gré à gré, sans afficher le prix des transactions avant leur finalisation et en permettant aux acheteurs et vendeurs de rester anonymes.

la directive « Abus de marché », remplacée, en mai 2014, par une directive et un règlement(356). Par conséquent, au regard de l'évolution du contexte économique et financier, d'autres domaines pourraient faire l'objet de textes européens (par ex., les indices de référence(357)).

Enfin, la création d'un Système européen de surveillance par le biais, notamment de l'AEMF, constitue indéniablement une avancée : certes, les pouvoirs de celle-ci sont limités, mais il s'agit vraisemblablement d'une première étape. La crise financière qui s'est déclenchée en 2007-2008 légitime donc davantage l'existence d'un droit européen financier(358).

§ 5. – La notation financière

404. – **Utilité et « désintoxication ».** La notation est une nécessité de marché, pour les débiteurs, les émetteurs (de titres de dette ou d'accès au capital), et pour les intervenants que sont les acheteurs, les vendeurs, et les plates-formes de négociation. Tous les actifs financiers doivent pouvoir être transférés rapidement, avec un doute minimum sur leur valeur. Les marchés appellent donc la standardisation des appréciations, qui seule permet la négociabilité. La notation a pris son essor avec la dérégulation décidée par le président Reagan. Celle-ci a permis le développement du *Commercial Paper*, en créant un marché interentreprises sur lequel les banques devenaient intermédiaires, et aussi acheteurs ou vendeurs. La sophistication des instruments et la titrisation ont conduit à la notation d'actifs ou de « paniers », déconnectés de la solvabilité d'un émetteur individualisé. La crise des *subprimes* (2008) a dévoilé les défaillances des notateurs, en même temps que les difficultés qu'il y a à s'en priver. La difficulté est d'autant plus grande que les agences de notation sont pour l'essentiel américaines, et généralement assimilées à des organes de presse bénéficiant à ce titre de la liberté d'opinion garantie par le premier amendement à la Constitution américaine.

La réaction européenne a donc été mesurée, et en deux volets. Elle s'est inspirée des travaux de l'Organisation internationale des commissions de valeurs (OICV).

Le premier volet consiste à favoriser la désintoxication. Il faut pour cela encourager les institutions financières à recourir à leurs propres évaluations et notations internes (ce qui pose des problèmes de coût, et de confiance des marchés). Il faut encore leur offrir un choix plus vaste d'opérateurs. Aussi a-t-on créé la catégorie des organismes externes d'évaluation du crédit (OEEC), organismes agréés pour procéder aux notations prudentielles. D'autres que les trois grandes agences ont ainsi été agréées.

(356) L'extension du domaine de la réglementation devrait aussi d'accompagner d'allégements, notamment en faveur des PME.

(357) Une réglementation européenne est effectivement nécessaire pour assurer l'intégrité des indices de référence, et notamment en vue d'éviter une manipulation de ces derniers (V. Prop. de règl. concernant les indices utilisés comme indices de référence dans le cadre d'instruments et de contrats financiers, 18 sept. 2013, Doc. COM (2013), 0641 final).

(358) Sur le bilan de la réforme du système financier européen, V. la communication et l'étude publiées par la Commission en mai 2014 : *A reformed financial sector for Europe*, Doc. COM (2014), 279 final ; *Economic Review of the Financial Regulation Agenda*, SWD (2014), 158 final.

Le second volet est institutionnel. Il s'est agi d'obliger les agences opérant en Europe à ne délivrer des notes qu'en respectant des normes de qualité, de méthode, de transparence, et de fiabilité. Un important règlement n° 1060/2009 est intervenu le 16 septembre 2009 ; il a été modifié par le règlement n° 462/2013 du 21 mai 2013. Le droit européen se dédouble.

En premier lieu, l'enregistrement est devenu obligatoire auprès de l'AEMF, et suppose de satisfaire aux prescriptions de quatre règlements du 21 mars 2012 relatifs aux normes techniques et au *reporting*. Les agences agréées doivent mettre en place des règles internes de contrôle, de déontologie (indépendance des notateurs, transparence des méthodes, obligation de publier les notes), que l'AEMF peut contrôler et sanctionner. Des règles spécifiques sont posées pour les dettes souveraines.

En second lieu, le régime de la responsabilité a été précisé avec le règlement n° 462/2013. Il n'était pas question d'édicter une responsabilité pour la délivrance de la note. On toucherait à la liberté d'opinion, et à la nécessaire information complète du marché, ce qui implique des notes au besoin dévalorisantes, variables, et non cohérentes avec celles délivrées par d'autres agences ou analystes. La responsabilité est donc limitée à la violation des dispositions institutionnelles et organisationnelles contenues dans le règlement modifié n° 1060/2009. Depuis 2013, ce règlement contient en annexe une longue liste de manquements graves entraînant une responsabilité civile particulière. Il faut que l'infraction au règlement ait eu une influence sur la note, et que le demandeur se soit raisonnablement appuyé sur elle. La preuve pèse sur le demandeur. Il n'y a pas de présomption. Des clauses de limitation sont possibles si elles sont raisonnables, et admises par l'État membre désigné par la règle de conflit. Cela n'exclut pas d'autres actions prévues par le droit national. Le droit français permet, dans l'article L. 544-5 du Code monétaire et financier, une action délictuelle pour violation du règlement.

La proposition de règlement et la communication du 29 janvier 2014 (précitée) relatives à la réforme structurelle du secteur bancaire et à la finance parallèle (ou *shadows banking*) font augurer un renforcement des règles relatives à l'organisation interne des agences de notation, et à une accentuation de leur responsabilité. Elles font aussi augurer un début de désintoxication du marché à l'égard des agences, avec la possible édiction de normes réglementaires uniformes pour l'évaluation des fonds monétaires (*money market funds*, alternative aux dépôts et investis en actif à court terme).

SECTION 3

LA SOCIÉTÉ DE L'INFORMATION

405. – **Liberté de communication. Pluralisme des médias et politiques culturelles.** Ces articles essentiels que sont l'article 10 de la Convention européenne des droits de l'homme et 11 de la Charte des droits fondamentaux posent le principe de la libre circulation des idées et des informations dans les États signataires. Ces textes

touchent à la vie des affaires. Ils postulent concrètement une libre circulation des messages, des images et de leurs supports à des fins diverses : culturelles, informatives, ou simplement commerciales. Les progrès techniques conduisent à mettre en place un espace européen de communication. La liberté de prestation de services est bien sûr concernée au premier chef(359). Mais il faut aller beaucoup plus loin. La libre circulation des messages et des informations de toute sorte rend nécessaires la constitution et l'exploitation de réseaux européens libres et ouverts, ce qui a donné naissance aux expressions « autoroutes de l'information », ou « société de l'information ». Le développement du réseau mondial Internet s'inscrit dans cette perspective. Cette liberté de circulation des idées et de l'information a des prolongements économiques, industriels et juridiques. En cela, cette liberté concerne aussi les règles de concurrence.

Il est évident qu'une société de l'information démocratique suppose un libre accès aux multiples services qui peuvent être proposés par l'entremise de réseaux(360).

Cela a d'abord impliqué une importante déréglementation dans le secteur des télécommunications. Dans une perspective de concurrence et d'accès des consommateurs à une offre complète et diversifiée, l'harmonisation des conditions d'accès et d'utilisation a été entreprise : c'est ce qu'on a qualifié d'*Open Network Provision* (ONP)(361), harmonisation qui fut étendue aux communications électroniques(362). Cela a conduit à se préoccuper des utilisations illégales(363) et de la protection des données à caractère personnel et à celle de la vie privée(364). Ensuite, cela a impliqué le pluralisme des médias. C'est la base d'une société de l'information démocratique. Déjà considéré comme un intérêt général dans la jurisprudence de la Cour de justice(365), le pluralisme des médias est devenu un objectif de l'action des autorités de l'Union européenne.

La liberté de communication peut mettre en péril une langue ou une culture au sein de l'Union européenne. Leur défense est un impératif légitime au sens du droit de l'Union européenne(366). Les services culturels ont pu être exclus des récentes négociations du GATS (« exception culturelle »). Il n'était pas pensable de les exclure du champ d'application du traité. Mais il est possible de prendre des mesures proportionnées et adéquates de protection.

Le droit de l'Union européenne a d'abord considéré l'aspect audiovisuel de la société de l'information (§ 1), avant les communications électroniques (§ 2) et le commerce électronique (§ 3).

(359) La liberté d'établissement l'est aussi. Il ne faut pas nier, non plus, la relation qui existe entre la liberté de communication et la libre circulation des marchandises.

(360) V. TFUE, art. 170.

(361) V. directives « ONP » : Dir. n° 90/387, 28 juin 1990 : *JOCE* n° L 192, 24 juill. 1990. – Dir. n° 92/44, 5 juin 1992 : *JOCE* n° L 165, 19 juin 1992 sur les lignes louées. – Dir. n° 95/62, 13 déc. 1995 : *JOCE* n° L 321, 30 déc. 1995 sur la téléphonie vocale ; tout cela sans préjudice de l'ouverture des marchés publics.

(362) Dir. n°s 2002/19, 2002/20, 2002/21, et 2002/22, 7 mars 2002 : *JOCE* n° L 108, 24 avr. 2002.

(363) V. la communication sur le contenu illégal et préjudiciable sur Internet, en annexe au Livre vert sur la protection des mineurs et de la dignité humaine dans les services audiovisuels et d'information, Doc. COM (1996), 483 final, oct. 1996. – Sur la protection des données à caractère personnel et leur libre circulation, Dir. n° 95/46, 24 oct. 1995 : *JOCE* n° L 281, 23 nov. 1995.

(364) V. en général, Charte des droits fondamentaux, art. 8 ; Dir. n° 95/46, 24 oct. 1995, et Règl. n° 45/2001 ; V., pour le secteur des télécommunications, l'annulation de la directive n° 2006/24, en raison de l'absence d'encadrement des données susceptibles d'être archivées, et de la durée de conservation des archives, CJUE, 8 avr. 2014, aff. C-293/12, *Digital Rights Ireland*. – V. encore, sur le « droit à l'oubli », CJUE, 13 mai 2014, aff. C-131/12, *Google Spain* ; un projet de règlement européen a été adopté par le Parlement européen le 12 mars 2014. V. Dir. n° 2002/58, 12 juill. 2002, mod. par Dir. n° 2006/24, 15 mars 2006.

(365) V. *supra*, n°s 270 et 285.

(366) V. *supra*, n° 270.

§ 1. – Les services de médias audiovisuels (SMA)

406. – **De la « télévision sans frontière » aux « services de médias audiovisuels ».** Les médias écrits (presse périodique et livres) n'ont pas fait l'objet jusqu'à présent d'un texte européen(367). Toutefois, les grandes libertés européennes (libre circulation des produits, liberté d'établissement, liberté d'investissements, libre concurrence...) s'appliquent(368). De plus, désormais, les réglementations nationales relatives au prix du livre ne sont plus contraires aux exigences européennes, les préoccupations culturelles étant devenues l'un des objectifs européens(369).

En revanche, pour les médias audiovisuels, des textes européens ont été adoptés. Il est vrai que la diffusion des programmes entre les États membres est appelée à se développer, car aucun obstacle de frontière et de distance ne se présente. Il s'agit donc d'éviter les trop grandes disparités nationales susceptibles de porter atteinte à la liberté de communication et au libre jeu de la concurrence. Tel est l'objet de la directive du 3 octobre 1989, dite « télévision sans frontières » (« TSF »), modifiée et complétée par la directive du 30 juin 1998 et par celle du 11 décembre 2007 (intitulée depuis « Services de médias audiovisuels ») et codifiée par la directive n° 2010/13/UE du 10 mars 2010(370) (dite directive « SMA »). La convention européenne sur la télévision transfrontalière du 5 mai 1989, adoptée à la même époque, dans le cadre du Conseil de l'Europe, a un objet identique(371). Plus précisément, l'objectif de ces textes consiste à garantir, par l'harmonisation des législations nationales, la liberté de réception des programmes de télévision en provenance des autres pays auxquels ces textes s'appliquent. L'idée fondamentale est de constituer un grand marché européen des services de médias audiovisuels. C'est la raison pour laquelle la directive a conservé les principes sur lesquels elle reposait depuis 1989, à savoir principalement le principe de compétence de la loi du pays où le fournisseur de services est établi(372). Il reste à créer une Autorité européenne de régulation de l'audiovisuel.

La directive du 10 mars 2010 énonce, en son article 3, § 1, que :

> « Les États membres assurent la liberté de réception et n'entravent pas la retransmission sur leur territoire de services de médias audiovisuels en provenance d'autres États membres pour des raisons qui relèvent des domaines coordonnés par la présente directive ».

La réception est en principe libre(373). De plus, les pays de réception ne peuvent exercer un second contrôle. Il n'en demeure pas moins que les États membres peuvent soumettre les entreprises de radiodiffusion ou de télévision à un régime

(367) Une proposition de directive datant de 1964 a finalement été retirée en 1974. À l'époque, les États membres désiraient pouvoir appliquer leur législation spécifique (contrôles publics, aides publiques).

(368) Pour la libre concurrence, V. CJCE, 6 avr. 1995, aff. C-6241/91, *Magill*. – Pour les aides de l'État, V. CJCE, 7 mai 1985, aff. n° C-18/84, *Commission c/ République française*. V. *infra*, n°s 948 et s.

(369) CJCE, 3 oct. 2000, aff. C-9/99, *Sté Echirolles Distribution*.

(370) *JOUE* n° L 95, 15 avr. 2010.

(371) Conseil de l'Europe, série des traités européens, n° 132. Cette convention fut révisée le 1er octobre 1998.

(372) Plutôt que le siège social, cela peut être le lieu des décisions éditoriales ; on peut aussi considérer les liaisons montantes vers un satellite situé « dans un autre État membre », ou une capacité satellitaire relevant de cet État.

(373) CJCE, 10 sept. 1996, aff. C-11/95, *Commission c/ Belgique*. – CJCE, 10 sept. 1996, aff. C-222/94, *Commission c/ Royaume-Uni*. – V. aussi, pour un arrêt antérieur à l'adoption de la directive, CJCE, 26 avr. 1988, aff. C-352/85, *Bondvon Adverteeders c/ État néerlandais*. – Sur l'existence d'un monopole d'État en matière de radio-télévision et sa contrariété à l'article 10 Conv. EDH, V. CEDH, 24 nov. 1993, *Informationsverein Lentia c/ Autriche* (en effet, selon la Cour européenne des droits de l'homme, « on ne saurait alléguer l'absence de solutions équivalentes moins contraignantes »).

d'autorisation(374). En outre, il convient de sauvegarder des impératifs culturels (diversité) ou sociaux (protection des mineurs(375), lutte contre le racisme(376)). Par conséquent, les États membres peuvent entraver le principe de liberté de la réception, mais uniquement dans les seules conditions posées par la directive. Si de telles conditions sont mises en œuvre, une notification à l'État membre d'origine et à la Commission est, en principe, nécessaire, cette dernière vérifiant que la mesure envisagée est conforme au droit de l'Union européenne. Par ailleurs, les autorités de l'État de réception peuvent faire obstacle à la délocalisation dès lors qu'un organisme de radiodiffusion télévisuelle relevant de la compétence d'un autre État membre fournit une émission télévisée destinée entièrement ou principalement à son territoire(377) ; il s'agit, en effet, d'échapper, par cette délocalisation, à la législation du pays de résidence de la population visée.

Quotas de diffusion. La directive et la convention précitées abordent la question délicate des quotas de diffusion : chaque État doit veiller, lorsque cela est réalisable, à ce que les organismes de radiodiffusion télévisuelle réservent à des œuvres européennes une proportion majoritaire de leur temps de diffusion, à l'exclusion du temps consacré aux informations, à des manifestations sportives, à des jeux, à la publicité, au service de télétexte et au télé-achat(378). Il s'agit d'une disposition de compromis qui est très souple. Elle s'explique par les oppositions entre les États, certains, comme la France, invoquant une identité culturelle nationale et européenne, d'autres adoptant une conception plus libérale en raison des liens qu'ils entretiennent, notamment, avec les États-Unis.

Afin de protéger la diffusion dans les salles de cinéma des films cinématographiques contre la concurrence de la télévision, les premières versions de la directive et de la convention du Conseil de l'Europe avaient imposé un délai minimum entre la sortie du film et sa diffusion à la télévision (deux ans). Désormais, les dispositions modifiées de la directive et de la convention renvoient, pour la détermination d'un tel délai, à un éventuel accord avec les ayants droit. Il est à craindre, en conséquence, que faisant valoir des arguments financiers, les sociétés de programme de télévision obtiennent aisément de tels accords.

Publicité. Enfin, la directive détermine les conditions de diffusion de la publicité(379) : l'annonceur doit être indépendant par rapport aux sociétés de télévision ; les messages doivent être clairement identifiables. De plus, la publicité est interdite pour les produits du tabac ; elle doit respecter certains principes lorsqu'elle a

(374) V. Conv. EDH, art. 10 (V. CEDH, 28 mars 1990, *Groppera Radio c/ Suisse*) ; V. Charte des droits fondamentaux, art. 10 et 11, et Conv. sur la télévision transfrontière, art. 6.

(375) Dir. 10 mars 2010, art. 27 relatif aux programmes susceptibles « de nuire gravement à l'épanouissement physique, mental ou moral des mineurs ».

(376) Dir. 10 mars 2010, art. 6 ayant trait aux messages audiovisuels contenant des éléments d'« incitation à la haine fondée sur la race, le sexe, la religion ou la nationalité ».

(377) Dir. 10 mars 2010, art. 4. – V. CJCE, 5 oct. 1994, aff. C-23/93, *TV 10 et Commissariaat voor de Media*.

(378) Dir. 10 mars 2010, art. 10.

(379) Il s'agit de concilier l'exercice de la liberté de diffuser les messages publicitaires avec la protection des téléspectateurs (V. CJUE, 24 nov. 2011, aff. C-281/09, *Commission c/ Espagne*). – Pour la définition du spot publicitaire, CJUE, 24 nov. 2011, préc. – V. également, CJUE, 18 juill. 2013, aff. C-234/12, *Sky Italia* : la législation nationale qui fixe des limites horaires à la diffusion de la publicité télévisée différentes pour les organismes de télévision à accès libre et les organismes de télévision payante n'est pas contraire au principe de l'égalité de traitement ; elle ne constitue pas, non plus, nécessairement une restriction à la libre prestation de services.

trait aux boissons alcooliques et aux médicaments, ou lorsqu'elle est destinée aux mineurs. La directive et la convention du Conseil de l'Europe contiennent également des dispositions concernant le moment, les modalités d'insertion[380] et la durée de la publicité[381]. Le parrainage et le télé-achat font aussi l'objet d'un encadrement.

Évènements sportifs. Enfin, la directive aborde la question sensible de la retransmission des grands évènements sportifs. Le texte admet que pour des évènements sportifs jugés d'importance majeure dans un État membre, il est possible d'admettre des entraves à la libre prestation des services, à la liberté d'établissement, à la libre concurrence et au droit de propriété, au nom du pluralisme de l'information[382]. Les autorités nationales de contrôle bénéficient d'une marge d'appréciation étendue afin d'identifier les évènements sportifs d'importance majeure. Il était effectivement nécessaire que les différences d'ordre social et culturel entre les États membres soient prises en compte. Aussi le pouvoir de contrôle de la Commission se limite-t-il à l'absence d'erreur manifeste d'appréciation[383].

407. – **Services européens de médias audiovisuels et coordination des législations et droits d'auteur.** La liberté de circulation des programmes et des idées est aussi celle des œuvres. Elle doit tenir compte des droits légitimes des auteurs. Cette question a été abordée par la directive n° 93/83 du 27 septembre 1993 relative à la coordination de certaines règles du droit d'auteur et des droits voisins du droit d'auteur applicables à la radiodiffusion par satellite et à la retransmission par câble[384], puis par la directive n° 2001/29 du 22 mai 2001 sur l'harmonisation de certains aspects du droit d'auteur dans la société de l'information[385].

Selon ce texte, les auteurs ont notamment le droit exclusif d'autoriser la communication au public de leurs œuvres[386]. En ce qui concerne la communication par satellite, toute retransmission d'une œuvre, grâce à un satellite, réalise une représentation de cette création. Par conséquent, le satellite permettant de toucher un public nouveau, il faudra obtenir l'autorisation des titulaires des droits d'auteur[387]. Cette communication au public comprend souvent un élément d'extranéité, d'où la nécessité de déterminer la loi applicable. Il existe deux théories. Selon la théorie dite de la réception, il convient de prendre en compte le moment et le lieu où le programme et l'œuvre sont

(380) En principe, une fois par tranche programmée de trente minutes au moins (Dir. 10 mars 2010, art. 20).

(381) Douze minutes par heure (Dir. 10 mars 2010, art. 23).

(382) Par analogie, V. CJUE, 22 janv. 2013, aff. C-283/11, *Sky Österreich GmbH c/ Österreich Rundfund*.

(383) CJUE, 18 juill. 2013, aff. C-201/11 P, *UEFA* ; aff. C-204/11 P, *FIFA* ; aff. C-205/11, *FIFA* (V. obs. D. Simon : *Europe* 2013, 405).

(384) Dir. n° 93/83 : *JOCE* n° L 248, 6 oct. 1993.

(385) Dir. n° 2001/29 : *JOCE* n° L 167, 22 juin 2001. Selon la Cour de justice de l'Union européenne, les rencontres sportives ne peuvent être considérées comme des créations intellectuelles qualifiables d'œuvres au sens de la directive sur le droit d'auteur, mais elles peuvent cependant revêtir un caractère unique et original, ce qui peut conduire les États membres à leur conférer une protection comparable (V. à ce sujet et sur la compatibilité au principe de libre circulation d'une réglementation qui déclare illicite l'importation, la vente et l'utilisation de décodeurs permettant l'accès à un service codé provenant d'un autre État membre, CJUE, 4 oct. 2011, aff. C-403/08, *Football Association Premier League* et aff. C-429/08, *Murphy*).

(386) Sur l'interprétation de la notion de « communication au public », V. CJUE, 7 mars 2013, aff. C-607/11, *ITV Broadcasting*.

(387) V. CJUE, 13 oct. 2011, aff. 431/09, *Airfield et Canal Digitaal* : à partir du moment où la retransmission touche un public nouveau, une autorisation est requise, ce qui est quasiment toujours le cas.

reçu par le public. En conséquence, sont concernées toutes les lois des États arrosés par le satellite et il faudra solliciter autant d'autorisations qu'il existe de lois applicables. Selon la théorie de l'émission, s'applique la loi du pays à partir duquel le signal est émis vers le satellite. Il convient, dans cette hypothèse, d'obtenir une autorisation unique, peu importe les territoires qui reçoivent effectivement le signal. La directive n° 93/83 consacre la théorie de l'émission, qui n'est pas favorable aux auteurs(388). Il s'agissait, à l'époque, d'un choix pragmatique afin de faciliter le développement du satellite.

S'agissant de la retransmission par câble (simultanée, inchangée, et intégrale), la difficulté vient de ce que les câblo-opérateurs qui retransmettent des programmes ne sont pas toujours certains d'avoir acquis les droits d'auteur pour ce type de retransmission (par ex., un câblo-opérateur belge qui retransmet le programme de cinéma d'une chaîne française a-t-il les droits des films pour la Belgique ?). Pour simplifier les choses, et dans un souci de sécurité juridique, la directive impose des conventions préalables relatives aux droits d'auteur, et accorde pour cela un monopole aux organismes de gestion collective des droits d'auteur(389).

La directive n° 2001/29 prend en considération les réseaux et vise à sanctionner les axes de contournement des droits d'auteur. Cette directive prolonge celle du 19 novembre 1992 relative au droit de location et de prêt et à certains droits voisins du droit d'auteur dans le domaine de la propriété intellectuelle(390). Elle ne peut aussi être envisagée indépendamment de la directive n° 93/98 du 29 octobre 1993 relative à l'harmonisation de la durée de protection du droit d'auteur et de certains droits voisins(391). Ce texte est désormais codifié dans la directive n° 2006/116 du 12 décembre 2006(392).

§ 2. – Les services de communication électronique

408. – L'ère du numérique. Les services de télévision sont aujourd'hui en passe d'être absorbés par les services des réseaux de télécommunication, numériques notamment. Le droit de l'Union européenne est résolument favorable au développement des services de communication électronique. En effet, ceux-ci jouent aujourd'hui un rôle de premier plan en ce qui concerne la circulation des idées et de l'information (Conv. EDH, art. 10 et Charte des droits fondamentaux, art. 11),

(388) Solution consacrée en droit français à l'article L. 122-2-1 du Code de la propriété intellectuelle (afin d'éviter les délocalisations frauduleuses d'opérateurs cherchant à échapper à une réglementation trop protectrice des droits d'auteur, sont soumises au droit français certaines diffusions par satellite émises à partir d'un territoire étranger à l'Union européenne et qui utilisent un relais technique en France, ou qui sont réalisées par une entreprise de communication audiovisuelle ayant son siège dans l'Union ; CPI, art. L. 122-2-2).

(389) Sur les problèmes de redevance soulevés par cette directive, V. CJCE, 14 juill. 2005, aff. C-192/04, *Lagardère Active Broadcast*. La Cour de justice de l'Union européenne, dans l'arrêt préc. *Airfield* du 13 octobre 2011, a apporté des précisions importantes : l'opérateur de satellite doit obtenir une autorisation spécifique des auteurs avec une rémunération supplémentaire lorsqu'il touche un public nouveau ; il est dispensé d'autorisation dès lors qu'il prouve que les titulaires de droit ont désigné l'opérateur satellite dans le contrat conclu avec l'organisme de radiodiffusion et à condition que l'intervention du fournisseur ne rende pas les œuvres accessibles à un public nouveau. V., en droit français, CPI, art. L. 132-20-1.

(390) Dir. n° 92/100, 19 nov. 1992 : *JOCE* n° L 346, 27 nov. 1992.

(391) Dir. n° 93/98 : *JOCE* n° L 290, 24 nov. 1993.

(392) Dir. 2006/116, *JOCE* n° L 375, 27 déc. 2006.

et sont aussi un vecteur essentiel du développement du commerce électronique, favorable à l'interpénétration des économies des États membres, aussi bien en ce qui concerne la libre circulation des marchandises que la LPS. On retrouve cette approche libérale dans les directives qui ont été adoptées, à savoir une directive « cadre » et quatre directives spécifiques. La directive n° 2002/21 du 7 mars 2002 relative à un cadre réglementaire commun pour les réseaux et services de communications électroniques[(393)] (dite directive « cadre ») vise à renforcer la concurrence en facilitant l'entrée de nouveaux arrivants[(394)]. Elle est accompagnée de quatre directives de la même date : la directive « Autorisation »[(395)] ; la directive « Accès »[(396)] ; la directive « Services universels »[(397)] ; la directive « Vie privée et communication électronique »[(398)]. Il en résulte, malheureusement, que les dispositions européennes régissant les services de communications ne sont guère lisibles car enchevêtrées, d'où des questions préjudicielles posées par les juges nationaux à la Cour de justice[(399)]. Ces textes ont été modifiés par les directives n°s 2009/136 et 2009/140 du 25 novembre 2009[(400)].

La législation européenne régit l'accès, l'autorisation et le service universel des réseaux de communications électroniques, cela en tenant compte de la nécessaire protection des données personnelles et de la vie privée[(401)], ce qui conduit à se préoccuper de la sécurité, de l'efficacité et de la multiplication de ces réseaux[(402)]. Les autorités réglementaires nationales doivent assurer à tous l'accès à un service universel. Les États membres peuvent soumettre à des obligations les entreprises exploitant des réseaux de communications électroniques. Les conditions sont toutefois strictes : elles doivent être justifiées par des intérêts généraux légitimes, clairement définis et elles doivent être nécessaires, proportionnées, transparentes et

(393) *JOUE* n° L 108, 24 avr. 2002.

(394) Un service consistant à fournir, à titre onéreux, un accès conditionnel à un bouquet transmis par satellite comportant des services de radiodiffusion radiophonique et télévisuelle relève de la notion de « service de communications » au sens de la directive (CJUE, 30 avr. 2014, aff. C-475/12).

(395) Dir. n° 2002/20, 7 mars 2002 relative à l'autorisation de réseaux et de services de communications électroniques (directive « Autorisation ») : *JOUE* n° L 108, 24 avr. 2002.

(396) Dir. n° 2002/19, 7 mars 2002 relative à l'accès aux réseaux de communications électroniques et aux ressources associées, ainsi qu'à leur interconnexion (directive « Accès ») : *JOUE* n° L 108, 24 avr. 2002.

(397) Dir. n° 2002/22, 7 mars 2002 concernant le service universel et les droits des utilisateurs au regard des réseaux et services de communications électroniques (directive « Service universel ») : *JOUE* n° L 108, 24 avr. 2002.

(398) Dir. n° 2002/58/CE, 12 juill. 2002 concernant le traitement des données à caractère personnel et la protection de la vie privée dans le secteur des communications électroniques (directive « Vie privée et communications électroniques »), *JOCE* n° L 201, 31 juill. 2002. Cette directive abroge et remplace la directive n° 97/66 du 15 décembre 1997 (*JOCE* n° L 24, 30 janv. 1998) afin d'adapter la réglementation à l'évolution des marchés et des technologies des services de communications électroniques et de garantir un niveau égal de protection des données à caractère personnel et de la vie privée aux utilisateurs de services de communications électroniques accessibles au public, indépendamment des technologies utilisées. Ce texte fut complété par la directive n° 2006/24 du 15 mars 2006 (*JOUE* n° L 105, 13 avr. 2006) qui a pour objet d'harmoniser les dispositions des États membres relatives aux obligations des fournisseurs de services de communications électroniques accessibles au public et de réseaux publics de communications, en matière de conservation de certaines données qui sont générées ou traitées par des fournisseurs (V. aussi, Conseil de l'Europe, Conv. n° 108/81, 28 janv. 1981). Sur l'invalidation de la directive « conservation des données » car non conforme à la Charte des droits fondamentaux, V. CJUE, 8 avr. 2014, aff. C-293/12 et C-594/12, *Digital Rights Ireland Ldt* ; sur la consécration de la responsabilité des moteurs de recherche dans le traitement des données personnelles et d'un droit à l'effacement des données (« droit à l'oubli »), CJUE, 13 mai 2014, aff. C-131/12, *Google Spain & Google*.

(399) Par ex., CJUE, 17 févr. 2011, aff. C-16/10, *The Number Ltd*.

(400) *JOUE* n° L 337, 18 déc. 2009.

(401) Dir. n° 2002/58.

(402) V., sur le « dividende numérique », ou l'utilisation pour les communications électroniques des fréquences libérées par la diminution des transmissions analogiques, Recomm. 28 oct. 2009 : *JOUE* n° L 308, 24 nov. 2009.

soumises à un examen périodique[(403)]. En outre, il est demandé à ces dernières d'encourager l'utilisation et la gestion efficaces des radiofréquences et des ressources de numérotation. Ces autorités sont également incitées à encourager la mise en place et le développement des réseaux transeuropéens ainsi que l'interopérabilité des services paneuropéens[(404)]. On signalera aussi l'impossibilité de taxer les fournisseurs de services de communications électroniques du seul fait de leur autorisation à opérer[(405)], ou la limitation de la responsabilité des hébergeurs[(406)].

Par ailleurs, le règlement n° 1211/2009 du 25 novembre 2009[(407)] a créé l'organe des régulateurs européens des communications électroniques (ORECE). Ce dernier, qui n'est pas doté de la personnalité juridique, remplace le groupe des régulateurs européens, créé en juillet 2002. Il regroupe les régulateurs nationaux. Il joue un rôle de forum exclusif pour la coopération entre autorités nationales, ainsi qu'entre les autorités nationales et la Commission ; il a aussi une mission d'assistance auprès des autorités nationales et sert d'organe de réflexion pour le Parlement européen, le Conseil et la Commission. Par conséquent, l'ORECE dispose essentiellement de pouvoirs consultatifs. Aussi peut-on regretter qu'une véritable agence européenne des régulateurs n'ait été créée, comme il était prévu dans la proposition initiale.

En ce qui concerne la protection des créateurs sur les réseaux, la directive du 22 mai 2001[(408)] a réalisé une harmonisation partielle, n'envisageant pas, en particulier, le droit moral, les droits des salariés et les contrats d'exploitation. Sont reconnus le droit d'autoriser la reproduction, la vente de l'original ou des copies (seul le droit de distribution s'épuise)[(409)]. Surtout, cette directive reconnaît l'originalité de la diffusion par réseau, et la spécificité de l'acheminement des œuvres ; elle refuse aux auteurs le contrôle de chacune des phases successives. Elle reconnaît la validité des systèmes de protection (cryptage) et la sanction de leurs contournements[(410)]. En outre, selon la directive « Vie privée et communications électroniques »[(411)], le fournisseur d'un service de communications électroniques doit protéger la sécurité de ses services en garantissant l'accès aux données à caractère personnel uniquement

(403) V. CJUE, 3 mars 2011, aff. C-134/10, *Commission c/ Belgique*.

(404) Sur l'étendue du pouvoir des autorités réglementaires nationales, V., par ex., CJUE, 3 déc. 2009, aff. C-424/07, *Commission c/ Allemagne*.

(405) V., pour l'article 12 de la directive n° 2002/20, CJCE, 18 sept. 2003, aff. C-292/01 et C-293/01, *Albacom*. – CJCE, 16 juin 2005, aff. C.104/04, *Commission c/ France*. – CJCE, 18 juill. 2006, aff. C-339/04, *Nuova Societa di telecomunicazioni*. – CJCE, 19 sept. 2006, aff. C-392/04, *i21 Germany*. – CJCE, 21 févr. 2008, aff. C-296/06, *Telecom Italia*. – V. également : CJUE, 12 juill. 2012, aff. C-55/11, C-57/11 et 58/11, *Vodafone España et France Télécom España*. – CJUE, 21 mars 2013, aff. C-6375, *Belgacom SA, Mobistar SA et KPN Group Belgium SA*. – CJUE, 18 juill. 2013, aff. C-228/12 à C-232/12, *Fasweb* et C-254/12 à C-258/12, *Wind Telecomunicazioni*. – CJUE, 17 oct. 2013, aff. C-376/12, *Sky Italia*.

(406) Dir. n° 2000/31, 8 juin 2000, art. 14 ; V. également, l'intégration des services de communications électroniques dans la directive n° 98/34 relative à la notification des règles techniques (Dir. n° 98/34, 22 juin 1998, telle que modifiée par Dir. n° 98/48, 20 juill. 1998, puis par Dir. n° 2006/96, 20 nov. 2006. – V. Communication 18 nov. 2013 (2013/625/F) par application de la directive n° 98/34 prévoyant une procédure d'information dans le domaine des normes et des réglementations techniques).

(407) *JOUE* n° L 337, 18 déc. 2009. Cet organe remplace l'Agence européenne de la sécurité des réseaux et de l'information (Règl. n° 460/2004, 10 mars 2004 : *JOUE* n° L 77, 13 mars 2004).

(408) Dir. n° 2001/29 sur l'harmonisation de certains aspects du droit d'auteur et des droits voisins dans la société de l'information : *JOCE* n° L 167, 22 juin 2001.

(409) La distribution vise la vente d'un exemplaire matériel, mais pas celle d'une copie numérique.

(410) Sur l'absence d'obligation générale de surveiller les informations stockées, V. CJUE, 16 févr. 2012, aff. C-360/10, *Sabam*.

(411) Préc.

à des personnes autorisées et assurer la mise en œuvre d'une politique de sécurité relative au traitement des données à caractère personnel[(412)].

Face à l'accroissement des cyber-incidents, une proposition de directive concernant la sécurité des réseaux et de l'information a été publiée par la Commission en février 2013 afin de garantir « un cyberespace ouvert, sûr et sécurisé »[(413)]. Par ailleurs, en septembre 2013, la Commission a présenté le paquet législatif, composé d'une proposition de règlement et d'une proposition de recommandation, relatif à la création d'un « continent connecté »[(414)]. Il s'agirait de libéraliser les conditions de fourniture des services de télécommunications dans l'Union européenne, notamment afin que les entreprises de télécommunications puissent exercer leurs activités dans toute l'Europe et que les clients ne soient pas confrontés à des règles divergentes (protection accrue des consommateurs)[(415)].

§ 3. – Le commerce électronique

409. – **Directive n° 2000/31 du 8 juin 2000. Principe du pays d'origine.** D'un point de vue juridique, le commerce électronique repose sur la LPS « passive ». En « cliquant », le consommateur ne reçoit pas la visite du commerçant, il va à la rencontre du site, ou de l'établissement du commerçant. C'est pourquoi il a fallu concilier liberté et information. Le commerce électronique a été pris en compte par une directive du 8 juin 2000[(416)], qui vise les services de la société de l'information (à savoir tout service fourni normalement contre rémunération, à distance au moyen d'un équipement électronique de traitement, y compris la compression numérique, et de stockage des données, à la demande individuelle d'un destinataire de services)[(417)]. Le texte s'étend non seulement à l'accès à l'activité, mais également à son exercice et à la chaîne économique électronique. Le commerce électronique est peut-être l'un des plus puissants facteurs de réalisation du marché intérieur grâce aux internautes-consommateurs. Cette directive ne concerne cependant que le *on-line*, et laisse de côté la logistique qui est souvent chaotique. En tout cas, beaucoup d'activités, financières notamment, peuvent techniquement être entièrement électroniques.

La coordination a rendu possible l'édiction en cette matière d'un principe fondamental (V. déjà Dir. « TVSF », 3 oct. 1989) qui est celui du pays d'origine du prestataire. La détermination de ce pays est fonction de l'établissement stable d'où émanent les services. Il est acquis qu'un simple site, ou de simples moyens techniques

(412) Sur la fourniture de renseignements pour la constitution d'annuaires, V. CJUE, 5 mai 2011, aff. C-543/09, *Deutsche Telekom*.
(413) Comm. UE, communiqué IP/13/94, 7 févr. 2013. Ce texte a été adopté par le Parlement européen le 13 mars 2014.
(414) Comm. UE, communiqué IP/13/828, 11 sept. 2013.
(415) V. aussi, Livre vert sur la distribution en ligne d'œuvres audiovisuelles dans l'Union européenne – Vers un marché unique du numérique : possibilités et obstacles, juill. 2011, Doc. COM (2011), 427 final.
(416) Dir. n° 2000/31, 8 juin 2000 relative à certains aspects juridiques des services de la société de l'information, et notamment du commerce électronique, dans le marché intérieur : *JOCE* n° L 178, 17 juill. 2000.
(417) Un service sur Internet consistant à faciliter les relations entre les vendeurs et les acheteurs de produits est, en principe, un service au sens de la directive n° 2000/31 (CJUE, 12 juill. 2011, aff. C-324/09, *L'Oréal/eBay* : exploitation d'une place de marché en ligne). Il en est de même des services fournissant des informations en ligne pour lesquels le prestataire est rémunéré non pas par le destinataire, mais par les revenus générés par des publicités diffusées sur un site Internet (CJUE, 11 sept. 2014, aff. C-291/13, *Papasavvas*).

ne suffisent pas à caractériser un établissement(418). Il faut qu'il soit le centre d'activités pour les services spécifiques du commerce électronique, ce qui implique un centre de décision et d'organisation, et donc des moyens humains (ce qui peut être le cas pour une succursale).

Dans le souci de favoriser le commerce électronique et afin qu'un même service puisse être offert de manière uniforme dans toute l'Union européenne, aucune autorisation préalable ne peut être exigée de la part des autorités d'origine ; un État ne peut donc soumettre un opérateur à un régime d'autorisation préalable ou à toute autre exigence ayant un effet équivalent. Les autorités d'origine doivent cependant veiller à ce que les prestataires établis sur leur territoire rendent possible un accès direct, facile et permanent, à certaines informations (notamment en cas de communications commerciales).

En principe, les États dans lesquels les destinataires sont établis ne peuvent empêcher la libre circulation des services de la société de l'information, sauf dans les hypothèses prévues par la directive(419). Ces dernières sont toutefois assez larges. Il s'agit d'abord des raisons d'ordre public, de sécurité publique ou de santé publique, mais il s'agit aussi des raisons tenant à la protection du consommateur, et le renvoi est alors fait à l'article 10 de la Convention européenne des droits de l'homme. L'annexe de la directive permet encore aux États de destination de restreindre la libre circulation des services, par exemple en matière de propriété intellectuelle, de monnaie électronique, d'assurance, d'OPCVM, de choix de la loi applicable, de consommation, ou de communications commerciales non sollicitées (les exigences posées par la directive pour ces dernières communications dans les États d'établissement – identification claire, et respect des registres *opt-out* – ne signifient donc pas une liberté totale de circulation des communications non sollicitées). Le principe du pays d'origine est donc bien tempéré(420).

Les contrats doivent pouvoir être conclus par voie électronique et les législations des États membres ne peuvent y faire obstacle (Dir. n° 2000/31, art. 9, sauf les quelques exceptions prévues). En ce qui concerne les contrats conclus avec des consommateurs, la directive exige certaines informations avant la commande, et après (accusé de réception, rectification d'erreurs)(421).

410. – Facilitation du commerce électronique. Responsabilité des intermédiaires et hébergeurs. Identification électronique et transactions électroniques. Tout à fait révélatrice de l'objectif général de la directive est l'absence de principe de responsabilité des intermédiaires, lorsqu'ils se bornent à transmettre, à stocker, ou à héberger des informations(422). Encore l'exclusion de responsabilité est-elle variable (totale pour

(418) V. *supra*, n° 187.

(419) Sur la liberté d'entreprise des opérateurs et sur la liberté des utilisateurs de recevoir et de communiquer des informations, V. CJUE, 24 nov. 2011, aff. C-70/10, *Scarlet Extended*. – CJUE, 16 févr. 2012, aff. C-360/10, *SABAM c/ Netlog*.

(420) V., par ex. pour les risques de criminalité en raison des dangers spécifiques d'Internet en matière de jeux, CJCE, 8 sept. 2009, aff. C-42/07, *Liga Portuguesa de futebol Professional et Bwin International*, et pour la contrefaçon sur Internet, la communication de la Commission « Renforcer l'application des droits de propriété intellectuelle sur le marché intérieur », 11 sept. 2009, Doc. COM (2009), 467 final, appelant à une coopération entre les opérateurs, spécialement entre les titulaires des droits et les plates-formes. Pour une réglementation nationale prohibant la promotion directe ou indirecte de médicaments, ainsi que leur vente par correspondance, V. CJUE, 11 déc. 2003, aff. C-322/01, *Deutscher Apothekerverband*.

(421) V. les informations plus précises exigées par la directive n° 2002/65 du 23 septembre 2002 sur la vente à distance des services financiers qui vise, tout en ayant un champ d'application plus large, le commerce électronique (V. *supra*, n° 361).

(422) V. CJUE, 23 mars 2010, aff. C-236/08 à C-238-08, *Google France et Google*. La directive ne s'oppose pas à ce qu'un État membre adopte un régime de responsabilité civile pour diffamation, applicable aux prestataires de service de la société de l'information établis sur son territoire (CJUE, 11 sept. 2014, aff. C-291/13, *Papasavvas*).

le simple transport, liée à la connaissance de l'illicite dans les autres cas[(423)], mais, cela est important, sans exigence de procéder à des tests de connaissance). En tout état de cause, les intermédiaires doivent respecter les décisions judiciaires ou administratives leur enjoignant de mettre fin à une violation, ou de la prévenir. Pour l'instant, la directive ne vise aucunement, à ce point de vue, les activités des moteurs de recherche et des liens hypertextes (qui, il est vrai, correspondent pour une bonne part aux activités de transport, stockage, ou hébergement). Dans la même perspective favorable au commerce électronique, et tenant compte du caractère évolutif de cette activité, la directive favorise l'élaboration de codes de conduite, notamment au niveau international et européen.

Dans une communication de janvier 2012, la Commission a lancé une réflexion sur les améliorations qui pourraient être apportées à la directive « Commerce électronique », notamment afin de renforcer l'information des opérateurs et la protection des consommateurs, lutter contre les abus, déployer les réseaux à haut débit et assurer des systèmes de paiement et de livraison fiables et efficaces[(424)].

Dans cette perspective, il faut plus qu'une reconnaissance de la signature électronique. Il faut une reconnaissance européenne des systèmes nationaux d'identification électronique, pour faciliter les transactions électroniques partout en Europe. C'est l'objet du règlement n° 910/2014 du 23 juillet 2014 qui a abrogé la directive n° 1999/93 relative à la signature électronique. Les États membres doivent désormais mettre en place des systèmes d'identification sécurisés, et les notifier à la Commission. Ils sont responsables si ces systèmes ne remplissent pas les conditions de fiabilité prévues dans le règlement. Le règlement vise aussi les entreprises qui gèrent les services d'authentification, ou « services de confiance ». Y recourir doit demeurer facultatif, mais ces services doivent respecter des conditions minimales, sous peine d'engager leur responsabilité.

SECTION 4

L'ACCÈS AUX PROFESSIONS RÉGLEMENTÉES

411. - Définition. Régime de droit commun. Renvoi[(425)]. Ce sont les professions dont l'exercice est subordonné, dans un État d'accueil, à la possession d'un niveau de formation déterminé (diplôme, certificat, attestation

(423) En cas de fourniture d'un service de la société de l'information consistant à stocker des informations fournies par un destinataire de service, le prestataire n'est pas responsable des informations stockées à la demande de ce dernier. Deux conditions alternatives sont requises : soit le prestataire n'a pas eu connaissance de l'activité ou de l'information illicite ; soit le prestataire informé a agi pour retirer les informations ou rendre l'accès à celles-ci impossible (Dir. n° 2000/31, art. 14). L'intermédiaire est ignorant si son activité a un caractère purement technique, automatique et passif (aff. *Google*, préc.). Un intermédiaire n'est pas tenu de procéder à une surveillance active de l'ensemble des données transmises ou stockées pour chacun de ses clients (CJUE, 24 nov. 2011, aff. C-70/10, *Scarlet Extended*, préc. – CJUE, 16 févr. 2012, aff. C-360/10, *SABAM c/Netlog*). Sur l'absence de neutralité de l'intermédiaire, V. CJUE, 12 juill. 2011, aff. C-324/09, *L'Oréal/eBay*.

(424) V. Règl. n° 910/2014 : *JOUE* n° L 257, 23 juill. 2014. – *Adde*, communication « Un cadre cohérent pour renforcer la confiance dans le marché unique numérique du commerce électronique et des services en ligne », Doc. COM (2011), 942 final, janv. 2012 ; pour l'application de la directive, V. Rapport, Doc. COM (2003), 702 final, nov. 2003 ; *Study on the Economic Impact of the Electronic Commerce Directive*, Commission européenne, sept. 2007. En France, la directive n° 2000/31 a été transposée par la loi n° 2004-575 du 21 juin 2004 pour la confiance dans l'économie numérique, la loi Châtel n° 2008-3 du 3 janvier 2008 ayant renforcé la protection des cyber-consommateurs.

(425) V. *supra*, n°s 251 et 270.

professionnelle)[426]. Ces professions sont extrêmement diverses. À côté de la plupart des professions libérales, de nombreuses professions artisanales sont aussi réglementées pour des raisons quelquefois corporatistes.

En principe, les États membres demeurent libres de fixer le niveau minimal de qualification nécessaire pour l'exercice de telle ou telle profession. Ils peuvent donc en réglementer de nouvelles, comme déréglementer celles qui l'étaient auparavant. Les États membres, toutefois, doivent – principe de reconnaissance mutuelle – prendre en compte les qualifications acquises dans un autre État membre, et apprécier si celles-ci correspondent à ce qu'ils exigent. Des examens ou stages de mise à niveau peuvent donc être suffisants et proportionnés[427]. Il n'en demeure pas moins que le simple fait d'exiger des diplômes ou certificats nationaux constitue une entrave très efficace à la libre circulation des personnes et des services.

Il a donc fallu procéder par voie de directives. La première démarche a été de procéder profession par profession. Si de nombreuses directives ont ainsi été adoptées, le résultat était insatisfaisant (§ 1). Ce n'est qu'à partir de 1988 qu'un système général reposant sur le principe de reconnaissance mutuelle a pu voir le jour (§ 2).

§ 1. – Les directives spéciales

412. – **Intégration de directives spéciales dans le système de la directive n° 2005/36 du 7 septembre 2005**[428]**.** De nombreuses directives spéciales avaient progressivement été adoptées pour mettre en place un socle commun de qualification professionnelle permettant la reconnaissance automatique des qualifications. C'était en particulier le cas des professions médicales et paramédicales (médecins, infirmiers, dentistes, vétérinaires, sages-femmes)[429], des pharmaciens. C'était aussi le cas des architectes[430]. Ces directives spéciales ont été abrogées par la directive n° 2005/36 du 7 septembre 2005, qui édicte un régime en apparence commun pour toutes les professions réglementées. Concernant toutefois les professions médicales et paramédicales, cette directive n° 2005/36 conserve le principe sur lequel reposaient déjà les directives spéciales abrogées : harmonisation poussée des conditions de formation permettant une reconnaissance automatique des diplômes. La reconnaissance des formations permettant l'accès à ces professions, autrefois régie par des directives spéciales, l'est désormais par des dispositions spécifiques au sein de la directive générale n° 2005/36.

La profession d'avocat demeure donc à l'écart de ce mouvement, et continue à être régie par des directives particulières.

(426) Il n'y a pas profession réglementée en l'absence de dispositions législatives ou réglementaires, même si une seule formation universitaire conduit en fait à la profession, V. CJCE, 1er févr. 1996, aff. C-164/94, *Aranitis c/ Land Berlin*. Une convention collective qui régit de manière générale l'accès et l'exercice d'une profession peut la faire considérer comme réglementée si cette convention découle d'une politique unique définie au niveau national, CJCE, 8 juill. 1999, aff. C-234/97, *Fernandez de Bodadilla et Museo del Prado*.

(427) V. *supra*, nos 251 et 270.

(428) *JOUE* n° L 255, 30 sept. 2005.

(429) V. Dir. nos 77/452, 77/453, 78/686, 78/687, 78/1026, 78/1027, 80/154, 80/155, 85/432, 85/433, et 93/16 de codification.

(430) Dir. n° 85/384.

413. – **La profession d'avocat.** La diversité des législations nationales touche à la fois l'accès et l'exercice quotidien de la profession. Il est plus difficile de coordonner au niveau européen les formations juridiques que les formations médicales.

Pendant longtemps, la liberté d'établissement des avocats a relevé des dispositions du traité. Le diplôme national exigé dans l'État d'accueil devait être possédé par le migrant européen(431), sous réserve de la reconnaissance mutuelle(432).

Celui qui désire s'établir doit bien sûr respecter la déontologie de l'État d'accueil, et s'inscrire aux ordres et organismes professionnels, lorsque les exigences ne sont pas discriminatoires à l'égard des non-nationaux(433). Le droit commun européen offre néanmoins un avantage aux migrants lorsque la législation de l'État d'accueil interdit l'ouverture de cabinets secondaires : l'article 49 TFUE ne contient en effet aucune restriction à l'ouverture de tels cabinets(434). La prohibition française a disparu pour cette raison.

Une importante directive a été adoptée le 16 février 1998, pour l'établissement des avocats(435). Elle s'articule avec la directive n° 2005/36 sur la reconnaissance des diplômes(436). Trois situations sont prévues. La première est celle de l'exercice sous le titre d'origine(437), sans restriction de compétence professionnelle, mais avec obligation d'agir de concert avec un avocat local pour la représentation et la défense en justice(438), et double déontologie, ce qui appelle une coopération des autorités nationales. La seconde est l'assimilation à l'avocat de l'État d'accueil, avec identité du titre. L'assimilation totale suppose ici une reconnaissance du diplôme, au besoin par une expérience professionnelle (trois ans). La troisième situation est celle de l'exercice en groupe(439)(440).

En revanche, une directive avait été adoptée par le Conseil dès le 22 mars 1977 pour faciliter l'exercice effectif de la libre prestation de services pour les avocats(441). Cette directive pose d'abord un principe de reconnaissance mutuelle des qualités d'avocat en le faisant jouer entre un certain nombre de dénominations : avocat, *Rechtanwalt, avvocato, barrister* et *solicitor*, avocat-avoué, etc. Ensuite cette directive libère les activités habituelles de l'avocat (représentation, défense, conseil…), à l'exception de celles qui participent à l'exercice de l'autorité publique (par ex., compléter une juridiction). L'avocat prestataire de services peut se voir obligé d'agir de

---

(431) V. CJCE, 13 juin 1974, *Reyners*, préc. – V., pour une reconnaissance universitaire et non professionnelle dans l'État d'accueil, CJCE, 28 avr. 1977, aff. 71-76, *Thieffry*.

(432) CJCE, 7 mai 1991, aff. C-340-89, *Vlassopoulou* et CJCE, 13 nov. 2003, aff. C-313/01, *Morgenbesser*, pour le refus de reconnaître une pratique professionnelle au seul motif qu'il ne s'agit pas d'un diplôme de droit.

(433) V. CJCE, 19 janv. 1988, aff. 292-86, *Gullung*.

(434) V. CJCE, 12 juill. 1984, aff. 107-83, *Klopp*.

(435) Dir. n° 98/5 : *JOCE* n° L 77, 14 févr. 1998.

(436) V. *infra*, n° 414.

(437) Par ex., *Rechtanwalt* en France ; sur la proportionnalité de l'exigence de connaissances linguistiques, CJCE, 19 sept. 2006, aff. C-193/05, *Commission c/ Luxembourg* ; du même jour, aff. C-506/04, *Wilson*.

(438) La situation est comparable à celle de l'avocat prestataire de services de la directive n° 77/249.

(439) Les groupes préoccupent souvent les États, et les professionnels. Des groupes peuvent ne pas être reconnus par les États s'ils sont contrôlés ou dominés par des non-avocats.

(440) V., sur le recours rejeté du Luxembourg, qui soutenait que cette directive établissait une discrimination illicite en traitant de la même manière ceux qui avaient acquis leur formation à l'étranger et ceux qui l'avaient acquise dans le pays, et qu'elle ne permettait pas une information suffisante du consommateur, CJCE, 7 nov. 2000, aff. C-168/98, *Luxembourg c/ Parlement et Conseil*.

(441) Dir. n° 77/249 : *JOCE* n° L 78, 26 mars 1977.

concert avec son confrère local[442]. On sait que la Cour de justice n'a pas admis que cette exigence puisse être générale et appliquée à des situations dans lesquelles le droit national n'imposait aucune obligation comparable aux avocats nationaux établis hors du ressort de la juridiction[443]. Ce fut le cas pour la postulation française, la Cour estimant plus proportionnée l'élection de domicile[444]. Enfin, cette directive, si elle dispense les prestataires de services de l'obligation de s'inscrire ou de s'affilier aux organismes et ordres des États de prestation de services, ne les dispense pas de respecter la déontologie en vigueur dans ces États, avec les sanctions qui y sont attachées[445].

§ 2. – Les directives générales de reconnaissance mutuelle des diplômes et certificats

414. – **Un système d'ensemble relatif aux professions réglementées. Directive n° 2005/36 du 7 septembre 2005**[446]. Cette importante directive abroge les anciennes directives n° 89/48 du 21 décembre 1992 relative à la reconnaissance mutuelle des diplômes sanctionnant une formation d'au moins trois années, et n° 92/51 du 18 juin 1992 relative à la reconnaissance des diplômes attestations ou certificats sanctionnant des formations de moindre durée, telles qu'elles ont été complétées par la directive n° 1999/42 du 7 juin 1999.

À côté des régimes particuliers qui ont été repris des directives spéciales abrogées (professions médicales, paramédicales, et architectes)[447], la directive n° 2005/36 se caractérise par un approfondissement du système général valant pour toutes les professions réglementées, afin de faciliter non seulement le droit d'établissement, mais encore la LPS.

La directive n° 2005/36 vise toutes les professions réglementées par les États membres : professions dont l'accès est subordonné à la possession de qualifications professionnelles déterminées. La définition est suffisamment large pour viser des professions commerciales, artisanales, ou libérales. Le principe demeure celui de la compétence des États pour créer des professions réglementées, comme pour déterminer le niveau de compétence et de qualité des services qu'ils entendent requérir des professionnels opérant sur leurs territoires. Si cette liberté est reconnue, elle impose aussi aux États de reconnaître les formations ou qualifications obtenues par les migrants européens ou les prestataires de services dans un autre État de l'Union européenne[448].

(442) Sur une pratique jurisprudentielle contraire à l'article 49 CE (art. 56 TFUE) et à la directive n° 77/249, refusant le remboursement à la partie gagnante des frais de l'avocat indispensable pour agir de concert, CJCE, 11 déc. 2003, aff. C-289/02, *Amok*.

(443) Par ex., assistance devant des juridictions où le ministère d'avocat n'est pas obligatoire, V. CJCE, 25 févr. 1988, aff. 427-85, *Commission c/ Allemagne*. – Pour le remboursement des frais, CJCE, 11 déc. 2003, aff. C-289/02, *Amok Verlags c/ A. et R. Gastronomie*.

(444) V. *Commission c/ France*, 10 juill. 1991, préc. ; V. *supra*, n° 284.

(445) V. CJCE, *Gullung*, préc.

(446) *JOUE* n° L 285, 30 sept. 2005.

(447) V. *supra*, n° 412.

(448) Sont visés principalement les ressortissants européens (les membres des familles ne sont pas visés, mais doivent en principe pouvoir invoquer cette directive de reconnaissance), et les formations effectuées dans l'Union européenne, ou principalement dans l'Union européenne (ce qui permet aux conventions de reconnaissance conclues par des États membres avec des États tiers d'être prises en compte). Un concours n'est pas en lui-même un diplôme, CJCE, 9 sept. 2003, *Burband*, préc.

La directive n° 2005/36 innove en posant un « principe de LPS », selon lequel un prestataire exerçant légalement sa profession dans son État peut l'exercer en LPS dans les autres États, sans avoir à obtenir les diplômes qui y sont requis (il doit donc exercer sous le titre professionnel qui est le sien dans son pays d'origine), à condition de respecter les règles de conduite (par ex., déontologie) qui sont en rapport avec les qualifications professionnelles (définition de la profession, usage de titres, fautes professionnelles graves) et qui ont un lien direct avec la protection et la sécurité des consommateurs, ou avec les dispositions disciplinaires, et à condition (si les États d'accueil l'exigent) de se déclarer. En tout cas, ces prestataires sont dispensés de s'inscrire à des organismes professionnels dans les États de prestation de services, car la libre prestation de services européenne ne doit entraîner aucun frais complémentaire pour les prestataires(449). Les destinataires des services doivent être précisément informés des titres du prestataire, de son autorité de contrôle éventuelle, de son assurance, de son organisation professionnelle (notamment).

Les règles contenues dans la directive n° 2005/36 sont plus banales en ce qui concerne le droit d'établissement. En dehors de la reconnaissance automatique (par ex., médecins), le droit d'établissement conduit le migrant européen à s'adresser à la clientèle de l'État d'accueil comme les prestataires locaux. Le principe de reconnaissance est donc tempéré par des mesures de compensation pour le cas où le migrant ne disposerait pas de diplômes ou de l'expérience requis dans l'État d'accueil(450).

Cette directive doit être articulée avec la directive n° 2006/123 du 12 décembre 2006, qui traite de questions autres que celles relatives aux qualifications professionnelles(451).

SECTION 5

PROCÉDURES D'INSOLVABILITÉ

415. - **Généralités et règles de compétence.** La faillite d'une société peut revêtir un caractère international lorsque ses activités transfrontalières ont pour conséquence une répartition de son patrimoine entre plusieurs pays (notamment par le biais d'établissements ou de succursales). Il conviendra alors de déterminer quel est le tribunal compétent pour déclarer et organiser la faillite, tout comme il faudra déterminer si cette dernière étend ses effets aux pays dans lesquels la société a des implantations secondaires. L'opportunité d'un texte européen en la matière était

(449) Ils peuvent être astreints, lors de leur première prestation, et chaque année, à déclarer les assurances souscrites par eux. Pour certaines professions qui ont des implications en matière de santé ou de sécurité publique qui ne bénéficient pas de la reconnaissance automatique, une vérification des connaissances et des qualifications est possible, et, en cas de différence notable de niveau, une épreuve d'aptitude spéciale doit être organisée.

(450) Sauf « plates-formes communes », regroupant des critères communs de reconnaissance automatique présentées par des États membres ou des organismes professionnels. Ces plates-formes peuvent être approuvées par le comité pour la reconnaissance des qualifications professionnelles avant que la Commission ne présente un projet pour mettre ces plates-formes en œuvre.

(451) V. *supra*, sur la directive n° 2006/123, n° 292.

donc réelle au regard des difficultés suscitées par la méthode conflictuelle en droit commun des faillites internationales. De plus, l'éclatement des procédures collectives constituait une gêne pour les créanciers, notamment parce qu'il était susceptible d'aboutir à des dissimulations d'actifs.

Le règlement n° 1346/2000 du 29 mai 2000 relatif aux procédures d'insolvabilité(452) ne pose pas un droit uniforme, ni même un droit européen harmonisé des procédures collectives. L'objectif, finalement, reste modeste puisqu'il s'agit principalement d'unifier les conflits de juridictions et les conflits de lois. Ce texte, entré en vigueur le 31 mai 2002, concerne les procédures collectives fondées sur l'insolvabilité du débiteur qui entraînent le dessaisissement partiel ou total de ce débiteur ainsi que la désignation d'un syndic(453). Cette définition est similaire à celle qui a été donnée par la Cour de justice des Communautés européennes dans l'arrêt *Gourdain* du 22 février 1979. En France, le redressement judiciaire, la liquidation judiciaire et la procédure de sauvegarde sont concernés par le règlement(454). En revanche, le texte européen ne s'applique pas aux procédures judiciaires préventives, et notamment celles qui sont amiables.

Le règlement du 29 mai 2000 donne compétence aux juridictions de l'État où est situé le centre des intérêts principaux du débiteur, l'article 3 présumant qu'il s'agit, pour les personnes morales, du siège statutaire. Il s'agit d'une présomption simple qui peut donc être renversée par la preuve d'une localisation différente, à savoir « le lieu où le débiteur gère habituellement ses intérêts »(455), lieu qui présente l'avantage d'être vérifiable par des tiers(456). La notion de « centre des intérêts principaux » a suscité des difficultés dans le cadre des groupes de sociétés. D'une part, la jurisprudence française a, de manière critiquable, appliqué ce critère à des procédures purement internes(457). D'autre part, des juridictions, notamment anglaises, ont renversé la présomption en faveur du siège statutaire afin de localiser le centre des intérêts principaux des filiales au siège de leur société mère(458), tout

(452) *JOCE* n° L 160, 30 juin 2000. – V. M. Menjucq, *Droit international et européen des sociétés*, Montchrestien, 3e éd. 2011, spéc. p. 497 et s. – M. Menjucq et T. Mastrullo, *Chronique de droit international et européen des faillites : Rev. proc. coll.* – V. aussi, F. Jaul-Seseke et D. Robine, *Le droit européen des procédures d'insolvabilité à la croisée des chemins*, Montchrestien, 2013. – I. Urbain-Parleani, *La faillite des sociétés, Bref aperçu sur le règlement (CE) n° 1346-2000 du 29 mai 2000 relatif aux procédures d'insolvabilité : Rev. sociétés* 2005, 101. Le règlement s'applique à tous les États membres, à l'exception du Danemark qui ne participe pas à la coopération judiciaire dans le cadre du TFUE. Une autre convention, relative à « certains aspects internationaux de la faillite », élaborée dans le cadre du Conseil de l'Europe, fut signée le 5 juin 1990 par cinq États membres du Conseil de l'Europe. Faute de ratification, elle n'est jamais entrée en vigueur. Son objet est limité puisqu'elle ne concerne que les procédures aboutissant à une liquidation. Sur les effets extraterritoriaux du règlement (élément d'extranéité localisé dans un État tiers), V. CJUE, 16 janv. 2014, aff. C-328/12, *Ralph Schmid*.

(453) Le terme « syndic », qui n'est plus utilisé en droit français depuis la loi n° 85-98 du 25 janvier 1985, désigne les organes de la procédure ; pour la France, il s'agit de l'administrateur judiciaire, du mandataire judiciaire et du commissaire à l'exécution du plan (V. Règl. n° 1346/2000, Ann. C.).

(454) Règl. n° 1346/2000, Ann. A.

(455) Règl., consid. 13.

(456) Le centre des intérêts ne doit pas être apprécié à la date de la décision ouvrant la procédure, mais à la date de la demande d'ouverture (CJCE, 17 janv. 2006, aff. C-104/04, *Staubitz-Schreiber*. – CJUE, 20 oct. 2011, aff. C-396/09, *Interedil*).

(457) CA Versailles, 11 janv. 2007 : *JCP* E 2007, note P. Nabet. – T. com. Beaune, 16 juill. 2008 : *Rev. sociétés* 2008, 981, note M. Menjucq.

(458) V. l'affaire *Daisytec Isa Ltd* ; Cour de Leeds, 16 mars 2003 (affaire qui a donné lieu à un arrêt CA Versailles 4 sept. 2003) : *Rev. sociétés* 2003, 891, note Rémery. – V. Cass. com., 27 juin 2006 : *JCP* G 2006, II, n° 10147, note M. Menjucq. – V. également l'affaire *Rover*, Cour de Birmingham, 8 avr. 2006 (refus du tribunal de commerce de Nanterre, le 19 mai 2005 d'ouvrir une procédure en France contre la filiale française) : *D.* 2005, 1787 ; jugement confirmé par CA Versailles, 15 déc. 2005 : *D.* 2006, 379, note A. Lienhard.

comme des procédures collectives de droit français furent ouvertes par des juridictions françaises à partir de sociétés ayant leur siège en France, à l'encontre de sociétés faisant partie du même groupe localisées dans d'autres États membres(459). Dans l'arrêt *Eurofood* du 2 mai 2006(460), la Cour de justice a marqué ses réticences à l'égard de l'ouverture systématique de procédures qui sont délocalisées par rapport à l'État du siège statutaire des filiales. Adoptant une démarche spécifiquement européenne, elle a effectivement précisé que la présomption en faveur du siège statutaire ne pouvait être renversée que si des éléments objectifs et vérifiables par des tiers révélaient l'existence d'une situation réelle distincte de la localisation du siège statutaire. Pour la Cour de justice, le fait que les choix économiques de la société soient ou puissent être contrôlés par une société mère établie dans un autre État membre ne suffit pas pour écarter cette présomption. La conception matérielle ainsi adoptée de la notion de centre des intérêts principaux est plus protectrice pour les tiers car elle prévisible : si aucune activité réelle n'est exercée au lieu du siège statutaire (société « boîte aux lettres »), la présomption peut être renversée. Désormais, les juridictions nationales motivent davantage leurs décisions(461), la présomption étant notamment renversée par la prise en compte d'indices comme l'activité, la direction ou les relations d'affaires(462). S'appuyant sur la compétence exclusive des juridictions de l'État membre du centre des intérêts principaux, la Cour de justice a refusé au juge français la possibilité d'appliquer la procédure d'extension pour confusion de patrimoines(463) à l'encontre d'un débiteur étranger(464).

Des procédures secondaires peuvent également être ouvertes dans les États dans lesquels se situe un établissement du débiteur (même si cet établissement n'a pas la personnalité morale) ; l'ouverture de cette procédure est d'ailleurs facilitée puisqu'il n'est pas nécessaire de rapporter à nouveau la preuve de l'insolvabilité du débiteur(465). Une procédure territoriale fondée sur le critère de l'établissement peut aussi être ouverte alors même qu'une procédure principale ne l'a pas été, dès lors que l'ouverture de cette dernière est impossible ou si l'ouverture de la procédure territoriale est demandée par un créancier d'un État membre dans lequel se situe l'établissement ou dont la créance a son origine dans l'exploitation de cet établissement(466). La procédure secondaire est soumise hiérarchiquement à la procédure principale, ce qui permet d'assurer une articulation cohérente des procédures.

---

(459) Aff. *EMTEC*, T. com. Nanterre, 15 févr. 2006 : *D.* 2006, 651, note Lienhard. – V. aussi, T. com. Lure, 29 mars 2006 : *D.* 2006, 1043.

(460) Aff. C-341/04 : *Rev. sociétés* 2006, 360, obs. Rémery. – M. Menjucq, *Le droit communautaire des procédures d'insolvabilité à l'épreuve des juridictions nationales* : *RJ com.* 2/2007, p. 105.

(461) V., par ex., aff. *Eurotunnel*, CA Paris, 29 nov. 2007 : *JCP* E 2008, 113, note E. Scholastique.

(462) V. Cass. com., 27 juin 2006 : *JCP* E 2006, 2291, note F. Mélin. – CA Paris, 26 nov. 2009 : *Rev. sociétés* 2010, 395, somm. I. Urbain-Parleani. Dans l'affaire *Interedil* précitée, la seule présence de biens isolés et de comptes bancaires n'a pas été considérée comme un élément objectif et vérifiable.

(463) C. com., art. L. 621-2.

(464) CJUE, 15 déc. 2011, aff. C-191/10, *Rastelli Davide e C.*

(465) V. CJUE, 22 nov. 2012, aff. C-116/11, *Bank Handlowy et Adamiak*, le fait que la procédure principale soit de nature protectrice, comme la procédure française de sauvegarde, n'interdit pas l'ouverture d'une procédure secondaire de liquidation ; toutefois, la juridiction compétente pour ouvrir la procédure secondaire devra prendre en compte les objectifs de la procédure principale.

(466) V. CJUE, 17 nov. 2011, aff. C-112/10, *Zaza Retail* (n'ayant pas la qualité de créancier, le ministère public de l'État membre du lieu d'établissement ne peut demander l'ouverture d'une procédure territoriale indépendante si une procédure principale peut être ouverte dans l'État du centre des intérêts principaux du débiteur).

Ainsi, les effets de la procédure secondaire sont uniquement territoriaux : ils sont donc limités aux biens situés dans les États membres dans lesquels la procédure secondaire a été ouverte. La procédure secondaire doit effectivement s'inscrire dans les objectifs de la procédure principale qui peut être une procédure de redressement. Par conséquent, la procédure secondaire ne peut être, en principe, qu'une procédure de liquidation[(467)]. Le syndic de la procédure principale a pour mission de coordonner l'ensemble des procédures ; il peut demander l'ouverture ou la suspension d'une procédure secondaire si l'intérêt des créanciers de la procédure principale le justifie, tout comme il peut intervenir dans la procédure secondaire. Cette coordination se fait par le biais d'obligations réciproques d'information et de coopération entre les syndics.

416. - **Reconnaissance de plein droit des procédures ouvertes. Pouvoirs du syndic.** La procédure principale d'insolvabilité ouverte par les juridictions d'un État membre a un effet universel puisqu'elle a vocation à s'appliquer à tous les biens du débiteur, même ceux situés dans un autre État membre. Le règlement pose d'ailleurs le principe de la reconnaissance de plein droit tant de la procédure principale que de la procédure secondaire (même si les effets de cette dernière sont limités au territoire de l'État d'ouverture). Il en résulte un principe de confiance mutuelle qui impose aux juridictions des autres États membres de reconnaître la procédure ouverte[(468)] ; ces dernières ne peuvent donc pas contrôler la compétence de la juridiction de l'État d'ouverture[(469)]. De plus, après l'ouverture d'une procédure principale d'insolvabilité dans un État membre, les autorités compétentes d'un autre État membre, dans lequel aucune procédure secondaire n'a été ouverte, doivent reconnaître et exécuter les décisions prises par la juridiction ayant ouvert la procédure principale (décisions relatives au déroulement de la procédure, à ses suites et à sa clôture)[(470)]. Des exceptions, limitées au strict minimum, sont toutefois admises. Il en est ainsi, notamment, lorsque la reconnaissance ou l'exécution prise dans le cadre de la procédure porte, vis-à-vis d'un État membre, une atteinte constituant une violation manifeste d'une règle de droit considérée comme essentielle dans l'ordre juridique de l'État ou d'un droit reconnu comme fondamental dans cet ordre juridique[(471)].

La reconnaissance de plein droit de la procédure principale a pour effet, si la loi de la procédure principale le prévoit, le dessaisissement du débiteur dans tous les États membres ainsi que l'arrêt des poursuites individuelles. Ce dessaisissement permet ainsi de respecter le principe d'égalité des créanciers en évitant que certains d'entre eux soient favorisés dans les autres États que celui dans lequel la procédure est ouverte. Il s'agit aussi d'éviter que le débiteur organise son insolvabilité. Le syn-

(467) V. notamment Règl. 29 mai 2000, art. 34 (V. Cass. com., 22 janv. 2013, n° 11-17.968 : le juge français de la procédure secondaire ne peut pas prononcer des mesures de faillite personnelle ou d'interdiction de gérer, ces actions relevant de la compétence du juge de l'État membre d'ouverture de la faillite principale).

(468) Règl. 29 mai 2000, consid. 22.

(469) Cass. com., 27 juin 2006, aff. *Daisyteck*, préc. – V. Cass. com., 30 juin 2009. – Cass. com., 8 mars 2011.

(470) CJUE, 21 janv. 2010, aff. C-444/07, *MG Probud Gdynia*.

(471) Aff. *Eurofood*, préc. La Cour de cassation a ainsi considéré que l'absence d'audition des représentants du personnel avant la décision d'ouverture de la procédure d'insolvabilité ne constituait pas une violation manifeste du droit fondamental à être entendu (Cass. com., 27 juin 2006, préc.).

dic de la procédure principale peut ainsi intervenir dans tous les États membres au regard des pouvoirs accordés par la loi de l'État d'ouverture et de la mission confiée par le tribunal : il peut agir sur tous les biens du débiteur situés dans l'Union européenne ; il est seul habilité à recevoir paiement et par conséquent, en principe[(472)], les tiers, dans tous les États membres, doivent payer entre ses mains[(473)]. Il peut exercer tous les pouvoirs que la loi de l'État d'ouverture lui attribue sur les biens du débiteur : gérer ou vendre ces biens, même s'ils se situent à l'étranger ; intenter une action en nullité contre des actes accomplis durant la période suspecte[(474)]. Cependant, si une procédure secondaire est ouverte, le syndic de la procédure principale n'est pas compétent pour gérer les biens du débiteur dans l'État concerné. Par ailleurs, certains créanciers, parce qu'ils ont des droits acquis, ne sont pas affectés par l'ouverture d'une procédure d'insolvabilité.

417. – **Compétence législative. Règles matérielles.** La loi applicable à la faillite est celle de l'État d'ouverture de la procédure : chaque procédure, principale ou secondaire, est régie par sa propre loi nationale. Le règlement précise, dans une liste non limitative, le domaine de compétence de la loi de l'État d'ouverture de la procédure ; c'est l'ensemble de la procédure qui est concerné (ouverture, déroulement et clôture de la procédure). En particulier, cette loi est compétente pour régir la production, la vérification et l'admission des créances, les effets de la procédure d'insolvabilité sur les contrats en cours ou encore la nullité ou l'inopposabilité des actes préjudiciables à l'ensemble des créanciers. Ainsi, l'exercice unitaire des droits des créanciers permet d'assurer leur égalité de traitement. Mais cette égalité doit aussi être assurée lorsque plusieurs procédures sont ouvertes, d'où l'existence de règles matérielles concernant leur information, la production de leurs créances et leur paiement. Afin d'informer collectivement les créanciers étrangers, le syndic peut demander que la décision d'ouverture d'une procédure, principale ou secondaire, soit publiée dans tout autre État membre[(475)]. Les créanciers connus doivent être informés individuellement, sans délai, par la juridiction qui a ouvert la procédure, ou par le syndic, par l'envoi d'une notice individuelle précisant, entre autres, les délais à respecter, l'organe habilité à recevoir la production de créance ; cette note doit être rédigée dans la langue de l'État dans lequel a été ouverte la procédure, mais doit aussi être remis un formulaire dont le titre « Invitation à produire une créance. Délais à respecter » est libellé dans toutes les langues officielles de l'Union européenne. Les créanciers peuvent déclarer leurs créances dans la langue de l'État membre dans lequel ils résident, mais une traduction peut leur être réclamée dans la langue de l'État d'ouverture.

Compte tenu de la diversité des droits nationaux en matière de sûretés, le règlement a introduit des exceptions à la compétence de la loi de la procédure. Ainsi, l'ouverture d'une procédure d'insolvabilité n'affecte pas le droit réel d'un créancier

(472) V. l'exception de l'article 24 du règlement n° 1346/2000.
(473) Au sujet du paiement fait par un tiers sur ordre du débiteur, V. CJUE, 19 sept. 2013, aff. C-251/12, *Van Buggenhout et Van de Mterop*.
(474) Dès lors que la loi de la procédure principale attache des effets à cette période (CJCE, 12 févr. 2009, aff. C-339/07, *Seagon*).
(475) V. également Règl. 29 mai 2000, art. 21 et 22.

sur un bien appartenant au débiteur dès lors que ce bien se situe, au moment de l'ouverture de la procédure, sur le territoire d'un autre État membre ; les créanciers concernés peuvent donc réaliser ces biens et se faire payer sur le prix. De même, un créancier peut invoquer la compensation entre sa créance et celle du débiteur, lorsque cette opération est autorisée par la loi applicable à la créance du débiteur insolvable. Il en est de même des créanciers bénéficiaires d'une clause de réserve de propriété sur les biens du débiteur se trouvant, lors de l'ouverture de la procédure, dans un autre État membre. Enfin, en ce qui concerne les salariés, le règlement prévoit l'application d'une autre loi que celle de la procédure, à savoir la loi de l'État membre applicable au contrat de travail. À cet égard, la directive de 1980 sur la protection des salariés en cas d'insolvabilité de l'employeur, et codifiée par la directive n° 2008/94 du 22 octobre 2008, contient des dispositions sur la garantie des créances salariales et la compétence de l'institution de garantie des créances salariales[(476)].

418. – **Réforme.** Sur plusieurs points, une réforme du règlement s'avère nécessaire. Fin 2012, la Commission a publié une proposition de texte modifiant le règlement et à la suite d'un accord politique au sein du Conseil, un nouveau texte a été arrêté début décembre 2014 : extension du champ d'application du règlement aux procédures provisoires et aux procédures de type sauvegarde ; transposition des arrêts *Eurofood* et *Interedil* (préc.) sur la localisation du centre des intérêts principaux ; renforcement de la lutte contre le *forum shopping* frauduleux ou abusif ; abrogation du principe selon lequel la procédure secondaire est nécessairement de nature liquidative ; meilleure articulation entre procédure principale et procédures secondaires ; mise en place de registres d'insolvabilité interconnectés ; insertion de dispositions relatives aux groupes de sociétés (possibilité de regrouper des procédures d'insolvabilité d'un groupe de sociétés très intégré sous le contrôle d'un seul tribunal ; renforcement de la coopération entre praticiens et juridictions ; création d'une procédure de coordination collective)[(477)].

SECTION 6

DROIT EUROPÉEN DE LA CONSOMMATION

419. – **La protection des consommateurs, moyen de réalisation du marché intérieur.** Dans sa première version, le traité de Rome ne comportait aucune disposition ayant trait directement à la protection des consommateurs ; il est vrai que dans les années 1950, on n'avait pas encore pris pleinement conscience des conséquences économiques du déséquilibre entre les professionnels et les consommateurs[(478)]. À partir du début des années 1970, il apparut clairement que l'objectif

(476) V. R. Vatinet, *La situation des salariés ignorée par le règlement n° 1346/2000 relatif aux procédures d'insolvabilité : Mél. P. Didier*, Economica, 2008, p. 417.
(477) COM (2012) 744 final, déc. 2012 ; D. 2014, 2520, obs. R. Dammann.
(478) La notion de consommateur était d'ailleurs peu présente dans le monde et c'est avec le discours de J.-F. Kennedy devant le Congrès américain, en 1962, qu'elle a fait véritablement son apparition.

de la Communauté ne pouvait se borner à promouvoir l'expansion économique sans se préoccuper du bien-être et de la satisfaction économique des consommateurs(479). En 1975, un « programme préliminaire de la CEE pour une politique de protection et d'information des consommateurs » a posé les droits fondamentaux des consommateurs : droit à la protection de leur santé et de leur sécurité ; droit à la protection de leurs intérêts économiques ; droit à la réparation des dommages ; droit à l'information et à l'éducation. ; droit d'être entendu.

Aujourd'hui, la protection des consommateurs constitue l'un des principaux objectifs du traité, car la politique de l'Union doit contribuer à la protection de leur santé, de leur sécurité et de leurs intérêts (TFUE, art. 169). Cependant, la perspective est fondamentalement économique et de marché. L'objectif est celui du marché parfait (sans asymétries d'information) et du marché complet (celui où toutes les offres peuvent être proposées, et où toutes les demandes peuvent être satisfaites). Ce n'est pas « protéger » le consommateur que de le priver de l'accès à un tel marché, sauf s'il existe des raisons impérieuses d'intérêt général qui légitimeraient un tel choix. C'est dans le cadre de la procédure de codécision que des mesures sont adoptées, l'article 114 TFUE obligeant la Commission à élaborer des propositions correspondant à un niveau élevé de protection des consommateurs. De son côté, la Charte des droits fondamentaux de l'Union européenne consacre, comme l'un de ses droits, la protection des consommateurs (CDFUE, art. 38). Cette charte ayant la même valeur juridique que les traités, le juge pourrait donc l'invoquer pour interpréter le droit européen en faveur du consommateur(480).

420. - **Directives.** Le droit européen de la consommation s'est principalement construit par le biais de directives (rarement des règlements). Comme pour les autres matières (par ex., droit des sociétés), ce sont les législations nationales les plus modernes qui ont servi de référence (le droit français a parfois joué un rôle essentiel). Dans un premier temps, les autorités européennes ont opéré une harmonisation *a minima* des législations nationales, les États membres pouvant adopter des mesures plus protectrices ; puis dans un second temps, elles se sont livrées à une harmonisation *a maxima*, c'est-à-dire à une harmonisation complète (ou totale) : les États sont alors privés de la possibilité d'adopter des dispositions plus strictes ou plus souples. Ce type d'harmonisation s'est révélé finalement délicat, car il implique, d'une part, de déterminer le domaine d'application du texte européen pour lequel toute marge de manœuvre des États membres est exclue, et d'autre part, d'identifier précisément les objectifs du texte dont la réalisation ne doit pas être entravée par des mesures nationales prises en dehors de son domaine.

Tout comme en droit de la concurrence, les institutions européennes s'orientent désormais vers une coordination des pratiques et des contrôles avec le règlement du 27 octobre 2004 relatif à la coopération entre les autorités nationales chargées

(479) Par ex. santé, CJCE, 20 févr. 1979, aff. C-120/78, *Cassis de Dijon-Rewe*.
(480) V. N. Sauphanor-Brouillaud, avec le concours d'E. Poillot, C. Aubert de Vincelles et G. Brunaux, *Les contrats de consommation, règles communes*, LGDJ, 2012, spéc. n° 2 ; V. C. Aubert de Vincelles, Chronique de droit européen des obligations, *RTDE*.

de veiller à l'application de la législation en matière de protection des consommateurs[(481)].

Les textes adoptés poursuivent plusieurs objectifs : protéger les intérêts économiques des consommateurs (§ 1) ; réparer les dommages qu'ils ont subis (§ 2) ; protéger leur santé et assurer leur sécurité (§ 3) ; faciliter le règlement des litiges (§ 4).

§ 1. – Protection des intérêts économiques des consommateurs

Plusieurs directives visent la protection des intérêts économiques des consommateurs. On citera les principales[(482)]. Elles ont pour objectif de lutter contre les asymétries d'information, ou contre les mesures nationales qui empêchent les consommateurs de connaître des offres nouvelles, ou encore de comprendre les contours du marché sur lequel ils forment leur demande.

421. – **Information des consommateurs.** La plupart des directives protégeant les intérêts économiques des consommateurs contiennent des mesures relatives à leur information. En effet, les autorités européennes, valorisant ici le rôle de la volonté individuelle, ont vite pris conscience que le consommateur avait besoin d'être informé sur les caractéristiques des produits et services qu'il désire se procurer. D'autres textes, qui furent publiés dès les années 1970, sont plus spécifiques : directive du 18 décembre 1978 concernant l'étiquetage des denrées alimentaires[(483)] ; directive du 19 juin 1979 ayant trait au prix des denrées alimentaires[(484)] ; directive du 16 février 1998 relative à l'indication du prix pour tous les produits[(485)]. Deux règlements du 14 juillet 1992 sont relatifs aux appellations d'origine, aux indications géographiques et aux attestations de spécificité des denrées alimentaires[(486)]. Désormais, la directive n° 2011/83 du 25 octobre 2011 sur les droits des consommateurs[(487)] pose une obligation précontractuelle d'information commune à tous les contrats de vente et de services[(488)].

422. – **Publicité trompeuse. Publicité comparative.** Il s'agit aujourd'hui de la directive n° 2006/1114 du 12 décembre 2006[(489)]. Une réglementation européenne sur la publicité trompeuse était nécessaire, non seulement parce que la définition et les sanctions encourues étaient variables d'un État membre à un

(481) Règl. n° 2006/2004 : *JOUE* n° L 364, 9 déc.

(482) V. également Dir. n° 85/377, 20 déc. 1985 sur les contrats négociés en dehors des établissements commerciaux (abrogée par Dir. sur les droits des consommateurs, V. *infra*, n° 424) ; Dir. n° 87/102, 22 déc. 1986 sur le crédit à la consommation, *JOCE* n° L 42, 12 févr. – Dir. n° 90/314, 13 juin 1990 sur les voyages à forfait : *JOCE* n° L 158, 23 juin.

(483) Dir. n° 79/112/CEE, codifiée par Dir. n° 2000/13, 20 mars 2000 : *JOCE* n° L 109, 6 mai 2000. – Sur la compatibilité du droit français à cette directive, V. CJCE, 13 déc. 1990, aff. C-241/89, *Sucrandel*. – Cette directive a été remplacée par le règlement n° 1169/2011 du 25 octobre 2011.

(484) Dir. n° 79/581/CEE : *JOCE* n° L 158, 26 juin.

(485) Dir. n° 98/8 : *JOCE* n° L 123, 24 avr. 1998.

(486) Règl. n°s 2081/92 et 2082/92.

(487) *JOCE* n° L 304, 22 nov. 2011.

(488) Les États membres étant toutefois autorisés à maintenir ou à adopter des exigences supplémentaires (Dir. n° 2011/83, art. 5, § 4).

(489) *JOCE* n° L 376, 27 déc. 2006. Cette directive a remplacé à droit constant la directive n° 84/450/CEE du 10 septembre 1984 sur la publicité trompeuse et la directive n° 97/55 du 6 octobre 1997 sur la publicité comparative.

autre, mais aussi parce que certains États ne connaissaient aucune règle en la matière. Il s'agit ici surtout de réduire les asymétries d'information. La directive de décembre 2006 réglemente la publicité trompeuse lorsqu'elle s'adresse à des professionnels ; lorsque les consommateurs sont les destinataires de cette publicité, c'est la directive n° 2005/29 relative aux pratiques commerciales déloyales(490), qui vise notamment la publicité déloyale, qui s'applique. La publicité est trompeuse lorsque « d'une manière quelconque, y compris par sa présentation, elle induit ou est susceptible d'induire en erreur les personnes auxquelles elle s'adresse ou qu'elle touche et qui, en raison de son caractère trompeur, est susceptible d'affecter leur comportement économique ou, pour ces raisons, porte préjudice ou est susceptible de porter préjudice à un concurrent ». La liste figurant à l'article 3 de la directive n'est pas limitative.

La publicité comparative, trop longtemps refusée en France, permet de comparer les offres dans ce qu'elles ont chacune de pertinent. Elle favorise spécialement les nouveaux entrants, et fait comprendre au consommateur la réalité de la concurrence et les frontières du marché. Aussi est-elle harmonisée de façon exhaustive(491) et, surtout, les conditions que pose la directive doivent être appliquées dans le sens le plus favorable à celle-ci(492). Ces conditions sont concrètement les suivantes : le périmètre de la comparaison relève de la liberté économique de l'annonceur(493) ; la comparaison doit porter sur des paramètres pertinents, dont le prix(494) ; elle doit être vérifiable pour le comparateur ; elle peut porter sur des produits non identiques pourvu qu'ils présentent un degré suffisant d'interchangeabilité(495). La comparaison licite permet d'utiliser la marque du concurrent(496). La comparaison ne peut pas être dénigrante, et si le reproche est le fait d'avoir trompé les consommateurs(497), il faut démontrer qu'un nombre significatif de consommateurs a pu prendre une décision d'achat qu'il n'aurait pas prise autrement(498). En tout cas, la comparaison reste une publicité ; elle peut vanter une offre par rapport à une autre ; le message n'a pas à être neutre.

423. – Pratiques commerciales déloyales. La directive n° 2005/29/CE du 11 mai 2005 relative aux pratiques commerciales déloyales des entreprises vis-à-vis des consommateurs est un texte d'harmonisation maximale(499). L'objectif est ici encore d'éviter que les droits nationaux trop protecteurs ne privent les consommateurs de l'accès au marché européen. Le texte vise la protection des consommateurs et non celle des concurrents ; en effet, il « ne couvre ni n'affecte les législations

(490) V. *infra*, n° 423.
(491) CJCE, 8 avr. 2003, aff. C-44/01, *Pippig Augenoptik*.
(492) CJCE, 25 oct. 2001, aff. C-112/99, *Toshiba Europe*.
(493) CJCE, 8 avr. 2003, aff. C-44/01, *Pippig Augenoptik*.
(494) CJCE, 9 sept. 2006, *Lidl Belgium*, préc.
(495) V. CJCE, 19 avr. 2007, aff. C-381/05, *De Landtsheer*. – CJCE, 18 nov. 2010, aff. C-159/09, *Vierzon Distribution*.
(496) CJCE, 12 juin 2008, aff. C-553/06, *02 Holdings*.
(497) CJCE, 18 juin 2009, aff. C-487/07, *L'Oréal*. – CJCE, 18 janv. 2010, *Vierzon Distribution*, préc.
(498) CJCE, 18 nov. 2010, *Vierzon Distribution*, préc.
(499) Ces pratiques ne doivent pas être confondues avec les pratiques déloyales entre entreprises. La Commission a publié, à ce sujet, un important Livre vert en avril 2013 (Livre vert sur les pratiques commerciales déloyales dans la chaîne d'approvisionnement alimentaire et non-alimentaire interentreprises, Doc. COM (2013), 37 final, janv. 2013) et la communication du 15 juillet 2014, Doc. COM (2014), 472 final, « Lutter contre les pratiques commerciales déloyales dans la chaîne d'approvisionnement alimentaire ».

nationales relatives aux pratiques commerciales déloyales qui portent atteinte uniquement aux intérêts économiques de concurrents ou qui concernent une transaction entre professionnels »[(500)].

Cette directive a fait initialement l'objet de réactions mitigées qui s'expliquent, pour beaucoup, parce que les impératifs d'un droit du marché sont souvent mal perçus, ou refusés *a priori*. La directive s'applique à toutes les pratiques déloyales envers les consommateurs. Ce sont celles qui répondent aux deux conditions suivantes : être contraires à la diligence professionnelle, altérer ou être susceptibles d'altérer le comportement économique du consommateur moyen. Parmi l'ensemble indéterminé des pratiques déloyales qui répondent à ces deux conditions, et qui peuvent donc être sanctionnées, la directive isole deux catégories de comportements fréquents : les pratiques trompeuses[(501)] et les pratiques agressives. Ces deux types de pratiques sont définis dans la directive, mais, puisqu'il s'agit d'exemples légaux de pratiques déloyales, une pratique qui répond aux critères spécifiques de la tromperie ou de l'agressivité est *ipso facto* déloyale[(502)]. Il faut souligner que toutes les pratiques supposent démontré que le consommateur n'a pas seulement été trompé, ou agressé, mais encore qu'il a pris, ou a été susceptible de prendre une décision d'achat qu'il n'aurait pas prise autrement[(503)]. On voit ici l'influence du droit du marché et du critère de déplacement effectif de la demande (critère auquel le droit de la consommation n'est guère accoutumé).

Parmi les sous-ensembles de pratiques trompeuses ou agressives, la directive distingue, de façon limitative, les pratiques trompeuses ou agressives[(504)] en toutes circonstances (annexes I : ce sont des pratiques déloyales *per se*)[(505)], des pratiques qui ne le sont pas en toutes circonstances. Pour ces dernières, et donc pour toutes les pratiques déloyales qui ne figurent pas dans les listes annexes, la déloyauté ne peut résulter que d'une analyse *in concreto*, au cas par cas. L'analyse *in concreto* a conduit la Cour de justice à rappeler que des prohibitions aussi anciennes qu'inefficientes économiquement, telles que les ventes liées, ne pouvaient plus être illicites en elles-mêmes, qu'elle qu'ait pu être l'interdiction fulminée par la législation nationale[(506)].

(500) Dir. n° 2005/29, consid. 6.

(501) CJUE, 19 sept. 2013, aff. C-435/11, *CSH Tour Services*.

(502) Des omissions substantielles peuvent être trompeuses (V. CJUE, 12 mai 2011, aff. C-122/10, *Ving Sverige*, validant cependant l'information sur le prix de départ dans une communication commerciale, et permettant le cas échéant le renvoi à un site Internet).

(503) Pour des pratiques trompeuses, V. CJUE, 19 déc. 2013, aff. C-281/12, *Trento Sviluppo et Centrale Adriatica*.

(504) V. CJUE, 18 oct. 2012, aff. C-428/11, *Purely creative e.a.* (techniques de publicité faisant naître la perspective d'un gain).

(505) N'est pas une omission trompeuse *per se* la seule indication d'un prix de départ dans une invitation à l'achat, CJUE, 12 mai 2011, aff. C-122/10, *Konsumentombudsmanwen*.

(506) Pour les ventes liées, V. aff. jtes, CJUE, 23 avr. 2009, aff. C-261/107, *Total Belgium*. – CJUE, 23 avr. 2009, aff. C-299/07, *Galatea*. – V., pour les ventes avec primes, CJUE, 14 janv. 2010, aff. C-304/08, *Plus Warenhandelsgesellschaft*. – CJUE, 9 nov. 2010, aff. C-540/08, *Mediaprint Zeitungs und Zeischriftenverlag*. – Pour la revente à perte, « pour autant que la disposition en cause poursuit des finalités tenant à la protection des consommateurs », CJUE, 7 mars 2013, aff. C-343/12, *Euronics Belgium c/ Kamera Express*. – Pour les liquidations-vente, CJUE, 9 nov. 2010, *Mediaprint Zeitungs-und Zeitschriftenverlag*, préc. – CJUE, 17 janv. 2013, aff. C-206/11, *Ktick*. – Pour le mode de fixation du prix de référence, CJUE, 26 nov. 2013, aff. C-421/12, *Commission c/ Royaume de Belgique*. – Pour un TEG erroné et sur la nécessité de prouver que le consommateur a pris ou aurait été susceptible de prendre une décision qu'il n'aurait pas prise autrement, CJUE, 15 mars 2012, aff. C-453, *Perenicova et Perenic*.

424. – **Directive n° 2011/83 sur les droits des consommateurs.** La proposition de directive du 8 octobre 2008[(507)] était très ambitieuse puisque l'objectif était de donner naissance à un nombre important de règles communes à tous les contrats de consommation, et cela par une harmonisation maximale. La directive n° 2011/83 du 25 octobre 2011 sur les droits des consommateurs[(508)] est plus limitée. Elle abroge seulement deux directives : celle sur les contrats à distance[(509)] et celle sur les contrats négociés en dehors des établissements commerciaux[(510)]. Cette révision à la baisse s'explique par l'impossibilité de trouver un accord entre les États membres sur la garantie de conformité et sur les clauses abusives. En effet, l'harmonisation voulue étant totale, certains États auraient été dans l'obligation d'abandonner, en ces domaines, leurs dispositions nationales plus protectrices. Il n'en demeure pas moins que la directive reste un texte d'harmonisation maximale (sous réserve de dispositions européennes spécifiques, des dispositions applicables aux contrats contenues dans le règlement « Rome I » et du droit national applicable aux contrats, comme celles ayant trait à la validité du contrat ou aux voies de recours).

La directive crée une ébauche de droit commun européen de la vente entre professionnels et consommateurs, alors qu'il n'existait auparavant que la directive du 25 mai 1999 sur la garantie des biens de consommation[(511)]. Elle pose notamment une obligation précontractuelle d'information commune à tous les contrats de vente et de services[(512)] (les textes antérieurs n'imposaient des informations que de façon sectorielle). Avant la conclusion du contrat, le professionnel doit informer le consommateur, de manière claire et compréhensible, sur les principales caractéristiques du bien ou du service, l'identité du professionnel, le prix total du bien ou du service, les modalités de paiement, de livraison et d'exécution, la date à laquelle le professionnel s'engage à livrer, la durée du contrat, les conditions de résiliation (pour les contrats à durée indéterminée), l'existence d'une garantie légale de conformité pour les biens, l'existence d'un service après-vente et de garanties commerciales. Pour les contrats de vente ou de prestations de services, sont applicables des règles spécifiques relatives à la livraison, au transfert des risques et aux frais liés à la transaction. Ainsi, le délai maximum de livraison est de trente jours après la conclusion du contrat. En cas de manquement à l'obligation de livraison, le consommateur peut enjoindre au professionnel de livrer le bien dans un délai convenu ou, à nouveau, dans le délai de trente jours. À défaut d'exécution dans ce nouveau délai, le contrat prend fin et le professionnel est assujetti à une obligation de remboursement.

425. – **Directive n° 93/13 sur les clauses abusives.** La directive n° 93/13 du 5 avril 1993 sur les clauses abusives[(513)] – qui est un texte *a minima* – était nécessaire

(507) Doc. COM (2008), 614/4 final.
(508) *JOCE* n° L 304, 22 nov. 2011.
(509) Sur la proposition de règlement relatif à un droit commun européen de la vente, V. *infra*, n° 435.
(510) Dir. n° 85/577/CEE.
(511) V. *infra*, n° 427.
(512) Les États membres étant toutefois autorisés à maintenir ou à adopter des exigences supplémentaires (Dir. n° 2011/83, art. 5, § 4).
(513) *JOCE* n° L 95, 21 avr. 1993.

en vue d'éviter toute distorsion de concurrence entre vendeurs ou prestataires de services lors de la commercialisation de leurs biens ou services dans d'autres États membres(514). Indirectement, il s'agit de faire en sorte que le consommateur, qui souhaite profiter des opportunités du marché européen, bénéficie d'une protection minimale contre les clauses abusives.

Est abusive la clause qui créé un déséquilibre significatif entre les droits et les obligations des parties découlant du contrat(515). La directive fournit en annexe une liste indicative de clauses pouvant être déclarées abusives (par ex., clause potestative, clause permettant au professionnel de modifier unilatéralement le contrat). Alors que la directive ne protège que les seules personnes physiques contractant en dehors de leur activité professionnelle(516), le droit français a longtemps adopté une conception plus large en couvrant les personnes physiques qui concluent un contrat sans rapport direct avec leur activité professionnelle(517). L'appréciation du caractère abusif relève de la compétence exclusive du juge national, mais le juge européen est compétent pour interpréter la notion de clause abusive et contrôler les critères mis en œuvre par le juge national(518). Les juridictions nationales sont tenues d'apprécier d'office le caractère abusif d'une clause(519). Les auteurs de la directive sont partis du postulat que l'intervention des associations était nécessaire afin de compenser la situation inégale entre le consommateur et le professionnel ; dès lors, le texte prévoit que les États membres doivent prévoir des moyens adéquats et efficaces pour faire cesser l'usage de clauses abusives (V. Dir. n° 2009/22 relative aux actions en cessation en matière de protection des consommateurs)(520). Les associations de consommateurs se trouvent alors investies de la mission de faire cesser l'utilisation des clauses abusives ainsi que d'en prévenir l'usage(521). L'action en

(514) En France, la législation sur les clauses abusives existe depuis 1978 (L. n° 78-23, 10 janv. 1978) ; la loi n° 95-96 du 1er février 1995, qui a transposé la directive, n'a pas provoqué de changements substantiels (elle a modifié l'article L. 132-1 du Code de la consommation et lui a annexé une liste de clauses pouvant être considérées comme abusives). V. CJCE, 27 juin 2000, aff. C-240/98, *Océano Grupe Editorial et Salvat Editores*.

(515) Afin de déterminer le déséquilibre significatif, le juge national doit non seulement se livrer à une appréciation économique de nature quantitative, mais également prendre en compte la nature du bien, les circonstances de conclusion du contrat et les autres clauses du contrat (CJUE, 21 févr. 2013, aff. C-472/11, *Banif Plus Bank Zia*). Il doit aussi prendre en considération l'information offerte au consommateur et les conséquences de la clause au regard du droit national applicable (CJUE, 16 janv. 2014, aff. C-226/12, *ConstructoraPrincipado*).

(516) CJCE, 22 nov. 2001, aff. C-541/99 et C-542-99, *Cape SNC/Idealservice Srl*.

(517) Cass. 1re civ., 24 janv. 1995 : *D.* 1995, jurispr. 327, note Paisant. Le Code de la consommation comporte désormais une définition du consommateur depuis la loi Hamon n° 2014-344 du 17 mars 2014 ; il s'agit de « toute personne physique qui agit à des fins qui n'entrent pas dans le cadre de son activité commerciale, industrielle, artisanale ou libérale » (V. art. 3). Un tel critère exclut la personne morale (V. CJUE, 22 nov. 2001, *Cape*, préc.).

(518) Le caractère abusif d'une clause doit être apprécié par rapport à l'ensemble des stipulations du contrat, V. CJUE, 9 nov. 2010, aff. C-137/08 ; *VB Pénzügyi Lízing Zrt.* – CJUE, 21 févr. 2013, aff. C-472/11, *Banif* (sur l'indépendance des deux notions que sont les clauses abusives et les pratiques commerciales déloyales, V. CJUE, 15 mars 2012, aff. C-453, *Perenicova et Perenic*).

(519) CJCE, 27 juin 2000, aff. nos C-240/98 à 244/98, *Océano Grupo Editorial et Salvat Editores*. – CJCE, 21 nov. 2002, n° C-473/00, *Cofidis*. – CJCE, 4 juin 2009, aff. C-243/08, *Pannon GSMZ*. – CJCE, 9 nov. 2010, aff. C-137/08, *VB Pénzügyi Lizing Zrt.* – CJUE, 14 juin 2012, aff. C-618/10, *Banco Espanol de Credito*. – CJUE, 30 mai 2013, aff. C-397/11, *Erika Jôrôs c/ Aegon Magyarorszcig Hitel Zrt.* – CJUE, 21 févr. 2013, aff. C-472/11, *Banif Plus Bank*. Selon l'article 4, § 2 de la directive, le contrôle du caractère abusif ne peut porter ni sur la définition de l'objet principal du contrat, ni sur l'adéquation entre le prix (ou la rémunération) et les services ou les biens à fournir en contrepartie. Sur l'interprétation de cette disposition, V. CJUE, 30 avr. 2014, aff. C-26/13, *Kàsler et Kàslerné Ràbai*.

(520) V. *infra*, n° 430. V. CJUE, 27 févr. 2014, aff. C-470/12, *Pohotovost's* : il ne résulte pas de la directive n° 93/13 que les droits nationaux doivent prévoir un droit pour les associations de protection des consommateurs d'intervenir dans une procédure d'exécution.

(521) V. cependant CJUE, 5 déc. 2013, aff. C-413/12, *Asociacion de Consurnidores Independientes de Castilla y Léon*, qui, dans un sens défavorable aux consommateurs, juge conforme au principe d'effectivité du droit européen une régle-

suppression revêt un caractère délictuel, ou quasi délictuel, fondé, comme le précise la Cour de justice, sur l'obligation extracontractuelle, qui pèse sur les professionnels, de ne pas faire usage de clauses abusives(522). Autre conséquence du caractère collectif de l'action : l'appréciation du caractère abusif se fait *in abstracto*(523). Enfin, l'effet de l'action en cessation intentée par les associations de consommateurs a été amplifié par la Cour de justice de l'Union européenne dans l'important arrêt *Invitel* de 2012(524) : la décision du juge, saisi par une association de consommateurs, dans le cadre de l'action en cessation de clauses abusives, peut produire un effet à l'égard de tous les consommateurs, y compris ceux qui n'étaient pas parties à la procédure en cessation. Cette jurisprudence, très favorable aux consommateurs, devrait ainsi contribuer à l'effectivité de l'éradication des clauses abusives.

426. – **Contrats à distance. Directive n° 2011/83 du 22 novembre 2011.** Ce type de contrat est l'instrument privilégié du commerce transfrontalier. La directive n° 97/7 du 20 mai 1997 sur les contrats à distance fut remplacée par la directive n° 2011/83 relative aux droits des consommateurs(525). L'harmonisation *a minima*, opérée par la directive de 1997, n'a pu suffisamment rapprocher les législations nationales en la matière. Au regard du développement des ventes à distance au sein des États membres, ces disparités ont constitué un obstacle majeur au développement des ventes transfrontalières. C'est la raison pour laquelle la directive n° 2011/83 opte pour une harmonisation complète.

Ce texte fait peser sur le professionnel une obligation d'information précontractuelle ; cette obligation d'information, qui doit être délivrée de manière claire et compréhensive, a trait notamment à l'identité et aux coordonnées du professionnel, aux caractéristiques du bien ou du service, au prix, aux modalités de paiement, de livraison, ou encore à l'existence ou non d'un droit de rétractation(526). Le contrat à distance doit être remis au consommateur sur un support durable, dans un délai raisonnable, après la conclusion. Le consommateur dispose, sauf exceptions, d'un délai de quatorze jours pour se rétracter(527), sans avoir à motiver sa décision.

427. – **Directive n° 99/44 du 25 mai 1999 relative à la vente de biens de consommation.** La libre circulation des marchandises serait entravée si les consommateurs ne pouvaient pas s'approvisionner librement sur le territoire d'un autre État membre sur la base de règles communes. De plus, la disparité des droits serait génératrice de distorsions de concurrence entre les vendeurs.

Dans cette perspective, la directive n° 99/44 du 25 mai 1999 relative à la vente de biens de consommations(528) harmonise l'une des obligations les plus importantes pesant

---

mentation nationale contraignant les associations de consommateurs à introduire des actions en justice devant la juridiction du lieu de l'établissement du domicile du professionnel.

(522) CJCE, 1er oct. 2002, aff. C-167/00, *Irerein flac Konsumenteninformationlllenkel.*

(523) En ce qui concerne la sanction, V. CJUE, 30 mai 2013, aff. C-488/11, *Dirk Frederik Asbeek Brusse c/ jahani Bir* : dès lors que la clause est abusive, le juge doit l'écarter et non pas se contenter de modérer la pénalité mise à la charge du consommateur.

(524) CJUE, 26 avr. 2012, aff. C-472/10.

(525) V. *supra*, n° 424.

(526) Dir. n° 2011/83, art. 6. Sur la notion de support durable, V. CJUE, 5 juill. 2012, aff. C-49/11, *Content services.*

(527) Pour les exceptions, V. Dir. n° 99/44, art. 16.

(528) *JOCE* n° L 171, 7 juill. 1999.

sur le vendeur, à savoir celle de livrer un bien conforme aux attentes du consommateur ; elle instaure alors des règles minimales de garantie en cas de non-conformité du bien vendu au contrat. Il s'agit d'un texte d'harmonisation minimale : le texte ne porte pas atteinte aux dispositions nationales relatives aux régimes de responsabilité contractuelle et extracontractuelle. Pour définir la conformité, la directive s'inspire de la convention de Vienne sur la vente internationale de marchandises. Le bien est conforme s'il correspond à la description donnée par le vendeur et possède les qualités telles que ce dernier les a présentées, ou s'il est propre à l'usage spécial recherché par le consommateur, accepté par le vendeur. Le bien est également conforme s'il est propre aux usages auxquels servent les biens du même type auquel le consommateur peut raisonnablement s'attendre, eu égard, principalement, à la nature du bien. Cette obligation de garantie permet au consommateur d'exiger la mise en conformité du bien, par réparation ou remplacement, sans frais(529). Si la réparation ou le remplacement ne sont pas possibles, le consommateur peut exiger une réduction du prix ou la résolution du contrat. Le vendeur dispose d'une action récursoire lorsque le défaut de conformité est imputable au producteur, au vendeur antérieur placé dans la même chaîne contractuelle ou à tout autre intermédiaire. Enfin, s'agissant de la garantie contractuelle, la directive précise qu'elle doit indiquer les droits dont dispose le consommateur en vertu de la législation nationale et mentionner que ces droits ne sont pas affectés par la garantie. Le contenu de la garantie et sa mise en œuvre doivent être clairement précisés(530).

Depuis la publication de cette directive, les autorités de l'Union européenne ont continué à réfléchir sur les améliorations possibles qu'il conviendrait d'apporter à l'harmonisation du droit de la vente. Une harmonisation totale aurait pu avoir lieu si la directive d'octobre 2011 sur les droits des consommateurs(531) avait repris le système de garantie en cas de non-conformité, comme il était prévu dans la proposition de 2008. Certains États membres s'y sont vivement opposé en raison de l'impossibilité qu'ils auraient eue d'accroître la protection des consommateurs. Une poursuite des réflexions n'a pas pour autant été abandonnée puisque, passant désormais à un autre instrument – le règlement –, les institutions européennes ont proposé un droit optionnel de la vente(532).

§ 2. – Réparation des dommages subis par les consommateurs

428. – **Directive n° 85/374/CEE du 25 juillet 1985 relative à la responsabilité du fait des produits défectueux.** En matière de réparation des dommages, les divergences entre les règles nationales imposaient un texte. Un seul a été adopté, mais il est important. La directive n° 85/374/CEE du 25 juillet 1985 relative à la res-

(529) Pour la gratuité de la mise en conformité du bien, V. CJCE, 17 avr. 2008, aff. C-404/06, *Quelle*.
(530) Dir. n° 99/44, art. 6.
(531) Préc.
(532) Prop. de règl. relatif à un droit commun de la vente, 11 oct. 2011, COM (2011), 635 final ; V. *infra*, n° 384-21

ponsabilité du fait des produits défectueux[533] poursuit, en effet, deux objectifs : assurer une protection égale des ressortissants de l'Union contre les dommages causés à leur santé et à leurs biens ; diminuer les distorsions de concurrence et les obstacles à la libre circulation des marchandises causés par les disparités nationales[534].

Le texte instaure un régime de responsabilité sans faute au profit de toute victime qui a subi un dommage corporel ou un dommage à une chose, autre que le produit défectueux lui-même. Le défaut s'entend de l'absence de sécurité à laquelle on peut légitiment s'attendre compte tenu de toutes les circonstances[535]. Le producteur dont la responsabilité se trouve engagée est envisagé de façon très large[536] : fabricant d'un produit fini ou d'une composante ; producteur d'une matière première ; personne se présentant comme producteur en apposant son nom sur le produit, sa marque ou un autre signe distinctif ; importateur du produit dans l'Union européenne en vue d'une vente, location, *leasing* ou toute autre forme de distribution. Si le producteur ne peut être identifié, chaque fournisseur peut être considéré comme producteur, sauf s'il indique dans un délai raisonnable à la victime, l'identité du producteur ou l'identité de celui qui lui a fourni le produit. La victime qui prouve le dommage, le défaut, ainsi que le lien de causalité entre le défaut et le dommage, a droit à la réparation intégrale de son préjudice, sous déduction d'une franchise de 500 € pour les dommages autres que corporels. Un État membre ne peut adopter, pour ce type de dommage, le principe de réparation intégrale[537] (ce qui a conduit à la condamnation de la France)[538]. Le régime de responsabilité institué par la directive peut coexister avec des régimes internes reposant sur un fondement différent[539]. Le texte énumère plusieurs causes d'exonération[540] ; absence de mise en circulation du produit ou absence de défaut ; absence de but économique (d'où l'exclusion d'une responsabilité si l'activité est bénévole) ; et surtout, risque de développement (absence de responsabilité si l'état objectif des connaissances scientifiques et techniques, en son niveau le plus avancé, n'a pas permis de déceler l'existence du défaut). Quant à la faute de la victime, elle peut supprimer ou réduire la responsabilité du producteur[541].

§ 3. – Protection de la santé et de la sécurité

429. – **Directive n° 2001/95 du 3 décembre 2001 relative à la sécurité générale des produits.** Dans un premier temps, des directives sectorielles, notamment sur les denrées alimentaires, furent adoptées. Il était pourtant impossible

(533) *JOUE* n° L 210, 7 août 1985. Dir. mod. par Dir. n° 99/34, 10 mai 1999 : *JOUE* n° L 141, 4 juin 1999. – V. J.-S. Borghetti, *La responsabilité du fait des produits : étude de droit comparé*, préf. G. Viney, LGDJ, 2004.

(534) C'est à la suite de menaces d'amendes importantes que la France a transposé ce texte en 1998 (L. n° 98-789).

(535) Dir. n° 99/44, art. 6.

(536) Dir. n° 99/44, art. 3.

(537) CJCE, 25 avr. 2002, aff. C-54/00, *République hellénique*.

(538) CJCE, 25 avr. 2002, aff. C-52/00, *République française*.

(539) Par ex., régime de responsabilité prévoyant le transfert au fournisseur de la responsabilité pour faute du producteur (CJCE, 10 janv. 2006, aff. C-402/03, *Skov Æg*).

(540) Dir. n° 99/44, art. 7.

(541) Dir. n° 99/44, art. 8, § 2.

de prendre une mesure verticale pour chaque bien, d'où l'élaboration d'un texte de portée générale. Une directive fut donc publiée en 1992 ; elle fut remplacée par la directive n° 2001/95 du 3 décembre 2001 relative à la sécurité générale des produits(542). Il s'agit d'un texte complémentaire, les textes spécifiques demeurant toujours applicables. Contrairement à la directive n° 85/374 relative à la responsabilité du fait des produits défectueux, cette directive tend à prévenir les dommages en amont. Plus précisément, elle vise à « assurer que les produits mis sur le marché sont sûrs »(543). Il doit s'agir de produits qui ne présentent « aucun risque, ou seulement des risques réduits à un niveau bas compatible avec l'utilisation du produit et considérés comme acceptables dans le respect d'un niveau élevé de protection de la santé et de la sécurité des personnes »(544). Par conséquent, les producteurs doivent mettre sur le marché des produits répondant à l'obligation générale de sécurité, d'où l'obligation de fournir aux consommateurs des informations utiles pour évaluer les risques inhérents aux produits. Quant aux distributeurs, ils sont tenus de fournir des produits répondant à l'obligation générale de sécurité, de suivre la sécurité des produits mis sur le marché et de délivrer les documents assurant la traçabilité des produits. En 2002, fut créée l'Autorité européenne de sécurité des aliments qui a pour mission de suivre la chaîne alimentaire et de veiller à la santé des consommateurs(545).

§ 4. – L'élaboration de règles spécifiques dans le cadre du règlement des litiges

Les démarches des consommateurs doivent être facilitées lorsqu'ils sont en litige avec les professionnels. Plusieurs textes sont prévus à cet égard.

430. – **Directive n° 2009/22 du 23 avril 2009 relative aux actions en cessation.** Cette directive(546), qui remplace celle du 19 mai 1998, prévoit la possibilité pour les associations d'agir en cessation d'agissements illicites. Il s'agit des agissements qui contreviennent aux dispositions transposant les directives mentionnées dans l'annexe 1, à savoir celles portant sur les domaines suivants : pratiques commerciales déloyales ; crédit à la consommation ; clauses abusives ; contrats à distance ; vente et garantie des biens à la consommation ; société de l'information (notamment, commerce électronique) ; contrats négociés en dehors des établissements commerciaux ; activités de radiodiffusion télévisuelle ; voyages, vacances et circuits à forfait ; commercialisation à distance de services financiers ; services dans le marché intérieur ; utilisation des biens à temps partagé ; médicaments à usage humain. On regrettera que la directive relative à la sécurité générale des produits(547)

(542) *JOUE* n° L 11, 15 janv. 2001.
(543) Dir. n° 2001/95, art. 3, §-1.
(544) Dir. n° 2001/95, art. 2, *b*.
(545) Règl. n° 178/2002 : *JOCE* n° L. 31, 1er févr. 2002.
(546) *JOUE* n° L 110, 1er mai 2009 ; V., pour la liste des associations qualifiées, communication 14 oct. 2014, *JOUE* n° C. 363.
(547) V. *supra*, n° 429.

n'y figure pas. Cependant, le texte est d'harmonisation minimale, les États membres ayant la possibilité d'accorder des pouvoirs plus étendus aux entités visées. Ce texte est utile, car les consommateurs sont rarement motivés pour intenter des actions en justice, notamment parce que les enjeux financiers ne sont pas suffisamment importants.

431. - **Règlement extrajudiciaire des litiges.** La directive n° 2013/11 du 21 mai 2013[(548)] a pour objet la mise en place par les États membres de procédures extrajudiciaires des litiges. Les consommateurs peuvent introduire des plaintes contre des professionnels auprès d'entités appliquant ces procédures. Il existe déjà, depuis 2004, un règlement ayant le même objet, mais il s'avère que la résolution extrajudiciaire des litiges n'est pas encore suffisamment développée dans tous les États membres. En particulier, la qualité des procédures varie d'un État membre à un autre, et les litiges transfrontaliers ne sont pas traités efficacement. Cette directive, qui devait être transposée au plus tard le 9 juillet 2015, a pour objectif de remédier à ces insuffisances. Le texte ne s'applique qu'aux litiges relatifs aux obligations contractuelles découlant des contrats de vente ou de service (à l'exception, notamment, des soins de santé). Compte tenu de l'importance grandissante du commerce en ligne, ce texte est complété par un règlement du 21 mai 2013, applicable à partir du 9 janvier 2016[(549)].

432. - **Actions en justice transfrontalières.** Il faut assurer l'application du droit européen de la consommation au-delà des frontières. Il n'est pas rare, en effet, que le professionnel propose ses produits et/ou ses services sur l'ensemble du territoire de l'Union européenne.

S'agissant de la loi applicable et la juridiction compétente, il convient de se reporter au règlement n° 1215/2012 du 12 décembre 2012 concernant la compétence judiciaire, la reconnaissance et l'exécution des décisions en matière civile et commerciale[(550)], ainsi qu'au règlement du 17 juin 2008 sur la loi applicable aux obligations contractuelles (« Rome I »)[(551)]. Dans un but de protection des seuls consommateurs, ces deux textes leur permettent d'exiger l'application de la loi du pays de leur résidence et d'être jugés par les juridictions de ce pays. Cependant, seul le consommateur qui a été contacté se trouve protégé par cette règle (notion « d'activité dirigée »). Celui qui a pris l'initiative de conclure un contrat transfrontalier peut donc se trouver assujetti à une loi étrangère et être attrait devant un tribunal étranger puisqu'il n'est protégé que par les règles générales de conflit établies par ces règlements.

La directive précitée du 23 avril 2009 relative aux actions en cessation en matière de protection des intérêts des consommateurs, d'harmonisation minimale, permet d'améliorer la protection transfrontalière des intérêts collectifs des consommateurs. Deux règlements complètent ce texte : un règlement du

(548) *JOUE* n° L 165, 18 juin 2013.
(549) Règl. n° 524/2013 relatif au règlement en ligne des litiges de consommation : *JOUE* n° L 165, 18 juin 2013.
(550) *JOUE* n° L 351, 20 déc. 2012 ; règlement qui refond celui du 20 décembre 2000.
(551) *JOCE* n° L 177, 4 juill. 2008. – V. L. Gannagé, *La règle de conflit face à l'harmonisation du droit de la consommation*, in *Mél. Calais-Auloy*, Dalloz, 2004, 421.

27 octobre 2004 qui organise la coopération entre les autorités nationales chargées de veiller à l'application des règles protectrices[552] ; un règlement du 11 juillet 2007 qui institue une procédure européenne de règlement des petits litiges[553]. La directive prévoit que, sans préjudice des règles de droit international privé, le droit applicable est, en principe, soit celui de l'État membre où l'infraction a été commise, soit celui où elle produit ses effets. Les États membres doivent désigner les entités autorisées à intenter l'action en justice transfrontalière (en France, ce sont les associations de consommateurs représentatives). Les entités désignées ont le droit d'agir devant les tribunaux de tous les États membres. Ce droit d'agir est vaste puisqu'il concerne tout manquement aux dispositions nationales transposant les directives figurant en annexe I de la directive[554]. L'exercice d'une action devant un tribunal étranger reste toutefois complexe, même si depuis la refonte du règlement du 22 décembre 2000 (préc.), par le règlement du 12 décembre 2012 (préc.), l'exigence de l'*exequatur* n'est plus requise. Ces procédures longues et coûteuses pourraient être dissuasives.

433. - **Projet européen sur l'action de groupe.** Afin que les consommateurs soient réellement protégés, il faudrait que soit instaurée une action de groupe. En effet, dans la plupart des États membres, les associations doivent identifier les consommateurs et leur demander un mandat préalable, ce qui rend leur action inutilisable pour les dommages touchant des centaines ou des milliers de consommateurs. Aux États-Unis, il existe la *class action* et au Québec, le recours collectif. À l'échelle européenne, seuls quelques États européens, comme la Suède et le Portugal, ont consacré ce type d'action. En France, après l'échec de l'action en représentation conjointe des associations de consommateurs[555], la loi du 17 mars 2014 a introduit la possibilité d'actions de groupe[556]. En 2008, la Commission européenne avait annoncé son intention de proposer des mécanismes de « recours collectif »[557] et une consultation fut lancée en 2011[558]. Une recommandation a été publiée en juin 2013[559]. Si les associations de consommateurs sont favorables à cette action de groupe, les entreprises, dans leur grande majorité, y demeurent hostiles.

434. - **Conclusion.** Le bilan du droit européen de la consommation est globalement positif. En effet, si l'on s'éloigne de tout raisonnement franco-français, on peut constater que les directives ont fortement contribué à moderniser un grand

(552) Règl. n° 2006/2004 : *JOUE* n° L 364, 9 déc. 2004.
(553) Règl. n° 864/2007 : *JOUE* n° L 199, 31 juill. 2007.
(554) V. *supra*, n° 430.
(555) C. consom., art. L. 422-1 : « Lorsque plusieurs consommateurs, personnes physiques, identifiés ont subi des préjudices individuels qui ont été causés par le fait d'un même professionnel, et qui ont une origine commune, toute association agréée et reconnue représentative sur le plan national en application des dispositions du titre Ier peut, si elle a été mandatée par au moins deux des consommateurs concernés, agir en réparation devant toute juridiction au nom de ces consommateurs ».
(556) V. C. consom., nouvel art. L. 423-1 et s.
(557) Livre vert 27 déc. 2008, Doc. COM (2008), 794 final.
(558) V. Consultation de la Commission européenne sur les actions de groupe, févr. 2011, SEC (2011), 173 final.
(559) Recomm. n° 2013/396/UE relative à des principes communs applicables aux mécanismes de recours collectif en cessation et en réparation dans les États membres en cas de violation de droits conférés par le droit de l'Union, 11 juin 2013.

nombre de droits nationaux, comme par exemple, le droit italien. De même, la jurisprudence européenne assure l'effectivité de la protection des consommateurs en incitant le juge à relever d'office le non-respect des dispositions en faveur de ces derniers[560]. En fait, les critiques à l'égard du droit européen sont virulentes depuis que l'Union européenne se livre à une harmonisation complète. Lorsque les directives sont minimales, les États membres peuvent faire plus pour la protection des consommateurs. Dans le cadre de l'harmonisation maximale, les États membres sont privés de la possibilité d'adopter des dispositions plus strictes ou plus souples. Ainsi, la France a souvent adopté une protection renforcée qui mêle de façon ambiguë la protection de la demande et la préservation des habitudes nationales, dans un but parfois affirmé de « moralisation », ce qui confine souvent au protectionnisme. On perd trop souvent de vue que satisfaire le consommateur, c'est certes le protéger, mais sans sacrifier à l'objectif du marché parfait et complet[561].

Faut-il aller plus loin et opérer une unification du droit de la consommation dans l'Union européenne ? L'absence d'unification du droit de la consommation, à l'échelle européenne, peut être gênante en tant qu'elle fait naître des inégalités dans la concurrence (les entreprises étant soumises à des contraintes différentes), qu'elle entrave la libre circulation des marchandises et des services, et qu'elle génère des conflits de lois lorsque consommateur et professionnel sont établis dans des États membres différents[562]. Cette démarche en faveur de l'unification est déjà amorcée avec l'adoption de directives désormais d'harmonisation complète, mais se pose désormais la question de l'élaboration d'un code européen de la consommation (au moyen d'un règlement européen ou d'une convention internationale)[563].

SECTION 7

DROIT EUROPÉEN DES CONTRATS ET DROIT DE LA VENTE

435. - **Droit européen des contrats.** Le droit européen de la consommation devrait-il se coordonner avec un droit européen des contrats ? Un Livre vert, publié en juillet 2010, a proposé des actions envisageables en vue de la création d'un droit européen des contrats pour les consommateurs et les entreprises[564]. Ce droit européen des contrats se ferait par le biais d'une recommandation, d'une directive ou d'un règlement. Plusieurs options ont été proposées, notamment l'élaboration

(560) V., notamment, CJCE, 26 oct. 2006, aff. C-168/05, *Elisa Maria Mostaza Clary*. – CJUE, 4 juin 2009, aff. C-243/08, *Pannon GSM Zrt.* – CJUE, 9 avr. 2010, aff. C-137/08, *VB Pénziigyi Lizing Zrt.* – V. également arrêt *Invitel* (V. *supra*, n° 425) qui confère l'effet le plus large aux actions en cessation de clauses abusives exercée par les organismes collectifs.
(561) V. CJCE, 20 févr. 1979, aff. C-120-78. *Cassis de Dijon-Rewe*.
(562) V. J. Calais-Auloy et H. Temple, *Droit de la consommation*, Dalloz, 8e éd. 2010, spéc. n° 43.
(563) Livre vert sur le droit européen de la consommation, réponses françaises, SLC, vol. 5, 2007, dir. Fauvarque-Cosson.
(564) Doc. COM (2010), 348 final.

d'une boîte à outils (qui servirait de référence pour les institutions européennes), d'un instrument facultatif de droit européen des contrats (« second régime ») que les parties pourraient choisir librement, ou encore la création, par un règlement, d'un véritable code civil européen. La réglementation serait donc à caractère facultatif ou obligatoire. Ce Livre vert a abouti à la proposition de règlement sur le droit de la vente du 11 octobre 2011(565). Les projets ayant trait au droit européen des contrats, qui ont fait l'objet d'une littérature abondante, ont suscité de nombreuses critiques. La conformité d'un droit européen des contrats avec le principe de subsidiarité est, en effet, discutée. Il est vrai aussi que les traditions juridiques propres aux États membres pourraient constituer un obstacle. De plus, le règlement « Rome I » sur la loi applicable aux obligations contractuelles, en posant des règles de conflit de lois unifiées en matière de contrats internationaux, permet déjà de faire jouer la concurrence entre les droits nationaux et donc d'inciter les législateurs nationaux à adapter ces derniers. Par ailleurs, des « principes du droit européen des contrats » ont été élaborés en 2003(566) ; on citera également, quoiqu'ils aient une vocation plus internationale, les « Principes d'Unidroit relatifs aux contrats du commerce international », complétés en 2010(567).

436. - **Droit de la vente.** Le Livre vert de la Commission européenne relatif aux actions envisageables en vue de la création d'un droit européen des contrats pour les consommateurs et les entreprises(568) a inspiré la proposition de règlement du 11 octobre 2011 relatif à un droit commun européen de la vente(569). Il s'agit de poser un régime optionnel et complet du contrat de vente : la proposition comporte seize articles, le droit commun optionnel faisant l'objet d'une annexe de cent quatre-vingt-six articles. Contrairement à l'harmonisation totale, le règlement maintiendrait la diversité des droits dans l'Union européenne, les ressortissants pouvant choisir alors entre plusieurs systèmes juridiques. Ce sont donc les contractants eux-mêmes qui décideront d'appliquer le règlement. Cet instrument crée, en effet, non pas un vingt-neuvième régime européen qui s'ajouterait aux droits nationaux, mais un second régime de droit contractuel présentant la double particularité d'être identique dans toute l'Union européenne et de coexister avec le droit national des contrats.

Si le vendeur est nécessairement un professionnel, l'acheteur peut être un consommateur ou un professionnel, si ce dernier est une PME(570). La proposition marque ici sa différence avec la convention de Vienne sur la vente internationale de marchandises, non applicable aux consommateurs. L'objectif est d'accorder des facilités aux entreprises qui n'ont pas les moyens financiers d'élaborer, par le biais d'un service juridique, des contrats adaptés à la diversité des législations nationales. Partant du constat que ce sont les situations transfrontalières qui génèrent des coûts

(565) V. *infra*, n° 436.
(566) Par la Commission Lando.
(567) V. http:/www.unidroit.org. D'autres œuvres privées furent publiées : un Code européen des contrats par le groupe Gandolfi, en 2004, et un Code civil européen piloté par M. Von Bar, en 2001.
(568) Doc. COM (2010), 348 final, 1er juill. 2010. – V. dossier, *L'Europe contractuelle, encore et toujours : RDC* 2011, p. 1027 et s. et p. 1361 et s.
(569) Doc. COM (2011), 635 final.
(570) À savoir une entreprise employant moins de 250 salariés et dont le chiffre d'affaires annuel ne dépasse pas 50 millions d'euros ou dont le bilan annuel n'excède pas 43 millions d'euros.

de transaction, le Conseil cantonne le règlement aux seuls contrats transfrontaliers de vente, tout en permettant aux États membres d'étendre le droit commun européen aux ventes internes[(571)].

Le texte propose à la fois des règles communes applicables aux contrats de vente, autres que ceux de consommation, et des dispositions propres aux consommateurs (conditions de validité particulières ; avis d'information type)[(572)]. Le droit commun de la vente pose les principes de liberté contractuelle, de bonne foi et de coopération. Il contient des dispositions générales : offre, acceptation, vices de consentement, nullité, changement de circonstances, détermination du prix, résolution, prescription, contenu obligationnel, stipulation pour autrui. Le texte propose d'éradiquer les clauses abusives entre professionnels, la définition donnée étant toutefois très restrictive puisque la clause abusive doit être « de nature telle que son application s'écarte manifestement des bonnes pratiques commerciales, contrairement au principe de bonne foi et de loyauté »[(573)]. Le texte contient également des dispositions spécifiques au contrat de vente en ce qui concerne les obligations des vendeurs et acheteurs et les sanctions de leur inexécution. Le régime de l'inexécution du contrat est largement inspiré de la convention de Vienne. Des dérogations contractuelles sont permises s'agissant de l'obligation et de la définition de conformité, cela même dans les relations professionnels / consommateurs.

Un certain nombre de dispositions spéciales s'applique dans les contrats entre professionnels et consommateurs (dont certaines existent déjà dans la directive n° 2011/83 sur les droits des consommateurs)[(574)] : droit de rétractation dans les contrats à distance ou hors établissement ; informations pré-contractuelles ; clauses abusives ; interprétation favorable au consommateur ; garantie de conformité ; transfert des risques ; intérêts de retard dus par le consommateur.

Lorsque le contrat est conclu avec un consommateur, le droit européen est en quasi-totalité impératif ; en revanche, si le contrat est conclu entre des professionnels, les règles sont essentiellement supplétives, ce qui laisse une grande liberté aux parties.

Dans une logique d'uniformisation du droit de la vente, le règlement devra être interprété par le juge sans recours au droit national, « en s'appuyant sur ses principes fondamentaux, ses objectifs et l'ensemble de ses dispositions »[(575)]. Il est effectivement indispensable que le droit commun européen de la vente fasse l'objet d'une application homogène.

Cette proposition de règlement a été vivement critiquée par la doctrine, ainsi que par des organisations de consommateurs et de professionnels, notamment car les consommateurs n'auront les moyens d'apprécier les intérêts présentés par le droit national et le droit optionnel que s'ils ont été suffisamment informés ; de plus, il est avancé que ces derniers risquent de se voir imposer le choix du professionnel.

---

(571) Prop. de règl., 11 oct. 2011, art. 13.

(572) V. Prop. de règl., 11 oct. 2011, Ann. II. Le consentement du consommateur doit être donné par une déclaration expresse distincte de celle exprimant son accord pour conclure le contrat ; le professionnel doit préalablement lui remettre « un avis d'information » dont le modèle figure en annexe du règlement (Prop. de règl., 11 oct. 2011, art. 8 et 9).

(573) Prop. de règl., 11 oct. 2011, Ann., art. 86.

(574) V. *supra*, n° 424.

(575) V. Prop. de règl., 11 oct. 2011, consid. 29.

TROISIÈME PARTIE

LE DROIT DE LA CONCURRENCE DE L'ESPACE EUROPÉEN

437. – **Influence américaine.** Lors de l'élaboration du traité de Rome, le droit américain était le modèle le plus ancien, et le plus rodé. Les droits nationaux européens qui se mettaient progressivement en place à la suite du Plan Marshall[1] étaient relativement incomplets et donnaient un rôle décisif aux administrations nationales. Le précédent européen du Traité CECA du 18 avril 1951[2] était peut-être plus complet, mais ne régissait que des secteurs certes sensibles à l'époque, mais limités.

Les dispositions initiales du droit communautaire relatives à la concurrence étaient contenues aux articles 85 et suivants (devenus TFUE, art. 81 et s., puis 101 et s.) du traité de Rome. Elles sont sans doute les héritières des dispositions américaines, mais s'en distinguent néanmoins.

Le droit américain repose essentiellement sur trois textes : d'abord le *Sherman Act* du 2 juillet 1890 qui déclare illégaux toutes les ententes restreignant le commerce entre les États ou avec les pays tiers, ou les monopoles (au besoin par association) ; ensuite le *Clayton Act* du 15 octobre 1914[3] déclarant illégales à la fois les discriminations de nature à affaiblir la concurrence, ou les prises de participations ou de contrôle ayant le même effet, dans le commerce inter-américain ; enfin le *Webb-Pomerene Act* du 10 avril 1918 relatif aux exportations. Ces textes sont pénalement sanctionnés, et leur champ d'application est conforme à la clause de commerce incluse dans la Constitution américaine[4] : cette clause limite les prérogatives du Congrès aux relations commerciales entre deux ou plusieurs États fédérés, ou aux relations avec les pays tiers[5]. En dépit de leur rédaction brutale et pénale (délits fédéraux), les textes américains utilisent des concepts économiques pragmatiques et économiques, au premier rang desquels figurent la « restriction des échanges », leur monopolisation, ou l'« affaiblissement notable de la concurrence ». Ces textes contiennent des exemples plus ou moins précis destinés à éclairer les contours des incriminations (les discriminations dans le *Clayton Act*).

On trouve dans le droit européen des emprunts manifestes au droit américain. Les notions de restriction ou d'affaiblissement de la concurrence, ou de monopolisation des échanges, ont été transposées. De même les exemples sont similaires : prix

(1) Ord. française du 30 juin 1945 modifiée en 1953, loi allemande du 27 juillet 1957, loi néerlandaise du 21 juin 1956, V. *supra*, n° 5.
(2) Art. 65 et 66 ; ce traité est aujourd'hui expiré.
(3) Modifié par le *Robinson Patman Act* du 19 juin 1936 sur les discriminations.
(4) Clause 3, section 3, art. 1er, V. *supra*, n° 18.
(5) Sur ce point, le *Sherman Act* prévoit qu'il n'est applicable à ces relations extérieures que si les comportements affectent le commerce inter-américain (art. 7).

faussés, discriminations. L'affectation du commerce inter-américain a son homologue dans la notion d'affectation du commerce entre les États membres de l'Union européenne(6).

Mais les règles européennes ont aussi repris les traditions juridiques nationales qui s'affirmaient déjà, et elles se sont écartées dès 1957 des principes américains. Cela se vérifie à quatre points de vue. En premier lieu, les textes européens ne faisaient pas de la concurrence une fin en soi. On voulait une « politique » de concurrence destinée à établir un nouvel ordre concurrentiel régulé, considéré comme un ressort de l'économie au service du bien-être, de la prospérité et de la liberté(7). En deuxième lieu, les règles européennes nuançaient les principes extraits du droit américain. En ce qui concerne les ententes, le droit communautaire a, dès l'origine, prévu des exceptions légales au principe d'interdiction. Ces exceptions étaient conçues comme des dérogations(8), là où le droit américain n'ouvrait qu'une seule option, celle de décider s'il y avait, ou non, restriction de concurrence(9). En ce qui concerne les positions dominantes, on ne s'attacha qu'à sanctionner les « abus » de domination, et non la domination en elle-même. En troisième lieu, les règles européennes ne contenaient en 1957 aucune disposition sur les concentrations, abandonnées aux autorités nationales(10). En quatrième lieu, il a bien fallu tenir compte des traditions politiques, économiques, ou sociales des États européens qui connaissaient une importante implication des pouvoirs publics dans l'économie : aides, services publics, entreprises publiques. D'où deux séries de règles : certaines hostiles aux aides dans la perspective du GATT (mais avec un contrôle à la discrétion de la Commission ; art. 92 devenu 88, puis 107 TFUE), d'autres plus compréhensives, accordant une dérogation générale aux entreprises chargées de missions d'intérêt économique général (art. 90, § 2, devenu 86, § 2, puis 106, § 2 TFUE), la dérogation ne bénéficiant pas aux entreprises publiques pour la seule raison qu'elles sont contrôlées par les États (art. 90, § 1 devenu 86, § 1, puis 106, § 1 TFUE).

438. - **Élargissement des perspectives.** Le droit européen a évolué. D'abord, la jurisprudence de la Cour de justice et du Tribunal de première instance de l'Union européenne lui ont donné une physionomie pragmatique et adaptée à notre continent. Ensuite, il fut complété, notamment avec l'adoption des règlements n° 4064/89 du 21 décembre 1989, puis n° 139/2004 du 20 janvier 2004, sur le contrôle des concentrations. Surtout, progressivement mais sûrement, les analyses économiques se sont imposées dans le droit européen de la concurrence. Les théories économiques, notamment celles des écoles de Chicago, ont conduit à s'intéresser à

(6) Ce qui est naturel, puisqu'il s'agit dans les deux cas d'un ordre juridique d'essence fédérale.

(7) V. van den Groeben cité *in* Vandamne et Guérin, *La réglementation de la concurrence dans la CEE*, Paris, 1974, p. 114. – Charley Del Marmol, *Rapport à la ligue européenne de coopération économique*, 15 nov. 1957, p. 4, cité par Plaisant et Lassier : *D.* 1958, chron. p. 271 ; l'idée selon laquelle la concurrence n'est pas une fin en soi est illustrée avec la suppression par le traité de Lisbonne de l'objectif fondamental d'une concurrence non faussée, bien que le protocole sur le marché intérieur reprenne la formule, et qu'on trouve l'objectif d'une économie de marché ouverte où la concurrence est libre à propos de la politique économique et monétaire (TFUE, art. 119, 120 et 127).

(8) V. Plaisant et Lassier, art. préc., citant la loi allemande du 27 juillet 1957, l'ordonnance française modifiée de 1945, la loi néerlandaise du 21 juin 1956, le rapport de Charley del Marmol du 15 novembre 1957 à la Ligue européenne de coopération économique ; le but n'est pas d'interdire *a priori*, mais de contrôler.

(9) En réalité, le droit américain est très pragmatique et économique dans son application.

(10) Le *Clayton Act* vise les participations créant des monopoles ou affectant la concurrence.

l'allocation optimale des ressources, ou à l'efficience économique. Cette évolution a favorisé une convergence entre les droits de la concurrence des deux côtés de l'Atlantique. La politique de concurrence vise, notamment par la recherche d'allocation optimale des ressources, à favoriser les consommateurs finals, citoyens européens[11]. Ceux-ci doivent profiter des avantages du marché intérieur (multiplication des offreurs, diminution des prix) ; même lorsque les pratiques anticoncurrentielles se développent entre professionnels, leur éradication doit en principe profiter en aval aux consommateurs finals, ou indirects. La politique de concurrence s'intègre aussi dans l'ensemble des politiques de l'Union qui visent au fond le même objectif (environnement, politique sociale, services d'intérêt général, santé...).

439. – **Espace européen et international.** Il n'est plus possible d'envisager le droit européen de la concurrence dans les frontières des États membres de l'Union européenne. Les mutations politiques qu'a connues le continent européen se sont conjuguées avec les conséquences de l'internationalisation de la vie des affaires, pour infléchir les perspectives de la politique communautaire de concurrence.

Tout d'abord, le droit de la concurrence contenu dans le TFUE est en passe de devenir, avec les élargissements successifs[12], celui de l'Europe tout entière.

Ensuite, les regards ne peuvent pas se limiter au seul continent européen. L'internationalisation – la « mondialisation » – de la vie des affaires est une réalité. Elle fait se confronter les économies et les entreprises. Elle appelle une certaine organisation mondiale de la concurrence. Elle implique, au moins dans un premier temps, une articulation des différentes règles de concurrence en vigueur dans le monde, dans la perspective de la recommandation de l'OCDE du 27 juillet 1995. Concrètement, on en est encore au stade des accords de courtoisie[13], ou, au plus, des échanges entre les principales autorités chargées de la concurrence. Les exemples les plus importants sont tout naturellement ceux des États-Unis et du Canada[14], mais aussi du Japon, de la Corée, de l'Inde et de la Chine. La perspective est en vérité plus générale et implique aujourd'hui notamment l'OCDE et l'OMC. Des progrès sont enregistrés en direction d'une obligation de « courtoisie positive », qui n'a pour l'instant d'autre source qu'une recommandation de l'OCDE du 21 mai 1986, et qui suppose aussi la réciprocité[15].

Toutefois, l'internationalisation des questions de concurrence est une question lancinante. Entre l'approche multilatérale qui fut prônée au sein de l'OMC

(11) Rapport 2008, n° 9.

(12) V. également Traité EEE, art. 53 et s. On vise ici en particulier la Norvège et l'Islande. V. aussi Conseil d'association CE-Turquie, 22 déc. 1995, déc. n° 1/95 : *JOCE* n° C 35, 12 févr. 1996.

(13) La courtoisie « négative » consiste à demander aux autorités d'un autre État de tenir compte, dans l'application de leur droit, des intérêts supérieurs de l'État demandeur ; la courtoisie « positive » consiste à demander aux autorités d'un autre État d'appliquer efficacement leur droit national dans les affaires sensibles pour l'État demandeur.

(14) V. l'accord antitrust conclu entre la Commission et le gouvernement des États-Unis le 23 septembre 1991, organisant une coopération entre autorités chargées de la concurrence (V. nos obs. in *JCP* E 1991, I, 130). Cet accord a été finalement régulièrement approuvé le 10 avril 1995, clarifié par une lettre annexée relative aux échanges d'informations et à la confidentialité. Il est appliqué pour sa mise en œuvre, V. Conseil et Commission, déc. 29 mai 1998 : *JOCE* n° L 173, 18 juin 1998. Pour un exemple d'application, déc. 22 janv. 1997, *Coca-Cola-Amalgamated Beverages* : *JOCE* n° 218, 9 août 1997 et déc. 30 juill. 1997, *Boeing-Mac Donnell-Douglas* : *JOCE* n° L 336, 8 déc. 1997, et surtout déc. 8 juill. 1998, *World com-MCI* : *JOCE* n° L 116, 4 mai 1999. – V. pour le Canada, l'accord du 17 juin 1999 et la décision du 29 avril : *JOCE* n° L 175, 10 juill. 1999. – Sur le refus du principe *non bis in idem* en cas de procédures de concurrences américaines et européennes, CJCE, 10 mai 2007, aff. C-328/05 P, *SGL Carbon*.

(15) V. la liste des accords sur le site ec.europa.eu.competition/international/bilatéral/

(sans doute trop perméable à des considérations éloignées de celles du droit antitrust), et l'approche bilatérale (incertaine dans le traitement d'opérations mondiales), une voie intermédiaire a été trouvée au sein de l'OCDE, sur l'initiative américaine relayée par la Communauté européenne, afin de créer en 2001, l'ICN, ou le RIC (Réseau international de concurrence, *International Competition Network*), qui est un réseau informel de plus de cent vingt autorités de concurrence, visant, sous l'égide de l'OCDE, à une convergence progressive des législations et des pratiques, afin de parvenir à une culture commune de la concurrence (*competition advocacy*).

TITRE PRÉLIMINAIRE

LES CARACTÉRISTIQUES DU DROIT EUROPÉEN DE LA CONCURRENCE

440. – **Plan.** Le droit européen de la concurrence présente certains traits qui font son originalité. Son contenu et ses objectifs, tout d'abord : il s'intègre dans la perspective d'ensemble de la construction européenne, visant au décloisonnement du marché intérieur, et à l'interpénétration chaque jour plus poussée des économies des États membres. À ce titre, il s'adresse autant aux entreprises qu'aux États et doit traduire la « politique de concurrence » de l'Union (Chapitre 1). Ses relations avec les droits nationaux, ensuite. Les règles européennes de concurrence ne se substituent pas à celles des États membres. Cela conduit à examiner l'articulation entre le droit européen et les droits nationaux, à la lumière à la fois du principe de primauté du droit de l'Union et de celui de subsidiarité (Chapitre 2).

CHAPITRE 1

RÈGLES EUROPÉENNES DE CONCURRENCE ET POLITIQUE DE CONCURRENCE

441. - **Fondements économiques.** Le droit de la concurrence met en œuvre des concepts qui sont plus familiers aux économistes qu'aux juristes : offre et demande entreprises, marchés, élasticité de la demande, formation des prix, coûts de transaction, monopoles, oligopoles, restrictions de concurrence. Mais ces notions ne sont pas toujours décisives.

Progressivement, les analyses économiques ont investi le droit de la concurrence. Cela peut être vérifié en matière d'ententes, avec la différenciation entre le traitement des ententes horizontales injustifiables (*hardcore cartels*) qui prélèvent une rente injustifiée et causent à la demande et aux consommateurs des préjudices considérables et quantifiables(1), et celui des ententes verticales (réseaux de distribution), souvent proconcurrentielles(2), ou encore avec l'analyse des conditions de rachat des ententes sur le fondement de l'article 101, § 3 TFUE(3). Cela peut encore être vérifié à propos de l'analyse des positions dominantes, notamment collectives(4), ou des abus de domination(5). Cela peut aussi être vérifié avec le remplacement, par le règlement n° 139/2004 du 20 janvier 2004 relatif au contrôle des concentrations, du test de la création ou du renforcement d'une position dominante (qui était celui de l'ancien règlement n° 4064/89 du 21 décembre 1989), par le test plus souple et plus économique du « SIEC » (*Significant Impediment of Effective Competition*, ou entrave significative à une concurrence effective) dérivé du test américain du SLC (*Substantial Lessening of Competition*)(6). Il s'agit toujours, au fond, de parvenir à la meilleure allocation des ressources possibles, et à la meilleure efficience économique, pour le bien-être du plus grand nombre. La perspective est alors celle de la démocratie économique, que le marché doit parvenir à garantir, librement, ou par régulation.

(1) V. *infra*, n°s 577 et 868 ; sur l'importance des travaux de Gary Becker, à propos de l'économie du crime.
(2) V. *infra*, n° 587.
(3) V. *infra*, n°s 615 et s.
(4) V. *infra*, n°s 684 et s.
(5) V. *infra*, n°s 697 et s.
(6) V. *infra*, n°s 776 et s.

Une des questions fondamentales qui préoccupe la science économique est en effet de savoir quels doivent être les rôles respectifs de la réaction spontanée du marché, et de la réaction publique (ou des autorités de concurrence). Le curseur est souvent difficile à placer.

Plusieurs écoles proposent des analyses différentes. En prenant le risque de trop schématiser, on partira de l'idée que le marché doit être *a priori* le lieu d'équilibre qui offre la plus grande utilité, et donc la plus grande efficience (V. A. Marshall, et Walras ; V. aussi Fama). Le marché idéal doit être parfait (symétrie d'informations) et complet (la demande peut être intégralement satisfaite). Mais les marchés peuvent être inefficients, car les conditions de l'équilibre sont finalement assez rares. Les causes d'imperfections sont multiples. Elles peuvent tenir à des stratégies d'entreprises qui cherchent par exemple à obtenir des rentes (cartels ; phénomènes de *free ride*, ou de « passager clandestin », consistant par exemple à reporter sur la collectivité les conséquences négatives d'une activité : par ex. pollution, V. Pigou et la théorie du bien-être), ou qui cherchent aussi à arbitrer constamment (sans toujours disposer des informations suffisantes) entre les intérêts du recours au marché ou du recours à l'internalisation (V. la théorie des coûts de transaction de Coase, et Williamson). Les imperfections peuvent aussi provenir de la structure de l'offre (oligopoles, monopoles naturels, ou d'innovation), ou des asymétries d'informations entre l'offre et la demande (Akerlof, Stiglitz).

Face à ces types d'imperfections généralement reconnus, les réponses peuvent varier. On peut, au fond, choisir deux grandes voies. Soit on rejette la théorie de la « main invisible » d'Adam Smith, selon laquelle chaque opérateur, ne poursuivant spontanément que son intérêt égoïste, concourt, sans le vouloir, au bien-être collectif. On aboutit ainsi aux réactions sociales et collectives, ou à la réaction keynesienne (toujours résurgente, mais dont les effets positifs sont peu démontrés). Soit on cherche à corriger le marché, à le réguler, mais uniquement quand son inefficience est démontrée. La régulation peut elle-même être plus ou moins vigoureuse, et plus ou moins étatique. Ainsi, Pigou et Williamson ont-ils préconisé que l'État limite le *free-ride*, pour garantir un accès libre aux « biens collectifs ».

Le droit de la concurrence est néanmoins essentiellement irrigué par les théories émanant de deux grandes écoles de la pensée économique : celle de Harvard et celle de Chicago. L'école de Harvard (J.-M. Clark, Baumol) était favorable à une véritable politique de concurrence, à partir des constatations empiriques que l'on peut faire sur chaque marché (nombre de firmes présentes, comportements, et performances). L'objectif est celui de la concurrence praticable. L'idée est que la structure ne conditionne pas toujours les comportements, ni la performance, mais qu'elle peut les conditionner. Il faut rechercher si un marché est ou non « contestable », c'est-à-dire s'il y a des barrières à son entrée, empêchant les entrants potentiels d'y intervenir. Il revient aux autorités publiques de rétablir les conditions de la contestabilité[(7)], notamment en supprimant les barrières établies artificiellement par les entreprises[(8)]. Mais cela ne signifie pas que l'efficience est dans l'atomisation du

(7) Pas de barrières à l'entrée et à la sortie ; accès des entreprises à la même technologie ; symétrie d'informations.
(8) Ententes horizontales qui cloisonnent le marché.

marché. Un marché contestable peut être monopolistique ou oligopolistique si le monopole, ou l'oligopole, est le mode d'organisation le plus efficient.

L'école de Chicago, ou plutôt la seconde école de Chicago qui s'est affirmée après-guerre avec F. Von Hayek et Milton Friedman(9), chercha à revenir à la théorie classique, avec un parti pris sur la spontanéité et l'automatisme de la réaction des marchés et des entreprises pour parvenir à l'équilibre général optimum. Ce courant de pensée est méfiant à l'égard de la régulation publique, soupçonnée de souvent fausser le marché sans profit collectif, voire de créer des rentes artificielles, ou des situations aberrantes. Au fond, le marché est présumé être le meilleur régulateur. Il ne faut donc tolérer la réaction publique que s'il est démontré que l'inefficience vient justement du fonctionnement spontané du marché.

On ne peut dire qu'une seule théorie économique explique les décisions des autorités de concurrence. Celles-ci s'attachent à conserver leur liberté de jugement. De surcroît, une jurisprudence doit être prévisible, ce qui n'est pas toujours le cas des conclusions auxquelles peut parvenir une théorie économique. Cependant, il faut bien convenir que les analyses de la seconde école de Chicago semblent plutôt inspirer les rédacteurs des textes les plus récents du droit européen de la concurrence(10). Mais les travaux de l'école de Harvard ne sont pas absents(11). Les crises financières des années 2008-2013 ont redonné dans certains secteurs un avantage (temporaire ?) aux tenants de la régulation. Il faut dire encore que beaucoup de décisions des autorités de concurrence peuvent du reste être justifiées par les théories des deux écoles(12). En tout cas, l'analyse de la jurisprudence des autorités de concurrence ne peut être conduite sans que soient pris en considération ses fondements économiques.

442. - **Contenu du droit européen de la concurrence. Applicabilité directe. Obligations des autorités nationales.** Les règles de concurrence contenues aux articles 101 et 102 TFUE bénéficient de l'applicabilité directe verticale et horizontale, et constituent une partie significative de l'ordre public(13). On peut y déceler deux axes principaux. Elles comprennent, en premier lieu, les règles qui s'adressent aux entreprises et, en second lieu, celles qui visent les comportements des États membres ou des autorités publiques.

Les règles qui s'adressent aux entreprises reposent sur trois piliers : la prohibition des ententes, d'abord, édictée par l'article 101 TFUE, celle des abus de positions dominantes, ensuite, contenue dans l'article 102 TFUE, et le contrôle préalable des opérations de concentration enfin, qui ne figure pas dans le traité, mais dans le règlement n° 139/2004 du Conseil du 20 janvier 2004. Des raisons diverses, on le verra, expliquent le temps qu'il a fallu pour parvenir à mettre sur pied un véritable contrôle européen des concentrations, sans lequel aucun droit de la concurrence n'est mature(14).

(9) La première école de Chicago, avant la guerre de 1940-1945, prônait une réaction publique efficace (Simons, Viner, Konight).

(10) V., par ex., l'apparition du test « SIEC » en droit des concentrations.

(11) Par ex., sur la contestabilité des marchés, ou sur l'efficience des oligopoles ou des monopoles.

(12) Par ex., la lutte contre les ententes horizontales injustifiables (*hardcore cartels*).

(13) V. CJCE, 6 avr. 1962, aff. 13/61, *Bosch*. – CJCE, 30 janv. 1974, aff. 127/73, *BRT c/ Sabam*. – CJCE, 28 févr. 1991, aff. C-234/89, *Delimitis c/ Henninger*. – CJCE, 13 juill. 2006, aff. C-295 à 298/04, *Manfredi*.

(14) V. *infra*, nos 732 et s.

Les règles qui s'adressent aux États ou aux autorités publiques peuvent être regroupées autour de deux pôles : celles qui concernent les entreprises publiques, les entreprises titulaires de droits spéciaux ou exclusifs et les entreprises chargées de la gestion de services d'intérêt économique général ou présentant le caractère d'un monopole fiscal, d'abord (TFUE, art. 106) ; celles qui sont relatives aux aides d'État (TFUE, art. 107) ensuite[15].

443. – **Les victimes.** Une évolution est ici perceptible. La prise en compte des intérêts des seuls partenaires économiques s'intègre aujourd'hui dans une politique d'ensemble favorable à toutes les victimes, y compris les consommateurs finals. L'action en concurrence déloyale n'est pas en tant que telle sanctionnée par le traité. Sa répression relève toujours des droits et des juridictions internes[16]. Ce n'est pas à dire qu'elle soit demeurée à l'écart des préoccupations des rédacteurs du traité. Elle est à l'évidence visée indirectement. La déloyauté n'est cependant justiciable du droit européen qu'autant qu'elle résulte d'ententes ou d'exploitations abusives de positions dominantes affectant la concurrence sur des marchés.

Depuis la réforme du droit de la concurrence intervenue avec le règlement n° 1/2003 du 16 décembre 2002, une attention particulière est portée à toutes les victimes des pratiques anticoncurrentielles, et les autorités de concurrence les exhortent à saisir les juridictions civiles pour obtenir réparation des préjudices subis[17][18]. L'avantage est double. Beaucoup de pratiques anticoncurrentielles causent un préjudice collectif considérable aux consommateurs (notamment les ententes *hardcore*)[19]. Il faut favoriser la réparation de ces préjudices, et les actions du groupe peuvent être un moyen. En favorisant les actions en réparation, on intègre de surcroît les victimes dans l'action répressive, ce qui contribuera à assurer l'effectivité du droit de la concurrence[20].

444. – **Règles « communes » de concurrence et marchés communs spéciaux.** Les rédacteurs du traité ont pris en considération la spécificité de certains secteurs, dans lesquels souvent l'intervention des États était forte et traditionnelle. Des considérations politiques expliquent aussi ces choix. Ainsi existent des marchés communs dits spéciaux, sur lesquels les règles de concurrence ne s'appliquent pas complètement, ou pas automatiquement. On peut citer le marché des transports[21] ou celui de l'agriculture[22].

(15) V. *infra*, n°s 948 et s.

(16) V. *infra*, n°s 665 et s., pour la complémentarité des règles européennes relatives aux ententes et des règles nationales relatives à la concurrence déloyale, et *infra*, n°s 458 et 677, pour la complémentarité des règles européennes relatives aux abus de positions dominantes, et des règles nationales relatives aux abus unilatéraux. V. toutefois la consultation de 2013 sur le Livre vert sur les pratiques commerciales déloyales (PCD ; COM(2013), 37).

(17) L'action civile en réparation empruntera souvent la forme d'une action en concurrence déloyale, par la mise en œuvre (en France) de l'article 1382 du Code civil.

(18) V. *infra*, n°s 464 et 665, la communication de la Commission du 27 avril 2004 (*JOUE* n° C 101) sur la coopération avec les juridictions nationales, et le Livre vert du 19 décembre 2005 ; V. le « paquet » du 11 juin 2013, visant à faciliter le *Private Enforcement*, avec une proposition de directive (Doc. COM (2013), 404 final), une recommandation (*JOUE* n° L 201, 26 juill. 2013), et une communication (*JOUE* n° C 167, 13 juin 2013).

(19) V. *infra*, n° 577 sur les ententes injustifiables, ou *hardcore*, qui résultent de cartels horizontaux.

(20) La nature d'ordre public des règles européennes de concurrence engendre des droits dans le chef des justiciables que les juges nationaux doivent sauvegarder ; en l'absence de règles européennes, l'action en réparation relève toujours des droits internes ; la réparation doit être équivalente à ce qui serait possible en cas de violation d'une règle nationale, et, en tout cas, ne doit pas être excessivement difficile, CJCE, 13 juill. 2006, *Manfredi*, préc. – CJCE, 27 févr. 2014, aff. C-365/12 P, *Commission c/ EnBW Energie*. – CJCE, 6 juin 2013, aff. C-536/11, *Donau Chemie*. – CJCE, 6 nov. 2012, aff. C-199/11, *Otis*. – CJCE, 14 juin 2011, aff. C-360/09, *Pfleiderer*.

(21) V. pour ceux-ci, *infra*, n°s 657 et s.

(22) V. l'application des règles de concurrence par le règlement n° 1184/2006 du 24 juillet 2006, *infra*, n° 660.

445. – **Objectifs de la politique de concurrence.** L'idée même d'une « politique de concurrence » est un des traits caractéristiques du droit européen. Cela s'explique sans doute pour une bonne part en raison de la situation économique du continent européen à la fin de la Seconde Guerre mondiale, et par les traditions (souvent interventionnistes) de la plupart des grands États de ce continent.

Les règles de concurrence doivent être appliquées et interprétées de manière finaliste ou téléologique. Elles sont au service des grands objectifs assignés par les rédacteurs du traité. Cette interprétation finaliste est une constante. L'interpénétration économique recherchée entre les économies des États membres, et le souci de cohésion économique et sociale de l'Union européenne éclairent leur jurisprudence[23].

La politique de concurrence est spécifique dans le cadre de la construction européenne. Elle poursuit des objectifs propres qui, même s'ils sont vastes, ne sont pas identiques à ceux qui sous-tendent les libertés d'établissement et de prestations de services. C'est pourquoi une mesure qui règle une activité économique doit être appréciée distinctement, si elle entrave à la fois la liberté d'établissement (par exemple) et la concurrence[24].

Les dispositions des préambules des traités sont suffisamment imprécises pour laisser la possibilité aux autorités responsables de préciser le contenu de la politique de concurrence, mais aussi – et surtout – d'en faire varier les contours en fonction de l'évolution économique et sociale de l'Union.

L'objectif de parvenir à une interpénétration des économies des États membres a été affirmé dès le début. Il n'a cependant été atteint que de manière prudente et progressive, voire politique. La Commission ne manque pas de relever qu'elle intervient, année après année, dans des secteurs économiques de plus en plus sensibles. Une des spécificités de la politique européenne de concurrence se trouve sans doute pour l'essentiel dans la mise sous tutelle des actions des États souvent soupçonnées de fausser la concurrence, ce qui soulève des questions hautement délicates et politiques[25].

Mais la perspective est plus large. On peut citer M. Van der Groeben, premier responsable de la politique de concurrence :

> « La politique de concurrence ne signifie pas le déchaînement d'une lutte effrénée de tous contre tous, mais la fixation et la réalisation de normes juridiques, afin de rendre possible et de préserver une concurrence pratique, et de protéger les entreprises contre la concurrence déloyale. Car cette seule concurrence, en accroissant la prospérité et la liberté, a les effets bénéfiques qui fondent la réussite économique, sociale, et politique, de l'économie du marché »[26].

Au fur et à mesure que s'affermissait la construction européenne, de nouveaux objectifs furent intégrés dans l'interprétation des règles de concurrence, au point que celles-ci permettent aujourd'hui une certaine symbiose d'objectifs jusqu'alors distincts, si ce n'est opposés. On peut ainsi citer la protection et les intérêts des

(23) V., par ex., CJCE, 12 déc. 1967, aff. 23-67, *Brasseries de Haecht*.
(24) CJCE, 18 juill. 2006, aff. C-519/04 P, *Meca-Medina et Majcen c/ Commission*.
(25) Sur l'obligation des autorités nationales de concurrence de laisser inappliquées les législations nationales qui imposent, favorisent, ou renforcent les effets d'une entente, CJCE, 9 sept. 2003, aff. C-198/01, *Consorzio Industrie Fiammiferi (CIF)*.
(26) Cité *in* Vandamme et Guérin, *op. cit.*, p. 114.

consommateurs, le progrès technique, la protection de l'environnement, ou la promotion des PME ou PMI, auxquels est ajoutée la recherche d'une croissance durable, d'un niveau d'emploi et de protection sociale élevé. En un mot, comme toutes les autres politiques de l'Union, la politique de concurrence vise à accroître la prospérité et le bien-être de l'ensemble des citoyens européens[(27)].

On peut bien sûr faire valoir que les rédacteurs des traités n'ignoraient pas ces objectifs, ou tout au moins certains d'entre eux, même s'ils n'étaient pas explicitement reliés aux règles de concurrence. Mais les règles de concurrence se trouvent peut-être au point géométrique de ces objectifs généraux apparemment disparates. C'est ainsi, par exemple, que le soutien aux PME et PMI n'a pas seulement pour résultat de maintenir un tissu industriel serré dans l'Union européenne, il permet aussi des coopérations interentreprises renforçant la cohésion économique et sociale. Par là, il maintient un nombre d'offreurs de produits ou de services supérieur à celui qui résulterait du jeu brutal de la concurrence, et favorise les consommateurs. Ceux-ci ont intérêt à avoir le plus vaste choix possible, entre les produits de la meilleure qualité et les plus innovants[(28)], au sein de la zone économique qu'on espère un jour la plus efficiente et la plus compétitive du monde[(29)].

Cela ne signifie pas, bien sûr, que le droit de la concurrence doive absorber le droit de la consommation, par exemple. Mais cela permet de souligner l'étroite imbrication entre deux corps de règles qui ne peuvent durablement évoluer isolément.

Finalement, avec la montée en puissance progressive de l'analyse économique dans l'application du droit de la concurrence, un objectif général s'est dessiné. Il s'agit de parvenir au bien-être des consommateurs et des utilisateurs finals, à la meilleure allocation possible des ressources, et à la meilleure efficience économique[(30)].

446. - **Politique de concurrence et régulation.** Dans beaucoup de secteurs (notamment dans ceux ouverts à la concurrence alors qu'ils étaient autrefois confiés à des monopoles), il s'est avéré nécessaire de mettre en œuvre des politiques de régulation confiées à des régulateurs sectoriels. Ces régulateurs interviennent de façon beaucoup plus directe que les autorités de concurrence, et fixent *ex ante* les conditions destinées à permettre à la concurrence de s'établir (V. par ex. l'ARCEP en France). Ainsi ces régulateurs ont souvent la responsabilité d'autoriser, voire d'imposer, les évolutions des prix ou des tarifs. En principe, l'intervention de ces autorités de régulation devrait être temporaire, car leur succès devrait signifier que les conditions de concurrence sont devenues banales et pérennes. Alors les autorités de concurrence devraient suffire. L'expérience montre que les régulateurs sectoriels ne disparaissent pas. Le préjugé favorable de haute compétence technique dont ils bénéficient (et, parfois, leur proximité avec les opérateurs et/ou les autorités publiques) garantit peut-être leur avenir.

L'articulation de leurs prérogatives avec le droit commun de la concurrence peut soulever des difficultés. Par leurs décisions, ces régulateurs peuvent aboutir à

(27) V. XXVIe rapport, pt 3.
(28) V. XXIIe rapport, n°s 74 et 78, et le *Small Business Act pour l'Europe* (communication 25 juin 2008).
(29) V. la stratégie de Lisbonne, avec les communications de la Commission 2005 (12), final et 2007 (803), final.
(30) V. *Lignes directrices concernant l'application de l'article 81, § 3 du Traité CE* (*JOCE* n° C 101, 27 avr. 2004) et les rapports sur la politique de concurrence pour 2007 et 2008.

fausser la concurrence, et à produire les mêmes effets, par exemple, que des abus de positions dominantes. Cela est d'autant plus à craindre que leur mission ne fait pas de référence aux règles de concurrence. On ne peut ainsi exclure que des entreprises puissent tenter de se disculper en invoquant les décisions contraignantes à leur égard des régulateurs. En ce cas, la régulation pourrait aller directement à l'encontre des règles de concurrence, et de leur objectif d'allocation optimale des ressources[31].

447. – **Politique de concurrence. Mondialisation. Cohésion économique et sociale.** Une mutation est intervenue depuis la signature du traité de Rome dans la perspective des autorités européennes. En 1957, ses rédacteurs avaient dans une certaine mesure l'obsession de la fragilité de l'économie européenne et de la taille insuffisante des économies nationales, comme des entreprises européennes. On peut expliquer en partie par ce constat l'absence de toute disposition relative au contrôle des concentrations, ce qui revenait à les faciliter[32], ou la limitation de la sanction aux seules situations d'exploitation abusive d'une domination économique, ce qui revenait à légitimer les dominations non abusives qui sont les plus nombreuses.

Cinquante ans après, la mondialisation est devenue une réalité, même si elle ne touche pas de la même manière toutes les entreprises et tous les marchés. Le déverrouillage des marchés européens a ainsi également contribué à permettre aux entreprises d'affronter la concurrence mondiale. Cela a aussi profité aux PME, lesquelles font l'objet d'une réflexion d'ensemble favorable, dans laquelle le droit de la concurrence n'est qu'un paramètre, et le droit européen qu'un des vecteurs[33].

Mais il ne faut pas s'arrêter là : il faut aussi maintenir, et renforcer la cohésion économique et sociale de l'Union. Les règles de concurrence doivent concourir à cet objectif. La libéralisation ne peut se faire contre l'intérêt général. Les « services d'intérêt économique général » (ou « SIEG ») contribuent aussi à la réalisation des objectifs qui sont ceux de la politique de concurrence. Les forces du marché ont leurs limites. Il faut veiller à ce qu'une partie de la population ne soit pas exclue des bénéfices de la libéralisation. L'impératif de cohésion économique et sociale légitime l'action des autorités publiques prenant en compte l'intérêt général[34]. C'est tout le débat particulièrement sensible en France (et hélas abusivement politisé) autour de la sauvegarde des services publics.

En bref, la politique de concurrence doit être flexible et évolutive. Elle doit en permanence être adaptée au contexte[35].

(31) Mais il faut que les décisions du régulateur soient véritablement contraignantes, que les opérateurs n'aient eu aucune marge de manœuvre, et qu'ils n'aient pas eu la possibilité de solliciter les évolutions qui les auraient empêchés de violer les règles de concurrence ; V. pour un effet de ciseau, alors que l'opérateur aurait pu demander les évolutions tarifaires qui l'auraient empêché, TPICE, 10 avr. 2008, aff. T-271/03, *Deutsche Telekom c/ Commission* ; V. *infra*, n°s 539 et s. sur l'action des pouvoirs publics ; Galanis, *Droit de la concurrence et régulation sectorielle, l'exemple des communications électroniques*, thèse Paris I, 2009.

(32) Mises à part les dispositions du Traité CECA.

(33) V. le texte du *Small Business Act* pour l'Europe, 25 juin 2008, Doc. COM (2008), 394 final, et le bilan au 23 février 2011 (Mémo/11/109, et Doc. COM (2011), 78 final).

(34) XXVIe rapport, n° 21.

(35) V., par ex., XXIIe rapport, p. 13.

448. – **Politique de concurrence et autonomie des autorités responsables.** Cette flexibilité de la politique de concurrence suppose que les autorités qui se trouvent chargées de la mettre en œuvre disposent d'une certaine marge de manœuvre[36], et aient une réelle autonomie. Cela s'est fait avec la Commission européenne. Le chemin a été plus long dans les droits internes. Mais, avec l'adoption du règlement n° 1/2003, et la création du Réseau européen de concurrence (REC), l'intégration des autorités nationales de la concurrence dans l'ordre public européen est devenue une réalité[37].

449. – **Transparence et sécurité juridique.** L'autonomie qui est celle des autorités européennes chargées de l'application des règles de concurrence ne doit pas être synonyme d'opacité de leur action. Bien au contraire, la latitude dont elles disposent et l'évolution du contexte économique appellent la transparence. La Commission se montre sensible à cette nécessité. Elle développe des efforts en vue d'accélérer les procédures[38], d'une part, et, d'autre part, multiplie les communications, les lignes directrices, ou les informations en direction des entreprises, afin de leur donner l'environnement juridique sécurisée dont elles ont besoin[39].

450. – **Espace économique européen. Transposition des règles européennes. Autorité de surveillance de l'EEE. Articulation des pouvoirs avec ceux de la Commission européenne.** Les articles 53 et suivants du Traité sur l'EEE transposent, on l'a dit, les règles de concurrence de l'Union. Une difficulté était de coordonner les prérogatives de l'Autorité de surveillance de l'EEE (par ex., AELE), avec celles de la Commission. Un « espace économique » s'accommode mal d'une telle dualité. Les principes sont posés aux articles 55 et 56 du Traité sur l'EEE. L'Autorité de surveillance n'a en définitive qu'une compétence limitée[40].

(36) V. aux États-Unis les rôles du *Department of Justice* et de la *Federal Trade Commission* (indépendante) ; V. la communication de la Commission du 9 juillet 2014, *Ten Years of antitrust enforcement under regulation 1/2003 : achievements and future perspectives*, COM (2014), 453 final.

(37) V. *infra*, n° 462, et CJCE, 13 juill. 2006, aff. C-295 à 298/04, *Manfredi*, préc.

(38) V. XXIIe rapport, n°s 122 et s.

(39) V. Les *Lignes directrices relatives aux restrictions verticales, aux accords de coopération horizontale*, ou *concernant le contrôle des concentrations*, par exemple.

(40) Cette compétence est appréciée différemment selon les atteintes à la concurrence. Pour les ententes, l'Autorité de surveillance n'est compétente que lorsque seul le commerce entre les États membres de l'EEE est affecté, la Commission l'étant dans les autres cas. En ce qui concerne les positions dominantes, l'Autorité de surveillance n'intervient que si la domination existe sur le territoire d'au moins deux États de l'EEE, sous réserve du cas où elle existe aussi sur un territoire couvert par l'autorité de la Commission. En ce qui concerne les concentrations, la Commission européenne est en principe compétente, sauf si des seuils particuliers sont atteints sur le seul territoire de l'EEE.

CHAPITRE 2

ARTICULATION DU DROIT EUROPÉEN DE LA CONCURRENCE ET DES DROITS NATIONAUX

451. – **Droit d'essence fédérale. Affectation du commerce entre les États membres.** Comme le droit fédéral américain, le droit de l'Union européenne ne peut régir que ce qui touche aux relations économiques entre États membres(1). Ce droit utilise à peu près le même critère que la « clause de commerce » de son homologue américain, en subordonnant son application à une « affectation du commerce entre les États membres ». On trouve cette notion dans les articles 101 et 102 TFUE (ententes et exploitations abusives des positions dominantes), et 107 TFUE (aides d'État)(2). On ne la retrouve certes pas dans le règlement sur le contrôle des concentrations. Mais ce règlement réserve la compétence européenne aux seules concentrations qui excèdent certains seuils exprimés en chiffre d'affaires. Le dépassement de ces seuils signale en fait une affectation du commerce entre les États membres. Les opérations qui n'atteignent pas ces seuils demeurent en revanche justiciables des règles nationales relatives aux concentrations(3).

452. – **Le règlement n° 1/2003 du Conseil du 16 décembre 2002.** Ce règlement fondamental, relatif à la mise en œuvre des règles de concurrence en matière d'ententes et d'abus de position dominante(4) a considérablement modernisé le droit européen de la concurrence. La primauté de ce droit a été réaffirmée, et son application simplifiée d'un point de vue procédural. De surcroît, le rôle des juridictions nationales a été renforcé, afin de permettre aux victimes des pratiques anticoncurrentielles d'obtenir réparation. En clair, l'articulation entre les droits européens et nationaux s'organise autour des règles matérielles (Section 1), et des règles de compétence (Section 2).

(1) V. *supra*, n°s 18 et 437, pour la clause de commerce de la Constitution américaine. Le Congrès américain a, ce que ne donne pas le droit européen, vocation à régir les relations avec les pays tiers. Mais le *Sherman Act* limite en fait la compétence fédérale aux actes qui affectent par ricochet le commerce inter-américain.

(2) La notion d'affectation peut varier quelque peu en fonction de la règle de droit applicable ; V., par ex., Comm. CE, communication portant « lignes directrices relatives à la notion d'affectation du commerce figurant aux articles 81 et 82 CE » : *JOUE* n° C 101, 27 avr. 2004, qui ne vaut justement que pour l'application de ces deux articles.

(3) V. Règl. n° 139/2004, art. 1er, et *infra*, nos 492 et 761 et s.

(4) *JOUE* n° L 1, 4 janv. 2003, qui a abrogé l'ancien règlement n° 17/62 du 6 février 1962 ; il a été complété par un règlement de procédure (n° 773/2004, 7 avr. 2004) et par six communications du 26 avril 2004.

SECTION 1

DROITS NATIONAUX ET DROIT EUROPÉEN

453. – **Situations concrètes.** Si, par exemple, une entente n'affecte que le marché français et n'a aucun impact sur le commerce entre les États membres, elle ne relève que du droit français (et donc de la compétence des autorités françaises). En revanche, si elle affecte les échanges entre États membres, elle affecte en général en même temps le marché français. Dans ce dernier cas, deux droits ont vocation à régir une seule situation. Doit-on choisir ? Le droit de l'Union bénéficie sans doute de la primauté, mais il n'a de primauté que dans son champ d'application naturel, qui est le commerce entre les États membres. Il n'a aucune primauté si l'on ne considère que le marché français.

454. – **Simple ou double barrière ?** La simple barrière signifie qu'une opération ne doit subir qu'un seul test : celui du droit qui bénéficie de la primauté. La double barrière signifie qu'à chaque fois qu'une opération affecte à la fois le commerce entre les États membres et un marché national, elle doit franchir deux haies (ou deux barrières) pour être licite : celle du droit européen, puis celle du droit national. Le système de la double barrière est non seulement compliqué, mais il multipliait aussi les risques de contradiction. La solution a d'abord été jurisprudentielle, et complexe, avec l'arrêt *Walt Wilhelm* du 13 février 1969, avant d'être réglementaire et plus claire, avec le règlement n° 1/2003 du 16 décembre 2002.

455. – **La complexité oubliée de l'arrêt *Walt Wilhelm* du 13 février 1969.** L'arrêt *Walt Wilhem*[5] affirma la primauté du droit de l'Union. En cas de condamnation d'une pratique par le droit européen et par le droit national, il fallait *grosso modo* tenir compte de la règle *non bis in idem*. En cas de validation par le droit européen, se posait la question de l'interdiction par le droit national. Il y avait en ce cas deux droits à satisfaire (« double barrière »). La Cour invita à tenir compte des motifs de la validation européenne, ce qui était compliqué et aléatoire.

456. – **Les solutions du règlement n° 1/2003 du 16 décembre 2002**[6]**.** Ce règlement a simplifié les choses. Il conduit à distinguer selon les règles matérielles en cause. Pour ce qui concerne les ententes, le principe est simple. C'est celui de la simple barrière. Le droit national de la concurrence peut être applicable et appliqué, mais, si le droit européen est applicable parce qu'il y a affectation du commerce entre les États membres, il doit être appliqué, et il bénéficie de la primauté. En conséquence, l'application du droit national ne peut conduire à interdire ce qui est validé en application du droit européen[7]. Ce principe vaut aussi bien pour les ententes jugées non restrictives de concurrence[8], que pour celles qui ont été

(5) Aff. C-14/68.
(6) Art. 3 et consid. 8 et 9.
(7) Peu importe les autorités qui statuent (Commission ou autorités nationales de concurrence, dites « ANC ») ; une entente qui viole le droit national de la concurrence peut violer aussi le droit européen, V. CJCE, 13 juill. 2006, aff. C-295/04, *Manfredi*.
(8) V. *infra*, n°s 553 et s.

exemptées en application du § 3[(9)], ou pour celles qui entrent dans les prévisions d'un règlement d'exemption par catégorie[(10)]. Il n'y a plus à se préoccuper de savoir si la Commission est demeurée passive. La solution repose désormais clairement sur la primauté du droit matériel de l'Union.

Pour ce qui concerne les « abus » de positions dominantes, le principe est en partie inverse. Il faut établir une distinction entre les règles nationales qui répriment les « abus » de position dominante et celles qui répriment d'autres « comportements unilatéraux », tels que les abus de dépendance économique, par exemple, à condition que ce soit dans une perspective autre que celle de préserver la concurrence sur le marché. L'application de l'article 102 TFUE (« abus » de position dominante avec affectation du commerce ente les États membres) n'empêche pas l'application des dispositions du droit national qui répriment des comportements unilatéraux autres que les « abus de position dominante »[(11)]. Ainsi, l'article L. 446-2, I, 2°-*b* du Code de commerce français, qui réprime les abus présumés dans des relations bilatérales, pourra souvent être appliqué conjointement[(12)]. En clair, pour les « comportements unilatéraux » sanctionnés par des dispositions nationales qui ne visent pas à préserver la concurrence sur le marché[(13)], le système de la double barrière subsiste.

Les articles 101 et 102 TFUE ont pour légitimité la préservation de la concurrence sur le marché. Mais d'autres intérêts légitimes (qui touchent aussi le cas échéant au marché) peuvent être préservés : déloyauté, comportements unilatéraux abusifs, contrats déséquilibrés, rupture des relations. Les législations nationales adoptées à ces fins demeurent applicables.

Enfin, les articles 101 et 102 TFUE ne font pas obstacle à ce que les mêmes faits soient éventuellement appréciés en fonction des règles nationales de contrôle des concentrations, car ces règles visent un objectif différent[(14)].

SECTION 2

AUTORITÉS NATIONALES ET AUTORITÉS EUROPÉENNES

457. - **Multiplicité d'autorités.** Il y a plusieurs catégories d'autorités qui peuvent être compétentes pour appliquer le droit européen de la concurrence. Bien plus, il peut y avoir, au sein d'une même catégorie, plusieurs revendications de compétence. Les autorités reconnues concurrentes ont bien sûr le devoir d'assurer l'application effective du droit européen, mais demeurent pour cela autonomes, aussi bien d'un point de vue institutionnel que procédural.

(9) Avec le règlement n° 1/2003, la Commission a perdu la compétence exclusive que lui avait octroyé le règlement n° 17/62, bien que les ANC peuvent retirer le bénéfice de l'exemption catégorielle européenne sur leur territoire national (art. 29, § 3) ; V. *infra*, n° 664.
(10) V. *infra*, n°s 645 et s.
(11) V. Règl. n° 1/2003, art. 3, § 2 et consid. 8.
(12) V. Règl. n° 1/2003, art. 3, § 3, et consid. 9.
(13) Ce qui n'est pas toujours certain pour l'article L. 442-6 du Code de commerce français.
(14) V. Règl. n° 1/2003, art. 3, § 3.

458. – **Distinction entre autorités chargées d'appliquer le droit de la concurrence à titre principal, ou à titre incident.** Les autorités qui sont chargées d'appliquer le droit de la concurrence à titre principal sont celles qui n'ont que des pouvoirs administratifs ou sanctionnateurs (amendes, injonctions) : c'est le cas, en France, de l'Autorité de la concurrence et de la première chambre de la cour de Paris lorsqu'elle statue sur les recours formés contre les décisions de l'Autorité(15). C'est aussi le cas de la Commission européenne. Les autorités qui appliquent le droit de la concurrence à titre incident sont celles qui ont pour mission d'accorder réparation ou satisfaction aux intérêts et droits subjectifs des particuliers lésés par les pratiques anticoncurrentielles (nullité, restitutions, dommages et intérêts...). Ce sont les juridictions, notamment celles de l'ordre judiciaire. Elles sont aussi « juges européens ». Elles doivent donc sauvegarder les droits engendrés dans le chef des particuliers par les règles de concurrence(16).

Pour ce qui les concerne, les autorités nationales chargées d'appliquer le droit de la concurrence à titre principal trouvaient traditionnellement le fondement de leur compétence dans les règles internes. C'est ainsi que le Conseil de la concurrence français a reçu, dès la loi du 16 décembre 1992, le pouvoir d'appliquer le droit européen (C. com., art. L. 470-6). La question est désormais résolue au niveau européen, de façon uniforme. L'article 5 du règlement n° 1/2003 prévoit explicitement que « les autorités de concurrence des États membres sont compétentes pour appliquer les articles 101 et 102 du traité dans les cas individuels »(17). Cela vaut pour la totalité de ces articles, et donc pour l'article 101, § 3. De leur côté, les juridictions nationales doivent assurer le plein effet des règles de concurrence d'effet direct, pour sauvegarder les droits subjectifs qu'en retirent les particuliers et les entreprises(18). Leur compétence est donc concurrente de celle de la Commission ou des autorités nationales de concurrence, mais dans un autre registre (droits subjectifs, et non intérêt général).

459. – **Juridictions arbitrales.** Les juridictions arbitrales ne sont pas explicitement visées par les textes européens. Elles ne sont pas des « juridictions nationales ». Elles ne sont pas instituées par la loi, ne sont pas obligatoires de par la loi, ne sont pas permanentes. Pourtant, elles sont très actives en droit des affaires. La jurisprudence leur impose cependant d'appliquer d'office le droit de la concurrence, par un détour. La juridiction étatique statuant en annulation de la sentence dans le cadre d'un recours doit en prononcer l'annulation si les arbitres ont méconnu l'effet utile et la primauté des dispositions du droit européen de la concurrence, qui sont d'ordre public(19). Cela peut placer les arbitres dans des situations délicates, car ils ne

(15) V. L. n° 87-499, 6 juill. 1987.

(16) V., pour l'obligation de permettre la réparation civile, CJCE, 13 juill. 2007, aff. C-295 à 298/04, *Manfredi*.

(17) La Commission conservant sa compétence exclusive pour édicter des règlements d'exemption par catégorie, en application des règlements du Conseil prévus à l'article 83 CE.

(18) Règl. n° 1/2003, art. 6 ; l'effet direct des dispositions en la matière est reconnu depuis l'arrêt *Bosch* du 6 avril 1962 (aff. C-13/61). – V. sur l'étendue de l'obligation des juridictions d'appliquer d'office le droit européen de la concurrence, CJCE, 14 déc. 1995, aff. C-430 et 431/93, *Van Schijndel* ; cela est confirmé par le règlement n° 1/2003 à l'article 81, § 3.

(19) V. CJCE, 1er juin 1999, aff. C-126/97, *Eco Swiss China Time Ltd c/ Benetton International*.

peuvent ni poser la « question préjudicielle »[20] ni bénéficier (tout au moins à lire les textes) de l'aide que la Commission doit apporter aux juridictions étatiques[21][22].

460. – **Compétences concurrentes, prévention des risques de conflit. Autorités et juridictions nationales.** Les situations de compétence concurrentes ne se rencontrent pas dans toutes les branches du droit de la concurrence. Elles sont inenvisageables lorsque la Commission dispose de compétences exclusives, comme c'est le cas en matière d'aides d'État ou de contrôle des concentrations de dimension européenne. Les situations de compétences concurrentes ne peuvent donc se rencontrer que pour l'application des articles 101 et 102 TFUE. Lorsqu'elles se rencontrent, les situations de compétences concurrentes portent en elles le risque de discordance entre les décisions ou jugements. On a tenté de le réduire tout en reconnaissant aussi l'intérêt des justiciables à la satisfaction aussi rapide que possible de leurs droits subjectifs. D'où la distinction opérée entre les autorités chargées d'appliquer le droit de la concurrence à « titre principal », intégrées dans le réseau des autorités de concurrence et celles qui sont chargées de l'appliquer à « titre incident ».

461. – **Nature du réseau des ANC.** Les autorités nationales de concurrence, ou ANC[23] sont aujourd'hui regroupées dans un réseau animé par la Commission européenne. Les ANC disposent des prérogatives énoncées par le règlement n° 1/2003 pour appliquer les articles 101 et 102 TFUE[24][25]. Plusieurs dispositions sont prévues par le règlement pour prévenir les décisions contradictoires au sein du réseau. Un réseau est plus qu'un forum informel. Les ANC sont intégrées à la politique européenne de concurrence, et doivent garantir l'effet utile des règles européennes qu'elles doivent appliquer. Ainsi, elles doivent laisser inappliquées les dispositions de leur droit national qui imposent, favorisent, ou renforcent les effets d'une entente. Cela suppose leur indépendance vis-à-vis des gouvernements[26][27]. Mais un « réseau » n'est pas une organisation centralisée. Les ANC conservent donc une autonomie institutionnelle et procédurale, dont il faut parfois limiter les conséquences.

462. – **Collaboration au sein du réseau des ANC.** La collaboration est une obligation générale qui pèse sur tous les membres du réseau[28]. Elle s'articule autour de trois axes : traitement des informations, répartition du travail, hiérarchie.

(20) V. CJCE, 23 mars 1982, aff. 102/81, *Nordsee*.

(21) V. Comm. CE, communication relative à la coopération entre la Commission et les juridictions nationales : *JOUE* n° C 101, 27 avr. 2004.

(22) Tout dépendra dès lors de l'étendue du contrôle que le juge de l'annulation sera obligé d'effectuer sur la sentence arbitrale (contrôle restreint, ou approfondi) ; le juge national peut de surcroît être saisi trop tardivement (V., pour l'autorité de chose jugée d'une sentence intermédiaire, alors que le recours n'a porté que sur la sentence définitive, aff. *Eco Swiss*, préc.).

(23) Désignés au sein de chaque État membre, Règl. n° 1/2003, art. 35.

(24) Art. 5 : cessation, mesures provisoires, engagements, amendes, astreintes, ou toute autre sanction prévue par leur droit national, ainsi que retrait individuel du bénéfice d'un règlement d'exemption (art. 29).

(25) Les décisions du Conseil de la concurrence, puis de l'Autorité de la concurrence, appliquant le droit européen sont devenues banales.

(26) CJCE, 9 sept. 2003, aff. C-198/01, *CIF* ; V. *supra*, n° 446 ; cette obligation pèse sur les ANC en tant qu'autorités des États, chargées de la politique de concurrence de l'Union (V. communication 9 juill. 2014, préc.) ; elle a une plus grande force encore avec le REC.

(27) Des dispositions essentielles deviennent celles du REC ; c'est le cas des programmes de clémence, V. le rapport pour 2007, et *infra*, n° 869.

(28) Règl. n° 1/2003, art. 11, § 1.

En premier lieu, le traitement des informations recueillies au sein du réseau est bien sûr essentiel. Cela explique une série d'obligations réciproques[(29)] :

1) transmission par la Commission aux ANC des pièces les plus importantes qu'elle a recueillies aux fins de prendre une décision[(30)] ;

2) obligation pour une ANC qui débute une enquête d'informer sans délai la Commission ;

3) possibilité de transmettre cette information aux autres ANC ;

4) au plus tard trente jours avant toute prise de décision, obligation des ANC de transmettre à la Commission le résumé de l'affaire et la décision envisagée ;

5) possibilité par la Commission de transmettre ces informations aux autres ANC ;

6) obligation de l'ANC qui envisage de prendre une décision de fournir à la Commission, si celle-ci le demande, des informations complémentaires ;

7) possibilité de transmettre ces informations complémentaires aux autres ANC ;

8) possibilité d'échanges horizontaux directs entre ANC ;

9) possibilité pour les ANC de consulter la Commission ;

10) possibilité pour une ANC, ou pour la Commission, de confier des enquêtes à toutes les ANC du réseau, conformément à leurs législations nationales[(31)].

Un réseau suppose en deuxième lieu une organisation du travail. Il arrive fréquemment qu'une pratique anticoncurrentielle soit ressentie dans plusieurs États membres. C'est le cas en particulier des grands cartels horizontaux de producteurs, qui sont des ententes « injustifiables » (*hardcore*). La difficulté vient de ce que les ANC ont des compétences territoriales, et que leurs décisions ont une portée également territoriale. Il s'ensuit qu'une entente qui a des effets sur les territoires de plusieurs États membres peut fort bien donner lieu à de multiples procédures parallèles (certes avec information réciproque). Mais il peut être opportun de centraliser la procédure auprès de l'autorité de concurrence la mieux placée. Deux mesures permettent de parvenir à une organisation satisfaisante. La première mesure est prévue dans la communication de la Commission du 27 avril 2004 relative au réseau des autorités de concurrence[(32)]. La « réallocation » est toujours possible (en principe deux mois à compter de la première information), et doit faire l'objet d'une « décision » de réallocation[(33)]. La seconde mesure est prévue à l'article 13 du règlement n° 1/2003. Dès lors qu'une ANC – ou la Commission – est informée de ce qu'une autre ANC traite le dossier, elle peut soit continuer une procédure parallèle, soit laisser l'ANC d'un autre État

(29) Règl. n° 1/2003, art. 11, 16, 22 et 35.

(30) Ainsi que l'obligation pour la Commission de communiquer les documents existants à une ANC qui lui en fait la demande (Règl. n° 1/2003, art. 11, § 2).

(31) V., en France, Ord. 4 nov. 2004.

(32) *JOUE* n° C-101, 27 avr. 2004.

(33) Cette décision est de nature procédurale. Elle ne change pas le droit applicable, car toutes les ANC doivent appliquer le droit européen (ce n'est pas le cas dans les renvois en matière de concentrations). Mais elle peut changer la situation procédurale des entreprises plaignantes ou poursuivies (problèmes de distance, de langue applicable à la procédure...). Cela suffit-il pour considérer que cette décision est susceptible de recours devant le juge européen ? La réponse est *a priori* négative (V. communication préc.). Cela ne règle pas la question des décisions des ANC de suspendre ou de rejeter les plaintes pour cause de réallocation.

continuer l'instruction, et prendre alors une décision de suspension ou de rejet de plainte[34][35].

Mais en troisième lieu, un réseau ne peut guère fonctionner sans un minimum de hiérarchie. La Commission est naturellement le pivot du réseau. Cela explique qu'elle puisse, à tout moment, évoquer une affaire et la retirer donc à telle ou telle ANC. L'article 11, § 6 du règlement n° 1/2003 précise ainsi que l'ouverture d'une procédure[36] devant la Commission dessaisit les ANC pour l'application des articles 101 et 102 TFUE. Si l'on conçoit que la Commission devrait dans la mesure du possible se décider rapidement, on perçoit aussi qu'une décision tardive peut avoir son intérêt, pour éviter des contrariétés de décisions au sein du réseau, ou pour empêcher le « dérapage » d'une ANC.

463. - **Autonomie institutionnelle et procédurale des ANC.** L'autonomie institutionnelle a plusieurs conséquences : les États peuvent concevoir comme ils l'entendent leur ANC (cumul ou non des fonctions d'enquête, d'instruction, ou de sanction, sous réserve de respecter les principes de la Convention européenne des droits de l'homme) ; ils peuvent désigner une ou plusieurs ANC, selon les secteurs économiques par exemple ; ils peuvent encore désigner des juridictions civiles ou commerciales comme ANC ; ils peuvent enfin organiser librement le contrôle des décisions.

L'autonomie procédurale signifie que les ANC suivent les règles des procédures nationales qui les gouvernent même lorsqu'elles appliquent le droit de l'Union. Mais cela pose plusieurs difficultés, par exemple en ce qui concerne l'autonomie des poursuites, la prescription, ou la protection des plaignants comme des entreprises poursuivies. Le règlement n° 1/2003 contient, explicitement ou implicitement, certaines règles d'harmonisation plus ou moins strictes. On peut relever :

1) l'organisation unifiée de la charge de la preuve[37] ;

2) les règles européennes de prescription applicables à l'action de la Commission sont inéluctablement transposées dans les États membres pour leur propre ANC[38] ;

3) la limitation de l'utilisation des informations recueillies au sein du réseau aux seules fins d'application des articles 101 et 102 TFUE[39] ;

4) les limitations de l'utilisation, entre ANC de deux États, des informations recueillies pour sanctionner des personnes physiques au cas où des sanctions

(34) Susceptible de recours selon le droit national.

(35) Le rejet de plainte est également possible lorsqu'une ANC est saisie d'une pratique qui a déjà été traitée par une autre ANC (Règl. n° 1/2003, art. 13, § 2) ; le fait qu'une procédure soit en cours devant une ANC n'empêche pas des mesures d'inspection de la Commission ; il n'y a pas alors atteinte à la répartition des compétences, TPICE, 8 mars 2007, aff. T-339 et 340/04, *France Télécom*.

(36) La notion demeure incertaine : acte formel par lequel la Commission indique son intention d'adopter une décision (V. CJCE, 6 févr. 1973, aff. C-48/72, *Brasseries de Haecht II* ; V. également la communication du 26 avril 2004 sur le réseau, *JOUE* n° L 101, 27 avr. 2004, et Règl. n° 773/2004 de la Commission, 7 avr. 2004, d'application du règlement n° 1/2003, art. 2, préc.).

(37) Règl. n° 1/2003, art. 2 : la charge de la preuve d'une violation de l'article 101, § 1 ou de l'article 102 TFUE incombe à celui qui allègue ; mais c'est à celui qui invoque l'article 101, § 3 TFUE d'apporter la preuve de ce que les conditions d'application de ce texte sont réunies. V., sur l'appréciation des preuves de l'exemption possible apportées par les entreprises poursuivies, CJCE, 6 oct. 2009, aff. C-501/06 P, *GlaxoSmithKline Services Unlimited*.

(38) Règl. n° 1/2003, art. 25 et 26 ; trois ans pour les infractions aux dispositions relatives aux demandes de renseignements ou aux inspections ; cinq ans pour les autres infractions ; règles communes d'interruption et de suspension ; cinq ans pour l'exécution des décisions ; V., en France, Ord. 4 nov. 2004.

(39) Règl. n° 1/2003, art. 12, § 2.

similaires sont prévues dans les deux États ou au cas où les droits de la défense sont protégés de façon similaire(40) ;

5) le secret professionnel des agents de la Commission et des ANC(41).

464. – **Situation des juridictions nationales.** Les autorités européennes encouragent les victimes de pratiques anticoncurrentielles à saisir les tribunaux de droit commun pour faire valoir leurs droits. Cela déchargerait sans doute les ANC et la Commission. Cela répond aussi à une préoccupation fondamentale de démocratie dans l'application du droit économique. Cela pose néanmoins le problème de l'effectivité de la réponse judiciaire. Les juridictions nationales ont pour mission essentielle d'assurer la garantie des droits subjectifs des justiciables(42). On ne saurait les contraindre d'une quelconque manière à se déporter, au mépris des règles de compétence qui s'imposent à elles, au profit de telle ou telle juridiction d'un autre État membre. Mais les juridictions nationales doivent autant que possible appliquer de façon cohérente le droit européen de la concurrence, auquel elles sont souvent moins familiarisées que les ANC. La question est ancienne, et la Cour de justice, par deux célèbres arrêts *Delimitis*(43) et *Masterfoods*(44), a reconnu que les juridictions nationales devaient pouvoir surseoir à statuer lorsque la Commission (ou aujourd'hui une ANC) était saisie, tout en prenant le cas échéant des mesures provisoires. Le sursis à statuer est particulièrement souhaitable quand une décision de la Commission ou d'une ANC a été prononcée, mais qu'elle est frappée de recours devant le juge européen ou national compétent. Mais cette jurisprudence ne règle pas toutes les difficultés.

Le règlement n° 1/2003, et la communication sur la coopération entre la Commission et les juridictions nationales du 26 avril 2004(45) apportent quelques réponses complémentaires. Si l'autonomie institutionnelle et procédurale est un principe fondamental(46), la coopération est organisée : les tribunaux peuvent solliciter des avis ou des informations (factuelles, juridiques, ou générales) de la Commission, et celle-ci doit transmettre à la juridiction nationale les informations dont elle dispose si la juridiction le demande(47). Surtout, la Commission, ou les ANC des États membres(48), peuvent jouer un rôle actif dans les procédures, soit en intervenant directement dans le prétoire(49), soit en jouant le rôle d'*amicus curiae*. L'application cohérente du droit européen emporte certaines obligations. Avant leur jugement, les juges nationaux doivent tenir compte des procédures européennes. Ils peuvent surseoir à statuer dans l'attente d'une décision de la Commission, et

(40) Règl. n° 1/2003, art. 12, § 3.

(41) Règl. n° 1/2003, art. 28.

(42) V. *supra*, n° 443 et *infra*, n° 668 ; les tribunaux arbitraux ont aussi cette mission, mais ne sont pas pris en compte par le droit européen, V. *supra*, n° 459.

(43) CJCE, 28 févr. 1991, aff. C-234/89.

(44) CJCE, 14 déc. 2000, aff. C-344/989.

(45) *JOCE* n° C 101/2004, reprenant en grande partie une précédente communication du 15 octobre 1997.

(46) Cela permet de conférer la compétence pour statuer sur le droit de la concurrence à certains tribunaux seulement.

(47) Avec garantie du secret professionnel (V. TPICE, 18 sept. 1996, aff. T-353/94, *Post bank*), ce qui pose le problème du respect du principe du contradictoire ; sur les modalités pratiques en France, V. D. n° 2005-1668, 27 déc. 2005.

(48) Pour les ANC, c'est une innovation considérable ; elle est limitée aux juridictions de leur État (Règl. 1/2003, art. 15, § 3).

(49) La présentation d'observations orales nécessitant l'accord de la juridiction.

doivent le faire si une décision a été rendue, et si elle fait l'objet d'un recours[50]. Cela est dans le droit fil de la jurisprudence *Delimitis* et *Masterfoods*. Si la Commission s'est déjà prononcée, ils doivent impérativement tenir compte de sa décision. Enfin, pour éviter la répétition d'applications déviantes, les juridictions nationales sont astreintes à transmettre à la Commission toute décision appliquant les articles 101 et 102 TFUE dès qu'elle est notifiée aux parties[51].

465. - **Plan.** Les traits caractéristiques du droit européen de la concurrence conduisent à examiner successivement les règles applicables aux entreprises (Titre 1), et celles qui s'adressent aux États membres ou aux autorités et entreprises publiques (Titre 2).

(50) Sauf possibilité de poser la « question préjudicielle » ; V. communication préc., pt 13, précisant l'arrêt *Masterfoods*, préc.
(51) V. D. n° 2005-1668, 27 déc. 2005.

TITRE 1

LES RÈGLES APPLICABLES AUX ENTREPRISES

466. – **Sources historiques.** Le traité de Rome, dont l'essentiel se retrouve aujourd'hui dans le TFUE, s'est historiquement placé dans le prolongement du traité de Paris de 1951 instituant la CECA (expiré le 23 juillet 2002), mais s'est aussi inspiré des textes américains (*Sherman* et *Clayton Acts*). Les rédacteurs du traité de Paris recherchaient en effet – pour des considérations en partie politiques et historiques – une communautarisation de la sidérurgie et de l'industrie charbonnière dans son ensemble, ce qui les avait conduits à transférer à la Haute Autorité l'intégralité du contrôle au détriment des autorités nationales. Même si le Traité CE, et aujourd'hui le TFUE, ont repris l'esprit général de la prohibition des ententes et des positions dominantes, ils n'ont pas la même perspective intégrationniste. Ils sont d'inspiration fédérale, et donc à cet égard proches des lois américaines. L'affectation du commerce entre les États membres est en effet une condition d'applicabilité du droit européen de la concurrence, ce qui laisse une sphère de compétence aux autorités nationales.

Mais l'esprit n'est pas similaire. En Europe, la concurrence n'est pas une fin en soi. Elle doit être régulée afin de tenir compte des finalités du traité, et dans une perspective d'allocation optimale des ressources. Très caractéristique de cette spécificité du droit européen est le système à double détente de l'article 101 TFUE relatif aux ententes : prohibition de principe des restrictions de concurrence, mais rachat possible des restrictions pour des considérations d'efficacité économique (système de « l'exception légale »)(1).

Une autre différence notable entre les traités de Paris et de Rome avait trait au contrôle des concentrations. La volonté intégrationniste des rédacteurs du Traité CECA expliquait qu'un tel contrôle y ait été prévu (art. 66). Le traité de Rome, de son côté, ne comportait aucune disposition spécifique. Ce type de contrôle était donc en fait abandonné pour l'essentiel aux autorités nationales. Il a fallu plus de trente années pour que la Communauté soit dotée d'un contrôle spécifique des opérations de concentrations, avec l'édiction du règlement n° 4064-89 du 21 décembre 1989(2).

(1) V. *supra*, n° 437, et *infra*, n°s 617 et s.
(2) Remplacé par Règl. n° 139/200, 20 janv. 2004 ; V. *infra*, n° 732. Pour l'EEE, V. l'article 57 et l'annexe XIV de ce traité.

Aujourd'hui, les règles de concurrence européennes se trouvent dans le TFUE et dans le droit dérivé(3).

467. – **Plan.** Le principe de la prohibition des ententes restrictives de concurrence (Chapitre 2), des exploitations abusives des positions dominantes (Chapitre 3), et le contrôle préalable des concentrations (Chapitre 4), constituent les trois piliers de tout droit de la concurrence, et doivent donc être étudiés successivement. Des développements séparés seront consacrés à l'articulation des droits de propriété industrielle et intellectuelle avec les règles de concurrence, en raison des difficultés particulières qu'elle soulève (Chapitre 5). Enfin, un aperçu sera donné des règles de procédure (Chapitre 6).

Mais l'application du droit européen aux comportements d'entreprises suppose réunies certaines conditions, qui seront étudiées préalablement (Chapitre 1).

(3) Le Traité CEEA (Euratom) demeure en vigueur, mais les articles relatifs aux ententes et aux abus de position dominante sont applicables aux activités de production et d'extraction (déc. 23 déc. 1975, *United Reprocessors* et *Kewa* : *JOCE* n° L 51, 26 févr. 1976 ; sauf pour les matières fissiles) ; il en est de même du contrôle des concentrations.

CHAPITRE 1

CONDITIONS D'APPLICATION DU DROIT EUROPÉEN DE LA CONCURRENCE

468. – **Plan.** Les règles relatives aux ententes, aux positions dominantes et aux concentrations, visent au premier chef les entreprises. Il faut donc d'abord définir la notion d'entreprise (Section 1). Mais le droit de la concurrence est un droit économique et pragmatique : il n'a donc vocation à jouer que lorsque les comportements en cause font sentir leurs effets sur des marchés (Section 2), et sur le territoire de l'Union européenne, ce qui est souvent exprimé comme le principe de « l'effet » (Section 3). Le droit européen de la concurrence, on l'a vu[(1)], ne se substitue pas aux droits nationaux : il s'articule au contraire avec eux. Cela explique une dernière condition d'application du droit européen de la concurrence, spécifique celle-là : il ne peut être appliqué que si les comportements en cause « affectent » le commerce entre les États membres (Section 4).

SECTION 1

LA NOTION D'ENTREPRISE

469. – **Textes.** Les articles 101 et 102 TFUE, comme le règlement n° 139/2004, ne s'appliquent qu'à des « entreprises ». Mais aucun de ces textes ne définit cette notion.

Tout au plus, le protocole 21 de l'accord sur l'EEE esquisse une définition, qui du reste s'inspire de la jurisprudence. L'article 1er de ce protocole dispose ainsi qu'« on entend par entreprise toute entité exerçant des activités de nature économique »[(2)].

Cette définition ne peut de toute façon être bien comprise qu'à la lumière de la jurisprudence de la Cour de justice. La jurisprudence ne s'est pas embarrassée de la diversité des droits et des doctrines internes. Le traité pose là une notion

(1) V. *supra*, nos 451 et s.
(2) Il s'agit de répartir ici les compétences entre les autorités de surveillance de l'AELE et de la Commission.

européenne. La jurisprudence est de surcroît empreinte d'un grand pragmatisme qui s'explique par la finalité économique des règles de concurrence.

470. – **Première approche. L'arrêt *Mannesman* du 13 juillet 1962**[3]**. Notion d'entreprise et imputabilité.** Cet arrêt appliquait les règles du Traité CECA. Il contient cependant la première définition de la notion d'entreprise. On peut y lire qu'une « entreprise est constituée par une organisation unitaire d'éléments personnels, matériels, et immatériels, rattachés à un sujet de droit autonome et poursuivant de façon durable un but économique déterminé ». Cette définition a été précisée. Le rattachement à un sujet de droit autonome est sans doute un critère trop juridique, et se comprend surtout pour des raisons procédurales. Il faut bien, en droit processuel, rattacher l'entreprise à une personne juridique. Seule une personne physique ou morale peut en effet agir en justice, exercer des recours, être destinataire de décisions, voire être sanctionnée, et donc répondre d'une entreprise. Mais il n'y a pas nécessairement identité ou superposition entre l'entreprise et la personne juridique[4]. L'existence d'un sujet autonome n'est pas non plus nécessaire pour caractériser une entreprise. En réalité, on peut d'abord approcher la notion d'entreprise en creux, en s'attachant aux critères non pertinents (§ 1), avant de mettre en évidence le critère pertinent (§ 2).

§ 1. – Les critères non pertinents

471. – **Indifférence à la structure juridique et à la personnalité juridique.** La forme juridique est indifférente. Une entreprise peut d'abord être une personne physique[5], une personne morale, ou même ne pas disposer de la personnalité juridique[6]. Peu importe la forme sociale adoptée : société, association[7].

L'absence de capacité d'expression autonome – ou d'un « sujet juridiquement autonome » comme on peut le lire dans l'arrêt *Mannesman* – n'empêche pas la mise en évidence d'une entreprise. Une société en participation non révélée du droit français peut fort bien être une entreprise. Il en va de même d'une filiale autonome[8], voire d'une succursale[9]. Plusieurs personnes physiques ou morales peuvent fort bien avoir ensemble un comportement d'entreprise sur un marché sans pour autant avoir de manteau juridique commun. Une entreprise peut ainsi exister sous le couvert de plusieurs personnes morales successives[10].

(3) Aff. 19-61.
(4) V. CJCE, 28 mars 1984, aff. 29 et 30-83, *Cie royale asturienne des mines* ; V. pour l'imputabilité à des sociétés mères du comportement d'une entreprise commune dépourvue de personnalité morale, TPICE, 27 sept. 2006, aff. T-314/01, *Avebe.*
(5) V., pour un inventeur, déc. 2 déc. 1975, *AOIP-Beyrard* : *JOCE* n° L 6, 13 janv. 1976. – Un créateur, déc. 26 mai 1978, *RAI-UNITEL* : *JOCE* n° L 157, 15 juin 1978. – Pour les membres individuels d'une profession libérale (expéditeurs en douane), CJCE, 18 juin 1998, aff. C-35/96, *Commission c/ Italie, CNSD.*
(6) TPICE, 27 sept. 2006, aff. T-314/01, *Avebe.*
(7) V. déc. 19 déc. 1988, *Eurochèques* : *JOCE* n° L 36, 8 févr. 1989 ; pour le comité français d'organisation de la Coupe du Monde de football, déc. 20 juill. 1999, *CFO* : *JOCE* n° L 5, 8 janv. 2000 ; pour une association non lucrative organisant des compétitions de moto, CJCE, 1er juill. 2008, aff. C-49/07, *Motoe.*
(8) CJCE, 31 déc. 1974, aff. 15/74, *Centrafarm c/ Sterling Drug* et aff. 16/74, *Centrafarm c/ Winthrop.*
(9) Pour une succursale partie à un accord avec une société autre que celle dont elle dépend, déc. 9 juin 1972, *Raymond-Nagoya* : *JOCE* n° L 143, 23 juin 1972.
(10) CJCE, 28 mars 1984, *Cie Royale Asturienne des Mines c/ Rheinische Zinkwalzwerke*, préc.

472. – **Non-pertinence du périmètre juridique. Réseaux et groupes**(11). Ce n'est pas tant le périmètre juridique ou structurel qui est ici en cause que le périmètre économique. Une analyse conduite au seul regard du droit des sociétés est insuffisante(12). D'autres considérations sont également pertinentes (liens économiques, organisationnels, voire personnels). Il est vrai que, souvent, la subordination économique n'est que le prolongement d'une subordination juridique, ce qui interdit de considérer le subordonné comme une entreprise distincte. La proposition est certaine pour les salariés(13), comme pour les VRP. Elle l'est aussi pour ces personnes indépendantes juridiquement que sont les agents commerciaux : leur qualité de mandataire ajoutée aux conditions dans lesquelles ils exercent généralement leur activité excluent souvent pour eux la qualification d'entreprise autonome, faute d'indépendance économique(14). Mais il peut en aller différemment. D'autres intermédiaires, comme les concessionnaires, peuvent ainsi, selon les situations, être considérés ou non comme des entreprises autonomes.

Les questions les plus délicates se sont posées à propos des groupes de sociétés. En fonction du degré d'autonomie des filiales, on a pu considérer qu'un groupe était constitué d'une pluralité d'entreprises(15) ou, au contraire, qu'il constituait à lui seul une entreprise unique. Il en va ainsi lorsque la filialisation n'est en définitive qu'une simple répartition des tâches à l'intérieur d'une même entité économique(16). En ce cas, les comportements des différentes unités doivent être appréciés globalement(17).

C'est le contrôle effectif de l'action concrète sur le marché qui est déterminant. S'il y a contrôle effectif, il n'y a en effet aucune virtualité de concurrence entre les sociétés. Le lien en capital permet de le présumer s'il est important. C'est finalement l'autonomie effective d'action sur le marché qui est essentielle et qui peut venir, outre des liens en capital, d'instructions, de directives, ou de sujétions imposées par la société mère.

Dans son arrêt *Hydrotherm*, en présence d'un accord de distribution signé, d'un côté, par une personne physique et deux sociétés entièrement contrôlées par elle, et, d'un autre côté, par un distributeur, la Cour de justice a jugé que « la notion d'entreprise, placée dans un contexte de droit de la concurrence, doit être comprise comme désignant une unité économique du point de vue de l'accord en cause même si, du point de vue juridique, cette unité économique est constituée de plusieurs personnes physiques ou morales », et qu'il en était ainsi « lorsqu'une des parties à l'accord est constituée par des sociétés qui ont un intérêt identique et qui sont contrôlées par la

(11) CJCE, 22 juill. 1984, aff. 170/83, *Hydrotherm Gerätebau.*

(12) CJUE, 11 juill. 2013, aff. C-440/11 P, *Commission c/ Stichting Administratiekantoor Portielje et Gosselin Group.*

(13) Le lien de subordination des salariés exclut la qualification d'entreprise ; cela vaut aussi pour leurs associations ou syndicats, même si, par leurs actions, ils restreignent la concurrence (par ex., *closed shop*), V. CJCE, 16 sept. 1999, aff. C-22/98, *Becu, Verweire c/ Smeg et Adia Interim.*

(14) Depuis la communication du 24 décembre 1962, remplacée par *les Lignes directrices sur les restrictions verticales* du 13 octobre 2000, V. *infra*, nos 519 et 604.

(15) V. CJCE, 12 juill. 1979, aff. 32, 36, 82 et 78, *BMW Belgium.*

(16) V. CJCE, 24 oct. 1996, aff. C-73-95 P, *Viho Europe c/ Commission* et TPICE, 12 janv. 1995, aff. T-102-92. – *Adde*, déc. 28 janv. 1998, *VW. Audi* : *JOCE* n° L 124, 25 avr. 1998. – CJCE, 25 nov. 1971, aff. 22-71, *Beguelin.* – CJCE, 4 mai 1988, aff. 30-87, *Bodson c/ Pompes funèbres des régions libérées*, et déc. 18 juin 1969, *Christiani et Nielsen* : *JOCE* n° L 165, 5 juill. 1969.

(17) CJUE, 4 juill. 2013, aff. C-287/11, *Commission c/ Aalberts Industries.*

même personne physique, elle aussi partie à l'accord », car, « dans ces conditions, il n'existe aucune virtualité de concurrence entre les personnes qui participent simultanément, comme une seule partie, à l'accord en question »[18].

La dépendance d'une filiale, lorsqu'elle est entière, a des conséquences sur l'imputabilité de la violation des règles de concurrence : l'attitude anticoncurrentielle exprimée au niveau de la filiale peut alors engager la société mère. L'analyse sur la notion d'entreprise est donc identique à celle qui conduit à l'imputabilité[19].

473. - **Indifférence à la nature publique ou privée de l'entreprise comme à la nature ou à la finalité sociale de l'activité.** Le traité ne préjuge en rien le régime de la propriété dans les États membres[20]. Il admet donc les nationalisations et, *a fortiori*, la constitution ou le maintien de secteurs publics importants.

Le droit de la concurrence ne contient aucune dérogation particulière au bénéfice des entreprises publiques pour la seule raison qu'elles sont publiques ou soumises au contrôle de l'État. Certes, l'article 106, § 1 TFUE les mentionne, mais pour préciser tout aussitôt qu'à leur égard les États membres ne peuvent édicter ou maintenir aucune mesure contraire au traité, et notamment pas aux règles de concurrence[21]. La définition d'une entreprise « publique » doit donc être aussi pragmatique que celle d'une entreprise privée[22], et l'application des règles de concurrence est de principe[23]. Cela étant, de nombreuses entreprises publiques exercent des activités spécifiques ou sont soumises à des sujétions particulières pour des raisons d'intérêt général. Mais la question n'est plus celle du statut de l'entreprise : elle devient celle de l'objet de son activité. L'article 106, § 2, relatif aux services d'intérêt économique général (SIEG), tempère alors l'application des règles de concurrence[24].

La finalité sociale d'un organisme est, elle aussi, non décisive. Tout dépendra de la façon dont il accomplira sa mission. L'absence de recherche de bénéfices, ou l'idée de solidarité, n'empêchent pas de caractériser une entreprise[25]. Seule la « solidarité nationale » sous contrôle public est déterminante[26].

474. - **Indifférence au mode de financement.** Des organismes ou entreprises peuvent, souvent dans une perspective d'intérêt général ou de mission de service public, être subventionnés ou recevoir des cotisations obligatoires, par exemple.

(18) V. CJCE, 6 mars 1974, aff. 6 et 7-73, *Zoja*. – CJCE, 21 févr. 1973, aff. 6-72, *Continental Can, Europemballage*. – CJCE, 13 févr. 1979, aff. 85-76, *Hoffmann-Laroche*. – TPICE, 12 déc. 1991, aff. T-30-89, *Hilti*. – Déc. 22 juin 1993, *Zera-Montedison-Hinkens-Stähler* : *JOCE* n° L 272, 4 nov. 1993.

(19) V. CJCE, 22 juill. 1984, aff. 170-83, *Hydrotherm Gerätebau*. – CJCE, 10 sept. 2009, aff. C-97/08 P, *Akzo Nobel c/ Commission*, et 11 juill. 2013, *Portielje et Gosselin Group*, préc.

(20) TFUE, art. 345, ex-art. 295 TCE.

(21) CJUE, 3 mars 2011, aff. C-437/09, *AG2R Prévoyance c/ Beaudout*.

(22) V., pour des entités non distinctes en droit de l'État : tabac en Italie, CJCE, 16 juin 1987, aff. 118-85, *Italie c/ Commission*. – Pour les postes en Espagne, déc. 1er avr. 1990 : *JOCE* n° L 233, 28 août 1990. – Pour la régie des postes belges, CJCE, 19 mai 1993, aff. C-320-91, *Proc. du Roi c/ Corbeau*. – Pour l'administration finlandaise de l'aviation civile, déc. 10 févr. 1999, *Ilmailulaitos-Luftfahrtsverket* : *JOCE* n° L 69, 16 mars 1999.

(23) CJCE, 23 avr. 1991, aff. C-41-90, *Höfner c/ Macroton*.

(24) V., par ex., pour La Poste, TPICE, 27 févr. 1997, aff. T-106-95, *FFSA e.a. c/ Commission* et *infra*, nos 934 et s.

(25) V., par ex., CJCE, 11 juill. 2006, aff. C-205/03 P, *Fenin*. – TPICE, 4 mars 2003, aff. T-319/99, *Fenin*. – TPICE, 10 janv. 2006, aff. C-222/04, *Casa di Risparmi di Firenze*. – Pour les fonds de pension et les organismes de sécurité sociale, V. *infra*, n° 475.

(26) V. *infra*, n° 475.

Cette circonstance ne suffit cependant pas pour refuser de les considérer comme des « entreprises » ayant un but économique au sens du traité. La nature exacte de l'activité importe en effet plus que son financement[27].

§ 2. – Le critère pertinent

475. – **Offre de biens ou de services sur un marché par une entité économique autonome.** On peut commencer par l'important arrêt *Höfner* du 23 avril 1991[28]. L'affaire mettait en cause l'office fédéral allemand pour l'emploi (*Bundesanstalt für Arbeit*) qui était investi d'un monopole. Ce monopole ne parvenant pas à satisfaire la demande, un certain nombre d'entreprises privées s'étaient développées sur le marché de l'emploi des cadres. La question était de savoir si cet organisme abusait d'une position dominante, ce qui supposait qu'il soit une entreprise. Or, cet office exerçait son activité de façon gratuite. Cela n'a pas empêché la Cour de relever que, par nature, l'activité de placement en cause était économique, car elle n'est pas nécessairement confiée à une entité publique et qu'il y avait donc un marché pour le placement des cadres. L'office était donc une entreprise.

Le critère est ainsi celui de l'offre sur un marché. Dès qu'un organisme propose ses produits ou ses services en répondant à une demande, en étant donc en situation de concurrence réelle ou théorique avec d'autres entreprises (un monopole économique est confié à une entreprise qui, sans cela, serait en situation de marché et de concurrence), il est une entreprise. Si, en revanche, un organisme achète des fournitures sur un marché, mais qu'il ne vend pas ce qu'il a produit avec ces fournitures, il ne fonctionne pas pour se présenter sur un marché, et n'est donc pas une entreprise[29][30].

Au fond, la participation effective aux échanges économiques est suffisante[31]. Cette participation peut être directe ou indirecte, c'est-à-dire par filialisation[32].

En revanche, des organismes qui, tout en ayant l'apparence d'entreprises (unité économique, notamment), n'exercent aucune activité économique sur un marché, ne peuvent être qualifiés d'entreprises. L'existence d'une entité autonome ne suffit pas. Tel est notamment le cas des organismes ou institutions qui accomplissent des missions d'intérêt général, d'ordre social, par exemple, non seulement sans aucun

(27) V. CJCE, 23 avr. 1991, *Höfner c/ Macroton*, préc. – *Adde*, CJCE, 19 janv. 1994, aff. C-364-92, *SAT c/ Eurocontrol* ; V. *infra*, n° 944.

(28) Préc.

(29) V., par ex., sur la nécessaire situation de concurrence sur un marché, CJCE, 10 janv. 2006, *Casa di risparmio di Firenze*, préc., et 11 juill. 2006, *Fenin*, préc.

(30) En revanche si, après avoir réalisé des profits sur un marché, l'organisme les affecte à des œuvres sociales, cela n'empêche pas d'y voir une entreprise, CJCE, 10 janv. 2006, *Casa di risparmio di Firenze*, préc.

(31) V., par ex. pour les professions libérales, CJCE, 19 févr. 2002, 2 arrêts, aff. C-35/99, *Arduino*, et aff. C-309/99, *Wouters*. – Pour le sport, CJCE, 12 déc. 1974, aff. 36-74, *Walrave*. – Pour les clubs de football et pour la FIFA, TPICE, 26 janv. 2005, aff. T-193/02, *Piau*. – Pour l'UEFA, déc. 23 juill. 2003, vente centralisée des droits TV sur la Ligue des champions : *JOUE* n° L 291, 8 nov. 2003. – Pour le CIO, CJCE, 18 juill. 2006, aff. C-519/04 P, *Meca-Medina* et *Majcen c/ Commission*, gestion collective des droits d'auteur. – Pour la SACEM, CJCE, 13 juill. 1989, aff. 395-78, *Tournier*. – Pour l'administration finlandaise de l'aviation civile, qui offrait contre redevance des services liés à l'accès aux infrastructures, déc. *Ilmailulaitos*, préc.

(32) CJCE, 10 janv. 2006, aff. C-222/04, *Ministerio dell' Economia et delle Finanze*.

but lucratif (car cela est indifférent), mais encore (ce qui est décisif) dans un souci de « solidarité nationale »[33]. Mais une simple finalité sociale ne suffit pas. Il faut qu'il y ait un mécanisme de solidarité indépendant du marché (absence de lien entre les prestations et les cotisations), et qu'il existe un contrôle effectif de l'État[34]. La solidarité nationale exclut en principe l'idée de marché. Ainsi il n'y a pas de marché en France pour les prestations du régime primaire d'assurance obligatoire par répartition. Ne se présentent pas non plus sur un marché les organismes qui se limitent à exercer des prérogatives qui appartiennent par essence aux États et qui participent de leur souveraineté[35][36].

Cela peut conduire à distinguer au sein d'un même organisme. Il peut être une entreprise pour la partie économique de son activité, et ne pas l'être pour la partie non économique[37]. Le cas s'est souvent posé à propos des fédérations sportives qui reçoivent en général des pouvoirs publics le pouvoir (non économique) de fixer les règles de compétition, et qui exercent par ailleurs des activités d'entreprise (organisation de spectacles sportifs, droits TV...).

Il existe enfin, on le rappelle, des entreprises qui, tout en exerçant des activités économiques, sont soumises à des sujétions ou contraintes particulières. On songe à certains services publics, ou à certaines activités de nature sociale. L'octroi d'une mission d'intérêt général ne fait pas disparaître la nature économique de l'activité qui peut être exercée. L'article 106, § 2 TFUE permet simplement de tempérer ou d'exclure l'application des règles du traité, mais ne remet pas en cause la nature d'entreprises des organismes concernés[38].

En définitive, est une entreprise « toute entité exerçant une activité économique indépendamment de son statut juridique et de son mode de financement »[39].

(33) V. pour des organismes de Sécurité sociale, lorsqu'il y a « solidarité nationale », c'est-à-dire compensation entre les régimes, entre les générations, lorsqu'il n'y a pas en plus de lien entre le montant des cotisations, de surcroît obligatoires, et celui des prestations servies. La solidarité nationale est nécessairement non économique, pour reprendre la formule de l'arrêt *Höfner* ; CJCE, 17 févr. 1993, aff. C-159 et 160-91, *Poucet et Pistre*. – V. en sens contraire, pour la gestion d'un régime facultatif, CJCE, 16 nov. 1995, aff. C-244-94, *FFSA c/ Min. Agriculture et Pêche*. – Et, sur le fondement de la directive n° 92/49, CJCE, 26 mars 1996, aff. C-238-94, *Garcia*. – V., pour des fonds de pension gérés comme des entreprises, les profits de la gestion servant aux seuls adhérents, ce qui exclut toute « solidarité nationale » ; ils se présentent sur un marché théorique, même s'ils bénéficient d'un monopole, CJCE, 21 sept. 1999, aff. C-67/96, aff. C-115 à 117/97, *Albany* ; *Brentjen's*, et CJCE, 12 sept. 2000, aff. C-180 à 184/98, *Pavel Pavlof c/ Stichting Pensioenfonds Medische Specialisten*. – Pour un organisme chargé de l'assurance contre les accidents du travail, CJCE, 22 janv. 2002, aff. C-218/00, *Cisal Battistello Venanzio c/ Sas* et CJCE, 5 mars 2009, aff. C-350/07, *Kattner*, pour une activité exclusivement sociale. – *Adde*, TPICE, 4 mars 2003, aff. T-399/99, *Fenin* et CJCE, 11 juill. 2006, aff. C-205/03 P. – Pour la fixation des tarifs de remboursement des médicaments, CJCE, 16 mars 2004, aff. C-264/01, *AOK Bundesverband*.

(34) CJUE, 3 mars 2011, aff. C-437/09, *AG2R Prévoyance*.

(35) V. pour l'Organisation européenne pour la sécurité de la navigation aérienne, *Eurocontrol*, CJCE, 19 janv. 1994, aff. C-364-92, *SAT c/ Eurocontrol*. – CJCE, 24 oct. 2002, aff. C-82/01, *Aéroports de Paris*. – Encore à propos d'Eurocontrol, CJCE, 26 mars 2009, aff. C-113/07, *Selex sistemi Integrati*, rejetant le pourvoi contre TPICE, 12 déc. 2006, aff. T-155/04. – Pour la lutte contre la pollution, CJCE, 18 mars 1997, aff. C-343-95, *Diego Cali c/ Servizio ecologici porto di Genova*. Un parallèle peut être fait avec la circulation des marchandises ; la jurisprudence exclut de l'article 31, devenu 37 TFUE (monopoles) les activités régaliennes de police du domaine public hertzien, V. CJCE, 27 oct. 1993, *Lagauche*, préc. *supra*, n° 159.

(36) V. pour la lutte contre le dopage, TPICE, 30 sept. 2004, aff. T-313/02, *Meca-Medina*.

(37) V., par ex., pour la dissociation, au sein d'une même entité, entre la construction et l'exploitation d'une infrastructure aéroportuaire, et les activités de sécurité publique et de contrôle aérien, CJUE, 19 déc. 2012, aff. C-288/11 P, *Mitteldeutshe Flughafen*.

(38) V., pour des fonds de pension à affiliation obligatoire, destinés à financer des retraites, CJCE, 21 sept. 1999, aff. C-67/96, *Albany International*, préc., et *infra*, n°s 944 et s., sur l'article 106, § 2 TFUE.

(39) V. CJCE, 23 avr. 1991, *Höfner c/ Macroton*, préc.

SECTION 2

LES MARCHÉS

476. - **Notion générale.** La notion de marché, en droit de la concurrence, est bien éloignée de celle que suggère le vocabulaire courant (par ex., marché de l'automobile). Le marché se définit comme un espace de concurrence homogène, ou comme le lieu où se rencontrent l'offre et la demande de produits ou de services considérés comme substituables entre eux par les acheteurs et utilisateurs finals, et non substituables aux autres. Le marché, en droit de la concurrence, est donc le marché pertinent (*relevant market*). La définition du marché ne dépend pas de critères ou d'instruments juridiques, mais de notions économiques relativement souples, qui peuvent être adaptées aux situations de fait, et aux exigences de l'analyse *in concreto*.

L'intérêt qu'il y a à délimiter le marché pertinent est plus ou moins grand selon la règle de concurrence mise en œuvre[(40)]. Cette délimitation est indispensable lorsque la règle de concurrence ne peut être mise en œuvre sans que le marché ait été préalablement défini : c'est le cas pour l'article 102 TFUE relatif aux abus de position dominante, dont l'application dépend de la mise en évidence d'une domination sur un marché ; c'est encore le cas pour le contrôle des concentrations. En ce qui concerne l'application de l'article 101 TFUE relatif aux ententes, la délimitation précise du marché peut être évitée, car le critère est celui de la restriction de concurrence. En pratique, cependant, il est bien difficile d'appliquer cet article sans se préoccuper du ou des marchés sur lesquels opèrent les entreprises.

Il appartient aux entreprises d'apprécier leur position sur le marché, et donc les frontières de celui-ci, afin de savoir les risques qu'elles encourent en droit de la concurrence. Cette « auto-évaluation » peut être très délicate.

477. - **Délimitation du marché.** La communication de la Commission du 9 décembre 1997 sur la définition du marché en cause aux fins du droit communautaire de la concurrence, expose de manière « transparente » la méthode suivie par la Commission[(41)].

La délimitation du marché est bien entendu une question de fait. La charge de la preuve de l'existence et des limites du marché incombe à la Commission (ou à l'ANC) lorsqu'elle effectue l'instruction d'un dossier.

Une certaine méthode doit cependant être suivie, que l'on rappellera.

478. - **Délimitation matérielle.** La première chose à faire est de délimiter matériellement le marché. Le critère principal est celui de la substituabilité de la demande. Mais l'analyse de la substituabilité de l'offre peut dans certains cas être pertinente.

1) La substituabilité de la demande est le critère le plus généralement utilisé. Il s'agit de chercher s'il y a des solutions de rechange raisonnables et perceptibles par

(40) Trib. UE, 24 mai 201, aff. C-111/082, *MasterCard c/ Commission*.
(41) *JOCE* n° C 372, 9 déc. 1997 ; V. aussi l'étude thématique de l'Autorité française de la concurrence, *Le marché pertinent*, rapport 2001.

les utilisateurs[42]. Il y a plusieurs méthodes pour apprécier la substituabilité ou l'interchangeabilité entre des produits ou des services. On peut considérer les produits ou les services dans leurs caractéristiques propres. Mais on peut aussi se pencher, lorsque les caractéristiques sont peu éloignées, sur les prix, ou encore sur d'autres paramètres, juridiques par exemple.

La première méthode (comparaison des caractéristiques des produits ou des services) est la plus simple, souvent la plus rapide, et relève alors de l'observation et du bon sens. Des produits ou des services répondent parfois à des besoins constants bien identifiés des consommateurs ou des utilisateurs finals, et constituent, parce qu'ils sont face à une demande bien délimitée, des marchés distincts[43]. À ce propos, il faut souvent considérer les habitudes ou les comportements spontanés des clients (importance des marques ; de l'image de certains produits, par exemple de luxe), alors que les caractéristiques objectives fondamentales sont peu différentes[44].

La seconde méthode consiste à se pencher sur les prix des produits ou des services en cause. Si la demande qui se porte sur un produit est insensible aux variations de prix, c'est-à-dire si la clientèle continue à acheter le produit même si son prix augmente, c'est qu'il constitue un marché à lui seul. Sinon la clientèle s'en détournerait, et se porterait vers d'autres produits, qui seront alors interchangeables, et qui formeront un unique marché avec le produit considéré. Pour parvenir à cette conclusion, il faut se livrer à des analyses économiques fines, relatives à l'élasticité – prix d'un produit (variations de la demande par rapport au prix) et à l'élasticité croisée entre deux (ou plusieurs) produits (reports de la demande). Les autorités de concurrence simplifient souvent. Soit elles se contentent de l'observation des variations de prix dans le passé. La statistique ou l'analyse historique peut en effet mettre en évidence l'insensibilité de la demande sur un produit (ou une catégorie de produits)[45], lorsque ses prix sont demeurés durablement supérieurs à ceux d'un autre produit qui aurait pu être considéré comme substituable, alors

(42) La notion de substituabilité ou d'interchangeabilité vient d'un célèbre arrêt de la Cour suprême des États-Unis, prononcé en 1956 (351-US-377-404, aff. *Du Pont de Nemours*, dite *de La cellophane*, 351 US 377) ; elle a été vite reprise en droit européen, notamment dans les arrêts *Continental Can* du 21 février 1973, ou *United Brands* du 14 février 1978, préc.

(43) V., par ex. pour la banane, fruit spécifique, mûr toute l'année, et d'une qualité toute spéciale, CJCE, 14 févr. 1978, *United Brands*, préc. – Pour les différents marchés du transport ferroviaire (marchandises, voyageurs, rapide, moins rapide, TPICE, 15 sept. 1998, aff. T-374 et S-1994, *European Night Services*. – Pour les marchés du transport aérien, déc. 16 janv. 1996, *Lufthansa-SAS* : *JOCE* n° L 54, 5 mars 1996. – Pour les différents marchés du livre, déc. 7 janv. 2004, COMP/IV. 2978, *Lagardère, Natexis, VUP*, distinguant les marchés primaires (amont) des droits d'édiction selon la langue originale (français ou autre, en raison des modalités différentes de cession des droits), et selon que les ouvrages sont des œuvres individuelles ou collectives, les marchés secondaires (édition) selon le format des livres (par ex., marché des livres de poche), selon le mode de distribution (marché des clubs), et les marchés (de la vente) aux revendeurs, distingués en neuf catégories (littérature générale, jeunesse, beaux livres, livres pratiques, éducatifs, universitaires et professionnels, ouvrages de référence, fascicules), étant entendu qu'au niveau du consommateur, les marchés peuvent être encore plus ramifiés (par ex., marché des livres de droit pour les juristes). V. encore, pour la distinction des services de téléphonie mobile selon les normes utilisées (analogiques, normes GSM 900, et DCS 1800), CJCE, 22 mai 2003, aff. C-462/99, *Connect Austria*, ou encore pour les différents services bancaires, *a priori* insubstituables, TPICE, 14 déc. 2006, aff. T-259 à 264/02 et 271/02, *Raiffeisen Zentralbank Osterreich (Club Lombard)*. – V. encore, pour la différence entre les porcs et les truies, TPICE, 7 mai 2009, aff. T-151/05, *Nederlandse Vakbond Varkenshouders, NVV*.

(44) Pour les parfums alcooliques de luxe, TPICE, 12 déc. 1996, aff. T-19/92, *Galec c/ Commission*, 2 arrêts, *Yves Saint Laurent*, et aff. T-88/92, *Givenchy*.

(45) V. pour les prix différents de l'Internet à bas débit et à haut débit, TPICE, 30 janv. 2007, aff. T-340/03, *France Télécom c/ Commission*, et, sur pourvoi, CJCE, 2 avr. 2009, aff. C-202/07 P.

qu'il ne l'est justement pas, faute de déplacement de la demande. Soit les autorités de concurrence simplifient la méthode de l'élasticité croisée en recourant au test dit du « monopole hypothétique », ou « SSNIP » (*Small but significant and non transitory increase in price*). On imagine pour cela une augmentation légère et durable des prix d'un produit. On peut s'apercevoir que la demande se détournerait en ce cas du produit considéré pour se reporter sur d'autres. Cette possibilité rend sans intérêt pour le fournisseur d'augmenter ses prix, puisqu'il perdra des clients au profit des concurrents qui seront alors sur le même marché que lui. On poursuit l'étude, produit par produit, jusqu'au moment où la demande ne se déportera plus. L'ensemble des produits qui ont été considérés jusque-là forme alors un même marché. Soit, enfin, les autorités de concurrence sont conduites à se pencher sur les coûts que devraient supporter les clients pour changer de produit ou de fournisseur. Ce critère tiré des coûts de substitution est utile pour déterminer si des produits qui ne sont utilisables qu'après des investissements significatifs, peuvent être substituables indépendamment des investissements (combustibles de chauffage, qui peuvent dépendre des installations de chaufferie spécifiques, fuel, gaz, ou électricité par exemple).

Une situation particulière est celle des produits connexes, ou complémentaires. Ce sont notamment les *aftermarkets*. On vise ici le rechange (pièces de rechange)(46), ou les produits consommables. Selon les cas, il peut y avoir un marché secondaire des produits connexes ou complémentaires, ou pas. Il faut considérer l'offre et la demande des produits connexes. S'il existe un véritable marché de ces produits, c'est-à-dire si le consommateur peut se tourner vers d'autres fournisseurs que le fabricant du produit primaire(47), il existera un marché distinct, du rechange ou des consommables. Tel fut le cas pour les clous de scellement du béton(48), des jeux vidéo distincts des consoles(49), ou du service de maintenance incluant le rechange de pièces de peu de valeur(50). Pour apprécier si les produits ou services connexes constituent un même marché par rapport aux produits principaux, ou primaires, l'existence de droits de propriété industrielle peut être déterminante. Une même technologie peut en effet recouvrir les produits principaux et secondaires, contrôlés par des droits de propriété industrielle appartenant à un même producteur. Alors, aucun produit secondaire (de rechange, ou consommable) ne sera disponible pour les utilisateurs en dehors de ceux offerts par le titulaire des droits, car aucun ne sera compatible avec le produit principal. Il y aura en ce cas un marché unique(51).

En bref, la substituabilité n'est donc pas la possibilité théorique pour les consommateurs ou utilisateurs finals de choisir un autre produit qui assurerait en définitive leur satisfaction objective. La substituabilité n'est pas non plus la possibilité non perçue de choisir un autre produit. Il faut raisonner à la fois en fonction du produit ou du service, et en fonction des comportements prévisibles des consommateurs

(46) Le rechange est aussi parfois qualifié d'*after market*. Ce peut être un marché distinct de celui de la première monte (V., par ex., pour des batteries destinées à l'automobile, déc. 10 mai 2007, FIAMM).
(47) Trib. UE, 15 déc. 2010, aff. T-427/08, *Confédération européenne des associations d'horlogers réparateurs*.
(48) CJCE, 2 mars 1994, aff. C-53/92 P, *Hilti c/ Commission*.
(49) Déc. 30 oct. 2002, *Nintendo* : *JOCE* n° L 255, 8 oct. 2003, et TPICE, 30 avr. 2009, aff. T-13/03, *Nintendo*.
(50) Pour l'entretien des caisses enregistreuses, 31 mai 1979, aff. 22/78, *Hugin Liptons*.
(51) V. *a contrario*, TPICE, 12 déc. 1991, aff. 30/89, *Hilti*, et déc. 22 mars 2004, COMP. 3/37792, *Microsoft*.

ou de leurs habitudes constantes, qui peuvent varier selon les régions ou les pays(52). Des sondages ou des enquêtes d'opinion sont alors très utiles. Ainsi, des produits à peu près semblables peuvent être des marchés différents (par ex., vitamines), tandis que des produits objectivement différents peuvent constituer un même marché (tuyaux en PVC ou en fonte ; énergie électrique ou fossile au niveau de l'installation, ces énergies constituant en revanche des marchés différents pour l'alimentation des installations effectuées).

De même, des demandes différentes aboutissent à des marchés différents. C'est ainsi, par exemple, que l'on distingue les marchés amont (ou de l'approvisionnement), sur lesquels interviennent les producteurs et les distributeurs, et les marchés aval (ou de détail), qui relient les distributeurs et les consommateurs(53).

Il existe ainsi des marchés « bifaces » (*two sided markets*), voire multifaces, qui mettent en relation deux groupes d'agents qui ont des gains potentiels à interagir. On vise ici, par exemple, les agences immobilières, les régies publicitaires, les plates-formes de négociation ou de commercialisation, ou encore les systèmes de paiement par carte(54).

2) La substituabilité de l'offre (présence, ou entrée prévue ou possible de nouveaux concurrents qui augmenteront l'offre) n'est retenue pour délimiter le marché pertinent que dans la mesure où les offres concurrentes pourront satisfaire rapidement la demande observée, ou les besoins constants des consommateurs ou des utilisateurs. La substituabilité de l'offre suppose donc, pour être prise en compte, une situation de concurrence potentielle suffisamment directe et effective entre les produits déjà sur le marché, et ceux qui peuvent y arriver sans délai(55). Des obstacles à la naissance d'offres substituables peuvent tenir à des considérations juridiques (par ex., détention de droits de propriété industrielle)(56). La substituabilité doit ici aussi être appréciée en fonction du comportement prévisible de la clientèle considérée(57).

479. - **Clientèles captives.** Les raisons sont variables. Elles peuvent être juridiques (monopoles de droit) ou économiques (monopoles de fait, absence ou limitation des choix praticables). L'existence d'équipements non interchangeables est souvent la cause de cette situation(58). Des marchés particuliers peuvent alors être

(52) V. pour les parfums alcooliques de luxe, TPICE, 12 déc. 1996, aff. T-19/92, *Galec c/ Commission*.

(53) V., par ex., déc. 25 janv. 2000, *Carrefour Promodès* : *JOCE* n° C 164, 14 juin 2000. – V., pour le marché amont des droits TV, et le marché aval de la publicité pour rentabiliser les diffuseurs, déc. 19 avr. 2001, *UEFA* : *JOCE* n° L 171, 26 juin 2001. – *Adde*, pour les deux marchés amont dans le secteur des transports ferroviaires, celui de l'exploitation de l'infrastructure ferroviaire et celui de la traction (déc. 27 août 2003, *GVG/FS* : *JOUE* n° L 11, 16 janv. 2004).

(54) Trib. UE, 24 mai 2012, *MasterCard c/ Commission*, pour un marché quadripartite où les systèmes de paiement par cartes interviennent sur trois marchés, celui de l'acquisition des cartes, de leur émission, et sur le marché des systèmes, aff. T-111/08, et Trib. UE, 14 avr. 2011, aff. T-461/07, *Visa Europe c/ Commission*. – CJUE, 11 sept. 2014, aff. C-382/12 P, *MasterCard*.

(55) V. déc. 22 janv. 1997, *Coca-Cola-Amalgamated Beverages* : *JOCE* n° L 218, 9 août 1997. La Commission, dans sa communication, cite l'exemple de l'industrie papetière : il y a des marchés différents selon les papiers (lettres, rames pour la photocopie, emballages...). Mais les usines peuvent, paraît-il, à tout moment réorienter leurs productions, et passer par exemple du blanc à l'emballage. Il y a alors substituabilité de l'offre. V., pour les barrières à l'entrée sur le marché de la traction ferroviaire dans la région de Milan, déc. *GVG/FS*, préc. – *Adde*, TPICE, 17 sept. 2007, aff. T-201/04, *Microsoft*.

(56) TPICE, 12 déc. 1991, *Hilti*, préc.

(57) V. pour les reports plus aisés d'une clientèle professionnelle vers des offres substituables. Mais ce sont les besoins exprimés par ces utilisateurs qui délimitent le marché, V. déc. 16 janv. 1996, *Kimberly-Clark/Scott* : *JOCE* n° L 183, 23 juill. 1996.

(58) V., pour les pièces de rechange de caisses enregistreuses, CJCE, 31 mai 1979, aff. 22-78, *Hugin Liptons*. – Pour les pièces de rechange automobiles, CJCE, 5 oct. 1988, aff. 53-87, *Maxicar c/ Renault* et aff. 238-87, *Volvo c/ Veng*. – Pour les accessoires, clous à béton pour les pistolets à béton Hilti, TPICE, 12 déc. 1991, aff. T-30-39.

découverts. Ce sera souvent des espaces où la concurrence sera réduite de manière spécifique, par une raréfaction de l'offre, ou par une insubstituabilité de l'offre. Il peut arriver qu'il n'y ait aucune alternative praticable. Alors, le marché sera déterminé par cette considération[(59)].

On peut citer le marché de la distribution des carburants sur une autoroute[(60)], ou encore les marchés géographiques locaux autour des supermarchés ou des hypermarchés[(61)].

480. – Délimitation géographique. La deuxième chose à faire est de définir géographiquement le marché de référence. La nature du produit, son environnement juridique (par ex., contrats d'assurance de particuliers), les habitudes de certaines clientèles nationales peuvent délimiter des marchés nationaux ou régionaux[(62)]. Il faut considérer la situation dans le territoire concerné et les territoires voisins, et regarder les différences importantes de parts de marché des entreprises, ou les différences de prix substantielles[(63)]. Les habitudes, les possibilités des acquéreurs et la nature du produit, peuvent faire varier l'étendue géographique du marché ou les possibilités géographiques de commercialisation. Le contexte, et donc le marché, peut être mondial[(64)]. Il peut souvent être européen[(65)] ou national[(66)], ou encore correspondre à une région ou à une zone linguistique[(67)]. Il peut donc être local : le marché géographique est d'autant plus réduit que les produits sont pondéreux, et que leur transport est coûteux, ou encore que les particularismes locaux sont accentués[(68)].

481. – Parties substantielles du marché intérieur. Cette notion figure dans l'article 102 TFUE. Elle a surtout une connotation géographique. Elle sert à délimiter des marchés qui ont géographiquement une importance certaine dans le marché intra-européen, et qui sont distincts. La jurisprudence a appliqué cette notion

---

(59) Absence de substitut réel aux produits offerts sur le marché, V. TPICE, 12 juin 1997, aff. T-504-93, *Tiercé Ladbroke c/ Commission*, réponse négative en l'espèce. – V., pour le refus d'accès à un port, déc. 21 déc. 1993, *Port de Rodby : JOCE* n° L 55, 26 févr. 1994. – Déc. 21 déc. 1993, *Sea Containers c/ Stena Sea Link : JOCE* n° L 15, 18 janv. 1994. – Déc. 16 mai 1995, *Irish Continental Group c/ CCI Morlaix (Port de Roscoff)* (mesures provisoires). – XXVe rapport, p. 126. – V. encore CJCE, 6 mars 1974, aff. 6 et 7-73, *ICI c/ Commission (Zoja)* ; V. *infra*, n° 726.

(60) Déc. 9 févr. 2000, *Total Fina Elf : JOCE* n° L 143, 29 mai 2001.

(61) Déc. 25 janv. 2000, *Carrefour Promodès : JOCE* n° L 164, 14 juin 2000.

(62) V. Comm. CE, communication 9 déc. 1997. – Une exclusivité légale peut aussi caractériser un marché géographique, TPICE, 21 oct. 1997, aff. T-229/94, *Deutsche Bahn*. – Pour la réservation de voyages par agences, TPICE, 17 déc. 2003, aff. T-219/99, *British Airways*.

(63) TPICE, 30 sept. 2003, aff. T-346 et 347/02, *Cableurope*.

(64) V. pour les cigarettes, CJCE, 17 nov. 1987, aff. 142 et 156-84, *British American et Reynolds Tobacco c/ Philip Morris*, pour l'assurance maritime sur corps, déc. 4 déc. 1992, *Lloyd's Underwriter's Association*, préc. ; pour le marché d'une technologie informatique, déc. 11 nov. 1994, *Olivetti-Digital : JOCE* n° L 309, 2 déc. 1994.

(65) Pour le polypropylène, V. arrêts préc., TPICE, 24 oct. 1991 et 10 mars 1992.

(66) Pour le saumon d'élevage, déc. 30 juill. 1992, *Scottish Salmon Board : JOCE* n° L 246, 27 août 1992.

(67) V. déc. *Lagardère, Natexis, VU*, préc.

(68) Pour les feutres bituminés, CJCE, 11 juill. 1989, aff. 246-86, *Belasco*. – Les briques aux Pays-Bas, déc. 29 avr. 1994, *Stichting Baksteen : JOCE* n° L 131, 26 mai 1994. – Le ciment, déc. 30 nov. 1994, *Ciment*, préc. – Pour le verre, TPICE, 30 mars 2000, aff. T-65/96, *Kish glass*. – Les porcs aux Pays-Bas, TPICE, 7 mai 2009, aff. T-151/05, *NVV*, préc. – Le cloisonnement des marchés peut donner naissance à des marchés nationaux ou régionaux, que ce cloisonnement soit le fait des entreprises (V. CJCE, 24 oct. 1995, *BMW*, préc.), ou aussi le résultat d'habitudes, ou de spécificités nationales (pour le marché de l'assurance directe, souvent national, sauf pour certains risques – spatial, environnement, maritime –, à l'opposé de celui de la réassurance, qui est mondial, V. Bigot et *alii*, *Traité de droit des assurances*, LGDJ, 3e éd., t. IV, par Parleani, n° 985 et les réf.). Pour les différents marchés bancaires, déc. 24 juin 1996, *BNP-Dresdner Bank : JOCE* n° L 188, 27 juill. 1996. – Sur les difficultés en matière de médicaments, CJCE, 16 sept. 2008, aff. C-468 à 478/06, *Sot. Lélos kai sia (glaxosmithkline)*.

aux marchés des États membres ou à des marchés régionaux[69]. Les ports ont permis de nombreuses applications de cette notion[70]. Le caractère pondéreux et/ou difficilement transportable des produits peut permettre aussi de caractériser de tels marchés locaux.

482. - **Délimitation temporelle.** La troisième appréciation est d'ordre temporel. Un marché peut évoluer dans le temps, par exemple de manière cyclique[71]. Selon les règles de concurrence, l'appréciation temporelle est plus ou moins nécessaire. Lorsqu'il s'agit d'apprécier *ex post* des comportements d'entreprise, il suffit de regarder dans le passé, et de se placer au moment des infractions (encore que, à l'époque où l'on se placera, il faille tenir compte des éventuelles anticipations – concurrence potentielle – des entreprises concernées). En revanche, le droit de la concurrence implique quelquefois des appréciations *ex ante*. C'est le cas en matière de concentrations : on examinera alors les conséquences futures d'une opération, et la perspective devient temporelle.

483. - **Délimitation *in concreto*.** La démarche des autorités de concurrence les conduit souvent à isoler des marchés. On peut prendre l'exemple de la banane chiquita dans la célèbre affaire *United Brands* : le produit est caractéristique (différent des autres fruits) parce qu'il est présent à maturité toute l'année ; il y a, de plus, un besoin constant des consommateurs en bananes en raison précisément des caractéristiques de ce fruit : il y a donc un marché[72]. De même, chaque vitamine a ses propres caractéristiques et ses propres usages[73]. On peut prendre encore l'exemple des différentes formes de commerce au détail, services insubstituables offerts aux consommateurs[74]. Certains produits comme, par exemple, les peroxydes organiques, satisfont de manière peu interchangeable des besoins constants divers (additifs, composants plastiques)[75]. Un même produit peut ainsi être présent sur deux ou plusieurs marchés[76]. À l'inverse, la simple utilisation d'un produit pour un usage donné n'est pas suffisante pour conclure à l'existence d'un marché. Il faut tenir compte d'autres paramètres. On songe à nouveau à l'élasticité croisée de la demande (effet d'une hausse des prix du produit de référence : les utilisateurs s'en détournent-ils spontanément ou non ?)[77] ou à la substituabilité de l'offre pour la demande constatée (concurrents actuels ou potentiels). Ainsi, le marché des emballages métalliques légers ne peut être divisé selon les produits emballés (viandes, poissons...)[78].

(69) V. CJCE, 5 oct. 1988, *Alsatel c/ Novasam*, préc. – *Adde*, déc. 14 mai 1997, *Irish Sugar*, préc.

(70) V., pour le port de Gênes, CJCE, 17 mai 1994, *Corsica Ferries*, préc. – CJCE, 12 févr. 1998, aff. C-163/96, *Sylvano Raso*. – CJCE, 18 juin 1998, aff. C-266/96, *Corsica Ferries France c/ Gruppo Antichi Ormeggiatori del porto di Genova*.

(71) V., pour les fruits autres que la banane, CJCE, 14 févr. 1978, aff. 27/76, *United Brands, chiquita*.

(72) V. CJCE, 14 févr. 1978, aff. 26-76, *United Brands*.

(73) V. CJCE, 12 févr. 1979, aff. 85-76, *Hoffmann-Laroche*.

(74) V., pour le libre service de gros, en matière de concentrations, déc. 19 févr. 1997, *Kesko-Tuko* : *JOCE* n° L 174, 2 juill. 1997.

(75) CJCE, 3 juill. 1991, aff. C-62-86, *Akzo Chemie*.

(76) Pour le sucre, V. déc. 14 mai 1997, *Irish Sugar* : *JOCE* n° L 258, 22 sept. 1997. – Pour le carbure de *Silicium (SIC)*, déc. 4 déc. 1996, *Saint-Gobain-Wacker chemie-Nom* : *JOCE* n° L 247, 10 sept. 1997.

(77) V., pour la persistance de différences de prix entre bières, déc. 20 sept. 1995, *Orkla-Volvo* : *JOCE* n° L 66, 16 mars 1996. L'équipement des utilisateurs peut délimiter des marchés, V. pour la TV par câble, par satellite payante, etc., déc. 9 nov. 1994, *MSG-Media Services* : *JOCE* n° L 364, 31 déc. 1994.

(78) V. CJCE, 21 févr. 1973, aff. 6-72, *Continental Can, Europemballage*.

Les caractéristiques techniques d'un produit et une catégorie d'utilisateurs très déterminée, ayant des besoins constants très spécifiques, peuvent donc délimiter des marchés très étroits(79).

484. – **Interrogations relatives à la délimitation des marchés.** Des interrogations naissent particulièrement lorsqu'on s'attache aux habitudes ou aux préférences des consommateurs. Y a-t-il vraiment des « besoins constants » de produits de luxe par rapport à ceux qui leur sont objectivement substituables(80) ? L'alternative économique s'efface alors quelque peu devant d'autres besoins constants des consommateurs, plus psychologiques : divertissement, soins cosmétiques(81). L'image des produits, leur aura, ou la perception subjective des consommateurs sont alors décisives, car elles rendent insubstituables certains produits de luxe, comme les parfums, par rapport aux autres(82).

Quelquefois, on aboutit à caractériser des marchés regroupant des produits très différents, pourtant objectivement peu interchangeables, ou à interchangeabilité limitée. Cela peut être justifié en raison de la nature de la pratique, de son impact et de l'activité des entreprises. Le marché de l'« électronique de luxe » peut ainsi être « pertinent » dans le contexte d'un accord, et comprendre à la fois les téléviseurs et les magnétoscopes(83).

Toute tentative de délimitation d'un marché peut faire l'objet d'appréciations divergentes, surtout au regard des critères de substituabilité et de besoins constants des consommateurs ou utilisateurs. La mise en lumière d'une réelle alternative économique, qui étend le marché, ou son absence, qui le réduit, s'impose rarement avec évidence(84).

La finalité des règles de concurrence conduit à isoler aussi des produits pour lesquels l'offre est faiblement concurrentielle, et la demande des consommateurs faiblement interchangeable. Ces marchés ne répondent pas parfaitement à la définition du marché. Ce sont cependant des espaces sur lesquels des entreprises trouvent la possibilité de fausser la concurrence, en raison de leur étroitesse ou de leur spécificité. On parle alors quelquefois de sous-marchés ou de segments de marchés(85).

(79) V., pour les lasers spéciaux qui sont insubstituables à d'autres pour la recherche scientifique, déc. 27 juill. 1992, *Quantel International* : *JOCE* n° L 235, 18 août 1992. – V., pour la distinction entre le marché des paris hippiques (celui des parieurs) et celui des images de courses (regardées majoritairement par les parieurs), TPICE, 12 juin 1997, *Tiercé Ladbroke c/ Commission*, préc. – Pour la distinction du marché des images sportives, déc. 11 juin 1993, *UER-Membres de l'Eurovision* : *JOCE* n° L 179, 22 juill. 1993 et TPICE, 11 juill. 1996, *M6 et RTI c/ Commission*, préc. – V. encore pour le marché du *leasing* automobile, CJCE, 24 oct. 1995, *BMW*, préc., ou pour la distinction de la réservation de voyages par rapport au transport, TPICE, 17 déc. 2003, *British Airways*, préc.

(80) V. pour des stylos, déc. 15 juill. 1992, *Viho-Parker Pen* : *JOCE* n° L 233, 15 août 1992, et TPICE, 14 juill. 1994, *Parker Pen c/ Commission*, préc. – *Adde*, déc. 16 déc. 1991, *YSL Parfums* : *JOCE* n° L 12, 18 janv. 1992, et 24 juill. 1992, *Givenchy* : *JOCE* n° L 236, 19 août 1992. – TPICE, 12 déc. 1996, *Galec c/ Commission.*

(81) Déc. *Grundig*, *YSL Parfums*, et *Givenchy*, préc., et TPICE, 12 déc. 1996, *Galec*, préc.

(82) TPICE, 12 déc. 1996, *Galec c/ Commission*, préc.

(83) V. déc. 21 déc. 1993, *Grundig* : *JOCE* n° L 20, 25 janv. 1994.

(84) V. les multiples emplois du Pehd, déc. 18 mai 1994, *Exxon-Shell* : *JOCE* n° L 144, 9 janv. 1994. – V. pour les marchés du transport ferroviaire sous la Manche, loisirs, affaires... TPICE, 15 sept. 1998, *European Night Services*, préc., et les marchés peu contestables du transport par fer par rapport à celui du transport maritime, déc. 29 mars 1994, *HOV-SVZ-MCN* : *JOCE* n° L 104, 23 avr. 1994. – Pour celui des balles et raquettes de tennis, TPICE, 7 juill. 1994, aff. T-43-92, *Dunlop-Slazenger*. – Pour celui de l'assurance sur corps des navires, déc. 4 déc. 1992, *Lloyd's Underwriter's Association* : *JOCE* n° L 4, 8 janv. 1993.

(85) V., pour les véhicules « monospaces », déc. 23 déc. 1992, *Ford-VW* : *JOCE* n° L 20, 28 janv. 1993. – Pour les parfums de luxe par rapport au marché des cosmétiques, déc. *YSL et Givenchy*, préc.

SECTION 3

LA LOCALISATION DES EFFETS ANTICONCURRENTIELS

485. - **Reconnaissance du « principe de l'effet » par les textes.** De manière similaire, les articles 101 et 102 TFUE visent les ententes qui sont ressenties « à l'intérieur du marché intérieur », ou les positions dominantes « sur le marché intérieur ». De son côté, le règlement sur le contrôle des concentrations ne contient pas de disposition comparable. Néanmoins, le critère décisif d'application de ce règlement est la « dimension européenne » de la concentration, qui implique, en l'état du droit, un chiffre d'affaires minimum réalisé dans l'Union par deux au moins des entreprises concernées. La localisation du chiffre d'affaires est le premier indice du lieu où la concentration produira ses effets.

L'accord sur l'EEE vise, quant à lui, le « territoire couvert » par ce traité (art. 53, ententes, art. 54, positions dominantes, et dimension européenne ou dimension AELE pour les concentrations, ann. XIV).

486. - **Espace géographique à considérer.** Sont visés les territoires des États membres, avec les réserves déjà étudiées (Groenland, TOM, etc.). Des dispositions parallèles sont contenues à l'article 126 du Traité sur l'EEE.

487. - **Théorie de l'effet.** Tout droit de la concurrence a pour finalité de sanctionner les pratiques qui faussent la concurrence sur le territoire où il est applicable. C'est-à-dire qu'un droit de la concurrence doit se préoccuper surtout de la localisation de l'impact des décisions anticoncurrentielles, ou de leurs effets, et beaucoup moins de l'endroit où elles ont été décidées(86).

488. - **Mise en œuvre ou effets qualifiés.** On peut distinguer deux méthodes pour appliquer le principe de l'effet. La première méthodes consiste à exiger que les comportements aient eu lieu sur le territoire européen et qu'ils y aient un impact négatif. C'est la théorie de la mise en œuvre, ou de la territorialité. La territorialité peut être entendue avec pragmatisme pour appréhender les mises en œuvre directes (par l'entreprise poursuivie elle-même), ou indirectes (par ses clients qui, par exemple, se plient aux injonctions de l'entreprise poursuivie)(87). La seconde méthode consiste à se contenter des effets « qualifiés ». Cela veut dire qu'il suffit que des effets immédiats, substantiels, et prévisibles, puissent être ressentis sur ce territoire. Les juridictions européennes ont admis cette seconde méthode au regard du droit international public(88). Prudemment, on s'attache le plus souvent à caractériser en plus une effective mise en œuvre en Europe. En vérité, cela ne soulève guère de difficulté dans la plupart des cas : le marché européen est si vaste que les entreprises poursuivies pour pratiques anticoncurrentielles y disposent presque toujours de filiales ou d'établissements locaux, suffisants pour caractériser une mise en œuvre locale. C'est pourquoi il a souvent été plus facile d'éviter les difficultés

(86) V. le principe *in* CJCE, 25 nov. 1971, aff. 22/71, *Béguelin Import*.
(87) V. l'affaire des Pâtes de bois, *Ahlstrom Osakeyhtio*, CJCE, 27 sept. 1988.
(88) TPICE, 12 juin 2014, aff. T-286/09, *Intel*. – TPICE, 18 juin 2013, aff. T-406/08, *ICF c/ Commission* ; et en matière de concentrations, TPICE, 25 mars 1999, aff. T-102/96, *Gencor*.

théoriques en imputant à la filiale ou à la société mère européenne les comportements de la société mère ou de la filiale localisée hors Union européenne[89].

On examinera à présent les deux principales hypothèses concrètes.

489. – **Effets dirigés de l'espace européen vers les pays tiers (extérieurs à l'Union européenne et à l'EEE).** Il peut arriver que des ententes (par exemple) aient été nouées à l'intérieur du territoire européen, pour ne concerner que la concurrence sur le territoire d'États tiers. Les ententes dites à l'exportation ont ainsi souvent été considérées comme ne tombant pas sous le coup du droit européen[90][91].

Toutefois le pragmatisme l'emporte. Il arrive souvent que les effets « extraterritoriaux » d'une entente à l'exportation nouée à l'intérieur de l'Union (ou de l'EEE) soient aussi ressentis, par ricochet, sur son territoire. En ce cas, le principe de l'effet conduira naturellement à appliquer les règles européennes de concurrence[92]. Dans cette hypothèse, le siège des auteurs de l'infraction et les effets de celle-ci sont situés à l'intérieur de l'Union. L'application du droit européen est alors naturelle.

490. – **Effets dirigés de l'extérieur vers le territoire de l'Union européenne (ou de l'EEE).** L'endroit où a été décidée la pratique anticoncurrentielle est ici par hypothèse hors de l'Union européenne. Il peut même arriver que les entreprises concernées n'aient aucune implantation ou aucune filiale à l'intérieur de l'Union européenne.

À l'occasion de l'affaire dite des « Pâtes de bois », qui concernait des ententes nouées entre des fabricants canadiens, américains, suédois et finnois, qui n'avaient pas tous des implantations dans l'Union, la Cour de justice a accordé toute son importance au « lieu où l'entente est mise en œuvre ». Or, en l'espèce, les entreprises membres de l'association n'avaient en Europe ni filiales ni succursales. Cela n'a pas empêché la condamnation des membres de l'association américaine, avec nombre d'autres entreprises de diverses nationalités[93]. Mais la Cour est demeurée timide : elle a attaché plus d'importance à des pratiques concrètes sur le territoire européen (conclusion de contrats), qu'à l'effet économique des décisions prises à l'extérieur. Elle n'a donc pas poussé la théorie de l'effet jusqu'à sa limite, qui consisterait à se satisfaire d'un simple effet, voire par ricochet, d'une entente extra-européenne (sans aucune « mise en œuvre », par négociation de contrats par exemple). L'arrêt *Intel* du 12 juin 2014 a permis une application claire de la théorie des effets qualifiés[94].

491. – **Théorie de l'« effet » et pouvoirs des autorités chargées d'appliquer les règles de concurrence.** Une question est celle de l'application du droit de la

---

(89) V., par ex., les affaires célèbres, CJCE, 14 juill. 1972, aff. 54/69, *Matières colorantes*. – CJCE, 21 févr. 1973, aff. 6/72, *Continental Can*. – CJCE, 6 mars 1974, aff. 6 et 7/73, *Zoja*.

(90) V. déc. 11 mars 1964, *Grosfilex-Fillistorf* : *JOCE* n° L 58, 9 avr. 1964. – Déc. 23 déc. 1970, *Superxie* : *JOCE* n° L 10, 13 janv. 1971. – CJCE, 10 juill. 1980, aff. 30-78, *The Distillers Company*.

(91) Le droit des USA admet ce genre d'ententes à l'exportation, V. le *Webb Pomerene Act*, 10 avr. 1918.

(92) V., pour l'entente européenne du sucre, dirigée vers la Grande-Bretagne, à l'époque extérieure à la CEE, CJCE, 16 déc. 1975, aff. 40 à 48, 50, 54 à 56, 111, 113 et 114-73, *Suiker Unie* : *JDI* 1977, 216, obs. Kovar. – *Adde*, pour un refus de vente opposé hors de la CEE à une société établie aussi dans la CEE, CJCE, 16 mars 1974, aff. 6 et 7-73, *ICI et CSC c/ Zoja*. – Pour une clause interdisant à un distributeur qui achetait des marchandises pour les vendre en Russie et en Ukraine de les réexporter hors de ces territoires, CJCE, 28 avr. 1998, aff. C-306/96, *Javico International c/ YSL*.

(93) V. CJCE, 27 sept. 1988, aff. 89, 104, 114 et s., 239-85, *Ahlström, Osakeyhtio e.a. c/ Commission* et CJCE, 31 mars 1993, aff. C-89-85. – *Adde*, Trib. UE, 27 févr. 2014, aff. T-91/11, *Innalux*, et aff. T-128/11, *LG Display*.

(94) V. *supra*, n° 488.

concurrence en vertu de la théorie de l'« effet ». Une autre est de le faire respecter – c'est-à-dire de sanctionner – lorsque les entreprises n'ont pas de rattachement avec le territoire de l'Union. Les pouvoirs des autorités de concurrence sont sans conteste territoriaux[(95)].

Des poursuites peuvent donc viser les membres d'ententes mondiales dans plusieurs pays (USA, Union européenne, Japon, etc.). Faudra-t-il tenir compte des sanctions prononcées par les autres autorités, et appliquer ainsi la règle *non bis in idem* ? La réponse est négative au niveau des sanctions. Chaque poursuite vise un marché distinct, et poursuit sa propre finalité[(96)].

On mesure alors l'importance des accords de « courtoisie positive »[(97)] conclus notamment avec les États-Unis ou le Canada ou la création d'un réseau d'autorités de concurrence[(98)]. La courtoisie positive implique aussi de tenir compte, dans chaque ordre juridique, des sanctions qui auraient pu être prononcées dans les autres pour les mêmes effets[(99)].

SECTION 4

L'AFFECTATION DU COMMERCE ENTRE LES ÉTATS MEMBRES

492. – **Exigence de nature fédérale.** Les règles européennes de concurrence ne sont applicables qu'autant que sont affectées les relations entre les États membres. Le droit européen ne peut se préoccuper des situations purement internes aux États membres. Bien plus, en dehors de la politique commerciale commune, le droit de l'Union n'a pas vocation à régir les relations entre les États membres et les États tiers. C'est le sens du critère d'affectation du commerce entre les États membres, qui figure dans la « Constitution » de l'Union européenne (les traités fondateurs), et, notamment, aux articles 101 TFUE (ententes), 102 TFUE (positions dominantes), ou 107 TFUE (aides d'État). Le règlement n° 139/2004 du 20 janvier 2004 relatif au contrôle des concentrations n'emploie pas ces termes, mais les seuils qu'il pose en son article 2 font présumer l'affectation : ou bien les seuils sont élevés, et l'affectation résulte en réalité de l'importance des entreprises, ou bien ils le sont moins, et le règlement exige alors que les entreprises soient actives dans au moins trois États membres. Le règlement ne s'applique pas lorsque les entreprises font plus des deux tiers de leur chiffre d'affaires dans un seul État membre, ce qui témoigne alors d'une affectation insuffisante du commerce entre les États membres[(100)]. Il en est de même pour l'EEE (art. 53 et 54, et Ann. XIV).

(95) Ce qui n'empêche pas des injonctions extraterritoriales, V. à l'égard de Gillette, déc. 10 nov. 1992 : *JOCE* n° L 116, 12 mai 1993.
(96) TPICE, 12 juin 2014, *Intel*, préc. ; *adde*, CJCE, 14 déc. 1972, aff. 7/72, *Boehringer*. – TPICE, aff. *Tréfileurope et Tokai Carbon*, préc.
(97) V. *supra*, n° 439.
(98) V. *supra*, n° 439.
(99) Transposition de la règle *non bis in idem*. – V., pour une sanction déjà prononcée aux USA, CJCE, 14 déc. 1972, aff. 7-72, *Boehringer*.
(100) V. *infra*, n° 758.

Le droit américain avait en son temps posé des règles similaires, en traduisant en droit de la concurrence la « clause de commerce » qui limite la compétence du Congrès aux seules opérations entre États fédérés, ou entre ceux-ci et les États tiers. Alors que le droit américain ouvre ainsi la compétence fédérale aux relations avec les États tiers, il est remarquable que le *Sherman Act* du 2 juillet 1890 précise, en son article 7, que cette loi ne sera pas appliquée de façon à mettre en cause les échanges de commerce avec les pays étrangers, sauf si la pratique critiquée a un effet direct, important, et prévisible sur les échanges intérieurs aux États-Unis, ou sur les opérations directes d'importation ou d'exportation.

493. – **Lignes directrices du 27 avril 2004.** La Commission a tenté une synthèse dans son importante communication du 27 avril 2004 portant « lignes directrices » relatives à la notion d'affectation du commerce figurant à l'époque aux articles 81 et 82 du traité(101).

494. – **Plan.** L'affectation du commerce entre les États membres nécessite des analyses distinctes en fonction des comportements : une entente n'affecte pas *a priori* le commerce entre les États membres comme une concentration. Mais si les comportements anticoncurrentiels affectent chacun à leur manière le commerce entre les États membres, le critère d'affectation n'en a pas moins une profonde unité d'abord fonctionnelle (§ 1), et ensuite conceptuelle (§ 2).

§ 1. – La fonction du critère d'affectation du commerce entre les États membres

495. – **Délimitation du champ d'application du droit européen.** La communication de la Commission du 27 avril 2004 rappelle que la notion d'affectation sert à délimiter les champs d'application respectifs des droits nationaux et du droit européen, d'essence fédérale(102).

496. – **Affectation du commerce et obligations des autorités et juridictions nationales.** Depuis l'entrée en vigueur du règlement n° 1/2003, les autorités et juridictions nationales ont pleine compétence pour appliquer l'ensemble de l'article 101 TFUE(103) et l'article 102 TFUE. Cette compétence les oblige. Elles doivent appliquer le droit européen dès qu'elles constatent qu'il y a affectation du commerce entre États membres. Elles ne peuvent appliquer leurs droits nationaux qu'en appliquant aussi le droit européen, et en respectant la primauté de ce dernier.

497. – **Autonomie du critère d'affectation par rapport aux critères d'illicéité.** Le critère d'affectation est un critère propre au droit de l'Union, et il est autonome par rapport à d'autres critères qui servent à caractériser les infractions aux règles de concurrence. La mise en évidence de ce qu'un accord affecte le commerce entre les États membres ne signifie pas qu'il est restrictif de concurrence. Dans ses

(101) *JOUE* n° C 101, 27 avr. 2004.
(102) V. CJCE, 16 mars 1974, aff. 6 et 7/73, *ICI c/ Commission* (aff. *Zoja*). – CJCE, 13 juill. 2006, aff. C-295 à 298/04, *Manfredi*.
(103) Y compris l'article 101, § 3 TFUE (ex-art. 81, § 3 TCE), relatif au « rachat » des ententes.

Lignes directrices, la Commission prend l'exemple d'un réseau de distribution sélective qui couvre deux États membres : il affecte le commerce. Mais cela ne signifie pas que ce réseau soit restrictif et illicite : il peut fort bien être proconcurrentiel, ou exempté[104]. En conséquence, confrontées à un tel réseau, les autorités ou juridictions nationales devront :

1) constater l'affectation du commerce entre États membres ;

2) appliquer le droit de l'Union ;

3) n'appliquer leur droit national qu'en respectant la primauté du droit européen.

498. – **Prise en compte des accords dans leur ensemble, ou de la stratégie d'ensemble d'une entreprise dominante.** L'autonomie du critère d'affectation par rapport aux critères qui servent à déterminer l'illicéité des pratiques, a d'autres conséquences. Pour savoir si une entente affecte le commerce entre les États membres, il faut considérer l'impact de l'accord dans son entier et non celui des seules clauses éventuellement illicites. Il faudra donc considérer le poids économique cumulé de toutes les entreprises qui y sont parties, ce qui permettra de soumettre au droit européen des entreprises trop petites pour affecter à elles seules le commerce entre les États membres. Pour savoir si un abus affecte le commerce entre les États membres, il peut ainsi être nécessaire de considérer la stratégie d'ensemble de l'entreprise. Elle peut en effet commettre plusieurs abus distincts qui, pris isolément, n'affecteraient pas le commerce entre les États membres, mais qui, pris ensemble, auraient cet effet.

§ 2. – La conception finaliste de l'affectation du commerce entre les États membres

499. – **Sens du terme « affectation ».** Le concept d'affectation se prête à des analyses divergentes. On peut certes se livrer à une analyse littérale, pour souligner sa neutralité dans la langue française, quoique avec une certaine connotation péjorative, et pour relever que des termes franchement péjoratifs ont été utilisés dans d'autres versions linguistiques du traité (par ex., *pregiudicare* en italien). On peut aussi dépasser cette querelle sémantique et privilégier une interprétation finaliste et dynamique, pour confronter à chaque fois les comportements des entreprises aux objectifs généraux du traité : l'objectif général de décloisonnement du marché intérieur serait ainsi déterminant dans l'analyse. Le concept devient alors évolutif. C'est dans cette voie que se sont engagées les autorités européennes.

500. – **Les Lignes directrices de la Commission du 27 avril 2004, et la jurisprudence européenne.** Ces *Lignes directrices* sont relatives à l'application des articles 101 et 102 TFUE[105]. L'affectation qui résulte des opérations de concentration a été réglée d'une façon différente : ce sont, on l'a dit, des seuils en chiffres

(104) Notamment Règl. n° 310/2010, 20 avr. 2010, V. *infra*, n° 650.
(105) *JOUE* n° C 101, 26 avr. 2004.

d'affaires qui déterminent le champ d'application du droit européen, et qui remplissent la fonction du critère d'affectation du commerce entre les États membres. En ce qui concerne les ententes et les abus, la mise en évidence de l'affectation du commerce entre les États membres s'apprécie par rapport à la finalité de la construction européenne (A), ce qui explique que l'affectation puisse être simplement potentielle (B). Mais comme le droit de la concurrence vise à protéger le marché et non pas les intérêts subjectifs des opérateurs, l'affectation doit être sensible (C).

A. – Affectation du commerce entre les États membres et finalité de la construction européenne

501. – **Entrave au marché intérieur et au développement durable de l'Europe**[(106)]. Le critère d'affectation entre les États membres implique de prendre en compte une dimension internationale entre au moins deux États membres[(107)]. De la jurisprudence de la Cour, il résulte que l'objectif de développement harmonieux peut être compromis de deux façons. Soit par un obstacle au décloisonnement du marché intérieur, soit par un obstacle à l'harmonie et à la pérennité de la concurrence.

502. – **Obstacle au décloisonnement du marché intérieur.** La Cour de justice a considéré, dans cette perspective, qu'il fallait que la pratique en cause ait « une influence sur les courants d'échanges entre les États membres dans un sens qui pourrait nuire à la réalisation des objectifs d'un marché unique entre les États »[(108)]. De son côté, la Commission[(109)] estimait qu'il y avait affectation du commerce entre les États membres « dès l'instant où le commerce se développait avec la pratique concurrentielle dans d'autres conditions qu'il ne l'aurait fait sans elle ». La question fut réglée avec l'arrêt *Brasseries de Haecht* du 12 décembre 1967[(110)]. La Cour y déclara qu'il y a affectation dès lors qu'une entente « est en mesure d'exercer éventuellement une incidence directe ou indirecte sur les courants d'échange entre États membres, de contribuer au cloisonnement du marché intérieur, et de rendre plus difficile l'interpénétration économique voulue par le traité ». Cette formule « attrape-tout » est devenue, avec quelques évolutions mineures[(111)], un standard jurisprudentiel. Elle permet toutes les évolutions. Elle explique la soumission au droit européen des accords portant sur des produits qui font l'objet d'échanges importants entre les États membres[(112)]. Elle explique la condamnation radicale des clauses qui font interdiction d'exporter (cloisonnement du marché intérieur)[(113)].

(106) TUE, art. 3.
(107) V. communication préc.
(108) CJCE, 13 juill. 1966, aff. 56 et 58-64, *Grundig et Consten c/ Commission*. – CJCE, 30 juin 1966, aff. 56-65, *LTM c/ Maschinenbau Ulm*. – CJCE, 13 juill. 2006, *Manfredi*, préc.
(109) Mêmes affaires.
(110) Aff. 23-67.
(111) V., par ex., CJUE, 28 avr. 1998, aff. C-306/96, *Javico*, ou *Toshiba*. – Trib. UE, 21 mai 2014, aff. T-519/09.
(112) V., pour les voitures BMW, CJCE, 24 oct. 1995, aff. C-70-93. – Pour les fleurs aux Pays-Bas, TPICE, 14 mai 1997, aff. T-70 et 71-92, *Florimex et VGB c/ Commission* et aff. T-77-94, *VGB c/ Commission*. – Pour les treillis soudés, TPICE, 6 avr. 1995, aff. T-142-89, *Usines Gustave Boël c/ Commission*.
(113) V., par ex., TPICE, 14 juill. 1994, aff. T-77-92, *Parker Pen c/ Commission*, et aff. T-66-92, *Herlitz c/ Commission*. – Déc. 10 janv. 1996, *Adalat* : *JOCE* n° L 201, 9 août 1996 et déc. 28 janv. 1998, *VW. Audi* : *JOCE* n° L 124, 25 avr. 1998.

Elle explique aussi la soumission au droit européen des ententes qui ne produisent leurs effets que sur le territoire d'un État membre, si elles cloisonnent de ce fait le marché intérieur(114). Elle explique encore la condamnation des accords relatifs à des produits de base ou semi-finis qui ne font pas l'objet de commerce intra-européen, si le produit fini y est de son côté effectivement commercialisé(115). Elle explique enfin la condamnation d'entreprises extra-européennes lorsque les produits objets de l'accord sont dans le commerce entre États membres(116).

En clair, plus on s'approche de la réalisation du marché « intérieur », plus on est amené à se préoccuper de nouvelles formes d'entraves, et notamment de celles qui modifient les structures de ce commerce pour des raisons qui ne tiennent pas au seul jeu de la concurrence(117).

503. - **Exemples.** Dans ses *Lignes directrices* du 27 avril 2004, la Commission fournit un certain nombre d'illustrations de situations qui entravent l'interpénétration des économies des États membres, ou qui détournent les courants d'échange. La Commission distingue selon le territoire dans lequel opèrent les entreprises parties à des ententes, ou auteurs de comportements abusifs.

1) Il ne fait en général pas de doute que les ententes ou des abus qui couvrent plusieurs États membres affectent le commerce entre eux. Ce peut être le cas bien sûr des cartels qui organisent des partages de marché ou les prix, mais aussi des accords de distribution (par ex., exclusivité, restriction des ventes actives ou passives imposées aux distributeurs), ou des abus qui dressent des barrières à l'entrée sur les marchés nationaux.

2) Les pratiques qui ne couvrent qu'un seul État doivent être analysées plus précisément. *A priori*, une entente horizontale qui couvre la totalité du territoire d'un État affecte les courants d'échange, et aboutit souvent à une protection territoriale(118). Un accord de distribution peut aussi avoir cet effet, mais il peut aussi fausser le commerce dans le sens opposé, par exemple s'il aboutit à des prix imposés : alors, il favorise les importations et freine les exportations. Les accords de distribution nationaux peuvent de surcroît créer des barrières à l'entrée du marché national, notamment par l'effet cumulatif de plusieurs réseaux semblables. Des abus couvrant le territoire d'un État peuvent bien entendu dresser des barrières à l'entrée du marché national.

3) Des ententes ou des abus peuvent encore ne couvrir qu'une partie du territoire d'un État. Ils doivent en principe être examinés comme ceux qui couvrent tout

(114) CJCE, 1er oct. 1998, aff. C-35/96, *Commission c/ Italie (CNSD)*. – CJCE, 11 juill. 1989, aff. 246-86, *Belasco*. – CJCE, 24 oct. 1995, aff. C-266-93, *VAG et VAG Leasing*. – Pour le marché de la vente en *leasing* en Allemagne, déc. 11 mars 1998, *Van der Bergh Foods-HB-Unilever* : *JOCE* n° L 246, 4 sept. 1998 pour les glaces. – TPICE, 12 juill. 2001, aff. T-202, 204 et 207/98, *Tate and Lyle, et British Sugar c/ Commission* et CJCE, 29 avr. 2004, aff. C-359/01 P, *British Sugar*. – V. pour une entente bancaire couvrant toute l'Autriche, déc. 11 juin 2002, *Banques autrichiennes c/ Club Lombard* : *JOUE* n° L 56, 24 févr. 2004 et TPICE, 4 mai 2009, aff. T-259 à 264/02, 271/02, *Raiffeisen Zentralbank Osterreich*, pourvoi rejeté par CJCE, 24 sept. 2009, aff. C-125, 133, 135, 137/07, *Erste Group Bank*. – Pour une entente agricole, déc. 20 oct. 2005, COMP. 38/281, *Raw Tobacco (marché italien)*. – Pour une entente d'assurance en Italie, CJCE, 13 juill. 2006, aff. C-295 à 298/04, *Manfredi*.

(115) V., pour le moût de Cognac, CJCE, 30 janv. 1985, aff. 123-83, *BNIC*. – V. encore, pour la distinction entre ce produit semi-fini qu'est la pâte à papier et le papier qui, lui, circule dans la CEE, CJCE, 31 mars 1993, aff. 89-85 et s., *Ahlström Osakeyhtio e.a.*

(116) V. sol. impl., à propos de l'accord entre associations européennes et japonaises pour limiter les ventes de véhicules japonais en Europe, TPICE, 18 mai 1994, aff. T-39-92, *BEUC c/ Commission*.

(117) V., pour des accords d'exclusivité d'achat, TPICE, 14 mai 1997, aff. T-77-94, *VGB c/ Commission*.

(118) CJCE, 29 avr. 2004, aff. C-359/01 P, *British Sugar* ; 13 juill. 2006, *Manfredi*, préc.

le territoire. Cela doit cependant être nuancé, lorsque les marchés locaux sont peu sensibles aux importations (ce peut être le cas lorsque les frais de transport limitent la taille des marchés).

4) Des ententes ou des abus peuvent enfin ne couvrir que des pays tiers, mais cela n'empêche pas *a priori* que le commerce entre les États membres puisse être affecté par ricochet (ce peut être le cas d'une entente organisant des quotas sur des marchés extérieurs, aboutissant à des ventes massives de surplus dans l'Union européenne).

504. – **Atteinte à la structure de la concurrence.** Le droit de l'Union vise à un développement harmonieux et durable, au bénéfice des consommateurs et des utilisateurs finals. Il en résulte que des pratiques qui affaiblissent la structure de la concurrence en faisant par exemple disparaître une entreprise sont préjudiciables, même si cette entreprise exporte l'essentiel de sa production, pourvu qu'elle soit implantée dans l'Union[119].

505. – **Pratiques d'exclusion.** Dans ses *Lignes directrices* du 27 avril 2004, la Commission donne aussi des exemples de pratiques d'exclusion qui peuvent affecter le commerce entre les États membres. Il est certain que les abus ont plus souvent des effets d'exclusion que les ententes : les abus en effet empêchent souvent les concurrents de se maintenir sur le marché (V. par ex. les pratiques de remises de fidélité, qui, progressivement, font augmenter la part de marché de l'entreprise dominante ; ou encore les pratiques de prix prédateurs). Mais des ententes peuvent aussi avoir cet effet (ce peut être le cas lorsque le commerce d'un produit sur le territoire d'un État est entièrement confié à des réseaux de distribution semblables).

B. – Le degré de probabilité de l'affectation du commerce entre les États membres

506. – **Protection du marché.** Un droit de marché se doit de prendre en considération toutes les potentialités économiques des comportements des entreprises. Les articles 101 et 102 TFUE prohibent les ententes et les abus « dans la mesure où le commerce entre les États membres est susceptible d'être affecté ». La jurisprudence avait posé un standard jurisprudentiel : pour qu'il y ait affectation, « l'accord dont il s'agit doit, sur la base d'un ensemble d'éléments objectifs de droit ou de fait, permettre d'envisager avec un degré de probabilité suffisante qu'il puisse exercer une influence directe ou indirecte, actuelle ou potentielle, sur les courants d'échanges entre les États membres »[120]. Le degré de probabilité suffisant doit être apprécié *in concreto*, au moyen de tous les facteurs pertinents d'une situation. On peut d'abord se pencher sur la nature même de la pratique : aussi un accord d'interdiction d'exporter est, par nature, susceptible d'avoir une incidence sur les courants d'échange. On peut encore se pencher sur le produit ou le service en cause : il en est qui font l'objet d'un important commerce intra-européen (par ex., transports

(119) V. CJCE, *ICI et Commercial Solvents c/ Commission (Zoja)*, préc. ; *adde*, communication préc.

(120) V. CJCE, 30 juin 1966, *LTM c/ MBU*, préc. et CJCE, 12 déc. 1967, *Brasseries de Haecht*, préc. – V. encore, CJCE, 31 mars 1993, *Ahlström Osakeyhtio*, préc. – TPICE, 6 avr. 1995, *Usines Gustave Boël*, préc. ; *adde*, CJCE, 13 juill. 2006, aff. C-295 et 298/04, *Manfredi*.

aériens, services portuaires ou aéroportuaires). On peut également se pencher sur les parties. Le fait qu'elles opèrent dans plusieurs pays, ou qu'elles puissent ériger des barrières à l'entrée de leur marché national, pourra être décisif. Il faut enfin considérer éventuellement d'autres éléments (taille du marché, difficulté des opérations transfrontalières, qu'il faut encourager).

Le degré de probabilité suffisant n'implique pas de rechercher si l'entente ou l'abus a réellement affecté le commerce entre les États membres. La statistique seule est insuffisante, même si elle peut être utile. L'influence sur les courants d'échanges peut être « directe, indirecte, actuelle ou potentielle ». Elle est directe lorsque les ententes ou les abus concernent un produit ou un service qui fait l'objet de commerce intra-européen. C'est le cas, par exemple, des clauses d'interdiction d'exporter, de quotas, de partage de marché. L'affectation est indirecte par exemple si l'entente ou l'abus concerne une matière première ou un produit semi-fini, et a des effets sur le marché de certains produits finis. Elle est actuelle lorsque le marché européen est affecté par la mise en œuvre des ententes, ou par les abus. Ainsi, une clause d'interdiction d'exporter diminue les flux. Elle est potentielle lorsqu'une affectation peut survenir ultérieurement, en fonction de l'évolution future, mais prévisible, du marché(121). On peut prendre l'exemple d'une clause d'interdiction d'exporter non mise en œuvre, mais qui, par son existence même, peut créer un climat psychologique contribuant potentiellement à une répartition des marchés et au cloisonnement du marché européen(122). Mais on ne saurait se satisfaire d'une affectation hypothétique.

C. – Le degré de sensibilité de l'affectation du commerce entre les États membres

507. – **Analyse économique de l'affectation et marchés.** Pour des raisons pratiques évidentes, il n'était pas question de soumettre au droit européen le contentieux d'ententes de toute petite envergure. Une autre raison, plus profonde, est que le droit de la concurrence considère la situation du marché, avant celle des entreprises qui y opèrent. D'où l'émergence de la notion d'affectation sensible du commerce entre les États membres. Cette notion ne figurait pas dans la lettre du traité. Mais il est certain qu'on ne saurait en bon sens déceler une « affectation » du commerce entre États membres lorsque ne sont en cause que des entreprises de taille négligeable, ou qui ne détiennent qu'une part négligeable du marché considéré. C'est dans cette voie que s'est engagée la Commission, relayée par la Cour de justice(123).

La notion même de sensibilité suppose la détermination d'un seuil au-dessus duquel l'affectation n'est plus négligeable. Cela implique de raisonner en fonction du marché des produits ou des services en cause, pour apprécier la part détenue par les entreprises incriminées. On voit ainsi que la définition du marché peut être indispensable dans l'appréciation d'une entente. C'est pour cela que la question ne

(121) V. les *Lignes directrices* de la Commission.
(122) V. TPICE, 14 juill. 1994, *Parker Pen c/ Commission* et *Herlitz c/ Commission*, préc.
(123) V. not. déc. 17 juill. 1968, *Socemas* : *JOCE* n° L 201, 12 août 1968. – CJCE, 9 juill. 1969, aff. 5-69, *Volk Vervaecke*. – CJCE, 1er févr. 1978, aff. 19/77, *Miller*. – CJCE, 7 juin 1983, *Musique Diffusion Française-Pionner*, aff. 100 à 103/80. – Sur la restriction de concurrence sensible, V. *infra*, n° 565.

se pose guère en matière de position dominante, la domination d'un marché faisant présumer l'affectation sensible (encore faut-il que la position dominante n'ait pas que des effets internes à un État).

La jurisprudence se satisfait d'un seuil d'affectation non négligeable, significatif, ou sensible[124].

508. - **Ententes, communication *de minimis* et Lignes directrices du 27 avril 2004.** Très tôt, dans un souci de sécurité juridique, la Commission a procédé par communication. Une première communication du 27 mars 1970, dite communication *de minimis*, précisait son appréciation du seuil de sensibilité. Mais cette communication traitait ensemble le degré d'affectation du commerce entre États membres, et de l'importance de la restriction de concurrence, ce qui est autre chose.

La Commission a finalement distingué les deux questions. Les *Lignes directrices* du 27 avril 2004 contiennent une présentation chiffrée des seuils d'affectation du commerce entre les États membres.

Elles posent d'abord une présomption négative de non-affectation[125] lorsque deux conditions sont cumulativement remplies :

1) part de marché des entreprises inférieure à 5 % ;

2) chiffre d'affaires inférieur à 40 millions d'euros, pour toutes les entreprises en cause dans les accords horizontaux, ou pour le seul fournisseur tête de réseau dans les accords verticaux.

Les *Lignes directrices* posent ensuite une présomption positive d'affectation pour les accords qui concernent les importations ou les exportations, au-delà d'un seuil de chiffre d'affaires des entreprises en cause supérieur à 40 millions d'euros, ou au-delà d'une part de marché de ces mêmes entreprises supérieures à 5 %[126].

Ces présomptions sont des présomptions simples. On constate que ces seuils sont assez faibles, ce qui se comprend bien en raison des progrès dans le décloisonnement du marché intérieur.

En ce qui concerne les pratiques graves, qui, par leur nature même, sont susceptibles d'affecter le commerce entre les États membres (par ex. interdiction d'exporter), les deux conditions deviennent alternatives, et la présomption devient irréfragable.

(124) V., par ex., TPICE, 31 mars 1993, *Ahlström Osakeyhtio e.a.*, préc. – TPICE, 14 mai 1997, *VGB c/ Commission*, préc. – TPICE, 15 sept. 1998, aff. T-374, 375, 384 et 388/94, *European Night Services*. – CJCE, 13 juill. 2006, *Manfredi*, préc.
(125) *Lignes directrices*, pt 52.
(126) *Ibid.*, pt 53.

CHAPITRE 2

LES ENTENTES

509. – **Textes.** L'article 101 TFUE, comme l'article 53 du Traité sur l'EEE, contient un principe de prohibition des ententes restrictives de concurrence, d'applicabilité directe[1]. Il déclare d'abord « incompatibles avec le marché intérieur et interdits, tous accords entre entreprises, toutes décisions d'associations d'entreprises et toutes pratiques concertées, qui sont susceptibles d'affecter le commerce entre les États membres, et qui ont pour objet ou pour effet d'empêcher, de restreindre, ou de fausser le jeu de la concurrence à l'intérieur du marché intérieur ». Suivent des exemples non exhaustifs d'ententes restrictives. Les sanctions de ces ententes interdites peuvent non seulement être administratives, mais encore civiles et pénales. Toutefois, cet article prévoit, en son § 3, que des ententes qui sont pourtant restrictives de concurrence au sens du § 1 peuvent être rachetées ou exemptées, si elles satisfont cumulativement aux conditions posées (promotion du progrès technique, profit pour les utilisateurs, non-élimination de la concurrence, restrictions proportionnelles à la satisfaction de ces objectifs). L'exemption peut être individuelle, ou encore catégorielle, en vertu d'un règlement pris par la Commission sur habilitation du Conseil. Cette possibilité d'exemption est caractéristique du droit européen, et montre le souci des rédacteurs du traité de poser les bases d'une « politique de concurrence »[2], et non pas de rechercher une concurrence pure et parfaite.

510. – **Analyse concurrentielle en deux temps. Article 101, § 1 et § 3 TFUE. Rejet de la règle de raison.** Une question a été débattue. Elle consistait à s'interroger sur l'articulation des § 1 et 3 de cet article 101. Tout procède de la nature des critères appréciés dans le cadre du § 1. Doit-on n'y considérer que les critères négatifs (qui conduisent à la mise en évidence d'une restriction de concurrence) ? Dans ce cas, tous les critères positifs (proconcurrentiels) se trouvent relégués dans l'analyse qui devra être conduite sur le § 3. La jurisprudence n'a pas toujours été claire. Beaucoup d'arrêts ont validé une analyse à la fois anti et proconcurrentielle dans le cadre du § 1[3]. Cela ressemblait fort à la règle de raison américaine, et aussi à la pratique

(1) V. *supra*, n° 442 ; CJUE, 6 juin 2013, aff. C-536/11, *Donau Chemie.*
(2) V. *supra*, n°s 437 et 445.
(3) V., par ex., CJCE, 28 janv. 1986, aff. 161/84, *Pronuptia*. – CJCE, 22 oct. 1986, aff. 75/84, *Métro II*. – TPICE, 12 déc. 1996, aff. T-19/92, *Galec c/ Commission.*

de certaines ANC (notamment française). Plus récemment, la jurisprudence européenne s'est rigidifiée. Il est vrai que, si le bilan concurrentiel peut être fait dans le cadre du § 1, le § 3 perd de son importance, ou de son effet « utile ».

Avec l'arrêt *Metropole TV (M6)*(4), il a été jugé que tous les aspects pro et anticoncurrentiels ne pouvaient être traités à l'intérieur du § 1. Les *Lignes directrices* de la Commission du 27 avril 2004 concernant l'application de l'article 81, § 3 (devenu 101, § 3 TFUE) le rappellent très clairement(5).

> « L'appréciation au regard de l'article 81 [101 TFUE] s'effectue donc en deux étapes. La première consiste à déterminer si un accord entre entreprises, qui est susceptible d'affecter le commerce entre États membres, a un objet anticoncurrentiel ou des effets anticoncurrentiels réels ou potentiels. La seconde étape, qui n'a lieu d'être que s'il est avéré qu'un accord restreint le jeu de la concurrence, consiste à déterminer les effets proconcurrentiels produits par cet accord et à voir si ces effets proconcurrentiels l'emportent sur les effets anticoncurrentiels. La mise en balance des effets anticoncurrentiels et des effets proconcurentiels s'effectue exclusivement dans le cadre établi par l'article 81 (101 TFUE), paragraphe 3 ».

En conséquence, il faut procéder en deux temps. D'abord il faut rechercher si l'on est en présence d'une restriction de concurrence. Ensuite, et ensuite seulement, il faut rechercher si, compte tenu de ses particularités, l'entente parvient à compenser ses effets anticoncurrentiels. La contribution au progrès technique, par exemple, doit être appréciée en termes d'impact positif sur la concurrence et le marché. En clair, l'article 101, § 3 TFUE conduit à effectuer un bilan en termes d'impacts positifs et négatifs sur la concurrence(6).

511. – **Complémentarité du droit européen et des droits nationaux en ce qui concerne la loyauté ou la transparence dans la concurrence.** L'article 101 TFUE est un texte de « marché ». Bien sûr, c'est aussi une certaine forme de loyauté dans la concurrence que l'on cherche à atteindre. Mais cet article ne s'applique que si une pratique fausse la concurrence sur le marché. Des dispositions nationales, relatives par exemple à la concurrence déloyale, à la revente à perte, à la transparence, sanctionnent des comportements indépendamment de leurs répercussions sur la situation de concurrence sur le marché. Ces dispositions poursuivent un objectif propre, et peuvent donc être appliquées à des comportements collusifs ou contractuels, pour les sanctionner même si l'article 101 TFUE ne permet pas de les sanctionner (V. Règl. n° 1/2003, consid. 9)(7). Il peut bien sûr arriver qu'une même pratique contractuelle soit illicite dans l'un et l'autre droit.

512. – **Plan.** Le libellé même du texte invite à examiner successivement les conditions de l'application du § 1 (Section 1), puis les circonstances dans lesquelles les ententes peuvent être exemptées de manière individuelle ou par catégorie, en vertu du § 3 (Section 2). On examinera enfin la délicate question des sanctions civiles (Section 3).

(4) TPICE, 18 sept. 2001, aff. T-112/99, *M6 (Metropole TV), Suez-Lyonnaise et TF1*. – TPICE, 23 oct. 2003, aff. T-65/98, *Van der Bergh c/ Commission* ; V. *infra*, n° 568.

(5) *JOUE* n° C 101/2004, pt 11.

(6) V. TPICE, 23 oct. 2003, aff. T-65/98, *Van der Bergh Foods c/ Commission*. – TPICE, 27 juill. 2005, aff. T-49 à 51/02, *Brasserie Nationale c/ Commission*. – V. Trib. UE, 24 mai 2012, aff. T-111/08, *MasterCard c/ Commission*. – Trib. UE, 29 nov. 2012, aff. T-491/07, *CB c/ Commission*.

(7) V. *supra*, nos 443 et 464.

SECTION 1

CONDITIONS D'APPLICATION DE L'ARTICLE 101, § 1 TFUE

513. - **Texte essentiel.** Cet article est sans doute la règle européenne de concurrence la plus importante. Elle est d'abord la plus appliquée et la plus invoquée. Les ententes sont en effet extrêmement nombreuses et diverses. Elles impliquent aussi bien de grands groupes industriels que des PME ou des PMI[(8)]. Le contentieux auquel elles donnent lieu est lui aussi abondant et varié. Il ne se situe pas seulement au niveau européen : l'applicabilité directe de cet article[(9)] explique qu'il soit très souvent invoqué devant les juridictions et autorités internes.

C'est ensuite la règle de concurrence qui a été appliquée la première de façon massive : la jurisprudence qui s'est ainsi développée éclaire les solutions qui se sont affirmées par la suite dans d'autres branches du droit de la concurrence.

514. - **Conditions d'application non spécifiques à l'article 101, § 1 TFUE. Renvois.** Le texte vise d'abord des comportements d'entreprises : la notion d'entreprise n'est pas spécifique à ce texte[(10)]. Il voit aussi son application subordonnée à une affectation actuelle ou potentielle du commerce entre les États membres, mais cette condition n'est pas plus spécifique[(11)].

515. - **Conditions spécifiques. Plan.** Cet article est relatif aux « ententes ». Le terme ne figure pourtant pas dans cet article. Il est toutefois employé par ailleurs[(12)]. La lecture du texte enseigne qu'une « entente » doit réunir un certain nombre de conditions distinctes : 1) existence d'un accord, d'une décision d'association d'entreprises, ou pratique concertée, c'est-à-dire en clair d'une collusion volontaire ou consciente, 2) un objet ou un effet, 3) restrictif de concurrence, et 4) une affectation de concurrence entre les États membres[(13)]. En se limitant aux conditions spécifiques à la caractérisation d'une entente[(14)], on examinera d'abord la collusion (§ 1), puis la restriction de concurrence (§ 2)[(15)] ainsi que son imputabilité à l'entente en raison de son « objet » ou de son « effet » (§ 3).

§ 1. – Entente et collusion

516. - **Généralités.** Pour s'engager dans une entente, il faut être au moins deux, et il faut qu'il y ait deux entreprises. On ne saurait déceler d'accords, ou de collaboration, là où il n'y a pas d'entreprise, ou encore là où il n'y a qu'une seule

(8) Les accords de distribution sélective, que l'on estime à 100 000, ou ceux d'achat exclusif (contrats de bière, ou de pompistes de marque) que l'on estime à 500 000, sont autant d'ententes, V. 17e rapport, p. 35.
(9) V. *supra*, n° 442.
(10) V. *supra*, nos 469 et s.
(11) V. *supra*, nos 492 et s.
(12) V. TFUE, art. 104.
(13) V. l'énoncé des critères, *in* TPICE, 27 sept. 2006, aff. T-168/01, *Glaxosmithkline c/ Commission*.
(14) V. *supra*, nos 492 et s.
(15) On rappelle ici que l'affectation du commerce entre les États membres est la « première » condition, mais qu'elle n'est pas spécifique de l'article 101, § 1 TFUE, V. *supra*, n° 492.

entreprise (A). Mais la convergence de volontés ou de consciences autonomes peut s'exprimer de manière fort diverse (B). Encore faut-il qu'on puisse bien caractériser les volontés requises, ce qui soulève la question de la contrainte publique ou économique (C).

A. – Exigence de deux volontés d'entreprises au moins

517. – **Entreprises.** Il ne peut y avoir d'entente que là où il y a deux ou plusieurs entreprises(16)(17). Il ne saurait donc y avoir d'entente là où il n'y a pas d'entreprises parties, ou encore quand il n'y a pas d'indépendance entre les partenaires. Il n'y a pas plus accord entre entreprises s'il ne s'agit que d'une concession de service public entre une collectivité publique (qui n'est pas une entreprise) et un concessionnaire(18).

518. – **Entente et négociation sociale collective ou finalité sociale.** On perçoit qu'il n'est pas possible de soumettre par principe la négociation sociale collective au droit de la concurrence. Mais on se rend compte qu'on ne peut pas l'exclure non plus. Des accords en apparence sociaux peuvent poursuivre un but anticoncurrentiel pour les entreprises négociatrices. La pratique du *pricing out*, qui consiste à augmenter les salaires et les avantages sociaux dans un but d'élimination de la concurrence n'est pas inconnue. Bien sûr, on ne peut poursuivre les organisations syndicales de salariés, qui ne sont pas des entreprises. Mais on peut poursuivre les entreprises, à supposer qu'elles soient au moins deux, si elles ont, par leur accord, manipulé les représentants des salariés, ou poursuivi de leur côté un objectif anticoncurrentiel. D'où la prudence des autorités de concurrence, qui signalent que le traité s'applique chaque fois que des entreprises s'engagent dans des conventions entre elles (ce qui est possible dans le cadre plus global de la négociation collective) dont le contenu ou la nature est de dissuader de respecter le droit européen, en particulier de la concurrence(19). Il faut donc toujours examiner la nature et l'objet de l'accord. Il n'y a pas d'impunité *a priori*(20).

519. – **Intermédiaires et mandataires.** Le pragmatisme du droit européen conduit à rechercher si, en fait, l'intermédiaire a une fonction de représentant d'une entreprise, auquel cas il n'est pas une « entreprise » distincte, ou s'il agit pour son propre compte, de manière alors autonome(21).

Le grand nombre d'agents commerciaux dans l'Union européenne crée une difficulté particulière. À leur propos, la Commission a rappelé qu'en principe

(16) V. pour la différence avec l'article L. 420-1 du Code de commerce français, qui ne retient pas la notion d'accord entre entreprises.

(17) Sur la notion d'entreprise, V. *supra*, nos 472 et s. ; il n'est pas nécessaire que l'entreprise soit présente sur le marché pourvu qu'elle ait joué un rôle dans l'entente, TPICE, 8 juill. 2008, aff. T-99/04, *A.C. Treuhand c/ Commission*, et TPICE, 2 mai 2006, aff. T-328/03, *02 Germany*. – Mais cela relève plutôt de l'imputabilité, V. *infra*, nos 609 et s.

(18) CJCE, 4 mai 1988, aff. 30/87, *Bodson*. – CJCE, 21 juill. 2005, aff. C-231/03, *Coname*.

(19) V. pour la liberté d'établissement, CJCE, 11 déc. 2007, aff. C-438/05, *International Transport Worker's Federation c/ Viking Line*.

(20) V. CJCE, 21 sept. 1999, aff. C-67/96, *Albany International*. – CJCE, aff. C-115 à 117/97, *Brentjen's* et CJCE, 21 sept. 2000, aff. C-222/98, *Van der Woude c/ Stiching Beatrixoord*. – Pour la finalité exclusivement sociale d'un régime complémentaire de sécurité sociale créé par une convention collective, CJUE, 3 mars 2011, aff. C-437/09, *AG2R Prévoyance*.

(21) V. *supra*, n° 469 ; déc. 23 nov. 1972, *Pittsburg Corning Europe et Formica Belgium* : *JOCE* n° L 272, 5 déc. 1972.

l'interdiction ne les concernait pas, dès l'instant où ils négocient des affaires pour le compte d'une entreprise[22]. Tout est néanmoins appréciation *in concreto*. Lorsqu'ils sont indépendants, leurs rapports avec l'entreprise avec laquelle ils travaillent sont soumis aux dispositions de l'article 101, § 1 TFUE[23].

520. – **Groupes de sociétés. *Intra-enterprise conspiracy*. Rapports « mères-filles ».** On retrouve ici sous un autre angle la question de savoir si un groupe peut constituer une entreprise[24]. Il s'agit maintenant de savoir si un accord de volonté peut exister au sein d'un groupe. En droit, la dualité de personnes juridiques, voulue par les organisateurs du groupe, permet des accords de volonté. C'est la théorie américaine de l'*intra-enterprise conspiracy*, très juridique, et abandonnée. Le droit de la concurrence est pragmatique et économique. Il ne peut pas y avoir d'accord au sein d'une même unité économique. Tout dépend, ici encore, des situations concrètes. L'absence d'autonomie décisionnelle est un critère suffisant[25]. Lorsqu'une filiale est contrôlée à 100 %, il existe une présomption selon laquelle il existe une unité économique, ce qui fait qu'il n'y a aucun accord possible entre la filiale et la mère. Cette présomption peut bien sûr être renversée, mais ce peut être difficile en pratique[26]. En cas d'absence d'autonomie décisionnelle d'une filiale, l'article 101, § 1 TFUE ne pourra donc être appliqué à l'intérieur du groupe, même si les résultats de l'accord entre les unités du groupe non autonomes semblent économiquement semblables à ceux d'une entente condamnable. Échappant à la prohibition des ententes, le groupe (alors entreprise unique) pourra néanmoins être considéré est en position dominante vis-à-vis du marché.

521. – **Rapports entre filiales d'un même groupe.** Les autorités européennes ne traitent pas de manière spécifique les accords entre filiales. Les principes qui viennent d'être évoqués conduisent à énoncer que tout dépend du degré d'autonomie et de dépendance des filiales[27]. Mais l'imputabilité du comportement d'une filiale à une autre filiale est en principe exclue, car l'imputabilité suppose une dépendance[28].

522. – **Relations hors groupe.** Si une filiale conclut un accord avec une entreprise extérieure au groupe, il y a évidemment un accord entre entreprises. Si la filiale

(22) Cela implique logiquement que les comportements anticoncurrentiels du mandataire puissent être imputés au mandat ; V. l'affaire des *transbordeurs grecs*, TPICE, 11 déc. 2003, notamment l'arrêt *Minoan Lines*, aff. T-66/99.

(23) V. *supra*, n° 469. – V. *Lignes directrices sur les restrictions verticales*, 19 mai 2010.

(24) V. *supra*, n° 469.

(25) V. CJCE, 24 oct. 1996 et TPICE, 12 janv. 1995, *Viho Europe*, préc. – *Adde*, TPICE, 6 juill. 2000, aff. T-62/48, *VW et Audi*. – V. encore déc. 30 oct. 2002, *Nitendo (Vidéogames, PO Nintendo distribution, Omega Nintendo)* : *JOUE* n° L 255, 8 oct. 2003. – V. la solution inverse en cas de simple participation minoritaire, TPICE, 6 avr. 1995, aff. T-141-89, *Tréfileurope Sales c/ Commission (Treillis soudés)*. – V. déjà, déc. 18 juin 1969, *Christiani-Nielsen* : *JOCE* n° L 165, 5 juill. 1969. – Déc. 30 juin 1970, *Kodak* : *JOCE* n° L 147, 7 juill. 1970. – CJCE, 25 nov. 1971, aff. 22/71, *Béguelin Import*.

(26) V., par ex., TPICE, 15 juin 2005, aff. T-71, 74, 87, 01/03, *Tokai II*. – CJCE, 16 nov. 2000, aff. C-286/98 P, *Stora Kopparbergs*. – TPICE, 18 déc. 2008, aff. T-85/06, *General Quimica*. – CJCE, aff. 107/82, *AEG Telefunken*. – Sur la difficulté de la preuve contraire, TPICE, 27 sept. 2006, aff. T-314/01, *Avebe*. – TPICE, 30 avr. 2009, aff. T-12/03, *Itochu Corporation (Nintendo)*. – TPICE, 26 avr. 2007, aff. T-109, 118, 122, 125, 126, 128, 132/02, *Bolloré (papiers autocopiants)*, cassé par CJCE, 3 sept. 2009, aff. C-327/07 P ; V. l'affaire C-322/07 P, *Papierfabrik August Koehler* ; CJCE, 10 sept. 2009, aff. C-97/08 P, *Akzo Nobel*. – Trib. UE, 16 mars 2011, aff. T-54/06, *Kendrion c/ Commission*. – CJUE, 26 sept. 2013, aff. C-679/11 P, *Alliance One International*.

(27) V. implicitement, TPICE, 6 juill. 2000, *VW et Audi*, préc.

(28) CJCE, 2 oct. 2003, aff. C-196/99 P, *Aristain*.

n'a aucune autonomie par rapport à sa société mère, la question deviendra celle de l'imputabilité à la mère du comportement de la filiale[29].

B. – La convergence des volontés

523. - **Diversité des comportements et unité de la notion d'entente.** Le concours de volontés peut emprunter des formes multiples. Les parties peuvent ne pas donner à leur collusion une expression formelle. La notion unitaire d'entente est suffisamment pragmatique pour englober toutes les formes de collusion, et pour rendre inutile le recours aux notions pénales d'auteur, de coauteur, ou de complice[30]. À côté des accords proprement dits coexistent ainsi des infra-accords. Tous peuvent entrer dans les prévisions de l'article 101, § 1 TFUE. Celui-ci distingue trois modes d'expression pour une entente : les accords, les « décisions d'associations d'entreprises » et les « pratiques concertées ».

Si les pratiques peuvent varier, la notion d'entente est unique. En réalité, ce qui est visé au travers de ces trois notions, c'est la collusion entre les entreprises, dans un but ou un résultat illicite. Il suffit qu'il y ait un objectif unique et un plan global, ou une interaction des agissements contribuant à la réalisation de l'ensemble des effets anticoncurrentiels. La notion de collusion, ou de mécanisme collusoire, voire de consensus, permet de mettre en évidence des infractions uniques, dans lesquelles les entreprises recourent souvent à la fois à de vrais accords, combinés avec des pratiques concertées, relayés ou conçus le cas échéant par des associations d'entreprises[31]. L'infraction est alors complexe[32]. C'est fréquemment le cas dans les cartels qui durent suffisamment longtemps pour emprunter, successivement ou concomitamment, des formes variées. La diversité des formes successives de la collusion n'empêche pas qu'il y ait un objet (ou un effet) illicite indivisible économiquement.

524. - **Plan.** On étudiera successivement les différents modes d'expression des ententes énumérés par l'article 101, § 1 TFUE – accords (1°), décisions d'associations d'entreprises (2°), pratiques concertées (3°).

1° Les accords

525. - **Principe. Indifférence à la forme.** Pour qu'il y ait une entente, il faut une concordance de volontés entre deux parties au moins dont la manifestation formelle n'est pas importante pour autant qu'elle constitue l'expression fidèle de

(29) V. CJCE, 14 juill. 1972, aff. 48/19, *ICI c/ Commission, Matières colorantes.* – CJCE, 25 oct. 1983, aff. 107/82, *AEG-Telefunken c/ Commission.* – CJCE, 16 nov. 2000, *KNP c/ Commission (Carton).* – V., en matière d'abus de position dominante, CJCE, 6 mars 1974, aff. C-248/98 P, aff. 6 et 7/73, *ICI et Commercial Solvents c/ Commission (Zoja)* ; V. *infra*, n°s 883 et s. ; la pratique de la Commission est évidemment fonction des circonstances (V., par ex., l'imputation à la société mère, déc. 5 déc. 2001, *PO-Interbrew et Alken Maes (Danone)* : *JOUE* n° L 200, 7 août 2003. – Pour une imputation aux filiales, déc. 11 juin 2002, *Banques autrichiennes c/ Club Lombard* : *JOUE* n° L 56, 24 févr. 2004, puis TPICE, 14 déc. 2006, et CJCE, 24 sept. 2009.

(30) TPICE, 8 juill. 2008, aff. T-99/04, *AC Treuhand.*

(31) V. TPICE, 16 déc. 2003, aff. T-5 et 6/00, *Nederlandse Federatieve Vereniging voor de Groothandel op Elektronisch Gebied et Teknische Unie, NFV et TU c/ Commission.* – V. encore déc. 11 juin 2002, aff. des *banques autrichiennes (Club Lombard)* : *JOUE* n° L 56, 24 févr. 2004. – TPICE, 14 déc. 2008, aff. T-259 à 264/02, *Raiffeisen Zentral Bank Osterreich.* – *Adde*, déc. 5 déc. 2001, *PO-Interbrew et Alken Maes* : *JOUE* n° L 200, 7 août 2003. – Déc. 16 déc. 2003, *Tubes industriels* : *JOUE* n° L 125, 28 avr. 2004. – V., pour une double entente horizontale, Trib. UE, 27 sept. 2012, aff. T-343/06, *Shell* (bitume routier aux Pays-Bas).

(32) Trib. UE, 13 sept. 2013, aff. T-566/08, *Total Raffinage Marketing.* – Trib. UE, 28 avr. 2010, aff. T-446/05, *Amann und Söhne et Cousin Fileterie.* – Trib. UE, 24 mars 2011, *Aaalberts Industries*, préc.

celle-ci[33]. De véritables accords au sens du droit civil (*a*), de même que des actes apparemment unilatéraux mais en réalité bilatéraux (*b*), ou encore des actes non juridiquement contraignants (*c*), peuvent donc caractériser une entente.

a) Accords au sens du droit civil et pragmatisme du droit de la concurrence

526. – Si en principe la période précontractuelle n'est pas *a priori* susceptible de faire naître des accords au sens de l'article 101, § 1 TFUE[34], nul doute que des contrats – au sens du droit civil – peuvent caractériser une entente. Un bon exemple peut être celui des contrats écrits de distribution (distribution sélective, franchises, concessions, etc.)[35]. Mais l'accord n'a pas à être nécessairement écrit[36], ce qui est aussi la règle en droit commercial français.

Le pragmatisme de tout droit de la concurrence implique que l'on ne tienne pas compte de la nature juridique ou de la forme apparente de l'accord. C'est ainsi que des statuts de société, ou des pactes d'actionnaires, peuvent fort bien être des accords[37]. Il en est de même d'accords qui s'appuieraient sur des droits de propriété intellectuelle[38].

Le pragmatisme du droit de la concurrence implique aussi qu'on ne tienne pas compte de la validité de l'accord. Un accord nul en droit civil peut fort bien être une entente illicite. Il en est de même pour une action illégale sur le marché[39]. C'est le fait d'avoir accepté d'adopter un certain comportement qui est décisif[40].

b) Actes en apparence unilatéraux. Invitation et acquiescement. Jurisprudence Bayer

527. – Pendant longtemps, on retint une conception extensive de la notion d'accord. La situation la plus caractéristique était celle de l'envoi de lettres circulaires adressées par un fabricant à ses distributeurs contenant des directives illicites (interdiction de ventes, d'exportations, etc.). La passivité des destinataires suffisait. Les indications contenues sur ces documents sont souvent acceptées tacitement par leurs destinataires, au besoin au moyen de pressions[41]. Une profonde mais subtile évolution s'est

(33) TPICE, 27 juill. 2005, aff. T-49 à 51/02, *Brasserie Nationale*. – TPICE, 27 sept. 2006, aff. T-44, 54, 56, 60 et 61/02, *Dresdner Bank*.

(34) TPICE, 14 oct. 2004, aff. T-60/02, *Deutsche Verkehrsbank*.

(35) V., par ex., TPICE, 9 juill. 2009, aff. T-450/05, *Automobiles Peugeot c/ Commission*.

(36) V. déc. 9 déc. 1998, *Transbordeurs grecs* : *JOCE* n° L 109, 27 avr. 1999. – Pour des accords oraux, déc. 2 avr. 2003, *Viandes bovines françaises* : *JOUE* n° L 209, 19 août 2003.

(37) Pour les statuts d'une coopérative, CJCE, 12 déc. 1995, aff. C-319-93, 40 et 244-94, *Hendrik Evert Dijkstra c/ Friesland Coöperatie*, et aff. C-399-93, *Oude luttihuis c/ Verinigde Coöperatieve Melkindustrie Coberco*. – *Adde*, déc. 29 nov. 1995, *FNK* : *JOCE* n° L 312, 23 déc. 1995 (association) ; déc. 24 nov. 1993, *Auditel* : *JOCE* n° L 306, 11 déc. 1993. – Pour un pacte d'actionnaire, déc. 20 mai 1999, *Cegetel 4* : *JOCE* n° L 218, 18 août 1999 ; pour un accord global incluant une prise de participation déc. 27 juill. 1999, *Télécom développement* : *JOCE* n° L 218, 18 août 1999. – *Adde*, Parleani, *Les pactes d'actionnaires* : *Rev. sociétés* 1991, p. 1.

(38) V. *infra*, n° 819 ; TPICE, 12 juin 1997, aff. T-504-93, *Tiercé Ladbroke c/ Commission*.

(39) Déc. 2 oct. 2003, *Viandes bovines françaises* : *JOUE* n° L 209, 19 août 2003. – V., pour la participation à l'entente d'un opérateur qui agit illégalement sur le marché, CJUE, 7 févr. 2013, aff. C-68/12, *Protimonopolny ùrad Slovenskej Republiky*.

(40) TPICE, 11 mars 1999, aff. T-141/94, *Thyssen Stahl*.

(41) V., pour une circulaire adressée par Ford Allemagne à ses revendeurs, faisant savoir qu'elle n'accepterait plus de commandes de véhicules avec conduite à droite (à destination de la Grande-Bretagne), CJCE, 17 sept. 1985, aff. 25 et 26-84, *Ford AG*. – Pour des factures adressées par Sandoz qui portaient au verso la mention « exportation interdite », CJCE, 11 janv. 1990, aff. C-277-87, *Sandoz*. – Pour « l'invitation » faite par BMW à ses distributeurs de ne pas livrer des sociétés de *leasing* indépendantes, CJCE, 24 oct. 1995, *BMW*, préc. – TPICE, 6 juill. 2000, aff. T-62/98, *VW c/ Commission* et déc. 29 juin 2001, *VW* : *JOCE* n° L 262, 2 oct. 2001. – V. encore CJCE, 18 sept. 2003, aff. C-338/00, *Volkswagen c/ Commission, Volkswagen 1*.

opérée depuis l'arrêt *Bayer* du 26 octobre 2000, dans lequel le Tribunal de l'Union européenne avait considéré comme unilatérales, et donc non collusives, des mesures imposées par un fabricant à ses distributeurs, parce que ces derniers avaient d'abord tenté de les esquiver. La portée de cette décision est grande, car la plupart des relations entre fabricants et distributeurs reposent sur la dépendance[(42)].

Plusieurs arrêts successifs ont précisé les choses. En bref, pour qu'il y ait « accord », il faut constater d'abord une « invitation », puis l'acquiescement ou l'acceptation de cette invitation.

L'invitation soulève en général peu de difficultés. Elle peut soit naître d'un contrat[(43)], soit prendre la forme d'une décision communiquée à l'autre partie[(44)], de façon expresse ou implicite[(45)]. Encore faut-il évidemment que le contrat ou la décision soit une invitation à un comportement illicite[(46)], ou qu'on ne puisse se méprendre sur ce caractère[(47)].

Ensuite, il faut établir l'acquiescement de la partie qui reçoit l'invitation. C'est la preuve de l'acquiescement qui seule permet de différencier les actes véritablement unilatéraux de ceux qui n'en ont que l'apparence. L'acceptation peut évidemment être expresse. Elle sera le plus souvent tacite ou implicite. L'absence de protestation ne suffit pas. Mais le silence circonstancié, c'est-à-dire l'exécution d'actes conformes à l'invitation illicite, sans volonté réelle de s'y opposer, établit cet acquiescement[(48)]. Il faut toutefois que cette action conforme soit volontaire ; une acceptation contrainte ne serait qu'apparente, et l'invitation demeurerait alors unilatérale[(49)].

Finalement, les *Lignes directrices* du 27 avril 2004[(50)] synthétisent la jurisprudence en précisant que, pour qu'il y ait accord :

1) il faut une invitation d'une entreprise à une autre pour adopter un certain comportement ou pour viser un certain but ;

2) il n'est pas nécessaire que cette invitation soit dans l'intérêt de toutes les parties, et elle peut donc être dans l'intérêt d'une seule ;

3) l'invitation comme l'acceptation peut être expresse ou tacite, l'acceptation tacite pouvant se déduire de relations commerciales ou être imputable à ces relations, étant entendu que le seul fait qu'une mesure adoptée s'inscrive dans le cadre économique de relations commerciales continues ne suffit pas en lui-même.

(42) TPICE, 26 oct. 2000, aff. T-41/96, *Bayer*.

(43) V. pour un système contractuel, TPICE, 9 juill. 2009, aff. T-450/05, *Peugeot*. – Il faut que l'invitation illicite soit entrée dans le champ contractuel, TPICE, 21 oct. 2003, aff. T-208/01, *General Motors Nederland et Opel Nederland*.

(44) CJCE, 11 janv. 1990, *Sandoz*.

(45) CJCE, 6 janv. 2004, aff. C-2 et 3/01 P, *Bundesverband der Arzneimittel-Importeure c/ Bayer et Commission*. – *Adde*, CJCE, 13 juill. 2006, aff. C-74/04 P, *Volkswagen*. – V. aussi, TPICE, 14 oct. 2004, les affaires relatives à la commission d'interchange en Allemagne. – TPICE, 14 oct. 2004, 5 arrêts, et, par ex., aff. T-44/02, *Dresdner Bank*, non publié, ou aff. T-56/02, *Bayerische Hypo und Vereinsbank*, non publié.

(46) La seule appartenance à un réseau, ou la qualité de partie à un contrat licite, ne permet pas de présumer l'acquiescement à un comportement illicite suggéré par la suite, TPICE, 3 déc. 2003, aff. T-208/01, *Volkswagen II* ; et CJCE, 13 juill. 2006, aff. C-74/04 P, *Volkswagen*. – TPICE, 30 avr. 2009, aff. T-18/03, *CD Contact data*. – TPICE, 9 juill. 2009, aff. T-450/05, *Peugeot*.

(47) Sur l'impossibilité d'une méprise, V. pour le « système » Peugeot, CJUE, 10 févr. 2011, aff. C-260/09 P, *Activision Blizzard Germany c/ Commission*.

(48) TPICE, 9 juill. 2009, aff. T-450/05, *Peugeot*.

(49) V. aff. *Bayer*, préc.

(50) *JOUE* n° C 101, 27 avr. 2004.

c) Infra-accords, gentlemen's agreements

528. – On rappelle qu'il n'est pas nécessaire que l'accord soit juridiquement contraignant, en vertu des règles du droit civil applicable. Ce qui compte, c'est que l'accord soit l'expression de la volonté des parties, et qu'elles s'estiment liées ou obligées. Des engagements simplement moraux, des promesses, de simples déclarations d'intention, peuvent donc être considérés comme des accords. On vise ici les *gentlemen's agreements*, les engagements d'honneur ou *Frühstück Kartelle*(51).

2° Les décisions d'associations d'entreprises

529. – Utilité de cette notion. Unité de la notion d'entente. Viser de telles décisions n'est pas une nécessité du droit de la concurrence. On observera que l'article L. 420-1 du Code de commerce français est silencieux à cet égard. Pourtant, de nombreuses activités économiques sont exercées par des associations d'entreprises qui adoptent, en France tout au moins, le moule de la loi de 1901. Mais des associations regroupent souvent des entreprises, ou des secteurs économiques, sans avoir d'activité propre.

Au niveau international, et donc au niveau européen, le phénomène est encore plus accentué. De nombreux regroupements associatifs ont un poids économique considérable. Sans prétendre être exhaustif, on peut citer des syndicats professionnels(52), l'association Union européenne de radiodiffusion qui gère l'Eurovision(53), l'association Eurochèque et les associations qui gèrent les systèmes de paiement(54), les Lloyds(55), l'IATA(56), qui ont fait l'objet de décisions de la part de la Commission. On peut encore citer les réseaux gérant les systèmes de transfert de fonds ou de compensation, certaines places de marché (*e-business B to B*), les associations sportives ou encore les ordres professionnels(57). Des accords sont tout à fait possibles entre associations d'entreprises(58), ou au sein d'associations qui ne regroupent que des associations(59). On comprend donc l'intérêt qui s'attache à viser dans l'article 101, § 1 TFUE les décisions d'associations d'entreprises.

(51) V. CJCE, 15 juill. 1970, aff. 41 à 45-69, *Entente internationale de la quinine, Boehringer.* – Déc. 2 août 1989, *Treillis soudés* : *JOCE* n° L 260, 6 sept. 1989. – Déc. 26 oct. 1999, *FEG et TU* : *JOCE* n° L 39, 14 févr. 2000. – Déc. 5 déc. 2001, *PO-Interbrew*, préc., et TPICE, 16 déc. 2003, *NFV*, préc. – CJCE, 11 déc. 2003, *Minoan Lines*, préc., et dans l'affaire du *placoplâtre*, TPICE, 8 août 2008, aff. T-53/03, *BPB*. – Trib. UE, 21 mai 2014, aff. T-519/09, *Toshiba*. – V. Oppetit, *L'engagement d'honneur* : *D.* 1979, chron. 109.

(52) V. pour les syndicats agricoles, déc. 2 oct. 2003, préc., *Viandes bovines françaises*. – *Adde*, CJUE, 28 févr. 2013, aff. C-1/12, *Ordem dos tecnicos officials de Contos*. – CJUE, 18 juill. 2013, aff. C-136/12, *Consiglio nazionale dei geologi*.

(53) V. déc. 11 juin 1993, *UER-membres de l'Eurovision* : *JOCE* n° L 179, 22 juill. 1993. – TPICE, 11 juill. 1996, aff. T-528, 542, 543 et 546/93, *M6 et RTI c/ Commission*, et *D.* 1997, 421, note Parleani.

(54) V. déc. 25 mars 1992, *Eurochèque-Accords d'Helsinki* : *JOCE* n° L 95, 9 avr. 1992. – TPICE, 23 févr. 1994, aff. T-39 et 40-92, *GIE cartes bancaires et Europay international*. – V., pour d'autres associations bancaires organisant des systèmes de compensation ou de virements, XXVIe rapport, n° 109, *Ecu Banking Association, IBOS, Eurogiro...* – V. Trib. UE, 24 mai 2012, aff. T-111/08, *MasterCard*, et CJUE, 11 sept. 2014, aff. C-382/12 P, *MasterCard*.

(55) Déc. 4 déc. 1992, *Lloyds Underwriters Association* : *JOCE* n° L 4, 8 janv. 1992.

(56) Déc. 30 juill. 1991, *IATA Passenger Agency programme* : *JOCE* n° L 258, 16 sept. 1991.

(57) Pour les ordres d'avocats, CJCE, 19 févr. 2002, aff. C-35/99, *Arduino* et CJCE, 19 févr. 2002, aff. C-309/99, *Wouters*. – Pour le CIO, CJCE, 18 juill. 2006, aff. C-519/04 P, *Meca-Medina et Majcen c/ Commission*.

(58) CJCE, 15 mai 1975, aff. 71-74, *Frubo c/ Commission*. – TPICE, 23 févr. 1994, *GIE « CB »*, préc.

(59) TPICE, 13 déc. 2006, *FNCBV (viandes bovines françaises)*, aff. T-217 et 245/03, et CJCE, 18 déc. 2008, aff. C-101 et 110/07 P. – TPICE, 26 janv. 2005, aff. T-193/02, *Piau*.

Puisque la notion d'entente est unique, rien n'interdit qu'un accord entre entreprises membres d'une association constitue en même temps une décision d'association d'entreprises[60].

530. – **Exigence de *décisions* émanant de l'association d'entreprises.** Peu importe si l'association n'a pas d'activité propre, dès l'instant où elle peut discuter des pratiques restrictives des entreprises membres, et dès que les actes répréhensibles découlent de ses décisions[61]. Le simple *lobbying* n'entre donc pas dans les prévisions du texte. Pour que l'article 101 TFUE soit applicable, il faut que l'association prenne des décisions obligatoires et contraignantes à l'égard des membres. Le pragmatisme du droit européen implique de rechercher si, en fait, la décision est contraignante, alors même qu'elle se présente comme une simple recommandation[62]. Les décisions de l'association doivent orienter les comportements des membres sur le marché comme un accord entre entreprises[63]. Les associations qui organisent les salons professionnels ont donné lieu à un important contentieux communautaire : l'exclusion d'un exposant, ou le refus d'associer un exposant potentiel, ayant souvent pour effet de « le marginaliser » commercialement[64].

3° Les pratiques concertées

531. – **Utilité de la notion.** La pente naturelle d'un droit de la concurrence est de dépasser les situations juridiques formelles et visibles pour essayer d'appréhender les situations économiques concrètes. La concurrence peut être faussée par des comportements qui ne procèdent pas d'accords, ou de décisions d'associations d'entreprises[65]. Dans cette perspective, le droit américain de la concurrence connaît les *concerted actions*. Les termes « actions » ou « pratique » laissent supposer qu'il faut un comportement particulier sur le marché, faisant suite à la concertation.

La notion de pratique concertée demeure toutefois difficile à cerner. Les autorités de concurrence ont donc dû la définir[66]. En réalité, c'est la collusion qui peut être démasquée grâce à cette notion, dans un but ou avec un effet illicite.

532. – **Le critère : la substitution d'une coopération pratique aux risques de la concurrence.** Trois grandes affaires, notamment, ont permis de préciser la notion

(60) CJCE, 2 oct. 2003, aff. C-179/99 P, *Eurofer* (aff. des *Poutrelles*). – TPICE, 16 déc. 2003, *NFV*, préc.

(61) CJCE, 29 oct. 1980, aff. 209 à 215/78, *Van Landewyck*. – TPICE, 15 mars 2000, aff. T-25/95, *Cimenteries CBR*. – V. déc. 30 nov. 1994, *Ciment* : *JOCE* n° L 343, 30 déc. 1994.

(62) V. CJCE, 27 janv. 1987, aff. 45-85, *Verband der Sachversicherer*. – Déc. 6 août 1984, *Zinc Producers Group* : *JOCE* n° L 220, 17 août 1984. – Le règlement intérieur d'une association est à l'évidence une décision, V., pour l'obligation de n'utiliser des grues que certifiées par l'association, déc. 13 avr. 1994, *Stichting Certificatie Kraaverhuurbedrijf* : *JOCE* n° L 117, 7 mai 1994. – Déc. 30 janv. 1995, *COAPI (Collège officiel des agents en propriété industrielle)* : *JOCE* n° L 122, 2 juin 1995 ; V., pour la réglementation antidopage du CIO, CJCE, 30 sept. 2004, aff. C-519/04 P, *Meca Medina*.

(63) Il faut rechercher si l'association prend ses décisions sur des critères purement privés, ou sur des critères d'intérêt public. Le fait qu'une association soit totalement ou majoritairement composée d'entreprises est insuffisant pour considérer que ses décisions sont des « décisions d'association d'entreprises », lorsque l'autorité publique peut rejeter ou modifier les décisions ; V. CJCE, 18 juin 1998, *Commission c/ Italie*, préc. – CJCE, 1er oct. 1998, aff. C-38/97, *Autotrasporti Librandi*.

(64) V. Comm. CE, communication : *JOCE* n° C 143, 8 mai 1998 et déc. 13 mars 1969, *CECIMO* : *JOCE* n° L 69, 20 mars 1969. – Déc. 7 déc. 1978, *EMO* : *JOCE* n° L 11, 17 janv. 1979. – Déc. 30 sept. 1986, *VIFKA* : *JOCE* n° L 291, 15 oct. 1986. – Déc. 18 sept. 1987, *International Dentalschau* : *JOCE* n° L 293, 16 oct. 1987. – Déc. 15 févr. 1991, *Sippa* : *JOCE* n° L 60, 7 mars 1991.

(65) Ou qui procèdent d'accords demeurés cachés, à un point tel que leur preuve en devient impossible.

(66) V. les remarquables conclusions de l'avocat général M. Darmon, sous la seconde affaire *Pâtes de bois*, CJCE, 31 mars 1993, *Ahlström Osakeyhtio*, préc.

de pratique concertée : celle des *Matières colorantes*, celle de *l'Entente européenne du sucre*, ou *Suiker Unie*, et celle du *Ciment*[(67)]. Dans la première la Cour de justice a indiqué que la notion de pratique concertée permettait d'appréhender des formes de coordination entre entreprises qui, sans avoir été poussées jusqu'à la réalisation d'une convention proprement dite, substituent une coopération pratique entre elles aux risques de la concurrence, coopération aboutissant à des conditions de concurrence qui ne correspondent pas aux conditions normales du marché. Les précisions indispensables ont été apportées par la deuxième affaire. La Cour de justice y a exposé que « tout opérateur économique doit déterminer de manière autonome la politique qu'il entend suivre sur le marché intérieur ». Dans la troisième affaire, le Tribunal de l'Union européenne a opéré une distinction entre la réception passive d'informations, et leur réception avec distanciation.

Le critère déterminant est donc l'acceptation consciente ou volontaire d'une perte d'autonomie sur le marché par les entreprises concernées. C'est bien là l'idée de mécanisme collusoire qui implique d'abord une conscience illicite (1) et ensuite une pratique subséquente (2). L'infraction suppose la réunion de ces deux critères (3)[(68)].

533. – **La collusion illicite. Marchés atomisés ou marchés oligopolistiques. Perte d'autonomie.** Toujours dans son arrêt *Suiker Unie* du 16 décembre 1975, la Cour de justice a souligné que « cette exigence d'autonomie (...) s'oppose (...) rigoureusement à toute prise de contact directe ou indirecte entre les concurrents, ayant pour objet ou pour effet, soit d'influencer le comportement sur le marché d'un concurrent actuel ou potentiel, soit de dévoiler à un tel concurrent le comportement que l'on est décidé à, ou que l'on envisage de, tenir soi-même sur le marché »[(69)].

Il faut ici distinguer le fait de glaner des informations de façon indépendante et le fait de discuter avec des concurrents[(70)].

Le critère décisif de la pratique concertée réside dans la suppression ou l'atténuation de l'autonomie nécessaire des opérateurs, par la diminution consciente de l'incertitude par rapport à celle qui prévaudrait sur un marché atomisé. Sur un marché concurrentiel et atomisé, un échange bilatéral (voire multilatéral) d'informations ne fait pas perdre leur autonomie aux entreprises, si le niveau d'incertitude demeure inchangé. Il n'en va pas de même sur un marché oligopolistique[(71)], mais on touche alors à la restriction de concurrence[(72)].

534. – **Circulation d'informations utiles sur le marché.** La perte d'autonomie résulte habituellement de la réception d'informations sur la stratégie des

(67) V. déc. 24 juin 1969, *Matières colorantes* : *JOCE* n° L 195, 7 août 1969. – CJCE, 14 juill. 1972, *ICI c/ Commission*, préc. – CJCE, 16 déc. 1975, aff. 40 à 48, 50, 54, 56, 113 et 114-93, *Suiker Unie*. – Trib. UE, 15 mars 2000, aff. T-25 et s., *Ciment*. Cet arrêt fait plus de 1 000 pages ! et CJUE, 7 janv. 2004, aff. C-204 et s., *Aalborg Portland e.a. c/ Commission*.

(68) V. les affaires *Carton, ciment, du polypropylène*, préc.

(69) V. encore Trib. UE, 16 juin 2011, aff. T-191/06, *FMC Foret c/ Commission*.

(70) Trib. UE, 14 mars 2013, aff. T-588/08, *Dole Food c/ Commission*.

(71) V., par ex., sur le marché du placoplâtre, TPICE, 8 juill. 2008, aff. T-52/03, *Knauf Gips* et du même jour, aff. T-53/03, *BPB c/ Commission*. – CJCE, 28 mai 1998, aff. C-7/95 P, *John Deere c/ Commission*. – Trib. UE, 14 mars 2013, aff. T-587/08, *Fresh del Monte Produce*.

(72) V. *infra*, n°s 551 et s.

concurrents. La tenue de réunions (le cas échéant secrètes) n'est pas une rareté(73). Il faut bien sûr que les informations échangées aient trait au comportement concurrentiel des entreprises concernées (prix, par exemple)(74).

Une question est de savoir si les informations doivent être échangées de manière réciproque. La réciprocité est certes nécessaire. L'article 101, § 1 TFUE ne vise pas les actions purement unilatérales. Mais on ne saurait exiger une identité entre les messages croisés. La valeur inégale des informations échangées n'empêche pas la concertation : il suffit qu'il y ait échange (même indirect, même informel)(75).

Une autre question est de savoir si la seule réception passive d'informations suffit pour être déclaré « concertiste ». La passivité est souvent un signal, une information, qui a sa propre valeur concurrentielle(76).

535. - **La pratique subséquente à la concertation.** Le texte vise les « pratiques » concertées. Il faut donc que quelque chose suive l'échange d'informations. Mais on ne peut exiger qu'il y ait une pratique en stricte concordance avec l'information reçue. La perte d'autonomie consciente sur le marché existe dès qu'il y a un comportement qui est influencé (donc non autonome) par la concertation. On présume, sauf preuve contraire, que le comportement d'une entreprise concertiste, et active sur le marché, est influencé par la concertation(77).

536. - **Comportements violant la discipline commune. Élément objectif de l'incrimination.** Il peut en effet arriver qu'une entreprise participe à une concertation, mais, qu'une fois informée des actions futures de ses concurrentes, elle décide alors de ne pas suivre la discipline convenue, en cherchant son propre intérêt. Elle demeure néanmoins concertiste. Elle a déterminé son comportement sans être autonome sur le marché. Il y a bien eu un comportement suivant la concertation. Le *trouble maker* n'échappe donc pas à la sanction(78). La perte consciente d'autonomie sur le marché suffit pour caractériser une collusion dont l'objet (au moins) était de fausser la concurrence sur le marché(79).

537. - **Distanciation dans l'action sur le marché.** Les concertistes peuvent échapper à l'incrimination s'ils établissent que leur action sur le marché n'a, en

(73) Il faut bien sûr que le caractère anticoncurrentiel de la réunion soit établi, TPICE, 12 sept. 2007, aff. T-36/05, *Coats Holding* ; dans l'affirmative, une seule réunion peut suffire, CJCE, 21 sept. 2006, aff. C-113/04 P, *Technische Unie*. – V., en général, l'affaire dite *du polypropylène*, la décision du 23 avril 1986 et les deux décisions (PVC et PEBD) du 21 décembre 1988, V. TPICE, 27 févr. 1992, aff. T-79 et s. /99 (PVC), *BASF* e.a. c/ *Commission*, les trois arrêts rendus le 24 oct. 1991, *Rhône Poulenc, Petrofina, Atochem*, etc., les 13 arrêts rendus le 27 févr. 1992, et les 7 arrêts rendus le 10 mars 1992 par TPICE, aff. *Huls, Hoechst, Shell, Solvay, ICI, Montedipe, Chemie Linz*, puis, CJCE, 15 juin 1994, aff. C-137-92 P, *Commission c/ Chemical Industries*. – V. enfin les arrêts CJCE, 8 juill. 1999, aff. 42/92 P, *Anic*, aff. 199/92 P, *Hüls*, aff. C-235/92 P, *Montecatini* et s. – V. aussi l'échange d'informations au sein d'une association : pour les compagnies pétrolières adhérentes à l'Association internationale de l'énergie, déc. 21 févr. 1994, *AIE* : *JOCE* n° L 68, 11 mars 1994 pour les banques autrichiennes, déc. 11 juin 2002 et TPICE, 4 mai 2009, *Raiffeisen Zentralbank Osterreich*, préc.

(74) Taux de commission pour les banques, CJCE, 14 juill. 1981, aff. 172-80, *Züchner* ; prix et partage du marché, déc. 30 nov. 1994, *Ciment*, préc.

(75) V., par ex., TPICE, 15 mars 2000, *Ciment*, préc. – TPICE, 12 juill. 2001, aff. T-202, 204 et 207/98, *Tate et Lyle, British Sugar, et Napier Brown c/ Commission*.

(76) V., par ex. l'entente des raccords en cuivre, Trib. UE, 24 mars 2011, aff. T-377/06, *Comap c/ Commission*.

(77) Trib. UE, 30 nov. 2011, aff. T-208/06, *Quinn Barlo*. – Trib. UE, 13 sept. 2013, aff. T-566/08, *Total Raffinage Marketing c/ Commission*.

(78) TPICE, 29 nov. 2005, aff. T-62/02, *Union Pigments*. – TPICE, 24 oct. 1991, *Rhône Poulenc*, préc. – TPICE, 11 mars 1999, *Thyssen Stahl*, préc. – CJCE, 2 oct. 2003, aff. C-195/99 P, *Krupp Hoesch Stahl* (aff. des *Poutrelles*).

(79) V., par ex., déc. 30 oct. 1996, *Ferries-Surtaxes monétaires* : *JOCE* n° L 26, 29 janv. 1997. – *Adde* déc. 13 janv. 1994, *Carton* : *JOCE* n° L. 243, 19 sept. 1994 et 30 nov. 1994, *Ciment* : *JOCE* n° L. 343, 30 déc. 1994, et les arrêts *Polypropylène*, préc.

« aucune manière », été influencée par la concertation[80]. Pour éviter le reproche d'avoir reçu consciemment – et illicitement l'information – il faut ainsi avoir fait preuve de distanciation dès le début de la collusion, c'est-à-dire qu'il faut s'être opposé aux autres concertistes, ou avoir déclaré ne pas avoir l'intention de suivre la discipline commune[81]. Il n'y a pas distanciation si l'entreprise a donné à penser aux autres qu'elle participerait à l'entente[82]. La distanciation doit pour cela être claire et publique vis-à-vis des autres concertistes[83]. Ce genre de comportement doit être rare. C'est sur les entreprises poursuivies que pèse la charge de la preuve, une fois la concertation prouvée par l'autorité de concurrence. C'est bien souvent une *probatio diabolica*.

538. – **Concertation sans pratique, et pratique sans concertation. Simple parallélisme de comportement.** Il peut en effet arriver que les entreprises se comportent d'une manière telle qu'elle fait supposer des contacts préalables.

Le simple parallélisme de comportements peut être un indice d'une concertation préalable, mais il n'est pas suffisant. L'observation du parallélisme doit être prolongée par une démonstration conduisant à une concertation préalable. C'est le parallélisme non seulement conscient, mais concerté, qui est répréhensible.

Il faut en effet distinguer soigneusement le parallélisme de comportement, répréhensible parce que concerté, de la simple réaction intelligente – et donc également consciente – au marché[84]. Or, de telles réactions peuvent être très rapides et donner lieu à des comportements parallèles ou alignés. La situation qui prévaut sur certains marchés peut donner l'illusion d'une concertation[85]. La preuve de la concertation sous-jacente au parallélisme suppose une démonstration factuelle. Les circonstances sont déterminantes. Il peut donc être suffisant de montrer qu'en l'état du contexte, il est impossible, ou incroyable, qu'il n'y ait pas eu de concertation sous-jacente[86].

Mais pour apporter « à suffisance de droit » la preuve de la concertation, le caractère impossible ou incroyable de la pratique observée doit procéder d'une analyse concrète du fonctionnement du marché considéré[87]. Un marché qui fonctionne en oligopole étroit peut induire des comportements parallèles[88]. Il peut en aller de même d'un marché extrêmement transparent, sur lequel chacun connaît les traits essentiels de la stratégie des autres[89]. Dès l'instant où il existe une explication

(80) V. CJCE, 8 juill. 1999, *Anic (Polypropylène)* et TPICE, 15 mars 2000, *Ciment*. – TPICE, 16 déc. 2003, *NFV et TU*, préc.

(81) V. TPICE, 15 mars 2000, *Ciment* et CJCE, 8 juill. 1999, *Polypropylène*, préc. – TPICE, 12 sept. 2007, aff. T-36/05, *Coats Holding* et CJCE, *Aalbord Portland*, préc.

(82) Trib. UE, 21 mai 2014, aff. T-519/09, *Toshiba*.

(83) Trib. UE, 16 juin 2011, aff. T-240/07, *Heineken c/ Commission*. – Trib. UE, 12 juill. 2011, aff. T-132/07, *Fuji Electric c/ Commission*.

(84) Trib. UE, 29 juin 2012, aff. T-370/09, *GDF Suez c/ Commission*.

(85) V. CJCE, 14 juill. 1981, *Züchner*, préc. : obs. Gavalda in *RTDE* 1982, 740, des situations d'oligopoles peuvent, en théorie, expliquer ces comportements, V. déc. 24 juin 1969, *Matières colorantes* : *JOCE* n° L 195, 7 août 1969 et CJCE, 14 juill. 1972, préc. ; une entreprise peut être en situation de *barometric price leader*, ou de *leadership* indicatif sur les prix. Cette entreprise exposée à la concurrence indiquera aux autres, sans concertation, le prix optimal. Il ne saurait en tout cas y avoir de *price leader* si le prix *leader* résulte d'une concertation illicite, V. les affaires du *polypropylène*, préc. Cette situation n'est pas celle du *dominant price leader*, qui relève de l'article 102 TFUE, V. *infra*, n° 694.

(86) V. déc. 24 juin 1969, *Matières colorantes* : *JOCE* n° L 195, 7 août 1969.

(87) V. CJCE, 16 déc. 1975, *Suiker Unie*, préc.

(88) On a pu parler de « fixation barométrique des prix ».

(89) V. CJCE, 31 mars 1993, *Ahlström Osakeyhtio*, préc.

plausible du parallélisme de comportement qui ne soit pas une concertation, on ne saurait conclure à l'existence d'une pratique concertée[90].

C. – Les situations de contrainte

539. - **Contraintes publiques, contraintes économiques.** L'interventionnisme des États est latent. La faveur faite à certains groupes de pression passe parfois par l'homologation publique de comportements anticoncurrentiels, quand il ne s'agit pas de les susciter. Mais il est des situations plus neutres, qui concernent par exemple le rôle des autorités de régulation. Enfin, un droit pragmatique doit tenir compte de l'éventuelle contrainte économique.

540. - **La contrainte publique.** Les États ont l'obligation générale de ne pas mettre en péril les objectifs du traité. Ils ne doivent donc « pas prendre de mesures susceptibles d'éliminer l'effet utile des articles 101 et 102 TFUE. Pareillement, ils ne sauraient édicter des mesures permettant aux entreprises de se soustraire aux contraintes imposées par ces articles »[91].

Il arrive que les autorités publiques autorisent, approuvent, homologuent, ou renforcent des ententes. En ce cas, il y a une entente sous-jacente, dont l'impact est simplement accentué par l'État. Cela ne fait pas disparaître l'entente sous-jacente. Il suffit pour qu'il y ait entente que les entreprises aient eu une marge de liberté, fût-elle minime[92]. Qu'une législation nationale ait potentialisé l'entente n'est donc pas déterminant[93]. On peut en ce cas toujours condamner les entreprises[94]. Mais cela peut aussi entraîner l'inapplicabilité de la législation nationale[95], car les juridictions nationales doivent garantir l'effet utile de ce dernier article[96].

Il faut bien distinguer la situation dans laquelle un État aide, renforce, ou homologue une entente, de celle dans laquelle il impose des comportements aux entreprises, sans leur laisser la moindre marge de liberté. Alors les entreprises ne sont plus en situation de collusion, car elles deviennent de simples exécutants de la volonté

(90) V. CJCE, 28 mars 1984, aff. 29 et 30-83, *Cie royale asturienne des mines (CRAM)*, et 31 mars 1993, *Ahlström Osakeyhtio*, préc. – V., pour une explication par une licence de brevet, TPICE, 6 avr. 1995, aff. T-145-89, *Baustahlgewebe c/ Commission (Treillis soudés)*.

(91) CJCE, 16 nov. 1977, aff. 13-77, *Inno Atab*.

(92) CJCE, 29 oct. 1980, aff. 209 à 215/78, *Van Landewyck*. – CJCE, 20 mars 1985, aff. 41/83, *Italie c/ Commission*. – CJCE, 9 sept. 2003, aff. C-198/01, *CIF*. – CJCE, 17 juill. 1997, aff. C-219/95 P, *Ferriere Nord c/ Commission*. – TPICE, 13 déc. 2006, aff. T-217 et 245/03, *FNCBV (Viandes bovines françaises)*, et CJCE, aff. C-101/07, *Coop de France bétail*, préc.

(93) CJCE, 16 déc. 1975, *Suiker Unie*, préc.

(94) V., par ex., pour un accord interdisant des ristournes repris dans la législation nationale, 1er oct. 1987, aff. 311-85, *Vereniging van Vlaamse Reisebureaus, VVR*. – Pour les prix minimum dans le cognac, 30 janv. 1985, aff. 123-83, *BNIC c/ Clair* et 3 déc. 1987, aff. 136-86, *BNIC c/ Aubert*. – En matière de prix des transports aériens, CJCE, V. l'affaire *Nouvelles Frontières*, CJCE, 30 avr. 1986, aff. 209 à 213-84, *Asjes* et 11 avr. 1989, aff. 66-86, *Ahmed Saeed Flugreisen*. – V., pour l'aval par les autorités britanniques de l'accord conclu entre une association européenne et une association japonaise relatif aux importations de véhicules dans la CEE, TPICE, 18 mai 1994, aff. T-37-92, *BEUC c/ Commission*. – Pour le soutien apporté par le ministère de l'Agriculture français, dans l'affaire des *Viandes bovines françaises*, déc. 2 avr. 2003 : *JOUE* n° L 209, 19 août 2003 ; souvent, les décisions applicables aux entreprises d'un secteur économique sont prises à l'intérieur des commissions réunissant des représentants des entreprises et des fonctionnaires. Si les représentants des entreprises déterminent les décisions, il y aura applicabilité de l'article 81 : V. les arrêts *BNIC*. – *Adde* CJCE, 9 juin 1994, aff. C-153-93, *Bundes Republik Deutschland et Delta Schiffarts und Speditiongesellschaft*. De même, lorsqu'un État abandonne ses prérogatives au profit d'opérateurs sur le marché (ou de leurs associations), ou confie la réglementation au secteur des entreprises, il attente à l'effet utile de l'article 101 TFUE (ex-art. 81 TCE), V. CJCE, 21 sept. 1988, aff. 267-78, *Van Eycke*.

(95) V. pour un manquement d'État, CJCE, 18 juin 1998, aff. C-35/96, *Commission c/ Italie, CNSD*. – *Adde*, TPICE, 13 déc. 1990, aff. T-113-89, *Nefarma*.

(96) V. CJCE, 9 sept. 2003, aff. C-198/01, *CIF*, et 13 juill. 2006, *Manfredi*, V. *supra*, nos 442 et 461.

unilatérale de la puissance publique. L'article 101 TFUE devient inapplicable[97].En ce cas, il faut d'abord, de façon prioritaire, que la Commission agisse en manquement d'État, puis, une fois sauté le verrou de la loi nationale, contre les entreprises si elles persistent à être collusives. La Commission n'a pas, en effet, le pouvoir d'obliger des entreprises à violer la loi nationale, tant que celle-ci est contraignante[98]. Des observations semblables peuvent être faites en matière d'abus de position dominante, avec la théorie dite de l'abus automatique[99].

541. – **Non prise en compte de l'équivalence des résultats.** Il se peut encore qu'une mesure nationale produise des effets tout à fait comparables à ceux qui résulteraient d'une entente illicite. Mais si la mesure nationale ne couvre pas une entente, ou n'en procède pas, il ne saurait y avoir violation de l'article 101 TFUE[100].

542. – **La contrainte de la régulation.** La régulation renouvelle la question de la contrainte. Les autorités de régulation interviennent souvent de façon impérative en matière de prix, ou de comportements, soit dans le but de favoriser le développement de la concurrence, soit encore dans le but de prévenir les crises. Ces autorités de régulation voient leurs pouvoirs et leur mission fixés par la loi nationale, sans aucune référence en général aux règles de concurrence. On retrouve ici la même discussion que pour l'intervention étatique[101].

543. – **La contrainte économique.** On ne peut l'exclure par principe. Mais il faut qu'elle crée un péril imminent, direct, imposant une attitude anticoncurrentielle, sans qu'il y ait aucune voie légale ou judiciaire économiquement praticable. C'est voisin de la force majeure[102].

§ 2. – La restriction de concurrence

544. – **Importance croissante de l'analyse économique. Plan.** Progressivement, l'analyse économique a gagné du terrain, tout spécialement pour apprécier la notion essentielle de « restriction de concurrence ». Les concepts d'efficience, de bien-être des consommateurs ou des utilisateurs finals, ou encore d'allocation optimale des

(97) V. les réf. citées *supra* ; *adde*, pour la fixation autoritaire des exonérations fiscales sur des dépôts en banque, CJCE, 21 sept. 1988, aff. 267/86, *Van Ecke* ; pour un projet de tarif élaboré par un ordre professionnel, mais homologué par l'État qui exerce, à cette occasion, un véritable pouvoir de décision, CJCE, 19 févr. 2002, aff. C-35/99, *Arduino c/ Compagnia Assicuratrice RAS*. – CJCE, 29 nov. 2001, aff. C-221/99, *Conte*. – CJCE, 17 févr. 2005, aff. C-250/03, *Mauri*. – *Adde* par ex., TPICE, 31 janv. 2001, aff. T-197 et 198/98, *Weyl Beef Products c/ Commission*. – *Adde* pour la mise en œuvre d'un régime d'importation de véhicules en Martinique et Guadeloupe, ne laissant aucune autonomie aux importateurs, car exclusivement étatique, TPICE, 18 sept. 1996, aff. T-387-94, *Asia Motors c/ Commission*. – Pour le PMU en France, CJCE, 11 nov. 1997, *Commission c/ France-Ladbroke Racing*, préc. – Pour l'interdiction faite aux intermédiaires en assurance de rétrocéder leurs ristournes aux clients, CJCE, 17 nov. 1993, aff. C-2-91, *Meng*, et aff. C-245-91, *Ohra Schaderverzekeringer NV*. – Pour la fixation des tarifs de transports routiers, CJCE, 17 nov. 1993, aff. C-185-91, *Güterfernverkehr* et pour celle des transports fluviaux, CJCE, 9 juin 1994, *Delta Schiffarts*, préc.

(98) TPICE, 18 nov. 1992, aff. T-16-91, *Rendo c/ Commission*, et CJCE, 19 oct. 1995, aff. C-19-93 P. L'article 101 TFUE ne peut être utilisé contre des entreprises que si les restrictions qui jouent entre elles dépassent celles qui découlent de la loi.

(99) V. *infra*, n°s 729 et 928 et s. La création d'une domination est licite, contrairement à l'homologation de ses abus, V. CJCE, 17 mai 1994, *Corsica Ferries*, préc.

(100) V. pour la loi *Lang* sur le prix du livre, CJCE, 14 juill. 1988, aff. 254-87, *Synd. des libraires de Normandie c/ l'Aigle distribution*.

(101) V. aff. *Deutsche Telekom*, TPICE, 10 avr. 2008, aff. T-271/03, pour un opérateur coupable d'un abus de position dominante par effet de ciseau, car il n'avait pas demandé au régulateur une modification tarifaire ; la solution vaut en matière d'entente ; V. *supra*, n°s 445 et 540.

(102) TPICE, 14 mai 1998, aff. T-308/94, *Cascades*. – TPICE, 15 mars 2000, aff. T-25 et s., *Cimenteries CBK*.

ressources, guident aujourd'hui la démarche des autorités de concurrence, et déconcertent quelquefois les juristes[103]. La lettre de l'article 101 TFUE a rendu possible cette évolution. Le texte est pragmatique, et contient un certain nombre d'exemples des pratiques susceptibles d'entrer dans ses prévisions (A). Cela facilite l'exégèse de la formule cardinale contenue dans le texte, selon laquelle sont interdites les ententes[104] « qui ont pour objet ou pour effet d'empêcher, de restreindre ou de fausser le jeu de la concurrence à l'intérieur du marché intérieur » (B). Cela éclairera une typologie des ententes restrictives (C), et la faveur dont jouissent certains accords (D).

A. – Exemples contenus dans l'article 101, § 1 TFUE

545. – **Énumération indicative.** La liste des exemples est indicative : l'adverbe « notamment » est là pour le rappeler. Les exemples énoncés sont toutefois caractéristiques de plusieurs pratiques illicites et banales. Il s'agit dans l'ensemble des situations les plus graves, souvent qualifiées d'injustifiables, ou *hardcore*. On retrouve ici un emprunt à la méthode américaine. Ces exemples éclairent la recherche d'une définition générique de l'entente restrictive.

1° Fixation directe ou indirecte des prix d'achat ou de vente, ou d'autres conditions de transaction (TFUE, art. 101, § 1, *a*)

546. – La détermination des prix reste un facteur décisif de concurrence. Les périodes de crise rappellent cette vérité élémentaire du commerce. La fixation des prix peut être directe ou indirecte : il peut y avoir des prix de revente concertés ou imposés. La détermination des prix peut aussi être opérée indirectement, par la fixation des marges, des délais de paiement, ou par des contraintes diverses.

Les accords horizontaux de fixation des prix sont fréquents, au sein de cartels ou dans le cadre de concertations. Ces accords sont en général les plus graves, et causent les plus grands préjudices collectifs. Ils sont régulièrement sanctionnés par de lourdes amendes[105]. Leur poursuite est facilitée par ce qu'on appelle les programmes de clémence, qui encouragent les dénonciateurs[106][107].

(103) V. *Lignes directrices concernant l'application de l'article 81, § 3 du Traité CE*, 27 avr. 2004 (*JOUE* n° C 101).

(104) On rappelle ici l'unicité de la notion, V. *supra*, n° 523.

(105) On ne peut en dresser la liste : V., par ex., les cartels du tabac brut en Espagne, CJUE, 26 sept. 2013, aff. C-668 et 679/11, *Alliance One*. – Des déménagements internationaux, CJUE, 11 juill. 2013, aff. C-429/11 P, *Gosselin Group*. – Des ascenseurs, CJUE, 18 juill. 2013, aff. C-501/11 P, *Schindler Holding*. – De la bière, CJUE, 19 déc. 2012, aff. C-445, 452, 593, 654/11 P, *Bavaria, Heineken, Alliance One*. – Du bitume routier, Trib. UE, 27 sept. 2012, aff. T-343, 344, 347, 348, 351, 352, 370/06, *Shell, Total*, etc. – Des fermetures, déc. 19 sept. 2007, n° 39.168. – Du caoutchouc butadième, CJUE, 13 juin 2013, aff. C-511/11 P, *Versalis*. – V. encore l'entente franco-allemande des meuniers, déc. 13 mars 2012, n° 12-D-09, ou celles des commodités chimiques, déc. 28 mai 2013, n° 13-D-12. – Les affaires du verre plat, déc. 28 nov. 2007, COMP/39.165 ; des ascenseurs, 21 févr. 2007, COMP/E.1.38823 ; ou du placoplâtre, TPICE, 8 juill. 2008, aff. T-53/03, *BPB c/ Commission*, préc., et aff. T-52/03, *Knauf*, préc., ou encore les affaires classiques des *poutrelles*, déc. 16 févr. 1994 : *JOCE* n° L 343, 30 déc. 1994 et les onze arrêts TPICE du 11 mars 1999 puis du 11 nov. 2006. – Celle de la *Lysine*, déc. 7 juin 2000 *(acides aminés)* : *JOCE* n° L 152, 7 juin 2001 et les quatre arrêts TPICE du 9 juillet 2003 ; ou celle des *Électrodes de graphite*, déc. 18 juill. 2001 : *JOCE* n° L 100, 16 avr. 2002, et TPICE, 29 avr. 2004, aff. T-236 et s., *Tokai Carbon et a*. – *Adde*, par ex., déc. 6 août 1984, *Zinc Producers Group*, et les affaires de *polypropylène*, TPICE, 24 oct. 1991 et 10 mars 1992, préc. ou celles du carton, V. TPICE, 14 mai 1998, aff. T-334/94, *Sarrio c/ Commission* ; aff. T-347/94, *Mayr-Melnhof Kartongesellschaft c/ Commission*, ou encore du sucre, déc. 14 oct. 1998, *British Sugar e.a.* : *JOCE* n° L 76, 22 mars 1999. – *Adde*, pour la fixation de primes commerciales d'assurances, CJCE, 27 janv. 1987, *Verband der Sachversicherer* préc. – Pour les tarifs bancaires, TPICE, 14 déc. 2006, aff. T-259 à 264/02, *Raiffeisen Zentralbank Osterreich (club Lombard)*.

(106) V. *infra*, n° 869.

(107) Les cartels horizontaux sont considérés comme criminels (V. OCDE, Recomm. 25 mars 1998), et la Commission concentre ses efforts sur eux : V. ainsi déc. 12 nov. 2008 (verre automobile, *JOUE* n° C 173, 25 juill. 2009), 28 janv. 2008 (bananes, *JOUE* n° C 189/2009, 12 août 2009), 1er oct. 2008 (*Parafine*, COMP/39.1.81), 11 juin 2008 (chlorate de soude :

Les accords verticaux sont également visés et notamment ceux qui lient un fabricant avec ses distributeurs dans le cadre de réseaux sélectifs, de concessionnaires, de franchise, ou autres. Le texte prohibe la fixation des prix, c'est-à-dire les prix imposés. Mais il faut distinguer les prix imposés des prix simplement conseillés, ou encore de ceux qui résultent des contraintes légitimes imposées par le fabricant qui ont pour effet de limiter, sans la supprimer, la concurrence par les prix(108). Il peut être difficile de distinguer les prix conseillés licites des prix imposés illicites. Il ne peut être prohibé de suivre de bons conseils. Y aurait-il un pourcentage fixe au-delà duquel le suivisme serait la preuve d'une contrainte illicite ? La question se pose notamment dans les réseaux verticaux de distributeurs (V. *infra*, nos 585, 597 et 649).

L'important arrêt *Leegin*, prononcé le 28 juin 2007 par la Cour suprême des États-Unis, a renouvelé le débat sur l'opportunité de maintenir une prohibition générale des prix imposés dans les réseaux de distributeurs. Les prix imposés peuvent en effet favoriser la concurrence *inter-brand*. Ne vaudrait-il pas s'engager dans une perspective purement économique, et casuistique ? Mais le texte de l'article 101 TFUE est clair, et il serait sans doute imprudent d'y toucher. Les *Lignes directrices* de la Commission du 19 mai 2010 sur les restrictions verticales maintiennent donc la distinction entre prix conseillés et prix imposés(109).

2° La limitation ou le contrôle de la production, des débouchés, du développement technique ou des investissements (TFUE, art. 101, § 1, *b*)

547. - Ce genre d'accord contient une limitation volontaire de la concurrence interne entre les entreprises concernées, dont les effets sont externes, et sont notamment préjudiciables aux consommateurs. Des systèmes de quotas ou de blocage sont évidemment visés par cette disposition(110). En période de crise, des ententes de restriction de la production sont fréquentes : elles visent à réduire les surcapacités que les forces du marché ne parviendraient pas seules à éponger : cela n'empêche pas d'entrer dans les prévisions du texte(111).

JOUE n° C 137, 17 juin 2009), des déménagements internationaux en Belgique, ascenseurs et escaliers mécaniques, raccords de cuivre (*JOUE* n° C 283, 27 oct. 2007), 13 sept. 2006 (bitume aux Pays-Bas : *JOUE* n° L 196, 28 juill. 2007) ou 31 mai 2006 (méthacrylates : *JOUE* n° L 322, 22 nov. 2006).

(108) V. CJCE, 22 oct. 1986, aff. 75-84, *Metro c/ Saba II* : *RTD. com.* 1987, 375. – *Adde* déc. 16 déc. 1991, *Yves Saint Laurent* : *JOCE* n° L 12, 18 janv. 1992 et 24 juill. 1992, *Givenchy* : *JOCE* n° L 236, 19 août 1992. – TPICE, 12 déc. 1996, aff. T-19-92, *Galec c/ Commission*, *YSL*, et aff. T-88-92, *Givenchy*. – TPICE, 6 juill. 2000, aff. T-62/98, *V.W.* – TPICE, 26 oct. 2000, aff. T-41/96, *Bayer*. – TPICE, 11 juin 2002, *Banques autrichiennes*. – V. encore la solution admise exceptionnellement pour le prix de vente des journaux, 3 juill. 1985, aff. 243-83, *Binon c/ Messageries de Presse*, mais la solution contraire pour les livres, TPICE, 9 juill. 1991, *Publishers Association*, préc. Il existe aujourd'hui un courant favorable aux prix imposés dans les réseaux de distributeurs, qui seraient des « facteurs de concurrence ». Pour l'instant, la prohibition a été maintenue, V. Règl. n° 2790/1999 de la Commission, 22 déc. 1999 (V. *infra*, sur les évolutions possibles, nos 632 et 650).

(109) V. *JOUE* n° C-130, 19 mai 2010.

(110) V. l'affaire célèbre de la *quinine*, déc. 16 juill. 1969 : *JOCE* n° L 192, 5 août 1969 ; et celle de l'*entente franco-japonaise en matière de roulements à billes*, 20 nov. 1974 : *JOCE* n° L 313, 21 déc. 1974, ou celle du *carton*, préc. – Pour le blocage des droits TV le samedi et le dimanche pour remplir les stades, déc. 19 avr. 2001, *UEFA* : *JOCE* n° L 171, 26 juin 2001. – Déc. 11 juin 2008, *chlorate de soude* : *JOUE* n° C-137, 17 juin 2009. – Déc. 24 janv. 2007, appareils de commutation à isolation gazeuse, COMP/38899.

(111) CJCE, 20 nov. 2008, aff. C-209/07, *Beef Industry Development Society*. Une exemption individuelle sur le fondement du § 3, pourra alors être accordée ; V., pour le marché de la brique aux Pays-Bas, déc. 29 avr. 1994, *Stichting Baksteen* : *JOCE* n° L 131, 26 mai 1994. Sur les cartels de crise, V. XXIIIe rapport, p. 51, et *infra*, n° 621.

Les efforts de certaines professions ou entreprises pour édicter des normes techniques peuvent aussi rentrer dans ses prévisions.

Mais la limitation ou le contrôle de la production, comme les efforts en matière de normes, peuvent le cas échéant être considérés comme des accords de spécialisation, ou de recherche et de développement, entrant dans les prévisions des règlements d'exemption par catégorie adoptés par la Commission(112).

3° La répartition des marchés ou des sources d'approvisionnement (TFUE, art. 101, § 1, *c*)

548. - On retrouve ici les dangers du cloisonnement du marché intérieur. Des accords horizontaux, et notamment des pratiques concertées, ont souvent cet objectif illicite : protéger le *statu quo* entre les entreprises et retarder ou empêcher l'arrivée de concurrents(113). Le cas échéant, ces accords visent aussi à gérer « les situations de crise »(114). Ce but est souvent poursuivi par de grands cartels internationaux(115)(116)(117). Les accords verticaux conclus dans les réseaux de distribution se prêtent également à ce genre de stipulation : le souci de protéger chaque distributeur local peut conduire à insérer dans les contrats des clauses qui interdisent notamment les importations parallèles au sein même du réseau. La condamnation de ces clauses est radicale(118). De même, la volonté d'une entreprise de préserver ses parts de marché peut la conduire à utiliser la clause d'exclusivité d'achat qu'elle exige de ses détaillants de manière anticoncurrentielle(119).

4° L'application à des partenaires commerciaux de conditions inégales pour des prestations équivalentes en leur infligeant un désavantage dans la concurrence (TFUE, art. 101, § 1, *d*)

549. - Le droit européen ne connaît pas de prohibition *per se* des pratiques discriminatoires. La discrimination est cependant mentionnée, parmi les résultats

(112) V. déc. 15 déc. 1975, *Bayer* : *JOCE* n° L 30, 5 févr. 1976. – Déc. 20 déc. 1977, *Vidéo Cassettes Recorder* : *JOCE* n° L 47, 18 févr. 1978, et déc. 17 déc. 1981, *Navewa-Anseau* : *JOCE* n° L 167, 15 juin 1982 ; V. *infra*, n° 653.

(113) V., par ex., Aut. conc., déc. *Subutex* ; celles du *Citalopharm*, 18 déc. 2013, n° 13-D-21 et déc. 19 juin 2013, *Lundbeck e.a.*, IP-13563 ; aff. du *Fentanyl*, déc. 10 déc. 2013, *Johnson et Novartis*, IP-131233.

(114) V., par ex., aff. du *polypropylène* et du *carton*, préc. – *Adde*, CJCE, 16 déc. 1975, *Suiker Unie*, préc. et les *Cartels du carton*, déc. 13 janv. 1994 : *JOCE* n° L 243, 19 sept. 1994 ; du *Ciment*, 30 nov. 1994 : *JOCE* n° L 343, 30 déc. 1994. – *Adde*, déc. 24 avr. 1997, *Autorité surveillance AELE, TFB* : *JOCE* n° L 284, 16 oct. 1997, V. *infra*, n° 581.

(115) V., par ex., aff. des *élévateurs* ou du *verre plat*, préc. – *Adde*, pour les tubes de cuivre, TPICE, 6 mai 2009, aff. T-116/04, *Wieland Werke*. – V. tout particulièrement les affaires du *ciment*, déc. 30 nov. 1994 : *JOCE* n° L 343, 30 déc. 1994, et TPICE, 15 mars 2000, aff. T-25 et s., *Cimenteries CBR et a.*, puis CJCE, 7 janv. 2004, aff. C-204, 205, 211, 213, 217 et 219/00, *Aalbord Portland et a.* ; celle des *poutrelles*, préc., des *électrodes de graphite*, préc. ; celle de la *farine franco allemande*, déc. 13 mars 2012, n° 12-D-09 ou des *commodités chimiques*, déc. 28 mai 2012, n° 13-D-12.

(116) Partage des marchés français et allemands du gaz, déc. 8 juill. 2009, *EON-GdF*, COMP/39401, tuyaux marins, ou de la farine, Aut. conc., déc. 13 mars 2012, n° 12-D09 ; déc. 28 janv. 2008, COMP/39406 ; déc. 1er oct. 2008, *Paraffine*, préc. – Marché néerlandais de la bière, déc. 18 avr. 2007 : *JOUE* n° C-122, 20 mai 2008.

(117) V., pour le partage du marché européen par les sociétés de gestion collective des droits d'auteur au moyen de clauses de représentation réciproques, renforcées par des clauses d'affiliation obligatoire et des clauses d'exclusivité, déc. 16 juill. 2008, *CISAC* : *JOCE* n° C 323, 18 déc. 2008.

(118) Le secteur automobile a fourni de nombreux exemples, TPICE, 9 juill. 2009, aff. T-450/05, *Peugeot*. – V. CJCE, 17 sept. 1985, *Ford AG*, préc. – CJCE, 11 nov. 1986, aff. 226-84, *British Leyland*. – CJCE, 12 juill. 1991, aff. T-23-90, *Peugeot-Talbot*. – Déc. 15 déc. 1992, *Ford Agricultural* : *JOCE* n° L 20, 28 janv. 1993. – TPICE, 6 juill. 2000, *V.W.*, préc. – *Adde*, dans un autre secteur, CJCE, 11 janv. 1990, *Sandoz*, préc. et déc. 18 mars 1992, *Dunlop-Slazenger-International* : *JOCE* n° L 131, 16 mai 1992, ou pour des balles de tennis, déc. 21 déc. 1994, *Tretorn* : *JOCE* n° L 378, 31 déc. 1994 ; pour des machines à façonner des imprimés informatiques, déc. 4 déc. 1996, *Systemform* : *JOCE* n° L 47, 18 févr. 1997 ; pour les vols aériens, déc. 18 juill. 2001, *SAS-Maersk-Sun Air* : *JOCE* n° L 265, 5 oct. 2001.

(119) Déc. 23 déc. 1992, *Schöller Lebensmittel* : *JOCE* n° L 183, 26 juill. 1993, ou aff. *Unilever Mars*, XXVe rapport, p. 145.

illicites que peut avoir une entente(120). Les pratiques de répartition des marchés aboutissent fréquemment à établir des conditions différentes en fonction de la localisation des entreprises(121).

5° La subordination de la conclusion de contrats à l'acceptation, par les partenaires, de prestations supplémentaires qui, par leur nature, ou selon les usages communs, n'ont pas de lien avec l'objet de ces contrats (TFUE, art. 101, § 1, *e*)

550. – Par cette formule, on vise les clauses dites de subordination, les contrats couplés, ou d'enchaînement. Ici encore, cette pratique n'est pas sanctionnée en elle-même : elle ne l'est que si elle est le résultat d'une entente. Les contrats de distribution peuvent être des ententes qui contiennent ce type de stipulation(122). Il en est de même, parfois, des accords de licence, ou de *pools* de brevets, ou encore de savoir-faire(123).

B. – Les critères de la restriction de concurrence

551. – **Progression de l'analyse économique. Protection du marché.** Les exemples énumérés dans l'article 101, § 1 TFUE ne sont pas limitatifs. Ils ne couvrent pas toutes les atteintes concevables à la concurrence. C'est pour cela que ce § 1 dispose que l'entente doit, pour être illicite, avoir pour résultat d'« empêcher, de restreindre ou de fausser la concurrence à l'intérieur du marché intérieur ». Progressivement, l'analyse économique de la restriction de concurrence est devenue centrale. La restriction de concurrence s'apprécie aujourd'hui très souvent par rapport aux notions d'allocation optimale des ressources, d'efficience, ou de bien-être des consommateurs. Le but est d'éviter la confiscation par quelques entreprises du surplus qui doit être au contraire équitablement distribué. On poursuit les rentes, qui causent de grands préjudices collectifs. Les ententes sont condamnées lorsqu'elles confèrent à leurs participants un pouvoir de marché artificiel, et qu'elles l'utilisent pour maximiser leurs profits au détriment de la demande. Ainsi s'explique, par exemple, la différence d'appréciation des pratiques concertées selon que le marché est atomisé ou oligopolistique, la lutte contre les cartels « injustifiables » (qui ne peuvent prospérer en fait que sur des marchés oligopolistiques), ou la faveur aux réseaux de distribution qui sont bien souvent en concurrence avec d'autres réseaux, et qui, pour cela, sont facteurs de concurrence.

Les solutions jurisprudentielles plongent leurs racines dans les débuts de la construction européenne, et des arrêts anciens sont toujours cités comme des précédents immuables. Ce ne sont pas tant les solutions concrètes qui ont changé que leur justification et la perspective dans laquelle elles prennent aujourd'hui place.

(120) Pour la rémunération de la « plus-value » résultant de la concentration de l'offre de fleurs dans une coopérative hollandaise, TPICE, 14 mai 1997, aff. T-70 et 71/94, *Florimex c/ Commission* et *VGB c/ Commission* ; il n'y a pas d'équivalence des prestations si elles sont fournies sur des marchés distincts, ce qui peut justifier une différence de traitement (TPICE, 27 sept. 2006, aff. T-168/01, *Glaxosmithkline*).

(121) V. déc. 23 nov. 1972, *Pittsburg Corning Europe* : *JOCE* n° L 272, 5 déc. 1972. – CJCE, 8 nov. 1983, aff. 96 à 102, 104, 105, 108 et 110-82, *IAZ International Belgium*.

(122) V., par ex., aff. *Coca-Cola*, *in* XIXe rapport, n° 50.

(123) V. déc. 11 juill. 1983, *Windsurfing international* : *JOCE* n° L 229, 20 août 1983 et CJCE, 25 févr. 1986, aff. 193-83.

Dans ses *Lignes directrices concernant l'application de l'article 81, § 3 du Traité CE*[124], la Commission expose la méthode à suivre pour caractériser une restriction de concurrence au sens du § 1.

L'atteinte à la concurrence suppose d'abord déterminée la situation concurrentielle des entreprises concernées, ce qui peut conduire à se préoccuper du marché sur lequel elles interviennent (1°). Ensuite, il s'agira de mettre en évidence, *in concreto*, la situation artificielle de concurrence qui résulte de l'entente en cause, ou qui est susceptible d'en résulter (2°).

1° Le « marché de référence » en matière d'ententes

552. - **Importance relative de la délimitation du marché en matière d'ententes.** La délimitation du marché de référence a, on le rappelle[125], une importance moindre en matière d'ententes que de positions dominantes[126] : on ne conçoit en effet de domination que sur un marché délimité avec précision. Le marché est donc un critère indispensable à la mise en évidence d'une domination. La notion complexe d'entente qui a « pour objet ou pour effet d'empêcher de restreindre, ou de fausser le jeu de la concurrence à l'intérieur du marché intérieur » permet de se dispenser d'une délimitation précise du marché de référence, pour deux raisons. La première est que certains accords, par leur nature même, c'est-à-dire par leur « objet », faussent ou restreignent la concurrence, sans que le marché soit un critère utile. C'est le cas des accords injustifiables (par ex., accords de prix entre concurrents, partage de marché, ou interdictions d'exporter)[127]. La seconde est que les effets restrictifs de certaines ententes peuvent être mis en évidence par la simple observation des faits : c'est le cas lorsque l'on observe des augmentations de prix consécutives à la mise en œuvre d'un accord[128][129]. Il n'empêche qu'il faut à tout le moins définir le produit ou le service affecté par l'entente, la situation de concurrence entre les entreprises concernées, la situation des concurrents potentiels, ou l'existence de barrières à l'entrée, ce qui revient souvent en pratique à une délimitation empirique du marché. En tout cas, cette définition est nécessaire dès que des seuils de sensibilité sont posés (par ex., communication *de minimis*), ou lorsqu'il faut rechercher, dans le cadre d'une exemption, si la concurrence n'est pas éliminée[130].

2° La mise en évidence de la restriction de concurrence

553. - **Analyses économiques.** Le droit de la concurrence a emprunté aux principales théories économiques qui se sont développées et affrontées au cours de la

(124) *JOUE* n° C 101, 27 avr. 2004.

(125) V. *supra*, n°s 476 et s.

(126) TPICE, 21 févr. 1995, aff. T-29-92, *SPO, Veriniging van Samenverkende Prijsregelende Organisaties in de Bouwnijverheid (SPO)* et TPICE, 8 juin 1995, aff. T-7 et 9-93, *Langnese-Schöller (Mars)*. – Trib. UE, 24 mai 2012, aff. T-111/08, *MasterCard*.

(127) V. *infra*, n°s 553, 577 et 869.

(128) V., sur ces points, Comm. CE, communication concernant l'application de l'article 81, § 3 du traité, préc. ; l'affectation du commerce entre États membres peut alors suffire, TPICE, 14 déc. 2006, aff. T-259 à 264/02, *Raiffeisen Zentrabank Osterreich*. – V., pour les marchés de la réparation des véhicules et celui du courtage d'assurance, CJUE, 14 mars 2013, aff. C-32/11, *Allianz Hungaria*.

(129) Sur la distinction objet-effet, V. *infra*, n° 609.

(130) TPICE, 15 sept. 1998, aff. T-374, 375, 384 et 388/ 94, *European Night Service c/ Commission*. La Commission a l'obligation de motiver sur ce point. – V. CJUE, 11 juill. 2013, aff. C-429/11 P, *Gosselin Groupe*.

seconde moitié du XXe siècle. Les écoles de Harvard et de Chicago(131) mettent en avant des principes opposés. Pour la première école, l'analyse empirique montre que l'accès aux marchés est souvent difficile en raison de barrières à leur entrée (droits de propriété intellectuelle, normes, accords divers, habitudes…), ce qui fait que les entreprises n'y réussissent pas forcément en raison de leur seule efficience. Il faut donc concrètement et au cas par cas rechercher si le marché a atteint une situation d'efficience optimale. Cette situation n'est pas nécessairement celle d'une concurrence atomistique. Des situations de monopoles peuvent être dans certains cas les plus efficientes, s'il n'y a pas de barrières à l'entrée autres que l'inefficience des petits concurrents. Mais il peut aussi être nécessaire, au terme de cette analyse empirique, de réguler pour réduire les « pouvoirs de marché », pour faire respirer les marchés, pour permettre à la concurrence (potentielle) de s'exprimer. Cela peut même aller jusqu'à faire évoluer le marché par la création – au besoin impérative – d'un déséquilibre nouveau. Pour la seconde école, celle de Chicago, le succès est en général le fruit de l'efficience économique spontanée, qui aboutit aussi la plupart du temps à la meilleure allocation des ressources ; aussi, avant de réguler, il faut s'interroger d'abord sur l'efficience de la réglementation envisagée. La réaction régulatrice n'est pas forcément inutile, mais elle doit être subsidiaire.

Il est certain que des ententes peuvent cloisonner les marchés, ériger des barrières artificielles à leur entrée, et favoriser des monopoles collectifs inefficients, confisquant le surplus économique qui doit revenir aux consommateurs ou aux utilisateurs finals.

C'est en général le résultat des ententes horizontales. Les cartels conclus le plus souvent entre producteurs sont particulièrement nocifs : ils empêchent la concurrence entre les participants, ils sont inefficients car ils imposent des prix qui doivent assurer la survie de l'entreprise participante la moins efficace, ils empêchent la concurrence potentielle de s'attaquer à un marché ainsi verrouillé. De surcroît, ces cartels supposent, pour que leurs effets négatifs puissent être atteints, une situation de monopole ou de quasi-monopole collectif, établi durablement par l'intérêt commun, et aussi souvent par la menace de représailles. La plupart des cartels horizontaux internationaux de producteurs sont même considérés comme injustifiables (*hardcore*) au niveau international(132), et sont de plus en plus sévèrement sanctionnés. Des procédures spéciales (programmes dits de « clémence ») ont même été mises en place pour favoriser leur découverte, par la délation ou la dénonciation, car ce sont les cartels les plus durables, et les plus secrets(133). Mais on ne saurait systématiser à l'excès. Il n'est pas exclu qu'il puisse y avoir des accords horizontaux qui ne soient pas restrictifs de concurrence, par exemple faute de pouvoir de marché, ou encore réellement efficients et facteurs de concurrence.

Les ententes verticales sont *a priori* moins nocives. Ce sont les accords d'achat, de vente, ou de distribution. Les plus nombreux sont les accords de franchise, de concession, de distribution sélective… Ces accords sont souvent des accords

(131) V. *supra*, n° 441.
(132) V. OCDE, Recomm. 25 mars 1998 ; OCDE, Rapport sur les ententes injustifiables de 2000 ; OCDE, synthèse sept. 2001, et 3e rapport de 2006 ; V. *supra*, n° 552 et *infra* n°s 577 et 869.
(133) V. *infra*, n°s 577 et 869.

« de concurrence » : ils visent l'efficience d'un réseau, d'une marque, d'une politique commerciale. On ne peut les réguler *a priori*. Mais ils peuvent devenir nocifs s'ils aboutissent à des pouvoirs de marché excessifs, ou s'ils verrouillent ou cloisonnent les marchés. Alors la réglementation peut, dans ces cas, être plus efficiente que le marché.

554. – **Concurrence praticable.** Bien que l'expression soit de J.-M. Clark (*workable competition*), qui a illustré l'école de Harvard, elle a connu un succès général. L'idée est que la concurrence doit être préservée, et que, si les marchés ne secrètent pas toujours par eux-mêmes les déséquilibres qui alimentent naturellement la concurrence (nouveautés, asymétries d'informations...), il faut souvent une réaction du droit. Les potentialités sont donc à considérer avec attention, surtout si les marchés ne sont pas (ou peu) contestables (s'il y a des barrières à leur entrée).

555. – **Appréciation *in concreto*. Arrêt *LTM c/ MBU*.** Dans cet important arrêt du 30 juin 1966(134), la Cour de justice a ainsi souligné que « le jeu de la concurrence doit être entendu dans le cadre réel où il se produirait à défaut de l'accord litigieux » et que « pour apprécier si un contrat (...) doit être interdit en raison de son objet ou de son effet, il y a lieu de prendre en considération notamment la nature et la quantité limitée ou non des produits faisant l'objet de l'accord, la position et l'importance (...) [des parties en cause] sur le marché des produits concernés, le caractère isolé de l'accord litigieux ou, au contraire, la place de celui-ci dans un ensemble d'accords »(135).

Il faut donc savoir si la concurrence sur le marché serait différente sans l'accord litigieux (*a*), si l'éventuelle atteinte à la concurrence est sensible (*b*), et s'il faut pour cela dresser un bilan global, pro et anticoncurrentiel, de l'accord (*c*), ou simplement traiter comme l'accord principal les restrictions qui lui sont accessoires (*d*). Enfin, dans certains cas, on doit se demander si une restriction de concurrence ne peut pas être justifiée par des considérations d'intérêt général (*e*).

La méthode de cette analyse *in concreto* a été encadrée par la jurisprudence, et synthétisée par la Commission(136).

a) L'appréciation de la concurrence par rapport à ce qu'elle serait sans l'accord litigieux

556. – **Plan.** La restriction peut toucher les deux formes principales de concurrence, que sont la concurrence *inter-brand*, et la concurrence *intra-brand* (1). On vise aussi bien la concurrence actuelle que la concurrence potentielle (2). Mais la restriction doit toujours être caractérisée *in concreto*, c'est-à-dire en fonction du contexte de marché (3).

1) Recherche de la restriction de concurrence inter-brand, et intra-brand

557. – **Le *counterfactual test* ou la recherche de la « situation contrefactuelle ».** L'idée fondamentale consiste à rechercher quelle serait la situation

(134) Aff. 56-65, *La technique minière c/ Maschinenbau Ulm*.
(135) V. aussi, CJCE, 25 nov. 1971, aff. 22/71, *Beguélin Import*. – CJCE, 25 oct. 1977, aff. 26/76, *Metro Saba 1*.
(136) V. *Lignes directrices concernant l'application de l'article 81, § 3 du Traité CE*, préc.

concurrentielle, actuelle ou potentielle, en l'absence de l'accord ou des stipulations contractuelles examinées. Cette situation contrefactuelle doit être plausible compte tenu du marché.

L'exercice est sans doute intellectuel. Il s'agit d'apprécier des hypothèses qui doivent être réalistes et plausibles, mais qui ne se réaliseraient peut-être pas inévitablement. Ainsi, dans l'affaire relative au réseau de paiement et de retrait MasterCard, a-t-on recherché quelle aurait pu être la situation du réseau, et la concurrence intersystèmes de paiement, sans les commissions multilatérales interbancaires mises en place. La Commission estima que le système aurait pu fonctionner(137).

558. – **Concurrence *inter-brand* et *intra-brand*.** Le *counterfactual test* peut être appliqué à la concurrence *inter-brand* (concurrence entre les marques) ou *intra-brand* (à l'intérieur d'une même marque). Il s'agit de savoir quels seraient les nouveaux entrants sans l'accord litigieux (*inter-brand*), ou quelle serait la liberté des distributeurs (*intra-brand*). Depuis le célèbre arrêt *Grundig et Consten c/ Commission*(138) du 13 juillet 1966, il est en effet admis que sont visées tout autant les restrictions horizontales (entre entreprises intervenant au même stade du processus économique, par ex. entre fabricants) que les restrictions verticales (entre entreprises n'intervenant pas au même stade du processus économique ; par ex. entre un fabricant et chacun de ses franchisés, dans le cadre d'un réseau).

Un accord, quelle que soit sa nature (horizontal ou vertical), peut de surcroît restreindre à la fois la concurrence *inter-brand* et la concurrence *intra-brand*. Si la concurrence inter-marque est en règle générale affectée par des accords horizontaux entre producteurs, elle peut aussi être affectée par des accords verticaux (par ex., dans un sens négatif : pluralité de réseaux parallèles entraînant, par leur effet cumulatif(139), une fermeture du marché aux producteurs qui désireraient y pénétrer ; et, dans un sens positif : implantation d'un réseau de distribution exclusive par un fabricant absent d'un marché national ; il y a dans ce dernier cas accentuation de la concurrence *inter-brand*, et affaiblissement de la concurrence *intra-brand*). De son côté, la concurrence intramarque est en général affectée par des accords verticaux (par ex., réseaux de distribution), mais peut l'être aussi par des accords horizontaux (stratégies parallèles de prix, ou de partage de marché).

Cela signifie qu'il n'est pas possible de poser en axiome que les accords horizontaux sont tous anticoncurrentiels, tandis que les accords verticaux (réseaux) sont par nature proconcurrentiels(140).

559. – **Concurrence *inter-brand* et *intra-brand* et restriction de concurrence interne ou externe.** La distinction entre concurrence externe et concurrence interne correspond à une autre présentation des mêmes situations. La restriction de concurrence est interne lorsque la liberté des parties à l'entente est réduite par

(137) Trib. UE, 24 mai 2012, aff. T-111/08, *MasterCard*, et CJUE, 12 sept. 2014, aff. C-382/12 P.
(138) Aff. 56 et 58/64.
(139) V. *infra*, n° 563.
(140) Une analyse très favorable aux réseaux verticaux avait été proposée par certains économistes proches de l'École de Chicago (Stigler, Demsetz, Brotzen ; *adde* Posner ; V. D. Fasquelle, *Droit communautaire et droit américain des ententes*, GLN-Joly, 1993, p. 48 et s.). Elle n'a pas été suivie, ce qui ne signifie pas que nombre de réseaux ne soient pas proconcurrentiels.

leur accord. Elle est externe lorsque c'est la liberté des parties envers les tiers qui est réduite, voire la liberté des tiers entre eux.

L'analyse économique *in concreto* qui doit prévaloir depuis l'arrêt *LTM-MBU* conduit à estimer que les deux peuvent entrer dans le champ d'application de l'article 101, § 1 TFUE. L'une comme l'autre peuvent être restrictives de concurrence *intra-brand* ou *inter-brand* (par ex., une clause de partage de marché peut affecter les deux formes de concurrence). L'une comme l'autre peuvent être le résultat d'un accord horizontal ou d'un accord vertical (par ex., une clause d'interdiction d'exporter imposée aux membres d'un réseau limite la liberté des parties, et celle des tiers qui désireraient acquérir le produit en cause, mais qui sont privés de la liberté de choisir leur vendeur).

560. – **Distinction entre restriction de concurrence et déséquilibres contractuels.** Le droit du marché vise à la protection de la concurrence. Il ne vise pas à protéger les opérateurs, les parties, ou les contractants, même s'il peut arriver que la sanction du droit de la concurrence remédie à des déséquilibres contractuels. Si des entreprises commettent des erreurs dans la négociation de leurs contrats, même si ces erreurs affectent leur capacité concurrentielle, elles ne peuvent pas pour autant invoquer l'article 101, § 1 TFUE afin de demander indirectement une révision des contrats qu'elles ont conclus, sans prouver une restriction de la concurrence *intra-brand* ou *inter-brand* sur le marché(141). La Commission a repris cette idée en écrivant que « la question à trancher n'est pas de savoir si les parties, compte tenu de leur situation spécifique, n'auraient pas accepté de conclure un accord moins restrictif, mais si, compte tenu de la nature de l'accord et des caractéristiques du marché, un accord moins restrictif n'aurait pas été conclu par des entreprises se trouvant en situation similaire »(142).

2) La prise en compte de la concurrence actuelle et de la concurrence potentielle

561. – **Principe constant du droit de la concurrence.** Sont non seulement interdits les accords qui empêchent la concurrence actuelle et observable sur un marché, mais aussi ceux qui empêchent une concurrence nouvelle d'apparaître. La restriction de la concurrence potentielle conduit à se préoccuper surtout de la contestabilité du marché. Des ententes peuvent en effet réduire cette contestabilité et dissuader les nouveaux entrants potentiels(143). La restriction de la concurrence potentielle à l'égard des nouveaux entrants potentiels dépend souvent de la structure oligopolistique du marché, que l'accord tend à cristalliser(144). Des comportements qui n'ont encore eu aucune conséquence perceptible peuvent donc être

(141) V. CJCE, 30 juin 1966, *LTM-MBU*, préc. ; *adde* Walbroeck et Frignani, *Commentaire Mégret*, éd. UEB, n° 171.
(142) *Lignes directrices* préc., pt 17-2.
(143) Un entrant potentiel est celui qui a la capacité économiquement concrète à intégrer rapidement le marché, peu important si cette intégration est juridiquement impossible (CJUE, 29 juin 2012, aff. T-360/09, *E. ON Ruhrgas*, et aff. T-370/09, *GDF-Suez*. – Trib. UE, 14 avr. 2011, aff. T-461/07, *Visa Europe et Visa International Services*), *les Lignes directrices sur les accords de coopération horizontale* donnent à titre indicatif le délai d'un an.
(144) V., pour des échanges d'informations qui profitaient surtout aux entreprises déjà présentes, déc. 17 févr. 1992, *UK Agricultural Tractor Registration exchange* : *JOCE* n° L 68, 13 mars 1992. – TPICE, 27 oct. 1994, aff. T-35/92, *John Deere*. – TPICE, 8 août 2008, aff. T-53/03, *BPB c/ Commission (placoplâtre)*.

« susceptibles » de restreindre la concurrence, en fonction du contexte constaté, ou du marché délimité[(145)].

3) Restriction de concurrence et contexte de marché

562. – **Pouvoir de marché et préjudice à la demande.** Depuis l'arrêt *LTM-MBU* du 30 juin 1966[(146)], l'analyse *in concreto* repose pour une bonne part sur la position ou l'importance des parties en cause sur le marché concerné. Mais cette seule constatation ne suffit pas : il faut considérer le contexte du marché, c'est-à-dire rechercher comment il fonctionne et comment satisfaire la demande. Une restriction apparente peut ne pas en être une.

La restriction de concurrence est plus ou moins facile à prouver, selon que les parties ont de fortes ou de faibles positions sur le marché. Une restriction de concurrence peut être décelée si l'accord permet à ses membres d'acquérir, ou de maintenir, un « pouvoir de marché ». Le « pouvoir de marché » n'est pas la situation concurrentielle normale. Le pouvoir de marché peut être défini comme « la capacité de pratiquer pendant une durée significative des prix supérieurs au niveau qui résulterait du jeu de la concurrence, ou de maintenir pendant une durée significative la production en termes de quantité, qualité, et diversité des produits ou en termes d'innovation, à un niveau inférieur à celui qui résulterait du jeu de la concurrence »[(147)].

Concrètement, le pouvoir de marché peut d'abord être défini par rapport à ce qu'il n'est pas. Il ne se prouve pas par la réalisation de profits par les entreprises concernées, ou par les prix ou les qualités de leur production. Une situation normale de concurrence entraîne des profits, de même qu'une certaine durée des cycles de production nécessaire à un retour normal sur investissement.

Le pouvoir de marché se caractérise par l'insuffisance des pressions concurrentielles sur les entreprises concernées. Cette insuffisance de pression de la part du marché signale qu'un pouvoir de marché anormal est acquis ou maintenu. Les pressions concurrentielles équilibrantes peuvent être celles des concurrents directs, bien sûr, mais également celles des acheteurs (la puissance d'achat peut être compensatrice), ou celle des fournisseurs.

L'insuffisance de pressions concurrentielles peut venir de la puissance cumulée des membres de l'entente, et donc de l'insuffisance de la puissance compensatrice du marché, ce qui est très fréquent pour les cartels horizontaux injustifiables de producteurs[(148)]. Elle peut encore venir des conséquences de la gestion collective par les membres de l'entente d'un réseau ou d'une installation essentielle pour accéder au marché[(149)]. Elle peut également se déduire de la constatation que l'accord aboutit à évincer peu ou prou les concurrents, ou à affaiblir leurs capacités

(145) Pour l'affectation potentielle du commerce entre les États membres, V. *supra*, n° 507.

(146) Préc.

(147) V. *Lignes directrices concernant l'application de l'article 81, § 3 du Traité CE*, préc., pt 25.

(148) V. les affaires du *carton*, du *ciment*, de la *lysine*, des *électrodes de graphite*, des *ascenseurs*, du *sorbate*, du *placoplâtre*, etc., préc.

(149) V. *infra*, n° 726 ; du reste, l'arrêt fondateur américain, qui a été expliqué par de la théorie des installations essentielles, concernait une association d'entreprises, et donc *a priori* une entente. – V. l'arrêt de la Cour suprême, *Terminal Railbroad*, 22 avr. 1912.

concurrentielles[150], ou encore à augmenter indûment leurs coûts. On vise alors ici les phénomènes de rente collective.

La mise en évidence du pouvoir de marché rapproche l'analyse économique des ententes de celle des positions dominantes, et la Commission a souligné à ce propos que le « pouvoir de marché » était une question de degré, car le degré de pouvoir de marché normalement requis pour la constatation d'une infraction au regard de l'article 101, § 1 TFUE est inférieur à celui qui est requis pour un constat de position dominante[151].

Mais il faut encore rechercher les conditions du fonctionnement optimum du marché. Ainsi, une entrave apportée au commerce parallèle des médicaments est une restriction de concurrence apparente. Cependant, le commerce parallèle n'est ni condamné ni protégé en tant que tel (analyse *in concreto*)[152]. Il n'est condamné que s'il prive les consommateurs des avantages d'une concurrence efficace. Dans le secteur des médicaments, le commerce parallèle ne peut guère avoir d'impact sur les prix de détail, puisqu'ils sont généralement fixés par les pouvoirs publics. Dès lors, une action visant simplement à limiter le commerce parallèle ne sera en elle-même d'aucune conséquence sur le terrain du prix. Elle ne pourra pas restreindre une liberté de fixation des prix qui n'existe pas, elle ne procurera aucun avantage aux consommateurs et n'entrera pas dans les prévisions de l'article 101, § 1 TFUE. Toutefois, une action qui empêcherait les systèmes d'assurance maladie de profiter des coûts moindres du commerce parallèle préjudicierait indirectement aux consommateurs et serait restrictive. L'analyse concrète peut donc être subtile[153].

563. – **Contexte de marché et « effet cumulatif ».** Un contexte caractérisé par l'effet cumulatif de plusieurs réseaux verticaux peut rendre restrictifs les contrats qui constituent chacun de ces réseaux.

On peut citer le marché de la bière, avec le nombre considérable des contrats de bière qui unissent les brasseurs et les débits de boissons ; on peut citer aussi le marché de la distribution de l'essence ; on peut encore citer ceux de la cosmétique ou des parfums de luxe[154].

C'est le contexte qui renforce alors l'impact de chacune des ententes verticales, même si elles sont peu importantes considérées isolément. On peut en effet arriver au point qu'il n'y ait aucune autre forme de distribution que celle qui est choisie parallèlement par tous les fabricants (par ex., parfumerie de luxe).

La théorie de l'effet cumulatif a été reconnue par la Cour de justice dans son arrêt *Brasseries de Haecht* du 12 décembre 1967[155]. La Cour y a indiqué que « l'existence de contrats similaires est une circonstance qui, avec d'autres, peut former un ensemble constitutif du contexte économique et juridique dans lequel le contrat doit être apprécié ». La communication *de minimis* du 30 août 2014[156] reprend

(150) V., par ex., sur l'embargo des droits TVA par les membres de l'UER, déc. 10 mai 2000, préc.
(151) *Lignes directrices* préc., pt 26.
(152) CJUE, 6 oct. 2009, aff. C-501, 513, 515 et 519/06 P, *GlaxoSmithKline*.
(153) TPICE, 27 sept. 2006, aff. T-168/01, *Glaxosmithkline*.
(154) V., par ex., déc. *YSL* et *Givenchy*, préc., et TPICE, 12 déc. 1996, *Galec c/ Commission*, préc.
(155) Aff. 23-67.
(156) *JOUE* n° C. 291, 30 août 2014, et *infra*, n° 565.

cette idée, en son point 10. Cela signifie que la simple prolifération de réseaux similaires n'est pas suffisante pour établir une restriction de concurrence. Ce serait trop abstrait. En dépit de cette prolifération, l'accès au marché de nouveaux fabricants ou distributeurs peut être tout à fait possible[(157)].

Mais il reste à préciser à quelles conditions un accord aussi minime qu'un contrat de bière, par exemple, peut, en raison de son « effet cumulatif » avec d'autres, avoir un impact tel que cela le fait entrer dans les prévisions de l'article 101, § 1 TFUE. Dans son arrêt *Delimitis c/ Henninger* du 28 février 1991, la Cour de justice a apporté un certain nombre de précisions[(158)].

Deux conditions doivent être remplies pour qu'un contrat comme un contrat de bière puisse être jugé restrictif de concurrence sur un marché. La première condition est qu'il doit exister une restriction de concurrence globale sur le marché en cause, au point qu'il soit difficile pour un nouveau concurrent d'y accéder. C'était le cas du marché allemand de la bière. Mais tout est une question d'espèce. On vise là l'effet des réseaux, qui, ensemble, peuvent empêcher les nouveaux concurrents de s'infiltrer au travers du faisceau de contrats similaires pour atteindre les consommateurs finals. Un marché est alors verrouillé[(159)], alors qu'il doit toujours subsister une concurrence *inter-brand*, entre les fabricants et leurs marques (par les prix, l'innovation...)[(160)].

Mais cela ne règle pas la question de chacun des contrats qui constituent les réseaux. Ce n'est pas parce que le marché est verrouillé par des réseaux que tous les contrats qui les composent sont restrictifs. Pour que le contrat considéré, intégré dans un réseau, soit considéré comme restrictif, il faut, et c'est la deuxième condition, qu'il contienne des clauses (par ex., exclusivité) qui concourent effectivement (même modestement, car il s'agit souvent de contrats de faible importance) au verrouillage global du marché. En ce cas, le contrat sera illicite comme l'est le verrouillage du marché. Si, au contraire, le verrouillage du marché provient seulement des contrats les plus nombreux, les contrats différents et minoritaires ne s'exposent pas à l'effet cumulatif[(161)].

En conséquence, lorsque les contrats sur lesquels reposent les réseaux sont ouverts à tous les distributeurs sur des critères qualitatifs, objectifs, et non discriminatoires, la liberté des membres du réseau de fixer leurs prix (notamment) est *a priori* susceptible de maintenir une concurrence *inter-brand* et *intra-brand* sur ce terrain. Si ces contrats ne ferment pas le marché à de nouveaux entrants, la concurrence *intra-brand* par les prix trouvera encore à s'exercer[(162)].

(157) V. aff. *YSL* et *Givenchy*, préc.

(158) Aff. C-234-89. – V. aussi, TPICE, 23 oct. 2003, aff. T-65/98, *Van Der Bergh*, et déc. 11 mars 1998, *Van der Bergh Foods* : *JOCE* n° L 246, 4 sept. 1998.

(159) V., toujours pour la bière, déc. 16 juin 1999, *Bass* et *Scottish and Newcastle* : *JOCE* n° L 186, 19 juill. 1999 ; *adde* pour le marché des téléviseurs, où les réseaux sélectifs présents n'empêchaient pas les concurrents hors réseaux de s'approvisionner en produits similaires, CJCE, 22 oct. 1986, aff. 75-84, *Metro c/ Saba II*. – V., à l'inverse, pour le marché des parfums de luxe, déc. *Yves Saint Laurent Parfums* et *Givenchy*, préc. – V. encore CJUE, ord., 3 sept. 2009, aff. C-506/07, *Lubricantes y carburantes Galaicos*.

(160) V.n pour la détention de plus de 50 % du marché par les réseaux semblables, déc. 24 févr. 1998, *Whitbread* : *JOCE* n° L 88, 31 mars 1999, 58 % dans l'affaire *Bass* ; le seuil de 50 % a été repris dans le règlement n° 330/2010, portant exemption des restrictions verticales, pour exclure le bénéfice de l'exemption.

(161) Il faut donc le cas échéant distinguer selon les contrats conclus par un même fournisseur ; V., pour des différences dans la durée des contrats d'exclusivité, CJUE, 7 déc. 2000, aff. C-214/99, *Neste Markkinointi Oy*.

(162) V. TPICE, 12 déc. 1996, *Galec c/ Commission*, préc.

564. – **Lien de causalité.** L'entente mise en évidence doit avoir un rôle causal par rapport à la violation de l'ordre concurrentiel européen. La causalité doit être démontrée par rapport à la structure ou au fonctionnement de la concurrence. Démontrer un préjudice subi par les consommateurs n'est pas nécessaire[(163)].

b) La restriction doit être sensible

565. – **Raisons de cette exigence. Accords d'importance mineure.** Il faut apprécier le degré à partir duquel le droit de la concurrence doit s'intéresser aux restrictions constatées. L'exigence d'un seuil de sensibilité se comprend si l'on considère que le droit de la concurrence doit protéger le marché, plutôt que remédier aux préjudices individuels subis par les victimes de pratiques anticoncurrentielles. Une autre raison, plus administrative, est de ne pas alourdir à l'excès la charge des autorités de concurrence. La jurisprudence européenne a très tôt affirmé que des accords qui affectent la concurrence de manière insignifiante n'entaient pas dans les prévisions des textes[(164)]. Elle rappelle souvent cette exigence[(165)]. La matière a été clarifiée par la célèbre communication *de minimis* de la Commission dont la dernière version est du 30 août 2014[(166)].

L'évolution a consisté à abandonner les seuils exprimés en chiffres d'affaires pour privilégier les seuils exprimés en parts de marché, afin de mieux déceler le pouvoir de marché. Mais cette logique n'a pas toujours été respectée : il y a des clauses dites « noires » qui sont autant de péchés capitaux contre le marché intérieur, et qui excluent du bénéfice de la communication *de minimis*.

Les seuils sont fixés en fonction d'une distinction qui reprend dans la plupart des situations (mais pas dans toutes), celle entre accords verticaux et horizontaux. On distingue les accords entre concurrents actuels (présents ou en cas de substituabilité de l'offre) ou potentiels (entrée sur le marché probable en cas d'une augmentation durable et significative des prix avec investissements supportables) d'un côté, et les accords entre non-concurrents d'un autre côté. En règle générale, les accords entre entreprises placées à des niveaux différents de la chaîne de production ou de distribution ne sont pas des accords entre concurrents (ce sont généralement des accords verticaux). Mais cela doit être vérifié concrètement. En cas de doute, on considérera qu'il s'agit d'un accord entre concurrents. Les accords entre non-concurrents sont bien sûr moins restrictifs que les accords entre concurrents. Pour les accords entre concurrents, plus nocifs, la règle *de minimis* joue dès que la part de marché (déterminée de façon matérielle et géographique) des entreprises parties tombe en dessous de 10 %. Pour les non-concurrents, le seuil est porté à 15 % (on considère à la fois les entreprises parties et les entreprises liées). Le calcul de ces parts de marché doit tenir compte des entreprises liées (groupes de sociétés).

(163) V., par ex., Trib. UE, 14 mars 2013, aff. T-588/08, *Dole Food*, ou aff. T-587/08, *Fresh Del Monte Produces*.

(164) CJCE, 9 juill. 1969, aff. 5/69, *Völk c/ Vervaecke*. – *Adde*, CJCE, 30 juin 1966, *LTM (MBU)*, préc.

(165) TPICE, 15 sept. 1998, *European Night Services*, préc. – Déc. 19 avr. 2001, *UEFA* : *JOCE* n° L 171, 26 juin 2001, pour un embargo de deux heures seulement les samedis et dimanches, sur les droits TV, pour remplir les stades.

(166) Comm. CE, communication concernant les accords d'importance mineure qui ne restreignent pas sensiblement le jeu de la concurrence au sens de l'article 101, § 1 du TFUE *(de minimis)* : *JOCE* n° C 291, 30 août 2014 ; contrairement aux plus anciennes communications *de minimis*, celles de 2001 et de 2014 ne traitent que de la restriction de concurrence, et n'abordent plus l'affectation du commerce entre les États membres (V. *supra*, n° 508).

Une tolérance de 2 % est admise sur deux années consécutives.

La communication appréhende aussi l'effet cumulatif. Profitant de son expérience, la Commission estime que les accords qui peuvent avoir cet effet cumulatif sont des réseaux d'accords de vente ou de distribution, entre non-concurrents (cas classique) comme entre concurrents. L'effet cumulatif sur un marché est présumé si les accords similaires concernent plus de 30 % du marché. En présence d'une telle situation, seuls les accords qui concernent moins de 5 % du marché bénéficient de la règle *de minimis*. Cela veut dire que ces petits accords, même s'ils semblent intégrés dans un effet cumulatif d'ensemble, demeurent présumés non restrictifs de concurrence. La Commission observe que la petite taille de ces réseaux empêche de considérer qu'ils contribuent de manière significative au verrouillage du marché.

566. - **Clauses noires et exclusion de la règle *de minimis*.** La communication *de minimis* énumère un certain nombre de clauses si graves qu'elles sont considérées comme affectant de manière sensible la concurrence, même si les parts de marché des entreprises sont inférieures aux pourcentages fixés. La liste des clauses noires évoque les restrictions par l'objet, au point que la Commission les assimile(167). La présence de ces clauses fait présumer la restriction sensible de la concurrence actuelle ou potentielle(168).

Des exemples de clauses noires figurent au point 13 de la communication, mais celle-ci est surtout explicitée par le document de travail du 25 juin 2014. Les clauses noires sont différentes selon qu'il s'agit d'accords horizontaux ou verticaux. Dans les accords horizontaux, les clauses noires sont celles qui ont pour objet de fixer les prix de vente aux tiers (par ex., consommateurs), de limiter la production ou les ventes, ou encore de répartir les marchés ou les clients.

Dans les accords verticaux, ce sont celles qui ont pour objet de parvenir à des prix de vente fixes ou minimaux (ce qui légitime les prix *maxima*, de même que les prix conseillés ; pour ces prix, la question est toujours de savoir à partir de quel pourcentage on cesse de suivre les bons conseils pour entrer dans la pratique des prix imposés), ou qui limitent les possibilités de revente du distributeur en fonction des territoires ou des clientèles (sauf restriction des ventes actives, des ventes sautées de grossiste à consommateur, des reventes hors réseau en distribution sélective, des ventes de composants à intégrer dans des produits concurrents du fournisseur), ou encore qui limitent les ventes actives ou passives aux utilisateurs finals, ou enfin qui limitent les ventes croisées à l'intérieur du réseau.

Les accords verticaux entre concurrents ne peuvent contenir ni les clauses noires interdites dans les accords horizontaux, ni celles interdites dans les accords verticaux.

(167) V. *Lignes directrices concernant l'application de l'article 81, § 3 du Traité CE*, préc., pt 23. La communication du 30 août 2014 se réfère à l'arrêt *Expedia* du 13 décembre 2012 (aff. C-226/11). Elle a été accompagnée d'un document de travail relatif à la restriction par objet (du 25 juin 2014, SWD (2014), 198 final), où figurent les principaux arrêts ayant caractérisé des restrictions par objet, même en dehors de l'énumération contenue à l'article 101. Le 11 septembre 2014, dans son arrêt *GIE CB* (aff. C-67/13 P), la Cour de justice a précisé que la notion de restriction par objet devait être utilisée de façon restrictive, en caractérisant le « degré suffisant de nocivité » (V. *infra*, n° 611).

(168) Bien qu'il faille réserver le cas de restriction « insignifiante » (V. CJCE, 9 juill. 1969, *Völk*, préc.). En effet, une restriction par l'objet est celle qui est présumée avoir des effets négatifs sur le marché. Si ces effets présumés ne peuvent qu'être insignifiants, il n'y aura pas de restriction sensible.

567. - **Portée de la communication *de minimis*.** Les accords qui excèdent les seuils définis par cette communication ne restreignent pas nécessairement la concurrence de façon sensible. Simplement, il faudra les soumettre à une appréciation individuelle.

En tout cas, la Commission se réserve en toute circonstance la possibilité d'intervenir. De plus, cette communication ne lie pas les juridictions, nationales ou européennes, ni les « ANC »(169).

c) Absence de mise en balance des effets pro et anticoncurrentiels dans le cadre de l'article 101, § 1 TFUE

568. - **Rejet européen de la règle de raison. Arrêt *M6*.** L'appréciation concrète des effets restrictifs d'une entente sur la concurrence fait songer de prime abord à un « bilan concurrentiel ». Il semble s'agir d'apprécier globalement les effets positifs et négatifs de l'entente, pour mettre en évidence un solde qui serait l'accentuation ou l'atténuation de la concurrence. Des clauses restrictives pourraient alors être validées, comme étant en définitive des « restrictions accessoires » à l'entente, et à son éventuel effet bénéfique.

Il est vrai que les autorités européennes ont considéré que, sur certains marchés, des types de contrats pouvaient être *a priori* facteurs de concurrence et que cela pouvait justifier de traiter ensemble les obligations essentielles des parties, et les clauses qui étaient nécessaires pour que l'accord produise ses effets bénéfiques sur la concurrence (par ex., clauses de protection du savoir-faire dans la franchise ; l'idée est que, si on ne protégeait pas le secret du savoir-faire, on annihilerait l'effet favorable à la concurrence résultant de l'apparition d'une nouvelle franchise, car cet effet favorable à la concurrence provient notamment du caractère secret et original d'une nouvelle méthode commerciale)(170).

On a pu faire un parallèle entre cette démarche et la règle de raison, telle qu'elle est appliquée dans le droit anti-trust des États-Unis d'Amérique. Très schématiquement, la règle de raison consiste à globaliser le bilan concurrentiel d'une entente, ou d'un type d'accord. Lorsque le bilan est globalement positif, les restrictions qui peuvent apparaître accessoires se trouvent alors légitimées(171). Mais, en droit américain, la règle de raison s'explique surtout par la brutalité apparente des interdictions édictées dans le *Sherman Act* du 2 juillet 1880, et dans le *Clayton Act* du 15 octobre 1914. Le critère essentiel, et unique, de ces textes est celui de restriction des échanges, ou d'affectation de la concurrence. Il a fallu, pour appliquer les dispositions américaines de façon efficace et raisonnable, se livrer à une analyse à l'intérieur de ces concepts. Cela explique que le bilan concurrentiel américain épuise toute la discussion sur l'application des textes, et cela explique l'idée d'une conception raisonnable du bilan concurrentiel.

(169) V. CJUE, 13 déc. 2012, aff. C-226/11, *Expedia c/ Aut. conc.*
(170) V. CJCE, 28 janv. 1986, aff. 161/84, *Pronuptia GmbH c/ Schillgallis.*
(171) L'avocat général Verlooren van Themat a vigoureusement milité en faveur de l'admission de la *Rule of Reason* en droit européen. – V. Kovar, *Le droit communautaire de la concurrence et la règle de raison : RTDE* 1987, 237. – Hawk, *La révolution anti-trust américaine, une leçon pour la CEE : RTDE* 1989, 5. – Fasquelle, *Droit américain et droit communautaire des ententes, étude de la règle de raison*, GLN-Joly, 1993. – Wills, « *Rule of reason* », *une règle raisonnable en droit communautaire ? : Cah. dr. eur.* 1990, 19. – Blaise, in *Mél. Champaud*, Dalloz, 1997.

L'architecture de l'article 101, § 1 TFUE, de soixante ans plus tardif, s'oppose en apparence à une transposition pure et simple de la méthode américaine(172). Il contient certes un § 1 qui semble reprendre le concept américain de restriction de concurrence, mais il se poursuit par un § 3 qui permet de sauver des restrictions de concurrence apparentes par les gains d'efficacité. On pourrait certes comprendre ce § 3 comme s'il s'agissait de racheter une entente nocive par des considérations qui n'ont rien à voir avec la concurrence, et qui ne seraient relatives qu'au « progrès économique ». Mais comment est-il possible de distinguer le progrès de la concurrence ? Le bilan économique du § 3 est un bilan d'efficacité économique, et donc un bilan qui intègre ce qui est par essence facteur de concurrence. On ne peut donc dire que l'architecture du texte conduirait à intégrer dans le « bilan concurrentiel » du § 1 tous les aspects pro ou anticoncurrentiels de l'entente, et, dans le bilan économique, tous les aspects pro ou anti-progrès. L'ensemble touche à la concurrence. C'est la conclusion à laquelle est parvenu le Tribunal de première instance des Communautés européennes dans son important arrêt *M6* du 18 septembre 2001(173).

Cette solution a été confirmée deux années plus tard avec l'arrêt *van der Bergh* du 23 octobre 2003(174). Elle a été reprise dans les *Lignes directrices* de la Commission du 27 avril 2004 concernant l'application de l'article 81, § 3 TFUE, dans lesquelles on peut lire « que la mise en balance des effets anticoncurrentiels et des effets pro-concurrentiels s'effectue exclusivement dans le cadre établi par l'article 81, § 3 »(175), puis dans une succession d'arrêts(176).

d) Les restrictions accessoires

569. – **Restrictions accessoires sans règle de raison.** Ce n'est pas parce que l'article 101, § 1 TFUE ne permet que de rechercher si un accord est ou non restrictif de concurrence que la théorie des restrictions accessoires (caractéristique de la règle de raison américaine)(177) ne peut être utile. Il y a longtemps que la jurisprudence européenne a reconnu que les restrictions accessoires d'une transaction licite devaient suivre le sort de l'opération principale.

570. – **Les exemples des clauses de « non-concurrence » ou de « non-rétablissement », ou des commissions interbancaires multilatérales.** Les clauses de non-rétablissement sont insérées de manière habituelle, sous des formes variées, dans les cessions de fonds de commerce ou d'entreprises. Elles figurent aussi bien dans les petites cessions que dans les très grandes. La restriction de concurrence est *a priori* patente. Mais l'apparence est trompeuse. Cette clause peut être légitime et bénéfique lorsque le vendeur et l'acheteur demeurent, après la cession, en situation de concurrence actuelle ou potentielle. Elle assure en effet à l'acquéreur la possibilité d'exploiter et de développer le fonds qu'il vient d'acquérir, sans que le cédant

(172) V. *supra*, n° 437.
(173) Aff. T-112/99, *M6, Suez-Lyonnaise et TF1 c/ Commission*.
(174) Aff. T-65/98.
(175) Pts 11 et 30.
(176) V. TPICE, 27 juill. 2005, aff. T-49 à 51/02, *Brasserie Nationale*. – Trib. UE, 24 mai 2012, aff. T-111/08, *MasterCard*. – Trib. UE, 29 nov. 2012, aff. T-491/07, *CB*.
(177) V. *supra*, n° 568.

ne puisse l'en empêcher. Cette clause auxiliaire permet à l'accord principal d'avoir un effet positif sur le marché en permettant à un nouveau concurrent d'apparaître et de se maintenir : elle est alors bénéfique pour le marché(178).

Un exemple plus discuté est celui des commissions multilatérales d'interchange (CMI) dues, dans le système MasterCard, par les banques d'acquisition (relations avec les commerçants et retraits en DAB) aux banques d'émission. La question était celle de la répercussion de ces commissions dans les prix facturés aux commerçants. Les banquiers émetteurs avaient intérêt à choisir les cartes produisant les commissions les plus élevées, d'autant plus que les commerçants devaient honorer toutes les cartes Mastercard. Le Tribunal de l'Union européenne, puis la Cour de justice ont considéré que, quelle que soit la légitimité de rechercher un but commercial, cela n'était pas pertinent pour qualifier la restriction d'accessoire. Les juridictions européennes ont considéré qu'une restriction ne pouvait être accessoire que si elle était nécessaire pour que le système puisse en tout cas fonctionner. Dès lors que, sans la restriction, le système peut techniquement toujours fonctionner, la restriction ne pouvait être qualifiée d'accessoire. Ainsi, sans les CMI, l'interchange pourrait toujours exister dans le système Mastercard. Il n'y a ainsi restriction accessoire que s'il est réellement impossible de dissocier économiquement la restriction de l'accord principal(179).

571. - **L'exemple de l'exclusivisme coopératif.** Les coopératives sont dans certains secteurs (agriculture, distribution) des opérateurs importants. Mais les principes coopératifs (règle « un homme une voix » ; exclusivisme, c'est-à-dire obligation de la coopérative de ne travailler qu'avec ses membres, voire double exclusivisme, lorsque le coopérateur doit à son tour ne traiter qu'avec sa coopérative) limitent la liberté des coopérateurs, tout en renforçant la puissance concurrentielle de chaque coopérateur grâce à la coopérative. La jurisprudence européenne a reconnu que les restrictions consenties par les coopérateurs à leur liberté permettaient à la coopérative de développer une concurrence plus efficace sur le marché(180).

572. - **Critère général de la restriction accessoire.** Dans sa communication sur l'application de l'article 81, § 3 TFUE(181), la Commission énonce les critères de la restriction accessoire, repris de ceux déjà utilisés en matière de contrôle des concentrations(182).

(178) V. CJCE, 11 juill. 1985, aff. 42-84, *Remia-Nutricia*.

(179) Trib. UE, 24 mai 2012, aff. T-111/08, *MasterCard*. – CJUE, 11 sept. 2014, aff. C-382/12 P, *MasterCard*.

(180) En matière d'entente, le droit de la concurrence a très tôt reconnu la spécificité des coopératives, leur qualité de compétiteurs originaux et nécessaires, et, donc, la licéité des clauses – notamment statutaires – qui sont indispensables au maintien de leur capacité concurrentielle. La jurisprudence européenne est relativement fournie, et demeure très dépendante du contexte. En dépit d'une décision empreinte de circonspection en raison du fait que les coopératives échappent en partie aux règles que les droits nationaux imposent aux autres organisations sociétaires (V. déc. 28 oct. 1988, *Hudson's Bay c/ Dansk Pelsdyravlerforening* : *JOCE* n° L 316, 23 nov. 1988), la spécificité et l'utilité des coopératives comme compétiteurs efficaces ont été généralement reconnues, sous réserve que les stipulations litigieuses soient proportionnées à cet objectif. Cela se vérifie sur le terrain de l'article 81, dans l'examen de toute une série de clauses ; pour une clause d'approvisionnement exclusif des adhérents auprès de la coopérative (déc. 5 déc. 1979, *Présure* : *JOCE* n° L 51, 25 févr. 1980, et CJCE, 25 mars 1981, aff. 61/80, *Cooperatieve Stremsel-en-Kleurselfabrikaten*, la clause étant en l'espèce jugée excessive en raison du quasi-monopole de la coopérative sur ce produit) ; pour une clause limitant le droit des coopérateurs d'appartenir à d'autres formes de coopérations concurrentes, en raison du contexte économique et de l'utilité des coopératives comme contrepoids aux groupes *capitalistiques* (sous réserve du principe de proportionnalité, CJCE, 15 déc. 1994, aff. C-250/92, *Gottrup-Klim c/ Dansk Landbreys*) ; pour une indemnité en cas de retrait d'un coopérateur, si elle n'exclut pas la concurrence et ne met pas en cause les objectifs de la PAC (V. CJCE, 12 déc. 1995, aff. C-399/93, *Oude Luttikhuis c/ Verinigte Cooperatieve Melkindustrie Coberco*).

(181) Préc., pts 28 et s.

(182) V. *infra*, n° 805.

C'est une restriction « directement liée », nécessaire, à la réalisation d'une opération principale non restrictive de concurrence, et proportionnée. Elle est « directement liée » si elle est indissociable de l'opération principale(183). Elle est nécessaire si la restriction est objectivement impliquée par l'opération, c'est-à-dire que l'opération principale serait objectivement plus difficile ou impossible à réaliser(184). Elle doit être proportionnée en ce sens que la clause ne crée pas de restrictions qui aillent au-delà de cette nécessité.

e) Restriction de concurrence et intérêts généraux non concurrentiels

573. – **Finalité non concurrentielle de certaines mesures restrictives de concurrence.** Il peut arriver que des entreprises agissent dans un but louable, mais restreignent néanmoins la concurrence. Cela ne suffit pas pour exclure l'application de l'article 101, § 1 TFUE. Dès l'instant où les parties ont mis en place une restriction de concurrence, même sans intention d'agir dans ce but, le principe d'interdiction doit être appliqué. Ce n'est que dans le cadre de l'article 81, § 3 TFUE que ces motifs légitimes peuvent, le cas échéant, être examinés. Dans le cadre de l'article 101, § 1 précité, l'analyse demeure donc objective(185).

Néanmoins, il peut arriver qu'un accord ait objectivement, en totalité ou en partie, un but objectif étranger aux règles de concurrence. En ce cas, l'article 101, § 1 TFUE ne peut être appliqué. Les hypothèses demeurent rares(186). Tel fut le cas pour des accords résultant de négociations collectives entre patronat et syndicats, qui peuvent avoir des conséquences restrictives de concurrence, bien que leur nature ou leur objet ne soit absolument pas anticoncurrentiel(187). Tel fut encore le cas de la fixation de règles déontologiques par un ordre d'avocats, destinées à prévenir les conflits d'intérêts, l'indépendance des professionnels, et leur interdisant des liens avec d'autres professions très concentrées(188). Tel fut également le cas des règles antidopage mises en œuvre par le CIO.

Mais tout est affaire d'analyse concrète. Un accord disproportionné aurait alors une nature ou un objet anticoncurrentiel(189).

C. – Typologie des ententes restrictives

574. – **Plan.** On examinera, selon la distinction économique la plus simple, les accords horizontaux (1°), les accords verticaux (2°), et les accords mixtes (3°).

1° Les accords horizontaux

575. – **Généralités.** Ce sont les accords conclus entre entreprises qui sont au même stade du processus économique (fabricants, intermédiaires, distributeurs).

(183) Par ex., clause de non-rétablissement, indispensable à la conclusion de l'accord de cession de fonds de commerce.

(184) Par ex., une coopérative sans exclusivisme ; un réseau de franchise sans règle de protection du savoir-faire (V. CJCE, 28 janv. 1986, aff. 161/84, *Pronuptia*).

(185) V., par ex., Trib. UE, 29 nov. 2012, aff. T-491/07, *Groupement CB c/ Commission*, pour le rejet de l'argument tiré de l'efficacité du système CB, et de la nécessité de lutter contre le risque de parasitisme ou de déloyauté.

(186) V., pour la partie purement sécuritaire de la convention Eurochèques uniformes, déc. 19 déc. 1988, IV-31291 : *JOCE* n° L 36, 1989. – *Adde*, CJUE, 20 nov. 2008, aff. C-209/07, *Beef Industry*, pour les remèdes apportés à une crise sectorielle.

(187) V. CJCE, 21 sept. 2000, aff. C-222/98, *Van der Woude*.

(188) CJCE, 19 févr. 2002, *Wouters*, préc.

(189) CJCE, 18 juill. 2006, aff. C-519/04 P, *Meca Medina* ; V. *supra* n° 475.

Ceux-ci peuvent être simplement comportementaux (*a*), mais ils vont quelquefois au-delà : c'est la question des alliances (*b*).

a) Les accords horizontaux comportementaux

576. – **Plan.** Les accords horizontaux sont bien sûr plus nocifs s'ils sont conclus entre concurrents (*1*) qu'entre non-concurrents (2).

1) Accords horizontaux entre concurrents

577. – **Cartels. Ententes « injustifiables » ou *hardcore*.** Ces accords sont *a priori* les plus nocifs. Ils sont généralement conclus entre concurrents, et visent souvent à isoler un marché, ou à y imposer un pouvoir de marché collectif, de manière à fixer les prix indépendamment de la concurrence. Les accords horizontaux que sont les cartels ne peuvent parvenir à leurs fins illicites que s'ils confinent au monopole collectif, ou s'ils réunissent au moins un pouvoir de marché collectif suffisant. Ils causent un préjudice considérable à l'économie et aux consommateurs[(190)]. Ils ont souvent une dimension internationale, et sont organisés sur une très longue période. Ces cartels sont de plus en plus considérés comme criminels[(191)]. Le préjudice qu'ils causent explique que les sanctions sont de plus en plus lourdes[(192)]. Les « programmes de clémence » ont été mis en place pour favoriser leur dénonciation, en récompensant les délateurs par une atténuation des sanctions[(193)]. Dans ses *Lignes directrices sur les accords de coopération horizontale* du 14 janvier 2011[(194)], la Commission suggère de tenir compte du degré de concentration du marché[(195)], afin d'apprécier le pouvoir de marché des membres de l'entente, et la réelle nocivité de leurs pratiques.

Les plus fréquemment condamnés sont les cartels de prix ou de répartition de marchés. En règle générale, ils utilisent un pouvoir de marché de façon illicite, en commettant des infractions que l'on qualifie quelquefois de péchés capitaux contre le marché intérieur, comme la fixation artificielle des prix[(196)], ou le cloisonnement géographique des marchés[(197)].

Mais il n'y a pas que les cartels de prix ou de marché qui sont illicites.

(190) Plusieurs centaines de millions de dollars aux USA ; V. les rapports successifs de l'OCDE sur les ententes injustifiables ; *adde*, synthèse OCDE, sept. 2001. V. surtout OCDE, Recomm. 25 mars 1998 concernant une action efficace contre les ententes injustifiables.

(191) V., par ex., la « mafia » de la paraffine, déc. 1er oct. 2008, COMP/39181.

(192) V. les historiques affaires de la *quinine* (CJCE, 15 juin 1979, aff. 45/69, *Bochringer*) ; des *matières colorantes* (CJCE, 14 juill. 1972, *ICI*, préc.). La liste des cartels condamnés au niveau européen s'allonge chaque jour : aff. du *carton* (arrêts TPICE, 14 mai 1998), aff. des *poutrelles* (arrêts CJUE, 7 janv. 2004), aff. des *acides aminés* (arrêts TPICE, 9 juill. 2003), aff. des *électrodes de graphite* (arrêts TPICE, 29 avril 2004), aff. des *tubes d'acier* (arrêts TPICE, 8 juill. 2004), aff. des *tubes de cuivre* (arrêts CJCE, 8 déc. 2011), aff. des *banques autrichiennes* (cartel « Lombard », arrêts CJCE, 24 sept. 2009), aff. des *ascenseurs* (arrêts CJUE, 24 oct. 2013), aff. des *sacs industriels en plastique* (CJUE, 22 mai 2014, aff. C-35/12 P, *Aspla*), aff. des *transformateurs* (Trib. UE, 21 mai 2014, aff. T-519/09, *Toshiba*). De nouveaux records d'amendes sont constamment établis (V. l'amende de 1,7 milliard d'euros infligée aux banques ayant manipulé l'Euribor et le Libor, au terme d'une procédure de transaction, déc. 4 déc. 2013, n° 39914).

(193) Cela s'est fait dans le cadre international de l'OCDE. V. Comm. CE, communication 29 févr. 2002 ; et Comm. CE, 8 déc. 2006 : *JOUE* n° C 298, 8 déc. 2006 ; V. *infra*, n° 869.

(194) *JOUE* n° C 11, 14 janv. 2011.

(195) V. les *Lignes directrices sur les accords de coopération horizontale*, préc., pts 39 et s., et 77 et s.

(196) V. par ex., aff. *Carton*, TPICE, 14 mai 1998 ; des matières colorantes, CJCE, 14 juill. 1972, aff. 54/69.

(197) V. encore les affaires *Carton*, *Ciment*, et l'affaire de *la quinine*, CJCE, 15 juill. 1970, *Boehringer*.

De simples échanges d'information entre concurrents sur des marchés oligopolistiques[198] aboutissent à un résultat économique semblable, car ils font perdre à chacun des participants à l'échange son autonomie sur le marché[199].

Les cartels aboutissent parfois à organiser un boycott, au détriment d'une entreprise, ou d'un nouvel entrant potentiel et déclaré[200]. Ce boycott est bien sûr d'autant plus efficace que les membres de l'entente gèrent collectivement un service ou une installation essentiel et indispensable pour accéder au marché, c'est-à-dire une installation unique, non reproductible à des conditions économiquement acceptables[201].

578. – **Acheteurs.** Leurs accords horizontaux peuvent être illicites[202].

La puissance collective d'achat peut en effet parfois entraver la concurrence, voire aboutir au boycott. Mais la liberté d'acheter est un des fondements essentiels de la libre concurrence sur un marché. Cela conduit à distinguer, d'un côté, le simple groupement d'achat, qui n'a d'autre finalité que de parvenir à un équilibre de conditions d'achat par rapport à d'autres acheteurs plus gros, et, d'un autre côté, ceux qui privent les fournisseurs de toute faculté alternative de vente, et qui aboutissent alors, par le pouvoir de marché, à établir des conditions de prix (ou autres) artificielles, rendant la production non rentable parce que les conditions de marché deviennent elles-mêmes artificielles, aboutissant à des pertes d'efficience (qualité). Sont aussi condamnables les accords entre acheteurs qui pèsent exagérément sur l'offre et qui ne répercutent pas sur les consommateurs une part raisonnable des gains négociés[203].

579. – **Les échanges d'informations.** Ces échanges peuvent résulter tout autant de pratiques concertées que de véritables accords. Leur intensité est donc variable. Pour apprécier ces échanges, plusieurs paramètres doivent être croisés. Il faut d'abord considérer la nature des informations. Elles doivent, pour être appréhendées par le droit de la concurrence, être non publiques et d'intérêt concurrentiel. Des échanges d'informations générales ou anonymisées sur les marchés, sur les habitudes des consommateurs ou sur les risques statistiques, ne prêtent *a priori* pas à critique.

S'il s'agit d'informations anonymisées et statistiques, il peut arriver qu'elles soient détenues par des associations dominantes, ce qui entraîne l'obligation de les communiquer à des conditions équitables aux autres opérateurs et nouveaux entrants[204].

---

(198) V. les *Lignes directrices* préc., pts 55 et s. ; V. *supra*, n° 533.

(199) V. *supra*, n° 535 et la jurisprudence relative aux pratiques concertées, et les affaires *Polypropylène* (CJCE, 8 juill. 1999) *Carton* (TPICE, 14 mai 1998) ou *Ciment* (TPICE, 15 mars 2000) ; V. encore l'affaire des *sacs industriels en plastique*, déc. 30 nov. 2005, COMP. 38/354.

(200) Refus collectif d'approvisionnement, CJCE, 26 nov. 1975, *Groupement des papiers peints de Belgique*. – V. TPICE, 16 déc. 2003, aff. T-5 et 6/00, *NFV et TU*. – Pour l'Eurovision, TPICE, 11 juill. 1996, *M6 et RTI c/ Commission*, et déc. 10 mai 2000, *Eurovision* : *JOCE* n° L 151, 15 juin 2000.

(201) V. *supra*, n° 583 et *infra*, n° 726. On peut songer ici à des installations ou services comme les pipe-lines, les réseaux de virement, l'Eurovision, en 1996, V. TPICE, 11 juill. 1996, préc. ; le tunnel sous la Manche, TPICE, 15 sept. 1998, *European Night services* ; ou les infrastructures téléphoniques, déc. 30 avr. 2003, *02 UK et T. Mobile UK* : *JOUE* n° L 200, 7 août 2003.

(202) Les programmes de clémence peuvent leur être appliqués ; V. Comm. CE, communication 8 déc. 2006 : *JOUE* n° C 298, 8 déc. 2006, *infra*, n° 869.

(203) V. *Lignes directrices* préc., n°s 55 et s.

(204) V., par ex., les règles instaurées en matière d'assurance par le règlement n° 267/2010.

Une fois examinée la nature des informations échangées, il faut se préoccuper des marchés.

Il faut ici délimiter les marchés (matériellement, géographiquement, amont/aval), et regarder s'ils sont concentrés ou au contraire atomisés, s'ils sont stables, et transparents. Un marché concentré, stable et transparent, potentialisera l'échange d'informations.

Il faut enfin regarder la position des entreprises sur le ou les marchés. La position minoritaire d'entreprises ne peut avoir le même impact qu'un échange entre entreprises majoritaires. Un échange entre minoritaires peut aviver la concurrence, tandis que le même échange entre majoritaires porte en lui le risque de collusion, voire d'exclusion à l'encontre des non-participants.

En particulier, il faut considérer la position des participants à l'échange sur tous les marchés, ainsi que les relations qui peuvent exister entre les marchés. Un échange entre entreprises minoritaires sur un marché amont peut entraîner un alignement de leurs stratégies commerciales ou de leurs possibilités concurrentielles sur les marchés avals, si les données échangées à l'amont déterminent par exemple les prix ou les conditions de transaction à l'aval. Il faut pour cela que les parties à l'échange soient effectivement concurrentes sur les deux marchés.

Au fond, sans qu'il puisse y avoir de réponse générale et définitive, un échange d'informations est contraire à l'article 101, § 1 TFUE dès l'instant où il aboutit à une coordination concurrentielle d'entreprises qui détiennent une part suffisamment importante d'un au moins des marchés concernés[205]

580. – **Recherche d'efficience.** Mais tous les accords horizontaux entre concurrents ne sont pas illicites. Tel est le cas de ceux qui répondent à un objectif de meilleure efficience de la concurrence, et de plus grande transparence du marché. Les accords entre PME permettent ainsi à des offres alternatives de se manifester (c'est surtout vrai pour des accords de commercialisation, de recherche-développement, ou de spécialisation, ou encore de fabrication en commun)[206]. Les accords de normalisation (transparents, et ouverts) favorisent la transparence du marché, et la comparabilité des offres par les consommateurs et par les utilisateurs finals. Il en va de même des accords environnementaux[207]. Mais, à chaque fois, il faudra se livrer à une analyse *in concreto*.

581. – **Cartels de crise.** Ces cartels sont destinés à accompagner les difficultés temporaires ou non qui affectent un secteur économique. Souvent, ils reposent sur des quotas, ou sur des fixations de prix. Tout dépend de leur conception. Ou bien ils n'ont d'autre objet que de maintenir des surcapacités, et des entreprises inefficientes : ils sont alors restrictifs de concurrence, parce qu'ils empêchent les meilleures offres de s'exprimer. Ou bien tout en ayant des effets *a priori* restrictifs, ils accompagnent tran-

(205) V. *Lignes directrices sur les accords de coopération horizontale*, 14 janv. 2011, pts 55 et s. – CJCE, 28 mai 1998, aff. C-7/95, *John Deere*. – CJCE, 6 oct. 2009, aff. C-501/06, *Glaxosmithkline*. – CJCE, 10 juill. 2008, aff. C-413/06, *Sony*. – CJCE, 23 nov. 2006, aff. C-238/05, *Anesf-Equifax* ; aff. C-8/08, *T. Mobile Nederlands*. – Trib. UE, 14 mars 2013, aff. T-587/08 et T-588/08, *Fresh del Monte et Dole Food*.

(206) *Lignes directrices* 14 janv. 2011, préc., pts 111 et s. Ces accords font aussi l'objet de règlements d'exemption par catégories, V. *infra*, n°s 653 et s.

(207) V. *Lignes directrices* 6 janv. 2001.

sitoirement la décrue du secteur, en organisant la disparition de surcapacités, et en ménageant les transitions sociales, et ils peuvent alors être admis[208].

2) Accords horizontaux entre non-concurrents

582. – **Diversité.** On peut en rencontrer par exemple dans le secteur de la normalisation, de l'environnement, de la recherche développement, voire dans celui des achats en commun. Ils sont *a priori* non restrictifs de concurrence, mais peuvent, dans certains cas avoir des effets restrictifs : ils peuvent par exemple restreindre l'innovation, ou répartir les clients. Tout dépendra finalement du pouvoir réel de marché des participants à l'entente. Dans les *Lignes directrices sur les restrictions verticales* du 19 mai 2010, la Commission esquisse une analyse par seuils exprimés en pourcentage de parts de marché, variables selon la nature des accords (20 à 25 % en général).

b) Les alliances stratégiques

583. – **Les alliances stratégiques et les « quasi-fusions ».** La constitution d'une entente est quelquefois une alternative économique à la fusion, ou à la concentration. Il s'agit souvent de passer d'une activité nationale à une activité internationale. La coopération est alors souvent nécessaire. Plusieurs secteurs économiques sont affectés par le développement des alliances stratégiques, qui mêlent des accords purement commerciaux (mise en commun des systèmes de relation avec la clientèle ou avec les fournisseurs ; création d'un système de fourniture de services destinés à la clientèle internationale ; mise en commun de plates-formes[209] ; recherche de conditions communes d'achat ou de vente), et des prises de participations minoritaires, souvent croisées. À parler strictement, ces accords ne sont généralement pas des concentrations (mais tout dépend aussi de la notion de concentration)[210]. Ils ne confèrent pas de réel contrôle à un participant sur les autres, et sont souvent instables et réversibles. Ils entrent *a priori* dans la catégorie des ententes. Le pouvoir de marché des participants réunis est alors un indice[211], à côté de l'objet réel de l'accord. La coordination du comportement concurrentiel des membres peut toutefois[212], dans certains cas, et sur certains marchés, être un facteur de concurrence. Il y a des ententes « de » concurrence[213][214].

(208) V. déjà déc. 4 juill. 1984, *Fibres synthétiques : JOCE* n° L 207, 2 août 1984, et, par ex. la décision de la Commission dans l'affaire précitée du *verre automobile*. – V. cependant CA Paris, 19 janv. 2010 réduisant les amendes prononcées le 16 décembre 2008 par le Conseil de la concurrence dans l'affaire de négoce des produits sidérurgiques (déc. n° 08-D-32).

(209) V. décision du *Bundeskartellamt* PSA-GM, 26 oct. 2012 ; V. la non-intervention de l'Autorité de la concurrence à propos de la mutualisation des réseaux de Bouygues et de Free, le 10 décembre 2013.

(210) V. *infra*, n°s 740 et s.

(211) V. la décision d'interdiction de la Commission dans l'affaire *One World*, 14 juill. 2010, et 20 juin 2011, n° 39596, et déc. 23 mai 2013, *Star Alliance*, n° 39-59.

(212) Cette coordination peut être organisée. Elle peut aussi résulter de la simple prise de participation minoritaire.

(213) V., par ex., pour les alliances stratégiques dans le secteur de l'aviation commerciale avec les décisions du 10 mars 1993, *British Airways-Brussels Airlines*, et *British Airways-Ibéria*, ou du 7 avril 2004, *Air France Alitalia : JOUE* n° L 363, 9 déc. 2004, pour un multihub. – V., pour les alliances Sky Team (IP/12/79), One World (IP/10/936), et Star Alliance (IP/13/456) ; V. encore déc. 11 nov. 1994, aff. *Olivetti-Digital* : *JOCE* n° L 309, 2 déc. 1994, sur le marché des systèmes informatiques.

(214) Pour le secteur des télécommunications, V. déc. 27 juill. 1994, *BT/MCI* : *JOCE* n° L 223, 27 août 1994 ; et 17 juill. 1996, *Phoenix-global One* : *JOCE* n° L 239, 19 sept. 1996.

584. – **La participation minoritaire dans une société concurrente.** La prise de participation minoritaires non contrôlantes (PMNC) n'est pas, en règle générale, de nature concentrationniste[215]. Elle ne donne en principe pas naissance à un nouveau contrôle[216]. Elle est même *a priori* neutre sur la concurrence[217]. Mais elle peut néanmoins conduire à ce que chacune des entreprises (la participante et celle dans laquelle une participation est prise) infléchisse son comportement concurrentiel de façon consciente, aboutissant alors à une entente tacite. Tout est bien sûr question d'espèce. Il faudra considérer la répartition du capital, rechercher si un actionnaire a la possibilité discrétionnaire d'augmenter la participation, examiner les conditions de la mise en œuvre des clauses ou des pactes d'actionnaires, tout cela à la lumière de la structure du marché. Il pourra donc arriver, selon les marchés, et selon la situation des entreprises concernées, qu'une telle prise de participation minoritaire soit considérée comme restrictive de concurrence[218]. Les pactes d'actionnaires peuvent ainsi être justiciables de l'article 101, § 1 TFUE.

2° Les accords verticaux

585. – **Évolution.** Leur appréciation au regard de l'article 101, § 1 TFUE a évolué (*a*). L'exemple du traitement jurisprudentiel de la distribution sélective, qui a permis les célèbres arrêts *Metro*, est aujourd'hui en partie historique, mais demeure illustratif et pédagogique (*b*).

a) Évolution de l'appréciation des accords verticaux

586. – **Arrêt *Grundig-Consten* du 13 juillet 1966**[219]**.** La question du principe de soumission des accords verticaux aux règles de concurrence du traité a été discutée. Mais le texte ne pose aucune distinction entre accords verticaux et horizontaux. Dans son arrêt *Grundig* du 13 juillet 1966, la Cour a tranché en faveur de la soumission des accords verticaux aux règles de concurrence, ce qui n'empêche pas de tenir compte de leurs caractéristiques spécifiques.

587. – **Faveur relative pour les restrictions verticales.** En dehors de la situation de verrouillage résultant d'un effet cumulatif, les restrictions verticales ont été vues avec une faveur croissante, car les réseaux sont souvent des ententes pro-concurrentielles. Mais cette faveur croissante ne signifie pas immunité. Les analyses extrêmement favorables de certains économistes de l'école de Chicago[220] n'ont pas triomphé en droit de la concurrence. Tout demeure une appréciation

(215) Certains droits nationaux édictent un contrôle spécifique sur les prises de participation minoritaires non contrôlantes (PMNC), c'est le cas du droit britannique, V. Commission de la concurrence britannique, déc. 28 août 2013, *Ryanair-Aer Lingus*.

(216) Trib. UE, 6 juill. 2010, aff. T-411/07, *Aer Lingus c/ Commission*.

(217) En principe, les accords de vente ou d'achat d'actions n'entrent pas dans les prévisions de l'article 101, § 1, V. déc. 27 juill. 1994, *BT/MCI* : *JOCE* n° L 223, 27 août 1994 ; et déc. 17 juill. 1996, *Phoenix-global One* : *JOCE* n° L 239, 19 sept. 1996.

(218) V. CJCE, 17 nov. 1987, aff. 142 et 156-84, *British American Tobacco et Philip Morris c/ Reynolds et Commission*, où il a été jugé que l'obtention d'une simple minorité de blocage, permettant d'empêcher que le contrôle de l'entreprise passe à une tierce personne, n'était pas en soi une restriction de concurrence. – V. déc. 11 nov. 1994, *Olivetti-Digital* : *JOCE* n° L 309, 2 déc. 1994, pour l'influence des administrateurs, et leur accès à des informations confidentielles, non susceptibles en l'espèce de donner lieu à une coordination du comportement concurrentiel, en raison d'une clause de confidentialité, déc. *Phoenix-global One*, préc.

(219) Aff. 56/64 et 58/64.

(220) V. *supra*, n°s 441 et 553.

in concreto, en fonction du contexte de marché. Le droit européen s'accorde ainsi avec le droit américain. Pendant longtemps toutefois, le traitement des réseaux de distributeurs par les autorités européennes a été plus juridique qu'économique[(221)]. Les restrictions de concurrence internes (juridiques, résultant souvent d'engagements contractuels) l'ont emporté sur l'appréciation de la situation sur le marché, et donc sur celle des tiers (clients ou consommateurs). Le ferment de concurrence que représentent certains réseaux[(222)] a été finalement traité comme une restriction de concurrence exemptable sur la base du § 3. Des règlements d'exemption, nombreux et détaillés, ont fini par supprimer toute liberté dans la rédaction de contrats types[(223)]. C'est apparu trop rigide. Aussi un net infléchissement est intervenu. L'analyse est devenue plus économique, et une exemption très générale est intervenue avec le règlement de la Commission n° 2790/1999 du 22 décembre 1999, repris pour l'essentiel par le règlement n° 330/2010 du 20 avril 2010, explicité par les *Lignes directrices sur les restrictions verticales* du 19 mai 2010[(224)]. Sauf effet cumulatif, et sauf clauses noires, les réseaux qui détiennent moins de 30 % du marché ne sont pas *a priori* jugés illicites. Ceci fait que la question de l'appréciation individuelle des réseaux à la lumière des dispositions générales de l'article 101, § 1 TFUE a perdu beaucoup de son intérêt, en raison du champ d'application étendu de l'exemption catégorielle[(225)]. Pour autant, l'analyse au cas par cas demeure nécessaire non seulement pour les réseaux qui couvrent plus de 30 % de part de marché, mais aussi pour ceux qui sont en dessous lorsqu'ils s'exposent au retrait de l'exemption catégorielle[(226)]. C'est pourquoi la problématique doit être rappelée.

588. - **Problématique des réseaux de distribution.** Ces accords sont pour l'essentiel ceux qui correspondent au monomarquisme, à la distribution exclusive, à l'achat exclusif, à la distribution sélective, à la franchise, et à la concession. Leur diversité est grande, mais ces accords développent bien souvent la concurrence *inter-brand*. Ils permettent de valoriser une marque ou une politique commerciale.

La concurrence *inter-brand* peut s'exprimer de différentes façons. En particulier, il n'y a pas que la concurrence par les prix, même si celle-ci est importante et nécessaire. Il existe d'autres arguments de concurrence, fondés, par exemple, sur la distribution adéquate des produits, sur le choix offert aux consommateurs, sur le service, ou sur la proximité... Le choix offert aux consommateurs, en particulier, implique une multiplication des offreurs ou des intervenants sur le marché. L'apparition de nouveaux commerçants concurrents et le maintien sur le marché de PME sont des facteurs de concurrence. Ces commerçants peuvent ne devoir leur présence sur le marché qu'à leur intégration dans des réseaux de distributeurs : sans ces réseaux, la concurrence pourrait donc être plus faible[(227)].

(221) V. *infra*, n° 650.
(222) V. l'ancien règlement d'exemption pour la franchise, n° 4087/88, 30 nov. 1988.
(223) V. *infra*, n°s 649 et s., pour les différents règlements. De nombreux secteurs étaient hors exemption catégorielle : c'est le cas de la distribution sélective, hormis pour l'automobile.
(224) *JOUE* n° C-130, 19 mai 2010.
(225) V. *infra*, n° 650.
(226) V. *infra*, n° 664.
(227) V. CJCE, 28 janv. 1986, *Pronuptia*, préc.

On trouve ce genre de raisonnement en particulier dans trois célèbres affaires : l'affaire *Metro c/ Saba*, tout d'abord, qui concernait la distribution sélective des téléviseurs[228] ; l'affaire *Pronuptia*, ensuite, qui concernait le réseau de franchise de cette enseigne[229] ; l'affaire *Leclerc-Parfums*, enfin, qui concernait la distribution des parfums de luxe[230]. Dans ses arrêts *Metro*, la Cour a souligné l'importance que revêtait la coexistence de plusieurs modes de distribution pour un même type de produit (grande distribution, système du *cash and carry* d'un côté ; distribution spécialisée, avec services de conseil ou de livraison, de l'autre côté). Dans l'arrêt *Pronuptia*, elle a souligné que les réseaux de franchise permettaient à de nouveaux commerçants d'entrer sur le marché, grâce au savoir-faire qui leur était transmis par le franchiseur. C'est la pluralité des offres qui fut donc considérée. Dans ses arrêts *Leclerc-Parfums*, le tribunal a souligné l'importance du maintien de l'« aura » et de l'« image de luxe » des produits, qui doit être compatible avec une ouverture de la distribution au-delà du commerce spécialisé.

Il n'empêche que la concurrence *intra-brand* est en général réduite au sein des réseaux. L'imposition de contraintes uniformes aux membres du réseau (aménagement du point de vente, stock, personnel qualifié…) aboutit à réduire leur liberté commerciale. Mais le caractère restrictif d'un réseau de distributeurs dépend du contexte, et donc de paramètres économiques. Essentiellement, il faut considérer le pouvoir de marché qu'obtient le fournisseur tête de réseau. En clair, il s'agit de savoir si une réelle concurrence peut exister sur le marché, si de nouveaux offreurs peuvent s'implanter, grâce par exemple à la distribution banalisée (hors réseaux) de produits substituables (ce qui pose le problème de la force attractive des marques). Finalement, il s'agit de savoir si le pouvoir de marché conduit à l'exclusion de certains offreurs, ce qui peut arriver en présence d'effets cumulatifs d'autant plus à craindre que le marché est oligopolistique.

Dans ses *Lignes directrices sur les restrictions verticales* du 19 mai 2010, la Commission énonce les critères pertinents. Elle considère qu'*a priori*, les réseaux qui couvrent moins de 30 % de parts de marché (ce qui est le seuil de l'exemption catégorielle) ne sont pas restrictifs, sauf exception (qui justifieraient un retrait du bénéfice de l'exemption). En revanche, certaines stipulations peuvent être en elles-mêmes préjudiciables au marché ou aux consommateurs. C'est le cas des clauses « noires », que sont l'imposition de prix de revente[231], les interdictions d'exporter[232], l'interdiction des ventes passives à l'extérieur du territoire concédé[233], celle

(228) CJCE, 25 oct. 1977, aff. 26-76, *Metro c/ Saba 1*. – CJCE, 22 oct. 1986, aff. 75-84, *Metro c/ Saba 2*. – *Adde*, CJCE, 25 oct. 1983, aff. 107-82, *AEG-Telefunken c/ Commission*.

(229) CJCE, 28 janv. 1986, aff. 161-84, *Pronuptia GmbH c/ Schillgallis*. – V. déc. 17 déc. 1986, *Yves Rocher* : *JOCE* n° L 8, 10 janv. 1987. – Déc. 13 juill. 1987, *Computerland* : *JOCE* n° L 222, 13 août 1987. – Déc. 14 nov. 1988, *Service Master* : *JOCE* n° L 332, 3 déc. 1988. – Déc. 2 déc. 1988, *Charles Jourdan* : *JOCE* n° L 35. – Déc. 7 févr. 1989, ayant abouti au règlement d'exemption par catégorie 4087-88. – Déc. 30 nov. 1988 : *JOCE* n° L 359, 28 déc. 1988, abrogé par le règlement relatif aux restrictions verticales, V. *infra*, n° 649.

(230) Déc. 12 déc. 1996, *Galec c/ Commission* ; aff. T-19/92, *YSL* ; aff. T-88/92, *Givenchy*, préc.

(231) Le § 1 vise toujours *per se* les prix imposés. Leur interdiction dans les réseaux est peut-être excessive. La Cour suprême des États-Unis l'a pensé, dans son fameux arrêt *Leegin* du 28 juin 2007 (V. *supra*, n° 545). La réflexion européenne s'est engagée vers une libéralisation de l'exemption individuelle, à la condition de démontrer des gains d'efficience (V. *infra*, n°s 595 et 631).

(232) V., par ex., déc. 30 oct. 2002, *PO-Video games et Nintendo distribution* : *JOUE* n° L 255, 8 oct. 2003 ou, en matière d'automobile, aff. *Volkswagen* (TPICE, 3 déc. 2003, aff. T-208/01), *Opel* (TPICE, 21 oct. 2003, aff. T-368/01), et *Peugeot* (déc. 5 oct. 2005, COMP. 36/623).

(233) V., par ex., TPICE, 13 janv. 2004, aff. T-67/01, *JCB Services*. – CJUE, 13 oct. 2011, aff. C-439/09, *Pierre Fabre Cosmétiques*.

des livraisons croisées à l'intérieur du réseau de distribution sélective, ou encore les clauses de non-concurrence d'une durée excédant cinq années. Elles excluent en principe le bénéfice de l'exemption catégorielle.

b) Distribution sélective et restriction de concurrence

589. – **Distribution sélective qualitative et quantitative.** La distribution sélective qualitative ne sélectionne les distributeurs que sur la base de critères qualitatifs et objectifs requis par la nature du produit. Elle limite néanmoins le nombre de revendeurs pour la simple raison que tous les candidats revendeurs ne peuvent satisfaire aux critères sélectifs requis. La distribution sélective quantitative repose sur des critères qui limitent directement le nombre des revendeurs (par zone de chalandise ou au moyen de clauses de chiffre d'affaires minimal)[234].

590. – **Importance et diversité des réseaux de distribution sélective. Distribution par Internet.** Les réseaux de distributeurs sont extrêmement divers. Certains se rapprochent de la concession et assujettissent les distributeurs à une seule marque. D'autres permettent de commercialiser des produits concurrents (c'est le cas de la parfumerie de luxe). Mais il est en général exigé des distributeurs qu'ils offrent un certain nombre de prestations en direction de la clientèle qui vont au-delà de la simple mise en vente. Les services qui sont attendus d'eux sont soit antérieurs ou concomitants à l'acte d'achat (promotion, cadre de vente, conseil), soit postérieurs (garantie, pièces détachées, réparations...). Les distributeurs sont ainsi intégrés à la politique commerciale du fabricant.

Si le caractère non restrictif d'un réseau s'apprécie au regard de critères aujourd'hui classiques (*1*), le développement du commerce électronique est en passe de renouveler la discussion (2).

1) Les critères du réseau non restrictif

591. – **Combinaison d'éléments favorables et défavorables à la concurrence et au bien-être des consommateurs.** Les réseaux de distributeurs agréés assujettissent les revendeurs à des exigences imposées par les fabricants. Mais l'existence de ces contraintes internes aux réseaux ne suffit pas nécessairement pour qu'il y ait « restriction de concurrence ». Certaines exigences peuvent avoir un effet favorable sur la concurrence et pour les consommateurs. On sait qu'il y a d'autres arguments de concurrence que les prix attractifs : le choix, le service, le cadre de vente, la garantie sont assurément des arguments de vente. Il en est de même de la préservation d'une image voulue par le fabricant tant que cette image est un facteur de concurrence. L'absence de restriction de concurrence suppose la réunion de trois conditions.

592. – **Première condition : distribution « adéquate » des produits.** Pour qu'il n'y ait pas de restriction de concurrence, il faut que la sélectivité s'avère adéquate en raison des « propriétés des produits » en cause[235], « pour en préserver la qualité ou

(234) V. *Lignes directrices sur les restrictions verticales*, pts 187 et s.
(235) *Ibid.*

en assurer le bon usage »[236]. Ce n'est qu'à cette condition que la distribution sélective peut favoriser la concurrence, car elle permet alors de développer des arguments de vente autres que celui du prix. Cela signifie que, à eux seuls, les efforts de promotion d'un fabricant ne suffisent pas pour rendre le réseau proconcurrentiel. Sinon, n'importe quel fabricant pourrait justifier l'adoption d'un système de distribution sélective sur la base de ses seuls efforts (notamment publicitaires), et n'importe quel critère de sélection pourrait être justifié au motif qu'il est nécessaire pour protéger la politique de commercialisation voulue par le fabricant[237]. Tout dépend cependant du seuil de sensibilité : un réseau peut être si petit qu'il n'affecte pas la concurrence.

La distribution sélective a été habituellement validée pour un assez grand nombre de produits : produits de haute ou moyenne technicité, pour lesquels la concurrence s'exerce au moyen des services de conseil, de mise en place, de garantie, de rechange, ou d'assortiment[238]. Les attentes objectives du consommateur peuvent aussi justifier un réseau de distributeurs agréés. Tel peut être le cas des produits de luxe[239].

Si le produit ne justifie pas la sélectivité, il y aura restriction de concurrence, mais possibilité d'exemption, notamment par le règlement n° 330/2010.

593. - **Deuxième condition : critères objectifs et qualitatifs, appliqués de manière non discriminatoire à l'égard de tous les revendeurs potentiels. Distinction entre distribution qualitative et distribution quantitative.** Cette formule, tirée des arrêts *Metro*, est devenu un *standard* jurisprudentiel[240]. Son respect permet de rendre proconcurrentielle la distribution sélective qualitative. Si les critères ne répondent pas à ces exigences, le réseau sera restrictif mais exemptable. Cette formule entraîne plusieurs conséquences en ce qui concerne les critères qualitatifs.

C'est, en premier lieu, la prohibition des critères subjectifs, ou arbitraires. Ces critères permettent souvent le boycott ou l'élimination d'une forme de commerce, ce qui est en principe illicite[241].

C'est en deuxième lieu, l'obligation inverse de prévoir des critères qualitatifs. On peut prendre les exemples de la formation et de la qualification du personnel[242], ou des horaires d'ouverture[243]. D'autres critères qualitatifs sont plus flous. On peut citer les exigences de *standing* ou celles relatives à l'enseigne des distributeurs, dont la perception doit être appréciée de manière objective[244]. Le fabricant n'est pas

(236) V. TPICE, 27 févr. 1992, aff. T-19-91, *Vichy c/ Commission*, pour la distribution sélective quantitative, si les critères doivent être préalablement définis et accessibles aux candidats, ils n'ont pas a être précis, objectifs, proportionnés, et non discriminatoires, CJUE, 14 juin 2012, aff. C-158/11, *Auto 24*.

(237) V. TPICE, 12 déc. 1996, *Galec c/ Commission*, 2 arrêts, aff. T-19-92, *YSL*, et aff. T-88-92, *Givenchy*.

(238) Automobile, déc. 13 déc. 1974, *BMW* : *JOCE* n° L 29, 3 févr. 1975. – Informatique, déc. 18 avr. 1984, *IBM* : *JOCE* n° L 118, 4 mai 1984. – Photographie, déc. 30 juin 1970, *Kodak* : *JOCE* n° L 147, 7 juill. 1970. – Horlogerie, déc. 28 oct. 1970, *Omega* : *JOCE* n° L 242, 5 nov. 1970. – Électronique de divertissement, déc. 21 déc. 1993, *Grundig* : *JOCE* n° L 20, 25 janv. 1994. – Les céramiques décoratives de table, déc. 16 déc. 1985, *Villeroy et Bosch* : *JOCE* n° L 376, 31 déc. 1985. – *Adde*, pour le service particulier de la presse, qui implique des « retours », CJCE, 3 juill. 1985, aff. 243-83, *Binon c/ Messageries de presse de Belgique*.

(239) V. déc. *Yves Saint Laurent Parfums* et *Givenchy* préc., et TPICE, 12 déc. 1996, préc.

(240) CJCE, 25 oct. 1977, *Metro c/ Saba 1*. – CJCE, 22 oct. 1986, *Metro c/ Saba 2*, préc. – *Adde* TPICE, 12 déc. 1995, *Galec*, préc. ; *adde Lignes directrices sur les restrictions verticales*, préc.

(241) V. CJCE, 25 oct. 1983, aff. 107-85, *AEG-Telefunken c/ Commission*. – *Metro c/ Saba 1 et 2*, préc.

(242) V. CJCE, *Metro c/ Saba 1*, préc.

(243) V. CJCE, 11 oct. 1983, aff. 210-81, *Demo Studio Schmidt*.

(244) V. aff. *Yves Saint Laurent Parfums* et *Givenchy*, préc.

libre de choisir n'importe quel critère qualitatif pour la distribution de ses produits. On a cependant validé la plupart des clauses d'aménagement des points de vente pour distribuer des parfums de luxe(245). Les clauses relatives à l'usage de la marque entrent dans cette catégorie.

C'est, en troisième lieu, l'exigence d'une application non discriminatoire des critères qualitatifs et objectifs retenus. La pratique du fabricant doit être observée de manière concrète(246).

Différente de la distribution sélective qualitative, la distribution quantitative sélectionne les distributeurs en fonction de leur nombre adéquat, déterminé par le fabricant. En principe, la distribution quantitative ajoute aux critères qualitatifs des critères quantitatifs. Dans certains secteurs, comme l'automobile, elle a pu être considérée *a priori* comme non illicite et exemptable, et les critères quantitatifs pouvaient alors être ni précis, ni objectifs, ni non discriminatoires, pourvu qu'ils aient été communiqués aux distributeurs avant qu'ils ne s'engagent. Mais cette analyse demeure propre au secteur automobile, et elle est de surcroît datée, car l'exemption catégorielle spécifique à la vente de véhicules neufs a disparu(247). En général, la distribution sélective quantitative peut exceptionnellement être non restrictive, en raison de la faible production du fabricant ou de la spécificité très marquée du produit(248)(249).

594. – **Troisième condition : la proportionnalité.** Certaines clauses sont particulièrement exposées au reproche de non-proportionnalité : clauses relatives au standing du magasin, à la qualification du personnel, à l'importance du « stock-outil », clause d'assortiment, de gamme, etc.

595. – **Les restrictions avérées : pouvoir de marché et clauses noires.** Les réseaux de distribution sélective doivent être examinés dans leur contexte. Il peut arriver que la tête de réseau dispose d'un pouvoir de marché lui permettant de restreindre la concurrence. Les marchés oligopolistiques peuvent aboutir à ce qu'il y ait un effet d'exclusion à l'encontre des nouveaux offreurs (sans parler de collusion ou de domination collective). Même sur des marchés apparemment concurrentiels, l'effet cumulatif des réseaux présents peut dresser une barrière à l'entrée du marché(250).

Il existe des restrictions de concurrence caractérisées, qui font de surcroît obstacle à l'exception. Ce sont les clauses « noires ». Tel est le cas des clauses de prix imposés(251), ou encore des clauses interdisant les livraisons et importations parallèles entre membres du réseau(252). En ce qui concerne les prix imposés, la Commission évolue prudemment en admettant qu'ils peuvent être exemptés en présence de

(245) V. aff. *Yves Saint Laurent Parfums* et *Givenchy*, préc. – On peut ici s'interroger sur le critère de l'enseigne : certaines seraient-elles objectivement dévalorisantes indépendamment de l'aménagement du point de vente ?
(246) V. CJCE, 11 déc. 1980, aff. 31-80, *L'Oréal* ; et *AEG-Telefunken*, 25 oct. 1983, préc. – *Adde*, TPICE, 12 déc. 1996, *Galec*, préc.
(247) V ; CJUE, 14 juin 2012, aff. C-158/11, *Auto 24*. – Pour l'exemption catégorielle, V. *infra*, nos 645 et s.
(248) V. pour le *numerus clausus* des pharmaciens, TPICE, 27 févr. 1992, *Vichy c/ Commission*, préc. ; mais il faudra rechercher si le seuil de sensibilité est atteint.
(249) V. déc. *Omega*, préc. ; et, pour la presse, CJCE, *Binon*, préc.
(250) V. sur cette théorie, *supra*, n° 563 ; V. *Lignes directrices* préc., pt 189, qui fixent le seuil de 50 % du marché occupé par la distribution sélective pour que l'exemption catégorielle du règlement n° 2790/99 ne joue plus.
(251) V. *supra*, nos 545, 588 et *infra* n° 621, sur la possible exemption individuelle ; V. encore CJCE, *Metro-Saba I et II*, préc.
(252) CJCE, 13 juill. 1966, *Grundig-Consten*, préc. – CJCE, 25 nov. 1971, *Béguelin Import*, préc. – TPICE, 14 juill. 1994, aff. T-77/92, *Parker Pen*, préc. – CJCE, 25 oct. 1986, *AEG Telefunken*, préc.

gains d'efficience (nouvelle marque, campagne promotionnelle), mais se montre toujours très réticente à admettre qu'il n'en résulte pas d'effets restrictifs(253).

596. - **Conséquence du caractère non restrictif de concurrence d'un réseau : licéité des restrictions accessoires nécessaires à son maintien ou à son étanchéité.** S'il repose sur des critères objectifs, qualitatifs, et non discriminatoires, et le cas échéant sur des critères quantitatifs acceptables, un réseau doit pouvoir vivre. Sont ainsi licites les clauses qui assurent son étanchéité : c'est le cas de la clause qui fait interdiction aux distributeurs de céder les produits à des commerçants hors réseau, ou de celle qui permet au fabricant de contrôler les stocks ou les factures afin de sanctionner les ventes hors réseau(254). Dans son arrêt *Metro c/ Cartier* du 13 janvier 1994(255), où il s'agissait du refus par la société *Cartier* d'assurer le service de garantie des montres acquises par la société *Metro* en dehors du réseau Cartier, la Cour a rappelé que les clauses qui interdisaient de vendre hors réseau comme celles qui aboutissaient au même résultat étaient licites. Le refus de Cartier d'assurer la garantie des montres acquises hors réseau pénalisait les distributeurs extérieurs au réseau, de la même manière que si Cartier avait licitement refusé de leur vendre.

2) Distribution sélective et Internet

597. - **Ventes actives et ventes passives. Ventes par Internet.** Il y a vente active lorsque le revendeur est actif (par ex., démarchage). Il y a vente passive lorsque le client est actif, et se déplace vers le revendeur. Internet est un moyen de vente passive. En « cliquant », le consommateur se déplace sur la toile, et va vers le vendeur. En principe, limiter la liberté des revendeurs de procéder à des ventes actives ou passives est restrictif de concurrence. Si la prohibition des ventes passives joue contre les consommateurs, et si elle est à coup sûr restrictive de concurrence, la prohibition des ventes actives permet de son côté de maintenir une diversité de points de vente, et d'offres, ce qui peut être un gain d'efficience, et être exemptable sur le fondement du § 3(256).

598. - **Internet et l'élimination possible des *pure players*.** Les *pure players* sont les commerçants qui recourent exclusivement à Internet, sans disposer d'un point de vente physique. Ce sont de nouveaux offreurs. En 2014, le droit de la concurrence considère que toute limitation à la revente par Internet (blocages, renvois automatiques, limitation des reventes par Internet, différences de prix au préjudice des reventes par Internet) est *a priori* une restriction de concurrence. Le droit de recourir à Internet semble ainsi posé en droit de la concurrence, mais il est en vérité très limité par le domaine étendu des possibilités d'exemption.

Il est ainsi restrictif, mais exemptable, d'obliger les distributeurs qui veulent recourir à Internet d'avoir aussi un point de vente physique(257). L'exclusion des *pure*

(253) V. *Lignes directrices sur les restrictions verticales*, pts 48 et 225.
(254) V. CJCE, *Metro Saba 1 et 2*, et déc. *Yves Saint Laurent* et *Givenchy*, préc.
(255) Aff. C-376-92.
(256) V. pour l'exemption catégorielle, *infra*, n°s 650 et s. Il y a néanmoins vente active si, sur Internet, le commerçant s'adresse, au moyen de bandeaux publicitaires, à une clientèle déterminée (V. *Lignes directrices*, pt 53).
(257) V. *Lignes directrices*, pt 54 et *infra*, n°s 650 et s. En France, V. déc. 24 juill. 2006, n°s 06-D-24, *Bijourama-Festina* et Paris, 16 oct. 2007 ; déc. 8 mars 2007, n° 07-D-07 relative au secteur de la distribution des produits cosmétiques et d'hygiène corporelle ; et déc. 29 oct. 2008, n° 08-D-25, *Pierre Fabre Dermo Cosmétique*, sur la nécessité dans l'intérêt du consommateur, d'adapter les réseaux à Internet. – V. CJUE, 13 oct. 2011, aff. C-439/09, *Pierre Fabre Dermo Cosmétique*.

players peut alors être radicale. L'argument tient alors dans le besoin du consommateur de comparer physiquement les produits, de bénéficier de conseils, d'avoir un environnement de luxe (pour les produits de luxe) et aussi dans le risque de parasitisme interne aux réseaux (les consommateurs comparant les produits en boutique et les achetant sur le Net). On peut discuter.

Sur le terrain de l'exemption, les *Lignes directrices* du 19 mai 2010 sont ambiguës. Elles considèrent comme restrictifs les renvois automatiques au site du fabricant, mais permettent d'interdire aux distributeurs de recourir aux plates-formes de commercialisation, sauf si le logo de celle-ci n'est pas visible. En fait, cela empêche une réelle stratégie autonome des distributeurs sur Internet, car il n'est guère possible de créer une clientèle autonome sur Internet sans recourir à une plate-forme[(258)].

3° Les accords mixtes

599. – **Principes.** De nombreux accords sont à la fois horizontaux et verticaux. Tel est le cas, par exemple, des groupements d'achat, qui, outre la coordination de comportements des acheteurs, aboutissent à des accords verticaux avec les fournisseurs. Le principe est que l'appréciation de ces accords doit être ventilée, selon que l'on considère leurs aspects horizontaux, ou leurs aspects verticaux[(259)].

600. – **Entreprises communes.** Les entreprises communes peuvent être mixtes de ce point de vue : accords horizontaux entre les sociétés mères, accords verticaux entre les sociétés mères et les filiales. L'appréciation des filiales communes a toutefois évolué.

601. – **Ambiguïté de l'accord créant une entreprise commune (EC).** Une entreprise commune naît d'un accord entre entreprises fondatrices. Mais, au regard du droit de la concurrence, tout dépend de ce que sera l'entreprise commune (une entreprise nouvelle, de plein exercice, ou une auxiliaire de l'une ou l'autre des mères, voire des deux, ou encore une expression de leur collusion). Deux règles juridiques peuvent s'appliquer : soit le règlement n° 139/2004 du 20 janvier 2004 sur le contrôle des concentrations, soit l'article 101 TFUE.

602. – **Les entreprises communes de plein exercice de dimension européenne sont des concentrations qui peuvent être appréciées comme des ententes si elles sont coopératives.** Depuis le règlement n° 139/2004, la création d'une entreprise commune de plein exercice est en elle-même une concentration[(260)], si l'opération est de dimension européenne.

Mais, lorsque l'entreprise commune de plein exercice aboutit à coordonner le comportement des sociétés mères, sa compatibilité avec le marché intérieur sera appréciée non pas en fonction des dispositions de l'article 2 du règlement, mais sur la base de l'article 101 TFUE. En clair, cet article relatif aux ententes est appliqué comme une règle de fond dans la procédure de contrôle des concentrations, et devient une règle de fond de ce contrôle.

(258) *Lignes directrices*, pts 52 et 54.
(259) V. *Lignes directrices sur les restrictions verticales*, préc.
(260) Règl. n° 139/2004, art. 3, § 4 ; V. *infra*, n° 803.

603. – Appréciation des entreprises communes coopératives qui ne sont pas de plein exercice dans le cadre de l'article 101 TFUE. Dans sa communication juridictionnelle consolidée relative au contrôle des opérations de concentration du 21 février 2009(261), la Commission estime que ne sont pas concentratives, et sont donc éventuellement des ententes, les entreprises communes qui n'ont pas de ressources indépendantes, qui ne reprennent qu'une activité des mères, qui ne sont qu'auxiliaires à celles-ci, qui ne sont pas appelées à jouer un rôle actif et indépendant sur le marché, dont l'activité est conçue pour être temporaires, ou dont l'activité se borne à la détention d'un parc immobilier.

Ne répondant pas à la notion de concentration, ces entreprises doivent être analysées à la lumière de l'article 101 TFUE, car elles mettent en place des mécanismes qui auraient le même objet ou le même effet qu'une entente(262). Cela étant, les entreprises communes qui ne sont pas de plein exercice peuvent ainsi être rachetées, ce qui est fréquent(263).

D. – Types d'accords présumés non restrictifs de concurrence

604. – Généralités. Au regard de l'objectif d'une concurrence praticable sur les marchés, et de la nécessité de caractériser une atteinte sensible à la concurrence, la Commission a considéré que certaines sortes d'ententes devaient *a priori* ne pas être considérées comme entrant dans les prévisions de l'article 101, § 1 TFUE. On les examinera brièvement.

1° Contrats d'agence visés par les *Lignes directrices sur les restrictions verticales*(264)

605. – L'idée est que l'agent est indépendant s'il assume une partie significative des risques des opérations qu'il traite, ou des investissements nécessaires, c'est-à-dire s'il n'est pas économiquement mandataire. Alors, l'article 101, § 1 TFUE sera applicable car il y aura accord entre entreprises(265).

2° Accords visés par les *Lignes directrices sur les accords de coopération horizontale* du 14 janvier 2011(266)

606. – Des formes de coopération entre entreprises, et notamment entre PME, peuvent aussi ne pas être en fait restrictives, mais au contraire bénéfiques. Les

(261) Pour l'édition française : *JOUE* n° C-43, 21 févr. 2009.

(262) V., par ex., Aut. conc., déc. 13 mars 2012, n° 12-D-09, *secteur des farines alimentaires*.

(263) Cette situation est la plus fréquente. La restriction de concurrence n'empêche pas une exemption sur le fondement de l'article 101, § 3 TFUE, V. déc. 23 déc. 1992, *Ford-Volkswagen* : *JOCE* n° L 20, 28 janv.1993 pour du matériel de terrassement. – Déc. 18 mai 1994, *Exxon-Shell* : *JOCE* n° L 144, 9 juin 1994, pour une filiale commune chargée de la production de Pebd linéaire et de Pehd. – Déc. 6 oct. 1994, *Pasteur-Merieux et Merk* : *JOCE* n° L 309, 2 déc. 1994, pour le marché des vaccins ; déc. 17 juill. 1996, *Phoenix et Atlas* et *Lufthansa-SAS*, 16 janv. 1996 ; déc. 15 sept. 1999, n° C-1999-2935, *Birtish Interactive Braodcasting*. – V. encore l'affaire du bouquet TV confié par plusieurs chaînes à TPS : TPICE, 18 sept. 2001, aff. T-112/99, *M6*. – V. pour un refus d'exemption, à propos de l'utilisation d'une entreprise commune exploitant le satellite Astra, déc. 23 déc. 1992, *Astra* : *JOCE* n° L 20, 28 janv. 1993. – V., pour une situation de non-concurrence excluant l'article 101 TFUE, déc. 13 juill. 1990, *Elopak-Metal-box Odin* : *JOCE* n° L 209, 8 août 1990.

(264) *Lignes directrices* 19 mai 2010, pts 12 et s.

(265) La Commission envisage en particulier les situations de verrouillage de marché, par les clauses de non-concurrence après l'expiration de l'accord, ou lorsque plusieurs concurrents utilisent les mêmes agents en leur interdisant de traiter avec d'autres commettants concurrents.

(266) *JOUE* n° C 11, 14 janv. 2011.

Lignes directrices considèrent avec faveur des types d'accords dont certains sont de grande importance pratique. On les citera simplement ici. Différents stades de coopération peuvent se combiner, et peuvent pour certains entrer dans les prévisions des règlements d'exemption catégorielle relatifs aux accords de recherche et développement, ou aux accords de spécialisation[(267)]. Si en principe, des accords entre non-concurrents ne soulèvent guère de problèmes, certains accords entre concurrents peuvent être facteurs de concurrence, à deux conditions. D'abord leur nature doit être *a priori* compatible avec la politique européenne de concurrence (R&D, normes, environnement, accords d'achats en commun conclus par des PME, accords de commercialisation avec réserves en raison du risque de concertation sur les prix) ou au moins neutre (accords qui ne touchent pas les paramètres de concurrence). Ensuite, le pouvoir de marché des participants doit être faible[(268)].

3° Accords d'importance mineure, visés par la communication *de minimis*[(269)]

607. – Cette importante communication a déjà été évoquée. Elle se situe aussi dans la perspective du soutien aux PME. Elle vise à préciser le seuil de sensibilité de la restriction de concurrence[(270)].

4° Contrats de sous-traitance et communication du 3 janvier 1979[(271)]

608. – Cette forme de division du travail a les apparences d'une restriction. Mais la sous-traitance peut être favorable aux PME : elle leur permet d'accéder à des contrats, à des techniques, ou à des savoir-faire, auxquels elles n'accéderaient pas autrement. Les accords de sous-traitance peuvent être tantôt horizontaux et prendre l'aspect d'accords de spécialisation, ou tantôt verticaux (ce qui est le schéma habituel dans l'industrie). En principe, les accords de sous-traitance entrent dans le champ d'application des *Lignes directrices* générales, relatives aux accords horizontaux ou aux accords verticaux[(272)]. La sous-traitance repose souvent sur des accords entre non-concurrents, qui ne sont pas restrictifs en principe. Fréquemment, les accords de sous-traitance entraînent un transfert de savoir-faire vers le sous-traitant. En ce cas, une communication distincte de la Commission du 3 janvier 1979 considère que certaines clauses ne sont pas restrictives : celles qui interdisent d'utiliser les connaissances[(273)] ou équipements provenant du donneur d'ordre à d'autres fins que pour l'exécution du contrat ; celles qui interdisent leur mise à la disposition des tiers ; celles qui font obligation de ne fournir les produits fabriqués avec ces connaissances ou équipements qu'au donneur d'ordre. Les clauses de communication des perfectionnements sont également légitimées.

---

(267) V. *infra*, n° 653.

(268) À les supposer restrictifs de concurrence, ces accords peuvent être exemptés, ce que détaillent les *Lignes directrices*, V. *infra*, n°s 650 et s.

(269) Successivement modifiée depuis sa première version de 1970 : *JOCE* n° C 231, 12 sept. 1986, et pour l'AELE : *JOCE* n° L 158, 18 juin 1994. Seuils portés à 300 millions d'écus : *JOCE* n° C 368, 23 déc. 1994 ; *JOCE* n° C 372, 9 déc. 1997, aujourd'hui : *JOCE* n° C 368, 22 déc. 2001 ; V. *supra*, n°s 565 et s.

(270) V. *supra*, n° 565.

(271) *JOCE* n° C 1, 3 janv. 1979.

(272) V. *Lignes directrices* 19 mai 2010, pt 22.

(273) Cela vise les droits de propriété industrielle, les savoir-faire, les études et plans, les matrices, moules, etc.

Ces restrictions diverses ne valent bien entendu que tant que les connaissances ne sont pas tombées dans le domaine public. Il est encore clair que les accords restrictifs peuvent être exemptés.

§ 3. – L'« objet » ou l'« effet » restrictif de concurrence

609. – **Alternative objet-effet-recherche préalable de l'objet, et subsidiaire de l'effet.** Une entente peut être condamnée si elle a eu pour objet *ou* pour effet de restreindre la concurrence. Il suffit donc de caractériser l'une des deux branches de l'alternative pour sanctionner. Les autorités de concurrence appliquent cette alternative de manière rigoureuse.

Elles rappellent que : « La prise en considération des effets concrets d'un accord est superflue, dès lors qu'il apparaît qu'il a pour objet de restreindre, d'empêcher, ou de fausser le jeu de la concurrence »(274).

610. – **Conséquences procédurales et de fond. Règle *de minimis*.** La notion d'objet est plus facile à prouver que l'effet anticoncurrentiel. La preuve de l'atteinte à la concurrence pèse bien sûr sur l'autorité poursuivant ou sur le demandeur(275). Caractériser un objet revient à examiner, de façon individuelle et concrète, la teneur, l'objectif de l'accord, et le contexte économique, de façon à rechercher si l'accord en cause est, de par sa nature même, nuisible au bon fonctionnement du marché(276). Cette analyse est bien entendu plus aisée pour une autorité de concurrence que la recherche des effet(277), laquelle suppose souvent des études économiques complexes et parfois contestables. De surcroît, la caractérisation de types de restriction par objet présente l'avantage la prévisibilité, et de la dissuasion.

La restriction par objet supprime aussi la zone de sécurité qui résulte de la communication *de minimis*. Les restrictions par objet sont suffisamment graves pour restreindre sensiblement la concurrence(278).

Mais se pose la question des contours de la restriction par l'objet.

611. – **Caractérisation d'une restriction par objet.** La jurisprudence s'accorde pour considérer qu'il ne peut y avoir de restriction par objet qu'au terme d'une analyse de l'accord et de son contexte. En clair, la nature, le contenu de

(274) V. CJCE, 13 juill. 1966, *Grundig-Consten*. – CJCE, 30 janv. 1985, *BNIC 1*. – CJCE, 27 janv. 1987, *Verband der Sachversicherer*, préc. – V. aussi, CJCE, 17 nov. 1987, *British American Tobacco et Philip Morris c/ Reynolds*, préc. et TPICE, 23 févr. 1994, aff. T-39 et 40-92, *Groupement des cartes bancaires et Europay International*. – TPICE, 6 avr. 1995, aff. T-142-89, *Usines Gustave Boël (Treillis soudés)*, et déc. 30 nov. 1996, *Ferries-Surtaxes monétaires*, préc. – Et, en dernier lieu, Trib. UE, 29 juin 2012, aff. T-370/09, *GDF-Suez*. – CJUE, 14 mars 2013, aff. C-32/11, *Allianz Hungaria*. – Trib. UE, 12 avr. 2013, aff. T-422/08, *Sacem c/ Commission*. – Trib. UE, 14 mars 2013, aff. T-587/08, *Fresh del Monte*.

(275) CJUE, 17 déc. 1998, aff. C-185/95 P, *Baustahlgewebe*. – CJUE, 7 janv. 2004, aff. C-204/00 P, *Aaalborg Porland*. – Trib. UE, 18 juin 2013, aff. T-404/08, *Fluorsid*.

(276) V., par ex., CJUE, 14 mars 2013, *Allianz Hungaria*, préc. – CJUE, 11 sept. 2014, aff. C-67/13 P, *GIE CB*, annulant TPICE, 29 nov. 2012, aff. T-491/07.

(277) V., pour une telle tentation, Aut. conc., déc. 20 sept. 2010, n° 10-D-28, infirmée par Paris, 23 févr. 2012.

(278) V. en ce sens la communication *de minimis* du 30 août 2014, et le document de travail du 25 juin 2014, SWD (2014), 198 final.

l'accord, ou les buts objectifs qu'il poursuit ou permet très probablement d'atteindre, doivent suffire. Depuis l'arrêt *LTM* du 30 juin 1966, le contexte peut être déterminant, et les faits, la façon dont l'accord est mis en œuvre, ou les circonstances particulières, peuvent caractériser un objet anticoncurrentiel. Mais on ne peut pas étendre la notion d'objet de façon excessive, notamment en raison des considérations de preuve sous-jacente à cette qualification. Aussi, les juridictions européennes font preuve de circonspection lorsqu'elles indiquent que, pour être restrictif par son objet, un accord doit présenter un « degré suffisant de nocivité »(279), ou être « nuisible par sa nature même »(280). Ces termes peuvent être appliqués cependant à des accords très variables, dans des secteurs économiques les plus divers(281). En tout cas, fort logiquement, la jurisprudence a considéré que la liste des pratiques illicites figurant à l'article 101, § 1 TFUE n'épuisait pas la catégorie d'infractions par objet. C'est ce qu'on trouve dans un document de travail de la Commission du 25 juin 2014(282).

Cela a conduit à déclarer illicites un certain nombre d'accords, qui correspondent pour la plupart aux ententes injustifiables ou *hardcore*(283), mais d'autres accords horizontaux ou verticaux ont également été jugés restrictifs par objet(284).

La jurisprudence a donc admis que la notion de restriction par objet recouvrait les accords qui se heurtent, de matière patente, aux dispositions du traité relatives à la concurrence(285).

Ces tentatives de définition conduisent à deux interrogations. La première est de savoir si la notion de restriction par objet doit dépendre de l'expérience des autorités de concurrence. La prévisibilité serait certaine, au dépens d'une certaine cristallisation du droit. Mais on ne saurait faire dépendre la nécessaire sanction des pratiques illicites de l'expérience passée des autorités, parce que les pratiques illicites peuvent évoluer dans le temps. La seconde interrogation, voisine, est de savoir si la notion doit être interprétée de façon restrictive(286). La Cour de justice, dans son arrêt *GIE CB* du 11 septembre 2014, a penché en faveur d'une analyse restrictive, en rappelant que le « degré suffisant de nocivité » devait être clairement caractérisé pour dispenser de rechercher les effets éventuellement anticoncurrentiels. Cet arrêt donne une illustration avec la convention mise en place au sein du GIE. Le seul objet de cette convention était d'imposer une contribution de la part des banques qui bénéficiaient des efforts des autres à l'acquisition (souscription de nouvelles cartes), comme à l'égard des nouveaux entrants (risque de parasitisme). La Cour considéra qu'il était certes possible qu'il en résulte une restriction de concurrence. Mais cette

(279) V., par ex., CJUE, 20 nov. 2008, aff. C-209/07 P, *Beef Industry*. – CJUE, 4 juin 2009, aff. C-8/08, *T. Mobile Nederland*.

(280) V., par ex., CJUE, 14 mars 2013, *Allianz Hungaria*.

(281) V., par ex., les restrictions visées dans *les Lignes directrices relatives aux accords de transfert de technologies*, 28 mars 2014.

(282) V. les différents exemples cités, SWD (2014), 198 final ; on y trouve certains échanges d'informations, certains accords de recherche et développement, certains accords en matière de propriété intellectuelle, et les accords de boycott ou d'exclusion ; CJUE, 20 nov. 2008, *Beef industry*, préc., ou Trib. UE, 21 mai 2014, *Toshiba*, préc. – CJUE, 11 sept. 2014, aff. C-67/13 P, *GIE CB*.

(283) V., par ex., pour une répartition des marchés, Trib. UE, 21 mai 2014, aff. T-519/09, *Toshiba*.

(284) *Ibid.* ; V., par ex., CJUE, 13 oct. 2011, aff. C-439/09, *Pierre Fabre Dermo Cosmétique*.

(285) V. CJUE, *Beef Industry*, préc.

(286) V. concl. N. Wahl dans l'affaire C-67/13 P, *Groupement des cartes bancaires CB-Merfa*.

restriction éventuelle était tout au plus un effet de l'accord. Elle n'était pas son objet. En clair, tout accord potentiellement restrictif n'est pas une restriction par objet. Il faut toujours caractériser le « degré suffisant de nocivité ». Il faut donc clairement distinguer la notion de restriction de concurrence (qui englobe les restrictions par objet et par effet) de la seule restriction par objet[287].

612. - **Caractérisation d'une restriction par effet.** Un accord a un « effet » restrictif lorsqu'il affecte la concurrence actuelle ou potentielle à un point tel qu'il est possible de prévoir avec une assez bonne probabilité, et de façon concrète et non hypothétique qu'il a eu, ou aura sur le marché en cause des effets négatifs (la concurrence actuelle et potentielle) sur les prix, la production, l'innovation, ou la diversité et la qualité des produits ou des services.

613. - **Absence de nécessité de rechercher l'intention des parties.** La volonté des parties semble *a priori* liée à l'objet anticoncurrentiel de l'accord. Comment peut-on s'engager dans une restriction de concurrence caractérisée sans en avoir la volonté consciente ? Cela étant, le droit de la concurrence est un droit objectif qui vise à protéger la concurrence sur le marché. C'est pourquoi la preuve de l'intention subjective des parties de restreindre la concurrence n'est pas juridiquement nécessaire[288].

Si la conscience illicite des parties n'est pas une condition nécessaire à la mise en évidence d'une restriction de concurrence par l'objet, elle est encore moins décisive lorsque l'on se préoccupe d'une restriction par l'effet. Il y aura restriction par l'effet dès lors que l'accord, considéré en lui-même objectivement, et dans son contexte, produira des effets négatifs sur la concurrence *inter* et *intra-brand*, même si les parties ne l'ont ni voulu, ni prévu.

614. - **Lien de causalité.** Si la volonté subjective des parties n'est pas déterminante, il faut néanmoins démontrer que la restriction de concurrence est objectivement la résultante de l'objet ou de l'effet de l'accord litigieux[289]. Cette causalité peut être partielle. Il suffit qu'elle existe[290].

La causalité peut conduire à se pencher sur la nature de l'accord, et sur ses finalités. Tel est le cas notamment des accords collectifs conclus entre patronat et syndicats dans le but de régler collectivement les conditions ou la rémunération du travail. En principe, le droit de la concurrence n'interfère pas. Il s'agit de politique sociale. Ni l'objet ni la nature de ces accords ne permettent *a priori* l'application du droit de la concurrence. Mais on ne peut non plus rien exclure, et il peut arriver que, dissimulée sous l'accord salarial collectif, on découvre une entente entre entreprises dont le but serait d'éliminer des concurrents, et dont la nature serait alors détachable[291].

(287) CJUE, 11 sept. 2014, aff. C-67/13 P, *GIE CB (Merfa)* ; le document publié par la Commission le 25 juin 2014 (SWD (2014), 198 final) doit donc être lu à la lumière de cet arrêt.

(288) *Lignes directrices* préc., pt 22. V., par ex., Trib. UE, 14 mars 2013, aff. T-588/08, *Dole Food*. – CJUE, 14 mars 2013, aff. C-32/11, *Allianz Hungaria*.

(289) Trib. UE, 14 mars 2013, aff. T-588/08, *Dole Food*.

(290) V., par ex., CJCE, 25 nov. 1991, aff. 22/71, *Béguélin Import*. Pour l'incidence partielle d'une législation qui crée ou renforce une entente illicite, V. *supra*, n° 539.

(291) V. *supra*, n° 518.

SECTION 2

LE « RACHAT » DES ENTENTES RESTRICTIVES (TFUE, ART. 101, § 3)[292]

615. – **Politique de concurrence.** Le § 3 de l'article 101 TFUE dispose qu'une entente peut être légitimée si quatre conditions sont cumulativement réunies : amélioration de la production ou de la distribution ou promotion du progrès technique ou économique ; part équitable du profit résultant de l'entente réservée aux utilisateurs ; restrictions simplement indispensables pour atteindre ces objectifs ; non-élimination de la concurrence pour une partie substantielle des produits en cause. L'article 101, § 3 TFUE permet donc de valider des ententes restrictives au sens du § 1. Une restriction de concurrence peut être contrebalancée par une meilleure efficacité économique. Il ne s'agit pas d'établir un bilan « économique », mais de rechercher si l'entente restrictive de concurrence au sens du § 1 produit malgré cela des résultats positifs, et donc proconcurrentiels, au sens où la concurrence recherchée doit être la plus efficace possible. Le Tribunal de première instance des Communautés européennes a souligné, dans son arrêt *M6* du 18 septembre 2001[293], que ce bilan aboutissait à prendre en considération la totalité des aspects *pro* ou *anti* concurrentiels d'une entente.

La Commission a publié le 27 avril 2004 d'importantes *Lignes directrices concernant l'application de l'article 81, § 3 du Traité CE*[294]. Elle y expose que :

« Les règles communautaires de concurrence visent à protéger la concurrence sur le marché comme moyen d'accroître le bien-être du consommateur et à assurer une répartition efficace des ressources. Les accords qui restreignent la concurrence peuvent en même temps avoir des effets proconcurrentiels sous forme de gains d'efficacité, lesquels peuvent créer un surcroît de valeur en abaissant le coût de fabrication d'une production, en améliorant la qualité du produit ou en permettant la création d'un nouveau produit. Lorsque les effets proconcurrentiels d'un accord l'emportent sur ses effets anticoncurrentiels, l'accord est finalement favorable à la concurrence et compatible avec les objectifs des règles communautaires de concurrence. Ces accords ont pour effet net de favoriser l'essence même du jeu de la concurrence qui consiste à gagner des clients en proposant des produits meilleurs ou des prix plus avantageux que ceux de la concurrence. Ce cadre analytique est exprimé dans l'article 81, paragraphe 1, et l'article 81, paragraphe 3 (aujourd'hui 101). Du reste, cette dernière disposition reconnaît expressément que les accords restrictifs peuvent engendrer des avantages économiques objectifs de nature à compenser les inconvénients de la restriction de concurrence ».

616. – **Suppression du monopole de la Commission.** Permettre, au début de la construction européenne, aux autorités nationales de racheter elles-mêmes les ententes nouées sur leur territoire aurait sans doute conduit à un émiettement de la jurisprudence qui aurait été trop dépendante des spécificités nationales.

Le règlement n° 17-62 du 6 février 1962, avait donc accordé à la Commission une compétence exclusive pour prendre les « décisions individuelles d'inapplicabilité » de l'article 81, § 1 TFUE, en vertu du § 3, sous condition d'une notification préalable.

(292) Traité EEE, art. 53, § 3.
(293) V. *supra*, n° 568. V. encore Trib. UE, 29 nov. 2012, aff. 491/07, *Groupement CB*.
(294) *JOUE* n° C 101, 27 avr. 2004 ; V. le projet de refonte, SEC (2009) 946/3.

Avec l'entrée en vigueur du règlement n° 1/2003, la Commission a perdu son monopole d'application du § 3. L'exigence de notification préalable a disparu. La Commission conserve néanmoins un rôle central. Elle doit être tenue informée des procédures internes par les autorités et les juridictions nationales. Les autorités nationales sont organisées en réseau, et doivent informer la Commission avant de prendre une décision. La Commission se réserve cependant le droit d'intervenir, ou d'évoquer l'examen des affaires(295).

617. – **Système de l'exception légale et applicabilité directe de l'article 101, § 3 TFUE.** Depuis l'entrée en vigueur du règlement n° 1/2003, l'article 101, § 3 TFUE est d'applicabilité directe, et doit donc être appliqué par les autorités ou juridictions nationales saisies d'une entente qui affecte le commerce entre les États membres. Le système est aujourd'hui celui d'une interdiction/exemption (interdiction sur le § 1, exception sur le § 3), ou d'un principe d'interdiction tempéré par une exception. C'est ce que l'on appelle un système d'exception légale (ce qui est banal en droit français où la loi pose habituellement à la fois un principe et son exception).

618. – **Exemptions catégorielles.** La possibilité de telles exemptions est envisagée aussi bien par l'article 101, § 3 TFUE que par l'accord sur l'EEE. En raison de la charge importante de travail qui résulte pour la Commission de l'examen individuel des ententes, et du caractère souvent répétitif de cet examen, le Conseil a habilité la Commission à adopter un certain nombre de règlements d'exemption par catégorie. L'« expérience » de la Commission est souvent un préalable utile à l'adoption d'un règlement d'exemption qui tienne compte des particularités du secteur.

Les accords qui entrent dans les prévisions d'un règlement d'exemption par catégorie sont présumés conformes au droit européen, jusqu'à ce que la Commission, ou le cas échéant une ANC(296), retire l'exemption en raison des effets nocifs de l'accord en cause.

619. – **Espace économique européen.** L'accord sur l'EEE, dans son annexe XIV, fait référence aux accords d'exemption catégorielle adoptés par l'Union européenne et oblige donc les États signataires à les appliquer.

620. – **Plan.** Le texte impose d'analyser d'abord les conditions auxquelles peut être obtenue une exemption individuelle (§ 1), avant d'étudier les différents règlements d'exemption par catégorie adoptés en 2009 (§ 2).

§ 1. – L'exemption individuelle de l'article 101, § 3 TFUE

621. – **Une seule procédure.** Depuis que la compétence a été donnée aux autorités et juridictions nationales pour appliquer la totalité de l'article, le principe d'interdiction et son exception sont examinés dans la même procédure.

(295) V. *supra*, nos 460 et s.
(296) V. Règl. n° 1/2003, art. 29 ; les ANC peuvent retirer le bénéfice de l'exemption catégorielle sur tout ou partie de leur territoire, qui présente toutes les caractéristiques d'un marché distinct (V. *supra*, nos 460 et s., et *infra*, n° 664).

622. - **Guide d'interprétation : les *Lignes directrices* du 27 avril 2004**(297)**.** La décentralisation de l'application de ce texte a justifié la publication par la Commission de ces importantes *Lignes directrices*, qui se présentent comme un guide à l'intention des ANC et des juridictions désormais compétentes. Pour l'essentiel, ces *Lignes directrices* synthétisent la jurisprudence européenne.

623. - **Bilan de l'efficacité économique à la lumière des objectifs généraux du traité.** L'idée fondamentale est qu'il faut regarder l'entente sous l'angle de l'efficacité. Mais certaines finalités assignées à la construction européenne doivent être prises en compte dans l'appréciation du bilan qui doit être établi. Ainsi, par exemple, aucune des quatre conditions de l'article 101, § 3 TFUE ne peut être interprétée de telle manière qu'il ne soit pas tenu compte de l'impératif de diversité culturelle exprimé à l'article 151, § 4 TFUE(298). Le bilan de cet article est plus complexe que le seul bilan anticoncurrentiel auquel le droit américain reste attaché.

624. - **Plan.** On examinera les critères du bilan (A), avant les décisions auxquelles il peut conduire (B).

A. – Le « bilan de l'efficacité économique »

625. - **Cumul des conditions positives et négatives. Charge de la preuve. Plan.** Pour pouvoir être exemptées, les ententes restrictives de concurrence doivent satisfaire cumulativement à deux conditions positives et à deux conditions négatives. Ces conditions doivent être démontrées par les parties à l'entente, alors que la preuve de la restriction de concurrence pèse sur les parties poursuivantes(299).On les examinera successivement.

1° Première condition positive : les gains d'efficacité

626. - **L'entente doit contribuer à l'amélioration de la production ou de la distribution des produits ou à la promotion du progrès technique ou économique.** On voit avec cet objectif général de progrès ce qui différencie la méthode du bilan de l'efficacité économique de celle du bilan strictement concurrentiel.

627. - **Principes d'appréciation.** Dans ses *Lignes directrices*(300), la Commission expose que les points suivants doivent être vérifiés : nature des gains d'efficacité allégués, lien entre l'accord et les gains d'efficacité, probabilité et importance de chaque gain d'efficacité allégué, modalités et date de réalisation de chaque gain d'efficacité allégué. On examinera la nature des gains d'efficacité qui peuvent être considérés (*a*), leur valeur économique (*b*), et leur lien de causalité avec l'entente (*c*).

(297) *JOUE* n° C 101/2004.
(298) Trib. UE, 12 avr. 2013, aff. T-451/08, *Föreningen Svenska Tonsattares Internationella Musikbyrä (STIM)*.
(299) Si la charge de la preuve oblige les entreprises poursuivies à apporter des preuves à l'appui de leur demande d'exemption, la Commission doit examiner les preuves apportées, ce qui peut la conduire à prendre en compte des spécificités du secteur concerné soulignées par les entreprises, CJCE, 6 oct. 2009, aff. C-501/06 P, *GlaxoSmithKline Services*, ou Trib. UE, 24 mai 2012, *MasterCard*, préc. – Règl. n° 1/2003, art. 2, et *Lignes directrices* préc., pt 41 ; V. *supra*, n°s 463 et s. et *infra*, n° 852 ; V. le projet de refonte des *Lignes directrices sur les restrictions verticales*, SEC (2009) 946/3.
(300) Préc., pt 51.

a) La nature des gains d'efficacité

628. - **Objectivité. Diversité. Sensibilité.** Il est acquis depuis longtemps que l'on ne peut considérer comme des gains d'efficacité économique les seuls avantages recherchés ou obtenus par les entreprises dans leur propre intérêt, par exemple pour maximiser leurs profits. Ces avantages subjectifs ne peuvent être pris en compte en eux-mêmes(301), ce qui ne signifie pas que des avantages subjectifs ne puissent pas contribuer aussi à une meilleure efficacité économique. Les gains d'efficacité doivent être sensibles, puisque la restriction de concurrence illicite doit elle-même être sensible(302). Cela étant, les gains d'efficacité économique peuvent être extrêmement variables, selon les types d'accord, ou selon les marchés(303). Les *Lignes directrices concernant l'application de l'article 81, § 3 du Traité CE* opèrent une distinction entre les gains d'efficacité réalisés sur les coûts, et les gains d'efficacité qualitatifs.

629. - **Efficacité sociale ?** On peut se demander si le progrès social est visé implicitement par la référence au « progrès économique ». Dans le long terme, celui-ci implique celui-là. Pourtant, les aspects sociaux, considérés isolément, ne constituent pas des gains d'efficacité économique. Le droit européen qui devra être appliqué par les autorités ou juridictions nationales se démarque ici de certains droits nationaux. Ainsi, l'article L. 420-4, I, 2° du Code de commerce français vise-t-il de façon autonome « la création ou le maintien d'emplois »(304). Dans certaines situations pourtant, les autorités européennes ont considéré que le « progrès social » devait être pris en compte comme une composante particulière du progrès économique. Le maintien de l'emploi peut être dans certains cas un facteur de stabilité économique(305). Des ententes de crise peuvent elles aussi permettre aux entreprises de procéder aux reclassements du personnel « dans des conditions acceptables »(306).

630. - **Gains d'efficacité sur les coûts.** La réduction des coûts répercutée sur le marché est une grande et ancienne cause de progrès économique. L'introduction de nouvelles technologies aboutit souvent à ce résultat(307). Il en va de même avec la rationalisation de la production(308)(309), ou de la distribution(310). Dans ses *Lignes directrices*, la Commission envisage successivement la synergie résultant de

(301) V. CJCE, 13 juill. 1966, *Grundig et Consten*, préc. – TPICE, 23 oct. 2003, aff. T-65/98, *Van der Bergh* ; *adde*, déc. 23 déc. 1992, *Schöller-Lebensmittel* : *JOCE* n° L 183, 26 juill. 1993.

(302) V. Trib. UE, 24 mai 2012, *MasterCard*, préc.

(303) Les gains d'efficience peuvent être constatés sur n'importe quel marché, Trib. UE, 24 mai 2012, *MasterCard*, préc.

(304) Le simple objectif de « maintien » s'accorde souvent mal avec le progrès économique, tandis que la « création » en est habituellement une résultante.

(305) V. CJCE, 25 oct. 1977, *Metro-Saba 1*, préc.

(306) Déc. 29 avr. 1994, *Stichting Baksteen*, préc. – XXIIIe rapport, n° 88.

(307) V. déc. 14 juill. 1986, *Fibres optiques. Corning glass works* : *JOCE* n° L 236, 22 août 1986. – Déc. 12 janv. 1990, *Alcatel Espace* : *JOCE* n° L 32, 3 févr. 1990. – Déc. 11 nov. 1994, *Olivetti-Digital*, préc. – Déc. 17 juill. 1996, *Atlas et Phœnix-global one*, préc.

(308) V., par ex., déc. 16 janv. 1996, *Lufthansa-SAS* : *JOCE* n° L 54, 5 mars 1996. – *Adde*, déc. 23 déc. 1977, *Jaz-Peter* : *JOCE* n° L 61, 3 mars 1978. – Déc. 21 déc. 1992, *Fiat-Hitachi*, et déc. 23 déc. 1992, *Ford-VW*, préc. – V., en matière de services, déc. 11 juin 1993, *UER (EBU) Système de l'Eurovision* : *JOCE* n° L 179, 22 juill. 1993, annulée par TPICE, 11 juin 1996, *M6 et RTI c/ Commission*, préc.

(309) Les cartels de crise peuvent créer des gains d'efficacité en terme de coût ; V. déc. 4 déc. 1986, *ENI-Montedison* : *JOCE* n° L 5, 7 janv. 1987 ; et déc. 29 avr. 1994, *Stichting Baksteen*, préc. – V. sur les cartels de crise, XXIIIe rapport, p. 51 : la Commission attache la plus grande importance à la possibilité d'un retour à la compétitivité et à la limitation des effets de l'accord, à la fois dans le temps, et à l'égard des consommateurs ou des concurrents.

(310) V. déc. 21 déc. 1993, *Grundig*. – Déc. 21 févr. 1994, *AIE*, préc.

l'intégration d'actifs existants, la mise en commun d'actifs existants permettant de parvenir à des économies d'échelle, les économies de gamme résultant de l'utilisation des mêmes composants pour fabriquer plusieurs produits, et la planification de la production.

631. – **Gains d'efficacité qualitatifs.** Les gains d'efficacité qualitatifs viennent souvent du progrès technologique qui donne naissance à des produits ou des services nouveaux. Les accords de licence ont souvent cet objectif. Il en est de même des accords de production en commun, ou des accords permettant d'offrir des services efficaces au plus grand nombre (télécommunications, réseaux de virements bancaires, etc.). D'autres considérations peuvent jouer, notamment environnementales(311).

632. – **Réseaux de distributeurs et positionnement des marques.** C'est peut-être ici qu'il faut distinguer le plus la recherche d'avantages subjectifs par les participants et l'objectivité du bilan concurrentiel. La création de réseaux peut assez souvent être facteur de concurrence *inter-brand*(312). Mais souvent les contrats sont complexes et contiennent des clauses qui les rendent restrictifs de concurrence. La nouveauté de produits qui nécessitent un service particulier a pu être prise en compte(313). Un réseau peut aussi permettre aux distributeurs de se consacrer aux produits contractuels(314). On est alors très près de considérer l'intérêt des consommateurs, sous la référence au seul progrès technique ou économique.

La question se pose de savoir si la politique de prix d'un réseau peut être exemptable, dès lors qu'elle est imposée. Pendant longtemps, on a vu là une clause noire absolue. C'était sans doute hypocrite car on validait dans le même temps des pratiques de prix conseillés. À la suite de l'important arrêt *Leegin* prononcé par la Cour suprême des États-Unis le 28 juin 2007, la réflexion a évolué, et il n'est plus exclu que ces pratiques puissent contribuer à l'efficience économique, notamment en cas de marque renommée, ou de produits nouveaux (pénétration du marché), ou de campagne promotionnelle temporaire(315).

b) Évaluation économique des gains d'efficacité

633. – **Préparation du bilan de l'efficacité économique.** Le bilan de l'article 101, § 3 TFUE implique une appréciation des éléments favorables aux consommateurs et à la concurrence. Il faut donc les valoriser. Cela peut être difficile. Lorsqu'il s'agit de gains en termes de coût, les parties à l'entente doivent détailler les différents gains d'efficacité qu'elles allèguent, et les valoriser au moyen de calculs vérifiables. Bien sûr, pour les autres gains (par ex., nouveaux produits), la valorisation consistera à démontrer leur caractère objectif(316).

---

(311) V., pour la collecte et le tri des emballages usagés, déc. 16 oct. 2003, *ARA-ARGEV* : *JOUE* n° L 75, 12 mars 2004, et Trib. UE, 22 mars 2011, aff. T-419/03, *Altstoff Recycling Austria*.

(312) V. *supra*, nos 586 et s.

(313) V. déc. 22 déc. 1987, *Rich Products-Rol* : *JOCE* n° L 69, 15 mars 1988. – Déc. 23 mars 1990, *Moosehead-Whitbread* : *JOCE* n° L 100, 20 avr. 1990.

(314) V. déc. *Grundig*, *YSL Parfums*, et *Givenchy*, préc. et TPICE, 12 déc. 1996, *Galec c/ Commission*, préc. – V. déc. 16 juin 1999, *Bass et Scottish and Newcastle*, préc.

(315) V. *Lignes directrices sur les restrictions verticales*, pts 225 et s.

(316) V. *Lignes directrices sur l'application de l'article 81*, § 3, préc., pts 55 et s.

c) La causalité entre l'accord et les gains d'efficacité

634. – **Causalité directe.** Les *Lignes directrices* insistent sur l'exigence d'une causalité directe. C'est le cas par exemple lorsqu'un accord de technologie permet, par son objet, l'apparition d'un nouveau produit. Les effets indirects sont généralement trop incertains et trop difficiles à vérifier pour être considérés. On peut donner l'exemple d'une entente maximisant les profits, présentée par des membres comme leur permettant d'investir plus dans la recherche, ce qui profitera un jour aux consommateurs.

2° Seconde condition positive : une partie équitable du profit réservée aux consommateurs

635. – **Consommateurs et utilisateurs finals.** Un droit de marché vise la demande, c'est-à-dire tous les clients, utilisateurs directs ou indirects, des produits ou des services couverts par l'accord(317).

636. – **Impératif de répercussion des avantages.** Lorsqu'une entente réduit les coûts de ses participants, il faut rechercher si une réduction des prix peut en être la conséquence, et à quel niveau. Selon les marchés, la situation de concurrence, ou selon le type de production, cette répercussion sera plus ou moins importante, et plus ou moins rapide. Lorsqu'une entente ne donne naissance qu'à des gains qualitatifs, l'appréciation suppose des jugements de valeur sur les améliorations apportées (par ex., avantage objectif des nouveaux produits plus chers que les anciens). Ainsi, une meilleure qualité de service(318), l'accès à de nouvelles technologies(319), un maintien de l'approvisionnement du marché en toute circonstance(320), ont pu être pris en compte. D'autres intérêts peuvent être envisagés(321). Il n'existe pas de liste. On peut encore citer la préservation de la santé des consommateurs ou de leur environnement(322). Au fond, sont visés là des avantages collectifs pour le public(323).

Très souvent, les autorités s'attachent à l'ouverture des choix qui sont offerts aux consommateurs ou utilisateurs(324).

3° Première condition négative : caractère indispensable des restrictions

637. – **Double critère.** Le caractère indispensable n'est pas le caractère indissociable qui sert à caractériser les restrictions accessoires. Ici, il s'agit de considérer

(317) V. *Lignes directrices* préc., pt 84.

(318) V. pour le « signal » TV, déc. 11 juin 1993, *UER-Eurovision*, préc., pour une augmentation de l'offre de services avec baisse des prix, déc. *Lufthansa-SAS*, préc.

(319) Pour la mise en place de nouveaux services de télécommunications, déc. *Atlas* et *Phœnix*, préc. ; *adde*, déc. 23 mars 1990, *Mossehead-Whitbread*, préc.

(320) Déc. 21 févr. 1994, *AIE*, préc.

(321) V. pour les dangers de l'ouverture brutale d'une profession libérale à la publicité comparative, déc. 7 avr. 1999, *Code de conduite de l'IMA*, préc.

(322) V. déc. 18 mai 1994, *Exxon-Shell*, préc.

(323) V. pour l'environnement, déc. 24 janv. 1999, *CEDED* : *JOCE* n° L 187, 26 juill. 2000.

(324) Concurrence de nouvelles productions, V. pour les « monospaces », déc. 23 déc. 1992, *Ford-VW*, préc. – Ouverture des choix par normes communes, déc. 15 déc. 1986, *X Open Group* : *JOCE* n° L 35, 6 févr. 1987. – *Adde*, déc. *Phoenix et Atlas*, préc. – Pour l'effet négatif d'une limitation des choix, au sujet de la distribution des glaces en Allemagne, déc. 23 déc. 1992, *Schöller Lebensmittel* : *JOCE* n° L 183, 26 juill. 1993.

l'ensemble des relations des parties. Ainsi, des commissions multilatérales dans des systèmes de paiement ne sont pas des restrictions accessoires parce que le système peut fonctionner sans elles. Séparables du fonctionnement du système, ces commissions peuvent toutefois être rachetées sur le terrain du § 3.

Les *Lignes directrices* du 27 avril 2004[(325)] exposent qu'il faut d'abord rechercher si l'accord restrictif est raisonnablement nécessaire pour réaliser les gains d'efficacité, et, ensuite, rechercher si chacune des restrictions de concurrence qui découlent de l'accord est également raisonnablement nécessaire. En clair, il faut se demander s'il y a plus de gains avec l'accord que sans.

Il faut donc que les parties à l'entente démontrent qu'il n'y a pas de moyen économiquement acceptable autre que leur accord pour générer les gains d'efficacité allégués (cela peut dépendre du marché, ou des possibilités individuelles des entreprises concernées).

Il faut encore que les parties démontrent qu'en l'absence de chacune des restrictions qu'elles ont acceptées, la réalisation des gains serait improbable. Cette appréciation se fait en fonction de la situation du marché, et il faut se préoccuper notamment des risques assumés par les parties. Si le succès d'un produit innovant est incertain, les restrictions seront plus facilement justifiables. Il peut encore arriver que la restriction ne soit indispensable que pendant un certain temps (par ex., temps de lancement d'un produit)[(326)], auquel cas l'exemption ne pourra être acquise que pour cette période.

4° Seconde condition négative : absence d'élimination de la concurrence

638. - **Importance de la rivalité entre entreprises.** Les *Lignes directrices*[(327)] insistent sur ce moteur indispensable à l'efficacité économique. L'élimination de la concurrence signifie que les gains d'efficacité à court terme seront balayés.

639. - **Réduction de la concurrence induite par l'accord.** Tout dépend de la situation du marché. Plus le marché est concentré, plus la concurrence y est déjà affaiblie, et plus une nouvelle réduction de concurrence résultant de l'accord aura des effets importants pouvant aller jusqu'à son élimination[(328)]. Il faut à cet égard se préoccuper de la concurrence potentielle, et des barrières à l'entrée sur le marché[(329)], comme de la possible réaction des acheteurs s'ils peuvent trouver de nouvelles sources d'approvisionnement.

640. - **Grandes entreprises et PME.** Ce critère de non-élimination de la concurrence permet à coup sûr de différencier les comportements des PME, ou des entreprises qui désirent s'implanter sur un marché, de celui des entreprises souvent puissantes, qui dominent déjà le marché, le cas échéant dans un oligopole.

(325) Préc.
(326) V. déc. 23 déc. 1992, *Ford-VW*, préc.
(327) Préc., pt 105.
(328) V., par ex., déc. 19 févr. 1991, *Screensport-Membres de l'Eurovision* : *JOCE* n° L 63, 9 mars 1992. – Déc. 10 nov. 1992, *Warner-Lambert-Gillette* : *JOCE* n° L 116, 12 mai 1993. – Déc. 23 déc. 1992, *Schöller-Lebensmitted*, préc.– V., pour une vive concurrence, TPICE, 12 déc. 1996, *Galec c/ Commission*, préc. – Trib. UE, 22 mars 2011, aff. T-419/03, *Altstoff Recycling Austria*, ou Trib. UE, 12 avr. 2013, aff. T-451/08, *Stim*.
(329) V. déc. 17 juill. 1996, *Atlas et Phoenix*, préc.

B. – La portée d'une exemption individuelle

641. – **Diversité des décisions.** Avec le règlement n° 1/2003, tant les ANC que la Commission peuvent être amenées à adopter des décisions d'exemption. Pour les ANC, le principe de l'autonomie procédurale déterminera la typologie de leurs décisions. De son côté, la Commission pourra adopter soit de simples décisions favorables, soit des décisions en constatation d'inapplication de l'article 101 TFUE, plus pédagogiques(330).

642. – **Engagements.** La méthode du bilan de l'efficience économique favorise les négociations entre les entreprises et les autorités de concurrence, et par conséquent, la réception d'engagements(331). La réception d'engagements est bien sûr compliquée lorsqu'il s'agit de cartels horizontaux(332).

643. – **Durée limitée. Caractère renouvelable.** Il est très habituel que les décisions prises sur la base de l'article 101, § 3 TFUE soient limitées dans le temps (cinq à dix ans en général). En effet, il finit par arriver que les avantages obtenus par les parties du fait de leur entente ne sont plus compensés par les avantages répercutés aux consommateurs et utilisateurs finals ; l'entente devient alors une rente.

Mais la situation inverse peut aussi se présenter, et l'exemption individuelle peut être renouvelée.

644. – **Primauté.** Puisque le droit européen prime les droits internes, une décision favorable prise sur la base de l'article 101, § 3 TFUE ne peut être contredite par application du droit interne(333).

§ 2. – Les règlements d'exemption par catégorie

645. – **Simplification, sécurité juridique.** Il existe un très grand nombre d'accords susceptibles d'entrer dans le champ d'application de l'article 101 TFUE. Beaucoup sont très similaires. Tel est le cas des accords verticaux dans le secteur de la distribution. Il eût été inutile d'adopter autant de décisions qu'il y a d'accords. La sécurité juridique n'aurait pas gagné à une telle multiplication des procédures. Le § 3 prévoit ainsi des exemptions par catégorie.

646. – **Maintien du système réglementaire.** Les impératifs de sécurité juridique et d'application uniforme du droit européen font qu'aucune atténuation du système n'a été retenue, en dehors du pouvoir reconnu désormais aux ANC de retirer le bénéfice de l'exemption catégorielle sur leur territoire(334).

(330) Règl. n° 1/2003, art. 10. V. *supra*, n° 463 et *infra*, n°s 879 et s.

(331) Règl. n° 1/2003, art. 9 ; V., par ex., la création d'un multihub Air France-Alitalia validée à la condition que des créneaux horaires soient libérés au profit de concurrents sur les lignes Paris-Milan, déc. 7 avr. 2004 : *JOUE* n° L 362, 9 déc. 2004, ou Trib. UE, 22 mars 2011, aff. T-419/03, *Altstoff Recycling Austria* ; pour les alliances aériennes, V. l'affaire *Skyteam-Air France-Delta*, *supra*, n° 583.

(332) V. L. Idot, *Droit communautaire de la concurrence*, Bruylant et FEC, 2004, préc., n° 289.

(333) Règl. n° 1/2003.

(334) V. Règl. n° 1/2003, art. 29, § 3 ; V. *supra*, n°s 462, 616 et s., et *infra*, n° 664.

647. – **Habilitation de la Commission par le Conseil.** La Commission n'a pas ici de pouvoirs propres. Le Conseil doit formellement autoriser la Commission à prendre des règlements d'exemption catégorielle.

À ce jour (2014), le Conseil a pris plusieurs règlements habilitant la Commission. L'un concerne des accords verticaux, surtout de distribution, un autre la coopération entre entreprises, un autre encore le secteur particulier de l'assurance. Dans le secteur des transports, certaines exemptions ont été directement décidées par le Conseil, tandis que d'autres ont été prises par la Commission sur habilitation du Conseil. On examinera d'abord les règlements adoptés par la Commission dans le cadre de chacune de ces habilitations (A), avant de préciser les effets d'une exemption catégorielle (B).

A. – Les règlements d'exemption adoptés

648. – **Plan.** On distinguera en fonction des règlements d'habilitation pris par le Conseil. L'étude des dispositions des différents règlements sera volontairement sommaire.

1° Sur la base du règlement n° 19-65 du Conseil du 2 mars 1965

649. – **Règlements d'exemption permis par le règlement n° 19-65. Restrictions verticales.** Ce règlement envisage divers accords verticaux : accords de livraison dans le but de la revente, assortis d'engagements d'exclusivité, et qui comportent des limitations imposées en raison de droits de propriété industrielle, de procédés de fabrication ou de connaissances techniques. Cela va de la concession à la licence de brevet.

Les restrictions verticales, que le règlement n° 19-65 permet d'exempter, sont considérées comme moins nocives que les ententes horizontales(335). Elles ont fait l'objet de plusieurs règlements spécifiques, en fonction des catégories juridiques d'accord (distribution exclusive, franchise...). Mais la perspective est devenue plus économique. Cette démarche récente a abouti avec le règlement n° 2790/99 du 22 décembre 1999, puis du règlement n° 330/2010 du 20 avril 2010. Le règlement n° 19/65 a aussi été modifié pour étendre le champ potentiel de l'exemption catégorielle(336). En matière de restrictions verticales, il existe aujourd'hui trois règlements de la Commission.

a) Le règlement de la Commission relatif à des catégories d'accords verticaux

650. – **Règlement général n° 330/2010 du 20 avril 2010.** Ce règlement expire le 31 mai 2022. Il s'applique à toutes les restrictions verticales, conclues entre deux ou plusieurs entreprises dont chacune opère, aux fins de l'accord, à un niveau différent de la chaîne de production ou de distribution, et qui peuvent acheter, vendre ou revendre des biens ou des services. Les autres règlements d'exemption relatifs à des accords verticaux se présentent désormais comme des exceptions(337). La prise

(335) V. *supra*, nos 553 et 587.
(336) Règl. n° 1215/99, 10 juin 1999 : *JOCE* n° L 148, 15 juin 1999.
(337) V., par ex., Règl. n° 461/2010, 27 mai 2010 relatif au secteur automobile (SAV).

en compte des réseaux se révèle par l'extension de l'exemption aux dispositions des accords relatifs à l'utilisation de droits de propriété intellectuelle (marques, notamment, Règl. n° 330/2010, art. 2, § 3), à condition que ces dispositions ne soient pas l'objet principal des accords. Une place à part est faite aux accords verticaux entre des associations d'entreprise et leurs membres, ou entre une telle association et ses fournisseurs, si tous les membres sont détaillants, si aucun ne réalise un chiffre d'affaires supérieur à 50 millions d'euros (Règl. n° 330/2010, art. 2, § 2). En fait, sont visées les associations de petits commerçants indépendants, souvent regroupés sous des enseignes communes. On retrouve l'idée de protection des PME.

L'appréciation est pour l'essentiel liée au pouvoir de marché. La simplification a conduit à poser des seuils, en fonction de parts de marché détenues par le fournisseur ou par l'acheteur[(338)], fixées en principe à 30 % (Règl. n° 330/2010, art. 3) des ventes sur le marché des biens ou services contractuels, interchangeables ou substituables (V. sur le calcul des chiffres d'affaires HT, Règl. n° 330/2010, art. 10. Ce chiffre d'affaires HT doit intégrer celui des entreprises liées, V. Règl. n° 330/2010, art. 10 et 11). Pour éviter les effets de seuil, l'article 7 du règlement précité ouvre une tolérance jusqu'à 35 % pendant deux années, ou d'une année si l'on dépasse le seuil de 35 %.

Certains contrats ne sont pas exemptés s'ils comportent des « clauses noires », qui infectent, par leur objet, tout l'accord et qui excluent dès lors l'ensemble de l'accord du bénéfice de l'exemption : restriction à la liberté de fixer les prix de vente (mais admission du prix maximal, et du prix conseillé, ce qui est toujours un peu hypocrite)[(339)] ; interdiction de la concurrence passive des distributeurs hors de leur zone ou de la clientèle contractuelle (mais exemption, *a contrario*, des restrictions de ventes actives vers des zones exclusives, des restrictions de ventes aux utilisateurs finals par des grossistes – acheteurs, des ventes par les distributeurs agréés à des revendeurs non agréés – clauses d'étanchéité –, des ventes de composants à des acheteurs pouvant utiliser les composants pour fabriquer des biens similaires à ceux du producteur) ; restriction des ventes actives et passives à des utilisateurs finals par des membres d'un réseau de distribution sélective, ce qui pose le problème du commerce sur Internet[(340)] ; restriction des ventes ou livraisons croisées à l'intérieur d'un réseau de distribution sélective ; restriction à la vente des composants comme pièces détachées pour utilisateurs finals ou réparateurs.

D'autres clauses font obstacle à l'exemption sans toutefois infecter l'ensemble de l'accord. L'article 5 du règlement n° 330/2010, vise ainsi les clauses suivantes : obligation directe ou indirecte de concurrence à durée indéterminée ou supérieure à cinq ans (si la clause est renouvelable par tacite reconduction, elle est considérée

(338) Pour tenir compte de la puissance d'achat (grande distribution), le règlement ne prévoit qu'un seul seuil de 30 %, valable pour un fournisseur comme pour un acheteur, et cela pour l'un quelconque des marchés affectés par l'accord.

(339) Avec le tempérament contenu dans les *Lignes directrices sur les restrictions verticales*, pts 225 et s., facilitant quelque peu l'exemption individuelle des clauses de prix imposés (V. *supra*, n°s 545, 595 et 632) ; V. les restrictions par objet dans les accords verticaux visées dans le document de travail du 25 juin 2014, SWD (2014), 198 final.

(340) Les *Lignes directrices sur les restrictions verticales* légitiment l'exclusion des *pure players* en reconnaissant au fournisseur le droit d'agréer le lieu d'établissement du distributeur ; cependant, le distributeur dont le point de vente a été agréé peut recourir librement à Internet, et toute restriction en volume ou en pourcentage du chiffre d'affaires global serait contraire à la liberté de recourir à la vente passive. L'exclusion des *pure players* est donc juridiquement maintenue, alors qu'elle semble de plus en plus anachronique, et que des ANC semblent la contester (V. les affaires *Adidas* et *Asics* traitées en 2014 par le Bundeskartellamt, V. communiqué 2 juill. 2014).

comme à durée indéterminée), sauf si les locaux sont la propriété du fournisseur (l'exemption vaut alors pendant la durée de cette location[341]. On retrouve ici l'exigence à terme du multimarquisme) ; interdiction directe ou indirecte de vendre des produits autres que les produits contractuels en fin de contrat, sauf si les produits sont concurrents, si l'interdiction est limitée aux locaux dans lesquels l'acheteur a opéré pendant le contrat, si cette interdiction est indispensable pour protéger un savoir-faire (par ex., franchise), et si elle est limitée à un an après l'expiration de l'accord ; obligation faite aux membres d'un réseau de distribution sélective de ne vendre que des marques de fournisseurs concurrents déterminés (les clauses d'assortiment, fréquentes par exemple dans la parfumerie, ne peuvent donc être exemptées).

L'exemption est limitée en fonction du contexte économique. L'article 6 du règlement n° 330/2010 permet à la Commission de prendre des règlements privant du bénéfice de l'exemption des réseaux parallèles similaires qui couvrent plus de 50 % du marché (effet cumulatif). La fixation d'un seuil à 50 % est source de clarté et de sécurité juridique.

Le dernier point à relever touche aux progrès du principe de subsidiarité. Le retrait de l'exemption peut bien sûr être toujours décidé par la Commission si elle observe que des accords verticaux exemptés ont des effets incompatibles avec les conditions prévues par l'article 101, § 3 TFUE[342]. Mais, lorsque ces effets se produisent dans un État membre, ou sur une partie de cet État qui présente toutes les caractéristiques d'un marché géographique distinct, l'autorité compétente de cet État membre peut retirer le bénéfice de l'exemption dans sa sphère de compétence territoriale[343].

b) Le règlement de la Commission relatif aux accords verticaux et aux pratiques concertées dans le secteur automobile

651. – **Règlement n° 461/2010**[344]. Ce règlement, qui expire le 1er juin 2023, est le fruit d'une longue évolution. Pendant longtemps, la Commission a lutté contre le cloisonnement du marché intérieur qu'elle imputait aux fabricants, car ils différenciaient les prix des véhicules neufs selon les pays, en assujettissant les concessionnaires à leur stratégie. La Commission a ainsi favorisé les mandataires, et le multimarquisme (V. les anciens règlements nos 123/85, 1475/95 et 1400/2002). La Commission a considéré en 2010 que les progrès étaient suffisants pour supprimer le régime particulier de la distribution de véhicules neufs, et ce secteur a rejoint le droit commun du règlement n° 330/2010. Mais les difficultés perdurent avec les pièces détachées[345] et avec le service après-vente.

Le marché des pièces de rechange et des frais de réparation représente en effet une part très élevée des dépenses des consommateurs, en raison, d'une part, de la

(341) V., pour les stations-service, CJCE, 2 avr. 2009, aff. C-260/07, *Pedro IV Servicios c/ Total*. Pour la franchise, CJUE, ord., 7 févr. 2013, aff. C-117/12, *La retoucherie de Manuela*.

(342) Le projet permet un retrait au cas par cas, en application de l'article 29, § 1 du règlement n° 1/2003.

(343) Règl. n° 1/2003, art. 29, V. *supra*, n° 462 et *infra*, n° 664.

(344) *JOUE* n° L 129, 28 mai 2010.

(345) Pour des considérations de stratégies d'entreprises liées avec des arguments de droits de propriété intellectuelle, V. par ex. Aut. conc., avis n° 12-A-21, 8 oct. 2012.

force concurrentielle des équipementiers et, d'autre part, de l'existence de réseaux structurés de réparateurs agréés.

Le règlement n° 460/2010 renvoie cependant au droit commun du règlement n° 330/2010, mais il ajoute quelques restrictions caractérisées relatives aux pièces détachées, ou aux services de réparation, qui font obstacle à l'exemption.

Un réseau d'achat ou de vente de pièces détachées, ou de services de réparation, qui répond aux conditions générales du règlement n° 330/2010, bénéficie de l'exemption, ce qui aboutit à appliquer la même zone de sécurité de 30 % de parts de marché, et les mêmes causes d'exclusion de l'exemption. Le règlement n° 460/2010 ajoute les restrictions caractérisées complémentaires suivantes : restriction des ventes de pièces détachées en direction des réparateurs indépendants (vecteurs de concurrence et de baisse des prix) ; restrictions convenues entre un fournisseur et un constructeur empêchant la vente à des distributeurs, réparateurs ou même consommateurs, d'outils ou d'instruments de diagnostic ; restrictions convenues entre un constructeur et un équipementier empêchant le second d'apposer sa marque sur les composants ou pièces détachées (afin que les utilisateurs connaissent le fabricant, et puissent s'adresser directement à lui).

c) Le règlement relatif à des catégories d'accords de transfert de technologie

652. - **Règlement n° 316/2014 du 21 mars 2014**[346]. Le champ d'application de ce règlement couvre à la fois les accords purs de transfert de technologie (brevet, savoir-faire, obtentions végétales, et droits d'auteur sur logiciels), et les accords qui ajoutent l'achat des produits contractuels, si les clauses de ces contrats sont directement liées à la production ou à la vente de ces produits. Le règlement exclut les accords multilatéraux, comme les *pools* de brevets. Le règlement distingue les accords réciproques (licences mutuelles) et non réciproques. Il distingue aussi les accords entre concurrents et entre non-concurrents. Les dispositions des règlements spéciaux relatifs aux accords de spécialisation et de recherche et développement priment, le cas échéant, sur celles du règlement n° 316/2004.

Comme le règlement n° 330/2010, le règlement n° 316/2004 crée une zone de sécurité en fonction des parts de marché cumulées des parties (avec entreprises qui leurs sont liées) : 20 % entre concurrents, et 30 % entre non-concurrents.

Le règlement énonce ensuite les restrictions caractérisées (qui font sortir tout l'accord du champ de l'exemption) et les restrictions exclues (qui ne concernent que les obligations souscrites à l'intérieur de l'accord).

Il est deux catégories de restrictions caractérisées. Les premières figurent dans des accords entre concurrents. Sont ici visés les prix imposés, les limitations asymétriques de production, imposées au seul licencié, ou à l'un deux dans le cas d'un accord réciproque ; les répartitions de marché ou des clients, sauf, notamment, des obligations faites au licencié de respecter les exclusivités accordées. Les secondes restrictions caractérisées figurent dans les accords entre non-concurrents. Elles visent, en sus des prix imposés, la plupart des restrictions aux ventes passives qui

(346) *JOUE* n° L 93, 28 mars 2014, avec les importantes *Lignes directrices* du même jour : *JOUE* n° C 89, 28 mars 2014 ; sur les pools de *brevets*, V. *infra*, n° 826.

peuvent peser sur les licenciés, et toutes les restrictions de ventes actives et passives imposées aux membres de réseaux de distribution sélective qui sont détaillants.

Les restrictions excluant le bénéfice de l'exemption, de leur côté, concernent l'interdiction faite au licencié de concéder une licence ou de céder ses droits sur une amélioration, ou celle de ne pas contester la validité des droits. Dans les accords entre non-concurrents, sont également exclues de l'exemption les restrictions au droit du licencié d'exploiter ses propres technologies.

Comme dans le règlement n° 330/2010, la Commission, ou une autorité nationale (en cas de marché distinct) peut retirer le bénéfice de l'exemption en cas de restriction à l'accès aux marchés, ou en cas d'effet cumulatif (seuil de 50 % de parts de marché).

Ce règlement est accompagné de *Lignes directrices* détaillées du même jour, qui abordent en particulier la question des *pools* de brevets (V. Règl., pts 252 et s.).

2° Sur la base du règlement n° 2821-71 du Conseil du 20 décembre 1971 [347]

653. – **Coopération entre entreprises.** Le règlement vise à favoriser le progrès technologique dans l'Union européenne, et à offrir les meilleures chances aux PME et PMI. Il existe un règlement relatif à la spécialisation (*a*) et un autre relatif à la recherche et développement (*b*).

a) Accords de spécialisation

654. – Le règlement n° 1218/2010 du 14 décembre 2010 expire le 31 décembre 2022 [348] Il vise à favoriser les PME en limitant l'exemption aux accords qui sont conclus entre entreprises qui ne détiennent pas un trop grand pouvoir de marché. Le seuil est ici prudemment fixé à 20 % (il faut tenir compte des entreprises liées). Pour le reste, le règlement exempte aussi bien les accords de spécialisation unilatérale, par lesquels une entreprise renonce à certaines fabrications et s'engage à les acheter à un concurrent, que les accords réciproques, ou encore, les accords de production conjointe. De plus, l'exemption touche des accords de spécialisation intégrés dans des accords qui poursuivent des objectifs plus vastes, comme ceux qui visent accessoirement des droits de propriété industrielle (ces accords peuvent donc être exemptés partiellement par le seul effet de ce règlement). Un certain nombre de clauses noires classiques font obstacle à l'exemption : fixation des prix pour la vente aux tiers ; limitation de la production ou de la vente ; répartition de marchés ou des clients. Le retrait de l'exemption peut être décidé par la Commission de sa propre initiative, ou sur plaintes, et aussi par une ANC dans les conditions de l'article 29, § 2 du règlement n° 1/2003.

b) Accords de recherche et développement

655. – La recherche développement est un des facteurs essentiels du progrès économique et de la compétitivité des entreprises européennes. Le règlement

(347) *JOCE* n° L 285, 29 déc. 1971.
(348) *JOUE* n° L 335, 18 déc. 2010, et *les Lignes directrices sur les accords de coopération horizontale* 14 janv. 2011.

n° 1217/2010 du 14 décembre 2010[(349)] vise donc à développer la recherche, et la diffusion des connaissances. Si la faveur aux PME est ici aussi un impératif, il faut bien voir que les accords en matière de R&D peuvent être aussi facteurs de concurrence même lorsqu'ils impliquent de grandes entreprises. Aussi l'exemption, qui vise les accords relatifs à la R&D, et à l'exploitation des résultats (même ceux qui contiennent des cessions ou licences de droit de propriété intellectuelle), est-elle conçue en fonction de l'existence ou de l'absence d'une situation de concurrence entre les partenaires (alors que la spécialisation limite *a priori* la concurrence entre concurrents au moins potentiels). Ainsi, sous réserve d'une libre diffusion et exploitation des résultats parmi les parties (Règl. n° 1217/2010, art. 3), l'exemption est accordée sans considération de parts de marché entre les entreprises participantes, mais pour sept ans à partir de la mise sur le marché des produits (tandis que, s'il y a situation de concurrence, le seuil en part de marché est fixé à 25 %, y compris les entreprises liées, Règl. n° 1217/2010, art. 4). La liste des clauses ou accords qui font échec à l'exemption est assez fournie. Outre les classiques restrictions caractérisées relatives aux prix ou aux partages de marché, on relève toute une série d'engagements qui limitent la liberté des parties de se lier au sein d'autres programmes de recherche, de contester les résultats de la recherche, d'exploiter les résultats de la recherche, ou encore de commercialiser des produits fabriqués grâce à ces résultats. On trouve parmi les restrictions exclues les clauses de non-contestation, car ces engagements contrecarrent l'objectif de l'exemption qui est justement de favoriser la diffusion efficace, et au profit de tous les participants, des résultats obtenus en commun. Le retrait d'exemption relève du règlement n° 1/2003.

3° Sur la base du règlement n° 1534-91 du Conseil relatif à certaines catégories d'accords dans le domaine des assurances[(350)]

656. – **Règlement de la Commission n° 267/2010 du 24 mars 2010**[(351)]. Ce règlement, dont l'étude relève d'ouvrages spécialisés, prolonge une importante expérience de la Commission. Une de ses idées maîtresses est de favoriser le développement des PME du secteur, en leur permettant l'accès aux statistiques de risques, ou aux *pools*. La constitution en commun de tables et de compilations statistiques, ainsi que les *pools* d'assurance sont un moyen de permettre aux entreprises les plus petites d'accéder aux marchés. Les *pools* de coassurance ou de coréassurance peuvent aussi favoriser l'assurance de nouveaux risques. Pour les nouveaux risques, l'exemption n'est acquise qu'autant qu'ils demeurent nouveaux (trois années). Pour les risques ordinaires, l'exemption est subordonnée à des chiffres d'affaires inférieurs à 20 % en coassurance, et 25 % en coréassurance.

4° En matière de transports

657. – **Spécificité.** Le domaine des transports n'est pas soumis de plein fouet aux règles de concurrence. Les articles 90 et suivants du TFUE font référence à une

(349) *JOCE* n° L 335, 18 déc. 2010.
(350) *JOCE* n° L 143, 7 juin 1991.
(351) *JOUE* n° L 83, 30 mars 2010, et Comm. CE, communication du même jour : *JOUE* n° C-82/2010. – V. G. Parleani, *in* J. Bigot (ss dir.), *Traité de droit des assurances*, t. 1, *Les entreprises d'assurance*, LGDJ, 2013.

politique commune des transports. Le Conseil a cependant adopté des règlements en matière de transports maritimes et aériens. Ils ne couvrent pas toutes les activités. Les ententes qui existent dans les secteurs non couverts par les règlements adoptés sont régies par l'article 104 TFUE : les autorités nationales ont compétence même sur l'article 101, § 3 TFUE.

658. – **Transports maritimes. Règlements n° 246/2009 du Conseil du 26 février 2009**[(352)] **et n° 906/2009 de la Commission du 26 février 2009**[(353)]**.** Les premiers permettent les exemptions catégorielles, le dernier organise l'exemption catégorielle des consortia.

659. – **Transports aériens. Règlements du Conseil n° 487/2009 du 25 mai 2009**[(354)]**.** Ces règlements précisent les conditions d'application des règles de concurrence à ce secteur, et exemptent un certain nombre d'accords d'amélioration énumérés en annexe (normes communes, mise en commun d'aéronefs, formation du personnel, règles communes pour les billets, compensations...).

5° Agriculture

660. – **Règlement n° 1184/2006 du 24 juillet 2006**[(355)]**.** Prenant la suite du règlement n° 26/62, qu'il codifie, ce règlement exempte les accords qui font partie intégrante d'une organisation nationale de marché, ou qui sont nécessaires aux objectifs énoncés par le traité[(356)]. Mais le secteur de l'agriculture n'échappe pas à la prohibition des cartels horizontaux qui, lorsqu'ils visent les prix, sont aussi nocifs dans ce secteur que dans le marché intérieur général, et ces cartels sont exclus du règlement[(357)].

B. – Portée d'un règlement d'exemption par catégorie

661. – **Absence de condamnation *a priori* d'un accord non conforme.** Lorsqu'un accord n'entre pas dans les prévisions d'un règlement d'exemption, il demeure soumis aux règles générales du droit européen. Il peut donc faire l'objet d'un examen individuel, lequel peut bien sûr être favorable[(358)].

662. – **Effet direct et interprétation des règlements d'exemption.** Les autorités et juridictions des États membres doivent respecter cet effet direct. Elles ne sauraient ni étendre ni restreindre la portée de l'exemption. L'exemption n'est donnée

(352) *JOUE* n° L 79, 25 mars 2009.
(353) *JOCE* n° L 79, 25 mars 2009.
(354) *JOUE* n° L 148, 11 juin 2009.
(355) *JOUE* n° L 214, 4 août 2006.
(356) V. TFUE, art. 42 et 43. Les organisations communes de marché (OCM) poursuivent ces buts généraux de stabilisation des marchés, de niveau de vie élevée, de productivité et de prix raisonnables. V. la conciliation avec ce règlement de la faveur faite aux groupements de producteurs, Règl. n° 1308/2013, 17 déc. 2013 : *JOUE* n° L 347, 20 déc. 2013.
(357) Ces cartels sont bien entendu hors OCM (les OCM mettent en œuvre des politiques communes européennes, et non des accords entre entreprises), et le règlement fait bénéficier de l'exemption les accords qui, sans imposer des prix, concernent la production, la vente, le stockage ou la transformation des produits, sauf si la Commission constate que la concurrence est exclue, ou que les objectifs de la PAC sont mis en péril, les accords de fixation de prix ou de cloisonnement de marchés ; V., à propos du règlement n° 26/62, à propos des décisions *Viandes bovines françaises* (déc. 2 avr. 2003, COMP. 38/279 : *JOCE* n° L 209, 19 août 2003), puis TPICE, 13 déc. 2006, aff. T-217/03, *FNCBV*, et CJCE, 18 déc. 2008, aff. C-110/07 P, *Coop de France, Bétail et Viande*, ou *Raw Tabacco* (déc. 20 oct. 2005, COMP. 38/281).
(358) V. CJCE, 18 déc. 1986, *VAG c/ Magne*, préc. – CJCE, 2 avr. 2009, aff. C-260/07, *Pedro IV Servicios c/ Total Espana*. – CJCE, 11 sept. 2008, aff. C-279/06, *Cepsa*.

qu'aux parties. Elle ne rend pas illicite ou déloyale l'activité des tiers qui ne bénéficient pas de l'exemption, et qui conservent leur liberté(359). Si les autorités ou juridictions peuvent interpréter les règlements, toute interprétation extensive est proscrite. Ces règlements constituent en effet des dérogations, et ils sont dès lors d'interprétation stricte(360). L'exercice peut être délicat. Les juridictions peuvent soit saisir la Cour de justice en interprétation préjudicielle, soit demander la collaboration de la Commission(361). Les autorités nationales de concurrence peuvent demander cette collaboration.

663. – **Conflits de règlements d'exemption. Application partielle d'un règlement.** Si deux règlements d'exemption sont susceptibles de s'appliquer à un accord, la situation se résoudra par l'application de la règle *specialia generalibus derogant*. Si un accord n'entre que partiellement dans le champ d'application d'un règlement d'exemption, cette partie sera exemptée en vertu de ce règlement, et l'autre partie sera examinée, soit individuellement, soit, éventuellement, en vertu d'un autre règlement qui serait applicable(362).

664. – **Retrait de l'exemption. Commission et autorités nationales.** La Commission dispose toujours du pouvoir de retirer le bénéfice de cette exemption. Cette faculté lui est reconnue soit par les règlements du Conseil qui l'habilitent, soit dans des cas déterminés par l'article 29 du règlement n° 1/2003. Elle doit toutefois démontrer en quoi, *in concreto*, l'accord en cause a des effets contraires aux dispositions de l'article 101, § 3 TFUE(363).

Les autorités nationales ont le pouvoir de retirer le bénéfice d'un règlement d'exemption si le territoire de leur État présentait toutes les caractéristiques d'un marché distinct, en vertu de l'article 29 du règlement n° 1/2003.

SECTION 3

LA SANCTION CIVILE DES ENTENTES RESTRICTIVES (TFUE, ART. 101, § 2)

665. – **Intégration de la sanction civile dans la politique de concurrence. Sort des victimes.** Les autorités de concurrence (ANC) nationales et européennes disposent d'un pouvoir de sanction ou d'injonction de nature administrative, afin de

(359) V., pour les revendeurs-importateurs parallèles de véhicules automobiles, CJCE, 15 févr. 1996, *Grand garage Albigeois, et Nissan*, préc., et CJCE, 20 févr. 1997, *Fontaine SA*, préc. ; la concurrence déloyale peut cependant résulter de faits distincts du seul contournement du réseau exempté. De plus, les règlements d'exemption ne règlent pas la question de l'opposabilité des réseaux aux tiers.

(360) V. CJCE, 28 avr. 1998, *Cabour*, préc., et TPICE, 22 avr. 1993, aff. T-9-92, *Peugeot c/ Commission*, et CJCE, 22 mars 1984, aff. 90-83, *Paterson*. – CJCE, 24 oct. 1995, aff. C-70/93, *Bayerische Motorenwerke*. – TPICE, 8 oct. 1996, aff. T-24, 25, 26, 28-93, *Cie maritime belge c/ Commission (Cewal)* ; les dérogations contenues dans le règlement doivent elles aussi être interprétées restrictivement, CJUE, ord., 7 févr. 2013, aff. C-117/12, *La retoucherie de Manuela*.

(361) V. CJCE, 28 janv. 1986, *Pronuptia*. – CJCE, 23 févr. 1991, *Delimitis c/ Henninger*, préc.

(362) V. déc. 14 nov. 2002, *Taca* : *JOUE* n° L 26, 31 janv. 2003.

(363) V., par ex., pour un retrait du bénéfice du règlement n° 1984-83, déc. 23 déc. 1992, *Langnese Iglo, distribution des glaces en Allemagne* : *JOCE* n° L 183, 26 juill. 1993.

rétablir une concurrence efficace sur les marchés[364]. Elles n'ont pas vocation de satisfaire les intérêts subjectifs des victimes, même si leurs injonctions (cessation en particulier) et condamnations peuvent améliorer la situation de tous les opérateurs sur un marché. En tout cas, ces autorités n'ont pour la plupart pas reçu compétence pour prononcer la nullité civile des contrats, ou pour allouer des dommages et intérêts. De plus, les autorités de concurrence conservent l'opportunité des poursuites, et peuvent concentrer leurs moyens à l'encontre des pratiques les plus graves. Les victimes n'ont dès lors que la possibilité de saisir les juridictions civiles ou commerciales compétentes. Dans une perspective démocratique du droit de la concurrence, les victimes devraient spontanément s'adresser à leurs juges naturels, dont elles devraient être en droit d'espérer rapidité, compétence, et efficacité dans la mise en œuvre des sanctions civiles que sont la nullité (§ 1) et les dommages et intérêts (§ 2)[365].

§ 1. – La nullité

666. – **La nullité, sanction civile énoncée par le droit de l'Union européenne.** Il est exceptionnel que le droit européen édicte une sanction civile. L'article 101, § 2 TFUE, pourtant, dispose que « les accords ou décisions interdits en vertu du présent article sont nuls de plein droit ». Il s'agit d'une sanction civile que les juridictions nationales doivent appliquer[366].

667. – **Mise en œuvre de la nullité. Articulation du droit européen et des droits internes.** Le texte est silencieux en ce qui concerne le régime de la nullité, ou sa mise en œuvre. La Cour de justice a toutefois précisé le caractère absolu et rétroactif de la nullité, en indiquant aussi qu'une entente nulle ne pouvait conserver aucun effet ni entre les parties ni à l'égard des tiers[367].

La finalité du droit de la concurrence conduit à obliger le juge national à soulever le cas échéant d'office la nullité de plein droit de l'article 101, § 2 TFUE dans la mesure où cela ne modifie pas l'objet du litige[368].

La finalité objective du droit de la concurrence conduit à ne faire porter la nullité que sur les seuls éléments de l'accord qui sont incompatibles avec l'article 101 TFUE[369]. Mais, selon les règles de droit civil national applicables, les juges

(364) Pour ces sanctions et injonctions, V. *infra*, n° 879.

(365) V. *supra*, n°s 458 et 464 ; V. Comm. CE, communication sur la coopération avec les juridictions nationales (*JOUE* n° C 101, 27 avr. 2004) et le Livre blanc de la Commission sur les actions en dommages et intérêts pour infraction aux règles communautaires sur les ententes et les abus de positions dominantes, 2 avr. 2008, SEC (2008), 404, 405, 406.

(366) V. C. Lucas de Leyssac et G. Parleani, *L'atteinte à la concurrence, cause de nullité du contrat*, in *Mél. J. Ghestin*, LGDJ, 2001, p. 601. – CJCE, 13 juill. 2006, *Manfredi*, préc.

(367) V. CJCE, 25 nov. 1971, *Béguelin Import*, préc. – CJCE, 6 févr. 1973, aff. 48-72, *Brasseries de Haecht* 2. La nullité touche toutes les dispositions qui contreviennent à l'article 81, CJCE, 13 juill. 1966, *Grundig-Consten*, préc. – CJCE, 10 nov. 1993, aff. C-39/92, *Petroleos de Portugal* ; elle peut être invoquée par tous, s'il y a un lien de causalité entre l'entente et le préjudice allégué, et l'accord nul est inopposable aux tiers, CJCE, 13 juill. 2006, aff. C-295 à 298/04, *Manfredi* ; elle empêche une transaction, Cass. com., 26 mars 1979 : *JCP G* 1979, II, 19249, note Jeantet. – *Adde*, Chevalier, *Clauses suspectes dans un accord de règlement à l'amiable : EC Policy Newsletter* 1997, n° 3, p. 8. – Sur les pouvoirs des arbitres internationaux, CA Paris, 19 mai 1993, aff. *Labinal* : *JDI* 1993, 957, note Idot.

(368) CJCE, 14 déc. 1995, aff. C-430/93 et C-431/93, *Van Schijndel*. – Pour les juridictions arbitrales, CJCE, 1er juin 1999, aff. C-126/97, *Eco Swiss c/ China Time*.

(369) CJCE, 30 juin 1966, *LTM*, préc. – *Adde*, *Lignes directrices concernant l'application de l'article 81, § 3 du Traité CE*, préc.

nationaux pourront opter entre une nullité partielle ou une nullité totale, selon que les autres éléments de l'accord sont ou non séparables, dans la commune intention (subjective) des parties. Il y a donc une articulation entre le droit de la concurrence et le droit civil en ce qui concerne l'étendue de la nullité[370].

En revanche, le principe d'autonomie procédurale s'applique aux juridictions nationales (comme du reste aux ANC), mais toutefois sous réserve de ne pas attenter à l'effet utile des règles européennes de concurrence, ce qui interdit des règles plus strictes pour réparer les violations du droit européen que celles destinées à réparer les violations du droit national (principe d'équivalence), ou ce qui interdit les règles qui rendraient impossible la sanction civile de la violation du droit européen (principe d'effectivité)[371].

§ 2. – Les dommages et intérêts

668. – **Arrêts *Courage, Manfredi* et *Kone*. Directive n° 2014/104 du 26 novembre 2014**[372]**. *Private enforcement*.** La sanction publique et la sanction privée sont aujourd'hui les deux piliers de l'effectivité du droit des pratiques anticoncurrentielles. Le *private enforcement* est aussi nécessaire à l'effet utile des règles européennes que le *public enforcement*. L'efficacité des condamnations pécuniaires au civil peut être redoutable. L'action civile est une forme de dénonciation à des fins privées, mais elle concourt aussi à l'efficacité objective de la règle de droit[373]. La sanction civile ne pouvait donc demeurer du seul ressort des droits et des juridictions nationales, sauf à accepter des solutions divergentes au sein de l'Union européenne. Par touches successives, la jurisprudence de la Cour de justice a approfondi la distinction entre les conditions des actions civiles et leurs modalités pratiques. Les principes d'équivalence (la sanction européenne ne doit pas être soumise à des conditions plus restrictives que la sanction interne), et surtout celui d'effectivité (la finalité ou l'effet utile de la règle européenne doivent être garantis), ont été au cœur de l'évolution. La recevabilité et les conditions de fond de la responsabilité ont été successivement évoquées. Dans son arrêt *Courage*, la question posée était celle de la recevabilité de l'action en dommages et intérêts engagée par une des parties à l'entente, qui était donc fautive. Cette recevabilité était déniée par le droit national (britannique). La Cour de justice a estimé que la recevabilité ne pouvait être refusée à une entreprise au seul motif qu'elle avait participé à l'entente illicite, mais qu'il ne fallait pas non plus permettre au principal responsable de demander des dommages et intérêts à ceux qui n'avaient eu qu'un rôle suiveur, ou secondaire. La recevabilité de l'auteur principal peut donc être déniée (ce n'est pas une obligation) par le droit interne de la responsabilité[374].

(370) CJCE, 14 déc. 1983, aff. 319/82, *Sté de vente de ciment et de béton de l'est c/ Kerpen et Kerpen*. – CJCE, 21 mars 1974, aff. 127/73, *BRT-Sabam*.

(371) V. CJCE, 13 juill. 2006, *Manfredi* ; pour l'inadmissibilité d'une règle qui fait courir la prescription à compter du jour de mise en œuvre de l'entente, *ibid.* ; V., pour l'ANC française, Cass. com., 14 déc. 2004 : *D.* 2005, act. jurispr. p. 72, obs. Chevrier.

(372) *JOUE* n° L. 349, 5 déc. 2014.

(373) Dans ses décisions de condamnation, la Commission invite de plus en plus les victimes à agir en dommages et intérêts contre les participants à l'entente illicite, V. par ex. déc. 30 nov. 2005, aff. 28/354, *Sacs industriels en plastique*.

(374) CJCE, 20 sept. 2001, aff. C-453/99, *Courage c/ Crehan* ; la competence est déterminée par le règlement « Bruxelles » n° 1212/2012 du 12 décembre 2012, car cette action délictuelle relève de la « matière civile et commerciale », CJUE, 23 oct. 2014, aff. C-302/13, *FlyLal-Lithuanian Airlines*.

Dans son arrêt *Manfredi*[375], la Cour de justice a rappelé les principes d'équivalence (entre les règles nationales et les règles européennes) et d'effectivité (du droit européen) dans la réparation pécuniaire des préjudices causés par des pratiques anticoncurrentielles. La Cour y a souligné que « toute personne » a le droit de demander réparation du dommage causé par un contrat ou par un comportement susceptible de restreindre le jeu de la concurrence. La recevabilité est devenue de ce fait une notion européenne. L'existence du droit à réparation relève du droit européen, tandis que sa mise en œuvre procédurale relève des droits nationaux. La nature du dommage (*damnum emergens, lucrum cessans*) relève du droit de l'Union.

Ces principes d'équivalence et d'effectivité conduisent à se préoccuper du lien de causalité. La notion est devenue européenne avec l'arrêt *Kone*. La question a été posée à propos des « prix de protection » (ou *umbrella pricing*). Il arrive en effet que, du fait de l'entente, les prix sur le marché aient été plus élevés qu'ils n'auraient dû l'être. Alors des opérateurs autonomes non membres de l'entente ont pu profiter de cette aubaine. Les victimes de cette généralisation de prix élevés peuvent-ils demander des dommages et intérêts aux membres de l'entente ? La Cour de justice l'admet au nom du principe d'effectivité, et un droit national qui l'exclurait de façon catégorique serait contraire à l'effet utile de l'article 101 TFUE. De plus, la Cour indique que la victime est en droit d'agir à la double condition que le marché était susceptible de produire cet effet de prix de protection, et que les membres de l'entente ne pouvaient ignorer cette conséquence objective. Le rôle de la juridiction nationale est réduit à la vérification de ces conditions[376].

Reste la délicate question des preuves. Celle-ci se pose tout spécialement avec l'articulation entre les procédures administratives et les procédures civiles. Les autorités doivent-elles dévoiler toutes les preuves qu'elle ont reçues ? La difficulté principale vient des procédures de clémence. Les autorités de concurrence sont réticentes, car la communication de ces preuves diminuerait l'intérêt des procédures de clémence pour les entreprises qui y recourent, car elles espèrent une impunité civile totale ou partielle. La Commission l'envisage cependant. La Cour de justice demeure circonspecte en l'état du droit, en 2014, en rappelant le principe selon lequel la réparation civile doit être effective[377].

Il n'en demeure pas moins que la politique à suivre en matière de réparation ne relève cependant pas principalement des juges. Il faut une impulsion publique.

C'est pourquoi, dans son Livre blanc du 2 avril 2008 sur les actions en dommages et intérêts pour infraction aux règles communautaires sur les ententes et les abus de position dominantes[378], la Commission a suggéré un ensemble de mesures, dans le double but d'améliorer la situation des victimes et de renforcer la dissuasion. Les victimes même indirectes devraient être recevables à agir[379], individuellement et

(375) CJCE, 13 juill. 2006, préc.

(376) CJUE, 5 juin 2014, aff. C-557/12, *Kone, Otis, Schindler e.a.*

(377) V. l'arrêt *Kone*, préc. ; sur les programmes de clémence, V. *infra*, n°s 869 et s.

(378) SEC (2008) 404, 405 et 406.

(379) L'arrêt *Manfredi*, CJCE, 13 juill. 2006, aff. C-295 à 298/04, vise « toute personne », expression reprise de l'article 4 du *Clayton Act*. – *Adde*, CJUE, 14 juin 2011, aff. C-360/09, *Pfleiderer*. – CJUE, 6 nov. 2012, aff. C-199/11, *Europese Gemeenschap c/ Otis*.

collectivement[380], bénéficier de facilités de preuves[381], ce qui pourrait aller jusqu'à reconnaître dans l'ordre civil un effet contraignant aux décisions non seulement de la Commission[382], mais aussi des ANC. Les victimes devraient bénéficier ainsi de présomptions à l'encontre des auteurs, comme du principe de réparation intégrale[383][384]. L'efficacité de la dissuasion peut néanmoins justifier des mesures défavorables aux victimes, dès lors que certains auteurs d'infraction auraient recouru aux programmes de clémence[385]. Ces principes ont été complétés et réunis dans le « paquet » du 11 juin 2013, et ont abouti à l'importante directive du 26 novembre 2014 relative à certaines règles régissant les actions en dommages et intérêts en droit national pour les infractions aux dispositions du droit de la concurrence des États membres et de l'Union européenne. Cet ensemble de mesures peut être présenté en cinq grands volets.

Le premier volet vise à établir une cohérence entre les actions civiles en réparation au niveau de l'Union, qu'il s'agisse de violations du droit européen, ou des violations du droit national, lorsque celui-ci est appliqué en cas d'affectation du commerce entre les États membres. Les procédures civiles nationales seront ainsi « européanisées » dans ces situations fréquentes.

Le deuxième volet consiste à favoriser les actions collectives ou de groupe, qui devraient être intentées pour compte des victimes par des entités à but non lucratif, à condition de respecter des conditions précises de recevabilité non dissuasives à l'égard des actions de groupe internationales (par ex., action unique), à condition de requérir le consentement exprès des victimes (*opt-in*), et à condition de faciliter les modes alternatifs du règlement, et en évitant que les honoraires d'avocats ne soient fixés de manière à favoriser ce genre d'actions. De surcroît, les actions en réparation ou en cessation devraient être en cohérence avec les décisions des autorités de concurrence[386].

Le troisième volet constitue le cœur de la directive du 26 novembre 2014. Il est relatif à la mise en œuvre du principe de réparation intégrale. Le principe du droit à réparation conduit à faciliter l'obtention des preuves par les demandeurs, et, en raison des principes du contradictoire et de l'égalité des armes, par les défendeurs aussi. Les procédures d'obtention des preuves devraient atténuer les conséquences de la règle *Actori incumbit probatio*. Il s'agit de permettre l'obtention de catégories de

(380) V. Comm. CE, communication « Vers un cadre commun applicable aux mécanismes de recours collectifs et en cessation ou en réparation », 11 juin 2013.

(381) Les juridictions devraient avoir un réel pouvoir d'injonction, à propos de la nullité.

(382) Règl. n° 1/2003, art. 16, § 1.

(383) *Damnum emergens* et *lucrum cessans* ; V. CJCE, 13 juill. 2006, *Manfredi*, préc. ; cela pose le problème de la répercussion par les victimes qui se situent à un stade intermédiaire, du surcoût résultant de l'entente sur les opérateurs ou consommateurs en aval (*passing-on defence*) ; il faut en effet éviter l'enrichissement sans cause des victimes intermédiaires.

(384) Cela pose aussi le problème des dommages et intérêts punitifs (*triple damage*), qui sont justifiés à la fois par l'idée de réparation intégrale, car on peut présumer que les dommages prouvés ne sont qu'une partie du dommage concurrentiel effectif, et par l'idée (quelque peu antinomique à celle de réparation) qu'il faut dissuader les entreprises de violer le droit de la concurrence. Le droit européen abandonne pour l'instant cette question aux droits nationaux.

(385) Ceux-ci bénéficieraient d'une interdiction de divulgation des preuves qu'ils ont apportées à l'autorité de concurrence, et d'une limitation de l'indemnisation ; sur les programmes de clémence, V. *infra*, n°s 869 et s.

(386) V. Comm. CE, Recomm. « Vers un cadre commun européen pour les recours collectifs », 11 juin 2013 et Recomm. du même jour relative aux principes communs aux mécanismes de recours collectifs en cessation ou en réparation en cas de violation des droits conférés par le droit de l'Union : *JOUE* n° L 2010, 26 juill. 2013.

preuves, même de la part des autorités, sauf pour les documents internes aux ANC ou au REC. Les preuves obtenues devraient pouvoir bénéficier aux différentes sociétés d'un même groupe. Toutefois, afin de prévenir la « pêche aux informations », ces procédures devraient être limitées aux documents pertinents. Bien entendu, cela conduit à aborder la question des secrets d'affaires (possibilité de modifier les documents à cette fin, de n'obtenir que des résumés ou extraits certifiés, ou organisation d'audiences à huis clos). Les documents nécessaires recueillis dans le cadre des programmes de clémence devraient être exclus (mais cela ne concerne que les déclarations en vue de bénéficier de la clémence, et les propositions spontanées ou auto-incriminantes).

Le principe du droit effectif à réparation conduit aussi à édicter des règles efficaces de prescription. La prescription ne devrait pas commencer à courir tant que l'infraction continue, et tant que le demandeur n'a pas eu connaissance du comportement illicite.

Ce même principe conduit à considérer que les faits et les infractions constatés par une ANC ou par la Commission sont irréfragablement établis.

Le quatrième volet est relatif à l'organisation de la réparation. La directive met en œuvre le principe d'effectivité, qui nécessite d'apprécier la situation qui aurait été celle de la victime en l'absence d'infraction du droit de la concurrence. Une infraction constatée doit constituer une présomption de préjudice. L'indemnisation doit être versée par tous les coauteurs. Les victimes doivent pouvoir agir contre les auteurs d'une infraction si elles ont été victimes d'une hausse des prix sur le marché imputable à l'infraction, même s'ils n'ont pas acquis les biens ou les services de ces derniers (*umbrella pricing*). Si une entreprise victime a pu répercuter son préjudice sur ses propres clients les surcoûts que lui a occasionné l'infraction, elle ne devrait pas être indemnisée (*passing on defence*).

Deux catégories d'auteurs bénéficient d'une situation particulière. La première est constituée par les bénéficiaires d'un programme de clémence (en principe, pas de solidarité, et limitation de la réparation au préjudice directement causé). La seconde est constituée par les PME, sauf si elles sont instigatrices.

La directive encourage les arbitrages et les médiations, afin de parvenir à des solutions « une fois pour toutes ».

Le cinquième volet est relatif à la quantification du préjudice. La réparation intégrale (*damnum emergens* et *lucrum cessans*) est un principe européen, mais la quantification concrète relève des droits nationaux. La recommandation de la Commission du 11 juin 2013 se présente comme un guide pratique qui procède, d'un côté, à une comparaison des différentes méthodes envisageables pour apprécier la situation contrefactuelle, et, d'un autre côté, à la comparaison des méthodes de simulation fondée sur les coûts ou sur les analyses financières. La quantification des préjudices est déclinée selon les infractions (sur les prix, pratiques d'éviction)[387].

(387) V. Livre blanc de 2008, et la communication relative à la quantification du préjudice dans les actions en dommages et intérêts fondées sur des infractions à l'article 101 ou 102 du traité, *JOUE* n° C. 167, 13 juin 2013.

C H A P I T R E 3

L'EXPLOITATION ABUSIVE DES POSITIONS DOMINANTES

669. - **Concurrence efficace.** L'infraction contenue à l'article 102 TFUE(1) est révélatrice de la volonté de ses rédacteurs de tenir compte des rigidités qui tiennent à la structure des marchés. La constatation de l'existence d'une position dominante n'implique en soi aucun reproche à l'égard de l'entreprise concernée(2). La domination est licite, même si elle ne laisse subsister qu'une concurrence affaiblie ou résiduelle. Le texte sanctionne uniquement l'exploitation « abusive » de la position dominante. Cela appelle quelques explications.

En cela, le droit de l'Union européenne se distingue apparemment très nettement du droit des États-Unis d'Amérique qui parvient dans certains cas à condamner la seule acquisition d'une position dominante.

Les raisons sont variables et touchent à la fois à la politique et à l'économie. En schématisant, les États européens (surtout en 1957) connaissaient des économies administrées, dans lesquelles les entreprises publiques étaient presque partout dominantes ou monopolistiques sur les marchés nationaux. Il ne pouvait être question de les condamner d'entrée de jeu, même implicitement. De plus, les entreprises (souvent privées) étaient de leur côté trop petites et trop nationales par rapport à leurs homologues américaines : il fallait encourager leurs regroupements pour constituer le futur marché intérieur européen. Or, pour cela, il fallait accepter de passer par un stade intermédiaire concentrationniste, qui devait être celui de la création, dans chaque État, de « champions nationaux » (dominants sur leurs marchés nationaux), qui, dans un second stade, affronteraient la concurrence européenne ou mondiale.

670. - **Ambiguïté économique.** Le droit américain (V. not. *Sherman Act*, art. 2) condamne le simple fait de monopoliser ou de tenter de monopoliser tout ou partie des échanges. La structure même du marché est ainsi considérée comme affectée par le simple fait de la domination. Cette conception repose en particulier sur l'idée que

(1) V. également Traité EEE, art. 54.
(2) V., par ex., déc. 14 mai 1997, *Irish Sugar* : *JOCE* n° L 258, 22 sept. 1997. - TPICE, 7 oct. 1999, aff. T-228/97. - TPICE, 22 mars 2000, aff. T-125 et 127/97, *Coca-Cola*. - Trib. UE, 9 sept. 2010, aff. T-155/06, *Tomra Systems*.

la monopolisation totale ou partielle de l'offre ou de la demande est en elle-même nocive. Cette idée fut aussi exprimée au sein de l'école dite de Harvard. Pourtant, il arrive aussi que les monopoles ou les dominations soient le fruit de l'efficience économique[(3)], ce qui conduit à nuancer leur condamnation *a priori*. On retrouve alors l'écho des thèses de l'école dite de Chicago[(4)]. On pressent aussi, d'un point de vue économique, que l'appréciation doit dépendre de la situation de concurrence actuelle ou potentielle sur le marché considéré. Plus il y a de barrières à l'entrée, moins le marché sera contestable, et plus la domination s'installera naturellement, sans qu'elle soit forcément la conséquence de la meilleure efficience économique.

Mais il ne faut pas se tromper. L'abus de domination n'a guère de rapport avec l'abus du droit civil. Il est étroitement dépendant du contexte et de la structure de concurrence sur le marché. Les analyses économiques pragmatiques sont décisives. En réalité, c'est tout le droit de la concurrence qui se réorganise autour de notions et de raisonnements de nature économique.

671. – **Infraction comportementale ou structurelle.** La lettre du texte semble créer une incrimination comportementale. Condamner l'abus n'est pas condamner la structure. Mais il s'agit quand même de l'abus que permet la structure. Les liens sont étroits. La question est alors de savoir si le simple fait de modifier la structure, sans faute comportementale, peut exposer au reproche d'abus de domination.

672. – **Affaires *Continental Can* du 21 février 1973[(5)] et *Hoffmann La Roche*[(6)].** La première concernait, sur le marché des emballages en fer blanc, une restructuration interne au groupe dominant par l'intégration des filiales, et une prise de contrôle d'un des derniers concurrents indépendants. La Cour de justice, suivant la Commission, y a vu un abus. On l'a qualifié d'abus de structure. La théorie économique permet cette conclusion (école structuraliste, dite de Harvard). Elle est peut être trop mécanique, mais elle évoque aussi le *Sherman Act* et le *Clayton Act* (art. 7).

Cette théorie trouva un aboutissement mesuré dans l'arrêt *Hoffmann La Roche* du 13 février 1979, dans lequel la Cour de justice a insisté sur la « particulière responsabilité » de l'entreprise dominante qui est de ne pas porter atteinte à la concurrence subsistante sur le marché, déjà affaiblie par la domination qu'elle exerce sur le marché.

Si le droit européen reconnaît ainsi l'abus de structure, il condamne bien sûr encore plus facilement les fautes (abus) purement comportementales de l'entreprise dominante.

673. – **Articulation avec le contrôle des concentrations.** Souvent les abus de structure procèdent d'opérations qui constituent aussi des prises de contrôle au sens du règlement n° 139/2004 du 20 janvier 2004[(7)]. C'était du reste le cas dans l'affaire *Continental Can*. Ces affaires relèvent désormais *a priori* du règlement spéci-

(3) V. Comm. CE, communication 9 févr. 2009 : *JOUE* n° C 45, 24 févr. 2009, sur les orientations et sur les priorités retenues par la Commission pour l'application de l'article 82 aux pratiques d'éviction abusives des entreprises dominantes.
(4) V. *supra*, n°s 441 et 553.
(5) CJCE, 21 févr. 1973, aff. 6/72, *Europemballage*.
(6) CJCE, 13 févr. 1979, aff. 85/76, *Hoffmann La Roche*.
(7) V. *infra*, n° 732.

fique sur le contrôle des concentrations, ce qui ne fait pas disparaître tout l'intérêt d'appliquer l'article 102 TFUE.

674. - **Infraction indépendante de celle de l'article 101 TFUE.** On rappellera qu'il résulte de la dualité des articles une dualité d'infraction. Le comportement d'une entreprise qui a pu bénéficier d'une exemption individuelle ou catégorielle peut fort bien être poursuivi et condamné sur le fondement de l'article 102 TFUE[(8)]. À l'inverse, et même si cet article vise des comportements unilatéraux, il peut arriver qu'une entreprise dominante induise aussi une entente restrictive, ou y participe[(9)].

675. - **La question du rachat des abus de domination et développement de l'analyse économique.** Contrairement à l'article 101 TFUE, l'article 102 TFUE ne prévoit aucune exemption individuelle ou catégorielle. Il est vrai que la notion même d'« abus » semble antinomique à toute idée de contribution au progrès économique. Cela étant, la notion même d'abus suppose résolue la question du caractère préjudiciable pour la concurrence du comportement de l'entreprise dominante. L'abus ne peut donc résulter du simple fait que l'entreprise dominante agit sur le marché au mieux de ses intérêts. Il faut ainsi rechercher, au cas par cas, si une entreprise dominante agit normalement, ou si elle agit abusivement. Le principe d'appréciation *in concreto*, que l'on retrouve ici aussi, permet ainsi de considérer dans certains cas que ne sont pas abusifs des comportements qui répondraient à certains objectifs légitimes, alors qu'ils le seraient dans un autre contexte.

À cet égard, le droit européen a évolué. Rejoignant certaines thèses développées au sein de l'école de Chicago, la Commission estime qu'il serait utile et efficient d'appliquer le texte en tenant compte de l'efficacité économique. On peut en effet se demander s'il est opportun de condamner des dominations efficaces, et qui profitent aux consommateurs et aux utilisateurs finals, même si, formellement, elles éliminent peu ou prou leurs concurrents. L'analyse abstraite céderait la place à une analyse plus fine, mais aussi plus imprévisible (balance coût-avantages pour la concurrence)[(10)].

676. - **Analyse économique et rôle des juges.** L'entrée en force de l'analyse économique dans le contentieux de l'article 102 TFUE rend plus difficile le rôle non seulement des autorités nationales de concurrence (mais ces ANC sont *a priori* rompues à ce type d'analyse), mais encore – et surtout – celui des juges du droit commun devant qui le droit européen de la concurrence est de plus en plus souvent invoqué[(11)].

677. - **Complémentarité du droit européen et des droits nationaux en ce qui concerne les comportements unilatéraux. Pratiques commerciales déloyales inter-entreprises (PCD).** De nombreux types de comportements unilatéraux abusifs sont sanctionnés par les droits nationaux indépendamment de leur répercussion sur

(8) V. TPICE, 10 juill. 1990, *Tetra Pack*, préc. et *supra*, n° 674.
(9) V. CJCE, 11 avr. 1989, *Ahmed Saeed Flugreisen*, préc.
(10) Outre l'affaire *Microsoft*, TPICE, 17 sept. 2007, aff. T-201/04, et, sur l'astreinte, Trib. UE, 27 juin 2012, aff. T-167/08, plusieurs arrêts ont admis le principe de justification objective : Trib. UE, 1er juill. 2010, aff. T-321/05, *AstraZeneca* et CJUE, 6 déc. 2012, aff. C-457/10 P. – CJUE, 17 févr. 2011, aff. C-52/09, *Telia Sonora Sverige*. – CJUE, 27 mars 2012, aff. C-209/10, *Post Danmark*.
(11) V. Comm. CE, communication 9 févr. 2009, préc.

la concurrence sur le marché pertinent. Le droit français multiplie ce genre d'infraction (V. les nombreuses prohibitions de C. com., art. L. 442-6). Nombre de ces dispositions poursuivent *a priori*, semble-t-il (car le droit français mélange les justifications), un objectif spécifique (de loyauté, d'équilibre, ou de transparence) distinct de celui poursuivi par l'article 102 TFUE. L'édiction de telles législations est donc possible par les autorités nationales, sans que cela remette en cause la primauté du droit européen (V. Règl. n° 1/2003, art. 3, § 2). La Commission a du reste publié une communication limitée le 15 juillet 2014, relative à la lutte contre les pratiques commerciales déloyales (ou PCD) dans la chaîne d'approvisionnement alimentaire interentreprises, où sont visées les ruptures brutales, les avantages sans contrepartie, ou, par exemple, les modifications rétroactives des contrats[12]. Toutefois, il peut arriver qu'en violant une législation nationale, une entreprise enfreigne aussi l'article 102 TFUE. En ce cas, il y aura application cumulative par l'autorité ou la juridiction nationale compétente de la disposition nationale violée, et de l'article 102 (Règl. n° 1/2003, art. 3, § 1).

678. - **Plan.** Comme l'y invite la lettre du texte, on examinera successivement la situation de domination (Section 1), son exploitation abusive (Section 2) et, pour mémoire, sa sanction (Section 3).

SECTION 1

LA SITUATION DE DOMINATION

679. - **Texte.** L'article 102 TFUE considère d'abord « le fait » pour « une ou plusieurs entreprises » d'être en « position dominante sur le marché intérieur ou dans une partie substantielle de celui-ci ». La situation de domination suppose délimité avec précision le marché sur lequel elle s'exerce (§ 1). Sur ce marché, la domination peut s'exercer de manière variable (§ 2).

§ 1. – La domination doit s'exercer sur le marché intérieur ou sur une partie substantielle de celui-ci

680. - **Délimitation préalable du marché.** La délimitation du marché est une condition de fond de l'infraction d'exploitation abusive d'une position dominante. Pas de marché caractérisé, pas d'incrimination possible[13]. Les annulations de décisions pour erreur dans la délimitation des marchés ne sont pas une rareté.

La méthode à suivre est toujours la même. Le critère principal est celui de la substituabilité de la demande, avec le cas échéant le test du « monopole hypothétique »[14].

(12) Doc. COM (2014), 472 final, et Livre vert avril 2013.
(13) Trib. UE, 22 mars 2012, aff. T-336/07, *Telefonica et Telefonica de Espana*, V. *supra*, nos 541 et s.
(14) V. Trib. UE, 22 mars 2012, aff. T-336/07, *Telefonica et Telefonica de Espana*. – Sur le test SSNIP, Trib. UE, 1er juill. 2010, aff. T-321/05, *AstraZeneca*. – Trib. UE, 15 déc. 2010, aff. T-427/08, *CEAHR*.

Mais la caractérisation du marché a ici une finalité, qui est de rechercher s'il existe une domination. Il faut alors se préoccuper de la structure concurrentielle du marché, pour savoir quelles prévisions concurrentielles subit le produit que l'entreprise soupçonnée de domination propose sur le marché[15].

Souvent, les autorités de concurrence cherchent à caractériser des marchés très étroits, afin de faciliter la constatation d'une position dominante. Le risque est alors celui d'une certaine imprévisibilité de l'analyse, et donc de la sanction des abus éventuels[16].

§ 2. – Le fait de dominer

681. – **Absence d'élément intentionnel.** La domination n'est qu'un état de fait. Peu importe la façon dont elle a été obtenue. Elle ne préjuge en rien l'éventuelle sanction. On verra cependant qu'une fois la domination acquise, l'entreprise dominante doit faire preuve d'une vigilance particulière, pour que ses comportements ne dégénèrent pas en abus, ce qui fait douter de la pertinence profonde de l'affirmation selon laquelle la caractérisation de la domination n'implique aucun reproche[17].

682. – **Diversité des modes de domination.** On peut dominer un marché de plusieurs manières. Isolément ou collectivement, tout d'abord (A). Les critères de la domination sont variables. Ils peuvent être strictement économiques et commerciaux, mais peuvent aussi résulter du contexte juridique (B).

A. – Domination individuelle ou collective

683. – **Domination par une entreprise.** L'article 102 TFUE ne prévoit de domination que par une ou plusieurs entreprises. La notion d'entreprise vaut pour tout le droit de la concurrence[18]. Il en résulte, par exemple, qu'un groupe unitaire peut être considéré comme une seule entreprise dominante. La domination individuelle d'un marché est la forme de domination à laquelle on pense spontanément.

Celle-ci est souvent le fait d'entreprises publiques chargées, le cas échéant, de droit exclusif (TFUE, art. 106, § 1). On sait que les textes n'invitent pas à distinguer parmi les entreprises celles qui ont un statut public ou privé[19].

684. – **Oligopoles et positions dominantes collectives.** La notion de position dominante collective n'apparaît pas évidente pour un juriste. Peut-on en effet

(15) V. Trib. UE, 1er juill. 2010, aff. T-321/05, *AstraZeneca* et CJUE, 6 déc. 2012, aff. C-457/10P.

(16) V., pour les cuivres pour orchestre de style britannique, en raison de la « préférence des consommateurs », déc. 29 juill. 1987, *BBI-Boosey and Hawkes* : *JOCE* n° L 286, 9 oct. 1987. – Pour les différentes sortes de sucre, et les édulcorants, déc. 18 juill. 1988, *Napier Brown-British Sugar* : *JOCE* n° L 284, 19 oct. 1988. – Pour les différents engrais à base de potasse, CJCE, 14 mai 1975, aff. 19 et 20/74, *Kali und Salz*. – Pour les différentes protections féminines, déc. 21 juin 1994, *Procter and Gamble-VP Schickedanz* : *JOCE* n° L 354, 31 déc. 1994. – Sur la collecte mécanique ou manuelle des emballages, déc. 28 août 2008, *Prokent-Tomra* : *JOUE* n° C 219, etc. – Sur le marché des déconsigneurs d'emballages, CJUE, 19 avr. 2012, aff. C-549/10 P, *Tomra Systemes*.

(17) V. *infra*, nos 703 et s. ; V. par ex. Trib. UE, 9 sept. 2009, aff. T-301/04, *Clearstream*.

(18) V. *supra*, nos 469 et s. ; une société de droit privé exerçant une activité qui est une fonction essentielle de l'État n'est pas une *entreprise*, même si elle détient un monopole ; pour le service antipollution du port de Gênes, CJCE, 18 mars 1997, aff. C-343-95, *Diego Cali*.

(19) V. *supra*, n° 473.

être collectivement tenu d'une infraction avec d'autres sans avoir émis la moindre volonté en ce sens, et même sans le savoir ? Mais le droit de la concurrence doit tenir compte de toutes les façons par lesquelles la concurrence peut être faussée, qu'elles soient individuelles ou collectives, collusives ou spontanées.

La notion de position dominante collective ne s'est affirmée que progressivement. Elle n'est sans doute pas exclue, puisque l'article 102 TFUE, précise qu'une domination peut être détenue par « une ou plusieurs entreprises ». Une des difficultés était de distinguer les ententes des dominations collectives. L'entente implique en elle-même une collusion et une possibilité de responsabilité collective(20).

Les autorités de concurrence ont d'abord admis que des entreprises différentes, mais appartenant à un même groupe, pouvaient se trouver en position dominante collective. Cette possibilité de position dominante collectivement détenue par un groupe d'entreprises ne soulève cependant guère de difficultés(21). On peut encore assez aisément étendre le raisonnement aux positions dominantes collectives dans lesquelles les entreprises sont liées entre elles par des liens structurels ou capitalistiques(22), par des contrats, ou par des faisceaux de contrats(23)(24). Encore faut-il qu'il soit démontré que les entreprises sont suffisamment liées entre elles pour adopter une même ligne d'action sur le marché(25). Mais une même ligne d'action ne signifie pas l'absence de toute concurrence entre les membres de la position dominante collective. Il peut fort bien subsister une concurrence partielle ou résiduelle(26).

La difficulté est bien sûr plus grande pour les positions dominantes collectives spontanées, qui résultent de la seule structure « oligopolistique » du marché. Il ne s'agit plus de considérer les liens tissés entre les entreprises, mais les facteurs objectifs de corrélation entre elles. Le simple parallélisme de leur comportement ne suffit pas, ce qui a été indiqué par la Cour de justice dans son arrêt *Hoffmann-La Roche* du 12 février 1979(27). Il faut caractériser le lien de causalité entre la structure du marché et la possibilité d'une identité de réaction. Il s'agit en clair de savoir si la structure de marché sera telle que chaque membre de l'oligopole agira rationnellement dans le même sens que les autres, certes dans son propre intérêt, mais en potentialisant l'intérêt commun et les actions parallèles sur le marché des membres de l'oligopole, pour donner ainsi naissance à une situation d'interdépendance collective caractéristique de la domination. La question est au fond celle de la preuve(28).

(20) V. les affaires du *polypropylène*, préc.

(21) V., pour des concessionnaires de pompes funèbres filiales d'une même société, CJCE, 5 mai 1988, aff. 30-87, *Bodson c/ Pompes funèbres des régions libérées*. – Sol. impl., CJCE, 5 oct. 1988, aff. 247-86, *Alsatel c/ Novasam*.

(22) Déc. 13 juill. 2000, *Veba-Viag* : *JOCE* n° L 188, 10 juill. 2001.

(23) V., pour les conférences maritimes, qui sont précisément caractérisées par de tels liens (accords de lignes, de secrétariat commun, de tarifs…) ; déc. 23 déc. 1992, *Cewal, Cowac, Ukwal* : *JOCE* n° L 34, 10 févr. 1993 et TPICE, 8 oct. 1996, aff. T-24, 25, 26 et 28-93, *Cie maritime belge*, puis CJCE, 16 mars 2000, aff. C-395 et 396/96 P, *Cie maritime belge, avv.* – CJCE, 16 nov. 2000, aff. C-395 et 396/96, *Cewal*. – TPICE, 30 sept. 2003, aff. T-191, 212 et 214/98, *Atlantic Containers Line e.a.*

(24) V. CJCE, 27 avr. 1994, aff. C-393-92, *Cne d'Almelo c/ Energiebedrijfs Ijsselmij*. – CJCE, 24 oct. 1996, aff. C-73-95 P, *Viho Europe*.

(25) TPICE, 30 sept. 2003, *Atlantic Containers Line*, préc.

(26) V. CJUE, 16 mars 2000, *Cie Maritime belge*, préc. – *Adde*, pour la FIFA qui représente les intérêts des clubs de football, acheteurs sur le marché des services des agents des joueurs, TPICE, 26 janv. 2005, aff. T-193/02, *Piau c/ Commission et FIFA*.

(27) Préc.

(28) V. la première affaire centrée sur la question, déc. 7 déc. 1988, *Verre plat en Italie* : *JOCE* n° L 33, 4 févr. 1989 et TPICE, 10 mars 1992, aff. T-68, 77 et 78-89, *Societa Italiana Vetro*. – En matière de concentrations, V. *infra*, n° 797, et CJCE, 31 mars 1998, aff. C-68/94 et 30/95, *France c/ Commission, Kali und Salz*. – TPICE, 25 mars 1999, aff. T-102/96, *Gencor*. – V., pour les liens économiques forts, déc. 12 avr. 1999, *Protection and Indemnity clubs* : *JOCE* n° L 125, 19 mai 1999.

685. – La jurisprudence *Airtours*. La notion de domination collective concerne aussi bien le contrôle des concentrations que l'application de l'article 102 TFUE. Elle a été précisée par l'arrêt *Airtours* du 6 juin 2002[29], puis par un certain nombre d'arrêts postérieurs[30]. L'idée fondamentale est qu'il peut arriver que, prenant conscience que ses propres intérêts sont aussi ceux des autres, chaque membre de l'oligopole dominant vienne à considérer possible, économiquement rationnel, et donc préférable, d'adopter durablement une même ligne d'action sur le marché dans le but par exemple de vendre au-dessus des prix concurrentiels, sans devoir s'engager dans une entente, et sans que les concurrents, les clients, ou les consommateurs, puissent réagir de manière effective. Pour mettre en évidence cette situation, trois critères opérationnels doivent être en principe réunis (mais on peut en découvrir d'autres selon les situations concrètes) : 1) connaissance par chacun des membres de l'oligopole du comportement des autres, ce qui peut résulter de la transparence extrême du marché (dans l'affaire *Airtours*, qui était relative à des agences de voyages, les tarifs des voyages étaient connus) ; 2) possibilité de maintien durable de la situation de coordination tacite, ce qui revient à rechercher les incitations objectives à ne pas s'écarter de la ligne de conduite commune sur le marché ; cela impose de se préoccuper de représailles possibles ; une position dominante collective n'est caractérisée que si elle est viable, et elle n'est viable que si chaque membre de l'oligopole sait que toute action de sa part pour accroître sa part de marché (par ex., baisse des prix) provoquerait une action identique des autres (baisse des prix, en réplique, par tous les autres membres de l'oligopole), ce qui fait qu'il n'en retirerait aucun avantage (jeu « à somme nulle ») ; 3) absence de réaction possible des concurrents actuels ou potentiels extérieurs à l'oligopole (petits ou grands), ou absence de report spontané de la clientèle finale sur d'autres entreprises que les membres de l'oligopole (la sensibilité de la clientèle aux prix, notamment, est un élément important) ; ou encore absence de puissance d'achat compensatrice (des acheteurs puissants peuvent contrarier le jeu collectif de l'oligopole étroit, ce qui n'est évidemment pas le cas si les acheteurs ne sont que les consommateurs individuels)[31].

B. – Les critères de la domination

686. – Variabilité. La domination est un état de fait qui dépend étroitement du contexte. La domination statistique est souvent le critère le plus pertinent[32]. Le cas le plus simple est celui des monopoles de droit ou de fait (1°) et, le cas échéant, celui des oligopoles étroits (2°). Toutefois, ainsi que l'a rappelé par exemple le Tribunal de première instance des Communautés européennes dans son arrêt *Hilti* du 12 décembre 1991[33], « l'existence d'une position dominante peut résulter de plusieurs facteurs qui,

(29) TPICE, 6 juin 2002, aff. T-342/99, *Airtours plc c/ Commission*, arrêt rendu en matière de concentrations.

(30) CJCE, 10 juill. 2008, aff. C-413/06 P, *Bertelsmann et Sony*. – TPICE, 13 juill. 2006, aff. T-464/04, *Impala (Independant Music Publischers and Labels Association) c/ Commission*. – TPICE, 26 janv. 2005, aff. T-193/02, *Piau*. – CJCE, 16 mars 2000, aff. C-395 et 396/96 P, *Cie Maritime Belge*.

(31) V. encore Trib. UE, 24 nov. 2011, aff. T-296/09, *EFIM*.

(32) V. TPICE, 12 déc. 1991, aff. T-30-39, *Hilti*. – CJCE, 13 févr. 1979, *Hoffmann Laroche*, préc. – CJCE, 3 juill. 1991, aff. 62-86, *Akzo Chemie*. – CJCE, 17 mai 1994, *Corsica Ferries*, préc. – CJCE, 8 oct. 1996, *Cie maritime belge*, préc.

(33) Préc.

pris isolément, ne seraient pas nécessairement déterminants, mais que, parmi ces facteurs, l'existence de parts de marché d'une grande ampleur est hautement significative ». La situation des *leaders* (3°) conduit finalement à un critère général (4°).

1° Les monopoles

687. - **Indifférence à la cause.** L'article 102 TFUE ne considère que le fait de dominer, il est donc indifférent à la cause de la domination, et en particulier à l'origine du monopole. On rappelle que la domination résulte de la conjonction de plusieurs facteurs(34).

688. - **Monopoles de droit conférés par les pouvoirs publics.** Les pouvoirs publics accordent souvent des monopoles à des entreprises publiques ou privées. Il est fréquent que ces monopoles recouvrent des marchés. Mais le simple fait de conférer ces monopoles n'est pas une infraction, car la domination n'est pas à elle seule reprochable. L'article 106, § 1 TFUE légitime du reste l'octroi par les pouvoirs publics de droits spéciaux ou exclusifs. Les exemples sont nombreux(35).

689. - **Monopoles de droit résultant de législations nationales de propriété industrielle ou intellectuelle.** Des monopoles peuvent résulter de la détention de droits de propriété industrielle ou intellectuelle. La détention de tels droits confère sans doute un monopole juridique protégé par la contrefaçon. Mais ce monopole ne délimite pas nécessairement un marché au sens du droit de la concurrence. Il faudra donc se pencher sur la substituabilité des produits couverts par le droit de propriété intellectuelle en cause avec d'autres produits, couverts ou non par d'autres droits de propriété intellectuelle(36).

690. - **Monopoles de fait.** Il peut arriver que les caractéristiques d'un marché confèrent un monopole à une entreprise. Cela peut arriver quand il y a de fortes barrières à l'entrée sur le marché(37), rendant en fait impossible l'arrivée des concurrents(38). Le monopole peut aussi résulter de l'efficience de l'entreprise monopoliste, ce qui est aussi le cas dans les situations dites de monopole naturel.

691. - **Monopoles naturels.** On appelle monopole naturel celui qui est capable de satisfaire la demande du marché à des niveaux de coût, de prix, et d'offre inférieurs à

(34) Trib. UE, 25 juin 2010, aff. T-66/01, *Imperial Chemical Industries.*

(35) V. *infra*, n°s 919 et s. – V. CJCE, 23 avr. 1991, *Höfner c/ Macroton*, préc. – CJCE, 18 juin 1991, aff. C-260-89, *ERT*. – CJCE, 17 mai 1994, *Corsica Ferries*, préc. – CJCE, 11 déc. 1997, aff. C-55/96, *Job centre coop.* – CJCE, 12 févr. 1998, *Sylvano Raso* et CJCE, 18 juin 1998, *Corsica Ferries France*, préc. – CJCE, 10 févr. 2000, aff. C-147 et 148/97, *Deutsche Post*. – CJCE, 8 juin 2000, aff. C-258/99, *Carra*. – TPICE, 12 déc. 2000, aff. T-128/98, *Aéroport de Paris*. – CJCE, 24 oct. 2002, aff. C-82/011 P, *AdP*. – Déc. 29 mars 1994, *HOV-SVZ MCN*, préc. et 21 déc. 1993, *Port de Rodby* : *JOCE* n° L 55, 26 févr. 1994.

(36) V. *supra*, n° 478, et *infra*, n° 817 ; V. pour les droits de modèles ou de brevets ornementaux des constructions automobiles sur les pièces de rechange, CJCE, 5 oct. 1988, aff. 53-87, *Maxicar c/ Renault*, et aff. 238-87, *Volvo c/ Veng*. – *Adde*, pour les droits des stations de TV sur leurs programmes, TPICE, 10 juill. 1991, aff. T-69-89, *RTE, BBC et ITV c/ Commission* et CJCE, 6 avr. 1996, aff. C-241 et 242/91 P, *Magill*, pour l'allégation de Microsoft sur le secret source de propriété industrielle, TPICE, 17 sept. 2007, aff. T-201/04. – Trib. UE, 1er juill. 2010, *AstraZeneca*, préc. et CJUE, 6 déc. 2012, aff. C-457/10 P.

(37) V., pour la distribution de gaz par gazoducs, Trib. UE, 29 juin 2012, aff. T-370/09, *GDF-Suez*. – Pour la situation « extraordinaire » de Microsoft, avec plus de 90 % de parts de marché caractérisant une extrême position dominante, TPICE, 17 sept. 2007, préc., et, sur les astreintes pour non-exécution de la décision, Trib. UE, 27 juin 2012, aff. T-167/08. – Pour une société de gestion collective de droits d'auteur, TPICE, 11 déc. 2008, aff. T-52/07, *Kanal 5 et TV4*. – Pour la domination de Intel sur le marché des microprocesseurs, Trib. UE, 12 juin 2014, aff. T-286/09.

(38) V., pour le marché de la traction ferroviaire dans la région de Milan, déc. 27 août 2003, *GVG-FS* : *JOUE* n° L 11, 16 janv. 2004. – V. encore pour le « quasi-monopole » de Microsoft, déc. 24 mars 2004, et TPICE, 17 sept. 2007, préc.

toute autre structure concevable. Cela suppose des coûts d'échelle décroissants, et un marché invariant[39]. On peut prendre les exemples de la production d'électricité, des industries de réseau (réseau ferré, de transport d'électricité...). Mais la notion même de monopole naturel est limitée par son efficience économique réelle (coûts décroissants et demande globale). Or, il arrive bien souvent que le monopole s'étende en droit ou en fait au-delà des limites du marché sur lequel son efficience est supérieure à toute autre structure de concurrence. Ainsi, pour l'électricité, les marchés se différencient selon les heures (heures creuses, heures pleines) ou selon les clients (entreprises ou particuliers), et, sur certains de ces marchés, des concurrents potentiels peuvent être les plus efficients. Souvent les États repoussent en droit les frontières du monopole naturel.

692. – **Monopsones.** C'est le monopole d'achat, ou situation d'acheteur unique (par ex., EDF pour la production d'électricité en France). Mais le monopsone est souvent installé au stade intermédiaire, et doit alors effectuer ses achats en tenant compte de la demande finale sur laquelle il est souvent en concurrence avec d'autres entreprises. Il subit donc souvent une réelle pression concurrentielle.

693. – **« Facilités essentielles ».** La théorie dite des « facilités essentielles » est discutée dans ses fondements, mais elle a été clairement évoquée dans la jurisprudence européenne[40]. Cette théorie s'applique en principe à des actifs qui sont généralement détenus par des monopoleurs, qui dominent donc des marchés amont[41], et qui sont essentiels pour accéder à des marchés voisins, parallèles ou avals. Tel est le cas des ports (monopole du gestionnaire sur le marché amont des infrastructures, accès indispensable sur le marché aval du transport)[42], des aéroports[43], des infrastructures ferroviaires (même raison)[44]. Ces facilités essentielles peuvent aussi résulter d'un monopole de fait[45], ou du monopole légal que confèrent les droits de propriété industrielle ou intellectuelle. Ces facilités essentielles peuvent aussi résulter des produits ou des services fabriqués ou offerts par une entreprise en situation de monopole de fait[46]. La question que posent ces facilités essentielles est de savoir s'il est abusif, pour qui les gère ou les détient, de refuser d'en concéder l'usage à ceux qui interviennent sur le marché aval[47].

2° Les entreprises *leader*

694. – **Analyse structurelle multi-critères.** La domination statistique peut mettre en évidence un *leader* incontestable. Sur les marchés nouvellement ouverts

(39) V. Bienaymé, *Principes de concurrence*, Economica, 1998, p. 65 et s.

(40) V., par ex., TPICE, 12 déc. 2000, aff. T-128/98, *Aéroport de Paris*.

(41) Ce qui doit être démontré ; V., par ex., aff. *Magill (TV Guide)*, CJCE, 6 avr. 1995, aff. C-241 et 242/91, pour la détention de droits d'auteur sur les grilles de programmes TV ; ou l'affaire *IMS*, pour les droits sur une base de données, déc. 3 juill. 2001, *NDC Health-IMS Health* : *JOCE* n° L 59, 28 févr. 2002, et, sur question préjudicielle, CJCE, 29 avr. 2004, aff. C-418/01, *IMS c/ Commission*. – Déc. 24 mars 2004, *Microsoft*, COMP/C. 3/37792.

(42) V. déc. 21 déc. 1993, *Port de Rodby* et *Sea Containers* : *JOCE* n° 55, 25 févr. 1995 et n° L 15, 18 janv. 1994. – Déc. 16 mai 1995, *Irish Continental Group (Ports de Morlaix et de Roscoff)*, Rapport 1995, p. 126.

(43) TPICE, 12 déc. 2000, aff. T-128/98, *Aéroports de Paris*, et CJCE, 24 oct. 2002, aff. C-82/01 P.

(44) V. déc. 23 août 2003, *GVG-FS* : *JOUE* n° L 11, 16 janv. 2004, pour le tunnel sous la Manche, TPICE, 15 sept. 1998, aff. T-374, 375, 384 et 388/94, *European Night Services*.

(45) V. l'arrêt *Microsoft*, 17 sept. 2007, préc.

(46) CJCE, 26 nov. 1998, aff. C-7/97, *Bronner*, solution *a contrario*, à propos de l'unique service autrichien de portage à domicile de la presse.

(47) V. *infra*, n° 726, et *infra*, n° 844.

à la concurrence, les « opérateurs historiques » conservent souvent une solide position dominante[48]. L'examen des parts de marché est souvent l'indice principal, quand les pourcentages détenus avoisinent ou franchissent 50 %, et que les autres concurrents sont nettement distancés[49]. Tout peut dépendre bien sûr de la délimitation du marché. Une délimitation trop étroite peut rendre la caractérisation d'une domination imprévisible.

Mais le *leader* n'est pas forcément dominant. Tout dépend des seconds[50]. Celui qui est incontournable peut dominer, même si ses partenaires sont puissants.

Ainsi une entreprise de référence sur un marché, alors qu'elle ne le domine pas en volume de manière écrasante, peut néanmoins être dominante.

L'analyse structurelle doit prendre en compte les raisons pour lesquelles l'entreprise se détache de la concurrence : sa maîtrise des cycles économiques (approvisionnements ou débouchés), sa maîtrise technologique (propriété industrielle), son image ou celle de ses produits, ses capacités de production, sa taille qui induit une plus grande liberté, par exemple dans l'accès aux marchés financiers internationaux[51].

La position dominante peut donc résulter de plusieurs critères, comme une intégration verticale[52], ou une puissance financière[53] ou commerciale[54]. Elle peut aussi être le résultat d'une puissance d'achat[55].

Un critère négatif peut alors être celui de la « contestabilité », lorsqu'on peut l'appliquer à des entreprises qui détiennent certes une part importante du marché, mais qui sont néanmoins vulnérables, et qui ne sont alors pas dominantes, ou qui ne le sont qu'en apparence. La contestabilité, ou l'existence d'une concurrence potentielle, met en évidence le « facteur temps » inhérent à toute appréciation d'une situation de concurrence. Des positions sur le marché peuvent ainsi n'être que transitoires, fragiles, et contestables, insuffisantes pour caractériser de véritables positions dominantes[56].

La domination doit en effet être relativisée si l'arrivée de nouveaux concurrents est possible, ce qui est le cas lorsque les barrières à l'entrée sur le marché sont faibles (coût des investissements, sensibilité des clients aux prix, innovations). On s'attache alors à la substituabilité de l'offre[57]. Cependant, les caractéristiques du produit

(48) V., par ex., déc. 21 mai 2003, *Deutsche Telekom* : *JOUE* n° L 263, 14 oct. 2003 ; et CJCE, 22 mai 2003, aff. C-4623/99, *Connect Austria*.

(49) V. TPICE, 7 oct. 1999, aff. T-228/97, *Irish Sugar*. – Pour 70 % du marché, déc. 13 mai 2009, *Intel*, COMP/C-3/37990, et la solution contraire pour 10 %, CJCE, 22 oct. 1986, aff. 75/84, *Metro c/ Saba*. – Pour l'extraordinaire domination de Microsoft, quasi-monopole avec 90 % de parts de marché, TPICE, 17 sept. 2007, préc.

(50) V. déc. 14 nov. 1995, *Crown Cork-Seal – Carnaud Metal Box* : *JOCE* n° L 75, 23 mars 1996. – V. pour les rapports entre Coca-Cola et les grands distributeurs, déc. 22 janv. 1997, *Coca-Cola-Amalgamated Beverages*, préc.

(51) V. CJCE, 13 févr. 1979, *Hoffmann-Laroche*, préc. – CJCE, 16 nov. 1996, aff. C-333-94 P, *Tetra-Pack*, et TPICE, 6 oct. 1994, aff. T-83-91. – CJCE, 14 févr. 1978, *United Brands*, préc. – CJCE, 3 juill. 1991, aff. C-62-86, *Akzo*. – CJCE, 21 févr. 1973, aff. 6-72, *Continental Can, Europemballage*.

(52) CJCE, 14 févr. 1978, *United Brands*, préc. – *Adde*, en matière de concentrations, par ex., déc. 22 janv. 1997, *Coca-Cola – Amalgamated Beverages* : *JOCE* n° L 218, 9 août 1997.

(53) *Deep pocket*, CJCE, *Continental Can*, préc. – V. Trib. UE, 1er juill. 2010, *AstraZeneca*, préc. et CJUE, 6 déc. 2012, aff. C-457/10 P.

(54) CJCE, 9 nov. 1983, aff. 322-81, *Michelin Nederland*.

(55) Domination *à l'amont*, ou *Nachfragemacht*, déc. 20 nov. 1996, *Kesko-Tuko* : *JOCE* n° L 110, 26 avr. 1997. – TPICE, 17 déc. 2003, aff. T-219/99, *British Airways*.

(56) V. toutefois le rejet de l'argument de la fragilité temporelle de la domination, eu égard à l'importance de l'écart avec les concurrents, TPICE, 23 oct. 2003, *Van der Bergh*, préc. – Une diminution des parts de marché ne signifie pas la cessation d'une domination, TPICE, 30 janv. 2007, aff. T-340/03, *France Télécom*.

(57) V., en matière de concentrations, déc. 11 févr. 1995, *Mercedes Benz-Kässbohrer Setra* : *JOCE* n° L 211, 6 sept. 1995.

seront plus souvent décisives. Une innovation fréquente, qui a pour effet d'accélérer l'obsolescence des produits, est aussi un indice négatif.

3° Les oligopoles étroits

695. - **Structure particulière du marché.** Selon la structure du marché, un oligopole peut être collectivement en position dominante. Il faut rappeler ici les principes mis en avant dans l'arrêt *Airtours* du 6 juin 2002[58].

4° Le critère général de la position dominante

696. - **Indépendance par rapport au marché.** La diversité des paramètres qui sont nécessaires à la mise en évidence d'une domination conduit à une définition plutôt finaliste de cette notion. La domination est en effet la marque d'un affaiblissement de la concurrence au profit d'un seul. Très tôt, la Cour de justice a ainsi considéré que « la position dominante visée à l'article 82 (aujourd'hui 102) du traité concerne une situation de puissance économique détenue par une entreprise qui lui donne le pouvoir de faire obstacle au maintien d'une concurrence effective sur le marché en cause, en lui fournissant la possibilité de comportements indépendants dans une mesure appréciable, vis-à-vis de ses concurrents, de ses clients et, finalement, des consommateurs »[59].

Mais la situation de domination n'implique en elle-même aucun reproche. La sanction ne vise que les seules exploitations abusives.

SECTION 2

L'EXPLOITATION ABUSIVE DE LA DOMINATION

697. - **Plan.** Avec la même méthode que celle suivie dans l'article 101, § 1 TFUE, inspirée de la législation américaine, les rédacteurs du traité ont fourni aux interprètes un certain nombre d'exemples d'exploitations abusives des positions dominantes (§ 1). Ces exemples invitent alors à découvrir un critère général de l'*abus* de domination (§ 2).

§ 1. – Les exemples contenus dans l'article 102 TFUE

698. - **Énumération indicative.** Les exemples choisis dans cet article ne le sont qu'à titre indicatif[60].

699. - **Premier exemple : l'imposition directe ou indirecte des prix d'achat ou de vente, ou d'autres conditions de transaction non équitables (TFUE, art. 102 *a*).** La pratique des prix excessifs ou imposés de manière inéquitable révèle

(58) V. *supra*, n° 685 ; V. encore, pour des parts de marché de 70 %, Trib. UE, 25 juin 2010, *ICI*.
(59) V. CJCE, 14 févr. 1978, *United Brands* et 13 févr. 1979, *Hoffmann Laroche*. – *Adde* TPICE, 12 déc. 1991, *Hilti*, préc.
(60) V., par ex., CJCE, 15 mars 2007, aff. C-95/04 P, *British Airways*.

la stratégie d'une entreprise qui n'a guère à se préoccuper de la concurrence et qui cherche à « maximiser » ses marges ou ses profits[61], ou à éliminer la concurrence[62]. Des situations de monopole engendrent souvent ce genre de pratiques[63], qui peuvent quelquefois être encouragées ou favorisées par les pouvoirs publics[64]. L'exercice des droits de propriété industrielle peut aussi se prêter à des prix excessifs qui vont au-delà de la rémunération normale des investissements nécessaires à la réalisation des produits et à celle de l'innovation[65].

La même idée conduit logiquement à se préoccuper aussi des conditions de transaction inéquitables ou éliminatoires. L'iniquité peut bien sûr résulter d'une stratégie d'élimination des concurrents qui sont aussi clients[66], mais aussi de systèmes de fidélisation excessifs par rabais ou ristournes[67]. On peut encore citer ici les discriminations injustifiées[68], les ventes liées, les obligations excessives d'achat exclusif[69], bien que ces comportements soient aussi visés par les points *c* et *d* de cet article 102 TFUE.

700. – **Deuxième exemple : limitation de la production, des débouchés, ou du développement technique au préjudice des consommateurs (TFUE, art. 102 *b*).** On vise ici les actions d'assèchement du marché. Des quotas imposés peuvent entrer dans les prévisions du texte[70]. À coup sûr sont visés les refus de fournir des produits indispensables à des concurrents[71], la limitation de la fabrication de nouveaux produits ou la non-satisfaction de la demande, le rachat par l'entreprise dominante d'une technologie concurrente de la sienne aux fins de la stériliser[72]. On vise ici aussi les clauses d'exclusivité ou de fidélisation excessives inféodant une clientèle à l'entreprise[73], ou les remises ou ristournes qui dissuadent

(61) V. CJCE, 14 juill. 1978, *United Brands*, préc.

(62) V., pour un « effet de ciseau », déc. 21 mai 2003, *Deutsche Telekom* : *JOUE* n° L 263, 14 oct. 2003, et TPICE, 10 avr. 2008, aff. T-27/03, préc. – CJUE, 14 oct. 2010, aff. C-280/08.

(63) V., pour la discussion autour des prix facturés par la SACEM aux discothèques, CJCE, 13 juill. 1989, aff. 395-87, *Tournier*. – *Adde*, CJCE, 11 déc. 2008, aff. C-52/07, *Kanal 5* et *TV 4 c/ STIM*. – Pour une redevance sans contrepartie, CJCE, 16 mars 2000, *Deutsche Post*, préc. – *Adde* pour la redevance due pour l'utilisation d'un logo même sans utilisation des services de l'entreprise, déc. 2 avr. 2001, *DSD (Grüne Punkt)* : *JOCE* n° L 166, 21 juin 2001 et déc. 25 juill. 2001. – TPICE, 24 mai 2007, aff. T-151/01, *DSD c/ Commission*, et CJCE, 16 juill. 2009, aff. C-385/07 P, *Deutsche post* : *JOCE* n° L 331, 15 févr. 2001.

(64) V. pour le pilotage dans le port de Gênes, CJCE, 17 mai 1994, *Corsica Ferries*, préc. et, pour un monopole de services dans un port, CJCE, 12 févr. 1998, *Sylvano Raso*, préc.

(65) V. sol. impl., CJCE, 5 oct. 1988, *Volvo c/ Veng*, préc. – *Adde*, TPICE, 16 déc. 1999, aff. T-198/98, *Micro Leader Business*, pour Microsoft sur les marchés canadiens et français, pour les mêmes logiciels.

(66) Effets de ciseau, V., par ex., TPICE, 10 avr. 2008, aff. T-271/03, *Deutsche Telekom*, préc. – *Adde*, déc. 4 juill. 2007, *Wanadoo Espana c/ Telefonia* : *JOUE* n° C 83, 2 avr. 2003. – Trib. UE, 29 mars 2012, aff. T-336/07, *Telefonica et Telefonica Espana*.

(67) V. CJCE, 9 nov. 1983, *Michelin Nederland*, préc. – CJCE, 15 mars 2007, aff. C-95/04 P, *British Airways* et TPICE, 17 déc. 2003, aff. T-219/99. – Trib. UE, 9 sept. 2010, aff. T-156/06, *Tomra c/ Commission*, et, CJUE, 19 avr. 2012, aff. C-549/10 P, *Tomra Systemes*. – Trib. UE, 12 juin 2014, aff. T-286/09, *Intel*.

(68) Déc. 26 juill. 2000, *Aéroports espagnols* : *JOCE* n° L 208, 18 août 2000.

(69) V. TPICE, 1er avr. 1993, aff. T-65-89, *BPB British Gypsum c/ Commission*. – CJUE, 19 avr. 2012, *Tomra*, préc.

(70) V. déc. 7 déc. 1988, *Verre plat en Italie*, préc.

(71) V. CJCE, 13 févr. 1979, *Hoffmann-Laroche*, préc. – *Adde*, CJCE, 16 mars 1974, aff. 6 et 7/73 *ICI (zoja)*. – CJCE, 14 déc. 1978, *United Brands*, préc. – CJCE, 29 juin 1978, aff. 77/77, *BP c/ Commission*. – CJCE, 3 oct. 1985, aff. 311/84, *CBEM* ; les droits de propriété industrielle ou intellectuelle ont permis à une importante jurisprudence de se développer au sujet des refus de consentir des licences, ou d'accéder aux informations couvertes, V. CJCE, 5 oct. 1998, aff. 238/87, *Volvo*. – CJCE, 6 avr. 1995, aff. C-241 et 242/91 P, *RTE et ITP « Magill »*. – CJCE, 29 avr. 2004, aff. C-418/01, *IMS Health*. – CJCE, 31 mai 2005, aff. C-53/03, *Syfait*. – TPICE, 17 sept. 2007, *Microsoft c/ Commission*, préc. ; V. *infra*, n° 844.

(72) V. TPICE, 10 juill. 1990, aff. T-51-89, *Tetra Pack* ; *adde* déc. *Protection and Indemnity Clubs*.

(73) TPICE, 1er avr. 1993, aff. T-65-69, *BPB industries, British Gypsum c/ Commission*. – V. les deux décisions du 13 décembre 2000, *Solvay-Carbonate de soude, et ICI-Carbonate de Soude* : *JOCE* n° L 10, 10 janv. 2003, et aff. *Michelin I* et *II*, CJCE, 9 nov. 1983, *Michelin Nederland*, préc., et TPICE, 30 sept 2003, aff. T-203/01, *Michelin France*.

les bénéficiaires de s'adresser à un fournisseur concurrent, privant ce dernier d'un accès normal au marché(74).

701. - **Troisième exemple : l'application à des partenaires commerciaux de conditions inégales pour des prestations équivalentes en leur infligeant de ce fait un désavantage dans la concurrence (TFUE, art. 102 *c*).** Sont ici visées les pratiques discriminatoires. Le droit européen ne sanctionne la discrimination que si elle est une forme d'abus d'une entreprise dominante. La discrimination abusive est chose fréquente de la part d'une telle entreprise. L'octroi d'avantages aux seuls clients anciens, ou à ceux qui acceptent des contraintes particulières, a été condamné(75). Il faut cependant mettre en évidence l'équivalence ou la non-équivalence des prestations offertes par les partenaires(76).

La discrimination en fonction de la nationalité, ou en fonction de la nature nationale ou internationale des services facturés, entre à coup sûr dans les prévisions du texte(77).

702. - **Quatrième exemple : la subordination de la conclusion de contrats à l'acceptation, par les partenaires, de prestations supplémentaires qui, par leur nature ou selon les usages commerciaux, n'ont pas de lien avec l'objet de ces contrats (TFUE, art. 102 *d*).** On vise ici, comme en matière d'ententes, les ventes liées ou les contrats couplés(78).

§ 2. – Critère général de l'exploitation abusive d'une position dominante

703. - **Affaire *Hoffmann-Laroche*. Abus de comportement et abus de structure.** L'abus peut résulter d'un comportement sur le marché afin d'obtenir des avantages qui ne pourraient pas l'être en cas de concurrence suffisamment efficace. Les exemples cités ci-dessus l'illustrent, mais ils ne sont qu'indicatifs. Ces comportements ne peuvent réussir que si la concurrence est éliminée, ou très affaiblie. L'abus vise alors à renforcer encore l'effet d'éviction de la concurrence, ou la forclusion du marché(79). En fonction du contexte, des actes divers,

(74) V. déc. 4 déc. 1996, *Irish Sugar* : *JOCE* n° L 247, 10 sept. 1997.

(75) V. CJCE, 14 déc. 1978, *United Brands*. – CJCE, 13 févr. 1979, *Hoffmann Laroche*. – CJCE, 9 nov. 1983, *Michelin Nederland*. – TPICE, 1er avr. 1993, *BPB British Gypsum*, préc. et déc. *Irish Sugar*, préc. ; le fait de refuser de contracter par principe n'est pas *a priori* une discrimination, V. TPICE, 12 juin 1997, *Tiercé Ladbroke*, préc. – *Adde*, CJCE, 12 févr. 1998, *Silvano Raso*, préc. – Pour une discrimination à l'encontre de ceux qui sont hors de la position dominante collective, déc. *Protection and Indemnity clubs*, préc. ; pour des remises à effet discriminatoire, TPICE, 17 déc. 2003, aff. T-219/99, *British Airways*, préc. – CJUE, 27 mars 2012, aff. C-209/10, *Post Danmark*.

(76) V. CJCE, 3 juill. 1991, aff. C-62-86, *Akzo Chemie* ; déc. *Prokent-Tomra*, préc., ou CJCE, 15 mars 2007, *British Airways*, préc. ; des partenaires situés sur des marchés différents peuvent être discriminés, faute de situation équivalente entre eux.

(77) Pour des tarifs différents de pilotage dans le port de Gênes, favorisant le cabotage italien, CJCE, 17 mai 1994, *Corsica Ferries*, préc.

(78) V., par ex., le fait pour une entreprise de gestion des droits d'auteur d'exiger des engagements non indispensables à son objet social, CJCE, 21 mars 1974, aff. 127-73, *BRT c/ SABAM*. – V., pour la subordination du maintien d'un tarif préférentiel à la souscription d'un nouveau service, déc. 5 déc. 2001, *De Post-La Poste belge* : *JOCE* n° L 61, 2 mars 2002, et déc. 16 mars 2004, *Microsoft*. – TPICE, 17 sept. 2007, préc.

(79) Cela est exprimé avec force dans la communication de la Commission du 9 février 2009, Doc. COM (2009), 864 final, « Orientations sur les priorités retenues par la Commission pour l'application de l'article 82 aux pratiques d'éviction abusives des entreprises dominantes ».

et apparemment anodins, peuvent caractériser une concurrence anormale de l'entreprise dominante, qui abuse de sa position et de la structure du marché, pour aller au-delà de la défense de ses intérêts, afin d'exclure ses concurrents[(80)]. C'est ainsi que, dans l'arrêt *Hoffmann-Laroche* du 13 février 1979, la Cour, précisant la notion d'abus, a expliqué qu'il s'agit « d'une notion objective qui vise les comportements d'une entreprise en position dominante qui sont de nature à influencer la structure du marché où, à la suite précisément de la présence de l'entreprise en question, le degré de concurrence est déjà affaibli, et qui ont pour effet de faire obstacle, par le recours à des moyens différents de ceux qui gouvernent une compétition normale des produits ou des services entre opérateurs, au maintien du degré de concurrence existant encore sur le marché ou au développement de cette concurrence ».

De cette définition jamais remise en cause, il est possible de tirer plusieurs enseignements. Il s'agit d'une notion objective, qui implique un comportement particulier de l'entreprise en cause.

704. - **Absence de lien de causalité.** L'abus ne peut émaner que d'une entreprise dominante, mais il n'y a pas à exiger une causalité entre la situation de domination et l'abus invoqué[(81)]. C'est pour cela que l'abus peut être constaté sur un marché autre que le marché dominé[(82)].

705. - **Notion objective.** Pas plus que la domination, l'abus ne requiert la preuve d'une faute[(83)] ou d'un élément intentionnel. Bien entendu, des abus peuvent résulter de comportements fautifs ou consciemment abusifs[(84)].

706. - **Abus « par nature » ou « par effet ».** L'abus résulte de l'appréciation objective et économique de la pratique mise en œuvre. C'est l'éviction ou la forclusion du marché qui est sanctionnée. L'éviction est caractérisée si l'accès au marché est devenu plus difficile aux concurrents[(85)]. Certaines pratiques sont par elles-mêmes, « par nature », des abus car elles ne peuvent avoir d'autre finalité que l'exclusion des concurrents. Tel est le cas des remises d'exclusivité[(86)]. Lorsque des pratiques peuvent avoir économiquement un autre résultat, il faut rechercher l'effet réel de la pratique. Cela évoque l'alternative objet/effet que connaît le droit des ententes.

Cette analyse objective, économique, et finaliste, a d'autres conséquences. Peu importe par exemple que l'éviction des concurrents n'ait pas été voulue, si elle s'est produite avec des moyens de concurrence autres que ceux fondés sur les mérites. Mais il en va de même lorsque leur éviction a été voulue, et qu'elle ne s'est pourtant pas produite. L'échec d'une stratégie illicite n'empêche pas le reproche d'abus[(87)], car

(80) V. Comm. CE, communication 24 févr. 2009, préc. : *JOUE* n° C-45/2009.
(81) Trib. UE, 1er juill. 2010, *AstraZenica*, préc.
(82) Pour la théorie dite des « facilités essentielles », V. *supra*, n° 693.
(83) TPICE, 9 sept. 2009, aff. T-301/04, *Clearstream*. – TPICE, 10 avr. 2008, aff. T-271/03, *Deutsche Telecom*.
(84) V., par ex., CJCE, 11 déc. 2008, *Kanal 5 et TV 4*, préc. – TPICE, 1er avr. 1993, *BPB-British Gypsum*, préc., et pour un prix de licence six fois supérieur à ce qui eût été normal, TPICE, 12 déc. 1991, *Hilti*, préc.
(85) Trib. UE, 17 févr. 2011, *Telia Sonera Sverige*, préc.
(86) Trib. UE, 12 juin 2014, aff. T-286/09, *Intel*.
(87) V., par ex., TPICE, 8 oct. 1996, aff. T-24, 25, 26 et 28/93, *Cie Maritime belge*. – CJUE, 2 avr. 2009, aff. C-202/07, *France Télécom*. – V. déc. *Intel*, préc.

des stratégies d'éviction peuvent échouer, tout en ayant quand même produit des effets anticoncurrentiels[(88)].

707. - **Obligation de particulière vigilance à l'égard de la structure de concurrence.** Un standard jurisprudentiel s'est affirmé à ce propos. Les juridictions européennes rappellent souvent que « l'entreprise en position dominante a une responsabilité particulière, celle de ne pas porter atteinte à une concurrence effective et non faussée dans le marché intérieur »[(89)]. C'est qu'en effet l'impact des décisions de l'entreprise dominante sera en général particulièrement sensible sur le marché.

Du fait que la structure concurrentielle est déjà affaiblie par la présence de l'entreprise dominante, toute restriction supplémentaire de cette structure concurrentielle est susceptible d'évincer les concurrents actuels ou potentiels, de forclore le marché, et donc de constituer une exploitation abusive de la position dominante[(90)]. Certes, la seule modification de la concurrence n'est pas *per se* un abus de l'entreprise dominante. Il faut que cette modification soit imputable à l'entreprise en cause et que son attitude soit objectivement illicite. C'est-à-dire qu'elle soit allée à l'encontre de l'objectif d'une concurrence « non faussée ».

En clair, dans des circonstances spécifiques résultant de la position dominante et des marchés, une entreprise dominante peut être privée du droit d'adopter des comportements, ou d'accomplir des actes, qui ne sont pas en eux-mêmes abusifs, et qui seraient même non condamnables s'ils étaient accomplis par des entreprises non dominantes[(91)].

708. - **Impact des abus sur le marché dominé ou sur les marchés voisins.** L'« abus » peut fausser la concurrence sur le marché sur lequel la domination a été mise en évidence. Ce sera l'hypothèse la plus fréquente. Mais l'abus de l'entreprise dominante peut se répercuter sur un marché voisin de celui qui est dominé. Le texte n'interdit pas de sanctionner cet état de fait : il y a bien domination d'un marché, d'une part, et abus et concurrence faussée, d'autre part. En tout cas, cette situation n'est pas la règle. Il faut que les circonstances soient particulières[(92)]. C'est le poids ou le pouvoir de marché spécifique de l'entreprise dominante qui explique la manière dont peut être caractérisé ce genre d'abus. Cette situation pose des problèmes pour l'exercice des droits de propriété industrielle ou intellectuelle[(93)], et se prête quelquefois à l'application de la théorie dite des installations, ou des facilités, essentielles[(94)].

709. - **Plan.** Une entreprise dominante peut donc être un concurrent normal et gagner des parts de marché (A). Mais la frontière entre le comportement normal et le comportement anormal est quelquefois ténue (B), d'autant plus qu'un

(88) V. TPICE, *Cie Maritime belge*, préc.
(89) V., par ex., CJCE, 9 nov. 1983, *Michelin Nederland*, et TPICE, 1er avr. 1993, *BPB-British Gypsum*, préc.
(90) CJCE, 13 févr. 1979, *Hoffmann-Laroche*, préc. – Trib. UE, 1er juill. 2010, *AstraZeneca*, préc.
(91) TPICE, 9 sept. 2009, aff. T-301/04, *Clearstream*. – TPICE, 30 janv. 2007, aff. T-340/03, *France Télécom*.
(92) V. CJCE, 3 juill. 1991, *Akzo Chemie*, préc. – TPICE, 16 nov. 1996, aff. C-333/94 P, *Tetra Pack*. – TPICE, 12 juin 1997, *Tiercé Ladbroke*, préc.
(93) V., par ex., aff. *Microsoft*, TPICE, 17 sept. 2007, préc., et *infra*, nos 726 et 844.
(94) V. *infra*, n° 726 ; V. CJUE, 6 déc. 2012, aff. T-321/05, *AstraZeneca*.

comportement discutable en apparence peut parfois être justifié par des considérations objectives (C).

A. – Le comportement normal de l'entreprise dominante

710. – **Absence d'obligation de ménager les concurrents moins efficaces.** L'entreprise dominante n'a de « particulière responsabilité » que pour éviter la disparition, en raison de la stratégie qu'elle met en œuvre, des concurrents aussi efficaces qu'elles. Il s'agit de maintenir la concurrence effective ou efficiente, sur le marché, ce qui ne signifie pas le maintien de tous les concurrents. En clair, par ses seuls mérites, une entreprise peut devenir dominante et, le cas échéant, évincer les autres entreprises moins intéressantes qu'elle pour le marché ou pour les consommateurs[(95)].

711. – **Défense de ses intérêts par l'entreprise dominante.** Il n'est pas interdit à l'entreprise dominante de défendre ses intérêts et de faire valoir ses arguments de concurrence, au besoin avec une agressivité bien tempérée. Les juridictions européennes rappellent ainsi que « l'existence d'une position dominante ne prive pas une entreprise placée dans cette position de préserver ses propres intérêts lorsque ceux-ci sont menacés (...) et cette entreprise a la faculté, dans une mesure raisonnable et proportionnée, d'accomplir les actes qu'elle juge appropriés en vue de protéger ses intérêts »[(96)]. Tout est affaire de proportionnalité.

Elle peut ainsi agir en justice pour défendre ses droits légitimes. L'accès au juge est un droit fondamental, et l'abus n'existe qu'en cas d'action manifestement déraisonnable, caractérisant une stratégie de harcèlement[(97)]. Les demandes adressées à des autorités administratives sont traitées de façon comparable, même s'il ne s'agit plus d'un droit fondamental. Le droit de solliciter des autorisations peut donc ne pas être normal, s'il poursuit un objectif autre que son obtention, comme celui de retarder artificiellement l'arrivée de concurrents[(98)].

Une entreprise dominante peut chercher normalement à se développer et à conquérir de nouveaux clients. Elle peut pour cela faire jouer les avantages de coût ou de prix que sa puissance lui donne[(99)]. Mais elle ne peut, par exemple, vendre en dessous de ses coûts de revient[(100)]. Elle peut aussi, par exemple encore, recourir à l'autosuffisance, si elle dispose d'installations de production adéquates, et refuser alors d'acheter à ses anciens fournisseurs, fussent-ils traditionnels[(101)]. Elle peut

(95) CJUE, 27 mars 2012, aff. C-209/10, *Post Danmark*. – Sur la notion de concurrents efficients, V. *infra*, n° 715, et, par ex., déc. 13 mai 2009, *Intel*.

(96) CJCE, 14 déc. 1978, *United Brands*, préc. sur l'obligation d'être « raisonnable », V. TPICE, 30 sept. 2003, aff. T-191, 212 à 214/98, *Atlantic Containers Line*. – TPICE, 30 sept. 2003, aff. T-203/01, *Michelin*. – CJUE, 6 déc. 2012, aff. C-457/10 P, *AstraZeneca*.

(97) Pour le droit d'agir dans une procédure *antidumping*, TPICE, 30 nov. 2000, aff. T-5/97, *Industrie des poudres sphériques*. – V. encore, TPICE, 17 juill. 1999, aff. T-111/96, *ITT Promédia*. – TPICE, 13 sept. 2012, aff. T-119/09, *Protégé International et Pernod Ricard*.

(98) Trib. UE, 6 déc. 2012, *AstraZeneca*, préc.

(99) Ainsi que l'a déclaré le commissaire à la concurrence Nelly Kroes, « La concurrence agressive, même si elle émane d'une entreprise dominante ne me gêne pas... C'est uniquement par rapport à l'intérêt du consommateur que l'on doit examiner si une entreprise enfreint ou non la loi de la concurrence » (V. P. Fabre, *l'Europe dépossédée : Le Monde* 28 et 29 oct. 2005, p. 17).

(100) V. CJCE, 3 juill. 1991, *Akzo Chemie*, préc. ; sur les prix prédateurs, V. *infra*, n° 718.

(101) V. déc. 26 avr. 1989, *Filtrona Tabacalera*, XIXe rapport, p. 80.

en principe refuser de contracter, pourvu qu'elle oppose le même refus, de manière non discriminatoire, à tous les opérateurs du même marché[(102)], et que, ce faisant, elle n'élimine pas toute concurrence sur le marché.

L'entreprise dominante peut donc assurer normalement la pérennité de sa domination. Elle n'est pas tenue en principe de subventionner ou d'aider la concurrence[(103)]. Elle peut mettre en œuvre par ses propres mérites une stratégie destinée à minimiser l'érosion de ses ventes[(104)]. Cela se vérifie en particulier à propos des refus de vente, ou encore de la défense des monopoles qui résultent des droits de propriété industrielle ou intellectuelle[(105)].

712. - **Les refus de vente normaux.** La question de la légitimité des refus de vente opposés par une entreprise en position dominante est récurrente. On avance parfois que ce genre de refus est *a priori* illégitime, sauf circonstances particulières qui rachèteraient en quelque sorte le refus exprimé. Cela n'est pas tout à fait exact. Tout dépend en réalité du marché, et de la « particulière responsabilité » de l'entreprise dominante compte tenu de la situation concurrentielle qui prévaut.

Lorsque le marché permet aux concurrents de l'entreprise dominante d'être normalement approvisionnés, ou aux intermédiaires sur le marché, et aux consommateurs, de l'être également, le refus opposé ne fausse pas la concurrence. Il n'empêche pas les consommateurs, et les utilisateurs finals, d'avoir une offre concurrentielle. Le refus, alors, n'élimine aucune entreprise ou distributeur[(106)].

Il en va de même lorsque les demandes des clients sont anormales[(107)].

713. - **Légitimité de principe de l'acquisition et de l'usage des monopoles résultant de droits de propriété industrielle ou intellectuelle.** Les droits nationaux et le droit européen confèrent aux titulaires de ces droits un monopole, dont l'objet même est d'interdire à des concurrents de fabriquer, de vendre, ou d'importer des produits ou des services incorporant le droit ou le procédé protégé. Si la détention de ces droits limite la concurrence, elle récompense aussi l'effort créateur et le progrès (cas des brevets ou des droits d'auteur), ou l'effort de qualité (ou d'image), également proconcurentiels et favorables aux consommateurs (cas des marques).

En conséquence, un titulaire de droit peut agir en justice pour éviter le risque de confusion[(108)].

Il peut ainsi arriver que le produit ou le service couvert par le droit de propriété industrielle ou intellectuelle soit le seul sur le marché. En ce cas, le monopole est inattaquable en droit de la concurrence. Ces droits seraient vidés de toute substance si des non-titulaires pouvaient fabriquer un produit concurrent des produits du titulaire en utilisant son droit de propriété industrielle ou

(102) V. TPICE, 12 juin 1997, *Tiercé Ladbroke*, préc. – CJCE, 16 sept. 2008, aff. C-468 à 475/06, *Sot. Lelos kai Sia-GaxoSmithkline*. – TPICE, 17 sept. 2007, *Microsoft*, préc.
(103) Déc. 29 juill. 1987, *BBI-Boosey et Hawkes* : *JOCE* n° L 286, 9 oct. 1987.
(104) Trib. UE, *AstraZeneca*, préc.
(105) V. déc. 9 juill. 2014, n° 39612, *Servier*.
(106) V. CJCE, 14 févr. 1978, *United Brands*, préc. et, *a contrario*, CJCE, 16 sept. 2008, *Sot. Leloe kai Sia-GlaxoSmithkline*, et TPICE, 17 sept. 2007, *Microsoft*, préc. ; pour les refus illicites, V. *infra*, n° 720.
(107) CJCE, 16 sept. 2008, aff. C-468 à 475/06, *Sot. Lelos Kai Sia-GlaxoSmithkline*.
(108) Trib. UE, 13 sept. 2012, aff. T-119/09, *Protégé International et Pernod Ricard*.

intellectuelle. Ce produit ne serait pas un produit nouveau. Ce serait tout simplement une contrefaçon. Et contrefaire est le contraire d'innover, ou de proposer une offre nouvelle au marché. Le marché a vocation à être approvisionné, en produits couverts par le droit en cause, par le titulaire de ces droits. C'est là la justification économique de son monopole. Le titulaire peut donc *a priori* légitimement refuser de consentir des licences ou des cessions de droits. Ces refus ne sont *a priori* pas abusifs, sauf s'ils sont aussi des refus de satisfaire la demande du marché, c'est-à-dire s'ils sont créateurs d'une pénurie(109). De même, le titulaire peut encore refuser d'importer des produits d'un pays extérieur à l'espace européen. En effet, il n'y a pas épuisement international du droit, et obliger le titulaire à importer reviendrait à créer un épuisement international sur le fondement des seules règles de concurrence(110).

La reconnaissance du monopole du titulaire d'un droit de propriété industrielle ou intellectuelle par le droit de la concurrence a pour conséquence que ce ne peut être que dans des circonstances exceptionnelles que les prérogatives absolues du titulaire, couvertes par l'action en contrefaçon, peuvent être remises en cause, au profit du marché(111).

B. – Le comportement anormal de l'entreprise dominante

714. – **Plan.** Un comportement anormal peut venir de l'entreprise elle-même (1°). Mais il vient quelquefois de la législation nationale qui lui offre des droits exclusifs. C'est la théorie dite de l'abus automatique (2°).

1° Le fait de l'entreprise dominante

715. – **Appréciation économique et *in concreto*. Forclusion du marché. Concurrence par les mérites et efficience des entreprises évincées.** L'entreprise dominante doit veiller – c'est sa « particulière responsabilité »(112) – à ne pas abuser de sa position. Elle doit pour cela veiller à la réalité et à la structure de la concurrence, dans l'intérêt du marché, c'est-à-dire dans l'intérêt des consommateurs ou des utilisateurs finals. Ces derniers ont droit à une concurrence aussi efficace que le permet l'existence de la domination. En principe, c'est la concurrence par les mérites qui profite au marché. Mais dès qu'il ne s'agit plus de concurrence par les mérites, les divers procédés qui permettent à une entreprise dominante de renforcer simplement sa domination en affaiblissant la concurrence de ses adversaires sont « anormaux » pour elle. Ce sont des pratiques d'éviction ou de forclusion qui jouent inéluctablement au détriment de la demande, et donc, en fin de compte, des consommateurs(113). Il en est de même des procédés qui stérilisent une offre, ou qui empêchent des produits

(109) CJCE, 5 oct. 1988, aff. 311/84, *Volvo*. – CJCE, 29 avr. 2004, aff. C-418/01, *IMS-Health*.

(110) V. TPICE, 16 déc. 1999, aff. T-178/98, *Micro Leader Business c/ Commission*, pour des interdictions d'importer édictées par Microsoft.

(111) *Idem*. Sur ces circonstances exceptionnelles, et notamment sur la théorie des facilités essentielles, V. *infra*, nos 726 et 844 et s.

(112) V. *supra*, n° 707.

(113) V., pour une pratique sensible directement au niveau des grossistes, mais jouant indirectement au préjudice des consommateurs, CJCE, 16 sept. 2008, *Sot. Lelos Kai Sia-GlaxoSmithkline*, préc.

nouveaux d'apparaître. La forclusion illicite du marché suppose qu'en soient victimes des entreprises aussi efficientes que l'entreprise dominante[114]. Si des entreprises non efficientes sont évincées, ce n'est que le résultat de la concurrence par les mérites.

716. - **Diversité des procédés.** Les stratégies d'éviction sont à l'évidence infiniment variées. On peut s'attacher à cinq grandes catégories : l'action sur les prix pour dissuader la clientèle de s'adresser à des concurrents (*a*), l'action sur les prix pour abuser d'une relation de dépendance (*b*), les discriminations (*c*), les représailles (*d*), les refus divers, de vente, de cession, ou d'approvisionnement (*e*), et enfin les stratégies d'assèchement du marché (*f*).

a) L'action sur les prix pour dissuader la clientèle de s'adresser à des concurrents

717. - **Stratégies de prix et renforcement de la position dominante.** Les prix étant un des ressorts majeurs de l'activité économique, l'entreprise dominante peut abuser de sa position, soit en adoptant des prix anormalement bas à l'égard des clients, qui seraient ainsi dissuadés de s'adresser à la concurrence, soit encore en les fidélisant excessivement afin que, peu à peu, ils s'inféodent à elle, renforçant ainsi, progressivement, sa domination.

L'atteinte à la concurrence ne sera cependant caractérisée que si ce sont des concurrents aussi efficaces que l'entreprise dominante qui se trouveront évincés. Le marché n'appelle pas le maintien d'entreprises peu efficaces[115].

718. - **Prix prédateurs. Arrêt *Akzo*.** L'entreprise dominante peut éliminer ses concurrents actuels, ou dissuader ses concurrents potentiels, en pratiquant une politique de prix, que l'on désigne souvent comme des prix « prédateurs »[116]. L'entreprise dominante offre dans ce cas à sa clientèle des prix si bas que les concurrents ne peuvent s'aligner, et se retrouvent donc marginalisés. C'est une « préemption du marché ». L'avantage consenti aux clients, et le « sacrifice » de l'entreprise dominante sont apparents car, une fois les concurrents éliminés, rien n'empêchera l'entreprise dominante de relever ses prix, et de profiter alors d'une rente[117]. La Cour de justice, dans son arrêt *Akzo Chemie* du 3 juillet 1991, a souligné qu'il est certainement illicite de vendre à la clientèle à des prix inférieurs à la moyenne des coûts variables. En revanche, si l'entreprise vend à des prix inférieurs à la moyenne des coûts totaux (coûts fixes et coûts variables), il faut apporter la preuve complémentaire que ces prix sont fixés dans le cadre

(114) Déc. 13 mai 2009, *Intel*, préc. Les concurrents aussi efficaces ne sont pas les concurrents semblables à l'entreprise dominante. Ils sont par définition plus petits et plus vulnérables. Il faut donc rechercher si leur offre est objectivement semblable en qualité à celle de l'entreprise dominante, et si les prix pratiqués par l'entreprise dominante les contraint à être à perte pour demeurer concurrentiels. Ce ne sont pas les profits ou les pertes de l'entreprise dominante qui comptent, mais les pertes que la concurrence de l'entreprise dominante infligera à ses concurrents ; V. CJUE, 17 févr. 2011, aff. C-52, *Telia Sonora Sverige*.

(115) CJUE, 27 mars 2012, *Post Danmark*.

(116) V. CJCE, 3 juill. 1991, *Akzo Chemie*, préc. – CJCE, 2 avr. 2009, aff. C-202/07 P, *France Télécom c/ Commission* et TPICE, 30 janv. 2007, aff. T-340/03. – Et, sur la pratique dite des « navires de combat », TPICE, 8 oct. 1996, HT 24, 25, 26 et 28-93, *Cie maritime belge (Cewal)*.

(117) La démonstration de la récupération effective n'est cependant pas nécessaire, seule compte l'exclusion des concurrents, V. aff. *France Télécom*, préc.

d'un plan ayant pour but d'éliminer un concurrent efficace(118)(119)(120), et qu'ils aboutiront effectivement ou probablement à l'éviction des concurrents(121). On apprécie en ce cas la résistance financière possible des concurrents aussi efficaces que l'entreprise dominante.

719. – **Fidélisation par remises ou ristournes.** L'entreprise dominante peut encore forclore le marché en exigeant de ses clients des engagements d'achat exclusifs élevés ou en les fidélisant à l'extrême, par exemple au moyen de remises ou de rabais qui ne récompensent que leur fidélité ou leur exclusivité(122). La clientèle est alors progressivement inféodée à l'entreprise dominante, et s'éloigne irrésistiblement de ses concurrents(123).

b) L'action sur les prix pour profiter d'une dépendance

720. – **Prix excessifs, effets de ciseau et égalité des chances. Compression des marges.** La domination peut placer la clientèle des professionnels ou celle des consommateurs en situation de dépendance. L'entreprise dominante, devenue partenaire obligé ou quasi-obligé, va avoir la tentation de profiter de la situation pour maximiser ses profits. Ce faisant, elle abusera de sa position, et pratiquera des prix inéquitables(124). Les prix excessifs sont caractérisés par une disproportion manifeste par rapport à la valeur du produit ou du service considéré(125).

Il arrive aussi que l'entreprise dominante soit en position de partenaire obligé, qu'elle consente certes à fournir ses concurrents sur le marché, mais qu'elle le fasse à des conditions qui empêchent ces concurrents d'être rentables compte tenu de leurs coûts, ou d'avoir une marge suffisante pour demeurer sur le marché. C'est ce qu'on appelle le *squeeze* ou l'effet de ciseau, qui est une pratique d'éviction.

En ce cas, l'entreprise dominante, en même temps concurrente de ses clients, pratique un système de compression des marges de ses concurrents, et ceux-ci, même s'ils sont aussi efficaces que l'entreprise dominante, seront désavantagés, entravés dans leur développement, voire contraints d'abandonner le marché.

Il faut ici opérer plusieurs distinctions. Si le produit concerné est indispensable pour demeurer sur le marché, l'effet d'éviction sera probable en cas de marge

(118) Le sacrifice apparent de l'entreprise dominante peut être mis en lumière même si elle vend au-dessus de ses coûts, mais avec une rentabilité déraisonnablement faible. V., à propos de l'analyse par les coûts, Comm. CE, communication 2 févr. 2009, préc.

(119) Sur une stratégie prédatrice, V. TPICE, 6 oct. 1994, aff. T-83/91, *Tetra Pack II* et aff. *France Télécom*, préc.

(120) La question de savoir si l'entreprise dominante a la possibilité de s'aligner sur des concurrents mieux-disants reçoit une réponse nuancée. Il n'y a pas de droit absolu à l'alignement. On peut s'aligner pour préserver ses intérêts, mais on ne peut pas le faire pour renforcer sa domination, V. aff. *France Télécom*, préc.

(121) CJUE, 27 mars 2012, *Post Danmark*, préc.

(122) V. Trib. UE, 12 juill. 2014, aff. T-286/09, *Intel*, dans laquelle les rabais d'exclusivité octroyés par une entreprise dominante ont été considérés comme une catégorie de pratique « par nature » anticoncurrentielle, sans qu'il y ait besoin de rechercher si elle a eu des effets concrets. Ce genre de rabais proposé par une entreprise dominante est en lui-même une incitation faite aux clients pour qu'ils ne s'adressent pas à la concurrence.

(123) V. TPICE, 1er avr. 1993, *BPB-British Gypsum*, préc. – Pour des rabais de fidélité, CJCE, 9 nov. 1983, *Michelin Nederland*, préc. – CJCE, 15 mars 2007, aff. C-95/04 P, *British Airways*, et TPICE, 17 déc. 2003, aff. T-219/99. – CJCE, 16 mars 2000, *Cie maritime belge*, préc. – TPICE, 30 sept. 2003, aff. T-203/01, *Michelin France*. – Déc. 13 mai 2009, *Intel*, préc. – Trib. UE, 12 juin 2014, aff. T-286/09, *Intel*. – Trib. UE, 25 juin 2010, aff. T-66/01, *ICI*. – Trib. UE, 9 sept. 2010, aff. T-155/06, *Tomra*.

(124) V., par ex., TPICE, 12 déc. 1991, *Hilti*, préc. ; V. *supra*, n° 699.

(125) V. CJCE, 13 nov. 1975, aff. 26/75, *General Motors*. – CJCE, 14 févr. 1978, *United Brands*, préc. – CJCE, 13 juill. 1979, *Tournier (SACEM)*, et CJCE, 11 déc. 2008, *Kanal 5 et TV 4*, préc. Les coûts de l'entreprise dominante sont ainsi un paramètre essentiel, mais ils ne sont pas les seuls, et une disproportion avec les coûts peut donc être justifiée.

négative chez les concurrents, mais il le sera aussi lorsque la marge de ces derniers sera simplement amoindrie. Si le produit n'est pas indispensable, il faudra démontrer que la moindre rentabilité due à la pratique rend plus difficile le maintien des concurrents sur le marché[126].

Ce genre de pratique est souvent reproché aux anciens opérateurs historiques autrefois en monopole. Les autorités de concurrence les sanctionnent parfois en les obligeant à fournir à des tarifs inférieurs à ce qui serait une rémunération normale, mais à des prix « orientés vers les coûts »[127].

c) Les discriminations

721. – **Critères objectifs.** L'entreprise dominante doit en principe traiter de manière non discriminatoire les clients placés dans des situations objectivement semblables[128], et qui ont besoin de ses produits, justement parce qu'ils sont dominants, voire indispensables[129]. Ainsi, en cas d'insuffisance de son offre, elle doit définir des priorités, ses critères doivent être aussi objectifs et non discriminatoires : des avantages accordés à certains clients uniquement parce qu'ils étaient fidèles faussent la concurrence, en dissuadant les moins fidèles de persister dans la recherche d'offres alternatives, et en les conduisant à s'inféoder le plus vite possible, par précaution, à l'entreprise dominante[130]. Mais il faut aussi, à l'inverse, tenir compte des contrats légitimement en vigueur, et de l'efficacité des éventuelles offres alternatives, même si elles sont limitées[131]. En clair, la normalité n'appelle pas toujours l'égalité.

d) Les représailles

722. – **Obligations de modération et de proportionnalité.** L'entreprise dominante ne peut pas se faire justice à elle-même, pour sanctionner commercialement ceux de ses clients qu'elle accuse de se livrer à des pratiques déloyales, comme des prix d'appel : la compétition normale ne comprend pas les représailles commerciales[132]. Elle ne comprend pas non plus le harcèlement judiciaire, procédural ou l'engagement de procédures systématiques dans le but d'entraver l'accès au marché[133].

(126) CJUE, 17 févr. 2011, aff. C-52/09, *Telia Sonera Sverige*. – Trib. UE, 29 mars 2012, aff. T-336/07, *Telefonica et Telefonica Espana*.

(127) V. TPICE, 10 avr. 2008, aff. T-27/03, *Deutsche Telekom*, ou déc. 4 juill. 2007, *France Télécom Espana c/ Telefonica*, pour la pratique comparable de compression des marges, V. *infra*, n° 727. Les régulateurs, plus que les autorités de concurrence, utilisent souvent le coût moyen incrémental de long terme (CMILT).

(128) Sur l'exigence de similitude de l'activité des clients et des services qu'ils offrent, V. pour des agents de voyages tous semblables, aff. *British Airways*, préc., et sur la différence des marchés de services de manutention, déc. 29 mars 2006, *Prokent-Tomra* : *JOUE* n° C 219, 28 août 2008.

(129) V. CJCE, 13 févr. 1979, *Hoffmann Laroche*, préc.

(130) V. TPICE, 1er avr. 1993, *BPB-British Gypsum*, préc.

(131) CJCE, 29 juin 1978, aff. 77/77, *BP* ; sinon traiter à égalité les clients fidèles et les clients occasionnels qui s'adressent aux offres alternatives fausserait le marché en pénalisant les fidèles. – *Adde*, TPICE, 14 nov. 1996, aff. C-333/94, *Tetra Pack II*, et déc. 16 juill. 2003, COMP/38.223, *Wanadoo Interactive*.

(132) *Idem*. Elle ne comprend pas non plus les actions en justice déraisonnables, ou à seule fin de harcèlement, déc. 21 mai 1996, aff. IV.35-268, *Promedia-Belgacom*. – TPICE, 17 juill. 1998, *ITT Promédia*, et Trib. UE, 13 sept. 2012, *Protégé International*, préc.

(133) V., sur la systématisation des oppositions à la délivrance d'AMM pour les médicaments, déc. 15 juin 2005, *AstraZeneca* : *JOUE* n° L 332, 30 nov. 2006 ; et Trib. UE, 6 déc. 2012, *AstraZeneca*, préc.

e) Les refus

723. – **Liberté contractuelle et exceptions.** Les refus soulèvent, on le rappelle, un certain nombre d'interrogations délicates. Le principe demeure de la liberté de contracter et du libre choix du partenaire(134). Puisque tout est fonction du contexte, et qu'on ne peut pas poser en axiome que tout refus est *per se* abusif(135), il faut s'interroger sur la démonstration nécessaire pour caractériser le refus abusif (*1*). De surcroît, les refus visent très souvent des entreprises qui interviennent sur un marché voisin ou un marché aval : refus de matières premières indispensables à un produit fini, ou d'un produit dérivé, refus de licence d'un droit de propriété industrielle ou intellectuelle indispensable à l'apparition d'un produit nouveau... Les refus peuvent dans certains cas stériliser l'offre sur un marché, et cela a permis notamment à la théorie dite des « facilités essentielles » de se développer en droit européen (2). Il restera à aborder la sanction des refus illégitimes (3).

1) La caractérisation du refus abusif

724. – **Élimination de la concurrence.** L'entreprise dominante doit veiller à ce que les consommateurs et les utilisateurs finals ne soient pas victime d'une stérilisation de l'offre concurrentielle subsistante, par élimination des entreprises encore présentes face à l'entreprise dominante(136). Un refus pourrait même renforcer abusivement une position dominante s'il jouait comme un signal de menace à l'encontre des autres partenaires(137). Proche du refus est la création artificielle d'une pénurie(138).

725. – **Les circonstances exceptionnelles nécessaires à la caractérisation d'un refus illicite de consentir une licence sur un droit de propriété industrielle ou intellectuelle.** Le monopole légal qui résulte de la titularité d'un droit de propriété industrielle ou intellectuelle a pour conséquence que les refus opposés par le titulaire sont *a priori* légitimes, sauf, justement, circonstances exceptionnelles(139).

Ces circonstances exceptionnelles peuvent être caractérisées lorsque le titulaire oppose un refus d'approvisionner le marché, et que ce refus est injustifié objectivement, alors qu'existe une demande légitime pour les produits qui incorporent le droit. Dans un tel cas, le titulaire stérilise abusivement l'offre, au détriment de la demande(140). Elles peuvent aussi être caractérisées lorsque le titulaire refuse de consentir des licences indispensables, sur un marché voisin, aval, ou dérivé, faisant ainsi obstacle à l'apparition d'un produit nouveau pour lequel il existe une

(134) V., par ex., TPICE, 17 sept. 2007, *Microsoft*, et CJCE, 16 sept. 2008, *Sot. Lelos Kai Sia-GlaxoSmithkline*, préc. Ce principe est particulièrement réaffirmé aux USA.

(135) V. *supra*, nos 712 et 713.

(136) V. CJCE, 16 mars 1974, *Commercial Solvents, Zoja*. – CJCE, 14 févr. 1978, *United Brands*. – CJCE, 3 oct. 1985, *CBEM/CLT*, préc.

(137) V. CJCE, *United Brands*, préc. – V. aff. *Microsoft*, préc.

(138) Déc. 18 mars 2009, *RWE* : *JOUE* n° C 133, 12 juin 2009.

(139) V. *supra*, n° 713, et *infra*, n° 844.

(140) V. *infra*, nos 728 et 844 ; CJCE, 6 avr. 1995, *Magill*, préc., et déc. 24 mars 2004, *Microsoft*, préc. – V., pour le cas d'un constructeur automobile qui cesse de fabriquer des pièces de carrosserie, et qui refuse cependant de consentir des licences à des fabricants indépendants, alors que beaucoup de véhicules sont encore en circulation, CJCE, 5 oct. 1988, aff. 238/87, *Volvo*.

demande actuelle ou potentielle identifiable[141]. Respectueuse des droits de propriété industrielle ou intellectuelle, *a priori* facteurs d'innovation, la Cour de justice a développé une approche prudente. Pour que le refus d'une entreprise en position dominante de consentir une licence soit illégitime, il faut que trois conditions cumulatives soient remplies[142].

Il faut que ce refus porte sur un produit ou un service indispensable sur le marché voisin ou sur le marché aval, qu'il soit de nature à exclure la concurrence sur ce marché, et qu'il fasse préjudice aux consommateurs[143], sans justification objective[144].

2) La théorie des « facilités essentielles »

726. - **Préemption d'un marché voisin du marché dominé.** Il arrive que le monopole ou la domination de l'entreprise sur un marché lui donne clés d'accès à un autre marché[145]. Lorsque l'accès au marché voisin ou dérivé de celui sur lequel l'entreprise est dominante est subordonné à la détention de son produit ou à la fourniture de son service, et à la condition qu'il n'existe aucun substitut réel ou potentiel, en dépit d'une demande actuelle ou potentielle, l'entreprise dominante peut être obligée de contracter.

Il faut ici considérer la localisation de l'abus. Lorsque l'abus a lieu sur le marché amont, et qu'il empêche l'accès au marché aval, la théorie peut trouver à s'appliquer. En effet, dans ce cas, l'abus se produit bien sur le marché dominé, et produit simplement ses effets sur un autre marché. On peut prendre l'hypothèse de la détention d'une infrastructure (marché amont dominé), dont l'accès est refusé (abus sur le marché de l'accès à cette infrastructure), ce qui a un effet négatif sur le marché aval (par ex., marché des services de transports qui ont besoin d'accéder à cette infrastructure). En revanche, lorsque l'abus a lieu sur un marché non dominé, il n'y a pas d'exploitation abusive d'une position dominante, parce que l'article 102 TFUE exige que ce soit de la position dominante qu'émane l'abus[146].

La théorie des « facilités essentielles » a été élaborée en considération de la seule hypothèse de l'utilisation abusive de la domination. Cette théorie trouve son origine dans un arrêt de la Cour suprême des USA, prononcé dans l'affaire *Terminal Railroad* le 22 avril 1912[147]. Il s'agissait d'une association[148] qui contrôlait le terminal ferroviaire de Saint Louis et qui empêchait l'accès à un concurrent non

(141) V. aff. *Magill*, préc., où il s'agissait du refus par les émetteurs de télévision, titulaires de droits d'auteur sur leurs grilles de programmes, de consentir des licences sur ces grilles, empêchant l'apparition, sur le marché des journaux de TV, d'un nouveau produit, en l'occurrence des guides hebdomadaires reproduisant les grilles de toutes les chaînes.
(142) V. not. CJCE, 29 avr. 2004, aff. C-418/01, *IMS Health* ; V. *infra*, n° 844.
(143) Le préjudice aux consommateurs peut avoir diverses causes. Cela peut consister dans l'obstacle à l'apparition d'un produit nouveau (guide TV hebdomadaire dans l'affaire *Magill*), mais cela peut aussi être la limitation des choix ou des débouchés alors qu'il existe des possibilités de différenciation (V. aff. *Microsoft*).
(144) L'étude de ces conditions sera conduite *infra*, n°s 726 et 844.
(145) V., par ex., le monopole d'exploitation d'un aéroport, et l'incidence de ce monopole sur le marché distinct des services d'assistance à escale, déc. 14 janv. 1998, *Flughafen Frankfurt am Main* : *JOCE* n° L 72, 11 mars 1998. – TPICE, 12 déc. 2000, aff. T-128/98, *Aéroport de Paris*. – V. encore, pour le service de compensation et de règlement de titres, TPICE, 9 sept. 2009, aff. T-301/04, *Clearstream Banking*.
(146) TPICE, 12 déc. 2000, aff. T-128/98, *Aéroport de Paris*.
(147) 224 US 383 (22 avr. 1912, *United States* vs *Terminal Railroad Association*).
(148) Donc plutôt d'une entente.

membre de l'association. En l'occurrence, il s'agissait d'une stratégie anticoncurrentielle d'éviction ou de prédation. Cet arrêt donna naissance à la théorie des « facilités essentielles ». Cette théorie ne fut jamais reprise par la Cour suprême, et fut même rejetée dans l'arrêt *Trinko*(149).

Les juridictions européennes de concurrence retinrent une conception élargie de cette théorie(150), inspirée par la « particulière responsabilité » qui incombe à l'entreprise dominante. Cette notion de « particulière responsabilité » n'est guère retenue aux États-Unis, où l'on préfère la liberté contractuelle et celle de disposer librement de ses actifs, sauf stratégie d'éviction préjudiciable au marché, et sans aller jusqu'à obliger à des contrats forcés.

La jurisprudence européenne a reconnu cette théorie implicitement(151), comme explicitement(152). L'objectif est de sanctionner et de réparer l'abus par un accès contractuel équitable, ce qui n'est pas exactement la méthode américaine.

En vertu de la jurisprudence européenne, une entreprise qui détient les investissements ou des actifs qui conditionnent l'accès à un marché aval ne peut en refuser l'accès aux sociétés tierces qui désirent opérer sur le marché aval.

Cette entreprise ne peut pas plus, et sous les mêmes conditions, empêcher ou retarder l'arrivée d'un produit ou d'un service nouveau qui formerait un marché dérivé(153).

Toutefois, une ressource possédée par une entreprise (ou plusieurs) en position dominante n'est « essentielle » que si elle est :

1) indispensable pour les entreprises qui offrent un produit ou un service sur le marché amont, aval ou complémentaire de celui sur lequel le détenteur de l'infrastructure opère ;

2) impossible ou extrêmement difficile à reproduire dans des conditions économiques raisonnables par des concurrents, même s'ils s'associent. En clair, aucune solution, même moins avantageuse, ne doit pouvoir remplacer techniquement ou économiquement la ressource considérée. Il n'existe donc pas de « facilité » essentielle s'il existe d'autres alternatives plus coûteuses, mais praticables(154). Les droits de propriété intellectuelle ont fourni quelques subtiles illustrations de cette théorie(155).

(149) Relatif à la boucle locale de télécommunications détenue à New York par Verizon ; arrêt 13 janv. 2004, 540 US 398 (2004) : « We have never recognized such a doctrine ». – *Adde*, arrêt relatif au domaine skiable d'Aspen, 19 juin 1985, 472 US 585 (1985).

(150) V., par ex., en France, depuis Aut. conc., déc. 13 sept. 1996, n° 96-D-51, *Heli Inter*. – V., par ex., déc. 7 nov. 2005, *France Télécom*, n° 05-D-59.

(151) V. Trib. UE, 1er juill. 2010, *AstraZeneca*, pt 679, pour le droit exclusif d'exploiter le résultat d'essais cliniques.

(152) V., par ex., TPICE, 12 déc. 2000, aff. T-128/98, *Aéroport de Paris*.

(153) La distinction peut être faite entre la maîtrise des *infra*structures, et les marchés de services dérivés, qui supposent l'accès à ces *infra*structures. V. déc. *Port de Rodby*, *Sea Containers* et *Port de Roscoff*, préc. – Pour des aéroports, TPICE, 12 déc. 2000, aff. T-128/98, *Aéroports de Paris*, et CJCE, 24 oct. 2002, aff. C-82/01 P, préc. – Pour des infrastructures ferroviaires, déc. 23 août 2003, *GVG-FS* : *JOUE* n° L 11, 16 janv. 2004. – Pour le tunnel sous la Manche, TPICE, 15 sept 1998, aff. T-374/94 et s., *ENS-European Night Services*, préc. – *Adde*, déc. 29 mars 1994, *HOV-SVZ-NCM* : *JOCE* n° L 104, 23 avr. 1994. – Pour le service du télémarketing, CJCE, 3 oct. 1985, *CBEM*, préc. – V., *a contrario*, pour les images de courses hippiques, TPICE, 12 juin 1997, *Tiercé Ladbroke*, préc. – L'affaire « *Zoja* », *Commercial solvents*, préc., est souvent présentée comme une illustration implicite de la théorie des facilités essentielles.

(154) V., pour le refus de considérer un service de portage de journaux à domicile comme une facilité essentielle. Il existe d'autres modes de distribution de la presse. Même s'ils sont moins rentables, ils existent : V. CJCE, 26 nov. 1998, aff. C-7/97, *Oscar Bronner c/ Mediaprint Zeitungs un Zeitsschriftenverlag*. – *Adde*, en matière d'ententes, sur la mise à disposition de locomotives, *supra*, n° 562.

(155) CJCE, 6 avr. 1995, aff. 241 et 242 P, *RTE et ITP c/ Commission (Magill)*. – *Adde*, sol. impl., CJCE, 5 oct. 1998, aff. 238/87, *Volvo c/ Veng*. – V. encore aff. *Microsoft*, préc., et, pour le droit exclusif d'exploiter des tests cliniques, Trib. UE, 1er juill. 2010, *AstraZeneca* ; V. *supra*, n° 726 et, surtout *infra*, n° 844.

Mais l'entreprise dominante n'est pas obligée de permettre l'accès à sa facilité essentielle au seul motif que cet accès offrirait simplement une meilleure rentabilité à ceux qui le demandent[(156)].

La théorie des facilités essentielles conduit à se préoccuper des contrats forcés qui peuvent être imposés à l'entreprise qui a abusé de sa position dominante.

3) Sanction du refus illicite

727. - **Contrat forcé.** Le refus illégitime d'une entreprise en position dominante peut avoir pour conséquence de l'obliger à contracter, et, en particulier, de consentir des licences relatives à des droits de propriété industrielle ou intellectuelle. C'est en soi une entorse considérable aux principes du droit des contrats, et l'on comprend que le droit européen s'attache à limiter cette obligation aux cas d'abus illégitime préjudiciable à la demande[(157)].

Reste la question des conditions de ce contrat. Les conditions, dit la Cour de justice, doivent être équitables[(158)], ou appropriées, raisonnables et non discriminatoires[(159)]. La durée de la licence doit permettre un accès efficace et non temporaire au marché aval. Le prix doit être équitable et raisonnable, c'est-à-dire établi sur une base commerciale normale, et tenant compte, le cas échéant, des efforts des licenciés pour le maintien ou pour le développement de la technologie en cause[(160)]. En principe, à la fois l'entreprise dominante et les entreprises bénéficiant des licences forcées doivent tirer profit de la licence. L'entreprise dominante doit avoir la juste rémunération de son droit, et la licenciée doit pouvoir être un compétiteur sur le marché, ce qui veut dire que l'exploitation de la licence doit être profitable. On peut cependant toujours craindre que l'entreprise dominante, obligée de consentir une licence, exige des redevances si élevées que les licenciés ne puissent être de réels concurrents, et qu'ils soient finalement obligés de vendre leurs produits ou leurs services plus cher que le donneur de licence. Il y a en ce cas effet de « ciseau », ou *squeeze*, ce qui est une forme d'abus.

Le principe est donc que le prix de la licence doit être supérieur aux coûts internes du donneur de licence. Mais la question est de savoir de combien. Pour éviter l'effet de « ciseau », il arrive que les autorités de concurrence exigent que le prix de la licence soit « orienté vers les coûts » du titulaire de l'installation

(156) On peut citer les conclusions de l'avocat général Jacobs devant l'arrêt *Oscar Bronner* (préc.) : « La justification sur le plan de la politique de la concurrence, d'une immixtion dans la liberté de contracter d'une entreprise dominante exige souvent de procéder à une soigneuse mise en balance de considérations divergentes. Sur le long terme, il est généralement favorable à la concurrence, et dans l'intérêt des consommateurs, de permettre à une société de réserver à son propre usage les installations qu'elle a développées pour les besoins de son activité. Par exemple, si l'accès à une installation de production, d'achat ou de distribution était trop aisément accordé, un concurrent ne serait pas incité à créer des installations concurrentes. Ainsi tandis que la concurrence s'amplifierait à court terme, elle se réduirait à long terme. De surcroît, une entreprise dominante serait moins encouragée à investir dans des installations efficaces si ses concurrents pouvaient, sur demande, en partager les bénéfices Ainsi, le simple fait qu'une entreprise conserve un avantage sur un concurrent en se réservant l'usage d'une installation ne saurait justifier d'exiger l'accès à celle-ci… Il est important de ne pas perdre de vue, en appréciant ce problème, que l'objectif premier de l'article 82 (aujourd'hui 102) du traité est d'empêcher les distorsions de concurrence, et en particulier, de sauvegarder les intérêts des consommateurs – plutôt que de protéger la position des concurrents particuliers ».

(157) V. *supra*, n°s 725 et 726 et *infra*, n° 844. Le droit américain est à cet égard très réticent, favorable par principe à la liberté de contracter, et à la libre jouissance des actifs.

(158) V. CJCE, 5 oct. 1988, *Volvo*.

(159) V. aff. *Microsoft*, préc.

(160) *Idem* ; et CJCE, 29 avr. 2004, *IMS Health*, préc.

essentielle. L'« orientation vers les coûts » prive ce titulaire de la marge commerciale que le marché lui permettrait d'obtenir. Cette orientation ne peut donc être une règle générale. Elle ne peut qu'être exceptionnelle. Cette « orientation vers les coûts » ne peut en réalité être retenue que sur les marchés récemment ouverts à la concurrence, sur lesquels les opérateurs historiques sont encore dominants et détiennent les infrastructures essentielles, et lorsque la concurrence peine encore à s'affirmer(161).

En tout cas, les conditions des contrats ainsi obligatoires doivent être proportionnées à l'objectif concurrentiel.

f) Les stratégies diverses de forclusion du marché

728. - **Diversité des procédés d'éviction.** La liste des abus avec effet d'éviction est infinie(162). On peut d'abord citer les mécanismes reposant sur des exclusivités qui, dès qu'elles ont une durée excessive, verrouillent le marché, et dressent des barrières à son entrée(163)(164).

On peut ensuite relever que les droits de propriété industrielle sont parfois acquis non pas pour les exploiter, ce qui développerait le progrès, mais au contraire pour ne pas les exploiter, privant ainsi les consommateurs ou les utilisateurs finals d'une offre nouvelle, souvent techniquement plus avancée. Ces pratiques de confiscation et de stérilisation du progrès technique vont évidemment à l'encontre des intérêts des consommateurs et du marché, et sont abusives(165).

2° L'abus « automatique »

729. - **Action abusive des autorités publiques.** D'une manière générale, les autorités publiques ne peuvent porter atteinte à l'objet utile des règles de concurrence. Les États membres peuvent cependant conférer des droits spéciaux ou exclusifs à certaines entreprises, pour des considérations non économiques, en vertu de l'article 106, § 1 TFUE(166). Des monopoles peuvent ainsi exister. *A priori*, ils ne donnent naissance qu'à des positions dominantes non condamnables, pourvu que ne se greffent pas sur elles des comportements abusifs(167). L'article 106, § 1 TFUE dispose en effet que les entreprises titulaires de droits spéciaux ou exclusifs doivent respecter dans leur entier les règles de concurrence. Or, dans certaines situations, ces droits exclusifs peuvent être par eux-mêmes susceptibles d'entraîner des abus,

(161) Pour lancer la concurrence sur des marchés récemment ouverts à la concurrence, on est même descendu jusqu'aux « coûts incrémentaux », c'est-à-dire jusqu'aux coûts variables du service ou de l'accès offert, auxquels on ajoute les seuls coûts fixes liés à l'activité concurrentielle ; V. *supra*, n° 720.

(162) V., pour des versements financiers sans rapport avec des achats uniquement pour retarder ou empêcher l'utilisation des produits concurrents, déc. 13 mai 2009, *Intel*, préc., et Trib. UE, 12 juin 2014, préc.

(163) V., par ex., déc. 11 oct. 2007, *Distrigaz* : *JOUE* n° C 9, 15 janv. 2008.

(164) V., pour une barrière médiatique faite de déclarations trompeuses et dénigrantes, déc. 15 juin 2005, *AstraZeneca* : *JOUE* n° L 332, 30 nov. 2006 et Trib. UE, 6 déc. 2012, préc.

(165) V. aff. *Tetra Pack 1*, TPICE, 10 juill. 1990, aff. T-51/89 ; sur la stratégie d'AstraZeneca, qui avait communiqué des informations erronées aux organismes nationaux délivrant les brevets, et aux organismes chargés de délivrer des AMM aux médicaments, afin de bénéficier d'une protection étendue, dans le but d'empêcher l'apparition de médicaments génériques, Trib. UE, 6 déc. 2012, *AstraZeneca*, préc. – V. aussi déc. 9 juill. 2014, n° 39612, *Servier*.

(166) V. *infra*, n°s 918 et s.

(167) V., pour la distinction entre le monopole du pilotage à Gênes et la fixation des tarifs de pilotage, CJCE, 17 mai 1994, *Corsica Ferries*, préc. – *Adde*, CJCE, 12 févr. 1998, *Silvano Raso* et 18 juin 1998, *Corsica Ferries France*, préc.

voire de les induire nécessairement. Il faut donc constater deux illicéités successives : celle de la loi qui crée un monopole ou des droits exclusifs de telle manière que les règles de concurrence sont violées ; celle de l'entreprise, ensuite, lorsqu'elle utilise les droits qui lui sont accordés en abusant, afin de maximiser ses intérêts.

Toutefois, le simple octroi de droits exclusifs, qui crée nécessairement une inégalité des chances entre les entreprises selon qu'elles sont ou non titulaires de ces droits, n'est pas illicite. Un droit exclusif crée par définition une inégalité des chances(168).

Les abus qui peuvent être imputables aux entreprises chargées de droits exclusifs sont variés. Ils doivent être en lien avec les droits exclusifs concédés, soit *de facto*, soit *de jure*. On peut prendre l'exemple de la limitation des débouchés, alors que le monopole est incapable de satisfaire la demande(169), celui de prix inéquitables, excessifs(170) ou discriminatoires, homologués ou non par les pouvoirs publics(171), ou encore celui de l'extension du monopole à un autre marché sans justification objective(172), ou également le fait de placer l'entreprise en situation objective de conflit d'intérêts(173).

L'entreprise titulaire de droits exclusifs peut bien sûr être seule responsable de l'abus. C'est le cas lorsque l'abus(174) n'est pas « automatique », puisqu'il dépend des choix concurrentiels de l'entreprise.

En revanche, lorsque le simple exercice des droits conférés par la législation nationale implique nécessairement un risque avéré de comportements prohibés par l'article 102 TFUE(175), il faut appliquer de manière combinée l'article 106, § 1 TFUE et l'article 102 TFUE. Le premier texte vise les mesures nationales, et permet leur condamnation(176). Mais, même dans le cadre de cet article 106, § 1 TFUE, les interdictions de l'article 102 TFUE engendrent des effets directs que les juridictions nationales doivent sauvegarder. La combinaison des deux articles permet alors de rappeler la soumission des titulaires de droits exclusifs à l'ensemble des règles de concurrence, sans qu'ils puissent invoquer l'écran de la loi nationale, puisque justement cette loi enfreint l'article 106, § 1 TFUE.

En bref, la combinaison des articles 102 et 106 TFUE permet de s'opposer à l'application de la législation nationale cause de l'abus reproché. Elle permet

(168) Trib. UE, 20 sept. 2012, aff. T-169/08, *Dimosia Epicheirisi Ilektrismou (DEI)*.

(169) CJCE, 23 avr. 1991, aff. C-41/90, *Höfner c/ Macroton*. – CJCE, 11 déc. 1997, aff. C-55/96, *Commission c/ Italie (job centre)*. – CJUE, 30 mars 2011, aff. C-437/09, *AG2R*.

(170) CJCE, 5 oct. 1994, aff. C-323/93, *Centre d'insémination artificielle de Crespelle*. – CJCE, 12 févr. 1998, *Silvano Raso* et 18 juin 1998, *Corsica Ferries France*, préc.

(171) CJCE, 17 mai 1994, *Corsica Ferries*, préc. et déc. 4 oct. 1995, *Second opérateur GSM en Italie* : *JOCE* n° L 280, 23 nov. 1995. – CJUE, 22 mai 2003, aff. C-462/99, *Conncet Austria*.

(172) CJCE, 13 déc. 1991, aff. C-18/88, *RTT c/ GB-Inno-BM*. – CJCE, 10 févr. 2000, *Deutsche Post*, préc.

(173) CJCE, 12 févr. 1998, *Raso*. – CJUE, 1er juill. 2008, *Motoe*.

(174) V., pour la liberté de Deutsche Telekon de solliciter du régulateur une modification des tarifs afin de ne pas être en situation d'abus, TPICE, 10 avr. 2008, aff. T-271/03.

(175) La mesure nationale peut n'avoir pas produit d'effets illicites. Il suffit qu'elle en recèle les potentialités. V. CJUE, 17 juill. 2014, aff. C-553/12 P et C-554/12 P, *DEI*. – V., pour une entreprise chargée du monopole de fourniture de main-d'œuvre sur un port, qui recrutait la main-d'œuvre pour elle-même et pour ses concurrents. La situation de conflit d'intérêts recèle en elle-même le risque d'abus, CJCE, 12 févr. 1998, *Silvano Raso*.

(176) CJCE, 11 nov. 1997, aff. C-359 et 379 P, *Commission c/ France (Ladbroke Racing-PMU)*. C'est l'État qui enfreint alors l'« effet utile de l'article 102, V. CJUE, 17 juill. 2014, aff. C-553 et C-554/12 P, *Commission c/* DEI, annulant TPICE, 20 sept. 2012, aff. T-169/08.

à l'effet direct de l'article 102 TFUE de produire ses effets et de bénéficier aux justiciables(177). Cela peut conduire, dans l'ordre interne, à l'annulation de la réglementation à l'origine des abus(178).

C. – La justification objective du comportement de l'entreprise suspectée d'abus

730. – **Recherche d'efficience économique.** Les développements de l'analyse économique, avec en toile de fond la recherche de l'avantage aux consommateurs, ont conduit à se demander dans quelle mesure l'entreprise suspectée d'abus pouvait faire valoir des justifications objectives(179). Pourtant, l'article 102 TFUE ne prévoit aucun rachat ou aucune exemption, contrairement à l'article 101 TFUE. Depuis longtemps, cependant, la jurisprudence européenne avait relevé que des raisons objectives, d'intérêt général, à la condition que le comportement querellé soit nécessaire et proportionné, pouvaient éviter le reproche d'abus, alors pourtant que le comportement de l'entreprise dominante semblait entrer dans les prévisions de l'article 102 TFUE. La Commission s'est engagée dans la même approche(180).

Il y a d'abord des considérations d'intérêt général non économique, qui relèvent des pouvoirs publics, ou sur lesquelles les pouvoirs publics peuvent donner des indications ou orientations. Tel est le cas de la protection de la santé publique(181), de celle de l'environnement(182). Tel est encore le cas des SIEG, car ils sont confiés par les pouvoirs publics(183). Bien évidemment, il faut que le comportement contesté soit justifié et proportionnel à l'intérêt invoqué ou à la mission de service public.

Plus délicate est la possibilité d'une justification économique, en termes d'efficience, c'est-à-dire au moyen d'une balance entre les éléments proconcurrentiels et anticoncurrentiels du comportement de l'entreprise dominante. Rien n'interdit de procéder de la sorte, car la raison d'être de la prohibition des abus de position dominante est d'empêcher que la forclusion du marché ne préjudicie en bout de course au consommateur. Mais la balance est délicate à faire lorsqu'il s'agit de comparer les avantages subjectifs qu'une entreprise retire de ses propres choix et les avantages objectifs qui peuvent en résulter pour les consommateurs(184).

(177) CJCE, 10 déc. 1991, *Merci Convenzionali Porto di Genova*. – CJCE, 11 nov. 1997, *Commission c/ France (Ladbroke)*, préc., sur l'article 86, § 1, V. *infra*, n° 918.

(178) CE, 8 nov. 1996, *FFSA : Europe* 1996, 468 et, sur l'obligation du juge national de laisser inappliquée la loi, CJCE, 12 févr. 1998, *Silvano Raso*, préc.

(179) V. sur ce point Comm. CE, communication 9 févr. 2009, préc.

(180) V. Comm. CE, communication 9 févr. 2009, préc.

(181) CJCE, 16 sept. 2008, *Sot Lelos Kai Sia-GlaxoSmithkline*, préc.

(182) CJCE, 23 mai 2000, *Sydhavnens Sten et Grus Aps*.

(183) V., *a contrario*, TPICE, 24 mai 2007, aff. T-151/01, *DSD (Duales System Deutschland) c/ Commission*, et CJCE, 16 juill. 2009, aff. C-385/07 P. ; V. *infra*, n°s 934 et s.

(184) V. dans l'affaire *Microsoft*, TPICE, 17 sept. 2007, aff. T-201/04, la balance négative entre, d'une part, le secret décidé par Microsoft, et l'affaiblissement possible de son innovation facteur de concurrence si le secret est brisé, et, d'autre part l'avantage qui aurait résulté pour les consommateurs d'une intensification de la concurrence si les concurrents accédaient aux données secrètes ; V. pour une efficacité des services de compensation – règlement – livraison de titres d'OPCVM, non liée aux refus et aux discriminations de l'entreprise, TPICE, 9 sept. 2009, aff. T-301/04, *Clearstream*. – Pour la possibilité d'apprécier l'efficience au profit des consommateurs, CJUE, 17 févr. 2011, aff. C-52/09, *TeliaSonera Sverige* ; il faut démontrer que les effets préjudiciables sont nécessaires et proportionnés aux gains d'efficience, CJUE, 27 mars 2012, aff. C-209/10, *Post Danmark*.

SECTION 3

LA SANCTION DES ABUS DE DOMINATION

731. – Si la nullité civile n'est pas prévue par le traité pour les abus de domination, les règles relatives aux amendes, et la question des victimes, soulèvent les mêmes questions qu'en matière d'entente illicite(185). Toutefois, les programmes de clémence sont réservés à la poursuite des ententes injustifiables.

(185) V., par ex., la sanction d'Intel à 1 milliard d'euros, déc. 13 mai 2009 et Trib. UE, 12 juin 2014, préc. La directive du 26 novembre 2014 concerne tout aussi bien les infractions à l'article 101 que celles à l'article 102 TFUE (V. *supra*, n° 668).

CHAPITRE 4

LE CONTRÔLE DES CONCENTRATIONS

732. - **Nécessité.** Le droit de la concurrence ne peut se passer d'un contrôle des structures. Sans doute rappellera-t-on que les analyses économiques de l'école de Chicago sont plus réservées que celles de l'école de Harvard, et que l'évolution spontanée des structures peut être le signe de l'efficience économique. Il n'empêche que dès l'instant où l'évolution cristallise le marché, et diminue substantiellement ou notablement la concurrence (critère américain, V. *Clayton Act*, art. 7), ou entrave de manière significative une concurrence effective dans le marché intérieur (critère européen, Règl. n° 139/2004, art. 2), la réaction du droit de la concurrence apparaît raisonnable.

733. - **Silence du traité de Rome.** Le traité de Rome ne contenait aucune disposition propre aux concentrations. Cette lacune avait de multiples explications. En 1957, le mouvement était plutôt en faveur de la concentration des entreprises. Les restructurations d'entreprises étaient pour l'essentiel toujours entre les mains des États. Les plus importants d'entre eux se sont par la suite dotés d'un contrôle national des concentrations. Ils furent donc peu enclins à abandonner leurs prérogatives au profit des autorités européennes.

Les concentrations se sont accélérées depuis les premiers « chocs pétroliers » des années 1970. Les perspectives ont alors changé. La mondialisation de l'économie est devenue une réalité, et des concentrations « non communautaires » (qui ont lieu aux USA ou au Japon) firent sentir leurs effets en Europe. La nécessité d'un contrôle commun est devenue plus précise. Elle est aussi apparue moins inquiétante pour les États, dans la mesure où nombre d'opérations de restructuration de grande importance avaient déjà pu être conduites dans les cadres nationaux. Il fallut cependant attendre le 21 décembre 1989 pour que soit institué un véritable instrument de contrôle des concentrations.

Toutefois, les autorités européennes, à l'occasion de certaines affaires, avaient posé des principes précurseurs, en appliquant les articles 81 et 82 TCE (devenus art. 101 et 102 TFUE).

734. - **Première approche jurisprudentielle.** La jurisprudence antérieure au règlement du 21 décembre 1989 s'est organisée autour de deux grandes idées : la non-applicabilité de l'article 101 TFUE aux opérations de concentration et, en revanche, l'application possible de l'article 102 TFUE.

En matière d'ententes, une décision de la Commission mérite toutefois d'être citée : la décision *SHV-Chevron* du 20 décembre 1974[1]. Il s'agissait d'un apport à une filiale commune d'activités de distribution de produits pétroliers. Le retour des sociétés mères sur le marché était improbable, tant en raison de la durée de l'accord que des investissements qui seraient impliqués par ce retour. La Commission a considéré dans ce contexte que le § 1 de l'article 85 TCE (aujourd'hui art. 101 TFUE), n'était pas applicable. Le caractère économiquement irréversible de l'opération a été décisif. La nature de concentration était implicitement retenue, puisqu'on n'appliquait pas les dispositions régissant les ententes.

La décision *SHV-Chevron* peut être considérée comme le précédent de la fondamentale distinction entre entreprises communes coopératives et entreprises communes concentratives.

Toujours sur le même fondement, les prises de participations minoritaires ont été examinées. Dans l'affaire *BAT* et *Philip Morris* contre *Reynolds*, la Cour de justice a indiqué, dans un arrêt du 17 novembre 1987, qu'une telle prise de participation pouvait, en fonction des éléments de fait, entraîner une coordination des comportements concurrentiels justiciable de l'article 101 TFUE. *A contrario*, la prise de contrôle pouvait donc avoir un traitement différent[2].

Sur le fondement de l'article 82 TCE (devenu art. 102 TFUE), relatif aux abus de position dominante, la Commission a estimé que le renforcement d'une position dominante par des moyens concentrationnistes pouvait être contrôlé. Des procédés de croissance externe pouvaient alors être interdits à des entreprises en position dominante, alors que ces procédés relevaient d'une compétition *a priori* normale. La situation de domination interdirait par elle-même de modifier de façon excessive la structure de concurrence du marché. L'affaire *Continental Can* a permis à cette conception de s'affirmer. Il s'agissait du regroupement, sous le contrôle unique et absolu d'une nouvelle holding, de différentes filiales acquises ou détenues en Europe de manières diverses (un degré minimum de concurrence entre ces filiales existait encore avant le regroupement des participations)[3]. Si cette jurisprudence n'a pas été confirmée de manière explicite, c'est qu'elle soulève une difficulté fondamentale. Elle conduit à critiquer des moyens normaux de compétition (la croissance externe) uniquement en considération du contexte, et indépendamment du point de savoir si l'opération est l'exploitation d'une situation de domination. On peut ainsi parvenir à une inversion de la charge de la preuve, en exigeant des entreprises qu'elles prouvent que leur comportement relève d'une compétition normale.

Mais cette jurisprudence n'est pas non plus formellement obsolète. D'un point de vue strictement économique, elle permet de contrôler des opérations de renforcement excessif de pouvoir de marché affaiblissant significativement la concurrence. Toutefois, les critères de renforcement d'une position dominante, ou d'entrave

(1) *JOCE* n° L 38, 12 févr. 1975.
(2) V. CJCE, 17 nov. 1987, aff. 142 et 156-84. Les éléments de fait considérés étaient, d'une part, la situation de concurrence entre les sociétés et, d'autre part, l'existence de pactes d'actionnaires. En l'espèce, il a été jugé que les pactes d'actionnaires ne conféraient pas au titulaire de la participation minoritaire une influence sur la stratégie concurrentielle de la société dans laquelle il avait acquis une participation. Mais, *a contrario*, il a été admis que, dans un autre contexte, une participation minoritaire aurait pu conférer une influence.
(3) , 21 févr. 1973, préc.

significative à la concurrence effective ont été formellement insérés dans les règlements successifs relatifs au contrôle des concentrations. Aussi, cette jurisprudence *Continental Can* a perdu une bonne partie de son utilité.

735. – **Règlement n° 4064-89 du Conseil du 21 décembre 1989**(4). Ce premier règlement portait la marque des compromis qui avaient rendu possible son adoption. S'il définissait de manière exhaustive les concentrations, il laissait dans une certaine mesure leur contrôle aux autorités nationales. Seules les concentrations de « dimension communautaire » relevaient du contrôle européen. Ces concentrations de « dimension communautaire » devaient être notifiées à la Commission. Le contrôle était donc préalable, ce qui est logique, car il s'agit de contrôler les opérations *ex ante*, et non *ex post*. La Commission reçut alors compétence exclusive pour apprécier les concentrations de « dimension communautaire ». Une idée force se dégagea cependant : l'acquisition ou le renforcement d'une position dominante (critère déjà présent dans l'arrêt *Continental Can*) fut le critère décisif pour déclarer l'incompatibilité au droit européen. Il n'était pas question de « rachat » de la concentration pour des considérations de politique industrielle. Cette absence de prise en compte de la politique industrielle et de la compétitivité de l'industrie européenne a sans doute été source de malentendus. On peut ici rappeler la violente réaction des autorités françaises à la suite de la décision négative de la Commission dans la fameuse affaire *Aérospatiale-Alenia-De Havilland* du 2 octobre 1991(5), et leur incompréhension affichée dans l'affaire *Schneider-Legrand*(6).

736. – **Règlement n° 139/2004 du Conseil du 20 janvier 2004**(7). Si l'application du règlement n° 4064/89 a été globalement satisfaisante (les décisions d'interdictions demeurant exceptionnelles), ses défauts sont apparus avec le temps, accentués par l'évolution du contexte économique. L'articulation entre le droit européen et les droits nationaux était délicate, car nombre d'opérations affectent souvent plusieurs marchés nationaux. De surcroît, les opérations étaient devenues souvent mondiales et transatlantiques, et la différence des concepts en vigueur des deux côtés de l'Atlantique avait pu conduire à des contradictions de décisions discutables(8). La notion même de concentration avait peut-être été entendue de façon trop juridique. Enfin, les concentrations entre PME doivent être facilitées, et les procédures sont apparues trop rigides. Ce fut l'objet du règlement n° 139/2004.

737. – **Espace économique européen.** Par deux décisions du 8 juin 2004 (n°s 78 et 79/2004), le Comité de l'EEE a organisé l'applicabilité du règlement n° 139/2004 dans l'espace européen.

(4) *JOCE* n° L 257, 21 sept. 1991. Le 30 juin 1997, un règlement modifia le traitement des entreprises communes, et les seuils de contrôlabilité.

(5) *JOCE* n° L 334, 5 déc. 1991.

(6) Déc. 10 oct. 2001, COMP. M. 2883, *Schneider-Legrand*, et TPICE, 22 oct. 2002, aff. T-310/01, *Schneider Electric c/ Commission*.

(7) *JOUE* n° L 24, 29 janv. 2004.

(8) V., par ex., aff. *General electric Honeywell*, 3 juill. 2001, où l'opération, avalisée par les autorités américaines, a été refusée par la Commission européenne, ce qui a été confirmé par TPICE, 14 déc. 2005, aff. T-210/01, *General Electric c/ Commission*.

738. - **Plan.** L'architecture du règlement invite à examiner successivement son champ d'application (Section 1), et l'appréciation des concentrations par la Commission (Section 2).

SECTION 1

CHAMP D'APPLICATION DU RÈGLEMENT N° 139/2004

739. - **Plan.** De manière symbolique, l'article 1er du règlement n° 139/2004 définit les seuils en deçà desquels la concentration n'est pas de « dimension européenne » et relève alors le cas échéant des contrôles nationaux. Ce n'est qu'à l'article 3 que figure la définition de la concentration. Il apparaît toutefois de bonne méthode d'étudier d'abord la notion de concentration (§ 1), avant de savoir quand une concentration est de « dimension européenne » (§ 2).

§ 1. – Les opérations de concentration

740. - **Énumération exhaustive des concentrations entre entreprises. Sécurité juridique.** L'article 3 du règlement n° 139/2004 procède de manière apparemment énumérative, mais il est applicable à toutes les opérations qu'il envisage, les autres en étant exclues. En ce sens, le texte est exhaustif, et le règlement ne saurait être étendu à des opérations qui n'entrent pas dans les prévisions de l'article 3.

Cela répond à un impératif de sécurité juridique. Les entreprises savent que ce qui entre dans le champ d'application du règlement doit être contrôlé, et que l'approbation espérée par elles crée à leur profit une zone de sécurité. En même temps, cela permet un contrôle efficace de ce qui relève du règlement(9).

741. - **Quasi-concentrations.** Le caractère énumératif du règlement soulève la question du traitement des opérations très diverses qui produisent des effets plus ou moins comparables. On songe ainsi aux alliances stratégiques (qui comportent souvent à la fois des accords contractuels de coopération et des prises de participations minoritaires, ou des échanges d'administrateurs)(10), aux regroupements coopératifs(11), ou associatifs, aux reclassements qui reposent sur des échanges d'actifs, aux opérations plus ou moins temporaires de prêt ou de louage d'entreprises ou de titres, et, enfin, aux opérations de capital-risque. Sauf peut-être le capital-risque dans certains cas, ces opérations concentrent la puissance économique, mais demeurent par nature, dans leur conception même, instables, et réversibles(12). La voie naturelle semble donc de les exclure du contrôle des concentrations, pour les

(9) V. TPICE, 23 févr. 2006, aff. T-282/02, *Cementbouw*.
(10) V. *supra*, n° 583.
(11) V. *supra*, n° 571.
(12) Même les fusions ne sont pas irréversibles, et sont quelquefois suivies de « ventes par appartements ».

soumettre plutôt à celui des ententes. Mais tout dépend de la nature de l'opération et du contexte.

742. - **Article 3.** Cet article donne, pour certaines opérations qu'il énumère, des indications positives ou négatives qui permettent de tracer la frontière entre ce qui relève du règlement (A) et ce qui n'en relève pas (B).

A. – Les opérations à objet concentrationniste

743. - **Principes de l'article 3.** Le nouveau règlement n° 139/2004 rattache la notion de concentration à l'idée générale de « changement durable du contrôle ». Ce changement durable peut résulter de deux grands types d'opérations. Le premier est celui de la fusion de deux entreprises ou parties d'entreprises. Le second est l'acquisition par une ou plusieurs personnes ou entreprises détenant déjà le contrôle d'une ou plusieurs entreprises, du contrôle direct ou indirect de tout ou parties d'une ou plusieurs autres entreprises.

Il faut donc se préoccuper d'abord de la notion de contrôle (1°), avant d'examiner les opérations qui en modifient durablement la détention et qui sont des concentrations (2°).

1° La notion de contrôle

744. - **Définition pragmatique. Influence déterminante d'une ou plusieurs personnes.** L'article 3, § 3 du règlement n° 139/2004 donne du contrôle une définition très pragmatique, qui ne désorientera pas le lecteur français (C. com., art. L. 233-3). On peut y lire que :

> « Le contrôle découle des droits, contrats ou autres moyens qui confèrent seuls ou conjointement et compte tenu des circonstances de fait ou de droit, la possibilité d'exercer une influence déterminante sur l'activité d'une entreprise, et notamment, *a)* des droits de propriété ou de jouissance sur tout ou partie des biens d'une entreprise, *b)* des droits ou des contrats qui confèrent une influence déterminante sur la composition, les délibérations, ou les décisions des organes d'une entreprise »[13].

C'est donc la possibilité pour une ou plusieurs personnes[14] d'exercer une influence déterminante[15] qui est la caractéristique du contrôle. La meilleure illustration peut être trouvée dans le contrôle majoritaire[16]. Le contrôle peut cependant être minoritaire en apparence, mais en fait majoritaire et exclusif.

La dilution du capital peut en effet suffire à mettre en évidence un contrôle, même si la participation est en apparence non majoritaire[17]. Des droits de votes

(13) V. la communication juridictionnelle consolidée, *JOUE* n° C 95, 16 avr. 2008.

(14) Le contrôle peut donc être dans les mains d'une entreprise, d'une personne physique, ou d'une personne morale n'ayant pas la qualité d'entreprise (par ex., État). Ce contrôle est assez souvent acquis temporairement (quelques années) par des fonds de pension, qui gèrent une entreprise afin de la redresser, pour revendre la participation *in fine* avec plus values (V., par ex., déc. 18 août 2003, aff. M.3217, *Carlyle-Finmeccanica-Avio*).

(15) TPICE, 23 févr. 2006, aff. T-282/02, *Cementbouw*. – TPICE, 12 déc. 2012, aff. T-332/09, *Electrabel*.

(16) V. déc. 15 avr. 1994, *Unilever-France-Ortiz-Miko*, ou 18 nov. 1997, *Siemens-Electrowatt* : *JOCE* n° L 88, 31 mars 1999 ou encore déc. 7 févr. 2001, *EDF-Enbw* : *JOCE* n° L 59, 28 févr. 2002.

(17) V. déc. 3 août 1993, *Sté Générale de Banque-Générale de Banque*, préc. – *Adde*, déc. 19 déc. 1991, *Mediobanca-Generali*, aff. IV, M. 159. – Déc. 23 avr. 1997, *Anglo American corporation-Lornho* : *JOCE* n° L 149, 20 mai 1998 et, sol. impl., déc. 22 janv. 1997, *Coca-Cola Amalgamated Beverages* : *JOCE* n° L 218, 9 août 1997. – Déc. 11 nov. 1998, *Skanska-Scansen* : *JOCE* n° L 183, 16 juill. 1999. – Trib. UE, 12 déc. 2012, *Electrabel*, préc.

doubles ou multiples peuvent aussi le caractériser[18]. Souvent, les prises de participations minoritaires sont accompagnées de pactes entre actionnaires. Selon les clauses de ces pactes, la prise de contrôle peut ou non être avérée.

En visant les droits de propriété sur les actifs ou les contrats qui donnent une influence sur les organes d'une entreprise, l'article 3, § 3 du règlement n° 139/2004 réalise une extension mesurée de la notion de contrôle. On peut comprendre que l'acquisition de la propriété de tout ou partie des « actifs » d'une entreprise soit susceptible d'en donner le contrôle[19]. On comprend aussi qu'il en aille de même des contrats qui permettent de peser sur les délibérations ou décisions des organes (conventions de vote, pactes d'actionnaires).

La difficulté est encore plus grande pour les relations strictement contractuelles. La Commission ne rejette pas l'idée que des contrats d'affaires puissent aboutir à un véritable contrôle, mais souligne néanmoins que la situation de contrôle doit être équivalente à celle qui résulterait de la détention d'actions ou d'éléments d'actif (contrats de longue durée, et contrôle de la gestion et des ressources de l'autre entreprise). Ainsi, la franchise ne caractérise pas un tel contrôle car le franchiseur supporte seul les risques de son activité[20]. Le fait que le franchiseur définisse la stratégie commerciale de chaque franchisé ne suffit donc pas.

De même, il ne semble pas possible d'assimiler par principe à ces hypothèses celle de la simple dépendance de fait qui peut résulter de contrats de prêt, de garantie, de sous-traitance ou d'exclusivité, pour ne prendre que ces exemples, sauf si la dépendance est contractuellement structurée, et organisée par des contrats à long terme[21].

745. – **Contrôle conjoint ou exclusif.** Il n'est pas rare que le contrôle soit acquis conjointement par deux ou plusieurs personnes, ou entreprises. La création de filiales communes est bien sûr une hypothèse fréquente. Des pactes d'actionnaires peuvent avoir aussi pour effet de donner un contrôle conjoint à celui qui n'est que minoritaire, en lui conférant des droits de veto (par exemple) sur les décisions des organes sociaux[22].

Les opérations syndiquées (qui font intervenir plusieurs investisseurs, souvent des fonds d'investissement) ne donnent pas nécessairement naissance à un contrôle conjoint. Pour qu'il y ait contrôle conjoint, il faut que les participants aient

(18) Déc. 14 nov. 1995, *Crown Cork*, et déc. 20 nov. 1996, *Kesko Tuko*.

(19) Déc. 13 sept. 1991, IV, M. 310, *Delta Airlines-Panam*. – V., pour un contrôle par le franchiseur des actifs du franchisé, déc. 26 juin 1997, *Blokker Toy « r » us* ; les clauses typiques d'un accord de franchise ne donnent donc pas en principe naissance à un contrôle, car il n'y a pas contrôle des « actifs », déc. 9 juill. 1997, aff. M.940, *Mister Minit*, des droits de propriété industrielle peuvent être des vecteurs de contrôle si un chiffre d'affaires y est attaché, V. communication préc.

(20) V. Comm. CE, communication juridictionnelle consolidée, n° 18.

(21) V. communication préc., citant par exemple les contrats organisant les groupes en droit allemand (*Beherrschungsvertrag*, ou contrat de domination, pour un contrat de location gérance, déc. 11 févr. 2002, *Deutsche Bahn/Ect International/united Depots* ; et, par ex., déc. 27 mars 1996, aff. IV.M.697, *Lockheed Martin-Loral*. – V., pour le cas où l'actionnaire minoritaire est le seul parmi les actionnaires à avoir des relations commerciales ou industrielles avec l'entreprise cliente, et que ces relations sont essentielles pour cette dernière, déc. 8 juill. 1998, aff. IV.M.1208, *Jefferson Smurfit-Stone Containers*.

(22) V. communication juridictionnelle consolidée de la Commission du 21 février 2009. – V., pour des contrôles conjoints alors que les participations sont inégales, en raison des décisions qui dépendent du minoritaire. – *Adde*, déc. 12 mars 1993, aff. IV, M. 292, *Ericsson-Hewlett Packard*, et déc. 25 juin 1993, aff. IV, M. 349, *Aegon-Scottish Equitable*. – Et, pour un actionnaire minoritaire qui avait le pouvoir de nommer le président, ce qui va au-delà de la prise en compte de ses intérêts légitimes de minoritaire, aff. *CCI-GTE*, *in* XXIIe rapport, n° 227. – *Adde*, TPICE, 23 févr. 2006, aff. T-282/02, *Cementbouw Handel Industrie BV*.

un pouvoir sur la gestion (par ex., droit de veto) qui aille au-delà de ce qui concerne la protection de la valeur patrimoniale de l'investissement. Beaucoup d'opérations syndiquées ne donnent naissance qu'à des majorités instables, souvent dominées par des considérations purement financières.

Le contrôle conjoint n'est pas assimilable au contrôle exclusif. Il en résulte que lorsque les évènements transforment le contrôle conjoint en contrôle exclusif, il y a une nouvelle opération de concentration et donc une nouvelle procédure de contrôle à respecter(23). Il en est de même en cas de remplacement d'un contrôle conjoint par un autre contrôle conjoint. Il y a dans ces hypothèses changement de la « qualité du contrôle ».

746. - **Contrôle direct ou indirect.** Le contrôle peut être exercé directement ou par l'intermédiaire d'une société(24). Il arrive souvent que le contrôle indirect comporte plusieurs niveaux. Il faut alors remonter au niveau où sont prises les décisions(25). Le contrôlaire sera celui qui aura la possibilité d'utiliser efficacement la chaîne de contrôle et qui pourra exercer les droits résultant de contrats dont il n'est pas juridiquement titulaire.

747. - **Contrôle acquis et non éventuel.** Le règlement sur le contrôle des concentrations ne s'attache qu'aux personnes qui acquièrent le contrôle d'une entreprise. Cette rédaction interdit de tenir compte des développements éventuels d'une situation juridique. Tel est le cas d'une option d'achat d'actions contenue dans un pacte d'actionnaires entre deux associés égalitaires. Tant que l'option n'est pas levée, il y a contrôle conjoint. Si elle est levée, le contrôle devient exclusif. On peut cependant estimer que le contrôle est transféré si la levée de l'option est certaine. Mais tant qu'il n'existe pas de certitude de la levée de l'option, la procédure ne peut concerner que l'acquisition du contrôle conjoint. C'est la situation juridique acquise au moment de la notification qui doit en principe être seule considérée(26). Peu importe alors si le contrôle juridiquement acquis n'est pas effectivement exercé(27).

748. - **Non prise en compte de la volonté des parties.** Le contrôle est une notion objective. Peu importe la volonté réelle des parties (par ex., dans un contrat ou un pacte d'actionnaires)(28), ou peu importe la volonté de ne pas mettre en œuvre certaines prérogatives.

2° Les opérations susceptibles de modifier durablement un contrôle

749. - **Changement « durable ». Concentrations et déconcentrations. Opérations transitoires.** Le contrôle des concentrations est un contrôle des structures et non des comportements. Il vise donc des opérations qui sont « durables », c'est-à-dire qui sont conçues pour durer, même si elles ne durent pas en fait. C'est ainsi,

(23) V. aff. *ABB-Brel-ABB* et *Solvay-Laporte-Interox in* XXIIe rapport, n° 228.
(24) V., pour l'acquisition d'une holding donnant le contrôle des filiales, déc. 1er déc. 1993, aff. IV, M. 384, *UAP-Vinci*, et déc. *Coca-Cola*, préc.
(25) V. TPICE, 23 févr. 2006, *Cementbouw*, préc. – Déc. 14 juin 2009, M.4994, *Electrabel-CNR*.
(26) V. TPICE, 19 mai 1994, aff. T-2-93, *Air France c/ Commission*, fusion *British Airways-TAT*.
(27) C'est le pouvoir d'exercer le contrôle qui compte (Règl. n° 139/2004).
(28) Si un actionnaire décède, ou se retire, le contrôle sera transféré aux restants.

par exemple, qu'une fusion est durable par nature, même si elle est suivie rapidement après d'opérations de restructuration ou de déconcentrations, aboutissant à vendre « par appartements » des unités économiques qui avaient été réunies par la fusion. Cela n'empêche pas qu'il y ait eu concentration, et que l'éventuelle restructuration qui la suivrait aboutisse à un changement de contrôle (donc à une nouvelle concentration). Aucune organisation n'est définitive. Il en va de même des scissions[(29)].

Il arrive souvent qu'une prise de contrôle ne soit qu'intermédiaire, pour aboutir à la prise de contrôle finale par une autre entreprise. En ce cas, si l'acquéreur final est déjà désigné, et si l'opération doit s'achever dans le délai d'une année, il n'y aura qu'une seule opération à notifier qui sera l'acquisition finale du contrôle.

750. - **Unicité d'une concentration organisée en opérations interdépendantes.** Le 20e considérant du règlement n° 139/2004 reprend la solution déjà acquise selon laquelle il convient de traiter comme une concentration unique des opérations qui sont étroitement liées, par exemple lorsqu'elles font l'objet d'un lien conditionnel de droit ou de fait[(30)], ou lorsqu'elles prennent la forme d'une série de transactions sur titres effectuées dans un délai raisonnablement bref[(31)]. Il faut qu'*in fine*, le contrôle d'une ou plusieurs entreprises soit acquis par la ou les mêmes entreprises.

Les opérations interdépendantes sont celles qui n'auraient pas pu avoir lieu sans les autres. La relation n'est pas celle de l'accessoire, mais plutôt celle de la conditionnalité économique objective et réciproque.

Le fait de considérer ensemble les opérations interdépendantes concourt à la fois à la sécurité juridique pour les entreprises, et à l'efficacité du contrôle pour les autorités de concurrence[(32)].

751. - **Diversité des opérations.** Cela étant, des opérations extrêmement variées peuvent entraîner un changement de contrôle. On en donnera quelques exemples.

752. - 1) **Les fusions et les scissions (Règl. n° 139/2004, art. 3.1.a). Fusions de « fait ».** La fusion est *a priori* le mode le plus parfait de concentration. En principe, une nouvelle unité économique apparaît[(33)]. Mais les fusions ne modifient pas toujours le contrôle, et ne sont donc pas toujours des concentrations. Il n'y a pas de modification par exemple en cas de l'absorption par une société mère ou holding d'une filiale majoritairement détenue. Le contrôle indirect devient ici direct, mais il ne change pas[(34)]. *A priori*, il n'y a pas non plus concentration en cas de « fusion à l'envers », lorsque la filiale absorbe la mère. Le contrôle ne change généralement pas. Cependant, des fusions entre sociétés liées peuvent aboutir à des changements de contrôle. Tout dépendra de la répartition finale de l'actionnariat de contrôle, car la composition finale du contrôle peut varier selon la société absorbante.

(29) V. TPICE, 23 févr. 2006, *Cementbouw Handel Industrie BV*, préc.
(30) Déc. 26 févr. 2007, COMP/M.4521, *LGI/Telenet*.
(31) V. TPICE, 23 févr. 2006, *Cementbouw Handel Industrie BV*, préc. – Trib. UE, 12 déc. 2012, *Electrabel*, préc.
(32) TPICE, 23 févr. 2006, aff. T-282/02, *Camentboum*.
(33) V., par ex., déc. 10 oct. 2001, COMP./M.2283, *Schneider-Legrand*.
(34) Cela peut être le cas de toutes les techniques de fusion, directe, à l'envers (filiale qui absorbe sa mère), les « fusions rapides » dans le cadre des LBO par fusion de la holding et de la cible ; on peut y assimiler les « dissolutions-confusions », en cas de réunion de toutes les parts de la société dissoute en une seule main.

Le pragmatisme conduit à traiter comme une fusion de droit l'établissement d'une interpénétration contractuelle entre entreprises aboutissant à la création d'un ensemble économique durable soumis à un contrôle unique(35).

Les scissions posent des problèmes comparables. Une scission est en principe une opération unique qui peut, ou non, entraîner un changement de contrôle, cas échéant vers deux nouveaux contrôlaires(36).

753. - 2) **Les apports partiels d'actifs (Règl. n° 139/2004, art. 3.1.a).** Les apports partiels d'actifs peuvent être réalisés en droit français sous le régime des fusions. Au regard du règlement n° 139/2004, les apports partiels d'actifs sont des concentrations lorsqu'ils transfèrent le contrôle direct ou indirect de l'ensemble ou d'une partie de deux ou de plusieurs autres entreprises(37).

3) **Les cessions d'actifs**. De multiples procédés permettent de transférer le contrôle d'une entreprise : cessions de fonds de commerce(38), cessions d'actifs comme des droits de propriété industrielle(39), ou cession d'unités économiques, cessions de clientèle dans certains cas. La liste est impossible à dresser. Mais il faut toujours qu'il y ait une modification du contrôle. Ainsi une opération d'externalisation peut transférer le contrôle à une entreprise tierce prestataire(40).

4) **Les opérations non boursières sur titres.** Les opérations de cessions, de rachat, ou d'échanges de titres sont les plus nombreuses. Elles peuvent entraîner changement de contrôle, que les participations soient majoritaires (voire à 100 %), ou apparemment minoritaires mais conférant un contrôle en fonction du contexte de fait (dilution du capital) ou juridique (droits de votes doubles, conventions de vote...)(41).

5) **Les opérations de haut de bilan.** Les augmentations(42) de capital, notamment réservées, réalisées le cas échéant par compensation, sont un des procédés habituels de changement de contrôle d'une entreprise. Il faut toutefois distinguer parmi les titres qui peuvent être émis : titres de capital, titres qui donnent accès au capital ou qui ne donnent qu'un droit de créance. Le changement de la détention des titres de capital ou leur émission peut changer le contrôle en fonction de la dilution du capital, ou en fonction des avantages dont ces titres sont assortis, en termes de vote (par ex., actions de préférence ; une minorité en capital peut détenir

(35) V. Comm. CE, communication juridictionnelle consolidée, préc.

(36) Déc. 30 avr. 1992, M.197, *Laporte-Interox*.

(37) Déc. 30 sept. 1992, *Du Pont-ICI* : *JOCE* n° L 7, 13 janv. 1993 et *Blokker-Toys « r » us*, préc.

(38) V., pour une cession d'actifs, complétant un accord de franchise, portant sur une activité à laquelle on peut rattacher un chiffre d'affaires, en l'occurrence une activité de vente dans un État, déc. 26 juin 1997, *Blokker-Toys « r » us* : *JOCE* n° L 31, 25 nov. 1998. – Déc. 15 avr. 1994, aff. IV, M, 422, *Unilever France-Ortiz-Miko*. – Déc. 20 nov. 1996, *Kesko-Tuko* : *JOCE* n° L 110, 26 avr. 1997, pour un échange d'actions, déc. 31 janv. 2001 : *JOCE* n° L 57, 27 févr. 2001.

(39) Si la clientèle y est attachée.

(40) Il faut pour cela que l'entreprise tierce bénéficiaire de l'externalisation soit sous un autre contrôle que la société externalisante, et qu'elle puisse développer une activité autonome en travaillant avec d'autres clients. En clair, une externalisation *in-house* ne change rien.

(41) V. *supra*, n° 744 et déc. 15 avr. 1994, aff. IV, M. 422, *Unilever France-Ortiz-Miko*. – Déc. 20 nov. 1996, *Kesko-Tuko* : *JOCE* n° L 110, 26 avr. 1997. – Pour un échange d'actions, déc. 31 janv. 2001 : *JOCE* n° L 57, 27 févr. 2001. – Déc. 3 août 1993, aff. IV, M. 343, *Sté générale de banque-Générale de banque*. – V. pour une prise de contrôle par échange à 100 %, TPICE, 14 déc. 2005, aff. T-210/01, *General Electric c/ Commission*, et déc. 3 juill. 2001 : *JOUE* n° L 48, 18 févr. 2004. – V., pour 25 % plus un pacte d'actionnaires, déc. 22 août 1995, aff. IV, M. 620, *Thomson-Teneo-Indra*. – Pour des droits de vote double, V. déc. 14 nov. 1995, *Crown Cork-Seal-Carnaud Metal Box* : *JOCE* n° L 75, 23 mars 1996.

(42) Les réductions aussi, le cas échéant.

un contrôle). Pour les titres de créances donnant accès au capital (par ex., OBSA), il faut attendre l'exercice de l'option conférée aux souscripteurs(43). Pour les titres de créances (obligations simples, OBSO), il n'y a en principe aucun changement de contrôle(44).

6) **Les opérations sur titres insérées dans, ou complétées par, des pactes d'actionnaires.** Des participations minoritaires peuvent donner un contrôle exclusif en raison de stipulations convenues dans un pacte d'actionnaires (par ex., convention de vote, porte-fort), ou un contrôle conjoint en fonction des prérogatives que se sont réparties les parties (parité dans les organes, droit de veto conféré à une partie sur les décisions stratégiques, sur les recrutements de l'encadrement, sur les plans d'entreprises, les investissements)(45)(46).

7) **Les opérations sur marchés financiers.** Il ne fait aucun doute que les offres publiques, pour prendre l'exemple le plus frappant, aboutissent bien souvent, surtout lorsqu'elles sont hostiles, à des changements de contrôle(47). Mais certaines offres publiques ne sont que la résultante d'un contrôle déjà acquis qu'elles ne visent pas à modifier(48). Il arrive souvent que les opérations sur les marchés financiers soient étalées dans le temps, et qu'elles soient en réalité des prises de contrôle rampantes. C'est notamment pour elles que l'on considère comme unique une opération sur titres réalisés dans un délai raisonnable bref(49).

8) **Les prises de contrôle par des fonds communs de placement.** Ces opérations fréquentes entraînent souvent un transfert de contrôle au profit de la société d'investissement qui gère le fonds (au besoin par le truchement d'une structure organisationnelle), mais les investisseurs ne se voient transférer aucun contrôle(50).

9) **Les entreprises communes (« EC ») de plein exercice (Règl. n° 139/2004, art. 3, § 4).** Les solutions du règlement n° 139/2004 remontent en réalité au règlement du 30 juin 1997. La création d'une entreprise commune peut se faire *ex nihilo*, ou résulter d'un achat ou d'une opération sur marché durable réalisée en commun. C'est un des modes principaux de concentration dans l'espace européen qui a permis de pallier la trop longue absence de directive sur les fusions transfrontalières. Les entreprises communes sont souvent des holdings auxquelles les fondateurs apportent leurs participations majoritaires dans des entreprises industrielles ou commerciales. La *Societas europaea*, qui peut être holding, n'a pas pu jouer ce rôle en raison de la lourdeur de sa constitution.

Le règlement européen distingue cependant deux types d'« EC », celles qui « accomplissent de manière durable toutes les fonctions d'une entité économique

(43) Car une éventualité de contrôle n'est pas le contrôle acquis, sauf s'il n'y a aucun doute sur l'exercice de l'option, V. *supra*, n° 747.

(44) Sauf si le contexte économique et juridique global conduit à la conclusion inverse, V. *supra*, n° 744.

(45) Dans sa communication juridictionnelle préc., la Commission indique qu'il faut se livrer à une analyse *in concreto* pour savoir si le pacte influerait sur l'action de l'entreprise sur les marchés, et qu'il faut apprécier l'ensemble du contexte de fait dans lequel il s'intègre, V. *supra*, nos 744 et 747. – Trib. UE, 12 déc. 2012, *Electrabel*, préc.

(46) Sur les opérations syndiquées, V. *supra*, n° 745.

(47) V., par ex., l'OPA conjointe de Pernod-Ricard et de Diaegeo sur Seagram, déc. 8 mai 2001, COMP/M.2268 ; V. Dir. n° 2004/25, 21 avr. 2004 sur les offres publiques d'acquisition, *supra*, n° 402.

(48) C'est le cas en principe des offres publiques obligatoires ou de retrait.

(49) V. *supra*, n° 750.

(50) V. communication préc., pt 15.

autonome »[51], qui sont des concentrations, et celles qui ne les accomplissent pas, et qui demeurent des ententes coordonnant le comportement des sociétés mères et de la filiale commune sur le marché[52]. Il est possible de retenir quelques principes simples. Il n'y a création d'une entreprise commune structurelle que si elle est dotée durablement[53] de toutes les ressources nécessaires (financement, personnel, actifs...) afin qu'elle soit comparable aux autres entreprises agissant sur le marché[54]. Cela veut dire qu'on se satisfait ici d'une autonomie fonctionnelle (en moyens personnels et matériels), c'est-à-dire que l'entreprise commune de plein exercice doit disposer de son propre accès au marché. Cela ne signifie évidemment pas qu'elle doive en plus être autonome dans sa décision. Elle relève du règlement dès que les sociétés mères la contrôlent conjointement, voire isolément[55].

Mais les entreprises communes de plein exercice peuvent néanmoins avoir pour objet ou pour effet la coordination des comportements des sociétés fondatrices entre elles, ou entre elles et l'entreprise commune. Cette coordination sera le fruit de la nouvelle structure. Elle sera souvent comparable à celle qu'une entente peut produire. Alors le règlement prévoit, de manière un peu surprenante mais compréhensible, que ce genre de concentration de « dimension européenne » sera apprécié sans remettre en cause sa nature de concentration, mais en appliquant l'article 101 TFUE. Le règlement sur les concentrations incorpore donc une référence à cet article relatif aux ententes pour traiter les entreprises communes structurelles (de plein exercice) coopératives. Ce texte relatif aux ententes est ainsi devenu une règle de fond du contrôle des concentrations[56].

10) **Les démantèlements d'entreprises.** Les entreprises sont parfois acquises pour être revendues par « appartements » ; les procédures d'insolvabilité se dénouent parfois ainsi[57]. Si chaque part démantelée est autonome, et si chacune est acquise par une personne distincte, il y aura autant de transferts de contrôle que d'acquéreurs.

11) **Les restructurations d'entreprises du secteur public.** Le droit européen connaît un principe général de non-discrimination entre entreprises privées et

(51) Règl. n° 4064/89, art. 3, § 4 (ex.-art. 3, § 2). – Déc. 13 avr. 2012, M.6314, *Telefonica-Vodafone.*

(52) V. *supra*, n° 601. Rôle limité à l'achat en commun, à la R&D, à la distribution, pour un comptoir de vente, déc. 16 janv. 1996, *Lufthansa-SAS* : *JOCE* n° L 54, 5 mars 1996. V. l'important arrêt TPICE, 4 mars 1999, aff. T-87/96, *Assicurazioni Generali et Unicredito c/ Commission*, sur l'importance trop grande et trop durable de l'assistance des sociétés mères à leur filiale. – *Adde*, communication relative à la notion d'entreprise commune de plein exercice du 2 mars 1998.

(53) Dix ans est en général suffisant, déc. 30 avr. 2003, COMP/M.2903, *Daimler Chrysler c/ Deutsche Telekom*. – Déc. 20 juill. 2005, COMP/M.3858, *Lehman Brothers/Starwood/Le Meridien*.

(54) V., par ex., déc. 26 nov. 1992, IV M 266, *Rhône Poulenc-Sita*. – Déc. 17 mars 1993, IV M 272, *Matra-Cap Gemini Sogeti*. – Déc. 1er déc. 1993, *UAP-Vinci*, préc., et déc. *Atlas* et *Phoenix Global One*, préc. – V. Comm. CE, communication : *JOCE* n° C 66, 2 mars 1998.

(55) V. TPICE, 23 févr. 2006, *Cementbouw*, préc. ; une entreprise commune qui ne joue qu'un rôle d'auxiliaire par rapport à l'activité des fondatrices n'est pas de plein exercice (absence d'accès au marché : par ex., R&D, achats et ventes avec les seules fondatrices, simple externalisation, gestion de parcs immobiliers).

(56) V. *infra*, n° 806 et *supra*, à propos de l'article 101 TFUE, nos 601 et s. ; la coopération comportementale peut résulter du maintien d'une des sociétés mères sur le marché de l'entreprise commune. Mais cette coordination certaine ou potentielle doit être sensible, si elle est appréciée à la lumière de l'article 81, et il faut donc tenir compte de l'importance des parts de marché des mères et, éventuellement, de l'entreprise commune. V., par ex., aff. *BT-At et T*, JV. 15/1999 ; aff. *Mannesmann-Bull Atlantic*, JV 17/1999 ou aff. *Granaria-Ültje-Intersnack*, JV 32/2000. – V. cependant, pour une entreprise commune constituée par deux États, qui ont apporté à cette entreprise commune les participations de 100 % qu'ils détenaient dans deux entreprises publiques, déc. 13 oct. 1999, *Telia-Telenor* : *JOCE* n° L 40, 9 févr. 2001.

(57) Sur les acquisitions réalisées dans le cadre d'une procédure collective, V. *infra*, n° 755.

publiques(58). L'entreprise publique est *a priori* autonome, indépendamment de son intégration dans l'ensemble du secteur public. Cette autonomie interdit de considérer que toutes les entreprises publiques seraient toujours soumises au contrôle direct ou indirect d'un actionnaire ultime qui serait l'État. On ne peut donc dire qu'il n'y aurait que des restructurations internes dès qu'elles se produisent à l'intérieur du secteur public. Aussi, dès lors qu'il y a concentration au sens du règlement n° 139/2004, les restructurations au sein du secteur public, si elles sont de « dimension européenne », sont soumises au contrôle européen. C'est la perte d'autonomie d'une entreprise publique au profit d'une autre, ou le passage d'un centre de décision public autonome à un autre, qui sont alors les critères essentiels(59)(60).

Il n'y a en tout cas aucune discussion pour la prise de contrôle d'une entreprise privée par une entreprise publique, ou celle d'une entreprise publique par une entreprise privée(61). Il s'agit là indiscutablement de concentrations avec réel changement de contrôle de l'actionnaire ultime.

B. – Les opérations exclues du champ d'application du règlement

754. - **Généralités.** Il est des opérations qui réalisent des transferts de contrôle et qui, pour des raisons juridiques ou pratiques, ont été exclues de la définition de la concentration européenne.

755. - **Les cessions ou restructurations consécutives aux procédures collectives.** *A priori*, rien n'interdirait de les soumettre au contrôle des concentrations. Il y aurait simplement un risque d'ineffectivité de la décision judiciaire adoptant un plan en raison de la possibilité d'une décision négative en application du contrôle des concentrations(62). Pour des raisons tant pratiques que juridiques, le règlement n° 139/2004(63) ne permet pas d'interférence du contrôle européen des concentrations avec les droits nationaux des procédures collectives. L'article 3, § 5 du règlement n° 139/2004 dispose ainsi qu'une concentration « n'est pas réputée réalisée » lorsque le contrôle a été acquis par une personne mandatée par l'autorité publique en vertu d'une législation relative à la liquidation, la faillite, l'insolvabilité, la cessation des paiements, le concordat ou une autre procédure analogue. Le jugement d'homologation d'un plan confère au cessionnaire, dans une approche pragmatique, un mandat de l'autorité publique.

756. - **Portages, acquisitions temporaires, et opérations sur titres liées à une activité financière réglementée ou exclusive.** L'article 3, § 5, *b* et *c* du règlement n° 139/2004 exclut encore deux types d'opérations sur titres : d'une part, les opérations de portage ou d'acquisition temporaire effectuées par les banques, les entreprises d'assurances, les autres entreprises financières et, d'autre part, les participations des sociétés de participation financière visées par la quatrième directive

(58) Art. 295 TFUE.
(59) V. Comm. CE, communication préc. sur la notion de concentration.
(60) V., par ex., déc. 22 févr. 1993, M. 216, *CEA-France Télécom-Finmeccanica-SGS Thomson* ; il peut y avoir un contrôle conjoint public-public.
(61) Il peut y avoir un contrôle conjoint public-privé, V. déc. 5 oct. 1992, M. 157, *Air France-Sabena*.
(62) Le droit français est sur ce point contraire au droit de l'Union, V. C. com., art. L. 430.1 et s.
(63) Comme le règlement n° 4064/89.

du 25 juillet 1978 sur les comptes annuels des sociétés(64). Pour que ces opérations ne soient pas considérées comme des concentrations, il faut que les banquiers porteurs, ou les sociétés de participation financière, n'exercent pas leurs droits de vote ou, en tout cas, ne les exercent pas pour déterminer la gestion ou le comportement concurrentiel des entreprises. Ils peuvent en revanche voter pour la réalisation des actifs de l'entreprise ou pour sauvegarder la valeur de l'investissement(65).

§ 2. – Les concentrations de « dimension européenne »

757. - **Domaine du contrôle européen.** L'article 1er du règlement ° 139/2004 pose des seuils (A) au-delà desquels une opération, qui a la nature juridique de concentration, est soumise au contrôle européen. Toutefois, le domaine du contrôle peut, dans certaines circonstances, être plus limité ou au contraire plus étendu (B).

A. – Détermination de la « dimension européenne »

758. - **Seuils différents. Entreprises concernées.** La question est sensible, car elle détermine la compétence respective de la Commission et des autorités nationales.

Le premier seuil est fixé à l'article 1, § 2 du règlement n° 139/2004. Une concentration relève du droit de l'Union lorsque, d'une part, le chiffre d'affaires mondial de toutes les entreprises concernées(66) excède 5 milliards d'euros et, d'autre part, le chiffre d'affaires dans l'Union réalisé individuellement par deux des entreprises concernées excède 250 millions d'euros. Cela sauf si chacune des entreprises concernées réalise plus des deux tiers de son chiffre d'affaires dans l'Union dans un seul État membre (la concentration est alors économiquement plutôt nationale).

Le second seuil est fixé à l'article 1, § 3 du règlement n° 139/2004. Il consiste en une combinaison de critères. Une concentration moins considérable que celles qui sont envisagées au § 2 devient néanmoins « européenne » si quatre seuils sont dépassés : chiffre d'affaires mondial de l'ensemble des entreprises concernées supérieur à 2,5 milliards d'euros ; chiffre d'affaires total de ces entreprises supérieur à 100 millions d'euros dans trois États membres au moins ; chiffre d'affaires individuel de deux au moins de ces entreprises supérieur à 25 millions d'euros dans trois États membres au moins ; chiffre d'affaires de deux au moins de ces entreprises (le cas échéant autres que celles qui viennent d'être citées) supérieur à 100 millions d'euros dans toute l'Union. Cela sous la même réserve que celle énoncée au § 2 (deux tiers du chiffre d'affaires dans l'Union européenne dans un seul État membre).

(64) V., pour un portage bancaire, Trib. UE, 13 sept. 2010, aff. T-279 et 452/04, *Odile Jacob*, et CJUE, 6 nov. 2012, aff. C-551 et 554/10 P.
(65) Alors, cette réalisation doit intervenir dans le délai d'un an.
(66) Les entreprises concernées sont celles qui fusionnent, ou celles qui acquièrent le contrôle, plus celles qui passent sous un contrôle nouveau. En cas de prise de contrôle par une entreprise commune, seule celle-ci sera en principe concernée, sauf si elle est une société coquille. Des personnes physiques ayant une activité économique peuvent aussi être concernées.

759. - **Calcul des chiffres d'affaires. Cas particulier des entreprises financières.** L'article 5 du règlement n° 139/2004 précise la manière de calculer ces seuils. En principe, on prend en considération la vente des produits ou les prestations de services réalisées par les entreprises, déduction faite des réductions sur vente, et de la TVA. Lorsqu'il s'agit d'apprécier l'activité à l'intérieur de l'Union, on prend en considération les ventes ou prestations de services dont les destinataires sont situés dans l'Union ou dans un État membre(67).

Les particularités des activités exercées par les entreprises financières expliquent que l'on prenne des bases de calcul spécifiques(68).

Si un établissement de crédit ou une entreprise d'assurance a une activité non « bancaire » ou autre que l'assurance, on applique le mode de calcul général pour cette seconde activité.

760. - **Prise en compte des groupes pour le calcul du chiffre d'affaires.** L'article 5, § 4 du règlement n° 139/2004 indique qu'il faut le cas échéant faire la somme des chiffres d'affaires non seulement des entreprises concernées(69), mais encore de celui des entreprises dans lesquelles elles sont directement ou indirectement contrôlaires, ou de celui des entreprises qui les contrôlent directement ou indirectement(70). De surcroît, il faut tenir compte des chiffres d'affaires des autres entreprises contrôlées par les entreprises mères des sociétés concernées.

En cas de contrôle conjoint d'une des entreprises qui viennent d'être visées, on additionne les chiffres d'affaires des titulaires de ce contrôle conjoint, mais on ne tient pas compte des chiffres d'affaires réalisés entre l'entreprise commune et chacune de ses mères.

B. – Conséquences de la « dimension européenne »

761. - **Fonctions des seuils.** Ces seuils ont une double raison d'être. D'abord, on l'a dit, ils réduisent l'étendue du contrôle européen aux seules concentrations les plus importantes. C'est évidemment l'objet des seuils mondiaux. Ensuite, ils servent d'indicateur de l'impact de la concentration sur le marché intérieur. Il s'en déduit la compétence de l'ordre juridique européen aussi bien à l'égard des États membres que dans l'ordre international.

Ce principe (1°) connaît certains tempéraments, qui tiennent soit à l'institution du réseau des autorités de concurrence au sein duquel s'est mis en place un système de renvoi assez complexe (2°), soit à la possibilité laissée aux États membres d'appliquer aux concentrations des règles nationales traduisant des intérêts légitimes autres que concurrentiels (3°).

(67) Sauf lorsque la concentration résulte de l'acquisition de parties d'entreprises (V. Règl. n° 139/2004, art. 5, § 2), V. Comm. CE, communication juridictionnelle consolidée, préc.

(68) Règl. n° 139/2004, art. 5, § 3.

(69) Les entreprises concernées sont celles qui participent directement à l'opération, mais le calcul de leur chiffre d'affaires doit intégrer celui des sociétés qui les contrôlent ou qui ont une influence déterminante, ou des sociétés qui sont contrôlées ou dans lesquelles une influence déterminante s'exerce, V. la communication juridictionnelle consolidée, préc.

(70) Les fonds dits « captifs », constitués souvent par des entreprises financières, et qui bénéficient d'une autonomie de gestion, sont appréciés seuls.

1° Le principe d'application du droit de l'Union aux concentrations qui excèdent les seuils

762. - **Notification obligatoire. Contrôle préalable. Pré-notification.** Le contrôle des concentrations est de nature préalable. Dès lors que les seuils sont atteints, il faut notifier l'opération (Règl. n° 139/2004, art. 4)(71). Souvent, la notification est précédée d'une pré-notification, c'est-à-dire d'une prise de contact informelle plus ou moins précise entre les représentants des entreprises et la Commission(72).

763. - **Initiateurs.** Doivent notifier la concentration ceux qui décident de l'opération en la mettant en œuvre. En cas de fusion, les parties fusionnantes doivent notifier. Dans les autres opérations, cette formalité incombe à ceux qui acquièrent le contrôle(73). Ces personnes peuvent être des entreprises, des personnes physiques détentrices d'un patrimoine de valeurs mobilières, ou des États actionnaires, par exemple(74).

764. - **Effet suspensif.** Le contrôle est préalable, ce qui fait que la notification doit avoir un effet suspensif. Réaliser l'opération avant notification est une infraction grave, car cela est susceptible de produire des modifications importantes dans la structure de concurrence(75).

765. - **Principe de la compétence exclusive de la Commission.** Le dépassement des seuils fixés à l'article 1er du règlement n° 139/2004 donne *a priori* compétence exclusive à la Commission pour apprécier la concentration, sous réserve des renvois(76). Les États membres ne peuvent donc pas appliquer *proprio motu* leurs législations nationales de concurrence à ces concentrations européennes (Règl. n° 139/2004, art. 21), mais le peuvent bien sûr pour les concentrations qui n'atteignent pas ces seuils. Il n'y a donc pas en principe de compétences concurrentes des droits et des autorités nationaux avec le droit ou les autorités européennes. C'est le système sécurisant du guichet unique.

766. - **Principe de l'application exclusive du règlement aux concentrations de « dimension européenne » et aux restrictions accessoires.** Il résulte de son article 22, § 1, que le règlement n° 139/2004, est « seul applicable aux opérations de concentration définies à l'article 3 ». Cela vaut aussi pour les « restrictions accessoires ». Mais cela ne signifie pas une inapplicabilité des principes contenus dans l'article 101 TFUE aux opérations de concentration. Des créations d'entreprises communes de plein exercice, ou structurelles, peuvent néanmoins entraîner coordination du comportement des fondatrices entre elles, ou avec l'entreprise commune. En ce cas, la procédure de contrôle sera celle du règlement n° 139/2004, mais, dans ce cadre procédural, la Commission appréciera la concentration à la lumière des dispositions matérielles relatives aux ententes(77).

(71) V. le formulaire de notification « CO » en annexe du règlement n° 1269/2013 du 5 décembre 2013.
(72) V. Règl. n° 802/2004, consid. 11.
(73) La notification n'empêche pas le lancement d'une OPA, à la condition que les acquéreurs n'exercent pas leurs droits de vote de façon concurrentielle, mais uniquement pour sauvegarder leur investissement, et sur autorisation de la Commission.
(74) Règl. n° 802/2004, art. 2.
(75) Trib. UE, 12 déc. 2012, *Electrabel*, préc.
(76) V. *infra*, nos 767 et s.
(77) V. *supra*, nos 601 et 753 et *infra*, n° 803.

2° Les renvois au sein du réseau

767. - **Réseau européen de concurrence en matière de concentrations.** Le règlement n° 139/2004 a été le véritable acte de naissance du réseau européen de concurrence en matière de concentration. Le principe de la compétence exclusive de la Commission est assorti de mécanismes correcteurs que sont les renvois.

Il est nécessaire de distinguer les renvois en « pré-notification » (*a*) des renvois après notification (*b*)(78).

a) Les renvois en pré-notification (Règl. n° 139/2004, art. 4)

768. - Ils sont au nombre de deux.

769. - **Article 4, § 4 du règlement n° 139/2004. Renvoi aux États des concentrations de « dimension européenne » et marchés nationaux.** Ce renvoi est possible pour une concentration de dimension européenne qui risque d'affecter de manière significative la concurrence sur un ou plusieurs marchés, lorsque les marchés en cause sont situés à l'intérieur d'un État membre et présentent toutes les caractéristiques d'un marché distinct. En ce cas, la Commission peut être saisie par un mémoire des parties qui auraient dû lui notifier l'opération. Ce mémoire est transmis à tous les États. Si la Commission considère que les marchés affectés sont nationaux ou infra-nationaux elle peut décider le renvoi. Le silence de l'État concerné vaut accord. Il n'y a plus alors à notifier l'opération à la Commission.

770. - **Article 4, § 5 du règlement n° 139/2004. Renvoi à la Commission, à la demande des entreprises, de l'examen de concentrations qui n'ont pas la « dimension européenne ».** Lorsqu'une opération n'atteint pas les seuils du règlement n° 139/2004, et qu'elle affecte plusieurs États, la pluri-notification est en principe la règle. Elle est source de lenteur et de complexité. Aussi, l'article 4, § 5 précité permet aux entreprises parties à une concentration de demander à la Commission que leur dossier lui soit renvoyé, dès lors qu'elle est susceptible d'être examinée par les droits de la concurrence d'au moins trois États membres. La demande des entreprises doit être préalable à toute notification (phase de pré-notification). Le risque des pluri-notifications place toujours les entreprises en situation du risque juridique. Elles sont alors confrontées à plusieurs autorités, et à plusieurs droits. Mais ce risque est inhérent à la construction européenne. Aussi le règlement n° 139/2004 ne permet pas à la Commission d'imposer aux États sa propre compétence pour une concentration inférieure aux seuils européens. Si un État refuse, l'affaire ne peut être renvoyée.

b) Les renvois après notification (Règl. n° 139/2004, art. 9 et 22)

771. - **Article 22. Renvoi à la Commission à la demande des États, des concentrations qui n'atteignent pas les seuils.** À l'origine, ce renvoi permettait surtout, dans le cadre du règlement n° 4064/89, aux États qui ne disposent pas d'un contrôle national des concentrations (d'où l'appellation de « clause hollandaise »), de faire

(78) Sur tous ces points, V. Comm. CE, communication sur le renvoi des affaires en matière de concentration : *JOUE* n° C 56, 5 mars 2005 et *Lignes directrices de l'Autorité de la concurrence*, 2013.

contrôler néanmoins les opérations qui peuvent renforcer une position dominante entravant la concurrence sur leur marché national, à la condition que le commerce entre les États membres soit affecté. Dans le règlement n° 139/2004, la perspective est beaucoup plus européenne. De manière aujourd'hui expresse, le règlement prévoit des demandes conjointes d'États membres(79), et place symboliquement la condition d'affectation du commerce entre les États avant celle relative à l'affectation significative de la concurrence sur le territoire d'un ou plusieurs des États demandeurs. Si la Commission acquiesce à la demande, elle est saisie de l'ensemble de l'opération(80).

772. - **Article 9. Renvoi aux autorités nationales et aux droits nationaux de concurrence de l'examen total ou partiel de concentrations de dimension européenne.** Les conditions de ce renvoi figurent dans l'article 9 du règlement n° 139/2004.

Le renvoi est d'abord soumis à la condition que le marché national affecté soit un « marché distinct ». Cela peut arriver si le marché national est lui-même distinct, ou si des marchés locaux peuvent être isolés à l'intérieur d'un État (par ex : marchés locaux correspondants aux zones de chalandise des grandes et moyennes surfaces)(81).

Ensuite, si un « marché distinct » est isolé, il faut sous-distinguer selon qu'il s'agit d'une partie substantielle du marché intérieur, ou au contraire d'une partie non substantielle. S'il s'agit d'une partie substantielle du marché intérieur, la demande de renvoi suppose la démonstration, sur la base d'une analyse préliminaire, que la concentration risque d'affecter de manière significative la concurrence (puisqu'est affectée une partie « substantielle » du marché intérieur, il est logique que le critère européen d'affectation significative soit utilisé)(82). En revanche, si le marché affecté à l'intérieur d'un État membre n'est pas une partie substantielle du marché intérieur, la démonstration de l'affectation « significative » de la concurrence n'est pas nécessaire, mais demeure bien sûr possible(83)(84).

Lorsqu'un renvoi total ou partiel est décidé par la Commission, les autorités nationales appliquent leur droit national (Règl. n° 139/2004, art. 9, § 3, *b*), sous réserve de l'obligation de ne prendre que les mesures strictement nécessaires pour préserver ou rétablir une concurrence effective sur le marché concerné (Règl. n° 139/2004, art. 9, § 8).

(79) Après notification ou communication aux États.

(80) V., pour un exemple, le marché de la distribution étant national en Hollande, déc.10 mars 1998, aff. IV, M. 1060, *Vendex-KBB*. – TPICE, 28 avr. 1999, aff. T-221/95, *Endemol Entertainment Holding*. – V. encore par ex., sous l'empire du règlement n° 4064/89, déc. 17 avr. 2002, aff. M.2738, *General Electric Unison*.

(81) V. déc. 25 janv. 2000, COMP/M.1864, *Carrefour-Promodès*.

(82) Sur ce critère, V. *infra*, n°s 776 et s.

(83) Sous l'empire du règlement n° 4064/89, le critère était celui de la menace de création ou de renforcement d'une position dominante.

(84) V. Comm. CE, déc. 24 janv. 2000 renvoyant à la France l'examen de la concentration Carrefour-Promodès pour les marchés locaux de la vente au détail (déc. 25 janv. 2000 finale, aff. M.1864). – V. encore Comm. CE, déc. 23 nov. 1999, refusant de renvoyer à la France l'appréciation de la concentration Total-Fina-Elf sur le marché de la distribution de carburants sur autoroutes, la Commission ayant accompli des démarches préparatoires, mais l'acceptant pour les marchés des zones de stockage (aff. M.1628). – *Adde*, déc. 23 juill. 2003, *Lagardère-Natexis-VUP*, pour un refus de renvoi faute de marché national distinct pour les livres extrascolaires – zone linguistique – (déc. 7 janv. 2004 finale, aff. M.2978).

Puisque la décision de renvoi implique un changement dans les règles matérielles en vertu desquelles la concentration doit être appréciée, il est naturel qu'un recours puisse être formé(85). La situation est en effet différente de celle qui suit une décision de réallocation au sein du réseau, pour l'application des articles 101 ou 102 TFUE. Dans ce dernier cas, la mesure de réallocation n'est que procédurale, car toutes les ANC doivent appliquer les mêmes règles matérielles que sont les articles 101 et 102 TFUE, dès lors que le commerce entre les États membres est affecté(86).

3° Législations nationales d'intérêt général

773. – **Intérêts légitimes des États membres autres que ceux pris en considération par le règlement n° 139/2004 (art. 21, § 4).** Le sujet est sensible. Les concentrations peuvent affecter des intérêts légitimes reconnus par les législations nationales. Les objectifs du règlement n° 139/2004 ne peuvent conduire à les ignorer. L'article 21, § 4 dudit règlement reconnaît cette nécessité, *a priori*, pour la sécurité publique (défense), la pluralité des médias, et les règles prudentielles(87). En ce cas, les États peuvent eux-mêmes prendre les mesures appropriées. Pour les autres intérêts publics, la légitimité n'est pas reconnue *a priori*, et l'État demandeur doit solliciter une décision de la Commission qui autorisera l'État à prendre les mesures appropriées(88).

Cet article 21, § 4 n'organise pas une procédure de renvoi. Il permet seulement un double examen d'une opération de concentration, le premier relatif aux règles de concurrence, le second relatif aux législations sectorielles défendant les intérêts légitimes. En clair, ces législations sectorielles d'intérêt général conduisent à ce qu'une opération de concentration doive franchir une « double barrière » juridique(89).

SECTION 2

L'APPRÉCIATION DES CONCENTRATIONS

774. – **Appréciation *ex ante*.** Le contrôle des concentrations joue *ex ante*, c'est-à-dire *a priori*. On s'attache donc plus à des analyses économiques prospectives(90) qu'à de véritables preuves. Les raisonnements seront donc différents de ceux que l'on peut conduire en matière d'ententes ou d'abus de positions dominantes, où il s'agit de prouver, et de sanctionner *a posteriori* des entraves déjà apportées à la concurrence.

(85) TPICE, 30 sept. 2003, aff. T-346 et 347/02, *Cableuropa c/ Commission*.

(86) V. *supra*, n° 492.

(87) V., pour l'utilisation abusive par le Portugal des prérogatives prudentielles de ses autorités de contrôle bancaires, pour empêcher une prise de contrôle d'un établissement local par un groupe européen, aff. *Champalimaud*, de juin à octobre 1999 : *RD bancaire et fin.* mars-avr. 2000, p. 109.

(88) Pour la distinction entre activités civiles et militaires, aff. *GEC-Thomson CSF*, et *British Aerospace Lagardère*, XXVIe rapport, n° 157 ; pour des règles prudentielles en assurance, aff. *Sun Alliance-Royal Insurance*, XXVIe rapport, n° 156 ; pour une analyse partielle des autorités britanniques dans le secteur de l'eau, aff. *Northumbrian-Lyonnaise des eaux*, XXVe rapport, n° 145. – V. les difficultés soulevées en 2014 par le « décret Montebourg-Alstom » n° 2014-479 du 14 mai 2011.

(89) V. *Lignes directrices de l'Autorité de la concurrence*, 2013, n° 157.

(90) V., par ex., CJUE, 15 févr. 2005, aff. C-12/03 P, *Commission c/ Tetra-Laval*.

Toute appréciation *ex ante* est délicate. L'appréciation de l'opération doit prendre en considération les risques qu'elle recèle. La Commission doit donc veiller à motiver solidement les anticipations qu'elle fait. Puisqu'il s'agit d'anticipations, il n'y aura pas de preuve irréfutable. Tout est une question de doutes ou de probabilités raisonnables et étayées(91). Cela rejaillit évidemment sur l'étendue du contrôle juridictionnel.

775. – **Politique industrielle ?** Le contrôle des concentrations touche à la politique industrielle. Si l'Union européenne peine à en définir une, ce n'est pas le cas des États, qui cèdent à l'interventionnisme dès qu'est en cause une entreprise symbolique. Le contrôle européen est ainsi parfois mal compris.

776. – **Contrôle économique. Évolution du critère d'appréciation.** La question du choix du critère le plus adéquat a été très discutée pendant l'élaboration du règlement n° 139/2004. Le critère qui avait été retenu dans le règlement n° 4064/89 du 21 décembre 1989 était assez prévisible, et il jouait en deux temps : une concentration pouvait être déclarée incompatible avec le marché intérieur si elle aboutissait à la création ou au renforcement d'une position dominante, et si cette création ou ce renforcement avait pour conséquence que la concurrence effective serait entravée de manière significative dans le marché intérieur(92). Ce critère renvoyait à la jurisprudence abondante qui s'était développée en matière d'abus de positions dominantes(93).

Mais les concentrations s'opèrent de plus en plus dans un espace mondialisé, et leur contrôle peut être éclaté entre les autorités européennes et américaines, voire japonaises, ou autres. Depuis l'origine, le droit américain utilise le critère « SLC » (*Substantial Lessening of Competition*, ou diminution substantielle de la concurrence). Ce critère souple permet de parvenir à des appréciations adaptées aux contextes. Il est pragmatique, économique, mais il est aussi peu prévisible d'un point de vue juridique.

L'affaire *General Electric-Honeywell* a montré les inconvénients de cette différence de critères. Cette concentration fut validée par les autorités des États-Unis, sur la base pragmatique du test « SLC », mais fut interdite par la Commission (approuvée par le Tribunal de première instance des Communautés européennes), sur la base plus rigide du test de la position dominante(94). La montée en puissance des analyses économiques dans l'application du droit de la concurrence, ainsi que la nécessité d'harmoniser le contrôle des concentrations dans l'espace de l'OCDE, ont conduit les autorités européennes à abandonner le critère de la position dominante.

777. – **Adoption du test « SIEC » (*Significant Impediment of Effective Competition*, ou Entrave significative à la concurrence effective).** La question

(91) V., par ex., aff. *Tetra-Laval*, 25 oct. 2002, aff. T-80/02, et TPICE, 14 déc. 2005, aff. T-210/01, *General Electric Honeywell*. – V., pour la différence entre l'appréciation des risques et la preuve d'une situation existante (en l'occurrence une position dominante collective), TPICE, 13 juill. 2006, aff. T-464/04, *Impala c/ Commission*, annulant déc. 19 juill. 2004, COMP. M. 3333, *Sony-BMG*.

(92) Sur les deux temps du raisonnement, TPICE, 14 déc. 2005, aff. T-210/01, *General Electric c/ Commission*, préc.

(93) C'est parce qu'il faisait écho à une abondante jurisprudence que le critère était relativement prévisible dans son application.

(94) Déc. 3 juill. 2001, préc., recours rejeté par TPICE, 14 déc. 2005, aff. T-210/01, *General Electric c/ Commission* ; V. l'exemple opposé d'une collaboration réussie avec la décision du 1er décembre 1999, *Allied Signal Honeywell* : *JOCE* n° L 152, 7 juin 2001.

est réglée. L'article 2 du règlement n° 139/2004 permet d'interdire « les concentrations qui entraveraient de manière significative une concurrence effective dans le marché intérieur ou une partie substantielle de celui-ci ». On soulignera l'emploi du conditionnel, qui montre qu'il faut se préoccuper des potentialités (des risques) de l'opération. Ce critère SIEC est évidemment inspiré du critère américain SLC. Le terme « effective » signale l'objectif général du droit de la concurrence qui est de parvenir à une concurrence efficace, aboutissant à une allocation optimale des ressources. Néanmoins, le droit de l'Union n'a pas complètement oublié le critère de la position dominante. L'article 2 du règlement précise[95] que l'entrave significative peut résulter « notamment du fait de la création ou du renforcement d'une position dominante ». Mais cet ancien test n'est plus opératoire en lui-même. Dans le système du règlement n° 139/2004, il peut y avoir interdiction même s'il n'y a pas de création ou de renforcement d'une position dominante, pourvu qu'il y ait entrave significative d'une concurrence effective. Il n'empêche que, bien souvent, l'entrave significative de la concurrence effective proviendra de la création ou du renforcement d'une position dominante. Ainsi que le souligne la Commission[96], la création ou le renforcement d'une position dominante est une forme majeure d'atteinte significative à la concurrence effective. La notion de création ou de renforcement d'une position dominante apporte donc une indication importante sur le degré d'atteinte à la concurrence qui peut être requis pour caractériser une entrave significative à la concurrence effective.

778. – **Multiplicité des paramètres à considérer pour appliquer le test SIEC.** L'article 2, § 1 du règlement n° 139/2004 permet presque toutes les analyses, d'autant plus qu'il faut envisager les risques que l'opération présente pour la concurrence. La terminologie est économique. Il est indiqué en effet que la Commission tient compte « de la nécessité de préserver et de développer une concurrence effective dans le marché intérieur au vu notamment de la structure de tous les marchés en cause et de la concurrence réelle ou potentielle d'entreprises situées à l'intérieur ou à l'extérieur de la Communauté ». La Commission doit ainsi tenir compte « de la position sur le marché des entreprises concernées et de leur puissance économique et financière, des possibilités de choix des fournisseurs et des utilisateurs, de leur accès aux sources d'approvisionnement ou aux débouchés, de l'existence en droit ou en fait de barrières à l'entrée, de l'évolution de l'offre et de la demande des produits et services concernés, des intérêts des consommateurs intermédiaires et finals, ainsi que de l'évolution du progrès technique et économique, pour autant que celle-ci soit à l'avantage des consommateurs et ne constitue pas un obstacle à la concurrence ».

Les aspects sociaux semblent oubliés. Il est vrai que le seul « maintien » de l'emploi vise souvent à maintenir des unités obsolètes, ce qui ne va alors pas dans le sens du progrès économique et technique à l'avantage des consommateurs. Mais ce n'est pas toujours le cas. On peut ainsi citer les arrêts rendus par le Tribunal de pre-

(95) Reprenant, au-delà du règlement n° 4064/89, l'arrêt *Continental Com.*

(96) *Lignes directrices sur l'appréciation des concentrations horizontales* au regard du règlement du Conseil relatif au contrôle des concentrations entre entreprises, *JOUE* n° C 31, 5 févr. 2004.

mière instance des Communautés européennes le 27 avril 1995 dans l'affaire *Nestlé-Perrier*(97). Il s'agissait des recours exercés par des comités d'entreprises, qui furent en l'espèce jugés irrecevables. Mais, à cette occasion, le tribunal a souligné que les incidences sociales d'une concentration pouvaient « dans certains cas », être examinées, lorsqu'elles portaient atteinte aux objectifs sociaux énoncés à l'article 2 TUE. Cet article assigne de façon globale de vastes objectifs à l'Union européenne dans la perspective d'une économie sociale de marché. On peut donc estimer qu'une décision européenne qui ne correspondrait clairement pas à la « mission » générale de l'Union ne respecterait pas le « système » du règlement.

779. – **Recherche des effets probables sur le ou les marchés. Plan.** Après avoir délimité le ou les marchés pertinents (§ 1), la Commission doit effectuer un bilan économique de l'opération (§ 2). Toutefois, le traitement des entreprises communes coopératives demeure soumis à un régime spécial, qui consiste dans l'application de l'article 101 TFUE dans le cadre procédural du règlement n° 139/2004 (§ 3). On se préoccupera enfin des remèdes (§ 4), des « restrictions accessoires » (§ 5), et on évoquera les décisions possibles (§ 6).

§ 1. – Délimitation des marchés

780. – **Solutions traditionnelles. Analyse prospective.** Le règlement n° 139/2004 n'innove pas à cet égard(98). Le marché est défini en fonction des produits en cause, et géographiquement. Le critère principal est celui de la substituabilité de la demande(99). Signalons déjà, à ce sujet, que l'importance des entreprises impliquées dans les opérations de concentration peut conduire à considérer le marché mondial comme objet de domination(100). Le marché englobe fréquemment plusieurs États membres(101), voire toute l'Europe(102). Mais des marchés nationaux(103) sont fréquemment pris en considération et une tendance restrictive déjà

(97) TPICE, 27 avr. 1995, aff. T-96-92, *CCE de la société générale des grandes sources* et aff. T-12-93, *CCE de Vittel*.

(98) V. Comm. CE, Communication sur la définition du marché en cause aux fins du droit communautaire de la concurrence : *JOCE* n° C 372, 9 déc. 1997, et *supra*, n°s 476, 552 et 680.

(99) V., par ex., pour les boissons, déc. 11 sept 1997, *Coca-Cola Carlsberg* : *JOCE* n° L 145, 14 mai 1998 ; déc. 15 oct. 1997, *Guiness Grand Met* : *JOCE* n° L 288, 27 oct. 1998 ; pour les services, déc. 20 mai 1998, *Price Waterhouse-Coopers-Lybrand* : *JOCE* n° L 50, 26 févr. 1999. Pour les différents marchés sur Internet, déc. 8 juill. 1998, *Worldcom-MCI* : *JOCE* n° L 116, 4 mai 1999 et aff. *Telia-Telenor-Schibsted*, XVIIIe rapport, encart 7. – V., pour les différents marchés du livre, déc. 7 janv. 2004, aff. IV. M.2978, *Lagardère, Natexis, VUP* ; cette décision a par exemple assimilé les rapports papier et CD-Rom pour les dictionnaires, les livres universitaires, et les ouvrages de référence légers, mais a distingué les supports papier et électroniques pour les ouvrages de référence lourds (encyclopédies en plusieurs tomes) en raison de la différence considérable de leurs poids et de leur encombrement ; pour la substituabilité entre aéroports, TPICE, 4 juill. 2006, aff. T-177/04, *Easy Jet*. – *Adde*, TPICE, 14 déc. 2005, aff. T-210/01, *General Electric*.

(100) V., par ex., déc. 2 oct. 1991, *Aérospatiale, Alenia, De Havilland* : *JOCE* n° L 334, 5 déc. 1991, ou déc. 30 juill. 1997, *Boeing-Mac Donnell Douglas* : *JOCE* n° L 336, 8 déc. 1997, ou encore déc. 3 juill. 2001, *General Electric-Honeywell*, préc., et TPICE, 14 déc. 2005, aff. T-210/01, *General Electric c/ Commission*. – Déc. 5 août 2013, M.6607, *US Airways-AMR* ; déc. 20 juin 2013, M.6828, *Delta Virgin* ; déc. 23 mars 2012, M.6454, *EMI-Universal Music* ; déc. 1er déc. 2012, M.6166, *Deutsche Börse-Euronext*.

(101) V. Trib. UE, 6 juill. 2010, aff. T-342 et 411-07, *Ryanair-Aer Lingus*. – Pour un marché plurinational, limité aux pays scandinaves, mais non européen, déc. 14 mars 2000, *Volvo-Scania* : *JOCE* n° L 143, 29 mai 2001. – Pour le marché de l'édition francophone, Trib. UE, 13 sept. 2010, aff. T-279 et 452/04, *Odile Jacob*.

(102) Déc. 16 janv. 1996, *Kimberly Clark-Scott* : *JOCE* n° L 75, 23 mars 1996. – Déc. 30 sept. 2013, aff. M.6360, *Morpol-Marine Harvest*.

(103) Déc. 25 janv. 2000, *Carrefour-Promodès*. – Déc. 26 janv. 2011, aff. M.5830, *Aegean Airlines-Olympic Air*.

rencontrée en ce qui concerne la substituabilité des produits ou des services est parfois perceptible(104).

Il faut toutefois relever deux particularités. La première est que les concentrations concernent souvent plusieurs marchés(105).

La seconde particularité est que l'analyse du marché se place ici dans une perspective temporelle dynamique, car le contrôle des concentrations est un contrôle *a priori*(106).

781. - **Marché « en cause », « marchés affectés », et « impact significatif ».** Un marché est « en cause » quand les parties à l'opération y vendent leurs produits ou services. Tous les marchés « en cause » ne sont pas « affectés ». Un marché n'est « affecté » que si : 1) il est « en cause » ; 2) deux au moins des parties à l'opération y détiennent horizontalement au moins 20 % de parts de marché, ou y détiennent verticalement (marchés « en cause » situés en amont ou en aval les uns par rapport aux autres) au moins 30 %. Un marché connaît un « impact significatif » lorsque les parties sont dans des situations de concurrents potentiels ou de convergence d'intérêts (l'une détient au moins 30 % de parts de marché, tandis que l'autre est concurrent potentiel, ou détient des droits de propriété intellectuelle, ou encore opère sur un marché voisin)(107).

§ 2. – Le bilan économique de l'opération

782. - **Primauté de l'analyse économique.** Même si le critère ancien de la création ou du renforcement de la position dominante demeure pertinent dans un certain nombre de situations, le nouveau critère « SIEC » implique de conduire une analyse économique solide.

Il faut cependant que la modification de la situation concurrentielle soit la conséquence de la concentration (A). Si tel est le cas, on peut tenter de quantifier le changement (B), et on doit regarder s'il en résulte des chevauchements de parts de marché. Mais, même s'il n'y a pas de chevauchement, le bilan économique peut mettre en évidence une diminution substantielle de la concurrence (C).

(104) V. *supra*, n°s 484 et 680. V., pour les marchés de l'assurance, souvent nationaux, et les hésitations de la Commission pour reconnaître qu'il y a autant de marchés nationaux que de branches d'assurance, déc. 1er déc. 1993, *UAP-Vinci*, et déc. 25 avr. 1994, *AGF La Union-El Fenix*, préc. ; déc. 20 déc. 1996, IV. M, 862, *Axa-UAP* ; déc. 11 nov. 1996, IV, M, 812, *Allianz-Vereinte*. – Pour la banque, déc. 11 avr. 1995, M.573, *ING-Barings*, sauf pour la réassurance dont le marché est mondial.

(105) V., par ex., déc. 31 janv. 2001, *Sca-Metsä* : *JOCE* n° L 57, 27 févr. 2002. – Déc. 9 févr. 2000, *Total-Fina-Elf*, préc. – Déc. 6 déc. 2000, *Framatome-Siemens-Cogema* : *JOCE* n° L 289, 6 nov. 2001. – Déc. 11 oct. 2000, *AOL-Time Warner* : *JOCE* n° L 268, 9 oct. 2001. – *Adde*, déc. 13 oct. 2000, *Vivendi-Seagram-Canal +* : *JOCE* n° C 311, 30 oct. 2000. – Déc. 7 janv. 2004, *Lagardère, Natexis, VUP*, préc. et les arrêts *Odile Jacob*, préc. – V., pour les marchés constitués par différentes lignes aériennes, Trib. UE, 6 juill. 2010, *Ryanair et Aer Lingus*, préc. – Pour des marchés de matériels électriques, déc. 29 nov. 2013, aff. M.7005, *Schneider Electric-Invensys*.

(106) V. Comm. CE, communication sur la définition du marché en cause, préc., n° 12. V., pour des marchés en forte croissance, et où l'innovation est permanente, rendant incertaines les délimitations entre les marchés, déc. 2 déc. 1991, aff. IV.M.102, *TNT/GD*, sur le courrier express et le *freight express international*. V. encore TPICE, 25 mars 1999, aff. T-102/96, *Gencor c/ Commission*. – *Adde*, CJUE, 15 févr. 2005, aff. C-12/03 P, *Tetra-Laval*.

(107) Règl. n° 1269/2013, 5 déc. 2013. – Pour une position dominante en France, et l'affectation du marché allemand, déc. 7 févr. 2011, *EDF-Enbw* : *JOCE* n° L 59, 28 févr. 2012.

A. – La causalité

783. – **La situation de l'entreprise défaillante. Lien de causalité entre la concentration et le changement du contexte.** Il est hors de doute que l'appréciation d'une concentration doit se faire à partir d'une comparaison entre la situation antérieure et la situation postérieure, et à partir de la mise en évidence d'une relation de cause à effet entre la concentration et le changement constaté[108]. Si ce sont les forces du marché qui expliquent seules les changements, la concentration est neutre même si le marché est plus concentré après[109].

La théorie de l'entreprise défaillante joue quand on peut déduire des forces du marché que l'entreprise intégrée dans une opération de concentration aurait disparu inéluctablement si elle était demeurée isolée sur le marché, et que sa clientèle aurait alors de toute manière été reprise ou récupérée par l'entreprise absorbante. Dans une telle situation, avec ou sans concentration, le résultat économique sur le marché aurait été identique[110], et la détérioration de la structure de concurrence sur le marché aurait été aussi grave, voire plus grave. Cela explique que ces concentrations aient été qualifiées de concentrations d'assainissement[111].

Dans ses *Lignes directrices sur les concentrations horizontales* du 5 février 2004[112], la Commission explique que trois conditions sont particulièrement pertinentes[113] pour retenir l'argument de l'entreprise défaillante. En premier lieu, l'entreprise prétendument défaillante doit être, dans un proche avenir, contrainte de quitter le marché en raison de ses difficultés financières si elle n'était pas reprise par une autre entreprise. Deuxièmement, il n'existe pas d'autre alternative de rachat moins dommageable pour la concurrence que la concentration notifiée. Troisièmement, si la concentration n'était pas réalisée, les actifs de l'entreprise défaillante disparaîtraient inévitablement du marché.

B. – La mesure quantitative du changement

784. – **Utilité surtout dans les concentrations horizontales.** La situation la plus simple est celle des concentrations horizontales, lorsqu'il y a chevauchement de marché entre les entreprises participant à l'opération[114]. Le changement sera incontestable et important lorsque, du fait des chevauchements de marché, il pourra arriver que l'entité se trouve, à l'issue de l'opération, en situation de position dominante. L'ancien critère de la position dominante caractérisera très généralement, en ce cas aussi, une diminution substantielle de la concurrence effective.

(108) Il n'y a pas de présomption en cas de doute, TPICE, 14 déc. 2005, aff. T-210/01, *General Electric c/ Commission*.
(109) V., par ex., TPICE, 14 déc. 2005, *General Electric c/ Commission*, préc.
(110) C'est la théorie américaine de *failing Company defence*. – V. CJCE, 31 mars 1998, aff. C-68/94 et 30/95, *France c/ Commission, Kali und Salz*.
(111) Déc. 11 juill. 2001, aff. IV.M.2314, *BASF-Pantochim-Eurodiol* : *JOCE* n° L 132, 17 mai 2002, où la Commission a conclu que la concentration détériorerait moins la concurrence que le libre jeu du marché.
(112) Pt 90.
(113) La preuve incombant à ceux qui invoquent cette exception, V. déc. 3 févr. 1999, M.1221, *Rewe-Billa-Meinl*.
(114) V. *Lignes directrices sur les concentrations horizontales* : *JOUE* n° C 31, 5 févr. 2004. Cela vise d'abord les concentrations horizontales non conglomérales, car elles entraînent en principe chevauchement de parts de marché ; V. déc. 30 juill. 1997, *Boeing-Mac Donnell-Douglas* : *JOCE* n° L 336, 8 déc. 1997. – *Adde*, V. par ex. TPICE, 14 déc. 2005, aff. T-210/01, *General Electric Honeywell*.

Le seuil de 50 % s'impose d'évidence[115]. La même constatation peut être faite avec des parts de marché moins élevées, mais significatives, de l'ordre de 40 à 50 %, voire un peu moins[116].

Lorsqu'une domination n'est pas évidente sur le marché, il est possible de rechercher si l'opération peut soulever des problèmes de concurrence en regardant si le marché est déjà concentré (auquel cas une concentration supplémentaire peut affecter significativement la concurrence). Pour ce faire, une méthode est d'utiliser l'indice *Herfindahl-Hirschmann* (HHI). Cet indice est égal à la somme des carrés des parts de marché de chacune des entreprises présentes[117] sur le marché[118]. En dessous de 1 000, le marché est peu concentré ; de 1 000 à 2 000, les problèmes sont peu vraisemblables. Mais il faut encore apprécier l'évolution de l'indice entre la période antérieure et la période postérieure à la concentration. Si l'évolution (le « delta ») est inférieure à 250, lorsque la concentration a finalement abouti à un indice de moins de 2 000, ou si elle est inférieure à 150 lorsque la concentration a abouti à un indice de plus de 2 000, il n'y a en principe pas de problèmes de concurrence[119][120].

Toutefois, un « delta » élevé ne conduit pas inéluctablement à l'interdiction[121]

La diminution de la concurrence suppose une appréciation complexe. Elle peut se produire même en cas de concentrations conglomérales ou verticales, dans lesquelles il n'y a pourtant pas d'augmentation de parts de marché.

C. – La balance entre les aspects anti et proconcurrentiels

785. – **Effets de l'opération et contexte de marché.** Une concentration peut développer des effets négatifs sur la concurrence (1°) qui peuvent être compensés par les forces du marché, ou par des gains d'efficience économique (2°).

1° La détection des effets anticoncurrentiels

786. – **Pouvoir de marché et critère « SIEC ».** Une entrave non « significative » ne permettrait pas de déclarer une concentration incompatible avec le marché intérieur. Mais une entrave faible en valeur absolue ou en parts de marché peut être néanmoins significative. Tel est le cas lorsqu'une entreprise déjà dominante progresse de quelques « pour cent ». Plus elle se rapproche du monopole, plus sa progression, même très faible, devient une entrave significative. De même, plus la concentration marginalise ou fait disparaître la concurrence résiduelle ou potentielle, plus l'entrave est aussi significative[122].

(115) V., par ex., TPICE, 25 mars 1999, aff. T-102/96, *Gencor c/ Commission*. – TPICE, 28 avr. 1999, aff. T-221/95, *Endemol c/ Commission* ; *Lignes directrices* préc., pt 17. – V., au-delà, déc. 26 janv. 2011, aff. M.5830, *Aegean-Olympic Air*. – V. encore l'acquisition de Skype par Microsoft, déc. 7 oct. 2011, aff. M.6281, ou le refus dans l'affaire *Deutsche Börse-NYSE*, déc. 1er déc. 2012, aff. M.6166.

(116) Déc. 27 juill. 2001, aff. IV.M.2337, *Nestlé-Ralston-Purina*.

(117) Au moins celles qui sont significatives.

(118) 0 est l'indice d'un marché atomisé, 100 000 celui du monopole pur.

(119) On voit que les concentrations verticales, ou les concentrations horizontales qui n'entraînent pas de chevauchement de parts de marché ne font pas augmenter (en général) le degré de concentration.

(120) Sauf situations particulières ; participations croisées ; coordinations habituelles sur le marché ; les entreprises qui se concentrent sont les plus innovantes… (V. *Lignes directrices* préc., pt 20).

(121) V. par ex. CJUE, 10 juill. 2008, aff. C-413/06 P, *Impala*.

(122) TPICE, 14 déc. 2005, *General Electric c/ Commission*, préc.

787. – **Effets coordonnés et non coordonnés.** Les autorités de concurrence retiennent une grille d'analyse en distinguant principalement, parmi les effets de la concentration, d'une part ceux qui peuvent être unilatéraux (qui seront imputables à la seule entité issue de la concentration), qui sont dits « non coordonnés » et, d'autre part, ceux qui peuvent être imputés à cette même entité en même temps qu'à d'autres présentes sur le marché, qui sont dits « effets coordonnés ».

788. – **Plan.** Cela peut se vérifier aussi bien pour les concentrations verticales (*a*), conglomérales (*b*) ou dans les concentrations horizontales (*c*). Une place à part sera faite aux entreprises communes (*d*).

a) Appréciation des concentrations verticales

789. – **Clientèles devenant captives, ou effets d'exclusion.** Les concentrations verticales sont *a priori* moins préoccupantes que celles qui sont horizontales, entre concurrents. Elles réduisent souvent les coûts de transaction, et peuvent supprimer les doubles marges (celles qui existaient à chaque stade du processus économique) et donc diminuer les prix, pour améliorer ainsi l'efficacité économique. Mais elles peuvent soulever des difficultés, signalées pour beaucoup dans les *Lignes directrices sur les concentrations non-horizontales* du 18 octobre 2008.

790. – **Effets non coordonnés. Verrouillage de marché et concentrations verticales**[123]. Une concentration verticale peut aboutir à un verrouillage du marché. Cela peut prendre plusieurs formes. On peut évoquer le verrouillage du marché des intrants. Les « intrants » sont les produits nécessaires à une activité (par ex., vitamines dans certains médicaments). Une concentration verticale entre le fabricant d'un intrant et un fabricant de produit composé de cet intrant peut conduire à évincer ou à affaiblir, en amont, les autres fournisseurs du même intrant, car la nouvelle entité issue de la concentration recherchera l'autosuffisance. En aval, si la nouvelle entité fabrique des intrants nécessaires aux entreprises situés en dessous d'elle, elle pourra relever le prix des produits qu'elle facture aux autres entreprises (intrants de ces entreprises). Cela suppose un pouvoir de marché en aval ou en amont, renforcé par l'effet de la concentration verticale, et cela suppose aussi que l'intrant en cause soit un facteur significatif dans la production d'un bien ou d'un service[124].

Le verrouillage du marché peut aussi venir du changement du contexte, donnant naissance à une obligation pour les concurrents à un stade donné de changer leur comportement pour demeurer présents[125]. Il peut aussi venir de la constitution d'une clientèle captive lorsqu'un producteur important intègre un intermédiaire ou un distributeur important[126]. Il peut enfin venir d'un « effet de gamme » (lorsque

(123) V. en général *Lignes directrices sur l'appréciation des concentrations non horizontales* : *JOUE* n° C 265, 18 oct. 2008.
(124) V., pour une intégration du ciment, des granulats, dans le béton ou d'autres matériaux de construction, déc. 11 nov. 1998, aff. M.1157 ; pour cette matière première qu'est l'alumine métallurgique, déc. 3 mai 2000, aff. M.1693, *Alcoa-Reynolds*. – Pour des équipements pour satellites, déc. 4 avr. 2007, aff. M.4403, *Thales-Finmeccanica-Alcatel*. – Pour des composants électroniques, déc. 23 avr. 2007, aff. M.4561, *GE/Smith Aerospace*. – Pour des réseaux gaziers, déc. 8 oct. 2004, aff. M.3410, *Total-GdF*.
(125) Par ex. en se concentrant eux-mêmes verticalement sous peine de disparaître.
(126) V., par ex., la décision *Total-GdF*, préc. ; les clients risquent de ne plus accéder directement au marché amont.

la nouvelle entité dispose d'une gamme intégrée de produits permettant de fidéliser une clientèle unique qui est présente à tous les stades du processus économique, si les concurrents sont faibles)[(127)], d'un effet de portefeuille (en cas de détention d'un portefeuille complet de marques avec accès aux réseaux de distribution)[(128)], d'un effet de spirale[(129)], ou encore d'un effet de levier lorsque la position acquise sur un marché amont permet d'influer sur la marché aval[(130)], voire d'un effet de couplage[(131)]. Mais il faut toujours se pencher sur le contexte, sur la concurrence actuelle ou potentielle, ou sur la puissance de réaction des clients (puissance d'achat compensatrice).

791. – **Effets coordonnés.** Les concentrations verticales peuvent dans certains cas aboutir à des effets coordonnés affaiblissant substantiellement la concurrence. Tel est le cas si la concentration verticale aboutit à une situation dans laquelle les entreprises présentes sur le marché après la concentration pourraient se concerter plus aisément, et auraient intérêt à le faire. En vérité, la Commission utilise les critères dégagés en matière de position dominante collective pour les appliquer aux concentrations verticales : compréhension et intérêt mutuel, surveillance possible, dissuasion possible, et absence de concurrence ou de puissance d'achat compensatrice[(132)]. Bien sûr, le critère SIEC n'implique pas en droit strict la constatation de l'existence d'une position dominante collective. Mais le critère de diminution substantielle du niveau de concurrence implique évidemment de caractériser un important pouvoir de marché des entreprises susceptibles de se coordonner.

b) Appréciation des concentrations conglomérales

792. – **Neutralité *a priori*. Appréciation des concentrations conglomérales.** Les concentrations conglomérales sont « non-horizontales » car elles n'entraînent pas *a priori* de chevauchement de parts de marché. Elles s'opèrent entre groupes qui sont chacun présents sur des marchés délaissés par l'autre[(133)]. L'objectif de la concentration est souvent de profiter des synergies commerciales ou industrielles, ou de rechercher des avantages financiers. En termes de concurrence, ces concentrations laissent *a priori* inchangée la concurrence sur chacun des marchés. Bien sûr, il peut arriver qu'une concentration conglomérale entraîne des chevauchements sur certains marchés, et qu'alors il faille se livrer à une analyse approfondie. Cependant, dans son arrêt *Tetra Laval* du 25 octobre 2002[(134)], le Tribunal de première instance des Communautés européennes a plutôt retenu la neutralité de la concentration conglomérale. Il a estimé notamment que le fait qu'une des parties dominait un marché avant la concentration ne pouvait *a priori* être considéré comme donnant un effet de levier dont se servirait la nouvelle entité, effet de levier qui lui

(127) Déc. 19 juill. 1991, aff. M.68, *Tetra Pack Alfa Laval*.
(128) Déc. 22 janv. 1997, aff. M.794, *Coca-Cola Amalgamated Beverages*.
(129) Appui de chaque partenaire l'un sur l'autre. Déc. 11 oct. 2000, aff. M.1845, *AOL-Time Warner*.
(130) Déc. 13 oct. 1999, aff. M.1439 *Telia-Telenor*. – Déc. 4 déc. 2013, M.7047, *Microsoft-Nokia*.
(131) Sur le lien entre le marché de la distribution et celui de l'approvisionnement, la puissance sur l'un entraînant celle sur l'autre, déc. 30 juin 1997, aff. M.946, *Intermarché-Spar*, ou sur le lien entre production d'eau gazeuse et embouteillage, déc. 11 sept. 1997, aff. M.833, *Guiness-Grand met*.
(132) V. *Lignes directrices sur les concentrations non horizontales*, et *sur les concentrations horizontales*, préc.
(133) Mais il faut analyser marché par marché.
(134) Aff. T. 80/02, *Tetra Laval c/ Commission*, et déc. 30 oct. 2001, aff. IV.M.2416.

aurait permis d'étendre sa domination sur un autre marché où opérait l'autre partie à la concentration(135). Si l'on ne peut exclure *a priori* que la réalisation d'une concentration conglomérale puisse inciter l'entité issue de la concentration à adopter des comportements anticoncurrentiels, voire illicites, cela doit néanmoins être démontré concrètement(136). En clair, les analyses demeurent factuelles.

Comme pour les concentrations verticales, les concentrations conglomérales peuvent entraîner des pratiques de verrouillage de marchés par des effets de gamme, de portefeuille, ou de levier(137). Les conglomérats aboutissent même souvent à des effets de gamme ou de portefeuille, car une des raisons qui poussent à la constitution des conglomérats est la détention de vastes gammes de produits ou de marques notoires sur plusieurs marchés dans un type de métier(138). Les conglomérats font particulièrement naître le risque de ventes couplées ou groupées, qui rendent les clients captifs. Enfin, ils peuvent, comme les autres concentrations, faire naître un risque de comportements coordonnés(139), toujours à condition de démontrer une diminution substantielle du degré de concurrence(140).

c) Appréciation des concentrations horizontales

793. - **Risques particuliers.** Les concentrations horizontales, c'est-à-dire avec chevauchement de marchés, sont bien sûr les plus dangereuses. Elles additionnent des parts de marché, et peuvent donc par nature donner naissance à des pouvoirs de marché diminuant significativement la concurrence effective. Cela peut être le fait de la nouvelle entité considérée isolément (*1*). La constitution d'une entreprise commune peut en effet avoir pour finalité de récupérer les parts de marché des sociétés mères(141). Mais ces effets négatifs peuvent aussi résulter du contexte des marchés, lorsqu'ils sont en oligopole étroit. Cela soulève cette fois ci clairement la question de la position dominante collective, et du risque de voir apparaître, dans la logique nouvelle du test SIEC, des effets dits « coordonnés » (2).

1) Les effets non coordonnés

794. - **Augmentation du pouvoir de marché.** Une augmentation significative du pouvoir de marché peut affecter la concurrence effective. L'analyse devient

(135) Il s'agissait de l'OPA de Tetra Laval (marché des emballages alimentaires carton) sur Sidel (*leader* sur le marché des emballages plastiques).

(136) On ne peut sans preuve précise considérer qu'une entreprise cède à la tentation d'adopter un comportement illicite, V. TPICE, 14 déc. 2005, aff. T-210/01, *General Electric c/ Commission* ; mais une entité issue d'une concentration conglomérale peut être tentée d'utiliser la puissance financière ou commerciale des sociétés du groupe pour renforcer une domination, ou pour restreindre significativement la concurrence (bénéfice des notations financières favorables permettant d'aider les filiales, effet de levier commercial,...). Mais cela doit être démontré à suffisance de droit (V. arrêts TPICE préc., *Tetra Laval* et *General Electric*). En effet, dans le cadre d'un dossier de concentration, le risque d'abus de position dominante ne peut être évoqué que s'il résulte, avec un degré suffisant de probabilité, de la modification de la structure du marché résultant de la concentration. Si cette démonstration ne peut être faite, il faudra attendre, pour appliquer éventuellement l'article 102 aux éventuels comportements futurs de l'entreprise issue de la concentration (V. CJUE, 15 févr. 2005, aff. C-12/03 P, *Tetra-Laval*).

(137) Déc. 7 oct. 2011, aff. M.6281, *Skype-Microsoft* ; l'effet de levier doit être prévisible.

(138) V. les secteurs des boissons, du luxe, etc. ; V., par ex., pour la banque, déc. 15 oct. 1997, aff. M.985, *Crédit Suisse-Winthertur*.

(139) V. sur ces points Comm. CE, communication sur les concentrations non horizontales, préc.

(140) V. *supra*, n° 777.

(141) V., par ex., déc. 14 août 2013, aff. M.6956, *Telefonica-Caixa Bank* ou déc. 13 avr. 2012, aff. M.6314, *Telefonica Vodafone*.

plus fine et plus économique. Si l'on songe souvent au pouvoir de marché d'un offreur (α), une augmentation excessive de la puissance d'achat peut créer également des problèmes de concurrence (β).

α) Le pouvoir de marché des offreurs

795. - **Diversité des situations.** Dans ses *Lignes directrices sur les concentrations horizontales* du 5 février 2004, la Commission a synthétisé différentes situations types dans lesquelles le pouvoir de marché de la nouvelle entité, offreur sur les marchés, pouvait entraver significativement la concurrence effective. Ces situations peuvent bien sûr se combiner(142). Tel peut d'abord être le cas lorsque l'opération de concentration supprime la concurrence horizontale entre les entreprises qui y sont parties, surtout lorsqu'elles détenaient des parts de marché élevées. Cette suppression de la concurrence donne généralement un pouvoir de marché significatif à la nouvelle entité, qui va lui permettre de rechercher une rente, par augmentation des prix(143). Un pouvoir de marché similaire peut être obtenu même si les parties ne sont pas exactement des concurrents directs sur le même marché, mais seulement indirects, tout en étant perçus comme directs par la demande. Il en va ainsi lorsque l'une des parties à la concentration vend le produit préféré de la clientèle, et l'autre le produit « second choix »(144).

Tel peut encore être le cas lorsque l'opération rend la clientèle captive, soit parce qu'il existe peu d'alternative après la concentration(145), voire aucune(146), soit parce que les changements de fournisseurs sont difficiles et/ou coûteux(147), soit parce que risque d'apparaître un oligopole trop étroit avec une probabilité de hausses des prix(148), soit encore parce que les autres fournisseurs ne peuvent guère augmenter leur production pour satisfaire la demande qui pourrait se reporter spontanément vers eux(149).

L'augmentation de la puissance de l'entité issue de la concentration horizontale ne se mesure pas nécessairement en parts de marché, bien que ce critère soit souvent décisif(150). Les ressorts de la concurrence sont très divers, et peuvent varier selon les secteurs. D'un point de vue positif, favorable à la concentration, on doit citer la puissance des concurrents(151), ou l'évolution future mais prévisible d'un marché naissant(152).

(142) Il ne suffit pas que les entreprises exercent le même métier, il faut qu'il y ait chevauchement de parts de marché, V. déc. 23 juin 2009, aff. M.5518, *Chrysler-Fiat.*

(143) V. déc. 25 juin 2002, aff. IV.M.2817, *Barilla-BPL-Kamps*, et déc. 14 mars 2000, *Volvo-Scania* : *JOCE* n° L 143, 29 mai 2001. – TPICE, 22 oct. 2002, aff. T-310/01, *Schneider c/ Commission.* – Déc. 17 juill. 2009, aff. M.5476, *Pfizer-Wyeth.*

(144) V. déc. 1er sept. 2000, aff. IV.M.1980. *Volvo-Renault VI.*

(145) V. déc. 30 juill. 1997, aff. IV.M.877, *Boeing-Mac Donnell-Douglas* : *JOCE* n° L 336, 8 déc. 1997. – Pour la concentration sur des créneaux horaires sur des lignes aériennes, déc. 28 août 2009, aff. M.5540, *Lufthansa-Austrian Airlines.*

(146) Suppression du dernier concurrent significatif, V. déc. 17 oct. 2001, aff. M. 2187, *CVC-Lenzing.* – Création d'un monopole, déc. 27 mai 1998, aff. M.1027, *Deutsche Telecom-BetaResearch.* – V. aussi TPICE, 14 déc. 2005, *General Electric c/ Commission*, préc. – V., pour le marché de la cotation des dérivés, l'interdiction de la concentration, déc. 1er déc. 2012, aff. M.6166, *Deutsche Börse-NYSE* ; ou pour le marché grec de transport aérien, déc. 26 janv. 2011, aff. M.5830, *Aegean-Olympic Air.*

(147) V. déc. 11 févr. 1998, aff. IV.M.986, *Agfa Gevaert-Dupont* : *JOCE* n° L 211, 29 juill. 1998.

(148) Déc. 4 avr. 2013, aff. M.6570, *TNT-Express-UPS*, pour un duopole avec DHL. – Déc. 23 mars 2012, aff. M.6458, *EMI Universal Music.*

(149) V. *Lignes directrices*, préc., n° 34.

(150) Déc. 22 juill. 1992, aff. M. 190, *Nestlé-Perrier*, pour l'eau en bouteilles.

(151) V. déc. *Nokia-Microsoft*, préc. ; déc. 20 août 2012, aff. M.6646, *Alstom-Translohr*, pour le marché des rames de tramway. Le pouvoir des concurrents ne peut être pris en compte que s'il est réel, c'est-à-dire actuel ou à brève échéance, et s'il n'est pas trop faible, V. TPICE, 23 févr. 2006, aff. T-282/02, *Cimentbouw.*

(152) Déc. 13 avr. 2012, aff. M.6314, *Telefonica-Vodafone* ; déc. 21 janv. 2010, aff. M.5529, *Sun Microsystems-Oracle* ; ou déc. 14 juill. 2010, aff. M.5747, *BA-Iberica-One World.*

Une concentration aboutissant à une producteur unique en Europe peut être malgré tout favorable à la concurrence si, sans cette concentration, aucune production n'aurait pu survivre en Europe, laissant la place à une entreprise américaine qui serait en situation de monopole(153).

D'un point de vue négatif, défavorable à l'opération, on peut à nouveau citer l'effet de gamme qui résulte de la production d'une gamme de produits ou de services sur tout l'éventail du marché(154), ou l'effet « portefeuille », qui résulte de la détention des marques les plus notoires ou les plus attractives(155). On peut aussi prendre l'exemple de la détention des contrats qui sont essentiels pour être présent sur le marché(156). On peut encore prendre l'exemple voisin d'un point de vue concurrentiel de la concentration des brevets(157), ou des droits de propriété industrielle. On peut également citer ce que l'on appelle « effet de réseau », lorsqu'une entreprise vient à détenir un réseau de communication (ou autre) lui permettant de fixer les prix d'accès, et le cas échéant les normes(158). Il faut également se préoccuper de la stérilisation ou du maintien de l'innovation(159).

β) Le pouvoir de marché des acheteurs

796. - Puissance d'achat. On ne peut la considérer *a priori* de manière défavorable. La liberté d'acheter ou de ne pas acheter est un des ressorts essentiels du droit de la concurrence, elle est même proconcurrentielle chaque fois qu'elle est « compensatrice », c'est-à-dire lorsqu'elle aboutit à faire contrepoids à la concentration de l'offre. La puissance d'achat compensatrice n'est pas nécessairement dépendante de la taille des acheteurs. On doit considérer la possibilité économique réelle dont disposent les acheteurs pour faire contrepoids(160). La question se pose souvent à propos de la puissance d'achat de la « grande distribution » qui est parfois présentée comme une entrave à la concurrence. En réalité, tout est fonction de l'analyse de la situation de concurrence sur les marchés amont (approvisionnement des distributeurs)(161). Une puissance d'achat peut être excessive lorsqu'elle place les fournisseurs en situation de menace telle que la perte de l'acheteur issu de la concentration serait non seulement irrécupérable sur un marché accessible aux fournisseurs, mais exposerait

(153) Déc. 2 sept. 2013, aff. M.6360, *Shell*.

(154) Déc. 15 oct. 1997, aff. M.985, *Crédit Suisse Winthertur* ; déc. 22 janv. 1997, *Coca-Cola-Amalgamated Beverages* : *JOCE* n° L 218, 9 août 1997 ; déc. 11 oct. 2000, aff. M.1845, *AOL-Time Warner*.

(155) Pour l'effet de portefeuille de marques notoires, qui reporte sur chaque produit l'impact de la marque notoire, V. TPICE, 3 avr. 2003, aff. T-114/02, *Babyliss c/ Commission (Moulinex)*. – Déc. *Nestlé-Perrier*, préc. – Déc. 11 sept. 1997, aff. M.833, *The Coca Cola Company (TCCC)-Carlsberg*. – Déc. 7 juin 1994, aff. M.455, *BSN-Euralim*.

(156) Pour des accords d'exclusivité de production et de développement, déc. 23 juill. 2003, aff. M.2972, *DSM Roche Vitamines*. – V., pour l'existence de contrats à long terme dans le secteur aéronautique, déc. 30 juill. 1997, aff. M.877, *Boeing-Mac Donnell-Douglas*. – Sur des adjudications de services publics dans le secteur des transports publics de voyageurs, déc. 14 févr. 1995, aff. M.477, *Mercedes Benz-Kässbohrer*.

(157) Déc. 3 mai 2000, aff. M.1671, *Dow Chemical-Union Carbide* : *JOCE* n° L 245, 14 sept. 2001. – Déc. 17 oct. 2001, aff. M.2187, *CVC-Lenzing*.

(158) Déc. 28 juin 2000, aff. M.1741, *MCI-World Com*.

(159) Sur les marchés innovants et non parvenus à maturité, il faudra se livrer à des analyses assez fines et prospectives. Une concentration entre entreprises dynamiques peut accroître la pression à l'innovation sur tout le marché, mais elle peut aussi stériliser l'innovation si celles qui se concentrent étaient les seules à innover, ou étaient les plus innovantes ; déc. 8 mai 2000, aff. IV.M.1846, *Glaxo Wellcome-Smith Kline Beecham* ; *Lignes directrices* préc., n° 38.

(160) V., sur l'équilibre entre la force des marques notoires et l'impact des marques de distributeurs (MDD), déc. *BSN-Euralim*, préc. Il n'y a ainsi pas de puissance d'achat compensatrice des compagnies aériennes, pourtant puissantes, vis-à-vis des deux fournisseurs de réacteurs, aucune compagnie ne réalisant plus de 5 % des achats de réacteurs sur le marché, V. TPICE, 14 déc. 2005, *General Electric c/ Commission*, préc.

(161) Sur le lien entre le marché aval de la distribution au détail et le marché amont de l'approvisionnement, déc. 30 juin 1997, aff. M.946, *Intermarché-Spar*.

encore les fournisseurs au risque de disparition(162), ou si elle permet à cet acheteur de s'inféoder certains fournisseurs afin d'évincer ses concurrents(163).

2) Les effets coordonnés

797. – **Marchés oligopolistiques, positions dominantes collectives, et effets coordonnés entravant significativement la concurrence.** Beaucoup de marchés sont oligopolistique. C'est le cas souvent des marchés de « PGC » (produits de grande consommation), mais aussi de certains marchés émergents dans les secteurs technologiques, en raison des investissements nécessaires pour y être présent et innovant. Sous l'empire du règlement n° 4064/89, le test de la position dominante avait naturellement conduit à une discussion sur la notion de position dominante collective. Avec l'abandon du test de la position dominante au profit du test « SIEC », la notion a évidemment évolué vers celle d'effets coordonnés entravant de manière significative la concurrence effective. En réalité, la grille d'analyse n'a pratiquement pas changé(164). La position dominante des oligopoles a été admise par la Commission avec l'affaire *Nestlé-Perrier* du 22 juillet 1992(165). À ce propos, elle a estimé que, si la position dominante des oligopoles devait échapper au règlement sur les concentrations, cela créerait une faille dans l'objectif fondamental qui consiste à maintenir en permanence une concurrence effective sur les marchés, afin de préserver le bon fonctionnement du marché intérieur(166). Il est certain qu'en fonction de la structure d'un marché, concurrentiel, innovant, perméable ou, au contraire saturé et stable, le risque de comportements oligopolistiques ou duopolistiques restrictifs est plus ou moins grand(167).

La Cour de justice reconnaît certes le risque particulier qui pèse sur les marchés oligopolistiques. Mais, dans son arrêt *Kali und Salz* (*Commission c/ France*) du 31 mars 1998, alors que la motivation de la Commission ne portait que sur l'existence de liens structurels entre les entreprises, la Cour de justice a exigé que ces liens soient suffisamment denses et probants pour caractériser une domination collective(168). Tout est donc une question de preuve de l'étroitesse de la corrélation entre les entreprises en oligopole et de leur intérêt commun(169).

La jurisprudence *Airtours* a été reprise et détaillée dans les *Lignes directrices sur les concentrations horizontales* du 5 février 2004. Trois conditions sont requises.

La première condition tient dans la transparence du marché. Il faut que chaque membre de l'oligopole puisse connaître par le marché les comportements des

(162) V. déc. 25 janv. 2000, aff. IV.M.1684, *Carrefour-Promodès* sur le « taux de menace » au-delà duquel les fournisseurs sont exposés au risque de non viabilité de leurs entreprises en cas de perte du client (environ 20 à 22 % variable de surcroît selon les marchés et les entreprises). – *Adde*, déc. 3 févr. 1999, aff. IV.M.1221, *Rewe-Meinl*.

(163) V. TPICE, 15 déc. 1999, aff. T-22/97, *Kesko c/ Commission*, fermeture du marché finlandais aux produits étrangers sauf par le canal Kesko-Tuko, et difficulté d'implantation de distributeurs concurrents.

(164) À propos de l'article 102 TFUE, V. *supra*, n°s 684 et 685.

(165) *JOCE* n° L 356, 5 déc. 1992.

(166) V. XXIIe rapport, n° 246.

(167) V. déc. 3 févr. 1994, IV, M. 399, *Rhône-Poulenc-SNIA-Nordfaser*. – Déc. 15 mars 1994, IV, M. 422, *Unilever France-Ortiz-Miko*. – Déc. 8 sept. 1993, IV, M. 355, *Rhône-Poulenc-SNIA*. – Déc. 14 nov. 1995, *Crown Cork-Seal-Carnaud Metal Box* : *JOCE* n° L 75, 23 mars 1996. – Déc. 24 avr. 1996, *Gencor-Lornho* : *JOCE* n° L 11, 14 janv. 1997. – Déc. 18 oct. 1995, *ABB-Daimler Benz* : *JOCE* n° L 11, 14 janv. 1997.

(168) CJCE, 31 mars 1998, aff. C-68/94, *France c/ Commission, Kali und Salz* ; ces liens peuvent être capitalistiques ou conventionnels, comme des accords de distribution et/ou d'exclusivité.

(169) V., par ex. déc. 4 mars 2013, aff. M.6570, *TNT-Express-UPS* et, en sens contraire, déc. 13 avr. 2012, aff. M.6314, *Telefonica Vodafone*.

autres. C'est ce que les *Lignes directrices* appellent la « compréhension mutuelle des modalités de la coordination » (c'est une vision similaire par toutes les entreprises de ce que leur propre intérêt est aussi conforme à un comportement commun, en termes de prix, ou de partage du marché par ex.)[(170)].

La deuxième condition est que les comportements déviants soient surveillés, de manière à ce que les entreprises soient dissuadées d'y recourir[(171)]. C'est une condition nécessaire pour que la position dominante collective soit viable[(172)(173)]. La surveillance est aisée si le marché est transparent. Les représailles collectives garantissent la pérennité de la situation[(174)].

La troisième condition est l'absence de réaction possible des concurrents actuels ou potentiels (barrières à l'entrée sur le marché), et l'absence de report spontané de la clientèle vers des offreurs extérieurs à l'oligopole (puissances d'achat compensatrices, ou volatilité de la demande). Cela conduit aussi à se préoccuper de la concurrence potentielle et des barrières à l'entrée sur le marché.

Ces trois conditions sont des conditions théoriques. La preuve de leur réunion peut être apportée au moyen d'indices divers[(175)].

Tout oligopole, même étroit, n'est pas nécessairement en situation de coordination collective. Beaucoup sont concurrentiels en dépit du faible nombre d'opérateurs[(176)].

2° La compensation des effets anticoncurrentiels par le marché ou par des gains d'efficience

798. - **Recherche de la concurrence efficace.** Les opérations de concentration répondent souvent à des impératifs économiques, et ne sont pas nocives par nature, même si elles diminuent en apparence l'intensité de la concurrence. Leurs effets négatifs peuvent être compensés soit par les forces spontanées du marché (*a*), soit par des gains d'efficacité (*b*).

a) La compensation des effets négatifs d'une concentration par les forces du marché

799. - **Diversité des forces compensatrices.** Dans ses *Lignes directrices* du 5 février 2004, la Commission isole deux situations : la puissance d'achat compensatrice, l'absence de barrières à l'entrée sur le (ou les) marché(s).

800. - **Puissance d'achat compensatrice.** Il peut arriver que l'entité issue de la concentration soit dans l'incapacité économique de fidéliser la clientèle, voire

(170) V., par ex., TPICE, 13 juill. 2006, aff. T-464/04, *Impala*.

(171) Si des mécanismes de représailles ou de sanctions internes à l'oligopole apportent évidemment la preuve requise, on peut se satisfaire de mécanismes simplement dissuasifs, ou qui découragent la déviance, V. TPICE, 13 juill. 2006, *Impala*, préc. – TPICE, 9 juill. 2007, aff. T-282/06, *Sun Chemical Group*.

(172) Sur l'importance du critère de viabilité de la position dominante collective, TPICE, 13 juill. 2006, *Impala*, préc.

(173) *Les Lignes directrices* distinguent surveillance et sanction.

(174) Ces représailles peuvent aboutir à des jeux à somme nulle. Si un opérateur baisse ses prix pour conquérir des clients, il sera aussitôt confronté à une baisse identique de la part de ses concurrents. Donc il n'a aucun intérêt à la guerre des prix, qui sera négative pour tous, et profitable pour aucun.

(175) V. TPICE, 13 juill. 2006, aff. T-464/04, *Impala c/ Commission*. Les preuves doivent être d'autant plus solides que les analyses de la Commission portent davantage sur des faits constatés, que sur des risques potentiels.

(176) V. pour les *big five*, cabinets d'audit internationaux devenus *fat four*, déc. 20 mai 1998, aff. IV.M.1016, *Price Waterhouse-Coopers et Lybrand*. – Déc. 5 sept. 2002, aff. IV.M.2816, *Ernst and Young France-Arthur Andersen France*. – Pour la grande distribution, déc. *Rewe-Meinl* et *Carrefour-Promodès France*, préc.

de la rendre captive. Cela se vérifie lorsque les acheteurs présents détiennent un réel pouvoir de négociation, et/ou ont la possibilité de s'adresser à d'autres fournisseurs[177]. La puissance d'achat compensatrice est caractérisée lorsque les acheteurs parviennent à faire entrer sur le marché des concurrents potentiels des fournisseurs qui se sont concentrés. La puissance et le faible nombre d'acheteurs sur le marché rend évidemment plus crédible le recours aux offreurs potentiels[178]. Cela pose évidemment la question de l'existence de barrières à l'entrée sur le marché[179].

Ce qui est vrai pour la puissance d'achat compensatrice peut l'être aussi, *mutatis mutandis*, pour la puissance compensatrice des offreurs en cas de concentration de la puissance d'achat.

801. – **Entrée sur le marché de concurrents potentiels à l'entité issue de la concentration.** Plus le marché est perméable, moins il y a de risques que la concentration soulève de réels problèmes de concurrence. Des marchés naissants excluent souvent le risque d'atteinte substantielle à la concurrence[180]. Il en va de même en présence de concurrents subsistants et puissants[181]. Mais des barrières à l'entrée sur le ou les marchés affectés peuvent exister. Elles peuvent d'abord venir de la capacité des entreprises présentes à dissuader les entrants potentiels (contrat à long terme, fidélisation de la clientèle...). Elles peuvent aussi venir des risques inhérents à une entrée potentielle, si les coûts impliqués par une tentative d'entrée sont importants et surtout irrécupérables (coûts « échoués » ; par ex., coûts publicitaires, de création d'un réseau de distribution)[182]. Très souvent, les barrières résultent de la maturité, voire de la saturation du marché, qui interdisent aux nouveaux entrants d'espérer conquérir des parts de marché, car on ne peut escompter aucune croissance spontanée de la demande[183]. Les barrières peuvent également résulter de contraintes légales (par ex., licences d'exercice délivrées par certaines autorités)[184]. Parmi ces contraintes, on doit signaler l'impact de l'existence d'installations essentielles ou de l'impossibilité d'accès à des ressources naturelles[185], ou encore celui des droits de propriété industrielle ou intellectuelle[186].

b) La compensation des effets négatifs d'une concentration par les gains d'efficacité

802. – **Analyse économique.** Il n'est bien sûr pas question de prendre en compte les avantages subjectifs que la concentration peut apporter aux parties. Mais une concentration peut entraîner des gains d'efficacité objectifs, et contribuer au progrès technique

(177) Déc. 30 juill. 1998, aff. IV.M.1245, *Valeo-ITT Industries* et *supra*, n° 797.
(178) V. *Lignes directrices* préc., pt 65.
(179) V. *supra*, n° 778.
(180) Déc. 14 août 2013, aff. M.6956, *Telefonica-Caixa Bank*, ou déc. 13 avr. 2012, aff. M.6314, *Telefonica Vodafone*.
(181) V., par ex., déc. 29 nov. 2013, aff. M.7005, *Schneider Electric-Invensys*, ou déc. 20 août 2012, aff. M.6646, *Alstom-Translohr*, ou encore déc. 4 déc. 2013, aff. M.7047, *Nokia-Microsoft*.
(182) Déc. 4 déc. 1996, aff. IV.M.774, *Saint-Gobain-Wacker Chemie-Nom* : *JOCE* n° L 247, 10 sept. 1997 ; *Lignes directrices* préc., n° 69.
(183) V. le marché de l'assurance automobile, par ex. ; *adde* déc. *Agfa-Gevaert-Dupont*, préc. ; ou le marché de l'aviation civile en Grèce, déc. 26 janv. 2011, aff. M.5830, *Aegean Airlines-Olympic Air*. – *Adde*, déc. 28 juin 2012, aff. M.6497, *H3G-Orange*, ou déc. 1er févr. 2012, aff. M.6166, *Deutsche Börse-NYSE*.
(184) V., à propos du renforcement de la puissance d'achat, l'indicence de la loi française du 1er juillet 1996 limitant la liberté de créer de nouveaux magasins, déc. *Carrefour-Promodès*, préc.
(185) V. déc. 23 avr. 1997, aff. IV.M.754, *Anglo American-Lornho* : *JOCE* n° L 149, 20 mai 1998 ; V. *supra*, n° 563.
(186) Déc. 8 juin 1994, aff. IV.M.269, *Shell-Montecatini* : *JOCE* n° L 332, 22 déc. 1994 ; difficulté de développer une technologie nouvelle sans enfreindre les brevets existants, avec risques de procès longs et coûteux.

ou économique[187]. Même la création ou le renforcement d'une position dominante peut être finalement compatible avec le marché intérieur, si elle améliore la situation des consommateurs et des utilisateurs finals[188]. L'appréciation économique doit être globale. Tel peut être le cas si les gains d'efficacité et la réduction des coûts se traduit en termes de prix[189]. Tel peut être encore le cas de l'apparition de nouveaux produits ou services en raison de la concentration de la recherche et développement. Bien sûr, ces gains d'efficacité doivent être prouvés, ce qui signifie qu'ils doivent être sérieusement probables, et qu'ils doivent survenir dans un délai relativement court.

§ 3. – Le traitement des entreprises communes

803. – **L'article 101 TFUE, règle de fond de l'appréciation de certaines concentrations par création d'entreprise commune de plein exercice.** Lorsque la création d'une entreprise commune de plein exercice est caractérisée[190], il faut rechercher si elle est concentrative, ou si, au contraire, elle a pour objet ou pour effet une coordination du comportement des entreprises parties à la concentration.

1) Beaucoup d'entreprises communes n'ont pas pour objet ou pour effet la coordination de comportements. Tel est le cas lorsqu'il ne demeure sur le marché, après la création de l'entreprise commune, qu'un seul centre de décision alors qu'auparavant il y en avait deux, ou plus (ceux des sociétés mères, qui sont parfois plus de deux). En ce cas, le seul test à mettre en œuvre est le test SIEC, incluant, notamment, la recherche de la création ou du renforcement d'une position dominante (Règl. n° 139/2004, art. 2, § 3). L'article 2, § 4 du même règlement résume la jurisprudence de la Commission.

Pour savoir si les mères abandonnent le marché à leur filiale commune, sans espoir raisonnable d'y revenir, il faut considérer plusieurs paramètres. Les investissements nécessaires à un tel retour et la situation du marché (innovation, surcapacités) sont des indices quelquefois décisifs[191], comme quelquefois le savoir-faire des mères[192]. On perçoit ici les rayons de la décision *SHV-Chevron*[193]. L'abandon du marché par les mères n'a pas besoin d'être total. Il suffit que la virtualité de concurrence soit devenue marginale ou résiduelle[194].

Il peut arriver qu'une situation de concurrence demeure entre l'entreprise commune et une seule des mères, alors qu'il y a contrôle juridique conjoint. C'est le cas lorsqu'une des sociétés mères a transféré à l'entreprise commune ses actifs et son savoir-faire, pour ne plus détenir que des intérêts financiers dans l'entreprise

(187) On retrouve la même philosophie que pour les règles relatives aux ententes ou aux abus de domination.
(188) V., par ex. déc. 2 sept. 2013, aff. M.6360, *Shell-Nynas*.
(189) Il faut que la baisse des prix soit la conséquence des gains d'efficacité économique, et non de la diminution de la concurrence qui résultera de la concentration, *Lignes directrices* préc., n° 80.
(190) V., par ex., aff. *Telefonica-Caixa Bank* et *Telefonica Vodafone*, préc. ; V. *supra*, n° 753, et Comm. CE, communication juridictionnelle consolidée, 16 avr. 2008, préc.
(191) Déc. 31 janv. 1994, *Mannesmann-Vallourec* : *JOCE* n° L 102, 21 avr. 1994. – Déc. 12 nov. 1992, *Mannesmann-Hoech* : *JOCE* n° L 144, 8 mai 1993. – *Adde*, déc. 17 mars 1993, aff. IV.M. 272, *Matra-Cap Gemini-Sogesti*.
(192) Déc. 26 nov. 1992, aff. IV.M. 266, *Rhône-Poulenc-Sita*. – Déc. 2 févr. 1993, aff. IV.M. 216, *CEA-France Télécom*. – Déc. *Atlas et Phoenix Global One*, préc.
(193) V. *supra*, n° 734.
(194) V. les exemples *in* XXIIe rapport, p. 140.

commune, tandis que l'autre mère reste présente sur le marché et assure la direction économique de l'entreprise commune. La différence de nature des intérêts des mères, l'une ayant des intérêts financiers, l'autre des intérêts commerciaux, ne fait pas craindre *a priori* une coordination commerciale entre elles[(195)].

Le traitement des entreprises communes de plein exercice non coopératives relève exclusivement du règlement. Il faut rechercher si elles aboutissent à entraver de manière significative la concurrence effective dans le marché intérieur (test SIEC).

2) Certaines entreprises communes, tout en étant de plein exercice, sont coopératives, car elles ont pour objet ou pour effet la coordination du comportement des entreprises mères, qui restent présentes et indépendantes sur le marché.

Pour qu'un risque de coordination puisse être apprécié selon l'article 2, § 4 du règlement n° 139/2004, il faut d'abord que ce risque soit vraisemblable, qu'il résulte de l'opération (lien de causalité), et qu'il ait un effet sensible[(196)]. En bon sens, la présence significative et simultanée des entreprises fondatrices sur le marché de l'entreprise commune, ou sur un marché en amont ou en aval, ou encore sur un marché voisin, est un indice de coordination. En effet, chacune des entreprises concernées (les fondatrices, et l'entreprise commune) va avoir à l'évidence des intérêts convergents avec ceux des autres. Ce n'est que lorsque les entreprises fondatrices ont abandonné le marché sur lequel va opérer l'entreprise commune, et que leur retour est en fait ou en droit impossible, que l'on sera à coup sûr en présence d'une opération non coopérative[(197)].

Mais tout demeure une question d'espèce. Une présence des sociétés mères demeurée marginale ou faible n'est pas un indice suffisant de risque de coordination[(198)]. Il en est de même lorsque le comportement passé des entreprises mères montre qu'elles ont toujours agi de façon indépendante par rapport à l'entreprise commune[(199)].

Lorsqu'une entreprise commune a pour objet ou pour effet la coordination du comportement entre elle et les sociétés mères, la situation doit être examinée à la lumière des principes qui s'appliquent en matière d'ententes[(200)]. Mais le dossier relèvera, d'un point de vue procédural, du règlement sur le contrôle des concentrations. Cela garantit une analyse rapide et définitive, c'est-à-dire que cela garantit la sécurité juridique. Il faut rappeler que l'article 2, § 3 du règlement n° 139/2004 déclare incompatibles avec le marché intérieur les concentrations qui entravent de manière significative la concurrence, notamment par la création ou le renforcement d'une position dominante, tandis que l'article 2, § 4 du même règlement vise les entreprises communes qui ont pour objet ou pour effet une simple coordination des comportements, et renvoie pour cela aux critères de l'article 101 TFUE.

Il peut encore arriver qu'une entreprise commune s'intègre dans une position dominante collective[(201)].

(195) V. déc. *Linde-Fiat* et *Ericsson-Kolbe*, *in* XXIIe rapport, p. 141. – Déc. 8 juin 1994, *Shell-Montecatini* : *JOCE* n° L 332, 22 déc. 1994. – Déc. 4 déc. 1996, *Saint-Gobain-Wocker Chemie-Nom* : *JOCE* n° L 247, 10 sept. 1997. C'est la théorie de *l'Industrial leadership*.

(196) Déc. 27 mai 1998, aff. IV.JV.1, *Telia – Telenor – Schibsted*. – Déc. 30 avr. 2002, aff. JV.57, *TPS-TF1-M6-Suez*.

(197) V. déc. 6 mai 1998, *TKS-ITW-Signode-Titan* : *JOCE* n° L 316, 25 nov. 1998, et lorsque les mères demeurent potentiellement concurrentes, déc. *Phoenix Global One et Atlas*, préc. – V. les exemples cités *in* XXVe rapport, p. 167 et s.

(198) Déc. 15 sept. 1998, aff. JV.11, *Home Benelux*.

(199) Déc. 3 juill. 1998, aff. JV.3, *BT-Airtel*.

(200) En matière d'ententes, V. *supra*, n°s 601 et 753.

(201) V. TPICE, 13 juill. 2006, aff. T-464/04, *Impala c/ Commission*, annulant déc. 19 juill. 2004, COMP. M. 3333, *Sony/BMG*.

§ 4. – Les remèdes aux effets anticoncurrentiels par les engagements des parties

804. – **Mesures correctives par engagements.** La politique de réception d'engagements est devenue essentielle dans l'application des règles de concurrence. En matière de concentration, la réception d'engagements est prévue par les articles 6, § 2 et 8 § 2 du règlement n° 139/2004(202)(203). Ils doivent résoudre durablement tous les problèmes de concurrence, et donc être complets(204)(205). Le but est de garantir des structures de marché compétitives et viables. Aussi la préférence va vers des engagements de nature structurelle, notamment en des cessions d'actifs(206)(207)(208), plutôt qu'en des modifications comportementales(209) dont le respect est évidemment plus difficile à contrôler(210)(211).

Mais, en examinant les engagements qui lui sont proposés, la Commission doit seulement répondre aux préoccupations de concurrence qui résultent de l'opération notifiée. Elle n'a pas, et ne peut pas, prendre prétexte d'une notification pour tenter d'améliorer la concurrence par rapport à ce qu'elle était avant l'opération.

(202) Encore faut-il que les engagements soient réellement de nature à dissiper les entraves à la concurrence, V. pour une incompatibilité en dépit des engagements proposés, déc. 14 mars 2000, aff. IV.M.1672, *Volvo-Scania* : *JOCE* n° L 143, 29 mai 2001.

(203) V. Comm. CE, communication concernant les mesures correctives recevables : *JOUE* n° C 267, 22 oct. 2008.

(204) TPICE, 14 déc. 2005, aff. T-210/01, *General Electric*.

(205) Sur les engagements en phases I et II, V. *infra*, n° 907.

(206) Des cessions d'unités de production, déc. 30 sept. 2013, aff. M.6360, *Morpol-Marine Harvest*. – Déc. 5 juill. 2012, aff. M.6455, *Georgia Pacific-SCA*. – *Adde* pour la cession des maisons d'édition, dans l'affaire *Lagardère, Natexis, VUP*, préc. – Cessions de stations-service dans l'affaire *Total Fina Elf*, TPICE, 3 avr. 2003, aff. T-342/00, *Petrolessence et SG2R c/ Commission*. – Pour le retrait d'un partenaire dans une entreprise commune, déc. 6 déc. 2000, aff. IV.M.1940, *Framatome-Siemens-Cogema*. – Pour la suppression d'une exclusivité dans une licence, déc. 3 mai 2000, aff. IV.M.1671, *Dow Chemical-Union Carbide*. – Pour des cessions de labels, déc. 23 mars 2012, aff. M.6458, *EMI-Universal Music*. – Pour l'octroi de licences de marque, dans l'affaire *Moulinex*, TPICE, 3 avr. 2003, aff. T-114/02, *Babyliss c/ Commission*, et aff. T-119/02, ou dans l'affaire *Procter et Gamble Wella*, 30 juill. 2003, aff. M.3149. – V. pour des cessions de créneaux horaires, déc. 5 août 2013, aff. M.6607, *US Airways-AMR Corp.*, ou déc. 20 juin 2013, aff. M.6828, *Delta Virgin*. – Ces opérations de cession s'opèrent souvent sous la direction d'un mandataire ou d'un *trustee* (V. *Best practices guidelines*, 5 déc. 2013, et la communication préc. ; déc. *Lagardère-Natexis-VUP*, préc., et Trib. UE, 13 sept. 2010, aff. T-279 et 452/04, *Odile Jacob*, puis CJUE, 6 nov. 2012, aff. C-551 et 554/10 P ou déc. 29 sept. 1999, aff. IV.M.1293, *BP-Amoco-Amro* : *JOCE* n° L 18, 19 janv. 2001. – Déc. 29 sept. 2003, aff. IV.M.3225, *Alcan-Pechiney II*).

(207) Il peut arriver que les cessions acceptées ne puissent se réaliser ; il faut prévoir pour cela des engagements subsidiaires aussi efficaces, portant sur les « joyaux de la couronne ». V. communication préc., 22 oct. 2008.

(208) Des octrois d'accès à des infrastructures, des réseaux, à des technologies, ou à des intrants déterminants peuvent aussi être acceptés (V. déc. 10 juill. 2002, aff. M.1439, *Telia-Telenor* ; pour des créneaux horaires, déc. 28 août 2009, *Lufthansa-Austrian Airlines* préc. ; V. communication préc.).

(209) Qu'on ne peut pas exclure *a priori*, V. CJCE, 15 mai 2005, aff. C-12/03 P, *Commission c/ Tetra Laval*. – Déc. 21 mars 2000, aff. JV.37, *Kirschpay TV-BskyB*, pour l'engagement comportemental d'accès à une plate-forme technique, avec arbitrage en cas de désaccord, de nature à résoudre le problème structurel de concurrence, et TPICE, 30 mars 2000, aff. T-158/00, *ARD c/ Commission*. – Pour un engagement d'interopérabilité, déc. 26 janv. 2011, aff. M.5984, *Mac Afee-Intel*.

(210) Lorsque des engagements acceptés par la Commission reposent sur des conventions qui doivent être conclues entre les parties, la Commission accepte parfois le recours des parties à l'arbitrage en cas de difficultés d'application des conventions. La Commission y trouve l'avantage d'une justice efficace tout en étant déchargée des éventuelles contestations. Les arbitres devront appliquer bien sûr le droit européen de la concurrence, tel qu'appliqué à l'opération en cause par la décision de la Commission (V. L. Idot, *Une innovation surprenante, l'introduction de l'arbitrage dans le contrôle communautaire des concentrations* : *Rev. arb.* 2000, p. 591. – Déc. 9 mars 1999, aff. IV.M.1313, *Danish Crown-Vestjyske Slagterier*. – Déc. 8 janv. 2002, aff. M.2621, *Seb-Moulinex*. – Déc. 29 mars 2003, aff. M.1671, *Dow Chemical-Union Carbide*). Il arrive même que l'engagement de recourir à l'arbitrage vise des contrats qui devront, dans le cadre d'engagements acceptés, être conclus avec des tiers (par ex., accords de licence). Les tiers ne sont pas destinataires de la décision, et ne peuvent être contraints d'accepter l'arbitrage.

(211) Il arrive que les engagements acceptés ne puissent être tenus en raison de l'évolution économique. Il est alors nécessaire de solliciter la Commission pour qu'elle adopte une décision modificative afin d'éviter la dissolution de la concentration (Règl. n° 139/2004, art. 8, § 4 et § 7, sans préjudice de mesures conservatoires, art. 8, § 5). – V. déc. 30 janv. 2004, COMP. IV 1378, *Hoechst-Rhône Poulenc*, au sujet de l'obligation de céder la majorité du capital de Rhodia.

Elle ne peut pas reconstituer le marché pour aboutir à une concurrence pure et parfaite(212).

§ 5. – Les restrictions accessoires

805. – **Définition et traitement.** La Commission a donné une définition de ces restrictions dans sa communication du 5 mars 2005, qui abrogeait celle du 4 juillet 2001(213). Les restrictions accessoires sont des clauses ou engagements souscrits par les parties les unes envers les autres qui sont nécessaires, d'un point de vue économique ou juridique, à la réalisation de l'opération. Sans elles, la concentration ne pourrait s'effectuer que dans un délai beaucoup plus long, ou à des conditions plus aléatoires. On peut prendre l'exemple des clauses de non-concurrence (ou de non-rétablissement) souscrites au profit de l'acquéreur par celui qui cède une entreprise, ou l'exemple des clauses qui assurent la viabilité d'une entreprise commune dans sa phase de lancement (non-concurrence ; obligations d'achat, ou de fourniture de matières premières ou de composants ; accords de licence de marque ou de savoir-faire). La question est de distinguer les restrictions qui sont accessoires de celles qui ne le sont pas. Le caractère accessoire résulte, d'une part, de la nécessité objective de la clause à l'opération et, d'autre part, de sa proportionnalité (strictement nécessaire).

806. – **Compétence résiduelle de la Commission.** La Commission ne les examine pas individuellement. Elles seront donc de plein droit et implicitement validées si l'opération principale est validée. C'est ce qu'énonce l'article 8 du règlement n° 139/2004, qui précise que :

> « La décision déclarant la concentration compatible est réputée couvrir les restrictions directement liées et nécessaires à la réalisation de l'opération »(214).

Ce sera donc aux juridictions nationales, au besoin éclairées par la Commission(215), de distinguer, le cas échéant, parmi toutes les clauses souscrites entre les parties, celles qui, accessoires, doivent être considérées comme validées, si la concentration est elle-même validée, de celles qui, non accessoires, et donc détachables, devront être traitées séparément en droit (le cas échéant comme des ententes). Ce ne sera pas toujours aisé. Pour les situations nouvelles et inédites, l'article 21 du règlement précité prévoit opportunément que la Commission, dont la compétence est « résiduelle », doit statuer de façon expresse.

(212) V. les arrêts *Odile Jacob*, préc.

(213) *JOUE* n° C 56, 5 mars 2005. Les décisions anciennes demeurent éclairantes : usage de marques ou logos, déc. 1er déc. 1993, aff. IV.M. 384, *UAP-Vinci*. – Clauses de non-concurrence, déc. 26 nov. 1992, aff. IV.M. 266, *Rhône-Poulenc-Sita*. – Fournitures de produits ou de services, déc. 17 mars 1993, aff. IV.M. 272, *Matra-Cap Gemini-Sogesti*.

(214) C'était devenu la position de la jurisprudence européenne, V. TPICE, 20 nov. 2002, aff. T-251/00, *Lagardère et Canal Plus c/ Commission*.

(215) V. Comm. CE, communication relative aux restrictions directement liées et nécessaires à la réalisation des opérations de concentration : *JOUE* n° C 56, 5 mars 2005, où sont examinées les clauses de non-concurrence, les accords de licence, et les obligations d'achat et de livraison.

§ 6. – Les décisions

807. – **Non-opposition, acceptation d'engagements, incompatibilité**(216)**.** La Commission peut bien sûr ne pas s'opposer à l'opération ; elle peut encore accepter les engagements qui remédient aux problèmes de concurrence décelés(217) ; elle peut, enfin, prendre des décisions d'incompatibilité qui, si l'opération a été engagée, peuvent aller jusqu'à une déconcentration(218).

(216) V. *infra*, n° 912.
(217) V. *supra*, n° 804.
(218) Déc. 30 janv. 2002, aff. M.2283, *Schneider-Legrand* et le contentieux qui en a suivi, défavorable à la Commission, TPICE, 11 juill. 2007, aff. T-351/03, *Schneider Electric*, et CJCE, 16 juill. 2009, aff. C-440/07 P. – V., pour une OPA inconditionnelle, déc. 30 janv. 2002, aff. M. 1416, *Tetra Laval*. – Pour un contrôle de fait acquis avant l'autorisation, déc. 10 juin 2009, aff. M.4994, *Electrabel-CNR*.

CHAPITRE 5

RÈGLES DE CONCURRENCE ET PROPRIÉTÉS INTELLECTUELLES

808. - **Droits de propriété intellectuelle et règles de concurrence**[1]. Les droits de propriété intellectuelle reposent souvent sur l'effort créatif, et font apparaître de nouveaux facteurs de concurrence (nouveaux sigles avivant la concurrence au niveau de la demande, nouvelles technologies...). Il ne saurait être question de les condamner *a priori* comme anticoncurrentiels. Il faut même favoriser leur développement et assurer leur défense[2]. Mais ces droits confèrent souvent des pouvoirs de marché, ou des monopoles à leurs titulaires. Or la détention d'un pouvoir de marché recèle toujours un risque de dévoiement anticoncurrentiel, au-delà de la seule récompense légitime de l'effort créatif[3].

809. - **Progrès de l'harmonisation.** Les progrès du droit européen, par harmonisation, s'expliquent surtout par le souci de faciliter la libre circulation des marchandises, voire des services[4].

810. - **Subsistance des droits nationaux.** Aux fins de l'application des règles de concurrence, la notion de propriété industrielle ou intellectuelle s'étend au-delà des seuls droits légalement protégés par des dispositions spéciales (marques, brevets, droits d'auteur, obtentions végétales...), mais englobe les savoir-faire, les secrets de fabrication, ou encore les normes ou standards privés inutilisables sans licence ou accords[5][6]. Cet ouvrage ne se prête pas à une

(1) Maréchal, *Concurrence et propriété intellectuelle*, Litec, 2009.

(2) V. Dir. n° 2004/48, 29 avr. 2004 relative au respect des droits de propriété intellectuelle : *JOUE* n° L 157, 30 avr. 2004, qui vise à offrir aux titulaires une protection efficace contre la contrefaçon dans toute l'Union européenne (V. *supra*, n°s 78 et 138). Elle ne saurait avoir d'incidence sur l'application du droit de la concurrence (V. consid. 12). – V. déc. 9 juill. 2014, n° 39612, *Servier*.

(3) V. Dir. n° 2004/48, consid. 12.

(4) V. *supra*, n° 138, sur l'étendue de l'harmonisation.

(5) Cette conception pragmatique et économique est particulièrement visible dans le règlement d'exemption catégorielle n° 316/2014 du 21 mars 2014 (Règl. TTBER, ou *Technology Transfer Block Exemption Regulation*) qui vise le savoir-faire parmi les technologies, et, sous le terme de savoir-faire, les « ensembles d'informations pratiques résultant de l'expérience, testées, difficilement accessibles, utiles, et suffisamment décrites par écrit » (Règl., art. 1). – *Adde Lignes directrices* 28 mars 2014 (*JOUE* n° C 89/2014).

(6) V. déc. 24 mars 2004, COMP 3/37.792, *Microsoft*. – TPICE, 17 sept. 2007, aff. T-201/04.

étude exhaustive des difficultés qui naissent de l'articulation des règles nationales de propriété intellectuelle avec les règles européennes de concurrence[7].

Le droit de la propriété intellectuelle demeure souvent dépendant des différentes législations nationales[8]. C'est à elles qu'il revient, en l'absence d'harmonisation[9], ou en l'absence de choix par les opérateurs d'un droit de propriété intellectuelle européen, de fixer librement le contenu et les modalités de la protection[10].

811. – **Libre circulation des marchandises. Monopoles territoriaux offerts par les droits nationaux.** Le titulaire d'un droit de propriété intellectuelle bénéficie, sur le territoire de l'État dont la législation lui accorde ce droit, d'une véritable situation de monopole protégée en général par l'action en contrefaçon[11]. Ces monopoles sont territoriaux et en principe indépendants les uns des autres. Si l'on avait appliqué sans aucune nuance les droits nationaux, il en serait résulté un cloisonnement considérable du marché intérieur : les interdictions de réexportation ou d'importations parallèles, les accords de délimitation de marques, auraient, par exemple, pu se multiplier en toute impunité. Le simple objectif de décloisonnement du marché intérieur postule une combinaison, ou une articulation, entre les droits nationaux de propriété industrielle ou intellectuelle et les règles de concurrence.

Un seul texte cependant aborde cette question : l'article 36 TFUE, placé parmi les dispositions relatives à la libre circulation des marchandises. Il y est dit que :

> « Les dispositions des articles 34 et 35 TFUE ne font pas obstacle aux restrictions d'importation, d'exportation et de transit, justifiées par des raisons (...) de protection de la propriété industrielle ou commerciale. Toutefois, ces interdictions ne doivent constituer ni un moyen de discrimination arbitraire, ni une restriction déguisée dans le commerce entre les États membres ».

On sait qu'en matière de circulation des marchandises s'est développée une importante jurisprudence qui a concilié le statut légal protégé de chaque droit de propriété intellectuelle avec le principe de libre circulation. La mise en évidence de l'« objet spécifique » de chacun de ces droits, puis la notion d'« épuisement du droit », ont été les instruments techniques de cette conciliation[12]. Pouvait-on agir de même en matière de concurrence ?

812. – **Conciliation avec les règles de concurrence.** C'est avant même le développement de la jurisprudence relative à la circulation des marchandises que les autorités européennes se sont trouvées confrontées au conflit apparent entre les règles de concurrence et les monopoles conférés par les droits de propriété intellectuelle. La Cour de justice a extrait de leur contexte les principes exprimés en matière de circulation des marchandises. Elle a affirmé dès son arrêt *Sirena* du

(7) V., à ce sujet, Lucas et Lucas Schloetter, *Traité de la propriété littéraire et artistique*, LexisNexis, 4e éd. 2012. – Pollaud-Dulian, *Droit de la propriété industrielle*, Montchrestien, 2006, nos 66 et s. et, du même auteur, *La propriété industrielle*, Economica, 2010 ; *Le droit d'auteur*, Economica, 2005. – Azéma et Galloux, *Droit de la propriété industrielle*, Dalloz, 2012. – Passa, *Traité de droit de la propriété industrielle*, t. 1, 2006 ; t. 2, LGDJ, 2013.

(8) On ne traitera pas ici des divers accords internationaux, renvoyant pour cela à des ouvrages spécialisés ; V., par ex., pour les ADPIC, Carreau et Juillard, *Droit international économique*, LGDJ, 4e éd. 1998, et F. Pollaud Dulian, *Le droit d'auteur*, préc., nos 1540 et s.

(9) Sur l'étendue de l'harmonisation opérée, V. *supra*, n° 138.

(10) V. CJCE, 29 févr. 1968, aff. 24-67, *Parke Davis*.

(11) Les droits de propriété intellectuelle européens confèrent un monopole sur tout le marché intérieur.

(12) V. *supra*, nos 142 et 143.

18 février 1971[13] que « l'article 36, tout en relevant du chapitre concernant les restrictions quantitatives aux échanges entre les États membres, s'inspire d'un principe susceptible de trouver application en matière de concurrence ». La même affirmation fut reprise le 8 juin de la même année, par l'arrêt *Deutsche Grammophon*[14]. Ces principes devenaient ainsi *lato sensu* des règles de concurrence.

813. – **Évolution parallèle en matière de circulation des marchandises et de concurrence.** La même question se posait : trouver la ligne de partage entre les monopoles des titulaires de droits et l'emprise des règles de circulation ou de concurrence. La Cour de justice s'est arrêtée, pour les règles de concurrence, à la distinction « existence-exercice » acceptable *a priori* en cette matière. Elle a souligné à plusieurs reprises que si le droit de propriété industrielle échappe, en lui-même, aux règles de concurrence, son exercice peut tomber sous le coup des prohibitions du traité chaque fois qu'il apparaîtrait comme l'objet, le moyen, ou la conséquence d'une pratique prohibée[15].

La frontière entre ces deux notions était cependant bien difficile à tracer. Cette distinction existence-exercice a été complétée (et non remplacée) par une autre, plus finaliste, entre ce qui relève de l'« objet spécifique » de chaque droit et ce qui n'en relève pas[16].

814. – **Objets spécifiques.** La notion même d'« objet spécifique » délimite le domaine du statut légal. Elle détermine aussi le facteur concurrentiel inhérent à tout droit de propriété intellectuelle. Il y a autant d'objets spécifiques que de droits de propriété industrielle ou intellectuelle. C'est ainsi que celui du droit de brevet doit être trouvé dans la possibilité d'« assurer au titulaire, afin de récompenser l'effort créateur de l'inventeur, le droit exclusif d'utiliser une invention en vue de la fabrication et de la première mise en vente des produits industriels »[17]. L'objet spécifique des marques de fabrique a mis plus longtemps à être délimité : on rappellera qu'à la nécessité d'une « protection contre les concurrents qui voudraient abuser de la position et de la réputation de la marque en vendant des produits indûment pourvus de cette marque »[18], a été ajoutée la garantie à l'égard du « consommateur ou de l'utilisateur final de l'identité d'origine du produit marqué », afin que le titulaire ne risque pas « de se voir imputer la mauvaise qualité d'un produit dont il ne serait nullement responsable »[19]. La marque est ainsi considérée dans sa fonction de revendication et d'affirmation vis-à-vis du marché, et apparaît donc *a priori* intimement liée aux efforts d'innovation ou de qualité.

Les droits d'auteur ont, de leur côté, vu leur objet spécifique défini dans des termes analogues à ceux appliqués aux brevets en ce qui concerne la nécessaire

(13) Aff. 40-70.
(14) Aff. 78-70.
(15) V. CJCE, 18 févr. 1971, *Sirena*, préc. – CJCE, 8 juin 1971, *Deutsche Grammophon*, préc. – CJCE, 15 juin 1976, aff. 51/75, *Emi Records*. – CJCE, 14 sept. 1982, aff. 144/81, *Keurkoop*, en matière de marques et de dessins. – CJCE, 6 oct. 1982, aff. 262/81, *Coditel c/ Cinevog Films 2* en matière de droits d'auteur.
(16) À partir de l'arrêt *Deutsche Grammophon*. Ce n'est pas à dire que la distinction existence-exercice ait disparu de la jurisprudence, V., par ex., *Volvo c/ Veng*, 5 oct. 1988, préc.
(17) V., par ex., CJCE, 14 juill. 1981, *Merck c/ Stephar*, préc. et CJCE, 26 févr. 1986, aff. 193-94, *Windsurfing International*.
(18) V. CJCE, 31 oct. 1974, *Centrafarm c/ Winthrop*, préc.
(19) V. CJCE, 17 oct. 1990, *CNL-Sucal c/ Hag* (« *Hag II* »), préc., V. *supra*, n° 142.

rémunération du créateur, avec la précision qu'entrait dans cet objet spécifique la « protection morale de l'œuvre »[20].

Les dessins et modèles[21], les obtentions végétales[22], et les appellations d'origine[23], ont fait l'objet de jurisprudences similaires.

815. – **Épuisement du droit et règles de concurrence.** L'épuisement du droit demeure un concept qui trouve son origine dans les règles de libre circulation des marchandises. Il signifie que le titulaire du droit de propriété industrielle ne peut plus contrôler la circulation intra-européenne du produit breveté ou marqué (ou protégé par un autre droit) à partir du moment où il a consenti (directement ou indirectement) à sa mise dans le commerce dans l'espace européen[24]. Or, la circulation des produits peut être organisée par le contrat : les réseaux de distributeurs agréés ont quelquefois cet objectif, de même que les contrats de licence ou de sous-licence. Ces contrats peuvent contenir des interdictions d'exporter : ils seront alors tout à la fois contraires aux règles de circulation des marchandises et de concurrence. Mais ces réseaux reposent souvent sur une imbrication licite en droit de la concurrence entre les clauses relatives à la fourniture des marchandises et celles qui confèrent au distributeur l'usage d'une marque, et qui l'obligent à préserver son image de qualité ou de luxe. La vente hors réseau peut dans certains cas être sanctionnée par le droit des marques. Il n'y aura pas épuisement du droit lorsque les produits revendus hors réseau le sont par des opérateurs qui attentent, en raison de la nature particulière de leur commerce, à la qualité du produit. L'image de luxe a été ainsi reconnue. Il y aura alors articulation du droit de la concurrence (caractère ou non anticoncurrentiel des clauses d'interdiction de vendre hors réseau) et du droit des marques (vente finale hors réseau à des conditions dévalorisantes portant atteinte à l'image de la marque)[25]. Les ventes sur Internet ont illustré ce propos[26].

816. – **Plan.** En bref, la détention des droits de propriété industrielle ou intellectuelle n'est pas reprochable en elle-même. Toutefois, elle peut être déterminante dans le contexte des marchés considérés (Section 1), et influer sur l'appréciation économique des comportements des entreprises (Section 2), ou de leurs restructurations (Section 3).

SECTION 1

DROITS DE PROPRIÉTÉ INDUSTRIELLE OU INTELLECTUELLE ET CONTEXTE DE MARCHÉ

817. – **Apports de l'analyse économique et marchés.** La détention de droits de propriété industrielle ou intellectuelle peut créer un contexte qui sera pris en compte dans les analyses économiques nécessaires à l'application du droit de la concurrence.

(20) V. TPICE, 10 juill. 1991, aff. T-70-89, *RTE-BBC* et *ITV*.
(21) CJCE, 14 sept. 1982, aff. 144-81, *Keurkoop c/ Nancy gifts*.
(22) CJCE, 8 juin 1982, aff. 258-78, *Nungesser et Eisele c/ Commission*.
(23) V. CJCE, 20 févr. 1975, aff. 12-74, *Commission c/ Allemagne (Sekt et Weinbrand)*.
(24) V. *supra*, n° 143.
(25) CJCE, 23 avr., 2009, aff. C-59/08, *Copad c/ Dior* ; V. *supra*, n° 147 et *infra* n° 832.
(26) CJUE, 12 juill. 2011, aff. C-324/09, *L'Oréal-eBay* ; et CJUE, 18 juin 2009, aff. C-487/07, *L'Oréal-Bellure*.

D'abord, la détention de droits de propriété industrielle ou intellectuelle peut en elle-même caractériser un marché. Mais cela n'est pas systématique. Tout dépend de la substituabilité pour les consommateurs ou utilisateurs finals[27]. En règle générale, la substituabilité est aisée à caractériser pour des produits de marque concurrente (justement parce que les marques sont destinées à favoriser la concurrence *inter-brand*), mais la notoriété de certaines marques peut limiter la substituabilité. Les solutions sont plus incertaines quand on considère les technologies (brevets, savoir-faire, droits d'auteur sur logiciels, obtentions végétales...). Il arrive fréquemment qu'il y ait une situation de substituabilité entre plusieurs technologies qui seront alors concurrentes, et qui délimiteront un marché, toutes ensemble autant qu'elles sont substituables. Un marché peut même s'étendre au-delà des technologies protégées, si d'autres produits ou services non protégés sont réellement substituables à ceux qui sont protégés. Mais il peut arriver aussi qu'une seule technologie protégée caractérise un marché. Cela peut se rencontrer quand cette technologie est réellement insubstituable à une autre, et qu'il est impossible de proposer à la clientèle des produits ou services substituables sans l'utiliser[28].

Ensuite, la détention de droits de propriété industrielle ou intellectuelle peut, sans réellement délimiter un marché, dresser des barrières à l'entrée sur le marché pertinent où opèrent le ou les détenteurs de technologies, le rendant bien peu contestable. Ce contexte de marché favorise le développement de comportements anticoncurrentiels le cas échéant abusifs, ou fait craindre que les concentrations opérées sur le marché ne restreignent sensiblement la concurrence. Des stratégies d'entreprises peuvent alors, en bénéficiant quelquefois du laxisme des autorités (souvent les autorités nationales) chargées d'enregistrer les droits revendiqués[29], ou chargées de les défendre[30], stériliser la concurrence en opposant à leurs concurrents, souvent plus innovants ou dynamiques, des droits (notamment de brevet) de mauvaise qualité. Des entreprises peuvent également mettre en place des licences liées, des regroupements collectifs de brevets ou de licences (*pools*), ou encore des « buissons de brevets », parfois destinés à empêcher l'émergence de la concurrence et à protéger leurs propres technologies[31]. On peut encore donner l'exemple de ce que l'on appelle l'effet de réseau, qui se produit lorsque l'utilité d'un bien pour un opérateur ou un consommateur dépend du nombre des autres utilisateurs. Cela peut avoir des conséquences négatives lorsqu'une technologie a atteint sur le marché une masse critique, au point qu'il devient extrêmement risqué pour un nouvel entrant d'investir dans une nouvelle technologie, car il ne sera pas assuré que les clients l'utiliseront, et car il peut même craindre qu'ils ne l'utiliseront pas. Et, plus la technologie se répand, moins les nouveaux entrants auront de chances de

(27) V. *supra*, n°s 476 et s. ; *adde*, *Lignes directrices sur les accords de technologie*, préc., pts 19 et s.

(28) V. pour des pièces détachées d'automobile, les marchés du rechange étant évidemment segmentés en fonction des modèles de véhicules, CJCE, 5 oct. 1988, aff. 238/87, *Volvo c/ Veng*, et aff. 53/87, *Maxicar c/ Renault*.

(29) V. les reproches adressés par le Conseil de la concurrence français, dans son rapport pour 2004 ; *adde*, déc. 15 juin 2005, aff. 37-505, *AstraZeneca*, et CJUE, 6 déc. 2012, aff. C-457/10 P, *AstraZeneca*.

(30) V. l'appréciation exagérément extensive du risque de confusion en matière de marque par beaucoup de juridictions françaises ; V. encore Aut. conc., avis n° 12-A-21, 8 oct. 2012, sur la réparation des véhicules et la fabrication des pièces de rechange.

(31) V. Conseil de la concurrence français, rapport pour 2004 ; V. encore déc. 9 juill. 2014, n° 39612, *Servier*.

percer[32]. Bien entendu, le contexte n'est pas reprochable en lui-même, mais l'action des entreprises sur ce type de marché peut l'être d'autant plus facilement que les barrières sont fortes[33].

Enfin, la simple détention de droits de propriété intellectuelle peut donner, en elle-même, un pouvoir de marché plus ou moins fort. Certes, il arrive que le produit ou le service couvert par un tel droit soit en situation de vive concurrence sur le marché avec d'autres produits ou services, couverts ou non par des droits de propriété industrielle[34]. Tout dépendra alors de la vivacité de la concurrence inter-technologique, ou *inter-brand*. Mais il arrive aussi que la détention de droits de propriété intellectuelle confère un pouvoir de marché à l'entreprise titulaire, ou à une entente qui exploiterait par exemple une installation essentielle, ou encore à une entreprise qui serait en situation de domination[35]. Le contexte peut être encore plus prégnant. Cela peut se rencontrer lorsqu'il y a effet de portefeuille, ou de gamme[36].

SECTION 2

DROITS DE PROPRIÉTÉ INTELLECTUELLE ET COMPORTEMENTS D'ENTREPRISES

818. - **Plan.** On distinguera les situations d'entente (§ 1) des situations d'abus de position dominante (§ 2).

§ 1. – Droits de propriété intellectuelle et entente

819. - **Principes de l'appréciation *in concreto*. Concurrence inter ou intra-technologique.** Depuis l'arrêt *LTM* du 30 juin 1966, il est acquis que les accords entre entreprises doivent être appréciés en fonction du contexte réel dans lequel la concurrence s'exercerait si l'accord n'existait pas[37]. La Commission distingue, dans cette appréciation, la concurrence inter-technologique (entre technologies

(32) Déc. 24 mars 2004, *Microsoft*, préc., et TPICE, 17 sept. 2007, aff. T-201/04.

(33) V. la limitation de l'exemption accordée par le règlement n° 316/2014 du 28 mars 2014 (art. 3) à la condition que les parties à l'entente ne détiennent pas plus de 20 % (si elles sont concurrentes) ou 30 % (si elles ne le sont pas) de parts de marché, ce qui vise en réalité des marchés où les barrières sont faibles. Sur le terrain de l'article 102 TFUE, la stérilisation d'une des deux techniques *a priori* concurrentes a été jugée abusive en raison des barrières à l'entrée, V. CJCE, 14 nov. 1006, aff. C-333/94, *Tetra Pack II*. – V. encore l'affaire *Microsoft*. En matière de concentrations, les barrières à l'entrée sur le marché résultant de l'existence de droits de propriété industrielle sont un élément important du test SIEC (V. communication juridictionnelle consolidée : *JOUE* n° C 95, 16 avr. 2008).

(34) V. l'exemple de la concurrence sur le marché de la parfumerie alcoolique de luxe, bien qu'un oligopole soit en train de s'affirmer.

(35) V. CJCE, 14 nov. 1996, *Tetra Pack*, préc. – CJCE, 6 avr.1995, aff. C-241 et 242/91 P, *RTE et ITP c/ Commission (Magill)*. – *Adde*, TPICE, 17 sept. 2007, *Microsoft*, préc.

(36) L'effet de portefeuille vient de l'accumulation de marques notoires dans le chef d'une entreprise, et l'effet de gamme vient, si l'on considère la propriété intellectuelle, de ce que tout nouveau produit d'une entreprise couvert par sa marque notoire ou incontournable sera aussitôt revêtu d'une image particulièrement forte pour la clientèle. Cette image profite alors à tous les produits du même opérateur (V. TPICE, 3 avr. 2003, aff. T-114/02 et T-119/02, *Babyliss c/ Commission-Moulinex)*.

(37) Aff. 56/65 ; c'est la situation « contrefactuelle ».

différentes) et intra-technologiques (à l'intérieur d'une même technologie)[38], de la même manière qu'elle considère, en règle générale, la concurrence *inter-brand* de la concurrence *intra-brand*. Par souci de simplicité, on examinera brièvement les solutions adoptées en matière de droits portant sur des technologies (A), sur des marques (B), et sur des droits d'auteur (C).

A. – Ententes et droits sur technologies

820. – **Accords verticaux et horizontaux portant sur des technologies.** La notion de technologie est plus large que celle de droits de propriété industrielle. Il y a plusieurs raisons à cela. D'abord, beaucoup de technologies ne sont ni déposées ni déposables, et les savoir-faire secrets sont innombrables et très importants économiquement. Ensuite, le dépôt de droits de propriété industrielle n'est parfois pas la meilleure manière de valoriser une technologie, la simple protection d'un savoir-faire peut en effet être aussi efficace. Enfin, les technologies sont quelquefois protégées par des droits qui ne sont pas historiquement des droits de propriété industrielle, ce qui est le cas des logiciels protégés en Europe par des droits d'auteur[39]. Il y a donc une équivalence certaine entre ces différentes techniques de protection des technologies[40], ce qui explique l'intitulé du règlement n° 316/2014 du 21 mars 2014 « relatif à certaines catégories d'accord de transfert de technologies »[41].

Les accords verticaux sont bien sûr les plus fréquents. Ce sont les licences (1°). Mais il peut également y avoir des accords horizontaux restrictifs de concurrence (2°).

1° Les licences de technologie

821. – **Transferts de technologie. Règlement TTBER.** L'expérience des autorités de concurrence s'est principalement développée autour de cet accord en principe vertical qu'est la licence. La perspective économique qui est celle de la construction européenne conduit à assimiler aux brevets les modèles, les dessins, les topographies de semi-conducteurs, les certificats de protection supplémentaires des produits pharmaceutiques, les certificats d'obtention végétale, ou encore les droits d'auteur sur logiciels. Ce type de contrat fait l'objet du règlement d'exemption catégorielle n° 316/2014 du 21 mars 2014, dit TTBER (*Technology transfer block exemption regulation*).

822. – **Zone de sécurité. Licences entre concurrents ou entre non-concurrents. Zone de sécurité.** Pour autant que les chiffres d'affaires des parties à l'accord soient inférieurs à certains seuils (20 % si les entreprises sont concurrentes, et 30 % si elles ne le sont pas), et que l'accord ne contienne ni restrictions caractérisées, ni restrictions exclues, l'accord bénéficie *a priori* de l'exemption catégorielle contenue dans le règlement n° 316/2014 du 28 mars 2014. Les accords entre concurrents sont bien entendu plus dangereux pour la concurrence, car ils se prêtent particulièrement à des limitations de production, à des quotas, ou à des répartitions de marchés. Moins

(38) Des accords peuvent affecter les deux types de concurrence à la fois.

(39) V. Dir. n° 91/250, 14 mai 1991 : *JOCE* n° L 122, 17 mai 1991 ; sur les limites de la protection, CJUE, 2 mai 2012, aff. C-406/10, *SAS Institute*.

(40) V. aff. *Microsoft*.

(41) *JOUE* n° L 123, 27 avr. 2004, et *les Lignes directrices* du même jour : *JOUE* n° C 101/2004.

nocifs *a priori*, les accords entre non-concurrents posent des problèmes qui sont communs pour une bonne part à tous les accords verticaux.

Trois grandes catégories de clauses peuvent être distinguées.

823. – **Clauses relevant de l'objet spécifique de la technologie.** Si le brevet est bien sûr valable et dans la mesure où la licence porte sur ce qui est couvert par le brevet(42), les clauses de la licence qui s'expliquent par la protection de l'objet spécifique du brevet n'entreront pas, sauf circonstances particulières, dans les prévisions de l'article 101 TFUE. Les *Lignes directrices* du 28 mars 2014 énoncent un certain nombre de clauses qui ne sont pas *a priori* restrictives(43). Tel est le cas des clauses qui traduisent le libre choix par le titulaire du brevet de celui qui peut l'exploiter(44). Tel est encore le cas des clauses de secret, de respect des contrôles de qualité ou des normes, ou des clauses de redevance(45).

Ces clauses peuvent cependant dans certains cas, et en fonction du contexte, être restrictives de concurrence. L'exercice du droit de brevet, à l'intérieur de son objet spécifique, ne bénéficie pas d'une impunité absolue. Mais dès lors que le titulaire agit dans le cadre de l'objet spécifique de son droit, il ne saurait *a priori* y avoir accord illicite. Il faut apporter la démonstration que l'accord a été aussi l'objet, le moyen, ou la conséquence d'une entente illicite. C'est ainsi que le simple octroi d'une licence exclusive pour un État membre, comportant une interdiction faite au licencié d'accorder une sous-licence pour les autres États, n'est pas *a priori* anticoncurrentiel(46).

824. – **Clauses ne relevant pas de l'objet spécifique du brevet, mais non restrictives de concurrence, ou rachetables.** C'est à ce propos surtout qu'on peut parler de règle de raison en matière de droits de propriété industrielle. Des types de licence peuvent contenir des clauses qui garantissent au licencié une certaine sécurité, lui permettant alors de se consacrer à l'exploitation du brevet : il doit en résulter un développement de l'innovation facteur de concurrence. Tel est le sens de la distinction entre les licences ouvertes et les licences avec clauses de protection territoriale absolue, dont les effets restrictifs à l'égard des tiers défavorisent au contraire la concurrence(47). Mais tout dépend des cas d'espèce.

Les observations qui précèdent conduisent à ranger parmi les clauses restrictives, mais rachetables, les clauses de redevance pour des éléments ou produits non brevetés(48), de prolongation des redevances au-delà de la durée de validité du brevet(49), de cession obligatoire des perfectionnements(50), et les clauses qui organisent la distribution du produit(51).

(42) V. CJCE, 25 févr. 1986, *Windsurfing International*, préc.
(43) Pts 181 et s.
(44) Interdiction des sous-licences, CJCE, 8 juin 1982, *Nungesser et Eisele*, aff. dite *des semences de maïs*, préc.
(45) V. CJCE, 12 mai 1989, aff. 320-87, *Kaï Ottung*. Le prix de la redevance est en principe libre, sauf si le montant de la redevance aboutit en fait à un système de fixation des prix.
(46) V. TPICE, 12 juin 1997, aff. T-504/96, *Tiercé Ladbroke*, en matière de droits d'auteur.
(47) V. aff. *des semences de maïs*, CJCE, 8 juin 1982, *Nungesser et Eisele*. – V. aff. *Becton Dickinson-Cyclopore in* XXIIIe rapport, p. 172.
(48) CJCE, 25 févr. 1986, *Windsurfing International*, préc.
(49) Déc. 2 déc. 1975, *AOIP-Beyrard* : *JOCE* n° L 6, 13 janv. 1976, et 12 juill. 1985, *Velcro Aplix* : *JOCE* n° L 233, 30 août 1985. – CJCE, 12 mai 1989, *Kaï Ottung*, préc.
(50) Déc. *AOIP-Beyrard*, préc.
(51) Déc. *Velcro-Aplix*, préc.

Ces clauses sont implicitement rangées dans la zone de sécurité du règlement n° 316/2014.

825. – **Clauses noires.** Le règlement n° 316/2014 distingue parmi les clauses non rachetables celles qui infectent tout le contrat qui sort alors entièrement de la zone de sécurité résultant du règlement d'exemption, et les clauses qui sortent seules de cette zone. Les plus graves sont les restrictions « caractérisées », qui contreviennent aux objectifs fondamentaux du marché intérieur et qui sortent de l'objet spécifique du droit concédé. Ces clauses sont visées à l'article 4 du règlement n° 316/2014, qui distingue selon que les entreprises sont ou non concurrentes. Lorsque les entreprises sont concurrentes, la liste des restrictions caractérisées est assez fournie : limitation du licencié dans la fixation des prix, limitation de la production, répartition des marchés ou des clientèles[(52)], ou les clauses limitant la liberté du preneur d'exploiter sa propre technologie ou d'effectuer sa propre R&D[(53)]. Les restrictions caractérisées concernant les accords entre non-concurrents sont assez proches de celles qui sont énoncées dans le règlement n° 330/2010 sur les restrictions verticales. On y trouve principalement l'interdiction des prix imposés (mais non celle des prix conseillés), et les restrictions aux ventes passives pour les distributeurs (sauf les exceptions visées à l'article 4, § 2), et aux ventes actives et passives pour les licenciés détaillants. À côté des restrictions caractérisées, on trouve les restrictions exclues, parmi lesquelles figurent l'obligation de céder des droits sur les améliorations, et les clauses de non-contestation[(54)(55)].

Ce règlement peut faire l'objet d'un retrait (Règl. n° 316/2014, art. 6). Il peut être de surcroît primé par les règlements n°s 1217 et 1218/2010 relatifs aux accords de R&D et aux accords de spécialisation, si ces règlements sont également applicables à l'accord.

2° Les accords horizontaux portant sur des technologies

826. – **Restrictions *a priori*.** La règle fondamentale du droit de la concurrence est celle de la préservation de l'autonomie des opérateurs. En conséquence, des accords entre titulaires de technologies concurrents limitent artificiellement leur liberté, et sont restrictifs. Tel est le cas d'accords horizontaux par lesquels des concurrents s'interdisent tous de concéder des licences, ou d'autoriser des sous-licences, à des opérateurs situés en aval[(56)]. La fluidité des marchés et le progrès par

(52) Avec des exceptions, V. Règl. n° 316/2014, art. 4.*c*.

(53) Sauf lorsque cette clause est indispensable à la protection du savoir-faire concédé.

(54) Les clauses de non-contestation du simple savoir-faire sont en revanche validées. En effet, une fois le savoir-faire transmis, il ne peut plus être récupéré comme un droit de propriété intellectuelle. La non-contestation du savoir-faire favorise la diffusion des technologies, car elle protège les donneurs de licences de savoir-faire, qui peuvent transmettre leurs technologies à des preneurs plus puissants qu'eux, sans craindre que ces preneurs ne contestent leur savoir-faire après l'avoir absorbé.

(55) Sans préjudice de la possibilité du donneur de licence de résilier en cas de contestation par le preneur. Encore faut-il que la clause de non-contestation ait un objet ou un effet anticoncurrentiel, ce qui n'est pas le cas lorsque la licence est gratuite, ou lorsque le preneur n'utilise pas la technologie parce qu'elle est obsolète, car alors la clause ne lui cause aucun préjudice et ne limite pas sa liberté économique (V. CJCE, 27 sept. 1988, aff. 65/86, *Bayer c/ Hennecke*).

(56) V., pour la stratégie d'ententes mises en œuvre par Servier sur le marché du Périndopril, par l'achat ou la neutralisation de concurrents en contrepartie d'une partie de la rente qui bénéficierait à Servier, déc. 9 juill. 2014, n° 39614, *Servier*.

la diffusion des connaissances supposent au contraire que chaque titulaire d'une technologie soit maître de sa stratégie[57].

La question sensible des *pools* de brevets, ou des droits de propriété intellectuelle, est longuement examinée dans les *Lignes directrices* du 28 mars 2014[58]. Ces accords sont trop divers pour entrer dans le cadre d'une exemption catégorielle, et leurs effets sont tantôt positifs (quand il s'agit de parvenir à une quasi-normalisation dynamique d'un secteur économique), ou tantôt négatifs (systèmes de ventes en commun, ou normalisation par élimination des technologies nouvelles). La Commission considère que certains de ces *pools* sont non restrictifs, s'ils sont ouverts, limités aux seules technologies essentielles, évitant les échanges d'informations concurrentielles sensibles (par ex., prix), si les concessions sont non exclusives, et si les licenciés peuvent librement quitter le *pool*, contester les droits regroupés, et développer leur propre technologie.

827. – **Règlements d'exemption relatifs aux accords de spécialisation et de recherche et développement.** Ces deux règlements, nos 1217/2010 et 1218/2010 du 14 décembre 2010, s'articulent avec le règlement n° 316/2014 et priment sur lui. Le premier vise les accords de spécialisation et exempte notamment les accords concernant des PME[59] qui organisent la concession d'une licence soit en vue d'une production conjointe, soit à une entreprise commune. Si la licence est concédée à des tiers à l'accord, il ne s'agit plus de favoriser les parties à l'accord, mais de réaliser un regroupement de technologies. Ces regroupements doivent être examinés au cas par cas, car ils peuvent selon les situations être pro ou anti-concurrentiels[60][61].

Le second règlement vise les accords de recherche et développement. Il exempte les activités en commun de R&D, et s'étend à l'exploitation des résultats. Cela concerne donc les licences que peuvent se consentir les membres de l'accord (avec le cas échéant l'entreprise commune créée par eux), mais cela ne concerne pas les accords pour consentir éventuellement des licences à des tiers (car ces tiers sont par définition extérieurs à l'accord de R&D)[62].

B. – Ententes et droits de marque

828. – **Accords verticaux et horizontaux. Délimitation de marques.** Plus que les technologies, les marques se prêtent à des accords horizontaux, dont l'objet est de délimiter leur utilisation et, par conséquent, de cloisonner le marché intérieur en rendant difficile la circulation des produits revêtus de marques différentes selon le

(57) V., par ex., TPICE, 12 juin 1997, aff. T-504/93, *Tiercé Ladbroke c/ Commission*.

(58) Pts 244 et s.

(59) La faveur faite aux PME est visible par la fixation de seuils en parts de marchés au-delà desquels l'exemption ne joue pas (20 %) ; V. *supra*, n° 653.

(60) Tel est le cas de la mise en place de « normes » ou de standards industriels : l'uniformisation peut être un facteur de progrès, mais peut aussi avoir des effets d'exclusion, V. *Lignes directrices* 28 mars 2014 ; V. encore les illustrations dans l'affaire *Microsoft*, déc. 27 avr. 2004, préc.

(61) V. le cas exemplaire du groupement dit « Moving Pictures Expert Group 2 », qui regroupait les grandes entreprises électroniques pour la mise en commun des technologies pour les DVD, permettant une licence commune, disponible aussi pour les tiers utilisateurs (V. Conseil de la concurrence, rapport pour 2004).

(62) V. *Lignes directrices* préc.

lieu de leur première mise en vente[63]. Certes, les accords horizontaux de délimitation ne sont pas nécessairement restrictifs, car ils peuvent avoir pour objet de limiter le risque de confusion[64].

Il n'y a pas de règlement d'exemption par catégorie en matière de licences pures, ou à titre principal, de marques. Ces licences sont donc entièrement soumises au droit commun de la concurrence.

829. – **Règlement d'exemption n° 330/2010 du 20 avril 2010 concernant certaines catégories d'accords verticaux**[65]. Les accords verticaux de distribution concernent le plus souvent des produits « de marque », et incluent donc des licences de marque. Ces accords sont *a priori* « proconcurrentiels », sauf bien sûr lorsqu'ils ont pour objet de parvenir à des prix imposés ou ont pour effet de cloisonner le marché intérieur[66]. Leur caractère proconcurrentiel (sauf clauses « noires ») explique que le règlement n° 330/2010 exempte les dispositions des accords de distribution concernant la cession à l'acheteur ou l'utilisation par lui de droits de propriété industrielle, à la condition toutefois que ces dispositions ne constituent pas l'objet de l'accord, et qu'elles soient directement liées à l'utilisation, à la vente, ou à la revente des biens ou des services contractuels[67].

830. – **Licences et objet spécifique du droit de marque.** Comme en matière de droits de technologie, la jurisprudence de la Cour considère *a priori* non restrictives certaines clauses qui sont censées entrer dans l'objet spécifique de la marque (protection contre le risque de confusion, identification du produit et du fabricant, qualité, préservation de l'image par l'interdiction de vendre hors réseau à des opérateurs dévalorisants[68], responsabilité du fait du produit). Tel est le cas des clauses qui traduisent le choix du licencié, de celles qui interdisent les sous-licences[69], ou qui obligent à respecter les contrôles de qualité[70], ou encore à préserver les secrets[71].

De même, le titulaire du droit de marque est libre d'apposer sa ou ses marques sur les produits qu'il désire. Il est donc loisible à un titulaire de plusieurs marques de faire varier les marques en fonction des différents États de l'Union européenne. Mais cela ne peut justifier qu'il s'oppose à la libre circulation de tels produits dans l'espace européen, et donc aux importations parallèles[72]. Toutefois, le titulaire peut

(63) V. pour l'utilisation frauduleuse de marques uniquement pour faire échec aux importations parallèles, CJCE, 20 juin 1978, aff. 28/77, *Tepea c/ Commission*.

(64) V. la distinction entre les accords simples de délimitation, pour prévenir le risque de confusion, CJCE, 30 janv. 1985, aff. C-35-83, *BAT c/ Commission*. – *Adde*, déc. 15 déc. 1982, *Toltecs-Dorset* : *JOCE* n° L 379, 31 déc. 1982, et ceux qui ont pour objet ou effet une répartition des marchés, déc. 5 mars 1975, *Sirdar-Phildar* : *JOCE* n° L 125, 16 mai 1975, et déc. 23 déc. 1977, *Peneys* : *JOCE* n° L 60, 2 mars 1978.

(65) V. *supra*, n° 650.

(66) V. les clauses noires de restrictions territoriales visées dans le règlement n° 330/2010.

(67) Règl. n° 330/2010, art. 2, § 3.

(68) Pour le lien entre le droit de la concurrence et la règle de l'épuisement du droit de marque, en cas d'interdiction faite à des distributeurs de vendre hors réseau à des soldeurs, CJCE, 23 avr. 2009, aff. C-59/08, *Copad c/ Dior* ; V. *supra*, n°s 147 et 815. – CJUE, 12 juill. 2011, aff. C-324/09, *L'Oréal c/ eBay*. – CJUE, 18 juin 2009, aff. C-487/07, *L'Oréal c/ Bellure*.

(69) V. CJCE, 22 juin 1976, aff. 119-75, *Terrapin-Terranova*.

(70) Déc. 22 déc. 1971, *Burroughs* : *JOCE* n° L 13, 17 janv. 1972. – Déc. 23 déc. 1977, *Campari* : *JOCE* n° L 70, 10 mars 1978. – Déc. 23 mars 1990, *Moosehead-Whitbread* : *JOCE* n° L 100, 20 avr. 1990. – Déc. 12 juill. 1984, *Carlsberg* : *JOCE* n° L 207, 2 août 1984. Le contrôle de qualité peut légitimer des approvisionnements exclusifs, déc. *Campari* et *Moosehead*.

(71) Déc. *Campari*, préc.

(72) V. CJCE, 22 juin 1976, *Terrapin c/ Terranova*, préc. – CJUE, 8 avr. 2003, aff. C-244/00, *Van Doren*.

s'opposer à l'importation de ces produits si les marques ont été altérées ou en cas de reconditionnement ne respectant pas la marque(73).

Pour les mêmes raisons, le titulaire d'une marque est libre de refuser la vente de produits démarqués(74).

831. – **Clauses ne relevant pas de l'objet spécifique du droit de marque et restrictives de concurrence. Exclusivité.** On peut ici distinguer entre les accords verticaux (licences) et horizontaux.

En ce qui concerne les licences, certaines clauses améliorent la distribution et la production, en ce qu'elles obligent le licencié à se consacrer à la promotion des produits marqués, en rationalisant la distribution, ou en exigeant le respect de quotas. Tout est cependant ici question de proportion(75).

Il en est de même des clauses d'exclusivité, qui ne sont pas vues ici avec autant de faveur qu'en matière de brevets. L'exclusivité a été considérée comme éliminant les tiers en dépit de leur aptitude objective potentielle(76).

En ce qui concerne les accords horizontaux, il faut sous-distinguer. L'utilisation collective d'une marque n'est pas nécessairement anticoncurrentielle. Elle peut être l'équivalent d'un label de qualité, facteur de concurrence. Dans ce cas elle est rachetable(77). Les accords de délimitation peuvent sans doute n'avoir d'autre objectif que la prévention du risque de confusion. Mais ils servent trop souvent de prétexte à des répartitions par produit et par territoire, cloisonnant le marché intérieur(78).

832. – **Clauses restrictives de concurrence.** À l'instar de ce qui a été jugé en matière de technologies, les clauses de répartition territoriale, d'interdiction d'exporter, d'assujettissement excessif du distributeur, sont restrictives de concurrence. Bien peu peuvent être exemptées. Tel ne sera jamais le cas des clauses qui s'opposent aux importations parallèles, ou qui imposent des prix.

C. – Ententes et droits d'auteur

833. – **Ambivalence des droits d'auteur. Droits voisins. Technologies et œuvres de l'esprit.** La souplesse du droit d'auteur et l'aspect immatériel de certaines technologies modernes ont conduit les autorités européennes et nationales à choisir ce droit de propriété intellectuelle pour protéger des technologies comme la création des programmes d'ordinateurs(79). Des droits voisins au droit d'auteur ont aussi été assimilés dans un même objectif de protection(80)

(73) V. *supra*, n° 147. V. pour l'atteinte à l'image de luxe en cas de revente par des soldeurs, CJCE, 23 avr. 2009, *Copad c/ Dior*, préc. *supra*, n° 815.

(74) Déc. *Campari*, 23 déc. 1977 : *JOCE* n° L 70, 10 mars 1978.

(75) V. déc. *Campari*, préc.

(76) Déc. *Moosehead*, préc.

(77) V. déc. 27 juin 1967, *Transocéan* : *JOCE* n° L 163, 20 juill. 1967. – Déc. 4 nov. 1982, *Anseau-Navewa* : *JOCE* n° L 325, 4 déc. 1982.

(78) V. CJCE, 30 janv. 1985, aff. 35-83, *BAT*. – Déc. 5 mars 1975, *Sirdar-Phildar* : *JOCE* n° L 125, 16 mai 1975.

(79) V., par ex., Dir. n° 91/250, 14 mai 1991, concernant la protection juridique des programmes d'ordinateurs : *JOCE* n° L 122, 17 mai 1991 ; mais ce choix n'est ni exclusif, ni définitif dans le long terme. Rien n'interdirait d'introduire une protection comparable au droit de brevet, comme cela existe aux USA.

(80) V. Dir. n° 2001/29, 22 mai 2001 sur l'harmonisation de certains aspects du droit d'auteur et des droits voisins dans la société de l'information. – Sur la durée de la protection, V. D. n° 2006/116, 12 déc. 2006, mod. D. n° 2011/77, 27 sept. 2011.

834. – **Principes communs avec les droits portant sur les technologies.** Les accords de commercialisation ou de diffusion des œuvres ou de leurs supports contiennent souvent des stipulations d'exclusivité, par œuvre, par territoire, et pour une certaine durée. Certaines clauses peuvent bien sûr se justifier par l'objet spécifique du droit d'auteur (rémunération). La cession et la divisibilité (la « fragmentation ») du droit d'auteur font partie de son essence même, ou de son existence même, c'est-à-dire de son objet spécifique(81). Mais souvent, les contrats contiennent des clauses qui vont au-delà, que ce soit dans les accords verticaux (1°) ou dans les accords horizontaux (2°).

1° Accords verticaux

835. – Il peut arriver que la politique de licence aboutisse à cloisonner le marché intérieur. Mais il faut distinguer la cession du droit de représentation de celle du droit de reproduction (support).

836. – **Droit de représentation.** Il s'agit du droit de diffuser l'œuvre (en salle, ou sur les écrans TV). En soi, une licence exclusive de représentation n'est pas anticoncurrentielle, en raison des particularités inhérentes à la représentation (par ex., frais de doublage, nécessité d'une rentabilité primaire en salle). Toutefois, il ne faut pas que la licence exclusive crée des barrières artificielles à l'entrée sur tel ou tel marché national (ou linguistique)(82).

837. – **Droit de reproduction.** Des licences exclusives portant sur les supports des œuvres soulèvent bien sûr plus de difficultés par rapport à l'essence du droit d'auteur. Les licences portant sur les supports ne peuvent pas être « fermées », c'est-à-dire qu'elles doivent permettre les importations parallèles, si ce n'est « actives » de la part du licencié considéré, du moins « passives » de la part des autres licenciés établis dans d'autres États membres(83). Toutefois, ici encore, la licence ne doit pas dresser de barrières artificielles à l'entrée sur les marchés. Cela peut arriver lorsque la licence est consentie pour une durée qu'aucune considération objective ne justifie(84). Les raisons culturelles invoquées pour protéger les éditeurs locaux vont à l'encontre de l'objectif de décloisonnement des marchés(85).

2° Accords horizontaux

838. – Les accords horizontaux sont toujours plus suspects que les simples licences. C'est ainsi que l'achat en commun de droits (par ex., pour la retransmission d'évènements sportifs) peut avoir un effet d'exclusion. On est souvent tout près de la détention collective d'une facilité essentielle(86), s'il n'y a pas de substitut

(81) CJCE, 8 juin 1971, *Deutsche Grammophon*, préc.
(82) CJCE, 6 oct. 1982, *Coditel c/ Cinevog Films 2*, préc. – *Adde*, CJCE, déc. 15 sept. 1989, *ARD* (achat de films par les stations allemandes) : *JOCE* n° L 284, 3 oct. 1989.
(83) CJCE, 8 juin 1982, *Nungesser et Eisele c/ Commission*, préc.
(84) V. aff. *Knoll-Hille Form*, 13e rapport, nos 142 et s.
(85) V. l'affaire dite du « vieil homme et la mer », au sujet des « éditions partagées », qui fractionnent les cessions de droits selon un critère géographique, 6e rapport, n° 164. – V. encore CJCE, 17 janv. 1984, aff. 43/82, *VBVB et VBBB c/ Commission*, sur un système de prix mis en place dans deux États permettant de contrôler la distribution du livre dans chacun.
(86) V., pour l'acquisition des droits pour l'UER (Eurovision), TPICE, 11 juill. 1996, aff. T-528, 542, 543 et 546/93, *Metropole TV (M6) et RTI c/ Commission*.

économiquement concevable pour les entreprises exclues du système d'achat et de répartition[(87)].

839. – Gestion collective. Les droits de nombreux auteurs ou compositeurs sont gérés collectivement. En soi, la constitution et l'adhésion des auteurs à ces sociétés n'entrent pas dans les prévisions de l'article 101 TFUE. Elles poursuivent des buts légitimes[(88)(89)(90)].

Mais, pour plus d'efficacité, ces sociétés ont souvent tissé entre elles des conventions de représentation réciproques pouvant aboutir à empêcher l'accès des clients étrangers au répertoire d'une des sociétés, ces clients devenant obligés de passer par l'intermédiaire de la société de gestion collective établie dans leur État. Alors il pourrait y avoir cloisonnement du marché intérieur. Mais l'illicéité ne serait pas pour autant certaine. Le contrôle des représentations des œuvres est une nécessité objective et légitime pour ces sociétés de gestion collective. On ne saurait exiger de chacune d'elles de constituer dans tous les États des systèmes de gestion et de contrôle. Une coopération entre elles est donc justifiée au niveau de la représentation mutuelle, sans aller jusqu'à des répartitions territoriales au moyen d'exclusivités[(91)].

§ 2. – Droits de propriété intellectuelle et abus de position dominante

840. – Généralités. C'est sur le terrain que le conflit apparaît le plus net entre la détention du monopole que confère un droit de propriété industrielle, et la finalité économique de la construction européenne, qui postule fluidité et décloisonnement des marchés. Il peut arriver que la détention de droits de propriété industrielle caractérise une position dominante, ou participe au pouvoir de marché résultant de la domination[(92)]. Pourtant, les autorités et juridictions européennes et nationales de concurrence sont globalement parvenues à des solutions équilibrées[(93)]. On ne peut en effet poser en principe que ni l'acquisition (A) ni l'exercice (B) des droits de propriété intellectuelle sont par nature hors des prévisions de ce texte.

A. – L'acquisition de droits de propriété intellectuelle

841. – *A priori* favorable. Il ne saurait en principe y avoir abus dans le simple fait d'obtenir le bénéfice d'un droit exclusif accordé par la loi, dont la substance consiste à pouvoir empêcher la fabrication et la vente des produits protégés par des tiers

(87) V. *supra*, n° 726.
(88) V. les arrêts *SACEM*, CJCE, 13 juill. 1989, aff. 395/87, *Tournier*, et aff. 110, 241 et 242/88, *Lucazeau*.
(89) Sous réserve d'éventuels abus de position dominante commis par elles, V. *infra*, n°s 840 et s.
(90) La clause « forfaitaire » qui permet de rémunérer l'accès à des sous-ensembles d'œuvres, a elle aussi été légitimée (mêmes arrêts).
(91) V. aff. *CISAC*, Trib. UE, 12 avr. 2013, aff. T-442/08, et parmi les vingt autres affaires, *SACEM*, aff. T-422/08.
(92) V. *supra*, n° 689.
(93) V., par ex., Conseil de la concurrence français, rapport pour 2004, ou L. Idot, *Droits exclusifs et abus de position dominante : LPA* 25 nov. 2005.

non autorisés[94]. L'acquisition d'un monopole légal n'est en effet pas en principe sanctionné par l'article 102 TFUE[95].

842. – **Situations illicites.** Il peut cependant arriver que cette acquisition soit en elle-même reprochable, comme renforcement d'une position dominante : tel est le cas de l'acquisition par l'entreprise dominante d'un brevet concurrent de celui qu'elle exploite, pour le stériliser[96], ou de l'acquisition d'un brevet (ou d'une licence) sans justification objective[97].

Tel peut encore être le cas d'une entreprise qui, profitant du laxisme des autorités qui enregistrent les droits de propriété industrielle[98], déposera des brevets faibles, ou aux revendications imprécises et larges, de manière à empêcher les concurrents innovants de déposer à leur tour des brevets[99]. Il arrive même que les titulaires de droits dupent les autorités compétentes, pour obtenir la protection de brevets dans le seul but d'empêcher la concurrence d'apparaître[100]. Ces pratiques, surtout si elles sont multipliées, permettent à l'entreprise qui en bénéficie de menacer abusivement de contrefaçon les concurrents innovants, afin d'obtenir des contreparties ou des licences de la part de ces derniers[101]. Tel peut encore être le cas de la stratégie conduisant à mettre en place des « buissons de brevets », ou à thésauriser les brevets sans les exploiter[102].

B. – L'exercice des droits de propriété intellectuelle

843. – **Non-utilisation par le titulaire lui-même.** *A priori*, le monopole conféré au titulaire lui permet, à son choix, d'utiliser son droit, ou de ne pas l'utiliser. C'est l'objet spécifique du droit qui est ici en cause[103]. Ce ne peut être que dans des circonstances exceptionnelles que le non-usage du droit se révèle un abus de position dominante. Tel est le cas d'une politique de stérilisation des droits, afin d'empêcher le marché ou les utilisateurs finals de bénéficier de la technologie stérilisée, pour leur imposer une technologie, obsolète, ou plus rentable pour le titulaire[104].

844. – **Refus de concéder le droit aux tiers et licence forcée.** Si le titulaire n'est pas en position dominante, les tiers ont *a priori* un accès concurrentiel au marché, et à une technologie suffisante. En revanche, lorsque le titulaire est en position dominante sur le marché, il faut concilier l'accès au marché des tiers

(94) V. CJCE, 5 oct. 1988, *Cicra et Maxicar c/ Renault*, préc.
(95) V. *supra*, n° 689.
(96) V. TPICE, 10 juill. 1990, *Tetra Pack Rausing*, préc. – V. encore déc. 9 juill. 2014, n° 39612, *Servier*.
(97) Technologie connue et inutile à l'entreprise ; V. aff. *Tetra Pack* ; une technologie innovante ne soulève pas la même difficulté.
(98) Faudra-t-il à leur égard recourir à la théorie de l'abus automatique ?
(99) V. Conseil de la concurrence, rapport pour 2004, préc.
(100) V. à ce sujet l'affaire *AstraZeneca*, où ce laboratoire pharmaceutique a été sanctionné pour avoir trompé les offices délivrant les brevets et les AMM, pour obtenir une protection étendue, empêchant l'apparition de génériques, déc. 15 juin 2005, n° 35507. – Trib. UE, 1er juill. 2010, aff. T-321/05, et CJUE, 6 déc. 2012, aff. C-457/10P.
(101) Ces menaces pourraient être une forme d'abus.
(102) V., aux États-Unis, l'affaire des « brevets assassins », dans laquelle la société Rank Xerox multipliait par millions le nombre de brevets et leur renouvellement, résolue par un *consent order* le 29 juillet 1975.
(103) En matière de libre circulation des marchandises, V. *supra*, n° 142.
(104) V. TPICE, 10 juill. 1990, aff. T-51/89, aff. *Tetra Pack c/ Commission*.

(objectif de fluidité) et la nature particulière du monopole conféré par le droit de la propriété industrielle. On ne peut poser en axiome que l'accès au droit de propriété industrielle détenu par l'entreprise dominante soit toujours nécessaire pour pénétrer le marché. Bien plus, le monopole du titulaire inclut l'action en contrefaçon, qui donne justement le droit d'empêcher les entreprises tierces de fabriquer avec la même technologie (ou le même droit de propriété industrielle) des produits directement concurrents (même marché) de ceux qui sont fabriqués par le titulaire. Sinon, l'action en contrefaçon serait vidée de toute substance.

Ce ne peut donc être que dans des « circonstances exceptionnelles » que peut être vaincu le refus du titulaire en position dominante de consentir une licence[105]. La Cour de justice a développé une approche prudente qui s'appuie sur la théorie des facilités essentielles[106]. La jurisprudence s'est progressivement fixée. Quatre conditions économiques doivent être remplies, qui s'articulent parfois difficilement avec les principes sur lesquels repose le droit de la propriété intellectuelle.

La première condition est que le refus établisse une barrière à l'entrée sur un marché. Il faut pour cela que l'utilisation du produit ou du service ouvert par un droit de propriété intellectuelle soit indispensable, c'est-à-dire qu'il ne doit pas y avoir de substitut économiquement acceptable[107].

La deuxième condition est que l'utilisation envisagée pour le droit de propriété intellectuelle en cause ait lieu sur un marché distinct de celui sur lequel l'entreprise dominante fournit ses produits ou ses services. Si cette entreprise, dominante sur ce marché, l'approvisionne normalement avec des produits couverts par son droit de propriété intellectuelle, elle ne commet aucun abus. Elle bénéficie tout simplement du monopole que lui confère son droit, ce qui lui permet de protéger par l'action en contrefaçon la duplication des produits en cause. En revanche, l'entreprise dominante sur un marché est critiquable si elle utilise les instruments de sa domination pour entraver l'accès à un marché distinct[108].

La troisième condition est que le refus fasse obstacle à l'apparition d'un produit nouveau pour lequel il existe une demande potentielle et identifiable. Cette condition vise à garantir le monopole du titulaire, qui serait vraiment privé de toute signification si tous ses concurrents potentiels pouvaient exiger des licences pour faire ce que fait déjà le titulaire sur le marché amont comme sur le marché

(105) V. aff. *Magill-TV Guide*, CJCE, 6 avr. 1995, aff. C-241 et 242 P, *RTE et ITP c/ Commission*. Il s'agissait des refus opposés en Irlande par certaines chaînes de télévision, titulaires de droits d'auteur sur leurs grilles de programme, de consentir des licences sur ces grilles, empêchant l'apparition sur le marché des journaux TV, d'un nouveau produit consistant en l'occurrence en des guides hebdomadaires comme on en connaît en France.

(106) V. *supra*, n° 726. – Pour l'usage du terme, TPICE, 12 déc. 2000, aff. T-128/98, *Aéroport de Paris*. – Cette théorie d'origine américaine n'a pas été retenue par la Cour suprême des États-Unis, et ne l'a spécialement pas été pas en matière de propriétés intellectuelles. Dans son arrêt *Verizon Trinko* du 13 janvier 2004 (540.US.398), la Cour suprême a manifesté ses réticences en matière de droits de propriété industrielle. Ceux-ci sont des actifs et, à ce titre, relèvent du droit de propriété. Ce qui exclut *a priori* un contrat forcé, sauf circonstances tout à fait exceptionnelles. La question est aussi de savoir si, d'un point de vue économique, l'octroi de licences obligatoires ne réduit finalement pas les incitations à innover.

(107) V. aff. *Magill*, *IMS Health*, et *Microsoft*, préc. – *Adde, a contrario*, CJCE, 26 nov. 1998, aff. C-7/97, *Oscar Bronner*.

(108) V. aff. *Microsoft*, préc., pour la distinction entre les marchés des systèmes d'exploitation PC et des systèmes d'exploitation pour serveurs de groupe de travail. Cette exigence impose de ne faire jouer la théorie que s'il y a des entraves insurmontables sur le marché distinct de celui sur lequel opère l'entreprise dominante, et si y recourir est indispensable pour éviter que le droit de la concurrence n'aboutisse à la contrefaçon.

aval. Cela signifie que le produit ne doit pas encore être offert sur le marché considéré[109]. Si le titulaire d'un droit de propriété intellectuelle ou industrielle approvisionne toute la demande, son monopole est justifié[110]. Dans la perspective du droit de la concurrence, on doit identifier une demande pour ce produit nouveau. Cette demande n'a pas à être constatée en fait. Elle peut être potentielle[111], voire raisonnablement hypothétique[112].

Cela étant, un produit peut être nouveau et substituable en tout ou partie à celui déjà offert par l'entreprise dominante. Le critère de nouveauté n'est pas celui d'insubstituabilité. L'objectif ultime est la satisfaction de la demande. Finalement, la seule chose que ne peuvent pas obtenir les demandeurs est d'avoir accès à la technologie pour reproduire exactement ce que fait l'entreprise dominante. Le concept de produit nouveau doit s'apprécier en fonction de l'objectif ultime de satisfaction des consommateurs. Un produit nouveau peut être substituable à ceux déjà présents, pourvu qu'il révèle une évolution qualitative de l'offre, par exemple au moyen d'une évolution des technologies.

La quatrième condition est que le refus ne soit pas justifié par des considérations objectives. Ces conditions peuvent tenir à la protection du droit lui-même[113]. Elles peuvent aussi tenir à des considérations de marché, voire, sous certaines conditions, de stratégie commerciale[114]. En clair, la demande de licence n'est légitime que si elle est nécessaire pour accéder au marché, et que si elle est proportionnée à cet objectif.

Il peut donc arriver que, dans les circonstances exceptionnelles décrites, le titulaire du droit de propriété intellectuelle en position dominante se trouve obligé de consentir des licences à des tiers. Les conditions de ce contrat doivent traduire le principe de proportionnalité. La licence ne doit porter que sur ce qui est nécessaire pour mettre un terme à l'abus[115], aux conditions du marché. Cela pèsera évidemment sur le prix des licences, et donc sur les coûts des bénéficiaires des licences[116]. L'exigence des conditions « raisonnables » peut conduire à des appréciations délicates. En effet, il faut en principe qu'une entreprise licenciée payant une redevance raisonnable, et gérée correctement, puisse dégager une marge en exploitant la technologie. Le prix raisonnable doit en principe éviter

(109) Par ex. l'apparition d'un guide hebdomadaire jusque-là absent, dans l'affaire *Magill*.

(110) V., par ex., CJCE, 5 oct. 1988, *Volvo*.

(111) V. pour les guides de télévision, aff. *Magill*, préc.

(112) V. CJCE, 29 avr. 2004, *IMS Health*, préc.

(113) V. la distinction, dans l'affaire *Microsoft*, entre l'interopérabilité (extérieur) et le cœur des logiciels, à la lumière de la balance entre la légitimité du secret et l'affaiblissement possible de l'innovation résultant d'un refus trop large. – V. encore, pour la légitimité de la protection des créateurs, CJCE, 11 déc. 2008, aff. C-52/07, *Kanal 5 et TV 4*.

(114) *A contrario*, un refus peut donc être abusif s'il est motivé par une volonté de pratiquer des prix excessifs ou inéquitables sur le marché européen, V. TPICE, 16 déc. 1999, aff. T-178/98, *Micro Leader Business c/ Commission*, pour le refus de Microsoft d'importer en Europe des logiciels mis en vente au Canada, afin de maintenir des prix élevés en Europe.

(115) On ne saurait contraindre à consentir une licence permettant aux tiers de concurrencer le titulaire sur le marché qu'il occupait auparavant, sauf à vider l'action en contrefaçon de toute substance, alors qu'elle participe à l'objet spécifique du droit. La licence doit donc viser le marché aval et le produit nouveau que l'abus empêchait ; V., par ex., la limitation à l'interopérabilité dans l'affaire *Microsoft*, préc. (bien que la limite ne soit pas aisée à établir).

(116) V. CJCE, 5 oct. 1988, *Volvo, Tiercé Ladbroke*. – CJCE, 12 juin 1997, *Magill (RTE et ITP)*. – CJCE, 6 avr. 1995, *IMS Health*, préc. ; il est possible donc de tenir compte des efforts des licenciés pour améliorer la technologie.

l'effet de « ciseau »[(117)]. Cependant, il arrive qu'il faille, pour des considérations particulièrement impérieuses, décider que les licences seront consenties à des conditions financières inférieures à celles qui résulteraient du marché. On a admis, dans des situations tout à fait exceptionnelles d'ouverture de certains marchés à la concurrence, sur lesquels les opérateurs historiques disposaient encore de positions tout à fait considérables, que les redevances pouvaient être fixées par rapport aux coûts « incrémentaux » de cet opérateur historique contraint de donner des licences[(118)].

845. – **Abus dans les redevances.** Voisins des refus, mais ne conduisant pas en principe à des licences forcées, des abus peuvent être contestés en cas de redevances excessives ou non équitables, ou imposées à des opérateurs pour des services qu'ils n'utilisent pas[(119)].

846. – **Abus dans la réservation exclusive d'images sportives et de la retransmission d'évènements majeurs.** Il ne s'agit plus exactement de droits de propriété intellectuelle, puisque l'exclusivité résulte alors de clauses contractuelles octroyant une exclusivité de retransmission à certains opérateurs[(120)]. Si les évènements sont d'une importance majeure pour la société d'un État membre, celui-ci peut établir une liste d'évènements pouvant être retransmis par d'autres que le titulaire contractuel de l'exclusivité[(121)].

SECTION 3

DROITS DE PROPRIÉTÉ INTELLECTUELLE ET RESTRUCTURATIONS

847. – **Analyses de marché.** L'analyse économique est ici décisive pour apprécier si la restructuration entraîne une diminution significative de la concurrence effective. Dans cette analyse, les autorités de concurrence analysent d'abord les marchés en tenant compte des droits détenus[(122)], et des barrières à l'entrée sur le marché qui peuvent en résulter[(123)]. Elles apprécient ensuite l'impact que donne à la nouvelle entité la détention de droits de propriété intellectuelle. Les analyses sont ici très proches de celles conduites sur le fondement des règles relatives aux abus de

(117) V. *supra*, n°s 727 et 728.

(118) V. *supra*, n°s 727 et 728 ; coûts variables du service ou de l'accès offerts, plus uniquement les coûts fixes liés à l'activité concurrentielle en cause.

(119) CJCE, 16 juill. 2009, aff. C-385/07 P, *Duales System Deutschland (DSD)*, pour des redevances sur le logo « Grune Punkt » même en cas d'utilisation d'un autre système d'élimination des déchets ; sur la possibilité d'une justification objective de prix apparemment élevés par des sociétés de gestion collective des droits d'auteur, en raison de la nécessité de rémunérer les créateurs, CJCE, 11 déc. 2008, *Kanal 5 et T.* – V., à propos des sociétés de gestion collective, CJUE, 27 févr. 2014, aff. C-351/12, *OSA*.

(120) Les pays européens ne connaissent pas le droit d'arène, accordé aux sportifs par le droit brésilien, qui est une extension du droit à l'image. V. cependant, pour les spectacles vivants, CPI, art. L. 112-2.

(121) V., sur le fondement de la directive n° 89/552, et implicitement sur l'article 102 TFUE : Trib. UE, 17 févr. 2011, aff. T-55/08, *UEFA*, et aff. T-385/07, *FIFA*, puis CJUE, 18 juill. 2013, aff. C-201/11 P, *UEFA* et aff. C-205/11 P, *FIFA*.

(122) V. *supra*, n° 817.

(123) V. *supra*, n°s 478 et 480.

positions dominantes, et de celles conduites en appliquant le test SIEC reconnu par le règlement n° 139/2004. Les effets de gamme(124), de portefeuille, ou de levier(125), les effets de réseau, de même que la détention de buissons de brevets peuvent se révéler décisifs pour le test « SIEC »(126).

(124) V. déc. 15 oct. 1997, *Guiness Metropolitan* : *JOCE* n° L 288, 27 oct. 1998. – Déc. 22 janv. 1997, *Amalgated Beverages* : *JOCE* n° L 218, 9 août 1997. – Déc. 11 sept. 1997, *Coca Cola Carlsberg* : *JOCE* n° L 145, 15 mai 1998. – Déc. 24 juin 2005, aff. M.3779, *Pernod Ricard-Allied Domecq*.

(125) Fait de profiter d'une marque forte pour imposer sur le marché une marque faible, par exemple en maintenant des exclusivités de distribution couplées dans un réseau.

(126) Sur toutes ces questions, V. *supra*, n° 725, nos 793 et 796, et les réf. – V., par ex., déc. 3 mai 2000, aff. M.1671, *Dow Chemical-Union Carbide*. – Déc. 8 juin 1994, aff. M.269, *Shell-Montecatini* pour des brevets, et déc. 16 janv. 1996, aff. M.623, *Kimberly-Clark-Scott*. – Déc. 11 sept. 1997, aff. M.833, *Coca-Cola-Carlsberg*. – Déc. 31 janv. 2001, aff. M.2097, *SCA-Metsa Tissue*. – Pour l'effet de portefeuille, déc. 8 mars 2000, aff. M.1802, *Unilever-Amora-Maille*. – Déc. 15 oct. 1997, aff. M.938, *Guiness-Metropolitan*, et TPICE, 3 avr. 2003, aff. T-114/02, *Babyliss*.

CHAPITRE 6

LES RÈGLES DE PROCÉDURE

848. – **Généralités. Convention européenne des droits de l'homme. Charte des droits fondamentaux.** Cet ouvrage ne se prête pas à une étude approfondie de ces règles et on renverra le lecteur aux ouvrages plus exhaustifs[1]. L'action des autorités européennes administratives ou juridictionnelles est encadrée par les principes de la Convention européenne des droits de l'homme et par ceux, voisins, de la Charte des droits fondamentaux.

Si la Commission demeure une autorité administrative, et peut donc cumuler les fonctions d'accusation et de sanction sans violer ces droits fondamentaux, c'est sous la condition de recours devant de vraies juridictions au sens de cet article[2].

849. – **Principes fondamentaux de procédure.** Font ainsi partie de ces droits fondamentaux transversaux le respect de la présomption d'innocence[3], la règle selon laquelle la charge de la preuve d'une infraction incombe à la partie poursuivante[4], ce qui fait que le doute profite au poursuivi[5], le droit de ne pas contribuer à sa propre incrimination[6], le droit à un procès équitable, devant une institution impartiale[7], dans un délai raisonnable[8].

850. – **Règlement n° 1/2003 et importance renforcée des règles nationales de procédure pour l'application du droit de la concurrence.** Ce règlement a donné compétence aux juridictions et autorités nationales pour appliquer l'intégralité de l'article 101 TFUE. Elle a maintenu leur compétence pour la mise en œuvre de l'article 102 TFUE. En ce qui concerne les autorités nationales de concurrence (ANC),

(1) V. Canivet, Idot, et Simon (ss dir.), *Lamy procédures communautaires*, 2 vol., 2005. – Idot, *Droit communautaire de la concurrence, le nouveau système de mise en œuvre des articles 81 et 82*, Bruylant-FEC, 2004. – Vanderstanden et Barav, *Contentieux communautaire*, Bruylant, 1977. – Rideau et Picod, *Code des procédures juridictionnelles de l'Union européenne*, Litec, 2002. – Vogel, *Droit européen de la concurrence*, Lawlex, 2009.

(2) TPICE, 14 mai 1998, aff. T-348/94, *Enso Espanola c/ Commission*.

(3) Trib. UE, 15 déc. 2010, aff. T-141/08, *EON*, et CJUE, 22 nov. 2012, aff. C-89/112. – Trib. UE, 29 juin 2012, aff. T-370/09, *GDF-SUEZ*. – Trib. UE, 13 sept. 2013, aff. T-548/08, *Total*. – Trib. UE, 12 avr. 2013, aff. T-442/08, *CISAC*.

(4) CJUE, 17 juin 2010, aff. C-413/08 P, *Lafarge*. – CJUE, 1er juill. 2010, aff. C-407/08 P, *Knauf Gips*. – Trib. UE, 1er juill. 2010, *AstraZeneca*, préc.

(5) Trib. UE, 12 juill. 2011, aff. T-112/07, *Hitachi*. – Trib. UE, 16 juin 2011, aff. T-235/07, *Bavaria*. – Trib. UE, 12 avr. 2013, aff. T-442/08, *CISAC*.

(6) Trib. UE, 12 déc. 2012, aff. T-352/09, *Novàcke Chemicke Zàvody*.

(7) CJUE, 11 juill. 2013, aff. C-439/11 P, *Ziegler*.

(8) CJUE, 29 mars 2011, aff. C-201 et 216/09 P, *Arcelor Mittal*. – Trib. UE, 14 avr. 2011, aff. T-461/07, *Visa Europe* ; Il faut ici distinguer la procédure administrative de la procédure juridictionnelle.

celles-ci sont désormais organisées en réseau. L'organisation du réseau européen peut aboutir à désigner l'autorité nationale de concurrence la mieux placée[9], sauf si la Commission décide d'évoquer l'affaire, ce qui dessaisit alors les ANC[10].

851. - **Autonomie procédurale.** Le principe de l'autonomie procédurale signifie que chaque autorité ou juridiction compétente pour appliquer les articles 101 et 102 TFUE le fait avec les règles de procédure de son droit national. Des règles de procédures internes, non similaires à celles du droit européen, peuvent donc parfaitement être appliquées[11]. Ce principe est naturel dans un système décentralisé. Une limite existe toutefois. L'application des règles procédurales nationales ne doit pas compromettre l'effet utile des articles 101 et 102 TFUE (principe d'effectivité du droit de l'Union)[12].

852. - **Règles de preuve et de prescription.** Ces règles sont autant des règles matérielles relatives à l'action en justice que des règles de procédure. Elles figurent cependant dans le règlement de procédure n° 1/2003.

En ce qui concerne la preuve, d'abord, il faut distinguer la charge de la preuve des modalités de la preuve. En ce qui concerne la charge de la preuve, l'article 2 du règlement n° 1/2003 pose des règles applicables dans toutes les procédures nationales et européennes. Celles-ci sont en parfaite harmonie avec les principes que l'on trouve dans l'article 1315 du Code civil français. En ce qui concerne l'application de l'article 101 TFUE, le demandeur (entreprise ou autorité) qui allègue une violation du § 1 doit en apporter la preuve, et c'est alors au défendeur qui soutient que le § 3 est applicable de prouver que les conditions cumulatives d'application de ce § 3 sont réunies (le défendeur au principal devient en effet demandeur à l'exception)[13]. Pour l'article 102 TFUE, les choses sont évidemment plus simples puisque ce texte est conçu d'un bloc : c'est donc à celui (entreprise ou autorité) qui invoque une violation de cet article d'apporter la preuve que les conditions sont réunies[14][15].

En ce qui concerne les modalités de preuve, les principes ne sont pas plus surprenants en droit, mais peuvent être quelquefois malmenés par les autorités de concurrence. En effet, la matière est répressive, et quasi pénale[16]. La preuve est certes libre[17], puisqu'il s'agit de prouver des comportements et des faits, et que les éventuels conventions ou accords sont des faits pour les tiers et les autorités

(9) V. Règl. n° 1/2003, art. 13. – Comm. CE, communication relative à la coopération au sein du réseau des ANC, 27 avr. 2004 ; V. *supra*, n°s 461 et s.

(10) Règl. n° 1/2003, art. 11, § 3.

(11) V., pour les conditions auxquelles les mesures conservatoires peuvent être ordonnées, sur la base de l'article L. 464-1 du Code de commerce, et non sur celles résultant alors de la jurisprudence européenne, Cass. com., 14 déc. 2004 : *Bull. civ.* 2004, IV, 225.

(12) Pour les principes d'équivalence et d'effectivité, CJCE, 13 juill. 2006, *Manfredi*, préc., V. *supra*, n°s 457, 458, 667 et 668.

(13) Les preuves apportées par les entreprises poursuivies doivent être appréciées sérieusement par la Commission, ce qui peut la conduire à tenir compte des spécificités du secteur économique auxquelles elle n'avait pas jusque-là prêté assez d'attention, V. CJCE, 6 oct. 2009, aff. C-501/06 P, *GlaxoSmithKline Services*.

(14) La possibilité de justifications objectives (V. *supra*, n° 730) renvoie en bon sens la preuve à l'entreprise poursuivie.

(15) Ces règles de preuve sont évidemment pour une bonne part théoriques, car le déroulement d'une procédure conduit nécessairement à des échanges d'arguments et de preuves. Elles peuvent néanmoins, comme toutes les règles de preuve, permettre de sanctionner la carence d'une partie.

(16) CJCE, 21 sept. 1989, aff. 46/87 et 227/88, *Hoescht*. – CJUE, 18 oct. 1989, aff. 374/87, *OrKem*.

(17) Trib. UE, 12 juill. 2011, aff. T-112/07, *Hitachi*.

poursuivantes. Des indices peuvent donc être utilisés[18]. Mais la preuve doit être apportée à suffisance de droit. Cela veut dire que les indices retenus doivent être non seulement concordants[19], mais encore suffisants. Ils doivent aller au-delà du doute raisonnable[20], car le principe est que le doute profite à la partie poursuivie[21].

En ce qui concerne ensuite la prescription, qui est généralement sanctionnée par l'irrecevabilité[22], le règlement n° 1/2003 s'est gardé de remettre en cause les différentes règles nationales. Celles-ci sont très variables, et visent tantôt la prescription de l'action, tantôt celle de la sanction, tantôt les deux[23]. Le règlement n° 1/2003, dans son article 25, pose deux prescriptions. Le pouvoir de la Commission pour édicter des sanctions se prescrit par trois ans pour les infractions relatives aux demandes de renseignements et aux inspections[24], et par cinq ans pour les autres infractions[25], le point de départ étant le jour de commission de l'infraction[26]. L'article 25, § 3 détaille enfin les causes d'interruption de la prescription[27][28][29].

Le règlement n° 1/2003 a conduit le législateur français à aligner les règles nationales de prescription. L'Autorité de la concurrence ne peut être saisie de faits remontant à plus de cinq ans s'il n'a été fait aucun acte tendant à leur recherche, à leur constatation, ou à leur sanction[30].

Ces règles de prescription ne s'appliquent pas devant les juridictions de droit commun, en vertu du principe de l'autonomie procédurale. Sont donc applicables devant les juridictions françaises les règles de prescription de droit commun qui gouverneront les actions en nullité, en cessation ou en dommages et intérêts.

853. – **Plan.** Les règles procédurales sont plus complexes pour l'application des articles 101 et 102 TFUE que pour le règlement relatif au contrôle des concentrations. Pour les premières, il faut en effet tenir compte de la multiplicité de compétences, résultant non seulement du réseau des ANC, mais encore du rôle des juridictions nationales que l'on souhaite développer (Section 1). Pour le contrôle des concentrations, le partage des compétences est plus clair, et recouvre la distinction des champs d'application des règles matérielles européennes et nationales (Section 2).

(18) CJCE, 14 juill. 1972, aff. 48/69, *ICI*.

(19) CJCE, 28 mars 1984, aff. 29 et 30/83, *CRAM*. – TPICE, 8 juill. 2008, aff. T-54/03, *Lafarge*.

(20) TPICE, 8 juill. 2008, *Lafarge* préc. – TPICE, ord., 27 sept. 2006, aff. T-44/02, *Dresdner Bank*.

(21) Trib. UE, 12 juill. 2011, *Hitachi*, préc.

(22) Au moins pour la saisine, si celle-ci est effectuée en temps déjà prescrit, V. Conseil de la concurrence, rapport pour 2002.

(23) V. en droit français de la concurrence, l'étude thématique *in* Conseil de la concurrence, rapport pour 2002.

(24) Visés à l'article 23, § 1, plus les astreintes pour inexactitude de renseignement ou refus d'accepter une inspection, Règl. n° 1/2003, art. 24, § 1.*d*.

(25) Notamment violation des articles 101 ou 102 TFUE, ou inexécution d'engagements rendus obligatoires, Règl. n° 1/2003, art. 23, § 2.

(26) Règl. n° 1/2003, art. 25, § 2 ; sous réserve bien sûr des infractions continues ou continuées ; V. Trib. UE, 3 mars 2011, aff. T-117 et 121/07, *Areva*. – CJUE, 11 juill. 2013, aff. C-429/11, *Gosselin Group*.

(27) Tout acte visant à l'instruction ou à la poursuite de l'infraction, ce qui est notamment le cas de la communication de griefs effectuée par une ANC. – Trib. UE, 27 juin 2012, aff. T-372/10, *Balloré*.

(28) L'interruption fait courir un nouveau délai, mais si, au bout de dix ans, la Commission n'a prononcé aucune amende ou astreinte, la prescription est acquise (Règl. n° 1/2003, art. 25, § 5).

(29) La procédure devant la Commission est suspendue le temps des recours portés devant les juridictions, Trib. UE, 25 juin 2010, aff. T-66/01, *ICI* ; cela vaut à l'égard de toutes les entreprises ayant participé à l'infraction ; V. Trib. UE, 27 juin 2012, *Bolloré*, préc.

(30) C. com., art. L. 462-7.

SECTION 1

LES RÈGLES DE PROCÉDURE RELATIVES AUX ARTICLES 101 ET 102 TFUE

On distinguera les procédures devant la Commission (§ 1) des procédures devant les autorités et juridictions nationales (§ 2).

§ 1. – Les procédures devant la Commission

854. – **Plan.** On suivra l'ordre chronologique approximatif d'une procédure devant la Commission, tout en soulignant que la recherche de preuves peut être déclenchée à tout moment de la procédure préalable ou administrative. Par commodité, on examinera d'abord les demandes adressées à la Commission (A), puis la recherche des preuves (B), le déroulement de la procédure administrative (C), les décisions et les sanctions (D), et enfin les recours (E).

A. – Les demandes adressées à la Commission

855. – **Parties et plaignants.** Si la Commission peut se saisir d'office[31], les parties sont relativement dépourvues de moyens d'action devant la Commission depuis l'entrée en vigueur du règlement n° 1/2003. Aussi leur a-t-on permis de demander à la Commission de clarifier l'application du droit de l'Union à leur situation, plutôt que de les contraindre à attendre d'éventuelles poursuites (1°). Les plaignants sont mieux traités en apparence, mais exposés aux multiples causes de rejet et de refus d'examen de leurs plaintes (2°).

1° La saisine aux fins de clarification : les lettres d'orientation

856. – **Risques de l'auto-évaluation et lettres d'orientation.** Depuis que l'obligation de notification à la Commission pour bénéficier d'une exemption individuelle a disparu (avec le règlement n° 1/2003), les entreprises sont exposées à la sanction *a posteriori* de leurs comportements. Elles doivent donc, lorsqu'elles décident une action sur le marché, auto-évaluer celle-ci, avec toutes les incertitudes qui en résultent. Certes, la jurisprudence est à présent bien assise, et la Commission a publié un grand nombre de *Lignes directrices* qui constituent des guides précieux. Toutefois, la Commission peut accepter de se livrer à l'analyse de certaines opérations, si les entreprises sollicitent auprès d'elle une lettre d'orientation. Cette lettre ne peut être obtenue que si trois conditions strictes sont cumulativement réunies[32]. Il faut d'abord que la question soit nouvelle[33], ensuite que la clarification soit utile[34] et, enfin, que l'analyse de

(31) Règl. n° 1/2003, art. 7.

(32) V. Comm. CE, communication 27 avr. 2004 relative à des orientations informelles sur des questions nouvelles qui se posent dans des affaires individuelles.

(33) La nouveauté est à apprécier au regard de l'ensemble de la jurisprudence et des textes adoptés.

(34) L'utilité est un critère plus complexe. Elle peut dépendre de l'intérêt des consommateurs ou de la demande (par ex., produit ou service plus ou moins indispensable), de la fréquence de la pratique sur le marché, ou des intérêts financiers ou commerciaux en jeu (par ex., volume d'investissement).

la Commission puisse être effectuée sur la seule base des informations communiquées par les parties à l'opération.

De plus, la Commission refuse d'intervenir en cas de procédure en cours, ou pour répondre à des questions hypothétiques(35).

Ce genre de lettre ne donne qu'une sécurité relative. Elle ne lie même pas la Commission, car des investigations ou des informations supplémentaires pourront l'amener à rectifier l'opinion qu'elle aurait donnée dans la lettre d'orientation. Cette procédure semble quasiment oubliée.

2° Le traitement des plaintes

857. – **Saisine de la Commission (Règl. n° 1/2003, art. 7).** La Commission peut être saisie par toute personne physique ou morale ayant un intérêt légitime à le faire. Cela peut donc être fait par les auteurs des pratiques, surtout participant à une entente.

Mais la Commission est souvent saisie par une entreprise tierce qui s'estimerait victime. La Commission peut aussi se saisir d'office pour constater une infraction(36).

858. – **Les rejets de plainte.** Il y a plusieurs causes de rejets de plainte sans examen par la Commission.

La première est le défaut d'intérêt du plaignant, à qui il appartient de démontrer l'intérêt qu'il a à agir. En droit européen, les associations d'entreprises ou de consommateurs, voire des collectivités publiques, peuvent avoir un intérêt, indirect, mais suffisant, à saisir la Commission si leurs membres sont touchés par les conséquences de la pratique dénoncée(37)(38). Mais les plaintes *pro bono publico* ne sont pas recevables(39). Faute de cet intérêt à agir, la plainte ne sera pas traitée comme telle. Elle vaudra cependant information de la Commission, lui permettant le cas échéant de se saisir d'office.

La deuxième cause de rejet est l'acquisition de la prescription(40).

La troisième cause de rejet de plainte s'explique par la constitution du réseau des autorités de concurrence. La Commission peut la rejeter au motif qu'une ANC traite déjà l'affaire. La Commission doit seulement avertir le plaignant en lui indiquant l'ANC déjà saisie (Règl. n° 1/2003, art. 13).

859. – **Opportunité des poursuites. Intérêt européen. Obligations de la Commission en présence d'une plainte recevable.** De ce que la Commission

(35) Il faut donc demander une lettre d'orientation à partir du moment où le projet a pris de la consistance, et lorsque le point de non-retour est peut-être atteint.

(36) Sur la forme et la teneur des plaintes, V. l'annexe au règlement n° 773/2004 de la Commission du 7 avril 2004 relatif aux procédures mises en œuvre par la Commission en application des articles 81 et 82 (*JOUE* n° L 1, 4 janv. 2003, mod., Règl. n° 411/2004 : *JOUE* n° L 68, 6 mars 2004).

(37) V. TPICE, 24 janv. 1995, aff. T-114/92, *Benim*, et TPICE, 18 mai 1994, aff. T-37/92, *Beuc*. – *Adde* Comm. CE, communication relative au traitement des plaintes, 27 avr. 2004, n° 39.

(38) Absence d'intérêt possible si l'infraction a cessé. Le rôle de la Commission est de rétablir la concurrence, non de concourir à la satisfaction des intérêts du plaignant ou de préparer son dossier civil, TPICE, 15 janv. 1997, aff. T-77/95, *SFEI c/ Commission* (Chronopost) et TPICE, 16 sept. 1998, 2 arrêts, aff. T-110/95, *International Express Carriers Conférence*, et aff. T-133 et 204/95. Mais il faut encore que les effets ne persistent pas, même si les comportements ont cessé, V. CJCE, 4 mars 1999, aff. C-119/97 P, *UFEX* (ex-*SFEI*) (annulant *TF1*, 15 janv. 1997).

(39) Communication préc., n° 38.

(40) V. *supra*, n° 853.

peut, mais ne doit pas toujours sanctionner, on en déduit qu'elle n'a pas d'obligation générale d'ouvrir une procédure. Mais elle ne peut demeurer totalement passive. La jurisprudence a été synthétisée par la Commission(41). L'examen se déroule en trois temps.

Dans un premier temps, la Commission a le devoir d'examiner attentivement les plaintes qui lui sont adressées(42). Elle doit les examiner au vu des documents qui sont portés devant elle par les plaignants, ou qui sont à sa disposition (documents *di cui dispone*)(43). Mais la Commission n'a aucune obligation de mener des investigations pour rechercher s'il n'existerait pas une infraction, alors que le dossier constitué par le plaignant n'en établit aucune, et se borne à les affirmer. On ne peut exiger de la Commission des enquêtes complémentaires(44).

Dans un deuxième temps, la Commission doit faire un choix pour orienter le dossier. Ou bien elle continue l'examen, et il n'y a alors pas de difficulté juridique. Ou bien elle parvient à la conclusion qu'il n'y a pas d'intérêt pour elle à continuer l'examen et à donner suite à la plainte. Une des raisons fréquemment invoquées est le défaut « d'intérêt européen ». Cette notion, aux contours assez flous, est évoquée soit parce que l'infraction est somme toute mineure, soit parce qu'elle est banale, soit enfin parce qu'une autre procédure serait plus satisfactoire. La Commission doit faire la balance entre la gravité objective de l'infraction, les moyens dont elle dispose, et les moyens à la disposition du plaignant pour obtenir satisfaction(45). Si les intérêts subjectifs du plaignant sont prédominants, il est plus judicieux de lui suggérer d'obtenir satisfaction devant ses juges naturels(46). La Commission peut avoir un échange informel à ce sujet avec lui(47). En tout cas, elle doit prendre position, et elle s'est engagée à le faire dans les quatre mois(48).

Lorsque la Commission envisage de ne pas donner suite à une plainte, elle doit, en vertu de l'article 7 du règlement n° 773/2004 (Règl. n° 2498/98, ex-art. 6), adresser une lettre motivée au plaignant en lui impartissant un délai raisonnable pour présenter ses observations(49). Cette lettre est en principe insusceptible de recours, car elle est un engagement au dialogue(50). Le plaignant peut alors répondre et engager une phase d'examen complémentaire. Il a accès pour cela aux documents utilisés jusque-là par la Commission (sous réserve de la confidentialité des informations).

(41) Communication préc., nos 53 et s.

(42) V. TPICE, 25 mai 2000, *Ufex et DHL*, préc., ou Trib. UE, 12 mai 2010, aff. T-432/05, *EMC Development*.

(43) V. CJCE, 11 oct. 1983, aff. 210-81, *Demo Studio Schmidt*. – TPICE, 16 janv. 2008, aff. T-306/05, *Scippacercola c/ Commission*.

(44) TPICE, 18 sept. 1992, aff. T-24-90, *Automec c/ Commission*.

(45) V. Trib. UE, 15 déc. 2010, aff. T-427/08, *CEAHR*. – V., pour un rejet en raison de l'absence de dysfonctionnements importants dans le marché intérieur, CJCE, 23 avr. 2009, aff. C-425/07 P, *AEPI* (gestion collective des droits d'auteur en Grèce).

(46) Il faut que les droits du plaignant puissent être effectivement sauvegardés par les autorités ou juridictions nationales, V. Trib. UE, ord., 19 mars 2012, aff. T-273/09, *Associazione Giulemanidallajuve*. – Trib. UE, 15 déc. 2010, *CEAHR*, préc. – Trib. UE, 23 nov. 2011, aff. T-320/07. – *Adde*, TPICE, 25 mai 2000, *Ufex*, préc. – *Adde*, TPICE, 16 sept. 1992, aff. T-24/90, *Automec c/ Commission*. – TPICE, 14 févr. 2001, aff. T-26/99, *Trabisco c/ Commission* et aff. T-115/99, *SEP c/ Commission*. – CJCE, 17 mai 2001, 2 arrêts, aff. C-449 et 450/98 P, *International Express Carriers Conference*.

(47) Règl. n° 773/2004, art. 7.

(48) Délai susceptible de varier, V. communication préc., n° 61.

(49) TPICE, 18 sept. 1992, aff. T-28/90, *Asia Motor I*.

(50) Cette lettre n'est pas une décision susceptible de recours. Elle rend sans objet le recours en carence, V. CJCE, 18 mars 1997, aff. C-282-95 P, *Guérin automobiles c/ Volvo*. – CJCE, 11 nov. 1981, aff. 60-81, *IBM c/ Commission*.

La décision de rejet peut venir ensuite[51]. C'est le troisième temps. Toute décision de rejet d'une plainte doit être motivée. Les plaignants ont droit de connaître les considérations de fait ou de droit qui justifient le rejet ou l'absence d'intérêt européen[52].

B. – La recherche des preuves

860. – **Rôle de la Commission et des entreprises.** La Commission a reçu le pouvoir général de recueillir toutes informations et de procéder à toutes vérifications (TFUE, art. 337). Le règlement n° 1/2003 décline ce principe en droit de la concurrence. La Commission a donc un rôle décisif. Mais les preuves peuvent lui être apportées par les victimes, les tiers (1°), voire même par des parties à la pratique illicite. Ces derniers, alors délateurs, peuvent espérer ainsi une atténuation de la sanction encourue (2°).

1° Les moyens d'action de la Commission

861. – **Investigations et coercition. Devoir de loyauté.** Le règlement n° 1/2003 a développé les moyens à la disposition de la Commission, en lui donnant aussi plus de latitude. La Commission n'est jamais obligée de rechercher des preuves, et est libre de choisir les moyens d'investigation. Elle a en outre une mission générale de surveillance. Elle peut pour cela se livrer à des enquêtes par secteur économique et par type d'accord (Règl. n° 1/2003, art. 17). Afin de traiter une affaire particulière, la Commission peut se livrer à des enquêtes préalables, contraignantes, ou non. On doit distinguer les demandes de renseignements (Règl. n° 1/2003, art. 13) des inspections (Règl. n° 1/2003, art. 14).

L'obligation de loyauté est partagée. Elle pèse sur la Commission, qui doit indiquer loyalement l'objet de l'enquête, afin que les personnes interrogées ne se méprennent pas sur la portée de leurs déclarations. Elle pèse aussi sur les entreprises qui doivent collaborer activement aux mesures d'investigation[53].

Les demandes de renseignements peuvent être, au choix de la Commission, coercitives ou non[54]. Les entreprises sont tenues de répondre et de fournir des renseignements exacts[55], sans toutefois s'auto-incriminer[56]. Des sanctions sont possibles (amendes et astreintes, Règl. n° 1/2003, art. 23 et 24)[57].

Les inspections peuvent être annoncées ou inopinées (« inspections-surprises »). Les agents de la Commission peuvent ainsi se présenter dans les locaux de l'entreprise, pour contrôler les livres et documents professionnels, en prendre copie,

(51) CJCE, 11 nov. 1981, aff. 60/81, *IBM*. – CJCE, 8 mars 1997, aff. C-282/95 P, *Guérin automobiles c/ Commission*. – TPICE, 14 mai 1997, aff. T-77/94, *Florimex*. – Trib. UE, 12 mai 2010, *EMC Development*, préc.

(52) TPICE, 18 sept. 1992, aff. T-24-90, *Automec c/ Commission*. – TPICE, 18 mai 1994, aff. T-37-92, *BEUC c/ Commission*. – TPICE, 24 janv. 1995, *Benim*, préc. – TPICE, 27 nov. 1997, aff. T-224/95 : *Tremblay et Kestenberg*. – TPICE, 25 mai 2000, *Ufex*, préc.

(53) Trib. UE, 27 sept. 2012, aff. T-357/06, *Koninklijke Wegenbouw Stevin*.

(54) La Commission peut opter directement pour une décision contraignante ; la décision doit bien sûr être motivée.

(55) CJCE, 8 oct. 1979, aff. 374-87, *Orkem c/ Commission*. – Sur l'obligation de collaboration active qui pèse sur les particuliers ou entreprises à ce stade, V. TPICE, 9 nov. 1994, aff. T-46-92, *The Scottish Football Association*.

(56) V. *supra*, n° 849, et *infra*, n° 864.

(57) TPICE, 27 sept. 2006, aff. T-322/01, *Roquette Frères*.

demander sur place des explications orales[58] et accéder à tous locaux, terrains, et moyens de transport des entreprises, et même apposer des scellés. Les agents de la Commission agissent sur mandat de celle-ci. En cas de difficulté, ces agents peuvent avoir le soutien d'une « décision » de la Commission. En ce cas, les agents peuvent perquisitionner, nonobstant le fait que l'article 8 de la Convention européenne des droits de l'homme protège les locaux des entreprises[59]. Mais ils doivent, pour obtenir le droit d'accès, et vaincre l'opposition de l'entreprise visée, avoir impérativement le concours des agents de l'État membre intéressé. Les agents de la Commission ne peuvent perquisitionner que dans la mesure où le droit national le permet, et avec les garanties juridictionnelles qu'il offre.

Le juge national ne peut statuer sur la validité de la décision de la Commission. Mais il peut contrôler cette décision sous l'angle de la proportionnalité, en demandant à la Commission les raisons qui lui font suspecter l'infraction, ou qui rendent nécessaire la mesure d'inspection. Le juge national ne peut en revanche exiger la communication par la Commission des informations contenues dans son dossier[60].

La présence d'un avocat ou d'un juriste ne conditionne pas la légalité de la vérification, mais l'entreprise doit pouvoir appeler ou consulter son avocat. Les agents de la Commission doivent laisser pour cela un délai raisonnable, mais ils peuvent dès leur arrivée occuper les bureaux et contrôler les communications[61].

862. - **Investigations dans d'autres locaux et auprès d'autres personnes.** Le règlement n° 1/2003 a permis à la Commission d'inspecter, au besoin par surprise, soit sur mandat délivré par elle, soit par décision, d'autres locaux que ceux des entreprises concernées (par ex., locaux personnels des dirigeants)[62], et de recueillir des déclarations d'autres personnes que les entreprises inspectées ou leurs représentants. Ces autres personnes doivent néanmoins donner leur autorisation. Dans ce cas, elles doivent bien sûr donner spontanément des renseignements exacts[63].

863. - **Secrets d'affaires.** Les pouvoirs des agents sont fort larges. Ils peuvent ainsi prendre copie de documents couverts par le secret des affaires. La recherche des infractions aux règles de concurrence suppose par nature l'accès aux secrets d'affaires. À ce stade, seuls échappent aux regards des agents de la Commission les documents qui sont couverts par le secret professionnel ou par les droits de la défense[64]. Ces documents peuvent aussi contenir des secrets d'affaires. Mais ils ne

(58) Ces explications, depuis le règlement n° 1/2003, peuvent être demandées non plus seulement sur les documents trouvés, mais sur tout fait ou document en rapport avec l'objet de l'inspection. Les enregistrements sont possibles (V. Règl. n° 1/2003, art. 20, et Règl. n° 773/2004, art. 4).

(59) Trib. UE, 26 oct. 2010, aff. T-23/09, *CNOP et CCG*.

(60) V. Règl. n° 1/2003, art. 20, et la jurisprudence antérieure, not., CJCE, 21 sept. 1989, aff. 46/87 et 227/88, *Hoechst*. – CJCE, 22 oct. 2002, aff. C-94/00, *Roquette*.

(61) Trib. UE, 27 sept. 2012, aff. T-357/06, *Koninklijke Wegenbouw Stevin*.

(62) Sur l'inviolabilité du domicile exclue pour les locaux commerciaux, CJCE, 21 sept. 1989, aff. 46/87, *Hoechst*.

(63) V. Règl. n° 1/2003, art. 20 et 21.

(64) Avocat, CJCE, 19 mai 1982, aff. 155-75, *AM et S. Ltd*. – *Adde*, CJUE, 14 sept. 2010, aff. C-550/07 P, *Akzo Nobel et Akcros Chemicals*. Pour une note interne synthétisant les lettres des avocats, TPICE, ord., 4 avr. 1990. Pour une correspondance d'avocats dans le cadre d'un programme interne de mise en conformité avec le droit de la concurrence, allant au-delà du simple exercice des droits de la défense, non couverte par le secret, CJCE, 17 sept. 2007, aff. T-125/03, *Akzo Nobel Chemicals*. – V., pour les juristes d'entreprise, Kohl, *Les notes internes du juriste d'entreprise bénéficient-elles de la confidentialité accordée aux membres du barreau* : *Cah. dr. eur.* 1990, 179 ; sur leur non-confidentialité, déc. 28 janv. 1998, *VW-Audi* : *JOCE* n° L 124, 25 avr. 1998.

seront pas protégés en tant que secrets d'affaires, mais en tant que secrets professionnels, ou par les droits de la défense.

864. – **Réponses et auto-incrimination.** Le respect des droits de la défense interdit aux agents de la Commission d'imposer à une entreprise, par une demande de renseignements, de fournir des réponses par lesquelles celle-ci serait amenée à admettre l'existence d'une infraction dont il appartient à la Commission d'établir la preuve. Mais les entreprises doivent répondre aux questions factuelles, même si cela peut conduire à établir l'infraction[(65)]. Il s'agit là d'un principe général du droit européen, valable pour toute la durée de la procédure. Ce principe n'est pas nécessairement transposable dans les droits internes[(66)].

865. – **Recours.** La défense peut s'organiser à ce stade préliminaire : les « décisions » et mandats de la Commission doivent être présentés à l'entreprise vérifiée. Celle-ci peut diligenter un recours devant le Tribunal de l'Union européenne, voire obtenir un sursis à exécution en référé.

Le droit d'être entendu pour faire valoir des arguments en défense n'existe que pour les décisions faisant grief. À ce stade, les seules décisions faisant grief sont celles qui prononcent des amendes, par exemple pour obstacle aux vérifications.

866. – **Liaison avec les autorités nationales.** Celles-ci sont associées à la procédure. Elles doivent recevoir les pièces « les plus importantes » (Règl. n° 1/2003, art. 10 et 11). Une réserve est posée cependant pour les secrets d'affaires, tout au moins lorsqu'un concurrent de l'entreprise poursuivie est sous tutelle de l'État[(67)], et cela même si les agents de l'État sont astreints au secret professionnel (Règl. n° 1/2003, art. 28).

867. – **Utilisation des preuves recueillies dans le seul but pour lequel elles l'ont été.** Ce principe est posé par l'article 28, § 1 du règlement n° 1/2003. Il s'applique aux ANC ainsi qu'à la Commission[(68)]. Il s'agit de prévenir les détournements de procédure. Mais la Commission peut, ayant eu à l'occasion d'une affaire des soupçons ou des informations sur une pratique anticoncurrentielle qui serait le fait d'autres entreprises, ouvrir alors une enquête concernant ces dernières, pour engager le cas échéant une nouvelle affaire[(69)].

(65) CJCE, 18 oct. 1989, aff. 374-87, *Orkem c/ Commission*. Si on ne peut être obligé à avouer, on doit répondre aux questions purement factuelles ; la frontière est ténue, V. TPICE, 20 févr. 2001, aff. T-112/98, *Mannesmannröhren Werkc c/ Commission*. – CJCE, 15 oct. 2002, aff. C-247/99 P, *Limburgse Vinyl Maatschappij*. Cela soulève un délicat problème, car il est de principe que les entreprises ne peuvent être conduites à s'auto-incriminer. Reprenant la jurisprudence, le 23e considérant du règlement n° 1/2003 précise que, si les entreprises « ne peuvent être contraintes d'admettre qu'elles ont commis une infraction (...) elles sont en tout cas obligées de répondre à des questions factuelles et de produire des documents, même si ces informations peuvent servir à établir à leur encontre ou à l'encontre d'une autre entreprise l'existence d'une infraction ». Il n'y a donc pas de droit au silence. En matière de concurrence, les questions « factuelles » sont souvent décisives et, en fait (mais pas en droit), reconnaître un fait est au moins un demi-aveu ; V. par ex., pour l'obligation de dire si une réunion s'est tenue, mais sans obligation de décrire son déroulement, Trib. UE, 28 avr. 2010, aff. T-446/05, *Amann und Sohne et Cousin Fileterie*.

(66) CJCE, 10 nov. 1993, aff. C-60-92, *Otto c/ Postbank*.

(67) V. CJCE, 19 mai 1994, aff. C-36-92 P, *SEP c/ Commission*.

(68) CJCE, 19 mai 1994, aff. C-36-92 P, *SEP c/ Commission*, sur la transmission de la procédure à des juridictions nationales, au regard du secret des affaires, TPICE, 18 sept. 1996, aff. T-353-94, *Post Bank c/ Commission* ; sur l'interdiction des détournements de procédure, CJCE, 17 oct. 1989, aff. 85/87, *Dow Benelux* ; les ANC peuvent cependant utiliser les pièces à elles transmises en cas de procédure parallèle conduite en application du droit national, et si le droit national aboutit au même résultat que le droit européen (Règl. n° 1/2003, art. 12, § 2 et 28, § 1).

(69) V. CJCE, 17 oct. 1989, aff. 85-87, *Dow Benelux*.

Ce principe a été aussi appliqué pour interdire aux autorités nationales, dans le cadre d'une enquête interne de concurrence, d'utiliser les documents non publiés recueillis par la Commission (70).

868. - **Concours des victimes. Informations spontanées et plaintes.** La Commission peut être informée de l'existence ou du contenu de pratiques anticoncurrentielles par les victimes, qu'elles soient opérateurs sur le ou les marchés affectés, ou consommateurs. La Commission peut être alertée de façon informelle (71), mais aussi par les plaintes qui sont déposées devant elles. Les plaintes sont en effet une source d'information essentielle pour détecter des infractions aux règles de concurrence (72).

2° L'utilité de la délation et les programmes de clémence

869. - **Recherche d'efficacité dans la découverte des ententes.** Dans la perspective des recommandations de l'OCDE (73), il est apparu de bonne politique de favoriser les dénonciations des ententes les plus graves par les participants eux-mêmes. Les cartels horizontaux sont en effet les ententes les plus nocives (74) pour l'économie, mais aussi les plus secrètes (75).

Les programmes dits de « clémence » se sont développés depuis 1980. Ils sont tout simplement l'organisation de primes à la délation afin que les ententes illicites soient mises en pleine lumière pour être efficacement sanctionnées. Ces programmes sont encouragés au niveau international (76). Le réseau européen de concurrence décline un modèle type aux niveaux européen (77) et nationaux (78). L'idée est qu'une délation efficace est utile pour le marché, et qu'elle doit être encouragée en faisant naître un climat d'incertitude entre les membres de l'entente (79), et l'espoir chez les délateurs d'une absence de sanction. La perspective est économique, pas morale (80). Le programme européen est contenu dans le « programme modèle du REC » du 29 septembre 2006, et dans la communication du 8 décembre 2006 (81).

Plusieurs conditions doivent être réunies pour que le programme de clémence puisse être un succès.

(70) CJCE, 16 juill. 1992, aff. C-67-91, *Direction General de Defensa de la Competencia c/ AEB*. – Les autorités nationales ne sont pour autant pas contraintes à l'amnésie aiguë. Elles peuvent, informées, engager une procédure nationale et y obtenir les mêmes documents, CJCE, 19 mai 1994, aff. C-36-92 P, *SEP c/ Commission*.

(71) Par ex. par son site Internet.

(72) V. Règl. n° 773/2004, consid. 5.

(73) V. OCDE, Recomm. 25 mars 1998 ; OCDE, rapport 2000, p. 12, et OCDE, synthèse 2006 (V. *Rev. OCDE* 2006, vol. 8, n° 1).

(74) Préjudice collectif de plusieurs centaines de millions de dollars aux USA.

(75) OCDE, synthèse sept. 2001 ; les ententes verticales les plus fréquentes (réseaux) sont souvent ostensibles.

(76) Les programmes de clémence se développent tandis que, parallèlement, une accentuation des sanctions (y compris pénales) est prônée pour les cartels, V. OCDE, synthèses 2001 et 2006.

(77) V. modèle ECN (*European Competition Network*), sept. 2006, révisé en nov. 2012.

(78) C. com., art. L. 462-4. IV.

(79) Trib. UE, 5 oct. 2011, aff. T-39/06, *Transcatab*.

(80) V. les travaux de G. Becker, qui estime que l'on peut appliquer l'hypothèse de la rationalité à l'ensemble des comportements humains. Ainsi les criminels choisissent le crime parce que le bilan coût-avantage leur semble positif. Il suffit alors de le rendre négatif, en avantageant la délation (V. *Crime and Punishment, an economic approach : Journal of political economy* 1968).

(81) Communication sur l'immunité d'amendes et la réduction de leur montant dans les affaires portant sur les ententes : *JOUE* n° C-298/2006.

Il faut en premier lieu qu'il existe une entente horizontale injustifiable (ou *hard-core*), ce qui limite le domaine des programmes de clémence aux seuls cartels.

Il faut en deuxième lieu que le délateur apporte une réelle « valeur ajoutée » aux informations détenues par la Commission(82). Or, le délateur n'est jamais certain de la valeur ajoutée qu'il apporte. Il est ainsi dans l'incertitude sur le point de savoir s'il y a d'autres délateurs, et sur les informations déjà données par ces derniers. Il vaut mieux être le premier, mais il reste toujours une puissante incitation à tout dévoiler.

Il faut en troisième lieu que le délateur prenne contact avec la Commission et demande à bénéficier de la clémence.

Il faut, en quatrième lieu, que le délateur coopère de façon pleine et entière avec la Commission. Ce sont alors les *Lignes directrices relatives au calcul des amendes* du 1er septembre 2006, qui peuvent le cas échéant prendre le relais.

Il faut en cinquième lieu que le délateur soit protégé contre les rétorsions possibles de la part des autres participants au cartel(83). La délation doit demeurer secrète et protégée pendant un temps(84). Les informations recueillies par délation ne doivent pas non plus être utilisées à d'autres fins que l'application de l'article 101 TFUE(85).

Il faut, en sixième lieu, que l'avantage escompté en termes de sanction soit significatif. L'immunité complète est accordée (par un avis de clémence) à la première entreprise qui aura fourni des preuves dont la Commission n'avait pas connaissance et permettant de prendre une décision de vérification, ou permettant de constater une infraction. Cette immunité complète est cependant subordonnée à une collaboration totale avec la Commission, à la cessation totale de l'infraction, et au fait que le délateur n'ait pas été l'un de ceux qui auraient auparavant contraint d'autres entreprises à participer à l'infraction.

Les entreprises délatrices qui apporteront une valeur ajoutée moindre, mais significative, au cours de l'instruction, peuvent bénéficier de réductions d'amendes

(82) *Ibid.* ; une reconnaissance générale est ambiguë de l'infraction ne suffit pas, TPICE, 5 avr. 2006, aff. T-279/02, *Degussa*.

(83) La question de la protection du délateur contre les victimes est moralement plus délicate, mais l'efficacité du droit de la concurrence suppose cette protection (V. *supra*, n° 668).

(84) Même à l'intérieur du réseau des ANC ; il faut que le délateur ait donné son accord sur la transmission des informations aux autres autorités, V. Comm. CE, communication sur la coopération au sein du réseau des ANC, 27 avr. 2004, n° 40, sauf demandes parallèles de clémence auprès de plusieurs ANC ; de surcroît, le secret est ici une notion européenne.

(85) Le fait qu'il existe des programmes nationaux peut donner la tentation aux entreprises de se dévoiler à l'autorité nationale de concurrence qui leur semblera la plus favorable à leurs intérêts. Mais les dépôts de demandes de clémences sont communiqués aux ANC membres du réseau (Règl. n° 1/2003, art. 11, § 2 et 11, § 3 ; Comm. CE, communication relative au réseau, pt 39). Certes, les autorités qui reçoivent cette information ne peuvent engager de poursuites sur cette seule base. Elles ne peuvent le faire que si elles ont d'autres sources. Il n'empêche que la circulation de cette seule information dans l'espace européen fragilise la situation des délateurs. Le réseau des ANC aurait pu compromettre radicalement les programmes de clémence, s'il avait été compris comme un système dans lequel toutes les informations (et donc toutes celles résultant d'une auto-dénonciation dans le cadre d'un programme national de clémence) auraient pu immédiatement circuler. Cela n'a pas été le cas. Mais l'entreprise demanderesse au programme de clémence peut accepter que les informations soient communiquées dans le réseau (V. les conditions de discrétion, communication préc., pt 35).

Une autre difficulté vient de l'accès au dossier en cas de notification de griefs. À ce sujet, la Commission envisage de limiter l'accès aux déclarations des entreprises délatrices uniquement dans la perspective de mise en œuvre exclusive de l'article 101 TFUE, ce qui vise les destinataires de la notification de griefs (sur les restrictions au droit de prendre des copies électroniques, communication préc., pt 33). Cela exclurait les demandes de communications relatives aux actions civiles, et cela exclurait aussi les demandes formées par les autorités de concurrences extérieures à l'espace européen.

(30 à 50 % pour la première, 20 à 30 % pour la seconde, 20 % au maximum pour les autres)(86).

Ce système, qui n'est pas sans rappeler celui mis en œuvre pour la détection du blanchiment, a largement démontré son efficacité.

La mise en œuvre des programmes de clémence soulève la délicate question du sort des victimes. Si le délateur est protégé, il ne pourra guère être poursuivi au civil alors pourtant qu'il a commis une infraction source de préjudice. Or, tout en se montrant favorable aux programmes de clémence, le droit européen affiche aussi son intérêt pour les actions des victimes, notamment par des actions de groupe. La contradiction semble patente. Mais la question de la réparation civile relève des juges nationaux, et non des autorités de concurrence. C'est alors la question de la communication par les autorités de concurrence des documents obtenus dans le cadre d'une procédure de clémence qui devient centrale. Communiquer revient à annihiler en grande partie le bénéfice de la clémence. Ne pas communiquer, c'est sacrifier les victimes. La Cour de justice a simplement indiqué que les juridictions nationales devaient, dans les procédures de communication des pièces, faire la balance des intérêts entre les nécessités objectives de la clémence et les droits légitimes des victimes à obtenir réparation(87).

C. – La procédure administrative devant la Commission

870. – **Déroulement de la procédure administrative.** La Commission, n'étant pas un tribunal, n'est pas tenue de respecter la Convention européenne des droits de l'homme. Mais elle est tenue de respecter les principes semblables contenus dans la Charte des droits fondamentaux(88). La procédure administrative peut conduire, soit à une « transaction » (2°), soit à une procédure normale (3°). Si la situation des entreprises poursuivies est assez claire, il faut aussi se pencher sur les plaignants, et sur les tiers, dont le rôle est reconnu (4°). Tout au long de la procédure administrative, la question de l'accès au dossier est essentielle : elle touche à la fois au principe du contradictoire, et au principe d'efficacité dans la mise en œuvre des règles de concurrence. Tout au long de la procédure administrative encore, la Commission peut se livrer à des investigations, ou recevoir des informations(89).

1° L'ouverture de la procédure

871. – **Notion d'ouverture de la procédure.** Cette notion n'est guère éclairée par l'article 2, § 1 du règlement de la Commission n° 773/04 du 7 avril 2004. On peut y lire que la Commission peut décider à tout moment d'ouvrir la procédure

(86) Il faut toujours apporter une « valeur ajoutée » à l'enquête. Ces réductions d'amendes sont une fourchette établie sur le montant d'une amende à fixer.

(87) CJUE, 14 juin 2011, aff. C-360/09, *Pfleiderer*. – V. programme modèle REC, 29 sept. 2006, et sa déclinaison dans le communiqué de procédure de l'Autorité de la concurrence du 2 mars 2009, pour la non-transmission au parquet, et la possibilité de conduire une procédure de clémence exclusivement orale, ce qui évite la constitution de preuves.

(88) Trib. UE, 16 juin 2011, aff. T-191/06, *FMC Forest*. – Trib. UE, 13 juill. 2011, aff. T-138/07, *Schindler Holding*.

(89) V. *supra*, n°s 860 et s.

en vue d'adopter une décision, mais elle doit cependant le faire au plus tard soit au moment où elle rend une évaluation préliminaire à la réception d'engagements[90], soit au moment où elle émet une communication de griefs[91], soit encore au moment où elle publie une communication préalable à l'adoption d'une décision[92]. C'est la première de ces dates qui compte.

L'ouverture de la procédure n'est pas en elle-même un acte susceptible de recours. Elle ne modifie pas la situation juridique des entreprises[93].

L'ouverture d'une procédure n'est pas nécessairement publique. Il est souvent utile qu'elle le soit, car l'ouverture d'une procédure par la Commission dessaisit les autorités nationales[94]. C'est pourquoi le règlement n° 773/2004[95] précise que la Commission peut rendre l'ouverture de la procédure publique par tout moyen approprié.

2° La « transaction »

872. - **Procédure allégée.** L'ouverture d'une procédure peut conduire à des échanges entre la Commission et les entreprises, pour savoir si elles souhaitent s'engager dans une procédure dite de transaction, qui les amènera à ne pas contester les preuves et griefs que la Commission envisage de leur opposer, et à accepter un montant maximum pour l'amende[96]. Si un accord est obtenu, la Commission établit néanmoins une communication de griefs allégée, à laquelle les parties doivent répondre dans les deux semaines, pour confirmer leur acceptation de la transaction[97]. C'est pourquoi la « transaction » européenne repose sur une reconnaissance de responsabilité. Elles peuvent refuser, et la Commission peut aussi, avant sa décision, abandonner la transaction. Dans ces deux cas, on revient à la procédure classique. Si la transaction va à son terme, une décision allégée est adoptée. Les plaignants ne reçoivent pas, en ce cas, la communication de griefs (c'est pourtant une preuve utile pour eux) et ne sont avertis que de l'ouverture et de l'objet de la procédure de transaction[98].

3° La procédure normale

873. - **Phase écrite entre la Commission et les entreprises poursuivies. La communication de griefs.** La Commission doit indiquer à chacune des entreprises poursuivies les faits sur lesquels elle se fonde dans la perspective d'une éventuelle décision de condamnation[99]. La Commission n'est pas obligée de dévoiler tous les

(90) Règl. n° 1/2003, art. 9, § 1 ; V. *infra*, n° 881.
(91) V. *infra*, n° 873.
(92) Règl. n° 1/2003, art. 27, § 4.
(93) CJCE, 11 nov. 1981, aff. 60/81, *IBM*.
(94) Règl. n° 1/2003, art. 11, § 6.
(95) Règl. n° 1/2003, art. 1, § 2.
(96) V. le paquet transaction, Règl. n° 622/2008, 30 juin 2008 : *JOUE* n° L 171, 1er juill. 2008, et Comm. CE, communication 2 juill. 2008 : *JOUE* n° C 167/200.
(97) La réduction d'amende obtenue par rapport à une procédure normale se cumule avec la réduction obtenue dans un programme de clémence.
(98) La procédure française est différente : elle est nécessairement postérieure à la notification de griefs ; elle suppose l'acceptation de tous les griefs notifiés, mais ne postule pas une reconnaissance de responsabilité, tout en supposant une acceptation des faits notifiés ; V. C. com., art. L. 464-2-III.
(99) Règl. n° 773/2004, art. 10.

griefs. Elle peut se contenter de n'en dévoiler que certains, se réservant la possibilité de communication de griefs complémentaires[(100)].

La communication de griefs doit être claire. Elle doit permettre aux entreprises de ne pas se méprendre sur les griefs articulés et sur les faits reprochés. En particulier, les entreprises poursuivies doivent être clairement mentionnées, infraction par infraction[(101)]. La communication de griefs fixe le cadre du litige. La décision finale ne peut pas mettre à la charge des entreprises une infraction autre que celles notifiées, mais les preuves, la gravité et la pertinence des faits peuvent évoluer au cours de la procédure[(102)]. Seules les entreprises destinataires de la communication de griefs peuvent être sanctionnées. C'est donc à leur égard que doit être respecté le principe du contradictoire. La communication de griefs doit être à charge et à décharge : elle doit être accompagnée des documents qui infirment les thèses de la Commission.

Les entreprises ont un délai pour répondre à la notification de griefs. Il revient à la Commission de le fixer. Mais ce délai ne peut être inférieur à quatre semaines (une semaine pour une procédure d'adoption de mesures provisoires)[(103)]. La communication de griefs est un acte préparatoire et provisoire[(104)] contre lequel il n'y a pas de recours[(105)].

874. – **Instruction à charge et à décharge. Conseiller auditeur.** La procédure administrative donne lieu à des multiples échanges écrits ou non entre les entreprises poursuivies et la Commission[(106)]. Des négociations peuvent avoir lieu, pour orienter par exemple un dossier vers une décision appliquant l'article 101, § 3 TFUE : des engagements peuvent pour cela être suscités des entreprises, ou proposés, ou encore acceptés par elles.

Des documents sont échangés. Ne peuvent figurer dans le dossier que les documents sur lesquels les parties poursuivies ont eu toute latitude pour s'expliquer[(107)].

La Commission doit toujours instruire à charge et à décharge. Elle doit notamment adresser aux entreprises tous les documents qui confortent ses arguments, comme ceux qui les infirment.

Le conseiller auditeur est progressivement devenu un personnage central des procédures de concurrence. Initialement cantonnée à l'organisation des auditions, sa mission est aujourd'hui d'être le garant indépendant de l'honnêteté des prises de décisions. Il doit veiller à ce que l'instruction soit à charge et à décharge[(108)]. Il établit

(100) La communication est une communication « de » griefs, et non « des » griefs ; V. CJCE, 7 juin 1983, aff. 100 à 103-80, *Musique diffusion française et Pioneer c/ Commission*. L'élargissement des griefs doit être communiqué officiellement à chaque partie, pour lui permettre d'y répondre, TPICE, 23 févr. 1994, aff. T-39 et 40-92, *Groupement des cartes bancaires et Europay*.

(101) V. déc. 3 juill. 1991, aff. 62-86, *Akzo*. – CJCE, 31 mars 1993, *Ahlström Osakeyhtio*, préc. et TPICE, 23 févr. 1994, aff. T-39 et 40-92, *Groupement CB et Europay c/ Commission*.

(102) V. Trib. UE, 19 mai 2010, aff. T-18/05, *IMI*. – Trib. UE, 29 mars 2012, aff. T336/07, *Telefonica et Telefonica de Espana*.

(103) Règl. n° 773/2004, art. 17 ; le délai est en règle générale de deux mois, et peut être de quatre mois s'il recouvre une période de congé.

(104) Trib. UE, 3 mars 2011, aff. T-117 et T-121/07, *Areva*.

(105) CJCE, 11 nov. 1981, aff. 60-81, *IBM*.

(106) Des délais raisonnables doivent être accordés aux entreprises pour répondre.

(107) Pour des preuves nouvelles en cours de procédure, TPICE, 3 mars 2001, aff. T-110/07, *Siemens*.

(108) V. déc. 13 oct. 2011 relative à la fonction et au mandat du conseiller auditeur, *JOUE* n° L. 275, 20 oct. 2011 ; en particulier, le conseiller auditeur doit agir en toute indépendance, V. Règl. n° 773/2004, art. 13.

un rapport qui porte sur le projet de décision, en ne reprenant que les motifs pertinents[109]. Son rapport doit aussi porter sur l'objectivité de la procédure. Ce rapport est transmis aux autorités nationales et aux parties[110].

875. - **Droit de répondre par écrit à la communication des griefs, et accès au dossier. Secrets d'affaires.** La procédure doit être contradictoire, et la Commission ne peut fonder de décision de condamnation que sur les griefs au sujet desquels les parties concernées ont pu faire valoir leurs observations. Nul n'est obligé de répondre à une notification de griefs, mais si la décision est prise d'y répondre, les informations contenues dans la réponse doivent être exactes[111]. Cela implique un accès au dossier. Sont accessibles en principe tous les documents, à charge et à décharge. Si un document à charge n'est pas communiqué, la violation des droits de la défense n'est caractérisée que si ce document a fondé le grief retenu dans la décision, et si le grief ne pouvait être établi que sur la base de ce seul document. Si un document à décharge n'est pas communiqué, il suffit d'établir que l'absence de ce document a pu influencer la procédure de manière défavorable à l'entreprise[112].

Mais il arrive souvent qu'un dossier contienne des informations secrètes ou confidentielles émanant d'autres entreprises ou d'autres autorités de concurrence. La Commission a précisé les règles d'accès aux dossiers dans une communication du 13 décembre 2005[113]. Ne sont pas accessibles les documents internes de la Commission, car ils ne sont pas des éléments de preuve des infractions. Ne sont pas non plus accessibles les correspondances avec les ANC ou avec les autorités publiques des États membres ou d'États tiers, sauf lorsqu'il s'agit de documents en provenance d'autorités nationales contenant des allégations, ou des preuves.

Les documents contenant des secrets d'affaires ou les documents confidentiels font l'objet d'un traitement particulier[114]. Il faut d'abord qu'une demande de confidentialité ait été adressée à la Commission, celle-ci pouvant demander que la confidentialité soit justifiée, et qu'une version non confidentielle soit communiquée[115]. Si la Commission refuse de protéger les informations présentées comme confidentielles, elle doit avertir par une décision motivée l'entreprise concernée, en lui donnant un délai pour répondre. Si le désaccord persiste, ce sera enfin au conseiller auditeur de décider[116].

(109) TPICE, 8 juill. 2008, aff. T-52/03, *Knauf Gibs*.

(110) Comm. CE, déc. 23 mai 2001 relative au mandat des conseillers auditeurs : *JOCE* n° L 162, 19 juin 2001.

(111) Trib. UE, 24 mars 2011, aff. T-384/06, *IBP et International Building Products France*.

(112) CJUE, 1er juill. 2010, aff. C-407/08 P, *Knauf Gips*. – Trib. UE, 16 juin 2011, aff. T-235/07, *Bavaria*. – Trib. UE, 2 févr. 2012, aff. T-83/08, *Denki Kagaku Kogyo*.

(113) *JOUE* n° C 325, 22 déc. 2005 ; Règl. n° 773/2004, art. 15 ; *adde*, sur les programmes de clémence, V. *supra*, n° 869.

(114) Un secret d'affaire est une information dont non seulement la divulgation au public, mais également la simple transmission à un sujet de droit différent de celui qui a fourni l'information, peut gravement léser les intérêts de celui-ci (TPICE, 18 sept. 1996, aff. T-353/94, *Potsbank c/ Commission*). Dans sa communication du 13 décembre 2005 relative à l'accès au dossier, la Commission précise que les secrets d'affaires, qui relèvent de la catégorie des documents non accessibles, couvrent des informations relatives du savoir-faire d'une société, à ses méthodes de calcul des coûts et à ses secrets et procédés de fabrication. V. cependant, pour la ventilation des chiffres d'affaires, nécessaire pour déterminer les parts de marché définies par la législation (par ex., communication *de minimis*), Trib. UE, 16 juin 2011, aff. T-199/08, *Ziegler*.

(115) Règl. n° 773/2004, art. 16, § 3.

(116) V. Comm. CE, déc. 13 oct. 2011 relative au mandat des conseillers auditeurs dans certaines procédures de concurrence, préc., et communication préc., 15 déc. 2005, pt 42.

Le principe de solution consiste à mettre en balance les intérêts légitimes des entreprises pour que leurs secrets soient protégés, et les nécessités d'une sanction efficace des pratiques illicites. La divulgation peut donc être toujours possible si elle est nécessaire pour apporter la preuve d'une infraction(117). Cela vaut pour les secrets d'affaires (savoir-faire, calcul des coûts, des marges, parts de marché, fichiers...). Cela vaut aussi pour les autres informations confidentielles (par ex., lettres de dénonciation émanant de tiers dont il est justifié de conserver l'anonymat pour protéger les sources d'information de la Commission).

876. - **Droit d'être entendu. Auditions (ou *Hearings*).** Le principe du contradictoire implique pour les entreprises poursuivies le droit d'être entendues. Ce droit leur est clairement reconnu par l'article 11 du règlement n° 773/2004. Les auditions sont organisées selon l'article 14 de ce règlement, et par la décision du 19 juin 2001 sur le mandat des conseillers auditeurs(118). Elles ne sont pas publiques. Elles sont présidées par un « conseiller auditeur ». Elles regroupent généralement les entreprises plaignantes et poursuivies. Elles peuvent aussi faire intervenir des entreprises simplement intéressées(119), afin de parvenir à un débat contradictoire de marché.

4° La situation des entreprises plaignantes et des tiers

877. - **Association variable des plaignants et des tiers à la procédure administrative.** Dans son arrêt *Österreichische Postsparkasse* du 7 juin 2006(120), le tribunal a fait remarquer que le législateur européen avait établi une graduation dans la participation à la procédure selon l'intensité de l'atteinte portée aux intérêts des demandeurs, ou plaignants, des tiers qui justifient d'un intérêt suffisant, ou des autres tiers.

Sans doute ces personnes ne sont pas, au sens strict, parties à la procédure administrative, qui oppose la Commission aux entreprises destinataires de la communication de griefs. Simplement associées de façon plus ou moins lointaine à la procédure(121), elles ont cependant vu leur situation s'améliorer au fil du temps.

878. - **Association à l'écrit et à l'oral.** En principe, les plaignants ont un intérêt légitime à recevoir une version non confidentielle de la communication de griefs sur laquelle ils peuvent faire des observations écrites(122). La Commission peut également leur offrir la possibilité de s'exprimer lors des auditions. Les plaignants peuvent demander la confidentialité des informations qu'elles ont communiquées(123). Ils ne peuvent, en revanche, recevoir des informations couvertes par le secret des affaires, ou confidentielles, qui auraient été fournies par d'autres(124).

La situation des tiers est variable selon leur intérêt. Les clients finals, victimes de la pratique anticoncurrentielle, peuvent avoir un intérêt légitime à obtenir une version non confidentielle de la communication de griefs.

(117) Règl. n° 1/2003, art. 27, § 2.
(118) Règl. n° 773/2004.
(119) Règl. n° 1/2003, art. 27, § 3.
(120) TPICE, 7 juin 2006, aff. T-213 et 214/01, *Österreichische Postsparkasse c/ Commission* et *Bank für Arbeit und Wirtschaft c/ Commission.*
(121) TPICE, 15 juill. 1994, aff. T-17/93, *Matra-Hachette c/ Commission.*
(122) Sauf en cas de procédure de transaction, V. *supra*, n° 872.
(123) Si c'est justifié ; Règl. n° 773/2004, consid. 8.
(124) Règl. n° 773/2004, art. 15 et 16 ; sauf si c'est nécessaire à la preuve des infractions.

Dans son arrêt *Österreichische Postsparkasse* du 7 juin 2006, le tribunal souligne que les règles de droit visent à assurer que la concurrence n'est pas faussée dans le marché intérieur, et qu'elles ont pour finalité ultime d'accroître le bien-être du consommateur. Dès lors, la reconnaissance à de tels clients finals acheteurs de biens ou de services d'un intérêt légitime à faire constater par la Commission une infraction aux articles 101 et 102 TFUE, contribue à la réalisation des objectifs du droit de la concurrence (V. aussi, pour les associations de consommateurs, Règl. n° 773/2004, consid. 11).

D. – Les décisions

879. – **Simplification et pragmatisme du règlement n° 1/2003. Comité consultatif.** Le règlement n° 1/2003 prévoit quatre grands types de décisions. Toutes supposent une consultation préalable du comité consultatif, composé des représentants des autorités de concurrence des États membres, dont le rôle a été renforcé (Règl. n° 1/2003, art. 14). Les premières en date sont celles qui édictent des mesures conservatoires. L'édiction de telles mesures est une nécessité en droit de la concurrence, où la rapidité est souvent la meilleure réponse à l'altération du marché. Mais les mesures conservatoires ne doivent pas être subordonnées aux intérêts subjectifs des entreprises (1°). Confortant une pratique antérieure qui se développait, les décisions avec engagements sont désormais reconnues (2°). Il demeure enfin les décisions favorables (3°) ou défavorables (4°).

1° Les mesures provisoires

880. – **Évolution.** Le règlement n° 1/2003 prévoit les mesures provisoires en donnant toute latitude à la Commission. Celle-ci peut les prononcer d'office. Si elle est saisie d'une demande, elle n'est pas obligée d'en tenir compte. Les conditions de fond sont celles qui ont été dégagées par la jurisprudence : constat *prima facie* d'infraction, urgence qui est caractérisée par le fait qu'un préjudice grave et irréparable risque d'être causé à la concurrence[(125)].

Enfin, les mesures édictées doivent toujours l'être provisoirement, mais sont renouvelables.

2° Les décisions avec engagements

881. – **Fausses transactions.** Les droits modernes de la concurrence connaissent les décisions avec engagements. Elles permettent d'abréger les procédures en parvenant à des solutions négociées qui rétablissent la concurrence sur les marchés. Le caractère pratique et concret des négociations avec les autorités de concurrence permet de parvenir à tracer une frontière assez précise entre l'illicite et le licite. Le droit américain connaît les *consent decrees*. Le droit européen s'était engagé dans cette voie dans le silence des textes[(126)]. L'article 13 du règlement n° 1/2003 clarifie le droit. Il a été suivi par le droit français dans l'article L. 464-2-1 du Code de commerce.

Il appartient d'abord aux entreprises de solliciter l'ouverture de la procédure de réception d'engagements. Ensuite, la Commission demeure maîtresse du jeu. Elle est

(125) CJCE, ord., 17 oct. 1980, aff. 792/92 R, *Camera Care*, et TPICE, 14 janv. 1992, aff. T-44/90, *La Cinq*.
(126) V., par ex., CJCE, 31 mars 1993, aff. C-89/85, *Ahlström e.a.* (pâtes de bois).

dispensée de qualifier et de constater l'infraction. Elle peut se limiter à apprécier si les engagements répondent aux problèmes de concurrence identifiés au stade de l'évaluation préliminaire(127). Elle peut refuser les engagements proposés ou décider de les rendre obligatoires, le cas échéant pour un temps limité(128). Il est certain que la procédure peut être quelque peu opaque pour les victimes ou les plaignants. Sans doute, la décision d'acceptation doit-elle être motivée et respecter le principe de proportionnalité(129). Elle est susceptible de recours comme toute autre décision. La décision acceptant des engagements peut donc faire l'objet d'un recours même par l'entreprise qui a offert les engagements. Ce genre de décision traduit en effet l'*imperium* de la Commission. Ce n'est pas une transaction ou un quelconque accord entre égaux(130).

Une décision avec engagement met un terme à la procédure, et évite les sanctions pécuniaires. Elle peut cependant être assortie d'astreinte.

En cas de non-respect des engagements, la Commission peut rouvrir la procédure pour parvenir, le cas échéant, à des sanctions pécuniaires.

La procédure d'engagement soulève trois questions. D'abord, elle est manifestement plus facile à mettre en œuvre lorsqu'une seule entreprise est poursuivie que lorsqu'il y en a plusieurs. En clair, elle est plus adaptée aux situations d'abus de position dominante qu'aux situations de cartels. La procédure peut se révéler particulièrement utile lorsque des droits de propriété intellectuelle sont en jeu(131). Ensuite, les engagements doivent pouvoir être efficaces et contrôlables : cela favorise les engagements structurels par rapport aux engagements comportementaux (avec toutefois une difficulté lorsque les seuls engagements possibles sont conventionnels, comme c'est le cas en matière de propriété industrielle : octroi de licences, mais sur quoi, et à quel prix ?). Enfin, même si les décisions sont publiées, elles sont plus succinctes, et peuvent se révéler décevantes pour les victimes, lorsque celles-ci envisagent d'éventuelles actions en dommages et intérêts.

3° Les décisions favorables

882. – Décisions en constatation d'inapplication des articles 101 et 102 TFUE. Ces décisions favorables peuvent être prises aussi bien sur le fondement du seul § 1 de l'article 101 TFUE, soit sur celui du § 3 de cet article, soit sur celui de l'article 102 TFUE. La possibilité expresse d'adopter des décisions favorables en matière d'abus de domination est opportune : en effet, l'analyse économique tend à rendre délicate la frontière du comportement abusif, surtout sur des marchés nouvellement ouverts à la concurrence, ou encore lorsque des droits de propriété intellectuelle sont en cause. Les décisions favorables doivent s'imposer aux autorités et juridictions nationales(132).

(127) CJUE, 29 juin 2010, aff. C-441/07 P, *Commission c/ Alrosa*.
(128) Règl. n° 1/2003, art. 9.
(129) *Ibid.* ; mais, si les entreprises proposent elles-mêmes des engagements inutiles ou superflus, la Commission n'a pas à les rejeter formellement. Le principe de proportionnalité exige que les engagements soient effectivement de nature à répondre aux préoccupations de concurrence.
(130) V. déjà CJCE, 31 mars 1993, aff. C-89/85, *Ahlströhm Osakeyhio* (pâtes de bois).
(131) V. déc. *Microsoft*, 24 mars 2004, préc.
(132) Règl. n° 1/2003, art. 16.

Au fond, les décisions en constatation d'inapplicabilité sont un moyen à la disposition de la Commission pour traiter les situations nouvelles de manière plus lourde et plus formelle qu'elle ne pourrait le faire avec les lettres d'orientation (133).

4° Les décisions défavorables

883. - **Diversité des décisions défavorables. Imputabilité.** L'efficacité de la politique de concurrence suppose que la Commission dispose d'un arsenal de sanctions ou d'injonctions adapté et proportionné. Le règlement n° 1/2003 lui offre ainsi un large éventail de mesures, qui peuvent se combiner.

Tous les participants à la pratique illicite peuvent être sanctionnés. La plasticité des notions de collusion ou d'abus permet d'éviter de reprendre en droit de la concurrence les distinctions pénales entre auteur et complice (134).

L'imputabilité du comportement illicite soulève cependant trois principales difficultés.

La première est celle de l'imputabilité de l'infraction en cas de pluralité d'entreprises poursuivies dans une même affaire. Il faut ici tenir compte du principe de personnalité des peines. En cas de pluralité d'entreprises poursuivies et destinataires de la décision, celle-ci doit être motivée à l'égard de chacune d'elles, en ce qui concerne la preuve et la durée de la participation à la pratique constatée (135).

La deuxième est celle de l'imputabilité de l'infraction au sein des groupes de sociétés. En principe, la possible imputation de la pratique à la société mère dépend du point de savoir si la filiale est autonome ou pas, dans la détermination de son comportement sur le marché. Des liens de tous ordres (économiques, organisationnels, ou juridiques) peuvent caractériser l'absence d'autonomie (136). Dans le cas particulier où la filiale est détenue à 100 %, l'imputabilité est présumée, mais il s'agit d'une présomption simple (137).

La troisième est celle de l'imputabilité en cas de disparition de l'entreprise coupable, intégrée ou fusionnée au sein d'une personne morale innocente (138). Au nom de l'efficacité, le principe de la personnalité des peines s'efface alors. En cas de continuité fonctionnelle, la société qui a repris l'activité de l'entreprise participante peut se voir imputer le comportement illicite antérieur (139). L'entreprise repreneuse est bien sûr responsable des comportements illicites postérieurs à la reprise.

---

(133) V. *supra*, n° 856.

(134) TPICE, 8 juill. 2008, *AC Treuhand*, préc.

(135) Trib. UE, 14 juill. 2011, aff. T-190/06, *Total et Elf Aquitaine*. – Trib. UE, 15 sept. 2011, aff. T-234/07, *Koninklijke Grolsh*. – V., pour la nécessité de prouver qu'une entreprise partie à un accord a aussi participé à une entente globale plus vaste ; Trib. UE, 16 juin 2011, aff. T-210/08, *Verhuizingen Coppens*.

(136) CJUE, 10 sept. 2009, aff. C-97/08, *Akzo Nobel*. L'Autorité de la concurrence a le choix entre imputer l'infraction à la filiale auteur de la pratique, ou à la société mère, V. TPICE, 11 juill. 2014, aff. T-541/08, *Sasol*, et aff. T-540/08, *Esso*.

(137) *Ibid*. V., pour une holding à l'activité essentiellement financière, Trib. UE, 16 juin 2011, aff. T-196/06, *Edison SPA*. – Pour un groupe laissant leur indépendance aux filiales, Trib. UE, 16 juin 2011, aff. 185/06, *L'Air Liquide*. – V. déjà, CJCE, 25 oct. 1983, aff. 107/82, *AEG-Telefunken*. – TPICE, 15 juin 2005, aff. T-71, 74, 87 et 91/03, *Tokai Carbon*. – CJCE, 16 nov. 2000, aff. C-286/98 P, *Stora Kopparbergs*. – V., pour une filiale commune, les arrêts *Esso* et *Sasol* du 11 juillet 2014, préc.

(138) Ce qui n'est pas le cas d'une transformation, CJCE, 7 janv. 2004, aff. C-204/00 P, *Aalborg Portland*.

(139) Si l'entreprise existe toujours juridiquement, même avec une autre activité, c'est à elle de répondre toujours de l'infraction, CJUE, 16 nov. 2000, aff. C-279/98 P, *Cascades*. Si elle n'existe plus, il faut rechercher la localisation juridique des éléments matériels et humains qui ont servi à l'infraction, CJUE, 11 déc. 2007, aff. C-280/06, *ETI* ; V. encore TPICE, 11 juill. 2014, *Sasol*, préc.

884. - Amendes. Le plus simple est évidemment de constater une infraction et de la sanctionner financièrement.

Ces amendes ont une nature administrative et non pas pénale, même si la matière est pénale au sens de la Convention européenne des droits de l'homme. Leur montant maximal est déterminé à l'article 23 du règlement n° 1/2003 (10 % du chiffre d'affaires réalisé au cours de l'exercice précédent en principe)(140). La Commission a publié des *Lignes directrices* qui exposent sa pratique(141), mais ces *Lignes directrices* ne constituent pas un guide intangible pour la Commission. Elle peut en dévier pour des raisons compatibles avec les principes du droit européen (par ex., égalité de traitement)(142). La Commission peut moduler les amendes qu'elle prononce en fonction de plusieurs paramètres, positifs ou négatifs : infraction commise de manière délibérée ou par négligence(143) ; durée de l'infraction(144) ; rôle actif ou de « meneur »(145) ; gravité(146) ; réitération(147). La cessation spontanée(148), le rôle passif(149), ou la coopération avec la Commission(150) jouent à décharge. Les difficultés financières de l'entreprise ne sont pas nécessairement prises en compte(151).

Les amendes peuvent atteindre des montants élevés. La Commission doit avoir une marge d'appréciation, de manière à orienter le comportement des entreprises dans le sens du respect des règles de concurrence(152). Elle détermine d'abord un montant de base qu'elle ajuste(153). En effet, et c'est là encore un principe général du droit européen, les amendes doivent être proportionnées à la gravité de l'infraction, c'est-à-dire en particulier à la nature et à l'importance de la restriction de concurrence.

Une tendance à l'aggravation des amendes est clairement perceptible(154). L'effet dissuasif est recherché en même temps que les principes du droit de la concurrence sont aujourd'hui bien connus, et que la jurisprudence est prévisible.

Le règlement n° 1/2003 contient des règles nouvelles en ce qui concerne les condamnations prononcées à l'encontre d'associations d'entreprises. En effet, si l'on tient compte des chiffres d'affaires cumulés, les condamnations peuvent devenir

(140) Le plafond est à calculer par infraction, Trib. UE, 28 avr. 2010, aff. T-446/05, *Amann und Söhne*.

(141) *Lignes directrices pour le calcul des amendes*, 1er sept. 2006 : *JOCE* n° C 210, 1er sept. 2006.

(142) Trib. UE, 13 sept. 2013, aff. T-566/08, *Total Raffinage Marketing*. – TPIUE, 11 juill. 2014, *Sasol*, et *Esso*, préc. – CJUE, 11 juill. 2013, aff. C-439/11 P, *Ziegler*.

(143) Il suffit que l'entreprise n'ait pu ignorer le caractère anticoncurrentiel de son comportement, ou ait eu conscience de violer le droit de la concurrence, CJUE, 14 oct. 2010, aff. C-280/08 P, *Deutsche Telekom*. Pour une erreur sur le caractère illicite du comportement commise au vu d'un avis juridique, alors que l'illicéité était patente (accord sur les prix), CJUE, 18 juin 2013, aff. C-681/11, *Schenker*.

(144) Trib. UE, 28 avr. 2010, *Amann und Söhne*, préc.

(145) V. pour le rôle de « meneur », Trib. UE, 3 mars 2011, aff. T-110/08, *Siemens*.

(146) Des infractions sont graves par nature, tandis que d'autres peuvent l'être en fonction du contexte, Trib. UE, 28 avr. 2010, *Amann und Söhne*, préc. – Trib. UE, 25 juin 2010, aff. T-66/01, *ICI*.

(147) CJUE, 17 juin 2010, aff. C-413/08 P, *Lafarge*.

(148) Pour la non-application de l'accord, Trib. UE, 28 avr. 2010, aff. T-456 et 457/05, *Gütermann et Zwicky*. – Pour une cessation, Trib. UE, 28 avr. 2010, *Amann und Söhne*, préc.

(149) V. pour le « profil bas », Trib. UE, 28 avr. 2010, aff. T-456 et 457/05, *Gütermann et Zwicky*.

(150) Trib. UE, 28 avr. 2010, *Amann und Söhne*, préc. ; du même jour, aff. T-452/05, *BST*.

(151) Sinon, on donnerait un avantage concurrentiel aux entreprises les moins efficientes, CJUE, 8 déc. 2011, aff. C-389/10 P, *KME Germany*.

(152) TPICE, 11 déc. 1996, aff. T-49/95, *Van Mergen*. – TPICE, 8 oct. 1996, *Cie maritime belge*, préc.

(153) Le montant de base est calculé sur la valeur des ventes de produits ou de services en relation directe avec l'infraction, pour chaque entreprise. Il est multiplié par le nombre d'années de l'infraction.

(154) V. Trib. UE, 16 juin 2011, aff. T-240/07, *Heineken Nederland*.

considérables. L'article 23, § 4, oblige, en ce cas, les associations à lancer un appel à contribution à ses membres. Si ceux-ci ne répondent pas, la Commission peut agir directement contre eux.

Les règles générales de calcul des amendes sont bien sûr sous réserve de l'application des programmes de clémence(155).

885. - **Injonctions.** La Commission peut adopter des décisions portant injonction de modifier les comportements et les pratiques constatées. Elle peut adopter des injonctions comportementales et structurelles(156). Les engagements ne sont donc pas indispensables. La Commission est bien détentrice de l'*imperium* décisionnel.

886. - **Cessation.** Il est bien évident que la Commission doit être dotée du pouvoir de faire cesser les pratiques illicites(157).

887. - **Constatation d'une infraction passée.** L'article 7 du règlement n° 1/2003 offre à la Commission la possibilité de simplement « constater » une infraction qui s'est déroulée dans le passé(158).

888. - **Astreintes.** L'efficacité des injonctions et décisions de cessation suppose évidemment que la Commission puisse les assortir d'astreintes. C'est ce que permet l'article 24, § 1 du règlement n° 1/2003(159).

889. - **Motivation.** Les décisions doivent toutes être motivées « à suffisance de droit », afin de permettre un contrôle de la légalité et de fournir à l'intéressé les indications nécessaires pour savoir si la décision est fondée ou non. Il s'agit là d'un principe général de procédure. Toutefois, la décision n'a pas à reprendre point par point chacun des arguments avancés en cours de procédure(160). En cas de pluralité de parties, la motivation doit être individualisée(161).

890. - **Délibération. Authentification.** La décision est adoptée par la Commission dans son ensemble, de manière collégiale. La Commission doit donc délibérer, et s'engager, sur un texte définitif et motivé, sous réserve de corrections orthographiques ou grammaticales ultérieures.

891. - **Notification et publication.** La notification doit être faite aux entreprises intéressées. La publication, dont la forme est libre, est le principe pour les décisions prises en vertu des articles 7 à 10, et 23 et 24 du règlement n° 1/2003.

892. - **Portée des décisions.** Les décisions de la Commission ne sont pas définitives par nature. Elle ne statue qu'au vu des éléments portés à sa connaissance dans le dossier. Elle peut donc engager, mieux éclairée, une nouvelle procédure en dépit d'une première décision favorable. Elle peut aussi révoquer une décision, en particulier lorsque les engagements souscrits par les entreprises ne sont pas respectés.

(155) V. *supra*, n° 869.
(156) Règl. n° 1/2003, art. 7 ; en matière de pratiques anticoncurentielles, le comportemental est la règle, et le structurel l'exception.
(157) Règl. n° 1/2003, art. 7.
(158) Même si la prescription pour le prononcé des amendes est acquise.
(159) V., par ex., Trib. UE, 27 juin 2012, aff. T-167/08, *Microsoft*.
(160) V. CJCE, 29 oct. 1980, *Fedetab*, préc. ; les arguments sérieux en apparence doivent faire l'objet d'une réponse, V. CJCE, 17 janv. 1995, *The Publishers Association c/ Commission*, préc.
(161) V. TPICE, 28 avr. 1994, aff. T-38-92, *All Weather Sports Benelux*.

893. - **Exécution des décisions.** Les décisions de condamnation valent titre exécutoire. Le recouvrement effectif est régi par la loi de l'État où l'exécution est poursuivie.

894. - **Réparations civiles.** Les victimes de la pratique jugée illicite par la Commission peuvent bien sûr solliciter le juge judiciaire territorialement compétent à cette fin (sans préjudice de la constatation de la nullité de l'article 101, § 2 TFUE, et de ses conséquences)(162).

E. – Les recours

895. - **Recours.** Les recours devant le Tribunal de l'Union européenne et en cassation devant la Cour de justice de l'Union européenne peuvent être soit en annulation, soit de pleine juridiction (par ex., pour obtenir la réduction d'une amende)(163). Un recours en carence peut le cas échéant être formé si la Commission a été préalablement mise en demeure d'accomplir une diligence à laquelle elle est obligée (TFUE, art. 265). Ainsi, la Commission doit certes examiner la plainte, mais n'est pas obligée de conclure par une décision.

896. - **Actes attaquables.** Toute décision qui a pour effet de modifier la situation juridique d'une personne ou d'une entreprise est un acte attaquable. Les engagements, pourtant acceptés par les parties, sont attaquables s'ils traduisent l'exercice de la fonction décisionnelle de la Commission. Tel est le cas lorsque les engagements sont présentés comme des conditions ou des charges de la décision. Ils ne sont pas attaquables si la Commission n'a envisagé aucun contrôle sur leur exécution, et aucune sanction en cas de non-respect, ce qui sera rare(164).

897. - **Intérêt à agir.** Il s'agit là encore d'un principe général de procédure. Une entreprise qui a obtenu le bénéfice d'une décision favorable n'a pas un intérêt suffisant à agir en nullité de cette décision, même si les motifs retenus par la Commission ne lui conviennent pas. C'est le dispositif de la décision qui doit être considéré(165).

La question se pose avec plus d'acuité pour les tiers qui se considèrent affectés par les conséquences d'une décision. Il faut concilier le principe de l'effet utile des règles de concurrence et la nécessité d'éviter une multiplication des recours. La Cour de justice a ainsi exigé que le requérant fasse état de ses qualités particulières au regard de la décision, ou de la situation de fait qui l'individualise comme un destinataire(166). Être concerné comme toute une catégorie d'opérateurs ne suffit pas. L'intervention du requérant au cours de la procédure administrative, non contestée par la Commission, est alors un indice déterminant(167). La réponse explicite de

(162) Sur cette question, V. *supra*, la jurisprudence de la Cour de justice de l'Union européenne, et Dir. 26 nov. 2011, n° 668.

(163) V., par ex., Trib. UE, 28 avr. 2010, *Amann und Söhne*, préc.

(164) V. *supra*, n° 881 ; V. CJCE, 31 mars 1993, aff. C-89/85, *Ahlström Osakeythiö* (pâtes de bois) et TPICE, 22 mars 2000, aff. T-125 et 127/99, *Coca-Cola c/ Commission*.

(165) TPICE, 17 sept. 1992, aff. T-138-89, *NBV et NVB c/ Commission*, pour une décision constatant une position dominante, mais pas l'abus. Pourtant, la simple caractérisation d'une position dominante peut exposer l'entreprise concernée à une multiplication des procédures pour abus (TPICE, 22 mars 2000, aff. T-125 et 127/97, *Coca-Cola*).

(166) V. CJCE, 15 juill. 1963, aff. 25-62, *Plaumann*, le tribunal a amorcé, en matière, certes, de recours en annulation d'un règlement, une évolution vers plus de souplesse, fondée sur la reconnaissance du droit au juge, et ouvrant les recours dès que la mesure modifie la situation du requérant, même si elle ne l'individualise pas comme un destinataire, V. TPICE, 3 mai 2002, aff. T-177/01, *Jego-Quéré c/ Commission*.

(167) V. CJCE, 25 oct. 1977 et 22 oct. 1986, *Metro-Saba, 1 et 2*, préc. – V. TPICE, 12 déc. 1996, aff. T-87-92, *Kruidvadt c/ Commission* et CJCE, 17 nov. 1998, aff. C-70/97 P, *Kruidvadt* ; comp. aff. T-19/92, *Galec c/ Commission*, *YSL*, et aff. T-88/92, *Givenchy*.

la Commission à ses arguments dans la décision litigieuse, en le visant nommément, en est un autre(168). Mais on ne saurait dénier l'intérêt du requérant pour la seule raison que la Commission se serait dispensée (volontairement ou non) de lui répondre ou de le nommer.

898. - **Sursis à exécution.** En référé, il est possible d'obtenir le sursis à exécution d'une décision(169). Le référé n'est possible que si un recours au fond a été formé. Pour obtenir le sursis, il faut démontrer le préjudice irréparable qui résulterait de l'absence de mesure de sursis, et établir les circonstances de fait et de droit qui justifient à première vue le sérieux du recours au fond, ce que l'on qualifie de *fumus boni juris*(170).

899. - **Portée du contrôle.** Nombre de décisions contiennent des appréciations économiques complexes. Le contrôle juridictionnel ne peut alors qu'être limité.

Le tribunal rappelle, à la suite de la Cour, que le contrôle, même s'il est rigoureux, est limité au respect des règles de procédure et de motivation, au contrôle de l'exactitude matérielle des faits, à l'absence d'erreur manifeste, et à l'absence de détournement de pouvoir(171).

L'annulation d'une décision renvoie l'affaire à la Commission(172).

§ 2. - Les procédures devant les autorités et juridictions nationales

900. - **Principe de l'autonomie procédurale.** En principe, les règles de procédure nationales doivent gouverner l'application des articles 101 et 102 TFUE devant les autorités et juridictions nationales, pourvu qu'elles ne compromettent pas l'effet utile des règles européennes(173). Cela étant, les autorités et juridictions seront astreintes à certaines obligations européennes.

901. - **Obligations des autorités nationales de concurrence.** Compétentes pour appliquer l'intégralité de l'article 101 TFUE et l'article 102 TFUE, une ANC doit, une fois saisie :

1) informer la Commission ;

2) accepter la réallocation(174), mais peut suspendre sa procédure si une autre ANC traite déjà le dossier et s'il n'y a pas de réallocation ;

3) échanger avec les ANC et la Commission les informations légalement obtenues(175) ;

(168) V., par ex., en matière de concentration, TPICE, 19 mai 1994, aff. T-2-93, *Air France c/ Commission.*

(169) Règl. proc. TPICE, art. 104 et s., mais pas la suspension d'une instruction, tant qu'il n'y a pas décision, TPICE, 12 juill. 1996, aff. T-52-96 R, *Sogecâble c/ Commission.*

(170) V., par ex., CJCE, ord., 20 sept. 1982, aff. 220-82, *Moselstahlwerk.* – V., en matière de transports aériens, CJCE, ord., 26 oct. 1994, aff. C-174-94 R, *France c/ Commission* (ouverture de la ligne Orly-Marseille). – TPICE, ord., 28 mai 2001, aff. T-53/01 R, *Poste Italiane c/ Commission.* – TPICE, ord., 11 avr. 2002, aff. C-481/01 R, *NDC Health et IMS Health.*

(171) TPICE, 23 févr. 1994, *Groupement de cartes bancaires*, préc. – TPICE, ord., 16 juin 1992, aff. T-24 et 28-92, *Langnese et Schöller.*

(172) V., pour une décision de rejet de plainte, TPICE, 18 sept. 1996, aff. T-387-94, *Asia Motors III.*

(173) V. *supra*, n°s 463, 668, et 851.

(174) Pour les procédures de clémence, V. *supra*, n° 869.

(175) La confidentialité est garantie par le secret professionnel qui pèse sur le réseau et les informations échangées ne peuvent être utilisées que pour l'application des articles 81 et 82 CE ; V. *supra*, n° 850.

4) informer les autorités du réseau des programmes de clémence sollicités, et leur donner les informations si le candidat à la clémence est d'accord(176) ;

5) informer la Commission avant toute prise de décision ;

6) respecter le droit d'évocation de la Commission qui dessaisit les ANC ;

7) ne pas prendre de décision contraire à une décision de la Commission statuant sur des pratiques examinées dans cette décision(177).

L'ANC peut aussi effectuer une enquête sur son territoire à la requête d'une autre ANC déjà saisie.

902. - **Obligations des juridictions nationales.** Chargées de veiller aux droits subjectifs des opérateurs, les juridictions nationales doivent statuer sous peine de déni de justice. Elles ont donc peu d'obligations. Elles doivent seulement respecter les règles européennes qui ont un effet sur les procédures nationales, et en conséquence laisser inappliquées les règles nationales de procédure qui empêcheraient l'application de ces règles européennes. Ainsi, les juridictions nationales doivent toujours répondre favorablement aux demandes de transmission d'informations adressées par la Commission, et peuvent toujours solliciter l'avis de la Commission(178) ; elles doivent toujours permettre à la Commission et aux ANC de présenter des observations écrites (avec accès aux documents nécessaires ; en ce qui concerne les observations orales, l'accord de la juridiction est requis). Les juridictions nationales, sans être en droit obligées de surseoir toujours à statuer en cas d'engagement d'une procédure par une ANC ou la Commission, doivent respecter le principe de cohérence dans l'application du droit européen : si une décision de la Commission intervient en premier, elle bénéficie de la primauté ; si cette décision est frappée d'un recours, le juge national doit surseoir à statuer, et, s'il ne le fait pas, et s'il souhaite aller à l'encontre de la décision de la Commission, il doit saisir la Cour de justice en interprétation préjudicielle ; si le juge est prêt à rendre son jugement en premier, il peut interroger la Commission ou surseoir à statuer. Enfin, les juridictions nationales doivent informer après coup la Commission de tous les jugements et ordonnances qu'elles prononcent en application des articles 101 et 102 TFUE.

903. - **Arbitrage.** Les arbitres sont exclus de la collaboration avec les autorités européennes. Cette ignorance de l'arbitrage soulève de sérieuses questions(179).

SECTION 2

LA PROCÉDURE EN MATIÈRE DE CONTRÔLE DES CONCENTRATIONS

904. - **Similitudes avec le règlement n° 1/2003.** L'essentiel des règles de procédure contenues dans le règlement n° 1/2003 est repris dans le règlement n° 139/2004 du Conseil du 20 janvier 2004, ainsi que dans le règlement d'application

(176) V. *supra*, n° 869, et Comm. CE, communication sur le réseau, préc., pts 39 à 41.
(177) Règl. n° 1/2003, art. 16.
(178) Sur la confidentialité, V. TPICE, 18 sept. 1996, aff. T-353/94, *Postbank c/ Commission*.
(179) V. Idot, *op. cit.*

de la Commission n° 802/2004 du 7 avril 2004 (notifications, investigations, auditions...)[180]. Il est rappelé dans ce règlement que les « droits de la défense doivent être pleinement assurés dans le déroulement de la procédure »[181]. Cela concerne l'accès aux dossiers et le respect des secrets d'affaires[182].

905. - **Obligation de notification et de suspension.** Le contrôle joue *ex ante*. Il repose sur une notification obligatoire par les initiateurs[183], avec effet suspensif[184], sauf en cas d'offre publique sur un marché financier et à condition que les initiateurs ne fassent pas usage des droits de vote acquis[185].

906. - **Période de pré-notification et sanction du défaut de notification.** La période de pré-notification est celle de contacts informels souvent décisifs. Au cours de cette période, peuvent se décider non seulement les renvois aux ANC[186], mais surtout le contenu de la notification, incluant des engagements négociés dès ce stade entre les parties et la Commission[187].

Cette période de pré-notification ne peut être comprise comme un défaut de notification. L'exigence de notification préalable doit bien sûr être sanctionnée. Dans ce cas, une décision de dissolution de la concentration, ou portant toute mesure appropriée, peut être adoptée, au besoin avec amende (Règl. n° 139/2004, art. 8, § 4 et art. 14, § 2)[188].

907. - **Délai d'examen du dossier. Phase I et phase II.** Une conséquence du contrôle préalable des concentrations est d'obliger la Commission à statuer rapidement. On ne peut laisser les opérations de concentration trop longtemps en suspens. Les problèmes pratiques sont ici souvent d'une tout autre nature que ceux qui peuvent résulter d'ententes ou de positions dominantes.

La procédure peut se diviser en deux phases. La première phase est celle de l'analyse rapide du dossier (vingt-cinq jours ouvrables et trente-cinq jours en cas de demande de renvoi, Règl. n° 139/2004, art. 10). Cette première phase doit conduire à déterminer s'il y a ou non des doutes sérieux sur l'opération (Règl. n° 139/2004, art. 6).

S'il n'y a pas de doute sérieux, la phase I peut se terminer par une décision de non-opposition de la Commission, déclarant la concentration compatible avec le marché intérieur (Règl. n° 139/2004, art. 6, § 1, *b*).

L'absence de doute sérieux peut aussi résulter des modifications apportées par les parties à l'opération qu'elles ont notifiée. La souscription d'engagements de nature à lever tous les doutes est en effet un moyen souple et efficace de régler les difficultés avec la Commission (Règl. n° 139/2004, art. 6, § 2). Lorsque les parties

(180) *JOUE* n° L 24, 29 janv. 2004, et *JOUE* n° L 133, 30 avr. 2004, mod. par Règl. n° 1269/2013, du 5 déc. 2013.
(181) Règl. n° 802/2004, art. 18, § 3.
(182) Règl. n° 802/2004, art. 18, § 3 et 17. – V. *supra*, pour le règlement n° 1/2003, n° 856.
(183) V. le formulaire « CO » nécessaire à la notification en annexe du règlement n° 1269/2013. La notification est souvent longue et délicate. Elle suppose fréquemment des contacts avec la Commission. Il y a donc en fait une phase de pré-notification, qui ne fait pas courir les délais ; V. *supra*, n° 762.
(184) Règl. n° 802/2004, art. 7.
(185) Règl. n° 802/2004, art. 7, § 1.
(186) V. *supra*, n° 762, et n°s 767 et s.
(187) V. Comm. CE, communication sur les mesures correctives recevables : *JOUE* n° C 267, 22 oct. 2008, et *supra*, n° 804.
(188) V. *supra*, n° 806.

proposent des engagements, le délai de la phase I peut être porté à trente-cinq jours ouvrables (Règl. n° 139/2004, art. 10, § 1).

La phase II suppose donc qu'il y ait des doutes sérieux[(189)]. Alors la Commission doit décider d'engager la procédure (Règl. n° 139/2004, art. 6, § 1, *c*). La procédure doit conduire en principe à une décision de compatibilité ou d'incompatibilité avec le marché intérieur, au besoin avec conditions et charges, injonctions, le cas échéant sous astreintes (Règl. n° 139/2004, art. 6, § 2, art. 8 et 15, § 1, *c* et *d*), sauf abandon de l'opération (Règl. n° 139/2004, art. 6, § 1, *c*)[(190)]. La souscription d'engagements en cours de phase II permet de clore la procédure (Règl. n° 139/2004, art. 8, § 2). Les engagements doivent ici permettre de conclure que le test « SIEC » est positif[(191)]. En principe, la phase II de la procédure doit conduire à l'adoption d'une décision finale dans les quatre-vingt-dix jours à partir de la date d'engagement de la procédure (à cent cinq jours si des engagements sont proposés, sauf s'ils sont proposés assez tôt, dans les cinquante-cinq jours de l'ouverture, Règl. n° 139/2004, art. 8, § 3 ; et sauf prolongations qui ne peuvent excéder vingt jours)[(192)]. Les délais sont suspendus si la Commission a été dans l'obligation de demander des renseignements par voie de décisions ou de procéder à des inspections (Règl. n° 139/2004, art. 10, § 4). Si la procédure n'a pas abouti à une décision dans les délais, la concentration est réputée compatible avec le marché intérieur (Règl. n° 139/2004, art. 10, § 6).

908. - **Instruction du dossier.** Comme en matière d'ententes ou d'abus de positions dominantes, la Commission peut demander des renseignements au besoin par décisions, ou décider d'inspections, au besoin en recourant aux services des autorités des États membres (Règl. n° 139/2004, art. 11, 12 et 13). Les obstacles apportés à l'exercice de ces mesures peuvent être sanctionnés par des amendes ou des astreintes (Règl. n° 139/2004, art. 14 et 15). Le secret professionnel est bien sûr protégé (Règl. n° 139/2004, art. 17), et les règles relatives à l'accès au dossier ou aux auditions sont posées dans le règlement d'application n° 773/2004 du 7 avril 2004 et sont semblables à celles édictées pour la mise en œuvre des articles 101 et 102 TFUE[(193)].

909. - **Mesures provisoires.** La Commission se trouve autorisée à prendre des mesures conservatoires en vertu de l'article 8, § 5 du règlement n° 139/2004. Le système du contrôle préalable des concentrations explique que les mesures conservatoires ne peuvent être adoptées que dans des situations d'urgence qui caractérisent des violations du système préventif et suspensif de contrôle. Aussi, les mesures provisoires, qui doivent être appropriées pour rétablir ou maintenir une concurrence effective, supposent soit une réalisation de l'opération déclarée incompatible, soit une réalisation sans qu'une décision ait été adoptée, soit une violation d'engagements assortissant une décision.

(189) Cette notion est objective, et dépend des circonstances de l'acte et de son contenu (Trib. UE, 1er juill. 2010, aff. T-568 et 573/08, *M6 et TF1*). La Commission est obligée d'ouvrir la procédure dès qu'elle rencontre une difficulté sérieuse (Trib. UE, 9 sept. 2010, aff. T-359/04, *British Aggregates*). Le dépassement du délai de deux mois est un indice de difficulté sérieuse (Trib. UE, 27 sept. 2011, aff. T-30/03, *3F*).

(190) V. Comm. CE, note d'information sur l'abandon des concentrations.

(191) V. *supra*, n° 777.

(192) Sur les modalités et délais de présentation des engagements, V. Règl. n° 773/2004, art. 19 et 20.

(193) La communication de la Commission du 22 décembre 2005 vise à la fois le règlement n° 1/2003 et le règlement n° 139/2004.

910. – Procédure simplifiée. Elle était prévue par la communication du 5 décembre 2013[194]. Les notifications font peser quelquefois une charge disproportionnée sur les entreprises notifiantes, alors que la concentration n'affecte pas *a priori* de manière significative le marché européen (entreprise commune avec une activité négligeable dans l'EEE, et un chiffre d'affaires ou d'actifs transférés inférieurs à 100 millions d'euros ; fusions sans chevauchement de marchés, ou avec chevauchements faibles avec des parts globales inférieures à 20 % en cas de relations horizontales et à 30 % en cas de relations verticales). La période de pré-notification[195] permet aux entreprises de demander le traitement simplifié de leur concentration, avec une décision dans les vingt-cinq jours ouvrables à compter de la notification.

911. – Liaison avec les autorités des États membres. La nature particulière des concentrations explique que ces autorités soient tenues informées de la procédure de manière complète et régulière (par ex., Règl. n° 139/2004, art. 19). De plus, leurs représentants siègent au sein d'un comité consultatif spécial qui est obligatoirement consulté (Règl. n° 139/2004, art. 19).

912. – Recours. Les décisions de compatibilité ou d'incompatibilité peuvent faire l'objet de recours devant le Tribunal de l'Union européenne dans des conditions comparables à celles qui prévalent contre les décisions rendues en matière d'ententes ou de positions dominantes[196][197].

(194) *JOCE* n° C 366, 14 déc. 2013.
(195) Les semaines avant la date prévue pour la notification.
(196) Recours en annulation, Règl. n° 139/2004, art. 10, § 5 ; recours en pleine juridiction, Règl. n° 139/2004, art. 16 ; V., par ex., TPICE, 19 mai 1994, *Air France c/ Commission*, préc. – Sur le périmètre des requérants potentiels, Trib. UE, 28 mars 2012, aff. T-123/09, *Ryanair*.
(197) V., pour les sursis à exécution : TPICE, ord., 10 mai 1994, aff. T-88-94 R, *Sté. com. Potasses et Azote et EMC*.

TITRE 2

LES RÈGLES APPLICABLES À L'ACTION DES ÉTATS

913. – OMC. GATT et GATS. Les accords du GATT contiennent des dispositions qui ont sans doute inspiré les rédacteurs du traité de Rome. L'article XVII du GATT, relatif aux entreprises commerciales d'État, bénéficiant ou non de privilèges exclusifs ou spéciaux, interdit de les favoriser, ou de favoriser leur action pour de strictes considérations d'ordre commercial. L'article XVI, de son côté, vise les subventions étatiques défavorisant les importations, ou soutenant les exportations. Des exceptions particulières (art. XVIII, aides en faveur du développement économique) ou générales (art. XX et XXI pour l'intérêt général) tempèrent ces prohibitions. Les accords du GATS reprennent à peu près les mêmes principes, que ce soit à propos des monopoles et fournisseurs exclusifs de services (art. VIII), ou des exceptions générales (art. XIV et XIV *bis*).

En ce qui concerne les subventions, le système de l'OMC intègre aussi un accord relatif aux subventions et aux mesures compensatoires, prohibant surtout (art. 3) les subventions émanant des pouvoirs publics restreignant les importations, ou soutenant les exportations.

914. – Spécificité de la construction européenne. La construction européenne implique tout autant les États que leurs entreprises. Les États membres ont l'obligation de collaborer aux objectifs du traité. En particulier, cela implique pour eux de respecter l'« effet utile » des règles de concurrence.

Toutefois, exiger l'abstention totale des États dans le jeu de la concurrence eût été irréaliste. En 1957, la plupart des États membres étaient interventionnistes et la plupart de ceux qui adhérèrent par la suite ne l'étaient pas moins. Aussi, avec pragmatisme, et s'inspirant de l'œuvre des rédacteurs du GATT qui avaient été déjà confrontés à la même difficulté, les rédacteurs du traité de Rome ont-ils édicté des règles particulières à l'action des États. Sont ainsi visées, aux articles 106, d'une part, et 107 et suivants du TFUE d'autre part, des règles relatives aux entreprises publiques et à celles qui peuvent être titulaires de monopoles ou de droits spéciaux, et des règles relatives aux aides d'État. On relèvera tout de suite que, nouvelle marque de pragmatisme et de « l'irréductible diplomatique » de la construction européenne[1], ces dispositions

(1) Selon la formule du doyen C.-A. Colliard, in *Mél. Teitgen*, Pedone 1984, p. 109.

ne sont pas toutes d'effet direct, bien qu'il y ait eu une nette évolution en faveur de l'applicabilité directe(2).

915. - **Accentuation progressive de l'action de la Commission.** Avec prudence et persévérance, la Commission a progressivement appliqué le droit de l'Union à l'ensemble des secteurs où se faisait sentir l'action des États. Aujourd'hui, c'est un axe essentiel de l'action des autorités européennes. La réalisation complète du marché intérieur implique un renforcement de l'action contre les interventions étatiques qui freineraient l'ouverture à la concurrence. Des situations de monopoles traditionnelles apparaissent aujourd'hui obsolètes et sont pour beaucoup démantelées. Les exemples des télécommunications, de l'énergie, ou des services postaux sont les plus significatifs. On a pu utiliser l'image de « peau de chagrin »(3). L'exemple le plus caractéristique est celui des télécommunications.

916. - **Espace économique européen.** La perspective de l'accord sur l'EEE est l'intégration des États signataires à l'Union européenne. On ne sera guère surpris dès lors de ce que ce traité reprenne les dispositions du droit européen, en ses articles 59 et 61 à 63 et en son annexe XI.

917. - **Plan.** On examinera d'abord les règles applicables aux entreprises publiques et chargées de missions d'intérêt général (Chapitre 1), puis celles applicables aux aides d'État (Chapitre 2).

(2) V. la négative pour l'article 107 TFUE relatif aux règles de fond pour l'appréciation des aides d'État, mais l'affirmative pour l'obligation de notifier les aides, CJCE, 11 déc. 1973, *Lorenz* ; V. *infra*, n° 977. – CJCE, 22 mars 1977, aff. 78-76, *Steinicke et Weinling*. L'affirmative pour l'article 106, V. CJCE, 14 déc. 1995, aff. C-430 et 431/93, *Van Schijndel* ; V. *infra*, n°s 919, 924, 931, 937, 988 et 991.

(3) V. Kovar, *La peau de chagrin, ou comment le droit communautaire opère la réduction des monopoles publics* : *Europe* juill. 1992.

CHAPITRE 1

LES ENTREPRISES PUBLIQUES ET LES ENTREPRISES CHARGÉES DE MISSIONS D'INTÉRÊT GÉNÉRAL

918. – **Généralités.** De nombreux États membres connaissent encore des secteurs publics importants, voire pléthoriques. Certaines entreprises publiques appartiennent de manière incontestable au secteur concurrentiel. Pour celles-ci, les règles de concurrence doivent être applicables. Toutefois, elles entretiennent des relations particulières avec leurs États, et ces relations sont quelquefois opaques. Les États sont aussi pour la plupart interventionnistes. Un secteur de leur intervention est bien entendu composé des entreprises publiques. Mais l'intervention des États utilise aussi habituellement des entreprises privées, auxquelles sont confiées des missions d'intérêt général ou de service public. D'où la distinction opérée entre, d'une part, les entreprises publiques ou celles auxquelles les États accordent des droits spéciaux exclusifs (Section 1) et, d'autre part, les entreprises – publiques ou privées – chargées de services d'intérêt économique général (les « SIEG ») ou d'un monopole fiscal (Section 2).

SECTION 1

LES ENTREPRISES PUBLIQUES ET LES ENTREPRISES TITULAIRES DE DROITS SPÉCIAUX OU EXCLUSIFS

919. – **Article 106, § 1 TFUE. Liberté encadrée des États.** À l'instar des dispositions de l'article XVII du GATT, ce texte laisse aux États la liberté de créer des entreprises publiques, ou de conférer à des entreprises publiques ou privées des droits spéciaux ou exclusifs, ce qui autorise notamment les monopoles[1].

(1) V. CJCE, 23 avr. 1881, aff. C-41/90, *Höfner c/ Macroton*. – CJCE, 10 déc. 1991, aff. C-179/90, *Merci convenzionali porto di Genova*. – CJCE, 12 févr. 1998, aff. C-163/96, *Silvano Raso*. – CJCE, 18 juin 1998, aff. C-266/96, *Corsica Ferries France*. – CJCE, 8 juin 2000, aff. C-258/99, *Carra*. – CJCE, 10 févr. 2000, aff. C-147 et 148/97, *Deutsche Post*. – CJCE, 17 mai 2001, aff. C-340/99, *TNT Traco c/ Poste Italiane*.

Mais cet article, d'applicabilité directe, et contraignant[2], interdit aux États membres d'édicter ou de maintenir, à l'égard de ces entreprises, aucune mesure contraire aux règles du traité. Il s'agit donc d'une obligation qui est ainsi faite aux États, à l'égard de certaines entreprises, et qui va au-delà du simple respect des règles de concurrence.

Il est certain que la situation des entreprises publiques doit faire l'objet d'une particulière vigilance. L'article 106, § 1 TFUE les concerne en effet distinctement (§ 1). Mais cet article contient des principes qui valent aussi bien pour les entreprises publiques que pour celles auxquelles sont accordés des droits « spéciaux ou exclusifs » (§ 2).

§ 1. – Neutralité vigilante à l'égard des entreprises publiques

920. - **Notion d'entreprise publique.** Une entreprise publique, au sens de l'article 106, § 1 TFUE, est d'abord une entreprise. Une entité qui n'exerce pas d'activité économique (par ex., une activité sociale fondée sur la solidarité nationale) n'est pas une entreprise, et son éventuel monopole ne relève pas de l'article 106, § 1 TFUE.

Une entreprise publique est une entreprise contrôlée directement ou indirectement par un actionnaire ou un associé public. Le critère est européen, et ne dépend pas des qualifications nationales. C'est l'influence dominante, directe ou indirecte, en droit ou en fait de l'État ou de ses collectivités territoriales, qui sera décisif[3]. Une entreprise publique n'est pas une entreprise d'intérêt public, en ce sens que son importance en termes de politique économique, sociale, ou stratégique, pour l'État n'est pas un critère pertinent. Il est vrai que ce dernier critère serait bien difficile à mettre en œuvre[4].

921. - **Neutralité *a priori* de la création d'une entreprise publique.** En principe, la création d'une entreprise publique est neutre au regard des règles de la concurrence[5]. Toutefois, les entreprises publiques entretiennent souvent des rapports étroits et peu transparents avec les pouvoirs publics. Ces relations peuvent fausser la concurrence. Les circuits financiers peuvent même emprunter les groupes publics, pour parvenir de manière illicite à aider des filiales publiques, ou même des entreprises extérieures au secteur public. La transparence est donc particulièrement nécessaire.

922. - **Directive « Transparence » n° 2006/111 du 11 novembre 2006[6].** Cette directive définit la notion d'entreprise publique, et vise à rendre transparents les rapports financiers entre les États (y compris leurs collectivités) et ces entreprises. Il faut d'abord organiser une transparence simple pour certaines opérations qui engagent des fonds publics (apports en capital, avantages financiers au besoin par abandon ou renonciation, prêts privilégiés, au besoin par intermédiaires). La comptabilité est alors le moyen adéquat. Il faut ensuite veiller à ce que des aides ne

(2) CJCE, 14 déc. 1995, *Van Schijndel*, préc.
(3) V. Dir. n° 2006/11, 16 nov. 2006 : *JOUE* n° L 318, 17 nov. 2006.
(4) V., à propos des entreprises privatisées dans lesquelles certains États se réservaient des *golden shares*, les arrêts du 4 juin 2002, aff. C-483/99, *Commission c/ France* ; aff. C-503/99, *Commission c/ Belgique* ; aff. C-367/98, *Commission c/ Portugal*.
(5) V. Comm. CE, communication sur les services d'intérêt général en Europe : *JOCE* n° C 17, 19 janv. 2001.
(6) *JOUE* n° L 318, 17 nov. 2006 ; cette directive codifie la directive n° 80/723 du 25 juin 1980, plusieurs fois modifiée.

se dissimulent pas sous des opérations banales de la vie financière (prêts, compensation de charges de « service public »). Aussi, certaines entreprises – titulaires de droits spéciaux ou exclusifs, ou chargées d'une mission de SIEG – doivent-elles tenir des comptes séparés dès qu'elles reçoivent une compensation financière pour les charges ou missions qui leur sont imposées.

Raisonnablement, les obligations de transparence ne s'appliquent pas lorsque les prestations de services de l'entreprise publique ne peuvent affecter sensiblement le commerce entre les États membres, ou aux relations avec les banques centrales et les établissements de crédit publics (en cas de SIEG, en deçà d'un seuil de 800 millions d'euros de total du bilan), et, surtout, aux relations avec les entreprises publiques dont le chiffre d'affaires est inférieur à 40 millions d'euros (il n'y a pas de seuil lorsque la mission de service public et sa compensation financière ont été fixées dans le cadre d'une procédure transparente d'appel d'offres). Mais l'action des États peut être aussi désintéressée, par exemple si des fonds sont versés pour soutenir une activité non marchande, et donc non concurrentielle. Dans le cadre de sa mission d'examen permanent des aides d'État, la Commission doit pouvoir surveiller ces flux, et leur motivation. L'objectif principal est de déceler les aides illicites(7).

923. – **Égalité entre entreprises publiques et privées ?** Le principe est celui de la non-discrimination. Il ne s'agit pas d'égalité systématique et abstraite. Il s'agit de traiter de façon identique uniquement les entreprises qui se trouvent en situation identique. Le principe est donc que les entreprises publiques ne peuvent bénéficier d'aucun traitement particulier (défavorable ou favorable) par rapport aux entreprises privées comparables sur le marché. Mais tout dépend de la règle de droit que l'on applique. Par exemple, une entreprise publique peut fort bien être en position dominante, pourvu qu'elle n'en abuse pas(8). De même, en matière d'aides d'État, les entreprises publiques ne se trouvent pas dans la même situation que les entreprises privées, précisément en raison de leur financement possible sur ressources d'État, qui proviennent de prérogatives de puissance publique (impôts)(9). Il n'y a donc pas de principe d'égalité des chances entre l'entreprise publique et ses homologues privées.

§ 2. – L'interdiction de mesures contraires au traité édictées au profit des entreprises publiques ou titulaires de droits spéciaux

924. – **Généralité et limites de l'interdiction. Texte non autonome.** L'article 106, § 1 TFUE vise toutes les dispositions du traité qui peuvent s'adresser aux États. Il ne cite les règles de concurrence ou la règle de non-discrimination de l'article 18 TFUE que de manière exemplative. L'article 106, § 1 TFUE renvoie

(7) Sur la question de la compensation financière des missions de service public, et sur la jurisprudence *Altmark*, V. *infra*, n° 945.

(8) Trib. UE, 20 sept. 2012, aff. T-169/08, *DEI*. – CJCE, 6 juill. 1982, aff. 188 à 190/80, *France, Italie et Royaume-Uni c/ Commission*.

(9) V. TPICE, 6 mars 2003, aff. T-228 et 233/99, *Westdeutsche Landesbank Girozentrale et land Nordrhein-Westphalen c/ Commission*. – V. encore Dir. n° 2006/11, préc.

finalement aux diverses obligations qui naissent du traité. En ce sens, cet article n'a pas de portée autonome, et ne peut être appliqué que conjointement avec une autre disposition du traité[10].

925. – **Droits spéciaux ou exclusifs accordés par l'État.** L'article 106, § 1 TFUE vise les mesures qui sont imputables aux autorités d'un État membre, ce qui signifie qu'il ne vise pas les comportements des entreprises. De leur côté, les articles 101 et 102 TFUE ne peuvent être appliqués qu'à des comportements concurrentiels adoptés par des entreprises de leur propre initiative et non à des mesures étatiques contraignantes[11].

926. – **Dérogation au principe d'interdiction en raison d'une mission d'intérêt économique général.** Lorsque les États accordent des prérogatives à des entreprises qui vont à l'encontre des dispositions du traité, la condamnation n'est pas pour autant inéluctable. La dérogation générale au profit des services d'intérêt économique général (SIEG) peut être invoquée, dans la stricte mesure nécessaire à l'accomplissement de la mission d'intérêt général[12].

927. – **Activités marchandes et non marchandes. Droits spéciaux ou exclusifs accordés à des entreprises.** Pour générale que soit l'interdiction de prendre des mesures contraires au traité, elle trouve sa limite avec l'objectif économique de la construction européenne. Des mesures nationales contraires au traité qui seraient prises au profit des entreprises visées pour des considérations purement économiques ne seraient pas légitimes. Tel peut être le cas lorsque l'entreprise publique qui exerce une activité économique se voit confier le pouvoir d'autoriser les activités économiques similaires de ses concurrents[13].

On voit là l'écho de la notion de « stricte considération d'ordre commercial » contenue à l'article XVII du GATT. En revanche, des considérations de nature non économique peuvent permettre aux États de prendre librement des mesures, sans enfreindre ce texte. Tel est le cas de la mise en œuvre des prérogatives intrinsèques de l'État (sécurité, justice, exercice direct de la puissance publique)[14].

Il peut y avoir des différences entre les États membres dans la conception même de certaines activités. Tel peut être le cas de la sécurité sociale ou de l'éducation. Les États peuvent choisir d'exercer les missions qui leur incombent à ce titre sans s'engager dans des activités marchandes[15]. Ainsi, lorsque la sécurité sociale repose sur la solidarité nationale (fixation légale des cotisations et des prestations, indépendance entre les cotisations versées et les prestations, affiliation obligatoire, compensation générale entre les régimes), elle n'est pas économique, et n'est pas confiée à des entreprises. C'est pourquoi le monopole français des caisses de sécurité sociale pour le régime primaire est tout simplement hors du champ d'application du traité.

(10) CJCE, 19 avr. 2007, aff. C-295/05, *Associacion Nacional de Empresas Forestales, Asemfo*. – V., par ex., CJCE, 10 déc. 1991, aff. C-179-90, *Merci Convenzionali Porto di Genova*.

(11) V. CJCE, 13 déc. 1991, aff. C-18-88, *RTT c/ GB-immo-BM*, et *supra*, n° 517.

(12) V. *infra*, n°s 934 et s.

(13) CJCE, 1er juill. 2008, aff. C-49/07, *Motoe*.

(14) V. déjà Comm. CE, communication 19 janv. 2001, « Les services d'intérêt général en Europe » : *JOCE* n° C-17. – V. CJCE, 30 avr. 1974, aff. 155-73, *Sacchi*, et pour la surveillance antipollution, CJCE, 18 mars 1997, *Diego Cali*, préc. ; pour la sécurité du pilotage, CJCE, 18 juin 1998, *Corsica Ferries France*, préc.

(15) V. communication sur les services sociaux d'intérêt général, ou SSIG, 26 avr. 2006, Doc. COM (2006), 177 final.

En revanche, si l'État décide la création de fonds par branches professionnelles, qui seront gérés comme des entreprises au seul profit de leurs membres (par ex., fonds de pension) avec affiliation obligatoire, l'assurance ou la prévoyance sociale seront alors confiées à des entreprises, qui accompliront bien sûr une mission d'intérêt économique général, et qui pourront bénéficier de la dérogation de l'article 106, § 2 TFUE. Cet article permettra ainsi de légitimer une affiliation obligatoire (équivalent d'un monopole) au profit d'un fonds de pension-entreprise. En effet, s'il n'y avait pas cette affiliation obligatoire, le fonds de pension ne verrait venir à lui que les mauvais risques, et ne serait plus à même de servir des retraites décentes à l'ensemble de ses adhérents(16).

La notion d'entreprise ne présente donc ici aucune originalité(17). Puisque l'on considère particulièrement l'action des États, on soulignera que de simples directions ou parties de l'administration peuvent présenter le degré d'autonomie suffisant pour être considérées comme des unités économiques, et donc comme des entreprises, au sens de la jurisprudence européenne(18).

928. - **Octroi et exercice de monopoles ou de droits spéciaux ou exclusifs. « Abus automatique ».** Si le principe est souvent affirmé de la liberté pour les États membres de créer un monopole dans le chef d'une entreprise, qu'elle soit du reste publique ou privée(19), cette liberté n'est pas absolue : elle ne l'est que pour des considérations d'intérêt public, de nature non économique.

Il a en revanche été considéré que l'exercice des droits spéciaux ou exclusifs – question qui est en aval de leur octroi – pouvait toujours être apprécié à la lumière des règles de concurrence, dans la mesure où l'entreprise en cause exerce une activité économique(20).

En réalité, il faut rapprocher l'article 106, § 1 TFUE de l'objectif d'une économie sociale de marché. Dès l'instant où les mesures nationales vont à l'encontre de cet objectif, l'interdiction de cet article pourra trouver à s'appliquer. Il faut donc mettre en rapport le résultat de la mesure nationale avec les interdictions prévues par les règles de concurrence. C'est ainsi que, indépendamment de la question de l'applicabilité directe de cet article, l'applicabilité directe des autres règles de concurrence doit être sauvegardée. Cela a permis à la Cour de justice d'affirmer que « même dans le cadre de l'article 106, l'article 102 a un effet direct, et engendre pour les justiciables des droits que les juridictions nationales doivent sauvegarder »(21). La difficulté naît généralement de la prohibition des abus de position dominante, car les entreprises publiques bénéficient souvent d'un monopole. En soi, une position dominante n'est pas reprochable(22). Le seul fait qu'une loi

(16) V., par ex., CJCE, 13 févr. 1993, aff. C-159 et 160/91, *Poucet et Pistre*. – CJCE, 15 nov. 1995, aff. C-244/94, *FFSA* – CJCE, 21 sept. 1999, aff. C-67/96, *Albany*. – CJCE, 12 sept. 2000, aff. C-180 à 184/98, *Pavlof*.

(17) V. *supra*, n°s 469 et s. ; pour le refus de la qualification d'entreprise à une entité chargée de surveiller la pollution dans le port de Gênes, fonction qui relève des missions de l'État, à distinguer de la fourniture de services de dépollution, CJCE, 18 mars 1997, aff. C-343/95, *Diego Cali*.

(18) V. CJCE, 16 juin 1987, aff. C-118-85, *Commission c/ Italie*, pour l'administration du tabac.

(19) V. CJCE, 17 mai 1994, *Corsica Ferries*, et CJCE, 10 déc. 1991, *Merci Porto di Genova*, préc.

(20) V. CJCE, *Sacchi*, préc.

(21) CJCE, 8 juin 2000, aff. C-258/98, *Carra e.a.*

(22) V. *supra*, n°s 729 et s. – CJCE, 30 mars 2006, aff. C-451/03, *Servizi ausiliari dottori Commercialisti-Calafiori*.

place le monopole public en situation de domination et lui confère un avantage par rapport à ses concurrents ne suffit pas pour caractériser l'abus, mais le risque d'abus est reprochable[23]. Il faudra alors rechercher si l'on peut considérer comme abusifs les comportements que la mesure nationale rend inévitables de la part du titulaire de droits spéciaux ou exclusifs. La théorie dite de « l'abus automatique » repose sur la constatation d'un lien de cause à effet entre la législation nationale et les comportements de l'entreprise dominante, en ce qu'elle est titulaire de droits exclusifs sur un marché.

Les conditions de mise en œuvre de la théorie dite de l'abus automatique peuvent varier selon les situations. On peut envisager plusieurs hypothèses.

929. - **Abus automatique et monopoles inefficients.** Un monopole peut être octroyé par l'État, mais se révéler incapable de satisfaire la demande. L'appréciation de l'efficience économique des monopoles peut s'avérer redoutable. Va-t-on considérer l'inefficience quantitative, ou aller jusqu'à apprécier l'insuffisante qualité des services (publics) offerts ? L'appréciation économique des législations nationales est un exercice délicat. Pour l'instant, la Cour ne s'est penchée que sur des monopoles incapables de satisfaire le volume de la demande. Lorsque le monopole est manifestement incapable de répondre quantitativement à la demande, alors que l'activité d'entreprises privées aptes à offrir le même service est impossible car sanctionné (souvent pénalement), et à la condition que les insuffisances du monopole puissent être ressenties par une demande (actuelle ou potentielle) en provenance de ressortissants d'autres États membres, la violation de l'article 106, § 1 TFUE en liaison avec l'article 102 TFUE est acquise[24].

930. - **Abus automatique et monopoles conduisant inéluctablement à l'abus.** Le simple exercice des droits exclusifs conférés par la puissance publique peut révéler l'abus automatique lorsque, par son comportement, et sans raison d'intérêt général, le monopole est inéluctablement conduit à éliminer[25] ou à affaiblir la concurrence sur des marchés voisins de celui qui fait l'objet du monopole[26], ou à pratiquer des prix abusifs ou encore des conditions inéquitables envers sa clientèle ou des usagers[27].

931. - **Sanction.** La sanction pourra alors être de deux ordres. La législation nationale devra être condamnée, pour manquement de l'État à l'effet utile de l'article 102 TFUE, lu en combinaison avec l'article 106, § 1 TFUE[28]. Les victimes d'abus pourront aussi, le cas échéant, recourir contre l'entreprise titulaire de droits exclusifs, car l'article 102 TFUE, d'effet direct, leur confère, même dans le cadre de l'article 106 TFUE, des droits à l'encontre de cette entreprise, que les tribunaux doivent

(23) V. CJUE, 17 juill. 2014, aff. C-553 et C-554 P, *DEI*, annulant Trib. UE, 20 sept. 2012, aff. T-169/08, *DEI*.

(24) V. *supra*, n° 729. CJCE, 23 avr. 1991, *Höfner*, préc. – CJCE, 11 déc. 1997, aff. C-55/96, *Job Centre*. – CJCE, 8 juin 2000, *Carra*, préc.

(25) Pour un monopole étendu à un autre marché sans raisons objectives, CJCE, 13 déc. 1991, aff. C-18/88, *RTT-GB-Inno*. – CJCE, 17 mai 2001, *Traco TNT c/ Poste Italiane*, préc.

(26) V. CJCE, 12 févr. 1998, *Silvano Raso*, préc. – CJCE, 25 oct. 2001, aff. C-475/99, *Firma Ambulanz Glöckner* ; cela vise souvent des situations de conflit d'intérêts.

(27) CJCE, 5 oct. 1994, aff. C-323/93, *Centre d'insémination artificielle de Crespelle*. – CJCE, 17 mai 1994, *Corsica Ferries*, préc. – CJCE, 18 juin 1998, *Corsica Ferries France*, préc. – CJCE, 10 févr. 2000, *Deutsche Post*, préc.

(28) Art. 10 et 86, V. CE, 8 nov. 1996, *FFSA : Europe* 1996, 468.

sauvegarder[29]. Mais il faudra, pour exercer ce recours personnel contre l'entreprise dominante, démontrer que celle-ci conserve une marge de liberté (même faible) dans le cadre tracé par la loi nationale[30].

932. - **Extension d'activités concurrentielles sans droits exclusifs.** Des entreprises publiques peuvent à un moment donné être autorisées ou incitées par les pouvoirs publics à développer leur présence sur le marché, et à affronter la concurrence, sans être toutefois en position dominante, ou sans en abuser. Cela n'est pas dans les prévisions de l'article 106 TFUE. Mais cela peut soulever des difficultés au regard du régime des aides d'État, si l'entreprise publique est avantagée financièrement[31].

933. - **Pouvoirs de la Commission.** L'article 106, § 1 TFUE a été tardivement reconnu d'effet direct toujours en liaison avec une autre disposition du traité[32]. En tout cas, en vertu de son § 3, la Commission peut prendre des directives[33] ou des décisions qui s'imposent aux États, et qui sont susceptibles de recours[34].

SECTION 2

LES ENTREPRISES CHARGÉES DE SERVICES D'INTÉRÊT ÉCONOMIQUE GÉNÉRAL OU DE MONOPOLES FISCAUX

934. - **Reconnaissance de l'importance des services publics. Traité de Lisbonne et protocole annexé. Article 106, § 2 TFUE. Charte des droits fondamentaux.** Les services d'intérêt général figurent aujourd'hui parmi les valeurs communes de l'Union. Le rôle qu'ils jouent dans la promotion de la cohésion sociale et territoriale de l'Union est reconnu, et les États doivent veiller à ce que ces services fonctionnent sur la base de principes et dans des conditions qui leur permettent d'accomplir leurs missions. L'article 36 de la Charte des droits fondamentaux dispose que l'Union reconnaît et respecte l'accès aux services d'intérêt économique général tel qu'il est prévu par les législations et pratiques nationales. De son côté, le protocole 9 annexé au traité de Lisbonne reconnaît la marge de liberté des États dans la fourniture et l'organisation des SIEG, afin de répondre le mieux possible aux besoins des utilisateurs, avec un niveau élevé de qualité tout en tenant compte de la diversité inéluctable résultant des particularités nationales ou locales.

(29) V. CJUE, 17 juill. 2014, *DEI*, préc. – CJCE, 10 déc. 1991, *Merci Convenzionali Porto di Genova*, préc. ; V. *supra*, n° 729.
(30) V., par ex., CJCE, 10 févr. 2000, *Deutsche Post*, préc.
(31) CJCE, 9 août 1994, aff. C-44-93, *Namur Les Assurances, crédit c/ Office national, Ducroire belge.*
(32) CJCE, 10 mars 1983, *GIE Interhuiles*, préc.
(33) V., pour la compétence autonome de la Commission de prendre des directives, à propos de la directive précitée du 25 juin 1980, CJCE, 6 juill. 1982, aff. 188 et 190-80, *France, Italie et Royaume-Uni c/ Commission*. – V., par ex., déc. n° 80-723, préc. ; ou déc. n° 88-301, 16 mai 1988 sur la concurrence dans les marchés de terminaux de télécommunications, CJCE, 19 mars 1991, aff. C-202-88, *France c/ Commission*. La Commission use de cette faculté avec prudence, dans un souci de sécurité juridique minimum (V. XXVe rapport, n° 100).
(34) Pour les raisons évoquées, il ne saurait y avoir de recours en carence ouvert contre la Commission qui serait demeurée passive, TPICE, 27 oct. 1994, aff. T-32-93, *Ladbroke Racing Ltd c/ Commission*. – V. déc. second opérateur GSM en Italie, XXVe rapport, n° 109 ou déc. 26 juill. 2000, *Aéroports espagnols : JOCE* n° L 208, 18 août 2000.

Ces déclarations de principe ne relèguent cependant pas les règles du traité relatives aux libertés de circulation ou aux règles de concurrence. Celles-ci ne s'effacent que dans la mesure où elles font obstacle en droit ou en fait à l'accomplissement de la mission particulière impartie aux SIEG. C'est ce que dit ce texte essentiel qu'est l'article 106, § 2 TFUE. C'est tout le problème.

935. - **Liberté de création d'un SIEG. Communications successives de la Commission. Les « SIG » et le « paquet Almunia »**[35]. Plusieurs textes et communications successifs, des 19 janvier 2001[36], 7 décembre 2010[37], puis 20 décembre 2011[38] sont intervenus, et certains principes sont aujourd'hui admis.

En premier lieu, la liberté est reconnue aux membres de définir sur leur territoire ce qu'ils considèrent comme des services d'intérêt général (SIG)[39].

En second lieu, la notion de SIG recouvre plusieurs réalités. À l'intérieur de l'ensemble des SIG, on trouve les services d'intérêt économique général (SIEG), qui accomplissement des activités économiques et qui sont des entreprises[40]), et les services sociaux d'intérêt général (SSIG), destinés à maintenir la cohésion sociale, et qui, selon les cas, exercent ou non des activités de nature économique). Tous les SIG doivent satisfaire à des obligations de service universel clairement définies.

La notion de « service public » demeure ambiguë, car elle aboutit à confondre les vraies obligations d'intérêt général au sens du droit européen avec l'activité de simples entreprises publiques.

La communication de 2011 présente aussi l'intérêt de préciser que des entreprises diverses du secteur marchand peuvent être soumises à des obligations d'intérêt général, aboutissant ainsi à déterminer des « services essentiels ». Tel peut être le cas dans les secteurs bancaires, des transports, de l'énergie, des services postaux, ou des communications électroniques.

936. - **Les « SIEG ».** La liberté de définition des SIEG doit cependant s'appuyer sur les besoins des citoyens européens, qui attendent des services de qualité à des prix abordables. Les États doivent donc respecter certains principes élémentaires :

1) définition claire des obligations fondamentales des prestataires, destinées à garantir la qualité des services ;

2) transparence totale sur les tarifs, les clauses contractuelles, le choix et le financement des prestataires ;

3) choix clairement exercé entre une situation de monopole ou une situation de concurrence entre prestataires (ou d'un certain degré de concurrence, entre prestataires, afin de favoriser le plus possible la concurrence) ;

4) existence si nécessaire de régulateurs indépendants, et mécanismes de recours et de traitement des plaintes.

---

(35) *JOCE* n° C 17, 19 janv. 2001.

(36) Communication relative aux services d'intérêt général en Europe : *JOUE* n° C 17, 19 janv. 2001.

(37) Guide d'application relatif aux services d'intérêt économique général (SSIG, Aides d'État, marchés publics), SEC (2010), 1545 final, 7 déc. 2010.

(38) Le « paquet Almunia » comprend une communication, intitulée « Un cadre de qualité pour les services d'intérêt général en Europe », Doc. COM (2011), 900 final, et une décision ainsi qu'un cadre révisé sur les compensations financières des missions de SIG.

(39) CJCE, 19 mai 1993, aff. C-320/91, *Corbeau*. – CJCE, 25 oct. 2001, aff. C-475/99, *Firma Ambulanz Glöckner*.

(40) Trib. UE, 16 déc. 2010, aff. T-236/06, *Pays Bas et Nos c/ Commission*.

937. – **La portée de la dérogation contenue à l'article 106, § 2 TFUE. Applicabilité directe.** Cet article soumet ces entreprises chargées de « SIEG » aux règles du traité, et notamment aux règles de concurrence[41]. Mais il ne les y soumet seulement que « dans les limites où l'application de ces règles ne fait pas échec à l'accomplissement en droit ou en fait de la mission particulière qui leur a été impartie ». Ce texte ajoute *in fine* que « le développement des échanges ne doit pas être affecté dans une mesure contraire à l'intérêt de la Communauté ».

Ce texte est un des plus sensibles du droit européen. Il limite les prérogatives des États dans l'organisation de ce qu'on appelle en France le service public. Son importance est d'autant plus grande qu'il a été reconnu par la Cour de justice comme contraignant et d'applicabilité directe[42]. L'ingérence européenne est quelquefois mal acceptée. Cet article pose pourtant une dérogation à l'application naturelle des règles de concurrence. Cette dérogation, qui est, comme toute dérogation, d'interprétation stricte[43], ne postule pas un laminage de la notion de service public, mais plutôt une appréciation économique des exigences des missions d'intérêt général.

938. – **Domaine d'application.** L'article 106, § 2 TFUE déroge aux règles du traité, et donc aux règles de concurrence. Il ne peut donc être invoqué que si l'on se trouve dans le champ d'application naturel de ces règles. Or, le droit de l'Union européenne ne s'applique qu'aux activités économiques, seules aptes à entraîner la qualification d'entreprise. La jurisprudence de la Cour de justice refuse ainsi cette qualification aux organismes dont l'activité repose sur des exigences de solidarité nationale[44], ou qui accomplissent des fonctions régaliennes, de souveraineté nationale[45]. La dérogation ne les concerne pas, puisque c'est le traité lui-même qui ne s'applique pas à eux.

On retrouve donc ici la distinction entre les services « marchands » et « non marchands »[46].

Les organismes chargés d'offrir les services marchands sont ainsi des entreprises, soumises en principe aux règles de concurrence. C'est à leur intention qu'est édictée la dérogation. Cela concerne, par exemple, les services postaux, de télécommunication, de distribution de l'eau ou de l'électricité, ou encore de placement de main-d'œuvre[47], certains fonds de pension ou caisses de retraite.

Il faut que des conditions de dévolution soient remplies (§ 1). Mais une mission de « SIEG » peut exposer l'entreprise à des contraintes de « service public », qui peuvent mettre en péril son équilibre financier auquel les États peuvent légitimement veiller (§ 2). La Commission est cependant intervenue pour ouvrir à la concurrence certains secteurs économiques (§ 3).

(41) Il déroge aussi aux règles de circulation des marchandises, V. *supra*, n°s 121, 169 et 274 et s. et à l'ensemble des règles du traité.

(42) CJCE, 14 déc. 1995, *Van Schijndel*, préc.

(43) V. TPICE, 27 févr. 1997, aff. T-106/95, *FFSA c/ Commission et La Poste*.

(44) V. *supra*, n° 18. Pour la Sécurité sociale, CJCE, 7 févr. 1993, aff. C-159 et 160/91, *Poucet et Pistre c/ AGF*. – Comp. CJCE, 16 nov. 1995, aff. C-244/94, *FFSA* et CJCE, 21 sept. 1999, aff. C-67/96, *Albany international*, pour des fonds de pension.

(45) V. *supra*, n° 18. Navigation aérienne, CJCE, 19 janv. 1994, aff. C-364/92, *SAT c/ Eurocontrol*. – CJCE, 26 mars 2008, aff. C-133/07 P, *Selex Sistemi Integrati*. – Surveillance antipollution, CJCE, 18 mars 1997, aff. C-343/95, *Diego Cali*.

(46) V. *supra*, n° 927.

(47) CJCE, 19 mai 1993, aff. C-320/91, *Proc. du Roi c/ Corbeau*. – CJCE, 23 avr. 1991, aff. C-41/90, *Höfner c/ Macroton*.

§ 1. – La mission dévolue aux « SIEG »

939. – **Mission d'intérêt général ou monopole fiscal dévolus à l'entreprise par les pouvoirs publics.** Pour que cet article 106, § 2 TFUE soit applicable, il faut qu'une « entreprise »[(48)] ait été « chargée » d'une mission par les autorités nationales[(49)]. Il est donc nécessaire que soit mise en évidence une habilitation incontestable de la part des autorités compétentes. L'habilitation n'a pas besoin d'être législative ou réglementaire[(50)]. La mission de SIEG est également indépendante de l'octroi de droits spéciaux ou exclusifs. Des opérateurs peuvent avoir le choix de se placer ou non dans le cadre du SIEG défini par les pouvoirs publics[(51)], par exemple en soumissionnant ou non à des concessions ou à des délégations de service public (DSP), voire en concluant un simple contrat[(52)]. Cependant, la simple surveillance d'une activité ou d'une profession ne suffit pas[(53)], pas plus que l'invocation de son utilité économique et sociale[(54)].

De son côté, la notion de monopole fiscal perd de son intérêt avec l'affaiblissement des monopoles sur les tabacs, notamment. Néanmoins, la suppression des monopoles fiscaux purs n'est pas exigée.

On s'attachera donc plutôt à la notion de « service d'intérêt économique général ». La jurisprudence de la Cour s'est précisée. Après avoir simplement relevé l'importance objective de la mission[(55)], elle s'est attachée à mettre en évidence les critères concevables du service d'intérêt général. La Cour a ainsi souligné à plusieurs reprises la spécificité que devait avoir l'activité en cause.

940. – **Arrêts *Corbeau, Commune d'Almelo* et *Bupa*[(56)]. Notion de service universel.** Dans les premiers de ces arrêts, prononcés le 19 mai 1993 et 27 avril 1994, la Cour de justice a renforcé son contrôle sur les spécificités que devaient présenter les activités d'intérêt général litigieuses. Leur spécificité a été trouvée dans la notion de « service universel », c'est-à-dire dans l'obligation de desservir un ensemble d'usagers à tout moment, sur l'ensemble d'un territoire, à des conditions de qualité et à des tarifs dépendant pour l'essentiel de critères objectifs applicables à tous les utilisateurs ou consommateurs, indifférents donc au degré de rentabilité des opérations.

Il résulte de l'arrêt *Bupa* que la notion de « service universel » doit être comprise de façon finaliste. Il n'est pas nécessaire que le service dit « universel » s'adresse à l'ensemble de la population d'un État, ou qu'il soit identique pour tous les usages concernés. Un service peut être universel même s'il ne concerne qu'un nombre limité

(48) V., par ex., la dualité de systèmes (entreprises ou entités non économiques) dans le domaine social, avec la communication sur les SSIG, ou Services sociaux d'intérêt général, 26 avr. 2006, Doc. COM (2006), 177 final.

(49) V. Comm. CE, communication 19 janv. 2001, préc.

(50) Ainsi, la présence majoritaire de personnes détentrices de l'autorité publique dans les organes dirigeants peut être suffisante, Trib. UE, 7 nov. 2012, aff. T-137/10, *CBI*. – V., toutefois, pour bénéficier du « paquet Alumnia », l'exigence d'un « mandat » donné par les autorités nationales ; mais la forme de ce mandat dépend du droit national.

(51) TPICE, 12 févr. 2008, aff. T-289/03, *BUPA*.

(52) V., pour la loi, TPICE, 10 juill. 1991, *TV guide*, préc. – Pour des contrats de concession, déc. 16 janv. 1991, *Ijssel centrale* : *JOCE* n° L 28, 2 févr. 1991 et CJCE, 27 avr. 1994, aff. C-393-92, *Cne d'Almelo*. – Contrat de régie, CJCE, 19 mai 1993, aff. C-320-91, *Proc. du Roi c/ Corbeau*.

(53) Banques, V. CJCE, 14 juill. 1981, *Züchner c/ Bayerische Vereinsbank* : *RTD com.* 1982, 741, obs. Gavalda. – CJCE, 2 mars 1983, aff. 7-82, *GVL*.

(54) V. CJCE, 21 mars 1974, aff. 127-73, *BRT c/ Sabam*.

(55) Par ex., débouché portuaire. V. CJCE, 14 juill. 1971, aff. 10-71, *Müller-Port de Mertet*.

(56) Déc. 19 mai 1993, aff. C-320/91, *Corbeau*. – Déc. 27 avr. 1994, aff. C-393/92, *Cne d'Almelo*. – TPICE, 12 févr. 2008, aff. T-289/03, *BUPA (British United Provident Association) c/ Commision*.

d'utilisateurs, et même s'il détermine des catégories objectives parmi eux. Les conditions dans lesquelles l'opérateur est tenu de fournir ses prestations de service d'intérêt économique général n'ont pas non plus à être totalement fixées par l'autorité publique. En bref, il suffit que la fourniture du service soit obligatoire pour l'opérateur, selon des modalités déterminées dans leur principe par l'autorité publique. Tel est le cas pour un service de « luxe » destiné à offrir une couverture maladie complémentaire, avec des prestations minimales, par rapport aux services universels de base(57).

La mise en œuvre de tels critères a permis de parvenir à quatre conclusions. La première est qu'une exclusion de la concurrence est possible, mais pas inéluctable, au profit de l'entreprise chargée d'une mission d'intérêt général : on peut interdire aux entrepreneurs désireux de prendre pied sur un marché rentable de dépecer le monopole, pour en arracher à leur profit les seules activités les plus profitables. La deuxième est qu'un même service universel d'intérêt général peut être confié à la fois à des entreprises publiques et à des entreprises privées. En ce cas, les financements publics doivent impérativement tenir compte des missions d'intérêt général dévolues aux unes et aux autres(58). La troisième est qu'un monopole, ou une affiliation obligatoire, du côté des utilisateurs, peut être nécessaire à la mission impartie à l'entreprise(59). La quatrième conclusion, inverse, est que les activités spécifiques, dissociables de la mission d'intérêt général parce qu'elles conduisent à offrir des prestations supplémentaires et individualisées, que le service général n'offre pas, ne peuvent bénéficier de l'article 106, § 2 TFUE : tel a été le cas, dans l'affaire *Corbeau*, pour le service de collecte à domicile du courrier(60).

Finalement, dans la perspective déjà ouverte par la Cour de justice, prolongée par la Charte des droits fondamentaux, puis par le traité de Lisbonne avec son protocole 9, les États conservent une large marge d'appréciation dans la conception et l'organisation des SIEG qu'ils destinent à leurs populations.

Une illustration de cette marge de liberté accordée aux États membres peut être trouvée dans l'organisation des services publics de télévision(61).

941. – **Restriction de concurrence inhérente à la mission d'intérêt général. Applicabilité directe de l'article 106, § 2 TFUE et rôle des juridictions nationales.** Le texte exige d'abord la constatation de la mission(62). Il impose ensuite de rechercher si l'application des règles de concurrence rendrait impossible l'accomplissement de la mission à des conditions acceptables de coût et de qualité(63). Il faut donc rechercher en quoi chacune des exigences d'intérêt général décelées doit se répercuter sur l'activité de l'entreprise en cause(64). Ce test peut être délicat, car il

(57) TPICE, 12 févr. 2008, *BUPA*, préc.
(58) Principe de l'égalité de traitement, Trib. UE, 7 nov. 2012, aff. T-137/10, *CBI*.
(59) CJCE, 21 sept. 1999, *Albany*, préc.
(60) V. aussi déc. 7 oct. 2008, Loi postale slovaque, courriers hybrides : *JOUE* n° C 322, 17 déc. 2008.
(61) TPICE, 22 oct. 2008, aff. T-309, 317, 329 et 336/04, *TV2 Danmark*. – Déc. 16 juill. 2008, aff. N.279/2008, *France Télévision*. – Trib. UE, 1er juill. 2010, aff. T-568 et 573/08, *M6* et *TF1*.
(62) Pour la sécurité du pilotage, CJCE, 18 juin 1998, *Corsica Ferries France*. – Pour l'acheminement du courrier, CJCE, 10 févr. 2000, *Deutsche Post*. – CJCE, 17 mai 2001, *TNT-Traco – Poste Italiane*. – Pour le transport de malades, CJCE, 25 oct. 2001, *Firma Ambulanz Glöckner*, préc. – V., pour une mission sociale, CJUE, 30 mars 2011, aff. C-437/09, *AG2R*.
(63) CJCE, 20 mars 1985, aff. 41/83, *Commission c/ Italie (British Telecom)*. – CJCE, 30 avr. 1974, *Sacchi*, préc. – CJUE, 30 mars 2011, aff. C-437/09, *AG2R*.
(64) CJCE, 21 mars 1974, aff. 127/73, *BRT c/ Sabam*. – CJCE, 11 avr. 1989, aff. 66/86, *Ahmed Saed Flugreisen*.

implique souvent de dissocier au sein d'un ensemble de règles et de contraintes les seules mesures que les autorités nationales peuvent légitimement considérer indissociables.

Après certaines hésitations(65), la Cour a admis l'applicabilité directe de cet article, en permettant aux juridictions nationales d'effectuer tout à la fois les vérifications de fait et le test de proportionnalité nécessaire à l'application du texte(66).

942. - **Restriction de concurrence et principe de proportionnalité.** Encore faut-il apprécier l'étendue de la restriction de concurrence, ou l'exclusion de toute concurrence, par rapport aux objectifs du traité. La restriction admissible est celle qui apporte le moins d'entraves au développement des échanges, tout en ne compromettant pas la mission d'intérêt général. Tout est affaire de circonstances. Des exclusions de concurrence peuvent donc être justifiées et proportionnées(67).

943. - **Obligation de recourir à des appels d'offres. Les services publics *in-house*, et les services publics externalisés.** Les autorités publiques, nationales ou locales, conservent la prérogative de choisir les modalités d'exercice de la mission de « service public » ou de « SIEG ». Elles peuvent notamment choisir l'internalisation du service (*in-house*), c'est-à-dire son accomplissement par un organisme interne à la collectivité (par ex., régie intégrée).

L'internalisation (*in-house*) peut aussi s'effectuer au moyen d'une entité juridiquement distincte, mais économiquement intégrée.

La dispense de mise en concurrence suppose alors deux conditions cumulatives qui doivent être appréciées de façon uniforme dans toute l'Union(68) : un contrôle par l'autorité publique sur l'entité juridiquement distincte analogue à celui qu'elle exerce sur des propres services(69), et la réalisation par cette entité de l'essentiel de son activité avec l'autorité publique ou avec les collectivités publiques qui la détiennent(70).

Une difficulté s'est posée, car le passage de l'internalisation (*in-house*) à l'externalisation est quelquefois très progressif. Dès que l'entité extérieure est ouverte ou sensible à d'autres intérêts que ceux de la collectivité publique, l'appel à la concurrence est obligatoire. Ainsi, une filiale ou une société d'écono-

(65) CJCE, 14 juill. 1971, aff. 10/71, *Muller (Port de Mertert)*. – CJCE, 21 mars 1974, *BRT c/ Sabam*, préc.

(66) CJCE, 11 avr. 1989, *Ahmed Saed Flugreisen*, préc. – CJCE, 27 avr. 1994, *Cne d'Almelo*, préc.

(67) V. Comm. CE, communication 19 janv. 2001, préc., et par ex., CJCE, *Corbeau*, préc. et 18 juill. 1998, *Corsica Ferries France*, préc. – *Adde*, sur le surcoût de la présence de La Poste sur tout le territoire, TPICE, 27 févr. 1997, aff. T-106/95, *FFSA c/ Commission (La Poste)* et, en matière de libre circulation des marchandises, CJCE, 23 oct. 1997, aff. C-159/94, *Commission c/ France*.

(68) CJUE, 10 sept. 2009, aff. C-573/07, *Sea-Comune di Ponte Nossa* ; le fait que l'entreprise ne poursuive pas de but lucratif est indifférent, pourvu qu'elle poursuive une activité économique, CJUE, 19 juin 2014, aff. C-574/12, *Centro Hospitaler de Setubal*.

(69) Cela pose des difficultés au sein des structures qui réunissent plusieurs collectivités ; il faut une égalité dans la participation à la direction effective, CJUE, 29 nov. 2012, aff. C-182 et 183/11, *Enocord*. La Cour a rejeté l'idée du *in-house* « horizontal », ou du contrôle faîtier ou encore indirect (CJUE, 8 mai 2014, aff. C-15/3, *Technische Universität Hambourg*). Mais la directive « Concession » n° 2014/23 du 26 février 2014, l'a admis avec réserves (seuil d'activité de 80 %) dans son article 17.

(70) V. CJCE, 18 nov. 1999, aff. C-107/98, *Teckal*. – CJCE, 7 déc. 2000, aff. C-324/98, *Telaustria 5*. – CJCE, 11 janv. 2005, aff. C-26/03, *Stadt Halle*. – CJCE, 21 juill. 2005, aff. C-231/03, *Coname*. – CJCE, 13 oct. 2005, aff. C-458/03, *Parking Brixen*. – CJCE, 6 avr. 2006, aff. C-410/04, *ANAV-Comune di Bari*. – CJCE, 11 mai 2006, aff. C-340/04, *Carbotermo*. – CJCE, 19 avr. 2007, aff. C-295/05, *Asemfo*, préc. – CJCE, 18 déc. 2007, aff. C-220/06, *Associacion professionnal de Empresas de Reparto y Manipulado de correspondencia*. – V. L. Richer, *L'Europe des marchés publics*, LGDJ, 2009.

mie mixte dans laquelle la collectivité territoriale est très majoritaire et dans laquelle les intérêts privés sont minoritaires, est néanmoins ouverte à d'autres intérêts et acquiert ainsi une indépendance juridique et économique. L'appel à la concurrence est dans ce cas inéluctable, et la société d'économie mixte créée à l'initiative de la collectivité publique devra être une candidate parmi d'autres[71].

Les collectivités publiques peuvent aussi choisir l'externalisation, par les techniques de la concession, de la délégation de service public (DSP), ou par des marchés publics. Si l'exercice de ce choix ne relève pas du droit de la concurrence, le choix, une fois effectué, peut obliger la collectivité à recourir à des appels à la concurrence. Cet appel à la concurrence est expressément prévu dans les directives relatives aux marchés publics. Mais il doit également avoir lieu en cas de concession ou de délégation de service public au profit d'entreprises tierces par rapport à la collectivité publique[72]. En effet, refuser l'appel à la concurrence ne serait ni nécessaire au bon exercice de la mission de service public ni proportionné. La collectivité publique peut néanmoins, dans le cahier des charges, préciser les obligations et contraintes de service public à respecter. L'appel à la concurrence ne permettra donc de ne sélectionner que des entreprises capables d'accomplir le service public, c'est-à-dire des entreprises également capables de bénéficier de l'article 106, § 2 TFUE.

§ 2. – L'équilibre financier des « SIEG »

944. – **Préoccupation légitime.** Le service d'intérêt général ne doit pas être systématiquement déficitaire, et cantonné à ce qui n'est pas rentable. L'équilibre financier des services publics est légitime, et implicitement reconnu par l'article 14 TFUE, qui précise que les États doivent veiller aux conditions qui permettent aux entreprises qui en sont chargées d'accomplir leurs missions. Une entreprise gérant un SIEG n'est donc pas obligée de fonctionner à la limite du seuil de rentabilité. Elle peut même être profitable, raisonnablement.

Ce qui compte, au regard de l'article 106, § 2 TFUE, c'est que l'accomplissement de la mission ne soit pas mis en péril[73]. Or, la mise en péril peut être caractérisée, même si l'équilibre financier ou la viabilité de l'opérateur ne sont pas compromis. Il faut donc rechercher comment le service peut être accompli dans des conditions acceptables de permanence ou de qualité[74].

Ainsi, l'extension d'un monopole public à des activités ou marchés périphériques est légitime, si cela concourt à son équilibre financier, sans excéder ce qui est nécessaire[75]. Cet équilibre financier peut aussi être atteint au moyen d'aides ou de subventions, pourvu, là encore, qu'elles n'excèdent pas ce qui est nécessaire

(71) Mêmes réf. ; *adde*, CJUE, 19 juin 2014, *Centro Hospitalar de Setubal*, préc.
(72) V. Dir. « Concession » n° 2014/23, 16 févr. 2014 : *JOUE* n° L 94, 28 mars 2014.
(73) CJUE, 30 mars 2011, aff. C-437/09, *AG2R*.
(74) Trib. UE, 1er juill. 2010, aff. T-568 et 573/08, *M6 et TF1*.
(75) CJCE, 10 févr. 2000, *Deutsche Post*. – CJCE, 17 mai 2001, *TNT-Traco c/ Poste Italiane*, préc.

à l'équilibre financier de l'activité de service public. Il serait en effet illégitime que des subventions aillent au-delà de ce qui est nécessaire, car elles pourraient servir à dégager des ressources destinées à conquérir, par une concurrence anormale, des marchés demeurés ouverts à la concurrence(76). Cela pose la question de l'articulation de ce droit à subventionner avec la prohibition des aides d'État.

945. - **Arrêt *Altmark* du 24 juillet 2003**(77). Cet important arrêt est l'aboutissement d'une évolution sur la qualification des subventions destinées à compenser les charges d'obligations de services publics(78). La Cour a précisé plusieurs points fondamentaux :

1) l'entreprise bénéficiaire doit être chargée d'obligations de service public clairement définies(79) ;

2) les paramètres de compensation doivent être établis à l'avance de façon objective et transparente (c'est-à-dire accessibles aux concurrents). Cette obligation de pré-établissement et de transparence est essentielle. À défaut, l'injection de nouvelles subventions publiques dans une entreprise qui a été chargée d'un service public qui se révèle par la suite, parce que les bases comptables et financières sont demeurées opaques et/ou imprécises, non viable économiquement, sera une aide d'État. En effet, il serait contraire à la concurrence et à l'intérêt général qu'une entreprise obtienne dans l'imprécision des aides qui se révéleront insuffisantes, obligeant la puissance publique à de nouveaux sacrifices, alors peut-être que d'autres entreprises plus performantes auraient pu accomplir le même service de façon moins coûteuse pour la collectivité(80) ;

3) la compensation ne doit pas dépasser ce qui est nécessaire pour couvrir les coûts occasionnés par le service public, en tenant compte des recettes générées par le tarif imposé, et d'un bénéfice raisonnable(81) ;

4) et toujours dans la recherche du moindre coût pour la collectivité, et à moins que l'entreprise chargée du service public soit sélectionnée dans une procédure de marché public (laquelle garantit en principe par elle-même ce moindre coût), une analyse préalable, transparente, des coûts de l'entreprise retenue doit être conduite ; dans le cadre de cette analyse, les coûts doivent être appréciés, non pas en fonction de la situation individuelle de cette entreprise particulière, mais au contraire en fonction des coûts d'une entreprise moyenne, bien gérée, et adéquatement équipée pour assurer le service public. En clair, les pouvoirs publics concédants ne doivent pas choisir, pour assurer les services d'intérêt général, des entreprises peu performantes, en difficultés structurelles, mal équipées, fussent-elles publiques ou

(76) V., pour l'obligation pour la poste française de maintenir des bureaux en milieu rural, TPICE, 27 févr. 1997, aff. T-106/95, *La Poste, FFSA c/ Commission*. – *Adde*, TPICE, 17 mai 2001, *TNT-Traco c/ Poste Italiane*. – CJCE, 25 oct. 2001, *Firma Ambulanz Glöckner*, préc.

(77) CJCE, 24 juill. 2003, aff. C-280/00, *Altmark c/ Nahverkehrsgesellschaft Altmark*.

(78) V. déjà CJCE, 22 nov. 2001, aff. C-53/00, *Ferring*.

(79) V. CJCE, 27 avr. 1994, aff. C-393/92, *Cne d'Almelo*, et V. *supra*, n° 939 ; elles doivent être détaillées, même si elles sont minimales, et même si une liberté résiduelle est laissée à l'entreprise, TPICE, 12 févr. 2008, *BUPA*, préc. ; sur la relative liberté des États en matière de télévision publique, notamment en matière de définition des programmes, et en exigences qualitatives, V. Comm. CE, communication : *JOUE* n° C 257, 27 oct. 2009.

(80) V., par ex., TPICE, 12 févr. 2008, *BUPA*.

(81) Sur les difficultés d'apprécier la compensation (surcoûts effectifs, ou par rapport à des risques moyens sur le marché), V. l'arrêt *BUPA*, préc.

semi-publiques. Bien sûr, cela est difficile s'il n'y a pas de bases de comparaisons pertinentes[82].

Il faut bien convenir que les quatre conditions posées par l'arrêt *Altmark* sont difficiles à réunir.

946. – **Le « paquet Almunia » de décembre 2011 et la compensation des missions de SIG.** Ce « paquet » législatif se compose d'une décision exemptant de l'obligation de notification certaines subventions au titre des aides d'État, d'une communication qui précise les critères de la jurisprudence *Altmark*, d'une communication d'encadrement des financements étatiques compensant les charges de service d'intérêt général, et, enfin, d'un règlement *de minimis* dispensant de notification les aides les moins importantes[83].

Schématiquement, reprenant les quatre critères de la jurisprudence *Altmark*, le « paquet » distingue selon que les financements constituent ou non des aides d'État au sens des articles 107 et suivants du TFUE[84]. La qualification d'aide d'État est toujours exclue pour les financements qui remplissent les quatre critères (mission d'intérêt général, paramètres clairs et définis, proportionnalité aux charges de service public, comparaison avec une entreprise efficiente). Mais une condition de forme est dorénavant exigée. Elle tient dans l'existence d'un « mandat » donné par l'autorité publique[85]. Le « mandat » doit être précis sur la nature et le contenu des obligations, et sur le mécanisme et les paramètres de calcul de la compensation. Si c'est le cas, les compensations des obligations de service public (COSP) ne sont pas des aides. Si ces quatre critères ne sont pas remplis, les qualifications d'aide s'imposent, avec obligation de notification. Pour éviter trop de notifications et de contentieux, le « paquet » Almunia réduit les hypothèses de notification : sont ainsi dispensées de notification les aides *de minimis* (avec la combinaison du règlement *de minimis* général[86] et du règlement spécial SIEG)[87] ; sont également dispensées de notification les aides qui ne répondent pas aux quatre conditions, mais qui peuvent être déclarées compatibles par une communication d'encadrement (dans certains secteurs économiques), en raison de leur efficience présumée. Cette efficience est démontrée au terme d'une analyse comptable des coûts et de bénéfices raisonnables, et efficience économique à qualité constante. Il faut souligner qu'il appartient d'abord aux États ou à leurs collectivités locales, sous le contrôle éventuel de la Commission, de procéder aux calculs requis pour déterminer s'ils ont octroyé une aide, et si elle est ou non notifiable.

(82) V., pour l'impossibilité de trouver une base de comparaison pour les rapports entre La Poste et Chronopost, en raison des contraintes logistiques qui pèsent sur La Poste pour maintenir des services de base dans des zones peu peuplées, CJCE, 3 juill. 2003, aff. C-83/01 P, 93/01 P, 94/01 P, *Chronopost, La Poste et France c/ Commission et UFEX, DHL, Federal Express, CRIE*, annulant TPICE, 14 déc. 2000, aff. T-613/97. – V. pour le service d'intérêt général d'aide aux contribuables, CJCE, 30 mars 2006, aff. C-451/03, *Calafiori (Servizi Ausiliari Dottori Commercialisti)*.

(83) V. déc. 20 déc. 2011, n° 2012/21 : *JOUE* n° L 7, 11 janv. 2012. – Comm. CE, communications n°s 2012/C 8/02 et 2012/C 8/03 : *JOUE* n° C 8, 11 janv. 2012. – Règl. n° 360/2012 : *JOUE* n° L 114, 26 avr. 2012. – V. encore le guide relatif aux SIEG, et en particulier au SSIG, 29 avr. 2013, SWD (2013), 53 final/2).

(84) V. *infra*, n° 965.

(85) La forme de ce « mandat » relève cependant des États membres.

(86) Règl. n° 1998/2006, 19 déc. 2006, seuil de 200 000 € sur trois ans.

(87) Règl. n° 360/2012, seuil de 500 000 € sur trois ans.

§ 3. – L'ouverture à la concurrence de certains secteurs économiques

947. – **Dérégulation réglée. Directives article 106, § 3 TFUE. Rôle de la Commission.** La Commission conserve néanmoins un rôle décisif dans la mise en œuvre de cet article. Le § 3 de l'article 106 TFUE lui donne le pouvoir de prendre le cas échéant des directives ou des décisions qui s'imposent aux États et qui sont bien sûr susceptibles de recours. La dérégulation de certains secteurs, comme les télécommunications, s'est opérée pour l'essentiel au moyen de directives prévues à cet article.

CHAPITRE 2

LES AIDES D'ÉTAT

948. – **Externalités négatives. Influence internationale.** Accorder une subvention à un secteur national en difficulté face à la concurrence internationale, c'est reporter les difficultés sur les concurrents internationaux plus efficients que le secteur national aidé. Une aide de cette nature crée ce que les économistes qualifient d'externalité négative. C'est là une justification à la prohibition des aides d'État. Les subventions ayant pour effet de défavoriser les importations ou de soutenir les exportations sont prohibées par l'OMC. Les subventions donnent lieu à un contentieux récurrent entre les États-Unis et l'Union européenne dans le cadre de l'OMC.

Il n'y a donc rien d'étonnant à ce que figure, dans le droit européen un principe d'interdiction des aides d'État, assorti d'un certain nombre d'exceptions d'intérêt général qui évoquent celles du GATT.

949. – **Axe prioritaire d'action de la Commission. Plan d'action. *Small Business Act.*** Les traditions interventionnistes des États sont vivaces. Les « politiques industrielles » nationales sont toujours une réalité. Les aides ou incitations nationales risquent pourtant de fausser la concurrence entre entreprises européennes. Dès la publication de son premier rapport sur la politique de concurrence, la Commission exprimait ses réserves à l'égard des incitations des États, tout en admettant qu'elles pouvaient être nécessaires lorsque les forces du marché étaient insuffisantes. Depuis, le marché intérieur est devenu une réalité, et l'objectif est devenu aussi celui de la « cohésion économique et sociale ». Le 7 juin 2005, puis le 8 mai 2012, la Commission a présenté deux textes de réflexion sur l'amélioration et la meilleure efficience du droit des aides d'État. En 2012, les crises financières avaient conduit à une multiplication d'aides nouvelles. L'objectif de croissance a aussi été affirmé clairement en 2012, tout en maintenant les objectifs anciens, qui consistent à réduire le volume global des aides, et à mieux les cibler, en direction de l'innovation, de la recherche, du « capital-humain » (emplois qualifiés et adaptabilité de la main-d'œuvre), de l'écologie, de l'environnement, des infrastructures, et des services publics de qualité. Les procédures de contrôle devront aussi être simplifiées, et mieux ciblées.

L'objectif de cohésion économique et sociale a conduit à se préoccuper particulièrement des PME, dans la perspective du projet de *Small Business Act*(1). Favoriser l'accès des PME au financement, et les y aider le cas échéant, de même que favoriser leur épanouissement, concourt à l'intérêt général européen. Des mesures diverses ont été prises(2), notamment à la suite des crises économiques des années 2008-2012(3). La Commission veille donc avec une diligence toute particulière à la mise en œuvre des dispositions des articles 107 à 109 TFUE. L'alternance de phases de croissance et de récession que connaît l'Europe depuis 1974 rend l'action de la Commission délicate, car les États sont souvent pressés d'aider certaines activités par leur opinion publique.

950. - **Principe d'interdiction.** L'article 107, § 1 TFUE pose un principe général d'interdiction des aides d'État dans la mesure où elles affectent les échanges entre les États membres (Section 1). Ce principe général d'interdiction supporte un certain nombre de dérogations (Section 2). La Commission dispose de prérogatives exclusives pour assurer le respect de ces dispositions (Section 3).

SECTION 1

LE PRINCIPE D'INTERDICTION DES AIDES D'ÉTAT

951. - **Critères.** La jurisprudence rappelle régulièrement que la qualification d'aide d'État suppose la réunion de trois conditions cumulatives : des ressources d'État (§ 1), l'octroi d'un avantage sélectif au bénéficiaire faussant la concurrence (§ 2), et l'affectation des échanges entre les États membres (§ 3).

§ 1. – La mise en œuvre de ressources d'État

952. - Deux critères doivent être mis en œuvre. En premier lieu, la notion de ressources d'État dépend du contrôle, public ou non, de l'organisation chargée de l'affectation des fonds (A). En second lieu, les ressources d'État peuvent être utilisées de multiples façons (B).

A. – Les organismes susceptibles d'octroyer des aides

953. - **État, collectivités, et entreprises publiques ou privées.** La rédaction du texte vise d'abord toutes les autorités publiques, à l'échelon national comme à

(1) V. Comm. CE, communication 25 juin 2008, Doc. COM (2008), 394 final, puis celle du 23 févr. 2011, « Réexamen du *Small Business Act* pour l'Europe », Doc. COM (2011), 78 final.
(2) V. pour les aides *de minimis*, Règl. n° 1407/2013 de la Commission, 18 déc. 2013. – Règl. d'exemption par catégorie n° 651/2014 de la Commission, 17 juin 2014. – Règl. n° 733/2013, 22 juill. 2013 sur certaines catégories d'aides horizontales : *JOUE* n° L 241, 9 août 2008 prolongé jusqu'au 30 juin 2014, par Règl. n° 1224/2013, 29 nov. 2013. – Règl. n° 733/2013, 22 juill. 2013 sur certaines catégories d'aides horizontales. – Comm. CE, communication sur la modernisation et la simplification des procédures, 8 mai 2012, et le nouveau formulaire publié, 9 avr. 2014.
(3) V. Comm. CE, communication « Cadre temporaire de l'Union pour les aides d'État destinées à faciliter l'accès au financement actuel » : *JOUE* n° C 6, 11 janv. 2011.

l'échelon territorial[(4)]. Elle permet de viser ensuite les aides apportées par le canal d'entreprises publiques ou privées dans lesquelles la puissance publique a une influence déterminante[(5)]. Elle vise bien sûr les groupes publics[(6)]. Elle vise des entreprises publiques ou privées, surtout lorsqu'elles sont chargées d'un SIEG.

954. - **Le contrôle d'État.** Le critère est celui du contrôle de l'État, ou de l'un de ses démembrements, sur l'organisme public ou privé qui gère les fonds, ou sur l'affectation de ces fonds. Si des fonds privés transitent par un organisme ainsi contrôlé pour être réaffectés à des entreprises privées, il y aura aide d'État. Plusieurs situations doivent être évoquées, en dehors de l'intervention unilatérale et directe de l'État lui-même.

Il y a d'abord la situation des entreprises publiques, ou des établissements publics industriels et commerciaux. Ceux-ci sont *a priori* distincts de l'État, patrimonialement et dans leur gestion. Mais leur proximité avec les services de l'État, la tutelle ou le contrôle de celui-ci, rendent probable le contrôle de l'État. De plus, les relations entre l'État et ces organismes sont souvent opaques. On ne saurait donc exiger la preuve argumentée d'un contrôlé effectif et direct sur l'État. Des indices doivent suffire (statut juridique, tutelle, composition des organes, objectif d'intérêt général...). Mais on ne peut poser en axiome que toute entreprise publique est assimilable à l'État[(7)].

Il y a ensuite la situation des personnes privées contrôlées par l'État, au point que, pour l'utilisation des fonds tout au moins, et quand bien même ceux-ci seraient d'origine privée, l'État en est le véritable décideur ou affectateur. Il y a en ce cas ressources d'État[(8)].

Il y a enfin la situation des gestionnaires privés de fonds privés, qui sont chargés de leur gestion par l'État, mais qui décident librement de leur affectation. En ce cas, il n'y a pas ressources d'État[(9)].

B. – Les modalités d'utilisation des ressources publiques

955. - **Aide et financement de l'aide.** En principe, une aide consiste à utiliser un budget public, ou à créer un risque sur lui, pour aider une ou plusieurs entreprises (1°). Le mode de financement du budget public est *a priori* indifférent : impôts,

(4) Il n'est pas exclu qu'une entité infraétatique soit suffisamment autonome, mais il faut alors que l'État central n'ait aucun pouvoir d'intervention, et qu'il ne participe ni directement ni indirectement au mécanisme de subvention, V. CJCE, 11 sept. 2008, aff. C-426 à 434/06, *Union general de trabajadores de la Rioja*. – V., en général, déc. 18 juill. 1990, *Ville de Hambourg* : *JOCE* n° L 215, 2 août 1991 ; déc. 16 avr. 1997, *Région Sardaigne* : *JOCE* n° L 248, 11 sept. 1997 et aides du département du Loiret à Scott, déc. 10 juill. 1997, *Scott Paper* : *JOCE* n° L 12, 15 janv. 2001. – Pour un *Land* allemand, CJCE, 19 sept. 2000, aff. C-156/88, *RFA c/ Commission*. – TPICE, 9 sept. 2009, aff. T-230/01, *Disputacion floral de Alava (Pays Basque)*. – V. encore, Trib. UE, 12 mai 2011, aff. T-267 et 278/08, *Région Nord-Pas de Calais*.

(5) Le critère est celui du degré d'autonomie de l'entité ou de l'organisme par rapport à l'autorité publique, TPICE, 26 juin 2008, aff. T-442/03, *SIC*. – V., pour un comité interprofessionnel sous contrôle d'État, TPICE, 20 sept. 2007, aff. T-136/05, *Salvat*. – *Adde* TPICE, 12 déc. 1996, aff. T-358-94, *Air France c/ Commission*. – Déc. 30 juill. 1996, *Head-Tyrolia-Mores* : *JOCE* n° L 25, 28 janv. 1997. – TPICE, 6 mars 2003, aff. T-228 et 233/99, *West deutsche Landesbank Girocentrale*.

(6) C'est bien pour cela que la directive n° 2005/11 a tant d'importance. V., pour La Poste et ses filiales, TPICE, 28 sept. 1995, aff. T-95-94, *Sytraval c/ Commission*. – CJCE, 11 juill. 1996, aff. C-39-94, *SFEI c/ La Poste (Chronopost)*, à propos des subventions croisées intra-groupe, TPICE, 14 déc. 2000, aff. T-613/97, *Ufex et DHL c/ Commission, Chronopost*, annulé par CJCE, 3 juill. 2003, aff. C-83/01 P, C-93/01 P, C-94/01 P, *Chronopost, La Poste, France c/ Commission*, et 1er juill. 2008, aff. C-34/06, *UFEX c/ Chronopost*.

(7) V. Trib. UE, 27 févr. 2013, aff. T-387/11, *Nitrogénmüvek Vegyipari*, ou CJUE, 16 mai 2002, aff. C-482/99, *France c/ Commission*.

(8) Trib. UE, 27 sept. 2012, aff. T-139/09, *Oniflhor*, pour un EPIC qui alimentait un fonds mêlant fonds privés et fonds publics. CJUE, 19 déc. 2013, aff. C-262/12, *Vent de Colère*, pour un contrôle des fonds par la Caisse des dépôts.

(9) Pour un organisme privé dans lequel l'État n'a pas de pouvoir unilatéral de décision, CJUE, 30 mai 2013, aff. C-677/11, *Doux Élevage*.

taxes directes ou indirectes, droits d'accises, etc. Toutefois, dans certains cas, le financement de l'aide devient une partie intégrante de l'aide illicite, et devient illicite à son tour (2°).

1° L'utilisation d'un budget public

956. - **Aide et avantage.** La notion d'aide est plus large que celle de subvention[(10)], mais elle est moins large que celle d'avantage. Seul un avantage qui impacte un budget public ou une ressource publique peut être qualifié d'aide. Il faut en effet que soit établie une relation claire entre l'avantage invoqué et un budget public. Le budget public doit être exposé à une charge financière ou à un risque financier. Il arrive par exemple que des déclarations politiques signalent un intérêt pour telle ou telle entreprise, et lui procurent finalement un avantage. Mais si cet avantage ne résulte pas d'une exposition de ressources publiques, il ne saurait y avoir aide d'État[(11)(12)].

Toutefois, il faut examiner l'ensemble de l'action des pouvoirs publics, et regarder si des ressources publiques ont été affectées, ou si elles risquent de l'être (par engagement implicite de garantie, ou par diminution de ressources). En tout cas, il y a aide dès que des ressources publiques risquent concrètement d'être affectées, même si l'affectation n'est pas proportionnelle à l'avantage obtenu[(13)].

957. - **Diversité des procédés.** La rédaction de l'article 107 TFUE est suffisamment large pour viser à la fois les procédés visibles, et les procédés plus discrets, voire invisibles. Si les subventions sont bien entendu visées, les sacrifices directs ou indirects des pouvoirs publics le sont aussi, car ils sont équivalents par leurs résultats[(14)]. Tel peut être le cas de garanties[(15)] ou des lettres de confort[(16)], par exemple données à l'acquéreur d'un paquet de titres dont la valeur a été estimée dans des conditions anormales par rapport au marché[(17)], ou à l'occasion d'une opération de défaisance[(18)]. Les garanties implicites bénéficiant à des entreprises publiques en raison de leur statut sont aussi des aides[(19)]. Tel est aussi le cas de

(10) V., par ex., CJUE, 15 juin 2006, aff. C-393/04 et C-41/05, *Air Liquide Industries Belgium*, ou Trib. UE, 7 mars 2012, aff. T-2010/02, *British Aggregates Association*.

(11) V. Trib. UE, 21 mai 2010, aff. T-425, 444, 450 et 456/04, *France c/ Commission*, et, en sens contraire, CJUE, 19 mars 2013, aff. C-399 et 401/10 P, *Bouygues SA*. – *Adde*, TPICE, 11 févr. 2009, aff. T-25/07, *Iride et Iride Energio*.

(12) V., pour un avantage en termes d'urbanisme accordé à des surfaces commerciales, TPICE, 12 déc. 2006, aff. T-95/03, *Assoc. de Estaciones de Servicios de Madrid*.

(13) Pour la promesse d'une ligne de garantie destinée à restaurer la confiance des marchés financiers, non constitutive d'une aide, CJUE, 19 mars 2013, *Bouygues SA*, préc. – CJUE, 1er déc. 1998, aff. C-200/97, *Ecotrade*, pour la différence entre la soumission à une procédure collective, et l'octroi d'une garantie financière.

(14) La provenance des fonds importe peu ici, dès que des moyens pécuniaires du secteur public sont utilisés pour soutenir une entreprise. Pour l'équivalence entre l'utilisation de produits de taxes, et celle de fonds qui transitent pour des raisons quelconques dans le patrimoine de l'organisme qui aide, TPICE, 12 déc. 1996, *Air France*, préc. – Pour la couverture du déficit de l'activité d'assurance-crédit export, CJCE, 9 août 1994, *La Namur Les Assurances du crédit c/ Office national de Ducroire belge*, préc. ; pour des facilités de paiement, CJCE, 29 juin 1999, aff. C-256/97, *DMT*.

(15) Pour une garantie à une entreprise publique, TPICE, 13 juin 2000, aff. T-204 et 270/97, *Empresa para a agroalimentaçao et EPAC c/ Commission* et déc. 16 déc. 2003, *EdF* ; pour une annonce de garantie, CJUE, 19 mars 2013, *Bouygues*, préc.

(16) Trib. UE, 3 juill. 2013, aff. T-209/11, *MB System*.

(17) V. déc. 6 avr. 1993, *Hibeg-Krupp-Land de Brême* : *JOCE* n° L 185, 28 juill. 1993. – *Adde*, CJCE, 3 juill. 2003, aff. C-457/00, *Belgique c/ Commission*.

(18) V. déc. 26 juill. 1995, *Crédit Lyonnais* : *JOCE* n° L 308, 21 déc. 1995 et déc. 29 juill. 1998, *Banco di Napoli* : *JOCE* n° L 116, 4 mai 1999.

(19) Trib. UE, 20 sept. 2012, aff. T-154/10, *La Poste*.

prêts dont les intérêts sont pris en charge[20], de conditions d'accès à des fonds propres[21], de bonifications d'intérêts[22], de tarifs préférentiels pour la fourniture de services ou de produits[23], ou de régimes fiscaux, juridiques ou sociaux dérogatoires[24]. Tel est encore le cas de soutiens contractuels anormaux[25]. Les prestations positives sont visées au même titre que les prestations négatives comme les tolérances ou exonérations relatives aux taxes, impôts ou cotisations sociales, ou les exonérations[26], ou comme des ventes d'immeubles à des prix inférieurs à leur valeur vénale[27].

958. - **Transfert direct de ressources privées à des entreprises privées.** Les États peuvent quelquefois obliger des entreprises privées à contribuer au soutien d'une activité, d'intérêt général ou pas. Cela fausse la concurrence comme une aide. Mais il n'y a pas en ce cas utilisation de ressources d'État[28].

2° Le financement illicite de l'aide

959. - **Le financement partie intégrante de l'aide illicite.** En principe, seule l'aide peut être déclarée illicite. La constitution d'une ressource publique ou d'un budget public n'est en règle générale pas affectée par l'illicéité de son utilisateur. Mais il arrive assez fréquemment que les États édictent des taxes ou perceptions qui sont légalement affectées, par un lien juridique contraignant, à la délivrance d'une aide à certaines entreprises. Le secteur agricole offre de multiples exemples, lorsque des taxes diverses, prélevées en général sur les consommateurs ou sur les distributeurs, alimentent des fonds servant en règle générale à « soutenir » tel ou tel secteur économique. L'abondement de ce fonds est indissociable de l'utilisation des sommes qui y sont versées. La relation est alors si étroite que le financement est

(20) CJCE, 14 févr. 1990, aff. C-301-87, *France c/ Commission-Boussac*. – Taux bonifiés, V. déc. *Région Sardaigne*, préc. ; déc. 9 déc. 1998, *Kiener-Deponie-Bachmanning* : *JOCE* n° L 109, 27 avr. 1999 ou dont les intérêts ne reflètent pas le risque, déc. 3 févr. 1999, *HAMSA* : *JOCE* n° L 193, 16 juill. 1999.

(21) TPICE, 4 mars 2009, aff. T-445/05, *Associazione Italiana del risparmio gestito et Fineco Aset management*.

(22) TPICE, 27 nov. 2003, aff. T-190/00, *Regione Siciliana c/ Commission*.

(23) CJCE, 12 juill. 1990, aff. C-169-84, *CdF Chimie*. Subventions aux fournisseurs d'une entreprise, déc. 30 juill. 1996, *Santana Motors* : *JOCE* n° L 6, 10 janv. 1997. – Déc. 21 déc. 2005, *Banque Postale (a contrario)*.

(24) CJCE, 15 mars 1994, aff. C-387-92, *Banco de credito Industrial* et déc. 22 sept. 1993, *PMU* : *JOCE* n° L 300, 7 déc. 1993. – V. déc. 4 déc. 1996, *Opération Maribel* : *JOCE* n° L 95, 10 avr. 1997, et pour les aides du Fonds national pour l'emploi, CJCE, 25 sept. 1996, aff. C-241-94, *France c/ Commission* ; *Banco di Napoli*, préc. – V. Comm. CE, communication sur l'application des règles relatives aux aides d'État aux mesures relevant de la fiscalité directe des entreprises : *JOCE* n° C 384, 10 déc. 1998. – V., pour un régime dérogatoire au droit commun des faillites, CJCE, 17 juin 1999, aff. C-295/97, *Industrie Aeronautiche et Meccaniche Rinaldo Piaggio e.a.* – Pour la prise en charge de coûts sociaux qui sont inhérents à l'activité d'entreprise, TPICE, 24 sept. 2008, aff. T-20/03, *Kahla*.

(25) V., pour l'achat d'un nombre considérable de billets de passage pour soutenir une compagnie de ferries, TPICE, 5 août 2003, aff. T-116 et 118/01, *P. and O. European Ferries et Disputacion Foral de Vizcaya c/ Commission*. – Pour des accords d'achat d'électricité à des conditions avantageuses accordées par une entreprise publique, Trib. UE, 13 févr. 2012, aff. T-80/06 et 182/08, *Budapesti Erömu*.

(26) Aides fiscales à l'investissement au pays basque espagnol, déc. 10 mai 1993 : *JOCE* n° L 134, 3 juin 1993 et toujours pour le Pays basque, TPICE, 9 sept. 2009, aff. T-230/01. – CJCE, 13 janv. 2005, aff. C-174/02, *Streekgewest Westeligk Noord-Brabant*. – TPICE, 28 nov. 2008, aff. T-254, 270 et 277/00, *Hôtel Cipriani*.

(27) V. Trib. UE, 28 févr. 2012, aff. T-268 et 281/08, *Lard Burgenland*. – Comm. CE, communication sur les ventes de terrains et de bâtiments par les collectivités publiques : *JOCE* n° C 209, 10 juill. 1997. Les collectivités territoriales et les municipalités accordent souvent ce genre d'aides à des entreprises désireuses de s'implanter sur leurs territoires.

(28) V., pour le soutien obligatoire à des producteurs d'électricité à partir d'énergies renouvelables, grâce à un système de prix majorés, CJCE, 13 mars 2001, aff. C-379/98, *PreussenElektra c/ Schleswag* ; pour l'affectation de recettes des chaînes de télévision à la production de films, CJCE, 5 mars 2009, aff. C-222/07, *Uteca*.

aussi illicite que l'aide, ce qui autorise les assujettis à la taxe à demander le dégrèvement de l'impôt sur le fondement de l'article 107 TFUE(29).

L'indissociabilité n'est en revanche pas caractérisée lorsque la taxe est affectée au budget général de l'État(30). Le budget de l'État fait écran, et rompt le lien financier et juridique entre la taxe affectée au budget, et l'aide qui provient du budget(31), à moins que le produit de la taxe n'influence directement le montant de l'aide(32).

§ 2. – La sélectivité de l'avantage résultant de l'utilisation des ressources publiques

960. – **Sélectivité. Prise en compte des effets et non de l'objectif de l'affectation des fonds publics.** Il faut ici distinguer l'aide d'État (sélective) des différentes mesures générales, fiscales, sociales, ou autres, que les États peuvent adopter (par ex. en France, le RMI, ou le RSA). Le traité ne donne pas compétence à la Commission pour contester ces mesures souveraines. Il n'y a aide d'État que si, au moyen de ressources d'État, des entreprises, des productions, ou des services déterminables peuvent profiter du système mis en place au détriment direct, indirect, ou potentiel, de concurrents (ce fut le cas des aides sociales accordées à certaines catégories de voyageurs aériens entre la Corse et le continent, car le système profitait aux transporteurs déjà établis)(33). Les aides fiscales soulèvent un problème, car les États demeurent en principe souverains en la matière. Tout dépend du point de savoir si les avantages fiscaux résultent d'une logique spécifiquement fiscale (cohérence interne du régime fiscal), ou si le système fiscal est en réalité conçu pour produire des effets sélectifs. En ce cas, il n'échappe pas à la qualification d'aide d'État(34). En clair, une mesure qui procède des principes fondateurs du système fiscal national normal, sans dérogation, et sans mesure individuelle, ne peut *a priori* donner naissance à un avantage sélectif(35).

Mais il faut toujours démontrer l'avantage sélectif. On ne peut exclure qu'un traitement exceptionnel, voire dérogatoire, puisse parfois être neutre en termes économiques. L'approche doit être pragmatique(36).

L'aide est caractérisée si elle fausse la concurrence, peu important si les objectifs poursuivis par la réglementation étatique répondent à un intérêt général. Dès

(29) V., par ex., CJCE, 27 oct. 1993, aff. C-72/92, *Scharbakte*. – CJCE, 20 nov. 2003, aff. C-126/01, *Gemo*, et aff. C-261 et 262/01, *Van Calster*.

(30) V. le cas d'affectation partielle, CJCE, 27 nov. 2003, aff. C-34 et 38/013, *Enirisorse*.

(31) CJCE, 13 janv. 2005, *Streekgewest Westerlijk Noord Brabant*, préc. – CJCE, 13 janv. 2003, aff. C-175/02, *Pape*. – CJCE, 27 oct. 2005, aff. C-266 à 270/04, 276/04, 321 à 325/04, *Distribution Casino France (Nazairdis)*. – *Adde*, déc. 14 déc. 2004, taxe sur les achats de viande : *JOUE* n° L 176, 8 juill. 2005.

(32) *Ibid.*

(33) Déc. 3 mars 2000, aff. N.24.2000.

(34) TPICE, 9 sept. 2009, aff. T-230/01, *Territorio Historico de Alava*.

(35) Trib. UE, 7 mars 2012, *British Aggregates*, préc. En 2014, la Commission a commencé à contester certains accords de *ruling* fiscal trop individualisés ou trop dérogatoires.

(36) V., pour un droit de retrait exceptionnel accordé par la loi à certains actionnaires d'une société publique, dans le cas où ils n'auraient pas libéré leurs apports, lorsque l'exercice du droit de retrait suppose l'abandon du droit au remboursement de la valeur de leurs parts, et l'abandon de tout droit dans le patrimoine de la société. En revanche, un droit de retrait offert à ceux qui n'auraient pas libéré leurs apports, mais avec remboursement des parts serait une aide, car les retrayants auraient alors un avantage ; V. CJCE, 23 mars 2006, aff. C-237/04, *Enirisorce c/ Sotacarbo*, préc.

que la concurrence est faussée de manière sélective au profit de certaines entreprises, il y a aide(37).

961. – **Individualisation des bénéficiaires.** Cette condition est indispensable. Il faut donc distinguer les aides sélectives de celles qui sont vraiment générales, qui sont accordées par les États sans possibilité de les individualiser. Ces aides générales, souvent sociales ou fiscales(38), quelquefois destinées à soutenir les entreprises en difficulté, ne sont pas en principe des aides au sens de l'article 107 TFUE. Ces mesures de soutien peuvent bien sûr favoriser globalement les entreprises implantées dans un État membre. Mais elles ne relèvent pas pour autant de la notion d'aide d'État(39). Parfois, la distinction est délicate. Dès que l'aide isole une catégorie définie d'entreprises(40), ou dès que l'État peut individualiser le soutien(41), on sera en principe dans le champ d'application de cet article.

962. – **Principe de l'investisseur privé en économie de marché.** Pour qu'il y ait aide, il faut encore que l'avantage n'ait pas pu être obtenu dans les conditions normales du marché. Le principe de l'investisseur privé en économie du marché est ici essentiel(42). Il faut d'abord se pencher sur la situation du marché. Le droit européen raisonne à partir du contexte réel(43). Il faut examiner tous les paramètres pertinents(44). La preuve de l'intervention étatique pèse sur la Commission(45). Elle doit donc rechercher ce qu'aurait fait dans une situation comparable un investisseur privé animé des mêmes intentions. Cependant, la Commission n'est pas obligée de rechercher toutes les solutions concevables que le marché pourrait donner(46). Les investisseurs privés en économie de marché ne sont pas nécessairement animés par la recherche de profits faciles et à court terme. Ils ont très souvent des visées à long terme. L'anticipation rationnelle de retours sur investissement à moyen et long terme est donc naturelle(47). Mais il y aurait aide si les fonds publics ont été investis alors que les perspectives de rendement ou de retour sur investissement étaient très inférieures à celles habituellement acceptées sur le marché(48). La gestion des fonds publics peut donc être soumise aux mêmes aléas que ceux qui affectent les placements privés. Par exemple, la

(37) V. pour une éco-taxe sélective, CJCE, 22 déc. 2008, aff. C-487/06 P, *British Agregates*. – V. au contraire, pour le marché des quotas de CO2, TPICE, 10 avr. 2008, aff. T-233/04, *Commission c/ Pays-Bas*.

(38) V. communication préc., 10 déc. 1998.

(39) V., pour les aides à la réduction du temps de travail, Comm. CE, communication : *JOCE* n° C 1, 3 janv. 1997.

(40) Un système d'aides qui profite à toutes les entreprises exportatrices n'individualise pas ses bénéficiaires, V. TPICE, 7 nov. 2014, aff. T-399/11, *Banco Santander*, et aff. T.219/10, *Autogrill España* ; V. en revanche déc. *Maribel*, préc. ou Comm. CE, communication 10 déc. 1998, préc. ; pour les PME acquérant des véhicules industriels, TPICE, 29 sept. 2000, aff. T-55/99, *Confederacion Espanola de transporte de Mercancias*. – V., pour les taxes qui sont destinées à alimenter des fonds qui soutiennent des secteurs économiques, CJCE, 20 nov. 2003, *Gemo et Van Calster*, préc.

(41) V. aff. *Fonds national de l'emploi – Kimberly – Clark*, CJCE, 26 sept. 1996, aff. C-241-94.

(42) V., par ex., TPICE, 13 juin 2000, *EPAC*, préc. – CJCE, 3 juill. 2003, aff. C-457/00, *Belgique c/ Commission*.

(43) L'objectif n'est pas la concurrence parfaite, mais la concurrence efficace selon le marché ; ainsi la compensation d'un désavantage peut correspondre au critère de l'investisseur privé, TPICE, 28 nov. 2008, *Hôtel Cipriani*, préc. ; une modification réglementaire est normale en économie de marché, TPICE, 11 févr. 2009, *Iride*, préc.

(44) Trib. UE, 2 mars 2012, aff. T-29/10, *Pays-Bas e ING*.

(45) CJUE, 21 mars 2013, aff. C-405/11 P, *Commission c/ Buczek Automotive*.

(46) Trib. UE, 28 mars 2012, aff. T-123/09, *Ryanair*, pour des prix d'expert.

(47) V. CJUE, 4 sept. 2014, aff. C-533 et 536/2, *Commission c/ France (SNCM)*. – V., en matière de haut débit, déc. 11 déc. 2007, *Citynet Amsterdam* : *JOUE* n° L 247, 16 sept. 2008.

(48) L'entreprise doit pouvoir obtenir le même avantage avec les fonds accordés par l'État, que celui qu'elle aurait pu obtenir au moyen de fonds privés à des conditions normales de marché, par des investisseurs comparables en taille aux organismes publics, CJUE, 4 sept. 2014, aff. C-533/12, *Commission c/ France (SNCM)*. – TPICE, 6 mars 2003, aff. T-228 et 233/99, *Westdeutsche Landesbank Girocentrale*.

survenance d'une procédure collective peut contraindre à des abandons de créances ou à des cessions de créance désastreux financièrement, mais les investisseurs privés se trouvent dans la même situation. Il n'y a pas aide en ce cas[49].

Bien évidemment, une aide à fonds perdus, sans restructuration ou réorientation de l'entreprise aidée, ne correspond pas à la démarche d'un investisseur privé[50]. Des aides au fonctionnement, qui ne créent aucune perspective de retour sur investissement, sont également des aides *a priori* interdites[51].

963. - **Principe de l'investisseur privé responsable.** On doit même aller au-delà d'une analyse exclusivement financière. Tout entrepreneur privé est légitime à être socialement ou environnementalement responsable. Le profit maximum à court terme n'est pas le critère véritable et pertinent de l'investisseur privé. Celui-ci peut accepter des charges ou des engagements qui vont au-delà du minimum légal. Mais l'investisseur privé est toujours présumé rationnel. Un comportement irrationnel économiquement expose au reproche d'aide d'État[52].

964. - **État actionnaire.** L'« État actionnaire » est souvent accusé de ne pas jouer son rôle, ou de mal le jouer. La situation d'actionnaire est légitime pour les États membres. L'article 268 TFUE admet explicitement le contrôle public des États sur les entreprises. Il s'ensuit une règle de neutralité du droit européen à l'égard des apports publics en capitaux[53]. Le droit européen ne peut désavantager ou avantager les pouvoirs publics[54].

Si l'État assume sa quote-part d'effort aux côtés d'opérateurs privés, il n'y a pas aide, dès lors que les participations des opérateurs privés ont une réelle justification économique. L'État se place alors dans une situation normale sur le marché[55].

La situation est différente si l'État assume plus que sa part[56]. Elle l'est aussi s'il détient 100 % du capital. La référence à l'attitude d'opérateurs privés est alors impossible en fait.

Il faut dans ces hypothèses rechercher si, dans des circonstances similaires, un associé privé se basant sur des possibilités de rentabilité prévisibles, abstraction faite de toute politique sociale ou de politique régionale, aurait procédé de même[57]. Cela n'exclut pas, ici aussi, la prise en compte d'une rentabilité à long terme[58]. Mais le seul souci d'éponger des dettes ou de pallier la défection d'investisseurs privés

(49) CJCE, 29 juin 1999, aff. C-256/97, *DMT*, et 1er déc. 1998, aff. C-200/97, *Ecotrade*.

(50) TPICE, 12 déc. 1996, *Air France*, préc. – Déc. 26 juill. 1995, *Crédit Lyonnais*, préc. – Déc. 2 oct. 1996, *SFP* : *JOCE* n° L 95, 10 avr. 1996. – CJCE, 11 sept. 1994, aff. C-42-93, *Espagne c/ Commission*. – Déc. 20 mai 1998, *Crédit Lyonnais* : *JOCE* n° L 221, 8 août 1998, et déc. 22 juill. 1998, *Air France* : *JOCE* n° L 63, 12 mars 1999. – Déc. 3 févr. 1999, *HAMSA* : *JOCE* n° L 193, 16 juill. 1999.

(51) V. TPICE, 9 sept. 2009, aff. T-230/01, *Territorio historico de Alava*.

(52) Trib. UE, 28 mars 2012, aff. T-123/09, *Ryanair (Alitalia)*. – Trib. UE, 11 sept. 2012, aff. T-565/08, *Corsica Ferries France (SNCM)*.

(53) V. *supra*, n° 921.

(54) V. *supra*, n° 921. – V. déc. 21 déc. 1993, *Aer Lingus* : *JOCE* n° L 54, 25 févr. 1994.

(55) V. déc. *Aer Lingus*, préc. ; déc. 31 janv. 1996, *Iberia* : *JOCE* n° L 104, 27 avr. 1996. – *Adde*, Comm. CE, communication 17 sept. 1984 : *Bull. CE* 9-1984.

(56) Déc. 26 juill. 1995 et 20 mai 1998, *Crédit Lyonnais*, préc.

(57) V. CJCE, 10 juill. 1986, aff. 40-85, *Belgique c/ Commission*. – V. la décision négative dans l'affaire *Bull*, déc. 26 janv. 1994 : *JOCE* n° L 107, 28 avr. 1994 pour un investissement considérable sans plan de restructuration et, en l'absence de rentabilité prévisible, TPICE, 12 déc. 1996, *Air France*, préc. – V. déc. 21 déc. 2005, *Banque Postale*, préc.

(58) CJCE, 21 mars 1991, aff. C-305-89, *Italie c/ Commission-Alfa Roméo* et déc. 22 juill. 1998, *Air France*, préc.

rebutés par les perspectives[59] ne saurait éviter la qualification d'aide[60], même pour privatiser une entreprise dans de meilleures conditions[61].

Les privatisations ne doivent pas être des moyens indirects d'aides aux entreprises attributaires des privatisées. Une procédure d'appel d'offres ouverte et claire exclut ce risque. Si, dans ce cas, l'État vend à un prix inférieur à la valeur de sa créance sur l'entreprise, ce n'est que le jeu du marché[62].

965. – **Compensation ou surcompensation d'une mission de service public.** On rappelle que, depuis le célèbre arrêt *Altmark* du 24 juillet 2003[63], il est admis qu'une stricte compensation par un budget public des charges de service public ne constitue pas une aide d'État[64]. Mais il faut pour cela que quatre conditions soient cumulativement remplies :

1) dévolution précise de missions d'intérêt général ;

2) objectivité et transparence des paramètres de compensation ;

3) limitation du financement à ce qui est nécessaire pour couvrir les coûts occasionnés par l'exécution des obligations de service public, compte tenu des recettes, et d'un bénéfice raisonnable ;

4) sauf attribution par une procédure de marché public, l'entreprise de référence doit être capable d'assurer le service au moindre coût pour la collectivité, et la comparaison doit alors être effectuée avec une entreprise moyenne du secteur, bien gérée et correctement équipée. Même si la transparence financière[65] et comptable a fait des progrès, la référence aux coûts et à la qualité de la gestion des organismes auxquels sont confiés des « services publics » soulève beaucoup d'interrogations.

En conséquence, de nombreuses subventions versées en « sur-compensation » des missions de service public seront des aides. Ce n'est bien entendu que la partie des fonds publics qui sur-compense qui est une aide[66].

La Commission a précisé les choses, d'abord dans le paquet « Monti-Kroes » de 2005, puis dans le paquet « Almunia » de 2012. Toutes les mesures édictées partent des principes énoncés dans l'arrêt *Altmark*, qui déterminent les situations dans lesquelles il n'y a pas aide d'État. Le paquet « Almunia » traite des situations dans lesquelles les conditions de l'arrêt *Altmark* ne sont pas respectées (il y a donc par hypothèse aide d'État), tout en tenant compte de la spécificité des SIEG (et du marché européen des SIEG).

Le paquet « Almunia » rappelle d'abord que certaines activités ne sont pas de nature économique (activité régaliennes, sécurité sociale avec solidarité nationale...). C'est l'objet de la communication du 11 janvier 2012 relative aux compensations de prestations de SIEG.

(59) CJCE, 3 juill. 2003, aff. C-457/00, *Belgique c/ Commission*.

(60) CJCE, 21 mars 1991, aff. C-303-88, *Italie c/ Commission ENI-Lamerossi*. – Déc. *Crédit Lyonnais*, préc.

(61) Déc. 9 mars 1993, *British-Aerospace-Rover* : *JOCE* n° L 143, 15 juin 1993. – Déc. 29 mai 1996, *Buna* : *JOCE* n° L 239, 19 sept. 1996.

(62) V. les affaires citées *in* XXVIe rapport, n°s 169 et s.

(63) Aff. C-280/00 ; V. *supra*, n° 945, confirmé par CJCE, 30 mars 2006, aff. C-451/03, *Calafiori*.

(64) V. *supra*, n° 945.

(65) V. la Dir. « Transparence » ; V. *supra*, n° 922.

(66) Il faut donc ventiler, TPICE, 1er juill. 2008, aff. T-266/02, *Deutsche Post*. – CJCE, 17 juill. 2008, aff. C-206/06, *Essent Netwerk Noord*. – TPICE, 11 mars 2009, aff. T-334/05, *TF1*.

Sont ensuite précisés des critères qui permettent de savoir si une subvention excède ou non les charges liées à l'accomplissement d'une mission de SIEG. C'est l'objet d'une autre communication du 11 janvier 2012[67].

Le paquet « Almunia » dispense ensuite de notification certaines aides. Ce traitement procédural de faveur est contenu dans deux documents. D'abord dans une décision du 20 décembre 2011[68]. Ensuite, et surtout, un règlement n° 360/2012 du 25 avril 2012 donne naissance à une règle *de minimis* spécifique aux SIEG. Sont ainsi dispensées de notification les aides « transparentes » dont « l'équivalent subvention brut » est inférieur à 500 000 € sur trois exercices (par ex., subventions ou prêts). Le règlement définit donc l'aide « transparente ». C'est elle dont on peut calculer son équivalent en subvention sans avoir à analyser le risque inhérent ou intrinsèque à l'entreprise aidée (ainsi, les aides en capital, ou en capital investissement, ne sont pas « transparentes », contrairement à un prêt)[69][70]. Mais il a aussi fallu donner des méthodes pour calculer cet « équivalent subvention brut ». Cet équivalent est calculé par rapport aux taux du marché, en vertu de la communication du 19 janvier 2008 relative la méthode de calcul des taux de référence et d'actualisation[71]

§ 3. – L'affectation des échanges entre les États membres

966. - **Condition générale. Règlement *de minimis*.** La condition d'affectation des échanges entre États membres est générale en droit européen[72]. Les aides ont par essence des effets à l'égard des entreprises tierces, car elles renforcent artificiellement la puissance ou les capacités d'une entreprise par rapport aux autres. Il n'en demeure pas moins qu'une aide qui n'aurait d'effet qu'à l'intérieur d'un État membre, ou à l'extérieur de l'Union européenne, n'entrerait pas dans les prévisions du texte. Toutefois, l'interpénétration économique entre les États membres est telle qu'une aide affecte presque toujours le commerce entre les États membres[73]. Les

(67) Plusieurs méthodes sont concevables : celle du coût net évité, qui correspond à la différence entre le coût supporté par le prestataire lorsqu'il exécute ses obligations, et le coût ou le bénéfice lorsqu'il ne les exécute pas ; celle de la répartition des coûts selon les activités. Les États doivent retenir des méthodes qui incitent à l'efficience.

(68) *JOUE* n° L 7, 11 janv. 2012. Sont visés plusieurs types d'aides : *a)* inférieures à 15 millions d'euros ; *b)* aides aux hôpitaux ; *c)* besoins sociaux ; *d)* liaisons avec les îles lorsque le trafic n'a pas dépassé 300 000 passagers sur deux ans ; *e)* petits aéroports.

(69) Le chiffre de 500 000 € est transposé pour les garanties : une garantie inférieure à 3 750 000 € par entreprise est acceptée si elle couvre moins de 80 % de la dette garantie.

(70) Les aides aux entreprises en difficulté ne sont pas transparentes, ce qui est logique.

(71) *JOUE* n° C 14. On part du taux IBOR à un an, avec des écarts en fonction de la notation des entreprises et de la qualité des garanties.

(72) V. *supra*, n°s 492 et s.

(73) V., pour les PMU, en raison de l'internationalisation de l'offre des services de Paris, déc. 22 sept. 1993, *PMU* : *JOCE* n° L 300, 7 déc. 1993. – V., pour le marché bancaire, qui se décloisonne, déc. 14 oct. 1998, *Sté Marseillaise de crédit* : *JOCE* n° L 198, 30 juill. 1990. – V. aussi, pour une résistance artificielle aux importations, à propos des fabricants français de bière, CJCE, 13 juill. 1988, aff. 102-87, *France c/ Commission*. Le maintien de surcapacité dans un État affecte nécessairement les échanges, V. par ex., CJCE, 11 sept. 1994, aff. C-42-93, *Espagne c/ Commission*. – *Adde*, pour le secteur audiovisuel, déc. *SFP*, préc. – V. encore, TPICE, 12 déc. 1996, *Air France*, préc. et TPICE, 30 avr. 1998, aff. T-214/95, *Het Vlaamse Gewet c/ Commission*. – Pour le Pays basque espagnol, région ouverte sur l'extérieur, TPICE, 9 sept. 2009, aff. C-230/01, *Territorio historico de Alava*.

aides sont en effet particulièrement pernicieuses lorsqu'elles aboutissent à transférer les difficultés que connaît un État vers les autres États de l'Union européenne. Si les aides à l'exportation hors Union européenne ne sont *a priori* pas concernées[(74)], il en irait différemment lorsque l'aide à l'exportation est accordée à une entreprise tournée en général vers les marchés internationaux, aussi bien européens qu'extra-européens[(75)]. On retrouve ici le critère de l'effet, en ce qui concerne la localisation de l'impact anticoncurrentiel de la mesure[(76)].

Le règlement n° 1407/2013 de la Commission du 18 décembre 2013 relatif aux aides *de minimis* précise cette condition d'affectation en matière d'aides d'État[(77)]. Il indique en effet que les aides qui demeurent en dessous du plafond de 200 000 € sur trois exercices ne remplissent pas toutes les conditions posées par l'article 107 TFUE, et, en particulier, qu'elles n'affectent pas *a priori* les échanges entre les États membres[(78)].

SECTION 2

LES DÉROGATIONS AU PRINCIPE D'INTERDICTION

967. – **Plan.** L'article 107, § 2 TFUE énumère un certain nombre de catégories d'aides qui sont compatibles de plein droit avec le marché intérieur ou qui peuvent l'être (§ 1). Ensuite, de nombreuses dérogations atténuent considérablement le principe d'interdiction contenu au § 1 (§ 2). Hors des dérogations, les aides d'État sont *a priori* illicites (§ 3).

La Commission fait preuve d'une vigilance particulière dans l'application de cet article. Elle souligne souvent le caractère restrictif et limitatif des dérogations[(79)].

§ 1. – Aides compatibles de plein droit

968. – **Article 107, § 2 TFUE.** L'article 107, § 2.*a* TFUE vise les aides à caractère social accordées à des consommateurs individuels pourvu qu'elles soient octroyées sans discrimination quant à l'origine des produits. Il faut ici à nouveau distinguer les mesures générales, sociales ou de soutien, et les aides d'État. Les articles 107 et suivants du TFUE ne permettent pas, en effet, de considérer toutes les actions fiscales ou sociales des États comme relevant de la notion d'aide d'État, mais certaines peuvent l'être. Pour qu'il y ait aide d'État, la mesure doit être sélective au moyen de ressources d'État, c'est-à-dire qu'elle doit d'une façon ou d'une autre avantager certaines entreprises ou certaines productions. Des aides sociales, à l'emploi,

(74) V. déc. deux groupes sidérurgiques français, 25 mars 1987 : *JOCE* n° L 290, 14 oct. 1987.
(75) CJCE, 17 sept. 1980, aff. 730-79, *Philip Morris*. – Déc. *Maribel*, préc. – *Adde*, Comm. CE, communication sur les soutiens publics à l'assurance-crédit export court terme : *JOCE* n° C 281, 17 sept. 1997.
(76) V. *supra*, n°s 485 et s.
(77) V. *infra*, n° 984 ; V. la modification projetée in *JOUE* n° C 137, 10 juin 2006.
(78) V. consid. 3. – V. aussi Règl. n° 360/2012 préc., relatif aux aides *de minimis* accordées à des SIEG.
(79) V. par ex., déc. 11 févr. 1987, *Seadler* : *JOCE* n° L 295, 20 oct. 1987.

ou à la formation, sont donc parfois des aides. On peut ici prendre l'exemple des aides accordées à certaines catégories de passagers qui désiraient emprunter les liaisons aériennes vers la Corse. Cette aide bénéficiait certes à certaines catégories de consommateurs finals, mais elle favorisait les services aériens déjà présents. Toutefois, il n'y avait pas de discrimination, car il n'y a pas de barrière à l'entrée sur ce marché, et tous les futurs opérateurs pouvaient accueillir des passagers bénéficiant de ce type d'aides(80).

Ainsi, le RMI, ou le RSA ne sont pas des aides. En revanche, les aides à la formation, ou à l'emploi de certains travailleurs défavorisés peuvent avantager certaines entreprises, et modifier les décisions de localisation ou de production. Ces aides relèvent donc de la catégorie des aides conditionnellement compatibles, visées à l'article 107, § 3 TFUE.

L'article 107, § 2.*b* TFUE vise ensuite les aides destinées à remédier aux calamités naturelles ou à d'autres évènements extraordinaires (par ex., tremblement de terre)(81). Cet article a été invoqué pour l'explosion de l'usine AZF à Toulouse(82), pour les évènements du 11 septembre 2001(83), ou pour la crise de la « vache folle »(84).

Enfin l'article 107, § 2.*c* TFUE vise toujours les aides destinées à remédier aux effets de la partition de l'Allemagne. L'intérêt de cette dernière disposition n'est plus qu'historique.

§ 2. – Les aides qui peuvent être déclarées compatibles avec le marché intérieur

969. – **Sources des dérogations.** L'article 107, § 3 TFUE, énumère d'abord, en ses points *a*, *b*, *c* et *d*, diverses catégories d'aides susceptibles d'être exemptées par la Commission (A). Puis, en son point *e*, il envisage la possibilité pour le Conseil d'étendre le domaine de l'exemption en considération de certaines catégories d'aides, ce qu'il fit avec le règlement n° 994/98 du 7 mai 1998 (B).

970. – **Encadrement réglementaire et principes communs d'appréciation des aides visées à l'article 107, § 3 TFUE ou par le règlement n° 994/98 du Conseil du 7 mai 1998. Encadrement, exemption, et « intensité » des aides.** Les États membres accordent des aides aux entreprises situées sur leurs sols pour des raisons semblables : développement régional, emploi, formation, sauvetage, restructurations, aides aux PME (dans la perspective renouvelée du *Small Business Act*) ou à des secteurs particulièrement sensibles. Cette relative standardisation des aides a facilité une standardisation de leur appréciation. Pour certaines aides, la Commission a adopté un certain nombre de communications portant « encadrement » de leur octroi. Pour les aides visées par le règlement n° 994/98 du Conseil, la Commission a adopté un certain nombre de règlements. Parfois, les conditions de l'exemption ne

(80) Déc. 3 mars 2000, aff. N.24/2000.
(81) Déc. 25 juill. 1990, *Mezzogiorno* : *JOCE* n° L 86, 6 avr. 1991 et CJCE, 28 avr. 1993, aff. C-364-90, *Italie c/ Commission*.
(82) Déc. 2 mai 2002, aff. N.241/2002.
(83) Comm. CE, communication relative aux transports aériens, 10 oct. 2001.
(84) Déc. 29 juill. 1999, aff. NN.87, 88, 89/99.

concordent pas exactement avec celles de l'encadrement. L'exemption est accordée à des conditions plus strictes, et l'encadrement ne dispense pas à lui seul de la notification. Cependant, les principes de base sont partout les mêmes : transparence, proportionnalité. Les aides doivent répondre à l'intérêt européen. Cela implique de fixer des plafonds au-delà desquels une aide deviendra illicite. Pour ce faire, et en application du principe de proportionnalité, les encadrements ou les règlements d'exemption posent des pourcentages par rapport soit à l'investissement aidé, soit aux coûts de la restructuration aidée, soit aux coûts des services aidés... Cela détermine, régime par régime, l'« intensité » admissible de l'aide.

A. – L'appréciation individuelle des aides énumérées à l'article 107, § 3 TFUE

971. – **Principes**[85]. Les principes qui suivent sont repris pour l'essentiel dans les règlements d'exemption catégorielle dont le principal est le règlement n° 651/2014 de la Commission du 17 juin 2014[86]. Le traitement individuel des aides suppose qu'elles n'entrent pas dans le cadre de la dispense de notification résultant d'une exemption catégorielle[87].

L'article 107, § 3 TFUE énumère quatre catégories d'aides qui peuvent être déclarées compatibles avec le marché intérieur. Ce sont les aides aux régions défavorisées, celles destinées à promouvoir un projet européen important, celles que l'on peut qualifier de sectorielles ou régionales et qui soulèvent le plus de difficultés et, enfin, celles destinées à promouvoir la culture et la conservation du patrimoine.

Pour ces quatre catégories d'aides, la Commission a reçu des pouvoirs importants d'appréciation. Elle les exerce à la lumière de deux principes. D'abord celui d'une certaine transparence, ce qui l'a amenée à codifier les procédures et à s'engager dans une politique d'« encadrement » de certaines catégories d'aides. Ensuite, celui d'une interprétation finaliste. L'aide, pour échapper au principe d'interdiction, doit avoir pour effet de pallier les insuffisances ou les faiblesses du marché : il « faut que sans l'aide, le jeu des forces du marché ne permette pas à lui seul au bénéficiaire d'adopter un comportement qui contribuerait à atteindre un des objectifs visés à la dérogation »[88]. Cela explique que les entreprises qui détiennent un réel pouvoir de marché ne peuvent pas en principe être aidées[89]. Cette référence aux forces du marché, qui doivent *a priori* être d'abord considérées pour savoir si l'aide est utile et proportionnée, peut être analysée comme une traduction du principe de subsidiarité.

Il faut donc que l'aide, qui risque de fausser la concurrence ou le jeu du marché, soit compensée par sa contribution à l'intérêt commun. Le critère du bénéfice pour l'Union européenne est destiné à empêcher que les États tirent un avantage indu des aides mises en place[90].

(85) V. les principes communs d'évaluation économique de la compatibilité des aides d'État en application de l'article 87, § 3 TCE, publié par la Commission en 2008.
(86) *JOUE* n° L 187, 26 juin 2014.
(87) V. *infra*, n°s 981 et s.
(88) V., par ex., déc. 3 mai 1989, *Enasa-Pegaso* : *JOCE* n° L 367, 16 déc. 1989.
(89) V. Comm. CE, communication sur les aides régionales, 23 juill. 2014 : *JOUE* n° C 209.
(90) Déc. 27 avr. 1983, secteur de l'habillement en Belgique. – CJCE, 17 sept. 1980, aff. 730/79, *Philip Morris Holland*, pour un risque de déplacement artificiel des investissements vers le pays accordant l'aide.

1° Aides aux régions défavorisées (TFUE, art. 107, § 3.*a*)

972. - **Cohésion économique des régions.** Ces aides sont indispensables dans la perspective de la « cohésion économique et sociale » de l'Union. Elles font l'objet, pour la période 2014-2020, de *Lignes directrices* adoptées par la Commission le 30 juin 2013(91). Des territoires importants de l'Union sont déjà éligibles au système d'aides du FEDER. Les territoires éligibles recouvrent souvent une grande partie (par ex., France), ou l'essentiel du territoire des États (par ex., Grèce, et les nouveaux entrants). Il peut exister des difficultés régionales particulières, à l'intérieur ou à l'extérieur de ces zones. Des aides sont alors concevables. Mais il faut que l'État établisse un lien entre l'aide envisagée et les difficultés propres à la région(92). Le texte permet d'octroyer des aides destinées à favoriser le développement économique de régions dans lesquelles le niveau de vie est anormalement bas par rapport à la moyenne de l'Union, ou dans lesquelles règne un grave sous-emploi(93)(94). Puisqu'il s'agit d'aider au développement d'ensemble de ces régions défavorisées, le principe consiste à favoriser les régimes « d'aides multisectoriels ». Les aides individuelles ou sectorielles, ou les aides au fonctionnement, ne sont pas impossibles, mais doivent être justifiées par une stratégie de développement régional cohérent. Peuvent ainsi entrer dans les prévisions de cet article, dans les limites d'intensité fixées dans les *Lignes directrices*, les aides régionales à l'investissement, les aides en faveur des grands projets d'investissement, les aides aux petites entreprises nouvelles(95)(96). Une obligation générale de transparence est recherchée par la Commission, afin de lui permettre d'examiner correctement les systèmes d'aides régionales.

Un bon exemple est donné par la décision de la Commission du 7 mai 2014 relative à la carte des aides régionales pour la France (24 % de la population, intensité maximale variable de 10 à 70 % des investissements, si le PIB par habitant est inférieur de 75 % à la moyenne de l'Union européenne, et avantage aux régions ultrapériphériques)(97).

(91) *JOUE* n° C 209, 23 juill. 2013.

(92) CJCE, 14 oct. 1987, aff. 248/84, *Allemagne c/ Commission*. – V., pour le refus d'une aide de contribution exceptionnelle à la création d'emplois dans le Nord-Pas-de-Calais, XVe rapport, p. 196. – V. pour les *Länder* de l'ancienne RDA, déc. 21 déc. 1993, *SST-Garngesellschaft* : *JOCE* n° L 114, 6 mai 1994 et déc. 26 juin 1996, *V.W. Masel et Chemnitz* : *JOCE* n° L 308, 29 nov. 1996. – Un système d'aides étendu à tout le territoire d'un État n'entrerait pas dans les prévisions du texte, V. déc. *Maribel*, préc.

(93) Les *Lignes directrices concernant les aides à finalité régionale* (23 juill. 2014 : *JOUE* n° C 209) utilisent un critère de 75 % de la moyenne européenne (V. Règl. n° 1628/2006, 24 oct. 2006, sur les aides régionales à l'investissement : *JOUE* n° L 302, 1er nov. 2006). V. *Lignes directrices sur les aides relatives au déploiement rapide des réseaux de communication à haut débit*, 17 sept. 2009.

(94) Les *Lignes directrices* publiées le 23 juillet 2014 visent à limiter globalement les zones « a » (celles qui relèvent de l'article 107, § 3.*a* TFUE), ce qui implique une possible augmentation des zones éligibles à l'article 107, § 3.*c* TFUE (zones « c »), de manière à ce que les zones éligibles (« a » + « c ») ne couvrent plus que 46,5 % de la population de l'Union.

(95) La carte des régions éligibles est dressée, en tenant compte de la classification NUTS (Nomenclature commune des unités territoriales statistiques) utilisée par Eurostat (*JOUE* n° L 154, 21 mai 2003).

(96) Les *Lignes directrices sur les aides à finalité régionale* (*JOUE* n° C 209, 23 juill. 2014) visent aussi les aides destinées à favoriser certaines activités ou régions économiques, en différenciant les plafonds d'intensité, qui sont plus élevés pour les régions défavorisées (V. *infra*, n° 976).

(97) Déc. 7 mai 2014, n° 38/182, *SA*.

2° Aides destinées à promouvoir un projet européen important ou à remédier à une perturbation grave de l'économie d'un État membre (TFUE, art. 107, § 3.*b*)

973. - **Projets européens importants.** Sont ici visées notamment les aides qui ont pour objet de contribuer aux grands objectifs de l'Union européenne. Ces aides sont souvent horizontales ; elles ne sont pas générales mais débordent un secteur d'activité.

On peut citer les aides qui sont destinées à des projets transeuropéens qui structurent l'espace européen ou qui favorisent les échanges entre les États membres (réseaux transeuropéens, routiers ou ferroviaires ; services communs d'électricité, d'aménagement de fleuves...)(98).

974. - **Perturbations graves dans l'économie d'un État membre.** Les dérogations au principe d'interdiction des aides d'État doivent traditionnellement être interprétées restrictivement. Il faut que la perturbation soit grave, et touche toute l'économie d'un État(99). Si la perturbation n'est que régionale, l'aide relève des points *a* ou *c* de l'article 107 TFUE.

Toutefois, la crise économique des années 2008-2009 a imposé une réaction particulière de l'Union, et un cadre temporaire a été mis en place afin de favoriser notamment le financement des entreprises pendant la durée de la crise(100).

975. - **Crise financière.** Les crises financières successives qui se sont déroulées depuis 2008 ont conduit la Commission à mettre en place depuis cette date un système particulier d'autorisation des aides destinées aux banques et aux institutions financières. Des communications du 25 octobre 2008, du 25 février 2009, du 23 juillet 2009 et du 19 août 2009 ont concerné les mesures nécessaires de recapitalisation, celles nécessaires au traitement des actifs dépréciés, ainsi que les inévitables mesures de restructuration(101). Une importante communication du 30 juillet 2013 a fait suite à la crise des dettes souveraines(102). La perspective est désormais celle de la viabilité à long terme des banques. Des restructurations deviennent nécessaires en raison du risque systémique. Le lien est fait avec le mécanisme de surveillance unique (MSU). Les principes déjà contenus dans la communication de 2008 sont renforcés. Les restructurations doivent être efficaces. Donc, toutes les banques ne

(98) V. Comm. CE, communication sur les critères d'appréciation des grands projets de développement, 24 juin 2009. – Comm. CE, communication sur les critères d'analyse de la compatibilité des aides destinées à la réalisation de projets importants d'intérêt commun européen (PIEEC), 13 juin 2014 (*JOUE* n° C 188, 20 juin 2014). Ces aides peuvent atteindre 100 % du financement, pour des projets relatifs à l'énergie, aux réseaux transeuropéens, ou à la politique industrielle de l'Union face à la mondialisation, si l'initiative privée est défaillante, si les projets sont novateurs, si tous les États membres peuvent y participer, et s'ils sont cofinancés par l'Union.

(99) V., pour la réunification allemande, CJCE, 30 sept. 2003, aff. C-57 et 61 P/00, *Freistaat Sachsen et Volkswagen c/ Commission*, seule l'économie du *Land* de Saxe étant touchée en l'occurrence.

(100) Les *Lignes directrices sur l'application des règles en matière d'aides d'État aux mesures prises en rapport avec les institutions financières dans le contexte de la crise financière mondiale* (*JOUE* n° C 270, 25 oct. 2008) ; la communication de la Commission établissant un cadre communautaire temporaire pour les aides d'État destinées à favoriser l'accès au financement dans le contexte de la crise (*JOUE* n° C 83, 7 avr. 2009), augmentant pour l'essentiel les plafonds de compatibilité avec le marché intérieur qui figurent dans le règlement *de minimis* (V. *infra*, n° 985) et facilitant le soutien aux opérations de garantie effectuées par les entreprises d'assurance-crédit, tout cela dans la ligne du plan de relance du 26 novembre 2008.

(101) *JOUE* n° C 270, 25 oct. 2008 ; *JOUE* n° C 10, 15 janv. 2009 ; *JOUE* n° C 72, 25 févr. 2009 ; *JOUE* n° C 195, 19 août 2009, prorogation par Comm. CE, communication 1er déc. 2012 : *JOUE* n° C 329, 7 déc. 2012.

(102) *JOUE* n° C 216, 30 juill. 2013.

doivent pas être sauvées. Ce n'est pas au contribuable de payer la facture (système du « bail *out* »). En conséquence, la restructuration des bilans doit être d'abord recherchée sur les marchés, au besoin par l'émission de titres hybrides ou subordonnés, et s'il y a un coût, il doit être supporté par l'entreprise, par ses actionnaires, et par ses dirigeants (rémunérations ; système du « bail *in* »). La gestion doit être prudente et éviter les sorties inutiles de capitaux ou la consommation de fonds propres (pratiques commerciales agressives, participation des salariés). En ce cas de sauvetage par l'État, la notification est obligatoire et l'intervention de l'État doit être limitée en temps, en volume, et en taux. Il est toutefois précisé que les injections de liquidités par le SEBC ou par la BCE ne relèvent pas des aides d'État.

3° Les aides destinées à favoriser certaines activités ou certaines régions économiques (TFUE, art. 107, § 3.*c*)

976. – **Difficultés d'appréciation.** Ce sont les aides les plus délicates à apprécier. Ce sont aussi les plus nombreuses. Elles ne peuvent être compatibles avec le marché intérieur que si elles « n'altèrent pas les échanges dans une mesure contraire à l'intérêt commun ». Cela signifie que, par leurs aides, les États ne doivent pas transférer les difficultés vers les autres États[(103)]. Cette catégorie regroupe des types d'aides horizontales fort diverses : aides à certaines régions[(104)], comme aides à l'environnement[(105)]. L'intérêt de l'Union peut ainsi rendre certaines aides acceptables pour des considérations autres que de pure rentabilité (par ex., transports aériens dans les zones périphériques)[(106)].

Les aides sectorielles sont les plus nombreuses. À côté d'elles, on trouve aussi dans certains cas des aides horizontales ou générales, notamment parce que certaines régions sont en difficulté globale, sans être pour autant défavorisées au sens de l'article 107, § 3.*a* TFUE, ce qui justifie un parallélisme de traitement. Les *Lignes directrices* publiées le 23 juillet 2014 contiennent des principes spécifiques d'admissibilité et d'intensité des aides pour les zones « c » (celles qui relèvent de l'article 107, § 3.*c* TFUE).

977. – **Aides sectorielles.** Ces aides peuvent ne concerner qu'une entreprise. Mais elles sont appréciées par référence à la situation qui prévaut dans le secteur, en fonction de l'intérêt de l'Union.

En ce qui concerne les aides sectorielles, la Commission a souvent adopté une approche spécifique, secteur par secteur. Dans les secteurs les plus sensibles (par ex., agriculture, construction navale, transports), elle a défini des principes d'application, dans des communications habituellement qualifiées de *Lignes directrices portant*

(103) V., par ex., déc. *Aer Lingus*, préc.

(104) V. *Lignes directrices sur les aides à finalité régionale* : *JOUE* n° C 209, 23 juill. 2014. – *Lignes directrices sur les aides à l'environnement* : *JOUE* n° C 82, 1er avr. 2008.

(105) En matière d'environnement, l'analyse part de la constatation d'externalités négatives imputables aux entreprises polluantes (contraires au principe pollueur-payeur, ou principe PPP), et de la mise en évidence de la défaillance du marché pour y remédier. L'aide doit être en adéquation avec l'objectif commun de développement durable, le principe PPP conduisant à quantifier et à évaluer le coût de la pollution, et justifiant des aides incitatives (favorisant l'innovation) ou dissuasives, ciblées. Cela conduit à appliquer le principe de proportionnalité de manière à ce que l'effet de l'aide ne soit pas de maintenir des entreprises inefficaces, ou de créer des pouvoirs de marché entraînant des pratiques d'éviction. Il faut donc établir une balance globale des effets positifs ou négatifs. V. *Lignes directrices* 8 avr. 2014 (n° C.2014.2322). L'objectif est de faire entrer progressivement l'environnement dans les règles générales du marché. Certains secteurs d'activité sont définis (énergie renouvelable, infrastructures, cogénération, sites contaminés) pour que les aides soient renouvelables.

(106) *Idem*. *Adde*, Comm. CE, communication sur les aides fiscales, 10 déc. 1998.

encadrement des aides[107]. Ces encadrements sont souvent liés à des règlements d'exemption par catégorie de certaines aides dans les secteurs concernés[108]. Des principes généraux sont toutefois applicables à ces aides. Elles doivent d'abord être limitées au cas où la situation de l'industrie concernée les rend nécessaires. Elles ne peuvent maintenir des entreprises non viables, ni différer des changements inéluctables[109]. Mais elles peuvent être accordées en fonction du temps nécessaire pour que les transitions soient faites avec un coût économique et social acceptable[110]. Elles doivent en principe être soit accordées pour une brève période, soit pour une période plus longue, mais être alors clairement fixées et dégressives. Elles doivent enfin respecter le principe de proportionnalité[111].

La Commission s'est depuis longtemps préoccupée des aides au sauvetage et à la restructuration des entreprises en difficulté. Ces aides sont très généralement sélectives, car elles ne visent que certaines entreprises, et souvent une seule entreprise. Elles peuvent néanmoins être compatibles. Il faut d'abord définir l'entreprise en difficulté. Ce n'est pas celle qui est soumise à une procédure collective. c'est celle qui est en situation financière très difficile[112]. Cela conduit à distinguer selon les bénéficiaires. Une entreprise nouvellement créée ne peut en principe être aidée, ce qui vise aussi, notamment, les entreprises qui naissent de la liquidation d'une entreprise préexistante ou de la reprise d'actifs. Une entreprise n'est plus nouvellement créée au bout de trois ans. De plus, une entreprise intégrée dans un groupe ne peut bénéficier d'aide, sauf si ses difficultés ne résultent pas d'une allocation arbitraire des ressources au sein du groupe, ou sauf si le groupe ne peut résoudre seul les difficultés.

Il faut enfin distinguer entre les deux types d'aides. Les aides au sauvetage doivent être justifiées par des raisons économiques ou sociales aiguës, et doivent consister en des apports de trésorerie temporaires (six mois), et limités à ce qui est nécessaire pour parvenir à mettre en place un plan de redressement plausible. Elles ne doivent pas prolonger un *statu quo*, car alors elles aboutiraient à transférer les difficultés[113]. Elles doivent donc être accompagnées de mesures compensatoires. De

(107) V. Comm. CE, communication sur l'application des règles de concurrence aux services postaux, 6 févr. 1998 : *JOCE* n° C 39, 6 févr. 1998. – Comm. CE, communication sur l'application aux services publics de radiodiffusion des règles relatives aux aides d'État, 15 nov. 2001 : *JOCE* n° C 320, 15 nov. 2001). – Comm. CE, communication sur l'encadrement des aides d'État à la construction navale, 8 juill. 2008 : *JOCE* n° C 173), et les nombreuses communications relatives au secteur agricole (*Lignes directrices*, in *JOCE* n° C 28, 1er janv. 2000 ; *JOCE* n° C 252, 19 sept. 2001 ; *JOCE* n° C 263, 26 oct. 1994, par ex.), ou au secteur des aéroports régionaux (Comm. CE, communication 9 déc. 2005 : *JOCE* n° C 312, 9 déc. 2004), ou celles du 19 mars 2002 sur la sidérurgie, du 22 décembre 2001 sur les fibres synthétiques, du 7 février 2009 sur le cinéma, et les *Lignes directrices sur l'aide aux réseaux de communication à haut débit*, 17 sept. 2009. Un régime de soutien étendu aux entreprises exportatrices n'est pas un régime d'aide, faute de sélectivité suffisante, V. TPICE, 7 nov. 2014, aff. T-399/11, *Banco Santander*, et aff. T-219/10, *Autogrill Espana*.

(108) V. *infra*, nos 981 et s.

(109) Par ex., déc. 21 mai 1997, *Bremer-Vulkan Werft* : *JOCE* n° L 250, 13 sept. 1997.

(110) Déc. *Aer Lingus*, préc.

(111) Elles doivent être strictement nécessaires à l'objectif de pallier les insuffisances du marché ; CJCE, 17 sept. 1980, aff. 730-79, *Philip Morris c/ Commission*.

(112) Capitaux et résultat net négatifs, Trib. UE, 19 févr. 2012, aff. T-115 et 116/09, *Electrolux et Whirlpool*.

(113) V. Comm. CE, communication portant lignes directrices pour le sauvetage et la restructuration des entreprises en difficultés autres que les entreprises financières, 9 juill. 2014. Les aides de sauvetage ne sont ainsi légitimes que dans une perspective de restructuration, de réduction de capacités excédentaires, et d'orientation vers de nouvelles activités, déc. 25 mars 1987, *Usinor-Sacilor* : *JOCE* n° L 290, 14 oct. 1987. – Déc. 31 oct. 1995, *Seat* : *JOCE* n° L 88, 5 avr. 1996. – Déc. 30 juill. 1996, *Santana Motors* : *JOCE* n° L 6, 10 janv. 1997. – Déc. 2 oct. 1996, *SFP* : *JOCE* n° L 95, 10 avr. 1997. – Elles ne le sont pas si elles ne font que maintenir des surcapacités, CJCE, 10 juill. 1986, *Belgique c/ Commission*, préc. et TPICE, 12 déc. 1996, *Air France*, préc. – Déc. 2 juin 1999, *Seleco SpA* : *JOCE* n° L 227, 7 sept. 1999 et déc. 14 mars 2000, *Elpro* : *JOCE* n° L 229, 9 oct. 2000.

leur côté, les aides à la restructuration peuvent suivre les aides au sauvetage, mais doivent permettre un retour à la viabilité à long terme dans un délai raisonnable, tout en respectant l'intérêt commun : elles doivent donc atténuer les conséquences défavorables pour les concurrents (des surcapacités doivent donc être supprimées avec le produit de l'aide), et être accordées en considération d'un calendrier qui sera contrôlé annuellement. L'entreprise aidée ou ses associés doivent financer l'opération sur ses propres moyens (au moins en partie), sinon, elle reviendrait anormalement renforcée sur le marché[(114)]. Le « bail *in* » entre ainsi dans le droit commun des aides de sauvetage.

Si les aides au sauvetage sont par nature limitées à la période nécessaire pour établir un plan, les aides à la restructuration peuvent s'étendre sur la durée du plan. Elles peuvent couvrir les coûts économiques d'une restructuration comme ses coûts sociaux. Elles ne peuvent jamais être décidées par les autorités nationales de façon arbitraire ou discrétionnaire[(115)]. Ces aides doivent être justifiées par des considérations objectives relatées dans un plan de restructuration. Le plan doit être réaliste, et ne faire état que des moyens de retour à la viabilité que l'entreprise peut contrôler. Les espoirs tirés de prévisions optimistes sur le marché ne peuvent être pris en compte que si elles sont généralement acceptées. Les aides octroyées au vu de ce plan doivent respecter le principe de proportionnalité, c'est-à-dire qu'elles doivent être décidées en considération des capacités de l'entreprise aidée, car elle doit contribuer de manière importante à sa propre restructuration. Elle doit ainsi céder des actifs non indispensables, et demander des soutiens extérieurs (bancaires...)[(116)]. Il faut toujours éviter que l'entreprise ne revienne anormalement renforcée sur le marché.

Les *Lignes directrices sur les aides au sauvetage et la restructuration* contiennent des dispositions favorables aux PME, dans la ligne du *Small Business Act*.

La crise économique des années 2008-2009 a justifié un plan d'aide spécifique au secteur financier[(117)].

Bien qu'elles ne soient destinées qu'à une catégorie – certes vaste – d'entreprises, les aides destinées aux PME sont en effet vues avec faveur. Elles affectent rarement les échanges entre les États membres, et c'est pour elles qu'ont été surtout élaborés la communication, puis le règlement sur les aides *de minimis*[(118)].

978. – Assurance. Crédit export. Une catégorie d'aide est particulière : il s'agit de l'assurance crédit export à court terme qui bénéficie souvent du soutien de l'État, ce qui peut entraîner des distorsions de concurrence entre assureurs-crédit d'une part, et entre leurs clients exportateurs d'autre part. La Commission a ainsi publié une communication limitant les soutiens de l'État relatifs aux prises de risques, à leur cession, ou à leur réassurance[(119)].

(114) Cela conduit souvent à des cessions d'actifs. V., par ex., déc. *Crédit Lyonnais* ou *Sté Marseillaise de Crédit*, préc.
(115) CJCE, 26 sept. 1996, aff. C-241/94, *France c/ Commission (Kimberly Clark-Sopalin)*.
(116) V., par ex., déc. *Crédit Lyonnais* ou *Sté Marseillaise de crédit*, préc.
(117) Sur l'appréciation en général de ces aides, V. Comm. CE, communication 25 oct. 2008 : *JOUE* n° C 270. – Sur les recapitalisations, Comm. CE, communication 15 janv. 2009 : *JOUE* n° C 10. – Sur la prise en charge des actifs dépréciés, Comm. CE, communication 26 mars 2009 : *JOUE* n° C 72. – Sur les restructurations, Comm. CE, communication 19 août 2009 : *JOUE* n° C 195.
(118) V. *infra*, n° 985.
(119) Comm. CE, communication 19 et 22 déc. 2012 : *JOUE* n^os^ C 392 et C 398.

979. – « Aides » générales. Ces « aides » ne sont pas explicitement prévues par l'article 107 TFUE. Elles soulèvent des difficultés particulières. Il s'agit de régimes d'aides en principe horizontales, dont les motivations apparentes sont à la fois diverses et légitimes : aide à la recherche, à l'innovation, à la formation à l'environnement, aides fiscales(120) aux PME, etc. Certaines peuvent aussi s'intégrer dans des projets européens importants. Certains des objectifs ont été repris au niveau européen et ont pu faire l'objet de régimes d'encadrement, et de régimes d'exemption catégorielle prévus dans le règlement n° 651/2014 du 17 juin 2014. Tel est le cas de la protection de l'environnement(121), de la recherche-développement(122), du capital investissement(123), et surtout des mesures en faveur de la formation(124) ou des travailleurs handicapés(125). Le *Small Business Act* pour l'Europe implique un traitement favorable aux PME(126). Ces aides, en principe générales et automatiques, ne répondent pas *a priori* à la notion d'aide, car elles n'offrent en principe pas d'avantages sélectifs à certaines entreprises. Toutefois, il faut rechercher si, en dépit de leur apparence, elles ne favorisent pas plutôt des productions ou industries nationales(127). L'appréciation est souvent délicate. Pour simplifier sa mission, la Commission demande aux États membres de lui notifier les plans concrets d'application régionale ou sectorielle de ces aides générales et les cas les plus significatifs(128).

4° Les aides destinées à promouvoir la culture et la conservation du patrimoine (TFUE, art. 107, § 3.*d*)

980. – Le traité de Maastricht a inséré cette nouvelle catégorie d'aides, en précisant bien qu'elles ne devaient pas altérer les conditions des échanges et la concurrence dans une mesure contraire à l'intérêt commun(129). Ce type d'aide fait l'objet d'une exemption catégorielle.

B. – Les dérogations catégorielles autorisées par le Conseil

981. – Articles 107, § 3 et 109 TFUE. Le Conseil peut autoriser la Commission à exempter par catégorie certaines catégories d'aides. Le système ressemble aux exemptions par catégorie de certaines ententes. Le règlement n° 994/98 du Conseil du 7 mai 1998 autorise ainsi la Commission à exempter, et donc dispenser de l'obligation de notification(130), certaines catégories d'aides horizontales, sur la

(120) Comm. CE, communication sur l'application des règles relatives aux aides d'État aux mesures relevant de la fiscalité directe des entreprises : *JOCE* n° C 384, 10 déc. 1998.

(121) *Lignes directrices sur l'encadrement communautaire des aides d'État pour la protection de l'environnement pour 2014-2020* (C.2014-2322).

(122) Comm. CE, communication 30 déc. 2006.

(123) V. *Lignes directrices visant à promouvoir les investissements en faveur du financement des risques* : *JOUE* n° C 19, 22 janv. 2014.

(124) V. Comm. CE, communication 11 août 2009 : *JOUE* n° C 188.

(125) *Ibid.*

(126) V., par ex., pour les primes de taux en fonction de la notation financière, *JOUE* n° C 155, 20 juin 2008. – Pour l'illicéité d'un système qui profitait surtout aux grandes entreprises, TPICE, 9 sept. 2009, aff. T-230/01, *Territorio historico de Alava*.

(127) V. déc. *Maribel*, et *FNE-Kimberly Clark*, préc.

(128) CJCE, 8 mars 1988, aff. 62 et 72-87, *Exécutif régional Wallon c/ Commission*.

(129) V. TPICE, 28 févr. 2002, aff. T-155/98, *SIDE*. – CJCE, 22 juin 2000, aff. C-332/98, *Coopérative d'exportation du livre français (CELF)*.

(130) V. *infra*, n°s 991 et s.

base essentiellement de son expérience : un règlement modificatif n° 733/2013du 22 juillet 2013 a étendu la liste des aides susceptibles d'être exemptées. Un grand nombre d'aides sont aujourd'hui concernées. Sont énumérées les aides en faveur des PME, de la R&D, de l'environnement, de la formation (en respectant la carte adoptée pour l'octroi des aides à finalité régionale), de la culture et de la conservation du patrimoine, de la réparation des dommages causés par des catastrophes naturelles, ou par les conditions climatiques défavorables pour l'agriculture et la pêche, du secteur forestier, de la promotion de certains produits alimentaires, de la conservation des ressources biologiques marines et d'eau douce, du sport, des habitants des régions périphériques, des infrastructures qui concourent à tous les objectifs précédemment énumérés.

La Commission s'est engagée, à partir de 2005, dans la mise en œuvre d'un « plan d'action » visant à donner plus d'efficacité à la politique européenne en matière d'aides d'État. L'objectif principal consiste à favoriser l'innovation, la recherche, et tout particulièrement les PME (le plan d'action vise notamment les aides régionales à l'investissement, la recherche et développement, l'environnement, et le capital-risque), qui sont aussi principalement visées dans le projet de *Small Business Act* pour l'Europe.

Plusieurs règlements et *Lignes directrices* ont été adoptés par la Commission sur la base juridique et dans le prolongement du règlement n° 994/98. On peut distinguer schématiquement un règlement général (1°) et un règlement *de minimis* (2°).

1° Le règlement général

982. – **Le règlement général n° 651/2014 du 17 juin 2014**[131] **de la Commission (GBER, *General Block Exemption Regulation*) et la perspective favorable aux PME.** Sur la base du règlement d'habilitation n° 994/98 du Conseil, le règlement général d'exemption du 17 juin 2014 vise douze grandes catégories d'aides qui ont souvent fait l'objet de *Lignes directrices* ou d'encadrements : aides à finalité régionale, aux PME, en faveur de l'accès des PME au financement, à la R&D et à l'innovation, aux travailleurs défavorisés et handicapés, à la protection de l'environnement, aux dommages causés par des calamités naturelles, au transport pour les habitants des régions périphériques, aux infrastructures à haut débit, en faveur de la culture et de la conservation du patrimoine, en faveur des infrastructures sportives et récréatives multifonctionnelles, et en faveur des infrastructures locales. La liste a été allongée par rapport au précédent règlement n° 800/2008 de 2008, et à côté de la faveur aujourd'hui traditionnelle aux PME ou aux régions défavorisées, l'intérêt commun européen et l'objectif de cohésion économique et sociale transparaissent avec les aides aux infrastructures et à la culture (qui faisaient déjà l'objet de communications particulières)[132].

L'idée fondamentale de ce règlement est de promouvoir la cohésion économique et sociale de l'Union, ce qui permet de regrouper dans l'exemption des caté-

(131) *JOUE* n° L 187, 26 juin 2014.

(132) Ces grandes catégories d'aides se subdivisent. Au total, on peut dénombrer vingt-sept catégories plus ou moins distinctes. Ainsi, les aides à l'environnement comprennent-elles les aides à l'investissement pour dépasser les normes européennes, celles pour l'adaptation aux futures normes européennes, pour les économies d'énergie, pour la cogénération, pour les énergies renouvelables, pou les études environnementales, et la réduction des taxes.

gories d'aides qui font par ailleurs l'objet d'encadrement, et les aides aux PME ou destinées à des catégories de citoyens défavorisés (handicap, régions périphériques), ainsi que les aides destinées à financer des projets structurants (réseaux et infrastructures). Aussi contient-il des règles d'intensité[(133)], de transparence, et surtout de seuils variables selon les catégories d'aides qui aboutissent généralement à exclure les grandes entreprises (Règl. n° 651/2014, art. 6)[(134)]. Pour certains types d'aides (par ex., environnement), les grandes entreprises sont admissibles, mais un plafond limite le volume. Au-delà de ces seuils, la notification individuelle est obligatoire. Des critères qualitatifs sont également posés : effet incitatif (présomption pour les PME qui ont demandé une aide à l'État), transparence (publication des résumés transmis à la Commission par l'État), contrôle (tenue de dossiers détaillés sur les aides individuelles, conservés dix ans, et rapports annuels). Des dispositions spécifiques sont édictées selon les différentes catégories d'aide. À chaque fois, des seuils en volume, pourcentage, et intensité, sont fixés.

983. – **Régimes particuliers.** Le règlement n° 651/2014 laisse subsister des régimes particuliers (pêche et aquaculture, production agricole primaire, transformation et commercialisation de produits agricoles[(135)], secteurs houillers et sidérurgiques, construction navale, entreprises en difficulté, aides à l'exportation).

984. – **Conséquence de l'exemption catégorielle.** L'exemption catégorielle, à la condition que toutes les conditions soient remplies (notamment seuils et intensité), entraîne dispense de notification, et donc d'examen, individuel. Mais il faut que l'aide accordée fasse une référence expresse au règlement d'exemption, et qu'elle ait été publiée au *Journal officiel de l'Union européenne*.

2° Les aides *de minimis*

985. – **Règlement n° 1407/2013 de la Commission du 18 décembre 2013**[(136)]. Le seuil de sensibilité est aussi présent dans le droit des aides d'État. Ce règlement traduit tout à la fois l'intégration de la construction européenne dans l'économie mondiale, la méfiance de la Commission à l'égard des aides d'État dès lors que les PME ne sont pas concernées, sa volonté de parvenir à une égalité de traitement, et aussi de responsabiliser les autorités nationales. Les règles de l'OMC sont perceptibles dans l'exclusion du bénéfice du règlement des aides destinées à l'exportation, à l'intérieur ou même à l'extérieur de l'EEE. Cette exclusion vaut aussi pour les aides subordonnées à l'utilisation de produits nationaux de préférence à des produits importés[(137)].

La prudence de la Commission à l'égard des aides d'État se traduit par la modestie du seuil posé pour bénéficier du règlement, et donc pour bénéficier de la dispense de notification : 200 000 €, en brut avant impôts et taxes, par entreprise

(133) L'intensité est le pourcentage que représente l'aide en fonction des coûts admissibles.

(134) Les grandes entreprises sont celles qui ne sont pas des PME selon l'annexe I du règlement.

(135) V. Règl. n° 702/2014, 25 juin 2014 (*ABER, Agricultural Block Exemption Regulation*), et *Lignes directrices* 1er juill. 2014 (*JOUE* n° C 204).

(136) Concernant l'application des articles 107 et 108 TFUE aux aides *de minimis* : V. *JOUE* n° L 352, 4 déc. 2008.

(137) Un règlement *de minimis* particulier existe pour le secteur agricole, Règl. n° 1408/2013 de la Commission, 18 déc. 2013 : *JOUE* n° L 352, 24 déc. 2013.

bénéficiaire, sur trois exercices fiscaux (et 100 000 € dans le secteur des transports de marchandises). Les aides qui relèvent du règlement général *de minimis* sont cumulables avec celles prévues par le règlement *de minimis* spécial aux SIEG. La Commission s'est préoccupée des aides versées en plusieurs tranches, ou des aides indépendantes successives. Les premières doivent être actualisées à la date de leur octroi initial, en fonction du taux d'intérêt de référence. Les secondes posent le problème du cumul dans le temps : pour cela, chaque fois qu'un État octroie une aide *de minimis*, il doit informer l'entreprise du caractère de l'aide, et l'entreprise doit informer l'autorité dispensatrice de l'aide des autres aides déjà reçues (sauf si l'État dispose d'un registre central).

La Commission recherche l'égalité entre les bénéficiaires des aides, bien que les aides soient fort diverses (prêts bonifiés ; avantages divers, de prix de terrains, de location, de taxes locales ; subventions ; participation en capital ; garanties). Cette égalité est appréciée en fonction du critère de l'« équivalent – subvention brut ». La subvention est le modèle de base, et les aides d'une autre nature sont converties en subvention virtuelle, à la date d'octroi, en utilisant éventuellement le taux d'intérêt du marché. Ainsi un avantage de prix lors de l'acquisition d'un terrain sera une aide brute aisée à calculer. Une dispense d'imposition locale sur X années devra, elle, être actualisée en fonction du taux de référence.

La Commission cherche également à responsabiliser les autorités nationales, et en particulier locales. L'article 6 du règlement n° 1407/2013 interdit d'octroyer une aide *de minimis* sans avoir vérifié les aides préexistantes. Les États doivent toujours compiler les informations en leur possession, et les conserver pendant dix ans. Cela peut soulever des difficultés avec les aides délivrées souvent de façon incontrôlée par les collectivités locales.

§ 3. – Les aides *a priori* incompatibles avec le marché intérieur

986. – **Aides hors dérogation.** Les aides qui ne sont pas visées par l'article 107, § 3 TFUE sont en principe interdites.

987. – **Aides au fonctionnement.** Les aides au fonctionnement d'une entreprise, qui visent à soutenir ou à favoriser son activité normale, ne font généralement pas l'objet de décisions favorables. Il en va de même des aides qui n'ont d'autre objectif que de maintenir l'emploi, sans être accompagnées de plans ou de mesures de restructuration ou de sauvetage. Aider à maintenir simplement l'emploi est aider au fonctionnement[(138)]. Toutes ces aides faussent par nature la concurrence, et ne répondent pas aux objectifs de progrès, ou aux objectifs généraux reconnus par le droit européen. La jurisprudence est ferme à cet égard[(139)].

(138) V. CJCE, 7 mars 2002, aff. C-145/99, *Italie c/ Commission* ; V. *supra*, n°s 972 et 977.

(139) CJCE, 6 nov. 1990, aff. C-86/89, *Italie c/ Commission*. – CJCE, 15 mai 1997, aff. C-278/95, P, *Siemens c/ Commission*. – TPICE, 25 juin 1998, aff. T-371 et 394/94, *British Airways et British Midland Airways c/ Commission* (aide à Air France). – CJCE, 19 sept. 2000, aff. C-156/98, *Allemagne c/ Commission*.

Cela étant, il peut être parfois difficile de distinguer les aides au fonctionnement des aides à l'investissement, au sauvetage ou à la restructuration, ou encore des aides à finalité régionale. Souvent, les motifs pour lesquels des aides d'État sont accordées se superposent(140).

SECTION 3

LA PROCÉDURE DE CONTRÔLE DES AIDES D'ÉTAT

988. - **Compétence exclusive de la Commission. Effet direct.** L'article 108, § 1 TFUE donne à la Commission la mission de procéder à l'examen « permanent » des régimes d'aide nationaux. Cela entraîne deux conséquences : une obligation de déclarer les aides accordées qui pèse sur les États dispensateurs (TFUE, art. 108). Une compétence exclusive de la Commission pour apprécier les aides d'État (TFUE, art. 107).

En conséquence, tant que la Commission ne s'est pas prononcée sur une aide, aucune juridiction ou autorité nationale ne peut préjuger sa licéité ou sa compatibilité avec le droit européen. En clair, l'article 107 TFUE n'est pas d'effet direct. Aucune juridiction nationale ne peut décider de la compatibilité d'une aide d'État(141).

La notification est un élément essentiel du système européen mis en place. Sans notification obligatoire, les aides d'État seraient cachées ou opaques. L'obligation de notification est pour cela d'effet direct. Le juge national peut qualifier l'aide, et constater le défaut de notification. En présence d'une aide d'État non notifiée, le juge national est obligé de décider sa restitution sans attendre la décision de la Commission(142). Mais, dès que la Commission a pris une décision, la juridiction nationale est liée par elle(143).

Cette compétence exclusive s'impose, car on ne saurait abandonner aux États membres le contrôle des aides qu'ils allouent. De plus, ce contrôle ne peut être effectué que dans une perspective européenne d'ensemble qui est précisément celle dans laquelle la Commission accomplit sa mission, et qui n'est pas encore celle de toutes les ANC. Les appréciations sont de surcroît particulièrement économiques. Aussi, les juridictions civiles ne peuvent avoir qu'un rôle mineur (mais important), de sanction des violations des obligations procédurales, ou des décisions de la Commission. Cette compétence exclusive alourdit la charge de la Commission. Dans le cadre du plan d'action pour la période 2005-2009, puis avec la communication du 8 mai 2012, il avait été prévu de mieux cibler le contrôle, en dispensant notamment de notification certaines aides. Ce qui fut fait avec le règlement n° 800/2008,

(140) V. TPICE, 25 juin 1998, *British Airways (Air France)*, préc., où la décision de la Commission avait validé une aide destinée à un plan de restructuration d'Air France avec cessions d'actifs, alors que cette aide pouvait être en fait utilisée pour acquérir des avions neufs pour moderniser la flotte d'Air France.
(141) CJCE, 22 mars 1967, aff. 68/76, *Steinicke et Weinling*.
(142) V., par ex., CJUE, 11 mars 2010, aff. C-1/09, *CELF*. – Trib. UE, 24 mars 2011, aff. T-443 et 455/08, *Freistaat Sachsen*.
(143) CJCE, 9 mars 1994, aff. C-188/92, *TWD c/ Commission*. – *Adde*, CJCE, 19 juin 1973, aff. 77-72, *Capolongo c/ Maya*. – Comm. CE, communication relative à la coopération entre les juridictions nationales et la Commission : *JOCE* n° C 312, 23 nov. 1995.

puis avec le règlement n° 651/2014 dans la perspective du *Small Business Act* pour l'Europe.

989. - **Examen permanent des régimes d'aide et pouvoir d'investigation de la Commission.** Puisque l'article 108, § 1 TFUE dispose que la Commission procède avec les États membres à l'examen « permanent » des régimes d'aide, il a fallu lui conférer un pouvoir de surveillance. Il a donc fallu lui accorder des pouvoirs de contrôle et d'investigation, dès qu'elle est informée de ce qu'une aide peut-être illégale a été octroyée par un État membre. Le règlement de procédure n° 659/1999 du 22 mars 1999, modifié par le règlement n° 734/2013 du 22 juillet 2013, le précise, en tenant compte de ce que les demandes de renseignements s'adressent aux États(144)(145).

990. - **Plaintes des entreprises ou tiers intéressés(146).** Les tiers, souvent concurrents des bénéficiaires, sont aussi des informateurs. Leur situation a été améliorée(147). Si la notification par l'État concerné est en principe la règle, rien n'empêche des entreprises tierces de porter « plainte » devant la Commission(148). Celle-ci instruira le dossier et pourra adopter une décision de compatibilité ou d'incompatibilité susceptible de recours(149).

991. - **Information de la Commission par les États.** L'article 108, § 3 TFUE dispose que la Commission est informée « en temps utile » pour présenter ses observations, des projets tendant à instituer ou à modifier des aides. La période de pré-notification permet des contacts informels entre la Commission et les États, pour parvenir à une notification consensuelle qui peut justifier le déclenchement d'une procédure simplifiée plutôt qu'une procédure normale(150).

En tout cas, la Commission doit toujours pouvoir se livrer à un examen de l'aide qui soit préalable à sa mise en œuvre.

§ 1. - La notification

992. - **Notification préalable.** La notification, quand elle est requise (V. les exemptions catégorielles, ou *de minimis*), doit engager une procédure de contrôle préalable sans laquelle aucune aide (nouvelle) ne saurait être versée. La notification doit intervenir au stade du projet. Une notification postérieure à la mise en place juridique

(144) Règl. n° 659/1999 du Conseil, 22 mars 1999 : *JOCE* n° L 83, 27 mars 1999, art. 5 ; et Règl. n° 734/2013, 22 juill. 2013 : *JOUE* n° L 204, 31 juill. 2013.

(145) Un code de bonnes pratiques établi avec les États précise leur coopération avec la Commission : *JOUE* n° C 136, 16 juin 2009.

(146) *JOCE* n° L 83, 27 mars 1999 et Règl. n° 784/2004 de la Commission : *JOUE* n° L 140, 30 avr. 2004.

(147) Mais ils ne sont pas associés à la procédure, V. TPICE, 17 juin 1999, aff. T-82/96, *Associcao dos Refinadores de Açucar Portugueses.*

(148) V. le formulaire de dépôt de plainte : *JOUE* n° C 116, 16 mai 2003.

(149) CJCE, 19 mai 1993, aff. C-198-91, *William Cook c/ Commission* sur l'obligation renforcée d'instruire pour la Commission, car les plaignants n'ont souvent que peu de preuves, et car la Commission a compétence exclusive, V. TPICE, 10 mai 2006, aff. T-395/04, *Air One c/ Commission.* – TPICE, 28 sept. 1995, *Sytraval c/ Commission*, préc. – Sur les recours, V. *infra*, n°s 997 et 999 et s.

(150) V. Comm. CE, communication relative à une procédure simplifiée de traitement de certains types d'aide d'État : *JOUE* n° C 136, 16 juin 2009, et *infra*, n° 1001.

définitive de l'aide en droit national serait trop tardive[151]. C'est la date de la décision nationale définitive qui compte, et non celle du versement effectif de l'aide.

993. – **Distinction entre aides « existantes » et aides « nouvelles ».** Cette distinction est contenue dans le règlement de procédure modifié n° 659/1999.

Les aides existantes n'ont pas à être notifiées. Mais cette dispense de notification n'empêche pas qu'elles soient toujours exposées à l'examen permanent de la Commission. Toutefois, elles peuvent continuer à être octroyées licitement tant que la Commission n'a pas décidé d'y mettre un terme. Ces aides existantes se divisent en plusieurs catégories. Ce sont en premier lieu celles qui existaient avant l'entrée en vigueur du traité et qui n'ont pas été modifiées[152]. Ce sont en deuxième lieu celles qui ont été autorisées individuellement (expressément, ou tacitement par expiration du délai de deux mois sans réponse après notification ou par prescription), et qui n'ont pas non plus été modifiées. Ce sont en troisième lieu celles qui entrent dans le champ d'application d'une exemption par catégorie, ou du règlement *de minimis*. Ce sont en quatrième lieu celles qui ont été accordées sur des marchés avant qu'ils ne s'ouvrent à la concurrence[153].

De leur côté, les aides nouvelles (toute aide qui n'est pas une aide existante)[154] doivent impérativement être notifiées[155][156][157]. Leur contrôle est préalable, et elles ne peuvent être mises en œuvre sans que la Commission, saisie par la notification, ait donné un avis favorable, ou ne s'y soit pas opposée.

994. – **Effet suspensif de la notification.** La notification et son effet suspensif sont deux obligations indissociables qui pèsent sur les États[158]. L'aide notifiée ne peut être mise en œuvre. Une mise en œuvre anticipée serait illégale. L'aide sera alors nulle, et les entreprises aidées obligées à restitution[159].

Cette obligation de notification est une règle qui bénéficie d'un effet direct. Il en résulte que les juridictions nationales doivent assurer l'effet utile de cette règle de

(151) Pour une notification alors que la loi a été votée, Trib. UE, 1er juill. 2010, aff. T-62/08, *Thyssen Krupp Acciai Speciali Termi c/ Commission*. – TPICE, 28 sept. 1995, aff. T-95/94, *Sytraval c/ Commission*. – Une notification tardive est une infraction grave, Trib. UE, 12 déc. 2012, aff. T-332/09, *Electrabel*.

(152) Une aide est « ancienne » lorsque son régime juridique est demeuré inchangé depuis l'entrée en vigueur du traité. Si l'activité de l'organisme aidé a seule évolué, il n'y a pas pour autant en principe d'aide « nouvelle », même si cela peut faire varier le volume de l'aide. – CJCE, 9 août 1994, *Namur Les assurances du crédit c/ Office National du Ducroire belge*, préc. – Un simple changement du contexte ne rend pas nouvelle une aide ancienne, TPICE, 15 juin 2000, *Alzetta Mauro*, préc. – Mais pour une modification substantielle, CJUE, 13 juin 2013, aff. C-630 à 633/11, *HGA*.

(153) TPICE, 4 avr. 2001, aff. T-288/97, *Regione autonoma Friuli Giulia c/ Commission*. – TPICE, 15 juin 2000, aff. T-298/97, *Alzetta Mauro*.

(154) V. le formulaire de notification annexé au règlement n° 784/2004 de la Commission préc. ; ce règlement prévoit une procédure simplifiée de notification pour les modifications des aides existantes. La notification doit être complète, ce qui peut retarder les délais procéduraux.

(155) V. le formulaire de notification, Règl. n° 1627/2006 de la Commission, 24 oct. 2006 : *JOUE* n° L 302, 1er nov. 2006.

(156) Des aides « nouvelles » d'un simple point de vue chronologique peuvent néanmoins être « existantes » au sens du règlement. C'est le cas de toutes les aides qui entrent dans les catégories exemptées. Les aides qui font l'objet d'encadrement ou de *Lignes directrices*, non exemptées, doivent être notifiées.

(157) Lorsqu'une taxe fiscale est partie intégrante du régime d'aide, la taxe doit être notifiée avec l'aide d'État. Sinon, la taxe serait également illégale et les assujettis pourraient obtenir le dégrèvement auprès du juge de l'impôt (V. *supra*, n° 959).

(158) V. Règl. proc. n° 659/1999, art. 3. – *Adde*, TPICE, 29 sept. 1995, aff. T-95/94, *Sytravail*. – TPICE, 1er juill. 2010, *Thyssen Krupp*, préc. Le lien entre les deux logiques, CJCE, 22 juin 2000, aff. C-332/98, *Commission c/ France (CELF)*. La suspension vise aussi évidemment le financement indissociable de l'aide (par ex., prélèvement affecté à un fonds qui dispense l'aide).

(159) TPICE, 10 mai 2000, aff. T-46/97, *Sociedade independente de communicaçao c/ Commission*.

procédure, en dépit de l'absence d'effet direct de la règle de fond relative à l'appréciation des aides : elles doivent donc empêcher le versement de l'aide et prendre des mesures provisoires ou conservatoires pour préserver l'effet utile du texte(160). Mais la notification peut être faite à tout moment(161) : il n'existe pas de sanction du retard des États. La Commission doit accuser réception de la notification. La notification suspend alors l'octroi de l'aide.

§ 2. – Les phases de la procédure

A. – La phase préliminaire

995. – **Phase préliminaire.** Ayant reçu une notification complète, la Commission peut d'abord (et à tout moment de la procédure) demander des renseignements à l'État notifiant(162). Elle peut, selon les caractéristiques du dossier, soit demeurer silencieuse, soit constater que la mesure n'est pas une aide, soit statuer dans une phase préliminaire, soit encore engager une procédure qui peut être simplifiée, ou complète.

996. – **Demande de renseignements.** La Commission peut demander des renseignements à l'État notifiant en lui enjoignant un délai(163). S'il ne répond pas, il est réputé avoir retiré sa notification(164).

997. – **Silence de la Commission.** Si l'État notifiant n'a reçu aucune décision favorable ou d'ouverture de procédure, dans un délai de deux mois à compter de sa notification, il peut annoncer à la Commission qu'il met l'aide à exécution. À compter de la réception de cette annonce, la Commission peut encore prendre une décision favorable, ou au contraire une décision d'ouverture de la procédure (le silence de la Commission peut donc durer plus de deux mois après la notification)(165)(166).

998. – **Clôture de la phase préliminaire.** La Commission est obligée de clôturer cette phase par une décision(167).

999. – **Décision favorable constatant que la mesure n'est pas une aide après examen préliminaire(168).** C'est la décision la plus simple, qui doit être prise dans le

(160) V. Comm. CE, communication relative à l'application des règles en matière d'aide d'État par les juridictions nationales : *JOUE* n° C 85, 9 avr. 2009. – *Adde* CJCE, 11 déc. 1973, aff. 120-73, *Lorenz*. – Déc. *aides agricoles en Sardaigne*, et déc. *SFP*, préc., et CJCE, 11 juill. 1996, *SFEI c/ La Poste*, préc. – La notification est requise même si l'article 106, § 2 TFUE peut être invoqué, CJCE, 22 juin 2000, aff. C-332/98, *Commission c/ France, CELF*.

(161) L'aide demeure illégale pour la période antérieure à la notification, CJCE, 21 oct. 2003, aff. C-261 et 262/01, *Van Calster*.

(162) Des amendes peuvent être prononcées en cas d'absence de réponse ou de renseignements inexacts.

(163) Sur la protection des secrets d'affaires, V. Comm. CE, communication 1er déc. 2003 : *JOUE* n° C 297, 9 déc. 2003. – Trib. UE, 8 nov. 2011, aff. T-88/09, *Idromacchine*.

(164) Règl. n° 659/1999, art. 5.

(165) Règl. n° 659/1999, art. 4, § 6.

(166) Sur le calcul des délais, V. Règl. n° 784/2004, 21 avr. 2004, préc. – La commission peut néanmoins s'exposer à un recours en carence, V. TPICE, 10 mai 2006, *Air One*, préc. – Sur la recevabilité, CJCE, 13 déc. 2005, aff. C-78/03 P, *Commission c/ Allemagne (ARE, Aktiongemeinschaft Recht und Eigentum)*.

(167) Règl. n° 659/1999, art. 4. – CJUE, 16 déc. 2010, aff. C-362/09 P, *Athinaiki Tehniki*.

(168) Règl. n° 659/1999, art. 4, § 2.

délai de deux mois. Annoncée par un communiqué succinct publié au *Journal officiel de l'Union européenne*, cette décision, qui procède d'une certitude de la Commission, est susceptible de recours(169).

1000. – **Décision de ne pas soulever d'objection.** Au terme d'un examen préliminaire, et dans les deux mois, la Commission peut constater que l'aide bénéficie d'une dérogation(170). Il n'y a donc pas d'ouverture de procédure.

B. – La procédure formelle

1001. – **Décision d'ouverture de la procédure. Procédure normale et procédure simplifiée**(171). Dans les deux mois de la notification, si elle a des doutes, c'est-à-dire si elle estime qu'elle est en présence de difficultés sérieuses(172), la Commission doit notifier à l'État notifiant une décision d'ouverture de la procédure formelle. Cette procédure est contradictoire(173). Elle peut être close de façon anticipée.

1) La procédure doit permettre un examen approfondi de l'aide. Cet examen doit être diligent et impartial. L'ouverture de la procédure étant publiée, les tiers peuvent faire valoir leurs observations, mais la procédure n'est contradictoire qu'avec l'État notifiant. Les droits de la défense doivent être garantis au cours de la procédure(174). En tout cas, la Commission ne peut prendre une décision sans avoir mis en demeure les intéressés de présenter leurs observations. Bien qu'aucun délai ne s'impose à la Commission pour parvenir à une décision, le règlement n° 659/1999 prévoit que la Commission doit s'efforcer autant que possible (« dès que les doutes sont levés ») de prendre une décision dans les dix-huit mois à compter de l'ouverture de la procédure(175).

Au cours de cette procédure formelle, la Commission peut demander des informations à tous tiers (autres États, entreprises...).

La Commission doit examiner tous les critères pertinents, tenir compte des aides déjà examinées dans le passé, surtout celles qui ont été déclarées illicites et qui n'ont pas été restituées(176). Elle doit de surcroît procéder à une évaluation concrète, complète, et dynamique (elle doit apprécier l'avenir prévisible)(177).

Il est fréquent que la procédure normale se termine par une décision favorable au vu d'engagements souscrits par l'État notifiant. En ce cas, la procédure est close

(169) Sur les conditions souples de recevabilité, en raison des droits procéduraux contenus dans l'article 108, § 2 TFUE (ex-art. 88, § 2 TCE), CJCE, 13 déc. 2005, *ARE*, préc.

(170) Règl. n° 659/1999, art. 4, § 3. Sur les recours, TPICE, 18 nov. 2009, aff. T-375/04, *Scheucher-Fleish e.a.c. Commission.*

(171) V. le code des bonnes pratiques pour la conduite des procédures en matière d'aides d'État : *JOUE* n° C 136, 16 juin 2009.

(172) La notion de difficulté sérieuse est une notion objective, qui dépend des circonstances de l'acte d'octroi de l'aide, et de son contenu.

(173) En cas de difficultés sérieuses, la Commission est obligée d'ouvrir la procédure, Trib. UE, 9 sept. 2010, aff. T-359/04, *British Aggragates*. – Le dépassement du délai de deux mois est un indice de difficulté sérieuse, Trib. UE, 27 sept. 2011, aff. T-30/03, *3F*. C'est une décision faisant grief susceptible de recours de la part de l'État ou de l'entreprise bénéficiaire, CJCE, 13 avr. 1994, aff. C-324 et 342/90, *Allemagne et Pleuger Worthington c/ Commission.*

(174) TFUE, art. 108, § 3. – Sur la charge de la preuve, V. par ex. Trib. UE, 13 sept. 2010, aff. T-415 et 416/06, *Grèce c/ Commission.*

(175) Règl. n° 659/1999, art. 7.

(176) TPICE, 13 sept. 1995, aff. T-244 et 488/93, *TWD Deggendorf.*

(177) TPICE, 15 déc. 1999, aff. T-132 et 143/96, *Freistaat Sachsen.*

par une décision de ne pas soulever d'objections[178]. Les décisions positives sont parfois assorties de conditions destinées à permettre à la Commission de contrôler le respect de sa décision[179].

Les décisions négatives empêchent toute mise à exécution, et obligent les bénéficiaires à restitution.

2) La procédure simplifiée vise plusieurs catégories d'aides pour lesquelles la pratique décisionnelle de la Commission est bien connue, notamment par la publication de communications, d'encadrements, ou de *Lignes directrices*. Outre le fait qu'elle est ainsi limitée *ratione materiae*, la procédure simplifiée suppose une pré-notification[180]. Les délais sont alors raccourcis, et la décision allégée[181].

§ 3. – Les décisions finales

1002. – **Décisions négatives. Récupération des aides illégales.** Les décisions, qui doivent être motivées, peuvent être négatives ou positives. Elles peuvent soit ne pas soulever d'obligations, soit interdire l'aide, soit imposer son remboursement si elle a été octroyée illégalement. Le remboursement doit être effectué en tenant compte du taux d'intérêt fixé en application des règles fixées dans le règlement n° 784/2004 du Conseil[182]. Des décisions provisoires, fondées sur la seule base des informations à la disposition de la Commission, peuvent être prises[183].

L'obligation de remboursement est une obligation de résultat pour les États membres. Les difficultés économiques internes à l'État ne sont pas des excuses[184]. Plus délicates sont les considérations tirées du droit national, car c'est en vertu de ce droit que sera exécutée la restitution[185].

(178) Règl. n° 659/1999, art. 4, § 3.

(179) Règl. n° 659/1999, art. 4, § 4, V. les contrôles prévus à l'article 22.

(180) V. *supra*, n° 991.

(181) V. la communication relative à une procédure simplifiée de traitement de certains types d'aides : *JOUE* n° C 136, 16 juin 2009.

(182) Art. 9.

(183) CJCE, 14 févr. 1990, aff. C-301-87, *France c/ Commission (Boussac).*

(184) CJCE, 10 juill. 1986, *Belgique c/ Commission*, préc. – CJCE, 21 mars 1990, aff. C-142-87, *Belgique c/ Commission (Tubemeuse).* – CJCE, 29 janv. 1998, aff. C-280/95, *Commission c/ Italie.* Un État ne peut pas rester passif en cas de difficulté insurmontable. Il doit impérativement s'en ouvrir à la Commission, CJCE, 22 mars 2001, aff. C-261/99, *Commission c/ France (Lainière de Roubaix).*

(185) V. Comm. CE, communication « Vers une mise en œuvre effective des décisions de la Commission enjoignant aux États membres de récupérer les aides illégales et incompatibles avec le marché commun », 15 nov. 2007 (*JOUE* n° C 272/2007). – Comm. CE, communication relative à l'application des règles en matière d'aides d'État par les juridictions nationales : *JOUE* n° C 85, 9 avr. 2009, qui traite des actions en dommages et intérêts pour violation des obligations de restitution. – Comm. CE, communication « Vers une mise en œuvre effective des décisions de la Commission enjoignant aux États membres de récupérer les aides illégales », 15 nov. 2007 (*JOUE* n° C 272). – Pour les questions de prescription, égalité de traitement dans une procédure collective, V. par ex., CJCE, 21 mars 1990, aff. 142-87, *Belgique c/ Commission*. Une difficulté vient de l'éventuelle responsabilité de l'État qui a accordé une aide à une entreprise. Si l'État était entièrement responsable, l'illicéité de l'aide serait neutralisée par la mise en jeu de la responsabilité de l'État. Or, la Cour de justice a développé la théorie de « l'opérateur économique diligent », lequel doit s'assurer que les aides dont il bénéficie ne sont pas contraires au droit européen(CJCE, 20 sept. 1990, aff. 5189, *Commission c/ Allemagne*). La jurisprudence administrative française aboutit dans ce contexte à un partage de responsabilités (V. CAA Paris, 23 janv. 2006, n° 04 PA.01092, *Salmon-Arc-en-ciel* : *AJDA* 2006, p. 1142, obs. Richer, Jeanneney et Charbit). – TPICE, 13 sept. 1995, *TWD Deggendorf*, préc.

Le règlement n° 659/1999 encadre la récupération des aides illégales, en prévoyant à l'encontre de la Commission un délai de prescription de dix ans à compter du jour de leur octroi.

§ 4. – Les juridictions nationales

1003. – **Rôle des juridictions nationales tout au long de la procédure.** Tant que la procédure formelle n'est pas engagée, les juridictions nationales peuvent souverainement (le cas échéant avec le concours de la Cour de justice saisie en interprétation préjudicielle) interpréter la notion. En cas d'ouverture d'une procédure formelle, les juges doivent coopérer loyalement avec la Commission. Ils peuvent adopter toute mesure d'attente, comme par exemple suspendre l'exécution de l'aide[186].

§ 5. – Le recours

1004. – **Recours.** Toute partie intéressée peut former un recours contre les décisions positives ou négatives de la Commission. La notion de partie intéressée renvoie à un « ensemble indéterminé » de personnes, y compris les concurrents des bénéficiaires[187].

Une décision en cette matière suppose des appréciations économiques complexes, et le contrôle juridictionnel est nécessairement limité[188].

(186) V. Comm. CE, communication 9 avr. 2009, préc. – CJUE, 21 nov. 2013, aff. C-284/12, *Deutsche Luftansa.*
(187) Trib. UE, 28 mars 2012, aff. T-123/09, *Ryanair.*
(188) CJUE, 2 sept. 2010, aff. C-399/08 P, *Commission c/ Deutsche Post.*

CONCLUSION

1005. – Au moment de l'achèvement de ce livre (novembre 2014), la mondialisation de l'économie suscite souvent des inquiétudes en France, mais semble irréversible, au moins pour les années à venir. Les marchés dépassent de plus en plus souvent les frontières nationales, et mettent en jeu d'impressionnantes facilités de communication et d'échanges qui sont déjà à la disposition du plus grand nombre. Les regroupements régionaux d'États sont sans doute ressentis comme une nécessité. L'Union européenne est l'un d'eux, à côté de l'ALENA (États-Unis, Canada, Mexique), ou du MERCOSUR (Argentine, Brésil, Paraguay, Uruguay). Un marché transatlantique est en gestation.

Mais tout cela dissimule une réalité essentielle. La mondialisation conduit à mettre les systèmes économiques et les lois en concurrence, à l'aune du critère de l'efficience économique et dans la perspective démocratique de satisfaction optimale des consommateurs. La concurrence n'est donc pas une fin en soi, mais un instrument qui a prouvé son efficacité. L'idée n'est pas nouvelle, et remonte au moins à Adam Smith. Mais elle s'affirme avec d'autant plus de force que l'économie dominante, celle des États-Unis, est aussi la plus efficace. La façon dont le monde sort des crises successives qui se sont déroulées de 2008 à 2014 montre la force du libéralisme régulé ou réglementé en cas de défaillance du marché. Les évolutions récentes et importantes du droit européen, des sociétés, des marchés et des secteurs financiers, du droit de la concurrence témoignent de la puissance légitime qui procède de l'efficacité économique, et de l'illusion qui consisterait aujourd'hui à s'y opposer.

Dans ce contexte, l'Europe est en trouble. Les populations les plus frileuses, les moins bien gouvernées, ou les moins bien éclairées, rejettent la mondialisation de façon instinctive, souvent au nom de « modèles » qui n'en sont plus. L'Europe s'est peut-être élargie trop rapidement au point de risquer de perdre son âme (elle n'est plus le club initial, ce qui n'aurait de toute façon plus aucun sens à l'échelle d'un continent). Le vieux débat entre l'Europe protectrice et l'Europe ouverte ressurgit avec force dans les discours politiques, car il n'a jamais été réglé. La crise, qui semble s'éterniser dans certains États, fait ressurgir le spectre du protectionnisme, souhaité parfois au nom du « patriotisme » économique. Cette formule séduit alors qu'elle est dangereuse. On oublie les progrès, les richesses, et les emplois créés par les entreprises qui ont su profiter de l'Europe et de la mondialisation. Il ne faut pas oublier que tout ce qui a été lentement fait depuis 1957 peut être vite défait. *Wait and see*…

Mais, pour l'instant, loin d'une agitation politique à courte vue, le droit européen des affaires s'affermit, et s'enrichit chaque jour davantage. Par petites touches, son irréversibilité s'installe. Sa connaissance s'impose à tous, étudiants, universitaires, praticiens, et aussi citoyens.

Bibliographie

ORIENTATIONS BIBLIOGRAPHIQUES EN DROIT EUROPÉEN DES AFFAIRES EN LANGUE FRANÇAISE[1]

I. – OUVRAGES GÉNÉRAUX

AUBY ET DUTHEIL DE LA ROCHÈRE, *Traité de droit administratif européen*, Bruylant, Bruxelles, 2e éd. 2014.

BERGÉ ET OLIVIER, *Droit européen, Union européenne, Conseil de l'Europe*, PUF, coll. « Thémis », 2e éd. 2011.

BERRAMDANE ET ROSETTO, *Droit de l'Union européenne : institutions et ordre juridique*, Montchrestien, 2013.

BLASELLE, *Traité de droit européen de la concurrence*, Publisud, t. 1, 2002 ; t. 2.A., 2004 ; T. 2.B, 2005 ; t. 3, 2008.

BOUDANT, *La Cour de justice des Communautés européennes*, Dalloz, 2005.

BOULOUIS, *Droit institutionnel de l'Union européenne*, Montchrestien, 6e éd. 1997.

BOULOUIS et CHEVALIER, FASQUELLE et BLANQUET, *Les grands arrêts de la Cour de justice des Communautés européennes*, Dalloz, t. 1, 5e éd. 1991 et t. 2, 5e éd. 2002.

BOULOUIS et DARMON, *Contentieux communautaire*, Dalloz, 2001.

C. BOUTAYEB, *Droit matériel de l'Union européenne*, LGDJ, 3e éd. 2014 ; *Droit institutionnel de l'Union européenne*, LGDJ, 3e éd. 2014.

CARTOU, *L'Union européenne*, Dalloz, 6e éd. 2006.

A. et G. DECOCQ, *Droit européen des affaires*, LGDJ, 2e éd. 2010.

DEGRYSE, *Dictionnaire de l'Union européenne*, Larcier, 4e éd. 2011.

DOLLAT, *Droit européen et Droit de l'Union européenne*, Sirey, 3e éd. 2010.

DONNAT ET BONICHOT, *Contentieux communautaire de l'annulation*, LGDJ, 2008.

DONY, *Droit de l'Union européenne*, Université de Bruxelles, 2014.

DRUESNE, *Droit de l'Union européenne et politiques communautaires*, PUF, 8e éd. 2006.

DUBOUIS et BLUMANN, *Droit institutionnel de l'Union européenne*, Montchrestien, 5e éd. 2013 ; *Droit matériel de l'Union européenne*, Montchrestien, 6e éd. 2012.

DUBOUIS et GUEYDAN, *Les grands textes du droit de l'Union européenne*, Dalloz, 8e éd. 2010.

F. LEFEBVRE, *Mémento pratique Union européenne*.

GAILLARD, CARREAU et LEE, *Le Marché unique européen*, Pedone, 2e éd. 1991.

GAVALDA et PARLEANI, *Traité de droit communautaire des affaires*, Litec, 2e éd. 1992.

GOLDMAN, LYON-CAEN et VOGEL, *Droit commercial européen*, Dalloz, 5e éd. 1994.

ISAAC et BLANQUET, *Droit général de l'Union européenne*, Sirey, 10e éd. 2012.

J.-V. LOUIS et *alii*, *Les services d'intérêt économique général et l'Union européenne*, Bruylant, Bruxelles, 2006.

(1) On renverra aux ouvrages spécialisés pour le droit social européen et le droit fiscal européen : HENNION-MOREAU, LE BARBIER et DEL SOL, *Droit social européen et international*, PUF, coll. « Thémis droit », 2e éd. 2013. – SERVAIS, *Droit social de l'Union européenne*, Bruylant, 2e éd. 2011. – TEYSSIÉ, *Droit européen du travail*, LexisNexis, 5e éd. 2013. Pour le droit fiscal européen : DEROUIN et MARTIN, *Droit communautaire et fiscalité : sélection d'arrêts et de décisions*, Litec, 2e éd. 2008. – MAITROT DE LA MOTTE, *Droit fiscal de l'Union européenne*, Bruylant, 2012.

LUCAS DE LEYSSAC et PARLEANI, *Droit du marché*, PUF, 2002.

G. et A. LYON-CAEN, *Droit social international et européen*, Dalloz, 8e éd. 1993.

MANIN, *L'Union européenne : institutions, ordre juridique, contentieux*, Pedone, 2005.

J.-C. MASCLET, *Les grands arrêts de droit communautaire*, PUF, 3e éd. 2007.

MÉGRET, LOUIS et VIGNES, *Le droit de la Communauté économique européenne : commentaire du traité et des textes pris pour son application*, Éd. de l'Université de Bruxelles et de l'Institut d'études européennes, 1987.

MOLINIER ET LOTARSKI, *Droit du contentieux de l'Union européenne*, LGDJ, 4e éd. 2012.

MOREAU DEFARGES, *Les institutions européennes*, Armand Colin, 7e éd. 2005.

NOURISSAT, *Droit des affaires de l'Union européenne s*, Dalloz, coll. « Hypercours », 3e éd. 2010.

PETIT, *Droit européen de la concurrence*, Montchrestien, 2013.

PINGEL (ss dir.), *Commentaire article par article des traités UE et CE*, Dalloz, Bruylant, Helbing, 2e éd. 2010.

POILLOT-PERUZETTO et LUBY, *Le droit communautaire appliqué à l'entreprise*, Dalloz, 1998.

RIDEAU (ss dir.), *Les États membres de l'Union européenne*, LGDJ, 1997 ; *Droit institutionnel de l'Union européenne*, LGDJ, 6e éd. 2010.

SAURON, *Comprendre le traité de Lisbonne*, Gualino, 2008.

SCHAPIRA, LE TALLEC, BLAISE et IDOT, *Droit européen des affaires*, PUF, 5e éd. 1999.

SIMON (ss dir.), *Contentieux de l'Union européenne*, Lamy, coll. « Axe Droit », 2011 ; *Le système juridique communautaire*, PUF, 3e éd. 2001.

STEPHANOU, *Réformes et mutations de l'Union européenne*, Bruylant-LGDJ, 1997.

SUDRE, *Droit international et européen des droits de l'homme*, PUF, 11e éd. 2012.

VANDERSTANDEN et DONY, *La responsabilité des États membres en cas de violation du droit communautaire*, Bruylant, Bruxelles, 1997.

VARII AUCTORES, *Trente ans de droit communautaire*, OPOCE, 1982.

VARII AUCTORES, *L'influence du droit communautaire sur le droit des affaires dans la perspective de 1992* : *RJ com.* nov. 1987, n° spécial « Colloque de Deauville 1987 ».

VARII AUCTORES, *L'actualité de la pensée de Berthold Goldmann : droit commercial international et européen*, éd. Panthéon-Assas, 2004.

VERVAECKE, *La fraude communautaire*, PUF, 1994.

VOGEL, *Droit européen des affaires*, Dalloz, 2012.

II. – TEXTES ET TRAITÉS ANNOTÉS OU COMMENTÉS

CONSTANTINESCO, JACQUE et KOVAR, *Traité instituant la CEE*, Economica, 1992.

CONSTANTINESCO, KOVAR et SIMON, *Traité sur l'Union européenne*, préf. LAMASSOURE, Economica, 1995.

VOGEL, *Code européen de la concurrence*, Lawlex, 2013.

III. – OUVRAGES SPÉCIALISÉS

A. – Libre circulation des marchandises

ANFOSSI-DIVOL, *L'usage et l'enregistrement, éléments essentiels de l'harmonisation du droit des marques*, PU Strasbourg, 2003.

BERR et TRÉMEAU, *Le droit douanier communautaire et national*, Economica, 2006.

BLASELLE, *Traité de droit européen de la concurrence*, Publisud, t. II. A, 2008.

CASTELL, *L'épuisement du droit intellectuel en droits allemand, français et communautaire*, PUF, 1989.

A. et G. DECOCQ, *Droit européen des affaires*, LGDJ, 2e éd. 2010.

FASQUELLE et MEUNIER (ss dir.), *Le droit communautaire de la consommation*, La Documentation française, 2002.

GASTINEL, *La marque communautaire*, LGDJ, 1998.

GEIGER (ss dir.), *Quel droit des brevets pour l'Union européenne ?*, LexisNexis, 2013.

MÉGRET *(Commentaire Mégret)*, 2e éd., t. 1, 1992.

MOLINIER ET DE GROVE-VALDEYRON, *Droit du marché intérieur européen*, LGDJ, 3e éd. 2011.

THIEFFRY, *Droit européen de l'environnement*, Dalloz, 1998.

VARII AUCTORES, *L'instauration du marché intérieur le 1er janvier 1993*, Éd. du Jeune barreau, Bruxelles, 1989.

B. – Libre circulation des capitaux et UEM

MÉGRET *(Commentaire Mégret)*, t. 3, 1990.

SERVAIS, *Un espace financier européen*, OPOCE, 1995.

SOUSI-ROUBI, *Droit bancaire européen*, Dalloz, 1995.

VARII AUCTORES, *La libre circulation des capitaux et des services financiers*, Institut universitaire international, Luxembourg, 1990.

C. – Libre circulation des personnes et des services

BIGOT et *alii*, *Traité de droit des assurances. Les entreprises d'assurances (droit communautaire* par G. PARLEANI, 2e éd. 1996).

A. et G. DECOCQ, *Droit européen des affaires*, LGDJ, 2010.

DESHAYES (ss dir.), *Le droit commun européen de la vente, examen de la proposition de règlement du 11 octobre 2011*, SLC, coll. « Trans Europe Experts », 2012.

FAUVARQUE-COSSON et BEHAR-TOUCHAIS (ss dir.), *Mise en œuvre des instruments optionnels européens en droit privé*, SLC, coll. « Trans Europe Experts », 2012.

GUIMEZANES, *La circulation et l'activité économique des étrangers dans la Communauté européenne*, Nouvelles Éditions Fiduciaires, 1990.

HREBLAY, *La libre circulation des personnes, les accords de Schengen*, PUF, 1994.

HO-DAC, *La loi du pays d'origine en droit de l'Union européenne*, Bruylant, Bruxelles, 2012.

IONESCU, *L'abus de droit en droit de l'Union européenne*, Bruylant, Bruxelles, 2012.

JAULT-SESEKE et ROBINE (ss dir.), *Le droit européen des procédures d'insolvabilité à la croisée des chemins*, colloque, Montchrestien, 2013.

B. LECOURT, *L'influence du droit communautaire sur la constitution de groupements*, LGDJ, 2000.

A. LECOURT et C. CATHIARD, *La pratique du droit européen des sociétés. Analyse comparative des structures et des fusions transfrontalières*, éd. Joly, 2010.

LUBY, PASQUALINI et PASQUALINI-SALERNO, *Droit communautaire des sociétés et groupements*, Joly, 1996.

LUBY et POILLOT-PERUZZETTO, *Le droit communautaire appliqué à l'entreprise*, Dalloz, 1998.

MAGNIER, *Rapprochement des droits dans l'Union européenne et viabilité d'un droit commun des sociétés*, LGDJ, 1999.

MASTRULLO, *Le droit international des sociétés dans l'espace régional européen*, PUAM, 2009.

MÉGRET *(Commentaire Mégret)*, 2e éd., t. 3, 1990.

MENJUCQ, *Droit européen et international des sociétés*, Montchrestien, 2011 ; *La mobilité des sociétés dans l'espace européen*, LGDJ, 1997.

MUSTAKI et ENGAMMARE, *Droit européen des sociétés*, Bruylant, Bruxelles, 2009.

PERTEK, *Diplômes et professions en Europe*, Bruylant, Bruxelles, 2008.

RICHER, *L'Europe des marchés publics*, LGDJ, 2009.

D. SERVAIS (ss dir.), *Intégration des marchés financiers, Commentaire Mégret, Institut d'études européennes*, 2007.

SOTIROPOULOU, *Les obligations d'information des sociétés cotées en droit communautaire*, éd. Larcier, 2012.

SOUSI-ROUBI, *Droit bancaire européen*, Dalloz, 1995.

D. – Concurrence

ABDELGAWAD (ss dir.), *Mondialisation et droit de la concurrence*, Litec, 2008.

ARCELIN, *L'entreprise en droit de la concurrence français et communautaire*, Litec, 2003.

AUBRY, *L'influence du droit communautaire sur le droit français des contrats*, PUAM, 2002.

BEAUCHESNE, *La protection juridique des entreprises en droit communautaire de la concurrence*, Nouvelles Éditions Fiduciaires, 1993.

BERLIN, *Le contrôle des concentrations, Commentaire Mégret*, Éditions Institut d'études européennes, 2009.

BIENAYMÉ, *Principes de concurrence*, Economica, 1998.

BLASELLE, *Traité de droit européen de la concurrence*, Publisud, t. I, 2002, (*Ententes, abus de positions dominantes, concentrations*) ; t. II B (*Aides d'État, SIEG, « PPP »*), 2005 ; t. III, 2008.

BOUTARD-LABARDE, CANIVET et *alii*, *L'application en France du droit des pratiques anticoncurrentielles*, LGDJ, 2008.

D. BRAULT, *Politique et pratique du droit de la concurrence en France*, LGDJ, 2004.

BRUNET ET CANIVET (ss dir.), *Le nouveau droit communautaire de la concurrence*, LGDJ, 2008.

CANIVET (ss dir.), *La modernisation du droit de la concurrence*, LGDJ, 2006.

CHAGNY, *Droit de la concurrence et droit commun des obligations*, Dalloz, 2004.

CHARBIT, *Secteur public et droit de la concurrence*, éd. Joly, 1999.

CIRIEC, *Les entreprises publiques dans l'Union européenne, entre concurrence et intérêt général*, Pedone, 1995.

G. CLAMOUR, *Intérêt général et concurrence*, Dalloz, 2006.

COHEN-TANUGI, ENCAOUA, WINCKLER, SIRAGUSA et BRUNET, *Pratique communautaire du contrôle des concentrations*, De Boeck, 1995.

COMBE, *Économie et politique de la concurrence*, Dalloz, 2005.

A. et G. DECOCQ, *Droit de la concurrence interne et communautaire*, LGDJ, 2012.

M. DONY, *Contrôle des aides d'État, Commentaire Mégret*, Institut d'études européennes, 2007.

DUTHEIL DE LA ROCHÈRE ET VANDAMME (ss dir.), *Interventions publiques et droit communautaire*, Pedone, 1988.

ENCAOUA et GUESNERIE, *Politiques de la concurrence*, La Documentation française, 2006.

FASQUELLE, *Droit américain et droit communautaire des ententes, étude de la règle de raison*, GLN-Joly, 1993.

FRANCIS LEFEBVRE, *Mémento pratique Distribution.*

FRIEDEL-SOUCHU, *L'extraterritorialité de droit de la concurrence aux États-Unis et dans la Communauté européenne*, LGDJ, 1994.

FRISON-ROCHE (ss dir.), *La modernisation du droit de la concurrence*, préf. CANIVET, LGDJ, 2006.

FRISON-ROCHE et PAYET, *Droit de la concurrence*, Dalloz, 2006.

C. GRYNFOGEL, *Droit communautaire de la concurrence*, LGDJ, 2008.

A. GUEDJ, *Pratique du droit de la concurrence national et communautaire*, Litec, 2006.

IDOT, *Droit communautaire de la concurrence, le nouveau système communautaire de mise en œuvre des articles 81 et 82 CE*, Bruylant-Fec, 2004.

IDOT et PRIETO, *Le règlement 1/2003 modifie-t-il les stratégies contentieuses ?*, Bruylant, Bruxelles, 2006.

N. JALABERT-DOURIN, *Les inspections de concurrence*, Bruylant, Bruxelles, 2005.

KATZ, *Juge administratif et droit de la concurrence*, PUAM, 2004.

KEPPENNE, *Guide des aides d'État en droit communautaire*, Bruylant, Bruxelles, 1999.

KOVAR (ss dir.), *L'incidence du droit communautaire de la concurrence sur le droit des sociétés*, Sirey, 1992.

Lamy Droit économique. Concurrence, distribution, consommation.

LIANOS, *La transformation du droit de la concurrence par le recours à l'analyse économique*, Bruylant, Bruxelles, 2007.

LINOTTE et ROMI, *Services publics et droit public économique*, Litec, 2003.

S. MAIL-FOUILLEUL, *Les sanctions de la violation du droit communautaire de la commune*, LGDJ, 2002.

MALAURIE-VIGNAL, *Droit de la concurrence interne et européen*, Armand Colin, 2014.

C. MARÉCHAL, *Concurrence et propriété intellectuelle*, Litec, 2009.

MÉGRET *(commentaire)*, t. III, éd. Bruylant, Bruxelles.

MENURET, *Le contentieux du Conseil de la concurrence*, PU Clermont-Ferrand, LGDJ, 2002.

NIHOUL et VERDURE, *Droit européen de la concurrence*, Larcier, 2011.

NOURISSAT et WITTERWULGUE, *Le nouveau règlement d'application du droit communautaire de la concurrence*, Dalloz, 2004.

PETIT, *Droit européen de la concurrence*, Montchrestien, 2013.

PIGASSOU, *Les oligopoles et le droit*, Éd. Techniques et Économiques, 1984.

PRIETO et BOSCO, *Droit européen de la concurrence : ententes et abus de position dominante*, Bruylant, Bruxelles, 2013.

RIVALLAND, *Les entreprises face aux pouvoirs d'enquêtes de la Commission des Communautés européennes*, GLN-Joly, 1990.

ROUDARD, *Droit européen des licences exclusives de brevet*, Nouvelles Éditions Fiduciaires, 1989.

SIBONY, *Le juge et le raisonnement économique en droit de la concurrence*, LGDJ, 2008.

SOFIANATOS, *Injonctions et engagements en droit de la concurrence*, LGDJ, 2009.

SOUTY, *Le droit et la politique de concurrence de l'Union européenne*, Montchrestien, 2013.

THIRION, *Les privatisations d'entreprises publiques dans une économie sociale de marché*, Bruylant-LGDJ, 2002.

THIRY et VANDAMME (ss dir.), *Les entreprises publiques dans l'Union européenne : entre concurrence et intérêt général*, Pedone, 1995.

L. VOGEL, *Code européen de la concurrence*, Lawlex, 2013 ; *Droit européen de la concurrence*, Lawlex, 2011 ; *Droit de la distribution*, Lawlex, 2011 ; *Procédures de la concurrence*, Lawlex, 2009.

VOGEL L. et VOGEL J., *Droit de la distribution automobile*, Dalloz, 2006.

ZACHMAN, *Le contrôle communautaire des concentrations*, LGDJ, 1994.

IV. – RÉPERTOIRES ET ENCYCLOPÉDIES

Dictionnaire Joly du Marché Commun.

Dictionnaire permanent de droit des affaires, V° CEE.

JurisClasseur Europe, sous la direction d'O. LOY.

Lamy Droit économique.

Lamy Droit du financement.

Répertoire Dalloz de droit communautaire, sous la direction de R. KOVAR et S. POILLOT-PERUZETTO.

V. – PUBLICATIONS RÉGULIÈRES DES AUTORITÉS EUROPÉENNES

Droit de la concurrence dans l'Union européenne (recueil de textes, 3 vol.).

Journal officiel de l'Union européenne.

Rapport général sur l'activité de l'Union européenne.

Rapport général sur la politique de concurrence.

Recueil des arrêts de la Cour de justice et du Tribunal de première instance.

Répertoire de la législation européenne en vigueur.

Sites des institutions européennes (Europa).

VI. – REVUES

Bulletin d'information et de documentation (DGCCRF).

Cahiers de droit européen (Bruylant, Bruxelles).

Contrats, concurrence, consommation (LexisNexis).

Droit et pratique du commerce international (Masson).

Europe (LexisNexis).

Journal de droit international (Clunet).

Revue critique de droit international privé (Dalloz).

Revue de droit des affaires internationales (LGDJ).

Revue de la concurrence et de la consommation (ministère de l'Économie).

Revue de l'OCDE (éd. OCDE).

Revue de l'Union européenne (Dalloz).

Revue des affaires européennes (LGDJ).

Revue des sociétés (Dalloz).

Revue du droit de l'Union européenne (Clément Juglar).

Revue européenne du droit de la consommation (Lamy-Larcier).

Revue internationale de droit économique (De Boeck-Wesmael, Bruxelles).

Revue internationale de la concurrence (Association nationale de l'étude de la concurrence, Paris).

Revue trimestrielle de droit commercial (Dalloz).

Revue trimestrielle de droit européen (Dalloz).

VII. – MÉLANGES

Liber amicorum P. Pescatore, Nomas, 1987.

Mélanges Boulouis, Dalloz, 1991.

Mélanges Dubouis, Dalloz, 2005.

Mélanges Fromont, Presses universitaires de Strasbourg, 2001.

Mélanges Issac, Presses de l'Université de Toulouse, 2004.

Mélanges Jacqué, Dalloz, 2010.

Mélanges Manin, Pedone, 2010.

Mélanges Masclet, Publications de la Sorbonne, 2001.

Mélanges Mengozzi, Bruylant, Bruxelles, 2013.

Mélanges Raux, éd. Apogée, Rennes, 2006.

Mélanges Reuter, Pedone, 1981.

Mélanges Stauder, Presses universitaires de Strasbourg, 2001.

Mélanges Teitgen, Pedone, 1984.

Mélanges Vandersanden, Bruylant, Bruxelles, 2008.

Mélanges Van Ommeslaghe, Bruylant, Bruxelles, 2000.

Mélanges Weitzel, Pedone, 2013.

Index alphabétique

(Les chiffres renvoient aux numéros des alinéas)

A

E

F

M

N

O

P

R

S

T

U

V

Table des matières

Photocomposition Nord Compo Multimédia, 59650 Villeneuve d'Ascq

Achevé d'imprimer par Normandie Roto Impression s.a.s., 61250 Lonrai
N° d'impression : 1500404 – Dépôt légal : février 2015 – *Imprimé en France*